Königlich Preussisches Statistisches Bureau

Jahrbuch für die amtliche Statistik des Preussischen Staats

Königlich Preussisches Statistisches Bureau

Jahrbuch für die amtliche Statistik des Preussischen Staats

ISBN/EAN: 9783741167386

Hergestellt in Europa, USA, Kanada, Australien, Japan

Cover: Foto ©ninafisch / pixelio.de

Manufactured and distributed by brebook publishing software
(www.brebook.com)

Königlich Preussisches Statistisches Bureau

Jahrbuch für die amtliche Statistik des Preussischen Staats

JAHRBUCH

FÜR DIE

AMTLICHE STATISTIK

DES

PREUSSISCHEN STAATS.

HERAUSGEGEBEN

VOM

KÖNIGLICHEN STATISTISCHEN BUREAU.

I. JAHRGANG.

BERLIN, 1863.
VERLAG DER KÖNIGLICHEN GEHEIMEN OBER-HOFBUCHDRUCKEREI
(R. DECKER).

VORWORT.

Mit dem fortschreitenden Ausbau der Staatsverfassung, mit der in allen Classen der Bevölkerung wachsenden Theilnahme am Staatsleben wachsen auch die Ansprüche an die Zustandsschilderung des Staats. In jeder Sphäre, zu jeder Stunde zeigt sich die Nothwendigkeit, von dieser oder jener Staatseinrichtung, dem Erfolge dieses oder jenes Gesetzes, dem Verlaufe dieser oder jener Erscheinungen von staatlichem Interesse genaue Kenntniss zu besitzen. Wem liegt es mehr ob, diesen Ansprüchen zu genügen, als der amtlichen Statistik? Es ist ihr unabweislicher Beruf, nicht nur die Nachweise über solche das Leben der Menschheit im Staate betreffenden Thatsachen zu registriren, sondern auch die Ergebnisse ihrer Forschungen in mehr oder weniger concentrirter Form möglichst bald nach Vollbringung der Thatsachen dem Publicum mitzutheilen. Je nach der Reichhaltigkeit der Forschungen, der Wiederkehr der Beobachtungen werden die Veröffentlichungen von grösserem oder geringerem Umfang, von langsamerer oder rascherer Aufeinanderfolge sein müssen. Diese Umstände bestimmen auch die Form der Publicationen. Letztere können nach mehrfachen Richtungen auseinandergehen, und die des königlich preussischen statistischen Bureaus bewegen sich zur Zeit in vier verschiedenen, von den Bedürfnissen selbst bestimmten, jedoch in einer organischen Verbindung unter einander stehenden Bahnen. Gedachte Publicationen sind:

I. die sporadischen Mittheilungen im Staatsanzeiger, z. B. über die Getreidepreise, die Sparcassen u. s. w.,

2. die als Monatsbeilage zum Staatsanzeiger seit dem 1. October 1860 erscheinende Zeitschrift des königlichen statistischen Bureaus,
3. das Jahrbuch für die amtliche Statistik des preussischen Staats,
4. die an die Stelle der grossen Blaubände getretenen, hinsichtlich der Zeit des Erscheinens zwanglosen Hefte für preussische Statistik.

Während es der Zweck der erstgenannten Mittheilungen ist, rasch über gewisse Gegenstände, wie eben z. B. über die monatliche Gestaltung der Preise der wichtigsten Cerealien, über den Ausfall der Ernten etc. die möglichst zuverlässigen, rein auf das Thatsächliche beschränkten Nachrichten vor die Oeffentlichkeit zu bringen, ist die Zeitschrift mehr dazu bestimmt, die Resultate der statistischen Beobachtungen und Aufzeichnungen unter allgemeine Gesichtspunkte zusammenzufassen und wissenschaftlich zu verarbeiten.

Anders ist die Aufgabe des Jahrbuchs.

Dasselbe beabsichtigt hauptsächlich die Veröffentlichung des neuesten, auf das abgelaufene Jahr oder doch die neueste Zeit bezüglichen statistischen Stoffs aus dem preussischen Staate in einer systematischen Reihenfolge, so dass ein Jahrgang immer ein thunlichst vollständiges Repertorium über den Stand und die Bewegung der statistisch erfassbaren Zustände des Staates darbiete. Von dem nur auf Mittheilung des Thatsächlichen gerichteten Inhalte ist jede Polemik über die Thatsachen selbst fern gehalten.

Als das eigentliche Quellenwerk für preussische Statistik ist die vierte Veröffentlichungsreihe anzusehen. Sie führt auch den Titel »Preussische Statistik«. In dasselbe sind die grösseren Arbeiten und Tabellen, so z. B. die über die Volkszählungen, über die Bewegung der Bevölkerung, über die Handwerke und Fabriken, über Kirchen- und Schulverhältnisse u. s. w. in derjenigen Ausführlichkeit aufzunehmen, für welche keine der übrigen Veröffentlichungsreihen den hinlänglichen Raum darbietet. Die Herausgabe genannter Arbeiten geschieht in zwanglosen Heften und möglichst so, dass ein Heft immer nur einen Gegenstand ins Auge fasst, ihn deshalb aber auch bis in seine Details verfolgt und letztere gleichzeitig der öffentlichen Kenntnissnahme unterbreitet.

So hat also jede der genannten Veröffentlichungsreihen ihr bestimmtes Feld, und durch dieselben ist Das verwirklicht, was schon der verewigte Dieterici im Jahre 1851 anstrebte. Die von ihm in dem Aufsatze über den Begriff der Statistik etc. im vierten Jahrgange seiner Mittheilungen niedergelegten Ansichten laufen mehr oder weniger auch auf eine Zeitschrift, ein Jahrbuch und ein grösseres Quellenwerk hinaus.

Ist durch Vorstehendes der Zusammenhang der verschiedenen Publicationen des statistischen Bureaus ersichtlich gemacht, so handelt es sich in gegenwärtiger Einführung des Jahrbuchs nur noch darum, das System zu veranschaulichen, nach welchem der Stoff desselben geordnet ist, resp. geordnet werden soll. Ohne Rücksichtnahme auf Haupt- und Nebencapitel sind die einzelnen in Betracht zu ziehenden Abschnitte folgende:

1. Das Staatsgebiet.
2. Die administrative Eintheilung des Staats und der Staatsorganismus.
3. Die Wohnplätze.
4. Die Bevölkerung.
5. Das Grundeigenthum.
6. Die Landwirthschaft (Ackerbau und Viehzucht, Garten-, Obst- und Weinbau).
7. Die Forstwirthschaft, Jagd und Fischerei.
8. Der Bergbau und das Hüttenwesen.
9. Die grosse und kleine Industrie.
10. Die öffentlichen Bauten und das Bauwesen.
11. Der Handel.
12. Der Verkehr.
13. Die Geld- und Creditinstitute.
14. Das Versicherungswesen.
15. Die Preise und die Consumtion.
16. Die arbeitenden Classen und die Arbeits- und Lohnverhältnisse.
17. Die sociale Selbsthilfe (Sparcassen, Vorschusscassen, Kranken-, Unterstützungs-, Invaliden-, Waisen-, Pensionscassen, Knappschaftscassen).
18. Die öffentliche Wohlthätigkeit und das Armenwesen.
19. Die Sicherheitspolizei und das Gefängnisswesen.
20. Die öffentliche Gesundheit und Gesundheitspflege.
21. Die Kirche und der Gottesdienst.
22. Die Schule und der Unterricht.
23. Die Künste und Wissenschaften.
24. Die Presse und die Literatur.
25. Die Civil- und Criminalrechtspflege.
26. Das Kriegsheer und die Landesvertheidigung.
27. Die Seemacht.
28. Die Finanzen des Staats.
29. Die Staatsgesetzgebung und die gesetzgebenden Factoren.
30. Anhang: Specielle Verhältnisse der Provinzial-, Kreis- und Ortsgemeinden im preussischen Staate.

In den ebengenannten Abschnitten spiegelt sich so ziemlich das ganze Leben der Menschheit im Staate ab. Betrachtet man sie aber etwas näher, so gewahrt man, dass sie eigentlich unter drei grosse Hauptrubriken zu bringen sind. Die Abschnitte 1 bis 5 umfassen die Grundlagen des Staats, die Abschnitte 6 bis 16 beschäftigen sich mit dem materiellen Culturzustande, die Abschnitte 17 bis 29 mit dem sittlichen, geistigen und politischen Culturzustande der Bewohner des Staats.

Der Anhang über das Gemeindewesen muss für jetzt noch als ein eventueller bezeichnet werden. Da es im preussischen Staate Provinzial-, Kreis- und Ortsgemeinden giebt, so wird sich dieser Abschnitt nicht blos auf die Verhältnisse der letzteren erstrecken.

Von dem vorliegenden Jahrbuche ist bekanntlich ein erster Theil, auf den Bogen 1 bis 12 die ersten fünf Abschnitte behandelnd, im Mai 1862 erschienen. Er bildete gleichsam den Vorläufer für zwei andere Theile, die ihm so rasch als möglich folgen sollten. Und es war die Absicht, dass der zweite Theil den materiellen Culturzustand, der dritte den sittlichen, geistigen und politischen Culturzustand des preussischen Staats schildere. Leider war dieser Vorsatz für jetzt noch nicht ausführbar. Es zeigte sich, dass für gewisse Zweige eine grosse Fülle mehr oder minder brauchbaren neuen Materials vorhanden war, dass die Art seiner Darstellung aber die Bekanntschaft mit anderen verwandten Dingen zur Voraussetzung hatte, auf die bei einem grossen Theil der Leser und Benutzer des Jahrbuchs doch nicht ohne Weiteres gerechnet werden durfte. Mithin war es fast geboten, die vorausgesetzte Kenntniss von den betreffenden Zuständen erst durch das Jahrbuch selbst zu vermitteln. Dadurch musste es nothwendig, bis zu einem gewissen Grade wenigstens, den Charakter eines Handbuchs annehmen. Die Bearbeitung eines solchen ist nicht so leicht und geht nicht so schnell von statten, wie die eines Jahrbuchs, ganz besonders dann nicht, wenn die damit betrauten Kräfte selbst noch nicht hinlänglich orientirt und geschult sind. Dass mit diesen Uebelständen bei einem ersten Jahrgange viel mehr zu kämpfen gewesen ist, als es bei jedem folgenden der Fall sein wird, das bedarf keiner langen Auseinandersetzung. Und dass die hiermit verbundenen Nachtheile ihre deutlichen Spuren im vorliegenden ersten Bande zurückgelassen haben, das offen zu bekennen, halten wir für unsere Pflicht. Wir sind jedoch weit davon entfernt, mit diesen Worten irgend einen Tadel gegen dasjenige Mitglied des königl. statistischen Bureaus zu verbinden, welches unbedingt das meiste Verdienst um die Herausgabe des Jahrbuchs hat, das ist Herr Lieutenant a. D. Carl Brämer. Seinem treuen Fleisse, seiner Gewissenhaftigkeit in der Prüfung und Benutzung der vorhandenen

Nachweise widmen wir im Gegentheil gern und dankbar an dieser Stelle ein wohlverdientes Lob.

Die so eben erwähnten Umstände und Mangel an Raum und an Zeit verhinderten es, in dem gegenwärtigen ersten Jahrgang mehr als die ersten vierzehn von den dreissig Abschnitten zu behandeln, in welche wir das Gesammtgebiet der Statistik zerfällten. Im Wesentlichen liegt damit die Schilderung von den Grundlagen und den materiellen Culturverhältnissen des preussischen Staates vor. So räumlich ausgedehnt nun auch die Darstellung einzelner Abschnitte geworden ist, so mangelhaft ist sie dessenungeachtet. Von keinem einzigen Abschnitt darf gesagt werden, dass er etwas Vollständiges sei. Auch sind die Materien keineswegs gleichmässig behandelt. So ist der Abschnitt über die Landwirthschaft ein ausgedehnterer, als alle anderen. Indess hier galt es, die Menge des vielfach zerstreuten Materials einmal zu sammeln und zu einem Ganzen zu verarbeiten, was bisher fast niemals geschehen ist. Es unterliegt keinem Zweifel, dass Aehnliches auch für andere Abschnitte hätte geschehen können, nur wäre dann über die Herausgabe des vorliegenden Bandes noch mehr Zeit verflossen, wäre von den Daten vor ihrer Veröffentlichung noch mehr veraltet. Wenn aber in jedem folgenden Bande einzelnen Abschnitten eine besondere Aufmerksamkeit zugewendet und die übrigen auf dem Laufenden erhalten werden, so wird das Jahrbuch wenigstens nach und nach zu Dem heranreifen, was es sein soll: ein Repertorium des Neuesten und Wissenswürdigsten aus dem Staatsleben Preussens, ein Vademecum für den Staatsmann, ein unentbehrliches Hilfs- und Nachschlagebuch für Jeden, der sich für den Staat interessirt.

Wir beklagen es selbst am meisten, dass wegen der langsamen Herstellung des ersten Bandes der Inhalt desselben sich theilweise noch auf die Zählung von 1858 bezieht. Ein wenig dürfte dieser Nachtheil dadurch gemildert sein, dass die Zählung von 1861 im Anhang mitgetheilt wurde und dass ihre Resultate der Bearbeitung der einzelnen Abschnitte von dem Momente ab zu Grunde gelegt wurden, wo sie feststanden. Entschuldigend tritt noch der Umstand hinzu, dass eben der erste Theil dieses ersten Jahrgangs, die Abschnitte 1 bis 5 umfassend, bereits im Mai 1862, das heisst zu einer Zeit zur Veröffentlichung gelangte, in welcher das positive Resultat der Zählung vom 3. December 1861 noch nicht bekannt war.

Alles in Allem betrachtet, geht aus dem Vorstehenden wohl deutlich genug hervor, wie sehr wir dessen bewusst sind, dass der vorgelegte Beginn einer neuen Veröffentlichungsreihe des königl. statistischen Bureaus gar sehr der nachsichtigen Beurtheilung seines Leserkreises bedarf. Wir nehmen sie aufs Intensivste in Anspruch und halten uns davon überzeugt, dass Jeder, der die Wahrheit der Worte »Aller Anfang ist schwer« und »das Beste ist der grösste Feind des Guten« schon einmal erprobte, die erbetene Nachsicht uns gern gewähren werde, obgleich wir, wie sich das von selbst versteht, das Epitheton »gut« keineswegs als ein Selbstlob unserer Arbeit ausgesprochen haben wollen.

Berlin, August 1863.

Königliches statistisches Bureau.

Dr. Engel.

INHALTSVERZEICHNISS.

Erster Abschnitt. **Das Staatsgebiet.**

	Seite
I. Frühere und jetzige Ausdehnung	1
beim Regierungsantritt Friedrichs des Grossen	1
beim Tode Friedrichs des Grossen	2
beim Tode Friedrich Wilhelms II.	2
unter der Regierung Friedrich Wilhelms III. bis zum Frieden von Tilsit	3
desgl. nach dem Frieden von Tilsit	4
Verlust durch den Frieden von Tilsit	4
nach den Bestimmungen des Wiener Congresses und der damit zusammenhängenden Verträge	5
im Jahre 1840 bei dem Tode Friedrich Wilhelms III.	7
im Jahre 1861 bei dem Tode Friedrich Wilhelms IV.	7
II. Geographische Lage.	
Complexe und Grenzlinien	7
Enclaven und Exclaven	8
III. Oreographische Gestaltung	9
A. Das Berg- und Hügelland im östlichen Haupttheil des Staates	9
im westlichen Haupttheil	11
in Hohenzollern	12
seinem Umfang nach	12
B. Das Tiefland	12
IV. Hydrographische Gestaltung.	
A. Meeresküsten, Buchten und Inseln	12
B. Strand- und Landseen.	
1. Haffe	13
2. Kleinere Strandseen	13
3. Landseen	13
C. Flüsse	14
1. Quellgebiet der Ostsee	14
2. Quellgebiet der Nordsee	15
D. Flächeninhalt der Gewässer	16
V. Klima.	
A. Temperatur	16
B. Niederschläge	18
VI. Bodenbeschaffenheit.	
A. In geognostischer Hinsicht	21
B. In agronomischer Hinsicht	21

Seite

Zweiter Abschnitt. Die Staatsbehörden und die Eintheilung des Staatsgebietes.

I. Die obersten Staatsbehörden ... 23
1. Das Ministerium der auswärtigen Angelegenheiten ... 23
2. Das Finanzministerium ... 24
3. Das Ministerium der geistlichen, Unterrichts- und Medicinal-Angelegenheiten ... 25
4. Das Ministerium für Handel, Gewerbe und öffentliche Arbeiten ... 25
5. Das Ministerium des Innern ... 26
6. Das Ministerium der Justiz ... 26
7. Das Kriegsministerium ... 26
8. Das Ministerium für landwirthschaftliche Angelegenheiten ... 27
9. Das Marineministerium ... 27
Das Ministerium des Königlichen Hauses ... 27

II. Haupteintheilung des Staatsgebiets in Provinzen und Regierungsbezirke ... 28
1. Die Provinz Preussen ... 28
2. Die Provinz Brandenburg ... 28
3. Die Provinz Pommern ... 29
4. Die Provinz Schlesien ... 30
5. Die Provinz Posen ... 30
6. Die Provinz Sachsen ... 30
7. Die Provinz Westfalen ... 31
8. Die Rheinprovinz ... 32
9. Die Hohenzollernschen Lande ... 33
10. Das Jadegebiet ... 33

III. Die Provinzial- und Bezirksbehörden der allgemeinen Landesverwaltung.
Oberpräsidenten ... 33
Provinzialverwaltung der geistlichen, Unterrichts- und Medicinal-Angelegenheiten ... 34
Die Bezirksregierungen ... 35
Behörden der indirecten Steuerverwaltung ... 37
Behörden für landwirthschaftliche Regulirungs-Angelegenheiten ... 38
Ständische Angelegenheiten ... 38

IV. Abweichende Organisation von Provinzialbehörden und Eintheilung des Staatsgebiets für besondere Staatszwecke ... 39
1. Die von der ersten, zweiten und fünften Abtheilung des Handelsministeriums ressortirenden Provinzialbehörden ... 39
2. Die Provinzialbehörden für die Militärökonomie und die militärische Eintheilung des Staatsgebiets ... 40
3. Die Justizbehörden und die Eintheilung für die Rechtspflege ... 42
4. Die Eintheilung für die Wahlen zur allgemeinen Landesvertretung ... 44

Dritter Abschnitt. Die Wohnplätze ... 46

I. Zahl und Eigenschaft der Wohnplätze nach der Zählung vom 3. December 1858 ... 47
II. Vertheilung der Wohnplätze auf die Fläche ... 48
III. Verzeichniss der Städte ... 49

Seite

Vierter Abschnitt. Die Bevölkerung.

I. Stand der Bevölkerung 67
- A. Absolute Bevölkerung.
  - 1. Die Zahl der Bevölkerung 68
  - 2. Das Alter und Geschlecht 78
  - 3. Die Confessionsverhältnisse 84
  - 4. Der Familienstand. Die Civil- und Militärbevölkerung 85
  - 5. Die Sprache und Nationalität 86
- B. Relative Bevölkerung 88

II. Bewegung der Bevölkerung.
- A. Geburten.
  - 1. Die Zahl der Geborenen 89
  - 2. Die Geburten nach dem Familienstand 91
- B. Sterbefälle.
  - 1. Zahl und Geschlecht der Gestorbenen 93
  - 2. Die Fruchtbarkeit- und Sterblichkeitsziffer 95
  - 3. Das Alter der Gestorbenen 96
  - 4. Die Kindersterblichkeit 100
  - 5. Die Haupttodesursachen 102
- C. Trauungen 106
- D. Ein- und Auswanderungen 1860 108

III. Resultate aus Stand und Bewegung der Bevölkerung.
- A. Das Anwachsen der Bevölkerung von 1816 bis 1858 überhaupt 109
- B. Das Anwachsen der Bevölkerung in städtischen und in ländlichen Wohnsitzen 110
- C. Das Anwachsen nach Confessionsverhältnissen
  - 1. in absoluten Zahlen 111
  - 2. in relativen Zahlen 111
- D. Bilanz der Bevölkerung (zwischen 1855 und 1858) 112

Fünfter Abschnitt. Das Grundeigenthum.

I. Natürliche Verschiedenheiten des Grundeigenthums 114
- A. Fläche des cultivirten Bodens 115
- B. Fläche des uncultivirten Bodens und gesammter Flächeninhalt 116

II. Die politische und sociale Verschiedenheit des Grundeigenthums 116
- A. Grundeigenthum der Krone 117
- B. Domänen und Forsten des Staates 118
- C. Corporativer Besitz 119
- D. Standesherrschaften und ähnlich bevorrechtigter Grundbesitz.
  - 1. Mediatisirte Reichsherrschaften 119
  - 2. Früher nicht reichsunmittelbarer, aber befestigter Grundbesitz, welcher zu einem erblichen Sitz im Herrenhause berechtigt 120
- E. Rittergüter und ihnen gleichstehendes Grundeigenthum 122
- F. Das städtische Grundeigenthum 131
- G. Rusticalbesitz ohne ständische Vorrechte
  - 1. in den östlichen Provinzen 133
  - 2. in den westlichen Provinzen 133

III. Die Gebäude.
- A. Anzahl und Charakteristik der Gebäude 1858 134
- B. Vertheilung der Gebäude auf die Gattungen der Wohnplätze 1858 136
- C. Abbruch und Neubau der Gebäude 140

Seite

D. Bauart der Häuser im Jahre 1860 ... 143
1. Provinz Preussen ... 143
2. Provinz Posen ... 145
3. Provinz Pommern ... 145
4. Provinz Brandenburg ... 145
5. Provinz Schlesien ... 147
6. Provinz Sachsen ... 147
7. Provinz Westfalen ... 148
8. Rheinprovinz ... 148
Zählung der Gebäude nach ihrer Bauart 1816 ... 149
E. Die Vermehrung der Gebäude seit 1816 ... 149
1. Die öffentlichen Gebäude ... 150
2. Die Privatgebäude ... 151
F. Flächenbebauung ... 152
G. Häuserbewohnung ... 153

IV. Die Vertheilung des Grundeigenthums.
A. Stand der Parzellirung im Jahre 1858 ... 153
1. in absoluten Zahlen ... 154
2. in relativen Zahlen ... 154
3. Stand der Parzellirung in den städtischen und ländlichen Feldmarken ... 156
B. Bewegung der Parzellirung
1. in Beziehung auf die Fläche ... 156
2. In socialer Beziehung ... 158
C. Werth der landwirthschaftlichen Besitzungen ... 163
1. Angebotspreise ... 163
2. Taxwerthe in Schlesien ... 164
3. Geschätzte Gutswerthe in der Provinz Sachsen ... 166
4. Kaufpreise im Regierungsbezirk Koblenz ... 167

V. Die Belastung und Entlastung des Grundeigenthums.
A. Regulirungen, Ablösungen und Gemeinheitstheilungen. 168
1. Regulirungen ... 169
2. Ablösungen ... 170
3. Gemeinheitstheilungen ... 172
B. Ablösung der Geldrenten und deren Erleichterung durch den Staat.
1. Renten, deren Empfang nicht dem Domänenfiscus zusteht ... 173
2. Domänenrenten ... 175
C. Belastung des Grundeigenthums mit Schulden.
1. Pfandbriefschulden des ländlichen Grundbesitzes ... 177
a. Höhe der Pfandbriefschuld ... 178
b. Eintragungen von Pfandbriefen ... 180
c. Löschungen von Pfandbriefen ... 181
d. Neueste Operationen der Creditinstitute ... 182
2. Hypothekenschuld im Allgemeinen.
a. Rittergüter ... 185
b. Städtischer Grundbesitz ... 187
c. Bäuerlicher Grundbesitz ... 189

VI. Der Besitzwechsel ... 191

Sechster Abschnitt. Die Landwirthschaft.

I. Allgemeines über die Bodenverhältnisse.
A. Die pflanzentragende Fläche im preussischen Staate. 193
B. Die Benutzung der pflanzentragenden Fläche ... 194
C. Die Ackererden ... 195
1. Provinz Preussen ... 196
2. „ Posen ... 199
3. „ Pommern ... 201
4. „ Brandenburg ... 203

Seite

5. Provinz Schlesien 210
6. " Sachsen 215
7. " Westfalen 220
8. Rheinland 228
9. Uebersicht der Fruchtbarkeit 231

II. Der Feldbau.

A. Die dem Feldbau gewidmete Fläche 233
B. Feldsysteme 234
1. Einwirkung des Klimas auf die Landwirthschaft 234
2. Fruchtwechsel 237
C. Arbeitskräfte 238
D. Landwirthschaftliche Maschinen 242
E. Bearbeitung und Verbesserung des Bodens 243
F. Düngung des Bodens 246
G. Aussaat und Anbauverhältnisse 247
H. Ernteergebnisse 249

III. Garten-, Obst- und Weinbau, Seidenzucht.

A. Die dem Garten-, Obst- und Weinbau gewidmete Fläche 257
B. Gewächse und Anbaumethoden 258
C. Die Obst- und Weinernte 259
D. Die Seidenzucht 260

IV. Wiesen und Weiden.

A. Die Wiesen- und Weidefläche 262
B. Bearbeitung der Wiesen 263
C. Anbau und Ernte von Futtergewächsen 263

V. Die Viehzucht und Viehhaltung 264

A. Allgemeine Verhältnisse 265
B. Die Pferdezucht und die Pferdehaltung. Maulthiere und Esel 266
C. Die Rindviehzucht und Rindviehhaltung 271
D. Die Schafzucht 274
E. Die Schweinezucht und Schweinehaltung 277
F. Ziegenvieh 278

VI. Die landwirthschaftliche Bevölkerung 279

A. Die landwirthschaftlichen Unternehmer 279
B. Das Hilfspersonal der Landwirthschaft 283
C. Die Gesammtheit der landwirthschaftlichen Bevölkerung 285

VII. Beförderungs- und Unterstützungsmittel der Landwirthschaft 288

A. Landwirthschaftliche Centralbehörden 292
B. Landwirthschaftliche Unterrichts- und Musteranstalten 293
1. Landwirthschaftliche Hochschulen 294
2. Ackerbauschulen 296
3. Unterrichtsanstalten für einzelne Zweige der Landwirthschaft ... 299
4. Fortbildungsschulen 300
5. Musterwirthschaften 301
6. Versuchsanstalten 302
7. Verschiedene Unterrichts- und Förderungsmittel 303
C. Landwirthschaftliche Vereine 303
1. Vereine für die gesammte Landwirthschaft 306
2. " " Gartenbau, Bienen- und Seidenzucht 307
3. " zur Beförderung der Thierzucht 308
4. Anzahl, Mitglieder und Geldmittel der Vereine 308
5. Thätigkeit der Vereine 311
D. Auseinandersetzungen zwischen Grundberechtigten und Verpflichteten 313
E. Das Deichwesen und die genossenschaftlichen Meliorationen 316
1. Ausgaben des Staates zu Landesverbesserungen 316
2. Meliorationsfonds der Provinzen 317
3. Deichverbände 320

Seite

4. Meliorationsgenossenschaften 323
5. Verwaltung 326

F. Massregeln zur Förderung der Pferdezucht 326
1. Förderung privater Pferdezucht 327
2. Gestütverwaltung 327

Siebenter Abschnitt. **Die Forstwirthschaft, Jagd und Fischerei.**

I. Der Waldbau.

A. Die Forstfläche.
1. Umfang der Forstfläche 337
2. Vertheilung der Forstfläche auf die Besitzerclassen 340

B. Die Beschaffenheit der Waldungen 341
1. Provinz Preussen 341
2. Provinz Posen 343
3. Provinz Pommern 343
4. Provinz Brandenburg 344
5. Provinz Schlesien 344
6. Provinz Sachsen 344
7. Provinz Westfalen 345
8. Rheinland 345

C. Die Bewirthschaftung der Waldungen.
1. Waldarten 347
2. Umtriebszeit 347
3. Abtrieb der Waldungen 350
4. Verwerthung des Holzes 350
5. Anbaumethoden 351
6. Nutzung der Nebenproducte der Forsten 353

D. Die Materialerträge der Forsten.
1. Holzerträge der Forsten überhaupt 354
2. Bruttoerträge der Staatsforsten 356

E. Die Reinerträge der Forsten.
1. Die Reinerträge der Waldungen überhaupt 359
2. Reinertrag der Staatsforsten 361

II. Die Förderungsmittel der Forstwirthschaft und die Verwaltung der Forsten.

A. Gesetzgebung über die Nutzung der Forsten 363
B. Unterstützung der Waldwirthschaft seitens der Regierung 364
C. Forstwirthschaftliche Unterrichtsanstalten 365
D. Forstwirthschaftliche Vereine 366
E. Verwaltung der Forsten.
1. Forstverwaltung des königlichen Haus-Fideicommisses 368
2. Verwaltung der Staatsforsten 368
3. Verwaltung der Institutsforsten 373
4. Verwaltung der Gemeinde- und Interessentenforsten 376

III. Die Jagd 377
A. Die Jagdgesetzgebung 378
B. Die Jagdverwaltung 379
C. Die Jagderträge 380

IV. Die Fischzucht und die Fischerei.
A. Gegenstände der Fischerei 381
B. Art des Fischereibetriebes 382
C. Das Fischerpersonal 382
D. Ertrag der Fischerei 384
E. Förderung und Beaufsichtigung der Fischerei 385

Seite

Achter Abschnitt. Der Bergbau und das Hüttenwesen.

I. Allgemeines: Verwaltungsbezirke und Gesetzgebung 388
II. Der Erzbergbau.
A. Eisenerze 390
B. Zinkerze 391
C. Bleierze 392
D. Kupfererze 393
E. Kobalterze 394
F. Nickelerze 395
G. Arsenikerze 395
H. Antimonerze 395
I. Manganerze 395
III. Die Gewinnung von Kochsalz und anderen Salzen und Erden 396
A. Steinsalz 396
B. Siedesalz 397
C. Vitriol 399
D. Alaun 400
E. Flussspath 401
F. Graphit 401
G. Andere Mineralien 401
IV. Der Bergbau auf Steinkohlen und Braunkohlen 405
A. Steinkohlen 405
B. Braunkohlen 407
V. Die Verhüttung der Erze 408
A. Gold- und Silbergewinnung 408
B. Eisen- (und Stahl-) Hütten 409
C. Zinkhütten 415
D. Bleihütten 417
E. Kupfer- (auch Messing- und Selen-) Hütten 419
F. Hüttenwerke auf sonstige Producte 420
VI. Die Arbeiterverhältnisse.
A. Grösse der Arbeiterbevölkerung 421
B. Verunglückungen beim Bergbau 423
C. Knappschaftsvereine 423
VII. Das grosse Capital im Bergbau und Hüttenbetrieb 425
VIII. Beförderung und Oberaufsicht des Berg- und Hüttenwesens durch den Staat, Betrieb fiscalischer Unternehmungen.
A. Staatsbehörden 429
1. Allgemeine Bergbaubehörden 429
2. Behörden für fiscalische Werke 430
B. Gesetze und Verordnungen 432
C. Bergwerksverleihungen und Zahl der Bergwerke 434
D. Unterrichtsanstalten 435
E. Bergbau-Hilfscassen 436
F. Bergbauliche Communications-Anstalten 437
G. Tiefbohrungen des Staates 437

Neunter Abschnitt. Die grosse und kleine Industrie.

I. Metallurgische Industrie 438
II. Maschinen-, Wagen- und Schiffsbau 440
III. Fabrication von Instrumenten 441

Seite

IV. Fabrication von Metallwaaren (mit Ausnahme von Maschinen und Instrumenten 441
V. Mineralurgische Industrie 443
VI. Fabrication chemischer und pharmazeutischer Producte 444
VII. Fabrication von Consumtibilien incl. Tabak.
1. Ueberhaupt 445
2. Die Brauerei insbesondere 447
3. Die Branntweinbrennerei 447
VIII. Textilindustrie.
A. Bereitung von Gespinnsten und Geflechten 449
B. Weberei, Zeug- und Bandwaaren-Manufactur 450
C. Zurichtung von Geweben u. dgl. 453
IX. Fabrication von Kleidung, Wäsche, Putz, Toilette 454
X. Industrie zur Erzeugung von Leder und Lederarbeiten, Gummi-, Filz- und Pelzwaaren 455
XI. Industrie zur Erzeugung von Holz-, Horn-, Fischbein-, Elfenbein- und ähnlichen Waaren 456
XII. Industrie zur Erzeugung und Verarbeitung von Papier, Pappe und ähnlichem Material 457
XIII. Polygraphische Gewerbe 458
XIV. Baugewerbe 459
XV. Verschiedene andere Industriezweige 459
XVI. Recapitulation der beschäftigten Personen 460
XVII. Motoren der Industrie 461

Zehnter Abschnitt. **Der Handel.**

I. Handelszweige 463
II. Marktverkehr 465
III. Handel mit dem Auslande 467
A. Generalhandel 468
B. Specialhandel 480

Elfter Abschnitt. **Die öffentlichen Bauten.**

I. Verkehrswege im Allgemeinen 500
II. Die Eisenbahnen insbesondere 501
A. Die Länge der Eisenbahnen 502
1. Wachsthum der Eisenbahnen 503
2. Gegenwärtiger Zustand 506
B. Das Anlagecapital der Eisenbahnen.
1. Verfügbare Capitalien 511
2. Verwendete Capitalien 512

Seite

Zwölfter Abschnitt. **Der Verkehr.**

I. Der Postverkehr 516

A. Betriebskräfte und Betriebsmittel.

1. Behörden und Beamte 516
2. Postanstalten und sachliche Einrichtungen 519
3. Wege und Fahrten 521

B. Materielle Leistungen der Post.

1. Personenbeförderung 523
2. Beförderung von Briefen u. s. Gegenständen der Stückzahl nach 523
3. Beförderung von Gegenständen dem Gewichte nach 526
4. Beförderung von Werthgegenständen 527

C. Finanzielle Ergebnisse 528

1. Die Roheinnahmen 528
2. Die Ausgaben 530

II. Der Telegraphenverkehr 532

A. Telegraphenanlagen 533

B. Telegraphenverwaltung 534

C. Materielle Leistungen der Telegraphie.

1. Anzahl der Depeschen 536
2. Länge der Depeschen 537
3. Antheil der Eisenbahn-Telegraphen am Depeschenverkehr 538

D. Finanzielle Ergebnisse der Telegraphenverwaltung 539

III. Der Eisenbahnverkehr 540

A. Betriebsmittel 540

B. Betriebsergebnisse 543

C. Betriebsstörungen und Unglücksfälle 548

D. Finanzresultate 549

E. Beamten- und Arbeiterpersonal 554

F. Beamten-Pensions-, Unterstützungscassen u. dgl. 555

IV. Seeschiffahrt.

A. Rhederei 556

1. Grösse der Handelsmarine 558
2. Bauart der Schiffe 559
3. Mannschaften 560
4. Unglücksfälle 561

B. Reisen preussischer Schiffe 561

C. Hafenverkehr.

1. Eingegangene Seeschiffe 563
2. Ausgegangene Seeschiffe 565

V. Binnenschiffahrt 567

VI. Verkehr auf den gewöhnlichen Strassen 568

VII. Verkehr in Gast- und Schankwirthschaften 569

Dreizehnter Abschnitt. **Das Versicherungswesen.**

I. Die Feuerversicherung 571

A. Versicherungsanstalten mit festbegrenztem Gebiete.

1. Oeffentliche Societäten 571
2. Privatsocietäten für Immobilienversicherung mit Geldentschädigung 577
3. Verbände für Mobiliarversicherung mit Geldentschädigung 581
4. Gesellschaften für Vergütung von Feuerschäden durch Naturalien 582

B. Gegenseitigkeits-Gesellschaften ohne Begrenzung auf Preussen 583

Seite

C. Actiengesellschaften.
1. Preussische Gesellschaften 583
2. Ausländische Gesellschaften 587
D. Zusammenstellung 589

II. Die Lebensversicherung.
A. Versicherungs-Gesellschaften 589
B. Capitalversicherung auf den Todesfall 591
C. Capitalversicherung auf den Lebensfall 592

Anhang.

Zu Abschnitt II.: Die Wohnplätze.
A. Zahl der Wohnplätze 600
B. Bevölkerung der grösseren Städte 602

Zu Abschnitt IV.: Die Bevölkerung.
A. Stand der Bevölkerung 604
B. Bewegung der Bevölkerung.
1. Einwanderungen 608
2. Auswanderungen 610

Zu Abschnitt V.: Das Grundeigenthum.
A. Anzahl der Gebäude 611
B. Entlastung des Grundeigenthums 613

Druckfehler.

Seite 8 Z. 1 v. u.: l. »Flächenraum« statt »chenraum«.
» 51 bei Damm, letzte Zahlen-Columne: l. »85,71« statt »35,71«.
» 119 Z. 19 v. unten: l. »der« statt »des«.
» 139 unterste Zeile, letzte Columne: lies »3.639 431« statt »3.639 4«.

Erster Abschnitt.

Das Staatsgebiet.

I. Frühere und jetzige Ausdehnung.

Der preussische Staat erstreckt sich über einen Flächenraum von 5103,97 geographischen Quadratmeilen *). Diesen Umfang erreichte er im Laufe der Zeit durch die Staatsweisheit der jüngeren Linie des Hohenzollernschen Fürstengeschlechts, welche (von den Besitzungen in Franken abgesehen) im Jahre 1440 in der Mark Brandenburg die Landeshoheit über nur 423,38 geographische □ Mln. besass. Es erwarb Kurfürst Friedrich II. 190,84, Albrecht Achill 38,52, Johann Cicero 7,50, Joachim I. 32,97, Johann Georg 23,31, Johann Sigismund 756,47, Friedrich Wilhelm 640,71, König Friedrich I. 30,67, Friedrich Wilhelm I. 116,27 □ Mln.

Flächeninhalt der preussischen Monarchie bei dem Regierungsantritte Friedrichs des Grossen.

			geograph. Q.-Mln.
I. Königreich Preussen (Ost-)			657,13
II. Deutsche Provinzen			1488,86
a. Obersächsische Kreisländer		1183,67	
1. Kurmark nebst der Grafschaft Wernigerode	513,87		
2. Neumark	201,85		
3. Pommern	456,61		
4. Mansfeld (preussischen Antheils)	11,04		
b. Niedersächsische Kreisländer		137,63	
1. Magdeburg	101,07		
2. Halberstadt mit der Herrschaft Derenburg	28,35		
3. Hohnstein	8,21		
c. Westfälische Kreisländer		167,76	
1. Kleve	32,48		
2. Mark mit Lippstadt	48,33		
3. Limburg (Hohen-)	1,61		
4. Ravensberg	16,62		
5. Minden	21,76		
6. Lingen	13,26		
7. Tecklenburg	7,49		
8. Geldern (Oberquartier)	21,94		
9. Mörs	3,97		
III. Neuchatel und Valengin			13,95
			2159,94

*) Neueste Messungen nach den vom königlichen Generalstabe herausgegebenen Karten, welche mit Ausnahme der Provinz Preussen und des Regierungsbezirks Bromberg über den ganzen Staat vorhanden sind, ergeben einen Flächenraum von 6098,91 Q.-Mln. Da diese Berechnung jedoch weder amtlich als massgebend anerkannt ist, noch angesichts der unvollständigen Aufnahme und der erst bevorstehenden allgemeinen Catastrirung endgiltig zuverlässig sein kann, ist es als nothwendig erschienen, auf den früheren Berechnungen zu beharren.

Flächeninhalt der preussischen Monarchie im Jahre 1786 bei dem Tode Friedrichs des Grossen.

			geograph. Q.-Mln.
I. Preussische Provinzen			1302,13
a. Ostpreussen		705,90	
b. Westpreussen und Netzdistrict		596,23	
II. Schlesien mit Glatz			680,43
III. Deutsche Provinzen			1593,12
a. Obersächsische Kreisländer		1184,79	
1. Kurmark nebst der Grafschaft Wernigerode	515,19		
2. Neumark	201,95		
3. Pommern	456,61		
4. Mansfeld (preussischen Antheils)	11,04		
b. Niedersächsische Kreisländer		136,31	
1. Magdeburg	99,75		
2. Halberstadt mit der Herrschaft Derenburg	28,35		
3. Hohnstein	8,21		
c. Westfälische Kreisländer		272,02	
1. Kleve	82,50		
2. Mark mit Lippstadt	48,23		
3. Limburg (Hohen-)	1,81		
4. Ravensberg	16,62		
5. Minden	21,76		
6. Lingen	13,26		
7. Tecklenburg	7,49		
8. Geldern (Oberquartier)	21,04		
9. Mörs	3,07		
10. Ostfriesland	54,26		
IV. Neuchatel und Valengin			13,95
			3589,62

Flächeninhalt der preussischen Monarchie im Jahre 1797 bei dem Tode Friedrich Wilhelm's II.

			geograph. Q.-Mln.
I. Preussische Provinzen			3157,36
a. Ostpreussen		705,90	
b. Westpreussen mit den Gebieten von Danzig und Thorn		617,06	
c. Südpreussen		1014,97	
d. Neu-Ostpreussen		818,53	
II. Schlesische Provinzen			721,37
a. Niederschlesien		402,90	
b. Oberschlesien		247,50	
c. Glatz		29,67	
d. Neuschlesien		40,94	
III. Deutsche Provinzen			1658,88
a. Obersächsische Kreisländer		1184,79	
1. Kurmark nebst der Grafschaft Wernigerode	515,19		
2. Neumark	201,95		
3. Pommern	456,61		
4. Mansfeld (preussischen Antheils)	11,04		
b. Niedersächsische Kreisländer		136,31	
1. Magdeburg	99,75		
2. Halberstadt mit der Herrschaft Derenburg	28,35		
3. Hohnstein	8,21		
		Latus	5537,61

			geograph. Q.-Mln.
		Transport	5537,61
c. Westfälische Kreisländer		178,60	
1. Kleve (preussisch geblieben)	15,07		
2. Mark mit Lippstadt	48,33		
3. Limburg (Hohen-)	1,81		
4. Ravensberg	16,67		
5. Minden	21,76		
6. Lingen	13,76		
7. Tecklenburg	7,49		
8. Ostfriesland	54,36		
d. Fränkische Kreisländer		159,18	
1. Anspach	83,03		
2. Baireuth	76,15		
IV. Neuchatel und Valengin			13,95
			5551,56

Flächeninhalt der preussischen Monarchie unter der Regierung Friedrich Wilhelm's III. bis zum Frieden von Tilsit.

			geograph. Q.-Mln.
I. Preussische Provinzen			3157,86
a. Ostpreussen		705,90	
b. Westpreussen		617,96	
c. Südpreussen		1014,37	
d. Neu-Ostpreussen		818,53	
II. Schlesische Provinzen			721,37
a. Niederschlesien		402,98	
b. Oberschlesien		247,58	
c. Glatz		29,87	
d. Neuschlesien		40,94	
III. Deutsche Provinzen			1832,73
a. Obersächsische Kreisländer		1220,85	
1. Kurmark nebst der Grafschaft Wernigerode	515,19		
2. Neumark	201,88		
3. Pommern	456,61		
4. Mansfeld (preussischen Antheils)	11,04		
5. Erfurt mit Blankenhain und Nieder-Kranichfeld	12,99		
6. Eichsfeld mit Treffurt und Dorla (Antheil)	20,36		
7. Quedlinburg	1,98		
b. Niedersächsische Kreisländer		171,47	
1. Magdeburg	99,75		
2. Halberstadt mit der Herrschaft Derenburg	28,35		
3. Hohnstein	8,71		
4. Hildesheim mit Goslar	30,16		
5. Mühlhausen	4,77		
6. Nordhausen	0,28		
c. Westfälische Kreisländer		281,03	
1. Kleve mit Elten	15,39		
2. Mark mit Lippstadt	48,33		
3. Limburg (Hohen-)	1,81		
4. Ravensberg	16,67		
5. Minden	21,76		
6. Lingen	13,76		
7. Tecklenburg	7,49		
8. Ostfriesland	54,76		
9. Münster mit Kappenberg	54,31		
		Latus	5710,96

		geograph. Q.-Mln.
	Transport	5710,96
10. Paderborn	44,05	
11. Essen und Werden	8,73	
d. Fränkische Kreisländer	159,16	
1. Anspach	83,03	
2. Baireuth	76,13	
IV. Neuchatel und Valengin		13,95
		5724,91

Flächeninhalt der preussischen Monarchie unter der Regierung Friedrich Wilhelm's III. nach dem Frieden von Tilsit.

		geograph. Q.-Mln.
I. Preussische Provinzen		1071,49
a. Ostpreussen	705,90	
b. Westpreussen mit einem Theil des Netzdistricts	365,59	
II. Schlesische Provinzen		680,43
a. Niederschlesien	402,90	
b. Oberschlesien	247,56	
c. Glatz	29,97	
III. Deutsche Provinzen		1117,74
a. Kurmark	386,63	
b. Neumark	228,17	
c. Pommern	456,61	
d. Magdeburg (rechts der Elbe)	46,33	
		2869,76

Verlust durch den Frieden von Tilsit.

		geograph. Q.-Mln.
I. An Warschau		1947,06
a. Südpreussen	1014,97	
b. Neu-Ostpreussen	658,00	
c. Theil von Westpreussen und dem Netzdistrict	233,15	
d. Neuschlesien	40,94	
II. Danzig mit einem erweiterten Gebiet		19,12
III. An Russland		160,53
a. Bialystock (von Neu-Ostpreussen)	160,53	
IV. An Sachsen		18,02
a. Kreis Kottbus (von der Kurmark)	18,02	
V. An Westfalen		325,70
a. Die Altmark und einige Ortschaften der Priegnitz auf dem linken Ufer der Elbe	79,68	
b. Magdeburg links der Elbe	53,42	
c. Mansfeld (preussischen Antheils)	11,04	
d. Wernigerode	4,64	
e. Eichsfeld mit Treffurt und Dorla	20,04	
f. Quedlinburg	1,93	
g. Halberstadt mit Derenburg	28,25	
h. Hohnstein	9,24	
i. Hildesheim mit Goslar	30,16	
k. Mühlhausen	4,72	
l. Nordhausen	0,36	
m. Paderborn	44,05	
n. Minden	21,76	
o. Ravensberg	16,62	
	Latus	2470,43

		geograph. Q.-Mln.
Transport		2470,43
VI. An Berg		144,34
a. Mark mit Lippstadt	48,33	
b. Lingen	13,26	
c. Tecklenburg	7,49	
d. Münster mit Kappenberg	54,21	
e. Essen und Werden	3,78	
f. Limburg (Hohen-)	1,81	
g. Kleve mit Elten	15,39	
VII. An Holland		54,26
a. Ostfriesland	54,26	
VIII. An Baiern		159,18
a. Anspach	83,03	
b. Baireuth	76,15	
IX. An Frankreich		26,94
a. Erfurt mit Blankenhain und Nieder-Kranichfeld	12,99	
b. Neuchatel und Valengin	13,95	
		2855,15

Flächeninhalt der preussischen Monarchie nach den Bestimmungen des Wiener Congresses und der damit zusammenhängenden Verträge.

		geograph. Q.-Mln.
I. Flächeninhalt des preussischen Staats i. J. 1812		2860,76
II. Wiedererworbene ältere Landestheile.		
1. Preussische		643,63
a. Theile von Westpreussen	90,01	
b. Theile vom Netzdistrict	143,14	
c. Danzig	19,19	
d. Theil von Südpreussen	387,63	
e. einige Ortschaften von Neu-Ostpreussen	3,78	
2. Deutsche		481,39
a. die Altmark mit den auf dem linken Ufer der Elbe belegenen Ortschaften der Priegnitz	79,68	
b. Kreis Kottbus	18,92	
c. Magdeburg links der Elbe	53,42	
d. Mansfeld (preussischen Antheils)	11,04	
e. Wernigerode	4,64	
f. Eichsfeld mit Treffurt und Dorla ausschliesslich der an Hannover überlassenen Aemter Lindau und Gieboldshausen und des Gerichts Duderstadt	17,10	
g. Quedlinburg	1,93	
h. Halberstadt mit Derenburg	28,35	
i. Hohnstein	8,21	
k. Mühlhausen	4,72	
l. Nordhausen	0,38	
m. Paderborn	44,05	
n. Minden	21,76	
o. Ravensberg	16,53	
p. Mark mit Lippstadt	48,33	
q. Lingen mit Ausnahme von Nieder-Lingen	3,87	
r. Tecklenburg	7,49	
s. Theil von Münster	53,33	
t. Essen und Werden	[illegible]	
u. Limburg (Hohen-)	1,81	
v. Kleve (zum Theil) mit Elten	31,50	
w. Erfurt (zum Theil)	7,45	
Latus		3994,80

		geograph. Q.-Mln.
Transport		3994,80
x. Geldern	10,07	
y. Mörs	3,97	
3. Neuchatel und Valengin		13,93
III. Neuerworbene Landestheile.		
1. Von deutschen Staaten		735,07
a. Von Sachsen .... der Kreis Wittenberg ganz, Theile der Kreise Meissen, Leipzig, Thüringen und des Neustädter mit den voigtländischen Enclaven, die Niederlausitz, der nordöstliche Theil der Oberlausitz mit den darin eingeschlossenen böhmischen Ortschaften, das Fürstenthum Querfurt, der sächsische Antheil von Mansfeld und Henneberg, die Hoheit über die Grafschaft Stolberg und die Aemter Heeringen und Kelbra, der grössere Theil der Stifter Merseburg und Naumburg; dann von dem aufgelösten Königreich Westfalen die Grafschaft Barby, die Aemter Gommern und Walter-Nienburg und die sächsischen Antheile von Mansfeld, Treffurt und Dorla.	387,11	
b. das Herzogthum Berg	55,88	
c. vom Grossherzogthum Hessen .... das Herzogthum Westfalen und die Grafschaften Wittgenstein und Berleburg.	76,73	
d. von Hannover .... die Aemter Klötze und Recheberg etc.	4,39	
e. vom Grossherzogthum Frankfurt .... die Stadt Wetzlar.	0,33	
f. von Weimar .... das Dorf Ringleben.	0,14	
g. von den Fürstenthümern Schwarzburg .... das Amt Bodungen etc.	1,50	
h. von Nassau .... das Fürstenthum Siegen mit den Aemtern Burbach und Neunkirchen, die ehemals kölnischen und trierschen Aemter, die Grafschaft Altenkirchen, die Hoheit über die fürstlich wiedschen und solms'schen Aemter und die oranischen Entschädigungländer Korvey und Dortmund.	51,36	
i. die Landeshoheit über die mediatisirten Besitzungen der Herzoge von Aremberg und Croy, der Fürsten von Salm-Salm, Salm-Kyrburg, Salm-Horstmar und Rheina-Wolbeck, über die Grafschaften Steinfurt und Rietberg, über die Herrschaften Gehmen, Homburg, Gimborn, Neustadt und Rheda und über die Baronie Schauen	77,34	
2. Von Dänemark .... Neu-Vorpommern mit der Insel Rügen.	79,46	
3. Von Frankreich .... das Departement Rhein und Mosel ganz und Theile der Departements Roer, Saar, Ourthe, der Wälder, der Niedermaass und der Mosel.	342,20	
		5086,02

Flächeninhalt der preussischen Monarchie im Jahre 1840 bei dem Tode Friedrich Wilhelm's III.

		geograph. Q.-Mln.
I. Preussische Provinzen		1714,24
a. Preussen	1178,03	
b. Posen	536,21	
II. Deutsche Provinzen		3368,33
a. Brandenburg	734,14	
b. Pommern	576,72	
c. Schlesien	741,74	
d. Sachsen	460,63	
e. Westfalen	367,96	
f. Rhein	487,14	
III. Neuchatel und Valengin		13,95
		5096,52

Flächeninhalt der preussischen Monarchie im Jahre 1861 bei dem Tode Friedrich Wilhelm's IV.

		geograph. Q.-Mln.
I. Preussische Provinzen		1714,24
a. Preussen	1178,03	
b. Posen	536,21	
II. Deutsche Provinzen		3389,73
a. Brandenburg	734,14	
b. Pommern	576,72	
c. Schlesien	741,74	
d. Sachsen	460,63	
e. Westfalen	368,21	
f. Rhein	487,14	
g. Hohenzollern	21,15	
		5103,97

II. Geographische Lage.

Der preussische Staat besteht aus einem östlichen und einem westlichen Hauptgebiete und einer Anzahl kleinerer, zum Theil in geringer, zum Theil in grösserer Entfernung von ihnen belegener Aussengebiete (Exclaven).

Der grössere Haupttheil (einschliesslich der ihm nahe gelegenen Exclaven 4227,47 □Mln. gross) liegt zwischen 49° 49′ 47″ und 55° 52′ 56″ nördlicher Breite und zwischen 27° 33′ 9″ und 40° 32′ 25″ östlicher Länge, der kleinere (855,10 □Mln.) zwischen 49° 6′ 45″ und 52° 31′ 57″ n. Br. und zwischen 23° 31′ 50″ und 27° 7′ 41″ ö. L. Zwei von diesen beiden Massen ziemlich weit entfernte Exclaven sind Hohenzollern und das Jadegebiet; die erstere (21,15 □Mln.) erstreckt sich in einem Haupt- und 10 kleineren Stücken von 47° 36′ bis 48° 27′ 40″ n. Br. und von 26° 12′ 30″ bis 27° 24′ 30″ ö. L., letztere (aus zwei Theilen bestehend und 0,25 □Mln. gross) von 53° 30′ 32″ bis 53° 31′ 57″ n. Br. und von 25° 46′ 18″ bis 25° 54′ 14″ ö. L.

Am südlichsten Punkte der Monarchie dauert der längste Tag 15 Stunden 47 Minuten, am nördlichsten 17 Stunden 19 Minuten; die Sonne geht dem östlichsten Punkte 1 Stunde 8 Minuten früher auf, als dem westlichsten.

Die eigenthümliche Streckung und vielfache Durchbrochenheit des preussischen Staatsgebietes macht die Grenzlinien denjenigen anderer Länder gegenüber ausserordentlich lang und durcheinandergehend.

Die geschlossene Masse des östlichen Haupttheils grenzt im Norden mit den Provinzen Pommern und Preussen*) auf einer Strecke von 115½ geographischen Meilen (zu 1970½ preussischen Ruthen) an die Ostsee, im Osten (Preussen, Posen, Schlesien) auf 175 Mln. an Russland und Polen, im Südosten und Süden (Schlesien) 104 Mln. an Oesterreich und (mit Schlesien und Sachsen) 60½ Mln. an das Königreich Sachsen, ferner (Provinz Sachsen) im Süden und im Südwesten 65½ Mln. an die sachsen-ernestinischen Länder, Reuss jüngerer Linie und beide Schwarzburg, 11½ Mln. an Kurhessen, im Westen an Hannover auf überhaupt 54 Mln. (incl. einer kurzen Grenzstrecke gegen die Provinz Brandenburg), an Braunschweig auf überhaupt 30½ und Anhalt-Bernburg 17½ Mln., im Nordwesten (Brandenburg und Pommern) an beide Mecklenburg 86½ Mln. Bei 736½ Mln. gesammter Grenzlänge kommt eine Meile Länge durchschnittlich auf 5,87 □Mln. Raum dieses Gebiets.

Die geschlossene Masse des westlichen Haupttheils grenzt im Norden mit der Provinz Westfalen an Hannover (ganze Grenzlinie incl. der übrigen Strecken nach Osten 52½ Mln.), im Nordosten und Osten an beide Lippe auf 23½, Kurhessen (überhaupt 8½ Mln.), Braunschweig auf 3½, Hannover, Waldeck auf 15½ Mln. Länge; im Südosten und Süden (Westfalen und Rheinprovinz) schliessen sich daran das Grossherzogthum Hessen auf 10 und Nassau auf 33½ Mln., gegen die Rheinprovinz allein Hessen-Homburg auf 8, oldenburgisch Birkenfeld 23½ und Bayern 22½ Mln., im Südwesten und Nordwesten Frankreich auf 15½, Luxemburg 19½ und Belgien 12½ Mln., den Schluss nach Norden zu (gegen beide Provinzen) machen die Niederlande auf 51½ Mln. Von dieser Grenzlinie, 299½ Mln., kommt je eine Meile auf durchschnittlich 2,79 □Mln. Flächenraum.

In die Grenzen des preussischen Staates fällt eine beträchtliche Zahl von Enclaven, Gebietstheilen andrer deutschen Länder, und selbst ein ganzes Herzogthum. Innerhalb des östlichen Hauptgebietes: unter 53° n. Br. und 30½° ö. L. die mecklenburgischen Orte Schönberg, Netzeband und Rossow; 52½° Br. und 29° L. das braunschweigische Amt Kalvörde; 51½—52½° Br. und 28½—30½° L. in einem Haupt- und 6 kleineren Stücken Anhalt-Dessau-Köthen und das Unterherzogthum Bernburg; 51½° Br. und 29° L. die weimarischen Aemter Allstedt und Oldisleben; 51½° Br. und 28½—28$\frac{1}{10}$° L. die schwarzburgischen Unterherrschaften und bei 51½° Br. und 28½° L. das gothaische Amt Volkerode; nahe an 51° Br. und 30° L. der altenburgische Ort Mumsdorf. Im westlichen Hauptgebiet liegen nur vier lippesche Enclaven: 51½° Br. und 26½° L. das Dorf Grävenhagen, 51½° Br. und 26° L. das Amt Lipperode und das Stift Kappel. Diese sämmtlichen fremden Gebiete, welche an überhaupt 17 Stellen von preussischen umschlossen sind, nehmen einen Raum von 56,46 □Mln. ein, und zwar:

in der Provinz Brandenburg	1,16	□Mln.	von	Mecklenburg-Schwerin;
zwischen Brandenburg und Sachsen	35,40	-	-	Anhalt;
in der Provinz Sachsen	1,04	-	-	-
	1,91	-	-	Braunschweig,
	2,43	-	-	Sachsen-Weimar,
	1,04	-	-	- Gotha,
	0,06	-	-	- Altenburg,
	9,43	-	-	Schwarzb.-Sondershausen,
	3,74	-	-	- Rudolstadt;
in der Provinz Westfalen	0,23	-	-	Lippe-Detmold.

Neben dem in sich geschlossenen östlichen Haupttheil des Staates liegen anderseits folgende preussische Exclaven:

sechs Ortschaften (Duckow, Zettemin u. a.) in Mecklenburg 53½° Br. und 30½° L., das Vorwerk Gross-Menow 53½° Br. und 30½° L.;

der Wolfsburger Werder, 2 Parzellen, in Braunschweig 52½° Br. und 28½° L., der Felsen Regenstein 51½° Br. und 28½° L., die Stadt Benneckenstein zwischen Braunschweig und Hannover 51½° Br. und 28½° L., die Dörfer Steinbrücken und Abberode ohne Gebiet in Anhalt-Bernburg 51½° Br. und 28$\frac{1}{10}$° L.;

---

*) Wegen der Provinzen wird auf den Abschnitt »Administrative Eintheilung« verwiesen. Die Insel Rügen ist sammt ihren tiefer einschneidenden Buchten sowohl in den Flächenraum als in die Grenzlinie mit eingerechnet.

die Aemter Wandersleben und Mühlberg in Sachsen-Gotha 50¾° Br. und 28¼° L., Molschütz und Abtei Löbnitz in Sachsen-Meiningen $51\frac{1}{16}$° Br. und 29⅔° L., Kischlitz in Sachsen-Altenburg 51° Br. und 29¼° L.;

der Kreis Schleusingen zwischen Kurhessen, Koburg-Gotha, Weimar, Schwarzburg-Sondershausen und Meiningen (8,43 □Mln.) 50⅓—50⅔° Br. und 28¼—28⅔° L.;

der Kreis Ziegenrück in 7 Parzellen, welche ihrerseits eine altenburgische von 0,81 □Mln. einschliessen, zwischen Meiningen, Weimar, Reuss, Schwarzburg-Rudolstadt und Bayern 50⅔—$50\frac{1}{16}$° Br. und $29\frac{1}{16}$—29⅓° L. (zusammen 3,78 □Mln.).

Hierzu treten die von Enclaven eingeschlossenen preussischen Gebiete: im Amt Kalvörde der Klüdener Pax, in Anhalt 5 Parzellen zwischen 51⅓ und $51\frac{5}{16}$° Br. und zwischen 29⅓ und 30° L.

Neben dem westlichen Haupttheil des Staates liegen:

die Stadt Lügde $51\frac{1}{16}$° Br. und 26⅔° L. zwischen Lippe-Detmold und waldeckischem Gebiet;

der Kreis Wetzlar in zwei Stücken zwischen Nassau, Kurhessen und Hessen-Darmstadt von 50⅓—50⅔° Br. und $25\frac{1}{16}$—26¼° L.

Von den hohenzollernschen Landen ist der grösste Theil durch Württemberg und Baden begrenzt und umschliesst 2 badische und 3 württembergische Gebiete, während andernseits preussische Exclaven in jenen Ländern und in Bayern liegen.

Im Jadegebiet sind nur 0,07 □Mln. festes Land, der Rest wird von der Einfahrt in den Jadebusen gebildet.

Hohenzollern und Jadegebiet ausser Berechnung gelassen, bedecken die preussischen Exclaven, 28 an der Zahl, einen Flächenraum von insgesammt 25,63 □Mln. Davon gehören 0,77 □Mln. zur Provinz Pommern, 0,08 zu Brandenburg, 14,88 zu Sachsen, 0,39 zu Westfalen und 9,64 zur Rheinprovinz,

---

III. Orographische Gestaltung.

Der Bodencharakter des preussischen Staates ist, zumal im Norden, wesentlich Tiefebene, südwärts von Gebirgen begrenzt und durchzogen; doch finden sich auch in höheren Breiten Berggegenden und einzelne Gipfel.

A. Das Berg- und Hügelland.

Die südöstlichste Spitze des **östlichen Haupttheils** unter 49¾° n. Br. und 36° ö. L. wird noch von den Karpathen berührt. An sie schliessen sich, im Allgemeinen als Grenzgebirge zwischen Schlesien und Oesterreich etwa 42 Meilen lang in westnordwestlicher Richtung bis 51¼° n. Br. und 32¼° ö. L. fortlaufend, die Sudeten an, gestreckte Rücken mit einzelnen Kuppen, dazwischen mit wenigen Ausnahmen breite und schön gesenkte Thäler. Zu dem in Preussen liegenden Theile dieses Gebirges gehören: *a)* Vom wellenförmigen mährisch-schlesischen Gesenke die bis 800′ hohen nordöstlichen Ausläufer. *b)* Vom Glatzer Gebirgszug das Altvatergebirge mit dem 4300 pariser Fuss hohen Spieglitzer Schneeberg, der Wasserscheide der Nordsee und des schwarzen Meeres, unter 50½° Br. und 34¼° L.; nördlich davon das Reichensteiner Gebirge mit dem 2926′ hohen Heidelberge unter 50¼° n. Br. und 34⅔° ö. L.; das steil abfallende Eulengebirge, dessen höchster Gipfel die 3075′ hohe Eule unter $50\frac{1}{16}$° Br. und 34⅓° L. ist; die isolirte Gruppe des Zobten von 2226′ Höhe (50⅓° Br. und 34⅓° L.); im Südwesten das Habelschwerdter, das Reinerzgebirge mit der hohen Mense von 3276′ (50⅓° n. Br. und 34° ö. L.) und das Heuscheuergebirge, welches seinen Namen von dem steilen grossen Heuscheuer unter 50⅓° Br. und 34° L. (2810′) erhielt; nordwestlich im Vorlande die 1300—1700′ hohen Schweidnitzer und Waldenburger Berge. *c)* An die Abfälle des Heuscheuergebirges schliesst sich in nordwestlicher Streichung das Riesengebirge von 6—7 Meilen Breite und mit einem Kamm von 4000′ Höhe; die höchsten Felskegel sind die Schneekoppe (5000′) unter 50¾° n. Br. und 33¼° ö. L., das grosse Rad (4664′)

die grosse Sturmhaube (4562'), die kleine Koppe (4222') und der Reifträger (4384'); nördlich ziehen sich meist isolirte Vorberge von 600—2000' Höhe in ziemlicher Breite fort. *d)* Das Isergebirge mit einem ausgedehnten Nordabfall und der 3419' hohen Tafelfichte unter 50¾° Br. und 33° L. *e)* Das nordwestlichste Glied des Sudetenzuges bildet das lausitzer Gebirge, dessen viele Aeste und isolirte Kegel allmälig in das Flachland verlaufen; unter den Bergen ist die 1335' hohe Landeskrone zu erwähnen (51⅙° Br. und 32⅝° L.).

Ziemlich den Sudeten parallel streicht in einiger Entfernung nördlich davon eine Hochebene mit einzelnen Bergrücken und hervorragenden Gipfeln fort. Das Plateau des polnischen Nachbarlandes geht in das Tarnowitzer über, in welchem der Trockenberg (50⅜° Br. und 36½° L.) 1074' hoch ist. Isolirt nach Westen zu an der Oder erhebt sich der Annaberg (1232') unter 50⅜° Br. und 35⅚° L. Das Plateau geht nordöstlich in die Rosenberger und die immer noch 600—800' hohen Trebnitzer Höhen über, welche sich sanft bis an das Ufer der Oder ziehen. Links derselben schliessen sich das Katzengebirge (51⅓° Br. und 33½° L.), die Dalkauer und Grüneberger Hügel (bis 700') an, der Börnel (660'), der Rückenberg (718' unter 51⅔° Br. und 32⅓° L.) unter den Sandhügeln von Sorau. Der kahle und ziemlich ausgedehnte Flemming (nahe 52° Br. und von 30⅔—31° L.) erhebt sich bis 600'. Weiter nach Westen zu folgen der 610' hohe Galgenberg (51½° n. Br. und 29⅓° ö. L.), der Reulsberg, der Hackel (750') und der 600' hohe Huywald (52° n. Br. und 28½° ö. L.); nordöstlich davon das Haldenslebensche Hügelland und die Hellberge (450') in der Altmark an der Grenze des östlichen Haupttheils.

Vom Tarnowitzer Plateau aus nach Nordwesten hin ist der Boden auf einer breiten Strecke wellenförmig gehoben, ohne dass einzelne Berge sich besonders auszeichnen. Nicht weit von der Ostseeküste dagegen beginnt ein breiterer und in mehreren Aesten nach Norden und Süden hin verzweigter Länderrücken, der sich bis tief in die Mittelmark und Priegnitz zieht. Der ostpreussische Landrücken, der östlichste Theil dieser Bodenerhebung, ist etwa 300—400' hoch, erreicht jedoch im Stablak (54½° n. Br. und 38½° ö. L.) 595'. Der pommersch-preussische Landrücken ist höher: der Thurmberg (54⅓° Br. und 35⅚° L.) 1015', die Höhe von Oberbuschkau (54⅙° Br. und 36⅓° L.) 814', der Birkhöferberg im Rummelsburger Berglande 792' u. s. w. Der märkische Landrücken mit den Freienwalder Höhen wiederum fällt in seinen höchsten Spitzen auf 300—600', und nur der Warnsdorfer Mühlenberg erhebt sich auf 620' Höhe.

An der Ostseeküste treten einzelne Hügel in Pommern hervor, so der Revekol bei Schmolsin auf 489', der Muttrinberg auf 615', der Höllenberg (54⅓° Br. und 34⅙° L.) 792' und der Gollenberg 442'; nur auf der Insel Rügen finden sich zusammenhängende Felsgruppen, die im Königsstuhl 409' Höhe erreichen.

Die letztbeschriebenen Plateaus und Höhenzüge haben, wie aus dieser Uebersicht hervorgeht, nur den Charakter hügliger Landschaften. Der Südwesten der östlichen Hauptgruppe der Monarchie dagegen ist zum grossen Theil gebirgig. Hierher gehört zunächst die kompacte Masse des Harzes mit seinen theils aus der Ebene aufsteigenden, theils in Vorbergen sich abstufenden Bergen und seinen theils kesselförmigen, theils tief eingeschnittenen Thälern. Vom Oberharz im Westen liegen auf preussischem Gebiete hart an der Grenze der Brocken (51⅘° n. Br. und 28⅓° ö. L.) von 3510', im östlichen Unterharz der Ramberg (51⅔° Br. und 28$\frac{1}{12}$° L.) von 1832' Höhe mit der Rosstrappe, südlicher der Birkenkopf (51⅔° Br. und 28⅓° L.) von 1561' und die Josephshöhe von 1530' Höhe.

Südlich vom Harz breitet das thüringische Hügelland sich aus. Auf einer Hochebene von etwa 800' Höhe erheben sich Hügelketten mit verschiedenem Namen, und dazwischen sind breite und tief geschnittene Thäler eingesenkt. Dem Oberharze zunächst liegt, einige hundert Fuss höher als der übrige Theil des Plateaus, das Eichsfeld mit den 1580' hohen Ohmbergen (51½° Br. und 28° L.), weiter östlich die Hainleite mit dem Kranichberg 985' (51$\frac{1}{12}$° Br. und 28⅓° L.), die Schmücke mit dem Kinfels (51⅓° Br. und 28$\frac{1}{12}$° L.) 1020', die hohe Schrecke mit dem Steiger 900' und die Finne (bis 51⅓° Br. und 29⅓° südöstlich streichend und bis 925' hoch). Nach Osten bis zum Saalufer hin dacht sich das Hügelland allmälig ab und setzt theilweise noch über den Fluss sich fort. Nach Süden dagegen steigt es in einzelnen Kuppen und Rücken zum Thüringer Walde hin; zu erwähnen sind hier der Erfurter Steiger (50$\frac{1}{12}$° Br. und 28$\frac{7}{12}$° L.) und der 1075' hohe Willroder Forst.

Westlich vom thüringer Hügelland trifft das sächsische Bergland mit seinen 400 bis 1000' hohen nördlichen Vorbergen das preussische Gebiet.

Dem Thüringerwalde gehört die Exclave Mühlberg mit der 1175' aufsteigenden Horst an, ferner der Kreis Schleusingen. Hier ist der Finsterberg (50$\frac{1}{2}$° Br. und 28$\frac{1}{2}$° L.) mit 2490' der höchste Gipfel.

Die Exclaven Ziegenrück, Gefell u. s. w. fallen in orographischer Beziehung in den Bereich des Frankenwaldes. Bei Drognitz und bei Liebengrün befinden sich Erhebungen von 1450'; der Tannberg bei Gosswitz misst 1378', der Rosenpiehl bei Gefell im Kämmerswald 1685'.

Auf den westlichen Haupttheil des preussischen Staates übergehend, treffen wir zunächst im östlichen Süntelgebirge auf einen Theil des Wesergebirges; dem 526' hohen Jakobsberge gegenüber fängt mit dem Wittekindsberge (807') unter 52$\frac{1}{4}$° n. Br. und 26$\frac{1}{2}$° ö. L. der schmale westliche Süntel an, zu welchem das Wiehengebirge und der Rödinghäuser Berg (52$\frac{1}{4}$° Br. und 26$\frac{1}{4}$° L.) von 1003' Höhe gehört. Vom Teutoburger Wald liegt in Westfalen der in einem bis drei schmalen Rücken sich von nahe 52° Br. und 26$\frac{1}{2}$° L. bis 52$\frac{1}{4}$° Br. und 25$\frac{1}{4}$° L. hinziehende Osning mit den noch gegen 1000' hohen Tecklenburger Bergen und dem Ibbenbürener Kohlengebirge. Nach Süden zu liegt das Plateau von Brakel und Paderborn mit dem Sindfelde und dem Warburger Walde, vom Eggegebirge durchzogen; im Norden ragt der Köterberg mit 1607' (51$\frac{3}{4}$° Br. und 27° L.), südlicher die Hausheide (51$\frac{3}{4}$° Br. und 26$\frac{1}{2}$° L.) mit 1360' Höhe hervor.

Westwärts vom Teutoburger Walde erheben sich aus der Ebene einzelne Hügelgruppen, wie die Höhen von Billerbeck, die Borkenberge, die Haardt, die hohe Mark; der höchste unter diesen zerstreuten Punkten ist der Lärberg mit 600'.

Der Haarstrang ist ein Bergzug von 800—1000' Höhe, welcher nach Norden im Hellweg sanft zur Lippe abfällt, während westlich (25$\frac{1}{2}$° L.) die steileren Böschungen des Ardei das Ruhrthal begrenzen.

Südlich vom Haarstrang schliesst sich an die mitteldeutschen Höhenzüge das Sauerländische Gebirge, ein Hochplateau mit mehreren Bergketten. Seine Theile sind: die Briloner Berge im Nordosten mit den 2333' hohen Bruchhäuser Steinen aus Porphyr (51$\frac{1}{3}$° Br. und 26$\frac{1}{4}$° L.); südlicher das Plateau von Winterberg mit dem kahlen Astenberge (51$\frac{1}{4}$° Br. und 26$\frac{1}{4}$° L.) von 2594', der Ziegenhelle und dem Kegelberge Hunau; westlicher der Arnsberger Wald (51$\frac{1}{3}$° Br. und 26° L.), das höhlenreiche Lennegebirge mit dem 2027' hohen Homert (51$\frac{1}{4}$° Br. und 25$\frac{1}{4}$° L.) und das Rothhaargebirge mit dem 2144' hohen Härdlerberge (51$\frac{1}{3}$° Br. und 25$\frac{1}{12}$° L.); daran stossen im Westen die Rüspe, das eigentliche Sauerland, das Ebbegebirge mit der 2046' hohen Nordhelle (51$\frac{1}{4}$° Br. und 25$\frac{1}{4}$° L.), das bergisch-märkische Kohlengebirge und die bergischen Waldberge in der Rheinprovinz.

Vom nördlichen Theile des Westerwalds liegen u. A. das 1600' hohe Plateau der kalten Eiche, der Giebelwald, das Siebengebirge und das Leuscheid in Preussen. Höchste Punkte sind in Westfalen: der Hochwald bei Littfeld von 2000' (51° Br. und 25$\frac{1}{2}$° L.), der Pfaffenhain von 2088', der Ederkopf von 1888', die Alteburg von 2027' (50$\frac{1}{2}$° Br. und 25$\frac{1}{12}$° L.) und die Burg bei Burbach von 1828'; am Rhein die Löwenburg von 1514' (50$\frac{1}{2}$° Br. und 24$\frac{7}{12}$° L.).

Die Exclave Wetzlar wird vom Taunus berührt.

Ganz im Westen des Staats liegt unter 50$\frac{1}{4}$—$\frac{1}{2}$° n. Br. und 23$\frac{1}{2}$—24$\frac{1}{4}$° ö. L. das hohe Veen, eine öde Hochfläche bis 2100' Erhebung über dem Meeresspiegel ohne ausgezeichnete Kämme und Gipfel. Sie wird südwärts durch die Schneeeifel (Doldenhöhe 2026' unter 50$\frac{1}{4}$° Br. und 24$\frac{1}{12}$° L., Wiesenstein bei Neuerhof 2186') von der Eifel geschieden. Diese ist ein sehr zerrissenes Plateau mit steilen Abfällen, aus dem sich die hohe Acht (50$\frac{1}{4}$° Br. und 24$\frac{7}{12}$° L.) 2324' erhebt; das nordöstliche Vorgebirge gegen den Rhein heisst die Ville.

Einen andern, mehr wellenförmigen Charakter hat die südlich der Eifel gelegene Hochebene des Hundsrücken, in welcher drei Gruppen hervortreten: im Osten der bis 2041' hohe Soonwald (Simmerer Kopf unter nahe 50° Br. und 25$\frac{1}{4}$° L.) und der Lützelsoon, dann der Idarwald mit dem Idarkopf von 2275' Höhe (49$\frac{3}{4}$° Br. und 24$\frac{7}{12}$° L.) und die Haardt, endlich der Hochwald mit dem Walderbeskopf von 2518' (49[illegible]° Br. und 24[illegible]° L.) und dem Schwarzwald von 2122' (49[illegible]° Br. und 24[illegible]° L.).

Das isolirte **Hohenzollern** ist ein Theil des schwäbischen Hochlandes und trägt von der schwäbischen Alp die Berge Kornbühl von 2732', Zollerberg von 2621' u. s. f.

Nach ungefährer Schätzung hat im östlichen Haupttheil der Monarchie nur der geringe Flächeninhalt von 280, im westlichen dagegen 300, in den hohenzollernschen Landen 20 Quadratmeilen den Gebirgscharakter, so dass dieser Kategorie noch nicht volle 16 pCt. des Gesammtareals angehören. Als Hügelland lassen sich etwa 400 □Mln. oder 8 pCt. annehmen. Der ganze Rest gehört dem ausgeprägten Flachlande an.

B. Das Tiefland.

Die Tiefebenen des preussischen Staates bieten in orographischer Beziehung wenig Unterschiede dar. Sie fallen, von den oben erwähnten Hügelketten durchbrochen, im Allgemeinen sanft von Süden nach Norden ab, so zwar, dass das Land an den Flussmündungen im Nordosten zum Theil niedriger als der Wasserspiegel liegt. Mit der bei Rügen angeführten Ausnahme geht das Küstenland, theilweis vom Meere selbst durch veränderliche Dünen geschützt, flach in den Meeresboden über.

Grössere Bodensenkungen inmitten des Flachlandes sind folgende: die Tilsiter Niederung, die Weichselniederung, der Netzebruch, der Warthe- und Obrabruch, der Oderbruch, der Spreewald, das Havelluch, die Niederung der schwarzen Elster, der Drömling, — sämmtlich im östlichen Haupttheil des Staates; das Münstersche Moorland und die Ebene des Niederrheins im westlichen Theile.

IV. Hydrographische Gestaltung.

A. Meeresküsten, Buchten und Inseln.

Auf einer Strecke von mehr als 115 geographischen Meilen wird der östliche Theil des preussischen Staates von der Ostsee bespült, deren Wasser salzarmer, heller und kälter, als das des Oceans, ist und an den Küsten leichter zufriert. Ist dies schon ein Uebelstand für die Schiffahrt, so wird derselbe noch dadurch vermehrt, dass der Meeresboden fast überall sanft zum festen Lande hinansteigt und wenig natürliche Anfuhrten für grössere Schiffe bildet. Nur die Insel Rügen stellt dem Meere steile Klippen entgegen, und hier finden sich daher tiefere Einschnitte, die jedoch wieder nicht geräumig genug sind, um ohne künstliche Bauten grosse und vor den Winden hinlänglich geschützte Becken zu bilden, und überdies durch vor ihnen sich erhebende Untiefen beeinträchtigt werden.

Die Küste läuft in ziemlich geraden, einförmigen Linien fort und bildet im Osten zwischen 54[illegible] und 54$\frac{1}{10}$° n. Br. und 36 und 37[illegible]° ö. L. nur eine grössere, halbkreisförmige Bucht, den Danziger Busen, dessen westlicher Theil südlich der Landzunge Hela das Putziger Wiek heisst, und vor dessen Eingang der Seeboden die grössere Tiefe von 45 bis 60 Faden hat. Durch die preussisch-mecklenburgische Halbinsel Dars und die vorspringende Lage der Insel Rügen wird die See noch an einigen anderen Stellen eingeengt.

Von Osten ausgehend, trifft man zunächst auf eine kleine Insel, die Greifswalder Oie (54[illegible]° Br. und 31[illegible]° L.), südwestlich davon auf die Insel Ruden. Hier beginnt der Greifswalder Bodden mit dem Spandowerhagener Wiek, dem dänischen Wiek, dem Kooser See und dem Gristower Bodden im Süden (ins Festland eingreifende Busen), dem Schoritzer Wiek, der Stresower Bucht, der Having, dem Hagenschen Wiek und dem Zicker See im Norden (letztere sämmtlich in die Insel Rügen eingreifend). Nach Westen zu verengt sich der Greifswalder Bodden zum Stralsunder Fahrwasser mit dem Devinschen See nach dem Festlande, dem Gleiwitzer, Gustower und Wamper Wiek nach Rügen zu. Hier liegt die Insel Dänholm (54$\frac{1}{10}$° Br. und 30[illegible]° L.). Zwischen den Bergen Stubbenkammer und Arcona wird die Insel Rügen vom Tromper Wiek (54$\frac{1}{2}$° Br. und 31$\frac{1}{3}$° L.) begrenzt. Im Westen lagert sich die langgestreckte, schmale Insel Hiddensee vor Rügen, von dieser geschieden durch den Vitter Bodden, den Schaproder Bodden, das Udarser Wiek und den Gellenstrom, welcher sich südlich zum Prohner Wiek und Kubitzer Bodden erweitert und dort mit dem Stralsunder Bodden zusammentrifft. Oestlich vom Gellen liegt die durch eine schmale Fahrt von Rügen getrennte Insel Ummanz. Vom Vitter Bodden aus (54$\frac{1}{2}$° Br. und 30$\frac{5}{6}$° L.) drängt sich die See mittels des Rassower Stroms, viele Buchten, Inseln und Halbinseln bildend, tief in die Insel Rügen hinein; nach Norden zweigt sich der Wiecker Bodden ab, nach Osten der Breetzer Bodden mit dem Neuendorfer Wiek, übergehend in den Breeger Bodden; von dem letzteren südlich liegen der grosse Jasmunder Bodden mit dem Tetitzer See und der kleine Jasmunder Bodden (54$\frac{1}{2}$° Br. und 31$\frac{1}{6}$° L.). Ausser den genannten Inseln erheben sich eine grosse Zahl kleinerer über den Wasserspiegel, und viele Seen und Teiche stehen in Verbindung mit den Meerbusen und Einfahrten derselben.

Von Hiddensee westlich dringt der Vierendahlsstrom in ähnlicher Weise tief in die Nordküste Pommerns ein: der Grabow, der Barther Bodden und die Fitt begrenzen südlich, der Prerowstrom westlich die Insel Zingst; der Bodstedter Bodden, der Koppelstrom und der Sasler Bodden schliessen sich daran und schneiden die Halbinsel des Dars, welche sich nach Mecklenburg öffnet, vom Festlande ab.

Von der Nordsee hat Preussen nur eine ganz geringe Küste durch das Jadegebiet erworben, dessen zwei Theile an der Mündung des Jadebusens einander gegenüber liegen.

B. Strand- und Landseen.

1. Haffe.

Die tiefe Lage des der Ostsee zunächst befindlichen Landes hat mehrere Beckenbildungen veranlasst, welche — von den in sie mündenden Flüssen mit Wasser gefüllt — dieses vermittelst schmaler Engen in das Meer ergiessen. Solche Strandseen von grosser Ausdehnung werden in Preussen Haffe genannt. Im hohen Norden befindet sich zunächst das kurische Haff (54$\frac{3}{4}$ bis 55$\frac{7}{12}$° Br. und 38$\frac{1}{6}$ bis 39$\frac{1}{12}$° L.), 29,47 □Mln. gross, das — von Süden nach Norden schmäler werdend — hier durch das Memeler Tief mit der Ostsee verbunden wird und mit dieser die schmale Landzunge »kurische Nehrung« bildet. An der Ostseite des Danziger Busens, von diesem durch die frische Nehrung getrennt, liegt (54$\frac{1}{3}$—$\frac{3}{4}$° Br. und 36$\frac{3}{4}$—38$\frac{1}{12}$° L.) das 15,15 □Mln. grosse frische Haff, dessen Ausfluss das Pillauer Gatt genannt wird. Weiter im Westen, durch drei Meerengen — Dievenow mit dem Fritzower See, Swine und Peene — mit der Ostsee verbunden, liegt das Stettiner Haff (53$\frac{2}{3}$ bis 54$\frac{1}{6}$° Br. und 31$\frac{1}{6}$ bis 32$\frac{1}{3}$° L.). Sein östlicher Theil heisst das grosse Haff mit der Pauledorfer Bucht, dem Papenwasser, dem Neuwarper See und dem Vietziger See; zwischen dem Dievenow- und dem anfangs vielarmigen Swinestrom breitet die Insel Wollin sich aus. Der westliche Theil, das kleine Haff, ergiesst sich durch den Peenestrom in das Spandowerhagener Wiek und begrenzt die Insel Usedom im Süden; die Peene erweitert sich in der Mitte ihres Laufs zum Achterwasser, mit dessen Einschluss das Stettiner Haff 16,02 □Mln. enthält.

2. Kleinere Strandseen.

Ausser diesen Haffen sind noch folgende Seen aufzuführen, welche in der Region der Dünen liegen: die Krakerortsche Lank am kurischen Haff, der Zarnowitzer See westlich vom Putziger Wiek, der Sarbsker See, der Lebasee (1,46 □Mln.), der Dolgensee, der Gardesche (0,47 □Mln.), der schwarze, der Muddelsee, der Vietziger (0,74 □Mln.), der Vittersee, der Bukowsche, der Jamundsche, der Kampsee, der Kirchhagner, der Horst-Eiersberger See im Osten der Dievenow.

3. Landseen.

Weiter abwärts vom Meere und ohne Verbindung mit ihm oder nur mittels längerer Flussläufe in Beziehung zu ihm gebracht, liegen die Landseen, grösstentheils in dem mit der grossen sarmatischen Ebene zusammenhängenden Tieflande, am Abhang der wellenförmigen Länderrücken oder in Thälern derselben. Hieher gehören zunächst die Seen der südlichen ostpreussischen Gruppe, von denen der Spirdingsee mit 1,86 □ Mln., der Mauer-, Dargeinen- und Dobsche See mit resp. 0,32, 0,44 und 0,4 □ Mln., und der Löwentinsee mit 0,27 □ Mln. die bedeutendsten sind; sie liegen in einer grossen Thalsenkung etwa 300′ über dem Meeresspiegel. Nördlicher reiht sich eine andere Gruppe von Seen auf, unter denen der Geserichsee (0,40 □ Mln.), der Drewenz- und der Drausensee zu erwähnen sind. Nach Westen zu folgt die westpreussische Gruppe. Meistens im Süden des preussisch-pommerschen Landrückens liegen mehrere hundert Seen von geringer Ausdehnung, die pommersche Seenreihe bildend. An der polnischen Grenze zieht sich die Seengruppe der oberen Netze mit dem Goplosee entlang. Am Fuss des Tarnowitzer Hügellandes und der sich daran schliessenden Höhenzüge hat sich das Wasser nur in längeren Teichreihen von geringer Breite abgelagert. Südlich vom Stettiner Haff treffen wir die ukermärkische Seenreihe und die Havelseen. Am Unterharz liegt neben dem süssen Mansfeldischen See der salzige, das einzige salzhaltige Binnenwasser in Preussen. — Im westlichen Haupttheil des Staates ist wegen seiner hohen Lage und vulkanischen Bildung nur der Laacher See zu nennen; die übrigen stehenden Gewässer dort sind weder durch Bildung noch Grösse ausgezeichnet.

C. Flüsse.

Wie das ganze übrige Europa, ist auch das preussische Staatsgebiet mit einer verhältnissmässig grossen Zahl kleinerer und bedeutenderer, reich verzweigter und glücklich vertheilter Ströme ausgestattet, so dass beinahe kein Theil desselben von der wohlthätigen Einwirkung der Wasserläufe und einer directen Verbindung mit dem Meere ausgeschlossen ist. Der östliche Haupttheil des Staats gehört hydrographisch dem System der Ostsee und theilweis der Nordsee an, die Gewässer des westlichen fliessen sämmtlich zur Nordsee, und mit Hohenzollern hat der preussische Staat einen Antheil am Donaugebiet des schwarzen Meeres gewonnen.

1. Quellgebiet der Ostsee.

Zur Ostsee strömen folgende Flüsse von grösserer oder geringerer Bedeutung für die Schiffahrt:

1) Der Njemen oder die **Memel** tritt aus Russland, schon schiffbar, unter 55° n. Br. und 40¼° ö. L. in den preussischen Staat, wo dem Flusse etwa 14,2 Mln. Länge angehören, wird bis 1150′ breit und bis 40′ tief und mündet in zwei Hauptarmen, dem Russ und der Gilge, in das kurische Haff. Stromgebiet in Preussen 100 □ Mln.

2) Der **Pregel**, aus drei Quellflüssen entstehend, ist von seiner Schiffbarwerdung ab 55—250′ breit, 25 Mln. lang und auf einiger Entfernung von seiner Mündung in das frische Haff 14—50′ tief; schon vorher geht nördlich ein Nebenarm, die Deime, aus ihm nach dem kurischen Haff. Links strömen ihm die Angerapp und die mehr als 30 Mln. lange Alle zu. Stromgebiet 370 □ Mln.

3) Die **Passarge**, 15 Mln. lang, mündet in das frische Haff.

4) Die **Weichsel** begrenzt in ihrem Oberlaufe den Südosten des Staates in einer Strecke von 7 Mln. und tritt unter 52¾° n. Br. und 36¼° ö. L., längst schiffbar und mehr als 2600′ breit, aus Polen wieder hinein, ihn 33,3 Mln. weit durchlaufend. Sie theilt sich an der Montauer Spitze in die Nogat mit 20 Mündungen zum frischen Haff und in die eigentliche Weichsel; die letztere sendet beim Danziger Haupt wiederum die Elbinger Weichsel mit 14 Mündungen in das frische Haff und ergiesst sich dann als Danziger Weichsel in den Danziger Meerbusen. Das Wasser ist stellenweis sehr seicht, in anderen Strecken bis 40′ tief, und sein Spiegel liegt zum Theil höher als die Niederungen, welche dadurch häufigen Ueberschwemmungen ausgesetzt sind. Rechts mündet: die Drewenz, welche aus dem Drewenzsee entspringt, zum Theil die Grenze gegen Polen bildet, 32 Mln. lang und 30—50′ breit ist; links: die Brahe, mit starkem Fall von Nordwesten und kurz vor der Mündung nach Osten fliessend, 20 Mln. lang; die Mottlau, ein tiefer und zur Schiffahrt sehr geeigneter Fluss. Stromgebiet in Preussen 480 □ Mln.

5) Die **Stolpe** (18 Mln.).

6) Die **Wipper** (17 Mln.).

7) Die Grabow, 12½ Mln. lang flössbar.

8) Die Persante (21 Mln.) mit der Radue.

9) Die Rega (23 Mln.).

10) Die Oder kommt aus Oesterreich unter 49½° n. Br. und 35¼° ö. L. in das Gebiet des preussischen Staates, wird in ihrem nordwestlichen Laufe bei 100' Breite bald für kleine Kähne und später bei 600' Breite für grosse Fahrzeuge schiffbar; doch ist die geringe Tiefe (im Mittel 8—10') sehr hinderlich. Berge treten im mittleren Laufe nur selten an das im Allgemeinen flache Thal. Der untere Lauf ist nördlicher gerichtet, und Flussbildungen kommen häufig vor; im Oderbruch ist der Strom 800' breit. Mehrere Meilen vor der Mündung scheidet er sich in die grosse Reglitz und die eigentliche Oder, die jedoch durch natürliche Canäle fortwährend im Zusammenhang bleiben. Die Reglitz erweitert sich zum 1,03 □ Mln. grossen Dammschen See, dem auch die Oder zufliesst und, wieder verengt, als weite und enge Strewe und Jasenitzer Fahrt in das Papenwasser geht. Schiffbarer Lauf 107 Mln. Die Oder und ihre nicht schiffbaren südlichen Zuflüsse während des mittleren Laufes veranlassen in Folge ihres starken Falls und der grossen Wassermenge, die ihnen aus den Sudeten und deren Vorbergen zu Zeiten plötzlich zuströmt, häufig grosse Ueberschwemmungen. Auf der rechten Seite nimmt die Oder folgende Nebenflüsse auf: die Bartsch, 23 Mln. lang; die Warthe, bereits schiffbar aus Polen kommend und nach einem mehrfach gewundenen Lauf von 49 Mln. in einer Breite von 600' mündend, links mit der Obra, rechts mit der ebenfalls in Polen entsprungenen Netze, welche wieder Küddow und Drage aufnimmt; endlich die Ihna, 19 Mln. lang. Links fliessen zu: die oberschlesische Neisse (nur flössbar); die Lausitzer Neisse, welche in Sachsen entspringt und innerhalb Preussens eine Länge von 25 Mln. hat. Die Oder hat in Preussen allein ein Stromgebiet von 1980 □ Mln.

11) Die Uker fliesst aus den Ukerseen, 14 Mln. lang, in das kleine Stettiner Haff und nimmt die Randow auf.

12) Die Peene kommt aus Mecklenburg, bildet eine Zeitlang die Grenze und mündet in das Stettiner Haff; rechts die Tollense, links die Trebel.

2. Quellgebiet der Nordsee.

Von der Jade abgesehen, liegt die Mündung keines zur Nordsee strömenden Flusses im preussischen Gebiet; doch sind einige derselben von grosser Wichtigkeit für den Staat. Zunächst ist aufzuführen:

1) die Elbe. Sie kommt unter 51⅓° n. Br. und 30 9/16° ö. L. in nordwestlicher Richtung, lange vorher schiffbar, aus Sachsen in Preussen an, geht durch Anhalt und bildet in ihrem unteren Laufe auf einer kurzen Strecke die Grenzlinie gegen Hannover (53 1/16° n. Br. und 29° ö. L.). Die durchschnittliche Tiefe ist während ihres 56 Mln. langen Laufes durch den preussischen Staat 10', die Ufer sind niedrig. — Unter den Nebenflüssen zur Rechten ist ausser der schwarzen Elster von Bedeutung besonders die Havel. Diese tritt schiffbar aus Mecklenburg südwärts ein und wendet sich später in grossen Bogen nach Westen und Nordwest, breit und ruhig fliessend und in Preussen 42 Mln. lang. Links vereinigt sie sich mit der Spree, welche aus Sachsen kommt, im Spreewalde sich vielfach verästelt, die Dahme aufnimmt und 30 Mln. auf preussischem Gebiete weilt, und mit der Nuthe, rechts mit Rhin und Dosse. — Nebenflüsse der Elbe zur linken Seite sind: die Mulde, in Preussen 8 Mln. lang, tritt schiffbar aus Sachsen ein; die Saale mit der Unstrut links und der weissen Elster rechts, 25 Mln. in Preussen, durchschneidet auf ihrem Lauf durch Thüringen die Exclave Ziegenrück, wird kurz nach ihrem Eintritt in den grossen östlichen Hauptabschnitt des Staates schiffbar, fliesst in nördlicher Richtung nach Anhalt und nordwestlich von da wieder durch preussisches Gebiet zur Elbe; die Aland. — Das Stromgebiet der Elbe in Preussen misst 850 □ Mln.

2) Die Weser. Ihr rechter Quellfluss, die Werra, trifft — bald darauf schiffbar werdend — unter 51¼° n. Br. und 27 9/16° ö. L. den Südwestrand des östlichen Haupttheils der Monarchie. Die Weser selbst ist längere Zeit die Grenze des westlichen Haupttheils gegen Hannover, Braunschweig und Lippe, durchbricht dann in jenem selbst die s. g. westfälische Pforte (zwischen dem Jakobs- und dem Wittekindsberge) und tritt in nördlichem Laufe nach 15,7 Mln. Länge unter 52¼° Br. und 26¼° L. wieder aus. Stromgebiet in Preussen 95 □ Mln.

3) Die Ems kommt aus Lippe-Detmold westlich nach Preussen, ist hier 23 Mln. lang und wird bald nach ihrer nordwestlichen Wendung auf hannöversches Gebiet zu für kleine Fahrzeuge schiffbar. Flussgebiet im preussischen Staate 90 □ Mln.

4) Der Rhein macht in seinem meist nördlichen Laufe von 50° n. Br. und 25½° ö. L. an zunächst die Grenze gegen Nassau und bleibt bis zu seinem Austritt in die Niederlande unter 51¾° Br. und 23¾° L., insgesammt 45,9 Mln. weit, ein für grösste Flussfahrzeuge schiffbarer Strom. Im mittleren Laufe von den Felsen des Taunus und des Hundsrücken eingeengt, tritt er, den Abhang des Siebengebirges bespülend, als breiter Strom in die tiefliegende niederrheinische Ebene ein, die er zuweilen — wie noch im Jahre 1860 — weithin überschwemmt. Rechts fliessen ihm zu: die Lahn, im Süden des Ederkopfs entspringend und durch Kurhessen und Hessen-Darmstadt in die Exclave Wetzlar tretend, wo sie schiffbar wird und sich durch Nassau zum Rheine wendet; die Sieg entspringt am Ederkopf und wird 17 Mln. lang; die Wupper (14 Mln.) kommt vom Eggegebirge; die Ruhr, 25 Mln. lang; die Lippe (31 Mln.) entspringt in Lippe-Detmold nahe der preussischen Grenze; die Berkel mündet erst ausserhalb Preussens in den Rhein. Linksseitige Nebenflüsse: die Nahe hat ihre Quelle im Hundsrücken und ist 16 Mln. lang; die Mosel bildet, in Frankreich entsprungen und dort schon schiffbar, anfangs die Grenze gegen Luxemburg und fliesst dann in sehr gewundenem Laufe durch ein tief eingeschnittenes Thal nordöstlich (innerhalb Preussens 33 Mln.), rechts die ebenfalls aus Frankreich eintretende Saar, links die Sauer aufnehmend. Stromgebiet des Rheins in Preussen 700 □ Mln.

D. Flächeninhalt der Gewässer.

Auf die künstlichen Wasserstrassen wird an dieser Stelle nicht näher eingegangen, sondern dieser kurzen hydrographischen Skizze nur eine räumliche Uebersicht des vom Wasser bedeckten Theils des preussischen Staates mit der Bemerkung hinzugefügt, dass die natürliche Beschaffenheit der Flüsse, Bäche und Teiche nur eine annäherungsweise Berechnung ihres Flächeninhalts gestattet.

Die drei Haffe nehmen 59,64 □ Mln. ein, die übrigen Strand- und Binnenseen 64,31, die schiff- und flössbaren Gewässer 14,43 und die übrigen Gewässer 7,22 □ Mln. — zusammen 145,60 □ Mln. oder 2,85 pCt. vom ganzen Areal des Staats.

V. Klima.

A. Temperatur.

Dem Beobachtungsystem des königlichen meteorologischen Instituts gehören 75 Stationen an, wovon 43 im Inlande. Die Beobachtungen derselben und einiger in kürzerer Zeitdauer thätig gewesenen bestätigen die bekannten Sätze:

1) dass die Temperatur im Allgemeinen von Süden nach Norden und von Westen nach Osten abnimmt (in Arys 140, am Rhein 5 Frosttage im Mittel);
2) dass die Temperatur an der Küste in den verschiedenen Jahreszeiten weniger wechselt, als im Binnenlande, dass jedoch die Ostseeküste durch das Zuströmen des Eiswassers vom Norden gewöhnlich ihrer Frühlingswärme verlustig geht;
3) dass hoch gelegene Punkte eine geringere mittlere Jahreswärme haben, als tief liegende (für 1000′ etwa 1½ – 2° Unterschied);
4) dass bei uns im Winter der Nordost, im Sommer der Nordwest der kälteste Wind ist;
5) dass der Unterschied des grössten und kleinsten Werthes der mittleren Monatswärme in verschiedenen Jahren wesentlich durch das Vorwalten einer bestimmten Windesrichtung bedingt wird und überhaupt im Winter grösser ist als im Sommer (grösster beobachteter Unterschied im December 13,9°);
6) dass nach mildem Winter in Folge der Zuströmung kalter Luft aus nördlichen und östlichen Gebieten gewöhnlich eine plötzliche starke Abkühlung folgt, welche ziemlich regelmässig in den Anfang des Mai und in den Juni fällt und, je weiter nach Westen, um desto geringer wird;

7) dass bei tieferem Eindringen in den Boden die Temperatur immer geringeren Schwankungen ausgesetzt (bei 30′ Tiefe nahezu unverändert) und im Durchschnitt höher wird als an der Oberfläche.

Die höchste in Preussen beobachtete Wärme im Schatten an gegen Rückstrahlung geschützten Orten fällt zwischen 28 und 29°, die höchste beobachtete Kälte zwischen —29 und —30° Réaumur. Der Gleichmässigkeit wegen, und um nicht der nächtlichen Bodenausstrahlung auf die unterste Luftschicht zu grossen Einfluss auf die Quecksilberhöhe zu gestatten, befinden sich die Thermometer aller Beobachtungsstationen mindestens 5′ über der Erdoberfläche. Die Durchschnittsergebnisse einer 12jährigen Beobachtung resp. Vergleichung von 1848 bis 1859 sind in Réaumurgraden für die einzelnen Stationen:

(1.) Stationen.	Januar.	Februar.	März.	April.	Mai.	Juni.	Juli.	August.	September.	October.	November.	December.
Memel	—3,31	—2,17	—0,62	3,46	8,84	11,82	13,57	13,41	10,16	6,87	1,40	—0,44
Tilsit	—4,25	—2,98	—0,70	4,10	9,61	12,96	14,32	13,74	10,01	6,42	0,77	—1,60
Arys	—4,72	—3,78	—1,34	4,08	9,62	13,20	14,14	13,59	9,77	6,80	0,55	—2,33
Königsberg	—3,44	—2,20	—0,32	4,24	9,10	12,61	14,04	13,81	10,40	6,98	1,20	—0,76
Hela	—1,73	0,04	0,70	4,10	7,67	12,04	13,67	13,96	11,17	8,11	2,99	0,96
Danzig	—2,21	—0,11	1,07	5,24	9,18	13,07	14,08	14,08	10,77	7,80	2,18	0,33
Schönberg	—4,00	—2,36	—1,06	3,59	8,06	11,69	12,65	12,48	8,32	5,97	0,88	—1,30
Konitz	—3,49	—1,84	—0,69	4,34	8,91	12,62	13,60	12,97	9,66	6,50	0,50	—1,38
Bromberg	—2,57	—1,26	0,62	5,36	10,00	13,66	14,76	13,97	10,31	7,36	1,34	—0,67
Posen	—2,50	—1,16	0,74	5,69	10,16	13,57	14,78	14,37	10,46	7,41	1,35	—0,97
Ratibor	—3,12	—1,58	0,60	5,88	10,36	13,75	14,53	14,39	10,16	7,46	0,90	—2,03
Breslau	—2,17	—0,74	1,20	6,09	10,46	13,80	14,70	14,20	10,69	7,96	1,60	—0,77
Zechen	—2,15	—0,77	1,14	5,86	10,19	13,68	14,66	14,14	10,41	7,63	1,62	—0,94
Eichberg	—2,70	—1,67	0,06	5,04	8,62	11,95	12,94	12,58	8,90	6,52	0,61	—1,59
Görlitz	—1,91	—0,68	1,39	5,82	9,66	13,17	14,02	13,69	10,16	7,52	1,44	—0,66
Frankfurt a. O.	—1,88	0,02	1,61	6,22	10,51	13,91	14,72	14,80	10,90	7,95	2,19	0,15
Köslin	—2,11	—0,96	0,78	4,49	7,86	12,42	13,59	13,81	10,26	7,32	1,75	—0,02
Kolberg	—1,74	—0,48	1,06	4,76	8,86	12,12	13,72	13,51	10,54	7,45	2,32	0,48
Regenwalde	—1,74	—0,94	0,66	5,81	9,66	13,19	13,67	13,49	9,76	6,86	1,65	—0,22
Stettin	—1,41	—0,12	1,69	5,67	9,90	13,39	14,61	14,28	11,09	7,76	2,18	0,32
Putbus	—1,39	—0,15	1,47	4,74	8,90	12,65	13,56	13,64	10,52	7,52	2,39	0,57
Salzwedel	—0,77	0,52	2,08	5,92	9,72	13,23	14,16	13,78	10,57	7,85	1,98	0,57
Potsdam	—1,19	0,22	1,99	6,27	10,32	13,76	14,56	13,92	11,53	7,76	2,06	0,34
Berlin	—0,86	0,48	2,17	6,41	10,44	14,14	15,02	14,67	11,36	8,02	2,37	0,56
Torgau	—1,05	0,27	1,89	6,36	10,36	13,85	14,94	14,29	10,97	7,92	2,06	0,24
Halle	—1,06	0,64	2,07	6,16	10,20	13,66	14,87	14,19	10,96	7,74	2,24	0,30
Ziegenrück	—1,84	—0,16	1,36	5,16	8,67	12,27	12,80	12,79	9,40	6,67	1,27	—0,17
Erfurt	—1,19	0,46	2,12	6,12	9,74	13,67	14,16	14,02	10,72	7,68	1,96	0,21
Mühlhausen	—1,22	0,60	2,16	6,06	9,75	13,34	13,81	13,84	10,46	7,41	2,16	0,33
Heiligenstadt	—1,02	0,49	1,66	5,84	9,14	12,54	13,80	13,44	9,92	7,81	1,76	0,15
Wernigerode	—0,40	0,85	1,32	5,73	9,16	12,49	13,84	14,37	10,54	7,76	2,19	0,73
Brocken	—3,94	—3,66	—3,07	0,66	4,22	7,58	8,40	9,16	6,07	3,46	—1,35	—2,73
Gütersloh	0,26	1,35	2,49	6,37	9,92	13,29	14,16	14,02	10,92	8,05	2,89	1,33
Paderborn	0,14	1,35	2,19	6,32	9,62	13,30	13,95	13,56	10,96	8,35	2,98	1,29
Münster	0,30	0,94	2,09	6,14	9,90	13,11	13,97	13,66	10,77	8,03	2,69	1,07
Kleve	0,69	1,74	2,94	6,18	9,71	12,94	13,92	13,64	11,12	7,94	3,25	1,51
Krefeld	0,74	1,83	3,10	6,61	10,35	13,75	14,61	14,16	11,60	8,12	3,38	1,67
Köln	1,09	2,26	3,56	7,32	10,69	13,68	15,12	14,67	11,99	8,76	3,61	2,04
Bonn	0,76	2,31	2,48	7,00	10,40	13,61	14,75	14,69	11,74	8,76	3,66	1,57
Koblenz	1,48	2,74	3,57	7,06	10,62	13,75	15,32	15,14	12,12	9,66	4,00	2,50
Boppard	0,55	1,66	3,15	6,92	9,94	13,57	14,37	14,01	11,06	8,26	3,44	1,59
Kreuznach	0,04	1,76	3,69	7,35	10,55	14,15	14,78	14,78	11,52	8,31	2,09	1,10
Neunkirchen	—0,84	0,66	2,47	6,62	9,62	13,39	14,27	13,76	10,56	7,46	2,48	0,60
Trier	0,40	1,66	3,51	7,38	10,22	13,81	14,62	14,44	11,45	8,17	3,36	1,43
Aachen	1,91	2,98	3,16	6,90	10,16	13,66	14,66	14,36	11,42	8,66	3,68	2,69

(2.) Stationen.	Winter.	Frühling.	Sommer.	Herbst.	Jahr.	Stationen.	Winter.	Frühling.	Sommer.	Herbst.	Jahr.
Memel	— 1,97	3,73	12,93	6,20	5,23	Potsdam.....	— 0,34	6,20	14,06	7,12	6,79
Tilsit	— 2,04	4,34	13,57	5,74	5,29	Berlin	0,06	6,36	14,62	7,21	7,06
Arys	— 3,63	4,11	13,56	5,50	4,93	Torgau......	— 0,18	6,14	14,88	6,96	6,67
Königsberg .	— 2,17	4,37	13,64	6,00	5,49	Halle........	— 0,39	6,19	14,31	6,08	6,63
Hela	— 0,96	5,01	13,39	6,34	6,36	Ziegenrück .	— 0,72	5,06	12,85	5,61	5,10
Danzig	— 0,75	5,15	13,26	6,64	6,76	Erfurt	— 0,19	5,99	13,88	6,77	6,61
Schönberg ..	— 2,55	3,62	12,27	5,18	4,60	Mühlhausen .	— 0,10	5,86	13,60	6,71	6,68
Konitz	— 2,74	4,31	13,13	5,55	5,19	Heiligenstadt	— 0,13	5,61	13,33	6,34	6,39
Bromberg ..	— 1,61	5,33	14,30	6,86	6,07	Wernigerode	0,39	5,37	13,54	6,84	6,53
Posen	— 1,53	5,53	14,26	6,40	6,16	Brocken	— 3,51	0,60	8,36	2,78	2,06
Ratibor......	— 2,73	5,67	14,27	6,18	5,97	Gütersloh ...	0,99	6,39	13,82	7,29	7,06
Proskau	— 0,65	5,86	14,35	6,97	6,67	Paderborn ..	0,98	6,05	13,57	7,40	6,99
Breslau......	— 1,26	5,97	14,28	6,72	6,41	Münster	0,74	6,07	13,54	7,16	6,68
Zechen	— 1,35	5,73	14,73	6,52	6,30	Kleve	1,41	6,28	13,68	7,44	7,15
Eichberg ...	— 2,06	4,64	12,49	5,75	5,07	Krefeld	1,38	6,76	14,36	7,37	7,68
Görlitz	— 1,08	5,59	13,88	6,68	6,13	Köln	1,69	7,20	14,88	8,19	7,96
Frankfurt a. O.	— 0,86	6,11	14,31	6,95	6,78	Bonn	1,51	6,71	14,46	8,05	7,69
Köslin	— 1,04	4,16	13,05	6,42	5,65	Koblenz	2,86	7,47	14,91	8,46	8,21
Kolberg	— 0,67	4,78	12,48	6,80	5,74	Boppard.....	1,75	6,86	13,88	7,57	7,40
Regenwalde .	— 0,97	5,62	13,66	5,99	5,97	Kreuznach ..	0,97	7,16	14,56	7,56	7,57
Stettin	— 0,40	5,73	14,15	6,90	6,73	Neunkirchen.	0,27	6,86	13,77	6,87	6,77
Putbus	— 0,81	5,04	13,49	6,91	6,26	Trier	1,23	7,01	14,29	7,68	7,55
Salzwedel ..	0,39	5,67	13,73	6,66	6,62	Aachen......	2,21	6,89	14,61	7,96	7,83

Das Wasser aller grösseren Ströme des preussischen Staates gefriert im Winter auf längere oder kürzere Dauer regelmässig mit Ausnahme des in warmen Wintern eisfreien Rheins, der jedoch gleichfalls in Folge von Stockungen der aus den Zuflüssen hervorbrechenden Eismassen einem zuweilen gefährlichen Eisgange ausgesetzt ist.

B. Niederschläge.

Die Niederschläge kommen uns der Hauptsache nach aus den tropischen Meeren, also von Südwesten zu. Das Vorwalten der einen oder anderen Windrichtung ist demnach wesentliche Ursache der grossen Verschiedenheit in der Summe aller Niederschläge während verschiedener Jahrgänge, — Abweichungen, welche das Verhältniss von 1 : 3 erreichen; das letzte Jahr 1860 zeichnete sich durch eine ganz besonders grosse Regenmenge aus. Gebirge hemmen den Fortgang der Niederschläge, welche sie in grossen Massen auffangen, sehr bedeutend; daher das nordwärts von ihnen gelegene Land im Allgemeinen weit weniger, als die südlichen Abhänge, mit Feuchtigkeit gespeist wird.

Wird die im März von Nordosten her in grossen Massen anströmende Luft an den Alpenketten von den heftigen Südstürmen durchbrochen, und können diese nun ungehindert sich über Deutschland entwickeln, so haben wir einen feuchten und fruchtbringenden Sommer. Gewöhnlich fällt aber senkrecht auf jene Südwestwinde ein rauher, oft lange anhaltender Nordwest, so dass ein ununterbrochener Kampf zwischen beiden entsteht; oder die trockenen Continental-Ostwinde herrschen vor, und erst im September tritt dann bei allmäliger Abschwächung der Gegensätze ein regelmässiger Witterungsverlauf ein.

Die Form des Niederschlags wechselt natürlich nach der Temperatur; durchschnittlich verhalten sich im Südwesten des Staates (Trier) die Schnee- zu den Regentagen wie 1 : 6, im Osten wie 1 : 4 (Tilsit) und selbst wie 2 : 5 (Arys).

An Regenmessern mit 1 □' Oeffnung in meist 8' Höhe über dem Boden fielen in verschiedenen Jahrgängen durchschnittlich Niederschläge:

(8.) Stationen.	In pariser Linien.												In pariser Zoll.				
	Januar.	Februar.	März.	April.	Mai.	Juni.	Juli.	August.	September.	October.	November.	December.	Winter.	Frühling.	Sommer.	Herbst.	Jahr.
Arys	12,38	14,01	10,06	12,32	13,02	28,53	35,35	28,80	18,46	19,42	15,93	13,56	3,33	3,03	6,89	4,48	17,73
Königsberg	19,08	18,16	14,33	11,39	18,51	26,90	24,47	33,04	32,36	29,09	22,27	19,29	4,71	3,69	7,01	6,97	22,31
Danzig	12,08	10,59	9,40	11,18	22,24	22,84	29,50	32,80	22,45	11,86	20,93	11,61	2,06	3,58	7,19	4,60	18,14
Schönberg	15,16	12,16	12,27	9,28	20,10	22,81	38,32	32,31	24,01	20,25	19,72	15,28	3,55	3,47	7,80	5,33	20,15
Konitz	10,59	8,74	12,88	9,96	20,70	21,92	27,92	31,76	12,55	14,35	10,39	8,36	2,31	3,63	6,80	3,11	15,85
Posen	14,75	14,47	12,13	13,75	15,17	28,37	32,43	30,08	17,14	16,60	16,68	12,36	3,21	3,47	7,57	4,20	18,40
Ratibor	11,37	15,10	15,28	16,12	23,78	32,50	31,97	42,43	23,29	17,37	19,17	14,48	3,41	4,60	8,90	5,00	21,91
Breslau	11,17	14,19	13,04	14,11	19,03	23,82	38,13	46,85	22,01	16,01	13,25	14,00	3,28	3,85	9,24	4,24	20,65
Proskau	8,18	15,70	15,68	15,48	22,26	37,78	43,72	57,06	22,07	22,30	19,16	10,68	2,88	4,45	11,55	4,32	23,70
Neisse	11,16	8,43	14,23	13,51	18,81	32,78	11,16	8,43	14,23	13,51	18,81	32,78	4,36	3,88	4,36	3,08	16,46
Zechen	13,77	18,61	18,71	16,22	20,80	33,64	31,53	37,10	16,81	19,36	18,03	15,42	4,07	4,61	8,19	4,52	21,67
Görlitz	10,43	16,47	12,38	17,22	17,88	21,32	27,49	32,96	21,03	18,16	14,29	9,30	3,01	3,96	5,96	4,28	17,23
Eichberg	8,95	14,98	27,14	18,10	32,61	34,18	56,80	53,79	42,85	16,63	9,98	13,52	3,12	6,49	12,06	5,78	27,43
Erdmannsdorf	10,07	11,93	26,14	24,66	30,33	21,52	45,79	51,63	37,47	20,55	12,53	15,52	8,13	6,76	9,91	5,88	25,68
Landskrone	8,35	16,20	19,97	23,55	41,06	21,10	76,15	59,01	19,73	17,31	16,42	17,39	3,30	7,03	13,02	4,16	28,03
Kreba	11,71	7,41	4,89	21,56	16,54	17,22	9,13	24,53	11,75	11,21	12,95	6,38	2,14	3,38	4,23	2,99	12,96
Niederbielau	9,27	13,01	9,81	14,99	23,47	19,92	35,69	37,46	15,05	10,31	9,06	13,11	2,95	4,03	7,76	2,98	17,63
Tiefenfurt	13,87	15,93	15,78	17,48	29,92	22,17	39,14	55,23	20,09	14,68	17,62	16,31	3,84	5,37	9,74	4,37	23,27
Salzwedel	15,89	19,61	16,16	16,77	28,28	29,99	28,80	29,16	20,30	20,97	17,39	18,29	4,00	4,64	7,48	4,89	21,48
Potsdam	12,44	24,61	13,17	17,88	19,92	29,22	32,93	30,11	14,31	15,20	16,30	14,14	4,18	4,69	7,65	3,82	20,39
Berlin	18,17	18,60	14,35	19,95	24,62	31,72	35,88	27,61	14,40	17,85	17,50	18,96	4,59	4,93	7,93	4,15	21,60
Frankfurt	12,96	15,33	15,20	18,27	26,08	26,86	34,84	29,22	16,20	15,48	18,16	14,79	3,61	4,96	7,58	4,08	20,23
Wittstock	14,26	16,39	18,10	20,11	23,11	20,36	30,05	34,39	18,65	9,66	15,87	17,90	4,06	6,11	7,08	3,37	19,52
Prenzlau	6,37	8,82	12,44	12,42	16,37	20,71	21,49	33,50	8,50	10,11	8,78	9,79	2,08	3,43	6,31	2,07	13,69
Köslin	16,70	15,07	12,59	16,13	21,27	31,72	25,90	31,61	25,20	27,38	26,70	16,50	4,02	4,00	7,41	6,62	21,16
Kolberg	17,10	15,74	14,33	19,74	21,27	27,17	34,26	25,91	26,19	19,30	19,73	18,28	4,29	4,67	7,28	5,45	21,59

(Forts. zu 3.) Stationen.	In pariser Linien.												In pariser Zoll.				
	Januar.	Februar.	März.	April.	Mai.	Juni.	Juli.	August.	September.	October.	November.	December.	Winter.	Frühling.	Sommer.	Herbst.	Jahr.
Regenwalde	12,61	23,95	19,84	26,38	22,96	35,68	23,22	41,42	10,06	19,76	12,99	11,43	3,92	5,78	8,19	3,57	21,46
Stettin	10,79	14,28	11,16	17,28	19,36	24,36	23,61	32,21	15,08	16,52	15,76	12,54	3,13	3,08	6,68	3,95	17,74
Putbus	16,82	12,54	11,67	16,56	16,05	23,27	27,82	37,37	20,69	17,51	12,56	17,18	3,90	3,69	7,37	4,23	19,19
Torgau	13,17	19,14	13,98	20,05	23,15	29,80	34,12	26,14	18,19	17,44	19,22	16,35	4,06	4,76	6,67	4,60	22,09
Halle	9,18	13,60	9,92	16,58	26,24	32,43	33,91	.	.	.	.	12,90	2,99	4,10	.	.	.
Erfurt	8,41	12,46	12,34	24,22	26,95	27,42	34,20	24,02	17,59	20,15	13,50	9,45	2,53	5,79	7,14	4,27	19,23
Ziegenrück	10,80	16,86	12,73	23,81	33,61	44,63	37,08	42,05	25,96	17,39	15,76	13,16	3,43	5,83	10,31	4,93	24,32
Mühlhausen	9,14	12,39	12,06	16,63	24,01	22,91	21,98	21,45	11,19	14,60	10,64	14,01	2,99	4,39	5,53	3,05	15,96
Wernigerode	17,23	32,51	28,55	17,25	39,69	23,09	21,82	26,44	12,79	11,81	19,09	22,53	6,02	7,12	0,01	3,64	22,80
Brocken	27,43	41,47	38,10	24,54	38,01	45,58	85,42	69,00	48,58	52,47	35,22	35,71	8,72	8,39	10,67	11,36	45,14
Heiligenstadt	16,04	17,78	18,31	25,90	33,27	27,89	35,05	33,57	22,56	29,01	17,36	17,99	4,32	6,37	8,04	5,74	24,47
Gütersloh	22,30	13,13	28,53	22,25	26,84	30,49	32,12	33,76	24,14	25,74	22,17	25,04	5,03	6,47	8,03	6,00	25,53
Salzuflen (i.Lippischen)	16,82	25,89	15,90	17,07	22,17	26,60	19,12	29,87	27,17	20,70	20,39	17,77	5,04	4,59	6,30	5,69	21,62
Paderborn	18,08	24,17	18,79	18,65	27,06	32,11	35,65	30,85	22,79	23,17	22,55	21,24	5,29	5,38	8,73	5,78	25,11
Münster	22,76	17,72	21,14	24,16	28,34	29,61	31,54	30,36	24,05	25,92	19,83	23,26	5,31	6,15	7,63	5,82	24,91
Derno	18,80	12,32	20,23	16,29	27,01	19,04	32,14	26,12	19,18	12,63	17,17	16,38	3,95	5,29	6,47	4,08	19,79
Klevo	29,26	30,19	22,29	25,34	29,19	30,09	33,37	30,09	23,69	30,94	25,72	29,10	7,38	6,43	7,80	7,36	28,91
Krefeld	22,02	24,18	16,94	25,86	23,86	25,25	27,11	32,98	21,21	27,18	21,33	25,30	5,98	5,53	7,11	5,83	24,47
Köln	18,82	17,50	18,89	24,14	28,13	28,64	27,53	32,94	19,42	28,75	18,81	21,02	4,78	6,93	7,44	6,16	23,31
Aachen	23,67	22,87	30,98	31,13	21,44	12,60	29,89	43,64	26,29	24,18	26,07	26,46	6,08	6,96	7,17	6,37	26,58
Bonn	20,34	18,25	19,28	22,43	26,63	26,89	30,39	38,88	23,80	27,39	21,19	20,63	4,94	5,60	8,03	6,03	24,60
Koblenz	6,12	23,83	12,67	6,92	14,99	28,30	15,04	32,36	25,74	15,79	12,71	17,00	3,91	2,88	6,30	4,48	17,53
Boppard	17,59	18,10	18,75	26,86	34,22	29,27	27,61	32,69	22,37	23,37	12,41	20,65	4,72	6,65	7,86	5,68	24,31
Kreuznach	14,66	10,67	10,09	13,84	27,25	29,58	22,62	22,11	18,11	15,08	19,28	13,72	3,25	4,27	5,77	4,37	17,66
Neunkirchen	22,56	8,53	14,45	22,58	35,01	29,15	29,10	25,34	19,14	24,00	20,60	14,16	3,77	6,00	6,97	5,12	22,16
Trier	24,20	15,31	15,43	27,84	34,74	36,16	30,64	33,40	23,57	26,88	22,03	22,22	5,14	6,30	8,35	6,04	26,03

VI. Bodenbeschaffenheit.

A. In geognostischer Hinsicht.

Geognostisch und bergmännisch betrachtet, ist zunächst die grosse norddeutsche Tiefebene ein Diluvialgebilde von Thon und Sand mit zerstreutem Felsgestein, das durch grosse Fluthen aus Skandinavien losgerissen und auf das damals noch meerbedeckte Land geworfen ward. Das Alluvium und die Mergel-, Thon-, Lehm-, Sand- und Kiesschichten liegen fast allenthalben horizontal über einander; hier und da breiten sich Infusorienschalen oder Raseneisensteln weithin aus, oder es kommen Theile der Braunkohlenformation zu Tage.

An den Ostseedünen auf der Westseite von Samland bis zum Cap Brüsterort findet sich sporadisch Bernstein vor, weiter westlich versteinerungsreiche Kalklager der Juraformation; die Küsten der Inseln Usedom, Wollin und Rügen sind grossentheils von Kreide mit Muschelkalk gebildet. Das Gestein tritt in den sandbedeckten Landrücken nur an vereinzelten Stellen zu Tage, so im pommerschen die Kreide.

Die Grundformation des märkischen Landrückens scheint Muschelkalk und Gips zu sein, und zwischen Oder und Havel ist Eisenerz zum Abbau geeignet. Die Braunkohlenschichten dieser Gegend lagern nirgends ungestört horizontal.

Von den Sudeten und ihren Vorbergen gehört die grössere Masse der Basaltbildung an, hier und da vom Juragebirge bedeckt, namentlich in den Tarnowitzer Höhen an Zink- und Eisenerzen und an Steinkohlen reich.

Westlich von der Elbe wird die sandhaltige Ebene von dem quarzführenden und quarzfreien Porphyr des Haldenslebenschen Hügellandes begrenzt, das südostwärts in Thonschiefer, Grauwacke und Rothliegendes übergeht und an seinen Abhängen viele Braunkohlenlager enthält. Dasselbe gilt von den Juramassen, die sich nach den Granitbergen des Harzes hin lagern. Nahe der Elbe und im Saalegebiet ziehen sich grosse Lager von Steinsalz fort, aus denen an einzelnen Stellen die Soole hervorquillt. Der Unterharz wird meist von Muschelkalk bedeckt, dem nach Südwesten hin Porphyr und Rothliegendes — unter dem man bisher vergeblich das Steinkohlengebirge aufgesucht hat — folgen. In der Saalebene findet sich Braunkohle reichlich, Kupfererze am Mansfelder See.

Die Tiefebene des westlichen Haupttheils der Monarchie ist ein Diluvialland, das im Süden des Abschnittes rechts vom Rhein durch steinkohlen- und eisenführende Bergzüge eingefasst ist. Der Westerwald ist ein felsiges Basaltgebirge; im Siebengebirge steigt Trachyt und Basalt aus dem Hügellande empor. Die hohe Veen und die Eifel tragen einen stark vulcanischen Charakter, auf den auch die häufigen Dunsthöhlen deuten. Aeusserst reich an Mineralien und fossilen Producten ist das Schiefergebirge des Hundsrücken, zumal in seinem westlichsten Theile.

Hohenzollern gehört der Juraformation an, die den Stock der schwäbischen Alp ausmacht.

B. In agronomischer Hinsicht.

In agronomischer Beziehung bietet das norddeutsche Tiefland ebenso, wie in geognostischer, grosse Einförmigkeit dar. Die Flussniederungen und Brüche ausgenommen, ist der Boden im Allgemeinen von mittlerer Güte, für die gewöhnlichen Feldfrüchte geeignet, oder loser Sand, der nur spärlich Pflanzen von wenig Nahrungsbedürftigkeit trägt. Die Gebirge sind fast ausnahmslos von geringer Fruchtbarkeit.

Guten Weizen- und Wiesenboden haben die Tilsiter Niederung und das Land südlich vom Pregel bis zum Höhenzuge, die Weichselebene, die Warthe-niederung, die Umgebung des Stettiner Haffs und der niederen Oder, das Land rechts der mittleren Havel, die Ebene der mittleren Oder zwischen den Höhenzügen rechts und links, die Ebene und das Hügelland an Mulde und Saale, das Land vom Huywald nordwestlich bis zur Elbe, die Ebene der Weser, das Gebiet zwischen Lippe und Ruhr und die linksseitige Ebene des Niederrheins mit Ausnahme des nordwestlichen Theils.

Moorland findet sich in folgenden grösseren Strecken: dem Heidekruger und dem Labiauer Bruch, dem Obra- und dem Netzebruch, dem Lebamoor, dem Rhin- und dem Havelluch, dem Spreewalde, dem Oderbruch, den Hochmooren der Seefelder in den Sudeten, dem Drömling nördlich von den Haldenslebener Hügeln, den Ems- und Vechtemooren, den Brüchen an der Niers und den Hochmooren der Veen.

Sandigen Boden haben die Nehrungen und der grössere Theil der Ostseeküste, der südliche ostpreussische und der preussisch-pommersche Landrücken mit deren südlichen Abfällen zwischen Brahe und Netze (Tucheler Haide), der schlesisch-polnische Landrücken, das Land nördlich vom Spreewalde und Flemming bis über die Havel hinaus und das Land nordwestlich der unteren Lippe.

Felsig und öde sind die Sudeten, das Eichsfeld, das Sauerländische Gebirge, die Veen, die Eifel und der Hundsrücken.

Zweiter Abschnitt.

Staatsbehörden und Eintheilung des Staatsgebietes.

I. Die obersten Staatsbehörden.

Als oberste Staatsbehörden sind im Staatskalender aufgeführt: der Staatsrath, das Staatsministerium, die einzelnen Ministerien, die Bank, der evangelische Ober-Kirchenrath, die Ober-Rechnungskammer, die Verwaltung des Staatsschatzes und die beiden Häuser des Landtages.

Der Staatsrath wurde als oberste berathende Behörde errichtet durch Verordnung vom 27. October 1810, sein Ressort bestimmt durch Verordnung vom 20. März 1817, er wurde reactivirt durch Erlass vom 12. Januar 1852. Aus dem Staatsrath wird zusammengesetzt der Gerichtshof zur Entscheidung der Competenzconflicte (Gesetz vom 8. April 1847).

Das Staatsministerium besteht aus dem Minister-Präsidenten und den Ministern der einzelnen Ressorts, zur Zeit aus neun Ministern (Einrichtung und Ressortverhältnisse: Publicandum vom 16. December 1808, Verordnung vom 27. October 1810, Cabinets-Ordre vom 3. November 1817, Verfassungsurkunde). Unter dem gesammten Staatsministerium steht der Disciplinarhof für nicht richterliche Beamte und die Examinations-Commission für Verwaltungsbeamte. Unter dem Präsidenten des Staatsministeriums stehn die General-Ordenscommission (Erlass vom 22. Januar 1851) und die Staatsarchive (das Geheime Staatsarchiv und sieben Provinzialarchive). Ausserdem stehen direct unter dem Staatsministerium: das literarische Bureau, die Redactionen des Staatsanzeigers und der Gesetzsammlung und die Geheime Ober-Hof-Buchdruckerei.

1. Das Ministerium der auswärtigen Angelegenheiten.

Es besteht aus zwei Abtheilungen. Von dem Ministerium ressortiren die Gesandtschaften, die Consulate und die Commission zur Prüfung für das diplomatische Examen.

Nach dem Staatskalender sind 27 Gesandte (zu Frankfurt, Wien, München, Dresden, Hannover, Stuttgart, Karlsruhe, Kassel, Darmstadt, Weimar, Hamburg, London, Paris, Petersburg, Haag, Brüssel, Stockholm, Kopenhagen, Madrid, Lissabon, Rom, Turin, in der Schweiz, Griechenland, Nordamerika, der Türkei und China), 3 Minister-Residenten (zu Frankfurt, in Brasilien und in Mexico), 2 Geschäftsträger (in Chile und den la Plata-Staaten), 16 Generalconsuln (zu Hamburg, Frankfurt, Triest, London, Paris, Petersburg, Riga, Warschau, Christiania, Kopenhagen, Malaga, Livorno, New-York, Bukarest, Smyrna, Alexandria), 329 Consuln, Vice-Consuln und Consularagenten (3 in Oesterreich, 12 in Hannover, Oldenburg, Mecklenburg, Bremen, Hamburg und Lübeck, 87 in Grossbritannien und den britischen Besitzungen, 30 in Frankreich und den französischen Besitzungen, 17 im russischen Reich, 26 in Schweden und Norwegen, 17 in Dänemark, den Herzogthümern und dänischen Besitzungen, 11 in den Niederlanden, 4 in Belgien, 22 in den italienischen Staaten, 28 in Spanien und spanischen Besitzungen, 6 in Portugal und portugiesischen Besitzungen, 3 in Griechenland, 13 in den Vereinigten Staaten von Nordamerika, 5 in Brasilien, 25 in den übrigen amerikanischen Staaten, 15 in der Türkei und deren Dependenzen, 4 in China und 1 auf den Sandwichinseln).

2. Das Finanzministerium.

Es besteht aus drei Abtheilungen: für die Verwaltung der Steuern, — für Etats- und Cassenwesen, — für Domainen und Forsten. Mit dem Finanzministerium (Abth. 2) verbunden ist die General-Staatscasse.

Die wichtigsten im Ressort des Finanzministeriums, den anderen Ministerien gegenüber, seit dem Jahre 1808 eingetretenen Veränderungen sind folgende: die Uebertragung der Aufsicht über die Staats-Geldinstitute an den Finanzminister allein durch Cabinets-Ordre vom 24. April 1812, die Uebertragung der Bergwerks-, Hüttenwerks- und Salinenverwaltung vom Ministerium des Innern an das Finanzministerium durch Cabinets-Ordre vom 13. December 1813, die Uebertragung der Verwaltung des Handels, der Gewerbe und des Bauwesens vom Ministerium des Innern an das Finanzministerium durch Cabinets-Ordre vom 3. Juni 1814, die Rückübertragung der Handels-, Gewerbe- und Bauverwaltung und des Berg- und Hüttenwesens etc. an das Ministerium des Innern, Errichtung des Schatzministeriums und Uebertragung der Staatsschulden-, Seehandlungs-, Münz- und Lotterieangelegenheiten an dasselbe und Errichtung einer Immediatbehörde zur Verwaltung des Salzmonopols durch Cabinets-Ordre vom 3. November 1817, die Errichtung von Immediatbehörden für die Staatsschuldenverwaltung und für die Seehandlung durch Cabinets-Ordre vom 17. Januar 1820, die Aufhebung des Schatzministeriums und Rückübertragung der Angelegenheiten desselben an das Finanzministerium durch Cabinets-Ordre vom 16. Mai 1823, die Uebertragung der Verwaltung der Stempel- und Communications-Abgaben vom Ministerium des Innern an das Finanzministerium durch Cabinets-Ordre vom 18. Juni 1825, die Verbindung der Verwaltung des Salzmonopols mit dem Finanzministerium durch Cabinets-Ordre vom 21. März 1829, die Verbindung der Angelegenheiten des Ministeriums des Innern für Handel und Gewerbe (Handel, Gewerbe und Bauwesen, Bergwerke, Hüttenwerke und Salinen) mit dem Finanzministerium durch Cabinets-Ordre vom 28. April 1834, die Uebertragung der Verwaltung der Domainen und Forsten an das Ministerium des königlichen Hauses und die Trennung der Abtheilung für Handel, Gewerbe und Bauwesen vom Finanzministerium durch Cabinets-Ordre vom 26. Januar 1835, die Wiederverbindung der letzteren mit dem Finanzministerium mit Ausschluss der bei dem Ministerium des Innern verbleibenden, namentlich der landwirthschaftlichen Angelegenheiten durch Cabinets-Ordre vom 17. Januar 1838, die Rückübertragung der Domainen- und Forstverwaltung vom Hausministerium an das Finanzministerium, die Unterordnung der Seehandlung unter den Finanzminister und die Abtrennung der Abtheilungen für Handel, Gewerbe und Bauwesen und für Bergwerks-, Hüttenwerks- und Salinenverwaltung vom Finanzministerium, welche auf das neuerrichtete Handelsministerium übergehen, durch Erlass vom 17. April 1848, die Ueberweisung der Münzverwaltung an das Finanzministerium durch Erlass vom 3. Januar 1850.

Von dem Finanzminister ressortirt die Seehandlung mit dem Leihamt und die Centraldirection und Centralcommission zur Regelung der Grundsteuer (Gesetz vom 21. Mai 1861); — unter der oberen Leitung des Finanzministers steht die Hauptverwaltung der Staatsschulden mit der Staatsschuldentilgungscasse, der Controle der Staatspapiere und der Staatsdruckerei, sie steht unter Aufsicht der Staatsschulden-Commission (Gesetz vom 24. Februar 1850). — Die Verwaltung des Staatsschatzes besteht als eine dem Präsidenten des Staatsministeriums und dem Finanzminister gemeinsam untergeordnete Immediatbehörde (Cabinets-Ordre vom 29. März 1848).

Unter der zweiten Abtheilung des Finanzministeriums stehen die Generaldirection der Lotterie, die Münze, die allgemeine (Beamten-) Wittwencasse und das Ministerialarchiv, unter der dritten Abtheilung die höhere Forstlehranstalt (zu Neustadt-Ebersw.); die unter der ersten Abtheilung stehenden Steuerbehörden für Berlin werden unten erwähnt.

3. Das Ministerium der geistlichen, Unterrichts- und Medicinal-Angelegenheiten.

Es besteht aus 4 Abtheilungen: für die äusseren evangelischen Kirchenangelegenheiten, für die katholischen Kirchenangelegenheiten, für Unterrichtsangelegenheiten, für Medicinalangelegenheiten.

Dieses Ministerium wurde durch Cabinets-Ordre vom 3. November 1817 vom Ministerium des Innern abgezweigt, in welchem eine Abtheilung für Cultus und Unterricht bestanden hatte, die Medicinalangelegenheiten aber zur Abtheilung der allgemeinen Polizei gehört hatten; durch Cabinets-Ordre vom 22. Januar 1825 wurde die Verwaltung der Medicinalsachen zwischen dem Ministerium des Innern und dem der Unterrichtsangelegenheiten getheilt, so dass die Sanitätspolizei und die Angelegenheiten der Krankenhäuser bei dem Ministerium des Innern blieben; durch Erlass vom 22. Juni 1849 gingen sämmtliche Medicinalangelegenheiten auf das Ministerium der geistlichen etc. über; durch die Militair-Kirchenordnung vom 12. Februar 1832 wurden die Ressortverhältnisse in Betreff des Militair-Kirchenwesens festgesetzt (zum Organ der Ministerien der geistlichen etc. Angelegenheiten und des Krieges wurde der Feldpropst der Armee bestimmt). — Die inneren evangelischen Angelegenheiten wurden durch Erlass vom 29. Juni 1850 dem an Stelle der Ministerial-Abtheilung für diese Angelegenheiten errichteten evangelischen Ober-Kirchenrath übertragen.

Direct unter dem Ministerium stehen: die Akademie der Wissenschaften, die Akademie der Künste zu Berlin und die Kunstakademien zu Düsseldorf und Königsberg, die Commission für die Erhaltung der Kunstdenkmale, die Museen zu Berlin und die wissenschaftlichen Anstalten daselbst (Bibliothek, Sternwarte, botanischer Garten, Herbarium, chemisches Laboratorium), die Universitäten zu Greifswald, Halle, Breslau, Königsberg, Berlin, Bonn mit zugehörigen Seminarien, wissenschaftlichen Instituten und Sammlungen, die theologisch-philosophische Akademie zu Münster, die philosophisch-theologische Lehranstalt zu Paderborn, das Lyceum Hosianum (philosophisch-theologische Lehranstalt) zu Braunsberg und die Seminarien für gelehrte Schulen zu Berlin, Breslau und Stettin. — Das Predigerseminar zu Wittenberg steht unter dem Ministerium und dem Ober-Kirchenrath. — Es stehen ferner unter dem Ministerium die wissenschaftliche Deputation für das Medicinalwesen, die Ober-Examinations-Commission für Aerzte und für Apotheker zu Berlin und die delegirten Commissionen bei den fünf anderen Universitäten, das Charitékrankenhaus und die Thierarzneischule zu Berlin.

4. Das Ministerium für Handel, Gewerbe und öffentliche Arbeiten.

Es besteht aus fünf Abtheilungen: dem General-Postamt, der Verwaltung der Eisenbahnangelegenheiten, dem Land-, Wasser- und Chausseebauwesen, der Abtheilung für Handel und Gewerbe und der Abtheilung für Berg-, Hütten- und Salinenwesen.

Das Ministerium für Handel etc. wurde durch Erlass vom 17. April 1848 errichtet und ihm die Abtheilungen für Handel etc. und für Bergwesen etc. aus dem Finanzministerium, die Verwaltung der Gewerbe- und Baupolizei und der landwirthschaftlichen Angelegenheiten aus dem Ministerium des Innern übertragen, auch das General-Postamt mit demselben verbunden, welches durch Cabinets-Ordre vom 3. November 1817 vom Ministerium des Innern getrennt worden war und seitdem als Immediatbehörde bestanden hatte. Früher hatte ein besonderes Ministerium für Handel und Gewerbe (und Bauwesen) in der Zeit vom 2. December 1817 bis 18. Juni 1825, dann ein besonderes Ministerium des Innern für Handel und Gewerbe in der Zeit von 11. September 1830 bis 28. April 1834 bestanden, ferner eine selbständige Centralverwaltung für Handel, Fabriken und Bauwesen in der Zeit vom 26. Januar 1835 bis zum 6. Juni 1837. — Veränderungen im Ressort des Handelsministeriums sind seit dem April 1848 folgende eingetreten: durch Uebertragung der landwirthschaftlichen Polizei und der Anstalten zur Beförderung der Landwirthschaft an das neuerrichtete landwirthschaftliche Ministerium (Erlass vom 25. Juni 1848), Uebertragung der Telegraphenverwaltung vom Kriegsministerium auf das Handelsministerium (Erlass vom 23. März 1849), Uebertragung der

Deichangelegenheiten vom Handelsministerium auf das Ministerium für Landwirthschaft (Erlass vom 26. November 1849) und Uebertragung eines Theils der Gewerbepolizei an das Ministerium des Innern (Erlasse vom 17. März 1852 und 30. Juni 1858).

Von der ersten Abtheilung des Handelsministeriums ressortirt: die 1849 errichtete Telegraphen-Direction, — von der dritten Abtheilung: die technische Baudeputation (welche theilweise an Stelle der durch Verordnung vom 22. December 1849 aufgelösten Ober-Baudeputation getreten ist) und die Bauakademie, — von der vierten Abtheilung: die technische Deputation für Gewerbe (errichtet 1808), die Normal-Eichungscommission, das technische Gewerbe-Institut mit der Musterzeichnenschule, das Beuth- und Schinkel-Museum, die Direction der Navigationsschulen, die Porzellanmanufactur und Gesundheitsgeschirrfabrik zu Berlin, — von der fünften Abtheilung: die Bergakademie zu Berlin. Von den vom Handelsministerium ressortirenden Post-, Telegraphen-, Eisenbahn- und Bergbehörden in den einzelnen Provinzen ist unten die Rede.

Der Minister für Handel etc. ist zugleich Chef der preussischen **Bank**; dieselbe ist eine selbständige Staatsbehörde unter Aufsicht des Bankcuratoriums, in welchem der Präsident des Staatsministeriums den Vorsitz hat (Bankordnung vom 5. October 1846, Erlass vom 19. März 1851), zur Controle der Banknoten besteht eine Immediatcommission. Die Hauptbank ist zu Berlin, sie hat eine Direction zu Breslau, Comtoire zu Königsberg, Stettin, Magdeburg, Münster, Danzig, Köln und Posen und 19 Commanditen.

5. Das Ministerium des Innern.

Die hauptsächlichen Aenderungen, welche in dem Ressort des Ministeriums des Innern gegenüber dem Finanzministerium eingetreten sind, wurden oben angeführt, ebenso die Aenderungen, welche in Folge der Abzweigung der Ministerien für geistliche, Unterrichts- und Medicinalangelegenheiten und für Handel, Gewerbe und öffentliche Arbeiten eingetreten sind. Ein besonderes Ministerium der Polizei bestand in den Jahren 1812 bis 1819, demnächst ein besonderes Ministerium für die landständischen, Communal- und Militairverwaltungssachen, von welchem 1820 die Servissachen an das Kriegsministerium übertragen wurden; während des Bestehens des Ministeriums des Innern für Handel und Gewerbe wurde das Ministerium des Innern als Ministerium des Innern und der Polizei bezeichnet; durch Cabinets-Ordre vom 17. Januar 1838 gingen die Angelegenheiten der Thronlehne auf das Ministerium des königlichen Hauses über, dieselben wurden nebst den Standessachen durch Erlass vom 17. April 1848 dem Ministerium des Innern (in Gemeinschaft mit dem Justizministerium) zurückübertragen, die Standessachen aber durch Erlass vom 16. August 1864 dem Ministerium des königlichen Hauses wieder übertragen.

Im Ministerium des Innern bestehen zur Zeit keine Abtheilungen. — Zum Ressort desselben gehört die statistische Centralcommission und das statistische Bureau mit dem meteorologischen Institut und der Kalenderverwaltung. Die vom Ministerium des Innern ressortirenden Verwaltungsbehörden für Berlin werden unten angegeben.

6. Das Ministerium der Justiz.

Zum Ressort desselben gehört das Obertribunal, mit welchem durch das Gesetz vom 17. März 1852 der vormalige rheinische Revisions- und Cassationshof verbunden worden ist, und die Justiz-Examinations-Commission. Von den Justizbehörden in den einzelnen Provinzen ist unten die Rede. — Aenderungen im Ressort der Justizbehörden in Ansehung der Militairgerichtsbarkeit sind durch das Militair-Strafgesetzbuch vom 3. April 1845 eingetreten.

7. Das Kriegsministerium.

Es besteht aus der Centralabtheilung, dem allgemeinen Kriegsdepartement (Abtheilungen für die Armeeangelegenheiten, für die Artillerieangelegenheiten, für das Ingenieurwesen und Abtheilung für die persönlichen Angelegenheiten mit der geheimen Kriegskanzlei), dem Militairökonomie-Departement (Abtheilungen für Etats- und Cassenwesen, für Natural-Verpflegungs-, Reise- und Vorspannangelegenheiten, für Bekleidungs-, Feldequipage- und Trainangelegenheiten, für Servis- und Lazarethwesen), den Abtheilungen für das Invalidenwesen und für die Remonte-Angelegenheiten.

Unter dem Kriegsministerium stehen das General-Auditoriat (aufsichtführende Behörde über sämmtliche Militairgerichte), die General-Militaircasse mit der Militair-Wittwencasse und der Militair-Pensionscasse, die Ober-Examinations-Commission für Intendanturbeamte, das Militair-Erziehungs- und Bildungswesen (insbesondere die Militair-Studiencommission, die Militair-Examinations-Commission, die Kriegsakademie zu Berlin, die Kriegsschulen zu Potsdam, Erfurt und Neisse, die Artillerie- und Ingenieurschule zu Berlin, die Cadettenhäuser), das Militair-Waisenhaus und Militairknaben-Erziehungsinstitut, die Centralturnanstalt, das Militair-Medicinalwesen (mit dem medicinisch-chirurgischen Friedrichs-Wilhelms-Institut und der medicinisch-chirurgischen Akademie zu Berlin), die Artillerie-Prüfungscommission, die Militairschiessschule, die Inspection der technischen Anstalten der Artillerie (Artilleriewerkstätten, Pulverfabriken, Geschützgiessereien, Feuerwerks-Laboratorium), die Inspection und die Directionen der Gewehrfabriken etc., die Artillerie-Festungsinspectionen und 33 Artilleriedepots, ferner die Remonteinspection und die 9 Remontedepots. — Von den Provinzialbehörden für die Militairökonomie ist unten die Rede. Die Commando-Behörden bleiben hier unerwähnt.

8. Das Ministerium für landwirthschaftliche Angelegenheiten.

Die Errichtung desselben und die Uebertragung gewisser Angelegenheiten vom Handelsministerium auf dasselbe ist oben angegeben, durch Erlass vom 11. August 1848 wurde demselben das Gestütwesen vom Ober-Marstallamte übertragen.

Zum Ressort des landwirthschaftlichen Ministeriums gehört das Landes-Oekonomie-Collegium (als technische Deputation des Ministeriums errichtet durch Cabinets-Ordre vom 5. Mai 1842) und in Gemeinschaft mit dem Justizministerium das Revisionscollegium für Landesculturschen (Verordnung vom 22. November 1844); die durch Erlass vom 21. Mai 1850 errichtete Central-Commission für die Rentenbanken ist durch Erlass vom 2. Juli 1859 aufgehoben worden. Es stehen ferner direct unter dem Ministerium der landwirthschaftlichen Angelegenheiten: die höheren landwirthschaftlichen Lehranstalten zu Eldena, Proskau, Poppelsdorf und Waldau, die Institute zur Beförderung des Gartenbaues, die Stammschäferei zu Frankenfelde, die Hauptgestüte zu Trakehnen, Neustadt a. D. und Graditz und die acht Landgestüte.

9. Das Marine-Ministerium.

Durch Cabinets-Ordre vom 14. November 1853 wurden die Marine-Angelegenheiten einer besonderen Centralbehörde, der Admiralität, überwiesen, durch den Erlass vom 14. März 1861 wegen Reorganisation der Admiralität wurde die Marineverwaltung von dem Marinecommando getrennt und die erstere durch den Erlass vom 16. April 1861 zum Marineministerium erhoben (welches zur Zeit von dem Kriegsminister verwaltet wird). Es besteht aus den Abtheilungen für technische Angelegenheiten und für Verwaltungs-Angelegenheiten.

Unter dem Marine-Ministerium stehen die Prüfungs-Commissionen für Marineverwaltungs-Beamte, Lieutenants zur See und Seecadetten, das Cadetteninstitut zu Berlin, die Marinestation zu Danzig, das Marinedepot zu Stralsund und die Verwaltungsbehörden des Jadegebiets (von den letzteren ist unten die Rede).

Vom Staatsministerium getrennt besteht

das Ministerium des königlichen Hauses

(errichtet durch Cabinets-Ordre vom 11. Januar 1819, bis wohin die Angelegenheiten desselben vom Staatskanzler verwaltet waren). Die Aenderungen im Ressort desselben gegenüber den Ministerien der Finanzen und des Innern werden oben erwähnt. Es verwaltet den Kronfideicommiss-Fonds, den Kronfresor, das königliche Familienfideicommiss und die königlichen Hausfideicommiss-Herrschaften. Zum alleinigen Ressort desselben gehören das Heroldsamt, das königliche Hausarchiv, die Hofkammer der königlichen Familiengüter (errichtet durch Cabinets-Ordre vom 30. August 1843), das prinzliche Fideicommiss und die Verwaltung der königlichen Schatullgüter; bei den sonstigen Angelegenheiten des königlichen Hauses und den königlichen und prinzlichen Hofsachen concurrirt der Oberst-Kämmerer.

II. Haupteintheilung des Staatsgebiets in Provinzen und Regierungsbezirke.

Das Staatsgebiet besteht aus acht Provinzen, den hohenzollerschen Landen und dem Jadegebiet; dieselben enthalten 26 Regierungsbezirke. Die Eintheilung in Provinzen und Bezirke beruht auf der Verordnung wegen verbesserter Einrichtung der Staatsbehörden vom 30. April 1815, durch welche das Staatsgebiet in 10 Provinzen und in 25 Regierungsbezirke getheilt wurde; die Zahl der Provinzen verminderte sich durch Vereinigung der Provinzen Ost- und Westpreussen (Cabinets-Ordre vom 3. December 1829) und Vereinigung der Provinzen Kleve-Berg und Niederrhein (im Jahre 1822). Der Zahl der Regierungsbezirke traten kurz nach der Verordnung vom 30. April 1815 die Bezirke Stralsund, Aachen und Trier und neuerdings der Regierungsbezirk Sigmaringen hinzu, dagegen gingen ein die Bezirke Reichenbach (1820), Kleve (1822) und Berlin (1823).

1. Die Provinz Preussen (das Königreich Preussen).

Sie besteht nach ihren historischen Bestandtheilen aus Ostpreussen und Westpreussen einschliesslich der unter dem 15. Mai 1815 wieder in Besitz genommenen Theile von Westpreussen, nämlich der Stadt Danzig mit Gebiet und des Kulm- und Michelau'schen Kreises mit der Stadt Thorn; die 1807 bei dem Königreich Preussen gebliebenen Theile des Netzedistricts sind unter etwas veränderter Grenze durch Cabinets-Ordre vom 16. August 1815 bei Westpreussen belassen worden. Die Provinz Preussen besteht aus den Regierungsbezirken Königsberg, Gumbinnen, Danzig und Marienwerder, dieselben enthalten folgende Kreise der älteren Landeseintheilung:

a) der Bezirk der Regierung (von Ostpreussen) zu Königsberg: die ostpreussischen Kreise Brandenburg, Schaaken, Neidenburg und Mohrungen, den grössten Theil der Kreise Tapiau und Rastenburg, vom Kreise Insterburg: Memel und Umgegend, und die Kreise Heilsberg und Braunsberg (Ermeland);

b) der Bezirk der Regierung (von Litthauen) zu Gumbinnen: die ostpreussischen Kreise Sehesten und Oletzko, den grössten Theil des Kreises Insterburg und Theile der Kreise Tapiau und Rastenburg;

c) der Bezirk der Regierung (in Westpreussen) zu Danzig: Stadt und Gebiet Danzig, den Kreis Dirschau, einen Theil vom Kreise Marienburg und den grösseren Theil des Kreises Stargard;

d) der Bezirk der Regierung (in Westpreussen) zu Marienwerder: den Kreis Marienwerder, einen Theil des Kreises Marienburg, die Kreise Kulm und Michelau mit Stadt und Gebiet Thorn, den Kreis Konitz, einen Theil vom Kreise Stargard und ein Stück vom Netzedistrict (Deutsch Krone und Kammin.)

2. Die Provinz Brandenburg.

Sie enthält den vor 1814 bei dem Staate verbliebenen Theil der Kurmark (rechts der Elbe) und die Neumark Brandenburg mit Ausschluss der zur Provinz Pommern gelegten Theile (der Kreise Schievelbein und Dramburg, eines Theiles des Kreises Arnswalde und einiger Ortschaften des Soldiner Kreises und der Ukermark), der zu Schlesien gelegten Ortschaften des Krossener Kreises und einiger zum Bezirke Magdeburg gelegten kurmärkischen Ortschaften, — ferner den früher zu Schlesien gehörigen Schwiebuser Kreis, einige Ortschaften des Pyritzer Kreises (von Hinterpommern), den durch Patent vom 21. Juni 1815 wieder in Besitz genommezu Kreis Kottbus und einen Theil der durch Vertrag vom 18. Mai 1815 von Sachsen abgetretenen Länder: insbesondere die Markgrafschaft Niederlausitz, die Meissnischen Aemter Senftenberg und Finsterwalde, die Herrschaften Sonnenwalde, Baruth und Dobrilugk, die Querfurter Aemter Jüterbock und Dahme, vom Kurkreise das Amt Belzig und einige andere Ortschaften, sowie einige oberlausitzer Ortschaften. 1818 sind vom Grossherzogthum Posen die Ortschaften Schermeissel und Grochow hinzugelegt worden. Der 1816 zur Provinz Brandenburg gelegte Theil der Oberlausitz (westlich der Spree) ist 1825 grösstentheils mit der Provinz Schlesien verbunden worden. — Die Provinz Brandenburg besteht aus den Regierungsbezirken Potsdam und Frankfurt.

e) Der Bezirk der Regierung (in der Mark Brandenburg) zu Potsdam. Er enthält folgende frühere Landestheile: die Ukermark und Priegnitz, die mittelmärkischen Kreise Oberbarnim (grösstentheils), Niederbarnim, Teltow, Zauche, Luckenwalde, Havelland (grösstentheils), Glin und Löwenberg, Ruppin, die Herrschaft Storkow (grösstentheils), die Aemter Jüterbock und Dahme, Belzig etc. und die Herrschaft Baruth und zwei Lausitzer Ortschaften, seit 1836 auch die (vorher zum Regierungsbezirk Frankfurt gehörig gewesene) Herrschaft Beeskow.

Der Bezirk der Regierung von Berlin ist 1823 mit dem Regierungsbezirk Potsdam wieder verbunden worden; doch sind die Functionen der Regierung zu Berlin theilweise auf das Polizeipräsidium, die Ministerial- Militair- und Baucommission, das Consistorium, das Provinzial-Schulcollegium und die Hauptsteuerämter zu Berlin übergegangen.

f) Der Bezirk der Regierung (in der Neumark und Lausitz) zu Frankfurt. Derselbe besteht aus dem Königsberger, Soldiner (grösstentheils), Landsberger, Friedeberger, Arnswalder (grösstentheils), dem Sternberger, Züllichauer, Krossener (grösstentheils) und Kottbuser Kreis der Neumark, dem Lebuser Kreis der Kurmark und einigen Ortschaften des Oberbarnimer Kreises und der Herrschaft Storkow, der Niederlausitz mit Finsterwalde, Senftenberg, Sonnenwalde und Dobrilugk und einigen Ortschaften der Oberlausitz, einigen Ortschaften des Kreises Pyritz und den Ortschaften Schermeissel und Grochow. Vormals gehörte dazu auch die Herrschaft Beeskow und der westlichste Theil der Oberlausitz.

3. Die Provinz Pommern.

Sie enthält den vor 1814 zu dem Staatsgebiete gehörigen Theil des Herzogthums Vorpommern und Hinterpommern mit Kassuben und Wenden und den Herrschaften Lauenburg und Bütow, ferner den durch Patent vom 19. September 1815 (gegen Abtretung des von Hannover erhaltenen Herzogthums Sachsen-Lauenburg) in Besitz genommenen vormals schwedischen Theil von Vorpommern, einen Theil der Neumark, die Kreise Schievelbein, Dramburg und Theile von Arnswalde und Soldin, sowie einige ukermärkische Ortschaften und zwei vormalige westpreussische Enclaven. Sie besteht aus den Regierungsbezirken Stettin, Köslin und Stralsund.

g) Der Bezirk der Regierung (in Vorpommern) zu Stettin enthält Alt-Vorpommern und von Hinterpommern den vormaligen Greifenhagener, Pyritzer, Saatziger, Borkeschen, Daberschen, Flemmingschen, Greifenberger (grösstentheils) und Ostenschen Kreis nebst Kammin und Kukelow, ferner einen Theil des Arnswalder und des Dramburger Kreises der Neumark und einige Ortschaften des Soldiner Kreises und der Ukermark.

h) Der Bezirk der Regierung (in Hinterpommern) zu Köslin enthält die hinterpommerschen Kreise Fürstenthum, Belgard, Neustettin, Rummelsburg, Schlawe, Stolpe, ein Stück des Greifenberger Kreises, die Herrschaften Lauenburg und Bütow, den Schievelbeiner und den grössten Theil des Dramburger Kreises der Neumark und die westpreussischen Enclaven.

i) Der Regierungsbezirk Stralsund enthält das vormals schwedische Vorpommern mit dem Fürstenthum Rügen (dasselbe ist nicht, wie bei der Eintheilung vom April 1815 beabsichtigt war, mit dem Bezirk der Stettiner Regierung verbunden worden).

4. Die Provinz Schlesien.

Sie enthält das preussische Herzogthum Ober- und Niederschlesien nebst der Grafschaft Glatz mit Ausschluss des Kreises Schwiebus, den durch Vertrag vom 18. Mai 1815 von Sachsen abgetretenen Theil der Markgrafschaft Oberlausitz, die am 9. Juni 1815 abgetretenen böhmischen Enclaven und die Stadt Rothenburg etc. vom Kreise Krossen (der Neumark). Sie besteht aus den Regierungsbezirken Breslau, Liegnitz und Oppeln.

k) Der Bezirk der Regierung (für Mittelschlesien) zu Breslau umfasste anfänglich die Kreise Breslau, Neumarkt, Ohlau mit Wansen, Strehlen, Brieg, Namslau, Oels, Wartenberg, Trebnitz, Militsch, Wohlau, Steinau, Guhrau und Kreuzburg; bei Auflösung des Bezirkes der Regierung (für das schlesische Gebirge) zu Reichenbach wurden die Kreise Nimptsch, Münsterberg, Frankenstein, Reichenbach, Schweidnitz, Striegau und die Grafschaft Glatz hinzugelegt, dagegen der Kreis Kreuzburg zum Regierungsbezirk Oppeln geschlagen.

l) Der Bezirk der Regierung (für Niederschlesien) zu Liegnitz umfasste anfänglich die Kreise Löwenberg, Bunzlau, Haynau-Goldberg, Liegnitz, Lüben, Glogau, Sprottau, Sagan, Freistadt, Grünberg und den preussischen Theil der Oberlausitz (seit 1825 auch einschliesslich der vorher zum Regierungsbezirk Frankfurt gehörigen Herrschaft Hoyerswerda), die böhmischen Enclaven und einige Ortschaften des Kreises Krossen, seit Aufhebung der Regierung zu Reichenbach auch die Kreise Bolkenhain, Hirschberg und Jauer.

m) Der Bezirk der Regierung (für Oberschlesien) zu Oppeln umfasst die oberschlesischen Kreise Rosenberg, Lublinitz, Beuthen, Pless, Ratibor, Leobschütz mit Katscher, Kosel, Tost-Gleiwitz, Gr. Strehlitz, Oppeln, Falkenberg, Neustadt, die niederschlesischen Kreise Neisse und Grottkau, seit Aufhebung der Regierung zu Reichenbach auch den vorher zum Regierungsbezirk Breslau gehörigen Kreis Kreuzburg.

5. Die Provinz Posen (das Grossherzogthum Posen).

Dieselbe enthält die durch Vertrag vom 3. Mai 1815 vom Herzogthum Warschau wiedergewonnenen Theile der vormaligen südpreussischen Departements Posen und Kalisch und des Netzedistricts. Sie besteht aus den Regierungsbezirken Posen und Bromberg.

n) Der Regierungsbezirk Posen enthält die früheren Kreise Posen, Obornik (grösstentheils), Meseritz, Bomst, Fraustadt, Kosten, Kröben, Schrimm, Schroda, Theile der Kreise Gnesen und Wongrowitz und den preussischen Theil des Kreises Peisern, ferner die Kreise Krotoschin, Adelnau und den preussischen Theil des Kreises Schildberg.

o) Der Regierungsbezirk Bromberg enthält den Netzedistrict (mit Ausschluss des zur Provinz Preussen gehörigen Theiles) und die Kreise Gnesen und Wongrowitz (grösstentheils), einen kleinen Theil vom Kreise Obornik und den preussischen Theil des Kreises Powiedz.

6. Die Provinz Sachsen.

Sie enthält von den vor 1814 bei dem Staate verbliebenen Landestheilen den rechts der Elbe belegenen Theil des Herzogthums Magdeburg (die Kreise Jerichow und Ziesar) mit einigen kurmärkischen Ortschaften, die durch Vertrag vom 18. Mai 1815 und Convention vom 20. Februar 1816 vom Königreich Sachsen abgetretenen Landestheile, soweit sie nicht den Provinzen Brandenburg und Schlesien einverleibt oder durch Verträge vom 1. Juni und 22. Sept. 1816 an Sachsen-Weimar abgetreten sind (Theile des Thüringer, Leipziger und Neustädter Kreises); ferner die durch Patent vom 21. Juni 1815 wieder in Besitz genommenen Länder im niedersächsischen und obersächsischen Kreise: nämlich die Altmark mit Wernigerode, Hasserode und Derenburg, den links der Elbe belegenen Theil des Herzogthums Magdeburg mit Antheil der Grafschaft Mansfeld, das Fürstenthum Halberstadt mit Antheil der Grafschaft Hohnstein, das Fürstenthum Eichsfeld (grösstentheils) mit Treffurt und Dorla, das Fürstenthum Erfurt (soweit es nicht nebst einem Theil des Fürstenthums

Fulda an Sachsen-Weimar abgetreten wurde), das Stiftsgebiet Quedlinburg, die Herrschaft Schauen und die Städte Nordhausen und Mühlhausen; ferner das 1815 von Hannover abgetretene lüneburgische Amt Klötze und die Ortschaften Rüdigershagen und Gänseteich (an Hannover wurden durch Vertrag vom 29. Mai 1815 das Fürstenthum Hildesheim mit der Stadt Goslar, ferner durch Vertrag vom 23. September 1815 ein Theil des Eichsfeldes und mehrere von Kurhessen als Aequivalent gegen einen Theil des Fürstenthums Fulda erhaltenes Aemter abgetreten, auch die Aemter Elbingerode und Neuhaus zurückgegeben), endlich einige durch Verträge vom 15. und 19. Juni 1816 etc. von Schwarzburg-Sondershausen und -Rudolstadt abgetretenen Aemter und Ortschaften.

Die Provinz Sachsen besteht aus den Regierungsbezirken Magdeburg, Merseburg und Erfurt, welche aus nachbezeichneten früheren Landestheilen zusammengesetzt sind.

p) Der Bezirk der Regierung (in Niedersachsen) zu Magdeburg. Er enthält den Holzkreis, Jerichow'schen und Ziesar'schen Kreis des Herzogthums Magdeburg, die Altmark und einige andere kurmärkische Ortschaften, die Grafschaft Wernigerode, die Herrschaften Derenburg und Hasserode, das Fürstenthum Halberstadt (grösstentheils), das Stiftsgebiet Quedlinburg, die Herrschaft Schauen, das Amt Klötze, von kursächsischen Landestheilen die Grafschaft Barby mit Gommern und Elbenau und das Amt Walter-Nienburg.

q) Der Bezirk der Regierung (des Herzogthums Sachsen) zu Merseburg. Es enthält den Saalkreis des Herzogthums Magdeburg, den Ermsleben'er Kreis des Fürstenthums Halberstadt, die Grafschaft Mansfeld, den grössten Theil des sächsischen Kurkreises, Theile des Meissener und Leipziger Kreises, den grössten Theil des Stiftsgebiets Merseburg und das Stiftsgebiet Naumburg-Zeitz, den östlichen Theil des Thüringer Kreises mit den Aemtern Heringen und Kelbra und der Grafschaft Stolberg, und die Aemter Querfurt und Heldrungen.

r) Der Bezirk der Regierung (in Thüringen) zu Erfurt. Er enthält den preussischen Antheil des Eichsfeldes und des Fürstenthums Erfurt mit Treffurt und Dorla, die Städte Nordhausen und Mühlhausen, den Antheil der Grafschaft Hohnstein, die Aemter Weissensee, Langensalza und Tennstädt des Thüringer Kreises, Theile des Neustädter und Voigtländer Kreises und den kursächsischen Antheil der Grafschaft Henneberg, die Ortschaften Rüdigershagen und Gänseteich und einige vormals schwarzburgische Ortschaften (Amt Gross-Bodungen und Wolkramshausen).

7. Die Provinz Westfalen.

Sie enthält die durch Patent vom 21. Juni 1815 wieder in Besitz genommenen Länder: die Fürstenthümer Münster, Paderborn und Minden, Grafschaft Mark mit Herrschaft Hohen-Limburg und Antheil Lippstadt, Grafschaft Ravensberg mit Herford, Grafschaft Tecklenburg und die obere Grafschaft Lingen nebst den mediatisirten Gebieten: den Grafschaften Horstmar, Rietberg, Steinfurt und Recklinghausen, den Aemtern Ahaus und Anholt, den Herrschaften Werth, Rheda und Gütersloh, Dülmen, Anholt, Gronau, Gehmen und Kappenberg und einem Theil von Rheina-Wolbeck; ferner die vormals nassau-oranischen Besitzungen: Fürstenthum Korvey, Grafschaft Dortmund und Fürstenthum Siegen mit Aemtern Burbach und Neunkirchen; die durch Verträge vom 10. Juni 1815 und 30. Juni 1816 von Hessen-Darmstadt abgetretenen Landestheile: das Herzogthum Westfalen und die Grafschaften Wittgenstein (Wittgenstein und Berleburg), und das von Hannover durch Vertrag 29. Mai 1815 abgetretene Amt Reckeberg mit Wiedenbrück (an Hannover wurden durch denselben Vertrag das Fürstenthum Ostfriesland mit dem Harlingerland, die niedere Grafschaft Lingen und einige münstersche Ortschaften abgetreten). Hierzu ist durch Vertrag vom 15. Mai 1850 der vormals lippische Antheil an der Stadt Lippstadt getreten. Die Provinz Westfalen besteht aus den Regierungsbezirken Münster, Minden und Arnsberg, welche aus folgenden früheren Landestheilen zusammengesetzt sind:

s) Der Bezirk der Regierung (im Münsterlande) zu Münster enthält das Fürstenthum Münster mit den Aemtern Ahaus und Bocholt, den Grafschaften und Herrschaften Recklinghausen, Steinfurt, Horstmar, Werth, Anholt, Gronau, Gehmen, Kappenberg und dem preussischen Theil von Rheina-Wolbeck, die Grafschaft Tecklenburg und die obere Grafschaft Lingen.

t) Der Bezirk der Regierung (im Weserlande) zu **Minden** enthält die Fürstenthümer Minden, Paderborn und Korvey, Grafschaft Ravensberg und Rietberg, Herrschaften Rheda und Gütersloh und Amt Reckeberg mit Wiedenbrück.

u) Der Bezirk der Regierung (von Mark und Westfalen) zu **Arnsberg** enthält das Herzogthum Westfalen, die Grafschaft Mark mit Lippstadt und Hohen-Limburg, Grafschaft (Stadt) Dortmund, Fürstenthum Siegen mit Burbach und Neunkirchen und die Grafschaften Wittgenstein, sowie 2 Ortschaften der Grafschaft Essen.

8. Die Rheinprovinz.

Die Besitzergreifung erfolgte durch zwei Patente vom 5. April 1815, deren eines auf die Herzogthümer Kleve, Berg und Geldern, das Fürstenthum Mörs und die Grafschaften Essen und Werden lautend, die damals errichtete Provinz Kleve-Berg (die Bezirke der Regierung für das Herzogthum Berg zu Düsseldorf und für die Herzogthümer Kleve etc. zu Kleve) begriff, das andere auf das Grossherzogthum Niederrhein lautend, die südlicher gelegenen bergischen und resp. damals französischen Landestheile (die Bezirke der Regierungen für das Herzogthum Jülich zu Köln und für das Moselland zu Koblenz) bis Meisenheim, Birkenfeld, Herbeskeil und Konz begriff. Durch Verträge vom 31. Mai 1815 wurde unter Abtretung und Austausch einer Anzahl klevischer Ortschaften die Grenze gegen Niederland festgestellt und gleichzeitig ein Theil der an Preussen abgetretenen nassau-oranischen Erblande (nebst Westerburg, Schadeck, Runkel und der von Kurhessen erhaltenen Grafschaft Niederkatzenelnbogen) an das Herzogthum Nassau abgetreten, wogegen dieses neunzehn Aemter (in den jetzigen Kreisen Neuwied, Altenkirchen, Wetzlar und Koblenz) und nachträglich noch das Amt Atzbach abtrat; durch den Vertrag vom 9. Juni 1815 wurde Stadt und Gebiet Wetzlar an Preussen überlassen. Durch Vertrag vom 3. November 1815 wurde der westliche Theil des unter österreichischer Administration stehenden Landes zwischen Rhein und Mosel und im Anschlusse desselben die Districte Saarlouis und Saarbrück an Preussen abgetreten; von der preussischen Rheinprovinz wurden durch Verträge vom September 1816 an Oldenburg das Fürstenthum Birkenfeld, an Hessen-Homburg das Amt Meisenheim, an Sachsen-Koburg das Fürstenthum Lichtenberg, an Mecklenburg-Strelitz die Districte Kronenburg, Reifferscheid und Schleiden abgetreten; die mecklenburgischen Theile wurden durch Vertrag vom 19. Mai 1819, das koburgische Fürstenthum Lichtenberg (Kreis St. Wendel) durch Vertrag vom 31. Mai 1834 zurückerworben. Die Grenze gegen Frankreich wurde 1827 regulirt, wobei vier Ortschaften an Frankreich abgetreten wurden. Die Rheinprovinz besteht aus den Regierungsbezirken Düsseldorf, Köln, Aachen, Koblenz und Trier.

v) Der Regierungsbezirk **Düsseldorf** besteht östlich des Rheins aus dem nördlichen Theile des Herzogthums Berg mit Broich und Styrum, einem Theile des Herzogthums Kleve mit den Grafschaften Essen und Werden und dem Stiftsgebiet Elten, — ferner westlich des Rheins aus einem Theile des Herzogthums Kleve, einem Theile des Herzogthums Geldern, dem Fürstenthum Mörs, ferner vormaligen Theilen des Erzstifts Köln und Herzogthums Jülich, den Grafschaften und Herrschaften Mylendonk, Wickerath, Dyk, Hörstgen. Der west-rheinische Theil des Bezirks gehörte vor 1815 zu 20 Cantons des Roerdepartements und einem Canton des Departements der Niedermaas. Der nördliche Theil des Bezirks (Kleve, Geldern, Mörs etc.) bildete bis 1821 einschliesslich den Regierungsbezirk Kleve, bis zu demselben Zeitpunkte bildeten die Bezirke Kleve und Düsseldorf zusammen die Provinz Kleve-Berg.

w) Der Regierungsbezirk **Köln** besteht östlich des Rheins: aus dem südlichen Theile des Herzogthums Berg mit den Herrschaften Homburg, Gimborn und Neustadt, westlich des Rheins: aus der Stadt Köln und vormaligen Theilen des Erzstifts Köln und Herzogthums Jülich nebst den Grafschaften Kerpen und Lommersum. Der west-rheinische Theil desselben gehörte vor 1815 zu 7 Cantons des Roerdepartements und 3 des Rhein- und Moseldepartements.

x) Der Regierungsbezirk **Aachen** besteht aus Theilen der vormaligen Herzogthümer Jülich, Geldern, Limburg und Luxemburg (mit Schleiden und Kronenburg), der Stadt Aachen, den Stiftsgebieten von Malmedy, Cornelymünster und Burtscheid, Theilen der Erzstifter Köln und Trier, den Grafschaften Reifferscheid, Blankenheim mit

Dollendorf etc., den Herrschaften Mechernich, Schönau, Schwanenberg und einem Theile des Fürstenthums Aremberg. Die betreffenden Landestheile gehörten vor 1815 zu den Departements der Roer (14 Cantons), der Niedermaas (2 Cantons), der Ourthe (5 Cantons) und der Saar (4 Cantons).

y) Der Regierungsbezirk Koblenz besteht östlich vom Rhein aus den von Nassau eingetauschten Landestheilen (nämlich Theilen des Herzogthums Nassau, der Grafschaften Solms, Sayn, Wied und Nieder-Isenburg, der Herrschaft Reichenstein und vormals kurkölnischen und kurtrierischen Landestheilen), der Stadt Wetzlar und Herrschaft Wildenburg; westlich vom Rhein: aus vormaligen Theilen des Herzogthums Jülich, der Erzstifter Köln, Trier und Mainz, Theilen der Pfalz (mit Simmern und Sponheim), der badischen Grafschaft Sponheim, kurhessischen Grafschaft Katzenelnbogen, des Fürstenthums Aremberg, vormals salmscher und rheingräflicher Besitzungen, den Grafschaften und Herrschaften Virneburg, Winneburg, Beilstein, Olbrück, Pirmont, Reichenstein, Saffenburg, Breisig, Bretzenheim, Rheineck etc. Vor 1815 gehörten die west-rheinischen Theile zum Departement Rhein- und -Mosel (28 Cantons).

z) Der Regierungsbezirk Trier besteht aus folgenden vormaligen Landestheilen: Theilen der Erzstifter Trier und Köln, der Herzogthümer Luxemburg (mit Manderscheid) und Lothringen, der Pfalz (Veldenz, Zweibrücken, Sponheim), der badischen Grafschaft Sponheim, dem Stiftsgebiet (Fürstenthum) Prüm, Theilen der nassauischen Grafschaft Saarbrück, mehreren salmschen, rheingräflichen und arembergischen Besitzungen, der Grafschaft Gerolstein mit Junkerath etc., den Herrschaften Dagstuhl, Saarwellingen, Dreis, Schwarzenholz, Freudenburg, Oberstein etc. Vor 1815 gehörten diese Landestheile zu den Departements Saar (28 Cantons), Rhein und Mosel (1 Canton), Wälder (8 Cantons), Ourthe (1 Canton) und Mosel (5 Cantons).

9. Die hohenzollerschen Lande

(Fürstenthümer Hohenzollern-Hechingen und Hohenzollern-Sigmaringen, letzteres mit der Grafschaft Vöringen und den Herrschaften Haigerloch und Wehrstein etc.) sind durch Verträge vom 7. December 1849 an Preussen abgetreten und durch Gesetz vom 12. März 1850 in Besitz genommen worden; sie bilden den Regierungsbezirk Sigmaringen.

10. Das Jadegebiet

ist durch Vertrag vom 20. Juli 1853 von Oldenburg an Preussen abgetreten worden.

III. Die Provinzial- und Bezirksbehörden der allgemeinen Landesverwaltung.

Oberpräsidenten.

An der Spitze der Provinzialverwaltung stehen die Oberpräsidenten (Einrichtung und Ressortverhältnisse: Publicandum vom 26. December 1808, Verordnung vom 30. April 1815, Instruction vom 23. October 1817, Cabinetsordre vom 31. December 1825), sie stehen unter dem Staatsministerium und in den einzelnen Ressorts unter den betreffenden Ministerien; der Sitz der Oberpräsidien ist zu Königsberg, Potsdam, Stettin, Breslau, Posen, Magdeburg, Münster, Koblenz. Die Oberpräsidialgeschäfte in den hohenzollerschen Landen sind mit der dortigen Regierung verbunden, ausschliesslich der Mitwirkung des Oberpräsidenten in militairischen Angelegenheiten, welche dem Oberpräsidium der Rheinprovinz überwiesen ist.

Provinzialverwaltung der geistlichen, Unterrichts- und Medicinal-Angelegenheiten.

Die Oberpräsidenten haben den Vorsitz in den Provinzialschulcollegien und Medicinalcollegien, hatten bis zur Verordnung vom 27. Juni 1845 den Vorsitz in den Provinzialconsistorien und haben die Ausübung des staatlichen *Jus circa Sacra* in inneren Angelegenheiten der katholischen Kirche.

Die Consistorien bestehen für jede Provinz am Sitze der Oberpräsidenten (für die Provinz Brandenburg zu Berlin); sie sind evangelische Kirchenbehörden, eingerichtet durch die Verordnung vom 30. April 1815; die Grenzen des Ressorts gegenüber den Regierungen sind bestimmt durch Instruction vom 31. December 1825 und Verordnung vom 27. Juni 1845. Von den Consistorien ressortiren die Prüfungscommissionen für das evangelische Pfarramt und in den westlichen Provinzen die Provinzialsynoden. Ferner ressortiren von den Consistorien (bez. in Gemeinschaft mit den Regierungen) die Superintendenten; die Zahl derselben ist in der Provinz Preussen 53, Brandenburg 77, Pommern 57, Schlesien 52, Posen 21, Sachsen 94, Westfalen 20, Rheinprovinz 24. Das Ressort des Consistoriums der Rheinprovinz begreift auch die hohenzollerschen Lande. Die Eintheilung in evangelische Kirchenkreise (Superintendentur-Bezirke) stimmt mit der allgemeinen Landeseintheilung (Kreiseintheilung) nicht überein.

Die Ressortverhältnisse der Staatsbehörden (der Oberpräsidien und Regierungen) in Angelegenheiten der katholischen Kirche sind durch Instructionen vom 23. October 1817 und 31. December 1825 und Verordnung vom 27. Juni 1845 bestimmt. Die Organisation der katholischen Geistlichkeit und Eintheilung des Staatsgebiets in Ansehung derselben steht zu der allgemeinen Landeseintheilung in folgendem Verhältniss:

Das exemte Bisthum Ermeland umfasst die Bezirke Königsberg und Gumbinnen und von den Regierungsbezirken Danzig und Marienwerder den rechts der Weichsel gelegenen Theil mit Ausschluss des Kulmerlandes (es enthält 13 Dekanate).

Das vereinigte Erzbisthum Posen und Gnesen umfasst die Provinz Posen (37 Dekanate), den westlichsten Theil des Bezirkes Marienwerder (Dekanat Deutsch-Krone) und einen Theil des Regierungsbezirks Köslin (Propstei Tempelburg). Das Bisthum Kulm umfasst Theile der Provinz Preussen (23 Dekanate) und einen Theil des Bezirks Köslin (Dekanat Lauenburg).

Das exemte Bisthum Breslau umfasst den grössten Theil der Provinz Schlesien (67 Dekanate) und die Provinz Brandenburg nebst den Bezirken Stettin und Stralsund (Propstei Berlin). — Die Grafschaft Glatz gehört zum Sprengel des Erzstifts Prag (1 Dekanat), die Pfarrei Katscher zum Sprengel des Erzstifts Olmütz.

Das Erzstift Köln umfasst die Regierungsbezirke Köln und Aachen und Theile von Düsseldorf und Koblenz (44 Dekanate); das Bisthum Münster den Regierungsbezirk Münster (10 Dekanate) und einen Theil des Bezirks Düsseldorf (7 Dekanate); das Bisthum Paderborn die Bezirke Arnsberg und Minden (27 Dekanate) und die Provinz Sachsen (13 Dekanate); das Bisthum Trier den Regierungsbezirk Trier und den grössten Theil des Regierungsbezirks Koblenz (24 Decanate). — Die hohenzollerschen Lande (4 Dekanate) gehören zum Sprengel des Erzstifts Freiburg.

Von den genannten Erzbisthümern und Bisthümern ressortiren die katholischen Domcapitel, die erzbischöflichen Ordinariate, die erzbischöflichen und bischöflichen Generalvicariate, die geistlichen Gerichte, die Commissariate, die Collegiatstifter und Diöcesaninstitute (Priesterseminarien etc.).

Die Provinzialschulcollegien sind durch die Instruction vom 31. December 1825 als besondere Abtheilungen der Consistorien eingerichtet worden; sie bestehen am Sitz des Oberpräsidiums, das Schulcollegium für die Provinz Brandenburg besteht zu Berlin; zum Bezirke des rheinischen Schulcollegiums gehören auch die hohenzollerschen Lande. Unter denselben stehen die wissenschaftlichen Prüfungscommissionen in den einzelnen Provinzen (mit Ausnahme der Provinz Posen). Zum unmittelbaren Ressort derselben gehören ferner die Gymnasien (21 in Preussen, 23 in Brandenburg, 14 in Pommern, 22 in Schlesien, 8 in Posen, 22 in Sachsen, 18 in Westfalen, 23 in der Rheinprovinz, 1 in Hohenzollern), die Realschulen erster Ordnung (seit dem Erlass vom 26. August 1859; es sind deren 6 in Preussen,

6 in Brandenburg, 1 in Pommern, 3 in Schlesien, 3 in Posen, 1 in Sachsen, 4 in Westfalen, 6 in der Rheinprovinz) und die Schullehrerseminarien (7 in Preussen, 5 in Brandenburg, 6 in Pommern, 7 in Schlesien, 4 in Posen, 9 in Sachsen, 6 in Westfalen, 4 in der Rheinprovinz). Die Eintheilung in Schul-Inspectionsbezirke fällt im Wesentlichen mit den vorerwähnten Eintheilungen für die kirchlichen Angelegenheiten (Superintendenturen, Dekanate) zusammen.

Die Medicinalcollegien bestehen für jede Provinz am Sitze des Oberpräsidiums, das für die Provinz Brandenburg zu Berlin (Einrichtung und Ressortverhältnisse: Instructionen vom 30. April 1815 und 23. October 1817).

Die Bezirksregierungen.

Die Regierungen wurden eingerichtet durch Verordnung vom 26. December 1808, die Organisation und die Ressortverhältnisse derselben beruhen hauptsächlich auf der Instruction vom 23. October 1817 und der Cabinetsordre vom 31. December 1825. Sie stehen unter den Oberpräsidenten, welche die Chefpräsidenten derjenigen Regierungen sind, welche an dem Sitze des Oberpräsidiums bestehen; sie sind allen Ministern und Centralbehörden in Betreff ihrer besonderen Geschäftszweige untergeordnet.

Die Angelegenheiten, welche von allen Regierungen ressortiren, sind die innere Verwaltung (einschliesslich der Mitwirkung in militairischen Angelegenheiten, sowie der Medicinal-Angelegenheiten und der Handels-, Gewerbe- und Bausachen), die äusseren Kirchen- und die Schulangelegenheiten, die Verwaltung der Staatsdomainen und -Forsten und der directen Steuern; zum Geschäftskreis einiger Regierungen gehören ausserdem die Verwaltung der indirecten Steuern und die landwirthschaftlichen Regulirungs-Angelegenheiten. Die Regierungen bestehen meist aus mehreren Abtheilungen, keine Abtheilungen haben die Regierungen zu Stralsund und Sigmaringen; zwei Abtheilungen, nämlich eine Abtheilung des Innern, welche zugleich die Kirchen- und Schulsachen bearbeitet, und eine Finanz-Abtheilung, die Regierungen zu Gumbinnen, Danzig, Köslin, Oppeln, Bromberg, Erfurt und die Regierungen in Westfalen und der Rheinprovinz; neben der Abtheilung des Innern und der für die Domainen und Forsten und directen Steuern besteht eine besondere Abtheilung für die Kirchen- und Schulverwaltung bei den Regierungen zu Königsberg, Marienwerder, Potsdam, Frankfurt, Stettin, Breslau, Liegnitz, Posen, Magdeburg, Merseburg. Die landwirthschaftlichen Regulirungs-Angelegenheiten sind mit den Geschäften der Regierungen zu Königsberg, Gumbinnen, Danzig, Marienwerder, Frankfurt, Koblenz und Sigmaringen verbunden, es bestehen bei diesen Regierungen landwirthschaftliche Spruchcollegien; besondere Abtheilungen für die landwirthschaftlichen Angelegenheiten sind nur zu Marienwerder und Frankfurt. Die Verwaltung der indirecten Steuern ist mit den Regierungen zu Potsdam, Frankfurt und zu Sigmaringen verbunden, und bestehen zu Potsdam und Frankfurt für dieselbe besondere Abtheilungen der Regierung.

Für die Stadt Berlin sind die eigentlichen Regierungs-Angelegenheiten seit Aufhebung der dortigen Regierung so vertheilt, dass die Communal- (und Gewerbe-) Sachen von der Regierung zu Potsdam, die Polizei-Angelegenheiten von dem unmittelbar unter dem Ministerium des Innern stehenden Polizeipräsidium, die Militair-, Bau-, Domainen- und Forstangelegenheiten von der Militair- und Baucommission des Ministeriums des Innern, die äusseren Kirchen-Angelegenheiten von dem Consistorium (bez. dem Oberpräsidium), die Schulangelegenheiten von dem Provinzial-Schulcollegium, die Verwaltung der directen Steuern von den dem Finanz-Ministerium unmittelbar untergeordneten Localbehörden — dem Hauptsteueramt (für directe Steuern) und der Einschätzungs-Commission für die classificirte Einkommensteuer — ressortiren; das räumliche Ressort dieser Behörden weicht von dem des Berliner Gemeindebezirks mehrfach ab, namentlich begreift der weitere Polizeibezirk des Polizeipräsidiums zu Berlin eine grössere Anzahl von umliegenden Ortschaften.

Im Jadegebiet vertritt die Stelle der Regierung in allen Verwaltungssachen (einschliesslich der Kirchen- und Schulsachen) das Commissariat der Admiralität zu Oldenburg (Verordnung vom 5. November 1854).

Jeder Regierungsbezirk ist in eine Anzahl von Kreisen getheilt; die betreffende Eintheilung (durch Edict vom 12. Juli 1812 angeordnet) ist um das Jahr 1816 ausgeführt worden, hat aber nachmals verschiedene Abänderungen erlitten (so sind die Kreise St. Vith, Braunfels, Linz, Ukerath, Homburg, Opladen, Bünde, Brakel, Küstrin mit anderen verbunden und die Kreise Schleiden, Euskirchen, Hoyerswerda, Neurode, Rybnik, Beeskow und Bütow von anderen abgetrennt worden, einzelne Kreise sind erst mit andern verbunden und später hergestellt worden, einzelne haben nur ihre Benennungen geändert). Von der Kreiseintheilung blieben verschiedene grössere Städte ausgenommen, welche gewissermassen Kreise für sich bilden (Stadtkreise). An der Spitze der Verwaltung des Kreises steht als Organ der Regierung der Landrath. Die Zahl der landräthlichen Kreise ist in der Provinz Preussen 55, Brandenburg 30, Pommern 27 (einschl. Stadtkreis Stettin), Schlesien 58, Posen 26, Sachsen 40 (einschliesslich Stadtkreis Magdeburg), Westfalen 34, Rheinprovinz 60 (einschliesslich der Stadtkreise Aachen und Trier). Von den grösseren Städten, welche als besondere Stadtkreise bestehen, wird in einigen die Polizei durch königliche Polizeipräsidenten verwaltet: nämlich in den Städten Berlin, Königsberg, Danzig, Breslau, Posen, Köln; in anderen durch königliche Polizeidirectoren, welche nicht die Bezeichnung Landrath führen: in Potsdam, Halle, Elberfeld-Barmen; ausserdem sind königliche Polizeidirectionen in den zu landräthlichen Kreisen gehörigen Städten Charlottenburg (unter dem Berliner Polizeipräsidium), Elbing, Halberstadt, Koblenz und in Trier. (Dagegen sind in den Städten Düsseldorf, Krefeld, Münster, Frankfurt etc. keine königliche Polizeidirectionen).

Der Regierungsbezirk Sigmaringen besteht aus 7 Oberamtsbezirken, die Eintheilung desselben beruht auf dem Erlass vom 18. Januar 1854. Für das Jadegebiet ist die erste Verwaltungsinstanz das Amt des Jadegebiets zu Jever.

Die Organe der Regierung für die Medicinalverwaltung sind in den einzelnen Kreisen die Kreisphysiker, Kreiswundärzte und Kreisthierärzte (die Departementsthierärzte sind zugleich Thierärzte eines oder mehrerer Kreise). Die Ausdehnung des Bezirks der Kreisphysiker entspricht mit wenigen Ausnahmen der der landräthlichen Kreise. Die Zahl der Kreisphysiker beziehungsweise Stadtphysiker ist in der Provinz Preussen 57, Brandenburg 34 (darunter 2 Stadtphysiker in Berlin, ausserdem sind daselbst noch 10 Bezirksphysiker), Pommern 27, Schlesien 59 (davon 2 für den Stadtkreis Breslau), Posen 26, Sachsen 41, Westfalen 35, der Rheinprovinz 68, in Hohenzollern sind 6 Oberamts-Physiker. Die Zahl der Kreiswundärzte ist der der Physiker beinah gleich, die der Kreisthierärzte ist in der Regel geringer.

Die Organe der Regierung für die Bauverwaltung sind die Kreisbauinspectoren und Kreisbaumeister. Für die Bauangelegenheiten sind die einzelnen Regierungsbezirke in besondere Baukreise eingetheilt und zwar sowohl in Wasserbau-, als in Landbau- und in Chausseebaukreise; diese Eintheilung weicht nicht nur von der in landräthliche Kreise ab, sondern auch die Bezirkseintheilung für die Bauverwaltung weicht an verschiedenen Stellen von den sonstigen Grenzen der Regierungsbezirke ab. Ein Theil der unter den Regierungen stehenden Bauinspectoren und Baumeister hat zugleich die Verwaltung von Land-, Wasser- und Chausseebauten. Die Zahl der Kreisbaubeamten ist in der Provinz Preussen 50, Brandenburg 42, Pommern 22, Schlesien 39, Posen 17, Sachsen 37, Westfalen 28, der Rheinprovinz 46, Hohenzollern 2. Chaussee- und Wasserbauten, welche sich über mehrere Regierungsbezirke erstrecken, ressortiren vom Oberpräsidenten (zum Ressort der Oberpräsidien gehören u. a. auch die Rheinstrombauverwaltung, die Direction der Lippeschiffahrt, die Meliorationscommission für den Oderbruch, die Deichregulirungs-Commissionen in Schlesien). Die Hafenbaucommission zu Heppens steht unter der Admiralität.

Im Ressort der Verwaltung für Handel und Gewerbe stehen unter den Regierungen die Provinzial-Eichungscommissionen (eine für jeden Regierungsbezirk am Sitze der Regierung), die Schiffahrtscommissionen (Hafenpolizei, Prüfungs-Commissionen für Seeschiffer etc), die Navigationsschulen, Provinzial-Gewerbeschulen und höheren Webeschulen, ferner die Handelskammern und Kaufmannschaften (es sind deren in Preussen 7, Brandenburg 2, Pommern 1, Schlesien 6, Posen 1, Sachsen 5, Westfalen 9, der Rheinprovinz 16) und die Gewerbegerichte in der Rheinprovinz.

Im Ressort der Verwaltung des Innern stehen direct unter der Regierung die Verwaltungen der Strafanstalten (Zuchthäuser, in dem Bezirke des Appellationsgerichts zu Köln auch die der Arresthäuser).

Für die Verwaltung der Domainen und Domanialeinnahmen des Staats bestehen die Domainen-Pachtämter, -Rentämter und -Polizeiämter; die Bezirke derselben fallen mit denen der landräthlichen Kreise in der Regel nicht zusammen, das Ressort verschiedener derselben geht auch über die Grenzen eines Regierungsbezirkes hinaus, doch sind sie immer nur einer bestimmten Regierung untergeordnet. Die Zahl der Domainenämter verschiedener Art ist im Ganzen in der Provinz Preussen 58, Brandenburg 111 (einschl. des Rentamts Berlin), Pommern 24, Schlesien 69, Posen 40, Sachsen 132, Westfalen 11, der Rheinprovinz 8.

Für die Verwaltung der Staatsforsten (in der Rheinprovinz auch der Communalforsten) bestehen in den einzelnen Regierungsbezirken Forstinspectionsbezirke, diese zerfallen in Oberförstereibezirke (Forstreviere), die Grenzen derselben gehen über die der landräthlichen Kreise, sowie an einzelnen Stellen über die der Regierungsbezirke hinaus. Die Zahl der Oberförstereien ist in der Provinz Preussen 71, Brandenburg 60 (ausserdem die Thiergartenverwaltung zu Berlin), Pommern 40, Schlesien 35, Posen 22, Sachsen 57, Westfalen 17, der Rheinprovinz 43. Für einzelne oder mehrere Oberförstereien bestehen Forstcassen, die Zahl derselben ist in der Provinz Preussen 44, Brandenburg 40, Pommern 17, Schlesien 18, Posen 17, Sachsen 35, Westfalen 13, der Rheinprovinz 28.

Für die Verwaltung der directen Steuern bestehen in den östlichen Provinzen Kreiscassen (Kreissteuereinnehmer), die Zahl derselben ist der der Landrathsämter gleich, nur in einzelnen Fällen bestehen die Kreiscassen für je zwei landräthliche Kreise; es bestehen Kreiscassen in der Provinz Preussen 55, Brandenburg 30, Pommern 26, Schlesien 56, Posen 26, Sachsen 32; in den westlichen Provinzen bestehen keine Kreiscassen, sondern führen die Ortserheber unmittelbar an die Regierungshauptcassen ab, in Hohenzollern bestehen 7 Bezirkscassen für die einzelnen Oberämter, für das Jadegebiet besteht eine Landescasse (unmittelbar unter der Admiralität).

In den westlichen Provinzen besteht eine besondere Organisation für die Grundsteuerverwaltung: die Generaldirection des Grundsteuerkatasters ist zur Zeit mit dem Oberpräsidium der Provinz Westfalen verbunden; unter derselben stehen Katasterinspectionen an dem Sitze jeder einzelnen Regierung, unter diesen Steuercontrole- und Fortschreibeämter: 28 in Westfalen, 97 in der Rheinprovinz. Zur Ausführung des Gesetzes vom 21. Mai 1861 besteht für jeden Regierungsbezirk (mit Ausschluss von Sigmaringen) eine Bezirkscommission, von welcher die Kreisveranlagungs-Commissionen ressortiren.

Behörden der indirecten Steuerverwaltung.

Für die Verwaltung der indirecten Steuern bestehen den Regierungen coordinirte Provinzial-Steuerdirectionen und zwar zu Königsberg für Ostpreussen, Danzig für Westpreussen, Stettin für Pommern, Breslau für Schlesien, Posen, Magdeburg für Sachsen, Münster für Westfalen, Köln für die Rheinprovinz (Einrichtung und Ressortverhältnisse derselben: Cabinetsordre vom 31. December 1825.) Die Verwaltung der indirecten Steuern in der Provinz Brandenburg wird, wie oben erwähnt, durch besondere Abtheilungen der Regierungen zu Potsdam und Frankfurt ausgeführt; die Verwaltung derselben in der Stadt Berlin wird durch unmittelbar dem Finanzministerium untergeordnete Behörden geführt, nämlich das Hauptsteueramt für inländische Verbrauchsgegenstände (dessen äusserer Bezirk auch die umliegenden Ortschaften begreift) mit dem Wechselstempelamt und das Hauptsteueramt für ausländische Verbrauchsgegenstände; unter dem Finanzministerium steht auch die Provinzial-Steuercasse zu Berlin. Bei jeder Provinzial-Steuerdirection besteht ein Stempelfiscalat; in der Rheinprovinz besteht ein Stempelfiscalat in jedem Regierungsbezirk, desgleichen bestehen solche in Frankfurt, Potsdam und Berlin.

Von den Provinzial-Steuerdirectionen (beziehungsweise den Regierungen zu Potsdam und Frankfurt) ressortiren die Hauptzollämter (mit Nebenzollämtern erster und zweiter Classe) und die Hauptsteuerämter, die Bezirke derselben stimmen mit den sonstigen Landeseintheilungen nicht überein. Die Zahl der Hauptzoll- und Hauptsteuerämter ist in der Provinz Preussen 18, Brandenburg (einschliesslich Berlin) 15, Pommern 12, Schlesien 14, Posen 9, Sachsen 12, Westfalen 7, der Rheinprovinz 20. — In Hohenzollern gehört die indirecte Steuerverwaltung zu den Angelegenheiten der dortigen Regierung.

Von der Provinzial-Steuerdirection zu Köln ressortiren die im Bezirke des Appellationsgerichts zu Köln bestehenden 21 Hypothekenämter; die Eintheilung des letzteren in Hypothekenamts-Bezirke ist durch das Gesetz vom 11. März 1850 angeordnet worden.

Behörden für landwirthschaftliche Regulirungs-Angelegenheiten.

Als besondere Provinzialbehörden bestehen für jede Provinz die Provinzialrentenbanken (zu Königsberg, Berlin, Stettin, Breslau, Posen, Magdeburg und Münster, die letztere zugleich für die Rheinprovinz), sie sind auf Grund des Erlasses vom 24. Juni 1850 eingerichtet worden, die betreffenden Angelegenheiten gehören zum gemeinschaftlichen Ressort der Minister der landwirthschaftlichen Angelegenheiten und der Finanzen.

Die Angelegenheiten der Auseinandersetzungs-Behörden ressortiren von den Ministern der landwirthschaftlichen Angelegenheiten und der Justiz. Als Auseinandersetzungs-Behörden fungiren in der Provinz Preussen und in den Regierungsbezirken Frankfurt, Koblenz und Sigmaringen die Regierungen beziehungsweise die betreffenden Abtheilungen derselben, in den übrigen Theilen östlich des Rheines die (den Regierungen coordinirten) auf Grund des Edicts vom 14. September 1811 und der Verordnung vom 20. Juni 1817 errichteten Generalcommissionen. Dieselben sind die Generalcommissionen zu Berlin für den Regierungsbezirk Potsdam (vormals auch für Theile der Provinz Sachsen), zu Stargard für Pommern, zu Breslau für Schlesien (1821 errichtet), zu Posen für die Provinz Posen (1823 errichtet), zu Stendal für den Regierungsbezirk Magdeburg (sie bestand anfangs für die zum Königreich Westfalen gehörig gewesenen Theile, dann für die ganze Provinz Sachsen), zu Merseburg für die Regierungsbezirke Merseburg und Erfurt (errichtet 1851), zu Münster für die Provinz Westfalen und den ostrheinischen Theil der Rheinprovinz mit Ausschluss der von der Regierung zu Koblenz ressortirenden Landestheile (sie wurde 1820 für die vormals französischen, westfälischen und bergischen Landestheile der westlichen Provinzen östlich des Rheins errichtet, 1840 auf die übrigen Theile des Bezirkes Arnsberg ausgedehnt). Vormals bestanden auch Generalcommissionen zu Königsberg für Ostpreussen (bis 1834), zu Marienwerder für Westpreussen (bis 1834), für den Regierungsbezirk Frankfurt und die Oberlausitz (bis 1840 zu Soldin) und zu Gross-Strehlitz (bis 1821 für ganz Schlesien, bis 1825 noch für den Regierungsbezirk Oppeln). Die Zahl der unter den Regierungen und Generalcommissionen stehenden Specialcommissarien für die landwirthschaftlichen Regulirungsangelegenheiten ist in der Provinz Preussen 20, Brandenburg 42, Pommern 11, Schlesien 24, Posen 21, Sachsen 45, Westfalen 16, Rheinprovinz 1, Hohenzollern 2.

Ständische Angelegenheiten.

Zum Ressort der Oberpräsidien gehören die provinzialständischen und communalständischen Angelegenheiten. Die Einrichtung der Provinzialstände beruht auf den Gesetzen vom 1. Juli 1823 für die Provinzen Preussen, Brandenburg und Pommern, vom 27. März 1824 für die Provinzen Schlesien, Posen, Sachsen, Westfalen und die Rheinprovinz. Die Eintheilung des Staates in provinzialständische Verbände weicht von der allgemeinen Provinzialeintheilung darin ab, dass zur ständischen Provinz Brandenburg alle den Provinzen Sachsen, Pommern und Schlesien einverleibten Theile der früheren Marken mit Ausschluss der Enclaven gehören: also Rothenburg etc. (vom Regierungsbezirk Liegnitz), die Altmark (und zwar vom Regierungsbezirk Magdeburg die Kreise Salzwedel, Stendal, Osterburg ganz, Gardelegen, Neuhaldensleben, Wolmirstedt und Jerichow II. theilweise), ferner der Dramburger und Schievelbeiner Kreis, sowie die vom Arnswalder und Soldiner Kreis und der Ukermark getrennten Theile (von der Provinz Pommern). Die Communalstände wurden durch Verordnungen vom 17. August 1825 und 18. November 1826 eingerichtet; solche Verbände bestehen für die Altmark, die Kurmark diesseit der

Elbe und die Neumark, die Niederlausitz, die Oberlausitz, Alt-Vor- und Hinterpommern, Neu-Vorpommern. — Die bestehenden provinzial- und communalständischen Institute, insbesondere die Provinzial-Feuersocietäten, die Provinzial-Hülfscassen, die Provinzial-Landarmen- und Corrections-Anstalten, die Provinzial-Irrenhäuser und die in einzelnen Provinzialverbänden vorkommenden ständischen Taubstummeninstitute, Blindeninstitute und Entbindungsanstalten stehen theils unter der Aufsicht der Oberpräsidenten, theils unter der der Regierungen.

Die Kreisstände sind in den einzelnen Provinzen eingerichtet worden durch die Kreisordnungen für Brandenburg und Pommern vom 17. August 1825, für Sachsen vom 17. Mai 1827, Schlesien 2. Juni 1827, Westfalen und Rheinprovinz 13. Juli 1827, Preussen 17. März 1828, Posen 20. December 1828. Die Kreisstände bestehen für jeden landräthlichen Kreis, die abweichende Begrenzung der communal- und provinzialständischen Verbände ist auf die räumlichen Gebiete der kreisständischen Wirksamkeit ohne Einfluss. Die kreisständischen Versammlungen finden unter dem Vorsitz des Landraths statt, die kreisständischen Angelegenheiten ressortiren von den Regierungen, unter der Aufsicht derselben stehen die kreisständischen Institute. — In Hohenzollern bestehen keine provinzial- oder kreisständischen Einrichtungen.

Die landschaftlichen Creditvereine (zum Theil vormals ständische Institute) für Ostpreussen, Westpreussen, die Kur- und Neumark, Pommern, Schlesien und Posen stehen unmittelbar unter der Aufsicht des Ministeriums des Innern. Die evangelischen Domcapitel und Stifter stehen theils unter der Aufsicht der Oberpräsidenten, theils unter der der Regierungen (einzelne unmittelbar unter der des Ministeriums des Innern und beziehungsweise des evangelischen Oberkirchenrathes).

IV. Abweichende Organisation von Provinzialbehörden und Eintheilung des Staatsgebietes für besondere Staatszwecke.

Besondere Organisationen und Eintheilungen bestehen für mehrere Zweige der Verwaltung des Handelsministeriums, für die militairischen Angelegenheiten (soweit sie nicht zum Ressort der inneren Verwaltung bei den Regierungen gehören), für die Rechtspflege und für die Wahlen zur allgemeinen Landesvertretung.

1. Die von der ersten, zweiten und fünften Abtheilung des Handelsministeriums ressortirenden Provinzialbehörden.

Für die Postverwaltung besteht in jedem Regierungsbezirk am Sitze der Regierung eine Oberpostdirection (die für den Regierungsbezirk Merseburg hat ihren Sitz zu Halle). Die Grenzen der Oberpostdirections-Bezirke entsprechen denen der Regierungsbezirke, für Berlin besteht eine besondere Oberpostdirection.

Unter den Oberpostdirectionen stehen die Postämter erster und zweiter Classe und Eisenbahnpostämter; die Zahl derselben ist in der Provinz Preussen 23, Brandenburg 29, Pommern 12, Schlesien 27, Posen 15, Sachsen 30, Westfalen 21, der Rheinprovinz 39; ausserdem besteht ein Immediat-Oberpostamt zu Hamburg und (unter den betreffenden Oberpostdirectionen) Postämter zu Allstedt, Sondershausen, Rudolstadt, Waldeck, Pyrmont, Birkenfeld. Für die Postverwaltung in Hohenzollern besteht ein Thurn- und Taxis'sches Commissariat.

Die Telegraphenverwaltung zerfällt in 10 unter der Telegraphendirection zu Berlin stehende Inspectionen: Berlin mit 6, Stettin mit 15, Posen mit 9, Königsberg mit 0, Köln mit 23, Hanover mit 8, Koblenz mit 12, Frankfurt a. M. mit 6, Halle mit 17, Breslau mit 18 Stationen. Von den Telegraphenstationen liegen in der Provinz Preussen 11, Brandenburg 10, Pommern 13, Schlesien 19, Posen 2, Sachsen 13, Westfalen 8, der Rheinprovinz 23, in Hohenzollern 2; ausserdem liegen in anderen deutschen Staaten die Stationen zu Hagenow, Hamburg, Lübeck, — Hannover, Braunschweig, — Wiesbaden, Ems, Luxemburg, — Frankfurt, Giessen, Marburg, Kassel, Erfurt, Gotha. — Weimar, Sondershausen, Gera, Schleiz, Neustadt a. O., Leipzig, Riesa, Köthen, Dessau.

Die Eisenbahnbehörden unter dem Handelsministerium sind die auf Grund des Regulativs vom 24. November 1848 errichteten Eisenbahncommissariate zu Berlin, Breslau, Erfurt, Köln und die Eisenbahndirectionen zu Berlin (niederschlesisch-märkische Eisenbahn), Breslau (oberschlesische), Ratibor (Wilhelmsbahn), Bromberg (Ostbahn), Münster, Saarbrück, Aachen und Elberfeld.

Für die Verwaltung der Berg- und Hüttenwerke und Salinen besteht eine besondere Landeseintheilung in Oberbergamtsbezirke; dieselbe ist durch das Gesetz vom 10. Juni 1861 abgeändert und folgendermassen festgestellt worden:

der Bezirk des Oberbergamts zu Breslau begreift die Provinzen Schlesien, Posen und Preussen,

der Bezirk des Oberbergamts zu Halle die Provinzen Sachsen, Brandenburg, Pommern,

der Bezirk des Oberbergamts zu Dortmund die Provinz Westfalen mit Ausschluss des Herzogthums Westfalen, des Fürstenthums Siegen und der Grafschaft Wittgenstein, ferner einen Theil des Regierungsbezirks Düsseldorf (die Kreise Rees, Essen und Duisburg und Theile der Kreise Düsseldorf und Elberfeld),

der Bezirk des Oberbergamts zu Bonn die übrigen Theile der Rheinprovinz, der Provinz Westfalen und Hohenzollern.

Die neue Eintheilung wird auch Umänderungen in der Organisation der den Oberbergämtern untergeordneten Behörden nach sich ziehen; die Zahl der bisher bestandenen Bergämter, Hüttenämter und Salinenverwaltungen war in der Provinz Preussen 1, Brandenburg 5, Pommern 1, Schlesien 7, Sachsen 8, Westfalen 4, der Rheinprovinz 7, in Hohenzollern 1.

2. Die Provinzialbehörden für die Militairökonomie und die militairische Eintheilung des Staatsgebiets.

Provinzialbehörden für die Militairökonomie (unter der zweiten Abtheilung des Kriegsministeriums) sind die Intendanturen, ihre Organisation datirt vom 1. November 1820, sie bestehen für jedes Armeecorps (zu Königsberg, Stettin, Berlin, Magdeburg, Posen, Breslau, Münster und Koblenz, ausserdem zu Berlin für das Gardecorps); zum Ressort der Intendanturen gehören die Proviantämter (38) und Magazinverwaltungen (26), die Garnisonverwaltungen (57) und Lazarethverwaltungen (38) und die Montirungsdepots (4), einschliesslich der zum 8. Armeecorps gehörigen Proviantämter, Garnison- und Lazarethverwaltungen zu Luxemburg, Mainz und Rastatt.

Die Organisation der Angelegenheiten der Militairökonomie ist dieselbe wie für alle rein militairischen, nicht dem Ressort der Regierungen überwiesenen Angelegenheiten, auch für die Militairgerichte, die Militairgeistlichkeit, das Militair-Medicinalwesen.

Eine förmliche Landeseintheilung für militairische Zwecke besteht nur in den Ersatzbezirken für die einzelnen Armeecorps (mit Ausschluss des Gardecorps); die Bezirke derselben mit Unterscheidung der einzelnen Infanteriebrigaden sind nach der Ersatzinstruction vom 9. December 1858 folgende:

1. Armeecorps: Provinz Preussen mit Ausschluss des westlichen Theils des Regierungsbezirks Marienwerder.

Infanteriebrigade 1 (Königsberg): Regierungsbezirk Königsberg mit Ausschluss der 4 südlichsten und 4 westlichsten Kreise, ausserdem vom Regierungsbezirk Gumbinnen: die Kreise Tilsit und Heidekrug und Theil vom Kreis Niederung;

Infanteriebrigade 2 (Königsberg): Regierungsbezirk Gumbinnen (mit Ausschluss der vorgenannten Theile) und Kreise Ortelsburg und Allenstein vom Bezirk Königsberg;

Infanteriebrigade 3 (Danzig): Kreise Osterode, Neidenburg, Braunsberg, Preuss.-Holland, Mohrungen, Heiligenbeil des Regierungsbezirks Königsberg, Kreise Löbau,

Bromberg, Thorn, Kulm, Strassburg und Theil von Graudenz des Regierungsbezirks Marienwerder;

Infanteriebrigade 4 (Danzig): Regierungsbezirk Danzig und Kreise Stuhm, Marienwerder und Theil von Graudenz, Regierungsbezirk Marienwerder.

II. Armeecorps: Provinz Pommern mit dem Regierungsbezirk Bromberg und Theil von Marienwerder.

Infanteriebrigade 5 (Stettin): vom Regierungsbezirk Stettin die westliche Hälfte einschliesslich des Kreises Greifenhagen und der Insel Usedom, und Regierungsbezirk Stralsund;

Infanteriebrigade 6 (Stettin): vom Regierungsbezirk Stettin die östliche Hälfte einschliesslich der Insel Wollin, und vom Regierungsbezirk Köslin die Kreise Schlawe, Fürstenthum, Belgard, Schievelbein;

Infanteriebrigade 7 (Bromberg): Regierungsbezirk Bromberg;

Infanteriebrigade 8 (Bromberg): vom Regierungsbezirk Köslin die Kreise Lauenburg, Bütow, Stolpe, Rummelsburg, Neustettin, Dramburg, vom Regierungsbezirk Marienwerder die Kreise Konitz, Schwetz, Schlochau, Flatow, Deutsch-Krone.

III. Armeecorps: Provinz Brandenburg.

Infanteriebrigade 9 (Frankfurt): der nördliche Theil des Regierungsbezirks Frankfurt mit dem Kreise Lebus und Theilen von Sternberg und Guben;

Infanteriebrigade 10 (Frankfurt): der südliche Theil des Regierungsbezirks Frankfurt;

Infanteriebrigade 11 (Berlin): die Stadt Berlin und vom Regierungsbezirk Potsdam die Kreise Oberbarnim, Niederbarnim, Teltow, Beeskow, Jüterbock, Zauche;

Infanteriebrigade 12 (Brandenburg): der nördliche und westliche Theil des Regierungsbezirks Potsdam.

IV. Armeecorps: Provinz Sachsen.

Infanteriebrigade 13 (Magdeburg): Regierungsbezirk Magdeburg mit Ausschluss des südlichen Theils;

Infanteriebrigade 14 (Magdeburg): vom Regierungsbezirk Magdeburg die Kreise Halberstadt, Wernigerode, Oschersleben, Aschersleben, Kalbe und Theil vom Kreise Wanzleben, vom Regierungsbezirk Merseburg die Kreise Mansfeld (Seekreis und Gebirgskreis), Saalkreis, Halle und Bitterfeld;

Infanteriebrigade 15 (Erfurt): Regierungsbezirk Erfurt;

Infanteriebrigade 16 (Erfurt): Regierungsbezirk Merseburg mit Ausschluss von 5 nordwestlichen Kreisen.

V. Armeecorps: Regierungsbezirke Posen und Liegnitz.

Infanteriebrigade 17 (Glogau): der nordwestliche Theil des Regierungsbezirks Liegnitz einschliesslich der Kreise Görlitz, Löben, Bunzlau;

Infanteriebrigade 18 (Glogau): der südöstliche Theil des Regierungsbezirks Liegnitz;

Infanteriebrigade 19 (Posen): der nordwestliche Theil des Regierungsbezirks Posen einschliesslich der Kreise Posen, Schroda, Bomst, Kosten;

Infanteriebrigade 20 (Posen): der südwestliche Theil des Regierungsbezirks Posen.

VI. Armeecorps: Regierungsbezirke Breslau und Oppeln.

Infanteriebrigade 21 (Breslau): der nordwestliche Theil des Regierungsbezirks Breslau einschliesslich der Kreise Wartenberg, Oels, Breslau, Waldenburg und eines Theils vom Kreise Schweidnitz;

Infanteriebrigade 22 (Breslau): der südwestliche Theil des Regierungsbezirks Breslau;

Infanteriebrigade 23 (Neisse): der nördliche Theil des Regierungsbezirks Oppeln;

Infanteriebrigade 24 (Neisse): der südliche Theil des Regierungsbezirks Oppeln einschliesslich der Kreise Neustadt, Kosel und eines Theils der Kreise Tost-Gleiwitz und Beuthen.

VII. Armeecorps: Provinz Westfalen und Regierungsbezirk Düsseldorf.

Infanteriebrigade 25 (Münster): Regierungsbezirk Münster;
" " 26 " " " Minden;
" " 27 (Düsseldorf): Regierungsbezirk Arnsberg;
" " 28 " " " Düsseldorf.

VIII. Armeecorps: Regierungsbezirke Köln, Aachen, Koblenz, Trier und hohenzollersche Lande.

Infanteriebrigade 29 (Köln): Regierungsbezirk Aachen;
" " 30 " " " Köln;
" " 31 (Trier): " " Koblenz und Sigmaringen;
" " 32 " " " Trier.

3. Die Justizbehörden und die Eintheilung für die Rechtspflege.

Die Anordnung der Oberlandesgerichte beruht auf der Verordnung vom 26. December 1808; die Bezirke wurden bestimmt durch die Verordnung wegen verbesserter Einrichtung der Provinzialbehörden vom 30. April 1815, die Bezirke der Oberlandesgerichte zu Königsberg, Insterburg, Marienwerder, des Kammergerichts zu Berlin, der Oberlandesgerichte zu Frankfurt, Stettin (mit der Oberlandesgerichts-Commission zu Stralsund), Köslin, Breslau, Liegnitz (später Glogau), Brieg (sp. Ratibor), Posen, Bromberg, Merseburg, Halberstadt, Erfurt, Münster, Minden (sp. Paderborn), Hamm, Düsseldorf, Emmerich (sp. Kleve), Köln und Koblenz (dann auch Aachen und Trier) sollten die entsprechenden Regierungsbezirke enthalten, der Regierungsbezirk Danzig zum Oberlandesgericht Marienwerder, Regierungsbezirk Potsdam zum Kammergericht zu Berlin, Regierungsbezirk Reichenbach zum Oberlandesgericht Breslau gehören. Bei der Ausführung der Organisation traten verschiedene Abänderungen ein: zunächst durch anderweite Eintheilung der Oberlandesgerichtsbezirke in der Provinz Sachsen unter die Obergerichte zu Magdeburg, Halberstadt, Naumburg, Errichtung des Oberappellationsgerichts und des Hofgerichts zu Greifswald für Neuvorpommern, dann durch Errichtung des Appellationsgerichts zu Arnsberg und Verbindung des ostrheinischen Theils des Bezirks des Obergerichts zu Kleve und der Grafschaft Mark zum Bezirke des Oberlandesgerichts Hamm, und die Errichtung des rheinischen Revisions- und Cassationshofes zu Berlin, des rheinischen Appellationsgerichtshofes zu Köln und der Landgerichte zu Köln, Düsseldorf, Kleve, Aachen, Trier und Koblenz und des Justizsenats daselbst (1820 anstatt der für die Rheinprovinz zuerst eingerichteten 3 Appellationsgerichtshöfe); auch wurden die Obergerichtsbezirke nicht den Regierungsbezirken überall entsprechend abgegrenzt. Die neuere Organisation der Gerichtsbehörden (in Folge der Verordnung vom 2. Januar 1849 und des Gesetzes vom 26. April 1851) hat die Bezeichnung der Obergerichte als Appellationsgerichte herbeigeführt und eine neue Eintheilung der Obergerichtsbezirke in Kreisgerichtsbezirke zur Folge gehabt, wobei auch die Grenzen der Obergerichtsbezirke einige Abänderungen erlitten haben.

Die Appellationsgerichtsbezirke enthalten gegenwärtig folgende Regierungsbezirke und landräthliche Kreise:

a) der Bezirk des ostpreussischen Tribunals zu Königsberg: den Regierungsbezirk Königsberg;

b) der Bezirk des Appellationsgerichts zu Gumbinnen: den Regierungsbezirk Gumbinnen;

c) der Bezirk des Appellationsgerichts zu Marienwerder: die Regierungsbezirke Marienwerder und Danzig und einige Ortschaften des Kreises Dramburg;

d) der Bezirk des Kammergerichts den Regierungsbezirk Potsdam einschliesslich der Stadt Berlin, jedoch mit Ausnahme einiger Ortschaften des Kreises Beeskow, und Theile der Kreise Königsberg, Lebus und Lübben vom Regierungsbezirk Frankfurt und Jerichow II. vom Regierungsbezirk Magdeburg;

e) der Bezirk des Appellationsgerichts zu Frankfurt: den Regierungsbezirk Frankfurt mit Ausschluss von Theilen der Kreise Königsberg, Lebus,

Lübben und Arnswalde, den Kreis Hoyerswerda vom Regierungsbezirk Liegnitz und einige Ortschaften vom Kreise Beeskow;

f) der Bezirk des Appellationsgerichts zu Stettin: den Regierungsbezirk Stettin (mit Ausschluss von Prenzlau);

g) der Bezirk des Appellationsgerichts zu Köslin: den Regierungsbezirk Köslin mit Ausschluss eines Theils des Kreises Dramburg, dagegen mit Einschluss eines Theils des Kreises Arnswalde vom Regierungsbezirk Frankfurt;

h) der Bezirk des Appellationsgerichts zu Greifswald: den Regierungsbezirk Stralsund (mit Prenzlau);

i) der Bezirk des Appellationsgerichts zu Breslau: den Regierungsbezirk Breslau mit Ausschluss des Kreises Guhrau und vom Regierungsbezirk Liegnitz die Kreise Bolkenhain, Hirschberg, Jauer, Landshut, Schönau;

k) der Bezirk des Appellationsgerichts zu Glogau: den Regierungsbezirk Liegnitz mit Ausschluss des Kreises Hoyerswerda und der Kreise Bolkenhain etc., sowie den Kreis Guhrau;

l) der Bezirk des Appellationsgerichts zu Ratibor: den Regierungsbezirk Oppeln;

m) der Bezirk des Appellationsgerichts zu Posen: den Regierungsbezirk Posen;

n) der Bezirk des Appellationsgerichts zu Bromberg: den Regierungsbezirk Bromberg;

o) der Bezirk des Appellationsgerichts zu Magdeburg: den Regierungsbezirk Magdeburg mit Ausschluss der Kreise Halberstadt, Oschersleben, Aschersleben, Wernigerode und eines Theils des zweiten Jerichowschen Kreises;

p) der Bezirk des Appellationsgerichts zu Halberstadt: vom Regierungsbezirk Magdeburg die Kreise Halberstadt, Oschersleben, Aschersleben, Wernigerode, vom Regierungsbezirk Merseburg ein Stück des Mansfelder Gebirgskreises, vom Regierungsbezirk Erfurt die Kreise Mühlhausen, Worbis, Heiligenstadt, Nordhausen;

q) der Bezirk des Appellationsgerichts zu Naumburg: den Regierungsbezirk Merseburg mit Ausschluss eines Theils des Mansfelder Gebirgskreises und vom Regierungsbezirk Erfurt die Kreise Erfurt, Langensalza, Weissensee, Schleusingen, Ziegenrück;

r) der Bezirk des Appellationsgerichts zu Münster: den Regierungsbezirk Münster;

s) der Bezirk des Appellationsgerichts zu Paderborn: den Regierungsbezirk Minden;

t) der Bezirk des Appellationsgerichts zu Hamm: vom Regierungsbezirk Arnsberg die Kreise Bochum, Hagen, Dortmund, Hamm, Iserlohn, Soest und einen Theil des Kreises Altena, vom Regierungsbezirk Düsseldorf die Kreise Rees, Essen und Duisburg;

u) der Bezirk des Appellationsgerichts zu Arnsberg: den übrigen Theil des Regierungsbezirks Arnsberg und den Regierungsbezirk Sigmaringen;

v) der Bezirk des Justizsenats zu Ehrenbreitstein: den ostrheinischen Theil des Regierungsbezirks Koblenz mit Ausnahme der Herrschaft Wildenburg;

w) der Bezirk des Appellationsgerichts zu Köln: die Rheinprovinz mit Ausschluss der zu den Bezirken des Appellationsgerichts zu Hamm und des Justizsenats zu Ehrenbreitstein gehörigen Theile.

Mit dem Kammergericht zu Berlin verbunden ist der Geheime Justizrath (eximirtes Gericht für das Königliche Haus etc., Gesetz vom 26. April 1851) und der Gerichtshof für Staatsverbrechen (Gesetz vom 25. April 1853).

Als Gerichte erster Instanz fungiren in allen Appellationsgerichts-Bezirken mit Ausschluss des Appellationsgerichts-Bezirks Köln **Kreisgerichte**; besondere Stadtgerichte bestehen zu Berlin, Königsberg, Breslau, Stadt- und Kreisgerichte zu Magdeburg und Danzig; in Verbindung mit den Kreisgerichten bestehen ständige und periodische Gerichtsdeputationen (mit collegialischer Verfassung) und Gerichtscommissionen (Einzelrichter). Schwurgerichte bestehen bei den einzelnen Kreisgerichten entweder für einen Kreisgerichtsbezirk oder für mehrere derselben. Die Zahl derselben ist in der Provinz Preussen 19, Brandenburg 13, Pommern 9, Schlesien 14, Posen 7, Sachsen 8, Westfalen 7, Rheinprovinz 2, Hohenzollern 1. Die Zahl der Kreisgerichte (einschliesslich der Stadtgerichte) ist in der Provinz Preussen 46, Brandenburg 29, Pommern 20, Schlesien 53, Posen 26, Sachsen 31, Westfalen 29, der Rheinprovinz 6, in Hohenzollern 1; die Zahl der Kreisgerichtsdeputationen ist in der Provinz Preussen 10, Brandenburg 18, Pommern 8, Schlesien 9, Posen 3, Sachsen 6, Westfalen 13, in Hohenzollern 1; die Zahl der Kreisgerichtscommissionen ist in der Provinz Preussen 58, Brandenburg 67, Pommern 37, Schlesien 58, Posen 6, Sachsen 75, Westfalen 45, Rheinprovinz 13 (ausserdem fungiren die Gouvernements- und Garnisonauditeure zu Luxemburg, Mainz und Rastatt als Gerichtscommissarien des Kreisgerichts zu Wesel), in Hohenzollern 4. — Die Organisation der Staatsanwaltschaft entspricht der Gerichtsorganisation, bei den Obergerichten fungiren Oberstaatsanwalte, bei den Stadtgerichten und grösseren Kreisgerichten Staatsanwalte, bei einigen kleineren Staatsanwaltsgehilfen; die Zahl der Staatsanwalte ist in der Provinz Preussen 22, Brandenburg 16, Pommern 11, Schlesien 26, Posen 13, Sachsen 19, Westfalen 20, der Rheinprovinz 4, in Hohenzollern 1.

Als Gerichte erster Instanz fungiren im Bezirke des Appellationsgerichtshofes zu Köln die **Landgerichte** zu Köln, Düsseldorf, Kleve, Koblenz (mit dem Untersuchungsamt zu Malmedy), Aachen (mit dem Untersuchungsamt zu Simmern), Trier, Elberfeld, Saarbrück und Bonn, mit den Landgerichten sind zugleich Schwurgerichte verbunden; unter den Landgerichten bestehen 125 Friedensgerichte. Die Functionen der Staatsanwaltschaft werden bei dem Appellationsgericht von dem Generalprocurator, bei den Landgerichten durch die Oberprocuratoren ausgeübt.

Handelsgerichte bestehen: unter dem Appellationsgericht zu Königsberg das Commerz- und Admiralitätscollegium daselbst, unter dem Appellationsgericht zu Marienwerder das Commerz- und Admiralitätscollegium zu Danzig, ferner 7 Handelsgerichte im Bezirk des Appellationsgerichts zu Köln.

Die erste Instanz für das Jadegebiet ist das Amt zu Jever (welches zugleich, wie oben erwähnt, Verwaltungsbehörde ist), die zweite Instanz bildet das oldenburgische Obergericht zu Varel, die dritte das Appellationsgericht zu Oldenburg.

4. Die Eintheilung für die Wahlen zur allgemeinen Landesvertretung.

Die allgemeine Landesvertretung besteht aus dem Herrenhause und Abgeordnetenhause, so benannt durch Gesetz vom 30. Mai 1855.

Das **Herrenhaus** besteht nach der Verordnung vom 12. October 1854 aus: den Prinzen des Königlichen Hauses, den Häuptern der fürstlichen Häuser Hohenzollern und der vormaligen deutschen reichsständischen Häuser, den durch Verordnung vom 3. Februar 1847 zur Herrencurie des vereinigten Landtages berufenen Fürsten, Grafen und Herren, dem Oberburggraf, Obermarschall, Landhofmeister und Kanzler des Königreichs Preussen, aus Personen, welche in Folge einer Präsentation berufen werden, und aus vermöge besonderen Vertrauens vom Könige berufenen Personen. Zur Präsentation sind berechtigt die Stifter Brandenburg, Merseburg und Naumburg, die Verbände der in einer Provinz mit Rittergütern angesessenen Grafen, elf bestimmte Familienverbände mit ausgebreitetem Grundbesitz, die Verbände des alten und befestigten Grundbesitzes, die 6 Landesuniversitäten und 34 Städte. Für die Verbände des alten und befestigten Grundbesitzes besteht eine besondere, aus der provinzialständischen Repräsentation abgeleitete Eintheilung, jeder derselben umfasst eine Anzahl von landräthlichen Kreisen. Die für dieselbe geltenden Landestheile (Landschaftsbezirke) sind: Samland und Natangen (9 Kreise), Litthauen und Masuren (18 Kreise), Ermeland und Oberland (10 Kr.), Kulmerland und Marienburgerland (9 Kr.), Pommerellen (10 Kr.). — Ukermark mit Barnim, Lebus, Beeskow und Storkow (7 Kr.), die übrigen Theile der Mittelmark (6 Kr.), Priegnitz und Altmark (6 Kr.), Neumark (10 Kr.), Markgrafthum Niederlausitz mit Kotbus (7 Kr.), — Herzogthum Stettin (9 Kr.), Neuvorpommern und Fürstenthum Rügen (4 Kr.), Kammin und Hinterpommern (3 Kr.), Herzogthum Kassuben (3 Kr.), Herzogthum Wenden und Herrschaft Lauenburg und Bütow (5 Kr.), — Markgrafthum Oberlausitz (5 Kr.), Fürstenthümer Schweidnitz und Jauer (10 Kr.), Fürstenthümer Glogau und Sagan, Liegnitz und Wohlau (11 Kr.), Fürstenthümer Breslau, Brieg und Oels (11 Kr.), Fürstenthum Münsterberg, Grafschaft Glatz und Fürstenthümer Neisse und Grottkau (6 Kr.), Fürstenthum Oppeln (9 Kr.), Fürstenthum Ratibor (5 Kr.). — Netzedistrict (6 Kr.), Gnesen (3 Kr.), Posen und Meseritz (9 Kr.), Fraustadt (4 Kr.), Krotoschin (4 Kr.). — Herzogthum Magdeburg (6 Kr.), Fürstenthum Halberstadt mit Wernigerode, Grafschaft Mansfeld und Saalkreis (7 Kr.), Ober-Sachsen (7 Kr.), Ost-Thüringen (6 Kr.), West-Thüringen mit Erfurt, Fürstenthum Eichsfeld und Grafschaft Hohnstein (9 Kr). — Fürstenthum Minden, Grafschaft Ravensberg, Fürstenthum Paderborn mit Wiedenbrück (10 Kr.), Fürstenthum Münster (10 Kr.), Herzogthum Westfalen (7 Kr.), Grafschaft Mark (7 Kr.). — Herzogthümer Kleve und Geldern (4 Kr.) mit Nieder-Berg und Nieder-Jülich (9 Kr.), Ober-Berg und Ober-Jülich (10 Kr.) mit Ober-Rhein (12 Kr.), West-Jülich (10 Kr) mit Moselland (12 Kr.).

Das **Abgeordnetenhaus** besteht aus 352 Mitgliedern, welche auf Grund des Wahlgesetzes vom 30. Mai 1849 gewählt werden; die Eintheilung in Wahlbezirke ist durch das Gesetz vom 27. Juni 1860 erfolgt. Nach demselben besteht die Stadt Berlin aus 4 Wahlbezirken; im Uebrigen werden die Grenzen der Wahlbezirke durch die der landräthlichen Kreise und der ausserhalb derselben stehenden Städte bestimmt; 31 Wahlkreise enthalten jeder nur einen landräthlichen Kreis (oder Stadtkreis), 110 Wahlkreise enthalten jeder 2 landräthliche Kreise (und beziehungsweise Stadtkreise), 29 je 3, einer 4 landräthliche Kreise. Die Zahl der Wahlbezirke ist in der Provinz Preussen 28, Brandenburg 22, Pommern 13, Schlesien 30, Posen 13, Sachsen 21, Westfalen 16, in der Rheinprovinz 32, in Hohenzollern 1; das Jadegebiet gehört zum Wahlbezirk Minden, die Garnison zu Luxemburg zum Wahlbezirk Trier, die zu Mainz und Frankfurt zum Wahlbezirk Koblenz, die zu Rastatt zum Wahlbezirk von Hohenzollern. Die Zahl der zu wählenden Abgeordneten beträgt in der Provinz Preussen 54, Brandenburg 45, Pommern 26, Schlesien 65, Posen 29, Sachsen 38, Westfalen 31, der Rheinprovinz 62, in Hohenzollern 2.

Dritter Abschnitt.

Die Wohnplätze.

Die nebenstehende Uebersicht der Zahl der Wohnplätze im preussischen Staate ist geeignet, von den Verhältnissen des Zusammenwohnens oder Getrenntwohnens der Bevölkerung einige Anschauung zu geben. Listen der Wohnplätze, welche ausser der Anzahl und Classification auch die Zahlen der Gebäude und Einwohner jeder Classe von Wohnplätzen enthalten, sind seit 1849 bei den dreijährigen Aufnahmen aufgestellt worden. Vorher wurde nur die Trennung der Angaben für die einzelnen Städte von denen für die übrigen Ortschaften der Kreise (das platte Land) erfordert. Als Städte wurden hierbei alle diejenigen Gemeindeverbände angesehen, welche auf den durch die Gesetze von 1823 bis 1828 organisirten provinzialständischen und kreisständischen Versammlungen im zweiten Stande ihre Vertretung erhielten. Ob in denselben zugleich eine der damals gültigen Städteordnungen in Anwendung war, wurde hierbei nicht berücksichtigt, konnte auch um so weniger berücksichtigt werden, als in der Rheinprovinz die rechtlichen Verhältnisse der Communen einen Gegensatz von Stadt und Land nicht erkennen liessen. Auch jetzt ist es bei der statistischen Unterscheidung zwischen den Städten und dem platten Lande dabei verblieben, die — mit Rücksicht auf die früheren geschichtlichen Verhältnisse verliehene — Vertretung im Stande der Städte als das Kriterium anzunehmen, ohne Unterschied ob in der betreffenden Stadt eine der jetzt geltenden Städteordnungen (vom 30. Mai 1853 für die östlichen Provinzen, vom 9. März 1856 für Westfalen, vom 15. Mai 1856 für die Rheinprovinz) eingeführt ist oder nicht.

Bei Einrichtung der Liste der Wohnplätze kamen die nicht zu städtischen Gemeindeverbänden gehörigen Ortschaften näher in Betracht. Unter diesen wurden zunächst diejenigen Ortschaften herausgehoben, welche einen überwiegend städtischen Charakter haben, solche, welche ortsüblich als Flecken (Marktflecken) bezeichnet werden; die übrigen ländlichen Wohnplätze wurden nach zwei Gesichtspunkten classificirt: je nachdem sie eine grössere oder geringere Anzahl von bewohnten Gehöften umfassten, und je nachdem zu denselben ein erhebliches landwirthschaftlich benutztes Areal gehörte oder nicht. In dieser Weise bildete sich die in der nachstehenden Uebersicht gegebene Unterscheidung: in Dörfer, nämlich zusammenliegende Gehöfte, zu denen eine ländliche Feldmark gehört, — Vorwerke und Höfe, also kleinere Wohnplätze, zu denen ein beträchtliches landwirthschaftlich benutztes Areal gehört, — Colonien und Weiler, Wohnplätze, welche eine Anzahl von Häusern umfassen, ohne zugehörigen ausgedehnten landwirthschaftlichen Besitz, — und einzelne Etablissements. ... Der Name Wohnplatz und nicht die Bezeichnung Ortschaft war gewählt worden, weil jeder mit einem Hause oder mit mehreren zusammenliegenden Häusern besetzte bewohnte Raum dadurch getroffen werden sollte; es sollten jedoch nur solche Wohnplätze besonders gerechnet werden, welche einen Ortsnamen führten. Die vorhandenen Wohnplätze unter die gegebenen Kategorien zu bringen, blieb den Regierungen überlassen; ein gesetzlicher Anhalt, wie bei der Unterscheidung von Stadt und Land, wurde denselben nicht gegeben.

I. Zahl und Eigenschaft der Wohnplätze nach der Zählung vom 3. December 1858.

(4.) Regierungsbezirke. — Provinzen.	Summe aller Wohnplätze.	Städte.	Wohnplätze auf dem platten Lande. Flecken.	Dörfer.	Vorwerke.	Colonien.	Einzelne Etablissements.	Summe der Wohnplätze auf dem platten Lande
1. Königsberg	5 488	48	13	2 442	2 259	16	710	5 440
2. Gumbinnen	4 696	19	18	2 981	918	79	681	4 677
3. Danzig	1 961	11	3	1 021	258	298	370	1 950
4. Marienwerder	3 752	43	5	1 450	1 147	173	934	3 709
I. Preussen	15 897	121	39	7 894	4 582	566	2 695	15 776
5. Posen	4 006	91	4	2 011	754	523	623	3 915
6. Bromberg	2 643	52	.	1 130	750	353	358	2 591
II. Posen	6 649	143	4	3 141	1 504	876	981	6 506
7. Potsdam	3 021	72	12	1 400	631	244	659	2 949
8. Frankfurt	3 181	67	14	1 536	446	302	816	3 114
III. Brandenburg	6 202	139	26	2 939	1 077	546	1 475	6 063
9. Stettin	2 467	35	4	1 110	532	111	675	2 432
10. Köslin	4 047	23	1	1 242	1 157	175	1 449	4 024
11. Stralsund	1 191	14	3	320	656	14	184	1 177
IV. Pommern	7 705	72	8	2 672	2 345	300	2 308	7 633
12. Breslau	3 860	56	11	2 250	539	395	609	3 804
13. Oppeln	3 323	39	20	1 540	514	373	837	3 284
14. Liegnitz	3 782	48	24	1 696	368	386	1 260	3 734
V. Schlesien	10 965	143	55	5 486	1 421	1 154	2 706	10 822
15. Magdeburg	2 181	50	11	1 006	211	62	841	2 131
16. Merseburg	2 358	70	10	1 654	131	39	454	2 288
17. Erfurt	899	22	6	404	43	10	414	877
VI. Sachsen	5 438	142	27	3 064	385	111	1 709	5 296
18. Münster	908	28	18	140	3	2	717	880
19. Minden	8 904	27	13	468	142	81	8 233	8 937
20. Arnsberg	5 221	44	31	1 210	1	971	2 958	5 177
VII. Westfalen	15 033	99	62	1 824	146	1 054	11 908	14 994
21. Köln	3 820	13	13	650	322	1 882	940	3 807
22. Düsseldorf	2 814	63	32	497	141	661	1 420	2 751
23. Koblenz	2 981	26	35	1 087	.	366	1 467	2 955
24. Trier	2 672	11	28	1 136	.	216	1 251	2 661
25. Aachen	2 392	15	12	757	.	288	1 320	2 377
VIII. Rheinland	14 679	128	120	4 127	463	3 413	6 308	14 551
Hohenzollernsche Lande	240	7	15	95	8	47	68	233
Jadegebiet	29	.	.		.	.	29	29
Summe	82 897	894	356	31 242	11 931	8 097	30 277	81 903

Es muss daher ausdrücklich hervorgehoben werden, dass bei Aufstellung der Liste der Wohnplätze die bestehende Organisation des platten Landes nach Gemeindeverbänden oder Gutsbezirken nicht bestimmend gewesen ist, wie denn auch die Angabe der Zahl der Gemeindebezirke und Gutsbezirke für die Frage nach dem Zusammenwohnen und Getrenntwohnen der Bevölkerung kein Material gewähren kann, am wenigsten in den östlichen Provinzen, in welchen zum grossen Theile die mit den Dörfern unmittelbar zusammenliegenden Güter noch besondere, nicht zum Gemeindeverbande gehörige Gutsbezirke bilden. Es stehen somit die der zur Zeit bestehenden communalen Eintheilung entnommenen Zahlen zu den in der Liste der Wohnplätze ermittelten Zahlen in keiner Beziehung; nach der politischen Gemeindeverfassung wird in den östlichen Provinzen die Zahl der Landgemeinden auf 26 679, die der Rittergüter auf 11 714, die der fiscalischen und anderen selbständigen Gutsbezirke auf 3456 angegeben, während die Uebersicht der Wohnplätze in denjenigen Kategorien, welche den grösseren landwirthschaftlichen Besitz enthalten, 25 355 Flecken und Dörfer, 11 314 Vorwerke und Höfe angiebt.

Sollen die nachstehenden Zahlen einen Ueberblick der Vertheilung der Wohnplätze in den einzelnen Regierungsbezirken geben, so bleibt ferner zu beachten, dass eine vollkommen ausreichende Ansicht des Zusammenwohnens und Getrenntwohnens insofern noch nicht dadurch gewonnen werden kann, als sie nur die Wohnplätze mit eigenen Ortsnamen enthalten. Ein nicht geringer Theil der grösseren Ortschaften enthält unter einem Ortsnamen eine Anzahl zerstreut liegender Gehöfte, so die Bauerschaften im Münsterlande, die Hauländereien im Grossherzogthum Posen und die ausgedehnten Colonistendörfer in den Bruchniederungen der alten Provinzen; auch gehören zu vielen ländlichen Ortschaften eine Anzahl von in Folge der Beseitigung der Gemeinheiten entstandenen Abbauten, welche hier nicht als besondere Wohnplätze gerechnet sind. Die Tragweite dieser Verhältnisse erweist sich daraus, dass z. B. beim Regierungsbezirk Potsdam 6792 einzeln liegende Wohnplätze (mit oder ohne eigenen Ortsnamen) ermittelt worden sind, während die letzte Liste der Wohnplätze deren nur 3020 aufführte, und dass — um ein Beispiel aus demjenigen Landestheile anzuführen, in welchem die Zahl der zerstreutliegenden Höfe verhältnissmässig am grössten ist — im Kreise Tecklenburg des Regierungsbezirks Münster nach der Karte mehr als 2000 einzeln gelegene Wohnplätze vorhanden sind, während für denselben Kreis in der Liste der Wohnplätze nur 98 mit besonderen Ortsnamen) aufgeführt sind.

II. Vertheilung der Wohnplätze auf die Fläche.

(5.) Provinzen.	Auf je 1 Quadratmeile (incl. Wasserflächen) kommen						
	Städte.	Ländliche Wohnplätze.					
		überhaupt.	Darunter				
			Flecken.	Dörfer.	Vorwerke.	Colonien.	Etablissements.
Preussen	0,10	13,4	0,03	6,7	3,0	0,5	2,2
Posen	0,27	12,1	0,01	5,9	2,6	1,8	1,8
Brandenburg	0,19	8,1	0,04	4,6	1,5	0,6	2,6
Pommern	0,12	13,1	0,01	4,6	4,1	0,5	4,0
Schlesien	0,19	14,6	0,07	7,4	1,9	1,6	3,6
Sachsen	0,31	11,6	0,08	6,7	0,9	0,2	3,7
Westfalen	0,31	40,7	0,17	4,9	0,4	2,8	32,6
Rheinland	0,26	29,9	0,23	8,5	1,0	7,1	13,1
Hohenzollern	0,33	11,0	0,11	4,5	0,4	2,2	3,8
Im Staate	0,18	16,9	0,07	6,1	2,3	1,6	5,0

III. Verzeichniss der Städte.

(6.) Namen der Städte.	Gesammte Einwohnerzahl		Darunter Militair		Vermehrung der Gesammt-Einwohnerzahl v. 1816—58 in Prozenten.	Lage der Städte.	
	1816.	1858.	1816.	1858.		Kreis.	Regierungs-bezirk.
Aachen	32 072	57 155	57	895	78,91	Aachen	Aachen.
Adelnau	1 201	1 819	.	2	51,46	Adelnau	Posen.
Ahaus	1 087	1 709	.	3	57,22	Ahaus	Münster.
Ahlen	2 188	3 255	2	8	48,77	Beckum	do.
Ahrweiler	2 112	3 610	.	6	70,93	Ahrweiler	Koblenz.
Aken	3 487	5 206	482	7	49,29	Kalbe	Magdeburg.
Allenburg	1 414	2 320	15	5	64,07	Wehlau	Königsberg.
Allenstein	2 078	3 967	.	21	90,90	Allenstein	do.
Alsleben	1 373	2 871	.	5	109,10	Mansfeld	Merseburg.
Altena	3 353	6 099	.	8	81,91	Altena	Arnsberg.
Andernach	2 186	4 025	.	83	84,13	Mayen	Koblenz.
Angerburg	2 684	3 741	37	12	39,38	Angerburg	Gumbinnen.
Angermünde	2 654	5 457	.	15	105,61	Angermünde	Potsdam.
Angermund a. Ruhr	1 068	1 513	.	.	41,67	Düsseldorf	Düsseldorf.
Anholt	1 175	1 854	.	.	57,79	Borken	Münster.
Anklam	5 745	10 953	563	100	90,71	Anklam	Stettin.
Arendsee	1 270	2 113	.	5	66,37	Osterburg	Magdeburg.
Arneburg	1 231	1 904	.	4	54,67	Stendal	do.
Arnsberg	2 550	4 541	.	25	78,08	Arnsberg	Arnsberg.
Arnswalde	2 821	5 915	24	6	109,68	Arnswalde	Frankfurt.
Artern	2 329	4 275	179	6	83,55	Sangerhausen	Merseburg.
Arys	1 047	1 146	.	3	9,45	Johannisburg	Gumbinnen.
Aschersleben	8 336	13 819	473	786	65,77	Aschersleben	Magdeburg.
Attendorn	1 282	1 588	.	47	23,87	Olpe	Arnsberg.
Auras	786	1 017	.	2	29,39	Wohlau	Breslau.
Bacharach	1 264	1 603	.	2	26,43	St. Goar	Koblenz.
Bärwalde N. M.	2 103	3 782	.	.	79,84	Königsberg	Frankfurt.
Bärwalde	854	1 910	.	1	123,66	Neustettin	Köslin.
Bahn	1 396	2 550	.	7	82,66	Greifenhagen	Stettin.
Baldenburg	670	1 891	.	7	182,24	Schlochau	Marienwerder.
Baranow	578	900	.	.	55,71	Schildberg	Posen.
Barby	2 851	4 373	233	.	53,38	Kalbe	Magdeburg.
Barmen	19 080	44 699	.	17	134,27	Elberfeld	Düsseldorf.
Barschin	630	796	.	1	26,35	Schubin	Bromberg.
Bartenstein	2 496	4 732	47	90	89,58	Friedland	Königsberg.
Barth	3 975	5 606	103	3	41,03	Franzburg	Stralsund.
Barthen	1 242	1 549	.	6	24,72	Rastenburg	Königsberg.
Baruth	1 148	1 736	.	2	51,22	Jüterbock-Luckenwalde	Potsdam.
Bauerwitz	1 621	2 237	.	3	38,00	Leobschütz	Oppeln.
Beckum	1 798	2 560	.	10	42,38	Beckum	Münster.
Beelitz	1 855	2 805	.	6	51,21	Zauch-Belzig	Potsdam.
Beeskow	2 904	4 143	140	308	42,66	Beeskow-Storkow	do.
Behrend	737	3 027	.	11	310,72	Behrend	Danzig.
Belgard	1 972	4 783	.	180	142,55	Belgard	Köslin.
Belgern	1 963	3 205	.	4	63,27	Torgau	Merseburg.
Belzig	1 840	2 494	6	5	35,54	Zauch-Belzig	Potsdam.
Bendorf	.	2 593	.	.	.	Koblenz	Koblenz.
Benneckenstein	2 466	4 063	.	3	64,76	Nordhausen	Erfurt.
Bentschen	937	1 810	.	3	93,17	Meseritz	Posen.
Bergen	2 085	3 624	.	10	73,81	Rügen	Stralsund.
Berleburg	1 877	2 076	.	17	10,60	Wittgenstein	Arnsberg.
Berlin	197 717	458 637	15 716	19 676	131,96		Potsdam.
Berlinchen	2 104	4 563	51	4	116,87	Soldin	Frankfurt.

(Forts. zu 6.) Namen der Städte.	Gesammte Einwohnerzahl		Darunter Militair		Vermehrung d. Gesammt-Einwohnerzahl in Procenten	Lage der Städte.	
	1816.	1858.	1816.	1858.		Kreis.	Regierungs-bezirk.
Bernau	1 832	4 911	.	10	167,03	Niederbarnim	Potsdam.
Bernkastel	1 662	2 194	.	12	32,01	Bernkastel	Trier.
Bernstadt	2 666	3 566	.	6	33,76	Oels	Breslau.
Bernstein	979	2 276	.	.	132,48	Soldin	Frankfurt.
Betsche	964	1 770	.	9	83,63	Meseritz	Posen.
Beuthen	1 976	10 397	.	9	426,18	Beuthen	Oppeln.
Beuthen	2 428	3 913	.	164	61,16	Freistadt	Liegnitz.
Beverungen	1 602	1 907	.	5	19,04	Höxter	Minden.
Bialla	967	1 476	.	5	52,63	Johannisburg	Gumbinnen.
Bibra	825	1 473	.	4	78,54	Eckartsberga	Merseburg.
Bielefeld	6 638	12 669	750	801	90,85	Bielefeld	Minden.
Biesenthal	998	1 903	.	5	90,68	Oberbarnim	Potsdam.
Billerbeck	1 207	1 517	.	.	25,68	Koesfeld	Münster.
Birnbaum	1 996	3 240	.	9	62,32	Birnbaum	Posen.
Bischofsburg	2 016	2 935	.	.	45,44	Rössel	Königsberg.
Bischofstein	2 108	3 168	.	.	50,28	do.	do.
Bischofswerder	1 708	1 754	633	.	2,81	Rosenberg	Marienwerder
Bismark	945	1 854	.	9	96,19	Stendal	Magdeburg.
Bitburg	1 321	2 138	.	10	61,85	Bitburg	Trier.
Bitterfeld	2 228	4 264	.	12	91,81	Bitterfeld	Merseburg.
Bleicherode	1 963	2 750	.	7	40,09	Nordhausen	Erfurt.
Blesen	791	1 452	.	2	83,56	Birnbaum	Posen.
Bnin	1 064	1 258	.	.	18,08	Schrimm	do.
Bobersberg	1 093	1 526	.	6	39,62	Krossen	Frankfurt.
Bocholt	3 069	5 155	.	14	87,03	Borken	Münster.
Bochum	2 146	8 812	.	18	810,84	Bochum	Arnsberg.
Bojanowo	2 867	1 765	.	3	−38,46	Kröben	Posen.
Bolkenhain	1 273	2 087	.	5	63,94	Bolkenhain	Liegnitz.
Bomst	1 694	2 275	.	6	34,30	Bomst	Posen.
Bonn	9 926	18 077	508	806	91,12	Bonn	Köln.
Boppard	3 216	4 211	.	9	30,94	St. Goar	Koblenz.
Borek	1 231	1 857	.	1	50,97	Krotoschin	Posen.
Borgentreich	1 568	1 722	.	4	9,82	Warburg	Minden.
Borgholzhausen	1 087	1 180	.	1	8,56	Halle	do.
Borken	2 209	2 663	65	69	23,49	Borken	Münster.
Brätz	1 210	1 543	.	6	27,52	Meseritz	Posen.
Brakel	2 507	2 676	3	11	6,74	Höxter	Minden.
Brandenburg	11 694	21 619	680	1 578	85,53	Westhavel-land	Potsdam.
Braunfels	1 256	1 788	.	116	42,36	Wetzlar	Koblenz.
Braunsberg	5 125	9 591	79	500	87,14	Braunsberg	Königsberg.
Brehna	991	1 854	.	.	87,08	Bitterfeld	Merseburg.
Breckerfeld	969	1 805	.	.	86,27	Hagen	Arnsberg.
Breslau	74 683	135 661	5 900	5 846	81,77	Breslau	Breslau.
Brieg	10 253	13 002	1 043	807	26,44	Brieg	do.
Briesen	882	2 972	.	2	236,96	Kulm	Marienwerder.
Brilon	2 734	4 149	.	11	51,76	Brilon	Arnsberg.
Bromberg	6 782	18 356	612	1 740	170,66	Bromberg	Bromberg.
Brück	993	1 276	.	8	28,70	Zauch-Belzig	Potsdam.
Brüssow	832	1 584	.	12	90,38	Prenzlow	do.
Bublitz	1 525	3 689	.	12	141,90	Fürstenthum	Köslin.
Buchholz	607	1 028	.	7	69,36	Beeskow-Storkow	Potsdam.
Buckow	718	1 673	.	5	133,01	Lebus	Frankfurt.
Budzin	992	1 751	.	.	76,51	Chodziesen	Bromberg.
Bünde	931	1 654	.	6	68,02	Herford	Minden.
Bütow	1 395	4 058	.	11	190,97	Bütow	Köslin.
Buk	1 277	2 140	.	9	68,08	Buk	Posen.

(Forts. zu 6.) Namen der Städte.	Gesammte Einwohnerzahl 1816.	1858.	Darunter Militair 1816.	1858.	Vermehrung der Gesammt-Einwohnerzahl v. 1816–1858 in Procenten.	Lage der Städte. Kreis.	Regierungs-bezirk.
Bunzlau	3 175	7 249	44	21	129,67	Bunzlau	Liegnitz.
Burg	9 025	14 096	.	108	56,17	Jerichow I.	Magdeburg.
Burg	1 434	1 731	.	.	20,71	Lennep	Düsseldorf.
Burscheid	.	5 166	.	2	.	Solingen	do.
Burtscheid	4 603	6 858	.	2	48,99	Aachen	Aachen.
Calau	1 529	2 331	.	10	52,45	Kalau	Frankfurt.
Calbe a. d. M.	1 273	1 725	.	4	35,51	Salzwedel	Magdeburg.
Calbe a. d. S.	3 906	7 266	254	10	86,72	Kalbe	do.
Callies	2 182	3 181	.	3	46,93	Dramburg	Köslin.
Cammin	1 805	4 920	.	5	150,68	Kammin	Stettin.
Charlottenburg	4 104	11 492	261	204	180,01	Teltow	Potsdam.
Chodziesen	2 455	3 268	.	17	33,03	Chodziesen	Bromberg.
Christburg	2 077	2 916	145	3	40,39	Stuhm	Marienwerder.
Christianstadt	747	1 054	.	.	41,10	Sorau	Frankfurt.
Cleve	6 511	9 361	.	15	43,77	Kleve	Düsseldorf.
Clötze	.	2 727	.	.	.	Gardelegen	Magdeburg.
Coblenz	11 259	26 049	1 022	4 040	137,17	Koblenz	Koblenz.
Ehrenbreitstein	2 732	4 287	684	2 290	56,95	do.	do.
Cöln	52 954	114 477	3 808	5 868	116,18	Köln	Köln.
Deutz	2 081	7 381	97	1 619	253,72	do.	do.
Cöpnick	1 877	3 381	.	6	80,12	Teltow	Potsdam.
Cörlin	1 369	3 204	144	2	134,04	Fürstenthum	Köslin.
Coesfeld	2 628	3 711	146	8	41,21	Koesfeld	Münster.
Cöslin	4 698	10 840	62	263	130,91	Fürstenthum	Köslin.
Colberg	7 059	11 021	1 849	1 472	56,16	do.	do.
Conitz	2 308	5 540	.	110	140,03	Konitz	Marienwerder.
Cosel	3 074	3 076	1 768	1 048	19,59	Kosel	Oppeln.
Cottbus	7 107	9 310	391	62	38,17	Kottbus	Frankfurt.
Crefeld	14 373	48 925	.	10	240,39	Krefeld	Düsseldorf.
Creuzburg	2 663	4 008	.	220	50,51	Kreuzburg	Oppeln.
Crone (Deutsch-)	2 063	5 322	.	200	163,43	Deutsch-Krone	Marienwerder.
Crone (Polnisch-)	1 531	2 784	.	9	81,84	Bromberg	Bromberg.
Crossen	3 537	6 671	52	107	88,61	Krossen	Frankfurt.
Cüstrin	5 978	9 554	1 120	1 606	59,82	Königsberg	do.
Culm	4 153	7 263	628	346	74,89	Kulm	Marienwerder.
Culmsee	821	2 177	.	7	165,49	Thorn	do.
Czarnikau	2 176	3 962	.	16	82,08	Czarnikau	Bromberg.
Czerniejewo	881	1 213	.	13	37,68	Gnesen	do.
Daber	957	1 961	.	5	104,91	Naugard	Stettin.
Dahlen	.	5 973	.	.	.	Gladbach	Düsseldorf.
Dahme	2 888	4 349	.	5	50,58	Jüterbock-Luckenwalde	Potsdam.
Damm	1 098	3 692	.	12	35,71	Randow	Stettin.
Damgarten	849	1 900	.	7	123,79	Franzburg	Stralsund.
Danzig	51 031	76 795	3 538	9 113	50,49	Danzig	Danzig.
Dardesheim	1 258	1 486	.	3	18,04	Halberstadt	Magdeburg.
Darkehmen	2 074	2 703	71	13	30,33	Darkehmen	Gumbinnen.
Delbrück	.	1 225	.	1	.	Paderborn	Minden.
Delitzsch	3 021	6 153	.	9	103,67	Delitzsch	Merseburg.
Demmin	3 915	7 610	.	11	94,38	Demmin.	Stettin.
Derenburg	2 070	2 497	.	.	20,63	Halberstadt	Magdeburg.
Deutz, s. Cöln							
Dinslaken	1 042	1 809	.	6	73,03	Duisburg	Düsseldorf.
Dirschau	2 149	5 930	308	7	175,94	Stargardt	Danzig.
Dobberschütz	680	1 062	.	6	56,70	Krotoschin	Posen.
Dobrilugk	967	1 412	.	7	46,02	Luckau	Frankfurt.
Dolzig	815	1 414	.	1	73,50	Schrimm	Posen.

(Forts. zu 6.) Namen der Städte.	Gesammte Einwohnerzahl		Darunter Militair		Vermehrung der Gesammt-Einwohnerzahl v. 1816—58 in Procenten.	Lage der Städte.	
	1816.	1858.	1816.	1858.		Kreis.	Regierungs-bezirk.
Dommitsch	1 402	2 113	93	5	50,71	Torgau	Merseburg.
Domnau	1 106	1 867	199	4	68,80	Friedland	Königsberg.
Dorp	4 043	8 267	.	.	104,46	Solingen	Düsseldorf.
Dorsten	2 304	3 269	.	4	41,88	Recklinghausen	Münster.
Dortmund	4 465	22 115	216	16	395,30	Dortmund	Arnsberg.
Dramburg	1 808	4 547	.	9	151,50	Dramburg	Köslin.
Drebkau	737	1 139	.	5	54,54	Kalau	Frankfurt.
Drengfurt	1 900	2 078	683	217	9,37	Rastenburg	Königsberg.
Drieburg	1 579	2 001	.	1	26,73	Höxter	Minden.
Driesen	2 952	4 135	246	7	40,07	Friedeberg	Frankfurt.
Drossen	3 265	5 206	.	4	59,45	Sternberg	do.
Düben	2 311	2 719	76	309	17,65	Bitterfeld	Merseburg.
Dülken	1 818	4 087	.	4	124,81	Kempen	Düsseldorf.
Dülmen	2 041	3 596	.	7	76,01	Koesfeld	Münster.
Düren	4 777	8 809	.	17	84,70	Düren	Aachen.
Düsseldorf	14 100	38 765	679	2 368	174,93	Düsseldorf	Düsseldorf.
Duisburg	4 508	12 674	.	14	181,14	Duisburg	do.
Dupin	482	613	.	.	27,18	Kröben	Posen.
Dyhrnfurt	.	1 518	.	2	.	Wohlau	Breslau.
Eberswalde (Neustadt-)	2 881	6 441	.	21	123,56	Oberbarnim	Potsdam.
Eckartsberga	976	1 866	.	5	91,19	Eckartsberga	Merseburg.
Egeln	2 253	3 930	.	5	74,43	Wanzleben	Magdeburg.
Ehrenbreitstein, s. Coblenz							
Eilau (Deutsch-)	1 810	2 529	234	163	39,72	Rosenberg	Marienwerder.
Eilau (Preussisch-)	1 974	3 109	548	8	57,48	Pr. Eilau	Königsberg.
Eilenburg	4 623	10 051	.	6	117,37	Delitzsch	Merseburg.
Eisleben	6 028	10 656	109	76	76,77	Mansfeld	do.
Elberfeld	21 710	53 474	.	20	146,31	Elberfeld	Düsseldorf.
Elbing	17 850	24 729	.	167	38,54	Elbing	Danzig.
Ellrich	2 481	2 777	.	5	11,93	Nordhausen	Erfurt.
Elsterwerda	932	1 679	.	5	80,15	Liebenwerda	Merseburg.
Emmerich	4 442	7 397	.	10	66,52	Rees	Düsseldorf.
Erfurt	18 066	35 412	2 969	4 943	96,01	Erfurt	Erfurt.
Erkelenz	1 497	2 167	45	8	44,75	Erkelenz	Aachen.
Ermsleben	1 878	2 793	.	6	48,72	Mansfeld	Merseburg.
Eschweiler	.	13 113	.	9	.	Aachen	Aachen.
Essen	4 721	17 215	60	50	264,65	Duisburg	Düsseldorf.
Eupen	9 629	12 903	.	12	34,00	Eupen	Aachen.
Euskirchen	1 825	3 930	.	8	115,34	Euskirchen	Köln.
Exin	1 785	2 464	.	13	38,04	Schubin	Bromberg.
Falkenberg	1 181	1 982	40	17	67,83	Falkenberg	Oppeln.
Falkenburg	1 878	3 841	.	4	77,90	Dramburg	Köslin.
Fehrbellin	1 138	2 028	.	18	78,18	Osthavelland	Potsdam.
Festenberg	2 140	2 262	.	10	5,70	Wartenberg	Breslau.
Fiddichow	1 336	2 654	.	8	98,65	Greifenhagen	Stettin.
Filehne	2 765	3 903	.	8	41,15	Czarnikau	Bromberg.
Finsterwalde	1 841	6 621	.	5	259,64	Luckau	Frankfurt.
Fischhausen	1 231	2 101	.	10	70,64	Fischhausen	Königsberg.
Flatow	1 467	3 157	.	15	115,20	Flatow	Marienwerder.
Fordon	2 018	1 977	41	4	— 2,03	Bromberg	Bromberg.
Forste	2 088	5 668	.	6	171,37	Soran	Frankfurt.
Frankenstein	4 377	5 630	150	21	28,37	Frankenstein	Breslau.
Frankfurt	15 108	34 507	1 151	1 728	128,40	Frankfurt	Frankfurt.
Franzburg	676	1 490	.	8	120,41	Franzburg	Stralsund.
Frauenburg	1 388	2 368	.	.	70,60	Braunsberg	Königsberg.

(Forts. zu 6.) Namen der Städte.	Gesammte Einwohnerzahl		Darunter Militair		Vermehrung d. Gesammt-Einwohnerzahl v. 1816–1858 in Procenten.	Lage der Städte.	
	1816.	1858.	1816.	1858.		Kreis.	Regierungs-bezirk.
Fraustadt	5 544	6 769	78	724	21,96	Fraustadt	Posen.
Freiburg	1 740	2 721	.	3	56,38	Querfurt	Merseburg.
Freienwalde	1 007	2 193	.	4	117,77	Saazig	Stettin.
Freienwalde a. d. O.	2 679	4 312	.	8	61,89	Oberbarnim	Potsdam.
Freistadt	973	2 248	.	4	131,04	Rosenberg	Marienwerder.
Freistadt	2 008	3 548	48	72	22,00	Freistadt	Liegnitz.
Freudenberg	.	967	.	.	.	Siegen	Arnsberg.
Freyburg	1 578	4 902	.	2	210,64	Schweidnitz	Breslau.
Friedeberg	1 152	2 267	.	8	96,76	Löwenberg	Liegnitz.
Friedeberg	3 121	5 621	157	177	80,16	Friedeberg	Frankfurt.
Friedland	1 824	2 601	15	6	42,66	Friedland	Königsberg.
Friedland	1 464	2 521	.	5	72,20	Schlochau	Marienwerder.
Friedland (Märk.-)	2 252	2 463	15	5	9,37	Deutsch-Krone	do.
Friedland	939	1 089	.	3	15,97	Lübben	Frankfurt.
Friedland	854	1 432	.	5	67,68	Waldenburg	Breslau.
Friesack	1 275	3 144	.	2	146,59	Westhavelland	Potsdam.
Fürstenberg	1 454	2 360	.	.	62,31	Guben	Frankfurt.
Fürstenfelde	1 100	2 278	.	.	107,09	Königsberg	do.
Fürstenwalde	2 741	6 272	31	527	128,82	Lebus	do.
Gammertingen	.	1 194	.	10	.	Gammertingen	Sigmaringen.
Gardelegen	4 179	5 645	.	18	35,08	Gardelegen	Magdeburg.
Garnsee	716	1 149	.	3	60,47	Marienwerder	Marienwerder.
Gartz	2 919	4 773	167	340	63,51	Randow	Stettin.
Garz	1 156	2 111	.	.	82,61	Rügen	Stralsund.
Gassen	597	1 424	.	3	138,52	Sorau	Frankfurt.
Gebesee	1 477	2 058	.	.	39,33	Weissensee	Erfurt.
Gefell	782	1 775	.	4	126,98	Ziegenrück	Erfurt.
Geilenkirchen mit Hünshoven	.	1 372	.	9	.	Geilenkirchen	Aachen.
Geldern	3 287	4 293	54	67	30,79	Geldern	Düsseldorf.
Gembitz	463	677	.	5	46,22	Mogilno	Bromberg.
Gemünd	658	1 088	.	6	65,35	Schleiden	Aachen.
Genthin	1 508	3 088	.	7	104,91	Jerichow II.	Magdeburg.
Gerbstädt	1 464	2 314	.	5	58,06	Mansfeld	Merseburg.
Gerdauen	1 621	2 513	14	6	55,17	Gerdauen	Königsberg.
Gerresheim	841	1 518	.	.	80,49	Düsseldorf	Düsseldorf.
Geseke	2 741	3 745	.	2	36,63	Lippstadt	Arnsberg.
Gilgenburg	1 039	1 426	.	6	37,25	Osterode	Königsberg.
Gladbach	.	5 173	.	.	.	Mühlheim	Köln.
Gladbach	1 524	13 905	.	3	816,34	Gladbach	Düsseldorf.
Glatz	7 557	10 614	2 047	1 791	40,45	Glatz	Breslau.
Gleiwitz	3 164	11 038	70	400	248,87	Tost	Oppeln.
Glogau (Gross-)	10 074	17 193	1 987	3 943	70,66	Glogau	Liegnitz.
Glogau (Ober-)	1 737	4 115	71	178	136,90	Neustadt	Oppeln.
Gnesen	3 816	7 995	579	816	109,51	Gnesen	Bromberg.
Gniewkowo	660	1 381	.	6	109,24	Inowraclaw	do.
Goar (St.)	1 168	1 749	52	5	49,74	St. Goar	Koblenz.
Goch	2 778	4 009	.	2	44,31	Kleve	Düsseldorf.
Görchen	1 242	1 651	.	5	32,93	Kröben	Posen.
Göritz	912	2 200	.	.	141,22	Sternberg	Frankfurt.
Görlitz	9 156	25 254	48	698	175,81	Görlitz	Liegnitz.
Goldapp	3 238	4 241	442	10	30,98	Goldapp	Gumbinnen.
Goldberg	5 158	6 845	.	7	32,70	Hainau-Goldberg	Liegnitz.
Gollantsch	704	1 351	.	12	91,90	Wongrowitz	Bromberg.
Gollnow	2 978	6 816	180	3	128,94	Naugard	Stettin.

(Forts. zu 6.) Namen der Städte.	Gesammte Einwohnerzahl		Darunter Militair		Vermehrung der Gesammt-Einwohnerzahl v. 1816—58 in Procenten.	Lage der Städte.	
	1816.	1858.	1816.	1858.		Kreis.	Regierungs-bezirk.
Golluh	1 040	2 4[illegible]	.	5	137,16	Strasburg	Marienwerder.
Golssen	970	1 27[illegible]	.	4	31,14	Luckau	Frankfurt.
Gommern	1 331	2 06[illegible]	.	.	55,14	Jerichow I.	Magdeburg.
Gonsawa	324	68[illegible]	.	.	111,11	Schubin	Bromberg.
Gostyn	1 500	2 55[illegible]	.	1[illegible]	70,12	Kröben	Posen.
Gottesberg	1 881	3 1[illegible]	.	.	70,33	Waldenburg	Breslau.
Grabow	1 008	1 3[illegible]	.	1[illegible]	35,80	Schildberg	Posen.
Gräfenhainchen	1 471	3 1[illegible]	.	3	112,64	Bitterfeld	Merseburg.
Gräfrath	2 775	5 00[illegible]	.	5[illegible]	80,04	Solingen	Düsseldorf.
Grätz	2 962	3 69[illegible]	.	14	24,68	Bük	Posen.
Gransee	2 077	3 28[illegible]	.	3	57,98	Ruppin	Potsdam.
Graudenz	9 034	11 49[illegible]	3 404	1 65[illegible]	27,22	Graudenz	Marienwerder.
Greifenhagen	3 658	6 13[illegible]	124	3	67,66	Greifenhagen	Stettin.
Greiffenberg	965	1 59[illegible]	.	3	65,70	Angermünde	Potsdam.
Greiffenberg	2 776	5 617	166	36[illegible]	102,34	Greiffenberg	Stettin.
Greiffenberg	1 981	2 60[illegible]	86	5	31,49	Löwenberg	Liegnitz.
Greifswald	7 661	14 59[illegible]	224	441	90,02	Greifswald	Stralsund.
Grevenbroich	638	1 14[illegible]	.	1[illegible]	79,15	Grevenbroich	Düsseldorf.
Grimmen	1 658	2 07[illegible]	.	1[illegible]	79,43	Grimmen	Stralsund.
Gröningen	2 253	2 520	.	6	11,85	Oschersleben	Magdeburg.
Gronau	852	1 26[illegible]	.	5	48,47	Ahaus	Münster.
Grottkau	1 892	3 975	204	35[illegible]	110,09	Grottkau	Oppeln.
Grünberg	9 125	10 324	.	10	13,14	Grünberg	Liegnitz.
Guben	7 269	14 209	435	16	95,47	Guben	Frankfurt.
Gütersloho	.	3 70[illegible]	.	2	.	Wiedenbrück	Minden.
Gützkow	997	1 797	.	5	80,24	Greifswald	Stralsund.
Gurau	2 950	4 134	.	193	40,13	Gurau	Breslau.
Gumbinnen	5 662	7 760	.	765	37,05	Gumbinnen	Gumbinnen.
Gummersbach	.	1 11[illegible]	.	5	.	Gummersbach	Köln.
Gurzno	937	1 29[illegible]	.	2	38,63	Strasburg	Marienwerder.
Guttentag	1 445	2 197	.	4	52,04	Lublinitz	Oppeln.
Guttstadt	1 848	3 5[illegible]	.	12	93,72	Heilsberg	Königsberg.
Habelschwerdt	1 845	3 582	.	10	94,15	Habel-schwerdt	Breslau.
Hadmersleben	962	949	.	.	— 1,85	Wanzleben	Magdeburg.
Hagen	2 555	7 619	.	12	198,20	Hagen	Arnsberg.
Haigerloch	.	1 30[illegible]	.	12	.	Haigerloch	Sigmaringen.
Hainau	2 610	4 365	225	172	67,24	Hainau-Gold-berg	Liegnitz.
Halberstadt	14 219	21 42[illegible]		639	50,64	Halberstadt	Magdeburg.
Halle	10 907	39 170	771	881	96,70	Stadtkreis Halle	Merseburg.
Halle	1 055	1 417	.	3	34,31	Halle	Minden.
Hallenberg	1 322	1 511	.	7	14,30	Brilon	Arnsberg.
Haltern	1 549	2 18[illegible]	.	6	40,93	Koesfeld	Münster.
Hamm	5 380	10 270	673	248	91,80	Hamm	Arnsberg.
Hammerstein	1 263	2 451	.	4	94,09	Schlochau	Marienwerder.
Hattingen	2 561	4 932	.	8	92,58	Bochum	Arnsberg.
Havelberg	2 288	3 214	.	58	40,27	Westpriegnitz	Potsdam.
Hechingen	.	3 187	.	14	.	Hechingen	Sigmaringen.
Heeringen	.	2 322	.	3	.	Sangerhausen	Merseburg.
Heiligenbeil	1 692	3 051	.	10	80,32	Heiligenbeil	Königsberg.
Heiligenstadt	3 713	4 764	182	0	28,31	Heiligenstadt	Erfurt.
Heilsberg	2 984	5 116	.	11	71,45	Heilsberg	Königsberg.
Heinsberg	1 639	1 986	.	12	21,17	Heinsberg	Aachen.
Heldrungen	.	1 625	.	7	.	Eckartsberga	Merseburg.
Herdecke	.	3 330	.	5	.	Hagen	Arnsberg.
Herford	7 646	9 939	556	[illegible]	29,99	Herford	Minden.

(Forts. zu 6.) Namen der Städte.	Gesammte Einwohnerzahl		Darunter Militair		Vermehrung d. Einwohnerzahl v. 1816–1858 in Procenten	Lage der Städte.	
	1816.	1858.	1816.	1858.		Kreis.	Regierungsbezirk.
Herrnstadt	1 609	2 310	96	336	43,57	Guhrau	Breslau.
Herzberg	1 989	3 666	.	17	84,36	Schweinitz	Merseburg.
Hettingen	. .	588	.	.	.	Gammertingen	Sigmaringen.
Hettstädt	3 070	4 409	.	6	43,62	Mansfeld	Merseburg.
Hilchenbach	.	1 264	.	4	.	Siegen	Arnsberg.
Hirschberg	5 875	7 971	32	94	35,67	Hirschberg	Liegnitz.
Hittorf	1 133	1 813	.	.	60,02	Solingen	Düsseldorf.
Höhscheid	.	7 916	.	.	.	do.	do.
Hörde	1 116	6 868	.	6	515,41	Dortmund	Arnsberg.
Höxter	2 729	3 867	4	9	41,70	Höxter	Minden.
Hohenfriedberg	575	768	.	1	33,57	Bolkenhain	Liegnitz.
Hohenmölsen	316	1 846	.	3	484,18	Weissenfels	Merseburg.
Hohenstein	940	1 886	.	5	100,63	Osterode	Königsberg.
Holland (Preuss.)	2 436	4 031	.	88	65,48	Preuss. Holland	do.
Hornburg	2 170	2 490	.	3	14,74	Halberstadt	Magdeburg.
Horstmar	954	1 124	.	6	17,82	Steinfurt	Münster.
Hoyerswerda	1 556	2 525	.	7	62,36	Hoyerswerda	Liegnitz.
Hückeswagen	1 833	8 705	.	4	374,90	Lennep	Düsseldorf.
Hultschin	1 042	2 470	.	6	137,08	Ratibor	Oppeln.
Hundsfeld	646	960	.	6	48,61	Oels	Breslau.
Jakobshagen	1 086	1 847	.	5	70,06	Saazig	Stettin.
Janowitz	258	683	.	12	164,73	Wongrowitz	Bromberg.
Jaratschewo	591	916	.	6	55,00	Schrimm	Posen.
Jarmen	615	1 682	.	6	173,49	Demmin	Stettin.
Jaroczin	915	1 828	.	7	99,78	Pleschen	Posen.
Jastrow	2 448	3 988	.	5	62,91	Dtsch.-Krone	Marienwerder.
Jauer	4 722	7 887	207	178	67,02	Jauer	Liegnitz.
Ibbenbühren	1 387	2 296	2	7	65,51	Tecklenburg	Münster.
Jerichow	977	1 701	.	.	74,10	Jerichow II.	Magdeburg.
Jessen	1 564	2 415	.	.	54,41	Schweinitz	Merseburg.
Inowraclaw	3 366	5 854	200	10	73,91	Inowraclaw	Bromberg.
Insterburg	5 393	11 619	454	670	115,44	Insterburg	Gumbinnen.
Joachimsthal	1 091	1 937	.	2	77,54	Angermünde	Potsdam.
Johannisburg	1 751	2 564	.	6	46,43	Johannisburg	Gumbinnen.
Iserlohn	5 116	13 535	59	69	164,56	Iserlohn	Arnsberg.
Isselburg	.	1 121	.	.	.	Rees	Düsseldorf.
Jülich	3 780	3 987	1 200	1 120	6,59	Jülich	Aachen.
Jüterbock	3 426	6 092	32	10	77,84	Jüterbock-Luckenwalde	Potsdam.
Juliusburg	712	968	.	.	35,96	Oels	Breslau.
Jutroschin	1 325	1 936	.	4	46,11	Kröben	Posen.
K siehe C.							
Kähme	435	763	.	4	75,40	Birnbaum	Posen.
Kaiserswerth	1 168	2 291	.	1	96,15	Düsseldorf	Düsseldorf.
Kaldenkirchen	1 023	2 745	.	10	168,33	Kempen	Düsseldorf.
Kamen	2 153	3 361	188	7	56,12	Hamm	Arnsberg.
Kamin	710	1 294	.	7	82,25	Flatow	Marienwerder.
Kanth	1 063	2 140	.	4	101,32	Neumarkt	Breslau.
Kargowa	2 010	1 922	82	90	− 4,37	Bomst	Posen.
Katscher	1 279	3 031	.	17	136,86	Leobschütz	Oppeln.
Kauernick	373	734	.	.	96,78	Löbau	Marienwerder.
Kelbra	.	1 139	.	.	.	Sangerhausen	Merseburg.
Kemberg	1 874	3 012	.	5	60,72	Wittenberg	do.
Kempen	4 503	5 819	143	10	29,23	Schildberg	Posen.
Kempen	3 076	4 582	55	14	48,96	Kempen	Düsseldorf.
Kettwig	1 620	2 741	.	.	69,20	Duisburg	do.
Ketzin	667	1 045	.	.	40,92	Osthavelland	Potsdam.

(Forts. zu d.) Namen der Städte.	Gesammte Einwohnerzahl 1816.	Gesammte Einwohnerzahl 1858.	Darunter Militair 1816.	Darunter Militair 1858.	Vermehrung der Gesammt-Einwohnerzahl v. 1816—58 in Procenten	Lage der Städte. Kreis.	Lage der Städte. Regierungs-bezirk.
Kiebel	628	1 144	.	.	82,16	Bomst	Posen.
Kieferstädtel	.	948	.	.	.	Tost	Oppeln.
Kindelbrück	1 314	1 824	.	.	38,81	Weissensee	Erfurt.
Kirchberg	1 307	1 516	.	.	15,99	Simmern	Koblenz.
Kirchhain	1 712	2 570	.	.	50,13	Luckau	Frankfurt.
Kirn	.	1 901	.	7	.	Kreuznach	Koblenz.
Kischkowo	282	539	.	.	91,13	Gnesen	Bromberg.
Kleczko	717	1 483	.	12	106,84	do.	do.
Kobylin	1 748	2 255	.	11	26,29	Krotoschin	Posen.
Kochheim	1 868	2 524	.	4	35,12	Kochheim	Koblenz.
Kochstädt	1 281	2 001	.	.	56,20	Aschersleben	Magdeburg.
Köben	838	1 321	.	7	57,64	Steinau	Breslau.
Kölleda	1 988	3 401	180	4	71,08	Eckartsberga	Merseburg.
Königsberg i. Pr.	61 084	87 267	4 513	5 473	42,86	Königsberg	Königsberg.
Königsberg i. Nm.	4 292	5 805	607	7	35,25	Königsberg	Frankfurt.
Königswalde	935	1 411	.	.	50,91	Sternberg	do.
Königswinter	1 476	2 376	.	1	60,98	Siegkreis	Köln.
Könnern	1 812	3 767	.	9	107,89	Saalkreis	Merseburg.
Konstadt	1 001	1 595	.	6	59,34	Kreuzburg	Oppeln.
Kopnitz	650	1 029	.	.	58,31	Bomst	Posen.
Kolmin	2 038	3 182	.	8	56,13	Krotoschin	do.
Kosten	1 662	3 321	153	17	99,82	Kosten	do.
Kostschin	834	1 531	.	7	83,46	Schroda	do.
Krappitz	1 117	2 148	51	2	92,30	Oppeln	Oppeln.
Kremmen	1 916	2 779	.	5	45,04	Osthavelland	Potsdam.
Kreuzburg	1 321	1 939	18	7	46,78	Preuss. Eilau	Königsberg.
Kreuznach	7 063	10 935	416	7	54,82	Kreuznach	Koblenz.
Kriewen	547	1 052	.	3	92,32	Kosten	Posen.
Kröben	965	1 588	.	8	64,56	Kröben	do.
Krojanke	1 657	3 154	.	4	90,34	Flatow	Marienwerder.
Kronenberg	578	7 311	.	.	1164,88	Elberfeld	Düsseldorf.
Kroppenstädt	1 814	2 031	.	.	11,96	Oschersleben	Magdeburg.
Krotoschin	4 406	7 684	31	254	74,40	Krotoschin	Posen.
Kruschwitz	147	591	.	11	302,04	Inowraclaw	Bromberg.
Kupferberg	760	604	.	.	—20,53	Schönau	Liegnitz.
Kurnick	1 814	2 840	.	4	56,56	Schrimm	Posen.
Kwieciszewo	330	733	.	.	122,12	Mogilno	Bromberg.
Kyritz	2 342	3 961	.	11	69,12	Ostpriegnitz	Potsdam.
Laasphe	1 327	2 127	.	6	60,29	Wittgenstein	Arnsberg.
Labes	1 970	4 524	31	4	129,64	Regenwalde	Stettin.
Labiau	2 583	4 236	193	20	63,99	Labiau	Königsberg.
Labischin	1 647	2 293	.	6	39,22	Schubin	Bromberg.
Lähn	682	1 121	.	5	64,37	Löwenberg	Liegnitz.
Lagow	295	419	.	7	42,03	Sternberg	Frankfurt.
Landeck	495	978	.	.	97,58	Schlochau	Marienwerder.
Landeck	1 152	1 855	.	1	61,02	Habel-schwerdt	Breslau.
Landsberg	1 453	2 631	.	2	81,07	Preuss. Eilau	Königsberg.
Landsberg	663	1 088	.	4	24,26	Rosenberg	Oppeln.
Landsberg	649	1 164	.	4	79,35	Delitzsch	Merseburg.
Landsberg a. d. W.	8 554	14 885	439	585	73,79	Landsberg	Frankfurt.
Landsberg (Alt-)	973	1 894	.	9	94,65	Niederbarnim	Potsdam.
Landeshut	3 015	4 405	37	9	46,10	Landeshut	Liegnitz.
Langenberg	1 575	12 676	.	12	717,89	Elberfeld	Düsseldorf.
Langensalza	6 055	8 420	294	336	39,06	Langensalza	Erfurt.
Lassan	1 252	2 510	.	2	100,48	Greifswald	Stralsund.
Lauban	4 405	6 610	42	7	50,06	Lauban	Liegnitz.
Laucha	1 081	1 742	.	.	64,15	Querfurt	Merseburg.

(Forts. zu 6) Namen der Städte.	Gesammte Einwohnerzahl 1816.	1858.	Darunter Militair 1816.	1858.	Vermehrung d. Gesammt-Einwohnerzahl v. 1816—1858 in Procenten.	Lage der Städte. Kreis.	Regierungs-bezirk.
Lauchstädt	782	1 595	.	1	103,96	Merseburg	Merseburg.
Lauenburg	1 605	5 149	.	7	220,81	Lauenburg	Köslin.
Lautenburg	956	2 460	.	9	157,32	Strasburg	Marienwerder.
Leba	638	1 161	.	.	81,97	Lauenburg	Köslin.
Lebus	1 333	2 589	.	5	94,15	Lebus	Frankfurt.
Leichlingen	.	4 332	.	.	.	Solingen	Düsseldorf.
Leimbach	693	1 018	.	.	46,17	Mansfeld	Merseburg.
Lekno	324	680	.	.	109,87	Wongrowitz	Bromberg.
Lengerich	1 033	1 849	2	6	28,11	Tecklenburg	Münster.
Lennep	3 488	7 653	.	10	119,38	Lennep	Düsseldorf.
Lenzen	2 175	2 887	.	14	32,74	Westpriegnitz	Potsdam.
Leobschütz	3 930	8 274	674	166	110,54	Leobschütz	Oppeln.
Leschnitz	808	1 320	.	6	63,36	Gr. Strehlitz	do.
Lessen	1 088	1 982	.	5	82,00	Graudenz	Marienwerder.
Lewin	919	1 554	.	2	69,10	Glatz	Breslau.
Liebau	1 550	2 281	.	1	47,16	Landeshut	Liegnitz.
Liebemühl	1 105	1 767	.	.	59,91	Osterode	Königsberg.
Liebenau	.	1 186	.	.	.	Züllichau	Frankfurt.
Liebenthal	1 118	1 634	.	3	46,15	Löwenberg	Liegnitz.
Liebenwalde	1 735	2 562	.	7	47,66	Niederbarnim	Potsdam.
Liebenwerda	1 422	2 514	.	10	76,79	Liebenwerda	Merseburg.
Lieberose	1 359	1 571	.	6	15,60	Lübben	Frankfurt.
Liebstadt	1 101	2 065	.	7	87,56	Mohrungen	Königsberg.
Liegnitz	8 812	17 800	77	676	101,00	Liegnitz	Liegnitz.
Limburg	1 437	2 966	.	5	106,40	Iserlohn	Arnsberg.
Lindow	1 222	1 634	.	6	33,72	Ruppin	Potsdam.
Linz	1 842	2 880	.	8	56,35	Neuwied	Koblenz.
Lippehne	1 748	3 029	.	1	73,16	Soldin	Frankfurt.
Lippstadt	3 158	5 927	142	164	87,68	Lippstadt	Arnsberg.
Lissa	8 395	10 026	560	476	19,43	Fraustadt	Posen.
Lobsens	1 678	2 729	.	4	62,63	Wirsitz	Bromberg.
Loburg	1 538	2 257	.	12	46,75	Jerichow I.	Magdeburg.
Löbau	1 007	3 269	.	11	224,63	Löbau	Marienwerder.
Löbejün	1 715	3 380	.	4	97,08	Saalkreis	Merseburg.
Lötzen	1 619	3 027	31	135	86,97	Lötzen	Gumbinnen.
Löwen	964	1 660	.	.	72,20	Brieg	Breslau.
Löwenberg	3 726	4 786	430	281	28,45	Löwenberg	Liegnitz.
Loitz	1 650	3 486	.	2	111,27	Grimmen	Stralsund.
Lopienno	427	757	.	3	77,28	Wongrowitz	Bromberg.
Loslau	1 400	2 409	.	1	72,07	Rybnick	Oppeln.
Lublinitz	1 144	2 285	.	6	99,74	Lublinitz	do.
Luckau	3 001	4 949	146	65	64,91	Luckau	Frankfurt.
Luckenwalde	3 886	9 057	10	3	133,06	Jüterbock-Luckenwalde	Potsdam.
Lübbecke	1 848	2 708	.	6	46,54	Lübbecke	Minden.
Lübben	3 673	5 069	324	515	38,00	Lübben	Frankfurt.
Lübbenau	2 709	3 037	160	3	12,10	Kalau	do.
Lüben	2 512	4 377	206	341	74,24	Lüben	Liegnitz.
Lüdenscheid	1 896	5 158	.	4	172,05	Altena	Arnsberg.
Lüdinghausen	1 397	1 904	.	2	36,29	Lüdinghausen	Münster.
Lügde	2 080	2 231	.	1	7,26	Höxter	Minden.
Lünen	1 325	2 800	.	4	111,32	Dortmund	Arnsberg.
Lüttringhausen	.	8 660	.	.	.	Lennep	Düsseldorf.
Lützen	1 116	2 674	.	5	139,61	Merseburg	Merseburg.
Lychen	1 066	2 346	.	4	120,07	Templin	Potsdam.
Lyk	2 653	4 410	.	20	66,23	Lyk	Gumbinnen.
Magdeburg	34 734	65 247	3 845	6 533	87,84	Magdeburg	Magdeburg.
- Neustadt	3 110	12 296	.	2	295,37	do.	do.

(Forts. zu 6.) Namen der Städte.	Gesammte Einwohnerzahl		Darunter Militair		Vermehrung der Gesammt-Einwohnerzahl v. 1816–58 in Procenten.	Lage der Städte.	
	1816.	1858.	1816.	1858.		Kreis.	Regierungs-bezirk.
Magdeb.-Sudenburg	700	5 120	.	.	632,29	Magdeburg	Magdeburg.
Malmedy	3 652	3 771	.	63	3,33	Malmedy	Aachen.
Mansfeld	1 174	1 620	.	14	37,99	Mansfeld	Merseburg.
Margonin	1 712	2 100	.	3	22,64	Chodziesen	Bromberg.
Marienburg	4 873	7 532	75	93	54,51	Marienburg	Danzig.
Marienwerder	4 993	6 813	174	22	36,35	Marienwerder	Marienwerder.
Markliesa	1 254	2 089	.	2	66,58	Lauban	Liegnitz.
Marsberg	2 101	3 752	.	2	78,58	Brilon	Arnsberg.
Massow	1 329	2 657	.	4	99,92	Naugard	Stettin.
Mayen	2 818	6 012	20	5	113,34	Mayen	Koblenz.
Meyenburg	1 230	1 807	.	3	46,91	Ostpriegnitz	Potsdam.
Medebach	2 003	2 503	.	3	25,02	Brilon	Arnsberg.
Medzibor	1 104	1 580	.	6	43,12	Wartenberg	Breslau.
Mehlsack	2 249	3 247	36	4	44,16	Braunsberg	Königsberg.
Memel	8 204	17 148	430	123	107,30	Memel	do.
Menden	1 808	3 625	.	7	100,44	Iserlohn	Arnsberg.
Merscheid	.	6 664	.	.	.	Solingen	Düsseldorf.
Merseburg	7 376	12 017	562	624	62,97	Merseburg	Merseburg.
Merzig	2 441	3 636	.	8	49,00	Merzig	Trier.
Meschede	.	2 233	.	70	.	Meschede	Arnsberg.
Meseritz	3 635	4 618	.	21	32,34	Meseritz	Posen.
Mettmann	1 610	6 218	.	.	285,59	Elberfeld	Düsseldorf.
Mörs	1 711	3 281	.	9	91,76	Mörs	do.
Mewe	2 268	3 288	413	11	44,97	Marienwerder	Marienwerder.
Miasteczko	347	961	.	.	176,94	Wirsitz	Bromberg.
Mielschin	267	431	.	.	61,42	Gnesen	do.
Mieschisko	324	867	.	.	167,59	Wongrowitz	do.
Mieschkow	641	576	.	7	—10,14	Pleschen	Posen.
Militsch	2 097	3 318	.	342	58,27	Militsch	Breslau.
Miloslaw	1 155	1 627	.	13	40,86	Wreschen	Posen.
Minden	7 770	14 514	1 131	2 262	86,79	Minden	Minden.
Mittelwalde	1 840	1 850	.	4	38,13	Habel-schwerdt	Breslau.
Mittenwalde	1 291	2 025	.	3	56,86	Teltow	Potsdam.
Mixstadt	879	1 309	.	.	48,92	Schildberg	Posen.
Möckern	1 040	1 773	.	.	70,48	Jerichow I.	Magdeburg.
Mogilno	703	1 418	.	15	101,13	Mogilno	Bromberg.
Mohrin	818	1 534	.	.	89,08	Königsberg	Frankfurt.
Mohrungen	1 677	3 362	.	4	100,48	Mohrungen	Königsberg.
Montjoie	3 268	3 117	44	12	— 4,66	Montjoie	Aachen.
Mosehin	710	1 187	.	5	68,19	Schrimm	Posen.
Mroczen	859	1 377	.	4	64,12	Wirsitz	Bromberg.
Mücheln	718	1 384	.	6	92,75	Querfurt	Merseburg.
Mühlberg	2 293	3 442	.	2	50,11	Liebenwerda	do.
Mühlhausen	1 028	2 032	.	5	98,03	Pr. Holland	Königsberg.
Mühlhausen	9 612	15 271	.	547	58,87	Mühlhausen	Erfurt.
Mühlheim a. Rh.	3 792	7 422	46	11	95,73	Mühlheim	Köln.
Mülheim a. d. R.	5 210	12 769	.	21	145,07	Duisburg	Düsseldorf.
Müllrose	1 120	2 072	.	5	85,00	Lebus	Frankfurt.
Müncheberg	1 611	3 094	.	3	92,05	do.	do.
Münster	17 316	26 348	2 229	3 328	52,81	Münster	Münster.
Münsterberg	2 597	5 117	128	232	97,03	Münsterberg	Breslau.
Münstereifel	1 780	2 284	.	.	28,31	Rheinbach	Köln.
Murowana-Goslin	1 268	1 449	.	9	14,27	Obornik	Posen.
Muskau	1 285	2 419	.	10	88,25	Rothenburg	Liegnitz.
Nakel	1 514	4 306	.	176	184,41	Wirsitz	Bromberg.
Namslau	3 143	4 028	391	16	28,16	Namslau	Breslau.
Nauen	2 840	5 377	.	311	89,33	Osthavelland	Potsdam.

(Forts. zu 6.) Namen der Städte.	Gesammte Einwohnerzahl		Darunter Militair		Vermehrung der Gesammt-Einwohnerzahl v. 1816—58 in Procenten.	Lage der Städte.	
	1816.	1858.	1816.	1858.		Kreis.	Regierungs-bezirk.
Naugard	1 277	4 490	.	125	251,60	Naugard	Stettin.
Naumburg a. B.	692	909	.	5	31,21	Sagan	Liegnitz.
Naumburg a. Q.	880	1 631	.	.	85,32	Bunzlau	do.
Naumburg a. d. S.	8 765	14 011	68	431	59,85	Naumburg	Merseburg.
Nebra	1 000	2 325	.	8	132,50	Querfurt	do.
Neheim	1 302	2 249	.	6	72,73	Arnsberg	Arnsberg.
Neidenburg	1 836	3 206	.	7	74,62	Neidenburg	Königsberg.
Neisse	10 481	17 872	3 204	4 755	70,52	Neisse	Oppeln.
Neubrück	454	697	.	.	53,53	Samter	Posen.
Neudamm	2 387	3 301	.	5	38,29	Königsberg	Frankfurt.
Neuenburg	1 591	3 529	35	.	121,82	Schwetz	Marienwerder.
Neuenrade	.	1 541	.	.	.	Altena	Arnsberg.
Neuhaldensleben	.	4 075	.	130	.	Neuhaldens-leben	Magdeburg.
Neukirchen	.	1 925	.	.	.	Solingen	Düsseldorf.
Neumark	876	1 645	.	23	87,79	Löbau	Marienwerder.
Neumarkt	2 519	4 805	50	8	90,75	Neumarkt	Breslau.
Neurode	4 248	5 714	.	5	34,51	Neurode	do.
Neusalz	2 038	4 307	.	.	111,34	Freistadt	Liegnitz.
Neuss	6 333	9 969	84	86	57,41	Neuss	Düsseldorf.
Neustadt	1 021	2 994	.	10	193,24	Neustadt	Danzig.
Neustadt	630	1 236	.	7	96,19	Pleschen	Posen.
Neustadt	1 591	2 427	.	4	52,54	Buk	do.
Neustadt	4 181	7 846	397	536	90,81	Neustadt	Oppeln.
Neustadt	511	1 343	.	.	162,81	Gummersbach	Köln.
Neustadt a. d. D.	816	1 051	.	5	28,80	Ruppin	Potsdam.
Neustädtl	926	1 470	.	3	60,72	Freistadt	Liegnitz.
Neuteich	1 318	1 620	.	.	23,80	Marienburg	Danzig.
Neutomischel	597	1 144	.	12	91,62	Buk	Posen.
Neuwarp	1 412	1 960	.	.	39,45	Ukermünde	Stettin.
Neuwedel	1 304	2 835	.	2	117,41	Arnswalde	Frankfurt.
Neuwied	5 642	7 688	1 279	76	36,26	Neuwied	Koblenz.
Nieheim	1 255	1 662	.	3	32,50	Höxter	Minden.
Niemegk	1 542	2 468	.	8	60,05	Zauch-Belzig	Potsdam.
Nikolai	1 819	4 183	.	19	129,96	Pless	Oppeln.
Nikolaiken	1 284	1 875	.	6	46,03	Sensburg	Gumbinnen.
Nimptsch	1 356	2 055	.	6	51,55	Nimptsch	Breslau.
Nörenberg	1 048	2 361	.	3	125,36	Saazig	Stettin.
Nordenburg	2 124	2 405	379	4	13,23	Gerdauen	Königsberg.
Nordhausen	9 583	16 722	525	14	74,49	Nordhausen	Erfurt.
Obersitzko	1 781	1 539	.	5	—13,59	Samter	Posen.
Oberwesel	2 283	2 818	.	4	23,43	St. Goar	Koblenz.
Obornik	1 003	1 796	.	8	79,06	Obornik	Posen.
Odenkirchen	.	6 849	.	1	.	Gladbach	Düsseldorf.
Oderberg	1 837	2 748	.	5	49,59	Angermünde	Potsdam.
Oebisfelde	1 284	1 889	.	4	47,07	Gardelegen	Magdeburg.
Oelde	1 299	2 172	2	7	67,05	Beckum	Münster.
Oels	4 644	6 898	71	356	48,53	Oels	Breslau.
Ohlau	3 249	6 220	254	202	91,44	Ohlau	do.
Oletzko	1 913	3 714	.	29	94,14	Oletzko	Gumbinnen.
Olpe	1 612	2 099	.	13	30,21	Olpe	Arnsberg.
Opalenitza	793	1 222	.	.	53,71	Buk	Posen.
Opladen	.	1 869	.	12	.	Solingen	Düsseldorf.
Oppeln	4 090	9 098	.	121	122,17	Oppeln	Oppeln.
Oranienburg	1 816	3 521	.	6	93,89	Niederbarnim	Potsdam.
Orsoy	1 818	1 001	.	.	25,16	Mörs	Düsseldorf.
Ortelsburg	1 271	1 743	.	111	37,14	Ortelsburg	Königsberg.
Ortrand	854	1 470	.	2	72,13	Liebenwerda	Merseburg.

(Forts. zu 6.) Namen der Städte.	Gesammte Einwohnerzahl		Darunter Militair		Vermehrung der Gesammt-Einwohnerzahl v. 1816–58 in Procenten.	Lage der Städte.	
	1816.	1858.	1816.	1858.		Kreis.	Regierungs-bezirk.
Oschersleben	3 217	6 234	159	6	93,78	Oschersleben	Magdeburg.
Osterburg	1 621	2 755	.	5	69,95	Osterburg	do.
Osterfeld	779	1 476	.	6	89,47	Weissenfels	Merseburg.
Osterode	2 190	3 377	183	114	54,03	Osterode	Königsberg.
Osterwiek	2 757	3 156	.	3	14,47	Halberstadt	Magdeburg.
Ostrowo	3 531	6 061	141	170	71,65	Adelnau	Posen.
Ostrzeszow	1 525	2 289	.	11	50,09	Schildberg	do.
Ottmachau	1 632	3 267	.	11	100,18	Grottkau	Oppeln.
Ottweiler	2 143	3 391	.	11	58,24	Ottweiler	Trier.
Paderborn	6 343	11 176	677	328	75,69	Paderborn	Minden.
Pakosch	572	1 118	.	4	95,45	Mogilno	Bromberg.
Parchwitz	798	1 404	.	4	75,94	Liegnitz	Liegnitz.
Pasewalk	4 355	7 414	346	856	70,24	Ukermünde	Stettin.
Passenheim	858	1 605	.	4	87,06	Ortelsburg	Königsberg.
Patschkau	2 727	4 217	565	5	54,64	Neisse	Oppeln.
Peiskretscham	1 976	3 508	242	5	77,53	Tost	do.
Peitz	1 721	3 201	.	4	86,00	Kottbus	Frankfurt.
Penkun	1 053	1 972	.	4	87,27	Randow	Stettin.
Perleberg	3 075	6 485	17	14	110,89	Westpriegnitz	Potsdam.
Petershagen	1 254	1 845	.	7	47,13	Minden	Minden.
Pförten	1 097	968	.	.	—11,76	Sorau	Frankfurt.
Pillau	3 291	3 776	799	931	14,74	Fischhausen	Königsberg.
Pillkallen	1 057	2 162	.	15	104,54	Pillkallen	Gumbinnen.
Pinne	1 061	2 314	.	4	118,09	Samter	Posen.
Pitschen	1 899	2 071	.	6	9,05	Kreuzburg	Oppeln.
Plathe	802	2 178	.	6	171,57	Regenwalde	Stettin.
Pleschen	2 446	5 144	.	24	110,30	Pleschen	Posen.
Pless	2 300	3 146	.	186	36,78	Pless	Oppeln.
Plettenberg	1 814	1 824	.	4	88,81	Altena	Arnsberg.
Pölitz	1 318	3 298	.	7	150,03	Randow	Stettin.
Pogorzell	825	1 247	.	1	51,15	Krotoschin	Posen.
Polkwitz	1 429	2 400	158	169	67,95	Glogau	Liegnitz.
Pollnow	913	1 981	.	4	116,98	Schlawe	Köslin.
Polzin	2 128	3 935	.	9	84,92	Belgard	do.
Posen	23 856	47 543	2 000	6 290	99,29	Posen	Posen.
Potsdam	20 254	40 686	2 670	7 438	100,88	Potsdam	Potsdam.
Powidz	690	1 216	.	9	76,23	Gnesen	Bromberg.
Prausnitz	1 855	2 224	.	3	19,89	Militsch	Breslau.
Prenzlow	9 021	13 470	455	987	49,32	Prenzlow	Potsdam.
Pretsch	1 146	2 042	.	6	78,18	Wittenberg	Merseburg.
Prettin	1 571	1 813	287	108	15,40	Torgau	do.
Priebus	539	1 383	.	1	156,59	Sagan	Liegnitz.
Primkenau	1 025	1 741	.	4	69,85	Sprottau	do.
Pritzerbe	914	1 471	.	.	60,94	Westhavelland	Potsdam.
Pritzwalk	2 422	5 172	.	4	113,54	Ostpriegnitz	do.
Prüm	1 905	2 216	.	7	16,33	Prüm	Trier.
Pudewitz	1 153	1 735	.	4	50,48	Schroda	Posen.
Punitz	1 616	1 943	.	6	20,24	Kröben	do.
Putlitz	1 084	1 739	.	1	60,42	Westpriegnitz	Potsdam.
Putzig	1 060	2 138	.	6	101,70	Neustadt	Danzig.
Pyritz	3 166	6 041	40	10	90,81	Pyritz	Stettin.
Quedlinburg	11 003	14 455	.	358	31,37	Aschersleben	Magdeburg.
Querfurt	3 107	4 137	205	3	33,15	Querfurt	Merseburg.
Rackwitz	1 285	1 947	.	6	51,52	Bomst	Posen.
Radevormwald	4 635	8 654	.	.	86,71	Lennep	Düsseldorf.
Ragnit	2 018	3 236	.	3	60,36	Ragnit	Gumbinnen.
Ranis	608	1 381	.	2	127,14	Ziegenrück	Erfurt.

(Forts. zu 6.) Namen der Städte.	Gesammte Einwohnerzahl 1816.	Gesammte Einwohnerzahl 1858.	Darunter Militair 1816.	Darunter Militair 1858.	Vermehrung der Gesammt-Einwohnerzahl v. 1816—1858 in Procenten	Lage der Städte. Kreis.	Lage der Städte. Regierungs-bezirk.
Raschkow	828	1 242	.	4	50,00	Adelnau	Posen.
Rastenburg	2 729	4 866	.	15	78,31	Rastenburg	Königsberg.
Rathenow	4 073	6 820	27	476	67,74	Westhavelland	Potsdam.
Ratingen	3 193	5 222	.	2	63,55	Düsseldorf	Düsseldorf.
Ratibor	3 908	10 582	397	351	170,78	Ratibor	Oppeln.
Ratzebuhr	1 132	2 009	.	6	77,47	Neustettin	Köslin.
Rauden	1 072	1 271	.	3	18,56	Steinau	Breslau.
Rawicz	8 220	10 062	494	742	22,41	Kröben	Posen.
Recklinghausen	2 441	4 201	141	5	72,10	Recklinghausen	Münster.
Rees	3 113	3 491	.	10	12,14	Rees	Düsseldorf.
Reetz	1 523	2 958	25	3	94,22	Arnswalde	Frankfurt.
Regenwalde	1 182	3 305	.	4	179,61	Regenwalde	Stettin.
Rehden	836	1 491	.	5	78,35	Graudenz	Marienwerder.
Reichenbach	742	1 195	32	5	61,05	Görlitz	Liegnitz.
Reichenbach	3 953	5 824	.	11	47,33	Reichenbach	Breslau.
Reichenstein	1 243	2 145	.	4	72,57	Frankenstein	do.
Reichthal	959	1 246	.	4	29,93	Namslau	do.
Reinerz	1 560	2 685	.	8	72,11	Glatz	do.
Reisen	1 250	1 516	.	4	21,28	Fraustadt	Posen.
Remagen	1 194	2 508	.	6	110,06	Ahrweiler	Koblenz.
Remscheid	1 173	14 858	.	.	1166,77	Lennep	Düsseldorf.
Reppen	2 214	3 546	.	3	60,17	Sternberg	Frankfurt.
Rheda	1 466	2 736	.	5	86,63	Wiedenbrück	Minden.
Rhein	1 290	1 649	19	57	27,83	Lötzen	Gumbinnen.
Rheinberg	2 061	2 905	.	5	40,94	Mörs	Düsseldorf.
Rheine	2 369	2 837	21	4	19,76	Steinfurt	Münster.
Rheinsberg	1 473	2 334	.	5	58,45	Ruppin	Potsdam.
Rheydt	3 637	9 792	.	.	169,24	Gladbach	Düsseldorf.
Rhinow	487	958	.	3	96,71	Westhavelland	Potsdam.
Richtenberg	998	2 019	.	.	102,31	Franzburg	Stralsund.
Riesenburg	2 507	3 461	240	272	38,05	Rosenberg	Marienwerder.
Rietberg	1 382	1 953	.	3	41,32	Wiedenbrück	Minden.
Rössel	2 115	3 098	.	4	46,48	Rössel	Königsberg.
Rogasen	3 786	4 520	198	3	19,39	Obornik	Posen.
Rogowo	296	419	.	6	41,55	Mogilno	Bromberg.
Ronsdorf	2 189	7 596	.	.	247,01	Lennep	Düsseldorf.
Rosenberg	1 239	2 910	.	172	134,87	Rosenberg	Marienwerder
Rosenberg	1 480	3 127	.	21	111,28	Rosenberg	Oppeln.
Rostarzewo	585	879	.	.	50,26	Bomst	Posen.
Rothenburg	664	653	.	7	— 1,66	Grünberg	Liegnitz.
Rothenburg	660	1 633	.	3	147,42	Rothenburg	do.
Rügenwalde	3 711	5 117	454	5	37,89	Schlawe	Köslin.
Rüthen	.	1 832	.	2	.	Lippstadt	Arnsberg.
Ruhland	950	1 573	.	4	65,58	Hoyerswerda	Liegnitz.
Ruhrort	1 443	5 778	.	8	300,27	Duisburg	Düsseldorf.
Rummelsburg	1 690	3 968	.	17	134,79	Rummelsburg	Köslin.
Ruppin (Alt-)	1 042	2 028	.	.	94,92	Ruppin	Potsdam.
Ruppin (Neu-)	5 675	10 300	58	757	81,55	do.	do.
Rybnik	1 584	2 899	156	13	83,01	Rybnik	Oppeln.
Rynarzewo	595	796	.	.	33,78	Schubin	Bromberg.
Rytschywol	567	1 001	.	4	81,53	Obornik	Posen.
Saalfeld	1 518	2 641	186	156	73,98	Mohrungen	Königsberg.
Saarbrück	5 902	10 745	.	397	82,06	Saarbrück	Trier.
Saarburg	1 504	2 271	.	11	51,00	Saarburg	do.
Saarlouis	4 672	7 247	1 081	2 689	55,12	Saarlouis	do.

(Forts. zu 6.) Namen der Städte.	Gesammte Einwohnerzahl 1816.	Gesammte Einwohnerzahl 1858.	Darunter Militair 1816.	Darunter Militair 1858.	Vermehrung der Gesammt-Einwohnerzahl v. 1816—58 in Procenten.	Lage der Städte. Kreis.	Lage der Städte. Regierungsbezirk.
Saarmund	322	513	.	.	59,31	Zauch-Belzig	Potsdam.
Sachsa	1 162	1 623	.	5	39,67	Nordhausen	Erfurt.
Sagan	4 629	9 408	391	388	103,22	Sagan	Liegnitz.
Salza (Gross-)	1 732	2 610	105	5	50,69	Kalbe	Magdeburg.
Salzkotten	1 248	1 889	.	5	51,36	Büren	Minden.
Salzwedel	5 771	7 201	61	16	24,77	Salzwedel	Magdeburg.
Samotschin	1 016	2 173	.	6	118,89	Chodziesen	Bromberg.
Samter	1 355	3 136	.	103	131,44	Samter	Posen.
Sandau	1 340	2 143	.	8	59,92	Jerichow II.	Magdeburg.
Sandberg	400	579	.	.	44,75	Kröben	Posen.
Sangerhausen	3 998	7 571	145	665	89,37	Sangerhausen	Merseburg.
Sarnowo	1 336	1 676	.	.	25,45	Kröben	Posen.
Schafstädt	1 516	2 238	151	.	47,49	Merseburg	Merseburg.
Scharfenort	450	828	.	.	84,00	Samter	Posen.
Schermeissel	648	911	.	.	40,59	Sternberg	Frankfurt.
Schievelbein	1 843	4 820	39	966	161,53	Schievelbein	Köslin.
Schildau	958	1 542	.	5	60,96	Torgau	Merseburg.
Schippenbeil	1 749	2 881	35	2	64,72	Friedland	Königsberg.
Schirwindt	1 139	1 601	.	5	40,56	Pillkallen	Gumbinnen.
Schkeuditz	1 786	3 528	.	4	97,56	Merseburg	Merseburg.
Schlawa	509	859	.	5	68,76	Freistadt	Liegnitz.
Schlawe	2 293	4 410	.	180	92,32	Schlawe	Köslin.
Schleiden	452	567	.	6	25,44	Schleiden	Aachen.
Schleusingen	2 100	3 127	.	15	48,90	Schleusingen	Erfurt.
Schlichtingsheim	836	1 076	.	.	29,06	Fraustadt	Posen.
Schlieben	1 310	1 835	.	3	40,08	Schweinitz	Merseburg.
Schlochau	1 273	2 508	.	6	97,01	Schlochau	Marienwerder.
Schloppe	1 293	2 084	.	6	61,17	Deutsch-Krone	do.
Schmallenberg	850	1 018	.	.	19,76	Meschede	Arnsberg.
Schmiedeberg	4 056	3 608	.	6	−11,04	Hirschberg	Liegnitz.
Schmiedeberg	1 688	2 735	.	1	62,03	Wittenberg	Merseburg.
Schmiegel	2 065	3 155	.	2	52,78	Kosten	Posen.
Schneidemühl	2 313	6 758	.	806	192,17	Chodziesen	Bromberg.
Schömberg	1 587	2 085	.	5	31,38	Landshut	Liegnitz.
Schönau	863	1 323	.	6	53,30	Schönau	do.
Schönberg	811	1 438	.	7	77,31	Lauban	do.
Schönebeck	4 813	8 995	303	200	86,89	Kalbe	Magdeburg.
Schöneck	1 561	2 272	.	7	45,55	Behrendt	Danzig.
Schönewalde	768	1 185	.	4	54,30	Schweinitz	Merseburg.
Schönfliess	1 830	2 730	12	2	49,18	Königsberg	Frankfurt.
Schönlanke	2 977	3 724	.	11	25,09	Czarnikau	Bromberg.
Schokken	1 025	1 188	.	4	15,90	Wongrowitz	do.
Schraplau	828	1 343	.	.	62,20	Mansfeld	Merseburg.
Schrimm	1 874	4 396	.	54	134,57	Schrimm	Posen.
Schroda	1 295	2 821	.	16	117,83	Schroda	do.
Schubin	1 060	3 097	.	10	192,17	Schubin	Bromberg.
Schulitz	380	653	.	5	71,84	Bromberg	do.
Schurgast	431	677	.	5	57,07	Falkenberg	Oppeln.
Schwanebeck	1 691	2 285	.	1	35,13	Oschersleben	Magdeburg.
Schwedt	4 352	7 744	131	290	77,94	Angermünde	Potsdam.
Schweidnitz	10 046	14 753	2 625	1 770	46,86	Schweidnitz	Breslau.
Schweinitz	943	1 450	.	7	53,76	Schweinitz	Merseburg.
Schwelm	2 891	4 953	.	16	71,32	Hagen	Arnsberg.
Schwerin	3 502	6 142	.	14	75,39	Birnbaum	Posen.
Schwersenz	2 041	2 772	.	6	35,81	Posen	do.
Schwerte	1 633	2 671	.	10	63,56	Dortmund	Arnsberg.
Schwetz	2 493	4 008	451	2	60,77	Schwetz	Marienwerder.

(Forts. zu 6.) Namen der Städte.	Gesammte Einwohnerzahl 1816.	Gesammte Einwohnerzahl 1858.	Darunter Militair 1816.	Darunter Militair 1858.	Vermehrung der Gesammt-Einwohnerzahl v. 1816–58 in Procenten.	Lage der Städte. Kreis.	Lage der Städte. Regierungs-bezirk.
Schwetzkau	1 306	1 459	.	.	11,25	Fraustadt	Posen.
Schwiebus	3 418	5 618	.	6	64,31	Züllichau	Frankfurt.
Seeburg	1 519	2 537	.	.	67,02	Rössel	Königsberg.
Seehausen	1 674	2 881	.	5	72,10	Wanzleben	Magdeburg.
Seehausen	2 253	3 774	.	7	67,51	Osterburg	do.
Seelow	1 389	3 029	.	4	117,88	Lebus	Frankfurt.
Seidenberg	920	1 507	.	5	62,71	Lauban	Liegnitz.
Sendenhorst	1 375	1 809	.	.	31,56	Beckum	Münster.
Senftenberg	902	1 464	.	4	62,30	Kalau	Frankfurt.
Sensburg	1 584	2 311	.	7	45,89	Sensburg	Gumbinnen.
Seyda	799	1 469	.	5	83,86	Schweinitz	Merseburg.
Siegburg	1 795	3 873	38	118	115,77	Sieg	Köln.
Siegen	3 275	7 459	.	8	127,75	Siegen	Arnsberg.
Sigmaringen	.	2 694	.	132	.	Sigmaringen	Sigmaringen.
Silberberg	2 084	1 781	1 138	435	—14,54	Frankenstein	Breslau.
Simmern	2 123	2 760	.	90	30,01	Simmern	Koblenz.
Sinzig	1 446	1 950	.	.	34,85	Ahrweiler	do.
Schkoelen	1 035	2 086	.	5	107,76	Weissenfels	Merseburg.
Sobernheim	1 993	2 841	.	6	42,55	Kreuznach	Koblenz.
Sömmerda	1 935	5 218	.	37	169,04	Weissensee	Erfurt.
Soest	6 287	10 256	560	90	63,37	Soest	Arnsberg.
Sohrau	1 982	3 621	.	10	82,69	Rybnik	Oppeln.
Soldau	1 449	2 146	.	5	48,10	Neidenburg	Königsberg.
Soldin	3 834	5 488	714	69	43,16	Soldin	Frankfurt.
Solingen	3 093	9 359	.	15	202,59	Solingen	Düsseldorf.
Sommerfeld	3 069	7 428	.	7	142,11	Krossen	Frankfurt.
Sonnenburg	1 872	3 948	.	116	108,33	Sternberg	do.
Sonnenwalde	841	1 221	.	.	45,42	Luckau	do.
Sorau	3 764	9 672	34	775	156,96	Sorau	do.
Spandau	6 250	12 588	1 500	2 122	101,33	Osthavelland	Potsdam.
Spremberg	2 394	5 924	.	66	147,45	Spremberg	Frankfurt.
Sprottau	2 509	5 281	.	10	110,44	Sprottau	Liegnitz.
Stadtlohn	1 785	2 430	.	1	36,14	Ahaus	Münster.
Stallupönen	2 599	3 256	.	17	25,24	Stallupöhnen	Gumbinnen.
Stargard	8 706	14 487	664	716	66,40	Saazig	Stettin.
Stargardt	2 699	5 429	159	447	101,11	Stargardt	Danzig.
Stassfurt	1 644	3 403	.	5	106,99	Kalbe	Magdeburg.
Steele	1 557	3 374	.	.	116,88	Duisburg	Düsseldorf.
Steinau	2 050	3 167	.	11	54,49	Steinau	Breslau.
Steinfurt	2 149	3 061	.	4	42,44	Steinfurt	Münster.
Steinheim	1 800	2 319	.	2	28,40	Höxter	Minden.
Stendal	5 258	7 603	51	117	44,60	Stendal	Magdeburg.
Stenschewo	756	1 404	.	6	85,71	Posen	Posen.
Sternberg	908	1 682	.	7	73,70	Sternberg	Frankfurt.
Stettin	24 493	58 078	2 965	4 979	137,10	Stettin	Stettin.
Stettin (Neu-)	2 000	5 639	.	122	181,95	Neustettin	Köslin.
Stössen	538	1 075	.	.	99,81	Weissenfels	Merseburg.
Stolberg	2 075	2 591	.	2	24,87	Sangerhausen	do.
Stolberg	.	7 497	.	6	.	Aachen	Aachen.
Stolpe	5 260	12 488	24	600	137,37	Stolpe	Köslin.
Storchnest	997	1 488	.	7	49,21	Fraustadt	Posen.
Storkow	1 323	1 959	.	6	48,07	Beeskow-Storkow	Potsdam.
Stralsund	16 060	21 416	1 064	1 156	33,36	Franzburg	Stralsund.
Strasburg	1 994	4 289	.	15	115,10	Strasburg	Marienwerder.
Strasburg	2 850	4 598	.	4	61,33	Prenzlow	Potsdam.
Strausberg	2 867	4 271	.	47	48,97	Oberbarnim	do.
Strehlen	3 027	5 025	137	194	66,01	Strehlen	Breslau.

(Forts. zu 6.) Namen der Städte.	Gesammte Einwohnerzahl 1816.	1858.	Darunter Militair 1816.	1858.	Vermehrung der Gesammt-Einwohnerzahl 1816–1858 in Procenten.	Lage der Städte. Kreis.	Regierungs-bezirk.
Strehlitz (Gross-)	1 140	2 911	48	65	155,36	Gr. Strehlitz	Oppeln.
Striegau	2 892	7 126	.	49	146,40	Striegau	Breslau.
Stromberg	749	1 027	.	13	37,12	Kreuznach	Koblenz.
Stroppen	661	866	.	.	31,01	Trebnitz	Breslau.
Strzelno	990	2 818	.	10	184,61	Inowraclaw	Bromberg.
Stuhm	751	1 769	.	7	135,55	Stuhm	Marienwerder.
Süchteln	1 226	2 825	.	.	130,77	Kempen	Düsseldorf.
Suhl	5 801	8 207	.	9	41,47	Schleusingen	Erfurt.
Sulau	645	606	.	.	— 6,06	Militsch	Breslau.
Sulmirschütz	1 680	2 455	.	4	46,35	Adelnau	Posen.
Swinemünde	3 191	5 830	.	372	82,70	Usedom-Wollin	Stettin.
Tangermünde	3 070	4 589	.	4	49,48	Stendal	Magdeburg.
Tapiau	1 799	3 127	171	7	73,82	Wehlau	Königsberg.
Tarnowitz	2 152	5 434	.	5	152,51	Beuthen	Oppeln.
Tecklenburg	981	1 142	.	4	16,41	Tecklenburg	Münster.
Telgte	1 777	2 084	.	3	17,27	Münster	do.
Teltow	999	1 580	.	11	58,15	Teltow	Potsdam.
Tempelburg	2 040	4 008	.	6	96,52	Neustettin	Köslin.
Templin	2 443	4 065	40	16	66,39	Templin	Potsdam.
Tennstädt	2 384	3 026	.	3	26,93	Langensalza	Erfurt.
Teuchern	658	2 340	.	2	261,70	Weissenfels	Merseburg.
Teupitz	363	606	.	5	66,94	Teltow	Potsdam.
Thamsbrück	951	1 052	.	.	10,62	Langensalza	Erfurt.
Thorn	7 908	14 019	996	1 875	77,25	Thorn	Marienwerder.
Tilsit	10 548	15 276	311	464	44,84	Tilsit	Gumbinnen.
Tirschtiegel (Neu- und Alt-)	1 873	2 462	.	8	31,45	Meseritz	Posen.
Tolkemit	1 301	2 385	.	.	83,32	Elbing	Danzig.
Torgau	5 565	9 749	1 542	2 540	75,18	Torgau	Merseburg.
Tost	874	1 735	.	4	98,51	Tost	Oppeln.
Trachenberg	1 724	2 968	.	7	76,16	Militsch	Breslau.
Trarbach	1 143	1 476	.	9	29,12	Zell	Koblenz.
Trebbin	1 143	1 885	.	3	64,85	Teltow	Potsdam.
Trebnitz	2 973	4 311	130	11	45,00	Trebnitz	Breslau.
Trebschen	195	365	.	.	85,90	Züllichau	Frankfurt.
Treffurt	1 494	1 884	.	4	26,10	Mühlhausen	Erfurt.
Treptow a. d. R.	3 916	6 494	29	497	65,83	Greiffenberg	Stettin.
Treptow a. d. T.	2 592	4 078	223	4	57,33	Demmin	do.
Treuenbriezen	3 774	4 904	39	77	29,94	Zauch-Belzig	Potsdam.
Triebel	1 095	1 578	.	3	43,66	Sorau	Frankfurt.
Triebsees	1 677	3 544	.	2	111,33	Grimmen	Stralsund.
Trier	9 912	20 060	609	2 820	102,38	Trier	Trier.
Trochtelfingen	.	1 221	.	12	.	Trochtelfingen	Sigmaringen.
Trzemesno	1 520	3 712	.	10	144,21	Mogilno	Bromberg.
Tschempin	947	1 722	.	1	81,83	Kosten	Posen.
Tschirnau	895	903	.	.	0,89	Guhrau	Breslau.
Tuchel	1 217	2 364	.	3	94,25	Konitz	Marienwerder.
Tuetz	821	1 670	.	.	103,41	Dtsch.-Krone	do.
Uebigau	779	1 455	.	5	86,77	Liebenwerda	Merseburg.
Uerdingen	1 970	3 151	.	.	59,96	Krefeld	Düsseldorf.
Ujest	1 240	2 401	.	4	93,63	Gr. Strehlitz	Oppeln.
Ueckermünde	2 396	4 150	17	11	73,00	Ueckermünde	Stettin.
Unna	3 438	6 417	.	15	86,39	Hamm	Arnsberg.
Uscha	755	2 043	.	4	170,59	Chodziesen	Bromberg.
Usedom	980	1 876	.	2	80,13	Usedom-Wollin	Stettin.

(Forts. zu 6.) Namen der Städte.	Gesammte Einwohnerzahl		Darunter Militair		Vermehrung der Gesammt-Einwohnerzahl v. 1816—58 in Procenten	Lage der Städte.	
	1816.	1858.	1816.	1858.		Kreis.	Regierungs-bezirk.
Vallendar	.	3 344	.	4	.	Koblenz	Koblenz.
Vandsburg	569	1 580	.	5	178,21	Flatow	Marienwerder.
Velbert	525	7 005	.	.	1247,85	Elberfeld	Düsseldorf.
Veringen	.	601	.	.	.	Gammertingen	Sigmaringen.
Versmold	1 230	1 352	.	2	9,92	Halle	Minden.
Vetschau	1 105	1 962	.	4	69,01	Kalau	Frankfurt.
Vierraden	1 071	1 925	.	.	79,73	Angermünde	Potsdam.
Viersen	8 307	14 076	.	2	325,63	Gladbach	Düsseldorf.
Vith (St.)	726	1 107	.	8	52,48	Malmedy	Aachen.
Vlotho	1 479	2 527	.	3	70,86	Herford	Minden.
Wahrenbrück	507	819	.	.	61,54	Liebenwerda	Merseburg.
Wald	2 708	5 775	.	.	116,09	Solingen	Düsseldorf.
Waldenburg	1 768	5 017	.	9	183,77	Waldenburg	Breslau.
Wangerin	761	2 428	.	6	219,06	Regenwalde	Stettin.
Wansen	991	1 717	.	.	73,26	Ohlau	Breslau.
Wanzleben	2 454	3 331	.	7	35,84	Wanzleben	Magdeburg.
Warburg	2 107	3 947	7	6	87,33	Warburg	Minden.
Warendorf	3 766	4 973	152	88	32,10	Warendorf	Münster.
Wartenberg	1 514	2 416	.	17	59,58	Wartenberg	Breslau.
Wartenberg	691	956	.	3	38,36	Grünberg	Liegnitz.
Wartenburg	1 709	3 956	.	106	131,99	Allenstein	Königsberg.
Wartha	763	1 021	.	.	33,86	Frankenstein	Breslau.
Wegeleben	1 878	2 692	.	.	43,26	Oschersleben	Magdeburg.
Wehlau	3 218	5 160	611	271	60,35	Wehlau	Königsberg.
Weissenfels	5 101	11 131	78	1 012	118,28	Weissenfels	Merseburg.
Weissensee	1 775	2 784	.	10	56,84	Weissensee	Erfurt.
Wendel (St.)	.	2 525	.	14	.	St. Wendel	Trier.
Werben	1 648	1 841	.	3	18,93	Osterburg	Magdeburg.
Werden	2 444	5 921	20	124	142,27	Duisburg	Düsseldorf.
Werder	978	2 839	.	21	190,29	Zauch-Belzig	Potsdam.
Werl	2 590	4 546	146	12	75,11	Soest	Arnsberg.
Werne	1 631	1 904	.	4	16,74	Lüdinghausen	Münster.
Wernigerode	3 760	5 663	75	5	50,81	Wernigerode	Magdeburg.
Werther	1 558	1 781	.	6	14,24	Halle	Minden.
Wesel	11 001	16 218	1 538	4 173	47,47	Rees	Düsseldorf.
Westhofen	941	1 104	.	4	17,32	Dortmund	Arnsberg.
Wettin	2 554	3 760	.	3	47,22	Saalkreis	Merseburg.
Wetzlar	4 071	5 204	.	452	27,83	Wetzlar	Koblenz.
Wevelinghofen	1 418	1 965	.	6	38,58	Grevenbroich	Düsseldorf.
Wiedenbrück	1 739	2 843	.	5	63,48	Wiedenbrück	Minden.
Wiehe	1 596	2 046	130	5	29,00	Eckartsberga	Merseburg.
Wielichowo	573	1 431	.	8	148,57	Kosten	Posen.
Wilhelmsthal	228	594	.	.	162,28	Habel-schwerdt	Breslau.
Wilatowo	368	534	.	.	45,11	Mogilno	Bromberg.
Willenberg	1 448	2 049	.	5	41,41	Ortelsburg	Königsberg.
Wilsnack	1 314	2 231	.	6	69,70	Westpriegnitz	Potsdam.
Winterberg	1 132	1 373	.	.	21,29	Brilon	Arnsberg.
Winzig	1 504	2 328	.	180	54,79	Wohlau	Breslau.
Wipperfürth	1 263	2 028	.	3	60,63	Wipperfürth	Köln.
Wirsitz	402	998	.	10	148,26	Wirsitz	Bromberg.
Wissek	371	1 174	.	4	216,41	do.	do.
Witten	.	6 915	.	7	.	Bochum	Arnsberg.
Wittenberg	6 208	11 782	705	1 561	89,55	Wittenberg	Merseburg.
Wittenberge	933	5 312	107	7	469,34	Westpriegnitz	Potsdam.
Wittichenau	1 565	2 261	.	7	44,57	Hoyerswerda	Liegnitz.
Witkowo	1 446	1 577	.	8	8,92	Gnesen	Bromberg.
Wittlich	2 002	2 986	.	10	48,15	Wittlich	Trier.

(Forts. zu 0.) Namen der Städte.	Gesammte Einwohnerzahl		Darunter Militair		Vermehrung der Gesammt-Einwohnerzahl v. 1816–58 in Procenten.	Lage der Städte.	
	1816.	1858.	1816.	1858.		Kreis.	Regierungs-bezirk.
Wittstock	4 186	6 947	16	15	65,95	Ostpriegnitz	Potsdam.
Wohlau	1 466	2 394	224	286	63,30	Wohlau	Breslau.
Woldenberg	1 575	4 102	.	180	160,44	Friedeberg	Frankfurt.
Wolgast	4 267	6 188	278	.	45,02	Greifswald	Stralsund.
Wollin	2 524	4 809	.	.	90,53	Usedom-Wollin	Stettin.
Wollstein	1 808	2 807	.	4	55,51	Bomst	Posen.
Wolmirstedt	2 301	3 760	.	7	63,40	Wolmirstedt	Magdeburg.
Wongrowitz	981	3 170	.	8	223,15	Wongrowitz	Bromberg.
Worbis	1 354	2 097	.	28	54,87	Worbis	Erfurt.
Wormditt	2 010	4 307	.	6	114,29	Braunsberg	Königsberg.
Wreden	2 171	2 509	.	10	15,57	Ahaus	Münster.
Wreschen	2 341	3 191	.	16	36,32	Wreschen	Posen.
Wriezen	4 503	6 443	.	84	43,08	Oberbarnim	Potsdam.
Wronke	1 708	2 413	.	12	41,27	Samter	Posen.
Wülfrath	.	4 968	.	.	.	Elberfeld	Düsseldorf.
Wünschelburg	1 410	1 700	.	.	20,57	Neurode	Breslau.
Wusterhausen	2 253	2 846	.	2	26,32	Ruppin	Potsdam.
Xanten	2 505	3 547	.	7	41,60	Mörs	Düsseldorf.
Xions	798	1 082	.	4	35,59	Schrimm	Posen.
Zaborowo	946	805	.	.	—14,90	Fraustadt	do.
Zachan	655	1 558	.	3	135,88	Saazig	Stettin.
Zahna	1 306	2 340	.	2	79,21	Wittenberg	Merseburg.
Zaniemyschl	893	1 375	.	4	53,97	Schroda	Posen.
Zanow	640	1 936	.	8	202,50	Schlawe	Köslin.
Zduny	3 351	3 326	27	181	—0,75	Krotoschin	Posen.
Zehden	1 034	1 475	.	7	42,61	Königsberg	Frankfurt.
Zehdenick	1 964	3 287	.	3	67,37	Templin	Potsdam.
Zeitz	6 640	13 265	74	56	99,77	Zeitz	Merseburg.
Zell	1 322	2 156	.	15	63,09	Zell	Koblenz.
Zempelburg	2 419	2 905	.	3	20,09	Flatow	Marienwerder.
Zerkow	717	1 600	.	16	123,15	Wreschen	Posen.
Ziegenhals	1 940	3 450	.	6	77,83	Neisse	Oppeln.
Ziegenrück	588	1 012	.	3	72,16	Ziegenrück	Erfurt.
Zielenzig	2 872	5 277	.	13	83,74	Sternberg	Frankfurt.
Ziesar	1 768	2 696	.	3	52,49	Jerichow I.	Magdeburg.
Zinna	1 067	1 923	.	2	80,22	Jüterbock-Luckenwalde	Potsdam.
Zinten	1 587	3 016	.	2	90,04	Heiligenbeil	Königsberg.
Zirke	1 264	2 331	.	6	84,37	Birnbaum	Posen.
Znin	1 127	1 867	.	10	65,66	Schubin	Bromberg.
Zobten	1 192	1 999	.	4	67,70	Schweidnitz	Breslau.
Zörbig	2 077	3 451	.	6	66,15	Bitterfeld	Merseburg.
Zossen	1 269	2 271	.	14	78,96	Teltow	Potsdam.
Züllichau	5 896	6 605	.	7	12,02	Züllichau	Frankfurt.
Zülpich	1 106	1 477	.	.	33,54	Euskirchen	Köln.
Zülz	2 330	2 529	.	2	8,54	Neustadt	Oppeln.
Zydowo	270	376	.	.	39,32	Gnesen	Bromberg.

Vierter Abschnitt.

Die Bevölkerung.

I. Stand der Bevölkerung.

Wie in den älteren Regierungsbezirken schon mehrere Jahre zuvor, wurde 1816 auch in den neu oder wieder erworbenen die Einrichtung getroffen, die Zahl und Art der Bevölkerung in die »statistische Tabelle«, ihre innere Bewegung aber in die »Bevölkerungsliste« aufzuzeichnen und das Resultat in grösserer oder geringerer Ausführlichkeit von Zeit zu Zeit bekannt zu machen. Die erste Tabelle geht aus den bei der Zählung durch die Ortsbehörden ermittelten Angaben, die andere aus den Kirchenbüchern und Civilstandsregistern hervor; zusammenstellende Mittelspersonen sind für jene die Landräthe, für diese die Superintendenten und Dekane (hinsichtlich der Juden u. A. die Landräthe). Beide Tabellen wurden bis 1822 alljährlich, seitdem die erstere von drei zu drei Jahren gefertigt. Im Jahre 1840 wurde die namentliche Zählung eingeführt und dadurch eine auffällige Erhöhung der angegebenen Zahlen erreicht. Uebrigens hat die statistische Tabelle eine allmälige Erweiterung erfahren. So erscheint darin zuerst

1834 die Anzahl der Taubstummen und Blinden;

1840 die Anzahl der Familien;

1849 die Vertheilung der Bevölkerung auf die Wohnplatzgattungen;

1858 die Sonderung der Personen weiblichen Geschlechts zwischen 17 und 45 Jahren in 5 Altersstufen;

die Anzahl der Mitglieder freier Gemeinden und der Deutschkatholiken, sowie der Muhamedaner;

1861 die Anzahl der Unverheiratheten und der Verwittweten,

die Sonderung der Bevölkerung nach Sprachverschiedenheiten,

die Sonderung der Bevölkerung nach Standes- und Berufsverhältnissen.

Die Zählung der Bevölkerung vom 3. December 1861 konnte aus dem Grunde hier noch keine Aufnahme finden, weil die Revision der Listen zur Zeit des Druckes dieses Abschnitts noch nicht einmal hatte beginnen, geschweige vollendet sein können; es sind demnach sämmtliche Angaben dieses Abschnitts, insoweit sie den Stand der Bevölkerung angeben, auf die Zählung vom 3. December 1858 gestützt.

A. Absolute Bevölkerung.

1. Die Zahl der Bevölkerung.

(7.) Landräthliche Kreise, Regierungsbezirke, Provinzen.	Zahl der Bewohner nach der Zählung des Jahres 1858 in den Städten.	auf dem platten Lande.	überhaupt.	Zahl der Bewohner nach der Zählung vom Jahre 1855.	± Differenz zwischen der Zählung von 1855 und 1858.
1. Regierungsbezirk Königsberg.					
1. Kreis Memel	17 148	34 355	51 503	49 902	+ 1 601
2. „ Fischhausen	5 878	35 719	41 597	40 117	+ 1 480
3. Stadt Königsberg	87 267	.	87 267	83 593	+ 3 674
4. Landkreis Königsberg	.	44 339	44 339	42 602	+ 1 737
5. Kreis Labiau	4 236	40 734	44 970	42 576	+ 2 394
6. „ Wehlau	10 607	35 215	45 822	43 984	+ 1 838
7. „ Gerdauen	4 918	28 789	33 707	33 312	+ 395
8. „ Rastenburg	8 493	29 658	38 151	37 317	+ 834
9. „ Friedland	12 081	27 315	39 396	38 347	+ 1 049
10. „ Pr. Eilau	7 678	43 204	50 882	48 659	+ 2 223
11. „ Heiligenbeil	6 067	35 063	41 130	39 568	+ 1 562
12. „ Braunsberg	19 527	28 117	47 644	46 436	+ 1 208
13. „ Heilsberg	8 696	40 335	49 031	47 764	+ 1 267
14. „ Rössel	11 735	30 164	41 899	40 312	+ 1 587
15. „ Allenstein	7 923	37 617	45 540	43 032	+ 2 508
16. „ Ortelsburg	5 397	45 276	50 673	48 924	+ 1 749
17. „ Neidenburg	5 352	35 324	40 676	38 598	+ 2 078
18. „ Osterode	8 455	44 570	53 025	49 568	+ 3 457
19. „ Mohrungen	8 068	42 038	50 106	48 011	+ 2 095
20. „ Pr. Holland	6 062	34 639	40 701	39 581	+ 1 120
Summe	245 588	692 471	938 059	901 603	+ 36 456
2. Regierungsbezirk Gumbinnen.					
1. Kreis Heidekrug	.	35 318	35 318	32 973	+ 2 345
2. „ Niederung	.	47 148	47 148	44 880	+ 2 268
3. „ Tilsit	15 278	42 595	57 873	55 137	+ 2 736
4. „ Ragnit	3 236	45 559	48 795	46 666	+ 2 129
5. „ Pillkallen	3 763	39 597	43 360	41 878	+ 1 482
6. „ Stallupönen	3 255	36 417	39 672	38 614	+ 1 058
7. „ Gumbinnen	7 760	36 025	43 785	41 660	+ 2 125
8. „ Insterburg	11 619	48 364	59 983	58 301	+ 1 682
9. „ Darkehmen	2 703	31 982	34 685	33 317	+ 1 368
10. „ Angerburg	3 741	30 895	34 636	33 109	+ 1 527
11. „ Goldapp	4 241	35 433	39 674	37 878	+ 1 796
12. „ Oletsko	3 714	31 001	34 715	32 931	+ 1 784
13. „ Lyk	4 410	34 575	38 985	36 801	+ 2 184
14. „ Lötzen	4 676	28 832	33 508	31 599	+ 1 909
15. „ Sensburg	4 186	35 374	39 560	37 735	+ 1 825
16. „ Johannisburg	5 190	33 896	39 086	37 352	+ 1 734
Summe	77 772	593 011	670 783	640 831	+ 29 952

(Forts. zu 7.) Kreise, Regierungsbezirke, Provinzen.	Zahl der Bewohner nach der Zählung des Jahres 1858			Zahl der Bewohner nach der Zählung vom Jahre 1855.	± Differenz zwischen der Zählung von 1855 und 1858.
	in den Städten.	auf dem platten Lande.	überhaupt.		
3. Regierungsbezirk Danzig.					
1. Kreis Elbing	27 114	32 896	60 010	58 742	+ 1 268
2. " Marienburg	9 161	45 965	55 126	54 329	+ 797
3. Stadt Danzig	76 795	.	76 795	71 995	+ 4 800
4. Landkreis Danzig	.	66 362	66 362	64 671	+ 1 691
5. Kreis Stargardt	11 358	46 681	58 039	56 529	+ 1 510
6. " Behrend	5 295	31 642	36 937	34 741	+ 2 196
7. " Karthaus	.	47 644	47 644	45 100	+ 2 544
8. " Neustadt	5 132	47 581	52 713	49 789	+ 2 924
Summe	134 855	318 771	453 626	435 896	+ 17 730
4. Regierungsbezirk Marienwerder.					
1. Kreis Stuhm	4 685	32 726	37 411	38 056	— 645
2. " Marienwerder	11 240	49 621	60 861	59 494	+ 1 367
3. " Rosenberg	12 904	32 314	45 218	43 736	+ 1 482
4. " Löbau	5 672	34 529	40 181	38 252	+ 1 929
5. " Strasburg	10 535	44 095	54 630	52 162	+ 2 468
6. " Thorn	16 196	39 549	55 745	53 062	+ 2 683
7. " Kulm	10 235	36 407	46 642	46 211	+ 431
8. " Graudenz	14 966	36 799	51 765	51 318	+ 447
9. " Schwetz	7 529	54 735	62 264	60 537	+ 1 727
10. " Konitz	7 904	51 694	59 598	56 355	+ 3 243
11. " Schlochau	10 349	42 416	52 765	49 951	+ 2 814
12. " Flatow	12 093	44 072	56 165	54 183	+ 1 982
13. " Deutsch-Krone	15 719	43 068	58 787	55 119	+ 3 668
Summe	140 007	542 025	682 032	658 436	+ 23 596
I. Provinz Preussen	598 222	2 146 278	2 744 500	2 636 766	+ 107 734
5. Regierungsbezirk Posen.					
1. Kreis Wreschen	6 417	29 170	35 587	35 740	— 153
2. " Pleschen	8 783	44 864	53 647	53 766	— 119
3. " Schroda	7 461	38 778	46 239	45 730	+ 509
4. " Schrimm	13 089	38 570	51 659	51 679	— 20
5. " Kosten	10 681	48 465	59 146	57 203	+ 1 943
6. " Buk	10 636	40 733	51 369	49 801	+ 1 568
7. " Posen	51 719	43 626	95 345	94 011	+ 1 334
8. " Obornik	8 796	35 183	43 979	43 006	+ 973
9. " Samter	10 927	34 293	45 220	44 223	+ 997
10. " Birnbaum	13 930	31 753	45 683	43 995	+ 1 688
11. " Meseritz	12 403	30 588	42 991	41 995	+ 996
12. " Bomst	12 003	40 473	52 476	52 074	+ 402
13. " Fraustadt	23 130	37 898	61 028	60 557	+ 471
14. " Kröben	24 590	45 703	70 293	71 631	— 1 338
15. " Krotoschin	20 607	38 051	58 658	59 880	— 1 222
16. " Adelnau	11 577	38 143	49 720	49 704	+ 16
17. " Schildberg	11 687	43 497	55 184	54 558	+ 626
Summe	258 346	659 876	918 222	909 551	+ 8 671

(Forts. zu 7.) Kreise, Regierungsbezirke, Provinzen.	Zahl der Bewohner nach der Zählung des Jahres 1858			Zahl der Bewohner nach der Zählung vom Jahre 1855.	± Differenz zwischen der Zählung von 1855 und 1858.
	in den Städten.	auf dem platten Lande.	Überhaupt.		
6. Regierungsbezirk Bromberg.					
1. Kreis Czarnikau	11 588	52 459	64 047	61 148	+ 2 899
2. " Chodziesen	18 094	32 124	50 218	48 288	+ 1 930
3. " Wirsitz	11 534	42 714	54 248	50 761	+ 3 487
4. " Bromberg	23 770	49 234	73 004	67 239	+ 5 765
5. " Schubin	11 997	39 328	51 325	49 632	+ 1 693
6. " Inowraclaw	10 639	53 207	63 846	64 303	− 457
7. " Mogilno	8 611	28 843	37 454	37 604	− 150
8. " Gnesen	14 828	38 797	53 625	54 181	− 556
9. " Wongrowitz	8 703	42 463	51 166	49 929	+ 1 237
Summe	119 764	379 169	498 933	483 085	+ 15 848
II. Provinz Posen	378 110	1.039 045	1.417 155	1.392 636	+ 24 519
7. Regierungsbezirk Potsdam nebst Berlin.					
1. Stadt Berlin	458 637		458 637	447 483	+ 11 154
2. Kreis Prenzlau	19 652	34 646	54 298	54 719	− 421
3. " Templin	9 752	37 197	46 949	45 867	+ 1 082
4. " Angermünde	21 410	39 956	61 366	59 376	+ 1 990
5. " Oberbarnim	23 390	39 729	63 119	61 622	+ 1 497
6. " Niederbarnim	12 888	76 103	88 991	81 892	+ 7 099
7. " Teltow	23 237	66 138	89 375	73 391	+ 15 984
8. " Beeskow-Storkow	7 130	33 332	40 462	39 308	+ 1 154
9. " Jüterbock-Luckenwalde	23 158	29 680	52 838	52 004	+ 834
10. " Zauch-Belzig	17 301	45 829	63 130	62 227	+ 903
11. Stadt Potsdam	40 686		40 686	39 962	+ 724
12. Kreis Osthavelland	23 813	35 221	59 034	58 144	+ 890
13. " Westhavelland	34 012	30 333	64 345	62 608	+ 1 737
14. " Ruppin	23 477	50 261	73 738	72 576	+ 1 162
15. " Ostpriegnitz	17 887	49 634	67 521	66 180	+ 1 341
16. " Westpriegnitz	21 868	45 980	67 848	66 292	+ 1 556
Summe	778 298	614 039	1.392 337	1.343 651	+ 48 686
8. Regierungsbezirk Frankfurt.					
1. Kreis Königsberg	30 449	56 316	86 765	84 223	+ 2 542
2. " Soldin	15 367	30 832	46 199	44 600	+ 1 599
3. " Arnswalde	11 708	29 711	41 419	40 798	+ 621
4. " Friedeberg	13 858	40 676	54 534	52 975	+ 1 559
5. " Landsberg	14 865	57 953	72 818	69 224	+ 3 594
6. " Lebus	18 750	64 367	83 117	80 612	+ 2 505
7. Stadt Frankfurt	34 507		34 507	32 725	+ 1 782
8. Kreis Sternberg	24 682	61 563	86 245	83 750	+ 2 495
9. " Züllichau	13 693	30 057	43 750	42 214	+ 1 545
10. " Krossen	15 625	40 058	55 683	54 563	+ 1 120
11. " Guben	16 569	35 522	52 091	50 608	+ 1 483
12. " Lübben	7 757	24 343	32 100	31 835	+ 265
13. " Luckau	18 047	38 798	56 845	55 305	+ 1 540
14. " Kalau	9 940	36 067	46 007	44 802	+ 1 205

(Forts. zu 7.) Kreise, Regierungsbezirke, Provinzen.	Zahl der Bewohner nach der Zählung des Jahres 1858			Zahl der Bewohner nach der Zählung vom Jahre 1855.	± Differenz zwischen der Zählung von 1855 und 1858.
	in den Städten.	auf dem platten Lande.	überhaupt.		
15. Kreis Kottbus	13 021	42 951	55 972	54 986	+ 986
16. " Sorau	20 360	52 254	72 614	71 119	+ 1 495
17. " Spremberg	5 924	11 060	16 984	16 315	+ 669
Summe	285 122	652 537	937 659	910 654	+ 27 005
III. Provinz Brandenburg	1.063 420	1.266 576	2.329 996	2.254 305	+ 75 691
9. Regierungsbezirk Stettin.					
1. Kreis Demmin	13 370	34 038	47 408	48 566	— 1 158
2. " Anklam	10 953	19 512	30 465	30 484	— 19
3. " Usedom-Wollin	12 375	25 103	37 478	35 730	+ 1 748
4. " Ukermünde	13 533	28 791	42 324	41 896	+ 428
5. " Randow	71 813	64 711	136 524	126 731	+ 9 793
6. " Greifenhagen	11 338	38 333	49 671	48 085	+ 1 586
7. " Pyritz	6 041	35 529	41 570	41 134	+ 436
8. " Saazig	22 437	37 135	59 572	57 803	+ 1 769
9. " Naugard	15 928	37 260	53 186	52 510	+ 676
10. " Kammin	4 926	36 782	41 708	40 960	+ 748
11. " Greiffenberg	12 111	24 863	36 974	37 020	— 46
12. " Regenwalde	12 435	34 414	46 849	45 490	+ 1 359
Summe	207 258	416 471	623 729	606 409	+ 17 320
10. Regierungsbezirk Köslin.					
1. Kreis Schievelbein	4 820	13 224	18 044	17 590	+ 454
2. " Dramburg	11 081	22 633	33 714	32 375	+ 1 339
3. " Neustettin	13 567	52 896	66 463	63 266	+ 3 197
4. " Belgard	8 718	30 879	39 597	37 318	+ 2 279
5. " Fürstenthum	28 764	73 937	102 701	99 017	+ 3 684
6. " Schlawe	13 444	57 636	71 080	69 919	+ 1 161
7. " Rummelsburg	3 968	24 303	28 271	27 283	+ 988
8. " Stolp	12 483	68 180	80 663	78 238	+ 2 425
9. " Lauenburg	6 310	32 568	38 878	37 789	+ 1 089
10. " Bütow	4 059	18 076	22 135	21 332	+ 803
Summe	107 214	394 332	501 546	484 127	+ 17 419
11. Regierungsbezirk Stralsund.					
1. Kreis Rügen	5 735	39 824	45 559	44 782	+ 777
2. " Franzburg	32 433	34 426	66 859	64 307	+ 2 552
3. " Greifswalde	25 090	26 799	51 889	50 919	+ 970
4. " Grimmen	10 005	28 794	38 799	38 429	+ 370
Summe	73 263	129 843	203 106	198 428	+ 4 678
IV. Provinz Pommern	387 735	940 646	1.328 381	1.288 964	+ 39 417

(Forts. zu 7.) Kreise, Regierungsbezirke, Provinzen.	Zahl der Bewohner nach der Zählung des Jahres 1858			Zahl der Bewohner nach der Zählung vom Jahre 1855.	± Differenz zwischen der Zählung von 1855 und 1858.	
	in den Städten.	auf dem platten Lande.	überhaupt.			
12. Regierungsbezirk Breslau.						
1. Kreis Namslau	5 274	28 913	34 187	33 933	+	254
2. " Wartenberg	6 258	43 598	49 856	49 924	—	68
3. " Oels	12 393	47 649	60 042	59 884	+	158
4. " Trebnitz	5 177	47 788	52 965	53 063	—	98
5. " Militsch	9 117	45 941	55 058	55 049	+	9
6. " Guhrau	7 347	31 187	38 534	38 577	—	43
7. " Steinau	5 759	18 977	24 736	24 758	—	22
8. " Wohlau	7 257	42 718	49 975	49 696	+	270
9. " Neumarkt	6 945	48 558	55 503	55 232	+	271
10. " Breslau	135 661	63 782	199 443	187 336	+	12 107
11. " Ohlau	7 937	42 245	50 182	50 615	—	433
12. " Brieg	14 662	34 208	48 870	48 226	+	644
13. " Strehlen	5 025	26 320	31 345	31 654	—	309
14. " Nimptsch	2 058	26 811	28 869	29 539	—	670
15. " Münsterberg	5 117	28 530	33 647	33 769	—	122
16. " Frankenstein	10 776	38 835	49 611	49 583	+	28
17. " Reichenbach	5 824	54 799	60 623	58 795	+	1 828
18. " Schweidnitz	21 654	51 649	73 303	73 393	—	90
19. " Striegau	7 126	24 153	31 279	30 993	+	286
20. " Waldenburg	9 617	60 002	69 619	63 643	+	5 976
21. " Glatz	14 853	41 151	56 004	54 977	+	1 027
22. " Neurode	7 414	35 902	43 316	42 343	+	973
23. " Habelschwerdt	7 894	44 288	52 182	52 027	+	155
Summe	321 145	928 004	1.249 149	1.227 009	+	22 140
13. Regierungsbezirk Oppeln.						
1. Kreis Kreuzburg	7 674	29 332	37 006	36 336	+	670
2. " Rosenberg	4 216	40 103	44 319	43 490	+	829
3. " Oppeln	11 146	77 140	88 286	86 103	+	2 183
4. " Gross-Strehlitz	6 632	47 115	53 747	51 047	+	2 700
5. " Lublinitz	4 482	37 351	41 833	41 331	+	502
6. " Tost	17 222	55 310	72 532	67 069	+	5 463
7. " Beuthen	15 831	118 485	134 316	106 389	+	27 927
8. " Pless	7 329	64 174	71 503	66 036	+	5 467
9. " Rybnick	8 929	54 204	63 133	58 464	+	4 669
10. " Ratibor	13 052	82 100	95 152	90 846	+	4 306
11. " Kosel	3 676	52 319	55 995	53 492	+	2 503
12. " Leobschütz	13 542	62 191	75 733	73 051	+	2 682
13. " Neustadt	14 624	62 440	77 064	75 154	+	1 910
14. " Falkenberg	2 650	35 506	38 165	38 263	—	98
15. " Neisse	25 539	60 354	85 893	85 117	+	776
16. " Grottkau	7 242	35 744	42 986	42 195	+	791
Summe	163 795	913 868	1.077 663	1.014 383	+	63 280
14. Regierungsbezirk Liegnitz.						
1. Kreis Grünberg	11 933	37 837	49 770	50 672	—	902
2. " Freistadt	14 106	38 221	52 327	52 553	—	226
3. " Sagan	11 699	42 333	54 032	53 357	+	675
4. " Sprottau	7 021	26 357	33 378	33 472	—	94

(Forts. zu 7.) Kreise, Regierungsbezirke, Provinzen.	Zahl der Bewohner nach der Zählung des Jahres 1858 in den Städten.	auf dem platten Lande.	überhaupt.	Zahl der Bewohner nach der Zählung vom Jahre 1855.	± Differenz zwischen der Zählung von 1855 und 1858.
5. Kreis Glogau	19 593	56 217	75 810	74 767	+ 1 043
6. " Lüben	4 377	28 103	32 480	32 632	— 152
7. " Bunzlau	9 120	49 020	58 140	58 421	— 281
8. " Haynau-Goldberg	11 210	39 589	50 799	51 807	— 1 008
9. " Liegnitz	19 204	46 500	65 704	64 440	+ 1 264
10. " Jauer	7 887	24 059	31 946	31 998	— 52
11. " Schönau	1 927	24 771	26 698	27 312	— 614
12. " Bolkenhain	2 853	29 461	32 314	32 959	— 645
13. " Landshut	8 771	31 604	40 375	39 838	+ 537
14. " Hirschberg	11 474	45 518	56 992	56 617	+ 375
15. " Löwenberg	12 426	56 270	68 696	70 090	— 1 394
16. " Lauban	11 644	53 335	64 979	64 348	+ 631
17. " Görlitz	26 449	41 886	68 335	66 777	+ 1 558
18. " Rothenburg	4 052	45 342	49 394	48 944	+ 450
19. " Hoyerswerda	6 359	24 273	30 632	30 100	+ 532
Summe	202 105	740 696	942 801	941 104	+ 1 697
V. Provinz Schlesien	687 045	2.582 568	3.269 613	3.182 496	+ 87 117
15. Regierungsbezirk Magdeburg.					
1. Kreis Osterburg	10 483	32 947	43 430	42 519	+ 911
2. " Salzwedel	8 926	37 850	46 776	46 453	+ 323
3. " Gardelegen	10 231	36 366	46 597	46 462	+ 135
4. " Stendal	15 950	28 316	44 266	43 640	+ 626
5. " Jerichow I	22 886	36 581	59 467	58 438	+ 1 029
6. " Jerichow II	6 930	42 602	49 532	48 694	+ 838
7. " Kalbe	31 973	30 027	62 000	58 363	+ 3 637
8. " Wanzleben	11 090	49 262	60 352	55 553	+ 4 799
9. " Magdeburg	82 671		82 671	77 997	+ 4 674
10. " Wolmirstedt	3 766	41 053	44 819	43 531	+ 1 288
11. " Neuhaldensleben	4 975	40 235	45 210	44 007	+ 1 203
12. " Oschersleben	15 762	23 395	39 157	37 707	+ 1 450
13. " Aschersleben	30 279	23 993	54 272	53 096	+ 1 176
14. " Halberstadt	31 048	21 372	52 420	51 854	+ 566
15. Grafschaft Wernigerode	5 663	13 176	18 839	18 738	+ 101
Summe	292 633	457 175	749 808	727 052	+ 22 756
16. Regierungsbezirk Merseburg.					
1. Kreis Liebenwerda	11 379	28 996	40 375	39 137	+ 1 238
2. " Torgau	18 423	37 664	56 087	56 353	— 266
3. " Schweinitz	12 220	26 949	39 169	38 637	+ 532
4. " Wittenberg	21 911	28 763	50 674	49 708	+ 966
5. " Bitterfeld	15 428	31 968	47 396	45 616	+ 1 780
6. Saalkreis	10 916	44 071	54 987	51 822	+ 3 165
7. Stadt Halle	39 170		39 170	36 420	+ 2 750
8. Kreis Delitzsch	17 368	38 028	55 396	54 576	+ 820
9. Gebirgskreis Mansfeld	9 835	28 894	38 729	38 055	+ 674
10. Seekreis Mansfeld	17 184	38 421	55 605	53 145	+ 2 460
11. Kreis Sangerhausen	17 898	43 834	61 732	60 174	+ 1 558
12. " Eckartsberga	10 611	28 473	39 084	38 351	+ 733
13. " Querfurt	12 309	37 614	49 923	48 366	+ 1 557

(Forts. zu 7.) Kreise, Regierungsbezirke, Provinzen.	Zahl der Bewohner nach der Zählung des Jahres 1858			Zahl der Bewohner nach der Zählung vom Jahre 1855.	± Differenz zwischen der Zählung von 1855 und 1858.
	in den Städten.	auf dem platten Lande.	überhaupt.		
14. Kreis Merseburg	21 843	38 084	59 929	58 408	+ 1 521
15. " Weissenfels	19 998	35 259	55 257	53 361	+ 1 896
16. " Naumburg.........	14 018	11 160	25 178	24 780	+ 398
17. " Zeitz.............	13 265	24 168	37 433	36 038	+ 1 395
Summe.....	283 778	522 346	806 124	781 947	+ 24 177
17. Regierungsbezirk Erfurt.					
1. Kreis Nordhausen	27 935	30 818	58 753	57 562	+ 1 191
2. " Worbis	2 097	40 082	42 179	43 546	− 1 367
3. " Heiligenstadt	4 784	35 528	40 312	41 791	− 1 479
4. " Mühlhausen	17 100	30 390	47 490	47 658	− 168
5. " Langensalza	12 498	21 168	33 666	33 576	+ 90
6. " Weissensee........	11 884	13 933	25 817	25 418	+ 399
7. " Erfurt.............	35 412	19 965	55 377	53 398	+ 1 980
8. " Ziegenrück	4 158	10 071	14 229	14 125	+ 104
9. " Schleusingen.......	11 334	24 953	36 287	35 452	+ 835
Summe.....	127 262	226 868	354 130	352 536	+ 1 594
VI. Provinz Sachsen ...	703 673	1.206 389	1.910 062	1.861 535	+ 48 527
18. Regierungsbezirk Münster.					
1. Kreis Tecklenburg........	4 775	41 205	45 980	42 358	+ 3 622
2. " Warendorf.........	4 975	24 343	29 318	33 590	− 4 272
3. " Beckum	9 795	28 230	38 025	37 570	+ 455
4. " Lüdinghausen	3 808	35 045	38 853	38 578	+ 275
5. " Münster..........	2 084	38 264	40 348	39 875	+ 473
6. Stadt Münster	26 332	.	26 332	26 380	− 48
7. Kreis Steinfurt...........	7 022	37 180	44 202	43 702	+ 500
8. " Koesfeld	11 007	30 473	41 480	41 120	+ 360
9. " Ahaus	7 913	32 929	40 842	40 842	.
10. " Borken	9 902	31 496	41 398	41 653	− 255
11. " Recklinghausen....	7 470	41 837	49 307	48 169	+ 1 138
Summe.....	95 084	341 001	436 085	433 837	+ 2 248
19. Regierungsbezirk Minden.					
1. Kreis Minden	16 356	51 286	67 642	66 638	+ 1 004
2. " Lübbecke	2 706	45 379	48 085	49 041	− 956
3. " Herford	14 020	52 916	66 936	67 420	− 484
4. " Halle	5 730	23 839	29 569	30 583	− 1 014
5. " Bielefeld	12 669	36 059	48 728	47 175	+ 1 553
6. " Wiedenbrück	11 235	30 144	41 379	41 047	+ 332
7. " Paderborn.........	12 401	25 311	37 712	37 840	− 128
8. " Büren	1 889	35 398	37 287	38 231	− 944
9. " Warburg	5 669	27 241	32 910	33 997	− 1 087
10. " Höxter	16 683	33 174	49 857	50 533	− 676
Summe.....	90 358	360 747	460 105	462 503	− 2 398

(Forts. zu 7.) Kreise, Regierungsbezirke, Provinzen.	Zahl der Bewohner nach der Zählung des Jahres 1858 in den Städten.	auf dem platten Lande.	überhaupt.	Zahl der Bewohner nach der Zählung vom Jahre 1855.	± Differenz zwischen der Zählung von 1855 und 1858.
20. Regierungsbezirk Arnsberg.					
1. Kreis Arnsberg	6 790	28 716	35 506	35 517	− 11
2. " Meschede	3 246	27 776	31 022	31 991	− 969
3. " Brilon	13 288	24 683	37 971	38 142	− 171
4. " Lippstadt	11 504	21 644	33 148	33 712	− 564
5. " Soest	14 802	32 037	46 839	46 542	+ 297
6. " Hamm	20 057	29 777	49 834	47 150	+ 2 684
7. " Dortmund	35 558	46 985	82 543	69 886	+ 12 657
8. " Bochum	20 650	55 290	75 940	64 460	+ 11 480
9. " Hagen	17 713	69 349	87 062	80 287	+ 6 775
10. " Iserlohn	20 121	24 396	44 517	43 286	+ 1 231
11. " Altena	14 622	33 667	48 289	45 300	+ 2 989
12. " Olpe	3 687	24 237	27 924	26 755	+ 1 169
13. " Siegen	9 690	38 810	48 500	46 674	+ 1 826
14. " Wittgenstein	4 203	16 944	21 147	21 201	− 54
Summe	195 940	474 311	670 251	630 912	+ 39 339
VII. Provinz Westfalen	380 382	1.176 059	1.556 441	1.527 252	+ 29 100
21. Regierungsbezirk Köln.					
1. Kreis Wipperfürth	2 029	25 130	27 159	26 759	+ 400
2. " Gummersbach	2 456	27 717	30 173	29 620	+ 553
3. " Waldbröl	.	21 204	21 204	20 012	+ 1 192
4. " Sieg	6 249	75 450	81 699	78 425	+ 3 274
5. " Mülheim	12 595	35 523	48 118	46 248	+ 1 870
6. Stadt Köln	114 477	.	114 477	106 852	+ 7 625
7. Landkreis Köln	7 361	52 511	59 872	55 577	+ 4 295
8. Kreis Bergheim	.	39 328	39 328	38 733	+ 595
9. " Euskirchen	5 407	28 903	34 310	33 369	+ 941
10. " Rheinbach	2 284	28 492	30 776	30 541	+ 235
11. " Bonn	18 977	39 798	58 775	57 635	+ 1 140
Summe	171 835	374 056	545 891	523 762	+ 22 129
22. Regierungsbezirk Düsseldorf.					
1. Kreis Kleve	12 370	36 158	48 528	49 107	− 579
2. " Rees	28 230	28 230	56 460	56 019	+ 441
3. " Duisburg	62 272	101 254	163 526	140 253	+ 23 273
4. " Mörs	11 634	46 273	57 907		
5. " Geldern	4 299	43 132	47 431	100 125	+ 5 213
6. " Krefeld	52 076	22 990	75 066	72 828	+ 2 238
7. " Kempen	14 239	58 734	72 973	70 168	+ 2 805
8. " Düsseldorf	49 306	40 985	90 291	86 946	+ 3 345
9. " Elberfeld	136 600	9 955	146 555	139 560	+ 6 995
10. " Lennep	57 857	14 705	72 562	71 438	+ 1 124
11. " Solingen	58 088	19 306	77 394	74 297	+ 3 097
12. " Neuss	18 969	20 718	39 687	39 281	+ 406
13. " Grevenbroich	3 108	34 977	38 085	37 240	+ 845
14. " Gladbach	50 695	25 383	76 078	70 305	+ 5 773
Summe	550 746	511 800	1.062 546	1.007 570	+ 54 976

(Forts. zu 7.) Kreise, Regierungsbezirke, Provinzen.	Zahl der Bewohner nach der Zählung des Jahres 1858			Zahl der Bewohner nach der Zählung vom Jahre 1855.	± Differenz zwischen der Zählung von 1855 und 1858.
	in den Städten.	auf dem platten Lande.	überhaupt.		
23. Regierungsbezirk Koblenz.					
1. Kreis Koblenz	36 913	32 780	69 693	68 953	+ 740
2. „ St. Goar	10 381	25 713	36 094	34 385	+ 1 709
3. „ Kreuznach	16 704	40 803	57 507	56 128	+ 1 379
4. „ Simmern	4 276	31 909	36 185	36 630	— 445
5. „ Zell	3 632	23 569	27 201	27 636	— 435
6. „ Kochheim	2 524	31 208	33 732	33 617	+ 115
7. „ Mayen	10 037	42 378	52 415	51 741	+ 674
8. „ Adenau	.	21 735	21 735	21 721	+ 14
9. „ Ahrweiler	8 066	25 308	33 374	32 684	+ 690
10. „ Neuwied	10 568	55 046	65 614	64 406	+ 1 208
11. „ Altenkirchen	.	42 430	42 430	39 127	+ 3 303
12. „ Wetzlar	6 992	35 401	42 393	42 136	+ 257
Summe	110 093	408 280	518 373	509 164	+ 9 209
24. Regierungsbezirk Trier.					
1. Kreis Daun	.	25 317	25 317	25 129	+ 188
2. „ Prüm	2 216	31 394	33 610	33 538	+ 72
3. „ Bittburg	2 138	40 584	42 722	43 175	— 453
4. „ Wittlich	2 986	32 391	35 377	35 614	— 237
5. „ Bernkastel	2 194	40 804	42 998	43 450	— 452
6. Stadtkreis Trier	20 060	9 202	29 262	29 093	+ 169
7. Landkreis Trier	.	60 462	60 462	59 190	+ 1 272
8. Kreis Saarburg	2 271	28 398	30 669	29 690	+ 979
9. „ Merzig	3 639	30 304	33 943	32 849	+ 1 094
10. „ Saarlouis	7 247	47 146	54 393	53 618	+ 775
11. „ Saarbrück	10 745	45 531	56 276	48 645	+ 7 631
12. „ Ottweiler	3 391	34 291	37 682	34 227	+ 3 455
13. „ St. Wendel	2 525	37 920	40 445	38 317	+ 2 128
Summe	59 412	463 744	523 156	506 535	+ 16 621
25. Regierungsbezirk Aachen.					
1. Kreis Erkelenz	2 167	36 428	38 595	37 874	+ 721
2. „ Heinsberg	1 986	33 340	35 326	34 592	+ 734
3. „ Geilenkirchen	1 372	24 992	26 364	26 239	+ 125
4. „ Jülich	3 987	36 700	40 687	40 449	+ 238
5. „ Düren	8 809	47 940	56 749	55 942	+ 807
6. Stadt Aachen	57 155	.	57 155	54 373	+ 2 782
7. Landkreis Aachen	27 465	51 059	78 524	74 509	+ 4 015
8. Kreis Eupen	12 903	10 225	23 128	23 036	+ 92
9. „ Montjoie	3 117	17 353	20 470	20 829	— 359
10. „ Schleiden	1 655	37 202	38 857	38 030	+ 827
11. „ Malmedy	4 878	25 930	30 808	30 401	+ 407
Summe	125 494	321 169	446 663	436 274	+ 10 389
VIII. Rheinprovinz	1.017 580	2.079 049	3.096 629	2.983 305	+ 113 324

(Forts. zu 7.) Kreise, Regierungsbezirke, Provinzen.	Zahl der Bewohner nach der Zählung des Jahres 1858			Zahl der Bewohner nach der Zählung vom Jahre 1855.	± Differenz zwischen der Zählung von 1855 und 1858.	
	in den Städten.	auf dem platten Lande.	überhaupt.			
36. Hohenzollernsche Lande.						
1. Oberamtsbezirk Sigmaringen	2 694	9 760	12 454	12 019	+	435
2. „ Gammertingen	2 584	7 122	9 706	9 655	+	51
3. „ Wald	.	5 411	5 411	5 360	+	51
4. „ Ostrach	.	1 877	1 877	1 880	—	3
5. „ Hechingen .	3 187	16 322	19 509	19 112	+	397
6. „ Haigerloch .	1 303	10 277	11 580	11 593	—	13
7. „ Trochtelfingen	1 220	2 478	3 698	3 697	+	1
Summe.....	10 988	53 247	64 235	63 316	+	919
37. Jadegebiet.						
1. Westliches Gebiet	.	842	842	218	+	624
2. Oestliches Gebiet	.	16	16	9	+	7
Summe.....	.	858	858	227	+	631
38. Militair ausserhalb des Staats.						
1. In Luxemburg	4 852	.	4 852	4 871	—	19
2. „ Mainz	4 980	.	4 980	5 027	—	47
3. „ Frankfurt a. M........	2 211	.	2 211	2 131	+	80
Summe.....	12 043	.	12 043	12 029	+	14
Summe vom Staat.....	5.249 198	12.490.715	17.739 913	17.202 831	+	537 082

Den Volkszählungen der Jahre 1849, 52, 55 und 58 zufolge lebten innerhalb der Provinzen des preussischen Staates (Hohenzollern und auswärts garnisonirendes Militair zur Rheinprovinz, das Jadegebiet zu Westfalen gerechnet):

(d.) Provinz.	1849	1852	1855	1858
Preussen	2.487 293	2.604 748	2.636 766	2.744 500
Posen....................	1.352 014	1.381 745	1.392 636	1.417 155
Brandenburg	2.129 022	2.205 040	2.254 305	2.329 990
Pommern	1.197 701	1.253 904	1.288 904	1.329 381
Schlesien	3.061 593	3.173 171	3.182 496	3.269 613
Sachsen	1.781 297	1.828 732	1.861 535	1.910 062
Westfalen	1.464 921	1.504 251	1.527 479	1.567 209
Rheinland	2.923 607	2.983 829	3.058 650	3.172 907
Zusammen	16.397 448 *)	16.935 420	17.202 831	17.739 913

*) Beide Fürstenthümer Hohenzollern mit ihren 66 261 Bewohnern sind eingerechnet, obwohl deren Zählung noch abgesondert vor sich ging.

(9.) Regierungsbezirke und Provinzen.	Männliche Bewohner im: bis mit 14 Jahren.	über 14 bis mit 20 Jahren.	über 20 bis mit 25 Jahren.	über 25 bis mit 32 Jahren.	über 32 bis mit 39 Jahren.
A. Städte.					
1. Königsberg	37 245	11 737	13 173	16 250	13 715
2. Gumbinnen	11 494	5 011	4 479	5 865	4 152
3. Danzig	19 920	7 129	10 861	8 983	7 175
4. Marienwerder	25 153	7 707	7 942	8 625	7 018
I. Provinz **Preussen**	93 812	31 614	36 455	39 663	32 060
5. Posen	43 395	13 581	14 661	14 509	12 389
6. Bromberg	21 556	6 420	6 343	7 097	5 768
II. Provinz **Posen**	64 951	20 001	21 004	21 606	18 157
7. Potsdam incl. Berlin	117 354	37 886	55 800	58 081	42 188
8. Frankfurt	48 023	14 226	14 321	16 830	14 112
III. Provinz **Brandenburg**	165 377	52 112	70 121	74 911	56 300
9. Stettin	33 826	10 432	12 932	13 780	10 717
10. Köslin	18 784	5 831	5 383	6 665	5 041
11. Stralsund	11 762	3 545	3 706	4 132	3 593
IV. Provinz **Pommern**	64 372	19 808	22 021	24 577	19 351
12. Breslau	45 138	17 539	19 628	21 461	17 035
13. Oppeln	26 464	9 902	10 615	10 518	7 652
14. Liegnitz	28 629	10 075	10 883	11 718	10 182
V. Provinz **Schlesien**	100 231	37 516	41 126	43 697	34 869
15. Magdeburg	48 171	14 053	16 097	18 802	14 800
16. Merseburg	48 769	14 254	14 631	16 499	13 418
17. Erfurt	20 596	6 783	8 243	7 620	5 920
VI. Provinz **Sachsen**	117 536	35 090	38 971	42 921	34 138
18. Münster	14 116	4 752	5 742	5 721	4 449
19. Minden	16 578	5 454	5 972	5 712	4 311
20. Arnsberg	33 208	12 012	10 213	14 074	10 109
VII. Provinz **Westfalen**	63 902	22 218	21 927	25 507	18 869
21. Köln	27 399	9 140	13 111	12 164	8 614
22. Düsseldorf	97 059	30 463	29 086	36 188	26 273
23. Koblenz	16 955	5 920	8 949	6 522	4 967
24. Trier	8 805	2 908	6 172	3 741	2 544
25. Aachen	19 983	6 402	6 033	8 052	6 145
VIII. **Rheinprovinz**	170 201	54 833	63 351	66 665	48 543
Hohenzollersche Lande	1 654	572	385	509	463
Militair in Frankfurt a. M., Mainz und Luxemburg	394	144	8 244	1 636	155
Summe	842 513	274 814	323 605	341 692	262 905

und Geschlecht.

Alter von			Weibliche Bewohner im Alter von				Männliche und weibliche Bewohner zusammen.
über 30 bis mit 60 Jahren.	über 60 Jahren.	Zusammen.	unter 14 Jahren.	über 14 bis mit 60 Jahren.	über 60 Jahren.	Zusammen.	
19 798	5 581	117 409	36 600	82 579	8 850	128 049	245 558
6 939	1 396	38 306	10 940	26 099	2 427	39 406	77 772
10 531	2 893	67 492	19 440	43 261	4 662	67 363	134 855
11 168	3 116	70 754	23 754	41 600	3 899	69 253	140 007
47 461	12 986	294 051	90 794	193 539	19 838	304 171	598 222
22 308	5 821	126 664	42 394	82 169	7 119	131 682	258 346
9 546	2 617	59 347	20 675	36 424	3 318	60 417	119 764
31 854	8 438	186 011	63 069	118 593	10 437	192 099	378 110
68 085	17 757	397 151	114 504	242 125	24 518	381 147	778 298
25 497	7 742	140 751	47 246	86 633	10 492	144 371	285 122
93 582	25 499	537 902	161 750	328 758	35 010	525 518	1.063 420
17 675	5 281	104 693	32 767	62 713	7 085	102 565	207 258
8 658	2 889	53 201	17 972	32 384	3 657	54 013	107 214
6 812	2 440	35 990	11 441	22 721	3 111	37 273	73 263
33 145	10 610	193 884	62 180	117 818	13 859	193 851	387 735
29 055	8 440	158 296	44 406	107 066	11 287	162 849	321 145
13 100	3 007	81 924	25 535	51 834	4 302	81 671	163 795
20 048	6 852	98 387	29 084	67 320	8 314	103 718	202 105
62 209	18 959	338 607	98 115	226 220	24 103	348 438	687 045
27 102	7 420	147 348	46 922	88 692	9 671	145 285	292 633
28 430	8 105	142 106	47 790	84 125	9 757	141 672	283 778
11 437	3 651	64 250	19 888	38 926	4 198	63 012	127 262
64 969	19 176	353 704	114 600	211 743	23 626	349 969	703 673
9 592	3 222	47 577	13 765	29 943	3 799	47 507	95 084
9 098	2 713	48 748	15 992	30 583	3 035	49 610	98 358
17 724	4 994	102 334	31 961	56 180	5 459	93 600	195 940
36 314	10 929	198 659	61 718	116 712	12 293	190 723	389 382
14 347	3 644	88 425	28 888	52 436	4 576	83 410	171 835
49 748	13 785	282 600	103 643	158 829	15 674	268 146	550 746
10 075	3 287	56 685	16 794	33 312	3 302	53 408	110 093
5 410	1 542	31 212	9 230	17 250	1 720	28 200	59 412
11 966	3 672	62 253	19 718	39 072	4 451	63 241	125 494
91 546	25 940	521 175	165 783	300 899	29 723	496 405	1.017 580
1 210	441	5 294	1 582	3 701	461	5 734	10 988
253	52	10 935	382	709	17	1 108	12 043
463 543	138 000	2.641 162	819 983	1.618 692	169 361	2.608 036	5.249 198

(10.) Regierungsbezirke und Provinzen.	Männliche Bewohner im				
	bis mit 14 Jahren.	über 14 bis mit 20 Jahren.	über 20 bis mit 25 Jahren.	über 25 bis mit 32 Jahren.	über 32 bis mit 39 Jahren.
B. Plattes Land.					
1. Königsberg	129 307	33 506	23 980	42 153	36 735
2. Gumbinnen	105 863	27 425	20 592	37 699	32 300
3. Danzig	60 524	15 954	11 612	19 398	16 464
4. Marienwerder	106 969	28 251	19 862	32 591	27 401
I. Provinz **Preussen**	402 663	105 196	76 072	131 841	112 960
5. Posen	125 698	36 653	25 763	37 884	30 929
6. Bromberg	76 251	19 686	14 409	22 221	18 497
II. Provinz **Posen**	201 949	56 339	40 172	60 105	49 426
7. Potsdam	108 707	30 422	22 888	37 774	32 057
8. Frankfurt	117 062	32 273	23 188	37 364	31 805
III. Provinz **Brandenburg**	225 769	62 695	46 076	75 138	63 862
9. Stettin	80 400	21 238	15 282	23 860	19 877
10. Köslin	76 378	20 919	14 639	23 075	18 179
11. Stralsund	23 397	6 717	5 171	7 543	6 341
IV. Provinz **Pommern**	180 175	48 874	35 092	54 478	44 397
12. Breslau	160 685	45 190	31 743	52 540	44 300
13. Oppeln	170 146	46 029	32 809	56 629	43 595
14. Liegnitz	115 763	33 783	23 093	39 041	35 264
V. Provinz **Schlesien**	446 594	125 002	87 645	148 210	123 159
15. Magdeburg	80 004	22 077	16 478	27 367	23 213
16. Merseburg	93 070	23 659	18 038	29 901	24 803
17. Erfurt	39 901	10 690	7 669	12 154	10 417
VI. Provinz **Sachsen**	212 944	56 426	42 185	69 422	58 433
18. Münster	54 156	17 793	12 812	19 123	16 219
19. Minden	69 175	18 478	11 336	17 087	15 509
20. Arnsberg	85 936	27 322	19 696	31 138	22 923
VII. Provinz **Westfalen**	209 267	63 593	43 844	67 298	54 711
21. Köln	67 872	18 985	13 529	22 445	17 977
22. Düsseldorf	89 807	28 373	21 429	32 412	24 852
23. Koblenz	70 945	20 970	15 785	24 384	19 431
24. Trier	62 249	24 246	18 543	27 974	21 679
25. Aachen	54 501	16 291	11 888	19 591	15 730
VIII. **Rheinprovinz**	385 374	108 865	81 174	126 806	99 749
Hohenzollersche Lande	6 156	2 830	1 990	2 657	2 365
Jadegebiet	33	21	109	311	147
Summe	2 252 954	630 841	454 849	730 266	609 209

Alter von			Weibliche Bewohner im Alter von				Männliche und weibliche Bewohner zusammen.
über 39 bis mit 60 Jahren.	über 60 Jahren.	Zusammen.	unter 14 Jahren.	über 14 bis mit 60 Jahren.	über 60 Jahren.	Zusammen.	
59 567	17 673	342 987	127 628	203 717	18 139	349 484	692 471
51 796	14 904	290 639	105 678	179 516	17 178	302 372	593 011
25 626	8 234	158 012	59 737	92 159	8 863	160 759	318 771
44 800	11 947	271 341	105 560	153 306	11 818	270 684	542 025
181 789	52 758	1.062 979	398 603	628 698	55 998	1.083 299	2.146 278
54 038	12 588	323 543	125 662	197 111	13 560	336 333	659 876
30 575	7 562	189 201	75 032	106 908	8 028	189 968	379 169
84 613	20 150	512 744	200 694	304 019	21 588	526 301	1.039 045
56 874	16 896	305 068	106 523	182 032	20 416	308 971	614 039
59 912	19 132	321 386	115 323	193 001	22 827	331 151	652 537
116 786	36 028	626 454	221 846	375 033	43 243	640 122	1.266 576
35 651	11 706	208 114	77 832	118 323	12 202	208 357	416 471
33 171	10 326	196 687	74 340	113 075	10 230	197 645	394 332
11 585	3 778	64 532	22 785	38 655	3 871	65 311	129 843
80 407	25 810	469 333	174 957	270 053	26 303	471 313	940 646
87 185	26 126	447 769	160 398	290 038	29 799	480 235	928 004
74 827	19 926	444 361	172 163	275 191	22 153	469 507	913 868
79 384	27 481	353 809	116 224	239 602	31 061	386 887	740 696
240 896	73 533	1.245 939	448 785	804 831	83 013	1.336 629	2.582 568
45 893	14 057	229 049	78 126	135 290	14 670	228 086	457 135
51 871	17 116	257 967	93 110	153 292	17 977	264 379	522 346
21 877	7 608	110 716	39 167	69 597	7 388	116 152	226 868
119 641	38 681	597 732	210 403	358 179	40 035	608 617	1.206 349
37 582	14 776	172 461	51 977	103 058	13 505	168 540	341 001
36 795	10 870	178 766	67 537	104 588	9 856	181 981	360 747
45 231	13 767	246 013	82 001	133 588	12 700	228 298	474 311
119 608	39 919	597 240	201 515	341 244	36 060	578 819	1.176 059
36 543	11 406	188 717	66 002	107 712	11 625	185 339	374 056
50 695	16 127	263 775	86 197	145 403	16 425	248 025	511 800
43 041	12 067	206 623	70 497	119 939	11 221	201 657	408 280
45 768	16 265	233 764	80 938	135 525	13 517	229 980	463 744
34 148	11 753	163 902	52 974	91 792	12 501	157 267	321 169
210 195	64 618	1.056 781	356 608	600 371	65 289	1.022 268	2.079 049
5 685	2 079	25 852	8 380	17 048	1 967	27 395	53 247
180	5	756	36	62	4	102	858
1.189 150	352 581	6.195 850	2.221 827	3.699 538	373 500	6.294 865	12.490 715

(II.) Regierungsbezirke und Provinzen.	Männliche Bewohner im				
	bis mit 14 Jahren.	über 14 bis mit 20 Jahren.	über 20 bis mit 25 Jahren.	über 25 bis mit 32 Jahren.	über 32 bis mit 39 Jahren.
C. Städte und platten Land zusammen.					
1. Königsberg	106 552	45 303	37 159	58 403	50 450
2. Gumbinnen	117 357	32 466	25 071	43 504	38 512
3. Danzig	80 444	27 083	22 473	28 381	23 639
4. Marienwerder	132 122	35 958	27 824	41 216	34 419
I. Provinz **Preussen**	496 475	136 810	112 527	171 504	145 020
5. Posen	169 083	50 234	40 424	52 393	43 318
6. Bromberg	97 807	26 106	20 752	29 318	24 265
II. Provinz **Posen**	266 890	76 340	61 176	81 711	67 583
7. Potsdam mit Berlin	226 061	68 308	78 638	95 855	74 245
8. Frankfurt	165 085	46 499	38 159	54 194	45 917
III. Provinz **Brandenburg**	391 146	114 807	116 797	150 049	120 162
9. Stettin	114 226	31 770	28 264	37 640	30 594
10. Köslin	95 162	26 750	19 972	29 740	23 220
11. Stralsund	35 159	10 262	8 877	11 675	9 934
IV. Provinz **Pommern**	244 547	68 782	57 113	79 055	63 748
12. Breslau	205 823	62 729	51 371	74 001	61 335
13. Oppeln	196 610	50 831	43 424	67 147	51 247
14. Liegnitz	144 392	43 858	33 976	50 759	45 446
V. Provinz **Schlesien**	546 825	161 418	128 771	191 907	158 028
15. Magdeburg	128 178	37 000	32 575	46 169	38 013
16. Merseburg	141 848	37 913	32 669	46 400	38 221
17. Erfurt	60 497	17 473	15 912	19 774	16 337
VI. Provinz **Sachsen**	330 523	92 416	81 156	112 843	92 571
18. Münster	68 272	22 545	18 554	24 844	20 661
19. Minden	85 753	23 932	17 308	22 749	19 880
20. Arnsberg	119 144	39 334	29 909	45 212	33 032
VII. Provinz **Westfalen**	273 169	85 811	65 771	92 805	73 573
21. Köln	95 211	28 131	20 640	34 609	26 591
22. Düsseldorf	188 868	58 836	60 515	68 598	51 215
23. Koblenz	87 900	26 880	24 714	30 906	24 788
24. Trier	91 184	27 154	24 715	31 715	24 223
25. Aachen	74 484	22 683	17 921	27 643	21 875
VIII. **Rheinprovinz**	535 665	163 704	144 525	193 471	148 292
Hohenzollersche Lande	9 810	3 402	2 285	3 166	2 828
Jadegebiet	23	21	109	311	147
Militair in Frankfurt a. M., Mainz und Luxemburg	384	144	8 244	1 676	222
Ueberhaupt im preuss. Staat	3 085 467	885 635	778 454	1 077 958	873 174

Alter von über 39 bis mit 60 Jahren.	über 60 Jahren.	Zusammen.	Weibliche Bewohner im Alter von unter 14 Jahren.	über 14 bis mit 60 Jahren.	über 60 Jahren.	Zusammen.	Männliche und weibliche Bewohner zusammen.
79 305	23 254	460 486	164 288	286 296	26 989	477 573	938 059
57 735	16 300	328 945	116 618	205 615	19 605	341 838	670 783
38 357	11 127	225 504	79 177	135 420	13 525	228 122	453 626
55 493	15 059	342 095	129 314	194 906	15 717	339 937	682 032
228 950	65 744	1.357 030	489 397	822 237	75 836	1.387 470	2.744 500
76 346	18 409	450 207	168 056	279 280	20 679	468 015	918 222
40 121	10 179	248 548	95 707	143 332	11 346	250 385	498 933
116 467	28 588	698 755	263 763	422 612	32 025	718 400	1.417 155
124 459	34 053	702 219	221 027	424 157	44 934	690 118	1.392 337
85 409	26 874	462 137	162 569	279 634	33 319	475 522	937 659
209 868	61 527	1.164 356	383 596	703 791	78 253	1.165 640	2.329 996
58 326	16 987	312 807	110 309	181 036	19 287	310 929	623 729
41 829	13 215	249 888	92 312	145 459	13 887	251 658	501 546
18 397	6 218	100 522	34 226	61 376	6 982	102 584	203 106
118 552	36 420	663 217	237 137	387 871	40 156	665 164	1.328 381
116 280	34 506	606 065	204 894	397 104	41 086	643 084	1.249 149
87 433	23 583	526 285	197 628	327 025	26 655	551 378	1.077 663
99 432	34 303	452 196	144 308	306 922	39 375	490 605	942 801
303 105	92 492	1.584 546	546 830	1.031 051	107 116	1.685 067	3.269 613
78 985	21 477	376 437	125 048	223 982	24 341	373 371	749 808
77 801	25 221	400 073	140 900	237 417	27 734	406 051	806 124
28 814	11 159	174 966	59 055	108 523	11 586	179 164	354 130
184 610	57 857	951 476	325 003	569 922	63 661	958 586	1.910 062
47 164	17 886	220 038	65 742	133 001	17 304	216 047	436 085
45 808	13 089	228 514	83 529	135 181	12 881	231 591	460 105
63 955	18 701	348 347	113 962	189 774	18 168	321 904	670 251
156 922	49 646	790 899	263 233	457 956	48 353	769 542	1.566 441
50 690	15 060	277 142	92 400	160 148	16 201	268 749	545 891
100 443	29 912	546 375	179 840	304 232	32 099	516 171	1.062 546
58 116	15 864	263 308	87 291	153 251	14 521	255 065	518 373
61 178	14 807	264 976	90 168	152 775	15 237	258 180	523 156
46 114	15 425	226 155	72 692	130 864	16 952	220 508	446 663
304 741	90 668	1.577 956	522 391	901 270	95 012	1.518 673	3.096 629
7 095	2 520	31 086	9 972	20 749	2 428	33 149	64 235
130	5	756	36	62	4	102	858
253	52	10 935	382	709	17	1 108	12 043
1.631 693	495 611	8.837 912	3.041 810	5.318 230	542 861	8.902 901	17.739 913

3. Die Confessionsverhältnisse.

(12.) Regierungsbezirke. — Provinzen.	Christen. Evangelische.	Katholische.	Griechische.	Mennoniten.	Freigemeindler und Deutsch-katholiken.	Summe.	Juden.	Andersgläubige.	Zusammen.
1. Königsberg ..	741 492	188 619	29	217	371	930 748	7 310	1	938 059
2. Gumbinnen ..	656 261	9 702	1 180	702	240	668 104	2 679	.	670 783
3. Danzig	231 753	205 961	3	8 618	905	447 240	6 386	.	453 626
4. Marienwerder	333 806	325 660	7	2 918	134	662 519	19 513	.	682 032
I. Prov. **Preussen**	1.963 300	729 962	1 178	12 515	1 650	2.708 611	35 888	1	2.744 500
5. Posen	261 297	608 851	11	1	165	870 315	47 907	.	918 222
6. Bromberg ...	203 306	271 221	1	2	112	474 642	24 291	.	498 933
II. Prov. **Posen**.	464 593	880 072	12	3	277	1.344 957	72 198	.	1.417 155
7. Stadt Berlin .	421 645	19 075	69	13	2 372	443 134	15 491	12	458 637
8. Potsdam	919 265	9 479	22	1	102	928 859	4 841	.	933 700
9. Frankfurt	918 019	12 651	6	11	57	930 744	6 915	.	937 659
III. Prov. **Brandenburg** ...	2 258 929	41 205	97	25	2 481	2.302 737	27 247	12	2.329 996
10. Stettin	612 817	4 114	8	23	434	617 396	6 332	1	623 729
11. Köslin	487 854	7 522	5	2	687	496 070	5 476	.	501 546
12. Stralsund	202 137	739	.	1	.	202 877	229	.	203 106
IV. Prov. **Pommern**	1.302 808	12 375	13	26	1 121	1.316 343	12 037	1	1.328 381
13. Breslau	737 325	495 946	6	7	1 051	1.234 335	14 814	.	1.249 149
14. Oppeln	105 098	952 523	.	.	13	1.057 634	20 029	.	1.077 063
15. Liegnitz	789 603	145 274	2	1	3 716	938 596	4 202	3	942 801
V. Prov. **Schlesien**	1 632 026	1.593 743	8	8	4 780	3.230 565	39 045	3	3.269 613
16. Magdeburg ..	727 501	17 348	1	.	1 808	746 658	3 150	.	749 808
17. Merseburg .	800 931	3 842	.	.	465	805 238	886	.	806 124
18. Erfurt	255 887	96 275	.	1	489	352 652	1 478	.	354 130
VI. Prov. **Sachsen**	1.784 319	117 465	1	1	2 762	1.904 548	5 514	.	1.910 062
19. Münster	40 243	392 352	.	38	.	432 633	3 452	.	436 085
20. Minden	268 226	185 232	1	70	427	453 956	6 149	.	460 105
21. Arnsberg	377 281	286 154	.	48	270	663 753	6 498	.	670 251
VII. Prov. **Westfalen**	685 750	863 738	1	156	697	1.550 342	16 099	.	1.566 441
22. Köln	78 421	460 405	3	7	.	538 928	6 963	.	545 891
23. Düsseldorf ...	413 201	638 348	16	962	722	1.053 249	9 297	.	1.062 546
24. Koblenz	164 885	344 450	2	214	104	509 655	8 718	.	518 373
25. Trier	76 252	441 399	.	133	14	517 798	3 358	.	521 156
26. Aachen	14 378	429 232	.	1	.	443 611	3 052	.	446 663
VIII. **Rheinprovinz**	747 137	2.313 924	21	1 317	840	3.063 241	31 388	.	3.094 629
Hohenzollernsche Lande.	1 154	62 132	.	.	.	63 286	949	.	64 235
Jadegebiet	792	66	.	.	.	858	.	.	858
Militair ausserhalb des Staats	7 694	4 297	.	1	.	11 992	51	.	12 043
Summe des Staats .	10.848 510	6.618 979	1 331	14 052	14 608	17.497 380	242 416	17	17.739 913

4. Der Familienstand. Die Civil- und die Militairbevölkerung.

(13.) Regierungsbezirke. — Provinzen.	Zahl der Familien.	Personen, die in der Ehe leben. Männer.	Frauen.	Civil-bevölkerung.	Militair-bevölkerung.	Summe der ganzen Bevölkerung.
1. Königsberg	196 469	157 219	157 913	929 481	8 578	938 059
2. Gumbinnen	142 242	113 507	114 212	668 235	2 548	670 783
3. Danzig	89 660	73 068	73 279	443 692	9 934	453 626
4. Marienwerder	133 707	113 923	114 220	676 688	5 384	682 072
I. Provinz **Preussen**	562 078	457 817	459 633	2.718 076	26 424	2.744 500
5. Posen	184 100	148 077	149 696	908 580	9 642	918 222
6. Bromberg	96 912	82 055	82 125	495 048	3 885	498 933
II. Provinz **Posen**	281 012	230 132	231 821	1.403 628	13 527	1.417 155
7. Stadt Berlin	89 759	64 771	65 159	438 961	19 676	458 637
8. Potsdam	195 501	159 706	159 925	918 375	15 325	933 700
9. Frankfurt	188 927	161 013	161 801	930 751	6 908	937 659
III. Provinz **Brandenburg**	474 187	385 490	386 885	2.288 087	41 909	2.329 996
10. Stettin	123 829	102 997	103 117	615 106	8 623	623 729
11. Köslin	95 227	81 981	82 324	498 423	3 123	501 546
12. Stralsund	42 339	33 222	33 543	201 411	1 695	203 106
IV. Provinz **Pommern**	261 395	218 200	218 984	1.314 940	13 441	1.328 381
13. Breslau	281 884	207 204	208 619	1.235 788	13 361	1.249 149
14. Oppeln	220 284	180 565	181 048	1.068 836	8 827	1.077 663
15. Liegnitz	226 632	169 346	171 204	934 992	7 809	942 801
V. Provinz **Schlesien**	737 790	557 115	560 871	3.239 616	29 997	3.269 613
16. Magdeburg	165 709	130 680	132 008	740 653	9 155	749 808
17. Merseburg	173 912	137 839	139 235	797 418	8 706	806 124
18. Erfurt	77 653	58 753	60 097	348 062	6 068	354 130
VI. Provinz **Sachsen**	417 274	327 272	331 340	1.886 133	23 929	1.910 062
19. Münster	80 462	67 362	67 698	432 376	3 709	436 085
20. Minden	91 118	73 663	75 134	455 912	4 193	460 105
21. Arnsberg	128 409	106 051	107 609	669 149	1 102	670 251
VII. Provinz **Westfalen**	299 989	247 076	250 441	1.557 437	9 004	1.566 441
22. Köln	111 088	83 905	84 965	536 981	8 910	545 891
23. Düsseldorf	216 173	167 744	168 817	1.055 111	7 435	1.062 546
24. Koblenz	115 489	82 584	83 531	510 995	7 378	518 373
25. Trier	105 667	83 586	84 620	516 949	6 207	523 156
26. Aachen	94 467	68 763	69 763	444 417	2 246	446 663
VIII. **Rheinprovinz**	642 873	486 682	491 705	3.064 453	32 176	3.096 629
Hohenzollersche Lande	14 666	10 114	10 161	64 012	223	64 235
Jadegebiet	302	331	321	858	.	858
Militair ausserhalb des Staats	474	550	432	.	12 043	12 034
Summe	3.801 725	2.021 394	2.012 328	17.537 240	202 673	17.739 913

5. Die Sprache

(14.) Regierungsbezirke. — **Provinzen.**	Deutsche Civil-bevölkerung.	S l a -		
		Polen, Masuren, Kassuben.	Wenden.	Mähren.
1. Königsberg	750 106	146 128	.	.
2. Gumbinnen	413 327	148 375	.	.
3. Danzig	351 590	92 102	.	.
4. Marienwerder	422 695	253 973	.	.
I. Provinz **Preussen**	1.937 718	640 578	.	.
5. Posen	371 740	530 840	.	.
6. Bromberg	248 196	246 852	.	.
II. Provinz **Posen**	619 936	783 692	.	.
7. Stadt Berlin	438 961	.	.	.
8. Potsdam	918 375	.	.	.
9. Frankfurt	854 323	.	76 428	.
III. Provinz **Brandenburg**	2.211 659	.	76 428	.
10. Stettin	615 106	.	.	.
11. Köslin	493 543	4 880	.	.
12. Stralsund	201 411	.	.	.
IV. Provinz **Pommern**	1.310 060	4 880	.	.
13. Breslau	1.176 237	53 817	.	.
14. Oppeln	406 950	612 849	.	47 018
15. Liegnitz	902 411	.	32 581	.
V. Provinz **Schlesien**	2.485 598	666 666	32 581	47 018
16. Magdeburg	740 653	.	.	.
17. Merseburg	797 418	.	.	.
18. Erfurt	348 062	.	.	.
VI. Provinz **Sachsen**	1.886 133	.	.	.
19. Münster	432 376	.	.	.
20. Minden	455 012	.	.	.
21. Arnsberg	669 149	.	.	.
VII. Provinz **Westfalen**	1.557 437	.	.	.
22. Köln	536 961	.	.	.
23. Düsseldorf	1.055 111	.	.	.
24. Koblenz	510 995	.	.	.
25. Trier	516 949	.	.	.
26. Aachen	443 718	.	.	.
VIII. **Rheinprovinz**	3.063 754	.	.	.
Hohenzollersche Lande	64 012	.	.	.
Jadegebiet	858	.	.	.
Militair innerhalb des Staats	.	.	.	.
Summe	15.137 165	2.095 816	109 009	47 018

und Nationalität.

v o n.		Litthauer.	Wallonen (nur in den Kreisen Aachen und Eupen angeführt).	Ueberhaupt nichtdeutsche Nationalitäten unter der Civil-bevölkerung.	Militair-bevölkerung	Gesammt-bevölkerung.
Böhmen.	Summe.					
.	146 128	33 247	.	179 375	8 578	938 059
.	148 875	106 533	.	254 908	2 548	670 783
.	92 102	.	.	92 102	9 931	453 628
.	253 073	.	.	253 973	5 364	682 032
.	640 578	139 780		780 358	26 424	2.744 500
.	536 840	.	.	536 840	9 642	918 222
.	246 852	.	.	246 852	3 885	498 933
.	783 692	.	.	783 692	13 527	1.417 155
.	.	.	.	.	10 676	458 637
.	.	.	.	.	15 325	932 700
.	76 428	.	.	76 428	6 908	937 050
.	76 428	.	.	76 428	41 909	2.329 996
.	.	.	.	.	8 623	623 729
.	4 880	.	.	4 880	3 123	501 546
.	.	.	.	.	1 695	203 106
.	4 880	.	.	4 880	13 441	1.328 381
5 784	59 551	.	.	59 551	13 361	1.249 149
2 010	661 886	.	.	661 886	8 827	1.077 063
.	32 581	.	.	32 581	7 809	942 801
7 753	754 018	.	.	754 018	29 997	3.269 013
.	.	.	.	.	9 155	749 808
.	.	.	.	.	8 706	806 124
.	.	.	.	.	6 068	354 130
.	.	.	.	.	23 929	1.910 062
.	.	.	.	.	3 709	436 985
.	.	.	.	.	4 193	460 105
.	.	.	.	.	1 102	670 251
.	.	.	.	.	9 004	1.566 441
.	.	.	.	.	8 910	545 891
.	.	.	.	.	7 415	1.062 540
.	.	.	.	.	7 378	518 373
.	.	.	.	.	6 207	523 156
.	.	.	699	699	2 246	446 683
.	.	.	699	699	32 176	3.096 620
.	.	.	.	.	223	64 215
.	.	.	.	.	.	858
.	.	.	.	.	12 043	12 043
7 780	3.259 596	139 780	699	2.400 075	202 673	17.739 913

B. Relative Bevölkerung.

(15.) Regierungs-bezirke.	Flächen-inhalt in geographischen Quadrat-meilen.	Auf je einer Quadratmeile der nebenverzeichneten Regierungsbezirke lebten Bewohner: im December 1816.	im December 1822.	im December 1831.	im December 1840.	im December 1849.	im December 1858.
Königsberg	408,15	1 305	1 378	1 735	1 850	2 076	2 208
Gumbinnen	298,21	1 175	1 519	1 707	2 004	2 059	2 249
Danzig	152,30	1 562	1 935	2 144	2 407	2 656	2 926
Marienwerder	319,41	1 092	1 262	1 427	1 720	1 944	2 135
Posen	321,38	1 793	2 040	2 187	2 566	2 789	2 857
Bromberg	214,83	1 139	1 412	1 518	1 903	2 116	2 322
Potsdam incl. Berlin	362,51	1 858	2 078	2 344	2 842	3 317	3 640
Frankfurt	351,63	1 628	1 741	1 942	2 189	2 416	2 660
Stettin	238,61	1 327	1 378	1 812	2 093	2 355	2 614
Köslin	258,43	918	1 069	1 274	1 590	1 735	1 910
Stralsund	79,68	1 600	1 756	1 886	2 144	2 317	2 519
Breslau	218,14	3 061	3 540	3 872	4 370	4 733	5 034
Oppeln	243,06	2 159	2 540	3 003	3 727	3 973	4 433
Liegnitz	250,54	2 621	2 876	3 087	3 425	3 676	3 763
Magdeburg	210,13	2 223	2 415	2 678	2 991	3 290	3 568
Merseburg	188,76	2 604	2 803	3 201	3 622	3 934	4 270
Erfurt	61,74	3 866	4 170	4 581	5 261	5 621	5 735
Münster	132,17	2 652	2 812	3 025	3 111	3 192	3 260
Minden	95,66	3 542	3 767	4 142	4 616	4 811	4 898
Arnsberg	140,11	2 688	2 907	3 323	3 784	4 137	4 763
Köln	72,10	4 527	4 925	5 592	6 180	6 849	7 530
Düsseldorf	98,33	6 015	6 406	7 188	8 217	9 226	10 807
Koblenz	109,64	3 143	3 522	3 981	4 393	4 682	4 773
Trier	131,19	2 293	2 539	2 977	3 587	3 798	4 028
Aachen	75,63	4 070	4 392	4 681	5 094	5 439	5 984
Im preussischen Staate überhaupt	5 082,87	2 030	2 291	2 565	2 906	3 258	3 407

Die Dichtigkeit der Bevölkerung Hohenzollerns ist wegen dessen späteren Eintritts in den preussischen Staatsverband nicht in die vergleichende Tabelle aufgenommen; sie betrug im Jahre 1858 auf der deutschen Quadratmeile 3 037 Menschen.

II. Bewegung der Bevölkerung.

A. Geburten.

1. Die Zahl der Geborenen.

(16.) Regierungsbezirke. — Provinzen.	Im Jahre	Lebend Geborene. Knaben.	Mädchen.	Zusammen.	Todt Geborene. Knaben.	Mädchen.	Zusammen.	Geborene überhaupt. Knaben.	Mädchen.	Zusammen.
1. Königsberg	1859	21 777	20 764	42 541	937	765	1 702	22 714	21 529	44 243
	1860	21 217	20 766	41 983	997	750	1 747	22 214	21 516	43 730
2. Gumbinnen	1859	15 681	15 058	30 739	651	510	1 161	16 332	15 568	31 900
	1860	15 340	14 762	30 102	639	516	1 155	15 979	15 278	31 257
3. Danzig	1859	10 421	9 946	20 367	464	344	808	10 885	10 290	21 175
	1860	10 624	10 087	20 711	452	375	827	11 076	10 462	21 538
4. Marienwerder	1859	16 387	15 840	32 227	682	461	1 143	17 069	16 301	33 370
	1860	16 215	15 412	31 627	662	447	1 109	16 877	15 859	32 736
I. Preussen	1859	64 286	61 588	125 874	2 734	2 080	4 814	67 020	63 668	130 688
	1860	63 396	61 027	124 423	2 750	2 088	4 838	66 146	63 115	129 261
5. Posen	1859	20 213	19 710	39 923	853	582	1 435	21 066	20 292	41 358
	1860	19 268	18 454	37 722	802	622	1 424	20 070	19 076	39 146
6. Bromberg	1859	11 869	11 289	23 158	529	372	901	12 398	11 661	24 059
	1860	11 792	11 419	23 211	501	358	859	12 293	11 777	24 070
II. Posen	1859	32 082	30 999	63 081	1 382	954	2 336	33 464	31 953	65 417
	1860	31 060	29 873	60 933	1 303	980	2 283	32 363	30 853	63 216
7. Stadt Berlin	1859	8 649	8 188	16 837	435	369	804	9 084	8 557	17 641
	1860	8 688	8 514	17 202	441	353	794	9 129	8 867	17 996
8. Potsdam	1859	18 278	17 170	35 448	1 004	744	1 748	19 282	17 914	37 196
	1860	18 151	16 865	35 016	930	753	1 683	19 081	17 618	36 699
9. Frankfurt	1859	18 266	17 237	35 503	923	773	1 696	19 189	18 010	37 199
	1860	17 880	16 667	34 547	977	750	1 727	18 857	17 417	36 274
III. Brandenburg	1859	45 193	42 595	87 788	2 362	1 886	4 248	47 555	44 481	92 036
	1860	44 719	42 046	86 765	2 348	1 856	4 204	47 067	43 902	90 969
10. Stettin	1859	13 376	12 718	26 094	583	430	1 013	13 959	13 148	27 107
	1860	13 033	12 492	25 525	613	406	1 019	13 646	12 898	26 544
11. Köslin	1859	10 775	10 525	21 300	414	369	783	11 189	10 894	22 083
	1860	10 678	10 199	20 877	474	332	806	11 152	10 531	21 683
12. Stralsund	1859	3 760	3 589	7 349	183	114	297	3 943	3 703	7 646
	1860	3 855	3 597	7 452	152	112	264	4 007	3 709	7 716
IV. Pommern	1859	27 911	26 832	54 743	1 180	913	2 093	29 091	27 745	56 836
	1860	27 566	26 288	53 854	1 239	850	2 089	28 805	27 138	55 943
13. Breslau	1859	25 502	24 429	49 931	1 381	985	2 366	26 945	25 412	52 357
	1860	25 049	24 320	49 369	1 346	1 052	2 398	26 395	25 372	51 767
14. Oppeln	1859	26 973	25 813	52 786	1 002	701	1 703	27 975	26 514	54 489
	1860	26 098	25 020	51 118	1 023	715	1 738	27 121	25 735	52 856
15. Liegnitz	1859	16 739	15 897	32 636	1 155	864	2 019	17 894	16 761	34 655
	1860	16 044	15 590	31 634	1 100	816	1 916	17 144	16 406	33 550
V. Schlesien	1859	69 274	66 139	135 413	3 540	2 548	6 088	72 814	68 687	141 501
	1860	67 191	64 930	132 121	3 469	2 583	6 052	70 660	67 513	138 173

(Forts. zu 16.) Regierungsbezirke. — Provinzen.	Im Jahre	Lebend Geborene. Knaben.	Lebend Geborene. Mädchen.	Lebend Geborene. Zusammen.	Todt Geborene. Knaben.	Todt Geborene. Mädchen.	Todt Geborene. Zusammen.	Geborene überhaupt. Knaben.	Geborene überhaupt. Mädchen.	Geborene überhaupt. Zusammen.
16. Magdeburg ...	1859	14 882	14 239	29 121	829	610	1 439	15 711	14 849	30 560
	1860	14 556	13 853	28 409	845	598	1 443	15 401	14 451	29 852
17. Merseburg ..	1859	16 132	15 393	31 525	849	644	1 493	16 981	16 037	33 018
	1860	15 970	15 070	31 040	743	611	1 354	16 713	15 681	32 394
18. Erfurt	1859	6 786	6 600	13 386	259	236	495	7 045	6 836	13 881
	1860	6 760	6 236	12 996	263	209	472	7 023	6 445	13 468
VI. Sachsen	1859	37 800	36 235	74 035	1 937	1 510	3 447	39 737	37 745	77 482
	1860	37 286	35 159	72 445	1 851	1 418	3 269	39 137	36 577	75 714
19. Münster	1859	6 838	6 527	13 365	190	130	320	7 028	6 657	13 685
	1860	6 503	6 021	12 524	156	114	270	6 659	6 135	12 794
20. Minden	1859	8 838	8 441	17 279	333	260	593	9 171	8 701	17 872
	1860	8 376	8 177	16 553	329	248	577	8 705	8 425	17 130
21. Arnsberg	1859	14 261	13 359	27 620	645	464	1 109	14 906	13 823	28 729
	1860	13 776	13 066	26 842	576	486	1 062	14 352	13 552	27 904
VII. Westfalen ..	1859	29 937	28 327	58 264	1 168	857	2 025	31 105	29 184	60 289
	1860	28 655	27 264	55 919	1 055	848	1 903	29 710	28 112	57 822
22. Köln	1859	10 226	9 723	19 949	657	519	1 176	10 883	10 242	21 125
	1860	10 042	9 567	19 609	587	534	1 121	10 629	10 101	20 730
23. Düsseldorf ...	1859	20 942	19 691	40 633	1 198	936	2 134	22 140	20 627	42 767
	1860	20 118	19 198	39 316	1 221	907	2 128	21 339	20 105	41 444
24. Koblenz	1859	9 408	8 959	18 367	580	405	985	9 988	9 364	19 352
	1860	9 368	8 782	18 150	574	412	986	9 942	9 194	19 136
25. Trier.........	1859	10 013	9 558	19 571	667	501	1 168	10 680	10 059	20 739
	1860	9 586	9 239	18 825	630	443	1 073	10 216	9 682	19 898
26. Aachen	1859	7 804	7 684	15 488	470	355	825	8 274	8 039	16 313
	1860	7 572	7 176	14 748	463	381	844	8 035	7 557	15 592
VIII. Rheinprovinz	1859	58 393	55 615	114 008	3 578	2 716	6 294	61 971	58 331	120 302
	1860	56 686	53 962	110 648	3 475	2 677	6 152	60 161	56 639	116 800
Hohenzollersche Lande	1859	1 267	1 150	2 417	27	25	52	1 294	1 175	2 469
	1860	1 200	1 088	2 288	32	18	50	1 232	1 106	2 338
Jadegebiet	1859	5	7	12	.	.	.	5	7	12
	1860	5	2	7	.	.	.	5	2	7
Summe.....	1859	366 128	349 507	715 635	17 906	13 489	31 395	384 034	362 996	747 030
	1860	357 764	341 639	699 403	17 525	13 318	30 843	375 289	354 957	730 246

2. Die Geburten nach dem Familienstande.

(17.) Regierungsbezirke. — Provinzen.	Im Jahre	In der Ehe Geborene. Knaben.	Mäd-chen.	Zu-sammen.	Ausser der Ehe Geborene. Kna-ben.	Mäd-chen.	Zu-sammen.	Geborene überhaupt.
1. Königsberg	1859	20 415	19 263	39 678	2 299	2 266	4 565	44 243
	1860	20 020	19 488	39 508	2 194	2 028	4 222	43 730
2. Gumbinnen	1859	14 662	14 024	28 686	1 670	1 544	3 214	31 900
	1860	14 562	13 932	28 494	1 417	1 346	2 763	31 257
3. Danzig	1859	9 820	9 260	19 080	1 056	1 039	2 095	21 175
	1860	9 971	9 451	19 422	1 105	1 011	2 116	21 538
4. Marienwerder	1859	16 048	15 202	31 250	1 021	1 099	2 120	33 370
	1860	15 846	14 833	30 679	1 031	1 026	2 057	32 736
I. Preussen	1859	60 954	57 749	118 703	6 046	5 939	11 985	130 688
	1860	60 399	57 704	118 103	5 747	5 411	11 158	129 261
5. Posen	1859	19 645	18 877	38 522	1 421	1 415	2 836	41 358
	1860	18 705	17 757	36 462	1 365	1 319	2 684	39 146
6. Bromberg	1859	11 673	10 914	22 587	725	747	1 472	24 059
	1860	11 543	11 048	22 591	750	729	1 479	24 070
II. Posen	1859	31 318	29 791	61 109	2 146	2 162	4 308	65 417
	1860	30 248	28 805	59 053	2 115	2 048	4 163	63 216
7. Stadt Berlin	1859	7 733	7 292	15 025	1 351	1 265	2 616	17 641
	1860	7 719	7 493	15 212	1 410	1 374	2 784	17 996
8. Potsdam	1859	17 425	16 211	33 636	1 857	1 703	3 560	37 196
	1860	17 228	15 849	33 077	1 853	1 769	3 622	36 699
9. Frankfurt	1859	17 074	15 965	33 039	2 115	2 045	4 160	37 199
	1860	16 936	15 550	32 486	1 921	1 867	3 788	36 274
III. Brandenburg	1859	42 232	39 468	81 700	5 323	5 013	10 336	92 036
	1860	41 883	38 892	80 775	5 184	5 010	10 194	90 969
10. Stettin	1859	12 644	11 803	24 447	1 315	1 345	2 660	27 107
	1860	12 283	11 617	23 900	1 363	1 281	2 644	26 544
11. Köslin	1859	10 234	9 931	20 165	955	963	1 918	22 083
	1860	10 189	9 600	19 789	963	931	1 894	21 683
12. Stralsund	1859	3 437	3 229	6 666	506	474	980	7 646
	1860	3 499	3 215	6 714	508	494	1 002	7 716
IV. Pommern	1859	26 315	24 963	51 278	2 776	2 782	5 558	56 836
	1860	25 971	24 432	50 403	2 834	2 706	5 540	55 943
13. Breslau	1859	23 213	22 000	45 213	3 732	3 412	7 144	52 357
	1860	22 905	22 010	44 915	3 490	3 362	6 852	51 767
14. Oppeln	1859	25 803	24 410	50 213	2 172	2 104	4 276	54 489
	1860	25 220	23 879	49 099	1 892	1 865	3 757	52 856
15. Liegnitz	1859	15 333	14 439	29 772	2 561	2 322	4 883	34 655
	1860	14 803	14 167	28 970	2 341	2 239	4 580	33 550
V. Schlesien	1859	64 349	60 849	125 198	8 465	7 838	16 303	141 501
	1860	62 937	60 047	122 984	7 723	7 466	15 189	138 173

(Forts. zu 17.) Regierungsbezirke. — Provinzen.	Im Jahre	In der Ehe Geborene.			Ausser der Ehe Geborene.			Geborene überhaupt.
		Knaben.	Mädchen.	Zusammen.	Knaben.	Mädchen.	Zusammen.	
16. Magdeburg...	1859 1860	14 258 14 020	13 575 13 111	27 833 27 131	1 453 1 381	1 294 1 340	2 747 2 721	30 580 29 852
17. Merseburg ...	1859 1860	15 143 14 045	14 362 13 038	29 505 28 883	1 838 1 768	1 675 1 743	3 513 3 511	33 018 32 394
18. Erfurt	1859 1860	6 413 6 428	6 224 5 845	12 637 12 273	632 503	615 600	1 247 1 105	13 884 13 468
VI. Sachsen	1859 1860	35 814 35 393	34 161 32 894	69 975 68 287	3 923 3 744	3 584 3 683	7 507 7 427	77 482 75 714
19. Münster	1859 1860	6 841 6 479	6 487 5 979	13 328 12 458	187 174	170 156	357 330	13 685 12 788
20. Minden.......	1859 1860	8 690 8 241	8 209 7 999	16 899 16 240	481 464	495 426	976 890	17 875 17 130
21. Arnsberg	1859 1860	14 340 13 834	13 331 13 100	27 671 26 934	560 518	498 452	1 058 970	28 729 27 904
VII. Westfalen.......	1859 1860	29 871 28 554	28 027 27 078	57 898 55 632	1 234 1 158	1 157 1 034	2 391 2 192	60 289 57 824
22. Köln.........	1859 1860	10 362 10 040	9 718 9 579	20 080 19 619	521 589	524 522	1 045 1 111	21 125 20 730
23. Düsseldorf ...	1859 1860	21 352 20 631	19 901 19 450	41 253 40 081	788 708	726 655	1 514 1 363	42 767 41 444
24. Koblenz......	1859 1860	9 601 9 565	9 024 8 848	18 625 18 413	387 377	340 346	727 723	19 352 19 136
25. Trier.........	1859 1860	10 199 9 814	9 669 9 261	19 868 19 075	481 402	390 401	871 823	20 739 19 898
26. Aachen.......	1859 1860	8 085 7 847	7 840 7 371	15 925 15 218	195 188	199 186	394 374	16 319 15 592
VIII. Rheinprovinz...	1859 1860	59 599 57 897	56 152 54 509	115 751 112 406	2 372 2 264	2 179 2 130	4 551 4 394	120 302 116 800
Hohenzollersche Lande.........	1859 1860	1 115 1 044	988 956	2 103 2 000	179 188	187 150	366 338	2 469 2 338
Jadegebiet........	1859 1860	5 5	6 2	11 7	. .	1 .	1 .	12 7
Summe	1859 1860	351 572 344 331	332 154 325 319	683 726 669 650	32 464 30 955	30 842 29 618	63 306 60 573	747 032 730 243

B. Sterbefälle.

I. Zahl und Geschlecht der Gestorbenen.

(18.) Regierungsbezirke. — Provinzen.	Im Jahr	Zahl der Gestorbenen excl. der Todtgeborenen. männl.	weibl.	Zus.	Zahl der Gestorbenen incl. der Todtgeborenen. männl.	weibl.	Zus.
1. Königsberg	1859	14 212	12 989	27 201	15 149	13 754	28 903
	1860	15 494	14 493	29 987	16 491	15 243	31 734
2. Gumbinnen	1859	11 717	10 761	22 478	12 368	11 271	23 639
	1860	11 934	10 534	22 468	12 573	11 050	23 623
3. Danzig	1859	7 438	6 691	14 129	7 902	7 035	14 937
	1860	7 117	6 258	13 375	7 569	6 633	14 202
4. Marienwerder	1859	10 975	10 017	20 992	11 657	10 478	22 135
	1860	10 483	9 653	20 136	11 145	10 100	21 245
I. Preussen	1859	44 342	40 458	84 800	47 076	42 538	89 614
	1860	45 028	40 938	85 966	47 778	43 076	90 854
5. Posen	1859	12 628	11 901	24 529	13 491	12 473	25 964
	1860	11 216	10 372	21 588	12 018	10 994	23 012
6. Bromberg	1859	8 509	7 827	16 336	9 038	8 199	17 237
	1860	7 320	6 068	13 388	7 821	7 026	14 847
II. Posen	1859	21 147	19 718	40 865	22 529	20 672	43 201
	1860	18 536	17 040	35 576	19 839	18 020	37 859
7. Stadt Berlin	1859	6 419	5 744	12 163	6 854	6 113	12 967
	1860	5 730	5 258	10 988	6 171	5 611	11 782
8. Potsdam	1859	11 520	10 210	21 730	12 524	10 954	23 478
	1860	10 154	9 331	19 485	11 084	10 084	21 168
9. Frankfurt	1859	10 916	9 750	20 666	11 839	10 523	22 362
	1860	10 552	9 530	20 082	11 529	10 280	21 809
III. Brandenburg	1859	28 855	25 704	54 559	31 217	27 590	58 807
	1860	26 436	24 119	50 555	28 784	25 975	54 759
10. Stettin	1859	8 004	7 551	15 555	8 587	7 981	16 568
	1860	7 192	6 692	13 884	7 805	7 098	14 903
11. Köslin	1859	5 942	5 639	11 581	6 356	6 008	12 364
	1860	5 790	5 296	11 086	6 264	5 628	11 892
12. Stralsund	1859	2 286	2 102	4 448	2 469	2 276	4 745
	1860	2 063	1 973	4 036	2 215	2 085	4 300
IV. Pommern	1859	16 232	15 352	31 584	17 412	16 265	33 677
	1860	15 045	13 961	29 006	16 284	14 811	31 095
13. Breslau	1859	17 487	16 999	34 486	18 870	17 982	36 852
	1860	15 634	15 006	30 640	16 980	16 058	33 038
14. Oppeln	1859	16 009	14 750	30 759	17 005	15 457	32 462
	1860	14 206	13 063	27 269	15 229	13 778	29 007
15. Liegnitz	1859	12 334	12 317	24 651	13 489	13 181	26 670
	1860	11 138	11 039	22 177	12 218	11 855	24 073
V. Schlesien	1859	45 824	44 072	89 896	49 364	46 620	95 984
	1860	40 978	39 108	80 086	44 447	41 691	86 138

(Forts. zu 18.) Regierungsbezirke. — Provinzen.	Im Jahr	Zahl der Gestorbenen excl. der Todtgeborenen. männl.	weibl.	Zus.	incl. der Todtgeborenen. männl.	weibl.	Zus.
16. Magdeburg	1859 1860	9 927 9 033	9 554 8 727	19 481 17 760	10 756 9 878	10 184 9 325	20 940 19 203
17. Merseburg	1859 1860	10 112 8 786	9 792 8 364	19 904 17 150	10 961 9 529	10 436 8 975	21 397 18 504
18. Erfurt	1859 1860	3 983 3 826	3 887 3 790	7 870 7 610	4 242 4 089	4 123 3 999	8 365 8 088
VI. Sachsen	1859 1860	24 022 21 645	23 233 20 881	47 255 42 526	25 959 23 496	24 743 22 299	50 702 45 795
19. Münster	1859 1860	4 690 4 510	4 844 4 631	9 534 9 141	4 880 4 660	4 974 4 745	9 854 9 405
20. Minden	1859 1860	5 193 5 364	5 327 5 455	10 520 10 819	5 526 5 693	5 590 5 703	11 116 11 396
21. Arnsberg	1859 1860	8 304 7 967	7 878 7 339	16 182 15 306	8 949 8 543	8 342 7 825	17 291 16 368
VII. Westfalen	1859 1860	18 187 17 841	18 049 17 425	36 236 35 266	19 355 18 896	18 906 18 273	38 261 37 169
22. Köln	1859 1860	6 754 6 431	6 491 6 252	13 245 12 683	7 411 7 018	7 010 6 786	14 421 13 804
23. Düsseldorf	1859 1860	12 885 12 287	12 427 11 433	25 312 23 720	14 083 13 514	13 363 12 340	27 446 25 854
24. Koblenz	1859 1860	6 725 6 538	6 503 6 113	13 228 12 651	7 305 7 112	6 908 6 525	14 213 13 637
25. Trier	1859 1860	6 288 5 520	6 295 5 306	12 583 10 826	6 955 6 150	6 796 5 749	13 751 11 899
26. Aachen	1859 1860	5 399 4 855	5 416 4 754	10 815 9 609	5 875 5 318	5 771 5 135	11 646 10 453
VIII. Rheinprovinz	1859 1860	38 051 35 637	37 132 33 858	75 183 69 495	41 629 39 112	39 848 36 535	81 477 75 647
Hohenzollersche Lande	1859 1860	1 005 765	963 712	1 968 1 477	1 032 797	988 730	2 020 1 527
Jadegebiet	1859 1860	9 10	5 5	14 15	9 10	5 5	14 15
Summe	1859 1860	237 674 221 921	224 686 208 047	462 360 429 968	255 582 239 443	238 175 221 365	493 757 460 808

2. Die Fruchtbarkeit- und Sterblichkeitziffer.

(19.) Provinzen.	G. Z. = Geburtsziffer. St. Z. = Sterblichkeitsziffer. A. M. = arithmetisches Mittel aus beiden.	1816 bis 1820.	1821 bis 1830.	1831 bis 1840.	1841 bis 1850.	1851 bis 1860.	1816 bis 1860.
Preussen	G. Z.	18,01	21,34	23,99	23,08	22,31	22,39
	St. Z.	32,39	32,02	28,97	29,87	27,91	29,81
	A. M.	25,88	26,68	26,48	26,83	25,06	25,91
Posen	G. Z.	19,07	22,81	24,08	22,85	23,07	22,60
	St. Z.	34,99	30,06	30,18	29,55	27,85	29,66
	A. M.	27,08	26,48	27,12	25,93	25,46	26,15
Pommern	G. Z.	23,83	24,83	25,09	25,30	25,31	25,17
	St. Z.	41,38	41,36	37,89	39,86	39,10	39,58
	A. M.	32,53	33,24	31,70	32,53	32,20	32,89
Brandenburg	G. Z.	24,89	25,60	27,08	26,76	26,87	26,46
	St. Z.	37,08	39,32	35,80	39,00	38,58	38,17
	A. M.	31,04	32,48	31,44	32,83	32,78	32,31
Schlesien	G. Z.	21,19	22,55	24,07	24,93	25,20	23,93
	St. Z.	30,98	31,84	30,54	31,81	32,00	31,37
	A. M.	26,04	26,94	27,31	28,37	28,60	27,67
Sachsen	G. Z.	25,83	26,02	26,59	26,43	26,10	26,39
	St. Z.	37,73	39,39	36,00	36,30	37,83	37,37
	A. M.	31,78	32,71	31,30	31,42	31,91	31,76
Westfalen	G. Z.	28,03	27,28	27,26	28,31	28,60	27,98
	St. Z.	36,30	38,46	36,20	38,21	40,40	38,37
	A. M.	32,14	33,87	31,82	33,26	34,50	33,16
Rheinland	G. Z.	27,61	27,30	26,59	27,40	28,18	27,44
	St. Z.	36,42	40,15	36,60	38,09	40,14	38,58
	A. M.	32,12	33,78	31,75	32,75	34,16	32,96
Staat	G. Z.	23,08	24,38	25,51	25,44	25,56	25,08
	St. Z.	35,06	35,71	33,31	34,44	34,48	34,49
	A. M.	29,08	30,04	29,41	29,94	30,02	29,77

(21.)

Regierungsbezirke. — Provinzen.	Im Jahre	Zahl der Ge…							
		von unter bis 1 Jahr (excl. Todtgeborene).		von über 1 bis 5 Jahren		von über 5 bis 10 Jahren		von über 10 bis 14 Jahren	
		männl.	weibl.	männl.	weibl.	männl.	weibl.	männl.	weibl.
1. Königsberg	1859	4 811	4 008	2 851	2 828	862	798	253	241
	1860	4 473	3 925	4 214	3 864	1 342	1 344	333	343
2. Gumbinnen	1859	3 335	2 875	3 183	2 966	1 080	1 058	224	272
	1860	3 391	2 685	3 356	3 031	1 155	937	262	258
3. Danzig	1859	2 661	2 195	1 270	1 252	350	370	123	123
	1860	2 545	2 156	1 314	1 143	406	330	143	108
4. Marienwerder	1859	3 709	3 141	2 345	2 157	789	785	280	240
	1860	3 497	2 997	1 974	1 881	690	651	200	239
I. Preussen	1859	14 516	12 220	9 649	9 209	3 081	3 008	880	836
	1860	13 816	11 761	10 858	9 921	3 583	3 262	947	948
5. Posen	1859	4 647	3 901	2 358	2 134	840	793	248	291
	1860	4 014	3 223	1 827	1 775	502	544	220	199
6. Bromberg	1859	2 870	2 380	2 105	2 014	665	657	191	197
	1860	2 440	2 051	1 521	1 395	495	449	163	151
II. Posen	1859	7 517	6 281	4 463	4 148	1 505	1 450	439	488
	1860	6 454	5 274	3 348	3 170	997	993	383	350
7. Stadt Berlin	1859	2 402	2 049	946	964	138	105	42	44
	1860	1 907	1 676	818	770	108	119	41	40
8. Potsdam	1859	4 254	3 567	1 528	1 471	337	342	151	105
	1860	3 488	2 831	1 401	1 429	347	368	128	132
9. Frankfurt	1859	3 992	3 264	1 430	1 374	345	362	126	137
	1860	3 408	2 712	1 595	1 488	410	395	156	147
III. Brandenburg	1859	10 648	8 880	3 904	3 809	820	809	319	286
	1860	8 803	7 219	3 814	3 687	865	882	323	320
10. Stettin	1859	2 751	2 377	1 298	1 274	441	410	143	145
	1860	2 506	2 123	1 216	1 192	343	314	118	108
11. Köslin	1859	1 920	1 600	1 121	1 113	347	344	129	116
	1860	1 693	1 362	1 084	994	330	297	120	118
12. Stralsund	1859	652	549	297	278	116	124	34	68
	1860	572	483	249	251	105	109	41	38
IV. Pommern	1859	5 323	4 526	2 716	2 625	904	878	306	329
	1860	4 771	3 968	2 549	2 437	778	720	279	265
13. Breslau	1859	7 463	6 259	2 566	2 699	570	590	213	217
	1860	6 339	5 138	2 229	2 272	437	474	180	161
14. Oppeln	1859	6 045	5 036	3 720	3 436	725	714	237	217
	1860	5 640	4 521	2 582	2 481	552	563	214	173
15. Liegnitz	1859	4 987	4 178	1 447	1 353	318	308	130	113
	1860	4 107	3 444	1 181	1 130	229	254	97	102
V. Schlesien	1859	18 495	15 473	7 733	7 488	1 613	1 618	580	547
	1860	16 086	13 103	5 992	5 883	1 218	1 291	497	436

…n Gestorbenen.

…en im Alter

über 20 bis 30 Jahren weibl.	von über 30 bis 40 Jahren männl.	weibl.	von über 40 bis 50 Jahren männl.	weibl.	von über 50 bis 60 Jahren männl.	weibl.	von über 60 bis 70 Jahren männl.	weibl.	von über 70 bis 80 Jahren männl.	weibl.	von über 80 bis 90 Jahren männl.	weibl.	über 90 Jahren mnl.	weibl.
588	879	755	908	703	732	640	979	1 011	656	786	247	267	25	39
544	742	718	865	743	708	655	866	1 002	681	748	262	300	34	41
400	580	527	715	508	610	525	660	601	427	529	144	213	29	41
390	554	580	676	490	609	484	652	663	482	554	163	208	24	47
370	489	437	439	384	432	324	516	477	349	415	118	146	24	22
332	380	389	430	325	390	322	472	465	320	394	114	143	25	27
530	620	639	604	556	549	444	583	564	405	428	107	214	31	40
498	650	625	761	585	599	469	663	598	444	510	158	251	30	41
1 896	2 562	2 358	2 720	2 151	2 313	1 933	2 718	2 743	1 837	2 156	670	871	109	148
1 764	2 326	2 322	2 732	2 143	2 306	1 900	2 653	2 728	1 937	2 196	705	891	119	156
633	700	794	754	711	707	690	672	747	456	548	200	255	31	53
558	616	678	822	683	697	640	816	830	561	573	213	255	42	64
396	414	470	461	352	356	292	407	384	249	276	111	142	28	42
389	425	438	478	346	365	297	427	442	297	294	118	148	27	37
1 031	1 114	1 264	1 215	1 063	1 063	972	1 079	1 131	705	824	314	397	59	95
942	1 041	1 116	1 300	1 081	1 062	937	1 243	1 311	858	867	331	403	69	101
421	473	445	485	327	522	371	393	387	268	345	96	144	5	10
451	526	463	473	353	449	359	450	400	249	339	70	131	4	15
515	619	665	740	614	984	675	1 030	911	778	802	240	320	12	24
451	560	624	735	537	818	654	924	859	697	883	251	354	13	20
457	582	563	731	533	902	651	1 016	932	756	861	259	358	16	39
397	543	492	712	565	896	721	966	974	829	1 038	288	382	23	32
1 393	1 674	1 673	1 956	1 474	2 404	1 697	2 439	2 119	1 803	2 068	595	822	33	73
1 299	1 635	1 579	1 920	1 455	2 163	1 733	2 340	2 240	1 775	2 290	628	867	40	67
411	439	405	500	390	548	445	528	614	469	544	177	228	14	26
304	356	370	424	310	452	402	584	603	409	540	160	228	12	20
278	274	354	354	313	368	335	508	434	358	417	127	151	13	19
258	310	343	362	297	394	344	539	514	388	455	135	109	12	18
130	143	179	177	163	190	171	212	222	172	171	80	75	6	9
116	134	132	143	126	164	173	190	224	156	174	80	76	4	9
819	856	1 028	1 031	866	1 101	951	1 248	1 260	1 019	1 132	364	454	33	54
678	808	851	929	742	1 010	919	1 322	1 344	1 023	1 102	404	475	28	56
779	801	906	937	910	1 223	1 128	1 242	1 450	994	1 245	286	378	25	30
679	762	812	852	858	1 121	1 094	1 246	1 550	1 014	1 298	379	406	21	14
714	741	797	810	743	810	789	918	1 034	628	665	241	215	32	43
580	689	788	792	688	819	747	943	1 124	644	764	220	288	34	42
527	498	724	706	721	971	1 073	1 224	1 499	1 065	1 236	303	317	14	15
424	491	601	657	671	1 015	1 027	1 253	1 524	1 134	1 271	332	357	19	20
2 019	2 040	2 457	2 453	2 375	3 004	2 990	3 384	3 983	2 688	3 146	830	910	71	88
1 703	1 942	2 211	2 301	2 219	2 955	2 868	3 442	4 198	2 792	3 277	1 000	1 051	74	76

(Forts. zu 20.)

Regierungsbezirke. — Provinzen.	Im Jahre	Zahl der Gesto[rbenen] von unter bis 1 Jahr (excl. Todtgeborene) männl.	weibl.	von über 1 bis 5 Jahren männl.	weibl.	von über 5 bis 10 Jahren männl.	weibl.	von über 10 bis 14 Jahren männl.	weibl.	von über [14] bis 20 Ja[hren] männl.	we[ibl.]
16. Magdeburg	1859	3 412	2 887	1 613	1 584	402	421	109	129	227	
	1860	2 839	2 231	1 582	1 569	355	389	115	122	214	
17. Merseburg	1859	3 806	3 306	1 220	1 321	310	266	101	93	208	
	1860	3 092	2 535	1 133	1 088	271	254	89	109	198	
18. Erfurt	1859	1 528	1 054	580	551	139	117	52	67	90	
	1860	1 211	943	541	507	113	126	61	49	79	
VI. **Sachsen**	1859	8 746	7 247	3 413	3 456	851	811	261	289	525	
	1860	7 142	5 709	3 256	3 164	739	769	265	280	491	
19. Münster	1859	1 081	851	594	574	172	252	78	121	176	
	1860	982	761	520	523	188	191	78	109	136	
20. Minden	1859	1 353	1 119	765	841	250	269	107	126	155	
	1860	1 430	1 198	866	843	268	278	106	128	133	
21. Arnsberg	1859	2 259	1 849	1 467	1 512	399	410	154	194	242	
	1860	2 025	1 643	1 481	1 432	331	356	133	160	218	
VII. **Westfalen**	1859	4 693	3 819	2 826	2 927	821	931	339	441	573	
	1860	4 437	3 602	2 867	2 800	788	825	317	397	519	
22. Köln	1859	1 893	1 525	1 221	1 198	391	364	117	156	192	
	1860	1 841	1 436	1 126	1 174	255	273	85	94	158	
23. Düsseldorf	1859	3 164	2 740	2 215	2 262	610	603	233	271	442	
	1860	3 148	2 581	2 341	2 314	494	509	175	229	388	
24. Koblenz	1859	2 125	1 646	953	898	376	362	136	159	196	
	1860	1 911	1 461	1 108	1 044	309	351	118	148	181	
25. Trier	1859	1 787	1 434	1 277	1 366	400	420	132	134	145	
	1860	1 533	1 209	952	880	221	239	88	95	161	
26. Aachen	1859	1 598	1 328	834	817	226	316	72	91	157	
	1860	1 278	1 073	763	673	186	205	50	101	117	
VIII. **Rheinprovinz**	1859	10 567	8 673	6 500	6 554	1 993	2 122	690	811	1 132	1
	1860	9 711	7 759	6 290	6 065	1 467	1 577	516	667	1 005	
Hohenzollersche Lande	1859	536	398	67	76	28	20	12	11	17	
	1860	329	258	50	45	11	22	5	4	18	
Jadegebiet	1859	.	3	.	.	.	.	.	.	.	
	1860	2	1	1	1	.	.	.	1	.	
Summe	1859	80 983	67 524	41 277	40 296	11 616	11 669	3 629	4 038	5 780	5
	1860	71 590	58 654	39 025	37 235	10 446	10 314	3 532	3 676	5 323	4

…en im Alter

…er 20 Jahren	von über 30 bis 40 Jahren		von über 40 bis 50 Jahren		von über 50 bis 60 Jahren		von über 60 bis 70 Jahren		von über 70 bis 80 Jahren		von über 80 bis 90 Jahren		über 90 Jahren	
weibl.	männl.	weibl.	männl.	weibl.	männl.	weibl.	männl.	weibl.	männl.	weibl.	männl.	weibl.	mnl.	weibl.
493	503	618	615	530	790	690	807	948	656	812	213	226	16	11
449	440	525	586	525	792	717	876	940	627	801	195	247	12	15
415	464	612	543	542	807	724	991	1 065	773	938	235	283	14	15
358	375	492	507	469	731	652	952	1 013	701	923	201	252	11	19
219	173	202	264	253	343	356	432	457	272	366	117	88	4	11
198	169	246	216	227	377	370	433	542	303	394	123	111	6	3
1 125	1 140	1 492	1 422	1 311	1 970	1 773	2 330	2 470	1 701	2 116	565	597	36	37
1 004	984	1 260	1 309	1 221	1 900	1 739	2 261	2 501	1 721	2 092	579	650	29	37
289	276	435	308	360	440	398	520	534	490	562	247	237	22	34
264	234	376	286	383	416	417	575	600	516	601	259	225	24	20
324	289	425	408	425	536	510	575	590	369	472	91	91	5	5
289	261	381	366	420	534	510	613	706	394	424	115	114	8	8
512	485	561	534	470	699	604	790	744	505	548	174	207	14	18
434	502	488	557	464	695	573	721	735	527	611	191	221	16	8
1 119	1 050	1 419	1 251	1 255	1 675	1 512	1 885	1 868	1 364	1 542	512	535	41	57
987	997	1 245	1 209	1 267	1 645	1 500	1 911	2 041	1 437	1 636	565	560	48	36
359	390	484	477	438	519	458	517	545	437	557	154	195	17	11
352	371	447	421	414	496	468	618	656	455	569	202	200	18	22
878	914	902	937	815	1 117	909	1 016	1 046	874	1 025	364	378	20	33
867	756	795	804	742	971	798	1 071	1 043	899	962	371	387	41	39
385	318	448	395	424	556	587	606	644	475	554	156	159	5	10
340	267	431	380	391	541	500	603	624	541	495	168	148	12	15
328	278	419	346	362	490	443	493	601	471	504	129	158	13	19
327	246	372	284	314	461	420	572	616	469	528	161	160	17	26
318	272	368	371	332	461	368	472	470	472	541	205	250	19	35
296	252	308	390	316	412	321	482	339	425	545	201	214	19	27
2 268	2 172	2 676	2 516	2 372	3 143	2 765	3 101	3 306	2 729	3 181	1 008	1 140	80	108
1 698	1 890	2 352	2 300	2 177	2 881	2 549	3 346	3 476	2 791	3 110	1 123	1 115	107	129
27	32	52	28	67	58	75	76	108	88	82	27	32	2	1
24	33	31	36	42	57	69	69	92	77	81	45	35	1	1
.	3	2	2	.	3	.	1	.	.	.	.	.	.	.
.	2	.	2	2	1	.	.	.	.	.	.	.	.	.
[illegible]	19 643	14 421	14 600	12 959	16 734	14 663	18 284	18 946	13 914	16 259	4 921	5 764	464	861
[illegible]	17 659	12 987	14 634	12 318	15 990	14 241	18 589	19 943	14 411	16 716	5 379	6 047	515	659

4. Die Kindersterblichkeit.

(21.) Regierungsbezirke. — Provinzen.	Im Jahre	Von den in der Ehe geborenen Kindern: wurden todtgeboren: Knaben.	Mädchen.	starben vor vollendetem ersten Lebensjahre: Knaben.	Mädchen.	Von den ausser der Ehe geborenen Kindern: wurden todtgeboren: Knaben.	Mädchen.	starben vor vollendetem ersten Lebensjahre: Knaben.	Mädchen.
1. Königsberg	1859	831	655	4 044	3 310	106	110	707	699
	1860	872	639	3 747	3 221	125	91	726	705
2. Gumbinnen	1859	572	444	2 744	2 364	79	66	531	511
	1860	546	450	2 825	2 264	93	66	475	419
3. Danzig	1859	395	297	2 298	1 764	69	49	423	411
	1860	386	315	2 062	1 761	68	60	463	396
4. Marienwerder	1859	632	404	3 359	2 781	50	53	350	360
	1860	613	394	3 144	2 600	49	49	353	337
I. Preussen	1859	2 430	1 802	12 445	10 219	304	278	2 071	1 981
	1860	2 417	1 822	11 790	9 905	335	266	2 017	1 856
5. Posen	1859	764	511	4 146	3 452	89	71	501	449
	1860	710	525	3 514	2 797	92	87	490	425
6. Bromberg	1859	487	337	2 612	2 155	42	35	258	225
	1860	458	336	2 205	1 828	43	32	225	223
II. Posen	1859	1 251	848	6 758	5 607	131	106	759	674
	1860	1 168	861	5 739	4 625	135	119	715	649
7. Stadt Berlin	1859	330	287	1 841	1 580	106	82	561	469
	1860	336	265	1 452	1 257	105	88	455	419
8. Potsdam	1859	906	660	3 663	2 976	98	84	591	591
	1860	841	649	2 971	2 391	89	104	517	440
9. Frankfurt	1859	822	654	3 418	2 703	101	119	674	561
	1860	851	645	2 908	2 233	126	105	500	479
III. Brandenburg	1859	2 058	1 601	8 922	7 259	304	285	1 720	1 621
	1860	2 028	1 559	7 331	5 881	320	297	1 472	1 338
10. Stettin	1859	512	366	2 335	2 003	71	64	416	374
	1860	572	345	2 102	1 790	81	61	404	333
11. Köslin	1859	369	335	1 707	1 423	45	34	213	177
	1860	398	308	1 490	1 180	36	23	203	182
12. Stralsund	1859	154	99	537	429	29	15	115	121
	1860	138	99	467	392	14	13	105	91
IV. Pommern	1859	1 035	800	4 579	3 854	145	113	744	672
	1860	1 108	752	4 059	3 362	131	97	712	606
13. Breslau	1859	1 161	828	6 008	5 011	222	157	1 397	1 228
	1860	1 138	894	5 078	4 057	208	158	1 201	1 081
14. Oppeln	1859	883	598	5 358	4 384	119	102	687	652
	1860	897	626	5 067	3 988	126	88	583	532
15. Liegnitz	1859	968	731	4 045	3 757	187	133	942	821
	1860	912	665	3 379	2 793	188	155	728	658
V. Schlesien	1859	3 012	2 157	15 408	12 772	528	392	3 026	2 701
	1860	2 947	2 185	13 514	10 832	522	401	2 572	2 271

(Forts. zu 21.) Regierungsbezirke. — Provinzen.	Im Jahre	Von den in der Ehe geborenen Kindern: wurden todtgeboren, Knaben	Mädchen	starben vor vollendetem ersten Lebensjahre, Knaben	Mädchen	Von den ausser der Ehe geborenen Kindern: wurden todtgeboren, Knaben	Mädchen	starben vor vollendetem ersten Lebensjahre, Knaben	Mädchen
16. Magdeburg	1859	754	584	3 042	2 543	75	56	370	344
	1860	759	542	2 592	1 944	66	56	337	287
17. Merseburg	1859	748	571	3 366	2 715	101	73	630	591
	1860	654	523	2 613	2 086	89	88	479	449
18. Erfurt	1859	227	202	1 170	913	32	31	168	141
	1860	229	182	1 056	819	34	27	145	121
VI. Sachsen	1859	1 729	1 355	7 578	6 171	208	157	1 168	1 076
	1860	1 642	1 247	6 181	4 849	209	171	961	860
19. Münster	1859	180	126	1 043	827	10	4	38	24
	1860	144	108	951	730	6	6	31	31
20. Minden	1859	305	240	1 259	1 059	28	23	96	69
	1860	306	272	1 381	1 110	23	16	88	88
21. Arnsberg	1859	621	437	2 157	1 769	24	27	102	80
	1860	539	400	1 956	1 509	37	20	69	74
VII. Westfalen	1859	1 106	803	4 459	3 646	62	54	236	173
	1860	989	800	4 288	3 408	66	48	188	193
22. Köln	1859	613	484	1 767	1 400	44	35	126	125
	1860	547	501	1 702	1 322	40	33	139	114
23. Düsseldorf	1859	1 129	877	3 106	2 594	69	59	159	146
	1860	1 160	851	2 996	2 431	61	56	152	150
24. Koblenz	1859	560	392	2 027	1 567	20	13	98	79
	1860	544	392	1 854	1 381	30	20	77	80
25. Trier	1859	629	479	1 709	1 355	38	22	87	79
	1860	607	417	1 442	1 139	23	26	91	69
26. Aachen	1859	461	347	1 472	1 266	15	18	66	62
	1860	451	370	1 243	1 041	12	11	35	32
VIII. Rheinprovinz	1859	3 392	2 569	9 071	8 182	186	147	536	491
	1860	3 309	2 511	9 217	7 314	166	146	494	445
Hohenzollernsche Lande	1859	23	20	460	331	4	5	76	67
	1860	26	15	265	214	3	3	61	44
Jadegebiet	1859	.	.	.	2	.	.	.	1
	1860	.	.	2	1	.	.	.	.
Summe	1859	16 038	11 952	70 611	58 067	1 872	1 537	10 312	9 157
	1860	15 637	11 771	62 395	50 392	1 885	1 547	9 195	8 262

(22) Regierungsbezirke. — Provinzen.	im Jahre	Von der Zahl sämmtlicher: durch innere acute Krankheiten männl.	weibl.	durch innere chronische Krankheiten männl.	weibl.	durch äussere Krankheiten männl.	weibl.	an Schlagflüssen männl.	weibl.	im Kindbett
1. Königsberg	1859	5 410	4 626	5 016	4 668	301	258	437	246	351
	1860	7 025	6 296	4 731	4 501	300	250	400	201	360
2. Gumbinnen	1859	5 011	4 557	3 927	3 482	243	156	227	151	271
	1860	5 440	4 504	3 601	3 128	204	167	242	181	351
3. Danzig	1859	2 703	2 270	2 214	1 990	185	147	394	344	193
	1860	2 535	2 090	2 185	1 961	150	113	324	261	199
4. Marienwerder	1859	3 529	3 167	3 719	3 282	266	260	280	211	328
	1860	3 148	2 710	3 424	3 151	252	219	310	215	319
I. Preussen	1859	16 653	14 620	14 876	13 431	995	821	1 338	952	1 143
	1860	18 157	15 600	13 944	12 744	906	758	1 276	950	1 229
5. Posen	1859	3 690	3 241	3 558	3 257	287	200	857	640	370
	1860	3 199	2 742	3 051	2 905	266	211	680	534	305
6. Bromberg	1859	2 399	2 112	2 395	2 227	207	161	339	232	262
	1860	1 786	1 477	2 107	1 816	161	146	253	191	248
II. Posen	1859	6 089	5 353	5 953	5 484	491	400	1 196	872	632
	1860	4 985	4 219	5 158	4 721	427	357	933	725	553
7. Stadt Berlin	1859	2 164	1 912	3 029	2 565	129	125	469	453	117
	1860	1 824	1 629	2 749	2 373	150	130	462	470	135
8. Potsdam	1859	3 145	2 657	4 495	3 930	188	188	1 419	1 127	244
	1860	2 729	2 342	4 129	3 683	149	167	1 283	1 043	213
9. Frankfurt	1859	2 891	2 544	4 192	3 671	242	196	1 264	953	245
	1860	2 867	2 568	3 939	3 418	230	189	1 117	909	187
III. Brandenburg	1859	8 200	7 113	11 716	10 166	559	509	3 152	2 533	606
	1860	7 420	6 539	10 817	9 474	529	486	2 862	2 422	535
10. Stettin	1859	2 479	2 285	2 993	2 768	116	113	649	515	232
	1860	2 045	1 709	2 953	2 760	96	106	600	488	170
11. Köslin	1859	2 039	1 917	2 519	2 244	117	88	190	178	188
	1860	1 981	1 715	2 376	2 070	90	76	211	155	162
12. Stralsund	1859	847	745	788	775	49	40	141	135	62
	1860	620	585	770	798	53	38	150	110	51
IV. Pommern	1859	5 365	4 947	6 300	5 787	282	241	980	828	482
	1860	4 646	4 009	6 099	5 628	239	217	961	734	383
13. Breslau	1859	4 211	3 905	8 612	8 429	306	285	1 927	1 638	269
	1860	3 417	2 894	7 851	7 767	267	242	1 712	1 477	304
14. Oppeln	1859	4 993	4 394	6 997	6 449	525	440	701	554	372
	1860	3 957	3 323	6 473	6 050	473	394	600	437	304
15. Liegnitz	1859	2 556	2 454	5 739	5 707	183	251	1 600	1 432	237
	1860	2 204	2 137	5 081	5 018	168	95	1 465	1 213	209
V. Schlesien	1859	11 760	10 753	21 348	20 585	1 014	976	4 228	3 625	878
	1860	9 578	8 354	19 405	18 835	908	831	3 777	3 127	817

Todesursachen.

Gestorbenen starben

an den Pocken		an der Wasserscheu u. Hundswuth		an Entkräftung und Altersschwäche		an unbestimmten Krankheiten		durch Verunglückung		durch Selbstmord	
männl.	weibl.	männl.	weibl.	männl.	weibl.	männl.	weibl.	männl.	weibl.	männl.	weibl.
28	24	.	.	1 071	1 290	1 452	1 262	391	121	108	31
317	331	.	.	1 042	1 236	1 229	1 009	369	113	81	29
24	26	1	.	729	955	1 166	1 043	342	112	47	8
91	100	.	1	804	968	1 151	1 018	345	89	44	9
9	10	1	2	482	596	1 210	1 062	209	48	31	11
56	43	1	.	448	549	1 215	1 000	173	33	30	9
168	138	.	.	797	919	1 944	1 629	241	74	36	8
393	415	1	.	805	950	1 855	1 576	258	84	37	5
229	198	2	2	3 079	3 760	5 772	4 996	1 183	355	222	58
857	889	2	1	3 099	3 703	5 450	4 603	1 145	319	192	52
190	196	.	.	988	1 115	2 729	2 690	280	103	50	10
171	204	4	3	1 059	1 254	2 487	2 078	253	97	44	16
250	202	.	.	556	636	2 128	1 903	205	55	30	7
242	266	.	2	618	732	1 978	1 723	151	63	24	4
440	398	.	.	1 544	1 751	4 857	4 593	485	158	80	17
413	470	4	5	1 677	1 986	4 465	3 801	406	160	68	20
23	14	.	.	265	371	199	146	95	24	56	19
1	3	.	.	213	389	155	137	111	28	65	16
242	231	.	.	1 012	1 236	597	475	271	84	151	40
18	28	.	.	979	1 290	460	456	274	66	133	43
140	113	.	.	1 046	1 322	744	622	274	68	121	12
106	60	.	.	1 158	1 431	745	616	246	73	144	18
405	358	.	.	2 323	2 929	1 540	1 243	640	176	330	71
125	109	.	.	2 350	3 110	1 360	1 209	631	167	342	77
280	271	.	.	664	871	437	417	273	54	93	25
84	58	.	.	641	865	463	392	222	60	83	8
62	46	.	.	624	718	209	201	153	50	29	9
28	24	.	.	682	839	228	200	157	48	39	8
29	27	.	.	214	259	113	96	75	14	30	9
4	8	.	.	230	268	102	101	104	17	30	9
371	344	.	.	1 502	1 848	779	714	501	118	152	43
116	90	.	.	1 553	1 962	793	693	483	125	152	25
104	102	.	1	1 221	1 666	589	558	350	105	170	41
40	45	1	2	1 314	1 668	499	446	345	109	179	52
72	40	1	.	1 078	1 301	1 158	1 057	417	117	58	9
99	76	1	1	1 078	1 416	1 104	925	371	133	57	4
11	11	.	.	1 287	1 629	527	476	277	76	154	44
12	4	.	.	1 398	1 713	458	438	201	70	153	42
187	153	1	1	3 586	4 596	2 274	2 091	1 044	298	382	94
151	125	2	3	3 790	4 797	2 061	1 809	917	312	389	98

(Forts. zu 22.) Regierungsbezirke. — Provinzen.	Im Jahre	Von der Zahl sämmtlicher durch innere acute Krankheiten männl.	weibl.	durch innere chronische Krankheiten männl.	weibl.	durch äussere Krankheiten männl.	weibl.	an Schlagflüssen männl.	weibl.	im Kindbett
16. Magdeburg ..	1859	2 671	2 539	4 801	4 653	195	188	596	446	239
	1860	2 617	2 424	4 264	4 006	159	201	512	425	205
17. Merseburg ...	1859	2 684	2 647	4 686	4 262	150	138	901	743	207
	1860	2 186	2 044	3 937	3 554	133	144	794	712	206
18. Erfurt	1859	958	905	1 812	1 698	81	92	405	320	110
	1860	920	824	1 668	1 716	71	68	359	301	107
VI. Sachsen	1859	6 313	6 091	11 299	10 613	426	417	1 902	1 509	556
	1860	5 727	5 291	9 869	9 276	363	414	1 665	1 438	519
19. Münster	1859	1 296	1 124	2 245	2 471	79	76	195	191	102
	1860	1 072	966	2 155	2 410	99	116	236	190	77
20. Minden	1859	1 552	1 379	2 482	2 717	81	90	106	123	149
	1860	1 580	1 408	2 543	2 737	78	91	176	148	132
21. Arnsberg	1859	2 517	2 296	3 895	3 737	140	159	241	204	184
	1860	2 461	2 048	3 881	3 667	115	97	231	191	159
VII. Westfalen ...	1859	5 365	4 799	8 622	8 925	300	325	602	518	435
	1860	5 113	4 422	8 579	8 814	292	304	645	529	368
22. Köln	1859	2 057	1 850	3 300	3 131	103	89	189	166	151
	1860	1 737	1 532	3 256	3 142	101	98	209	197	160
23. Düsseldorf ..	1859	3 886	3 760	5 900	5 705	151	143	422	319	215
	1860	3 285	2 955	6 061	5 576	160	157	367	250	182
24. Koblenz	1859	2 154	1 977	2 487	2 478	117	90	317	290	137
	1860	2 116	1 900	2 537	2 441	104	98	284	225	161
25. Trier	1859	1 991	1 773	2 299	2 362	99	78	162	129	264
	1860	1 473	1 288	2 060	1 931	101	69	131	84	217
26. Aachen	1859	1 327	1 294	1 920	1 922	153	126	183	152	91
	1860	1 249	1 139	1 751	1 756	96	95	140	115	74
VIII. Rheinprovinz	1859	11 525	10 644	15 902	15 622	625	518	1 273	1 057	858
	1860	9 860	8 816	15 655	14 846	582	517	1 131	911	794
Hohenzollersche Lande	1859	258	319	363	369	14	15	37	21	16
	1860	192	194	315	261	10	14	36	25	17
Jadegebiet ..	1859	.	.	7	3	.	.	.	.	.
	1860	1	2	7	1	1	.	.	1	1
Summe	1859	71 637	64 714	96 456	91 021	4 716	4 282	14 708	11 915	5 608
	1860	65 669	57 541	89 848	84 606	4 257	3 921	13 299	10 862	5 216

Gestorbenen starben

an den Pocken		an der Wasserscheu u. Hundswuth		an Entkräftung und Altersschwäche		an unbestimmten Krankheiten		durch Verunglückung		durch Selbstmord	
männl.	weibl.	männl.	weibl.	männl.	weibl.	männl.	weibl.	männl.	weibl.	männl.	weibl.
36	36	2	.	911	1 109	249	263	213	50	163	29
12	10	.	.	867	1 140	257	224	219	64	126	31
24	12	1	1	1 080	1 358	273	309	228	68	141	47
5	3	1	3	1 125	1 351	264	249	209	54	138	44
7	3	.	2	410	548	198	172	69	24	40	17
3	1	.	.	473	585	187	154	74	19	61	15
71	51	3	3	2 401	3 015	740	745	510	138	344	93
20	14	1	3	2 465	3 076	708	627	502	139	325	90
5	4	.	.	522	568	244	272	91	30	13	3
3	2	.	.	562	616	292	214	86	29	15	5
3	4	.	.	487	581	256	249	136	35	26	6
9	1	1	2	598	661	246	218	115	49	18	7
100	119	.	.	664	771	409	350	291	39	41	13
9	12	2	.	662	852	316	268	246	38	42	7
108	127	.	.	1 673	1 920	913	871	518	104	80	22
21	15	3	2	1 822	2 129	854	700	447	116	75	19
17	23	.	.	617	811	292	250	111	20	25	3
7	2	.	.	750	875	217	256	123	36	22	5
15	9	.	.	1 451	1 631	626	588	202	49	62	8
14	19	.	.	1 469	1 620	587	500	217	52	83	13
12	7	.	.	777	874	675	607	168	46	18	7
4	4	.	.	777	788	553	472	136	24	27	2
2	2	.	.	850	980	728	664	148	30	10	4
1	2	.	.	917	1 024	607	646	172	28	8	5
5	5	.	.	907	1 055	790	740	150	18	14	1
.	1	.	.	858	1 000	670	569	112	14	10	.
51	43	.	.	4 611	5 300	3 088	2 858	780	173	129	23
26	29	.	.	4 780	5 328	2 663	2 443	790	154	150	25
.	.	.	.	101	120	102	85	24	4	6	.
.	.	2	.	87	110	107	77	12	6	4	2
.	.	.	.	1	.	.	2	1	.	.	.
.	.	.	.	.	.	.	.	1	.	.	.
1 656	1 675	6	6	20 811	25 299	20 065	18 201	5 695	1 524	1 725	421
1 729	1 732	13	12	21 623	26 203	18 461	16 052	5 391	1 192	1 697	408

C. Trauungen.

(23.) Regierungsbezirke. — Provinzen.	Im Jahre	Getraute Paare überhaupt.	Männer von unter 45 Jahren, getraut mit Frauen			Männer von über 45 bis 60 Jahren, getraut mit Frauen			Männer von über 60 Jahren, getraut mit Frauen		
			von unter 30 Jahren.	von über 30 bis 45 Jahren.	von über 45 Jahren.	von unter 30 Jahren.	von über 30 bis 45 Jahren.	von über 45 Jahren.	von unter 30 Jahren.	von über 30 bis 45 Jahren.	von über 45 Jahren.
1. Königsberg	1859	8 463	5 905	1 820	114	100	210	131	4	25	64
	1860	8 458	6 040	1 817	104	106	200	109	6	28	55
2. Gumbinnen	1859	6 521	4 497	1 428	98	83	211	112	7	28	67
	1860	6 412	4 571	1 300	92	86	148	94	5	12	44
3. Danzig	1859	3 901	2 845	704	46	53	111	51	3	14	14
	1860	4 387	3 236	820	53	60	116	54	3	19	22
4. Marienwerder	1859	6 316	4 851	927	100	97	175	88	11	32	44
	1860	6 194	4 815	861	119	101	133	78	14	26	51
I. Preussen	1859	25 201	18 178	4 980	357	333	707	374	25	99	189
	1860	25 451	18 662	4 858	361	356	597	329	28	85	172
5. Posen	1859	7 988	5 934	1 247	164	176	216	121	24	42	62
	1860	8 002	6 104	1 009	140	200	211	97	28	33	75
6. Bromberg	1859	4 598	3 529	713	88	75	81	48	14	25	34
	1860	4 641	3 666	614	76	85	87	61	10	12	30
II. Posen	1859	12 586	9 454	1 960	252	251	297	171	38	67	96
	1860	12 643	9 770	1 713	222	284	298	158	38	45	105
7. Stadt Berlin	1859	4 398	3 009	1 036	52	46	103	41	4	10	7
	1860	5 027	3 657	1 112	39	54	128	40	1	6	10
8. Potsdam	1859	7 812	6 039	1 355	51	96	171	80	8	16	20
	1860	8 000	6 200	1 395	66	76	160	66	2	13	16
9. Frankfurt	1859	7 424	5 088	1 322	67	66	152	82	4	15	28
	1860	7 270	5 652	1 202	65	86	171	61	5	14	14
III. Brandenburg	1859	19 664	14 826	3 713	173	208	426	206	16	41	55
	1860	20 297	15 489	3 709	170	216	465	167	8	33	40
10. Stettin	1859	5 240	4 084	902	46	42	94	47	4	5	16
	1860	5 394	4 289	862	34	57	88	41	8	9	11
11. Köslin	1859	4 365	3 524	653	18	37	81	35	5	4	8
	1860	4 286	3 504	597	26	40	63	31	1	9	15
12. Stralsund	1859	1 613	1 234	279	16	16	34	24	.	1	9
	1860	1 631	1 229	278	23	23	38	20	1	7	2
IV. Pommern	1859	11 218	8 842	1 834	80	95	209	106	9	10	33
	1860	11 311	9 022	1 737	83	120	189	92	5	25	28
13. Breslau	1859	10 616	7 633	1 920	96	192	439	132	11	66	65
	1860	10 695	7 857	2 014	92	185	324	125	12	40	37
14. Oppeln	1859	9 331	7 158	1 247	108	201	322	110	21	68	87
	1860	9 424	7 342	1 259	104	186	289	87	18	67	72
15. Liegnitz	1859	7 473	5 111	1 554	68	144	370	126	19	36	45
	1860	7 346	5 107	1 466	85	131	336	106	13	48	50
V. Schlesien	1859	27 420	19 902	4 721	274	537	1 131	377	51	170	197
	1860	27 455	20 306	4 733	281	504	949	318	43	162	159

(Forts. zu 23.) Regierungsbezirke. — Provinzen.	Im Jahre	Getraute Paare überhaupt.	Männer von unter 45 Jahren, getraut mit Frauen			Männer von über 45 bis 60 Jahren, getraut mit Frauen			Männer von über 60 Jahren, getraut mit Frauen		
			von unter 30 Jahren.	von über 30 bis 45 Jahren.	von über 45 Jahren.	von unter 30 Jahren.	von über 30 bis 45 Jahren.	von über 45 Jahren.	von unter 30 Jahren.	von über 30 bis 45 Jahren.	von über 45 Jahren.
16. Magdeburg	1859 1860	6 502 6 613	5 031 5 292	1 076 999	30 62	63 65	176 161	79 78	5 4	14 12	22 28
17. Merseburg	1859 1860	6 518 6 927	5 056 5 444	1 070 1 101	32 43	82 61	180 182	59 60	3 4	9 13	18 15
18. Erfurt	1859 1860	2 932 2 973	2 276 2 301	464 488	29 14	47 36	79 88	30 32	7 5	5 4	4 10
VI. Sachsen	1859 1860	15 952 16 513	12 363 12 950	2 619 2 588	89 121	192 164	435 425	168 170	15 13	28 29	44 53
19. Münster	1859 1860	3 172 3 146	1 846 1 886	974 981	57 51	71 44	150 126	41 38	4 5	9 8	11 8
20. Minden	1859 1860	3 781 3 683	2 708 2 672	717 724	61 41	80 64	114 110	62 46	7 9	13 16	19 11
21. Arnsberg	1859 1860	6 465 6 076	5 050 4 789	1 016 981	65 58	92 100	130 105	52 28	4 3	10 9	7 3
VII. Westfalen	1859 1860	13 421 12 915	9 604 9 346	2 737 2 686	186 150	243 208	412 341	155 112	15 17	32 33	37 22
22. Köln	1859 1860	4 262 4 248	2 953 3 015	950 946	57 60	69 52	135 105	50 48	8 1	19 9	15 9
23. Düsseldorf	1859 1860	8 600 9 043	6 424 6 650	1 709 1 765	96 148	114 106	234 218	129 122	7 0	15 19	21 26
24. Koblenz	1859 1860	4 103 4 245	3 201 3 339	695 721	30 26	62 53	81 70	17 19	3 7	9 2	5 6
25. Trier	1859 1860	4 519 4 237	3 493 3 365	814 724	29 23	34 32	110 90	19 14	7 1	12 11	4 4
26. Aachen	1859 1860	3 050 3 014	2 064 2 071	734 736	41 45	42 48	103 88	43 39	8 7	8 8	12 9
VIII. Rheinprovinz	1859 1860	24 734 24 817	18 135 18 420	4 902 4 894	247 302	321 292	663 533	252 242	28 31	63 40	57 54
Hohenzollernsche Lande	1859 1860	371 442	243 311	97 98	6 4	. 6	16 15	4 4	. 1	. 2	5 1
Jadegebiet	1859 1860	2 3	2 3	. .	. .	. .	. .	. .	. .	. .	. .
Summe	1859 1860	150 569 151 817	111 609 111 299	27 566 27 016	1 667 1 697	2 180 2 160	4 298 4 812	1 813 1 592	197 184	510 463	713 641

D. Ein- und Auswanderungen 1860.

(24.) Regierungsbezirke. — Provinzen.	Zahl der Eingewanderten.	Zahl der Ausgewanderten überhaupt.	Von der Gesammtzahl wanderten aus: nach europäischen Ländern.	nach Amerika.	nach Australien.	nach Afrika.	nach unbekannten Bestimmungsorten.	± Differenz zwischen der Ein- und Auswanderung.
1. Königsberg	96	90	35	15	3	.	37	+ 6
2. Gumbinnen	94	38	20	1	.	.	17	+ 56
3. Danzig	22	133	41	45	.	.	47	— 111
4. Marienwerder	119	693	24	213	.	.	456	— 574
I. Preussen	331	954	120	274	3	.	557	— 623
5. Posen	22	795	122	70	13	6	575	— 773
6. Bromberg	168	477	35	139	2	.	301	— 309
II. Posen	190	1 272	157	209	15	6	876	— 1 082
7. Stadt Berlin	518	271	137	17	2	.	115	+ 247
8. Potsdam	197	940	101	425	2	63	349	— 743
9. Frankfurt	79	440	78	222	41	37	62	— 361
III. Brandenburg	794	1 651	316	664	45	100	526	— 857
10. Stettin	100	886	68	284	.	29	505	— 786
11. Köslin	68	330	6	316	.	.	8	— 262
12. Stralsund	59	321	74	122	.	.	125	— 262
IV. Pommern	227	1 537	148	722	.	29	638	— 1 310
13. Breslau	141	389	122	172	7	1	87	— 248
14. Oppeln	167	698	138	121	.	.	439	— 531
15. Liegnitz	114	461	268	143	21	.	29	— 347
V. Schlesien	422	1 548	528	436	28	1	555	— 1 126
16. Magdeburg	192	599	216	217	2	.	164	— 407
17. Merseburg	[1]) 372	1 165	654	242	1	.	268	— 793
18. Erfurt	132	552	196	224	.	.	132	— 420
VI. Sachsen	696	2 316	1 066	683	3	.	564	— 1 620
19. Münster	71	1 239	125	648	.	.	466	— 1 168
20. Minden	119	1 740	144	1 217	2	.	377	— 1 621
21. Arnsberg	371	254	58	121	.	.	75	+ 117
VII. Westfalen	561	3 233	327	1 986	2	.	918	— 2 672
22. Köln	70	230	80	73	1	1	75	— 160
23. Düsseldorf	316	921	240	497	.	6	169	— 605
24. Koblenz	147	532	132	312	.	3	85	— 385
25. Trier	288	702	317	207	.	2	107	— 414
26. Aachen	102	317	274	13	1	.	29	— 215
VIII. Rheinprovinz	924	2 703	942	1 102	2	12	555	— 1 779
Hohenzollersche Lande	34	284	136	43	.	.	105	— 250
Jadegebiet	.	.	.	.	.	.	.	.
Summe	4 179	15 498	3 740	6 218	98	148	[2]) 5 294	— 11 319

[1]) Ausserdem haben im Jahre 1860 im Regierungsbezirk Merseburg 446 Personen durch Verheirathung und 1 Person durch Anstellung das preussische Unterthanenrecht erworben; aus anderen Bezirken fehlen Angaben über diese Art des Zuwachses.

[2]) Incl. 5 113 heimlich Ausgewanderter.

III. Resultate aus Stand und Bewegung der Bevölkerung.

A. Das Anwachsen der Bevölkerung von 1816 bis 1858 überhaupt.

(25.) Regierungs-bezirke.	Je 1000 Personen hatten sich vermehrt resp. vermindert					
	vom December 1816	bis zum December 1822.	bis zum December 1831.	bis zum December 1840.	bis zum December 1849.	bis zum December 1858.
Königsberg	1 000	1 209	1 345	1 494	1 591	1 760
Gumbinnen	1 000	1 282	1 491	1 690	1 736	1 897
Danzig	1 000	1 218	1 372	1 540	1 700	1 906
Marienwerder	1 000	1 210	1 368	1 644	1 864	2 047
Posen	1 000	1 139	1 221	1 433	1 559	1 595
Bromberg	1 000	1 239	1 332	1 670	1 857	2 037
Potsdam incl. Berlin	1 000	1 118	1 261	1 529	1 785	1 958
Frankfurt	1 000	1 070	*) 1 183	1 344	1 501	1 637
Stettin	1 000	1 188	1 305	1 554	1 774	1 909
Köslin	1 000	1 106	1 346	1 608	1 888	2 112
Stralsund	1 000	1 088	1 170	1 329	1 455	1 580
Breslau	1 000	1 154	1 283	1 426	1 544	1 642
Oppeln	1 000	1 170	1 391	1 726	1 840	2 020
Liegnitz	1 000	1 097	*) 1 213	1 321	1 402	1 435
Magdeburg	1 000	1 086	1 204	1 345	1 466	1 604
Merseburg	1 000	1 158	1 240	1 391	1 512	1 641
Erfurt	1 000	1 078	1 162	1 288	1 454	1 483
Münster	1 000	1 061	1 141	1 173	1 204	1 244
Minden	1 000	1 063	1 169	1 303	1 308	1 357
Arnsberg	1 000	1 082	1 246	1 404	1 539	1 778
Köln	1 000	1 089	1 220	1 365	1 518	1 606
Düsseldorf	1 000	1 066	1 198	1 370	1 535	1 798
Koblenz	1 000	1 121	1 267	1 398	1 477	1 519
Trier	1 000	1 113	1 304	**) 1 572	1 663	1 764
Aachen	1 000	1 067	1 152	1 251	1 330	1 451
Im preussischen Staate überhaupt	1 000	1 130	1 263	1 447	1 579	1 702

*) 1825 ward der Frankfurter Kreis Hoyerswerda zum Bezirk Liegnitz geschlagen.
**) incl. Fürstenthum Lichtenberg.

Inwiefern Wohnplätze und Religionsverhältnisse einen bestimmenden Einfluss auf die Zunahme der Bevölkerung äussern, erhellt aus den beiden folgenden Tabellen, wobei hinsichtlich der ersteren allerdings berücksichtigt werden muss, dass die Zahl und der räumliche Umfang der Städte innerhalb der Periode von 1816 bis 1858 nicht unbeträchtlichen Schwankungen ausgesetzt gewesen ist.

B. Das Anwachsen der Bevölkerung in städtischen und in ländlichen Wohnsitzen.

(26.) Regierungs-bezirke.	Je 1000 Personen hatten sich vermehrt resp. vermindert					
	vom December 1816	bis zum December 1822.	bis zum December 1831.	bis zum December 1840.	bis zum December 1849.	bis zum December 1858.
	In den Städten.					
Königsberg	1 000	1 124	1 221	1 297	1 374	1 582
Gumbinnen	1 000	1 084	1 154	1 266	1 329	1 506
Danzig	1 000	1 103	1 206	1 248	1 308	1 556
Marienwerder	1 000	1 101	1 248	1 371	1 588	1 749
Posen	1 000	1 091	1 215	1 340	1 405	1 498
Bromberg	1 000	1 105	1 290	1 392	1 587	1 767
Potsdam incl. Berlin	1 000	1 108	1 279	1 563	1 921	2 088
Frankfurt	1 000	1 080	1 221	1 386	1 536	1 732
Stettin	1 000	1 167	1 340	1 537	1 700	2 070
Köslin	1 000	1 146	1 366	1 572	1 810	2 089
Stralsund	1 000	1 060	1 167	1 289	1 474	1 653
Breslau	1 000	1 117	1 225	1 380	1 488	1 672
Oppeln	1 000	1 165	1 386	1 634	1 808	2 022
Liegnitz	1 000	1 080	1 219	1 353	1 510	1 653
Magdeburg	1 000	1 093	1 243	1 450	1 595	1 628
Merseburg	1 000	1 158	1 320	1 464	1 725	1 802
Erfurt	1 000	1 084	1 268	1 374	1 584	1 633
Münster	1 000	1 000	994	1 015	1 065	1 139
Minden	1 000	1 008	909	1 110	1 212	1 326
Arnsberg	1 000	1 084	1 173	1 341	1 531	1 942
Köln	1 000	1 201	1 347	1 534	1 864	2 252
Düsseldorf	1 000	1 123	1 335	1 652	1 926	2 709
Koblenz	1 000	1 078	1 335	1 309	1 441	1 548
Trier	1 000	1 029	1 305	1 383	1 397	1 455
Aachen	1 000	1 128	1 240	1 366	1 455	1 745
In sämmtlichen Städten	1 000	1 099	1 249	1 411	1 590	1 817
	Auf dem platten Lande.					
Königsberg	1 000	1 245	1 396	1 576	1 681	1 858
Gumbinnen	1 000	1 316	1 549	1 704	1 807	1 965
Danzig	1 000	1 317	1 468	1 709	1 925	2 107
Marienwerder	1 000	1 242	1 407	1 739	1 952	2 142
Posen	1 000	1 160	1 292	1 474	1 691	1 684
Bromberg	1 000	1 201	1 394	1 777	1 961	2 142
Potsdam	1 000	1 130	1 259	1 402	1 635	1 816
Frankfurt	1 000	1 076	1 184	1 327	1 488	1 599
Stettin	1 000	1 199	1 369	1 563	1 762	1 937
Köslin	1 000	1 211	1 393	1 680	1 911	2 116
Stralsund	1 000	1 105	1 173	1 353	1 440	1 553
Breslau	1 000	1 169	1 277	1 449	1 564	1 633
Oppeln	1 000	1 201	1 390	1 746	1 847	2 060
Liegnitz	1 000	1 099	1 150	1 315	1 378	1 396
Magdeburg	1 000	1 082	1 187	1 346	1 474	1 590
Merseburg	1 000	1 086	1 189	1 358	1 442	1 564
Erfurt	1 000	1 072	1 141	1 353	1 417	1 411
Münster	1 000	1 080	1 187	1 223	1 247	1 277
Minden	1 000	1 079	1 218	1 358	1 411	1 366
Arnsberg	1 000	1 077	1 260	1 432	1 546	1 720
Köln	1 000	1 053	1 181	1 310	1 411	1 491
Düsseldorf	1 000	1 069	1 127	1 230	1 339	1 299
Koblenz	1 000	1 095	1 249	1 410	1 486	1 510
Trier	1 000	1 127	1 294	1 604	1 709	1 818
Aachen	1 000	1 065	1 125	1 217	1 301	1 361
Auf dem gesammten platten Lande	1 000	1 142	1 269	1 461	1 575	1 672

C. Das Anwachsen nach Confessionsverhältnissen.

1. In absoluten Zahlen.

(27.) Provinzen.	Christen. Evangelische. 1816.	Evangelische. 1858.	Katholische. 1816.	Katholische. 1858.	Griechische. 1816.	Griechische. 1858.	Mennoniten. 1816.	Mennoniten. 1858.	Dissidenten. 1816.	Dissidenten. 1858.	Juden. 1816.	Juden. 1858.	Mahomedaner. 1816.	Mahomedaner. 1858.
Preussen	1.052 017	1.963 306	377 261	729 962	.	1 178	13 175	12 515	.	1 630	14 802	35 686	.	1
Posen	230 247	464 599	537 907	880 072	.	12	62	3	.	277	51 960	72 196	.	-
Brandenburg	1.255 940	2.258 929	19 297	41 296	.	87	426	23	.	2 481	8 063	27 247	.	12
Pommern	674 247	1.302 808	5 594	12 373	.	13		26	.	1 121	2 811	12 007	.	1
Schlesien	1.067 067	1.632 096	858 002	1.593 743	.	8		8	.	4 790	16 094	39 045	.	3 (Hindus)
Sachsen	1.115 848	1.764 319	78 106	117 465	.	1	2	1	.	2 702	3 097	5 514	.	.
Westfalen	424 081	685 750	612 570	863 736	.	1	124	156	.	697	9 491	16 095	.	
Rheinlande (incl. Maine und Luxemburg)	422 365	733 562	1.429 771	2.317 294	.	21	1 169	1 318		840	17 583	33 426	.	.
Summe	6.241 814	10.845 293	3.938 304	6.535 854		1 331	14 954	14 052	.	14 600	123 921	241 454	.	17
Ausserdem 1816: Militair in Frankreich	22 648	.	6 373	.		.	.	.		.	17	.		
Ausserdem 1858: Hohenzollern, Jadegebiet, Militair in Frankfurt a. M.	.	3 217	.	63 125		.	.	.	.	.		662	.	

2. In relativen Zahlen.

(28.) Provinzen.	Evangelische	Katholische	Griechen	Mennoniten	Dissidenten	Christen überhaupt	Juden	Mahomedaner	Bewohner überhaupt
	Je 1000 vermehrten oder verminderten sich in der Zeit von 1816 bis Ende 1858 auf								
Preussen	1 866	1 935	.	950		1 878	2 425	.	1 863
Posen	2 018	1 636	.	48		1 751	1 389	.	1 728
Brandenburg	1 799	2 145	.	39		1 813	3 371	.	1 815
Pommern	1 932	2 212	.			1 936	4 279	.	1 946
Schlesien	1 529	1 856	.	.	.	1 677	2 428	.	1 684
Sachsen	1 589	1 504	.	500	.	1 595	1 780	.	1 596
Westfalen	1 617	1 365	.	1 300	.	1 467	1 698	.	1 469
Rheinland	1 704	1 621	.	1 127	.	1 658	1 901	.	1 680
Summe	1 738	1 664	.	940	.	1 710	1 948	.	1 712

D. Bilanz der

(29.) Regierungsbezirke. — Provinzen.	Stand der Bevölkerung Ende 1855.	Factoren der Zu- und Ab- Zahl der Geborenen 1856, 1857 und 1858.	Zahl der Gestorbenen 1856, 1857 und 1858.	± Differenz.
1. Königsberg	901 603	122 357	92 374	+ 29 983
2. Gumbinnen	640 831	89 105	65 535	+ 23 570
3. Danzig	435 896	57 883	45 851	+ 12 032
4. Marienwerder	658 436	92 539	69 756	+ 22 783
I. Preussen	2.636 770	361 884	273 516	+ 88 368
5. Posen	909 551	113 378	101 540	+ 11 838
6. Bromberg	483 065	67 084	49 938	+ 17 146
II. Posen	1.392 616	180 462	151 478	+ 28 984
7. Stadt Berlin	447 483	48 221	37 693	+ 10 528
8. Potsdam	896 168	103 462	71 842	+ 31 620
9. Frankfurt	910 654	104 684	68 303	+ 36 381
III. Brandenburg	2.254 305	256 367	177 838	+ 78 529
10. Stettin	616 409	74 471	47 271	+ 27 200
11. Köslin	484 127	59 736	36 979	+ 22 757
12. Stralsund	198 428	21 816	15 582	+ 6 234
IV. Pommern	1.298 964	156 023	99 832	+ 56 191
13. Breslau	1.227 009	142 262	121 061	+ 21 201
14. Oppeln	1.014 383	146 313	101 417	+ 44 896
15. Liegnitz	941 104	97 338	82 530	+ 14 808
V. Schlesien	3.182 496	385 913	305 008	+ 80 905
16. Magdeburg	727 052	86 310	62 713	+ 23 597
17. Merseburg	781 947	94 072	62 627	+ 31 445
18. Erfurt	352 536	38 051	27 778	+ 10 273
VI. Sachsen	1.861 535	218 433	153 118	+ 65 315
19. Münster	433 837	38 118	31 201	+ 6 917
20. Minden	462 503	49 777	35 119	+ 14 658
21. Arnsberg	630 912	74 899	53 542	+ 21 357
VII. Westfalen	1.527 252	162 794	119 862	+ 42 932
22. Köln	523 762	59 711	42 895	+ 16 816
23. Düsseldorf	1.007 570	117 129	78 792	+ 38 337
24. Koblenz	509 164	53 034	39 025	+ 13 009
25. Trier	508 535	54 405	37 510	+ 16 895
26. Aachen	436 274	46 082	34 743	+ 11 339
VIII. Rheinprovinz	2.985 305	330 361	232 975	+ 97 386
Hohenzollernsche Lande	63 316	7 066	5 924	+ 1 142
Jadegebiet	227	23	32	— 9
Militair ausserhalb des Staates	12 029	176	159	*) + 17
Summe	17.202 831	2.059 502	1.519 742	+ 539 760

*) Mainz und Frankfurt.

Bevölkerung.

…nahme der Bevölkerung. Zahl der Eingewanderten 1856. 1857. 1858.	Zahl der Ausgewanderten 1856. 1857. 1858.	± Differenz.	Zunahme der Bevölkerung durch den Ueberschuss der Geburten und der Einwanderung.	Wirkliche Bevölkerung Ende 1858.	± Differenz gegen die nachgewiesene Vermehrung.
266	232	+ 34	30 017	938 059	+ 6 439
88	75	+ 13	23 583	670 783	+ 6 369
79	600	— 521	11 511	453 626	+ 6 219
298	805	— 507	22 276	652 032	+ 1 320
731	1 712	— 981	87 387	2.714 500	+ 20 347
123	1 927	— 1 804	10 034	918 222	— 1 363
179	3 918	— 3 739	13 407	498 933	+ 2 441
302	5 845	— 5 543	23 441	1.417 155	+ 1 078
548	621	— 73	10 435	458 637	+ 699
533	4 033	— 3 500	28 120	933 700	+ 9 412
154	5 121	— 4 967	31 414	937 659	— 4 409
1 235	9 775	— 8 540	69 969	2.329 996	+ 5 702
259	9 480	— 9 221	17 979	623 729	— 659
75	4 139	— 4 064	18 693	501 546	— 1 274
134	1 740	— 1 606	4 628	203 106	+ 50
468	15 359	— 14 891	41 300	1.328 381	— 1 883
374	1 608	— 1 234	19 967	1.249 149	+ 2 173
579	2 422	— 1 843	43 053	1.077 663	+ 20 227
552	1 965	— 1 413	13 395	942 801	— 11 698
1 505	5 995	— 4 490	76 415	3.269 613	+ 10 702
578	2 053	— 1 475	22 142	749 808	+ 614
1 215	3 270	— 2 055	29 390	806 124	— 5 213
513	2 431	— 1 918	8 335	354 130	— 6 741
2 306	7 754	— 5 448	59 867	1.910 062	— 11 340
198	2 540	— 2 342	4 575	436 085	— 2 327
294	8 405	— 8 111	6 547	400 105	— 8 945
865	1 605	— 740	20 617	670 251	+ 18 722
1 357	12 550	— 11 193	31 739	1.506 441	+ 7 450
215	1 469	— 1 254	15 562	545 891	+ 6 645
742	2 507	— 1 765	36 572	1.062 546	+ 18 404
306	5 032	— 4 726	9 273	518 373	— 64
573	6 950	— 6 377	10 518	523 156	+ 6 103
314	855	— 541	10 798	446 663	— 487
2 150	16 813	— 14 663	82 740	3.096 629	+ 30 584
75	633	— 558	584	61 215	+ 335
.	.	.	— 9	858	+ 640
.	.	.	17	12 043	— 3
10 129	76 436	— 66 307	473 453	17.739 913	+ 63 629

Fünfter Abschnitt.

Das Grundeigenthum.

1. Natürliche Verschiedenheiten des Grundeigenthums.

Seit 1849 ward in den von drei zu drei Jahren aufgestellten Gewerbetabellen eine Uebersicht des land- und forstwirthschaftlich benutzten Bodens gegeben, welche zwar noch immer keine durchaus richtigen Resultate darstellt, der Wirklichkeit jedoch allmälig näher gekommen ist. Beweis die bedeutende Zunahme des angegebenen Flächenraums: es wurden gemeldet

	1849	1858	
Gartenland	1.307 700	1.420 582	magdeburger Morgen,
Ackerland............	45.872 268	50.473 252	" "
Wiesenland	8.089 466	8.788 255	" "
beständige Weide ...	8.296 678	8.144 720	" "
Wald	19.795 854	24.913 335	" "

Spricht sich in diesen Zahlen theilweise auch der Einfluss der Gemeinheitstheilungen und der wachsenden Ausdehnung eines rationellen Wirthschaftsbetriebes aus, so dürfte doch der grössere Theil der Zunahme auf eine verbesserte Eintragung des Grundeigenthums in die Rubriken der Tabelle fallen. Welchen Antheil die Regierungsbezirke an der Bodenfläche haben, die jene Culturobjecte einnehmen, zeigt die nebenstehende Tabelle.

Bei den letzten Aufnahmen, deren Ergebnisse festgestellt sind, d. h. denen von 1858, wurden neben den genannten Culturobjecten alle übrigen Hauptformen der Bodenbeschaffenheit berücksichtigt und dadurch die Möglichkeit gegeben, ein Gesammtbild von den natürlichen Verschiedenheiten des Grundes und Bodens in Preussen zu liefern. Allein angesichts der verschiedenartigen Auffassung des Gegenstandes und mangels einer sorgfältigen Katastrirung des ganzen Staates stellen sich zum Theil ausserordentliche Differenzen zwischen den Angaben der Behörden und den Resultaten der Kartenmessung heraus, so zwar dass ungefähr 400 □Meilen Fläche keine Unterkunft in den Rubriken fanden.

Die Länge der geographischen Meile ist eine wandelbare Grösse: nach den Berechnungen des königlichen Generalstabs beträgt sie (eine Abplattung der Erde von $\frac{1}{310}$ vorausgesetzt) für den von den Parallelkreisen des 48sten und 49sten Breitengrades abgeschnittenen Theil eines Meridians 1966.07, für das zwischen dem 54sten und 55sten Breitengrade liegende Stück 1970.02 Ruthen von 12 rheinländischen Fussen. Die geographische □Meile umfasst daher beispielsweise für Hohenzollern 21 517, für den Regierungsbezirk Gumbinnen 21 500 magdeburger Morgen von 180 □Ruthen. Ermittelt man in derselben Art die durchschnittliche Ausdehnung einer geographischen □Meile für jeden Bezirk, so lässt sich aus den neuesten Landesaufnahmen mit ziemlicher Genauigkeit der Umfang desselben in Morgen bestimmen. Dies ist abgerundet in Tabelle 31 geschehen. Daneben durften die im Jahre 1867 nach den vorhandenen Detailkarten sehr sorgfältig theils gemessenen, theils geschätzten Flächen aller stehenden und fliessenden Gewässer des Staates angegeben werden; obgleich ohne Weiteres zuzugestehen ist, dass viele Fehler darin sein mögen, so bietet jene Ermittelung bei der einleuchtenden Unmöglichkeit, in naher Frist eine vollkommene Statistik der Gewässer zu erhalten, doch ein vortreffliches Mittel, um die anderweit erhaltenen Angaben zu controliren.

A. Fläche des cultivirten Bodens.

(30.) Regierungs-bezirk	Gärten, Weinberge, Obstanlagen u. dergl.	Ackerland.	Wiesen.	Beständige Weide (Raumhutung).	Staats- und Privatwaldungen.	Pflanzentragender Boden überhaupt.
	Morgenzahl im Jahre 1858.					
Königsberg	107 053	4.032 290	894 863	685 365	1.463 465	7.183 036
Gumbinnen	105 143	2.716 420	915 780	509 186	1.069 013	5.315 542
Danzig	34 747	1.344 373	297 120	306 011	559 891	2.541 662
Marienwerder	67 210	3.465 541	403 420	549 668	1.439 006	5.924 845
Posen	103 573	3.781 960	491 762	440 414	1.420 479	6.238 188
Bromberg	66 283	2.201 875	346 313	343 971	970 150	3.928 592
Stettin	35 599	2.256 742	500 517	561 370	916 336	4.270 564
Köslin	40 444	2.501 907	352 167	808 233	1.053 839	4.756 590
Stralsund	14 732	968 218	147 699	98 773	230 096	1.459 518
Berlin	627	4 834	760	.	.	6 221
Potsdam	72 407	3.551 351	818 999	597 830	2.215 107	7.255 697
Frankfurt	88 352	3.127 392	584 926	419 019	2.526 905	6.746 594
Breslau	96 038	2.782 209	345 595	81 099	902 550	4.207 491
Oppeln	60 198	2.451 351	259 460	91 133	1.601 276	4.463 418
Liegnitz	66 145	1.931 752	353 161	125 746	1.423 641	3.900 447
Magdeburg	39 584	2.428 393	361 482	385 255	728 674	3.943 388
Merseburg	59 806	2.300 201	257 201	105 540	725 181	3.447 929
Erfurt	15 560	735 126	64 048	29 835	301 503	1.146 072
Münster	34 077	1.104 813	173 259	358 445	346 845	2.017 439
Minden	35 113	970 776	188 640	267 626	400 075	1.862 230
Arnsberg	39 783	1.145 415	198 777	179 578	1.286 209	2.849 762
Düsseldorf	67 896	1.097 839	149 703	174 447	428 911	1.918 796
Köln	43 526	786 062	87 523	45 470	499 472	1.462 053
Aachen	26 725	651 004	127 544	322 393	388 413	1.516 079
Koblenz	46 694	849 704	184 401	200 709	924 442	2.205 950
Trier	48 133	1.080 608	239 381	425 419	805 718	2.599 259
Sigmaringen	6 184	184 346	43 506	32 163	146 638	411 837
Jadegebiet	30	747	288	.	.	1 065
Insgesammt	**1.428 582**	**50.473 252**	**8.780 255**	**8.144 720**	**24.913 335**	**93.740 144**

Die hier mitgetheilten Zahlen weichen zum Theil von den in den »Tabellen und amtlichen Nachrichten über den preussischen Staat für das Jahr 1858« abgedruckten etwas ab; Ursache der Differenz ist die nachträgliche Ermittelung einiger falschen Angaben, namentlich über den Flächeninhalt der Waldungen im Regierungsbezirk Königsberg u. s. w. Nach der »topographisch-statistischen Uebersicht des Regierungsbezirks Königsberg« von Adolf Schlott nimmt der Waldboden dieses Bezirks sogar 1.546 160 Morgen ein.

B. Fläche des uncultivirten Bodens und gesammter Flächeninhalt.

(31.) Regierungs-bezirk	Zu nicht land- oder forstwirthschaftlicher Production benutzter Boden (Torfstiche, Bergwerke u. s. w.).	Häuser und Höfe.	Wege und Gewässer.	Unland (Sandfelder, Moräste u. s. w.).	Angegebener Gesammtflächenraum.	Berechneter Gesammtflächenraum.	Geschätzter Raum der Gewässer.
	Morgenzahl im Jahre 1858.					Magdeburger Morgen.	
Königsberg	21 272	67 526	389 865	162 461	7.894 161	8.891 000	842 346
Gumbinnen	94 584	56 238	559 093	187 069	6.213 129	6.431 000	474 474
Danzig	21 206	22 086	76 357	97 442	2.760 844	3.284 000	182 987
Marienwerder	21 207	36 247	162 078	152 319	6.298 693	6.888 000	147 404
Posen	4 043	43 117	142 840	53 581	6.481 777	6.922 000	70 306
Bromberg	8 202	33 381	105 939	70 130	4.206 240	4.552 000	64 504
Stettin	21 027	19 333	549 030	66 832	4.920 892	5.128 000	436 345
Köslin	59 977	18 806	147 394	151 119	5.133 790	5.537 000	156 612
Stralsund	8 578	8 569	15 631	27 407	1.510 702	1.798 000	151 221
Berlin [1])	.	41	32	.	6 290	8.175 000 [2])	185 792
Potsdam	13 319	77 074	403 169	71 900	7.821 173		
Frankfurt	10 488	42 084	226 899	126 562	7.152 627	7.585 000	118 635
Breslau	18 894	46 719	85 340	45 379	4.401 825	5.326 000	60 342
Oppeln	8 259	37 440	71 563	24 700	4.625 292	5.200 000	37 547
Liegnitz	7 788	47 414	125 632	58 297	4.139 578	5.353 000	48 977
Magdeburg	4 126	37 703	149 222	60 414	4.194 773	4.531 000	34 398
Merseburg	13 628	31 404	117 820	26 437	3.657 228	4.030 000	33 212
Erfurt	448	14 490	29 443	13 738	1.294 191	1.388 000	4 120
Münster	126 318	18 535	63 221	615 530	2.841 047	2.859 000	5 046
Minden	15 854	15 185	57 218	70 928	2.021 417	2.072 000	6 283
Arnsberg	426	19 354	77 773	77 400	3.024 717	3.067 000	9 316
Düsseldorf	13 004	18 389	84 795	82 995	2.117 875	2.148 000	21 954
Köln	5 495	14 009	53 112	21 793	1.536 489	1.556 000	11 107
Aachen	10 900	6 915	37 788	42 393	1.614 064	1.628 000	3 580
Koblenz	2 729	9 688	70 805	9 671	2.298 813	2.367 000	17 512
Trier	5 937	15 435	71 989	8 402	2.801 025	2.813 000	13 759
Sigmaringen	506	2 110	10 985	1 663	427 091	456 000	1 984
Jadegebiet	.	20	45	89	1 214	5 000	4 218
Insgesammt	522 365	799 296	3 864 959	2.327 346	101.254 110	109.882 000	3.144 099

[1]) Der von den Stadtmauern eingeschlossene Theil der Stadt, welcher allein 5421 Morgen beträgt, scheint unberücksichtigt geblieben zu sein.

[2]) Excl. der nicht schiffbaren Flüsse und der Seen von weniger als 100 Morgen Grösse von Boeckh (Ortschafts-Statistik des Regierungsbezirks) auf 221 600 geschätzt.

II. Die politische und sociale Verschiedenheit des Grundeigenthums.

In früheren Zeiten waren mit der Ausdehnung des Grundbesitzes und dem Stande der Besitzer wesentliche Rechte oder Verpflichtungen verknüpft, von denen jene sich zum Theil bis heute erhalten haben, zum Theil auch in neuer Form wieder aufgefrischt worden sind. Mit Ausnahme der dem Staate selbst gehörigen Besitzungen, welche wohl an sich eine besondere Abtheilung bilden, bestehen die Vorrechte einzelner Kategorien von Grundeigenthümern vorzugsweise in der Ausübung ständischer und polizeilicher Befugnisse. Auf die Unveräusserlichkeit einzelner Besitzthümer ist in der nachfolgenden Darstellung nur beiläufig hingewiesen, da das vorhandene Material noch zu geringfügig ist.

A. Grundeigenthum der Krone.

Der Staatskalender führt im Ressort der Intendantur der Königlichen Schlösser dergleichen Besitzungen an folgenden Orten an: Königsberg i. Pr.; Berlin (3 incl. Monbijou und Bellevue), Charlottenburg (2 incl. Schauspielhaus), Grunewald (Jagdschloss), Schönhausen, Potsdam (10 incl. Sanssouci, des neuen Palais, Babelsberg, des Marmorpalais, des Schauspielhauses, der Pfaueninsel, des Jagdschlosses Stern, des Hauses in Colonie Alexandrowska, des Schlosses und Gartens zu Sakrow), Freienwalde, Schwedt; Breslau, Erdmannsdorf; Benrath im Regierungsbezirk Düsseldorf, Koblenz, Stolzenfels. Andere Verwaltungen bestehen für das Schauspielhaus und das Opernhaus in Berlin, die Marställe in Berlin und Potsdam.

Die Fideicommissgüter und -Forsten des Königl. Hauses sind grösstentheils der Hofkammer untergeordnet, und zwar:

1) Amt (und kreistagsfähiges Gut) Schmolsin im Kösliner Kreise Stolpe nebst den Pachtvorwerken Karolinenhof und Brenkenhofsthal und der Heegemeisterei Schmolsin.

2) Herrschaft (und Rentamt) Rheinsberg im Potsdamer Kreise Ruppin nebst der Revierförsterei Rheinsberg und dem Königlichen Schlosse (zusammen 6774 Mrg.); 1734 angekauft.

3) Herrschaft Wusterhausen, seit 1683 angekauft (11 Rittergüter), in den Potsdamer Kreisen Teltow und Beeskow-Storkow: Rentamt Königs-Wusterhausen (1252 Mrg.) nebst Schloss und den Pachtvorwerken Karlshof beim Dorf Kiekebusch, Rotzis (1704 Mrg.) und Waltersdorf (1892 Mrg.); Rentamt Buchholz nebst Pachtvorwerk Buchholz (615 Mrg.); Pachtamt Trebatsch (2892 Mrg.); Oberförstereien Hammer (36 051 Mrg.), Kl. Wasserburg (34 887 Mrg.), Königs-Wusterhausen (22 545 Mrg.) und Schwenow (26 369 Mrg.).

4) Forstrevier Arnsberg im Liegnitzer Kreise Hirschberg nebst den incorporirten Grundstücken des Gutes Buschvorwerk und Holländerei bei Schmiedeberg.

5) Pachtämter im Liegnitzer Kreise Glogau: Gramschütz nebst Simbsen und Waldvorwerk (Wegnersau), 1740 und 1754 erworben, 3 Güter; Obisch, 1746 und 1754 erworben, 5 Güter incl. Amt Töppendorf; Gross-Schwein 1852 erworben. Oberförsterei Töppendorf.

6) Pachtamt Fürstenau im Breslauer Kreise Neumarkt, 4 Vorwerke, 1748 erworben.

7) Rentamt Oelse im Breslauer Kreise Striegau nebst Pachtvorwerk Oberölse; 4 Güter, 1747 erworben.

8) Herrschaft Karmunkau (Polizeibezirk Bischdorf mit 33 Dominialbezirken) im Oppelner Kreise Rosenberg: Rentamt Bischdorf mit den Pachtvorwerken Bischdorf, Sternalitz, Bodzanowitz, Psurow, Ellgut, Altkarmunkau, Neukarmunkau, Kostellitz und Gross-Borek; Hüttenamt zu Kutzoben und Borek; Oberförsterei Karmunkau. Seit 1853 im Besitz, ungefähr 37 352 Morgen gross (3 Besitzungen in der Rittergutsmatrikel.

9) Rentamt Niegripp im ersten Jerichowschen Kreise Magdeburger Regierungsbezirks mit dem Pachtvorwerk Heinrichsberg im Wollmirstedtschen Kreise und der Oberförsterei Niegripp; Rentamt mit Pachtvorwerk Wörmlitz und Pachtamt Nedlitz im ersten, Pachtamt Gladau im zweiten Jerichowschen Kreise. Ehemalige Besitzungen (4 Rittergüter) des Prinzen August von Preussen.

Unter gemeinschaftlicher Curatel der Minister des Königlichen Hauses und der Justiz verwaltet der erstere die Güter des Prinzlichen Familien-Fideicommisses:

1) Herrschaften (Rittergüter) Flatow und Krojanke im Marienwerder Kreise Flatow mit der Oberförsterei Kujann.

2) Herrschaft Frauendorf im Frankfurter Kreise Sternberg (Oderbruch). Rittergut mit 3 Vorwerken von zusammen 4500 Morgen Bodenfläche, 1816 erworben.

Eine abgesonderte Verwaltung haben die hinterlassenen Schatullgüter Sr. Majestät Königs Friedrich Wilhelm IV.:

1) die Güter Paretz (982 Mrg.), Falkenrehde (2108 Mrg.), Uetz (1071 Mrg.) und das Kronfideicommissgut Bornstedt (1070 Mrg.) im Potsdamer Kreise Osthavelland. — Die 15 Hofkammer- und Schatullgüter innerhalb des Potsdamer Regierungsbezirkes nehmen zusammen ein nutzbares Areal von 146 511 Morgen ein, worunter 123 277 Forstland.

2) das Gut Erdmannsdorf im Liegnitzer Kreise Hirschberg, 1833 angekauft, 1840 Krongut geworden.

Ausser den 21 hier aufgeführten, in den Provinzialmatrikeln erwähnten Gütern gehören einigen Prinzen des Königlichen Hauses noch andere Besitzungen an, deren Natur rein privatrechtlich ist.

Bei der Uebernahme der Fürstenthümer Hohenzollern wurde den beiden betheiligten hohen Häusern die Aufrechterhaltung des fürstlichen Hohenzollerschen Familien-Fideicommisses verbürgt. Eigentliche Domainen giebt es in Hohenzollern übrigens nicht.

B. Domainen und Forsten des Staates.

Dem Staate gehörende Besitzungen sind von Grundsteuerentrichtung befreit. Unter Hinweis auf den Abschnitt über die Finanzen wird hier nur der Flächenraum desjenigen Grundeigenthums mitgetheilt, welches in zusammenhängenden grösseren Besitzungen entweder vom Staate selbst oder von Pächtern desselben land- und forstwirthschaftlich benutzt wird. Die Angaben sind einerseits den (übrigens erweiterten) Zusammenstellungen, welche gelegentlich des den Kammern vorgelegten Kreisordnungsentwurfs im Jahre 1858 angefertigt wurden, andrerseits den Anlagen zum Staatshaushaltsetat für 1861 entnommen.

(82.) Regierungs-bezirk	Nach der Aufstellung von 1858		Im Sommer 1860 vorhandene					
			Domainen [1])		Staatsforsten		Gestüt-wirthschaften	
	Zahl der Güter und Reviere.	Morgen.	Vorwerke.	Morgen nutzbaren Landes.	Oberförstereien.	Morgen.	Vorwerke.	Morgen.
Gumbinnen	65	1.051 065	62	112 293	23	901 348	12	10 000
Königsberg	50	883 537	49	63 008	25	904 150	.	.
Danzig	38	423 899	14	14 849	12	379 551	.	.
Marienwerder	46	777 004	39	59 513	18	713 307	.	.
Bromberg	26	439 411	24	32 942	11	408 215	.	.
Posen	49	306 401	50	71 545	11	230 248	3	4 682
Köslin	19	140 754	17	24 295	9	199 321	.	.
Stettin	84	571 875	70	108 513	26	493 669	.	.
Stralsund	90	370 253	78	115 765	6	112 008	.	.
Potsdam	[2]) 123	[2]) 1.131 436	62	94 857	37	834 712	.	.
Frankfurt	84	855 457	85	124 035	20	722 083	.	.
Liegnitz	25	122 874	13	9 045	6	100 974	.	.
Breslau	100	206 004	68	70 525	14	252 120	.	.
Oppeln	29	354 077	33	29 991	14	319 571	.	.
Magdeburg	56	303 968	79	120 633	20	254 221	.	.
Merseburg	56	385 224	66	73 823	23	317 124	8	9 160
Erfurt	13	14 883	17	14 449	14	144 905	.	.
Minden	4	108 781	4	4 995	6	97 856	.	.
Münster	6	14 500	2	1 932	1	9 388	.	.
Arnsberg	9	76 980	.	.	9	76 980	.	.
Düsseldorf	8	68 060	.	.	5	68 303	.	.
Köln	4	48 324	.	.	4	48 324	.	.
Aachen	8	113 227	.	.	8	113 227	.	.
Koblenz	8	101 969	.	.	8	101 986	.	.
Trier	17	246 714	.	.	17	246 800	.	.
Insgesammt	1019	9.165 088	832	1.156 158	357	8.059 489	23	24 742

[1]) am Schluss des Jahres 1860 durch Zutritt von Seehandlungsgütern auf 841 Vorwerke mit 1.163 417 Morgen vermehrt.

[2]) incl. Hofkammergüter.

C. Corporativer Besitz.

Es ist zur Zeit unmöglich, von dem Grundeigenthum der ständischen, städtischen und anderer Körperschaften eine nur annähernd genaue Zusammenstellung zu geben. Im Allgemeinen möge erwähnt werden, dass das Reineinkommen der Stiftungen für Unterrichtszwecke aus dem Grundeigenthum (excl. Berechtigungen) im Jahre 1861 auf 118 008 Rthlr., der Stiftungen für gemeinsame Cultus- und Unterrichtszwecke auf 68 469 Rthlr., der katholischen Bisthümer auf 36 158 Rthlr. veranschlagt wurde. Von einigen Regierungsbezirken sind übrigens neuere Beschreibungen erschienen, denen wir in Bezug auf den vorliegenden Gegenstand die folgenden Thatsachen entnehmen.

Im Regierungsbezirk Bromberg umfassten 1858 die 20 städtischen Kämmereigüter incl. 21 900 Morgen Forsten 34 307 Morgen Land (davon Stadt Bromberg 13 653 Morgen im Bromberger, Gnesen 4206 Morgen im Gnesener Kreise).

Im Regierungsbezirk Oppeln betrug 1856 der Flächeninhalt der 31 ländlichen Kämmereigüter ohne Rittergutsqualität 53 205 Morgen.

D. Standesherrschaften und ähnlich bevorrechteter Grundbesitz.

1. Mediatisirte Reichsherrschaften.

In Ausführung des Edicts vom 21. Juni 1815 ordnete die Allerhöchste Instruction vom 30. Mai 1820 die Verhältnisse der vormals unmittelbaren Reichsstände innerhalb der preussischen Monarchie; nachstehende sonst reichsunmittelbare, in den Provinzen Westfalen und Rheinland belegene Landschaften wurden als Standesherrschaften angesehen und mit einer durch spätere Gesetze und Einzelverträge allerdings mehrfach modificirten Sonderstellung (getheilter Unterthänigkeit der Bewohner u. s. w.) ausgestattet, nämlich:

1) Grafschaft Recklinghausen des Herzogs von Arenberg: Kreis Recklinghausen mit Ausnahme der Aemter Lembeck und Alt-Schermbeck, 10 Bürgermeistereien, etwa 12 Q.-Mln. Von den in Westfalen und Rheinland gelegenen Privatbesitzungen des Herzogs sind 46 800 Morgen zu einem Familienfideicommiss vereinigt.

2) Herrschaft Dülmen des Herzogs von Croy, 5½ Q.-Mln.: Städte Dülmen und Haltern, Amt Dülmen, Amt Haltern excl. Gemeinde Lippramsdorf, Gemeinde Seldern im Kreise Koesfeld.

Die ehemalige Grafschaft Rietberg der Fürsten von Kaunitz im Wiedenbrücker Kreise existirt seit 1822 nicht mehr.

3) Grafschaft Steinfurt (Stadt und Amt im gleichnamigen Kreise) des Fürsten zu Bentheim-Steinfurt, 1 Q.-Mle.

4) Besitzungen der Fürsten zu Bentheim-Tecklenburg, 12–13 Q.-Mln.: Herrschaft Rheda im Kreise Wiedenbrück (Städte und Aemter Gütersloh und Rheda, Aemter Herzebrock und Klarholz), Grafschaft Hohenlimburg (Bürgermeisterei Limburg) im Kreise Iserlohn, Fideicommissgut Gronau im Kreise Ahaus.

Die früher den Freiherrn von Bömmelberg gehörige Herrschaft (Amt) Gemen im Kreise Borken hat seit ihrem Uebergang an den Grafen von Landsberg die Rechte der früheren Reichsstandschaften verloren, die als Standesherrschaft jedoch behalten.

Südlicher Antheil des Fürstenthums Rheina-Wolbeck im Kreise Steinfurt. Früheres Besitzthum der Herzöge von Looz-Korswaren, jetzt dem Fürsten zu Rheina-Wolbeck als Standesherrschaft ohne die Rechte der Mediatisirten gehörig.

5) Grafschaft Horstmar des Fürsten und Rheingrafen zu Salm-Horstmar, 31 Q.-Mln. in den Kreisen Koesfeld (Stadt und Amt Koesfeld, Aemter Billerbeck, Lette, Osterwick, Darfeld und Rorup), Steinfurt (Aemter Borghorst, Horstmar, Laer, Metelen, Ochtrup und Wettringen) und Ahaus (Aemter Gronau, Legden, Nienborg und Schöppingen).

6) Besitzungen des Fürsten zu Salm-Salm, 34½ Q.-Mln.: Herrschaft (Stadt) Anholt im Kreise Borken; Herrschaft Ahaus in den Kreisen Ahaus (Städte Ahaus, Stadtlohn und Vreden, Aemter Ammeloe, Ottenstein, Stadtlohn, Südlohn, Wessum

und Wüllen) und Borken (Stadt Borken, Aemter Heiden, Marbeck, Raesfeld, Ramsdorf, Reken, Velm und Weseke); Herrschaft Bochold im Kreise gleichen Namens (Stadt Bocholt, Aemter Dingden, Liedern und Rhede).

7) Grafschaft (landräthlicher Kreis) Wittgenstein, wovon ⅔ dem Fürsten zu Sayn-Wittgenstein-Hohenstein und ⅓ dem Fürsten zu Sayn-Wittgenstein-Berleburg gehört. Die Grafschaft Berleburg umfasst die Kirchspiele Wingeshausen, Birkelbach, Raumland, Berleburg, Girkhausen und Neuastenberg; zur engeren Grafschaft Wittgenstein gehören die Kirchspiele Laasphe, Elsof, Arfeld, Weidenhausen, Erntebrück, Feudingen und Fischelbach.

8) Aemter Braunfels und Greifenstein des Fürsten zu Solms-Braunfels im Kreise Wetzlar (Bürgermeistereien Asslar, Braunfels, Greifenstein und Schöffengrund). Im Privatbesitz befindet sich ein Fideicommiss von 14 757 Morgen Fläche.

9) Amt (Bürgermeisterei) Hohensolms des Fürsten zu Solms-Hohensolms-Lich im Kreise Wetzlar. Areal des befestigten Privatbesitzes in Preussen 2044 Morgen.

10) Grafschaft Wied des Fürsten zu Wied, 13 Q.-Mln. im Kreise Neuwied (Bürgermeistereien Anhausen, Dierdorf, Heddesdorf, Neuwied, Niederwambach und Puderbach, ausserdem die vordem kurkölnischen Aemter Altenwied und Neuerburg). Der befestigte Privatbesitz enthält 21 000 Morgen Landes.

Sodann wurden noch die drei in älterer Zeit reichsunmittelbaren gräflich stolbergischen Häuser als den durch Bundesbeschlüsse mediatisirten Reichsständen gleichberechtigt anerkannt. Ihre Standesherrschaften liegen in der Provinz Sachsen, und zwar:

11) die Grafschaft (landräthlicher Kreis) Wernigerode des Grafen zu Stolberg-Wernigerode (mit dem Fideicommiss Langeln).

12) die Grafschaft Rossla, 3½ Q.-Mln. im Kreise Sangerhausen (frühere Aemter Questenberg, Rossla, Wolfsberg, Ebersburg und Kelbra), dem Grafen zu Stolberg-Rossla gehörig; die Privatbesitzungen mit Rittergutsqualität bedecken 22 000 Morgen innerhalb des Kreises.

13) die Grafschaft Stolberg des Grafen zu Stolberg-Stolberg, 4½ Q.-Mln. im Kreise Sangerhausen (frühere Aemter Stolberg, Hayn und Heringen); die Privatbesitzungen innerhalb der Grafschaft umfassen 30 000 Morgen Land.

Endlich übernahm die Krone Preussen mit dem Fürstenthum Hohenzollern-Sigmaringen folgende ehemals reichsunmittelbare Besitzungen:

14) Oberamt Trochtelfingen (1¼ Q.-Mln.) und früheres Obervogteiamt Jungnau (2 Q.-Mln.) des Fürsten zu Fürstenberg.

15) Oberamt Ostrach ($\frac{13}{16}$ Q.-Mln.) des Fürsten von Thurn und Taxis.

2. Früher nicht reichsunmittelbarer, aber befestigter Grundbesitz, welcher zu einem erblichen Sitz im Herrenhause berechtigt.

a. Provinz Preussen.

1—4) Grafschaft Dohna der Burggrafen zu Dohna mit den gesonderten Familienfideicommissen Schlobitten, Schlodien mit Karwinden, Lauck und Reichertswalde (Kreise Pr. Holland und Mohrungen).

5) Grafschaft Rautenburg des Grafen von Keyserling (Kreis Niederung).

b. Provinz Posen.

1) Fürstenthum Krotoschin des Fürsten von Thurn und Taxis (Kreis Krotoschin).

2) Familienmajorat Reisen des Fürsten Sulkowski (Kreis Fraustadt).

3. 4) Grafschaft Przygodzice der Fürsten Radziwill (Kreis Adelnau).

5) Majorat Oberzycko des Grafen Raczyński (Kreis Samter).

6) Majorat Taczanowo des Grafen Taczanowski (Kreis Pleschen).

c. Provinz Pommern.

Grafschaft Putbus der fürstlichen Familie zu Putbus (Kreis Bergen).

d. Provinz Brandenburg.

1) Standesherrschaft Baruth des Grafen zu Solms-Baruth (Kreis Jüterbock-Luckenwalde).

2) Standesherrschaft Sonnewalde des Grafen zu Solms-Sonnewalde (Kreis Luckau).

3) Standesherrschaft Pförten des Grafen von Brühl (Kreis Sorau).

4) Standesherrschaft Drehna des Fürsten zu Lynar (Kreis Luckau).

5) Standesherrschaft Straupitz des Grafen von Houwald (Kreis Lübben).

6) Standesherrschaft Lübbenau des Grafen zu Lynar (Kreis Kalau).

7) Standesherrschaft Amtitz des Prinzen zu Schönaich-Karolath (Kreis Guben).

8) Herrschaft Neu-Hardenberg des Grafen von Hardenberg (Kreis Lebus).

9) Majorat Boitzenburg des Grafen von Arnim (Kreis Templin).

10) Majorat Görlsdorf, Lanke und Schwante des Grafen von Redern (Kreise Angermünde, Niederbarnim und Osthavelland).

11) Alter Besitz Retzin und Mansfeld des edlen Herrn Gans zu Putlitz.

c. Provinz Schlesien.

1) Fürstenthum Oels des Herzogs von Braunschweig (Kreis Oels).

2) Fürstenthum Jägerndorf und Troppau preussischen Antheils, dem Fürsten von Liechtenstein gehörig (Kreise Ratibor und Leobschütz).

3) Lehnfürstenthum Sagan der Herzogin zu Sagan (Kreis Sagan).

4) Fürstenthum Trachenberg des Fürsten von Hatzfeldt (Kreis Militsch-Trachenberg).

5) Fürstenthum Karolath des Fürsten zu Karolath-Beuthen (Kreise Freistadt und Sprottau).

6) Herzogthum Ratibor des Herzogs von Ratibor, Fürsten von Corvey und Prinzen zu Hohenlohe-Waldenburg-Schillingsfürst (Kreise Ratibor, Rosenberg, Rybnik und Tost).

7) Fürstenthum Pless des Fürsten von Pless und Reichsgrafen von Hochberg (Kreis Pless).

8) Freie Standesherrschaft Oberbeuthen des Grafen Henckel von Donnersmarck (Kreis Beuthen).

9) Standesherrschaft Polnisch-Wartenberg des Prinzen Biron von Kurland (Kreis Wartenberg).

10) Freie Standesherrschaft Militsch des Grafen von Maltzan (Kreis Militsch-Trachenberg).

11) Freie Standesherrschaft Goschütz des Grafen von Reichenbach-Goschütz (Kreis Wartenberg).

12) Freie Standesherrschaft Muskau des Prinzen Friedrich der Niederlande (Kreis Rothenburg).

13) Freie Standesherrschaft Kienast des Grafen von Schaffgotsch (Kreis Hirschberg).

14) Standesherrschaft Fürstenstein des Fürsten von Pless und Grafen von Hochberg (Kreis Waldenburg).

15) Majorat Karlsruhe des Herzogs von Würtemberg (Kreis Oppeln).

16) Herrschaft Koschentin, Boronowo, Harbaltowitz und Landsberg des Prinzen zu Hohenlohe-Ingelfingen (Kreise Lublinitz, Rosenberg und Tost).

17) Majoratsherrschaft Petersswaldau des Grafen von Stolberg-Wernigerode (Kreis Reichenbach).

18) Majoratsbesitzungen Kuchelna, Grabowka und Krzizanowitz des Fürsten von Lichnowski-Werdenberg (Kreis Ratibor).

19) Langenbielausches Majorat des Grafen von Sandreczky-Sandraschütz (Kreis Reichenbach).

20) Herrschaft Oberglogau des Grafen von Oppersdorff (Kreis Neustadt).

21) Majorat Mittelwalde des Grafen von Althann (Kreis Habelschwert).

22) Majoratsherrschaft Klein-Oels des Grafen York von Wartenburg (Kreis Ohlau).

23) Fideicommissbesitzungen Reesewitz, Mühlwitz und Gollitz des Grafen von Dyhrn (Kreis Oels).

24) Majorat Laasan des Grafen von Burghauss (Kreise Striegau und Schweidnitz).

25) Standesherrschaft Leuthen Derer von Gutzmerow (Kreis Lübben).

26) Standesherrschaft Slawentzitz des Fürsten zu Hohenlohe-Oehringen (Kreis Kosel).

f. Provinz Sachsen.

1) Amt Walternienburg des Herzogs von Anhalt-Dessau-Köthen (Kreis Jerichow I.).

2) Falkenstein-Meisdorfsches Familienfideicommiss des Grafen von der Asseburg-Falkenstein (Gebirgskreis).

3) Herrschaft Beichlingen des Grafen von Werthern (Kreis Eckartsberga).

g. Provinz Westfalen.

1. 2) Herrschaft Gemen und Fürstenthum Rheina-Wolbeck (siehe unter D. 1.)

3) Herrschaft Alme des Grafen von Borholtz (Kreis Brilon).

4) Herrschaft Kappenberg und Scheda der freiherrlichen Familie von Stein (Kreise Lüdinghausen und Hamm).

5) Majorat Laer des Grafen von Westphalen (Kreis Meschede).

6) Fideicommiss Herdringen des Grafen von Fürstenberg-Herdringen (Kreis Arnsberg).

h. Rheinprovinz.

1) Standesherrschaft Wildenburg-Schönstein des Grafen von Hatzfeldt-Wildenburg-Weisweiler (Kreis Altenkirchen).

2) Alter Besitz Alfter des Fürsten und Altgrafen zu Salm-Reifferscheid-Dyck (Kreis Bonn).

E. Rittergüter und ihnen gleichstehendes Grundeigenthum.

Nach dem heutigen Stande der Gesetze geniessen die Besitzer von zusammenhängendem Grundeigenthum, denen in früheren Zeiten die Insassen kleiner Besitzungen erbzinspflichtig oder lehnpflichtig oder selbst erbunterthänig waren, gewisser Vorrechte vor den Besitzern anderen Grundeigenthums, das vordem unfrei war oder keine dinglichen Rechte auf dritte Besitzungen aufzuweisen hatte. Der gewöhnliche Name solcher bevorrechteten Güter ist »Rittergut«, oft aber schwankt die Bezeichnung zwischen diesem und »kölmischem Gut« oder anderen Benennungen, zumal in der Provinz Preussen; auch gingen im Laufe der Zeit viele Rittergüter durch Zertheilung des zugehörigen Bodens ein, während andere trotz der Ablösung sämmtlichen dazu gehörigen Landes den Namen und die Eigenschaft eines Rittergutes beibehielten. Uebrigens stammen nicht alle gegenwärtig dieser Kategorie angehörigen Besitzungen aus der altständischen Periode; vielmehr sind manche erst in jüngster Zeit mit Verleihung der Rittergutseigenschaft begnadigt worden, zuweilen nur für die Dauer des Besitzstandes einzelner Familien oder unter anderen beschränkenden Bedingungen. Durch Parzellirung unter ein in den verschiedenen Provinzen verschiedenes Minimalmaass verliert ein Rittergut seine Befugniss als solches; es giebt jedoch eine Anzahl von Gütern, welche schon von früher her das vorgeschriebene Flächenmaass nicht enthalten und dennoch die Rittergutsqualität besitzen.

Nachstehende Tabelle giebt die über die Zahl und den Umfang der Ritter- und ähnlichen Güter vorhandenen Nachrichten unter Hineinziehung desjenigen Grundeigenthums der Krone, der Corporationen und der Standesherren, welches die Besitzer zur Ausübung ständischer Rechte befugt. Es haben hierbei die in den letzten Jahren stattgehabten Veränderungen möglichste Berücksichtigung und behufs Vergleichung auch die sorgfältigen Angaben Rauer's Aufnahme gefunden.

Eine besondere Unterabtheilung bilden in politischer Beziehung diejenigen Besitzungen, welche seit 100 Jahren einer und derselben Familie zugehörten, und deren Inhaber das Recht zur Präsentation für Sitze im Herrenhaus geniessen.

(33.) Landräthliche Kreise. — Regierungsbezirke.	Auf Kreistagen im ersten Stande vertretene Güter: Zahl.	davon unter Minimalmaass	Morgen.	Politische Stellung der kreistagsfähigen Güter 1855—56 nach Bauer: a. Bevorrechtete Güter-complexe.	*Alter und befestigter Grundbesitz.**)	b. Rittergüter.	c. Kölmische Güter.	d. Den kölmischen gleichartige Güter.
Memel	16	.	20 600	.	.	9	5	1
Fischhausen	73	2	120 436	.	*3*	55	17	1
Königsberg	81	.	137 573	.	*2*	68	11	2
Labiau	39	21	56 019	.	*1*	25	12	2
Wehlau	57	.	103 879	.	*2*	40	17	.
Gerdauen	52	1	154 798	.	*2*	48	2	.
Rastenburg	63	.	182 200	.	*6*	64	2	.
Friedland	83	.	178 996	.	*4*	79	3	1
Pr. Eilau	82	6	191 931	.	*6*	76	5	.
Heiligenbeil	77	1	141 608		.	62	13	2
Braunsberg	27	.	29 858	.	*2*	24	2	1
Heilsberg	23	.	31 206	.	*2*	23	.	.
Rössel	24	.	45 016	.	.	23	.	.
Allenstein	44	.	65 124	.	.	40	3	1
Ortelsburg	31	.	75 550	.	*1*	27	5	.
Neidenburg	68	10	158 387	.	*2*	62	6	.
Osterode	76	2	218 547	.	.	57	3	7
Mohrungen	74	12	132 412	1	*4*	60	8	1
Pr. Holland	45	.	124 123	3	*5*	32	4	1
Königsberg	1035	55	2.169 347	4	*42*	874	118	20
Heidekrug	7	.	3 724	.	.	2	4	1
Niederung	18	.	22 044	1	*1*	9	6	2
Tilsit	20	.	38 940	.	.	9	12	8
Ragnit	31	1	55 764	.	.	21	10	.
Pillkallen	29	.	35 425	.	*1*	8	15	4
Stallupönen	13	.	13 210	.	.	6	6	1
Gumbinnen	30	.	28 355	.	.	13	11	4
Insterburg	40	.	40 800	.	.	26	11	3
Darkehmen	41	.	128 134	.	.	30	10	.
Angerburg	37	.	62 202	.	.	27	10	.
Goldap	28	.	46 687	.	.	23	8	2
Oletzko	28	5	58 547	.	.	22	6	1
Lyk	23	.	34 057	.	.	17	5	.
Lötzen	20	.	26 145	.	*1*	14	5	.
Sensburg	43	1	46 224	.	.	33	10	.
Johannisburg	25	.	40 733	.	.	12	13	.
Gumbinnen	442	7	682 179	1	*3*	272	137	26
Elbing	20	.	22 536		.	2	.	18
Marienburg	2	.	1 058		.	1	1	.
Danzig	54	2	82 402		.	51	.	3
Stargardt	52	3	114 554		*1*	48	.	4
Behrend	34	1	87 975		.	35	.	.
Karthaus	56	2	105 453		.	55	.	1
Neustadt	52	.	211 159		*1*	50	1	.
Danzig	270	8	685 132		*2*	242	2	28

*) Die Zahlen erscheinen gleichzeitig unter den übrigen Kategorien und sind insofern von Zufälligkeiten abhängig, als derjenige Grundbesitz ein alter befestigter wird, der 100 Jahre lang in derselben Familie verbleibt, um dieser Kategorie aber ausscheidet, sobald er durch Verkauf in fremde Hände übergeht.

(Forts. zu 33.) Landräthliche Kreise. — Regierungsbezirke.	Auf Kreistagen im ersten Stande vertretene Güter: Zahl.	davon unter Minimalmass	Morgen.	Politische Stellung der kreistagsfähigen Güter 1855—56 nach Bauer: a. Bevorrechtete Gütercomplexe.	Alter und befestigter Grundbesitz.	b. Rittergüter.	c. Kölmische Güter.	d. Den kölmischen gleichartige Güter.
Stuhm	35	.	59 315	.	.	34	.	1
Marienwerder	37	1	102 457	.	2	34	.	3
Rosenberg	51	6	261 220	.	3	48	3	.
Löbau	24	1	47 016	.	.	23	1	.
Strasburg	57	3	160 963	.	.	48	2	6
Thorn	41	.	133 043	.	2	38	.	2
Kulm	59	.	143 609	.	1	56	2	.
Graudenz	45	.	81 598	.	.	28	6	.
Schwetz	60	.	191 090	.	2	57	.	3
Konitz	68	4	197 345	.	.	65	.	6
Schlochau	59	.	217 806	.	1	49	10	.
Flatow	24	.	212 474	.	1	22	.	.
Deutsch-Krone	36	.	232 458	.	.	31	.	5
Marienwerder	596	15	2.040 472		12	543	24	28
								*Bedingte Rittergutseigenschaft haben *)*
Wreschen	55	6	157 765		.	55		1
Pleschen	93	14	253 684		4	93		3
Schroda	78	8	196 481		.	79		.
Schrimm	64	9	202 005	.	2	60		.
Kosten	85	3	243 092	.	3	86		4
Buk	38	.	180 036	.	2	38		1
Posen	61	.	212 329	.	.	61		1
Obornik	37	.	151 747	.	2	38		5
Samter	58	.	220 870	.	3	59		2
Birnbaum	36	2	172 129	.	2	36		1
Meseritz	24	2	126 510	.	3	25		1
Bomst	26	1	141 547	.	1	26		5
Fraustadt	63	.	188 546	1	2	60		2
Kröben	80	.	225 440	.	2	80		1
Krotoschin	86	.	192 714	1	5	35		5
Adelnau	43	3	185 319	1	3	42		.
Schildberg	50	5	185 505	.	5	46		.
Posen	977	53	3.316 840	3	39	919		32
Czarnikau	14	.	251 896	.	.	14		.
Chodziesen	16	.	95 002	.	1	17		.
Wirsitz	37	.	177 546	.	.	37		1
Bromberg	28	1	96 021	.	3	29		2
Schubin	61	5	216 300	.	.	61		1
Inowraclaw	127	32	294 273	.	2	128		6
Mogilno	49	5	116 048	.	.	42		6
Gnesen	93	20	188 761	.	3	92		1
Wongrowitz	99	8	281 231	.	3	99		1
Bromberg	524	71	1.724 677		12	519		18

*) In den übrigen Colonnen schon mitgerechnet.

(Forts. zu 33.) Landräthliche Kreise. — **Regierungsbezirke.**	Auf Kreistagen im ersten Stande vertretene Güter			Politische Stellung der kreistagsfähigen Güter 1855—56 nach Bauer.				
	Zahl.	davon unter Minimalmaas	Morgen.	a. Bevorrechtete Gütercomplexe.	*Alter und befestigter Grundbesitz.*	b. Landtagsfähige Rittergüter.	c. Nur kreistagsfähige Güter.	*Bedingte Rittergutsqualität haben*
Demmin	73	.	176 700	.	*15*	61	11	*2*
Anklam	47	.	129 537	.	*23*	46	1	*4*
Usedom-Wollin	20	4	41 945	.	.	18	2	*1*
Ueckermünde	5	.	31 115	.	*3*	5	.	*1*
Randow	44	.	199 200	.	*13*	41	.	.
Greifenhagen	10	.	30 786	.	.	12	1	*4*
Pyritz	68	12	168 167	.	*5*	68	.	.
Saatzig	62	13	148 833	.	*8*	60	1	.
Naugard	50	1	110 802	.	*15*	79	11	*1*
Cammin	101	21	198 120	.	*8*	90	8	.
Greiffenberg	37	.	88 254	.	.	36	1	.
Regenwalde	98	3	286 908	.	*25*	98	1	*1*
Stettin	615	54	1.610 376		*115*	574	37	*14*
Schievelbein	33	3	80 555	.	.	29	.	.
Dramburg	44	5	185 000	.	*2*	50	.	.
Neustettin	112	16	295 989	.	*37*	116	1	*1*
Belgard	90	4	278 607	.	*17*	88	1	.
Fürstenthum	171	21	439 008	.	*31*	163	4	*1*
Schlawe	74	3	261 606	.	*20*	74	.	.
Rummelsburg	69	4	284 700	.	*20*	69	.	.
Stolp	168	7	487 130	.	*27*	163	3	*2*
Lauenburg	105	14	283 840	.	*9*	102	3	.
Bütow	20	.	62 454	.	*1*	16	4	.
Köslin	886	77	2.658 911		*160*	870	16	*4*
Rügen	131	11	166 298	1	*32*	106	.	*3*
Franzburg	73	2	164 242	.	*25*	71	.	*10*
Greifswald	98	.	196 440	.	*25*	85	.	*1*
Grimmen	60	1	128 157	.	*25*	61	.	*2*
Stralsund	362	14	655 137	1	*107*	323	.	*16*
Prenzlau	100	9	187 814	.	*55*	99	1	.
Templin	88	40	185 060	1	*16*	68	1	*2*
Angermünde	45	.	129 479	1	*13*	38	5	
Oberbarnim	51	6	149 402	.	*12*	50	.	*1*
Niederbarnim *)	42	14	82 410	1	*7*	36	5	*6*
Teltow	54	9	90 431	.	*6*	48	8	*3*
Beeskow-Storkow	28	1	78 133	.	*4*	31	3	*2*
Jüterbock-Luckenwalde	39	.	102 326	1	*15*	35	.	.
Zauch-Belzig	51	14	140 216	.	*10*	59	1	*2*
Osthavelland	34	.	81 669	.	*5*	35	1	*1*
Westhavelland	55	5	151 668	.	*37*	55	.	.
Ruppin	73	18	198 269	.	*23*	76	1	*7*
Ostpriegnitz	65	1	171 571	.	*24*	64	1	.
Westpriegnitz	65	17	127 818	.	*32*	63	.	.
Potsdam **)	790	134	1.816 565	4	*259*	757	27	*18*

*) incl. Berlin (1 Rittergut von 62 Morgen).
**) excl. Hofkammergüter.

(Forts. zu 33.) Landräthliche Kreise. — Regierungsbezirke.	Auf Kreistagen im ersten Stande vertretene Güter: Zahl.	davon unter Minimalmass	Morgen.	Politische Stellung der kreistagsfähigen Güter 1855—56 nach Rauer: a. Bevorrechtete Gütercomplexe.	*Alter und befestigter Grundbesitz.*	b. Landtagsfähige Rittergüter.	c. Nur kreistagsfähige Rittergüter.	*Bedingte Landtagsfähigkeit haben*
Königsberg	49	.	158 942	.	*4*	35	7	*1*
Soldin	45	.	163 465	.	*2*	43	2	.
Arnswalde	42	.	171 070	.	.	41	.	*1*
Friedeberg	28	.	118 853	.	*6*	28	1	.
Landsberg	18	1	109 803	.	*2*	16	1	.
Lebus	48	.	181 578	1	*9*	43	2	.
Sternberg	56	.	246 282	.	*6*	54	1	*2*
Züllichau	75	11	161 471	.	*3*	60	6	.
Krossen	46	1	184 440	.	*3*	43	2	*1*
Guben	41	9	132 187	1	*7*	40	.	*2*
Lübben	21	4	112 217	3	*2*	18	.	.
Luckau	66	9	131 582	2	*6*	64	.	.
Kalau	98	16	158 537	1	*11*	94	1	.
Kottbus	49	.	81 568	.	*8*	47	.	.
Sorau	161	7	192 494	2	*2*	23	68	.
Spremberg	25	.	50 481	.	*2*	25	.	.
Frankfurt	868	48	2.355 030	10	*73*	672	91	*7*
Namslau	41	3	97 402	.	*5*	44	.	.
Wartenberg	70	.	191 079	2	*10*	40	.	.
Oels	128	.	205 917	2	*23*	78	.	.
Trebnitz	107	.	124 023	.	*12*	107	.	.
Militsch	69	2	208 796	2	*36*	67	.	.
Guhrau	69	.	116 064	.	*6*	69	.	.
Steinau	45	.	84 610	.	*7*	52	.	.
Wohlau	99	3	130 840	.	*4*	106	.	.
Neumarkt	81	.	124 832	.	*10*	84	.	.
Breslau	109	8	112 322	.	*12*	109	.	.
Ohlau	27	.	56 600	1	*12*	35	.	.
Brieg	18	.	28 533	.	.	29	.	.
Strehlen	46	.	47 840	.	*4*	47	.	.
Nimptsch	67	.	62 530	.	*27*	68	.	.
Münsterberg	39	.	39 490	.	*2*	40	.	.
Frankenstein	21	.	47 089	.	*1*	23	.	.
Reichenbach	52	.	63 660	2	*9*	40	.	.
Schweidnitz	71	.	71 258	.	*5*	80	.	.
Striegau	44	.	50 612	1	*10*	49	.	.
Waldenburg	14	4	50 863	1	*5*	15	.	.
Glatz	41	3	45 248	.	.	43	.	.
Neurode	24	.	27 655	.	*1*	27	.	.
Habelschwerdt	12	.	79 252	2	*2*	13	.	.
Breslau	1294	23	2.076 309	13	*200*	1271	.	.

(Forts. zu 83.) Landräthliche Kreise. — Regierungsbezirke.	Auf Kreistagen im ersten Stande vertretene Güter			Politische Stellung der kreistagsfähigen Güter 1855—56 nach Bauer.			
	Zahl.	davon unter Minimalmass.	Morgen.	a. Bevorrechtete Güter-complexe.	Alter und befestigter Grundbesitz.	b. Rittergüter.	Bedingte Rittergutseigenschaft haben
Kreuzburg	45	.	105 182	.	*1*	50	.
Rosenberg	59	.	227 261	.	*12*	53	.
Oppeln	22	.	69 740	1	*10*	21	.
Gross-Strehlitz	81	2	154 276	.	2	33	.
Lublinitz	49	.	280 240	1	*1*	44	.
Tost	73	.	194 214	.	*11*	64	.
Beuthen	56	.	194 977	1	*10*	60	.
Pless	82	.	289 882	1	2	31	.
Rybnick	69	10	124 628	.	*1*	70	.
Ratibor	117	.	127 383	3	*8*	64	.
Kosel	55	4	157 807	1	*3*	53	.
Leobschütz	44	16	25 804	.	*4*	42	.
Neustadt	36	.	77 832	1	*1*	35	.
Falkenberg	60	.	134 920	.	*8*	61	.
Neisse	64	.	48 323	.	*5*	67	.
Grottkau	69	3	73 827	.	*10*	70	.
Oppeln	881	35	2 284 546	9	*89*	818	.
Grünberg	30	.	146 819	.	*2*	31	*1*
Freistadt	134	6	140 289	1	*10*	66	.
Sagan	58	21	180 005	1	*1*	57	.
Sprottau	56	12	151 482	.	*6*	58	.
Glogau	93	8	167 565	.	*8*	93	.
Lüben	57	2	188 055	.	*2*	57	.
Bunzlau	43	4	152 818	.	.	44	.
Haynau-Goldberg	65	4	85 187	.	*11*	67	.
Liegnitz	100	18	82 822	.	*8*	100	.
Jauer	35	4	48 091	.	*5*	36	.
Schönau	37	5	46 360	.	*5*	37	.
Bolkenhain	39	2	46 659	.	*11*	39	.
Landeshut	15	5	17 313	.	*4*	15	.
Hirschberg	40	.	108 730	1	7	26	.
Löwenberg	48	11	86 765	.	*9*	49	.
Lauban	64	5	64 507	.	*4*	65	.
Görlitz	48	12	151 693	.	*4*	49	.
Rothenburg	73	4	336 496	1	.	72	.
Hoyerswerda	34	.	106 915	.	*4*	34	.
Liegnitz	1091	123	2 256 393	4	*101*	1117	*1*

(Forts. zu 33.) Landräthliche Kreise. — **Regierungsbezirke.**	Auf Kreistagen im ersten Stande vertretene Güter			Politische Stellung der kreistagsfähigen Güter 1855—56 nach Bauer.				
	Zahl.	davon unter Minimalmaass.	Morgen.	a. Bevorrechtete Gütercomplexe.	*Alter und befestigter Grundbesitz.*	b. Landtagsfähige Rittergüter.	c. Nur kreistagsfähige Rittergüter.	*Bedingte Rittergutseigenschaft haben*
Osterburg	52	8	60 936	.	*16*	67	.	.
Salzwedel	21	2	38 169	.	*15*	22	.	.
Gardelegen	19	1	60 085	.	*10*	20	.	.
Stendal	36	7	64 328	.	*16*	40	.	.
Jerichow I.	54	1	142 133	1	*28*	50	.	*2*
Jerichow II.	59	2	145 166	.	*24*	58	.	*1*
Kalbe	7	.	9 980	.	*3*	7	.	*2*
Wanzleben	21	.	31 112	.	*3*	20	1	*3*
Wolmirstedt	9	.	23 832	.	*2*	9	.	.
Neuhaldensleben	24	.	57 532	.	*13*	24	4	*2*
Oschersleben	20	.	24 038	.	*7*	21	.	*2*
Aschersleben	10	.	14 057	.	*5*	9	.	.
Halberstadt	16	.	20 501	.	*4*	16	.	.
Wernigerode	3	.	2 306	1	*4*	7	.	.
Magdeburg	351	21	694 180	2	*150*	370	5	*12*
Liebenwerda	20	2	36 200	.	.	23	.	.
Torgau	28	.	33 220	.	*2*	27	.	.
Schweinitz	31	5	38 072	.	.	31	.	.
Wittenberg	15	.	24 735	.	*1*	15	.	*2*
Bitterfeld	48	4	50 798	.	*9*	50	.	.
Saalkreis	28	1	21 355	.	.	29	.	.
Delitzsch	46	2	57 589	.	*4*	44	.	.
Gebirgskreis	25	1	52 845	1	*9*	24	.	.
Seekreis	41	5	32 012	.	*5*	41	.	*1*
Sangerhausen	50	2	81 896	2	*20*	50	.	.
Eckartsberga	49	6	58 525	.	*21*	50	.	.
Querfurt	53	1	43 108	.	*10*	54	.	*1*
Merseburg	55	8	36 283	.	.	59	.	.
Weissenfels	50	.	27 826	.	*2*	50	.	*1*
Naumburg	5	.	1 951	.	.	4	.	.
Zeitz	28	7	12 570	.	*4*	28	.	.
Merseburg	575	44	685 577	3	*87*	579	.	*5*
Nordhausen	45	8	21 324	.	*10*	46	.	.
Worbis	44	4	31 981	.	*39*	40	.	*2*
Heiligenstadt	30	3	16 971	.	*16*	20	.	.
Mühlhausen	8	4	6 255	.	*6*	8	.	*1*
Langensalza	47	3	28 712	.	*17*	47	.	.
Weissensee	23	.	21 266	.	*7*	23	.	*1*
Erfurt	3	.	2 249	.	.	3	.	.
Ziegenrück	15	.	12 343	.	.	15	.	.
Schleusingen	2	2	1 195	.	.	2	.	.
Erfurt	217	24	142 290	.	*85*	219	.	*4*

(Forts. zu 33.) Landräthliche Kreise. — Regierungsbezirke.	Politische Stellung der auf Kreistagen im ersten Stande vertretenen Güter nach Rauer 1855—56. a. Bevorrechtete Güter-complexe.	*Alter und befestigter Grundbesitz.*	b. Landtagsfähige Rittergüter.	*Bedingte Rittergutseigenschaft haben*	Zusammen.	Ungefähres Areal der Rittergüter excl. Standesherrschaften. Morgen.
Tecklenburg	.	.	6	.	6	3 858
Warendorf	.	*5*	12	*1*	12	9 985
Beckum	.	*9*	13	.	13	16 554
Lüdinghausen	1	*9*	30	.	31	42 846
Münster	.	*15*	19	*2*	19	13 650
Steinfurt	2	*4*	5	.	7	2 928
Koesfeld	2	*11*	16	.	18	14 453
Ahaus	.	*5*	5	.	5	2 464
Borken	3	*6*	5	.	8	15 475
Recklinghausen	1	*12*	19	*2*	20	24 711
Münster*)	9	*76*	130	*5*	139	146 924
Minden	.	*3*	8	*2*	8	7 469
Lübbecke	.	*1*	9	*1*	9	6 127
Herford	.	*2*	13	*1*	13	7 909
Halle	.	*2*	6	.	6	4 341
Bielefeld	.	.	2	.	2	1 355
Wiedenbrück	1	*2*	1	.	2	632
Paderborn	.	*2*	4	.	4	7 427
Büren	.	*8*	10	*1*	10	38 894
Warburg	.	*11*	18	*2*	18	31 695
Höxter	.	*16*	25	*2*	25	45 348
Minden*)	1	*47*	96	*9*	97	151 636
Arnsberg	.	*8*	13	.	13	10 637
Meschede	.	*8*	11	*2*	11	15 794
Brilon	.	*7*	12	.	12	29 725
Lippstadt	.	*11*	17	.	17	12 781
Soest	.	*14*	26	.	26	10 644
Hamm	.	*9*	20	.	20	9 578
Dortmund	.	*9*	28	.	28	15 620
Bochum	.	*12*	22	.	22	9 334
Hagen	.	*7*	13	.	13	7 704
Iserlohn	.	*4*	12	.	12	9 866
Altena	.	*3*	8	*1*	8	4 729
Olpe	.	*4*	4	.	4	4 328
Siegen	.	.	1	.	1	5 103
Wittgenstein	2	*2*	.	.	2	.
Arnsberg	2	*92*	187	*3*	189	148 043

*) Nach einer späteren Zusammenstellung hatten die 130 Rittergüter des Bezirks Münster 146 924 Morgen, die 94 noch vorhandenen des Bezirks Minden 149 556 Morgen Areal.

(Forts. zu 33.) Landräthliche Kreise. — **Regierungsbezirke.**	Politische Stellung der auf Kreistagen im ersten Stande vertretenen Güter nach Rauer 1855—56.					Areal der Rittergüter incl. Standesherrschaften.
	a. Bevorrechtete Gütercomplexe.	*Alter und befestigter Grundbesitz.*	b. Landtagsfähige Rittergüter.	*Bedingte Landtagsfähigkeit haben*	Zusammen.	Morgen.
Kleve	.	*1*	16	*4*	16	11 948
Rees	.	*2*	6	.	6	5 106
Duisburg-Essen	.	*8*	18	*3*	18	14 063
Mörs-Geldern	.	*4*	36	*4*	36	34 506
Krefeld	.	*2*	7	.	7	3 709
Kempen	.	*1*	7	.	7	2 241
Düsseldorf	.	*6*	31	*2*	31	19 491
Elberfeld	.	*1*	9	.	9	5 625
Solingen	.	*7*	14	.	14	10 106
Neuss	.	.	9	*3*	9	5 278
Grevenbroich	.	.	14	.	14	5 109
Gladbach	.	*2*	7	.	7	3 250
Düsseldorf		*34*	174	*16*	174	121 152
Wipperfürth	.	*1*	2	.	2	6 568
Gummersbach	.	.	2	.	2	3 870
Siegkreis	.	*2*	15	*2*	15	13 430
Mülheim	.	*3*	13	.	13	9 157
Köln	.	*2*	21	*3*	21	10 464
Bergheim	.	*9*	25	*2*	25	15 287
Euskirchen	.	.	31	*1*	31	16 600
Rheinbach	.	*1*	18	.	18	10 942
Bonn	.	*3*	19	*3*	19	11 318
Köln		*21*	146	*11*	146	97 659
Erkelenz	.	*3*	10	.	10	5 033
Heinsberg	.	*1*	10	.	10	3 915
Geilenkirchen	.	*5*	9	*1*	9	566
Jülich	.	*2*	21	*5*	21	7 865
Düren	.	*5*	25	*1*	25	17 126
Aachen*)	.	*2*	13	*3*	13	5 488
Eupen	.	.	5	*1*	5	4 316
Schleiden	.	*4*	6	.	6	20 875
Aachen	.	*22*	99	*11*	99	65 204
Koblenz	.	*2*	3	.	3	4 505
Kreuznach	.	*1*	5	.	5	8 249
Simmern	.	.	1	.	1	1 331
Mayen	.	.	5	.	5	7 367
Adenau	.	.	2	.	2	1 584
Ahrweiler	.	*1*	8	*1*	8	6 985
Neuwied	1	*3*	5	*1*	6	26 794
Altenkirchen	1	*2*	1	.	2	37 363
Wetzlar	2	*2*	.	.	2	16 801
Koblenz	4	*11*	30	*2*	34	110 979

*) incl. Stadt Aachen (1 Rittergut von 259 Morgen).

(Forts. zu 33.) Landräthliche Kreise. — Regierungsbezirke.	Politische Stellung der auf Kreistagen im ersten Stande vertretenen Güter nach Rauer 1855—56.		Areal der Rittergüter. Morgen.
	Alter und befestigter Grundbesitz.	Landtagsfähige Rittergüter überhaupt.	
Wittlich	*1*	1	4 094
Trier	*2*	5	9 844
Saarburg	.	1	1 159
Merzig	*1*	2	2 755
Saarlouis	*1*	1	700
Ottweiler	*1*	2	2 207
Trier	*6*	12	20 759

Gar keine Rittergüter befinden sich in folgenden Landkreisen: Lennep des Regierungsbezirks Düsseldorf; Waldbröl des Regierungsbezirks Köln; Montjoie und Malmedy des Regierungsbezirks Aachen; St. Goar, Zell und Kochheim des Regierungsbezirks Koblenz; Daun, Prüm, Bitburg, Bernkastel, Saarbrücken und St. Wendel des Regierungsbezirks Trier; endlich in Hohenzollern.

Das geringste Maass, welches im Falle freiwilliger Parzellirung ein Gut behalten muss, um noch ferner die Rechte eines Ritterguts zu geniessen, ist:

- Provinz Preussen 500 Rthlr. Reinertrag nach revidirter landschaftlicher Taxe;
- Posen 1000 Morgen Land, wovon 500 urbar;
- Pommern und Kurmark 1000 Morgen Land oder 1000 Rthlr. baare Gefälle oder 50 Wispel Pächte;
- Neumark 1000 Morgen von 20 000 Rthlr. Werth;
- Nieder- und Oberlausitz 500 Morgen;
- Schlesien und Grafschaft Glatz 1000 Rthlr. Reinertrag nach landschaftlicher Taxe;
- Sachsen 1000 Rthlr. Reinertrag, nach landwirthschaftlichen Grundsätzen berechnet.

Von den Rittergütern der Provinz Preussen haben nur bedingte Rechte: im Kreise Fischhausen 3, Gerdauen 1, Rastenburg 1, Osterode 2; Heidekrug 1, Gumbinnen 1, Goldap 1; Danzig 1; Rosenberg 1, Strasburg 1, Thorn 1.

F. Das städtische Grundeigenthum.

Unter dieser Aufschrift ist nicht das dem städtischen Gemeinwesen eigenthümliche Besitzthum verstanden, sondern die sämmtlichen in den Feldmarken der Städte liegenden Grundstücke. Der Gesammtinhalt der in den Stadtbezirken belegenen Grundstücke ist den vom königlichen Ministerium des Innern dem Kreisordnungsentwurf beigelegten Tabellen entnommen; die Vertheilung der Fläche auf Culturobjecte wurde gelegentlich der Volkszählung von 1858 ermittelt.

(34.)

Regierungs-bezirk	Zahl der Städte.	Areal der in den Stadtbezirken belegenen Grundstücke.	Von dem Gesammtareal war am Schluss des Jahres 1858: Gartenland u. s. w.	Ackerland	Wiesenland	beständige Weide	Waldung	zu anderen Productionen benutzt	Haus- und Hoffläche	Wege und Gewässer	Unland	Gesammtfläche	davon pflanzentragender Boden
		Morgen.	Magdeburger Morgen.									Morgen.	
Königsberg	48	355 514	6 132	168 806	47 088	24 589	98 027	2 148	6 333	8 485	1 812	363 422	344 644
Gumbinnen	19	102 276	2 083	62 904	25 682	9 917	11 545	387	2 389	4 414	634	120 535	112 731
Danzig	11	53 276	1 393	28 306	7 555	7 730	3 059	402	1 081	2 405	1 345	53 276	48 043
Marienwerder	43	335 320	6 684	196 330	20 206	30 581	61 633	1 095	3 457	16 145	6 513	342 674	315 464
Posen	91	315 891	10 089	195 148	38 725	21 221	28 502	517	8 321	13 409	7 255	319 277	289 685
Bromberg	52	204 853	7 601	114 026	26 334	18 091	22 947	400	3 490	11 022	5 559	210 087	168 996
Stettin	35	354 265	3 361	175 057	85 275	30 740	61 420	3 502	2 857	16 121	4 927	383 269	355 862
Köslin	21	306 136	2 627	148 056	34 505	32 813	60 996	4 079	2 546	11 028	9 577	306 825	278 997
Stralsund	14	71 503	2 040	46 587	7 203	10 242	2 567	555	931	1 162	176	71 503	68 679
Potsdam mit Berlin	72	661 172	12 813	307 590	113 329	47 989	179 522	1 337	10 825	40 148	6 798	720 357	661 249
Frankfurt	67	573 852	11 558	297 739	72 701	23 165	120 003	1 345	7 865	30 684	8 702	573 852	525 166
Breslau	56	140 662	4 400	67 504	12 402	2 008	44 605	166	5 298	2 677	945	140 661	131 577
Oppeln	39	139 375	2 176	91 746	8 665	2 711	34 994	220	8 217	2 235	564	151 552	140 312
Liegnitz	48	117 176	5 157	83 479	14 010	1 477	113 850	128	5 223	3 574	711	207 609	197 973
Magdeburg	50	503 748	5 939	327 975	45 647	27 425	68 067	337	8 472	18 694	3 228	503 098	472 973
Merseburg	70	337 885	9 019	256 424	35 362	11 488	62 877	8 100	9 535	10 497	2 136	406 038	375 770
Erfurt	*) 23	*) 172 323	3 867	105 987	11 866	5 580	33 719	62	2 865	4 704	1 547	170 217	161 019
Münster	28	85 302	4 690	45 565	5 281	13 295	8 149	10	1 691	3 325	[illegible]	85 302	76 970
Minden	37	202 805	8 290	111 271	17 098	20 047	35 216	575	1 578	8 204	2 016	202 805	190 432
Arnsberg	44	365 524	9 075	150 402	27 666	31 324	122 321	.	2 359	12 011	10 366	365 524	340 788
Düsseldorf	63	327 959	18 140	192 433	28 701	10 151	102 537	4 108	6 027	18 425	4 799	380 321	351 962
Köln	13	82 832	9 115	24 012	3 294	847	17 576	1 128	1 664	3 765	815	58 216	48 844
Aachen	15	110 328	3 009	37 080	11 220	8 638	31 914	3	817	2 957	1 102	98 740	91 859
Koblenz	26	105 719	7 494	53 747	8 930	5 564	77 181	199	1 220	7 193	1 424	102 952	152 910
Trier	11	65 801	2 842	25 803	5 834	2 176	13 294	28	1 106	2 568	489	64 135	49 949
Sigmaringen	7	55 958	947	20 565	3 581	6 039	21 432	63	243	2 490	596	55 958	52 564
Insgesammt	995	6.208 951	153 744	3.314 544	716 480	408 474	1.434 902	31 496	108 410	254 025	87 430	6.584 785	6.098 424

*) einschliesslich Dingelstedt (Kreis Heiligenstadt).

G. Rusticalbesitz ohne ständische Vorrechte.

1. In den östlichen Provinzen.

Alle ausserhalb der städtischen Feldmarken, der Domainen und Domanialforsten liegenden Grundstücke der sechs östlichen Provinzen sind in Landgemeinden und selbständige Gutsbezirke (meistens Rittergüter) geschieden.

Innerhalb vieler Gemeindegrenzen giebt es einzelne Besitzungen, deren Eigenthümer — häufig unter Nutzniessung noch anderer Gerechtsame oder auch unter Verpflichtung zu anderen Lasten — zur Verwaltung des Gemeindevorsteheramtes als Lehn- oder Erbschulze oder Erbrichter berechtigt und verpflichtet sind. Den bei Vorlage des Gesetzentwurfs über Ablösung jener Verhältnisse mitgetheilten Angaben sind die einschlägigen Zahlen der Tabelle entnommen.

(35.) Regierungsbezirk	Selbständige Gutsbezirke: excl. Rittergüter, Domainen und Staatsforsten. Zahl.	Selbständige Gutsbezirke: excl. Rittergüter, Domainen und Staatsforsten. Morgen.	Selbständige Gutsbezirke: mit weniger als 2000 Rthlr. Reinertrag. Zahl.	Landgemeinden. Zahl.	Landgemeinden. Morgen.	Freischulzengüter: in Gemeinden	Freischulzengüter: Gesammtzahl.	Freischulzengüter: im Genuss von Schulzenland.	Freischulzengüter: frei von Gemeindelasten.
Königsberg	426	203 829	418	2 653	4.174 399	504	814	20	233
Gumbinnen	24	43 904	236	3 225	3.919 837	2	2	.	.
Danzig	50	81 576	235	909	1.306 763	202	306	10	67
Marienwerder	276	202 814	224	1 734	2.676 951	340	692	27	104
Posen	238	170 755	191	2 439	2.359 831	91	101	8	42
Bromberg	251	220 205	204	1 478	1.643 976	137	101	16	38
Stettin	114	136 373	71	1 108	1.829 582	121	123	19	42
Köslin	103	184 427	85	975	1.785 613	192	248	35	80
Stralsund	210	203 874	98	270	278 807	.	.	.	.
Potsdam	186	212 748	126	1 536	3.440 060	587	608	59	252
Frankfurt	106	183 445	102	1 732	3.198 501	442	477	21	244
Breslau	153	88 273	114	2 266	1.980 103	790	811	43	225
Oppeln	44	115 651	31	1 728	1.909 815	230	281	7	64
Liegnitz	111	93 946	88	1 749	2.025 184	585	652	12	208
Magdeburg	23	33 030	7	1 016	2.580 985	245	264	17	12
Merseburg	62	40 329	49	1 664	2.175 971	277	285	13	67
Erfurt	34	14 615	30	405	981 793	.	.	.	.
Zusammen	2501	2.302 064	2313	26 870	38.278 771	4745	5825	316	1678

Unter der Zahl der Gemeinden sind vielfach Etablissements grösseren Umfanges, welche keine Gemeindeverfassung besitzen, mit inbegriffen; auch ist die Fläche der Landgemeinden in mehreren Fällen von derjenigen selbständiger Gutsbezirke nicht genau gesondert.

2. In den westlichen Provinzen.

(36.) Regierungsbezirk	Aemter und Bürgermeistereien.	Landgemeinden.	Fläche in Morgen.
Münster	99	825	2.047 681
Minden	59	779	1.362 750
Arnsberg	85	963	2.426 621
Düsseldorf	156	613	1.678 567
Köln	98	945	1.374 300
Aachen	152	666	1.832 671
Koblenz	94	944	1.988 367
Trier	203	1131	2.724 490
Zusammen	946	6866	14.835 447

A. Anzahl und Charakte-

(37.) Regierungsbezirke. — Provinzen.	Zahl der Gebände überhaupt.	Oeffentliche: für den Gottesdienst.	für den Unterricht.	Armen-, Kranken- und Versorgungs-Häuser.	für die Staats-Verwaltung.
1. Königsberg	214 748	475	1 583	403	136
2. Gumbinnen	176 374	149	1 235	85	73
3. Danzig	84 394	298	623	206	85
4. Marienwerder	162 348	551	1 056	213	69
I. Preussen	637 864	1 473	4 497	907	382
5. Posen	243 933	700	1 269	216	121
6. Bromberg	121 069	400	770	51	70
II. Posen	365 002	1 100	2 039	267	191
7. Stettin	145 951	804	1 147	354	128
8. Köslin	116 054	463	1 016	125	85
9. Stralsund	43 963	164	392	121	33
III. Pommern	305 968	1 431	2 555	600	246
10. Potsdam	298 070	1 407	1 672	983	290
11. Frankfurt	290 296	1 011	1 336	320	130
IV. Brandenburg	588 366	2 418	3 008	1 303	420
12. Breslau	273 043	984	1 530	1 002	277
13. Oppeln	255 356	792	1 012	235	121
14. Liegnitz	260 291	820	1 305	777	208
V. Schlesien	788 690	2 596	3 847	2 014	606
15. Magdeburg	240 820	1 050	1 231	690	167
16. Merseburg	286 598	1 194	1 304	1 335	183
17. Erfurt	127 998	523	533	150	181
VI. Sachsen	655 416	2 767	3 068	2 175	531
18. Münster	116 933	391	521	178	67
19. Minden	100 292	430	525	49	56
20. Arnsberg	132 780	834	796	64	115
VII. Westfalen	350 005	1 655	1 842	291	238
21. Köln	176 384	591	510	45	39
22. Düsseldorf	234 744	632	891	184	173
23. Koblenz	212 974	999	950	58	189
24. Trier	162 518	1 070	907	25	58
25. Aachen	130 943	646	562	47	57
VIII. Rheinprovinz	917 563	3 938	3 820	359	515
26. Hohenzollernsche Lande	15 011	180	115	71	51
27. Jadegebiet	38	.	1	1	.
Summe	4 623 923	17 567	24 792	7 988	3 177

Gebäude.

ristik der Gebäude 1858.

Gebäude			Privat-Gebäude.			
für die Ortspolizei und Gemeinde-Verwaltung.	für die Militair-Verwaltung.	Summe der öffentlichen Gebäude.	Wohn-Gebäude.	Gebäude für gewerbliche und Handelszwecke.	Gebäude für landwirthschaftliche u. Viehhaltungszwecke.	Summe der Privat-Gebäude.
903	167	3 667	87 820	5 026	118 235	211 081
431	18	1 990	69 066	5 716	99 582	174 364
1 306	184	2 702	41 890	3 103	36 699	81 692
555	78	2 542	71 703	3 203	84 900	159 806
3 195	447	10 901	270 499	17 048	339 416	626 963
2 757	121	5 184	91 876	6 023	140 851	238 740
622	56	1 969	46 316	3 178	69 606	119 100
3 379	177	7 153	138 192	9 200	210 457	357 849
1 031	309	3 671	58 282	3 287	80 711	142 280
309	120	2 118	48 412	2 753	62 771	113 936
324	32	1 065	19 273	1 623	22 002	42 898
1 664	361	6 854	125 967	7 663	165 484	299 114
2 980	440	7 772	117 288	7 440	165 570	290 298
2 587	115	5 499	105 969	11 880	166 948	284 797
5 567	555	13 271	223 257	19 320	332 518	575 095
1 152	192	5 137	140 435	9 711	117 760	267 906
640	155	2 955	128 005	9 141	115 255	252 401
1 199	151	4 460	136 815	5 630	113 386	255 831
2 991	498	12 552	405 255	24 482	346 401	776 138
1 718	114	4 970	90 811	4 040	141 499	235 850
2 504	111	6 631	103 758	3 395	172 814	279 967
1 415	84	2 886	49 728	1 590	73 794	125 112
5 637	309	14 487	243 797	9 025	388 107	640 929
766	45	1 968	66 594	7 922	40 449	114 965
619	111	1 790	67 364	3 671	27 467	98 502
1 162	32	3 003	78 972	5 875	44 030	129 777
2 547	188	6 761	212 930	17 468	112 846	343 244
724	111	2 020	79 673	1 681	93 010	174 364
1 124	64	3 067	126 762	5 694	99 221	231 677
1 323	63	3 582	81 926	2 443	125 023	209 392
1 121	46	3 227	80 834	2 340	76 117	159 291
808	28	2 148	69 532	1 731	57 532	128 795
5 100	312	14 044	438 727	13 880	450 903	903 519
291	1	718	11 272	232	2 789	14 293
.	.	2	29	.	7	36
30 371	2 848	66 743	2.069 925	118 327	2.348 928	4.537 180

B. Vertheilung der Gebäude auf die

(38.) Provinzen.	Wohnplätze.	Zahl der Gebäude überhaupt.	Oeffentliche für den Gottesdienst.	Oeffentliche für den Unterricht.	Oeffentliche Armen-, Kranken- und Versorgungshäuser.
Preussen	I. Städte	85 118	460	381	344
	II. a. Flecken	5 389	35	43	14
	b. Dörfer	446 525	882	3 475	499
	c. Vorwerke	66 265	141	558	44
	d. Colonien	10 826	4	31	2
	e. Etablissements	13 741	11	29	4
	Plattes Land	542 746	1 073	4 136	563
Posen	I. Städte	76 662	426	309	157
	II. a. Flecken	367	5	6	1
	b. Dörfer	223 069	564	1 438	103
	c. Vorwerke	19 492	49	57	4
	d. Colonien	39 584	33	221	1
	e. Etablissements	5 828	23	8	1
	Plattes Land	288 340	674	1 730	110
Pommern	I. Städte	81 280	178	212	322
	II. a. Flecken	2 067	9	13	3
	b. Dörfer	178 717	1 127	2 036	260
	c. Vorwerke	25 755	105	217	8
	d. Colonien	9 518	9	68	3
	e. Etablissements	8 656	3	9	4
	Plattes Land	224 708	1 253	2 343	278
Brandenburg	I. Städte	177 308	349	425	351
	II. a. Flecken	7 331	24	36	19
	b. Dörfer	347 831	1 903	2 319	882
	c. Vorwerke	16 722	81	83	16
	d. Colonien	30 293	58	129	30
	e. Etablissements	8 881	3	6	5
	Plattes Land	411 058	2 069	2 563	952
Schlesien	I. Städte	94 977	527	419	338
	II. a. Flecken	13 715	65	71	35
	b. Dörfer	626 350	1 960	3 279	1 598
	c. Vorwerke	10 324	8	2	7
	d. Colonien	29 427	26	66	33
	e. Etablissements	13 897	10	10	5
	Plattes Land	693 713	2 069	3 428	1 678

Gattungen der Wohnplätze 1858.

Gebäude				Privatgebäude			
für die Staats-verwaltung.	für die Orts-polizei- und Gemeinde-verwaltung.	für die Militair-verwaltung.	Summe der öffentlichen Gebäude.	Wohn-gebäude.	Gebäude für gewerbliche und Handels-zwecke.	Gebäude für landwirthschaftliche und Viehhaltungs-zwecke.	Summe der Privat-gebäude.
282	1 075	409	2 651	42 697	4 692	44 686	92 267
13	33	.	138	2 427	181	2 643	5 251
53	1 605	25	6 539	188 574	7 768	243 644	439 986
35	123	3	904	26 463	3 431	35 467	65 361
2	10	.	49	5 378	79	5 320	10 777
17	340	10	420	4 770	897	7 654	13 321
120	2 120	38	8 050	227 612	12 356	294 728	534 696
142	1 893	154	2 191	32 054	3 267	39 150	74 471
1	6	.	19	148	6	194	348
33	1 852	23	4 013	81 358	4 170	133 528	219 056
4	123	.	237	7 701	984	10 570	19 255
6	127	.	388	15 151	316	23 729	39 196
5	268	.	305	1 780	457	3 286	5 523
49	2 376	23	4 962	106 138	5 933	171 307	283 378
165	798	334	2 097	31 624	2 008	45 621	79 253
2	16	.	43	898	53	1 083	2 024
38	591	27	4 079	76 013	3 852	94 753	174 618
9	65	.	404	9 747	1 012	14 592	25 351
.	12	.	92	4 631	116	4 674	9 421
29	184	.	229	3 044	622	4 761	8 427
78	868	27	4 847	94 343	5 655	119 863	219 861
283	1 243	405	3 066	73 471	6 134	94 637	174 242
3	53	2	137	2 772	197	4 225	7 194
85	3 714	7	8 910	125 798	10 644	202 481	338 921
25	158	9	392	5 628	730	9 982	16 340
7	119	33	376	13 001	775	16 141	29 917
7	280	99	400	2 589	840	5 052	8 481
127	4 324	150	10 205	149 798	13 186	237 881	400 853
312	1 149	445	3 188	48 846	2 163	40 780	91 789
17	57	.	245	6 649	345	6 476	13 470
249	1 597	38	8 721	323 561	19 413	274 655	617 629
1	8	.	26	3 901	401	5 998	10 298
18	54	1	193	16 508	576	12 120	29 204
14	126	14	179	5 760	1 584	6 374	13 718
294	1 842	53	9 364	356 409	22 319	305 621	684 349

(Forts. zu 38.) Provinzen.	Wohnplätze.	Zahl der Gebäude überhaupt.	Oeffentliche für den Gottesdienst.	für den Unterricht.	Armen-, Kranken- und Versorgungshäuser.
Sachsen	I. Städte	168 941	372	472	291
	II. a. Flecken	12 776	35	50	22
	b. Dörfer	457 990	2 304	2 519	1 838
	c. Vorwerke	4 430	29	15	7
	d. Colonien	2 671	2	3	2
	e. Etablissements	8 300	25	9	15
	Plattes Land	486 475	2 395	2 596	1 884
Westfalen	I. Städte	63 094	379	291	155
	II. a. Flecken	12 519	105	94	23
	b. Dörfer	159 363	1 008	1 148	89
	c. Vorwerke	1 196	15	3	.
	d. Colonien	9 740	24	27	1
	e. Etablissements	104 093	124	279	23
	Plattes Land	286 911	1 276	1 551	136
Rheinprovinz	I. Städte	159 821	578	656	247
	II. a. Flecken	48 271	236	170	38
	b. Dörfer	580 301	2 863	2 777	63
	c. Vorwerke	16 774	5	19	.
	d. Colonien	74 232	182	131	5
	e. Etablissements	38 164	74	67	6
	Plattes Land	757 742	3 360	3 164	112
Hohenzollersche Lande	I. Städte	2 133	30	11	13
	II. a. Flecken	3 136	29	15	6
	b. Dörfer	8 765	115	88	43
	c. Vorwerke	33	.	.	.
	d. Colonien	712	13	1	9
	e. Etablissements	232	2	.	.
	Plattes Land	12 878	159	104	58
Jadegebiet	Etablissements	38	.	1	1
Insgesammt	I. Städte	919 314	3 279	3 156	3 216
	II. a. Flecken	105 571	543	498	161
	b. Dörfer	3.028 920	12 726	19 079	5 375
	c. Vorwerke	160 991	433	964	86
	d. Colonien	207 198	351	677	86
	e. Etablissements	201 929	275	418	64
	Plattes Land	3.704 609	14 328	21 636	5 772

Gebäude				Privatgebäude.			
für die Staats-verwaltung.	für die Ortspolizei- und Gemeinde-verwaltung.	für die Militair-verwaltung.	Summe der öffentlichen Gebäude.	Wohn-gebäude.	Gebäude für gewerbliche und Handelszwecke.	Gebäude für landwirthschaftliche und Viehhaltungszwecke.	Summe der Privatgebäude.
300	1 678	297	3 410	68 700	3 525	93 306	166 531
13	63	.	183	5 031	118	7 444	12 593
211	3 633	2	10 507	165 044	4 151	278 297	447 492
2	100	.	153	1 432	133	2 712	4 277
2	10	.	19	1 811	28	1 513	2 853
3	153	10	215	2 279	1 070	4 835	8 184
231	3 959	12	11 077	175 097	5 500	294 801	475 398
187	682	168	1 832	43 277	2 581	15 404	61 262
22	157	11	412	9 144	464	2 499	12 107
21	1 541	4	3 811	100 234	5 377	49 941	155 552
.	1	.	19	439	83	655	1 177
1	15	.	68	5 484	548	3 640	9 672
7	181	5	619	54 352	8 415	40 707	103 474
51	1 895	20	4 929	169 653	14 887	97 442	281 982
229	920	266	2 696	94 721	6 919	55 285	156 925
49	340	1	834	22 849	418	24 070	47 437
190	3 623	38	9 554	260 807	2 976	306 964	570 747
41	32	.	97	7 907	118	8 652	16 677
1	93	5	417	35 884	649	37 282	73 815
5	92	2	246	16 459	2 809	18 650	37 918
286	4 180	46	11 148	344 006	6 970	395 618	746 594
18	52	.	124	1 598	40	371	2 009
12	35	.	97	2 564	45	430	3 039
20	201	.	467	6 663	89	1 546	8 298
.	.	.	.	8	.	25	33
1	3	.	27	353	32	300	685
.	.	1	3	86	26	117	229
33	239	1	594	9 674	192	2 418	12 284
.	.	.	2	29	.	7	36
1 808	8 569	2 478	21 565	437 178	31 329	429 242	897 749
132	760	14	2 104	52 572	1 827	49 064	103 463
900	18 357	164	56 601	1.328 070	58 440	1.585 809	2.972 319
117	610	12	2 222	63 226	6 892	88 651	158 769
33	443	39	1 629	97 731	3 119	104 719	205 569
87	1 633	141	2 618	91 148	16 720	91 443	199 311
1 269	21 803	370	65 178	1.632 747	86 998	1.919 686	3.639 4

C. Abbruch und Neubau der Gebäude.

Obgleich die Herstellung von Wohnungen und die Errichtung von Gebäuden für öffent liche, gewerbliche und commerzielle Zwecke gewiss ein Industriezweig grosser Wichtigke und ausserordentlichen Umfangs ist, so fehlen allgemeine zuverlässige Nachrichten darüber leid gänzlich. Nur die Angaben der unter directer Aufsicht von Staats- und Communalbehörde stehenden Versicherungsinstitute über den Werth der versicherten Baulichkeiten und die Höhe d alljährlich bezahlten Brandschäden sind bekannt und werden, da diese beiden Zahlen eine Schlus folgerung auf die wichtigste Ursache des Gebäudeabbruchs gestatten, unten mitgetheilt. Ma darf jedoch auch dabei nicht ausser Acht lassen, dass ein beträchtlicher Theil der Gebäud bei Actien- und anderen Privat-Feuerversicherungs-Gesellschaften versichert ist, welche kei genauen Ausweise von Brauchbarkeit für Preussen selbst veröffentlichen.

(39.) Societäten.	Abgeschätzter Werth der versicherten Gebäude			Für Brandschäden verausgabt […]		
	1858	1859	1860	1858	1859	1860
	Thlr.	Thlr.	Thlr.	Thlr.	Thlr.	Thlr.
A. Oeffentliche Societäten.						
1. Westpreuss. Landfeuersocietät	17.062 500	18.449 782	19.781 555	113 683	141 702	14·59
2. Bäuerliche Feuersocietät im Regierungsbezirk Gumbinnen	16.064 510	16.622 170	17.0?? 680	117 714	114 987	999
3. Landschaftliche Feuersocietät für Ostpreussen	17.726 680	19.114 290	20.513 480	71 821	57 789	705
4. Feuersocietät der Stadt Königsberg	3.117 000	3.374 202	3.757 072	7 640	559	8
5. Kleinstädtische Feuersocietät im Regierungsbezirk Königsberg	10.355 400	10.785 740	11.197 810	29 781	22 139	357
6. Bäuerliche Feuersocietät im Regierungsbezirk Königsberg	14.427 570	15.204 560	15.891 940	76 775	60 163	603
7. Kleinstädtische Feuersocietät im Regierungsbezirk Gumbinnen	8.762 560	9.214 800	9.624 450	64 826	71 373	177
8. Westpreussische landschaftliche Feuersocietät	11.355 430	12.280 720	12.704 550	57 227	60 741	299
9. Feuersocietät der Stadt Elbing	1.875 730	1.918 050	1.841 020	1 557	804	|
10. Feuersocietät der Stadt Thorn.	1.784 920	1.816 970	1.871 310	341	2 154	1
I. Provinz Preussen	102.522 300	108.779 284	114.471 867	541 364	552 412	4556
II. Provinz Posen: Posensche Provinzial-Feuersocietät	64.664 800	67.555 750	70.320 400	335 627	286 128	1972
1. Hinterpommersche Landfeuersocietät	44.957 025	46.113 600	47.577 225	162 505	112 531	132(
2. Feuersocietät der Pommerschen Provinzialstädte	6.044 487	6.430 875	6.186 850	10 862	60 038	50(
3. Neu-Vorpommersche Feuersocietät	19.912 231	20.509 792	20.927 550	45 143	43 237	32
4. Feuersocietät der Stadt Stettin	13.626 100	14.405 275	14.817 025	2 827	9 065	47
5. Feuersocietät der Stadt Stralsund	3.930 297	4.056 443	4.145 828	1 878	6 080	)
III. Provinz Pommern	?8.470 140	91.515 985	93.634 478	223 326	239 971	219(

(Forts. zu 39.) Societäten.	Abgeschätzter Werth der versicherten Gebäude			Für Brandschäden verausgabt		
	1858	1859	1860	1858	1859	1860
	Rt	Rt	Rt	Rt	Rt	Rt
1. Feuersocietät der Stadt Berlin	150.207 250	156.795 400	162.902 525	23 829	30 714	30 485
2. Kurmärkische General-Landfeuersocietät	84.828 975	87.580 650	90.337 250	154 483	288 200	254 101
3. Ständische Städtische Feuersocietät für die Kurmark, Neumark und Niederlausitz	61.478 225	63.280 012	65.574 700	125 389	95 829	98 073
4. Neumärkische Landfeuersocietät	[1]) 29.569 050	[2]) 31.027 675	[4]) 32.141 437	53 762	87 534	59 871
5. Die bei der Magdeburger Landfeuersocietät versicherten Rittergüter der Kurmark	35 125	[3]) 35 700	[5]) 35 700	.	.	.
IV. Provinz Brandenburg	328.118 625	338.719 437	350.991 612	357 464	502 277	432 480
1. Feuersocietät der Stadt Breslau	37.455 815	38.772 205	40.203 840	21 909	31 980	9 964
2. Allgemeine Schlesische Landfeuersocietät	37.718 260	41.554 710	45.422 350	156 528	150 006	152 144
3. Feuersocietät der Oberschlesischen Städte (ohne Breslau)	23.995 220	24.107 390	24.275 930	194 243	92 824	20 985
4. Feuersocietät der Oberlausitz in Görlitz	4.091 910	5.255 230	5.901 896	5 137	10 894	14 074
V. Provinz Schlesien	103.261 305	109.689 595	115.804 016	377 817	285 704	197 167
1. Städtische Feuersocietät für die Provinz Sachsen	63.155 007	64.167 847	66.580 292	135 110	125 647	348 321
2. Feuersocietät des Herzogthums Sachsen	85.049 276	86.594 312	88.042 828	85 163	155 388	172 581
3. Magdeburger Landfeuersocietät	63.649 600	64.638 950	65.729 475	288 698	208 102	71 733
4. Ritterschaftliche Feuersocietät des Fürstenthums Halberstadt	3.928 057	3.992 702	3.957 280	16 551	3 867	1 024
5. Feuersocietät des platten Landes der Grafschaft Hohenstein	3.032 310	3.108 580	3.267 180	5 159	2 796	3 705
VI. Provinz Sachsen	218.814 250	222.502 391	227.577 075	510 680	495 781	547 904
VII. Provinz Westfalen: Westfälische Provinzial-Feuersocietät	112.420 370	120.066 180	157.953 [illegible]	290 319	100 210	219 188
VIII. Rheinprovinz: Rheinische Provinzial-Feuersocietät	228.779 570	238.373 350	248.599 380	291 080	287 074	276 974

[1]) Darunter 317 312 Rthlr.
[2]) " 333 312 "
[3]) " 300 "
[4]) " 339 656 "
[5]) " 300 "
beitragsfreie Versicherungsummen für Kirchen und deren Thürme.

(Forts. zu 39.)

Societäten	Abgeschätzter Werth der versicherten Gebäude			Für Brandschäden verausgabt		
	1858	1859	1860	1858	1859	1860
	Rt	Rt	Rt	Rt	Rt	Rt
B. Domainenfeuerschäden-Fonds.						
I. Für die Provinz Preussen ..	5.177 400	5.182 450	5.647 725	18 216	17 595	15
II. Für die Provinz Brandenburg	7.320 950	7.350 600	8.036 775	9 559	33 348	38
III. Für die Provinz Pommern ..	2.700 125	2.796 200	2.991 350	48	858	31
IV. Für die Provinz Sachsen ...	7.613 225	7.634 300	7.614 825	24 106	394	70
C. Privatvereine.						
1. Tiegenhofsche Brandordnung ..	5.092 000	5.226 875	5.393 500	26 505	27 327	407
2. Feuersocietät der Marienburger Niederung	1.474 180	1.647 090	1.779 070	6 778	10 [illegible]	90
3. Feuersocietät der Danziger Nehrung	413 854	416 506	417 710	2 800	688	3
I. Provinz Preussen ...	6.980 034	7.290 471	7.590 280	36 083	38 905	50
II. Provinz Pommern: Mühlenbrand-Versicherungsgesellschaft in Stralsund	182 425	186 775	194 000	.	.	7
1. Landsberger Warthebruch-Feuersocietät	314 975	319 325	316 250	.	50	2
2. Windmühlen-Feuersocietät der Kurmark u. s. w. in Neu-Ruppin	535 175	571 900	604 025	2 843	1 406	20
3. Warthebruch-Feuersocietät des Amtes Pyrehne	605 700	007 675	612 225	922	2 384	36
4. Feuersocietät des Sonnenburger Warthebruchs	468 750	485 500	485 500	.	550	.
5. Feuersocietät des Dorfes Burg.	315 650	317 400	320 200	200	.	?
6. Feuersocietät der Kolonisten des Amtes Neustadt und der Kolonie Sophiendorf	290 300	291 575	291 900	.	650	
7. Feuersocietät der Kolonisten des Amtes Liebenwalde	260 280	260 780	250 850	3 253	083	.
8. Feuersocietät der Kämmerei-Kolonie Stadt Friedeberg	25 150	25 150	27 700	.	.	.
III. Provinz Brandenburg	2.815 980	2.879 305	2.908 850	7 218	5 723	6
Zusammenstellung für den Staat.						
A. Oeffentliche Feuersocietäten ...	1245.051 360	1297.201 972	1379.372 706	2.927 676	2.789 556	2.546
B. Domainenfeuerschäden-Fonds ..	22.811 700	22.962 550	24.290 675	51 929	52 195	61
C. Privatvereine	9.978 439	10.356 551	10.692 930	43 301	44 527	57
Summe	1277.841 499	1330.521 073	1414.356 313	3.022 [illegible]	2.886 377	2.665

Den Summen von 1859/60 tritt der Betrag derjenigen Versicherungen hinzu, welche die vereinigte Feuerversicherungscasse für die hohenzollerschen Lande im zweiten Semester des Jahres 1859 übernommen und bei der Gesellschaft »Thuringia« rückversichert hatte, nämlich 17.003 320 Gulden.

D. Bauart der Häuser im Jahre 1860.

Aus den Abschlüssen mehrerer öffentlichen Societäten geht die Vertheilung des in ihrem Verbande befindlichen Häuserwerthes auf verschieden classificirte Kategorien der Sicherheit, die grösstentheils nach der Bauart abgeschätzt ist, hervor. Mangels jeder Uebereinstimmung in den zu Grunde gelegten Classificationen lässt sich leider keine allgemeine Uebersicht der baulichen Verhältnisse zusammenstellen. Eben so wenig ist es möglich, die Fortschritte hinsichtlich des Gebäude-Grundeigenthums zu constatiren; denn eine etwaige Differenz in den auf zwei verschiedene Zeiträume bezüglichen Zahlen kann eben so sehr auf einer besseren Schätzung der vorhandenen Gebäude, als auf hinzugekommenen Neubauten, oder auf hinzugekommenen alten, aber früher nicht versichert gewesenen Gebäuden beruhen.

I. Provinz Preussen.

In der westpreussischen Land-Feuersocietät ist im Regierungsbezirk Danzig 5.076 025 Rthlr. abgeschätzter Gebäudewerth versichert, im Bezirk Marienwerder 14.705 530 Rthlr. Der letztere ist nach Classen angegeben und jede derselben mit Rücksicht auf die isolirte oder mit anderen zusammenhängende Lage der Gebäude u. s. w. in zwei Unterabtheilungen getheilt.

Die Classe I. (massive Umfassungswände und massive Giebel von Stein oder gebrannten und ungebrannten Ziegeln, Pisébau und massive Bedachung von Stein oder Metall) umfasst in der Unterabtheilung *a* 673 100, *b* 631 880 Rthlr.; Classe II. (Fachwerk oder Holz mit massiver, Papp- oder Lehmschindelbedachung) *a* 1.122 320, *b* 1.467 110 Rthlr.; III. (ohne Rücksicht auf das Material der Umfassungswände, Bedachung aus Stroh, Rohr, Holz oder Lehmstroh) *a* 2.742 270, *b* 7.618 970 Rthlr.; IV. (alle als eigentlich feuergefährlich zu betrachtende, von der Versicherung jedoch nicht ganz ausgeschlossene Anlagen) *a* 42 000, *b* 407 880 Rthlr.

Bei der bäuerlichen Feuersocietät im Regierungsbezirk Gumbinnen werden gegenwärtig 7 Classen mit folgendem Gesammttaxwerth unterschieden:

	1860.	1841.
I. Massive Umfassung und Bedachung, isolirt	438 750	183 820
II. » » » » nicht isolirt.	432 660	150 850
III. Fachwerk- oder Holzumfassung, massives Dach, isolirt	223 600	77 570
IV. Fachwerk- oder Holzumfassung, massives Dach, nicht isolirt	450 630	87 960
V. Nicht massive Bedachung, isolirte Lage	6.141 600	2.079 700
VI. » » » nicht isolirt	9.002 440	7.903 080
VII. Wind- und Lohmühlen und die nicht gänzlich ausgeschlossenen Mühlen	349 100	163 980
zusammen Rthlr.	17.098 680	10.646 980

Die landschaftliche Feuersocietät für Ostpreussen setzt alle massiven Gebäude mit ganz feuerfesten Umfassungsmauern (auch Lehmwänden), mit massiven Giebeln und Bedachung aus Ziegeln, Schiefer oder Metall in die erste Classe, die nicht massiven Gebäude mit Ziegel-, Lehm-, Schiefer- oder Metalldach in die zweite; zur vierten gehören die nur bedingungsweis versicherungsfähigen Baulichkeiten (Eisen- und Kupferhämmer, Zuckersiedereien, Cichorienfabriken, Spinnereien in Schaf- und Baumwolle, Gebäude mit Dampfmaschinen, Backhäuser und Lohmühlen), zur dritten alle übrigen. Schätzungswerth: Classe I. im Jahre 1860 6.140 670 Rthlr. gegen 1.943 230 in 1841, II. beziehendlich 2.990 500 und 914 960 Rthlr., III. 11.064 860 und 7.585 050 Rthlr., IV. 317 450 und 23 680 Rthlr.

In der Feuersocietät der Stadt Königsberg zählen zur ersten Classe die Wohnhäuser, zur zweiten die nicht unmittelbar jenen annectirten Speicher und die Stallungen in deren Bereich, zur dritten die Fabrikgebäude, Eisengiessereien und

Zuckersiedereien. Die Taxe ergab 1860 für die drei Classen 3.395 966, 277 533 und 83 573 Rthlr. gegen beziehentlich 4.072 499, 244 813 und 72 973 Rthlr. im Jahre 1848.

Städte-Feuersocietät für den Regierungsbezirk Königsberg ausschliesslich der Städte Königsberg und Memel:

Classen.	Taxwerth 1860.	1841.
I. Massive Kirchen, massives Dach (auch wenn mit Lehm feuersicher überzogen)	436 660	499 840
II. Ganz massive Ringmauern (auch mit von aussen massiv verkleideten Fachwerksgiebeln), massives Dach	4.639 040	3.444 240
III. Ringwände von Fachwerk und Holz, massives Dach	4.747 170	3.417 020
IV. Gebäude ohne massive Bedachung	1.374 940	1.044 590
zusammen Rthlr.	11.197 810	8.405 690

Bei der städtischen Feuersocietät des Regierungsbezirks Gumbinnen stehen in der ersten Classe alle Gebäude mit massiver oder Metallbedachung und mit massiven Umfassungswänden, worin sich keine Feuerstätten befinden, und welche nicht zur Aufbewahrung feuergefährlicher Materialien dienen; in der zweiten dieselben Gebäude ohne die letzte Einschränkung; in der dritten alle Gebäude von Fachwerkswänden (hölzerne inbegriffen) und massiver oder Metallbedachung, aber mit den Einschränkungen der Classe I.; in der vierten dieselben Gebäude ohne jene Einschränkung; in der fünften die massiven und in der sechsten die Fachwerksgebäude mit massiven oder Metalldächern, sobald in ihnen feuergefährliche Gewerbe betrieben werden; in der siebenten alle nicht massiv gedeckten Häuser und in der achten die weder mit massiver noch Pisébedachung versehenen Scheunen. Es betrug der Taxwerth:

	1860.	1846.
I.	341 230	208 580
II.	5.543 810	3.233 470
III.	743 320	481 490
IV.	1.757 100	946 660
V.	502 730	427 610
VI.	146 050	124 240
VII.	250 440	186 370
VIII.	339 770	339 890
zusammen Rthlr.	9.624 450	5.948 310

Von der westpreussischen landschaftlichen Feuersocietät werden 5 Classen unterschieden: I. massive Gebäude mit massiven oder massiv verblendeten Giebeln und Gesimsen, welche mit Steinen oder Metall oder einer anderen von der Landespolizeibehörde als feuersicher anerkannten Masse bedeckt sind; II. nicht massive und mit nicht massiven oder massiv verblendeten Giebeln und Gesimsen versehene Gebäude, feuersicher gedeckt; III. Gebäude, deren Giebel mit Brettern verkleidet sind, Ziegelscheunen, sowie die in erster Classe genannten Gebäude ohne die Einschränkung auf feuersichere Dächer; V. nicht massiv gedeckte Gebäude, welche von feuergefährlichen Anlagen und Fabriken nur 30 bis 60 Fuss weit abstehen; IV. die nicht in anderen Classen schon erwähnten Gebäude. Schätzungswerth:

Jahr	I.	II.	III.	IV.	V.	zusammen.
1860...	2.771 160	2.870 780	1.102 130	5.940 060	110 420	12.794 550 Rthlr.
1852...	1.226 580	1.281 530	612 700	4.342 590	69 030	7.532 490 "

Die Feuersocietät der Stadt Thorn kennt nur zwei Gebäudeclassen, von denen im Jahre 1600 die erste 1.561 705 und die zweite 309 605 Rthlr. gesammten Taxwerth hatte, während derselbe 1841 resp. 970 035 und 85 480 Rthlr. betrug.

Beim Domainen-Feuerschädenfonds der Provinz Preussen betrug die Versicherungsumme:

		1860.	1841.
I. Classe.....	Rthlr.	1.762 375	877 675
II. "	"	3.855 350	3.096 150
zusammen	Rthlr.	5.617 725	3.973 825

2. Provinz Posen.

Die Posensche Provinzial-Feuersocietät unterscheidet folgende 8 Classen:

	Umfassungswände.	Bedachung.	Lage.	Versicherungssumme 1860.	Versicherungssumme 1841.
I.	massiv mit massiven Giebeln	massiv	isolirt	4.847 125	901 650
II.	massiv	desgl.	nicht isolirt	20.910 750	6.568 325
III.	von Fachwerk oder Holz	desgl.	isolirt	536 000	79 525
IV.	desgl.	desgl.	nicht isolirt	14.918 825	5.017 850
V.	....	nicht massiv	isolirt	3.107 850	2.294 425
VI.	....	desgl.	nicht isolirt	24.830 950	17.986 250
VII.	Windmühlen			1.039 450	414 750
VIII.	Lohmühlen und die nicht ganz ausgeschlossenen Schmieden (auch wenn mit Stein oder Metall gedeckt)			129 450	106 825
	zusammen..... Rthlr.			70.320 400	33.369 600

3. Provinz Pommern.

In der hinterpommerschen Land-Feuersocietät sind Gebäude mit feuersicherer Bedachung (aus Ziegeln, Metall oder sonst als feuersicher anerkanntem Material), worin feuergefährliche Gewerbe betrieben werden, der zweiten Classe zugetheilt, sobald sie massiv aufgeführt sind, d. h. massive Umfassungswände aus Stein oder Lehm und ganz massive oder wenigstens mit Steinen verblendete Dachgiebel haben; andernfalls gehören sie in die dritte Classe. Gebäude ohne dergleichen Gewerbe und mit feuersicherer Bedachung zählen, wenn massiv, zur ersten, sonst zur zweiten Classe, die mit Rohr, Holz, Stroh, Schindeln oder sonst nicht feuersicher gedeckten Gebäude zur dritten. Die vierte Classe endlich umfasst alle anderen an sich zulässigen Gebäude, Loh-, Wasser-, Windmühlen und feuersicher gedeckte Schmieden. Versicherungsummen in den 4 Classen und zusammen:

Jahr.		I.	II.	III.	IV.	zusammen.
1860	Rthlr.	7.289 850	9.887 750	29.396 850	1.002 775	47.577 225
1843	»	1.840 025	4.280 475	22.786 575	883 825	29.790 900

Die Feuersocietät der pommerschen Provinzialstädte rechnet in den Umfassungswänden mit Einschluss der Giebel massiv aufgeführte Gebäude mit feuersicherer Bedachung zur ersten, dergleichen halbmassive, Fachwerks- und in Lehm- oder Luftsteinen aufgeführte zur zweiten Classe; der Betrieb feuergefährlicher Gewerbe setzt solche Baulichkeiten eine Classe tiefer. Unter einem Dach gebaute Scheunen in den Vorstädten rangiren in der dritten Classe. Zur vierten werden mit Rohr, Stroh, Schindeln oder sonst leicht feuerfangendem Material eingedeckte, sowie die ohne ausgemauertes oder gelehmtes Fachwerk blos mit Brettern oder sonstigen brennbaren Stoffen an den Wänden verkleideten Gebäude gezählt; ferner Windmühlen, Zuckersiedereien, Cichorienfabriken und Spiegelgiessereien. Eine fünfte Classe endlich begreift die reihenweise aneinander gebauten, nicht feuerfest eingedeckten Scheunen und die hölzernen Windmühlen. Schätzungswerth:

Jahr.		I.	II.	III.	IV.	V.	zusammen.
1860	Rthlr.	883 850	4.204 818	226 062	626 325	245 800	6.186 850
1856	»	897 988	4.296 663	144 987	693 688	292 487	6.325 813

Beim Domainen-Feuerschädenfonds der Provinz Pommern sind alle ganz massiven und mit Steindach versehenen Gebäude, worin keine feuergefährlichen Gewerbe betrieben werden, in eine erste Classe ausgesondert. Der Taxwerth betrug:

Jahr.		I.	II.	zusammen.
1860.....	Rthlr.	868 475	2.122 875	2.991 350
1841.....	»	384 150	1.440 200	1.824 350

4. Provinz Brandenburg.

In der Berliner Feuersocietät gehören Mühlen, Theater, Gasbereitungsgebäude u. dergl. zu den Abtheilungen b, c und d, alle übrigen zu a. Der abgeschätzte Werth der versicherten Gebäude war:

Jahr.		a.	b.	c.	d.	zusammen.
1860	Rthlr.	102.846 200	189 825	26 625	339 875	162.902 525
1841	»	97.574 575	94 700	18 000	107 975	97.865 250

Die kurmärkische General-Landfeuersocietät rechnet alle mit Steinen, Metall oder Asphalt u. dergl. bedeckten massiven beziehentlich nicht massiven Gebäude zur ersten resp. zweiten, die nicht feuersicher eingedeckten (incl. nach Dornscher Methode) zur dritten Classe. Die vierte umfasst solche Baulichkeiten, welche von feuergefährlichen (Pulvermühlen, Schmelzhütten u. s. w.) weniger als 60 Fuss entfernt sind, ferner Gebäude mit solchen Dampfkesseln oder Dampfentwicklern, welche reglementsmässig nur in besonderen Kesselhäusern aufgestellt werden dürfen, endlich auch Bockwindmühlen und solche holländische Windmühlen, welche nicht bis auf das bewegliche Dach massiv sind. Taxwerth:

Jahr.		I.	II.	III.	IV.
1860	Rthlr.	29.401 775	28.612 325	32.098 300	224 800
1841	„	10.560 725	14.761 975	34.153 525	1.748 025

In der ständisch-städtischen Feuersocietät für die Kurmark, Neumark und Niederlausitz bilden die I. Classe: ganz massive Gebäude mit Stein- oder Metallbedachung u. dergl. oder mit Walmen (vierseitigen Dächern), auch wenn die Giebelseiten nur durch die massiven Giebel daranstossender Gebäude vollständig geschlossen werden; feuersicher eingedeckte Fachwerksgebäude mit massiven oder verblendeten Brandgiebeln. Befinden sich Triebwerke auf Getreide oder leicht feuerfangende Gegenstände darin, so werden die Häuser in die II. Classe gesetzt, welche noch ferner enthält: Fachwerksgebäude mit Stein- oder Metallbedachung, auch wenn die Giebel nicht massiv, sondern nur durch diejenigen daranstossender massiven Gebäude vollständig gedeckt sind; Treibhäuser mit massiven Giebeln, mit massiver Hinterwand und mit Glasbedachung. Ein Vorhandensein der erwähnten Triebwerke veranlasst die Versetzung in Classe III. Zu dieser gehören ausserdem: feuersicher eingedeckte Gebäude mit hölzernen Umfassungswänden oder mit theilweis offenen oder blos bretterbeschlagenen Aussenwänden und Giebeln oder mit hölzernen Schornsteinen oder Schwibbögen; durch Wasser- oder Dampfkraft betriebene Spinnereien in Schaf- und Baumwolle; feuersicher eingedeckte Cichorienfabriken; Treibhäuser mit Giebel und Wänden aus Fachwerk. In Classe IV. endlich stehen folgende Baulichkeiten: die mit Rohr, Stroh oder Holz bedeckten; Windmühlen, Ziegel- und Kalköfen, Theater, Zuckersiedereien; Gebäude mit Dampfkesseln; Gebäude mit hölzernen oder unausgefachten Umfassungswänden oder Giebeln, worin mit Dampf- oder Wasserkraft betriebene Mühlenwerke sich befinden; durch Wasser- oder Dampfkraft betriebene Spinnereien in Schaf- und Baumwolle mit hölzernen oder unausgefachten Umfassungswänden oder Giebeln. Taxwerth:

Jahr.		I.	II.	III.	IV.
1860	Rthlr.	26.747 438	29.848 925	6.571 975	2.406 362
1841	„	7.775 600	29.303 042	5.231 702	3.578 842

Bei der neumärkischen Landfeuersocietät gehören in die erste Classe alle mit Steinen oder Metall u. dergl. bedeckten massiven Gebäude. Zur zweiten werden die feuersicher bedeckten nicht massiven Gebäude gezählt; Blockhäuser jedoch, Ziegelscheunen und Häuser mit bretterverkleideten Giebeln bilden im Verein mit den nicht feuersicher eingedeckten Häusern die dritte Classe. In der vierten endlich stehen: von feuergefährlichen Baulichkeiten (Pulvermagazinen, Stückgiessereien u. s. w.) durch einen geringen Zwischenraum geschiedene Häuser; Gebäude mit solchen Dampfkesseln und Dampfentwicklern, welche nur in besonderen Kesselhäusern aufgestellt werden dürfen; Bockwindmühlen und nicht bis auf das bewegliche Dach massive holländische Windmühlen. Versicherungsumme:

Jahr.		I.	II.	III.	IV.	zusammen.
1860	Rthlr.	10.056 950	9.904 938	11.687 175	492 375	32.141 438
1841	„	2.039 050	4.076 738	8.944 950	425 262	15.486 000

Der Domainen-Feuerschädenfonds für die Provinz Brandenburg hat die nämliche Eintheilung der Gebäude wie derjenige für Pommern. Taxwerth:

Jahr.		I. Classe.	II. Classe.	zusammen.
1860	Rthlr.	3.404 425	4.632 350	8.036 775
1841	„	2.190 500	4.113 750	6.304 250

Von den bei der Magdeburger Landfeuersocietät versicherten Summen gehören den Rittergütern der Kurmark an:

Jahr.		I.	II.	III.	zusammen.
1860	Rthlr.	22 250	12 850	600	35 700
1845	„	14 475	11 375	725	26 575

5. Provinz Schlesien.

Die allgemeine schlesische Landfeuersocietät nimmt in Classe I. die mit feuerfesten Dächern versehenen Gebäude auf, welche massive Giebel und Umfassungswände haben (wozu auch Pisé- und Lehmwände von wenigstens 2 Fuss Stärke gehören). Classe II. enthält die mit Steinen ausgemauerten, die von Holz oder von Holz und Lehm aufgeführten Gebäude und die mit bretternen Giebeln, sobald sie feuerfeste Dächer haben. Alle isolirten Gebäude ohne feuersichere Bedachung zählen zur dritten, alle nicht isolirten zur vierten Classe. Versicherungsumme:

Jahr.		I.	II.	III.	IV.	zusammen.
1860	Rthlr.	16.845 130	5.159 520	3.527 720	20.389 990	45.422 850
1843	"	4.549 230	7.579 250	16.723 060	58.243 880	87.095 420

In der Feuersocietät der Städte Schlesiens ohne Breslau bestehen ausser den gegen fixirte Beiträge aufgenommenen Gebäuden 6 Classen, nämlich: I. gemauerte Umfassungswände, massiver Giebel bis unter das Dach, feuersichere Bedachung (mit Stein, Metall u. dergl.); II. Umfassungs- und Scheidewände incl. Dachgiebel aus Binde- oder Fachwerk (mit Holz abgebunden und mit gebrannten Ziegeln ausgemauert), feuersicheres Dach; III. Umfassungswände ganz aus Schrotholz oder aus Bindewerk, welches blos mit Holz und Lehm ausgestückt oder mit Holz beschlagen ist, feuerfesten Dach; IV. Umfassungswände wie erste Classe, Dach aus Holz, Stroh oder Rohr; V. halbmassive Gebäude (zweite Classe) mit feuerunsicherem Dach; VI. hölzerne Gebäude (dritte Classe) mit feuerunsicherem Dach. Versicherungsumme:

Jahr.		I.	II.	III.	IV.	V.	VI.	fixirt.
1860.	Rthlr.	16.025 200	792 110	1.186 210	2.042 480	654 300	3.532 880	42 750
1843.	"	13.124 970	1.001 200	1.239 130	3.155 860	888 920	5.804 150	—

Die Feuersocietät der Oberlausitz enthält in der ersten Classe die Gebäude mit massiven Umfassungswänden, in der zweiten alle übrigen massiv (mit Ziegeln, Schiefer und Metall) gedeckten Häuser; indessen werden Gebäude mit ausschliesslichem Betrieb des Müllergewerbes, Brennereien, Loh- und Röthemühlen, Torfscheuen und solche in geschlossenen Reihen stehende Gebäude, welche nicht durch massive Brandgiebel geschieden sind, eine Classe niedriger gesetzt. Zur dritten gehören noch alle nicht massiv eingedeckten Baulichkeiten. Abgeschätzter Werth:

Jahr.		I.	II.	III.	zusammen.
1860	Rthlr.	2.163 452	907 717	2.830 727	5.901 896
1848	"	1.182 814	634 156	2.274 940	4.091 910

6. Provinz Sachsen.

In der städtischen Feuersocietät für die Provinz Sachsen wird die erste Classe von den mit Stein oder Metall oder nach Dornscher Methode eingedeckten Gebäuden gebildet, welche massive Umfassungswände (incl. Pisé- und Lehmwände von mindestens 2 Fuss Stärke und auf allen Seiten nach aussen wenigstens 6 Zoll stark mit Steinen verblendete Fachwände) haben. Zur zweiten Classe gehören die feuersicher eingedeckten Gebäude von Fachwerk, zur dritten alle mit einem anderen Material gedeckten Baulichkeiten. Versicherungsumme:

Jahr.		I.	II.	III.	zusammen.
1860	Rthlr.	8.781 105	47.755 485	10.043 702	66.580 292
1842	"	5.264 067	36.629 498	12.955 527	54.849 092

Die Feuersocietät des Herzogthums Sachsen rechnet in die IV. Classe alle Gebäude mit einer anderen Bedachung als von Stein oder Metall; in die III. mit Stein oder Metall eingedeckte Gebäude von Fachwerk, mit Steinen ausgemauert, von Holz, von Holz und Lehm oder mit bretternen Giebeln; in die II. mit Stein oder Metall eingedeckte Gebäude, welche massive Umfassungswände haben (incl. Pisé- und Lehmwände u. dergl. wie bei I. der Städtesocietät). Isolirte Lage veranlasst das Hinaufrücken in eine höhere Classe. Versicherungsumme (nicht abgeschätzter Werth, der viel höher ist):

Jahr.		I.	II.	III.	IV.
1860	Rthlr.	3.782 420	18.536 775	28.846 562	14.785 750
1841	"	1.288 940	6.601 920	15.407 928	10.961 460

Von der Magdeburger Landfeuersocietät werden zur ersten Classe die isolirten Gebäude mit feuersicherer Bedachung, zur zweiten die nichtisolirten feuersicher eingedeckten und die isolirten ohne solche Bedachung gerechnet, zur dritten alle übrigen Gebäude und die Bockwindmühlen. Versicherungsumme:

Jahr.		I.	II.	III.	zusammen.
1860	Rthlr.	12.407 325	38.971 075	14.351 075	65.729 475
1845	"	7.176 925	26.662 425	16.868 750	50.708 100

Für den Domainen-Feuerschädenfonds der Provinz Sachsen gelten dieselben Grundsätze der Classification wie in Pommern. Abgeschätzter Werth:

Jahr.		I.	II.	zusammen.
1860.....	Rthlr.	4.830 450	2.784 375	7.614 825
1841.....	"	3.645 075	2.876 450	6.521 525

7. Provinz Westfalen.

Gebäude mit feuerfester Bedachung bilden in der westfälischen Provinzial-Feuersocietät vier Classen: I. ohne Feuerstätten und nicht zur Aufbewahrung feuergefährlicher Materialien dienend, Versicherungsumme 4.383 320 Rthlr.; II. massive Wohn- und Wirthschaftsgebäude, 18.585 760 Rthlr.; III. Wohn- und Wirthschaftsgebäude von ausgemauertem Steinfachwerk, 34.334 780 Rthlr.; IV. dergl. von beworfenem oder berapptem Lehmfachwerk, 46.029 070 Rthlr. Hinzu treten: V. die mit Stroh, Rohr, Holzspänen, Lehmschindeln oder einem ähnlichen feuergefährlichen Material gedeckten oder bekleideten Gebäude, 43.352 370 Rthlr.; VI. Gebäude jeder Bauart mit sehr feuergefährlichen Anlagen, 2.268 580 Rthlr. Diese Eintheilung ist erst mit dem Jahre 1860 eingeführt.

8. Rheinprovinz.

Die rheinische Provinzial-Feuersocietät unterscheidet: I. ganz massive Gebäude von geringster Feuergefährlichkeit nach Bauart, Dachdeckung, Lage und Benutzungsweise; II. sonstige massive Gebäude oder solche in Pisé oder aus getrockneten Lehmsteinen ohne Fachwerk oder mit Steinen ausgemauertem Fachwerk — sämmtlich mit Ziegeln, Schiefer oder in sonst feuerfester Art gedeckt; III. feuerfest eingedeckte Gebäude in Steinfachwerk mit Schieferbekleidung, dergleichen ganz oder theilweis in Lehmfachwerk mit vollständiger Schieferbekleidung oder Mörtelbewurf, dergleichen in mit getrockneten Lehmsteinen ausgemauertem Fachwerk; IV. feuerfest eingedeckte, theils massive, theils in Lehmfachwerk ohne vollständige Schieferbekleidung oder Mörtelbewurf gebaute Häuser; V. feuerfest eingedeckte Gebäude von Holz oder von Holz und Lehm mit keinem oder unvollständigem Mörtelbewurf oder Schieferbekleidung, ferner mit Holz oder Leinwand gedeckte Gebäude der ersten bis dritten Classe und mit Stroh gedeckte massive; VI. Gebäude in meist massiver äusserer Bauart mit Strohdächern und Fachwerksgebäude, deren Dach aus vorschriftsmässigen Lehmschindeln oder zum grösseren Theil aus Ziegeln und zum kleineren aus Stroh besteht; VII. alle übrigen Gebäude mit Stroh-, Holz- oder Rohrdächern. Jede Classe zerfällt in zwei Unterabtheilungen, in welche nach Ermessen der Direction die Versetzung gemäss der Lage, Benutzung oder inneren und äusseren baulichen Beschaffenheit erfolgt. Ausserhalb der Classen stehen und zahlen besonders vereinbarte Beiträge: Pulvermühlen, Glas- und Schmelzhütten, Eisen- und Kupferhämmer, Münzgebäude, Zuckersiedereien, Cichorienfabriken, Schwefelraffinerien, Terpentin-, Firniss- und Holzsäurefabriken, Loh-, Wind- und Oelmühlen, Gebäude mit Trocknungsanstalten u. dergl. Abgeschätzter Werth der versicherten Gebäude in Thalern:

Classe.	1860. a.	1860. b.	1841. a.	1841. b.
I.	23.164 800	3.686 960	13.728 300	93 160
II.	90.842 130	25.472 310	89.736 900	8.170 730
III.	17.719 780	5.307 560	18.368 850	1.505 470
IV.	3.647 410	1.206 200	108 220	320 990
V.	39.520 790	8.266 420	45.692 120	1.781 500
VI.	7.960 640	1.757 040	10.399 900	200 080
VII.	11.259 720	5.095 680	15.508 190	239 210
nach Vereinbarung ...	3.685 040		2.872 430	
zusammen...	248.509 380		214.816 050	

In früherer Zeit fand eine Zählung der Gebäude auch nach ihrer Bauart statt, und die Hauptresultate der »statistischen Tabelle« von 1816 sind in dieser Beziehung folgende:

a. Beschaffenheit der Ringwände:

	Anzahl.	Procent.
ganz massiv	289 134	9,66
Fachwerk, auch zum Theil massiv	1.164 671	38,92
ganz von Holz	1.538 590	51,42
zusammen	2.992 395	100,00

b. Beschaffenheit der Bedachung:

	Zahl der Gebäude.	Procent.
Metall, Stein oder Ziegeln	812 719	27,16
Schindeln, Bretter oder anderes Holzwerk	184 766	6,19
Stroh oder Rohr	1.994 910	66,67

Eine Uebersicht der einschlägigen Verhältnisse in den Provinzen des Staats giebt folgende Tabelle.

(40.) Provinz	Ringwände: massiv.	Ringwände: Fachwerk oder zum Theil massiv.	Ringwände: ganz von Holz.	Bedachung aus: Metall, Stein oder Ziegeln.	Bedachung aus: Schindeln, Brettern und anderem Holzwerk.	Bedachung aus: Stroh oder Rohr.	Wüst stehende Gebäude*).
Preussen	28 770	121 210	294 665	58 371	11 218	375 056	1676
Posen	9 362	73 094	148 375	8 977	28 458	193 396	1844
Pommern	5 990	179 158	7 905	46 536	2 012	144 506	334
Brandenburg	22 656	178 541	186 312	114 852	11 092	262 065	1095
Schlesien	45 695	81 909	437 004	33 486	117 598	413 524	1819
Sachsen	58 934	312 401	70 653	232 958	8 460	200 570	1715
Westfalen	12 357	69 174	177 282	95 675	2 205	160 933	281
Rheinland	105 370	149 184	216 394	222 864	3 723	244 861	968
Zusammen in 1816	289 134	1.164 671	1.538 590	812 719	184 766	1.994 910	9732

*) einschliesslich derjenigen, deren Gebrauch von der Polizei untersagt ist.

In Rücksicht auf die mangelhafte Ausführung der ersten Zählungen darf man den vorstehenden Zahlen nicht unbedingtes Vertrauen schenken; auch lässt sich der ausserordentliche Fortschritt, welchen allen sonstigen Nachrichten zufolge die Sicherheit und Bequemlichkeit des Wohnens gemacht hat, in Zahlen kaum darstellen, da Angaben über die Bauart in späteren Jahren nicht mehr gefordert wurden.

E. Vermehrung der Gebäude seit 1816.

Hohenzollern und das Jadegebiet sind zu kurze Zeit preussisch, um in den folgenden Tabellen, welche sich auf die Perioden von 1816 bis 1834 und von 1834 bis 1858 erstrecken, Berücksichtigung zu finden.

1. Die öffentlichen Gebäude.

(41.) Regierungs-bezirk	Kirchen und Bethäuser. Anzahl 1816	Anzahl 1834	Von 1816 bis 1834 vermehrten oder verminderten sich 1000 vorhandene auf	Von 1834 bis 1858	Zu verschiedenen Staats- und Gemeindezwecken bestimmte Gebäude. Anzahl 1816	Anzahl 1834	Von 1816 bis 1834 vermehrten oder verminderten sich 1000 vorhandene auf	Von 1834 bis 1858
Königsberg	416	444	1067	1070	1 877	3 122	1603	1022
Gumbinnen	129	131	1031	1120	596	1 868	3124	985
Danzig	252	293	1163	1017	507	1 563	3083	1538
Marienwerder	524	529	1010	1042	534	1 671	3129	1191
Posen	693	719	1038	974	598	1 330	2224	3372
Bromberg	382	391	1024	1023	233	937	4021	1675
Stettin	748	778	1040	1033	1 153	2 108	1828	1360
Köslin	453	460	1015	1007	791	1 509	1908	1097
Stralsund	162	163	1006	1006	439	831	1683	1084
Berlin	29	82	1103	1687	155	[1]) 779	2200	1258
Potsdam	1 296	1 314	1014	1030	2 606	5 633	2162	1054
Frankfurt [2])	1 041	1 049	1038	964	3 210	4 089	1340	1098
Breslau	931	955	1026	1030	2 312	3 554	1537	1169
Oppeln	766	722	943	1097	808	2 009	2486	1077
Liegnitz [2])	751	790	1018	1038	1 765	2 842	1476	1281
Magdeburg	1 041	1 049	1008	1001	2 810	4 292	1527	913
Merseburg	1 241	1 210	975	987	4 847	5 399	1114	1007
Erfurt	512	500	977	1046	1 596	2 033	1274	1162
Münster	380	394	1037	992	882	1 180	1338	1337
Minden	404	411	1017	1046	966	1 250	1294	1088
Arnsberg	842	835	992	999	837	1 528	1826	1420
Düsseldorf	614	587	956	1077	859	1 293	1506	1693
Köln	384	566	1474	1044	535	888	1660	1609
Aachen	574	619	1078	1044	317	925	2918	1624
Koblenz	922	977	1060	1023	1 460	2 030	1390	1272
Trier	925	[3]) 985	1031	1075	1 073	[4]) 1 855	1621	1103
Zusammen	16 412	16 915	1028	1027	33 768	56 618	1670	1212

[1]) mit Einschluss von Betriebs- und dergl. Gebäuden, ohne welche die der relativen Berechnung zugrundegelegte Zahl der Vorderhäuser 341 beträgt.
[2]) Kreis Hoyerswerda gehörte 1816 zu Frankfurt; in der Verhältnissberechnung ist seine damalige Gebäudezahl jedoch als zu Liegnitz gehörig angenommen.
[3]) darunter Lichtenberg 41.
[4]) darunter Lichtenberg 216.

Bei der Betrachtung der Veränderungen in obigen Zahlen ist auf die wechselnde Auffassung der Aufnahmebestimmungen Rücksicht zu nehmen. Von Kirchen und Bethäusern sind weniger angegeben: bei Oppeln und Düsseldorf besonders gelegentlich der Zählung im Jahre 1817, Merseburg 1818 und 1837, Arnsberg 1825 und 1837, Erfurt 1831, Posen, Frankfurt und Münster 1837. Ausserordentliche Vermehrungen sonstiger öffentlichen Gebäude zeigen sich in den ersten Jahren bei Gumbinnen, Danzig und Marienwerder, 1819 bei Aachen, 1834 bei Bromberg und 1846 bei Posen; Verminderungen 1837 bei Gumbinnen und Magdeburg.

2. Die Privatgebäude.

(43.) Regierungsbezirk	Privatwohnhäuser. Anzahl 1816	Anzahl 1834	Von 1816 bis 1834 vermehrten sich 1000 vorhandene auf	Von 1834 bis 1858 vermehrten sich 1000 vorhandene auf	Fabrikgebäude, Mühlen und Privatmagazine. Anzahl 1816	Anzahl 1834	Von 1816 bis 1834 vermehrten oder verminderten sich 1000 vorhandene auf	Von 1834 bis 1858 vermehrten oder verminderten sich 1000 vorhandene auf	Ställe, Scheunen und Schuppen. Anzahl 1816	Anzahl 1834	Von 1816 bis 1834 vermehrten sich 1000 vorhandene auf	Von 1834 bis 1858 vermehrten sich 1000 vorhandene auf
Königsberg	69 441	76 685	1104	1145	4 880	4 943	1013	1017	78 992	94 013	1190	1258
Gumbinnen	50 823	60 751	1195	1137	1 524	3 990	2618	1433	63 630	69 318	1065	1115
Danzig	31 895	36 653	1149	1143	1 321	1 619	1226	1916	20 343	27 158	1335	1351
Marienwerder	47 230	57 154	1210	1255	1 728	1 875	1085	1708	47 801	61 408	1285	1363
Posen	72 378	80 802	1116	1137	3 452	4 617	1395	1250	86 060	118 486	1377	1169
Bromberg	31 036	37 973	1227	1220	1 371	2 463	1797	1230	34 658	50 047	1445	1390
Stettin	41 689	48 975	1175	1190	1 612	2 169	1346	1515	45 771	59 157	1295	1365
Köslin	31 765	38 706	1219	1251	1 819	2 164	1190	1272	38 344	48 296	1260	1300
Stralsund	15 132	16 764	1108	1150	1 138	1 190	1046	1364	12 037	16 491	1370	1334
Berlin	6 991	12 524	1791	1594	77	309	4013	2595	1 337	4 529	3388	1584
Potsdam	70 571	79 195	1128	1229	2 056	4 208	2047	1577	90 260	110 414	1223	1435
Frankfurt [1]	85 385	91 565	1119	1157	5 304	7 410	1447	1603	117 191	132 139	1190	1263
Breslau	120 079	127 425	1061	1102	8 972	12 224	1362	794	73 799	84 342	1143	1396
Oppeln	95 977	106 908	1114	1197	8 268	9 115	1730	1029	70 721	70 985	1004	1624
Liegnitz [1]	113 659	123 057	1060	1112	3 524	4 161	1122	1353	65 976	82 778	1207	1370
Magdeburg	69 601	75 457	1084	1197	2 254	2 697	1197	1498	82 299	102 147	1241	1385
Merseburg	82 041	89 251	1088	1163	2 935	2 795	952	1215	104 420	122 855	1176	1408
Erfurt	41 016	44 133	1076	1127	1 047	1 061	1013	1499	44 268	52 893	1195	1396
Münster	55 380	61 167	1105	1088	5 359	5 657	1056	1400	27 769	33 722	1214	1200
Minden	50 434	59 197	1174	1138	6 374	6 431	1009	571	18 519	19 368	1046	1418
Arnsberg	55 433	64 754	1168	1219	4 933	4 128	837	1423	30 281	35 605	1176	1262
Düsseldorf	85 394	97 495	1142	1300	4 758	3 800	799	1496	54 833	74 394	1357	1334
Köln	57 461	64 604	1125	1232	2 628	1 085	413	1540	30 301	68 233	2252	1368
Aachen	52 967	58 045	1096	1198	1 549	1 669	1071	1043	10 822	26 700	2467	2155
Koblenz	55 854	68 459	1226	1197	1 736	2 096	1207	1166	44 280	96 249	2175	1299
Trier	47 657	[2] 62 196	1203	1300	1 784	[3] 1 883	932	1243	11 263	[4] 49 067	4239	1551
Zusammen	1.537 209	1.739 975	1129	1163	79 401	95 949	1206	1231	1.325 605	1.730 657	1308	1336

[1]) Wegen Hoyerswerda vergl. Note 2 zur vorhergehenden Tabelle.
[2]) darunter Lichtenberg 4873.
[3]) darunter Lichtenberg 221.
[4]) darunter Lichtenberg 1347.

Die ziemlich regelmässige Zunahme der Privatwohnhäuser macht keine Erläuterungen nöthig. Hinsichtlich der Fabrikgebäude u. dergl. ist zu bemerken, dass ihre Vermehrung besonders bei den Zählungen von 1825 in Gumbinnen, 1828, 1846 und 1852 in Berlin auffallend gross war, dagegen wesentliche Verminderungen sich zeigen: 1817 in Merseburg, Köln und Trier, 1822 in Merseburg und Arnsberg, 1825, 1828 und 1834 in Arnsberg und Düsseldorf, 1840, 1852 und 1855 in Minden, 1843, 1849 und 1852 in Breslau.

Die stärkste Vermehrung der Scheunen u. dergl. fällt bei Berlin auf die Zählung von 1828, bei Trier auf 1819, 1825, 1828 und 1831.

Die Gründe solcher Verschiedenheiten sind leider weit öfter nur äusserliche, aus der Behandlung der Aufnahmen hervorgehende, als innere, der Natur der Verhältnisse entspringende.

F. Flächenbebauung.

(43.) Provinz	Auf je 1 Quadratmeile (incl. Wasserfläche) stehen				
	öffentliche Gebäude			Privatgebäude	
	überhaupt.	darunter für den Unterricht.	darunter für Armenversorgung.	überhaupt.	darunter Wohngebäude.
Preussen	9,3	3,8	0,8	532	230
Posen	13,3	3,9	0,4	667	258
Pommern	11,9	4,4	1,0	519	218
Brandenburg	18,1	4,1	1,8	783	304
Schlesien	16,9	5,2	2,7	1046	546
Sachsen	31,6	6,7	4,7	1301	529
Westfalen	18,4	5,0	0,8	933	579
Rheinland	28,9	7,8	0,7	1855	901
Hohenzollern	33,9	5,4	3,4	677	533
Im Staat	17,0	4,9	1,6	880	406

Im grossen Durchschnitt des ganzen Staates war eine geographische Quadratmeile mit nachstehender Anzahl von Gebäuden bebaut:

	1858.	1834.	1816.
Kirchen und Bethäuser	8.44	8.32	8.24
Unterrichtsgebäude	4.86	11.14	6.66
Krankenhäuser u. dgl.	1.57		
Versammlungshäuser für Staats- und Gemeindecollegien	0.69		
Gebäude für verschiedene Zwecke der Staats- und Gemeindeverwaltung	5.85		
Militairgebäude	0.56		
Privatwohnhäuser	405.55	342.30	303.08
Fabrikgebäude, Mühlen und Privatmagazine	23.48	18.89	15.65
Ställe, Scheunen und Schuppen	460.21	340.54	261.36

Bei Vergleichung der Zahlen von 1858 mit den aus früheren Jahren ist die schon im vorigen Abschnitt empfohlene Vorsicht anzuwenden. Wo der Begriff dessen, was ein Gebäude ist, noch schwankend ist und wo es an einem auf bestimmte Principien errichteten und nach solchen sich fortentwickelnden Gebäude-Cataster noch fehlt, müssen die Angaben über Zahl und Beschaffenheit der Gebäude nothwendigerweise mehr oder weniger unsicher sein.

G. Häuserbewohnung.

Um die Dichtigkeit des Zusammenwohnens in Häusern zu erkennen, muss man neben den Privatwohngebäuden auch die öffentlichen Gebäude in Berechnung ziehen, da, mit beinahe einziger Ausnahme der zum Gottesdienst bestimmten, alle anderen Häuser, welche Staats- und Gemeindezwecken dienen, zugleich Behausungen enthalten. —

Hohenzollern ist der Rheinprovinz zugerechnet. Die ausserhalb des Staats lebende Militairbevölkerung ist ausser Ansatz geblieben.

(44). Provinz	Anzahl der Wohngebäude.	In jedem Wohnhaus wohnen durchschnittlich Menschen	Innerhalb der verschiedenen Kategorien von Wohnplätzen: Städte	Flecken	Dörfer	Vorwerke, Höfe und dergl.	Colonien und Weiler	einzelne Etablissements
			ward am 3. Debr. 1858 durchschnittlich jedes Haus von nachstehender Menschenzahl bewohnt.					
Preussen	279 927	9,9	13,3	10,6	8,4	14,4	7,6	9,3
Posen	144 245	9,8	11,3	8,9	9,3	14,1	7,8	9,3
Pommern	131 300	10,1	11,6	10,0	9,3	13,3	7,9	9,5
Brandenburg .	234 110	10,0	14,8	9,6	7,7	11,3	8,9	9,0
Schlesien	415 211	7,9	13,3	8,1	7,0	11,3	7,2	9,6
Sachsen	255 517	7,8	9,9	6,8	6,5	9,6	6,8	10,1
Westfalen ...	218 067	7,2	8,7	7,0	6,3	10,3	7,6	6,6
Rheinland ...	460 634	6,9	10,4	6,1	5,7	5,9	6,3	8,6
Insgesammt.	2.139 101	8,9	11,6	7,6	7,3*	13,6	7,3	7,8

Im Jahre 1834 waren 1.796 593 zur Bewohnung eingerichtete Gebäude vorhanden, und in jedem wohnten durchschnittlich 7,52 Menschen; im Jahre 1816 war jedes der 1.570 977 Gebäude dieser Art von durchschnittlich nur 6,89 Menschen bewohnt, also von 1,70 weniger als im Jahre 1858.

IV. Die Zertheilung des Grundeigenthums.

A. Stand der Parzellirung im Jahre 1858.

In den bei Gelegenheit der Volkszählungen aufgestellten Gewerbetabellen handelt ein Abschnitt von den Mittheilungen über Anzahl und Grösse der land- und forstwirthschaftlichen Besitzungen, worin jedoch diejenigen Flächen, welche Torfstiche, Hofräume, Gewässer u. s. w. einnehmen, nicht aufgezählt sind. Das in verschiedenen Gemeinden zerstreutliegende Grundeigenthum eines Besitzers erscheint in einer der Zahl der Gemeinden entsprechenden gleichen Zahl von Einzelbesitzungen. Folgende Tabellen (45 u. 46) enthalten die Hauptresultate jenes Abschnitts.

1. In absoluten

(45.) Umfang der Einzelbesitzungen	Provinz Preussen Anzahl.	Provinz Preussen Morgen.	Provinz Posen Anzahl.	Provinz Posen Morgen.	Provinz Pommern Anzahl.	Provinz Pommern Morgen.	Provinz Brandenburg Anzahl.	Provinz Brandenburg Morgen.
unter bis 5 Morgen	49 212	120 024	24 792	59 301	32 653	60 590	66 797	145 1[illegible]
über 5 - 30 "	44 581	679 411	32 852	527 795	29 099	400 405	45 735	647 1[illegible]
" 30 - 300 "	82 961	9.214 325	45 272	3.327 672	26 247	2.863 780	49 408	5.337 0[illegible]
" 300 - 600 "	4 370	1.740 493	1 082	448 914	1 436	572 163	2 343	899 7[illegible]
" 600 "	4 136	9.210 832	2 656	5.863 098	2 595	6.569 734	2 364	6.979 4[illegible]
Insgesammt	185 260	20.965 083	106 614	10.226 780	92 030	10.466 672	166 647	14.0[illegible]

2. In relativen

(46.) Umfang der Einzelbesitzungen	Unter je 100 Besitzungen und je 100 Morgen: Preussen Besitz.	Preussen Fläche.	Posen Besitz.	Posen Fläche.	Pommern Besitz.	Pommern Fläche.	Brandenburg Besitz.	Brandenburg Fläche.
unter bis 5 Morgen	26,57	0,58	23,16	0,58	35,48	0,77	40,08	1,04
über 5 - 30 "	24,07	3,24	30,85	5,16	31,69	3,82	27,44	4,11
" 30 - 300 "	44,78	43,95	42,48	32,54	28,52	27,31	29,65	3[illegible]
" 300 - 600 "	2,35	8,30	1,01	4,38	1,56	5,45	1,41	6,1[illegible]
" 600 "	2,28	43,93	2,50	57,02	2,82	62,65	1,42	49,1[illegible]
Summa	100,00	100,00	100,00	100,00	100,00	100,00	100,00	100,00

Bei der Volkszählung am 3. December 1861 sind Nachrichten, wie die obigen, nicht eingezogen worden. Man hat sich der Ueberzeugung nicht verschliessen können, dass sie in manchen Punkten nicht ganz der Wahrheit entsprechen dürften und es deshalb rathsamer sein möchte, ihnen die ähnlichen, aber viel specielleren Nachweisungen, welche durch die Grundsteuereinschätzung gewonnen werden, zu substituiren. Der beste Beweis für die nur allmälig reifende Zuverlässigkeit der Tabellen über die Zertheilung des Grundeigenthums liegt in der Wahrnehmung, dass die Zahl der Besitzungen seit 1849, dem Jahre der ersten Aufnahme, in allen

Zahlen.

Provinz Schlesien		Provinz Sachsen		Provinz Westfalen*)		Rheinland		Hohenzollern		Im ganzen Staat	
Anzahl.	Morgen.	Anzahl.	Morgen.	Anzahl.	Morgen.	Anzahl.	Morgen.	Anzahl.	Morgen.	Anzahl.	Morgen.
[illegible]	273 371	107 171	268 238	121 836	245 747	564 759	1.006 390	11 035	31 033	1.099 373	2.227 812
[illegible]	1.479 549	67 202	956 173	75 547	1.022 659	206 446	2.611 010	7 233	104 591	617 420	8.428 751
[illegible]	8.865 135	41 202	4.086 186	46 190	3.794 108	49 524	3.302 910	1 673	124 859	391 596	35.918 047
[illegible]	514 393	1 599	645 487	1 401	547 438	1 608	669 621	37	15 967	15 079	6.048 222
[illegible]	6.438 902	1 239	2.581 215	708	1.120 549	1 512	2.218 167	91	185 387	18 302	41.117 312
[illegible]	12.571 856	218 413	8.537 309	245 680	6.730 496	822 849	9.892 697	20 669	411 837	2.141 730	93.740 144

*) sammt Jadegebiet.

Zahlen.

Fläche kommen auf die Grössenclassen in

Schlesien		Sachsen		Westfalen		Rheinland		Hohenzollern		dem ganzen Staat	
Besitz.	Fläche.	Besitz.	Fläche.	Besitz.	Fläche.	Besitz.	Fläche.	Besitz.	Fläche.	Besitz.	Fläche.
[illegible]	2,17	49,06	3,12	49,59	3,86	68,88	10,26	54,99	7,54	51,86	2,88
[illegible]	11,77	30,77	11,20	30,75	15,20	24,07	26,84	36,06	25,89	28,83	8,99
[illegible]	30,75	18,86	47,70	18,90	56,57	6,02	33,70	8,31	30,62	18,39	38,33
[illegible]	4,09	0,74	7,60	0,57	8,16	0,20	6,77	0,18	3,88	0,70	6,45
1,04	51,22	0,57	30,38	0,79	16,86	0,16	22,83	0,46	32,07	0,55	43,55
[illegible]	100,00	100,00	100,00	100,00	100,00	100,00	100,00	100,00	100,00	100,00	100,00

Classen erheblich gewachsen ist, was doch, da Preussens Territorium sich während der letzten 10 Jahre nicht wesentlich veränderte, nicht anders möglich ist, als dass früher die Angaben unvollständig waren, wenn für die heutigen eine grössere Richtigkeit in Anspruch genommen wird. Dieses eigenthümlichen Umstandes muss man sich hier und namentlich auch bei Tab. 48 erinnern, um sich nicht durch die in Zahlen ausgesprochenen Vermehrungen oder Veränderungen zu irrigen Schlüssen verleiten zu lassen. (Vergl. Tab. 48.)

3. Stand der Parzellirung in den städtischen und ländlichen Feldmarken.

In nachfolgender Darstellung ist die sociale Verschiedenheit des städtischen und ländlichen Grundeigenthums ebenso unberücksichtigt geblieben, wie in den auf Seite 154 und 155 abgedruckten Tabellen. Die früher erwähnte, diese Verschiedenheit darlegende Anlage zum Kreisordnungsentwurf lieferte jedoch auch eine Zusammenstellung derjenigen ländlichen Besitzungen mit einem jährlichen Reinertrage von mindestens 2000 Thalern, welche weder dem Staate gehören, noch im Range der Rittergüter stehen und theilweis den Gemeinden eingereiht sind, theilweis selbständige Bezirke bilden. Es ist von Interesse, die früher mitgetheilten Angaben über die Vertheilung des Bodens in socialer Hinsicht durch diese Uebersicht wenigstens für die östlichen Provinzen zu vervollständigen.

(47.) Regierungs-bezirk	Land- und forstwirthschaftliche Besitzungen: in städtischen Feldmarken. Anzahl.	Land- und forstwirthschaftliche Besitzungen: in städtischen Feldmarken. Durchschnittliche Morgenzahl.	Land- und forstwirthschaftliche Besitzungen: auf dem platten Lande. Anzahl.	Land- und forstwirthschaftliche Besitzungen: auf dem platten Lande. Durchschnittliche Morgenzahl.	Privatbesitzungen ohne Rittergutseigenschaft mit einem jährlichen Reinertrag von mindestens 2000 Thalern. Anzahl.	Privatbesitzungen ohne Rittergutseigenschaft mit einem jährlichen Reinertrag von mindestens 2000 Thalern. Gesammtfläche in Morgen.
Königsberg	7 119	48,4	46 003	148,7	73	119 851
Gumbinnen	3 020	37,3	56 119	92,7	24	43 994
Danzig	2 074	23,3	21 586	115,6	60	84 576
Marienwerder	7 734	40,7	41 585	134,8	116	208 704
Posen	13 143	22,6	58 613	105,1	44	85 878
Bromberg	7 850	24,1	29 008	131,0	47	84 324
Stettin	12 560	29,9	29 674	131,9	66	109 563
Köslin	10 022	27,8	25 736	174,6	31	50 811
Stralsund	5 700	12,6	8 338	168,6	111	165 331
Berlin	784	7,9	.	.	.	.
Potsdam	25 182	26,6	51 817	127,4	80	121 435
Frankfurt	22 393	23,5	66 471	83,6	94	104 148
Breslau	6 129	21,6	87 656	46,5	39	28 162
Oppeln	7 265	19,3	85 201	50,7	13	93 695
Liegnitz	8 068	24,6	89 849	41,3	83	61 664
Magdeburg	25 753	18,4	46 551	74,8	110	85 312
Merseburg	22 832	18,5	66 061	46,8	54	41 056
Erfurt	13 807	11,7	43 409	22,7	4	4 694
Münster	9 896	7,7	64 969	35,3		
Minden	13 873	13,7	50 132	33,3		
Arnsberg	28 077	12,1	88 701	28,3		
Düsseldorf	85 374	9,9	90 225	17,4		
Köln	7 884	6,2	116 454	12,1		
Aachen	8 682	10,3	113 130	12,6	Angaben fehlen	
Koblenz	21 635	7,1	224 280	9,3		
Trier	7 679	6,2	197 106	13,4		
Sigmaringen	2 600	19,6	17 379	20,7		
Jadegebiet	.	.	92	33,3		
Insgesammt	337 645	17,8	1.804 085	48,4	989	1.493 194

B. Bewegung der Parzellirung.

1. In Beziehung auf die Fläche.

Seit 1849 haben sich, den Aufnahmen in den Jahren 1849, 52, 55 und 58 zufolge, bedeutende Veränderungen in den Verhältnissen des Grundeigenthums zugetragen. Es ergiebt sich — wenn man Hohenzollern und das Jadegebiet ausser Acht lässt — im Durchschnitt aller Provinzen des Staates Nachstehendes:

Jahr	Procentantheil der Grössenclassen an der Gesammtzahl der Besitzungen. I.	II.	III.	IV.	V.	Grösse einer Besitzung in Morgen.
1849	0,62	0,75	20,67	29,06	48,69	46,6
1852	0,87	0,72	19,43	28,69	50,30	44,9
1855	0,86	0,70	18,84	28,83	50,77	44,5
1858	0,86	0,71	18,38	28,76	51,29	44,0

Die analogen Zahlen für die einzelnen Provinzen sind aus der untenstehenden Tabelle zu berechnen.

(48.) Provinz	Zählungsjahr	Anzahl der Besitzungen von 600 und mehr	300 bis 600	30 bis 300	5 bis 30	unter 5	Gesammtzahl der landwirthschaftlichen Besitzungen.
		Morgen nutzbaren Landes.					
Preussen	1849	3 461	4 256	82 917	35 264	40 613	166 511
	1852	3 901	4 238	81 758	41 082	44 301	177 280
	1855	3 943	4 241	83 477	42 554	46 418	180 633
	1858	4 136	4 370	82 961	44 581	49 212	185 260
Posen	1849	2 445	956	44 858	27 190	18 083	93 532
	1852	2 544	1 033	45 774	29 100	20 322	98 773
	1855	2 630	1 086	45 457	31 118	21 850	102 141
	1858	2 656	1 082	45 232	32 852	24 792	106 614
Pommern	1849	2 275	1 317	24 808	21 489	24 677	74 566
	1852	2 545	1 408	26 153	25 086	30 129	85 319
	1855	2 549	1 463	26 398	27 409	31 992	89 811
	1858	2 595	1 436	26 247	29 099	32 653	92 030
Brandenburg	1849	1 877	1 754	45 346	36 635	60 827	136 439
	1852	2 152	1 932	48 210	40 832	58 844	151 970
	1855	2 263	2 085	48 646	45 609	65 318	163 921
	1858	2 364	2 343	49 408	45 735	60 797	166 647
Schlesien	1849	2 329	1 241	43 509	92 882	110 040	249 989
	1852	2 773	1 150	45 406	100 518	114 000	263 858
	1855	2 932	1 157	46 232	104 588	115 958	270 867
	1858	3 009	1 203	49 159	109 725	121 078	284 168
Sachsen	1849	835	1 153	36 399	57 274	79 345	175 006
	1852	1 110	1 412	38 630	62 704	91 704	195 050
	1855	1 100	1 450	40 014	63 557	105 761	211 942
	1858	1 239	1 599	41 202	67 202	107 171	218 413
Westfalen	1849	504	1 447	45 836	68 090	92 579	208 552
	1852	671	1 408	46 251	72 450	109 767	230 547
	1855	676	1 414	46 352	73 250	115 376	237 068
	1858	700	1 401	46 179	75 537	121 825	245 648
Rheinland	1849	886	1 862	46 523	181 669	455 835	686 275
	1852	1 352	1 532	48 587	193 346	521 773	766 600
	1855	1 431	1 547	49 475	202 833	537 874	793 160
	1858	1 512	1 608	49 524	205 446	564 759	822 849
Zusammen ...... (ohne Hohenzollern und Jadegebiet)	1849	14 696	13 496	370 190	520 499	871 998	1.790 870
	1852	17 048	14 111	382 785	565 206	990 846	1.969 998
	1855	17 581	14 443	386 051	590 918	1.040 547	2.049 543
	1858	18 211	15 042	389 912	610 177	1.088 287	2.121 629

2. Bewegung der Parzellirung in socialer Beziehung.

Ist in der vorstehenden Uebersicht der Nachdruck auf die absolute Grösse des nutzbaren Grundeigenthums gelegt, so geben andere Mittheilungen über Parzellirungen u. dgl. auch in socialer Hinsicht einige Auskunft. Grösstentheils aus den Acten des königlichen Ministeriums für die landwirthschaftlichen Angelegenheiten sind die unter a. bis d. folgenden Angaben entnommen, zu welchen jedoch von vorn herein bemerkt werden muss, dass sie einerseits aus Mangel an vollständigem Material auf unbedingte Zuverlässigkeit keinen Anspruch machen können, anderseits sich nur auf das platte Land der östlichen Provinzen sammt Westfalen, aber mit Ausschluss des Regierungsbezirks Stralsund, erstrecken.

Es gehörten in jenen Landestheilen im Jahre

	1837	1851	1858
zu Rittergütern	25.046 936	24.950 654	27.550 000
zu anderen spannfähigen Wirthschaften	35.732 005	36.249 194	41.000 000
zu kleineren Wirthschaften	3.939 222	4.830 670	

Morgen nutzbaren Landes. Der Unterschied zwischen spannfähigen und kleineren bäuerlichen Nahrungen besteht darin, dass jene zu ihrer Bewirthschaftung eines landesüblichen Gespanns bedürfen, diese nicht; der Umfang der betreffenden Besitzung kommt daher nicht allein in Betracht, sondern auch das Wirthschaftsystem und die Intensität des Betriebs.

Neuere, bis auf die Zeit von 1816 zurückreichende und den ganzen Staat umfassende Untersuchungen, die über die Grössenveränderung der landwirthschaftlichen Grundstücke, namentlich aber über die Abnahme oder Zunahme der spannfähigen Güter angestellt wurden, sind gegenwärtig im Gange, und ihre Ergebnisse unterliegen theilweise schon der Bearbeitung im Ministerium für landwirthschaftliche Angelegenheiten.

a. Rittergüter.

Im Jahre 1837 befanden sich im preussischen Staat ohne Neuvorpommern und Rheinland 12 015 Rittergüter mit einem durchschnittlichen Areal von 2085 Morgen; das kleinste mass 2, das grösste 72 904 Morgen. 1535 oder 12,8 pCt. derselben erlitten bis zum Jahre 1851 Arealabtrennungen von zusammen 601 947 oder durchschnittlich 327 Morgen, ohne dass die Natur der Hauptgüter dadurch verändert wurde. Aus dieser Fläche entstanden 77 neue Rittergüter mit zusammen 151 106 Morgen, 1163 andere spannfähige ländliche Wirthschaften mit 198 755 Morgen und 4965 kleine ländliche Stellen oder unbewohnte selbständige Grundstücke mit 47 226 Morgen. 114 bestehenden Rittergütern wurden ferner 34 956, 2182 bäuerlichen Wirthschaften 36 827, 5077 kleinen Stellen 27 024 Morgen zugeschlagen und 181 der letzteren in spannfähige verwandelt. Endlich sind 6054 Morgen theils zu Eisenbahnzwecken u. dgl. verwendet, theils nicht nachgewiesen. 106 Rittergüter, also 0,9 pCt. der vorhandenen, mit einem Areal von 100 545 oder durchschnittlich 949 Morgen wurden unter Aufhebung der Landtagsfähigkeit zerschlagen und die Fläche folgendermaassen vertheilt: zur Bildung eines neuen Rittergutes 1376, von 382 bäuerlichen Wirthschaften 51 703 und von 1122 kleinen Stellen 10 247 Morgen; zur Vergrösserung 26 bestehender Rittergüter 7058, 723 bäuerlicher Nahrungen 15 009 und 1680 kleiner Stellen 13 957 Morgen, wodurch 105 der kleinsten Besitzungen gleichzeitig spannfähig wurden; zu anderen Zwecken 1185 Morgen. Diesen Verlusten an Ritterschaftsland, welche einschliesslich des wieder an Rittergüter gelangten Landes 2,4 pCt. des gesammten ursprünglichen Besitzstandes betragen, steht gegenüber ein Zuwachs von 146 129 Morgen, die zu anderen ländlichen Wirthschaften gehört hatten. Da das Gesammtareal der 11 990 im Jahre 1851 gezählten Rittergüter 24.950 654 Morgen beträgt, so müssen daher 165 588 Morgen weiterer Zuwachs auf Rechnung von Neuculturen oder besseren Messungen geschrieben werden. Die wichtigsten unter den einschlägigen, auf Rittergüter bezüglichen Zahlen giebt für jeden Regierungsbezirk die nebenstehende Tabelle.

(40.)

Regierungsbezirk	Arealabgang zwischen 1837 und 1851 durch Abzweigungen.	Arealabgang zwischen 1837 und 1851 durch Zerschlagungen.	Arealzuwachs zwischen 1837 und 1851 von Rittergütern.	Arealzuwachs zwischen 1837 und 1851 von anderen Gütern.	Anzahl der Rittergüter 1837.	Anzahl der Rittergüter 1851.	Anzahl der Rittergüter 1858.	Areal eines einzelnen Ritterguts im Durchschnitt aller vorhandenen 1837.	Areal eines einzelnen Ritterguts im Durchschnitt aller vorhandenen 1851.	Areal eines einzelnen Ritterguts im Durchschnitt aller vorhandenen 1858.	Areal eines einzelnen Ritterguts von kleinstem und von größtem Umfange 1851.
	Magdeburger Morgen.							Magdeburger Morgen.			
Königsberg	126 251	1 844	97 678	5 620	864	891	*) 1 036	2273	2076	2096	43—26 968
Gumbinnen	17 518	1 156	2 243	14 974	438	438	442	1417	1425	1543	55—17 011
Danzig	42 869	84	6 365	2	404	406	270	1793	1691	2538	30—12 925
Marienwerder	29 472	10 161	7 601	6 524	549	549	*) 596	2894	3043	3424	80—72 904
Posen	59 091	18 008	20 250	12 158	1 000	1 006	977	3245	3210	3395	101—57 600
Bromberg	37 737	11 131	16 453	2 932	555	560	524	3016	2961	3291	295—44 062
Stettin	26 527	3 769	4 810	11 635	627	627	615	2455	2467	2618	30—32 000
Köslin	28 747	8 598	7 049	4 794	902	892	880	2872	2900	3001	45—16 765
Potsdam	2 876	1 230	1 254	11 231	815	816	790	2391	2420	2299	53—30 830
Frankfurt	37 649	952	6 730	4 381	678	681	668	2865	2839	2713	13—56 486
Breslau	17 415	7 368	1 801	5 494	1 431	1 419	1 294	1418	1413	1606	1—43 678
Oppeln	15 255	18 425	3 471	15 450	1 000	985	981	1576	1574	2570	10—37 220
Liegnitz	43 957	6 070	12 977	5 402	1 059	1 054	1 081	1598	1566	2087	15—40 418
Magdeburg	5 963	4 750	2 235	18 049	421	417	351	1775	1699	1876	4— 8 892
Merseburg	4 068	3 742	2 779	5 713	598	587	575	908	906	1053	2—25 186
Erfurt	950	1 125	150	838	238	228	217	482	494	656	60— 3 033
Münster	1 944	1 104	28	6 870	151	150	139	857	852	1130	115— 4 924
Minden	2 406	1 000	623	6 235	90	97	97	1380	1454	1591	150—15 752
Arnsberg	1 223	.	8	7 627	189	187	189	890	947	781	145— 7 188
Zusammen	801 947	100 545	194 485	146 129	12 016	11 980	12 827	2085	2051	2146	1—72 904

*) incl. kölmischer u. dergl. Güter.

b. Spannfähige bäuerliche Besitzungen.

Unter dieser Gattung ländlicher Wirthschaften haben in Folge von Erbschafts-, Eigenthums- und Gemeinderegulirungen, theilweis auch zur Erzielung von Gewinn aus dem Güterhandel Dismembrationen von grösserem Belange stattgefunden, als bei den Rittergütern.

Von den 355 454 im Jahre 1837 gezählten spannfähigen Besitzungen, deren kleinste ¼, deren grösste 10 624 Morgen maass, verloren bis 1851 ohne Aenderung ihrer Eigenschaft als solche 66 584 (also 18,7 pCt.) zusammen 1.302 574, durchschnittlich mithin je 20 Morgen Land. Daraus wurden 8975 neue spannfähige Stellen mit 471 692 Morgen gebildet und 22 412 bestehenden zusammen 366 794 Morgen zugeschlagen, ferner 2 Rittergüter mit 1728 Morgen gebildet und 701 bestehenden 46 665 Morgen zugeschlagen, 47 444 kleine ländliche Stellen oder unbewohnte selbständige Grundstücke mit 252 432 Morgen gebildet und 32 116 bereits bestehenden, worunter 1738 nunmehr spannfähig wurden, 158 147 Morgen zugetheilt, endlich 5118 Morgen zu Bauten und anderweitig verwendet.

17 534, also 4,9 pCt. der vorhandenen spannfähigen Besitzungen mit insgesammt 1.220 750 Morgen Land wurden gänzlich dismembrirt und zu folgenden Zwecken benutzt: 278 297 Morgen zur Bildung 5275 neuer Bauernwirthschaften und 374 914 zur Vergrösserung von 22 681 bestehenden; 5305 Morgen zur Bildung von 3 Rittergütern und 86 742 zur Vergrösserung 844 bestehender; 271 838 Morgen zur Bildung von 28 003 kleiner Stellen und selbständiger Grundstücke, sowie 195 060 zur Vergrösserung von 35 013 bestehenden dieser Art, worunter 2296 dadurch spannfähig wurden; endlich 6595 Morgen zu verschiedenen Zwecken.

Während die Parzellirungen 7,1 pCt. des bäuerlichen Grundeigenthums in Anspruch nahmen, wovon übrigens der grössere Theil in derselben Kategorie verblieb, betrug der Zuwachs aus den Rittergütern und den kleinen Stellen 352 397, der nicht nachgewiesene Zuwachs aus Neuculturen und besseren Messungen 1.196 419 Morgen.

(50.) Regierungs-bezirk	Arealabgang zwischen 1837 und 1851: durch Abzweigungen.	Arealabgang zwischen 1837 und 1851: durch Zerschlagungen.	Arealzuwachs zwischen 1837 und 1851: von Besitzungen dieser Gattung.	Arealzuwachs zwischen 1837 und 1851: von anderen Besitzungen.	Anzahl der spannfähigen Privatlandgüter excl. Rittergüter im Jahre 1837.	Anzahl der spannfähigen Privatlandgüter excl. Rittergüter im Jahre 1851.	Areal eines einzelnen spannfähigen Gutes: im Durchschnitt aller vorhandenen 1837.	Areal eines einzelnen spannfähigen Gutes: im Durchschnitt aller vorhandenen 1851.	Areal eines einzelnen spannfähigen Gutes: von kleinstem u. von grösstem Umfange 1851.
	Magdeburger Morgen.		Magdeburger Morgen.				Magdeburger Morgen.		
Königsberg ..	102 740	29 50[illegible]	100 922	29 893	27 811	29 67[illegible]	139	132	8— 6 668
Gumbinnen ..	308 467	107 5[illegible]	337 647	20 515	32 391	33 3[illegible]	109	107	8—10 624
Danzig	65 630	20 [illegible]	74 289	37 202	9 283	10 44[illegible]	145	131	1— 3 604
Marienwerder	104 372	36 4[illegible]	93 966	29 384	18 967	19 513	112	129	5— 4 080
Posen	78 054	94 12[illegible]	103 417	50 743	32 706	33 1[illegible]	69	67	12— 3 096
Bromberg ...	61 195	80 3[illegible]7	54 795	22 398	14 958	15 15[illegible]	112	110	20— 6 288
Stettin	29 916	101 1[illegible]	73 170	18 534	11 093	11 1[illegible]	148	154	11— 7 443
Köslin	43 316	78 47[illegible]	57 796	18 208	10 128	10 2[illegible]	146	139	12— 3 000
Potsdam	87 677	104 5[illegible]	72 035	2 563	21 010	20 691	161	160	5— 7 855
Frankfurt	68 869	60 73[illegible]	77 361	29 107	29 073	29 22[illegible]	89	88	4— 4 341
Breslau	60 928	72 97[illegible]	38 826	8 535	18 681	18 112	76	74	¼— 1 000
Oppeln	58 062	67 03[illegible]	43 475	16 005	22 396	22 35[illegible]	54	51	1— 1 275
Liegnitz	59 996	70 54[illegible]	40 076	17 197	21 398	21 4[illegible]	67	64	½— 1 232
Magdeburg ..	21 191	116 92[illegible]	85 573	7 245	19 107	19 24[illegible]	111	115	5— 3 200
Merseburg ...	35 510	57 5[illegible]	54 700	8 425	19 735	19 221	74	76	6— 3 126
Erfurt	18 632	32 51[illegible]	28 886	4 427	7 677	7 657	47	47	2— 1 009
Münster......	38 866	37 2[illegible]	37 992	7 743	13 513	13 37[illegible]	114	125	4— 1 413
Minden	34 207	42 [illegible]	40 177	8 415	11 109	10 8[illegible]	95	99	6— 8 703
Arnsberg.....	70 820	70 56[illegible]	76 572	15 858	14 416	14 87[illegible]	94	90	4— 4 519
Zusammen .	1.302 574	1.220 750	1.491 697	352 397	355 454	359 668	101	102	¼—10 624

c. Kleine ländliche Stellen.

Das Verfahren, auch unbewohnte selbständige Grundstücke — vermuthlich ganz besonders solche, welche an den Gemeindegrenzen liegen und Forensen gehören — mit den kleinen ländlichen Wirthschaften zusammen zu werfen, die keines landesüblichen Gespanns bedürfen, vergrössert die Zahl der letzteren und trägt dazu bei, ihr Areal im Einzelnen kleiner erscheinen zu lassen, als es durchschnittlich sein mag. Solcher nicht spannfähigen Stellen gab es im Jahre 1837 insgesammt 459 345, die kleinsten 1 Quadratruthe und die grösste im Regierungsbezirk Minden 642 Morgen gross.

Von 1837 bis 1851 wurden der Dismembration 42 728 oder 9,3 pCt. aller vorhandenen Besitzungen dieser Art unterworfen und deren Fläche, 235 572 Morgen oder 6 pCt., in folgender Weise benutzt: 5689 Morgen zur Vergrösserung von 278 Rittergütern; 4533 Morgen zur Bildung von 609 neuen, 45 569 zur Vergrösserung von 8028 bestehenden spannfähigen bäuerlichen Wirthschaften; 90 460 Mrg. zur Gründung von 20 958 neuen und 88 468 Morgen zur Vergrösserung von 23 892 bestehenden kleinen Stellen, wodurch 868 derselben spannfähig wurden; 853 Morgen endlich zu anderen Zwecken. Der Zuwachs aus Rittergütern und anderen spannfähigen Nahrungen überholt den Verlust an diese Kategorien weitaus, indem er nicht weniger als 975 930 Morgen beträgt. Der Verbleib von 28 690 Morgen ist nicht nachgewiesen.

(31.)

Regierungsbezirk	Bewegung des Areals von 1837 bis 1851.			Anzahl der nicht spannfähigen ländlichen Besitzungen		Areal einer einzelnen nicht spannfähigen Besitzung			
	Zutheilung an spannfähige Besitzungen.	Zerschlagungen innerhalb der kleinsten Gütergattung.	Zuwachs von spannfähigen Besitzungen.	1837.	1851.	im Durchschnitt aller vorhandenen 1837.	im Durchschnitt aller vorhandenen 1851.	im Jahre 1851 von kleinstem Umfange.	im Jahre 1851 von grösstem Umfangr.
	Magdeburger Morgen.					Morgen.		□Ruth.	Morgen.
Königsberg ..	441	1 836	26 679	14 716	18 507	6,0	6,1	3	66
Gumbinnen ..	4 750	4 877	62 693	14 518	21 617	5,8	5,8	2	36
Danzig	1 175	1 406	12 313	6 614	8 923	6,2	6,1	4	151
Marienwerder	787	4 194	43 610	11 465	19 392	8,3	7,3	2	200
Posen	2 369	10 533	64 994	18 032	24 675	14,2	12,9	4	48
Bromberg ...	725	2 634	44 606	9 918	14 134	9,5	9,2	1	80
Stettin	245	2 952	52 623	12 302	16 701	9,1	10,4	5	119
Köslin	69	2 045	71 361	7 308	11 411	9,3	12,5	10	192
Potsdam	809	3 585	59 694	19 108	26 199	4,9	5,6	2	161
Frankfurt.....	706	4 291	51 089	25 613	31 529	6,7	6,8	1	152
Breslau	1 507	11 909	105 410	58 977	63 314	6,1	7,0	2	155
Oppeln	2 393	11 515	73 461	40 089	45 178	8,9	8,7	2	74
Liegnitz	923	7 062	94 953	52 420	56 215	4,4	5,3	1	310
Magdeburg ..	1 131	1 717	34 014	20 530	25 411	4,5	4,9	2	28
Merseburg ...	4 916	6 710	34 121	25 974	29 744	11,2	10,5	2	119
Erfurt	3 019	9 311	13 698	28 403	32 263	6,4	6,0	5½	50
Münster......	6 381	13 065	32 589	26 419	28 349	14,0	14,7	3	190
Minden	6 809	12 915	31 209	24 229	28 525	12,9	12,0	3	287
Arnsberg.....	16 457	66 330	66 811	42 710	52 017	15,7	13,9	1	424
Zusammen	55 792	178 927	975 930	459 345	558 104	8,6	8,7	1	424

d. Neuere Parzellirungen.

Ueber die 5 Jahre 1852—56 liegt eine Nachweisung der Regulirungspläne vor, welche — zur Uebertragung der am Grund und Boden haftenden Lasten auf die Parzellen einer aus irgendwelchem Grunde zertheilten Besitzung — aufgenommen und gerichtlich bestätigt wurden. Aus Neuvorpommern, Westfalen und Rheinland fehlen die Berichte. Andere Abtheilungen derselben Nachweisung (Tabelle 52) enthalten

(52.) Regierungs-bezirk	Auf Grund des Gesetzes vom 3. Januar 1845 wurden Abgaben-Regulirungspläne bestätigt:					
	1852.	1853.	1854.	1855.	1856.	Summe.
Königsberg	526	680	908	938	898	3 950
Gumbinnen	945	694	734	1 066	1 070	4 709
Danzig	235	249	273	319	391	1 467
Marienwerder	1 201	1 179	1 311	1 347	1 645	6 683
Posen	822	1 172	1 440	1 274	1 715	6 423
Bromberg	932	858	720	692	826	4 028
Stettin	218	165	375	417	507	1 682
Köslin	302	518	457	693	664	2 634
Potsdam	760	851	1 118	773	935	4 437
Frankfurt	1 095	1 176	1 549	1 250	1 310	6 380
Breslau	609	744	971	990	1 304	4 618
Oppeln	89	301	399	708	954	2 451
Liegnitz	538	648	815	440	830	3 271
Magdeburg	550	463	813	971	1 008	3 805
Merseburg	1 230	1 317	1 369	1 371	1 508	6 795
Erfurt	234	357	379	447	672	2 089
Summe	10 289	11 772	13 631	13 698	16 037	65 425

Aus einigen Regierungsbezirken ist auch die unter der letzten Hauptrubrik obiger Tabelle inbegriffene Zahl solcher Ackernahrungen bekannt, welche speciell durch Zusammenschlagung mit Rittergütern verschwanden.

Regierungsbezirk	1852.	1853.	1854.	1855.	1856.	Summe
Marienwerder	41	21	13	36	32	143
Posen	15	17	27	26	30	115
Köslin	17	23	20	27	12	99
Potsdam	2	2	3	7	2	16
Breslau	17	23	35	21	27	123
Oppeln	3	19	4	5	31	62
Erfurt	3	5	4	7	6	25

Die Gemeinheits-Theilungen gehören füglich nicht hieher, indem sie mehr zur Entlastung des Bodens als zu dessen Parzellirung unternommen werden.

die Angaben, wie viele selbständige Ackernahrungen entweder durch Zerstückelung oder durch Zusammenlegung mit anderen Besitzungen verschwunden sind. Es geht daraus hervor, dass durchschnittlich in jenem Jahrfünft jährlich 13 085 Eigenthums-übertragungen mit Veränderung der Substanz vorgenommen wurden, während die 15 vorhergehenden Jahre im Durchschnitt nur 5988 Acte dieser Art innerhalb desselben Gebietes aufzuweisen hatten. Allerdings ist inzwischen auch die Registrirung solcher Nachrichten besser und vollständiger geworden.

Als selbständige Ackernahrungen sind verschwunden:											
durch Zerstückelung						durch Zusammenschlagung mit anderen Besitzungen					
1852.	1853.	1854.	1855.	1856.	Summe.	1852.	1853.	1854.	1855.	1856.	Summe.
8	21	10	9	23	71	47	40	57	45	80	219
92	86	71	82	102	430	104	113	119	145	181	662
18	22	18	28	31	115	16	11	14	87	18	96
44	45	35	46	45	215	108	108	70	126	134	547
117	135	211	204	274	900	61	71	111	108	123	472
38	63	28	16	55	200	79	117	106	145	102	549
87	66	62	73	77	375	32	37	43	60	69	241
5	11	40	71	89	166	40	39	47	75	48	249
146	151	112	86	124	619	17	20	29	28	24	118
168	160	123	133	122	706	27	25	24	37	38	151
21	45	49	38	68	221	1074	935	1034	1172	1729	5 944
14	27	28	37	99	205	29	108	77	75	292	579
58	53	40	68	67	288	13	15	21	25	34	108
108	88	68	80	98	430	16	16	18	31	21	102
79	76	89	73	59	376	16	12	19	25	34	108
88	86	87	88	95	446	10	8	15	28	21	82
1099	1132	1071	1129	1333	5764	1690	1673	1804	2160	2898	10 225

C. Werth der landwirthschaftlichen Besitzungen.

Bei der Verschiedenartigkeit des Bodens und aller auf den Ertrag und Werth desselben einwirkenden örtlichen Verhältnisse ist es wichtig zu wissen, wie sich der Werth desselben in den verschiedenen Landestheilen stellt. Leider fehlt es hierüber noch sehr an Material. Man war daher darauf beschränkt, zerstreute Mittheilungen zu sammeln, welche sich entweder auf das Angebot basiren (und dann gewöhnlich zu hoch gegriffen sind) oder auf Abschätzungen von Grundcredit-Gesellschaften (und dann meistens zu niedrig sind) oder im glücklichsten Falle auf wirklich stattgefundene Verkäufe.

1. Angebotspreise.

Unter den öffentlichen Blättern bringt wohl unzweifelhaft die in Berlin erscheinende »Neue Preussische Zeitung« die grösste Anzahl von Güterangeboten grösseren Umfangs, bei denen zugleich die Verkaufspreise angegeben sind. In ihren Nummern vom October 1859 bis October 1860 wurden Güter ausgeboten:

Grösse.	Zahl.	Fläche in Morgen.	Gesammtkaufpreis in Thalern.
über 600 Morgen	414	1.252 439	46.904 500
300—600 „	16	6 541	449 000
30—300 „	12	2 486	124 500
5— 30 „	1	26	2 200
unter 5 „	—	—	—

Die unbedeutenden Angaben in Betreff der kleineren Güter machen es unmöglich, statistische Folgerungen daraus zu ziehen; es bleibt daher nur die grösste Gattung übrig, wobei zu bemerken, dass verschiedenartige Wirthschaftsgebäude und Inventar von wechselndem Werth mit angeboten sind, von dem Umfang der Waldungen auch nicht überall Mittheilung gemacht ist. Die qu. Güter vertheilen sich auf die östlichen Provinzen des Staates, wie folgt:

Provinz	Güter	Morgen Land	davon Morgen Wald.	Kaufpreis Rt	Durchschnittspreis pro Morgen Rt
Preussen	48	140 483	15 598	4.133 000	29
Posen	37	213 834	59 598	7.055 000	33
Pommern	69	234 009	49 260	6.169 000	26
Brandenburg	73	210 503	49 836	7.404 000	35
Schlesien	180	435 979	114 985	21.143 500	48
Sachsen	7	17 631	1 230	1.000 000	56
zusammen	414	1.252 439	290 507	46.904 500	37

2. Taxwerthe in Schlesien.

Vom königlichen Creditinstitute für Schlesien wurden zwischen 1835 und 1850 insgesammt 1.342 065 Morgen Land, welches 281 ritterschaftlichen Gütern angehörte, einer Taxation des Grundwerthes unterworfen. Obgleich diese Schätzung sich nicht auf alle Kreise erstreckte und in einigen nur geringe Flächen umfasste, ist eine Mittheilung über die auf Reinertragsannahmen beruhenden Taxansätze schon wegen deren relativer Bedeutung von Interesse. Es wird vorbemerkt: dass die Sätze den Werth je eines Morgens in vollen Thalern ausdrücken; dass dort, wo nicht zugleich die höchsten und niedrigsten Durchschnittssätze angegeben sind, nur ein Gut zur Abschätzung gelangte, dessen besonderer Durchschnitt also zugleich den allgemeinen Durchschnitt für die innerhalb des Kreises abgeschätzten Güter bildet; endlich dass mangels detaillirter Flächenangaben die Taxdurchschnitte für die Regierungsbezirke lediglich durch das arithmetische Mittel aus der Zahl der Kreise ausgedrückt werden mussten. Im Regierungsbezirk Breslau wurden 77 Anträge auf zusammen 2.046 925 Rthlr., in Oppeln 110 auf 4.857 800 Rthlr., in Liegnitz 39 auf 1.400 725 Rthlr. Darlehne bewilligt; 55 Güter von zusammen 179 020 Morgen sind zwar abgeschätzt, aber keine Pfandbriefe darauf ausgegeben worden.

Als Resultat ergiebt sich

der Durchschnittswerth		R. B. Breslau	R. B. Oppeln	R. B. Liegnitz
eines Morgens Ackerland	Thaler	44	33	36
„ „ Wiesen	„	50	37	39
„ „ Weiden	„	15	10	11
„ „ Forst	„	29	18	20

(53.) Kreise. — Regierungs-bezirke.	Acker. Durch-schnitt.	Acker. Höchster Satz.	Acker. Niedrigster Satz.	Wiesen. Durch-schnitt.	Wiesen. Höchster Satz.	Wiesen. Niedrigster Satz.	Weiden. Durch-schnitt.	Weiden. Höchster Satz.	Weiden. Niedrigster Satz.	Forst. Durch-schnitt.	Forst. Höchster Satz.	Forst. Niedrigster Satz.
Namslau	30	43	20	45	57	31	10	13	8	18	22	15
Wartenberg	29	34	24	40	54	22	9	10	8	14	19	10
Oels	41	47	35	33	61	21	13	13	13	29	33	24
Trebnitz	44	64	17	41	74	24	8	8	8	12	25	7
Militsch	24	26	22	25	29	20	6	6	6	20	29	28
Steinau	39	.	.	38	.	.	6	.	.	10	.	.
Neumarkt	43	51	28	34	41	21	10	10	10	28	36	6
Breslau	50	72	29	44	65	19	13	14	12	25	55	13
Brieg	43	48	38	49	68	29	.	.	.	30	33	25
Strehlen	42	43	40	54	50	49	40	40	40	27	33	21
Nimptsch	56	.	.	72	.	.	40	.	.	.	.	.
Münsterberg	78	82	74	69	74	65	.	.	.	50	60	40
Frankenstein	44	45	43	48	61	35	8	8	8	25	30	20
Schweidnitz	49	.	.	72	.	.	.	.	.	20	.	.
Striegau	61	.	.	96	.	.	.	.	.	100	.	.
Glatz	41	54	17	46	70	9	11	11	6	17	28	12
Breslau	44	82	17	50	96	9	15	40	6	29	100	6
Kreuzburg	31	42	26	20	44	20	8	11	5	16	20	9
Rosenberg	28	35	24	24	29	17	0	16	5	12	19	7
Oppeln	28	33	20	38	76	10	7	9	5	14	27	10
Gross-Strehlitz	30	40	20	41	78	20	7	10	5	9	14	5
Lublinitz	19	31	5	24	36	5	5	6	1	8	14	3
Tost	23	37	3	35	76	5	8	22	1	17	26	4
Beuthen	10	31	6	22	40	7	5	8	1	13	28	4
Pless	25	29	20	33	50	19	7	9	5	15	16	13
Rybnick	18	21	15	31	41	28	6	8	3	11	20	5
Ratibor	39	53	22	62	71	33	13	40	5	23	35	12
Kosel	36	42	26	36	44	30	8	8	6	20	33	13
Leobschütz	46	57	16	41	67	6	5	5	4	20	33	13
Neustadt	43	46	41	42	49	35	11	11	10	28	41	14
Falkenberg	29	51	16	33	45	18	6	0	2	21	35	9
Neisse	58	73	50	51	78	21	40	40	40	24	46	13
Grottkau	54	.	.	52	.	.	.	.	.	30	.	.
Oppeln	33	73	3	37	78	5	10	40	1	18	46	3
Freistadt	27	.	.	30	.	.	6	.	.	7	.	.
Sagan	44	.	.	44	.	.	0	.	.	17	.	.
Sprottau	27	28	26	16	18	13	6	6	6	12	13	12
Glogau	42	49	34	33	46	20	8	10	7	17	20	13
Lüben	27	36	17	35	36	33	9	9	0	24	27	20
Bunzlau	31	.	.	58	.	.	.	.	.	.	.	.
Liegnitz	41	41	40	39	44	34	8	9	6	28	42	14
Schönau	26	28	25	38	43	31	14	15	10	18	19	13
Bolkenhain	56	77	20	36	48	30	10	10	10	33	35	24
Landeshut	.	.	.	.	.	.	.	.	.	19	.	.
Löwenberg	59	.	.	50	.	.	10	.	.	24	.	.
Lauban	41	.	.	37	.	.	.	.	.	30	.	.
Hoyerswerda	17	.	.	45	.	.	6	.	.	10	.	.
Liegnitz	36	77	17	30	58	13	11	15	6	20	42	7

3. Geschätzte Gutswerthe aus der Provinz Sachsen.

Eine Commission des sächsischen Provinziallandtages hat über die Errichtung eines Realcredit-Institutes für die Provinz eine Denkschrift verfasst, deren statistisches Material unter Anderem aus den Berichten der königlichen Landräthe über den Werth des Grundeigenthums um das Jahr 1858 entnommen ist. Wir stellen in der nachfolgenden Tabelle die wichtigsten der hieher gehörigen Angaben zusammen, indem wir hinsichtlich der Abweichungen in der Zahl und Fläche der Rittergüter gegen die Angaben von Seite 128 dieses Jahrbuchs auf die Verschiedenartigkeit der Quellen hinweisen und bemerken, dass in dem nachfolgenden Verzeichniss nicht alle Rittergüter Aufnahme gefunden haben. Die Waldfläche ist mit in Berechnung gezogen. Was die Bauergüter betrifft, so konnte die Nachweisung auf Wandeläcker und nicht geschlossene Besitzungen ohne zu grosse Weitläufigkeit des Verfahrens nicht ausgedehnt werden; aus den Kreisen Liebenwerda und Schleusingen fehlen einige Ortschaften und vom Mansfelder Gebirgskreis diejenigen, worin der Grundbesitz nur walzend ist. Ueber städtisches Grundeigenthum liess sich nichts Sicheres feststellen.

(54.) Kreise. — Regierungsbezirke.	Rittergüter.				Geschlossene Land- und Bauerhöfe.			
	Anzahl.	Fläche. Morgen.	Gesammtwerth. Rthlr.	Morgenwerth. Rthlr.	Anzahl.	Fläche. Morgen.	Gesammtwerth. Rthlr.	Morgenwerth. Rthlr.
Osterburg	47	54 030	3.794 900	69	1 563	234 223	8.805 655	37
Salzwedel	23	45 365	1.637 000	36	1 963	312 609	16.258 400	52
Gardelegen	19	57 054	1.403 600	26	1 427	241 021	7.279 328	30
Stendal	39	64 457	2.612 700	41	1 690	179 529	6.113 668	34
Jerichow I.	60	158 424	4.636 000	29	1 220	158 343	8.922 600	56
Jerichow II.	57	142 210	4.785 000	34	1 656	234 650	6.920 535	29
Kalbe	7	10 079	1.091 000	102	510	61 659	6.347 450	103
Wanzleben	20	29 779	3.182 435	107	744	91 999	11.721 067	127
Wolmirstedt	9	24 703	1.486 000	60	1 056	119 408	10.010 069	84
Neuhaldensleben	20	69 675	4.444 000	64	945	93 521	8.323 833	89
Oschersleben	23	32 025	3.516 000	110	685	46 373	5.306 410	116
Aschersleben	13	17 005	1.849 000	109	167	17 121	2.013 645	119
Halberstadt	18	24 850	2.485 000	100	840	64 508	7.032 140	109
Wernigerode	1	782	80 260	103	45	1 396	101 000	73
Magdeburg	356	731 938	37.062 795	51	14 477	1.856 450	105.256 741	57
Liebenwerda	4	5 603	306 000	54	1 951	137 666	4.448 907	32
Torgau	25	30 625	2.551 473	83	1 519	143 015	7.580 590	53
Schweinitz	23	43 521	1.544 950	35	1 602	178 381	3.358 240	19
Wittenberg	13	20 530	1.207 500	59	1 185	162 247	5.481 905	34
Bitterfeld	48	51 409	3.530 000	69	1 121	89 803	6.410 257	71
Saalkreis	25	23 355	2.822 000	121	925	97 893	11.657 529	119
Delitzsch	41	46 041	3.879 700	84	1 655	150 341	11.237 500	75
Gebirgskreis	26	55 024	3.705 000	67	284	26 582	2.889 225	109
Seekreis	43	37 705	4.790 057	127	614	84 516	10.930 361	129
Rossla	25	8 941	950 000	117	97	8 021	850 000	106
Sangerhausen	19	22 292	2.013 000	90	242	20 283	2.351 800	116
Stolberg	11	4 580	605 000	132	241	13 813	1.805 000	131
Eckartsberga	46	51 209	4.612 700	90	428	31 811	3.414 105	107
Querfurt	50	44 348	3.751 500	85	477	26 533	2.589 500	98
Merseburg	55	34 608	4.283 000	124	2 294	107 550	11.622 339	108
Weissenfels	57	31 307	4.342 800	139	2 381	99 478	12.457 810	125
Naumburg	4	3 061	385 000	126	335	19 522	2.035 749	104
Zeitz	28	10 542	1.278 025	121	837	42 761	5.391 945	125
Merseburg	541	524 501	46.599 705	89	18 348	1.440 216	106.513 722	73

(Forts. zu 54.) Kreise. — Regierungs-bezirke.	Rittergüter.				Geschlossene Land- und Bauerhöfe.			
	Anzahl.	Fläche. Morgen.	Gesammtwerth. Rthlr.	Morgenwerth. Rthlr.	Anzahl.	Fläche. Morgen.	Gesammtwerth. Rthlr.	Morgenwerth. Rthlr.
Nordhausen	63	28 401	2.534 292	89	714	49 083	3.849 412	78
Worbis	39	31 190	2.373 120	76	1211	47 148	2.728 500	58
Heiligenstadt	32	14 430	1.080 840	74	237	22 220	1.547 875	70
Mühlhausen	8	6 255	338 000	54	703	38 419	1.968 480	51
Langensalza	43	23 598	2.547 755	108	24	1 194	116 600	98
Weissensee	21	21 617	2.152 600	100	24	2 144	200 700	94
Erfurt	3	2 243	275 000	123	5	1 343	131 000	98
Ziegenrück	15	9 031	821 000	91	621	20 661	1.004 786	92
Schleusingen	3	464	34 000	35	29	1 353	96 450	71
Erfurt	227	137 229	12.136 607	88	3568	183 565	12.543 803	68

4. Kaufpreise im Regierungsbezirk Koblenz.

Die königliche Regierung zu Koblenz hat die Kaufpreise von Ackerländereien und Wiesen während des 27jährigen Zeitraums von 1834 bis 1858 innerhalb der 169 Catastralverbände ihres Bezirks zusammengestellt und damit eine Arbeit geliefert, aus welcher der augenblickliche Werth, den die Grundstücke zwischen Angebot und Nachfrage wirklich hatten, hervorgeht. Die stattgehabten Verkäufe erstreckten sich über 600 000 Parzellen mit 179 000 Morgen Fläche, wonach gerade der kleinste Besitz die bedeutendsten Uebergänge aus einer Hand in die andere erlitten zu haben scheint; dieser Umstand erklärt die hohen Preise genügend. Sämmtliche Angaben verstehen sich sowohl für Catastralertrag als Kaufpreis in Thalern pro Morgen.

(55.) Kreis	Flussthalgemeinden.				Gemeinden auf erster Gebirgsabstufung.				Gemeinden im höheren Gebirge.			
	Durchschnittlicher		Höchster	Niedrigster	Durchschnittlicher		Höchster	Niedrigster	Durchschnittlicher		Höchster	Niedrigster
	Catastralertrag.	Kaufpreis.	Kaufpreis.		Catastralertrag.	Kaufpreis.	Kaufpreis.		Catastralertrag.	Kaufpreis.	Kaufpreis.	
Koblenz	3,87	210	334	116	2,73	146	212	101	.	.	.	.
St. Goar.....	1,80	111	184	90	2,17	125	250	91	1,63	100	147	73
Kreuznach ..	2,48	192	314	111	2,30	175	206	104	1,77	102	151	67
Simmern ...	.	.	.	.	.	.	.	.	2,06	114	178	71
Zell..........	2,08	171	261	132	3,10	173	247	103	1,97	106	137	70
Kochheim ...	2,93	159	285	59	2,30	109	166	51	2,00	91	180	38
Mayen	2,67	187	283	128	2,47	145	276	82	1,73	105	205	48
Adenau	.	.	.	.	.	.	.	.	1,17	68	137	33
Ahrweiler ...	3,10	180	325	116	2,00	145	250	73	1,37	86	143	45
Neuwied	3,17	166	272	95	2,87	107	182	82	1,67	92	168	29
Altenkirchen.	2,37	111	206	58	1,90	143	306	78	1,77	84	209	28
Wetzlar	2,10	120	177	38	2,47	137	193	78	2,43	116	252	41
Reg.-Bezirk **Koblenz**	2,76	161	334	38	2,51	140	306	51	1,70	86	252	28

V. Die Belastung und Entlastung des Grundeigenthums.

A. Regulirungen, Ablösungen und Gemeinheitstheilungen.

Abgesehen von den unter verschiedenen Namen auf dem Grundbesitz haftenden Staats- und Gemeindesteuern ist ein grosser Theil desselben noch immer aus früheren Zeiten her gegen Private (vormalige Grundherren u. s. w.) abgabenpflichtig; indessen schreitet die Befreiung des Grundeigenthums von diesen Lasten allmälig fort und ist bereits weit über die Hälfte insofern wenigstens vollzogen, als die Umwandlung der althergebrachten Lasten in eine den heutigen volkswirthschaftlichen Anschauungen entsprechendere und erträglichere Form erfolgt ist.

Die Grundlage dieser Umwandlung ist das Edict vom 9. October 1807, welches — nachdem schon früher auf den Domainen nur freie Leute lebten — mit dem Martinitage 1810 alle Gutsunterthänigkeit in den preussischen Staaten aufhob, ohne jedoch die aus dem Besitz eines Grundstücks oder aus einem Vertrage entstandenen Verpflichtungen zu berühren. Durch Allerhöchste Verordnung vom 27. Juli 1808 ward sodann den Immediateinsassen (Hochzinsern, Scharwerksfreien, Scharwerksbauern, Zinsbauern u. dergl.) in den Domainen von Ostpreussen, Litthauen und Westpreussen das volle, uneingeschränkte Eigenthum ihrer Grundstücke verliehen, die Regulirung ihrer weder staatlichen noch communalen Grundlasten in Geldwährung anbefohlen und die Ablösung von ¾ derselben durch Capitalzahlung gestattet; Dörfer, in denen der grössere Theil der Bauerhöfe verwüstet war, sollten sofort und andere Dörfer binnen 10 Jahren aus der Gemeinheit gesetzt werden. Die Kriegs- und Domainenkammern erhielten die Instruction zur Ausführung der einschlägigen Geschäfte unterm 22. August 1808.

Später erfolgten in Vervollständigung und Erweiterung der Regulirungen nachstehende Gesetze: vom 16. März 1811 Verordnung über die Ablösung der Domainalabgaben jeder Art; vom 14. September 1811 Edict wegen Regulirung der gutsherrlichen und bäuerlichen Verhältnisse (das wichtigste unter den angezogenen Gesetzen) mit Declarationen vom 29. Mai 1816, 9. Juni 1819 und 24. März 1823; vom 14. September 1811 Edict zur Beförderung der Landescultur; vom 20. Juni 1817 Verordnung über das Geschäft der Regulirungen, Ablösungen und Gemeinheitstheilungen ff.; vom 7. Juni 1821 Gemeinheitstheilungs-Ordnung u. s. w.

In den wieder resp. neu erworbenen Provinzen wurden die angeführten Verordnungen allmälig ganz oder theilweise gleichfalls eingeführt, insoweit dies die dortigen Zustände räthlich machten. Eine allgemeine Modification aller in diesen Beziehungen erlassenen Bestimmungen führten die drei Gesetze vom 2. März 1850 herbei: *a.* betreffend die Ablösung der Reallasten und die Regulirung der gutsherrlichen und bäuerlichen Verhältnisse, *b.* über die Errichtung von Rentenbanken, *c.* betreffend die Ergänzung und Abänderung der Gemeinheitstheilungs-Ordnung und einiger anderen über Gemeinheitstheilungen ergangenen Gesetze.

Wegen der Behörden für landwirthschaftliche Regulirungs- u. dergl. Angelegenheiten wird auf Seite 38 dieses Jahrbuchs verwiesen.

Die Geschäfte der Auseinandersetzungs-Behörden beziehen sich grösstentheils auf Regulirungen, Ablösungen und Gemeinheitstheilungen; in Sachen anderer Behörden wurden indessen beispielsweise im Jahre 1860 485 Recesse bestätigt. Aus früheren Jahren waren überhaupt 3570 Processe anhängig, dazu traten in 1860 noch 2172; von denselben wurden 208 durch Entsagung, 429 durch Vergleich und 1580 durch rechtskräftige Entscheidung beendigt, so dass 3525 unerledigt blieben. Die Zahl der von den Auseinandersetzungs-Behörden ausschliesslich oder doch überwiegend beschäftigten Specialcommissarien betrug im Jahre 1860 187, die der Feldmesser 389.

Einen allerdings nur generellen Ueberblick darüber, was hinsichtlich der Entlastung des Grundeigenthums etc. in dem bezeichneten Sinne geschehen, gewähren folgende Tabellen und Notizen.

1. Regulirungen.

(56.) Regierungsbezirke. — Provinzen.	Regulirungen im Jahr 1860. Neu regulirte Eigenthümer. Anzahl	Fläche. Morgen	Aus früheren Jahren anhängige Geschäfte.	Neu	Anzahl der in den Jahren bestätigten Regulirungsrecesse. 1860	1859	1858	1857
Königsberg	66	.	3	.	3	.	.	.
Gumbinnen	.	.	1	.	.	.	.	.
Danzig	80	3 364	15	1	8	18	10	19
Marienwerder	16	286	9	.	9	13	13	9
Preussen	112	3 650	28	1	20	31	23	28
Posen	22	179						
Bromberg	80	7 693						
Posen	102	7 872	174	3	31	32	32	32
Pommern	*) 4	*) 156	9	.	5	2	.	1
Potsdam	.	.	11		7	7	5	5
Frankfurt	.	.	25		4	10	12	17
Brandenburg		.	36	.	11	17	17	22
Breslau	12	165						
Oppeln	82	838						
Liegnitz	7	.						
Schlesien	101	1 003	44	10	33	41	65	71
Sachsen **)	.	.	11	1	.	1	.	1
Westfalen nebst Düsseldorf und Köln rechts des Rheins	.	.	2	1	.	.	2	4
Insgesammt	319	12 681	304	16	100	124	139	159

*) nur Regierungsbezirk Köslin.
**) nur Regierungsbezirk Magdeburg.

Die Anzahl der neu regulirten Eigenthümer und die Fläche ihrer Grundstücke betrug im Jahre 1859 390 mit 12 776 Morgen, in 1858 592 mit 21 529 Morgen, in 1857 841 mit 20 655 Morgen. Die Gesammtzahl aller bis Ende 1860 neu regulirten Eigenthümer ist 82 855 und die Fläche ihrer Grundstücke 5.484 405 Morgen.

2. Ablösungen.

(57.) Regierungs-bezirke. — Provinzen.	Ablösungen im Jahre 1860. Anzahl der Dienst- und Abgabenpflichtigen, welche abgelöst haben, ohne die neu regulirten Eigenthümer.	Aufgehobene Spann- dienstage.	Aufgehobene Hand- dienstage.	Aus früheren Jahren anhängige Geschäfte.	Neu anhängige Geschäfte.	Anzahl der in den Jahren 1860 bestätigten Ablösungsrecesse.	1859	1858	1857
Königsberg	272	.	4	108	41	33	36	83	30
Gumbinnen	586	.	66	48	146	107	27	11	82
Danzig	784	326	1 552	201	32	149	81	66	86
Marienwerder	854	199	621	89	47	55	116	44	75
Preussen	2 496	525	2 243	441	266	344	260	154	223
Posen	1 833	38	736						
Bromberg	854	1892	3 478						
Posen	2 687	1930	4 214	480	67	149	142	181	205
Stettin	1 300	8	19						
Köslin	1 225	25	79						
Stralsund	196	32	736						
Pommern	2 721	65	834	270	158	191	274	301	273
Potsdam	781	2	108	242	76	87	154	171	222
Frankfurt	2 221	32	1 053	470	110	291	348	319	375
Brandenburg	3 002	34	1 161	712	186	388	502	490	597
Breslau	1 132	296	21 580						
Oppeln	4 089	633	18 904						
Liegnitz	2 419	1378	10 566						
Schlesien	7 640	2307	50 990	499	117	455	544	697	882
Magdeburg	2 263	40	15	309	110	322	304	334	283
Merseburg	6 762	7	182	*) 671	*) 133	382	251	310	514
Erfurt	1 863	.	.						
Sachsen	10 888	47	207	980	243	704	555	644	797
Münster	636	561	2 845						
Minden	1 657	63	107						
Arnsberg	1 812	249	1 231						
Westfalen	4 105	873	4 183						
Düsseldorf	367	.	2	2885	196	1834	1181	1106	1499
Köln	103	.	.						
Koblenz	3 423	.	.						
Rheinland	.			219	13	18	19	32	48
rechts des Rheins	3 883	.	2						
Insgesammt	37 432	5781	63 834	6605	1245	4083	3477	3804	4624

*) Unter den bei der Merseburger Generalcommission im Jahre 1860 anhängigen Ablösungen befinden sich 38 aus Anhalt-Bernburg und 21 aus Schwarzburg-Rudolstadt.

Die Anzahl derjenigen Dienst- und Abgabenpflichtigen, welche in den drei Vorjahren abgelöst haben, betrug

im Jahre	1859	1858	1857
mit Ausschluss der neu regulirten Eigenthümer	41 232	46 681	49 611,
die Anzahl der abgelösten Spanndiensttage	7 669	22 698	12 458
und diejenige der abgelösten Handdiensttage	80 722	167 826	217 268.

Bis zum Schlusse des Jahres 1860 haben mit Ausnahme der neu regulirten Eigenthümer überhaupt 1.180 133 Personen abgelöst; Spanndiensttage sind insgesammt 6.319 352, Handdiensttage 23.444 396 abgelöst worden.

(38.) Regierungsbezirke. — Provinzen.	Bei den Regulirungen und Ablösungen wurden folgende Entschädigungen festgesetzt: Capital 1860 Rth.	Capital 1859 Rth.	Geldrente 1860 Rth.	Geldrente 1859 Rth.	Roggenrente 1860 Scheffel.	Roggenrente 1859 Scheffel.	Land 1860 Morgen.	Land 1859 Morgen.
Königsberg	31 648	54 617	544	527	16	47	1266	405
Gumbinnen	2 879	2 354	1 904	1 119	.	.	.	.
Danzig	8 594	5 677	7 108	11 906	158	11	443	681
Marienwerder [1])	977	10 807	4 813	9 448	12	13	.	.
Preussen	44 098	73 455	14 459	23 000	186	71	1709	1086
Posen	1 052	3 144	7 830	6 870	65	447	55	64
Bromberg	420	11 627	5 217	6 184	139	215	1079	8
Posen	1 472	14 771	13 047	13 054	204	662	1134	72
Stettin	107 224	48 543	1 548	4 888	59	568	1102	825
Köslin	64 057	106 540	2 313	462	508	1290	1572	1514
Stralsund	9 036	7 333	511	11	302	792	3	30
Pommern	180 317	162 416	4 372	5 361	869	2650	2677	2369
Potsdam [2])	38 247	27 017	2 456	1 641	2170	2224	72	10
Frankfurt [3])	51 941	28 304	8 732	14 720	243	45	207	110
Brandenburg	90 188	55 321	11 188	16 361	2413	2269	279	120
Breslau	9 822	9 043	1 336	2 357	145	62	58	72
Oppeln	17 753	26 762	4 765	8 700	.	.	80	207
Liegnitz	14 194	26 426	2 468	5 765	56	144	111	61
Schlesien	41 769	62 231	8 569	16 822	201	206	249	340
Magdeburg	39 866	64 535	3 834	5 469	1932	2244	.	46
Merseburg	60 794	64 245	7 374	7 831	722	414	50	147
Erfurt	39 475	5 767	1 201	16 296	25	5	.	.
Sachsen	140 135	134 547	12 409	29 596	2679	2663	50	193
Münster	104 964	110 280	375	289	42	4	.	.
Minden	65 318	74 283	8 592	2 674	33	.	.	.
Arnsberg	117 156	46 464	1 758	1 052	104	63	.	.
Westfalen	287 438	231 027	10 725	4 015	179	67	.	.
Düsseldorf	10 507	9 373	1 347	307	422	2	6	.
Köln	6 565	4 186	.	29	.	.	.	1
Koblenz	39 498	4 393	.	32	36	.	.	.
Rheinland rechts des Rheins	56 570	17 952	1 347	368	458	2	6	1
Insgesammt	841 975	751 720	76 116	108 577	7169	8590	6104	4181

[1]) Ausserdem wurden in den Jahren 1860 beziehungsweis 1859 folgende Entschädigungen für abgelöste Forstservitute stipulirt: 28 619 resp. 51 014 Rthlr. Capital, 1069 resp. 914 Rthlr. Rente und 525 resp. 1042 Morgen Land an 117 resp. 390 Interessenten.

[2]) Ausserdem für abgelöste Forstservitute: 11 179 resp. 1040 Rthlr. Capital, 2968 resp. 2747 Rthlr. Rente und 944 resp. 512 Morgen Land an 593 resp. 230 Interessenten.

[3]) In den Jahren 1857 und 58 wurden 2652 Rthlr. Geld- in 2199 Scheffel Roggenrente umgewandelt, 1859 ferner 348 Rthlr. in 267 Scheffel, 1860 endlich 135 Rthlr. in 113 Scheffel. Für aufgehobene Servitute wurden ausser der angeführten Entschädigung im Jahre 1860 zusammen 4052 Rthlr. Rente und 17 050 Rthlr. Capitalentschädigung stipulirt.

In den Vorjahren hatten die Entschädigungen betragen:

	Thaler Capital	Thaler Rente	Scheffel Roggenrente	Morgen Land
1858	889 240	93 164	17 563	6126
1857	882 749	175 510	3 220	5355

Ueberhaupt sind bis zum Schluss des Jahres 1860 bei den Regulirungen und Ablösungen innerhalb des preussischen Staates folgende Entschädigungen festgesetzt: 34.210 962 Rthlr. Capital, 5.347 323 Rthlr. Geldrente, 287 972 Scheffel Roggenrente, 10 633 Scheffel Weizen, Gerste und Hafer, endlich 1.630 055 Morgen Land.

3. Gemeinheitstheilungen.

(59.) Regierungsbezirke. — Provinzen.	Bei den Regulirungen und Gemeinheitstheilungen im Jahre 1860 wurden separirt resp. von allen Holz-, Streu- und Hütungs-Servituten befreit: Anzahl der Besitzer.	Grundstücks-Morgen.	bis Ende des Jahres vermessen. Morgen.	anhängige Gemeinheitstheilungen: Aus früheren Jahren	Neu in 1860	Anzahl der in den Jahren bestätigten Gemeinheitstheilungs-Recesse: 1860	1859	1858	1857
Königsberg	715	52 818	19 923	512	69	106	120	142	131
Gumbinnen	547	16 477	12 789	211	49	84	126	103	76
Danzig	399	15 241	2 058	216	42	57	55	43	45
Marienwerder	828	20 222	4 948	314	78	104	108	103	114
Preussen	2 489	104 758	39 718	1253	238	351	409	391	366
Posen	1 265	198 851	990						
Bromberg	1 006	113 241	6 361						
Posen	2 271	312 092	7 351	1011	72	120	130	151	141
Stettin	693	20 152	4 184						
Köslin	586	27 132	15 075						
Stralsund	.	.	.						
Pommern	1 279	47 284	19 259	424	92	127	128	122	155
Potsdam	660	62 401	30 201	772	112	145	134	128	136
Frankfurt	2 634	51 377	10 000	845	74	268	230	227	224
Brandenburg	3 294	113 778	40 201	1617	186	413	364	355	360
Breslau	2 413	33 024	10 240						
Oppeln	2 596	26 194	18 671						
Liegnitz	3 250	25 461	10 344						
Schlesien	8 259	84 679	39 255	1368	135	250	255	247	236
Magdeburg	594	5 246	5 495	315	22	75	86	75	52
Merseburg	7 168	88 964	29 399	*) 1046	*) 78	112	109	162	109
Erfurt	1 814	21 367	28 472						
Sachsen	9 576	115 577	63 366	1361	100	187	195	237	161
Münster	210	1 296	.						
Minden	2 338	33 059	.						
Arnsberg	1 050	21 771	.						
Westfalen	3 598	56 126	.						
Düsseldorf				457	59	42	55	56	61
rechtsrheinisch	200	4 289	.						
linksrheinisch	118	1 575	.	11	.	.	.	.	1
Köln links des Rheins	.	.	.	.	1	.	.	.	.
Aachen	150	862	.	11	5	.	.	2	3
Koblenz									
rechtsrheinisch	822	10 996	.	30	13	9	.	2	3
linksrheinisch	1	2 711	.	2	2	.	.	1	1
Trier	655	12 464	.	19	11	.	.	9	11
Rheinland	1 946	32 897	.	73	32	9	.	14	19
Insgesammt	32 712	867 191	209 150	7564	914	1502	1536	1573	1499

*) Unter den bei der Merseburger Generalcommission im Jahre 1860 anhängigen Gemeinheitstheilungen befinden sich 24 aus Anhalt-Bernburg, 44 aus Schwarzburg-Rudolstadt und 65 aus Schwarzburg-Sondershausen.

In den Vorjahren wurden bei den Regulirungen und Gemeinheitstheilungen separirt resp. von allen Holz-, Streu- und Hütungs-Servituten befreit:

	1859	1858	1857	überhaupt bis Ende 1860
Anzahl der Besitzer	40 571	43 245	37 492	1.478 022
Fläche ihrer Grundstücke in Morgen	962 876	1.032 541	1.149 255	56.683 005.
Bis Ende des Jahres vermessene Morgen	336 189	398 853	492 710	55.619 190

B. Ablösung der Geldrenten und deren Erleichterung durch den Staat.

1. Renten, deren Empfang nicht dem Domainenfiscus zusteht.

Zur Erleichterung der Ablösung von Grundlasten seitens der Verpflichteten und zur Erleichterung der Entgegennahme von Entschädigungen seitens der Berechtigten erging unterm 2. März 1850 das Gesetz über die Errichtung von Rentenbanken. Nachdem sämmtliche zur Ablösung nach diesem Verfahren geeignete Reallasten, welche auf einem Grundstücke haften, durch die Auseinandersetzungsbehörde in feste Geldrente verwandelt worden sind, kann sowohl der Berechtigte als der Verpflichtete die Ueberweisung der Geldrente (excl. der an Domainenämter zu zahlenden) an die durch obengenanntes Gesetz errichtete Rentenbank verlangen; es sind jährlich zwei Termine zur Uebernahme angesetzt, 1. April und 1. October. In diesem Falle zahlt der Verpflichtete an den Staat nach seiner Wahl entweder den 18fachen Betrag der Rente auf einmal baar oder $41\frac{1}{12}$ Jahre hindurch jährlich die volle Rente oder $56\frac{1}{12}$ Jahre hindurch jährlich $\frac{9}{10}$ der vollen Rente; jede dieser Methoden befreit ihn gänzlich von den abgelösten Reallasten, und es steht ihm auch in der Zwischenzeit die Zahlung eines angemessenen Capitalbetrages zur Ablösung der Rente zu. Der Berechtigte erhält vom Staate als Abfindung den 20fachen Betrag der vollen Rente in 4procentigen Rentenbriefen, welche in Apoints von 1000, 500, 100, 25 und 10 Rthlrn. ausgestellt sind und allmälig durch die Zinsüberschüsse der Rentenbanken amortisirt werden; nicht in Briefe zu verwandelnde Capitalspitzen werden den Berechtigten baar verabfolgt.

Schon früher, durch Cabinetsordre vom 20. September 1836, war zur Erleichterung der Ablösung der Reallasten in den Kreisen Paderborn, Büren, Warburg und Höxter eine Tilgungscasse zu Paderborn errichtet worden; den 22. December 1839 eine andere für den Kreis Wittgenstein; eine dritte den 18. April 1845 für die Kreise Heiligenstadt, Mühlhausen und Worbis.

Die über den 20fachen Rentenbetrag ausgestellten Schuldverschreibungen der letzteren Casse sind nach dem neuen Gesetz mit 4 statt $3\frac{1}{3}$ pCt. zu verzinsen, und die Pflichtigen haben die (auf $\frac{4}{5}$ des Geldwerthes ihrer alten) neu festgestellte Rente $56\frac{1}{12}$ statt 43 Jahre hindurch zu entrichten. Die Vergünstigungen für die sich der Paderborner Tilgungscasse bedienenden Rentenpflichtigen, wonach die Rentenzahlung ($\frac{4}{5}$ der bisherigen Gefälle) theilweis von $4\frac{1}{2}$ auf 4 pCt. und die Amortisationsperiode allgemein auf 41 Jahre festgesetzt wird, wurden über andere Personen ausgedehnt, welche sich den Bedingungen des Reglements von 1836 nicht unterworfen hatten. Die Berechtigten erhalten dort den 18fachen Betrag der jährlichen Gefälle in 4procentigen Schuldverschreibungen, und die Verpflichteten können die Rente mit deren 20fachem Capitalbetrage ablösen. Im Kreise Wittgenstein beträgt die an die Tilgungscasse 41 Jahre hindurch abzuführende Rente $\frac{4}{5}$ der auf Geldrente reducirten Reallasten, während der Staat den 25fachen Capitalbetrag der vollen Geldrente in 4procentigen Schuldverschreibungen an die beiden standesherrlichen Häuser abführen musste.

In Gemässheit des Gesetzes vom 26. April 1858 und der Ministerialverordnung vom 31. Januar 1859 dürfen die Rentenbanken keine Renten mehr übernehmen, wenn die Auseinandersetzung wegen der betreffenden Reallasten erst nach dem 31. December 1859 beantragt war. Vielmehr trat seitdem die Bestimmung in Kraft, dass Renten nur durch Zahlung des 25fachen Betrages abgelöst werden können, sobald dem nicht Recesse oder Verträge entgegenstehen.

a. Geschäfte der Rentenbanken vom 1. April bis 1. October 1860.

(60.) Provinz	Von den Rentenbanken übernommene Renten.				Dafür erhielten die Berechtigten		Gekündigte resp. eingezahlte Rentenablösungscapitalien.	Mit dem 18fachen Rentenbetrage baar gezahlte Capitalien, wofür die Berechtigten Rentenbriefe wählten.	Ausgelooste und zum 1. October fällige Rentenbriefe.
	Volle Rente	$\frac{1}{10}$ der vollen Rente		Zusammen	in Rentenbriefen	Capitalspitzen baar			
		aus der Staatscasse	von Privaten						
	Thlr.	Thlr.	Thlr.	Thlr.	Thlr.	Thlr.	Thlr.	Thlr.	Thlr.
Preussen	14	45	4 596	4 656	102 975	458	1 014	909	19 475
Posen	1620	6	4 973	6 600	142 835	228	1 364	126	38 215
Pommern	7	.	1 394	1 401	31 055	65	1 549	.	20 200
Brandenburg	229	357	1 685	2 271	49 705	252	10 432	7 146	47 573
Schlesien	4	665	3 460	4 128	91 590	215	10 559	13 293	97 125
Sachsen	1543	458	1 614	3 615	76 645	253	16 583	9 153	50 040
Westfalen und Rheinland rechts des Rheins	488	2522	1 656	4 667	102 285	337	5 680	50 449	34 150
Zusammen	3907	4054	19 377	27 338	597 030	1800	47 161	81 076	308 789

b. Geschäfte der Rentenbanken vom 1. October 1860 bis 1. April 1861.

(61.) Provinz	Von den Rentenbanken übernommene Renten.				Dafür erhielten die Berechtigten		Gekündigte resp. eingezahlte Rentenablösungscapitalien.	Mit dem 18fachen Rentenbetrage baar gezahlte Capitalien, wofür die Berechtigten Rentenbriefe wählten.	Ausgelooste und zum 1. April fällige Rentenbriefe.
	Volle Rente	$\frac{1}{10}$ der vollen Rente		Zusammen	in Rentenbriefen	Capitalspitzen baar			
		aus der Staatscasse	von Privaten						
	Thlr.	Thlr.	Thlr.	Thlr.	Thlr.	Thlr.	Thlr.	Thlr.	Thlr.
Preussen	15	.	2 137	2 152	47 505	286	1 831	9	21 210
Posen	177	1	2 836	3 015	66 410	187	2 699	23	40 730
Pommern	416	51	1 680	2 147	46 645	140	740	1 026	19 945
Brandenburg	886	124	2 310	3 320	71 265	544	14 163	2 480	51 475
Schlesien	17	218	3 289	3 523	77 915	338	7 437	4 351	95 965
Sachsen	1260	428	1 978	3 667	76 375	303	15 688	6 554	50 105
Westfalen und Rheinland rechts des Rheins	537	2943	2 413	5 893	129 350	423	4 060	58 869	33 280
Zusammen	3306	3766	16 643	23 717	517 465	2220	46 518	75 312	312 710

c. Geschäfte der Rentenbanken vom 1. April bis 1. October 1861.

(62.) Provinz	Von den Rentenbanken übernommene Renten. Volle Rente Rt	$\frac{1}{18}$ der vollen Rente: aus der Staatscasse Rt	$\frac{1}{18}$ der vollen Rente: von Privaten Rt	Zusammen Rt	Dafür erhielten die Berechtigten: in Rentenbriefen Rt	Dafür erhielten die Berechtigten: Capitalspitzen baar Rt	Gekündigte resp. eingezahlte Rentenablösungscapitalien. Rt	Mit dem 18fachen Rentenbetrage baar gezahlte Capitalien, wofür die Berechtigten Rentenbriefe erhielten. Rt	Ausgelooste und zum 1. October fällige Rentenbriefe. Rt
Preussen	.	.	1551	1 551	34 225	252	3 410	.	23 465
Posen	30	20	1407	1 458	32 145	179	614	410	39 725
Pommern	47	.	157	204	4 410	18	4 837	.	24 490
Brandenburg	216	23	1482	1 721	37 665	97	8 519	464	46 845
Schlesien	2	123	2411	2 536	56 185	167	15 363	2 457	105 710
Sachsen	605	316	1193	2 114	45 540	100	15 445	6 313	50 695
Westfalen und Rheinland rechts des Rheins	564	1096	675	2 335	50 365	271	10 880	21 924	40 940
Zusammen	1464	1578	8877	11 919	260 535	1084	59 068	31 568	331 870

Zufolge aller Terminalabschlüsse der Rentenbanken bis 1. October 1861 haben dieselben an Renten übernommen:

	Rt
volle	291 945
$\frac{1}{18}$ aus der Staatscasse	389 959
$\frac{1}{18}$ von Privaten	2.885 022
dazu die Eichsfeldsche Tilgungscasse	42 973
und die Paderbornsche Tilgungscasse	80 869
insgesammt	3.690 768

Die Berechtigten erhielten als Abfindung dafür Rentenbriefe über	76.529 925
Eichsfeldsche Schuldverschreibungen	1.145 915
Paderbornsche Schuldverschreibungen	2.026 200
baar von den Rentenbanken	86 337
" " der Paderbornschen Tilgungscasse	2 831
	81.791 207

Die Summe der gekündigten resp. eingezahlten Rentenablösungs-Capitalien beträgt mit Einschluss von 44 369 Rthlrn. bei der Eichsfeldschen und 271 506 Rthlrn. bei der Paderbornschen Tilgungscasse 1.787 976 Rthlr. Capitalien von 18fachem Rentenbetrage haben die Pflichtigen 7.799 184 Rthlr. an die Rentenbanken eingezahlt. Die Summe der ausgeloosten Rentenbriefe ist 4.785 245, der ausgeloosten Schuldverschreibungen der Eichsfeldschen Tilgungscasse 136 965, der Paderborner 797 250, insgesammt 5.719 460 Rthlr.

2. Domainenrenten.

Diejenigen Renten, deren Empfänger der Domainenfiscus ist, werden nach denselben Grundsätzen wie die übrigen amortisirt, nur dass die Vermittelung der Rentenbanken dabei ausgeschlossen ist. Nachstehende Tabelle giebt unter Weglassung der Silbergroschen für die Jahre 1852 — 61 sämmtliche zur Amortisation übernommene Domainenrenten an.

(63.) Regierungsbezirk	1852 Thlr.	1853 Thlr.	1854 Thlr.	1855 Thlr.	1856 Thlr.	1857 Thlr.	1858 Thlr.	1859 Thlr.	1860 Thlr.
önigsberg	.	11 239	77 115	121 504	173 611	206 430	224 821	227 762	227 945
umbinnen	.	.	45 181	78 542	121 030	159 517	192 054	219 752	230 719
anzig	16 949	38 083	65 684	77 328	84 641	86 821	89 386	90 403	92 041
arienwerder ...	26 714	53 932	70 894	84 359	96 491	101 661	104 477	113 445	135 741
osen	1 393	17 177	44 808	57 487	71 073	78 900	85 039	87 115	89 980
romberg	8 257	21 335	39 798	59 155	65 895	71 313	75 244	78 280	79 457
ettin	3 942	50 918	81 453	101 324	114 547	117 428	119 251	119 422	121 821
öslin	1 113	20 022	37 941	44 009	51 522	54 358	56 857	59 295	61 459
ralsund	.	19	131	213	264	264	304	304	301
otsdam	97 243	195 325	250 351	262 099	262 703	262 995	262 847	262 750	262 498
rankfurt	4 917	23 123	107 345	163 978	186 565	199 144	211 028	211 896	219 629
reslau	11 340	22 331	47 903	77 770	82 067	85 128	86 356	87 300	87 559
ppeln	791	2 918	18 738	32 249	52 438	61 951	64 497	65 356	66 196
iegnitz	9 419	29 427	43 134	45 278	45 639	45 708	45 064	45 767	45 614
agdeburg	892	5 060	23 652	48 049	74 116	88 380	95 124	105 097	110 316
erseburg	300	18 265	42 994	80 834	125 651	151 171	156 548	163 372	168 521
rfurt	2 817	6 557	12 301	22 770	31 257	33 784	34 373	36 403	38 851
ünster	30	5 812	9 400	12 408	12 298	12 364	12 413	12 242	12 166
inden	3 625	7 043	22 131	41 242	59 420	70 943	76 028	83 561	88 043
rnsberg	.	784	1 601	2 346	2 594	3 093	4 050	5 574	5 921
üsseldorf	434	1 792	2 054	2 044	2 002	2 174	2 170	2 158	2 369
öln	390	390	732	797	803	809	808	808	806
oblenz	364	364	654	705	757	744	802	906	1 019
Insgesammt ..	190 959	535 713	1,052 208	1,416 598	1,717 988	1,895 106	2,000 166	2,078 969	2,145 149
arunter volle Renten	47 524	100 072	158 322	210 511	252 047	268 722	279 777	294 083	304 996
$\frac{9}{10}$ Renten	143 435	435 640	893 886	1,206 089	1,465 941	1,626 384	1,720 410	1,784 886	1,840 153
ie Staatsschuldentilgungscasse empfing volle Renten	9 422	19 914	31 536	41 970	50 409	53 744	55 955	58 817	60 999
$\frac{9}{10}$ Renten	15 938	48 394	99 294	133 949	162 882	180 709	191 157	198 321	204 461
ie Domainenverwaltung empfing volle Renten ...	38 102	80 159	126 785	168 541	201 637	214 977	223 822	235 267	243 997
$\frac{9}{10}$ Renten	127 497	387 247	794 592	1,072 139	1,303 058	1,445 675	1,529 254	1,586 565	1,635 692

Eine übrigens unbedeutende Abnahme der regulirten Domainenrenten ist nur erst in den Regierungsbezirken Potsdam, Oppeln, Liegnitz, Münster, Köln und Koblenz bemerkbar geworden, wogegen in allen übrigen der Betrag noch immer wuchs.

C. Belastung des Grundeigenthums mit Schulden.

1. Pfandbriefschulden des ländlichen Grundbesitzes.

Ohne auf die Entstehungsgeschichte der unter dem Namen von Landschaften zuerst in Preussen ins Leben gerufenen Pfandbriefinstitute einzugehen, haben folgende Angaben blos den Zweck, die Zahl und den Geschäftsumfang der Creditsysteme dieser Art in so weit darzulegen, als solches zur Beurtheilung der Pfandbriefverschuldung der pfandbriefberechtigten und bepfandbrieften Grundstücke nöthig ist. Die eigentliche Schilderung dieser Institute folgt erst in einem späteren Abschnitte. Gegenwärtig bestehen folgende im preussischen Staate.

a) Das am 16. Februar 1788 errichtete Creditinstitut der ostpreussischen Landschaft, für welches im Wesentlichen das revidirte Reglement vom 24. December 1808 massgebend ist. Nach einer Allerhöchsten Cabinetsordre vom 21. December 1837 wurden die Pfandbriefe, welche bisher 4 pCt. Zins trugen, in 3½ procentige convertirt, durch eine andere vom 15. December 1843 die von den Schuldnern zu zahlenden Beiträge von 4½ auf 4 pCt. herabgesetzt, durch die vom 4. Mai 1849 auch die Aufnahme bäuerlicher Grundstücke in den Creditverband genehmigt und durch Allerhöchsten Erlass vom 28. Februar 1859 einige zusätzliche Bestimmungen zum Reglement getroffen.

b) Das Creditinstitut der westpreussischen Landschaft, ursprünglich gemäss dem Reglement vom 19. April 1787. Die Cabinetsordre vom 24. Februar 1838 convertirte die Pfandbriefe, und die vom 13. December 1844 setzte die von den Schuldnern zu zahlenden Beiträge von 4½ auf 4 pCt. herab. Unterm 25. Juni 1851 erging ein revidirtes Reglement, dasselbe wurde mit Zusätzen versehen am 15. Februar und 2. August 1858. Die Zulassung der Emission 4procentiger Pfandbriefe ward am 9. November 1857 und die Ausfertigung einer neuen Emission den 3. Mai 1861 genehmigt.

c) Die neue westpreussische Landschaft, durch Allerhöchsten Erlass vom 3. Mai 1861 für die von dem Verbande der westpreussischen Landschaft ausgeschlossenen (rusticalen) Grundbesitzer in den Regierungsbezirken Danzig und Marienwerder errichtet.

d) Der Creditverein von Besitzern adliger Güter im Grossherzogthum Posen, errichtet den 15. December 1821. Unter den späteren Abänderungen befinden sich Beitrittserleichterungen vom 9. April 1825 und 15. April 1842.

e) Der neue landschaftliche Creditverein für die Provinz Posen, errichtet den 13. Mai 1857, den übrigen derartigen Instituten gleichgestellt am 15. September 1858, in seiner Wirksamkeit erweitert am 12. December 1859.

f) Die pommersche Landschaft nach dem Reglement vom 13. März 1781. Conversion der Pfandbriefe am 10. December 1837, revidirtes Reglement vom 26. October 1857.

g) Das ritterschaftliche Creditinstitut der kur- und neumärkischen Landschaft, gemäss Reglements vom 14. Juni 1777 und 2. April 1784. Eine Allerhöchste Cabinetsordre vom 21. Januar 1857 genehmigte die Emission 4procentiger Pfandbriefe und die Umschreibung 3½procentiger in solche, und das Regulativ vom 15. März 1858 ermöglichte die hypothekarische Beleihung bepfandbriefungsfähiger Güter mittels Ausfertigung neuer Pfandbriefe.

h) Die schlesische Landschaft; errichtet nach dem Reglement vom 9. Juli 1770 mit einigen späteren Abänderungen, worunter die Incorporation der görlitzer Fürstenthums-Landschaft in den Creditverein am 31. Januar 1827, die Conversion der Pfandbriefe am 20. Mai 1839, die Genehmigung der Emission 4procentiger Pfandbriefe am 8. December 1856, die Beleihung der incorporirten Güter auf das vierte Sechstheil der Taxwerthe und die Emission schlesischer Pfandbriefe *lit. C.* am 22. November 1858. Gemäss Regulativ vom 11. Mai 1849 kann das vom Creditverbande bisher ausgeschlossene rusticale Grundeigenthum mit neuen schlesischen Pfandbriefen beliehen werden. Von den 9 früher vorhandenen Departements wurde die Bisthumslandschaft 1820 aufgehoben und unter Breslau, Liegnitz, Neisse und Oels vertheilt.

I) Das königliche Creditinstitut für Schlesien; errichtet am 8. Juni 1835, auf die Oberlausitz ausgedehnt den 28. December 1835, theilweis abgeändert am 17. Mai 1847 und für fernere Beleihungen geschlossen den 4. März 1850. Unterm 31. März 1843 wurde das Institut ermächtigt, die ferner zu bewilligenden Pfandbriefe *B.* zu 3½ pCt. jährlicher Zinsen auszufertigen, — unterm 11. Juli 1845, desgleichen nach Wahl des Antragenden zu 3½ oder 4 pCt.

a. Höhe der Pfandbriefschuld.

(64.) **Landschaftliche Systeme.** — Departements. Pfandbriefgattungen.	1805 ℛ	1815 ℛ	1825 ℛ	1835 ℛ	1845 ℛ	1855 ℛ	1860 ℛ
Ostpreussisches Creditinstitut.							
Königsberg	5.344 225	5.864 900	6.095 825	6.296 550	5.962 175	6.638 200	6.984 625
Mohrungen	2.459 850	2.666 100	3.032 000	2.983 525	2.789 300	2.924 425	3.437 225
Angerburg	1.427 875	1.443 000	1.907 700	1.969 400	2.208 000	2.938 325	3.467 225
Summe	9.231 950	9.974 000	11.035 525	11.249 475	10.959 475	12.500 950	13.889 075
(darunter unverzinslich im Depositorium)	(134 400)	(292 975)	(281 025)	(168 475)	(192 375)	(414 350)	(1.102 275)
Westpreussisches Creditsystem.							
Bromberg	3.184 200	3.235 100	3.532 325	3.585 325	3.762 125	4.964 540	6.298 365
Danzig	1.234 450	1.264 300	1.404 325	1.174 750	981 785	1.160 870	1.589 225
Marienwerder	2.088 550	2.243 825	2.823 275	2.614 800	2.693 370	3.246 015	4.109 680
Schneidemühl	3.390 400	3.345 200	3.079 500	2.842 025	2.914 330	3.670 225	4.085 085
Summe	9.897 600	10.088 425	10.839 425	10.216 850	10.351 670	13.047 650	16.082 355
Posenscher adliger Creditverein.							
3½procentige Pfandbriefe			.	.	4.782 720	11.265 800	10.618 880
4 procentige Pfandbriefe	.		2.346 900	12.607 625	12.957 525	10.725 225	9.157 100
Summe	.		2.346 900	12.607 625	17.740 245	21.991 025	19.775 980
Neuer Creditverein für Posen		.				.	4.382 190
Pommersches Creditsystem.							
Pasewalk (Anklam).	1.239 900	1.404 850	2.073 750	2.475 875	2.530 550	2.759 250	2.856 100
Stargard	1.853 050	2.215 025	3.642 900	4.291 375	4.214 475	4.231 125	4.878 600
Treptow	1.817 200	1.898 850	3.210 475	3.959 875	4.024 675	4.726 800	5.656 275
Stolpe	1.920 050	2.259 825	3.862 100	4.113 950	4.161 825	4.413 275	4.903 750
Summe	6.830 200	7.778 550	12.762 225	14.841 075	14.951 725	15.730 450	18.298 725
Kur- und neumärkisches Creditsystem.							
Priegnitz u. Altmark	185 050	97 200	304 300	418 400	341 050	398 450	383 350
Mittelmark.........	677 000	797 000	2.090 600	3.877 750	4.304 950	4.459 600	4.477 450
Ukermark	1.313 400	1.374 500	2.118 250	2.649 750	3.175 300	3.232 550	3.675 800
Neumark	1.574 200	1.952 500	3.646 500	4.515 200	4.918 900	4.930 950	5.154 750
Summe	3.769 650	4.221 800	8.162 650	11.461 300	12.740 200	13.021 850	13.691 350

(Forts. zu 64.) Landschaftliche Systeme. — Departements. Pfandbrief-gattungen.	1805 Rt	1815 Rt	1825 Rt	1835 Rt	1845 Rt	1855 Rt	1860 Rt
Schlesische Landschaft.							
a) Incorporirte Güter.							
Schweidnitz-Jauer	3.000 800	4.060 720	5.775 460	6.531 100	6.294 [illegible]	6.742 [illegible]	6.985 350
Glogau-Sagan	2.961 760	3.590 980	4.425 620	4.616 715	3.974 [illegible]	3.899 [illegible]	4.558 885
Oberschlesien	6.962 650	8.719 855	10.772 205	10.602 585	8.981 [illegible]	10.761 435	11.569 810
Breslau-Brieg	2.998 160	4.095 290	5.545 750	6.272 450	5.838 [illegible]	7.391 [illegible]	7.967 575
Liegnitz-Wohlau	1.910 175	2.776 385	3.000 090	3.458 555	3.295 [illegible]	4.195 950	4.339 715
Münsterberg-Glatz	1.659 995	1.961 860	2.368 960	2.301 980	1.827 [illegible]	1.902 [illegible]	1.950 545
Neisse-Grottkau	1.542 788	1.723 843	2.075 035	2.005 680	1.908 [illegible]	2.222 [illegible]	2.579 230
Oels-Militsch	2.794 700	3.351 630	3.953 520	4.137 080	3.841 [illegible]	3.867 [illegible]	3.986 325
Bisthum	311 210	382 110	.	.	.	.	.
Görlitz	.	.	.	600 230	1.025 [illegible]	1.235 255	1.423 560
Summe	24.162 238	30.862 673	37.974 640	40.528 363	36.985 [illegible]	42.186 [illegible]	45.211 005
b) Nicht incorporirte Güter.							
Schweidnitz-Jauer	.	.	.	.	.	83 895	126 665
Glogau-Sagan	.	.	.	.	.	71 905	72 740
Oberschlesien	.	.	.	.	.	299 130	344 605
Breslau-Brieg	.	.	.	.	.	373 790	521 345
Liegnitz-Wohlau	.	.	.	.	.	406 210	472 115
Münsterberg-Glatz	.	.	.	.	.	33 400	34 510
Neisse-Grottkau	.	.	.	.	.	93 850	118 065
Oels-Militsch	.	.	.	.	.	36 580	64 900
Görlitz	.	.	.	.	.	24 020	26 230
Summe	.	.	.	.	.	1.421 780	1.781 173
Königliches schlesisches Credit-Institut*)	.	.	.	115 900	4.687 000	5.068 275	4.240 925
Insgesammt	33.891 638	32.725 445	33.141 365	101.018 623	108.415 763	124.937 748	137.236 678

*) Die Summen der curslrenden Pfandbriefe sind durch Subtraction der zur Amortisation eingezahlten Beiträge von den Beleihungssummen berechnet; da der Abschluss über 1860 nicht bekannt ist, musste für die letzte Columne auf den über 1859 zurückgegangen werden.

b. Eintragungen von Pfandbriefen von 1815 bis 1860.

(65.) Landschaftliche Creditsysteme.	1815 bis 1825 Rt.	1826 bis 1835 Rt.	1836 bis 1845 Rt.	1846 bis 1850 Rt.	1850 bis 1855 Rt.	1856 bis 1860 Rt.	Insgesammt Rt.
Ostpreussisches System	1.662 625	1.338 825	1.174 550	571 175	2.199 900	1.897 200	8.844 275
Westpreussisches System	1.496 550	940 800	1.419 430	1.125 525	2.215 790	3.592 007	10.790 185
Posensches adliges System	2.346 900	10.208 975	5.233 935	7.311 200	81 920	.	25.183 010
Posenscher neuer Verein		.	.			4.382 190	4.382 190
Pommersches System	5.225 025	2.407 975	848 550	404 550	1.065 800	2.792 750	12.741 650
Kur- und neumärkisches System	4.094 150	3.483 400	2.297 450	878 400	1.012 450	1.369 000	13.134 850
Schlesische Landschaft	10.455 620	5.176 030	3.049 145	1.867 750	8.271 271	4.290 805	33.310 621
Kön. schlesisches Creditinstitut	.	113 900	5.110 150	2.994 975	.	.	*) 8.218 025
Insgesammt	25.280 870	23.871 995	19.133 230	15.150 690	14.847 131	18.323 950	116.607 806

*) In Pfandbriefen dargeliehene Beträge; die Summe der ausgefertigten Pfandbriefe *lit. B.* dagegen beträgt 8.453 225 Rthlr.

Die während des Zeitraums 1815 – 60 erfolgten Eintragungen vertheilen sich innerhalb der Hauptsysteme auf die einzelnen Departements u. s. w. in nachstehender Weise.

a) Ostpreussisches Creditinstitut (Nachweise über den Termin Johannis 1825, die Jahre 1830 bis 1833 und Johannis 1834 fehlen): Königsberg 3.820 150, Mohrungen 2.204 050 und Angerburg 2.820 075 Rthlr.

b) Westpreussisches Creditinstitut (Weihnachten 1821 und Johannis 1828 fehlen): Bromberg 4.277 145, Danzig 1.085 615, Marienwerder 3.104 905 und Schneidemühl 2.322 520 Rthlr.

c) Posensches adliges Creditinstitut: 4procentige Pfandbriefe (16. October 1821 bis Johannis 1841) 13.396 650, 3½procentige (1842 bis Johannis 1852) 11.786 360 Rthlr.

d) Pommersches Creditinstitut (1817 und Weihnachten 1830 fehlen): Pasewalk 1.793 500, Stargard 3.465 575, Treptow 4.380 225 und Stolpe 3.105 350 Rthlr.

e) Kur- und neumärkisches Creditinstitut: Priegnitz 504 900, Mittelmark 4.895 000, Ukermark 3.088 000 und Neumark 4.646 950 Rthlr.

f) Schlesische Landschaft (Termine 30. September 1815 und 31. März 1851 fehlen). Incorporirte Güter: Schweidnitz-Jauer 5.072 840, Glogau-Sagan 2.917 260, Oberschlesien 7.951 765, Breslau-Brieg 6.576 805, Liegnitz-Wohlau 3.154 140, Münsterberg-Glatz 1.050 795, Neisse-Grottkau 1.680 922, Oels-Militsch 1.564 240, Görlitz 1.711 710 — zusammen 31.680 497 Rthlr. Nicht ritterschaftliche Güter: Schweidnitz-Jauer 112 745, Glogau-Sagan 91 190, Oberschlesien 381 458, Breslau-Brieg 401 715, Liegnitz-Wohlau 431 065, Münsterberg-Glatz 32 500, Neisse-Grottkau 107 885, Oels-Militsch 55 905, Görlitz 25 600 — zusammen 1.630 124 Rthlr.

g) Das königliche schlesische Creditinstitut fertigte überhaupt 4procentige Pfandbriefe über 6.573 075 Rthlr. und 3½procentige über 1.880 150 Rthlr. aus und bewilligte ausser baaren 143 949 Rthlrn. auf Rusticalien (136 499 an Correalschuldner in Oberschlesien u. s. f.): 8.218 025 Rthlr. in Pfandbriefen *lit. B.* und 87 425 Rthlr.

baar, wovon 805 315 Rthlr. zur Ablösung altlandschaftlicher Pfandbriefe und 4.638 508 Rthlr. zur Ablösung von Privathypotheken verwendet worden sind. Von 414 angebrachten Anträgen wurden 226 bewilligt (Regierungsbezirk Breslau auf 77 Rittergüter 1.986 600 Rthlr. Pfandbriefe und 60 825 baar, Oppeln auf 110 Rittergüter 4.830 700 Rthlr. Pfandbriefe und 27 100 Rthlr. baar, Liegnitz auf 39 Rittergüter 1.400 725 Rthlr. Pfandbriefe). Der Taxwerth der beliehenen Güter, auf denen übrigens 5.754 883 Rthlr. altlandschaftliche Pfandbriefe (*lit. A.*) haften blieben, betrug 24.929 785 Rthlr., welche nach verhältnissmässigem Abzug der Ausgaben folgenden Rubriken angehörten: Ackerland, Wiesen, Weiden und Viehstand 11.503 039, Forsten 6.022 772, Gefälle 2.898 572, Fabriken 1.936 906, unterirdische Nutzungen 1.272 994, sonstige Rubriken 1.295 502 Rthlr.

c. Löschungen von Pfandbriefen von 1815 bis 1860.

(66.) Landschaftliche Creditsysteme.	1815 bis 1825 Rt	1825 bis 1835 Rt	1835 bis 1845 Rt	1845 bis 1850 Rt	1850 bis 1855 Rt	1855 bis 1860 Rt	Insgesammt Rt
Ostpreussisches System	601 100	1.124 875	1.464 550	495 875	733 725	569 075	4.989 200
Westpreussisches System	745 550	1.503 432	1.284 635	456 210	189 120	607 100	4.846 047
Posensches adliges System		55 375	739 750	158 135	2.589 705	2.215 045	5.758 030
Posenscher neuer Verein	.	.	.	.	.	.	.
Pommersches System	221 350	349 125	737 900	209 850	481 775	230 475	2.230 475
Kur- und neumärkisches System	153 300	184 750	1.018 550	689 200	920 300	699 300	3.665 400
Schlesische Landschaft	3.143 653	2.824 305	6.590 070	2.193 570	1.562 747	962 855	17.277 200
Königliches schlesisches Creditinstitut*)	.		530 050	682 850	1.929 850	*) 825 350	3.977 100
Insgesammt	4.864 953	6.101 862	12.374 505	4.865 710	8.407 222	6.109 200	42.743 452

*) behufs Amortisation bezahlte Beträge der Schuldner bis zum Schluss des Jahres 1859.

Die landschaftlichen Departements u. s. w. participiren an den während der Jahre 1815 bis 1860 vorgenommenen Pfandbrieflöschungen, in Betreff deren es wie bei den neuen Eintragungen über einzelne Termine an Nachweisen fehlt, wie folgt.

a) Ostpreussisches Creditsystem: Königsberg 2.760 425, Mohrungen 1.432 925 und Angerburg 795 850 Rthlr.

b) Westpreussisches Creditsystem: Bromberg 1.213 880, Danzig 820 692, Marienwerder 1.238 840 und Schneidemühl 1.572 635 Rthlr.

c) Posensches adliges Creditinstitut: 4procentige Pfandbriefe (seit October 1829) 4.590 550, 3½procentige (seit October 1844) 1.107 480 Rthlr. Laut den Verhandlungen des engeren Ausschusses des landschaftlichen Creditvereins pro 1860 sind von dem ganzen Pfandbriefsdarlehn, nämlich 18.759 200 Rthlrn. zu 4 pCt. und 11.787 260 Rthlrn. zu 3½ pCt., einschliesslich der Weihnachtsversur 1859 amortisirt: 4procentige 6.572 700 und 3½procentige 3.907 700 Rthlr., ferner von Seiten der Schuldner und in Folge von Rentenablösungen gekündigt: 4procentige 3.957 650 und 3½procentige 807 300 Rthlr., so dass an Pfandbriefscapital nur 10.301 110 Rthlr. im Umlauf blieben. Die Löschung in den Registern erfolgt immer erst einige Zeit nach der wirklichen Amortisation.

d) Pommersches Creditsystem: Pasewalk 343 250, Stargard 822 000, Treptow 623 800 und Stolpe 441 425 Rthlr.

e) Kur- und neumärkisches Creditsystem: Priegnitz 218 850, Mittelmark 1.215 150, Ukermark 786 700 und Neumark 1.444 700 Rthlr.

f) Schlesische Landschaft. Incorporirte Güter: Schweidnitz-Jauer 2.148 210, Glogau-Sagan 1.949 355, Oberschlesien 5.101 830, Breslau-Brieg 2.804 520, Liegnitz-

Wohlau 1.590 610, Münsterberg-Glatz 1.062 110, Neisse-Grottkau 825 535, Oels-Militsch 979 545, Bisthum 382 110 und Görlitz 288 150 — zusammen 17.182 175 Rthlr. Nicht ritterschaftliche Güter: Schweidnitz-Jauer 410, Glogau-Sagan 16 690, Oberschlesien 57 565, Breslau-Brieg 9680, Liegnitz-Wohlau 30 270, Münsterberg-Glatz 10 935, Neisse-Grottkau 7100, Oels-Militsch 5405 und Görlitz 4950 — zusammen 145 025 Rthlr.

g) Königliches schlesisches Creditinstitut. Abgelöst resp. amortisirt wurden bis Ende 1859: 4procentige Pfandbriefe freiwillig (seit 1837) 2.030 845, im Wege der Amortisation (seit 1836) 823 481, 3½procentige freiwillig (seit 1845) 717 542, im Wege der Amortisation (seit 1844) 405 243 Rthlr. — abgerundet auf Pfandbriefhöhe 2.854 325 Rthlr. zu 4 pCt. und 1.122 775 Rthlr. zu 3½ pCt.

d. Neueste Operationen der Creditinstitute.

1) Die Pfandbriefsversur des ostpreussischen landschaftlichen Creditinstitutes war zu Johannis 1858: 12.061 150 Rthlr. zinsbar (und zwar im Landschaftsdepartement Königsberg 6.181 200, Mohrungen 2.991 025, Angerburg 2.888 925) und 583 625 Rthlr. in Deposito unzinsbar zur Verfügung der Schuldner (beziehentlich 471 225, 20 200 und 92 200 Rthlr.); 1555 Güter waren bepfandbrieft (537 — 356 — 662). 602 bäuerliche Besitzungen hatten seit 4. Mai 1849 landschaftlichen Credit nachgesucht, aber nur 129 derselben ihn erhalten und zwar im Umfange von 136 750 Rthlrn. (24 850 — 20 025 — 91 875).

Am Schlusse des Weihnachtstermins 1858 (31. März 1859) waren ausgefertigte Pfandbriefe zu 3½ pCt. vorhanden: Departement Königsberg 6.456 800, Mohrungen 3.106 275 und Angerburg 3.109 450 Rthlr.; davon wurden im Johannis- und Weihnachtstermin 1859 abgelöst resp. gelöscht beziehentlich 71 125 — 12 550 — 27 850 Rthlr., neu ausgefertigt hingegen 15 250 — 375 — 9450 Rthlr. Hiezu traten als besondere Serie die bis 31. März 1860 neu ausgefertigten 4procentigen Pfandbriefe über beziehentlich 215 150 — 41 650 — 23 575 Rthlr. Unverzinslich im Depositorium lagen: 3½procentige 425 450 — 71 300 — 146 825 Rthlr., 4procentige 21 475 — 6000 — 1600 Rthlr.

Im Johannis- und Weihnachtstermin 1860 wurden 3½procentige Pfandbriefe gelöscht: Departement Königsberg 30 175, Mohrungen 7000 Rthlr., Angerburg 0; neu ausgefertigt 0 — 6000 — 9125 Rthlr. Von 4procentigen Pfandbriefen wurden im Johannis- und im Weihnachtstermin ausgefertigt beziehentlich 217 625 und 121 100 — 58 200 und 244 275 — 232 925 und 110 550 Rthlr. Die zinstragende Versur betrug am 31. März 1861: Departement Königsberg 6.283 900, Mohrungen 3.193 975, Angerburg 3.248 925 Rthlr.; ausserdem befanden sich als Ablösungspfandbriefe unverzinslich im Depositorium: beziehentlich 640 725 — 243 250 — 218 300 Rthlr.

2) Landschaftliches Creditsystem der Provinz Westpreussen. Im Laufe der halbjährlichen Termine wurden bei den Departements Pfandbriefe über folgende Beträge neu ausgefertigt:

	Bromberg	Danzig	Marienwerder	Schneidemühl
	Rt.	Rt.	Rt.	Rt.
1858 Weihnachten	498 000	.	207 250	220 360
1859 Johannis	120 220	141 540	167 660	51 960
" Weihnachten	250 000	28 240	34 750	63 520
1860 Johannis	114 140	170 725	80 900	204 620
" Weihnachten	82 660	31 735	161 400	8 000
1861 Johannis	247 020	40 280	182 560	95 020
Dagegen wurden Pfandbriefe abgelöst:				
1858 Weihnachten	20 880	6 200	6 625	.
1859 Johannis	12 100	47 025	54 025	130 010
" Weihnachten	6 600	.	16 860	30 750
1860 Johannis	12 040	8 470	.	25 750
" Weihnachten	40 205	2 000	.	28 550
1861 Johannis	105 240	600	.	.
Am Schlusse des letzten Termins waren vorhanden:				
3½procentige Pfandbriefe	5.140 265	1.264 456	3.450 270	3.665 155
4 " "	1.369 335	334 160	983 580	502 400

Die Summe der 3½procentigen Pfandbriefe hat sich seit Schluss des Weihnachtstermins 1858 von 13.592 918½ auf 13.520 148½ Rthlr. vermindert, die der 4procentigen von 1.360 000 auf 3.189 495 Rthlr. vermehrt.

3) Bei der neuen westpreussischen Landschaft, welche ihre Organisation zu Anfang des Juli 1861 vollendet hat, waren bis Anfang Decembers desselben Jahres 134 Anträge auf Taxation eingereicht und davon 70 mit einer Abschätzungsumme von 518 000 Rthlrn. erledigt.

4) Landschaftliches (adliges) Creditinstitut der Provinz Posen. In den letzten Terminen sind Pfandbriefe über folgende Beträge gekündigt und abgelöst:

		4procentige	3½procentige
1858 Weihnachten	Thlr.	51 325	17 900
1859 Johannis	"	243 850	24 540
" Weihnachten	"	93 250	3 460
1860 Johannis	"	187 000	54 440
" Weihnachten	"	457 450	306 640
1861 Johannis	"	352 075	115 620

Einnahme und Ausgabe der beiden Tilgungsfonds:

			4procentige		3½procentige	
			Pfandbriefe	baar	Pfandbriefe	baar
Weihnachten 1860	Einnahme	Thlr.	6.796 250	171 989	4.187 820	155 881
	Ausgabe	"	815 175	171 973	286 040	155 873
Johannis 1861	Einnahme	"	6.649 475	168 688	4.110 520	151 112
	Ausgabe	"	248 700	168 688	43 980	151 099
	Bestand	"	6.400 775	—	4.066 540	13

5) Neuer landschaftlicher Creditverein für die Provinz Posen. Die Ausfertigung 4procentiger Creditscheine (1000 Stück über je 1000 Rthlr., 1500 Stück über je 200 Rthlr., 8000 Stück über je 100 Rthlr. und 500 Stück über je 10 Rthlr.) und der denselben völlig gleichstehenden späteren Pfandbriefe hat im Februar 1858 begonnen; sie betrug 1858 die Summe von 1.100 060, 1859 1.329 270, 1860 1.952 860, 1. Januar bis 15. Mai 1861 1.312 900, ferner im Jahre 1861 1.028 200, Januar 1862 1.184 100, seitdem bis 7. März 1862 358 100 Rthlr. Von der Ermächtigung, hinter 3½procentigen Pfandbriefen des alten Systems bis zu ½ der alten Taxe ein neues Darlehn in neuen 4procentigen Pfandbriefen litr. B. zu gewähren, wurde bis 1. Juni 1861 nur für 3 Rittergüter Gebrauch gemacht. Es waren bepfandbrieft:

	Rittergüter	nichtadlige Güter	Thlr. Pfandbr.
31. December 1859	49	132	2.429 380
31. December 1860	94	164	4.382 190
1. März 1861	109	179	5.141 700
15. Mai 1861	120	185	5.695 090
31. Januar 1862	175	211	7.907 390

Das Areal der am 15. Mai 1861 für 4.355 950 Rthlr. hypothekarisch verhafteten Rittergüter nahm 347 465 Morgen ein, das der übrigen, für 1.339 140 Rthlr. verhafteten Landgüter 113 404 Morgen.

6) Creditinstitut der pommerschen Landschaft. Unter den 1933 bepfandbriefungsfähigen Gütern Altvorpommerns und Hinterpommerns (einschliesslich einzelner selbständiger Gutsantheile) waren am 26. November 1860, dem Schluss des Johannistermins, 1239 mit 17.565 000 Rthlrn. bepfandbrieft. Während des folgenden Geschäftsjahres wurden denselben ferner 1.323 125 Rthlr. und an 18 neu hinzugetretene Güter 373 050 Rthlr. bewilligt; dagegen schieden 2 Güter aus und verminderte sich die cursirende Pfandbriefsumme durch Ablösungen um 19 800 Rthlr. Nach den Terminalabschlüssen wurden an Pfandbriefen

		neu ausgefertigt				abgelöst			
		Anklam	Stargard	Treptow	Stolp	Anklam	Stargard	Treptow	Stolp
1858 Weihnachten	Thlr.	—	47 950	91 000	38 650	50	175	21 425	1525
1859 Johannis	"	54 850	49 050	137 875	95 300	100	650	3 800	8950
" Weihnachten	"	81 075	8 500	204 200	78 975	100	150	5 900	250
1860 Johannis	"	286 725	214 300	215 275	136 425	1075	—	45 500	125
" Weihnachten	"	100 000	105 025	879 300	149 650	150	2600	2 300	1200
1861 Johannis	"	99 400	130 275	616 600	115 925	60	125	9 275	3600

7) Ritterschaftliches Creditsystem der Kur- und Neumark. Am 14. November 1860 waren 531 Güter, wovon 1 in Sequestration, bepfandbrieft und 13.691 250 Rthlr. Pfandbriefe einschliesslich 1.720 200 in Gold im Umlauf; im Januartermin 1861 trat ein Gut und im Julitermin 6 Güter hinzu. Am Schlusse der Zinstermine bis Juli und Januar wurden als abgelöst angegeben:

	Priegnitz Gold	Priegnitz Cour.	Mittelmark Gold	Mittelmark Cour.	Uckermark Gold	Uckermark Cour.	Neumark Gold	Neumark Cour.
	Rt		Rt		Rt		Rt	
24. October 1858	—	—	—	1 250	6 000	8 150	13 600	33 150
20. April 1859	—	—	700	10 250	—	19 550	—	17 450
20. October 1859	8500	200	6 200	56 200	3 000	14 350	2 250	29 300
9. Mai 1860	—	—	11 200	49 150	6 100	7 700	2 000	11 650
14. November 1860	—	—	4 500	17 700	12 650	13 250	10 400	17 150
1. Mai 1861	4600	1300	4 600	65 960	5 550	9 700	2 000	36 000
7. November 1861	—	—	—	600	1 000	2 600	—	24 600

Dagegen sind neu in Umlauf gebracht (sämmtlich in Courant):

	Priegnitz	Mittelmark	Uckermark	Neumark
im Juli-Termin 1858	—	—	76 150	41 650
„ Jan. „ 1859	—	3 800	—	44 750
„ Juli „ 1859	—	67 650	80 050	119 150
„ Jan. „ 1860	—	156 150	83 050	89 300
„ Juli „ 1860	—	10 000	118 850	74 000
„ Jan. „ 1861	—	36 500	60 600	99 300
„ Juli „ 1861	50 900	55 000	208 300	85 450

8) Landschaftliches Creditsystem der Provinz Schlesien. Die verzinslichen Pfandbriefe der incorporirten Güter verminderten sich durch Ablösung in den am 31. März und 30. September der Kalenderjahre endigenden Terminen um:

Departements.	1858 II.	1859 I.	1859 II.	1860 I.	1860 II.	1861 I.	1861 II.
	Rt	Rt	Rt	Rt	Rt	Rt	Rt
Schweidnitz-Jauer	6 960	59 730	32 220	6 900	450	15 940	43 140
Glogau-Sagan	1 750	1 930	3 205	5 920	110	5 430	1 450
Oberschlesien	67 755	44 210	20 380	5 765	7 250	21 425	49 565
Breslau-Brieg	23 730	7 000	4 970	4 860	5 700	18 960	8 750
Liegnitz-Wohlau	385	3 755	2 800	8 930	1 150	7 355	13 630
Münsterberg-Glatz	3 675	1 400	1 800	—	70	3 125	100
Neisse-Grottkau	1 895	410	410	17 850	20 390	3 860	120
Oels-Militsch	13 790	130	6 270	6 340	13 130	11 810	8 250
Görlitz	500	—	1 000	225	1 500	550	—

Von den hypothekarisch versicherten neuen Pfandbriefen auf nicht incorporirtes Grundeigenthum wurden zurückgezogen:

Schweidnitz-Jauer	—	—	—	60	—	—	490
Glogau-Sagan	700	725	170	—	85	100	50
Oberschlesien	1 955	—	1 335	295	3 145	1 885	3 480
Breslau-Brieg	925	1 920	190	180	900	1 350	2 530
Liegnitz-Wohlau	1 840	2 310	1 190	—	3 310	5 360	—
Münsterberg-Glatz	—	—	—	—	560	—	—
Neisse-Grottkau	155	—	—	—	—	—	—
Oels-Militsch	—	3 675	—	180	—	—	—
Görlitz	—	—	100	—	400	—	100

Innerhalb der Departements der schlesischen Landschaft wurden an incorporirte Güter Pfandbriefe in folgendem Betrage neu ausgereicht:

Departements.	1858 II. Rt	1859 I. Rt	1859 II. Rt	1860 I. Rt	1860 II. Rt	1861 I. Rt	1861 II. Rt
Schweidnitz-Jauer	37 260	37 880	19 970	118 800	69 720	58 220	65 390
Glogau-Sagan	71 650	244 070	59 920	47 330	45 690	81 320	78 290
Oberschlesien	56 325	133 265	11 710	137 545	388 775	110 700	129 720
Breslau-Brieg	34 800	52 680	57 080	8 450	72 130	123 190	176 230
Liegnitz-Wohlau	16 000	—	—	26 275	15 800	37 730	41 590
Münsterberg-Glatz	—	—	—	—	—	—	49 610
Neisse-Grottkau	—	67 775	3 395	116 320	14 850	38 205	130 870
Oels-Militsch	15 600	15 000	13 820	18 520	10 000	65 670	8 635
Görlitz	—	—	3 450	—	46 530	23 000	5 450

Die Emission neuer Pfandbriefe auf nicht corporirtes Grundeigenthum, dem bei Schluss des zweiten Termins in 1861 überhaupt 132 Darlehen von je 25 bis 250 Rthlrn. und 631 Darlehen von 250 bis 57 940 Rthlrn. gewährt worden waren, betrug:

Schweidnitz-Jauer	—	3 650	6 790	—	—	—	—
Glogau-Sagan	—	700	—	8 100	—	—	—
Oberschlesien	—	4 865	7 265	10 755	—	14 165	13 605
Breslau-Brieg	5 170	8 420	17 020	170	—	8 920	4 620
Liegnitz-Wohlau	—	—	16 150	4 075	2 850	—	—
Münsterberg-Glatz	—	1 500	—	—	—	—	—
Neisse-Grottkau	800	6 565	—	15 000	—	3 025	2 435
Oels-Militsch	—	4 975	—	—	—	—	—
Görlitz	100	—	—	—	880	—	—

2. Hypothekenschuld im Allgemeinen,

ohne Rücksicht auf die Form der Belastung.

a. Rittergüter.

Ueber 6 Kreise verschiedener Provinzen liegt eine im Justizministerium gefertigte Nachweisung der Hypothekenschulden und des denselben gegenüberstehenden Werthes der Rittergüter in den Jahren 1837, 1847 und 1857 vor, in welche nur solche Güter aufgenommen sind, deren Hypothekenverhältnisse klar ersichtlich, und deren Werth entweder aus neu eingetragenen Taxen oder aus Besitzveränderungen auf Grund lästiger Verträge ersichtlich war oder doch im Ganzen aus einzelnen Werthveränderungen abgeschätzt werden konnte. Beim Kreise Sternberg sind die Besitzungen des prinzlichen Familien-Fideicommisses, des Klosters Neuzelle und der Stadt Frankfurt in die Uebersicht nicht einbezogen. Der aus den vorhandenen Materialien ersichtliche und arbitrirte Werth war:

Regierungs-bezirk	Kreis	ersichtlicher Werth in Thalern 1837	ersichtlicher Werth in Thalern 1847	ersichtlicher Werth in Thalern 1857	arbitrairer Werth in Thalern 1847	arbitrairer Werth in Thalern 1857
Königsberg ...	Neidenburg ..	334 844	653 679	1.139 942	847 346	1.361 240
Marienwerder .	Konitz	722 733	1.189 272	1.670 283	1.549 121	2.423 543
Bromberg	Wirsitz.......	1.762 148	2.237 824	2.980 030	2.549 336	3.695 725
Köslin	Lauenburg ...	761 835	1.613 530	2.128 363	2.460 287	2.708 001
Frankfurt	Sternberg....	1.951 255	2.621 304	3.106 256	3.523 590	3.638 003
Oppeln	Rybnick	1.362 957	1.829 045	2.652 155	2.549 336	3.695 725

Die Schuldenbelastung derselben Güter innerhalb jener landräthlichen Kreise betrug:

Kreis	Thaler 1837	Thaler 1847	Thaler 1857	Procent des Werthes, des ersichtlichen 1837	des ersichtlichen 1847	des ersichtlichen 1857	des arbitrairen 1847	des arbitrairen 1857
Neidenburg ..	215 560	459 883	846 910	64	70	74	54	62
Konitz	415 453	830 914	1.269 618	57	70	76	54	56
Wirsitz.......	1.471 712	2.416 890	2.506 620	84	108	84	95	68
Lauenburg ...	865 505	1.517 559	1.894 821	114	94	89	61	70
Sternberg....	1.319 330	1.889 300	2.309 427	68	72	73	54	63
Rybnick	1.210 724	1.672 734	2.249 578	89	90	85	83	68

Auf Seite 166—67 ist der Werth des bei weitem größten Theils der Rittergüter in der Provinz Sachsen nach Schätzung der königlichen Landräthe angegeben. Auf den in jener Nachweisung berücksichtigten Besitzungen, deren Hypothekenschuld bekannt ist, lasteten insgesammt die in nachstehender Tabelle mitgetheilten Schuldbeträge.

(67.) Kreise. — Regierungsbezirke.	Werth. Rt	Schuldbetrag. Rt	Unter den in die Nachweisung aufgenommenen Gütern sind schuldenfrei	bis ¼ des Werthes verschuldet	über ¼ bis ½ des Werthes verschuldet	über ½ bis ¾ des Werthes verschuldet	über ¾ des Werthes verschuldet	zusammen.
Osterburg	3.794 900	1.248 370	10	10	14	9	4	47
Salzwedel	1.637 000	115 000	19	.	2	2	.	23
Gardelegen	1.463 600	507 283	9	.	7	2	1	19
Stendal	2.612 700	803 600	14	9	7	7	2	39
Jerichow I.	4.636 000	1.438 775	22	4	17	14	3	60
Jerichow II.	4.765 000	692 000	23	15	17	.	2	57
Kalbe	1.091 900	340 300	4	1	1	1	.	7
Wanzleben	3.182 435	846 885	8	3	4	2	3	20
Wolmirstedt	1.486 000	500 590	1	4	2	2	.	9
Neuhaldensleben	4.444 000	825 915	6	9	3	1	1	20
Oschersleben	3.516 000	913 000	5	4	10	4	.	23
Aschersleben	1.848 000	133 000	8	3	1	1	.	13
Halberstadt	2.485 000	1.133 000	.	1	12	3	2	18
Wernigerode	80 280	12 000	.	1	.	.	.	1
Magdeburg	37.062 793	9.304 616	129	64	97	48	16	354
Liebenwerda	306 000	84 000	1	1	.	2	.	4
Torgau	2.551 473	869 30[illegible]	2	4	7	8	4	25
Schweinitz	1.189 950	502 200	2	4	6	4	4	20
Wittenberg	1.207 500	434 7[illegible]	3	3	2	4	1	13
Bitterfeld	3.533 000	655 21[illegible]	23	5	14	3	3	48
Saalkreis	2.822 000	632 50[illegible]	14	.	6	2	3	25
Delitzsch	3.879 700	1.193 [illegible]	22	3	6	5	5	41
Gebirgskreis	3.705 000	334 [illegible]	10	.	4	2	1	26
Seekreis	4.790 057	1.131 5[illegible]	20	5	14	2	2	43
Rossla	990 000	44 500	21	1	2	.	1	25
Sangerhausen	2.013 000	361 [illegible]	9	2	8	.	.	19
Stolberg	605 000	115 000	8	5	3	.	.	11
Eckartsberga	4.612 700	641 [illegible]	28	9	6	1	2	46
Querfurt	3.751 500	583 70[illegible]	31	3	7	5	4	50
Merseburg	4.240 680	800 31[illegible]	31	5	9	5	4	54
Weissenfels	4.342 800	[illegible]	32	6	13	5	1	57
Naumburg	885 000	117 [illegible]	.	1	3	.	.	4
Zeitz	1.278 025	249 [illegible]	15	1	7	3	.	26
Merseburg	46.202 395	9.531 [illegible]	276	58	117	61	35	537
Nordhausen	2.534 292	753 7[illegible]	21	16	12	9	5	63
Worbis	2.373 120	378 200	26	4	5	2	2	39
Heiligenstadt	1.060 840	233 3[illegible]	15	5	8	3	1	32
Mühlhausen	339 000	52 65[illegible]	2	4	1	1	.	8
Langensalza	2.547 755	607 600	15	14	12	1	1	43
Weissensee	2.152 600	365 500	10	5	4	2	.	21
Erfurt	275 000	.	3	.	.	.	.	3
Ziegenrück	821 000	185 [illegible]	4	4	6	1	.	15
Schleusingen	34 000	2 [illegible]	1	1	1	.	.	3
Erfurt	12.136 607	2.579 [illegible]	97	53	49	19	9	227

b. Städtischer Grundbesitz.

Laut der von den Magistraten der 14 grössten Städte der Provinz Sachsen gegebenen Auskunft über die Creditverhältnisse des dortigen Grundeigenthums lasten auf demselben Schulden von mehr als der Hälfte seines Werthes, nämlich etwa 44½ Millionen auf 81½ Millionen Rthlrn.

Für Magdeburg ist die Feuerversicherung-Summe 15½, der übrige Arealwerth 4½ und die Hypothekenlast 20 Millionen Rthlr.

Halle: Werth der städtischen Grundstücke 10 Mill. Rthlr.; $\frac{1}{10}$ der Häuserzahl ist schuldenfrei, ¼ bis zur Hälfte und der Rest darüber hinaus verschuldet.

Erfurt: Werth der Gebäude 7.392.800, der Ländereien 1.681 200 Rthlr.; der Verschuldung, welche insgesammt etwa die Hälfte des Werthes beträgt, unterliegen vorzugsweise die kleinen Besitzer.

Quedlinburg: Werth der Gebäude 3.100 000, der Ländereien 4½ Millionen Rthlr.; Verschuldung nicht hoch und Capitalien ohne grosse Mühe zu beschaffen.

Mühlhausen: Werth der Grundstücke 6.199 500 Rthlr., Verschuldung ungefähr ⅓.

Nordhausen: Werth der Gebäude 4 und der Ländereien 1½ Millionen Rthlr.; auf jenen ruhen 1.800 000 und auf diesen 700 000 Rthlr. Schulden.

Halberstadt: Grundstückswerth unter Einrechnung des nicht versicherungsfähigen Zehntels 4.548 445 Rthlr., nach gerichtlicher Auskunft ziemlich stark und zwar mit ungefähr 1 Million verschuldet.

Burg: Werth der Gebäude unter Einrechnung von $\frac{1}{5}$ für Fundamente und Hof- und Baustellen 3.064 572, der Gärten, Aecker u. dgl. 1.040 860 Rthlr.; die grösseren Besitzer sind gering, diejenigen aber von Häusern unter 1000 Rthlr. Werth durchschnittlich bis ⅓ des Werths derselben verschuldet.

Aschersleben: approximativer Werth der Grundstücke 3.480 000 Rthlr., der grösste Theil scheint nicht über ⅓ verschuldet zu sein.

Naumburg: Werth 2½ Millionen, darauf declarirte Schulden 653 000 Rthlr.

Zeitz: Werth der Häuser 2 Millionen, der Ländereien ½ Million Rthlr., Verschuldung vermuthlich nicht viel über $\frac{1}{5}$.

Wittenberg: Werth der Häuser 2 Millionen, der Grundstücke ausserhalb der Stadt 350 000 Rthlr., Verschuldung zwischen ¼ und ⅓ des Werthes.

Merseburg: Werth der Gebäude annähernd 2.139 000 Rthlr., nicht stark verschuldet.

Eilenburg: Gesammtwerth der Häuser und Feldgrundstücke 1.659 890 Rthlr., die meisten bis ⅓ und viele bis zur Hälfte und darüber verschuldet.

Im Justiz-Ministerialblatt wird von Zeit zu Zeit eine Uebersicht des Hypothekenschulden-Zustandes von Berlin veröffentlicht; den darin enthaltenen Angaben sind die folgenden Mittheilungen entnommen. Das Hypothekenbuch des königlichen Stadtgerichts umfasst alle innerhalb des Gerichtsbezirkes belegenen Grundstücke und immobilisirten Gerechtigkeiten. Der Werth der bebauten Grundstücke ist gleich dem arithmetischen Mittel aus der Feuersocietäts-Versicherungsumme und dem 20fachen Miethwerth für das vorhergegangene Jahr gemäss den Angaben der städtischen Behörden angenommen; ausser diesem Betrage bilden den gemuthmaassten Gesammtwerth aller im Hypothekenbuche verzeichneten Grundstücke noch der annähernd taxirte Werth der Baustellen u. dgl., sowie der Acker- und Wiesenländereien und der eingetragene Werth der 81 immobilisirten Gerechtigkeiten, welche Pfandobjecte bilden (nämlich 609 516 Rthlr. auf Apotheker-Privilegien und Fischerei-Gerechtigkeiten). Wie gross die Summe der abgezahlten, aber noch nicht gelöschten Hypotheken-Capitalien ist, über welche die Eigenthümer der Grundstücke freie Verfügung behalten wollen, entzieht sich jeder Berechnung. Ueber die bei Regulirung der Hypotheken-Capitalien von den Darlehnsnehmern häufig gebrachten Geldopfer gelangen selbstredend keine Nachrichten zu den Grundacten. Dass in den Jahren 1850 und 61 mehr Hypotheken gelöscht als eingetragen worden, ist nicht als Folge steigenden Wohlstandes, sondern als Folge der bei den Subhastationen stattgehabten Ausfälle zu betrachten. Im Jahre 1843 betrug die Zahl der schuldenfreien Grundstücke 1779, und unter den im Jahre 1846 vom Kammergericht an das Stadtgericht übergegangenen, grossentheils fiscalischen Folien befanden sich gleichfalls 307 nicht mit Schulden belastete.

(68.) Jahr.	Werth der Grundstücke. Jährlicher Miethswerth aller Wohnungen u. dergl. Rt	Versicherungssumme bei der Feuersocietät 1. October. Rt	Arbitrirter Gesammtwerth aller Grundstücke. Rt	Arbeiten der Deputation für Hypothekensachen in den am 30. Novbr. schliessenden Geschäftsjahren. Journal-Nummern.	Aufgenommene Handlungen der freiwilligen Gerichtsbarkeit.	Neu eingetragene Hypothekenschulden. Rt	Gelöschte Hypothekenschulden. Rt	Intabulirte Hypotheken. Folien.	Schuldbetrag. Rt	Durchschnittsbetrag eines Foliums. Rt
1843	6.847 199	106.907 750	*)128.200 000					8 320	67.899 682	8 161
1844	7.107 031	110.598 000	*)134.350 000			6.365 409	2.656 511	8 465	71.608 580	8 459
1845						6.075 522	2.334 364	8 601	75.349 738	8 760
Januar 1846 beim Kammergericht	7.382 895	114.095 875	*)137.600 000					1 148	15.283 821	13 313
1846	7.701 548	118.328 325	*)142.400 000	Angaben fehlen		6.242 665	2.338 575	9 843	94.537 649	9 604
1847	7.979 181	121.954 025	147.287 057			5.670 231	1.830 930	9 898	98.378 950	9 939
1848	7.933 205	125.366 725	*)151.700 000			4.519 779	1.425 293	10 026	101.471 436	10 120
1849	7.879 892	128.611 300	*)151.750 000			2.410 721	1.520 560	10 045	102.244 597	10 178
1850	7.954 130	128.021 875	*)151.800 000			1.861 641	2.510 581	10 049	101.775 657	10 127
1851	8.163 502	129.492 525	*)152.800 000			2.651 717	2.830 956	10 084	101.598 448	10 075
1852	8.390 927	129.997 650	*)154.950 000			3.628 451	2.609 058	10 137	102.615 811	10 122
1853	8.849 897	131.469 900	*)158.400 000			5.247 624	2.909 481	10 256	104.953 954	10 233
1854	9.292 763	134.746 375	*)164.400 000			4.552 451	1.862 811	10 362	107.643 594	10 388
1855	9.522 260	136.846 225	*)169.850 000			4.712 022	1.867 809	10 455	110.487 724	10 567
1856	10.000 950	139.999 675	173.619 265	10 164	2211	5.607 947	1.685 364	10 576	114.410 307	10 817
1857	10.832 434	145.015 925	180.566 290	11 760	2334	6.881 227	2.623 013	10 730	118.668 531	11 059
1858	†) 10.841 809	150.207 240	190.352 792	12 210	2540	8.880 833	2.315 032	10 897	125.234 332	11 492
1859	†) 11.599 522	156.795 400	*)201 200 000	11 400	2719			11 153	131.578 184	11 819
1860	†) 12.353 067	162.908 525	*)211.700 000	13 330	3332			11 391	139.092 071	12 217

*) Die mit einem Sternchen versehenen Zahlen sind durch Analogierechnung gefunden.
†) für das erste Quartal berechnet.

Im Jahre 1843 wurden 7950, 1846 8523, 1850 8725 und in 1858 9661 mit Häusern bebaute Grundstücke gezählt, es bleiben mithin 1200—1300 Hypothekenfolien für Ackerländereien u. s. w. Die Verzinsung der Hypothekenschulden wurde im Jahre 1847 für das erste Werthsdrittel zu 4, für das zweite zu 4½ und für das letzte zu 5 pCt. durchschnittlich geschätzt; spätere Eintragungen geschahen im Allgemeinen zu 5 pCt. Im Jahre 1857 wurden 162, im folgenden 206 neue Folien für Baustellen angelegt.

c. Bäuerlicher Grundbesitz.

Regierungsbezirk Marienwerder. In 104 Ortschaften des Kreisgerichtsbezirks Marienwerder waren im Jahre 1860 1580 Hufen 13 Morgen kulmisch Flächeninhalt bäuerlicher Ackernahrungen, zu verschiedenen Zeiten für insgesammt 3.060 554 Rthlr. erworben, mit 1.777 632 Rthlr. Hypothekenschulden belastet. In 5 Ortschaften überstieg die Belastung den Erwerbspreis, in 14 erreichte sie über ¾, in 41 ½ bis ¾, in 30 ¼ bis ½, in 7 weniger als ¼ des Erwerbspreises, und 7 Ortschaften waren hypothekenfrei. Drei der kleinsten Grundstücke in der Niederung, zusammen 17½ Morgen, trugen bei 3017 Rthlr. Erwerbspreis 548 Rthlr. Schulden; drei kleinste auf der Höhe, zusammen 56 Morgen kulmisch und für 3964 Rthlr. erworben, waren mit 3635 Rthlrn. belastet. Drei der grössten Grundstücke in der Niederung, welche 12 Hufen 13¼ Morgen enthielten und 25 956 Rthlr. gekostet hatten, trugen 4330 Rthlr. Hypotheken; drei grösste auf der Höhe, 64 Hufen 6½ Morgen enthaltend und für 87 000 Rthlr. erworben, waren mit 115 446 Rthlr. belastet.

44 Ortschaften im Bezirk der Kreisgerichtscommission zu Mewe enthalten 321 bäuerliche Ackernahrungen (eilf Ortschaften nur je 1, zwei je 19) von insgesammt 899 Hufen 18 Morgen (à 300 Quadratruthen) Flächeninhalt, zu verschiedenen Zeiten für insgesammt 1.836 748 Rthlr. erworben und mit einer Hypothekenschuld von 1.132 910 Rthlrn. belastet; Kossäthengrundstücke u. dgl. sind nicht darunter begriffen. Die Schulden verhielten sich im Jahre 1860 zu den Erwerbspreisen wie folgt.

	Zahl der Ackernahrungen
1. schuldenfrei	53
2. verschuldet	
bis ¼ des Werths.......	31
über ¼—½ des Werths...	66
„ ½—¾ „ „ ...	62
„ ¾— voll..............	63
„ den Werth	46
	321

An der Belastung sind die grössten und die kleinsten bäuerlichen Nahrungen (mit Ausschluss solcher, deren Werth und Verschuldung nicht unabhängig von anderen bekannt ist) in folgender Weise betheiligt.

	Grösse. Hufen	Anzahl	Umfang	Erwerbspreis. Rthlr.	Schulden. Rthlr.
grösste	über 10 bis 48	8	152 H. 27 M.	247 599	128 833
	„ 5 „ 10	36	225 H. 24 M.	526 064	308 857
kleinste	„ ½ „ 1	50	44 H. 28 M.	71 301	31 599
	„ ¼ „ ½	35	16 H. 23 M.	36 533	25 071

Provinz Sachsen. Von den geschlossenen Bauerhöfen, deren Anzahl, Fläche und Werth auf Seite 166—67 angegeben war, ist auch die hypothekarische Verschuldung bekannt. Sie ist folgende:

(69.) Kreise. — Regierungs-bezirke.	Gesammter Schuldbetrag Thlr.	Gesammter Schuldbetrag Procent des Werths.	Von Land- und Bauergütern sind schuldenfrei	bis ¼ des Werths verschuldet	über ¼ bis ½ des Werths verschuldet	über ½ bis ¾ des Werths verschuldet	über ¾ des Werths verschuldet	überhaupt gezählt.
Osterburg	1.667 685	18,7	700	408	283	76	96	1 563
Salzwedel	772 247	4,7	1249	635	73	4	9	1 963
Gardelegen	897 969	12,0	660	436	197	84	42	1 427
Stendal	836 769	13,7	781	475	257	65	118	1 696
Jerichow I.	838 130	9,4	827	225	138	24	7	1 220
Jerichow II.	655 465	9,8	987	411	187	35	36	1 656
Kalbe	886 500	14,0	241	159	83	18	9	510
Wanzleben	1.960 913	16,8	270	211	192	40	31	744
Wolmirstedt	1.411 345	14,1	385	358	231	53	29	1 056
Neuhaldensleben	1.587 934	19,1	318	292	217	45	33	905
Oschersleben	648 500	11,9	380	131	124	30	21	686
Aschersleben	335 880	16,8	70	51	34	8	4	167
Halberstadt	1.133 858	16,1	348	258	155	56	23	840
Wernigerode	14 900	14,6	26	9	8	.	2	45
Magdeburg	13.643 805	13,0	7244	4053	2178	537	465	14 477
Liebenwerda	874 439	19,7	793	515	420	115	108	1 951
Torgau	1.430 465	18,7	561	525	324	74	45	1 529
Schweinitz	464 475	13,6	918	365	282	67	60	1 692
Wittenberg	807 200	14,7	499	323	216	71	76	1 185
Bitterfeld	1.180 407	18,4	388	373	257	58	45	1 121
Saalkreis	1.969 211	16,9	282	400	187	32	24	925
Delitzsch	2.401 031	21,1	491	574	402	108	60	1 635
Gebirgskreis	427 300	14,8	148	69	46	13	8	284
Seekreis	2.171 305	19,9	183	239	139	38	15	614
Rosla	144 660	17,0	53	23	14	4	3	97
Sangerhausen	272 635	11,6	141	62	34	3	2	242
Stolberg	246 380	13,7	102	98	29	7	5	241
Eckartsberga	398 707	11,3	190	168	54	13	3	428
Querfurt	492 475	19,0	220	105	104	28	20	477
Merseburg	2.356 069	21,6	579	858	630	141	86	2 294
Weissenfels	1.877 636	15,9	988	731	451	120	91	2 381
Naumburg	190 115	8,8	207	91	27	7	3	335
Zeitz	1.053 647	19,5	460	138	171	68	100	937
Merseburg	18.636 157	17,7	7199	5657	3787	987	794	18 345
Nordhausen	946 795	24,0	183	199	205	53	74	714
Worbis	724 495	25,6	412	242	321	88	148	1 211
Heiligenstadt	414 742	26,8	49	78	70	21	19	237
Mühlhausen	854 290	18,0	258	160	192	58	35	703
Langensalza	11 850	9,0	14	5	4	1	.	24
Weissensee	63 850	31,8	3	11	8	.	2	24
Erfurt	9 500	7,9	2	2	1	.	.	5
Ziegenrück	376 225	19,4	181	207	185	29	19	621
Schleusingen	21 906	22,7	11	6	9	.	3	29
Erfurt	2.923 353	23,3	1163	910	995	280	380	3 568

VI. Der Besitzwechsel.

Nachweise über die Zahl freier Verkäufe von Grundstücken und die dabei erzielten Kaufsummen lassen sich zur Zeit noch nicht zu einer allgemeinen Uebersicht verarbeiten. Was die unfreiwilligen Verkäufe, die Zwangsversteigerungen anlangt, so sind hierüber früher von den königlichen Obergerichten, in deren Bezirk das allgemeine Landrecht gilt, folgende Nachweisungen geliefert worden.

(70.) Sitz des Obergerichts.	Anzahl der subhastirten Rittergüter in den Jahren				Anzahl der subhastirten Bauergüter in den Jahren			
	1854.	1855.	1856.	zusammen in 1854 bis 1856.	1854.	1855.	1856.	zusammen in 1854 bis 1856.
Insterburg	.	.	.	.				292
Königsberg				3				106
Marienwerder				9				204
Bromberg	1	2	.	3	33	49	48	130
Posen				13				237
Köslin	1	.	.	1	15	7	3	25
Stettin				4				29
Berlin	1	1	1	3	35	20	19	74
Frankfurt				2				132
Glogau	5	1	.	6	27	17	29	73
Breslau	.	3	.	3	20	24	27	71
Ratibor				9				155
Magdeburg	2	.	.	2	11	7	15	33
Halberstadt	.	.	.	.	7	1	6	14
Naumburg	4	3	.	7	74	27	13	114
Paderborn				2				177
Münster	.	.	.	.				28
Hamm	.	.	.	.				84
Arnsberg	.	.	.	.	19	20	7	46
zusammen				67				2034
im Jahresdurchschnitt				22				678

Ausser vorstehenden Angaben sind noch insbesondere über die Stadt Berlin einige Mittheilungen gegeben. Im Umfange der Jurisdiction des Stadtgerichts wurden im Jahre 1846 311 und in 1847 293 Grundstücke subhastirt, während gleichzeitig 201 und 249 Häuseradministrationen schwebten. Die Zahl der letzteren war: 1843 183, 1844 204, 1845 208, 1849/50 462, 1856 wieder nur 146 und 1861 144. Eigenthumsübertragungen kamen in den am 30. November schliessenden Geschäftsjahren vor:

	1843	1844	1845	1846	1847	1848	1849	1850
überhaupt	1054	857	828	779	700	637	414	442
davon im Wege der Subhastation	56	63	85	101	80	78	82	116
	1851	1852	1853	1854	1855	1856	1857	1858
überhaupt	574	675	885	756	712	827	1031	991
davon im Wege der Subhastation	136	92	86	45	44	38	50	30

Die Anzahl der Eigenthumsübertragungen bei den im Jahre 1860 stattgehabten Subhastationen betrug 36.

In der Provinz Sachsen kamen Rittergüter zur Subhastation: im Jahre 1852 je eins in den Kreisen Stendal, Kalbe und Ziegenrück, 1853 je eins in Torgau, Wittenberg, Weissenfels und Worbis, 1854 eins im Kreise Gardelegen, 1855 eins im Kreise Weissenfels, 1856—57 keines.

Was die städtischen Grundstücke betrifft, so wurden 1847—52 in der Stadt Magdeburg durchschnittlich jährlich 64, 1853—57 aber durchschnittlich 96 subhastirt. In Halle kamen sonst im Durchschnitt jährlich 13 Subhastationen vor, 1856 bis 1858 aber mehr; auch in Wittenberg haben die Zwangsversteigerungen bedeutend zugenommen, weil für die gekündigten Capitalien selbst zur ersten Stelle kein Ersatz zu gewinnen war. In Halberstadt wurden 1852—57 im Durchschnitt 12, in Nordhausen 3, in Burg 11 und in Mühlhausen 6 Grundstücke jährlich subhastirt. Ueber Zwangsversteigerungen von Bauergütern giebt untenstehende Tabelle Auskunft; in den fehlenden Kreisen haben 1852—57 keine stattgefunden.

(71.)

Kreise. — Regierungsbezirke.	Bauergüter wurden subhastirt in den Jahren						Summe der Subhastationen von Bauergütern.
	1852	1853	1854	1855	1856	1857	
Osterburg	3	8	4	2	6	3	26
Salzwedel	1	.	1	.	.	.	2
Gardelegen	1	.	.	1	2	1	5
Stendal	4	.	1	.	2	1	8
Jerichow I.	3	3	4	1	2	6	19
Jerichow II.	2	.	1	3	2	1	9
Kalbe	.	.	1	.	.	.	1
Wanzleben	.	.	1	.	2	1	4
Wolmirstedt	2	2	.	1	2	.	7
Neuhaldensleben	.	.	.	.	.	1	1
Oschersleben	1	.	.	.	.	.	1
Halberstadt	2	.	.	6	1	1	9
Magdeburg	19	13	13	13	19	15	92
Liebenwerda	2	.	1	3	5	.	11
Torgau	6	6	5	2	1	2	22
Schweinitz	7	9	9	7	6	10	48
Wittenberg	.	1	2	2	1	.	6
Bitterfeld	1	1	1	1	.	.	4
Saalkreis	.	1	4	1	.	2	8
Delitzsch	3	2	1	2	1	.	9
Sangerhausen	.	.	1	1	.	.	2
Querfurt	1	3	3	1	3	1	12
Merseburg	11	7	9	6	1	3	37
Weissenfels	.	2	4	2	3	.	11
Zeitz	3	4	2	1	1	1	12
Merseburg	34	36	42	29	22	19	182
Nordhausen	1	1	2	1	2	5	12
Worbis	1	.	2	.	.	.	3
Heiligenstadt	.	36	41	50	46	33	*) 206
Mühlhausen	1	.	.	.	.	1	2
Ziegenrück	3	2	1	4	.	2	12
Erfurt	6	39	46	55	48	41	235

*) darunter nur 1 Ackergut von mehr als 2000 Rthlrn. Werth, sonst Wandeläcker und Häuser.

Berlin, gedruckt in der Königlichen Geheimen Ober-Hofbuchdruckerei (R. Decker).

Sechster Abschnitt.

Die Landwirthschaft.

(Ackerbau und Viehzucht. Seidenzucht. Wiesenbau und Weidenutzung. Garten-, Obst- und Weinbau.)

I. Allgemeines über die Bodenverhältnisse.

A. Die pflanzentragende Fläche im preussischen Staate.

Auf Seite 115 dieses Jahrbuchs befindet sich eine Tabelle über Umfang und Benutzung des cultivirten Bodens in den Regierungsbezirken des preussischen Staates am Ende des Jahres 1858. Behufs einer Vergleichung mit den Angaben der Gewerbetabellen früherer Jahre werden jene Zahlen hier provinzenweise wiederholt. Dazu ist nur zu bemerken, dass die dort getrennt aufgeführte Stadt Berlin dem Regierungsbezirk Potsdam, das Jadegebiet (nur in 1858) dem Regierungsbezirk Minden und Sigmaringen der Rheinprovinz zugerechnet worden sind.

(72.) Regierungsbezirke. — Provinzen.	Angegebene Fläche des pflanzentragenden Bodens 1849	1852	1855	1858	1858
	Magdeburger Morgen.				Procent der Gesammtfläche.
Gumbinnen	5.200 854	5.228 268	5.269 559	5.315 542	82,65
Königsberg	6.357 374	6.921 537	6.899 345	7.163 036	81,82
Danzig	2.288 493	2.471 944	2.507 890	2.541 662	77,40
Marienwerder	5.413 045	5.792 781	5.862 752	5.924 845	86,02
Preussen	19.259 766	20.414 530	20.539 552	20.963 085	82,53
Bromberg	3.482 537	3.571 976	3.751 810	3.988 592	87,62
Posen	5.900 903	6.150 101	6.178 440	6.238 188	90,12
Posen	9.383 440	9.722 077	9.930 250	10.226 780	89,13
Köslin	4.359 196	4.633 086	4.694 336	4.756 590	85,00
Stettin	4.178 904	4.354 644	4.339 578	4.270 564	83,20
Stralsund	1.411 384	1.424 465	1.468 972	1.459 518	81,17
Pommern	9.949 484	10.412 195	10.502 886	10.486 672	84,13

(Forts. zu 72.) Regierungsbezirke. — Provinzen.	Angegebene Fläche des pflanzentragenden Bodens				
	1849	1852	1855	1858	
	Magdeburger Morgen.				Procent der Gesammt-fläche.
Potsdam	6.120 787	6.294 314	6.990 963	7.261 918	88,84
Frankfurt	5.137 468	5.920 301	6.487 233	6.740 594	88,93
Brandenburg	11.258 255	12.314 615	13.487 196	14.008 512	88,49
Liegnitz	3.290 118	3.776 152	3.905 464	3.900 447	72,86
Breslau	3.637 889	3.922 721	4.124 358	4.207 491	79,00
Oppeln	3.563 802	3.775 551	4.126 880	4.463 418	85,49
Schlesien	10.431 806	11.474 424	12.156 702	12.571 356	78,12
Magdeburg	3.474 117	3.751 681	3.795 309	3.943 308	87,03
Merseburg	2.778 227	2.970 068	3.050 734	3.447 929	85,56
Erfurt	994 899	1.071 966	1.120 101	1.146 072	82,57
Sachsen	7.247 243	7.793 713	7.966 144	8.537 309	85,61
Minden	1.802 912	1.871 765	1.863 603	1.863 295	89,71
Münster	2.114 599	1.989 661	2.062 165	2.017 419	70,50
Arnsberg	2.943 709	2.935 055	2.906 103	2.849 762	93,03
Westfalen	6.861 220	6.796 481	6.831 961	6.730 486	84,42
Düsseldorf	1.789 810	1.858 683	1.873 190	1.918 796	89,33
Köln	1.414 111	1.460 947	1.460 585	1.462 053	93,86
Aachen	1.356 719	1.434 070	1.527 933	1.516 039	93,12
Koblenz	2.060 201	2.134 508	2.171 132	2.205 950	95,20
Trier	2.349 885	2.649 759	2.704 425	2.609 259	95,96
Sigmaringen	.	387 322	390 273	411 837	90,33
Rheinland	8.970 752	9.925 289	10.127 478	10.213 934	93,13
Insgesammt	83.361 966	88.853 324	91.542 169	93.740 144	85,31

B. Die Benutzung der pflanzentragenden Fläche.

Gemäss den Angaben der statistischen Tabellen wurde die cultivirte Fläche des preussischen Staates zu folgenden Procenten für die Hauptculturzweige benutzt:

	1849.	1852.	1855.	1858.
Gärten, Weinberge, Obstplantagen u. dergl.	1,37	1,60	1,56	1,37
Ackerland	55,03	54,10	53,66	53,84
Wiesen	9,70	9,18	9,39	9,36
Raumhutung	9,95	9,77	9,48	8,69
Waldung	23,75	25,05	25,90	26,18

Die ausserordentliche Erhöhung der Verhältnissziffer für Waldung lässt darauf schliessen, dass gerade dieser Culturform in den früheren Nachweisen häufig viel zu wenig Rauminhalt zugeschrieben ist. Beständige Weide (Raumhutung) ist an vielen Orten in Acker- oder Wiesenland umgewandelt; dass dagegen die Waldfläche auch sämmtlichen anderen Culturobjecten gegenüber eine sehr hohe relative Zunahme zeigt, widerspricht allen sonstigen Nachrichten, laut denen vielmehr Aecker und Wiesen sich auf Kosten der Wälder vermehren. Während jene Differenzen in den ländlichen Feldmarken noch greller als im ganzen Staat hervortreten, zeigen die Verhältnisswerthe für die städtischen, schon vordem besser vermessenen Feldmarken ein anscheinend ziemlich richtiges Bild. In Hunderttheilen der pflanzentragenden Fläche wurden bedeckt

	in den Städten		auf dem platten Lande	
	1849.	1858.	1849.	1858.
von Gärten u. dergl.	2,43	2,55	1,41	1,44
» Ackerland............	54,26	55,01	55,08	53,76
» Wiesen	11,72	11,69	9,56	9,20
» Raumhutung..........	8,41	6,75	10,06	8,62
» Waldung.............	23,16	23,80	23,79	26,77

Die gegenwärtig noch unvollendeten umfassenden Vorarbeiten behufs der Grundsteuerregulirung werden über die berührten Dunkelheiten ohne Zweifel sehr bald helleres Licht verbreiten.

C. Die Ackererden.

Eine allgemeine, indess kaum den Namen einer Skizze verdienende Uebersicht der Bodenbeschaffenheit des preussischen Staates in agronomischer Beziehung ist auf Seite 21 u. 22 dieses Jahrbuchs gegeben. Topographische Beschreibungen einiger Regierungsbezirke, von vielen königlichen Landräthen aufgestellte Kreisbeschreibungen, die neuesten Denkschriften der Generalcommissarien über die Grundsteuer-Classificationstarife und mehrere Monographien von Privatschriftstellern*) bieten Stoff zu einer ausgedehnteren Charakteristik des Bodens innerhalb der verschiedenen Landestheile. Dennoch lässt sich nicht leugnen, dass die im Nachfolgenden unternommene Arbeit mehr den Namen einer Musterkarte von Bodenbeschreibungen, als den einer förmlichen Statistik der Ackererden verdient, wie solche wohl von mehreren Ländern vorhanden, und wie sie über das Königreich Sachsen im 3. Bande der Zeitschrift des königlich sächsischen statistischen Büreaus veröffentlicht worden ist. Die Verschiedenartigkeit der Quellen, welche sich mangels directer und nach einem einheitlichen Plane durchgeführter Aufnahmen ebensowenig organisch verschmelzen liessen, als es möglich war, über alle Provinzen in gleich eingehender Weise zu berichten, möge als Rechtfertigungsgrund für die abweichende Behandlung der einzelnen territorialen Gebiete gelten.

---

*) Ausser den amtlichen Schriften wurden vorzüglich folgende Quellen benutzt: von Bennigsen-Förder: Begutachtung des litthauischen und masurischen Bodens (Archiv für Landeskunde 1856 IV.). Dr. K. John: Landwirthschaftliche Mittheilungen aus Ost- und Westpreussen 1859. K. F. Klöden: Programme zur Prüfung der Zöglinge der Gewerbeschule 1835 ff. Dr. Heinrich Berghaus: Landbuch der Mark Brandenburg und des Markgrafthums Niederlausitz. Ernst Friedrich Glocker: Geognostische Beschreibung der preussischen Oberlausitz (mit Karten) 1857. Ludwig Jacobi: Der Grundbesitz und die landwirthschaftlichen Zustände der preussischen Oberlausitz 1860. Regierungsrath Th. Schück: Oberschlesien, Statistik des Regierungsbezirks Oppeln 1860. Hofrath J. A. F. Hermes und Assessor M. J. Weigelt: Historisch-geographisch-statistisch-topographisches Handbuch vom Regierungsbezirk Magdeburg II. 1842. Karl August Noback: Ausführliche geographisch-statistisch-topographische Beschreibung des Regierungsbezirks Erfurt 1840. Regierungsrath Schück: Die Entwässerungs-Societät bei Rahden (im Archiv für Landeskunde der preussischen Monarchie 1858). Kriegsrath Karl Otto Sigismund: Versuch einer topographisch-statistischen Darstellung des ganzen Regierungsbezirks Münster 1819. Baurath Wurffbain: Die Melioration des Münsterlandes (im Archiv etc. 1856). Regierungsrath Ludw. Herrm. Wilh. Jacobi: Das Berg-, Hütten- und Gewerbewesen des Regierungsbezirks Arnsberg 1857. Regierungsrath Dr. Johann Georg von Viebahn: Statistik und Topographie des Regierungsbezirks Düsseldorf 1836. Administrator E. Hartstein: Statistisch-landwirthschaftliche Topographie des Kreises Bonn 1850. Ad. Achenbach: Geognostische Beschreibung der hohenzollernschen Lande 1857.

1. Provinz Preussen.

Bestandtheile des höherliegenden Bodens sind Sand, Kiesel, Mergel, Kalk und Lehm, in den mannigfaltigsten Mischungen durch- und nebeneinander gelegt und zu Hügeln aufgeschichtet. Der Niederungsboden wechselt zwischen reichsten Marschen und unfruchtbaren Sandschollen.

Die Ackererde **Litthauens** ist vorzugsweise lehmhaltig und leidet wegen Undurchlässigkeit des Untergrundes oft an Nässe. Man kann drei Stufen unterscheiden: nördlich der Memel, deren Thal, südlich der Memel.

Im Norden des Stromes finden sich weite Sandstrecken mit sehr geringer Cultur; sie bilden den Höheboden der Kreise Tilsit und Heidekrug.

Die Niederung der Memel und Gilge ist durchgehends Alluvialland, welches sich von flachen Ablagerungen bis zum reichsten Marschboden steigert, und dessen Ertragswerth wesentlich von der höheren oder niederen Lage, dem Deichschutze und der Kostspieligkeit des Entwässerns beeinflusst wird. Die tiefe Niederung wird häufig überschwemmt. Die Ackerfelder bei Schreitlaugken und Rautenburg gehören der Flussandbildung an, mit Lehm und Mergel in geringer Menge und mit humosen Bestandtheilen untermischt; Flusslehm wird von dem Strom wenig abgelagert. Gegen das kurische Haff hin erstrecken sich grosse Torf- und Moorflächen, von denen im Kreise Heidekrug die bedeutendsten sind: nördlich das Iszliszebruch, nordwestlich das Bruch Augstumal, südlicher das Jodekanter und Bredszuller Moor, die Torfbrücher Ibenhorst und Medszukel und das Berstusmoor.

Den hohen Thalrand südöstlich Ragnit bilden mächtige Lehmmergellager, deren abfliessende Bäche Wiesenkalk und Thon entführt und unterwärts abgesetzt haben; ausserdem ist dort nordischer oder Diluvialsand beobachtet, durch Kalktheile des Mergels cementirt und leicht zerreiblich (22 pct. kohlensaurer Kalk und Magnesia, 78 pct. Sand von günstiger Grösse des Korns). Der südliche Haupttheil des Kreises Ragnit hat ergiebigeren Boden, als der kleinere nördliche; doch tritt jener gleich dem des Insterburger Kreises oft als strengster Thonboden auf. Im Diluviallehm bei Tilsit wurde die überaus grosse Menge von 63, im darunter liegenden Lehmmergel sogar 74 pct. Thon gefunden; jener enthält ausserdem 24 pct. groben Sand ohne Steinchen und 12 pct. feinen Sand, dieser 13 pct. kohlensauren Kalk und Magnesia, 9 pct. groben und 5 pct. feinen Sand. — Der Norden des Kreises Stallupönen hat einen fruchtbaren, zum Theil aber sehr strengen Lehmboden, während die Ackerkrume im Süden leichter und sandig, jedoch gut cultivirt ist; im Kirchspiel Mehlkehmen findet sich der am wenigsten ergiebige Boden. — Der Kreis Goldap hat im Süden durchgängig schlechteren Boden als im Norden. Die Thalwände der Pissa, Rominte und Angerapp bestehen aus Schluffmergel (grober Sand und Steinchen 34, feiner Sand 9, kohlensaurer Kalk und Magnesia 8, Thon 49 pct. bei Memmersdorf); Wiesenmergel (auch Alluvialkalk, Wiesenkalk, Süsswasserkalk oder Kalkmergel genannt und oft mehr als 90 pct. kohlensauren Kalk enthaltend) ist weder in Litthauen noch in Masuren selten und tritt öfters unter der Wiesendecke auf. Den grössten Theil des Landes aber nehmen die diluviale Lehmschicht von etwa 10 und die darunter liegende Mergelschicht (mit $\frac{1}{10}$ Kalkgehalt) von 30 Fuss Mächtigkeit ein, ihrer sehr geringen Beimischung von Sand und der vorherrschend wagerechten Streckung wegen sehr zu Ungunsten des Ackerbaues. Bei Gumbinnen finden sich im Lehm 82 pct. Thon, 14 gröberer und 4 feiner Sand; im Lehmmergel 80 pct. Thon, 15 kohlensaurer Kalk und Magnesia, 4 grober und 1 feiner Sand. Lehm von Georgenburg enthält 82 pct. Thon und 18 feinkörnigen Sand, Lehmmergel der untersten Lage neben Quarzsplittern 75 pct. Thon und 25 kohlensauren Kalk und Magnesia. Der wenig verbreitete, beispielsweise in Stannaitschen vorkommende Sandmergel hat 93 pct. Sand von mittlerem Korn und 7 kohlensauren Kalk und Magnesia.

Masuren, die höhere ostpreussische Stufe, zeichnet sich durch raschen Wechsel der Ackerarten aus, deren Krume aber mit Ausnahme einiger Fluren im Sensburger Kreise selten tiefer als 8 Zoll ist und sich in weit schlechterem Düngungszustande als diejenige Litthauens befindet, wenngleich anderseits der Boden wärmer und milder ist. Der Untergrund ist bisweilen besser als der Oberboden; Ueberlagerungen des Lehms und Lehmmergels durch Sand sind nicht selten. Hier und da findet sich Raseneisenstein (Wiesenerz, unter dem Namen Ortstein landwirthschaftlich berüchtigt). Die ansehnlicheren Höhen (Goklaper und Kallner Berge) sind aus grobem Kies und grösseren runden Geröllen, namentlich von Kalkstein, zusammengesetzt; auf den Höhen bei Balbertschen giebt es Sandmergel. Grosse Striche ebnen und hügeligen Landes bestehen vorzugsweis aus nordischem Sande, in der Regel von Alluvialsand dünn bedeckt. Im Allgemeinen gebricht es namentlich an guten Wiesen.

Die durch Sandflächen und Hügel unterbrochenen Lehm- und Lehmmergel-Ablagerungen sind zwar weniger günstig als der rheinische Löss zusammengesetzt, aber ganz ähnlich den im grössten Theil des norddeutschen Flachlandes vorkommenden Schichten. Mergel von Wittinnen bei Lyck enthält: Thon 58, kohlensauren Kalk und Magnesia 15, groben Sand und Steinchen 8, Sand von mittlerem Korn 19, feinen Sand 6 pct.; der dortige Lehm enthält: Thon 37, groben Sand und Steinchen 14, mittelfeinen Sand 38 und feinen Sand 11 pct.

Des Kreises Angerburg östliche Hälfte nimmt grösstentheils leichter, sandiger und steiniger Boden ein, und im Kirchspiel Kutten treten viele unfruchtbare Sandberge, in der Ortschaft Przerwanken vereinzelte Sandschollen auf; die daselbst aus Verwitterungen und vegetabilischen Resten sich stets neu bildenden feineren Dammerdesubstanzen werden stets vom Winde wieder entführt. Die Kirchspiele Buddern und Benkheim haben milden, Rosengarten und Engelstein schwereren Boden. Wiesen und Weideflächen werden in Folge der Ausübung von Mühlenstaugerechtigkeiten vielfach versumpft. — Der Boden des Johannisburger Kreises ist fast durchgängig grandig und meistens sehr leicht, hin und wieder roth lehmig, der Norden besser als der Süden, obwohl dort eine Menge Steine aufliegen, welche sich im Süden nicht finden. ¼ der Fläche hat leidlich guten, ½ mittelmässigen und ¼ schlechten Boden. — Im Kreise Sensburg wird geklagt, dass die anderswo zur Wiesencultur benutzten Thäler beständig mit Wasser gefüllt sind. Die höheren Gegenden sind durchschnittlich zwar compacter und lehmreicher, aber auch beträchtlich steiniger als das übrige Masuren und sehr uneben. Eine an vielen Stellen bedeutende Beimischung von Kalk wird als nachtheilig empfunden.

Im Regierungsbezirk **Königsberg** zeichnen sich die Niederungen am Nemonien, der Deime, dem Pregel, dem Frisching und der Passarge durch Fruchtbarkeit aus, weil diese Flüsse aus den von ihnen durchzogenen Gegenden viele gute Bestandtheile mit sich führen.

Der Landstrich nördlich des Pregels hat vorherrschend Lehmboden, wenngleich mit starker Beimischung von Sand, welcher auch für sich allein mehr oder weniger ausgedehnte Flächen bedeckt. Dies ist namentlich im Kreise Memel der Fall, wo nur unweit der Stadt ein kräftiger Lehm und an der Mingemündung strenger Lehm sich zeigt, beide in sandigen Lehmboden übergehend. Mehrere Strecken sind mit einem kräftigen und humosen Lehmboden von unbestrittener Fruchtbarkeit versehen, so die Kreistheile von Labiau und Wehlau westlich der Deime, Schaaken im Kreise Königsberg und Bledau im Kreise Fischhausen. Die samländische Nordküste zwischen Georgswalde und Brüsterort besteht grösstentheils aus Formsand, regenerirtem Formsand, Mischsand und nordischem Sand, stellenweise von Thon- oder Schluffmergel, Lehmmergel und Lehm bedeckt; Schluffmergel von Brüsterort — eine Vermischung des diluvialen Lehmmergels mit tertiären sandigen Kohlenletten — enthält groben Sand und Steinchen 42, feinen Sand 5, kohlensauren Kalk und Magnesia 9 und Thon 44 pct.

Südlich vom Pregel zieht sich eine Lagerung strengen Lehmbodens hin, welcher eine im Allgemeinen flache Ackerkrume und schwer durchlassenden Untergrund hat; es gehören dahin der Landstrich zwischen Wehlau, Gerdauen und Friedland und zwischen Uderwangen, Kreuzburg und Brandenburg. Daran schliesst sich eine breite Fläche vorwiegend milden Bodens von günstiger Lehm- und Sandmischung, einem entsprechenden Humusgehalt und meistens gesundem Untergrunde; die Ackerkrume hat hier die erforderliche Tiefe. Mitten darin ist aber in bedeutender Ausdehnung — zwischen Zinten, Heilsberg und Wormditt — Sandboden abgelagert. Einen Theil dieser Strecke bildet der südwestliche höhere Abschnitt des sonst aus rothem Lehm bestehenden Kreises Eilau; der Sand oder sandige Lehm dort ist kalt und humusarm, die vorhandenen Wiesen grossentheils moorig. Die frische Nehrung ist gleich der kurischen fast ausschliesslich Flugsand.

Sind dem Vorstehenden zufolge in jenem Landstrich zwischen dem Pregel und der Wasserscheide für die Weichselzuflüsse auch die verschiedenen Ackererden auf ziemlich bedeutende Räumlichkeiten ausgebreitet, so ist das doch nicht ohne Unterbrechungen der Fall. Die Spitzen der unzähligen Hügel (Lehmköpfe) bestehen fast durchgängig aus strengem, weithin durch seine lehmbraune Farbe und dürftigen Fruchtbestand gekennzeichneten Lehm, während die theils kesselförmigen, theils langgestreckten Gründe häufig versumpft und mit Torf oder Moder bedeckt sind. Im Untergrund treten nicht selten ausgedehnte und leicht zugängliche Lager von Mergel bis zu dessen kalkhaltigster Gattung auf. Häufiger Wechsel mehr und weniger durchlässiger Bodenarten bedingt zahlreiche Quellbildungen. — Die Kreise Friedland, Eilau, der Norden von Rastenburg, Rössel und Mohrungen haben überwiegend bindigeren Boden älterer und deshalb höhere Cultur. Der durchschnittliche Antheil der Ackererde an der Gesammtoberfläche ist hier: Sand 6, lehmiger Sand 5, sandiger Lehm 32, Lehm 46, reicher Thon- oder Humusboden 11 pct. Ueberwiegend leichteren Boden in älterer Cultur haben die südlichen Hälften der Kreise Rastenburg und Rössel und die nördlichen Hälften von Allenstein und Osterode; hier bilden Sand 0, lehmiger Sand 24, sandiger Lehm 46, Lehm 16 und reicher Boden 5 pct. der gesammten Ackererde.

In den bergigen Gegenden des Südens wechselt strenger Thon mit Lehm und Sand noch plötzlicher und häufiger, als in den ebneren Gegenden des Regierungsbezirks. Lehm kommt namentlich in der Mitte des Allensteiner, dem Nordwesten des Osteroder, dem bergigen Norden des Ortelsburger und dem Südwesten des Neidenburger Kreises vor; südlich des Höhenzuges, welcher die Wasserscheide der Weichsel bildet, ist Sand die herrschende Bodengattung. Im Allgemeinen ist die Ackerkrume nicht tief genug, der Humusgehalt gering und der Untergrund oft undurchlässig; da der überwiegend leichte Boden überdies in verhältnissmässig junger Cultur steht, ist leicht zu ersehen, dass er geringe Erträge bringt. — Im Kreise Allenstein insbesondere wechselt der Boden in solchem Grade, dass neben schwerstem Thon und bestem Niederungslande öfters fliegender Sand gefunden wird. Der Süden des Kreises Ortelsburg stellt eine dürftige Sandfläche dar, deren Wiesen an dauernder Nässe leiden.

Der Kreis Elbing des Regierungsbezirks **Danzig** ist zur Hälfte Höhen-, zur Hälfte Niederungsland. Jene ist stark erhoben und zerklüftet, die Abhänge nach Norden und Westen mit kaltgrundigem und schluffigem Boden, der südliche und südwestliche Abhang nach dem Drausensee und der Pr. Holländer Niederung zu aber mit Thalebenen von besserer Bodenbeschaffenheit versehen; die Ertragsfähigkeit ist indessen auch hier geringer als im benachbarten Ermland. Das Weichsel- und Nogat-Delta ist eine von flachen Ablagerungen bis zum reichsten Marschland wechselnde Anschwemmung; den herrlichsten Boden besitzt der kleine Marienburger Werder, welcher sich vor dem durchschnittlich aller 10 Jahre einmal überschwemmten grossen Werder dadurch auszeichnet, dass er seit 1721 nicht mehr unter Wasser gesetzt ist.

Im Danziger Höhenboden findet sich das beste Land auf dem Höhenzuge längs des Stromes und von Dirschau abwärts an den Abhängen nach der Niederung zu; der tiefe und humose sandige Lehm wird jedoch nach der Ostsee hin immer geringer und geht bei Danzig und Oliva in leichten Sand und Grand über, dessen Untergrund sich quellig, kalt und schluffig zeigt. Der nördliche Theil des Neustädter Kreises hat auf seinen Kämpen einen milden Lehmboden in meist ebener Lage, namentlich bei Oxhöft, Putzig und Schwarzau und auf dem Höhenrande von Putzig nach dem Zarnowitzsee. In der südlichen Hälfte des Neustädter Kreises und den übrigen Kreisen links des Stromes wechseln unaufhörlich Sand, Grand und Lehm, so dass kaum eine gleichartige Fläche von ¼ Morgen Grösse vorkommt. Den südwestlichen Theil der Kreise Karthaus, Berent und Stargardt bedecken die Ausläufer der Tucheler Heide, dürrer Sand, oft in Flugsand übergehend; das Vorhandensein einzelner Moore gilt als ein Vorzug wegen deren Nutzbarkeit als Düngersurrogate. In der Richtung nach Osten findet sich immer mehr Lehm beigemischt, welcher im Südosten des Stargardter Kreises sogar in zähen Thon ausartet.

Auch im Regierungsbezirk **Marienwerder** wechseln häufig die Ackerkrume sowohl als der Untergrund, welcher letztere sehr oft undurchlässig ist, ohne dass jedoch grössere zusammenhängende Landstriche an diesem Fehler leiden.

Rechts der Weichsel trifft man auf dem Wege von Thorn über Kulm, Briesen, Neiden, Freistadt, Stuhm nach Christburg wenig schlechteres Land als Haferboden erster Classe, häufig besseres bis zum Weizenboden erster Classe (milder humoser Thon mit fehlerfreiem Untergrunde). Im Löbauer und Strasburger Kreise sind erhebliche Strecken sehr sandigen und steinigen Bodens von fast völliger Unfruchtbarkeit vorhanden. Die Verhältnisse sind denen des angrenzenden Königsberger Regierungsbezirks ähnlich. Ueberwiegend bindigeren Boden älterer Cultur haben die Kreise Graudenz, Kulm und Thorn; überwiegend leichteren Mittelboden älterer Cultur der Kreis Rosenberg, die nordwestlichen ⅓ von Löbau und die südlichen ⅓ von Strasburg; überwiegend leichten Boden junger Cultur der Südosten von Löbau und der Nordosten von Strasburg.

In den Weichselniederungen giebt es reichen Marschboden aus Lehm- und Schlicktheilen (zwei Fuss tief und darüber mit Sand im Untergrunde), undankbaren Lehm mit sandigem Untergrund, Sandboden, cultivirten und uncultivirten Moorboden mit torfigem Untergrund, nassen Schluff mit Torfuntergrund, endlich in grossen Strecken auch unbrauchbare Sandschollen.

Auf dem linken Weichselufer kommen die schlechteren Böden massenhaft vor; von Czersk bis Schloppe ist besserer Boden als Haferland erster Classe sehr selten und schon dieser nicht häufig vertreten. Nördlich von dieser Strasse, in der s. g. Kassubei, giebt es nur Sandboden und zum Theil ganz unwirthbare entwaldete Flächen; auch im Deutsch-Kroner und Schwetzer Kreise grenzt die Ertraglosigkeit des sandigen Bodens oft an völlige Unfruchtbarkeit.

Im Kreise Flatow finden sich die verschiedenartigsten Mischungen dicht nebeneinander; der Süden ist fruchtbarer als der Norden, beide aber fast überall kaltgründig, quellig und wenig ergiebig.

2. Provinz Posen.

Der durchweg auf- und angeschwemmte Boden zeigt einen oft sehr auffälligen Wechsel der Bonitätsclassen, so dass in sämmtlichen Kreisen fast alle Bodenarten ihre Vertretung finden, die beste Ackerclasse — tiefer, humusreicher milder Thonboden mit günstiger, durchlassender Lehm- oder Mergelunterlage — ebensowohl als der leichte, kaum den Anbau lohnende Sandboden. Im Durchschnitt ist das Mischungsverhältniss besser als in der Provinz Brandenburg, am wenigsten gut in den mit anderen preussischen Bezirken grenzenden Kreisen. Die meisten Gegenden leiden Mangel an Wiesen; dagegen ist die Provinz reich an stehenden Gewässern, deren durchgreifende Cultivirung vielfach durch Geldmangel und Mühlengerechtigkeiten erschwert wird. Der gegenwärtige Culturzustand zeigt fast überall noch die Merkmale seines jüngeren Ursprungs; das durch den ausgedehnten Abtrieb der Wälder seit der Mitte des vorigen Jahrhunderts bis zur neuesten Zeit gewonnene Ackerland bedarf noch der sorgsamsten Pflege und tief gehender Bearbeitung während einer Reihe von Jahren, um die durch stockende Nässe erzeugte Kaltgründigkeit zu heben und die in der Regel versauerten Humustheile in ergiebige Bodenbestandtheile zu verwandeln. Mittlerweile ist die Krume im Allgemeinen flach, und in ausgedehnten Flächen der besten Classen bildet undurchlassender Thon den Untergrund, dessen Schichten häufig wellenförmig und dem natürlichen Gefälle entgegen ziehen; nördlich der Netze sind die Untergrundsverhältnisse minder ungünstig, als in den ebneren Theilen des Regierungsbezirks Posen, und der Boden dort mithin wärmer.

Im Regierungsbezirk Bromberg sind vorzugsweise die nördlichen Gegenden mit erratischen Blöcken aus feinkörnigem finnischen Granit bedeckt; die Bruchwiesen des Schönlanker Forstes enthalten reichlich Wiesenerz. Der Magdeburger Ackererde am nächsten verwandt sind ausgedehnte Flächen des Kreises Inowraclaw; ihnen folgen an Fruchtbarkeit die Kreise Schubin (namentlich im Norden gut), Mogilno (mit vielem Weizenlande), Wirsitz (mit umfangreicher Wiesencultur), dann Gnesen (häufig wechselnd und kaltgründig), Wongrowitz (im Norden besser), zuletzt Bromberg (mit den meisten Sandflächen), Chodziesen und Czarnikau (mit sehr wenig thonigem Boden).

Das Netzethal ist bis zur Stadt Uscz vorherrschend torfig, und der träge Flusslauf macht zur Erzielung eines namhaften Ertrages besondere Ent- und Bewässerungsanlagen nöthig. Von der Einmündung der Küddow ab, welche reichliche Düngstoffe beinahe jährlich durch Ueberstauungen ablagert, finden sich im Netzebruch die besten Wiesen vor. Die bedeutendsten Sümpfe und Brücher, deren Melioration im Werke ist, sind: ein Theil des Netzebruchs bei Gembice und Kwieciczewo im Kreise Mogilno von 1500 Morgen Fläche, das Bachorzebruch nordöstlich Kruschwitz (30 000 Morgen) und das Parchaniebruch südlich Gniewkowo (10 700 Morgen) im Kreise Inowraclaw, das Netzebruch oberhalb Labischin (8000) und unterhalb Labischin (14 200 Morgen) im Schubiner und Bromberger Kreise.

Der Wirsitzer Kreis speciell hat guten Gersten- und Roggenboden; eigentlich sterile Ackerflächen sind nicht anzutreffen. Inowraclaw gehört der Hauptsache nach zum fruchtbaren und vollkommen ebenen Kujawien, dessen Weizenboden warm und mild, bald ganz schwarz und bald heller ist; einzelne Sandadern ziehen hindurch, die bedeutendste in etwa ¼ Meile Breite von der Grenze über Luisenfelde nach Plawinek. Mit Ausnahme dieser Streifen befindet sich überall in ½ bis 2½ Fuss Tiefe unter der Oberfläche Mergel, seltener Lehm; in den übrigen, nicht kujawischen Gemeinden besteht der Untergrund aus Sand oder Moorboden. Im Norden wird Kujawien durch einen schmalen und hügeligen Sandstrich begrenzt, welcher im Niederungslande zwischen Rojewo und dem grünen Fliesse in mittleren Roggenboden übergeht. Zwischen Dombrowko und Bergbruch dehnt sich Bruchland aus, und das Waldland im nördlichsten Abschnitt besteht aus sandigen Hügeln. Auch im Südwesten des Kreises um die Strzelnoer Staatsforst liegt ein sandiges und zugleich kaltgründiges Hügelland.

Auf den Feldern des Regierungsbezirks Posen finden sich zahlreiche Steingeschiebe. Der Boden ist in den Kreisen nächst der schlesischen und neumärkischen Grenze, namentlich im Schildbergschen, leichter Sand, in den daran liegenden Lehm und Sand; die Kreise Buk, Samter, Posen, Kosten, Schroda, Wreschen und Pleschen haben mehrentheils Lehm- und Lettenboden, welcher ungeachtet seiner wellenförmigen Oberfläche einer guten Cultur fähig ist. Durch Verwehungen der mitten inne ohne Regelmässigkeit vorkommenden Sandhügel wird humusreicher Boden nicht selten mit Sand überschwemmt. Die besten Wiesen befinden sich an den Ufern der Warthe und einiger Nebenflüsse. Von den in Melioration begriffenen Brüchern sind die bedeutendsten: das Bartschbruch im Kreise Adelnau mit 11 800, das Landgrabenbruch in den Kreisen Fraustadt und Kröben mit 28 000, das Konczakbruch im Kreise Obornik mit 6000, das Bruch bei Opalenice mit 5000 und das Obrabruch mit 114 577 Morgen.

Mit Ausnahme einer sterilen Sandschelle zwischen Schwersenz, Posen und Owinsk ist im Kreise Posen der Boden überall ergiebig, am linken Ufer der Warthe jedoch besser als am rechten. Im Kreise Samter nimmt die Güte des Bodens von Süden nach Norden ab, so zwar dass er dort recht ergiebig ist, jenseit der Warthe aber theilweis sterile Sandschollen bildet. Auch vom Kreise Birnbaum hat der Theil nördlich der Warthe geringe Ertragsfähigkeit, während die der Versandung allerdings öfter ausgesetzten Warthewiesen und der östliche Theil des Kreises ergiebig sind; im Westen herrscht leichter Roggenboden vor. Die Warthewiesen, welche humosen thonreichen Lettenboden zur Unterlage haben, geben bestes Niederungsheu. Der Meseritzer Kreis steht an Ergiebigkeit allen anderen nach; jedoch ist der Boden bei der Kreisstadt selbst vorzüglich gut. Den Bomster füllen hauptsächlich die unteren Classen des Haferbodens, und ausser einigen Enclaven giebt es Weizenboden nur auf der Ostecke um Rucbocice. Die Höhenränder des Obrabruches bestehen aus Sand, der Schwentner Wald im Westen theilweise aus dürrem Flugsand. Das Obrabruch hat moorigen Boden.

Das Schrodaer Plateau steht Kujawien an Fruchtbarkeit wenig nach; im Norden des Kreises und in der Nähe der Warthe kommen Sandflächen und steile Bergabhänge vor, welche ⅓ des Kreises bedecken, während der gute Boden ⅙ und der mittelgute die Hälfte einnehmen. Der Norden und Nordosten des Kreises Schrimm und der Strich längs der Warthe ist fast durchgehends leicht und sandig; im Süden und Südwesten wird die Ackererde besser und stellenweise sogar sehr gutes Weizenland. Der Kostener Kreis bildet eine im Allgemeinen fruchtbare Ebene, in welcher auch an der Obra nur noch wenig bruchige Strecken vorkommen.

Vom Kreise Kröben hat mehr als die Hälfte guten Weizenboden und von dem Reste ⅓ guten Roggenboden; in der Nähe von Sandberg und an der schlesischen Grenze tritt der leichte Sandboden auf. Der Untergrund ist grösstentheils lehmig.

Im Kreise Wreschen hat der nordöstliche Theil an der Struga meistens guten, wenn auch an mehreren Orten (wie um Sokolnik und Szamarzewo) etwas leichten Getreideboden; westlich davon im waldlosen Terrain herrscht schwerer Lehm durchgängig vor. Südwärts der Kreisstadt wird die Ackererde leichter und an vielen Stellen sandig, in der Nähe von Miloslaw wieder etwas schwerer; östlich davon giebt es noch mehr guten als mittleren Boden. Südlich von Miloslaw bis zur Warthe hat der abwechselnd ebene und bergige Boden eine vorherrschend sandige Beschaffenheit, während die Ebene südwärts der Warthe einen durch die Lutynia bewässerten, aber auch zuweilen bruchigen Getreideboden enthält. Die Bergkette im Süden ist steinig und von nur mittlerer Güte. Der Kreis Pleschen hat nur nach der Warthe zu etwas leichten, im Süden grossentheils zum Weizenbau geeigneten und überhaupt in Rücksicht auf die Ackererdemischung vorherrschend guten Boden; derselbe ist jedoch meistens kalt und wenig durchlassend. Adelnau hat meistens Gersten- und Roggenboden, im Westen um Sulmierzyce vorzüglichen Weizenboden erster und zweiter Classe, im Südwesten sandiges Land. Der Rückstau am Olabokflüsschen versäuert die anliegende Gegend, und das etwa 30 000 Morgen grosse Baritschbruch um Adelnau ist nur zum sechsten Theil saures Wiesenland, im Uebrigen ein unbetretbarer Sumpf. Der Kreis Schildberg enthält unter mehreren Bodenmischungen auch sehr unfruchtbare Flächen. Ackerland dritter und vierter Classe liegt zum Theil an der polnischen Grenze, zum Theil im Westen, die ergiebigsten Flächen erster und zweiter Classe im Süden. Im Untergrunde lagern stellenweis, wie bei Biskupice im Norden, Eisenerze oder — wie bei Parzynow im Westen — Thonmergel von geringer Mächtigkeit oder Braunkohlen oder auch, etwa 6 Fuss tief, dem Mahagoni ähnlich gefärbte Eichenstämme (bei Ossiny unweit Kempen und nordwärts zwischen dem Thal der Bartsch und der Prosna).

3. Provinz Pommern.

Vom reichen kräftigen Lehmboden bis zum Flugsande kommen alle zwischenliegenden Abstufungen der Ackererde vor; auch Grand-, Letten-, Mergel-, Fuchs-, Heide-, Bruch- und Moorboden finden sich. Der westliche Theil der Provinz zeichnet sich vor dem östlichen durch seine grössere Milde und Wärme und durch besseren Untergrund aus. Die sehr häufigen Brücher und Moore liefern schlechte saure Gräser, gestatten aber eine ausgedehnte Torfwerbung.

Im Regierungsbezirk Köslin erscheint lehmiger Sandboden zwar in grossen Flächen; er bringt hier jedoch, wenn auch viel Stroh, selten reichliche Körner. Der Güte des Bodens nach unterscheiden sich drei in südwestlicher Richtung fortgehende Landstriche merklich von einander.

Der beste, an einzelnen Stellen zwar weniger gute, im Allgemeinen aber kräftige und zum Weizen- und Gerstenbau geeignete Lehmboden bedeckt die Küstengegend bis auf die Breite von höchstens einigen Meilen. Darin liegende Moore sind von sehr schlechter Beschaffenheit, die Wiesen dagegen gut. Die Ergiebigkeit des Weizenbodens ist den Mischungs- und Abflussverhältnissen entsprechend und nach der grösseren oder geringeren Durchlässigkeit verschieden. Die besseren Theile liegen im Fürstenthum Kammin westlich von Köslin bis zur Grenze, im Schlawer Kreise um Rügenwalde und im Gutsbezirk Saliaska. Der Lauenburger Kreis hat nur noch vereinzelten Antheil an jenem Boden, und derselbe ist auch von geringerer Güte.

Im Süden der Küstengegend liegt der zweite, minder gute Abschnitt: Theile der Kreise Lauenburg, Stolp, Schlawe, Fürstenthum und Belgard und der ganze Kreis Schivelbein, ausserdem Theile von Dramburg. Lehmiger Sandboden herrscht vor, wechselnd mit reinem Sande. Die ausgedehnteren Flächen besseren Landes im Kreise Schivelbein sind schwacher Gersten- und starker Haferboden; an vereinzelten Stellen tritt Lehm auf, aber mit schlechtem und undurchlässigem Untergrunde.

Der dritte, schlechteste Abschnitt umfasst vorzugsweise das Bergland im Südosten und Süden des Kreises Lauenburg, den Südosten von Stolp, den Südwesten von Schlawe, Bütow und Rummelsburg ganz, den Theil des Fürstenthums südlich von Karzin, den Südosten und Süden von Belgard, den weitaus grösseren nördlichen Theil von Neustettin und den Norden von Dramburg. Alle hier vorkommenden Bodenarten gehören den schlechtesten Pommerns an. In nicht unbeträchtlichen Flächen erscheint strenger Lehm von durchweg kalter Beschaffenheit auf undurchlassendem Untergrunde als schlumpiger Boden von geringem Reinertrag bei Pollnow im Kreise Schlawe, an einzelnen Stellen der Kreise Bütow und Rummelsburg, bei Polzin im Belgarder, nördlich im Neustettiner und im Dramburger Kreise. Das schlechteste Ackerland der Provinz hat der sehr hügelige und sandige Kreis Rummelsburg; ihm folgt Bütow. Der Boden des im Süden zwar sandigen, aber leidlich ergiebigen Kreises Neustettin ist durchschnittlich kräftiger als der Lauenburger und Dramburger, der des Kreises Belgard noch etwas geringer als die letzteren beiden.

Der wasserreiche Kreis Bütow im Besonderen hat, an sich betrachtet, d. h. von der Bodengestaltung und dem Klima abgesehen, eine nicht ungünstige Mischung der Ackererden; es wechseln durchlassender Lehm, lehmiger Sand und der namentlich im Süden vorwaltende reine Sand. Torf-, Moder-, Schluffmergel- und Wiesenkalklager fehlen nicht. Striche eines strengen, nasskalten und schlumpigen Lehmbodens gehen: von Pomeiske längs der Grenze bis Polczen, dann westwärts bis Borntuchen und von da nordöstlich nach Wussecken; von Mangwitz südlich nach Bernsdorf, über Damsdorf, Damerkow, Tangen und Kathkow nach Moddrow, von dort über Grosstuchen nach Massowitz; in grösserer Breite durch das Damsdorfer Forstrevier bis zur Grenze zwischen Reckow und Pyaschen. Fluren zwischen Stüdnitz und Bütow, namentlich der Bernsdorfer Feldmark, haben im tieferen Untergrunde einen Bernstein und Braunkohle führenden Schluffmergel.

Innerhalb des Kreises Dramburg kommt armer Sandboden, mittleres und gutes Lehmland vor. Das letztere, ein flach und etwas kaltgründiger Weizen- und Forstboden, befindet sich namentlich an der Drage zwischen Falkenburg und Dramburg und im südwestlichen Theile bei Kallies.

Die hinterpommerschen Kreise des Regierungsbezirks Stettin sind dem Kösliner Bezirk ähnlich gebildet. Zum Weizenbau geeignet ist die Küstengegend, deren Ertragsfähigkeit jedoch im Kreise Kammin durch grössere Sandbeimischung vermindert ist und überhaupt erst im Osten um Treptow herum zunimmt. In den südlichen Theilen der Kreise Greifenberg und Kammin wechselt der Boden vom lehmigen bis zum ganz geringen Sandboden. Das beste Land auf der Hochebene des Regenwalder Kreises — ein guter, ertragreicher Mittelboden — besteht aus sandigem Lehm; er sinkt jedoch bis zum schlechtesten Sandboden herab. Der am mindesten fruchtbare Kreis des Bezirks ist Naugard, in welchem lehmiger und geringer Sandboden vorwiegt, häufig mit kaltem Untergrunde; grössere Wiesenflächen in der Niederung des Papenwassers liefern gute Erträge und sind durchweg torfhaltig. Der nördliche, sehr durchschnittene Theil von Saatzig hat bei kaltem Untergrunde eine schlechte Beschaffenheit, während der tiefere südliche Theil hauptsächlich einen warmen, mehr oder minder lehmhaltigen Sandboden enthält.

Einen vorzüglichen Weizenboden besitzt der Kreis Pyritz; derselbe ist jedoch mit Wiesen nur mässig ausgestattet und sein Kies zu feinkörnig, um das Auseinanderfallen bei der Bestellung hinreichend zu fördern; den geringeren Ackerclassen fehlt vielfach die Lehmunterlage. In Greifenhagen wechselt bei dem etwas coupirten Terrain der bessere Boden in höherem Grade mit dem mittleren und schlechten ab; doch hat ersterer wegen des Wiesenreichthums im Oderthal einen grösseren Gehalt an alter Cultur, als der Pyritzer Kreis.

Links der Oder tritt vorzugsweise in guter Cultur befindlicher Lehmboden mit gutem mergelhaltigen Untergrunde auf, daneben allerdings auch geringer Sand und in den Flussniederungen Moorboden mit Torfunterlage. Die besseren Wiesengräser werden am Haff- und Ostseestrande gewonnen, doch leiden die dazu verwendeten Flächen meistens durch Ueberschwemmungen; dasselbe ist in den Niederungen mit vorherrschend torfigem Untergrunde der Fall, daher die dortigen Wiesen zwar sehr ergiebig sind, aber meistens saure Gräser liefern. Das Ackerland des Stadtkreises Stettin besteht aus sandigem Lehm, lehmigem und geringem

Sande in hoher Cultur. Dem Kreis Randow kommen bei seiner wellenförmigen Oberfläche gute Abzugsverhältnisse und warmer Untergrund zu Statten. In Ukermünde findet sich der gute Boden nur um Pasewalk, welcher sich ziemlich schroff gegen den übrigen Theil des Kreises abstuft. Auch auf den Inseln überwiegt der mittlere und geringere Boden. Im Kreise Anklam wechseln guter und geringer Boden häufig und sind die Abflussverhältnisse ungünstig, besonders im Osten der Chaussee von Neubrandenburg nach Anklam. Demmin, der fruchtbarste Kreis des Bezirks, zeichnet sich durch das gleichmässigste Vorkommen des guten Bodens aus.

Der Regierungsbezirk **Stralsund** besitzt keinen Reichthum an Wiesen, von denen sich die besseren übrigens in den Kreisen Franzburg und Greifswald befinden. Desto ergiebiger ist das Ackerland, ein zum Weizen- und Gerstenbau geeigneter Lehmboden.

Von vorzüglicher Güte ist die Ackererde der Insel Rügen, welche an den mächtigen Kreide- und Feuersteinlagern einen guten Untergrund hat, und deren Abflussverhältnisse im Allgemeinen gleichfalls günstig sind. Allerdings giebt es auch Sandboden von geringer Güte.

Auf dem Festlande tritt neben fruchtbarem Lehm auch kalter und nasser, sowie leichter und geringer Sandboden auf. Bei der fast ganz ebenen Lage wirkt öfters Vorfluthmangel nachtheilig auf den Untergrund ein, welcher sonst meistens gut ist und grosse Mergellager enthält. Vom Kreise Franzburg wird $\frac{7}{16}$ als milder und tragbarer Roggen- oder Gerstenboden, $\frac{1}{16}$ als Lehmboden, $\frac{1}{4}$ als Wiesen-, Moor- oder Bruchland und $\frac{1}{4}$ als Sandboden angenommen. In den Kirchspielen Bodstädt und Landgemeinde Barth wechselt ganz unfruchtbarer Sand mit Torf. Die Halbinsel Dars und die Insel Zingst haben nicht unergiebigen Sandboden; im Nordwesten der ersteren wird das Land durch Meeresspülungen fortgesetzt vergrössert, wogegen die Dünen zwischen Zingst und Straminke in steter Abnahme begriffen sind.

4. Provinz Brandenburg.

Vorherrschend ist die sandige Beschaffenheit des Bodens. Es sind aber auch die besten Bodengattungen in ausgedehnten Flächen vertreten; namentlich haben die Niederungen über einer tiefen Unterlage von Sand Ablagerungen und Anschwemmungen von Humus und Thon. Der Boden auf der Höhe ist meistens ein lehmiger Sand, weniger reich an Humus und mehrfach mit nach oben hin wachsendem Lehmgehalt. Die beste Erde auf der Höhe ist ein humoser Thon- und Lehmboden, der durch Beimischung von Kalk zum Anbau der meisten Feldfrüchte tauglich gemacht ist; dieser, der sandige Lehm und der lehmige Sand mit mehr oder weniger tiefer Ackerkrume und bald warmem, bald undurchlassendem Untergrund, endlich der bessere Boden der Flussniederungen nehmen zusammen etwa $\frac{1}{3}$ der gesammten Fläche ein. Dem leichteren Boden kommt vorzugsweise der fast auf allen Feldmarken in verschiedenem Gemenge mit Lehm und Sand nesterweis vorkommende Mergel zu Statten.

Im Regierungsbezirk **Potsdam** zeigt sich Sandboden (mit $\frac{1}{2}$—5 pct. Humus und Pflanzenfasern, bis 10 pct. Thon, bis 5 pct. Kalk) sowohl auf dem Plateau als in den Niederungen und erscheint als ein lockeres, mehr oder weniger grobes und oft mit einer grossen Menge kleiner Geschiebe gemengtes Pulver von weisser, lichtgelber, gelbgrauer, graubrauner und zuweilen röthlicher Farbe. Der humusärmere, grossentheils mit Kiefern bedeckte Boden kann nur aller 8 bis 12 Jahre bestellt werden. Gegen Schluss des vorigen Jahrhunderts wurde eine Nachweisung solchen 8—12jährigen Ackerlandes gemacht, laut deren derselbe vom gesammten Ackerlande folgende Flächentheile einnahm: in der Priegnitz $\frac{1}{24}$, Ruppin $\frac{1}{15}$, Glien-Löwenberg $\frac{1}{235}$, Ukermark $\frac{2}{29}$, Oberbarnim $\frac{1}{15}$, Niederbarnim $\frac{1}{7}$, Havelland $\frac{1}{40}$, Zauche-Luckenwalde $\frac{1}{11}$, Teltow $\frac{1}{13}$, Beeskow-Storkow $\frac{1}{5}$; seitdem mag eine gesteigerte Cultur dies Verhältniss viel günstiger gestaltet haben, indess wohl nur durch Vermehrung humoser Bestandtheile. In der Priegnitz tritt der Sandboden am ausgedehntesten zwischen der Elbe und Löcknitz auf, nächstdem mit Unterbrechungen zwischen der Stepenitz, Demnitz und Karthane, als sehr öde und unfruchtbar zwischen Wittstock und Zechlin, endlich auch zu beiden Seiten der Dosse bis über Wusterhausen hinaus. Mit Ausnahme der schmalen Spitze unweit Havelberg gehören fast alle vom Neustädter und havelländischen Luch begrenzten Plateaus bis zur Havel hin dieser Bodengattung an. In der Ukermark bedeckt Sandboden ausser zerstreuten Schollen die Gegend zwischen den Punkten Weggun, Güstow, Mittelwalde, Warthe und der Grenze, ferner den Streifen zwischen Fredenwalde und Liebenwalde, den Strich östlich der Havel um Lychen und Forsthaus Beutel und die Gegend zwischen dem Grimnitzer und dem Lieper Forst. Beinahe der ganze Landstrich zwischen der Oder, diese jedoch nicht ganz erreichend, und der Havel südlich des Finowcanals ist Sandboden, im Norden unfruchtbarer als im Süden und stellenweis reiner Triebsand; es liegen darin Wriezen, Strausberg, Bernau, Oranienburg u. s. w., und die Havel wird von ihm noch überschritten im Falkenhagener Forst bei Oranienburg und im Neuholländer Forst. Der ganze Landstrich, welcher von der Havel bis Brandenburg, der Nieplitz und Nuthe eingeschlossen wird, hat Sandboden bis auf die Flussthäler und andere geringe Ausnahmen. Von gleicher Beschaffenheit ist der hohe Flemming, der Teltow, welcher nur in seiner Mitte und am südlichen Rande besseren Boden hat, der Müggelwerder und das südliche, nördliche und östliche Viertel des Beeskow-Storkowschen Landes; an den Abhängen der Höhen geht Lehm zu Tage.

L e h m i g e r S a n d b o d e n oder Hafer- und Roggenboden (mit 10—20 pct. Thon, 0—5 Kalk und 0—5 Humus) ist in der Mark beinahe eben so häufig, als der eigentliche Sandboden, und beide gehen sehr oft auf kurze Strecken in einander über, zumal jener häufig inselartig in diesem auftaucht. Der lehmige Sandboden zeigt sich als loses und grobes Pulver von graugelber, gelbbrauner, schwarzbrauner oder auch ins Schwarze ziehender Farbe; er ballt gewöhnlich etwas zusammen, zerfällt aber bei geringem Druck und enthält häufig grössere und kleinere Steine in Menge. Die hauptsächlichsten Stellen seines Vorkommens sind in der Priegnitz: die Ortschaften Eldenburg und Wustrow, der grössere Theil des Plateaus zwischen der Löcknitz und Stepnitz, die Gegend zwischen den Punkten Putlitz, Niemerlang, Wittstock und Kyritz mit Ausnahme der Niederungen, endlich der Wittstocker Wald. Weiter nach Osten folgen: der südwestliche Theil des Ruppiner Kreises bis zum Rhin, ausser den Feldern in der Nähe der Dosse und des Luchs, der Streifen Landes von Lindow bis Sommerfeld, die Nordostecke des Ruppiner Kreises um Menz und Woltersdorf. In der Ukermark: der Strich zwischen Lychen, Herzfelde und Gollin, der westliche Theil des Reinersdorfer Forstes und der Streifen über Storkow bis Annenwalde, die Gegend um Greifenberg und ein Theil des Lieper Forstes. Im Barnim: ein grosser Theil des Plateaus zwischen Schildow, Berlin, der Nordseite des Köpenickschen Forstes, der Steinitz aufwärts und Bernau; unter häufigem Wechsel der grösste Theil des östlich einer Linie von Neustadt-Eberswalde nach Altlandsberg und der Stienitz, nördlich des Rüdersdorfer Forstes bis Wriezen belegenen Landes; in dieser Gegend besteht der Untergrund des ziemlich guten Bodens meistens aus Thon, Mergel oder Lehm. Im Havellande: der grösste Theil der Höhen zwischen dem Luch und der Havel, des Landes Bellin, des Bötzower Forstplateaus bis Kremmen, der Gegend südwärts von Dalgow und Döritz bis Potsdam hin. Im Süden der Havel: von der hohen Zauche die Höhen zwischen Ziesar und Niemeck, der hohe und niedere Flemming bis gegen Golssen; mit geringen Unterbrechungen das Plateau zwischen dem Spandauschen Forst, Grossbeeren, Selchow und Berlin; der grösste Theil des Schmöckwitzer und ein Theil des Müggelwerders nebst der Niederung von Zeuthen bis Köpenick. Südwestlich davon: die Höhen östlich von Trebbin und dem Kummersdorfer Forst, die Höhen nordwestlich vom Teupitzsee; die Gegend zwischen dem Köris-, Scharmützel- und Pralinsee und der Spree; einzelne Gegenden zwischen Tauche und Fürstenwalde und die Umgegend von Merz.

S a n d i g e r L e h m b o d e n oder s. g. Gersten- und Haferboden (10—80 pct. Thon, 0—5 Humus, 0—5 Kalk, der Rest Sand), — dessen Klösse sich ziemlich leicht zerkrümeln lassen und im Wasser, zuweilen erst nach längerer Zeit, zu Pulver zerfallen, und welcher von gelblich grauer, zuweilen röthlicher, schwarzgrauer, schwarzer, graubrauner oder röthlich brauner Farbe ist, — findet sich als Uebergang aus dem lehmigen Sandboden sehr häufig in der ganzen Mark, meistens auf Strecken von geringer Grösse. Gewöhnlich gehören die Abhänge der Höhen an Grenzen der Niederungen und oft die Höhen selbst hieher. Am ausgedehntesten zeigt er sich in folgenden Gegenden, zunächst der Priegnitz: bei Bochin, zwischen Mansfeld und Triglitz, südlich von Pritzwalk, zwischen Tüchen und Vieseeke, von Papenbrück bis zum Zotzen incl., um Dahlhausen, Vehlow, Demertin und Kötzlin. Im Ruppinschen Kreise oft innerhalb des lehmigen Sandbodens; ferner im südlichen Theil des Forstes und der Gegend westlich von Ruppin, dem Rand des Plateaus am Luch von Langen bis Viechel; ferner hier und im Templiner Kreise in der Gegend, welche nördlich von einer Linie zwischen Woltersdorf und Storkow, südwestlich von einer Linie zwischen Schulzendorf und Bergsdorf über Bedingen, südöstlich von einer Linie zwischen Grewelin und Grunewald begrenzt ist. In der Ukermark findet sich sandiger Lehmboden um Neuensund, um Fürstenwerder, zwischen und um Gerswalde und Fredenwalde. Im Oberbarnim zwischen Lüdersdorf und Mögelin unweit Wriezen. Im Havellande die Gegend zwischen Markau und Rohrbeck bis gegen die Havel. Südlich der Havel die Gegend von Prüske und Krane bis Lehnin mit dem Forst; im Teltowschen Kreise der Landstrich südlich von Diedersdorf und Grosskienitz bis zum Hutgraben.

Lehmboden (40 — 70 pct. Sand, 30 — 50 Thon, 0 — 5 Humus und 0 — 5 Kalk), gewöhnlich Gerstenboden oder Weizenland zweiter Classe genannt, von bräunlich grauer, graugelblicher, schwarzgrauer oder schwarzbrauner Farbe, von hartem und magerem Gefühl beim Anfassen, mehr oder weniger leicht zerbrechlich, findet sich sowohl auf Höhen als in Niederungen; er kommt öfter auf kurzen Strecken vor. Ausgedehnter zeigt er sich an folgenden Punkten der Westpriegnitz: Gegend von Rosenhagen und Uenze bis Krampfer, zwischen Kletzke und Gr. Leppin bis Schrepkow, Damelackscher Forst bis zur Havel; in der Ostpriegnitz: um Meyenburg, zwischen Wulfersdorf und Wittstock, nördlich und östlich von Kyritz; die Umgegend von Zechlin bis zur Landesgrenze. Weiter nach Osten hin: ein Theil der Gegend von Ruppin; der grösste Theil des Prenzlauer Kreises und über dessen südliche Grenze hinaus nach Gerswalde, Steglitz, Greiffenberg zur Welse und Randow; östlich einer Linie zwischen Angermünde und Oderberg mit Ausnahme des Heinersdorfer Forstes; von Grossziethen und Chorin bis zum Paarsteiner See; die Gegend um Grossschönebeck und Pechteich zwischen Döllnfliess und Finowcanal. Im Barnim: die Höhen von Freienwalde bis Mögelin; der nördliche Theil des Rüdersdorfer Forstes. Im Havellande die Gegend von Dürotz bis Nauen. Südwärts der Havel: die Höhe östlich von Belzig; zwischen der Nuthe und Güttergotz; östlich von Luckenwalde bis zum Schönefelder Busch und Stülper Forst.

Mergelboden (15 — 65 pct. Sand, 30—60 Thon, 5—20 Kalk, 0—5 Humus), welcher meist eine krümlige Masse bildet, angefeuchtet und ausgetrocknet aber zu ziemlich harten Klössen zusammenballt, das Wasser schnell einsaugt und von gelbbrauner, weissgrauer, schwarzgrauer oder hellgelber Farbe ist, kommt nirgends in ausgedehnten Strecken vor, fehlt indess auf wenigen Feldmarken ganz. Er zeigt sich vorzüglich in Höhegegenden, seltener in Niederungen.

Thonboden (50 und mehr pct. Thon, 0—5 Humus, 0—50 Kalk, 0—50 Sand), auch Weizen-, Klei- oder schwerer Boden genannt, trocken kaum mit der Hand zerbrechlich und von gelb-, bräunlich-, schwarzgrauer oder schwarzbrauner Farbe, nass sehr viel dunkler, beim Anhauchen stark nach Thon riechend, meistens fett sich anfühlend und im Wasser schwer zerfallend, zeigt sich der Regel nach nur in Niederungen. In der Priegnitz findet man ihn am ausgedehntesten: zwischen Havel und Elbe von Havelberg ab, von der Havelmündung bis über Rühstedt hinaus, von Wittenberge ab zwischen Löcknitz und Elbe bis zur Mündung der Elde. In der Ukermark haben ihn in vorzüglichster Beschaffenheit: ein Theil der Gegenden längs der Uker und Randow, der Landstrich von Karmzow bis Berkholz, die Umgegend von Gramzow. — Die hauptsächlichsten Bodenarten vertheilen sich in Procenten auf die unterm Pfluge stehende Fläche:

	Priegnitz	Ukermark	Mittelmark
Thon	3,0	6,0	2,1
Lehm	3,1	9,0	2,3
Sandlehm	16,0	21,0	27,3
Lehmsand	32,2	28,9	23,8
Sand	45,7	35,1	44,9

Im Thon- und Lehmboden und dessen Mengungen kommen häufig Schrindstellen oder Brandadern vor, in deren Untergrund sich eine Mischung von wenig Thon mit 39 pct. Eisenoxyd und zum Theil mit Phosphorsäure findet (Ort- oder Urstein), und welche wegen der Ungleichartigkeit und der Unterbrechung der höheren Cultur von grösstem Nachtheil für die Landwirthschaft sind. Im Oberbarnim sind wenige Fluren völlig frei davon.

Humus- und Sumpfboden, welcher mehr als 5 pct. Humus (Sumpferde oder Schlamm) im Gemisch mit Thon, Sand und Kalk enthält und sich durch schwarze Farbe auszeichnet, findet sich nur in den Niederungen. Der kalkfreie, saure Humus ist seiner Schwerlöslichkeit wegen unfruchtbar. Es gehören hieher in der Priegnitz: die Löcknitzniederung von bruchiger Beschaffenheit; das daran stossende, 1747—1785 urbar gemachte und nur noch an einigen Stellen bruchige Sillgebruch von etwa 1 Q.-Meile Flächenraum; westlich von Putlitz liegt ein von mehreren Bächen durchschnittenes Elsbruch, etwa 1 Q.-Meile gross; einige Bruchgegenden an der Domnitz; die Karthane-Niederung, bis Grossleppin torfig, dann bruchig, bei Wilsnack theilweise Torfmoor, von Kleinlüben ab Wiesen. Das grosse havelländische Luch zwischen dem Einfluss der Havel in die Elbe und der Havel bei Oranienburg hat an den meisten Stellen eine Humusdecke von 2—3 Fuss Tiefe, an vielen noch weit mehr; der Grund ist meistens Thon und (namentlich im eigentlichen havelländischen Luch) Mergel, an vielen Stellen Sand, im südwestlichen Theile um Liepe u. s. w. blauer Triebsand. Noch zu Anfang des vorigen Jahrhunderts eine wilde Urgegend, wurde das eigentliche havelländische Luch 1718 bis 1724 urbar gemacht, das grosse Neustädtsche Luch im Nordwesten (von Vehlegast bis Havelberg noch bruchig, der nordöstliche Theil torfig mit Raseneisenstein) erst unter Friedrich dem Grossen; im Thal des Hauptcanals ist der nördliche Theil mit dem Nauenschen Forst am meisten bruchig. Die mittlere Havel fliesst bis Zehdenick in einer wenig humusreichen Niederung; an der Mündung des Döllnfliesses bildet das Wesendorf- und Krewelinsche Bruch eine breite Sumpf- und Wiesenfläche mit Raseneisenstein; das sehr ebene Neuholländer Bruch südwestlich davon hat vortrefflichen und nur in nassen Jahren zu feuchten Boden; südlich von Liebenwalde und östlich vom linken Havelarme liegt das Kreuzbruch. Vom Oderthale gehört mit Ausnahme eines Theils des Oderbruchs die Strecke von Hohensaaten bis über Vierraden hinaus zum Regierungsbezirk Potsdam; der südwestliche Theil desselben ist mit Sand bedeckt. Die Niederung der Sarnitz ist von Greifenberg ab sehr humos und torfig, die der Welse nur nahe dem Flusse, während die entfernteren Felder mit Sand bedeckt sind; das Thal der Randow hat durchgängig humosen, zum Theil torfigen Boden. Die Spree fliesst durch ein hin und wieder sumpfiges Thal, dessen Sohle reich an Humus ist, bis Beeskow, worauf das Thal sehr flach und von geringer Breite wird; westlich von Neuzittau bilden Abflüsse der Seen eine bruchige Niederung bis zu den meist sandigen Ufern des Müggelsees; von da ab bis zu ihrer Mündung ist der Boden sandig, mehrentheils aber mit einer Humusdecke von geringer Mächtigkeit bedeckt. Von der Havel gehen zwei Niederungen wieder zur Havel, eine nördlich durch Marquardt und Paretz, die andere, theilweis torfige, von Potsdam nach Golm; weiter westwärts ist die nördlich von einem flachen Sandrande begrenzte Havelebene, mit Ausnahme der hervortretenden Horste, von Humus bedeckt; letzterer ist am Breitlingsee, im Lötzbruch östlich von Päwesin, theilweise auch im Mittelbruch und Thürbruch nördlich von Ketzür torfartig. Das Thal der Plane, welches mit dem östlichen Theile des Fiener Bruches in Verbindung steht, ist vollkommen eben mit vielem Humusboden; im Süden bildet es einen ungeheuren Sumpf, von schwimmendem Rasen bedeckt, wird bei Damelang fester und ist weiter nördlich (unter dem Namen des freien Havelbruchs) fruchtbar; der Untergrund ist oft steinig, sandig oder torfig oder enthält Raseneisenstein. Mit dem Planethal hängt nach Osten hin das Teltowsche Bruch zusammen, zunächst der gewöhnlich im Frühjahr unter Wasser stehende Oberbusch zwischen Brück und Schlalach, nordwärts von dort das Schlalacher Luch bis zum Nieplitzthale. Dieses geht bei Treuenbrietzen durch fruchtbaren Boden, theilweise die Elsbrüche Barenbusch und Pilgheide (im Süd- resp. Nordwesten von Felgentreu) begrenzend. Die Polenzlake südlich Ahrensdorf ist ein schlechtes Elsbruch, welches mit der Nuthe in Verbindung steht. Das Thal dieses Flusses ist von Luckenwalde abwärts sehr eben und humos; nördlich von Woltersdorf wird es die tiefe Trift genannt. In der Gegend von Trebbin schliesst sich ihm östlich ein breites Thal an, aus dem einige bedeutende Flächen ohne Humusboden hervortreten; dieses Thal wurde 1776—86 meliorirt und stellt jetzt eine tiefe Bruchgegend dar, deren Hauptabfluss zur wendischen Spree die Notte ist; der nördlichste Theil bei Gross-Beeren heisst das Lilobruch. Längs des Gottowschen Fliesses zieht sich von Gottow über Baruth hinaus die Baruther Niederung, ein Bruch von schlechter Beschaffenheit, welches durch eine Sandwulst in einen nördlichen und weit höheren südlichen Theil geschieden wird und im Westen Schönefelder Busch oder das grosse Buschgehege heisst.

In einigen Kreisbeschreibungen wird die Beschaffenheit der Ackererde ausführlicher dargestellt, so in Betreff des Kreises Westpriegnitz. Hier wechselt Heide, schwarzer Sand, Flugsand mit vermischtem Boden, Thon, Lehm, Gartenerde, Torf- und Wiesengrund, so dass sich in kleinen Bezirken oft die auffallendsten Gegensätze nebeneinander befinden. Im Allgemeinen herrscht in der Elbgegend der Kleiboden, in der Havelgegend das Wiesenland, im Norden ½ Moor- und ½ leichter Boden, im Osten meistens Sand und daneben Lehm vor, während in der Mitte der grösste Wechsel stattfindet. — Das südliche Drittheil des Teltower Kreises hat nur Sand auf der Höhe und Moor in der Niederung, von geringer und geringster Nutzbarkeit durch Ackerbau, während der nördliche Theil mehr oder weniger ergiebig ist. Dort finden sich Lehm und Mergel selten, häufig aber bedeutende Thonlager im Untergrund; im Norden ist Lehm oder Mergel in ausgedehnteren Nestern, durchschnittlich 2—3 Fuss tief unter der Oberfläche, vorhanden.

Im Regierungsbezirk **Frankfurt** finden sich dieselben Bodenarten wieder, wie im Potsdamer Bezirk. Der unfruchtbare 5—12jährige Sandboden bedeckt in der Neumark $\frac{1}{31}$, der 3—12jährige im Lande Lebus $\frac{1}{15}$ der gesammten Ackerfläche. Sandboden ist über folgende Gegenden ausgebreitet: von der Plöne und faulen Ihna bis zur Netze und Warthe; im Kreise Königsberg stellenweise um Mohrin, Fürstenfelde u. s. w., südlich von Oderberg im Neuenhagener Plateau. Zwischen der Warthe und dem ostwestlichen Oderlauf ist mit Ausnahme der Niederungen fast die ganze Fläche Sandland, besonders im östlichen Theile. Dasselbe ist der Fall mit dem Müncheberger und Hangelsberger Forst und dem Landstriche auf der Höhe von Bukow und Müncheberg bis Frankfurt und südlich davon bis zur Spree und dem Friedrich-Wilhelms-Canal. Vom Gubener Kreise ist der östliche Theil jenseit einer Linie von der Lubus bis Amtitz über Wallwitz bis Augustwalde fast ausschliesslich mit Sand bedeckt; derselbe macht auch in der Stiftsherrschaft Neuzelle mehr oder minder die Ackerkrume aus. Vom Sorauer Kreise der Südwesten links der Neisse, begrenzt von einer Linie zwischen Scheuno und Klein-Kölzig. Der Kalauer Kreis besitzt unter den niederlausitzischen die wenigsten sandigen Feldmarken; am zahlreichsten, aber von keiner bedeutenden Ausdehnung sind sie im Kreise Luckau; die Plateaus des Lübbener Kreises enthalten grösstentheils Sandboden unfruchtbarster Gattung.

Lehmigen Sandboden haben die Gegend von Reetz und Arnswalde, die Höhen von Küstrin längs der Oder bis Fiddichow und — mit anderen Ackerarten häufig wechselnd — das Land von dort bis Berlinchen hin und südwärts bis zur Warthe. Auch die Gegend von Krossen nördlich der Oder gehört hieher, viele Stellen ferner zwischen Oder und Spree östlich von Beeskow, sowie der grösste Theil des Landstriches südwestlich der Linie von Frankfurt nach Wriezen bis zum Breitenkreise von Jakobsdorf und Fürstenwalde. In der Niederlausitz: die Gegend um Luckau von Wieringsdorf bis Beesdau, südöstlich von Kottbus der Strich zwischen Branitz und Kasel, vom Spremberger Kreise der Theil ostwärts einer Linie zwischen Bagenz und Lieskau, westlich von Guben zwischen Reichenbach und Bärenklau, ziemlich weit verbreitet auf der Stiftsherrschaft Neuzelle; im Südosten des Sorauer Kreises die Gegend zwischen Linderode, Laubnitz, Syrau und Teichdorf.

Sandiger Lehmboden bedeckt einen grossen Theil des Soldiner und Königsberger Kreises, besonders um Schönfliess und Bärwalde, und die Gegend von Lieberose südöstlich des Schwielochsees, ist auch am Rande des Oderbruchs südostwärts bis Seelow und Dolgelin häufig. In der Niederlausitz wechseln die Bodenarten vom strengsten Lehm bis zum Sande so rasch ab, dass jede einzelne nur selten zusammenhängende Flächen von einiger Ausdehnung bildet; im Luckauer Kreise ist der sandige Lehmboden sehr wenig vertreten.

Lehmboden haben die Gegenden von Königsberg und von Züllichau, die Höhen von Lebus bis Dolgelin und einzelne Stellen des Oderbruchs, ferner die Höhen zu beiden Seiten des Bobers und der lausitzer Neisse bis zu deren Einmündung in die Oder. In der Niederlausitz zeigt er sich ferner auf der linken Spreeseite von Wolkenberg bis Gr. Oenig, bei Krieschow, in dem Striche von Pritzen über Reddern und Ogrosun bis Dubrau u. s. w.

Thonboden steht hier und da im Oderbruche an. Grössere Stücke werden zuweilen zwischen dem sandigen Lehm- und dem lehmigen Sandboden angetroffen. In der Niederlausitz dürfte das fruchtbare Alteland zwischen der Neisse und Lubus von Pförten niederwärts hieher gehören, namentlich die Gegend von Kohlo. Nach Berghaus' Schätzungen breiten sich die Hauptbodenarten in der Neumark und den lausitzer Kreisen in folgenden Procentantheilen aus:

	Neumark	Guben	Sorau	Spremberg	Kottbus	Kalau	Luckau
Thon . . .	2,3	5,0	5,1	8,8	1,4	6,3	3,7
Lehm . . .	4,5	16,0	7,0	3,0	8,6	11,7	5,9
Sandlehm	30,0	16,2	18,5	11,8	15,7	16,4	11,8
Lehmsand	18,0	27,4	34,7	35,3	40,0	37,2	27,1
Sand . . .	45,2	36,4	34,7	41,1	34,3	29,4	51,5

Humusboden füllt auch im Frankfurter Bezirk grösstentheils die Thäler aus, und die Sohle der meisten Flüsse und Seen ist humusreich. Das Netzebruch wurde von 1661 an, im Grossen aber erst 1763 — 67 trocken gelegt; nachdem es vorher eine fast unwegsame Wüstenei gewesen, gewann man dadurch 62 171 Morgen fruchtbaren Landes; allerdings enthält es viel Torf, und die Gegend bei Driesen ist sogar sehr sandig. Das mit jenem und dem Oderbruche zusammenhängende Warthebruch, eine der bedeutendsten und fruchtbarsten Ebenen des Staates, ist durchgehends mit einer Humusschicht bedeckt, welche an vielen Stellen torfig wird, und unter der ein durch den Pflug heraufgebrachter fetter Letten steht; das obere Bruch von Borkow bis Kölschen und von Wepritz bis zum Fichtwerder wurde 1767—74, das untere bis Warnike und Priebrow 1775—85, der Rest bis zur Mündung und den Höhen von Göritz später verwallt und urbar gemacht. — Das breiteste Thal, das Neuenhagener Plateau wie eine Insel tragend, ist das Oderbruch, dessen Begrenzung im Nordosten die Höhen unweit des Stromes von Küstrin bis Zehden bilden, im Südosten die Oder und die Höhen von Reitwein bis Mallnow, im Südwesten der Hügelrand von dort über Seelow zum Mühlenfliess, weiter über Wulkow, Vevay, Wriezen, Freienwalde zum Finowthale, im Norden die Hügel von Niederfinow über Oderberg bis Hohensaaten; das Bruch wurde von 1717 ab, hauptsächlich 1747 — 66 entwässert, ist aber der alljährlichen Ueberschwemmung ausgesetzt. Der Boden besteht theils aus Thon und grauem Lehm, theils aus Sand oder leichtem Torfgrund und ist hier und da sauerbeizig; Thon durchädert das Bruch und bildet an vielen Stellen den Untergrund (in hiesiger Gegend alsdann Schrindstellen genannt). Das Bruch zerfällt in das hohe und niedere; im südlichen Theil des letzteren oder im Mittel-Oderbruch findet sich der fruchtbarste schwarzgraue Thon, mit Torf und leichten Erdarten gemischt. Das ganze Oderbruch enthält ungefähr 235 000 Morgen. Südwärts davon liegt die Lebuser Niederung zwischen Göritz und der Mündung des Friedrich-Wilhelms-Canals; ihre Sohle wird von einer starken Humuslage bedeckt und dient verschiedenen Culturzwecken, von Brieskow bis Frankfurt ist sie fast sumpfig. Die Oderwiesen von Sabor abwärts bis zum Friedrich-Wilhelms-Canal nehmen nur östlich von Krossen und im Polenziger Bruche bis Colonie Friedrichswalde, sowie von der Mündung der Neisse abwärts eine grössere Breite ein. — An der Spree zwischen Kottbus und Fehrow liegt ein ausgedehnter Kessel, im Süden durch eine Linie von Kottbus über Vetschau begrenzt, im Westen durch Höhen von Merzdorf über Gr. Liskow, Tranitz, die Ostseite der Feldmark Heinersbrück nach Wüst-Drewitz, nördlich durch eine Linie über Drachhausen nach Fehrow. Der Boden ist nasser humoser Sand von 4—5 Fuss Mächtigkeit, darunter reiner Sand. Der westliche Theil dieser Ebene ist von vielen Bächen durchflossen; der südliche und östliche wechselt mit Sumpfboden und Sandstrichen; der nordöstliche, die Gollitze mit den Tauerschen Wiesen, ist ein schlechtes Torfbruch, westlich durch Sandstellen unterbrochen; zwischen Peitz, Skadow und Striesow liegen ausgedehnte, an Raseneisenstein reiche Wiesen. Von Fehrow bis Lübben erstreckt sich der obere oder eigentliche Spreewald, im Nordosten von dem Hügelrande eingefasst, der über Byleguhre, Biehlen, Wuschwerg und Biebersdorf hinzieht, im Südwesten von dem Höhenrande über Raddusch nach Ragow und von einer Linie zwischen dort und Steinkirchen begrenzt. Er ist eine flache Gegend mit sandigem Humusboden, von unzähligen Armen der Spree durchflossen. Der östliche, im Kreise Kottbus belegene Theil, der Burgsche Spreewald, ist meistens sehr fruchtbar, wo die Wiesen nicht zu sumpfig liegen; der westliche Theil hat mit Ausnahme des Rasentorfs in der Nähe von Straupitz eben so guten Boden, aber auch viele offene bruchige Stellen. Der Unterspreewald, welcher östlich durch die Berghänge von Biebersdorf, Wittmannsdorf und Neuschadow, westlich durch eine Linie von Lubholz über Gr. Wasserburg nach Neuendorf begrenzt wird, und in dem sich der Frauenberg bei Lübben inselartig erhebt, ist in seiner südwestlichsten Strecke Moor und Sand, niederwärts mehr ein Elsbruch, und ein Theil der Wiesen enthält Torf und Raseneisenstein. Die östliche Hälfte dieser Niederung ist nicht, wie die westliche, von Flussarmen durchzogen, sondern besteht aus Sumpf-, Wald- und Sandstellen. Mit dem unteren Spreewalde steht nach Westen zu der östliche Theil der Baruther Niederung in Verbindung, ein Queerthal zu beiden Seiten des Queerflusses und der Berste, aus moorigen Flächen mit viel Torf und Eisenstein bestehend.

Denjenigen Kreisbeschreibungen, welche das vorliegende Thema behandeln, lassen sich noch die folgenden ergänzenden Thatsachen entnehmen. Arnswalde enthält zur einen Hälfte sehr leichten Sandboden, zur anderen theils sehr strengen Lehm; theils einen humoseren und milderen lehmigen Boden. Der östliche Theil des Friedeberger Kreises nördlich der Netze ist vorherrschend sandig, und einige unbefestigte Flugsandflächen schaden den benachbarten Aeckern; der ergiebigere Theil im Westen ist von mehr lehmiger Beschaffenheit. Das von einem fortlaufenden Höhenzug begrenzte Netzethal besteht zumeist aus torfigem Bruchlande, der daran stossende südlichste Theil aus durchweg ebenem Sandboden. Landsberg hat auf der Höhe einen fast durchgängig sandigen Boden von geringer Ergiebigkeit für den Ackerbau; hin und wieder, wie auf der Feldmark Marwitz, kommt Weizenland vor. In der Niederung wechselt Torf- mit leichterem Sand- und fruchtbarem Lettenboden vielfältig ab; am besten sind die Feldmarken von Wepritz bis Landsberger-Holländer nördlich der Warthe und die allerdings unter Druckwasser leidenden Woxholländer und Schützensorge südlich der Warthe. Das Netzethal ist noch Ueberschwemmungen ausgesetzt. Das Forstland im äussersten Süden ist beinahe steriler Sand. Der Kreis Sternberg hat einen fast durchgehends kalten und sandigen Boden, in welchem wenige Brücher vorkommen. Die zum Warthe- und Oderbruch gehörigen Fluren sind grösstentheils in solchem Grade trocken gelegt, dass Wiesengras darauf nicht mehr wächst. Der Boden in der Niederung des Lebuser Kreises ist humusreich, der auf der Höhe vorherrschend sandiger Lehm und gleich jenem warm, der Untergrund mehr oder weniger durchlässig; Bruchboden, wo der sandige Untergrund bis an die Oberfläche tritt, nennt man Schrind.

Im Kreise Krossen hat die Domaine Sorge den besten Niederungsboden. Gutes sommerungsfähige Land haben auf der Höhe: die Umgegend der Kreisstadt ½ Meile weit und südlich bis Liebthal, das rechte Oderufer niederwärts bis Rädnitz, im Westen der Strich zwischen Drehnow und Messow, im Süden die Stadt Sommerfeld. Der übrige Theil des Kreises besteht meistens aus leichterem Boden. Sorau enthält grösstentheils Sand, jedoch auch Lehm- und Kiesboden, oft plötzlich mit jenem wechselnd. In mehreren Gegenden bildet Lehm, Thon oder Gemenge aus Thon und Lehm den Untergrund, so dass eine verhältnissmässig kalte Temperatur der Ackererde vorherrscht; auch ist Eisenstein weit verbreitet. Das Ackerland des Spremberger Kreises ist hauptsächlich Roggenland zweiter und dritter Classe, der Rest Roggenland erster Classe, Haferland und sehr wenig Gerstenland zweiter Classe.

Der Kreis Lübben enthält fast durchgängig nur Sandboden von mittlerer oder selbst äusserst geringer Ertragsfähigkeit; nur einige Feldmarken, welche entweder eine Beimischung von Lehm oder moorigem Niederungsboden besitzen, können zum Anbau von Sommerfrucht benutzt werden. Die Wiesen des Spreewaldes leiden neuerdings in Folge von Entwässerungen umliegender Fluren in gesteigertem Grade durch Nässe. Kottbus ist mit Ausnahme der ausgedehnten Niederungswiesen ein vorwiegend sandiger und wenig fruchtbarer Kreis; Raseneisenstein ist weit verbreitet.

5. Provinz Schlesien.

Diese Provinz ist in erheblichem Grade schädlichen Ueberschwemmungen durch die Oder und deren Nebenflüsse ausgesetzt, und vorzugsweise fruchtbarere Gegenden leiden darunter. Der Boden im Hochgebirge besteht aus nassem, kaltem, magerem Thon von wenig Zollen Stärke über Stein, in etwas niedrigeren Stufen über Kies oder Lette. In den Vorbergen vertieft sich die Krume, der Thon geht in milderen Lehm über, und der Untergrund wird durchlässiger. Am Fusse der Berge ist der vortrefflichste milde, humose Lehm mit lehmigem und durchlassendem Untergrunde abgelagert; an den besten Stellen ist die Krume 1½—3 Fuss mächtig und ruht der lehmige Untergrund auf einer ebenen oder wellenförmigen Kiesschicht. Diesem ergiebigen Striche folgen dann das verschieden geartete Flachland, die Niederungen und das Bergland des rechten Oderufers.

Die naturforschende Gesellschaft zu Görlitz, welche die Aufgabe übernommen und bereits grossentheils in höchst dankenswerther Weise gelöst hat, die Zustände der preussischen **Oberlausitz** in verschiedenen Beziehungen zu ermitteln und darzustellen, beschäftigte sich auch mit Untersuchungen der Dammerde dieses Landestheils in landwirthschaftlicher Beziehung. Es wurden ihr von 80 Grundbesitzern 322 Proben der Ackerkrume und des Untergrundes zugesandt, so dass sich ein ziemlich getreues Bild der Bodenbeschaffenheit, wenigstens in grossen Gruppen, daraus zusammenstellen liess. — Nur sehr wenig Punkte auf Granit- und Basalt-Anhöhen sind von Dammerde entblösst. Bei dem häufigen Wechsel der Bodenarten auf denselben Feldfluren wurden nur deren vorherrschende Bildungen in Betracht gezogen.

Als Sandboden ist derjenige bezeichnet, welcher 0—10 Procent abschlämmbare Theile hat, 1½ Loth pro preussischen Kubikzoll lufttrockener Erde wiegt, ein specifisches Gewicht von 2,66 (bei einem durchschnittlichen Gehalt von 5,69 Procent abschlämmbarer Theile) und eine wasserhaltende Kraft von 28,68 Gramm auf 100 Gramm lufttrockener Erde besitzt, nachdem die Steine bis zur Grösse eines Hirsekorns abgesiebt worden sind. Dieser Boden bedeckt im Norden der Oberlausitz den grössten Theil des Kreises Hoyerswerda; den grössten Theil vom Norden des Rothenburger Kreises, die Feldmark Dauban mit Ausnahme eines sandigen Lehmbodenstreifens an der Strasse nach Teuer, die Gegend um Niesky; die meisten Fluren in dem zur Oberlausitz gehörigen Theil der Kreise Sagan und Bunzlau; den grössern Theil vom Görlitzer Kreise nördlich einer Linie von der Taubentränke über Schützenhain, den Bielaubach und Penzig nach Niederkaupe.

Sand und Lehm gehen zu häufig in einander über, als dass sich sandiger Lehm- und lehmiger Sandboden getrennt betrachten liessen. Diese gemischte Bodenclasse enthält 10—30 Procent abschlämmbare Theile (im Mittel 16,36), hat ein absolutes Gewicht von 1,39 Loth pro Kubikzoll, ein specifisches Gewicht von 2,38 und eine wasserhaltende Kraft von 35,30 Procent. Er bedeckt in einiger Ausdehnung folgende Strecken vom Kreise Hoyerswerda: das Feld westlich Bärhausen, das Feld westlich Burkersdorf und Lindenau mit einem Streifen nördlich davon, Frauendorf und östlich davon bis zur Ruhlander Strasse, die Gegend von Kroppen bis östlich von Lipsa und Hermsdorf, von Ruhland nach Guteborn und zu beiden Seiten der Strasse bis Schwarzbach, südwestlich und nordöstlich von Hohenbocka, nördlich und nordöstlich von Peickwitz bis zur Grenze, die Gegend südöstlich der schwarzen Elster von Solschwitz bis Hoske; ferner im Zusammenhang den Landstrich, welcher im Süden und Westen begrenzt wird durch eine Linie von Hermsdorf über Wartha hinaus, nordöstlich zum Klosterwasser, über Dubring, Michalken, Döringshausen, Neuwiese und Rhesackmühle nach Geyerswalde, nach Osten zu durch eine Linie von Kolbitz an der schwarzen Elster über Driewitz, östlich Ratzen, Dreiweibern, Kolmen, Neyda, westlich Buchwalde, westlich Kühnicht, östlich Neuwiese und Bobrosz nach Blunow; endlich die nächste Umgebung von Uhyst. Im Rothenburger Kreise: den Streifen nordöstlich von Neutreudorf bis zur Grenze; die Gegend um Muskau nördlich bis Braunsdorf und Köbeln, südlich bis Gahlenz und Sagar; den Südosten von Skerbersdorf, das Neissethal vom Vorwerk Tormersdorf bis Priebus; damit zusammenhängend den Landstrich innerhalb einer Linie von Neusorge, Noes, Niederbielau, Gebege, Biehain, nördlich Krausche, östlich Kunnersdorf, Kodersdorf, den weissen Schöpsfluss abwärts bis Spree, südlich Bremenhain. Zwischen dem weissen und schwarzen Schöps das Land nördlich einer Linie von Liebstein über Arnsdorf nach Borda und auf der anderen Seite begrenzt von einer Linie zwischen Daubitz, Trebus (ein Streifen reicht nordwestlich bis Pranska), westlich Uhsmannsdorf, östlich Oedernitz und nördlich Jänkendorf. Das Schöpsthal von nördlich Jänkendorf bis Kreba und von Reichenwalde bis Boxberg nebst den Feldmarken See und Moholz. Westlich vom schwarzen Schöpsflusse bis zur Grenze das Land im Süden einer Linie über Quitzendorf, Förstgen und westlich Weigersdorf. Vom Görlitzer Kreise: die Gegend südöstlich Freiwaldau; einen Strich nördlich, sowie westlich und südlich Rothwasser; den Landstrich innerhalb einer Linie von der Kreisgrenze am Hirsch über Schützenhain, Penzig, Niederbielau, die Neisse aufwärts bis nördlich Lissa, östlich Serchs, Niedersohra, Leopoldshain, Lauterbach, Pfaffendorf, die Kreisgrenze bis Lichtenberg, Stangenhain, Flohrsdorf und Rachenau wieder zum Hirsch; eine schmale Strecke östlich der Neisse von Klingewalde abwärts; die Gegend nordwestlich Leschwitz; den Landstrich zwischen Leschwitz, Moys, westlich Hermsdorf und südwestlich Niederhalbendorf. Vom Bunzlauer Kreise links des Queis; den grösseren Theil südlich einer Linie über Heidewaldau und Altenhain. Vom Laubaner Kreise links des Queis: den grösseren Theil nördlich einer Linie von Pfaffendorf nach Schreibermühle.

Unter *Lehmboden* wird gemischte Dammerde mit 30 — 50 pct. abschlämmbaren Theilen verstanden (im Mittel 38,79); ein Kubikzoll wiegt durchschnittlich $1\frac{1}{3}$ Loth, das specifische Gewicht ist $2\frac{1}{2}$, die wasserhaltende Kraft gleich 40,77. Diese Bodenart findet sich am linken Ufer der Neisse bei Rothenburg, längs des weissen Schöpsflusses von Siebenhufen bis Kodersdorf, an dessen rechtem Ufer von Spree bis Heidehof, längs des schwarzen Schöpsflusses von östlich Prachenau bis nördlich Jänkendorf, an der Kreisgrenze die Ortschaften Ober- und Nieder-Gebelzig. Im oberlausitzischen Theil des Bunzlauer Kreises hat ihn der Landstrich innerhalb der Linie von Siegersdorf über Vw. Tschirna, Altenhain, nordöstlich Karlsdorf, Heidedorf nach Osten zum Queis. Südwestlich davon das Land innerhalb folgender Linie: westlich Haugsdorf, Flohrsdorf, Stangenhain, Niederschreibersdorf. Vom Görlitzer Kreise ferner die Gegend nordöstlich Oberneundorf und der ganze südwärts gelegene Theil mit Ausnahme der Strecken, wo sich Sandlehm findet; vom Laubaner Kreise links des Queis der bei weitem grössere Theil.

Thonboden enthält mehr als die Hälfte (im Durchschnitt 60 pct.) abschlämmbarer Theile, wiegt $1\frac{1}{4}$ Loth pro Kubikzoll, hat ein specifisches Gewicht von 2,37 und eine Wasserhaltungsfähigkeit von 47,81 pct. In einiger Ausdehnung steht er an der Grenze des Rothenburger und Görlitzer Kreises südlich Gr. Krausche an und findet er sich namentlich in dem Theile des Laubaner Kreises zwischen Neugablenz, Niederlinda, Pretin und dem Honrich.

Torf- und Moorboden mit mehr als 20 pct. organischen Substanzen, wozu auch solches Sandland gehört, welches durch Eisenoxyd und Waldhumus eine schwarzgraue Farbe angenommen hat, besitzt im lufttrockenen Zustande (bei 26,78 pct. Abschlämmbarkeit) ein Gewicht von 0,68 Loth pro Kubikzoll, ein specifisches Gewicht von $1\frac{1}{3}$ und ein Wasserhaltungsvermögen von 136,83 pct. Dieser Boden tritt an nachstehenden Orten auf: im Kreise Hoyerswerda südwestlich Bärhausen, westlich Sabrodt, im grünen Wald und Werdaer Forst von Dubring bis Leipe und gegen Schwarzkolmen, an der Spree um Rauden und Monau. Im Rothenburger Kreise: ein Streifen in der Muskauer Heide von Mulkwitz südwestlich und dann westlich über Weisskeisel bis gegen Skerbersdorf, mit einem Strich nördlich von Weisskeisel bis gegen Krauschwitz; ein Stück Landes westlich von Nochten und nordöstlich von Spree; ein Streifen südlich und östlich von Tauer das neue Fliess abwärts bis über Jahmen; die Krebasche und ein Theil der Trebuser Heide südlich einer Linie von nördlich Zecherake über Nappatsch nach Neuhammer; damit zusammenhängend das Thal des weissen Schöpsflusses von Teicha bis gegen Publick; die Teichgegend nördlich Neusorge und Heinrichswaldau; der Biehainer Bruch nördlich Kl. Krausche; die Gegend um

Leippa und östlich Sänitz im Osten der Neisse. Im Norden des Görlitzer Kreises: die Toplitzwiesen, die gelbe Lache und andere Brücher im Görlitzer Forst, besonders an der Tschirna. Im Bunzlauer Kreise: ein Theil des Waldes westlich Schöndorf, ein Theil der Wehrauer Oberheide bis nördlich zum Jagdschloss.

Die etwa 66 Quadratmeilen Fläche der oberlausitzischen Kreise gehören den genannten Bodengattungen zu folgenden Hundertheilen an:

	Hoyerswerda	Rothenburg	Görlitz	Lauban	Bunzlau	Sagan	zusammen
Sand	69	51	40	—	69	92	49
sandiger Lehm	26	27	26	20	6	8	24
Lehm	—	4	27	70	—	—	16
Thon	—	—	½	10	—	—	1
Moor u. mooriger Sand	5	18	6½	—	25	—	9

Der Kalkgehalt ist überall sehr gering, im Untergrund noch etwas reichlicher (bis gegen 2 Procent) als in der Ackerkrume; er erreicht nur in der Feldmark Weigersdorf des Rothenburger Kreises ½ pct. und kommt selten ⅓ pct. nahe. Eine Untersuchung des Höhebodens von Berg bei Muskau ergab für eine Ackerkrume von 12—15 Zoll Tiefe: mechanisch vertheilten Quarzsand 75, chemisch ausgeschiedene Kieselerde 10, Thonerde 12, kohlensauren Kalk 1, Eisenoxyd ½, Humus 1½ pct.; eine andere für 8—12 Zoll tiefe Ackerkrume von Neustadt im Neissethale: Sand 78, an Thon gebundene Kieselerde 8, Thonerde 11, Eisenoxyd ½, Kalk $\frac{1}{16}$, Humus 2 Procent.

Speciell über den zum Ackerbau benutzten Boden der Oberlausitz liegen noch einige Mittheilungen vor. Bonitirt man die Ackerkrume unter Berücksichtigung ihrer Tiefe nach 10 Ackerclassen (*a.* Thonboden 15—20, *b.* Lehm 15—20, *c.* Lehm 10—15, *d.* Thon 6—10, *e.* Lehm 8—12, *f.* Moor 15—20, *g.* Moor mit Sand 6—10, *h.* Sand 6—10, *i.* Sand 4—6, *k.* Sand 3—6 Zoll tief), so erhält man im Grossen und Ganzen nachstehende Resultate.

Kreis Hoyerswerda: Spuren von *a.* und *b.* in der Elsterniederung, *c.* und *e.* hauptsächlich eben dort und in geringem Umfang zuweilen im Westen, *g.*—*i.* auf allen Feldmarken vorherrschend, *k.* etwas seltener.

Kreis Rothenburg: *a.* im Süden hin und wieder nachweisbar, *b.* in mässigem Umfang bei Hähnchen, Quolsdorf, im Süden des Kreises und im Neissethal, *c.* in der Umgegend von Muskau, *c.*—*e.* vorherrschend im südlichen Theile, *c. e.* und *g.* im Neissethal vorwiegend, *f.* am bedeutendsten in den Feldmarken Leippa, Dobers und Sänitz, *g.*—*k.* überall verbreitet mit Ausnahme des äussersten Südens.

Kreis Sagan im südwestlichen Theil: *a.* und *f.* ausnahmsweise, *g.*—*k.* überwiegen.

Kreis Görlitz: *a.* hin und wieder im Süden und Südwesten, *b.* und *c.* dort vorherrschend und im Norden fast nur in der Neissaue, *d.* fast allein in der südlicheren Hälfte auf früherem Forstlande, *e.* herrscht in dem die Mitte des Kreises durchziehenden Striche zwischen dem Oberlande und der Heide vor, *g.*—*k.* überwiegen bei weitem in den Feldmarken der Görlitzer Heide.

Kreis Bunzlau oberlausitzischen Antheils: *b.* mässig im Queisthal, *f.* selten, im Süden und im Queisthal herrschen *c. e. g.* und *h.* vor, in der Heidegegend *g.*—*k.*

Kreis Lauban: *a.* vereinzelt im Südwesten und nahe bei Marklissa, *b.* und *c.* herrschen im Westen, Süden und Südosten vor und treten wenig umfangreich im nördlicheren Theile auf, *d.* und *e.* sehr mässig im Süden, *e. h.* und *i.* allgemeiner im Norden, *g.* auf mehreren nördlichen Feldmarken.

Die Bodenbeschaffenheit von **Nieder- und Mittelschlesien** ist wegen der geognostischen Verhältnisse dieses Landestheiles sehr ungleich. Im Gebirge ist die Dammerde gemeiniglich sehr dünn, an den schroffen Abhängen dem Abrutschen und in den Senkungen dem Verschütten durch Gerölle ausgesetzt; doch gedeiht Roggen in den tieferen Thälern und an den wärmeren Lehnen der Vorberge. In der Nähe und auf dem rechten Ufer der Oder macht Sand den Hauptbestandtheil aus.

Schwarzer, fruchtbarer Boden ist vorzüglich anzutreffen um Glogau, Bunzlau, Hainau, Liegnitz, Jauer, Schweidnitz, Breslau, Strehlen, Nimptsch und Frankenstein.

In den ebenen Kreisen des Regierungsbezirks **Liegnitz**, soweit sie zum alten Schlesien gehören, wird an sich guter Boden häufig durch bedeutende Mischung mit Kieseln und Kies verschlechtert; übrigens herrscht auch hier das Sandland vor, stellenweise durch Moore unterbrochen. Es gilt dies von den Kreisen Grünberg, Freistadt, Sagan und dem Norden des Bunzlauer, ferner von Sprottau, Lüben und dem Südwesten des Glogauer Kreises. Die hügeligen Gegenden in den Kreisen Glogau, Liegnitz, Jauer, Hainau und im Norden des Bolkenhainer und Löwenberger zeichnen sich durch Fruchtbarkeit aus. Das Mittel- und Hochgebirge in den Kreisen Landeshut, Hirschberg und Schönau, im Süden der Kreise Bolkenhain und Löwenberg und in Theilen der Kreise Lauban, Goldberg und Jauer hat schweren und steinigen, die Thäler fruchtbaren, aber oft undurchlassenden Boden.

Im Oderthal des Grünberger Kreises ist zu beiden Seiten des Flusses ein vortrefflicher, durch Kalktheile gelockerter Thon horizontal abgelagert und mit so viel Sand vermischt, dass er sich bei günstiger Witterung klar bearbeiten lässt. An vielen Stellen aber ist er durch Ueberschwemmungen ausgespült und durch Flusssand ersetzt, an anderen liegen dünnere oder dickere Schichten von Sand auf dem Niederungsboden; es findet daher ein häufiger und schroffer Bodenwechsel statt. Die Oderniederungen im Freistädter Kreise sind mangels Deichschutzes regelmässigen Ueberschwemmungen ausgesetzt, welche Sand und Schlick ablagern. Das Inundationsgebiet der Oder im Glogauer Kreise enthält meist warmen humosen Lehm auf Lehmunterlage, aber oft auch kalten humosen Sand mit Moor- oder Lettenunterlage, sowie tief ausgedehnte und sogar zu Hügeln gestaltete Sandablagerungen; die Niederung rechts der Oder unmittelbar am Fluss ist der ergiebigere Strich. Der Boden des Kreises ist grösstentheils Roggenland, der beste auf der oderwärts gekehrten Abflachung der Ausläufer des Katzengebirges. Im Südwesten überwiegen Bruch- und Wiesenflächen mit grossen Torflagern und vielem Eisenerz, welches hin und wieder auch rechts der Oder vorkommt. Der wellenförmig gelagerte Sand des Kreises Lüben wechselt von gutem Roggen- bis zum leichtesten Lupinenboden; in den Niederungen ist er meistens streng, nass und kalt, und es findet sich viel Eisenstein. Den Untergrund bilden in häufigem Wechsel Sand, Lehm und Letten. Auf den Ausläufern des Katzengebirges steht sehr fruchtbarer humoser Lehmboden an.

In den übrigen Theilen des Liegnitzer Bezirks mit Ausnahme der gebirgigen Gegenden herrscht Sandboden in verschiedenen Schattirungen vor: mit schwächerer oder stärkerer Beimischung von Lehm und Humus, mit Moor- oder Eisentheilen vermengt, grob- oder feinkörnig bis zum Flugsande; durchlassender Lehm oder undurchlassender Lehm oder Lette im Untergrund, mit Ortstein, Fuchsdiele, Sand oder Steinen. Doch finden sich auch kleine Striche Moor- und Torfbodens mit zähem undurchlassenden Lehm, in den Bober- und Queisniederungen humoser Lehm. Die Landwirthe des Saganer Kreises haben viel mit steinigem, nassem und undurchlassendem Boden zu kämpfen.

In Löwenberg ist der Distrikt um die Kreisstadt äusserst ergiebig, die Gegend nach Naumburg und Bunzlau hin schon minder gut und das Gebirge sehr rauh.

Vom **Breslauer** Bezirk hat der Süden den Gebirgscharakter: die Kreise Waldenburg, Neurode, Habelschwert und Theile von Reichenbach, Frankenstein und Glatz. Fruchtbaren Vorgebirgsboden haben die Kreise Striegau, Strehlen, Nimptsch, Schweidnitz, Münsterberg und Theile von Trebnitz, Reichenbach, Frankenstein und Glatz; hier gebricht es übrigens an Wiesen.

Den Kreis Strehlen theilt die Ohle in zwei Theile, deren nordwestlicher dunklen und humosen Boden von häufig geringer Bindigkeit über strammem Thonmergel, auf den Höhen gelblich grauen und weit bindigeren Boden über sandiger Unterlage besitzt; die tiefgründigen Feldmarken des rechten Ohleufers haben schweren und kalten Weizenboden auf thon- und lettehaltiger Unterlage, das Gebirge eine starke Kiesbeimischung über kiesigem und zuweilen lettigem Grunde, die südwestlich ziehenden Thäler aber milden, humusreichen und tiefgründigen Lehm. Die Kreise Striegau und Nimptsch sind fast durchgängig zum Bau aller Cerealien sehr geeignet; auch die nicht dem Gebirge angehörigen Fluren des Kreises Frankenstein haben vorzugsweise Weizenboden; eben so fruchtbar ist im Allgemeinen der meistens auf Gneiss lagernde Boden des Kreises Reichenbach.

Längs der Oder zieht ein fast zwei Meilen breiter Strich günstig gemischten Niederungsboden hin, von dem jedoch auch die trockenen Lagen schwer und unsicher zu bearbeiten sind; gegen den leichten Boden der Höhe steht er meistens zurück, weil er selbst durch Deiche nicht genügend wasserfrei zu halten ist. Der Kreis Breslau wird vorzugsweise von einer schwarzen Ackererde eingenommen, welcher in feuchtem Zustande wie gutes Weizenland aussieht, im Frühjahr aber bei Trockenheit zu tiefem Staube zerfällt und zu porös wird, um einen dem meist günstigen Halmstande entsprechenden Körnerertrag zu liefern. Dieser Boden reicht auch in die Kreise Ohlau und Neumarkt hinein. In letzterem durchschneidet die märkische Eisenbahn einen kiesigen Torfbruch, während der südliche Theil des Kreises meistens sandigen und undurchlassenden Lehmboden, der mittlere Theil um Neumarkt wesentlich gutes Roggen- und Kartoffelland hat. Der Nordwesten leidet an lettigem Untergrunde, der Nordosten theilweise an leichtem, undurchlassendem und quelligem Boden; die Oderniederung hat zum Theil vorzüglichen Boden, zum Theil leidet sie an stauender Nässe bei durchlassendem Untergrunde. Der Kreis Ohlau ist überwiegend fruchtbar, jedoch steht der rechts der Oder belegene, von leichtem Sand bedeckte Theil bei weitem zurück. Der Kreis Oels hat einen durchschnittlich guten Boden, namentlich nach Osten zu; der südliche Theil wird durch starke Bewässerung begünstigt, der Nordosten ist von der Natur mit leichtem Sandboden stiefmütterlich bedacht.

Die im Norden des Regierungsbezirks belegenen Kreise haben das unergiebigste Land; der Lehmboden ist dort steinig, lettig, undurchlässig und kalt, die der Fläche nach überwiegenden Sandstriche mehr oder weniger leer und oft fliegend und brennend. Gute Erden, wie sie vereinzelt im Bartschthale vorkommen, sind Ausnahmen. Der Militscher Kreis besteht vorherrschend aus Sand mit vielfältigen Beimischungen von Lehm, und er ist mehr feucht als trocken. Im Kreise Steinau ist die Ackerkrume wenig ergiebig, im Kreise Wohlau mittelmässiger Roggen- und Kartoffelboden.

Die linke Oderseite des Regierungsbezirks **Oppeln** ist ein sanftes Hügelland mit tief aushaltendem, strengem oder mittlerem Lehmboden und einzelnen mächtigen Kalk- und Gipslagern. Im Steinaugebiet des Falkenberger Kreises findet sich eisenhaltiger Thon. Das Uebertreten der Neisse und ihrer Nebenbäche beschädigt häufig die Wiesen. Durch humusreichen Lehmboden ausgezeichnet ist der Leobschützer und der grösste Theil des Neustädter Kreises, namentlich die Umgegend von Oberglogau und der die Mitte des Kreises von West nach Ost einnehmenden Höhen; die gebirgigen Theile beider Kreise haben jedoch eine sehr flache Krume. Der Kreis Grottkau ist durchschnittlich fruchtbar, im Norden weniger tiefgründig und häufiger undurchlässig. Zu den besten Theilen gehören noch der äusserste Westen des Kreises Neisse, dessen Süden wegen durchschnittener Lage und schlechten Untergrundes schlecht zu bearbeiten ist, dann der humusreiche Nordwesten des Ratiborer Kreises und das fast durchweg lehmige Oderthal. Der Boden des Kreises Falkenberg ist meistens sandig, quellig und kalt, mehr oder weniger mit Eisen gemischt, die Ackerkrume 2—12 Zoll tief, der Untergrund sandig, lehmig, lettig oder eisenschüssig; die Niederungsländereien bestehen aus humosem Lehm oder lehmigem Sandboden mit tiefer Ackerkrume und durchlassendem Untergrunde, zum Theil der Ueberschwemmung ausgesetzt.

Die rechte Oderseite hat eine dem landwirthschaftlichen Betriebe wesentlich ungünstige Bodenbeschaffenheit; auf grösstentheils kaltem, nassem, undurchlassendem und eisenhaltigem Untergrunde ruht meistens thoniger Sandboden. Durch träge Flüsse werden die Niederungen versumpft oder — wie bei der Malapane — versandet. Der Sandboden und seine Abstufungen enthält unlösliche Quarzschichten, hat eine schwache Ackerkrume und ist in tieferer Lage dunkel gefärbt, eisenschüssig, unthätig und düngerfressend. Der Thonboden ist meistens mager und mit feinem Sande gemengt, welcher beim geringsten Regen die Poren verschlämmt, so dass die Feuchtigkeit nach oben nicht gehörig verdunsten und wegen der lettigen, strengen Unterlage nach unten nicht abziehen kann. Zu den besseren Gegenden gehört der südliche Theil des Kreises Gross-Strehlitz mit sandigem Lehm auf kalkiger Unterlage. Der östliche Theil des Kreuzburger Kreises insbesondere hat zum Grundstock eisenhaltigen Thon; der Ackerboden des Westens ist besser, als der des Ostens, und am vortheilhaftesten das Thal des Stoberbaches. Die Ackerkrume im Rosenberger Kreise ist vorherrschend Sand, fleckweise mit mehr oder weniger Humus, Lehm, Letten oder Moorboden gemischt; den Untergrund bildet meistens undurchlässige Lette oder eisenschüssiger, nasskalter Sand. Im Osten steht eisenhaltiger Thon zu Tage. Den Norden und Westen des Kreises Oppeln füllt die Tertiärformation aus, überall von Eisenstein durchzogen und häufig undurchlassend; bei Chmiellowitz und überhaupt in den Waldungen tritt Eisenstein fast zu Tage, und Wieseneisenerze und torfartiger Moorboden kommen häufig vor. Die Ackerkrume ist meistens Lehm bis klingender Sand; auf dem linken Oderufer dagegen besteht die Formation hauptsächlich aus Mergel, auf höheren Stufen aus sandigem Lehm und lehmigem Sand, in coupirten Strecken oft mit strenger Rudzine wechselnd. An den Grenzen der Ebene liegen viele erratische Blöcke. Der Plänerkalkstein des Kreidegebirges längs der Oder macht diesen Strich zu schönem Auenlande. Das Juragebirge mit seinem bunten Thon reicht von Osten her bis Turawa und Dembio, der Sohlenkalkstein des Muschelkalkgebirges zeigt sich im Südosten bei Kossorowitz und Tarnau, der Opatowitzer Kalkstein im Südwesten bei Krappitz und Rogau.

Der Kreis Lublinitz bietet die schroffsten Gegensätze hart neben einander: es wechseln steriler Thon, der häufig Kalksteinablagerungen enthält, mit losem Flugsand, brennendem Kalkboden und humussaurem Torf; der Untergrund ist undurchlassend, so dass überall Nässe herrscht. Von Woischnik westlich bis Lublinitz findet sich Kalk in verschiedensten Mischungen, aus der dortigen Jurakalkbildung herrührend. Im Thal der Lieswartha ist der thonreiche Boden durch Eisensteinlager ausgezeichnet. Am besten ist der glimmerreiche lehmige Sand und sandige Lehm mit Kalkgehalt. Innerhalb des grossentheils flachen und sandigen Kreises Gleiwitz findet sich in den Wiesengründen am rechten Klodnitzufer mergelhaltiger Thon, um Laband herum viel Kalk; der südöstliche Theil besteht aus eisenhaltigem Thon. Auch die rechte Oderseite des Koseler Kreises ist meistens sandig, längs des Ufers auf einem schmalen Strich thonig und von unsicherer Tragbarkeit, am Abhang des Chelmgebirges tragbarer Lehmboden und in einzelnen Thalgründen etwas reicher an Humus. Links der Oder ist der Boden fast durchgängig milder und humoser, meistens durchlassender Lehm, mit 8—15 Zoll Ackerkrume, die äusserste Nordwestspitze von Poborschau theilweise sandig, der Theil nördlich von Kostenthal zäher und thoniger. Die Mitte des Hügellandes und der Süden haben sehr guten und mergeligen Boden.

Von Nikolai über Rybnik nach Ratibor hin bildet eisenhaltiger Thon den Hauptbestandtheil des Bodens. Der Kreis Pless hat überhaupt eine meistens schwere, nasse und undurchlassende, selten sandige Ackerkrume; nur das Weichselthal ist vorzüglich fruchtbar. Im Süden des Rybniker Kreises zwischen dem Loslauer Wasser und der Oder liegen Thon, Mergel und Gips meistens über undurchlassender Lette; der mit ungemein vielen Quellen versehene Boden giebt das ihm innewohnende Wasser wegen seiner schliffigen und thonigen Natur schwer ab. Die den Kreis Ratibor von Osten her durchziehenden Höhen haben fast nur sandigen Boden mit theilweise undurchlassendem Untergrunde; an der Olsa befindet sich ein reicher, aber der Ueberschwemmung ausgesetzter und schwer zu bearbeitender Niederungsboden.

6. Provinz Sachsen.

Unter den Gebirgsarten, aus deren Verwitterung das nutzbare Land gebildet ist, haben bunter Sandstein und Muschelkalk die hervorragendste Rolle gespielt und mit ihnen Grauwacke, Thonschiefer, Porphyr, Zechstein, Rothliegendes und Keuper auf die Bodenbeschaffenheit eingewirkt.

In den Gebirgskreisen enthalten die Höhen meist flachgründigen, kalten Lehm oder kleiigen, lettigen Thon, in der Muschelkalkformation auch kalkreichen Hasselboden, meistens mit Steinen gemengt, im Untergrunde theils undurchlassenden zähen Thon, theils Steingeröll oder Felsen. Mittelboden findet sich gewöhnlich auf den unteren Bergabhängen neben der Thalsohle, in weiten ausgedehnten Thalkesseln oder niedrigen Plateaus. Die Thäler enthalten in den tieferen Lagen meist fruchtbaren, fetten Thon und Lehm oder (in der Formation des bunten Sandsteins) milden, bedeutend mit Thon gemischten Sand; die von der Höhe abfliessenden

Gewässer und Ueberschüttungen mit Steingeröll und dergleichen gefährden im Verein mit raschem Temperaturwechsel erheblich die Ertragsfähigkeit des Bodens.

Das Hügelland hat mit Ausnahme der zu hoch ansteigenden Berge einen mehr oder weniger reichen, milden Lehm- oder Thonboden, den fruchtbarsten der Provinz; er lässt sich als vorzüglicher Gerstboden bezeichnen.

Das aufgeschwemmte Land im Norden und Osten hat eine ziemlich in all seinen Theilen übereinstimmende Beschaffenheit. Den Grundcharakter bildet Quarzsand, mit Lehm und Humus und zuweilen mit Eisen untermengt, zum Theil aber ganz steril und fast ohne jedes Bindemittel; die besseren Striche gehen über guten lehmigen Sandboden selten hinaus. Eine Ausnahme macht die ziemlich ausgedehnte Elbniederung, welche aus mehr oder weniger fruchtbarem Thon und Lehm besteht, der sich aus dem Hochwasser abgelagert hat; die Menge des beigemischten Flusssandes und die Durchlässigkeit des Untergrundes beeinflussen die Ergiebigkeit. Eindeichungen haben dem Weizenboden der Elbniederung zwar einen Schutz gegen Ueberschwemmung gewährt, aber die Gefahr der Versandungen und Auskalkungen durch Deichbrüche und die Uebelstände des Drang- oder Druckwassers nicht beseitigt, während der befruchtende Schlick des Hochwassers verloren gegangen ist. Auch die Niederungen der kleinen Flüsse und Bäche zeichnen sich durch günstige Mischung von Lehm, Sand und Humus und durch Feuchtigkeitsgehalt aus, leiden jedoch theilweise durch Beimischung von Eisen. In den ehemaligen Wasserbecken und Torfniederungen tritt Humus- und Moorboden auf, welcher wesentlich als Acker, Wiesen und Holzung benutzt wird.

Vom Regierungsbezirk **Magdeburg** gehören dem Gebirgslande der Kreis Wernigerode und kleine Theile von Halberstadt und Aschersleben an. Den fruchtbaren Boden des Hügellandes trifft man in erster Linie auf der östlichen, niedrigsten und fast ebenen Abdachung des Gebirgsbodens an, welche die Magdeburger Börde heisst und im weiteren Sinne mit Ausnahme der Elbniederung die Kreise Magdeburg, Wanzleben, den Theil von Wolmirstedt südlich der Ohre und den Theil von Kalbe nördlich der Saale umfasst. Diesem Abschnitt folgt das von einigen Höhenzügen durchschnittene Hügelland zwischen ihm und dem Fusse des Harzes, welches die Kreise Oschersleben, Aschersleben, Halberstadt, den Süden von Neuhaldensleben und den Norden von Wernigerode umfasst; auch ein Theil von Gardelegen, dessen Boden indessen weniger mild und humos ist, zählt hieher; die früheren Wasserbecken dieses Landestheils sind seit längerer Zeit in Acker und Wiese umgewandelt. Aufgeschwemmtes Land haben die Altmark, die beiden Kreise Jerichow und der Norden von Neuhaldensleben und Wolmirstedt.

Der **ostwärts der Elbe** belegene Theil des Regierungsbezirks ist grösstentheils von Sand bedeckt, so der ganze Raum im Südosten der Burg-Magdeburger Strasse mit Ausnahme der Flussthäler, wie auch das Heideland im Norden des Plauer Canals. Zwischen beiden Plateaus herrscht lehmiger Sandboden vor. Lehm wird von der Elbe in nicht unbeträchtlichen Massen abgesetzt; auch findet sich diese Ackererde zwischen Loburg, Möckern und Dannigkow und zwischen der Elbe und dem Plaueschen Canal. Das Elbthal ist fast überall mit einer meistentheils nicht eben mächtigen Humusdecke belegt. Das ehemalige Land Kliets oder die Ebene zwischen Elbe und Havel, in welcher die Städte Burg und Genthin und die Umgegend von Jerichow liegen, enthält Humusboden in ziemlicher Menge, jedoch nur strich- und fleckweise, hier und da auch Sumpfboden (wie im Trübenbruch zwischen Wüster- und Schönhauserdamm). Im Süden zwischen Parchen und Kade schliesst sich der Ebene das Fiener Bruch an, in welches im Osten zwischen Malenzien und Glienecke das Thal der Buckau mündet; dieser Landstrich, von 1777 ab entwässert, hat einen sehr guten Weideboden. Im ersten Jerichowschen Kreise ist $\frac{1}{4}$ des Bodens gut, $\frac{1}{2}$ mittel, $\frac{1}{4}$ geringer Sandboden.

Die Ackererde der vier **altmärkischen** Kreise ist von sehr verschiedener Beschaffenheit. Man unterschied daselbst früher Wische oder Marschland, Geest, gute und schlechte Höhe und Niederung. Die Geest, ein schmaler Landstrich am Aland von Seehausen abwärts bis zur Elbe und zur Landesgrenze, hat einen schweren und theilweise kleiartigen Boden, welcher sich vom Marschlande an vielen Stellen wenig unterscheidet, jedoch mehr sandigen Lehm, zähen Thon und zuweilen auch schwarzen Sand enthält. Die Wische, worunter man früher die sumpfigen

Gegenden von Seehausen über Werben bis Arneburg und Tangermünde hin verstand, bedeckt einschliesslich der Gecst etwa den dritten Theil des Osterburger Kreises; die Wische selbst liegt zwischen Biese und Aland, der Feldmark Ostorf, der Elbe und dem Höhenrande von Gr. Osterholz bis Walsleben. Aus ehemaligen Thonanschwemmungen der Elbe gebildet, bedeckt den sandigen Untergrund, der nur selten zu Tage tritt, ein 1—4 Fuss mächtiger, sehr fetter und fruchtbarer, aber strenger Kleiboden: das beste, gelblich gefärbte Land haben die Feldmarken Wendemark und Lichterfelde, das am wenigsten gute, schwarzgefärbte die Feldmarken Rengerslage und Rethausen. Im Stendaler Kreise zieht sich längs der Elbe von Grieben bis Hämerten ein fruchtbarer, zum Theil fetter Thonboden hin, welcher jedoch bei anhaltend hohem Wasserstande des Stromes durch Drängwasser leidet. Gleich fruchtbar ist der schwarze thonartige Boden am Seckantsgraben von Schäplitz bis Neuendorf, im Nordwesten bei Büste und theilweise links des Tangers von Hüselitz abwärts und bis Stendal zu. Dagegen sind die Niederungen am Tanger im Südwesten und an der Uchte im Allgemeinen sauerheizig.

Die gute Höhe, etwa $\frac{1}{3}$ des Kreises Osterburg, ist ein einträglicher Mittelboden aus Lehm und Sand und findet sich vorzugsweise im Süden und Südwesten der Wische. Im Kreise Salzwedel giebt es gar keinen eigentlichen Weizenboden; mittlere Fruchtbarkeit, wenn auch mit geringem Humusgehalt, haben der Kalbesche Werder an der Milde und Biese und die Gegend an der Jeetze. — Die meisten Verschiedenheiten kommen im Kreise Gardelegen vor. Strenger Kleiboden steht einzeln im Mildethal nördlich der Stadt Gardelegen und im Südwesten des Kreises an; auf anderen Feldmarken wird durch Beimischung von Lehm mit etwas Sand ein sehr milder Boden gebildet, der alle Früchte mit Ausnahme von Weizen trägt und besonders im Norden und Nordosten an den Flussläufen und dem Seckantsgraben ansteht. Humusreiches Land tritt sehr vereinzelt auf. — Vom Stendaler Kreise macht den grösseren Theil die gute Höhe aus, meistens ein kaltgründiger Mittelboden aus Lehm und Sand; sie bedeckt etwa $\frac{4}{5}$ des Landes, während die gute Ackererde $\frac{1}{10}$ und die schlechte $\frac{1}{10}$ einnimmt.

Aus schlechter Höhe, noch mehr als die gute von kleinen Sandhügeln durchzogen, besteht etwa $\frac{1}{4}$ des Osterburger Kreises. Sie ist entweder sehr leichter, sandiger oder kaltgründiger Boden, wie um Arendsee, oder schwarzer, zum Aussauern sehr geeignetes Land, wie im Nordwesten an der hannoverschen Grenze. Die an den Salzwedler und den Stendaler Kreis grenzenden Gegenden sind etwas fruchtbarer. Jener ist übrigens der unfruchtbarste Kreis des ganzen Regierungsbezirks; fast $\frac{1}{3}$ seines Flächenraumes, besonders der westliche Theil, ist steinige oder sandige Heide. Dieser dürre Sand füllt auch den angrenzenden nordwestlichen Theil des Kreises Gardelegen und dessen Südosten bei Letzlingen aus. Ueberhaupt waltet der Sand dort vor, theilweise und namentlich im Drömling mit Moorerde vermischt. Fast reiner Sand findet sich auch im Kreise Stendal bei Häsewig im Norden, bei Bittkau im Süden und sonst auf einzelnen Feldfluren.

Eine vorzüglich fruchtbare, mit Lehm und Sand oder mildem Thon gemischte, fette Dammerde in sehr hoher und alter Cultur mit meistens mildem und kalkhaltigem Lehm im Untergrunde hat im Magdeburgischen die Börde, eine Landschaft, zu welcher etwa $\frac{1}{3}$ vom cultivirten Boden des Kreises Wanzleben und mit wenigen Ausnahmen der Süden des Kreises Wolmirstedt gehören. In einigen südöstlichen Gemeinden des letzteren wechselt die Dammerde mit fettem Kleiboden; fruchtbare Dammerde haben auch die Niederungen an der Ohre und Elbe. Ferner herrscht im Südwesten des Neuhaldenslebener Kreises fetter Weizenboden vor. Endlich im Kreise Kalbe ist der grösste Theil des Ackerlandes fruchtbar, entweder reicher Auboden mit überwiegendem Thon oder doch humoser Thonboden mit mergeliger oder grandiger Lehmunterlage; die besten Feldmarken sind Biere und Eggersdorf im Nordwesten, Barby und Kalbe. Dem milden Lehmboden der Magdeburger Gegend fehlt die hinreichende Beimischung von Silicaten, weshalb er mit grösserem Erfolge für Handels- und Futtergewächse, als für Getreide geeignet ist.

Nördlich der Beber und Ohre ist leichter Sandboden vorwaltend, mehr oder minder mit Kiesgrand und Lehm gemischt, kaltgründig und von geringer Ergiebigkeit. Theilweise ganz unfruchtbaren Sand findet man besonders im Norden, auch in der Nähe der Elbe. Bei Lindhorst, Meseberg und Samswegen im Wolmirstedter

Kreise ruht Sand und Lehm über Torf- und Moorerde. Bei Uchtdorf und Mahlwinkel ist der Sand mit Lehm, bei Angern und Rogätz mit Lehm und Dammerde stark versetzt. — Die Hötensleben'schen Amtsdörfer haben guten Mittelboden. Nach Abzug von ⅓ guten Landes wird die Hälfte des Kreises Neuhaldensleben als mittel, die andere Hälfte als wenig fruchtbar geschätzt. Im Nordwesten von der Börde ist das Land gleichfalls weniger fruchtbar und stellenweise sandig oder steinig; auch die Höhen bei Westerhüsen nahe der Elbe haben leichten Sand. — Im Kreise Kalbe findet sich wechselnd Lehm-, lehmiger Sand- und schlechter Sandboden, letzterer vorzugsweise im äussersten Südosten.

Ueber die Hälfte des halberstädtischen Kreises Aschersleben wird von humusreichem Lehm bedeckt, der mehr oder weniger Sand enthält und hin und wieder mit Moor- und Torfboden wechselt. Oschersleben gehört zu den fruchtbarsten Kreisen des Regierungsbezirks, und besonders zeichnen sich das Bodethal, die Bruchniederung und das Land im Norden vom Huy aus. Im hügeligen Kreise Halberstadt haben nur das Land am Bruchgraben und einzelne Fluren in Bergkesseln und Thälern Niederungsboden.

Guter Mittelboden bildet den Hauptbestandtheil der Oberfläche des Halberstädter Kreises; Lehm waltet vor und enthält in abweichenden Beimischungen Sand, Kiesgrand, Kalk und Thonerde. Theilweise geringen Ertrag gewähren der äusserste Norden des Kreises Oschersleben und der Hackel im Westen von Kochstedt. Grandig ist die Gegend an und auf dem Harz von Thale und Neinstedt südwärts.

Die ausgedehnten Niederungen des Oscherslebener Bruches und des ehemaligen Gaterslebener Sees enthalten an ihren Rändern, wo der Ackerbau mit der Wiesencultur im Kampfe liegt, einen tiefen, zu wenig entwässerten, specifisch leichten Boden von geringer Bündigkeit auf einer Unterlage von theils schwarzem und bituminösem, theils gelblichem und undurchlassendem Thon; die Mitte der Thalsohle nimmt eine humusreiche, poröse Krume mit moor- oder torfartigem, aus verfaulten Vegetabilien bestehenden und Conchilien enthaltenden Untergrunde ein.

Die Oberfläche der Uebergangsgebirge in der Grafschaft Wernigerode ist in der Regel mit einer nur sehr dünnen Schicht Lehm bedeckt, der Scheitel des Brockens fast gänzlich kahl. Von den Abhängen des Harzes sind die Feldmarken Altenrode und Ilsenburg am unfruchtbarsten, Silstedt, Wasserleben und Wernigerode am fruchtbarsten. Das Ackerland des Kreises ist zu $\frac{3}{14}$ schwerer kräftiger Boden, $\frac{11}{24}$ gewöhnlicher Lehm, $\frac{1}{21}$ klei- oder mergelartiger Lehm, $\frac{11}{24}$ steiniger oder grandiger Lehm und $\frac{2}{14}$ schwerer Thon. Von den Wiesen sind $\frac{1}{10}$ gut und fruchtbar, die Hälfte sauer und moorig und $\frac{4}{17}$ trockene Bergwiesen.

Im Regierungsbezirk **Merseburg** tragen den Gebirgscharakter der grössere Theil des Mansfelder Gebirgskreises, Theile der Kreise Eckartsberga und Sangerhausen und einige Feldmarken von Zeitz. Unter den hügeligen Landstrichen, welche zu den besten Roggenländereien des Staates gehören, nimmt der Mansfelder Seekreis die vorzüglichste Stellung für den Bau von Getreide und Handelsgewächsen ein; ihm folgen der Stadtkreis Halle, der Saalkreis und Zeitz, weiterhin Naumburg, Querfurt, Weissenfels, Merseburg, Eckartsberga, Sangerhausen und der Mansfelder Gebirgskreis. Der zum Weizenbau sehr geeignete Niederungsboden an der Saale, Unstrut, Helme und weissen Elster, wozu auch die goldene Aue im Helme- und Unstrutthal gehört, ist wesentlich aus Ablagerungen von den Gewässern mit fortgeführter Sinkstoffe (Schlick) entstanden; seine hohe Fruchtbarkeit leidet unter dem Einfluss der Gewässer in Form von Ueberfluthung, Versandung, Dräng- und Grundwasser. Die Kreise Delitzsch und Bitterfeld und die östlich von ihnen gelegenen sind aufgeschwemmtes Land; der Boden links der Mulde besteht noch aus fruchtbarem und humosem sandigen Lehm. Die Muldeniederung zeichnet sich durch kräftigen Lehm vor der benachbarten Höhe aus, der aber weniger günstig zusammengesetzt und zugleich noch weniger vor dem Wasser geschützt ist, als die Elbniederung; längs der schwarzen Elster herrscht Moor- und Bruchland vor, welches viel Eisen führt. Der Kreis Schweinitz ist grösstentheils mit kaum ergiebigem Sand bedeckt, der im hohen Flemming starke Beimischungen von Lehm enthält; ein etwas besserer Strich zieht von Sonnenwalde über Schlieben nach Herzberg.

Vom Kreise Weissenfels wird angegeben, dass sich fast überall ein sehr dankbarer Ackerboden vorfindet. In den Niederungen ist die Bodenkrume reich an Humus, das höhere Land besteht aus thonigem Lehm, die Höhen an der Saale, an der Rippach und theilweise an der Elster aus Sand.

Der Boden des Kreises Querfurt ist vorherrschend Lehm von der leichtesten bis kräftigsten Beschaffenheit, von verschiedener Tiefe und mit dem verschiedensten Untergrunde. An den höchst gelegenen Stellen tritt Gestein oder Kies vielfach zu Tage, in der Regel aber steht es tief genug, um eine zum Ackerbau geeignete Ackerkrume zu lassen.

Das Unstrutthal von Sachsenburg bis Memleben ist von einem humosen und schlammigen Lehmmergel bedeckt, unter welchem sich Kieslagern, Nester von feinem und weissem Sande u. s. w. vorfinden. Dieselben Bestandtheile der Oberkrume erscheinen in der goldenen Aue als Verwitterungsproducte des bunten Sandsteins, des Granits, des Rothliegenden und des Muschelkalks, d. h. derjenigen Gebirgsarten, welche den Hauptstock des dortigen Flussgebietes ausmachen.

Ueber den Regierungsbezirk Erfurt sind höchst ausführliche Bodenangaben vorhanden, deren Mittheilung an dieser Stelle jedoch durch ihre Detaillirung nach Gemeindefluren unmöglich gemacht ist. Die Kreise Worbis, Heiligenstadt, Schleusingen, Ziegenrück, ein Theil von Nordhausen und der grössere nördliche Theil von Mühlhausen haben den Gebirgscharakter. In den übrigen herrscht ein milder humoser Lehmboden vor, welcher in Erfurt und Weissensee zum Theil erheblich mit Gips gemischt und in diesem Falle bei nassen Jahren sehr fruchtbar ist, in trockenen aber oft bis zur gänzlichen Missernte versagt.

Die Ackererde des Eichsfeldes ist das Product der Zerklüftung und Verwitterung der Flötzgebirgsformation des Buntsandsteins im weiteren Sinne. Je mehr darin der langsam verwitternde Muschelkalk vorherrscht, was im Obereichsfelde (südlich des Dünwaldes und des Linkebachs) und im höheren Theil der Ohmberge der Fall ist, desto unergiebiger ist der Boden; auf den Höhen des Obereichsfeldes ist die Krume selten über 3 Zoll stark, und der Untergrund besteht gewöhnlich aus Bänken von weisslich grauem Kalkstein. Im wärmeren Untereichsfelde (nördlich des Dünwalds und Linkebachs) findet sich ein ergiebiger Lehmboden, dessen Untergrund Buntsandstein und mit starken Thonlagen vermischter Kalkspat bilden. Im Kreise Nordhausen insbesondere liegt über der Muschelkalk-Formation und dem älteren Flötzkalkgebirge thoniger, lettiger oder mit Kalksteinen gemengter thoniger Boden, welcher gewöhnlich feucht ist, beim Austrocknen aber sehr hart und fest wird; mergeliger und kalkiger Boden, z. B. die Hasselerde auf den Lohraschen Bergen, bleibt immer bröcklig, und ganz mit Kalksteinen erfüllter Boden ist höchstens zur Holzzucht geeignet. Im Bereich der Buntsandstein-Formation ist der Boden sandig, lehmiger Sand, aus Thon und Lehm und Kalk gemischt und dann meistens feucht, unfruchtbarer rother Thon mit Sandbeimischung (Schind) oder endlich hauptsächlich Gips. Das fruchtbarste Land befindet sich im Wipper-, Helme- und unterm Zorgethal, das schlechteste nordöstlich in der Exclave Benneckenstein (mehr oder weniger sandiger Lehm mit vielen Grauwacke- und Thonschieferstücken, meistens feucht und dünn über festem Gestein) und der Feldmark Wofleben, nordwestlich um Werningerode, südlich um Elende und Friedrichsrode. Vom gesammten Ackerlande sind 22 pct. als gut, 30 als mittelmässig und 48 als schlecht anzusehen. Auch die Krume des Kreises Worbis hat sich meistens durch Verwitterung des darunter liegenden Buntsandstein- und Muschelkalkgebirges gebildet, jedoch kommt hin und wieder aufgeschwemmter und Humusboden vor. $\frac{1}{11}$ des Ackerbodens ist Sand und sandiger Lehm, $\frac{1}{4}$ Lehm, $\frac{1}{3}$ Thon, $\frac{1}{11}$ Kalk und Mergel (Hasselerde) und Dammerde. Nach der Fruchtbarkeit des Bodens sind etwa 21 pct. gut, 42 mittel und 37 schlecht. Das beste Land findet sich im Hahle-, minder ergiebiges im Bodethal; alle übrigen Gegenden besitzen nur mittelmässigen, der südliche Theil vorwiegend schlechten Boden. Derjenige des Kreises Heiligenstadt ist gleichfalls am unergiebigsten da, wo die Muschelkalkformation mit ihrer steinigen oder thonigen Ackerkrume vorherrscht, also auf den höheren Punkten; am fruchtbarsten, wenngleich oft zu trocken, sind die Fluren der Buntsandsteinformation im Thal der Leine und nach der Werra zu.

Im Kreise Mühlhausen ist der Boden auf höheren Punkten der Muschelkalkformation lettig oder steinig und unergiebig; besser ist er am unteren, flacheren Abhang der Berge, besonders wo Keuper den Untergrund bildet. Den besten Boden, etwa $\frac{1}{10}$ des ganzen Ackerlandes, haben die aus angeschwemmtem Lehm und Thon bestehenden Thalniederungen an der Werra und im Südosten. Die Ländereien von mittlerer Güte nehmen $\frac{4}{10}$, die schlechten $\frac{1}{2}$ des Ackerbodens ein. Der Kreis Langensalza ist beträchtlich fruchtbarer. Der beste Boden, $\frac{1}{4}$ alles Ackerlandes, findet sich in dem 2—3 Stunden breiten, meistens aus angeschwemmtem sandigen Lehm und schwarzem Humus bestehenden Thal der Unstrut und um Tennstedt. Mittelmässiger Boden, $\frac{1}{14}$ des cultivirten, ist der aus der Zersetzung von Keupermergel und Sandstein entstandene an den Höhen des Heilinger Bergzuges im Norden und am unteren Abhang des Hainichs. $\frac{1}{16}$ ist schlechter, thoniger und mit vielen Kalksteinen gemengter Boden auf den Hochfluren des Hainichs. Im Kreise Weissensee ist die Ackerkrume grösstentheils mehr trocken als feucht, aber im Allgemeinen fruchtbar: $\frac{1}{2}$ des urbaren Landes gut, $\frac{1}{4}$ mittel und $\frac{1}{4}$ schlecht. Der letztere findet sich hauptsächlich in der Nordspitze an der Hainleite. Mittleren Boden hat das aus Mergel, Sandstein und Gips gebildete Hügelland der Keuper- und Muschelkalk-Formation. Der beste füllt vorzüglich die Riedländer der Thalgegenden aus, welche sehr reich an schwarzer Dammerde sind und auf einem Untergrund von Kies, Sand, Lehm und Torf ruhen. Die fruchtbarste Gegend des Erfurter Kreises ist das Gerathal. Die Alacher Höhe und das Land um Nottleben haben nasskalten Boden wegen sehr schwachen Gefälles der Nesse. Der Kern der höheren Berge besteht aus Muschelkalk; die Keuperformation, besonders ihre untere Lettenkohlengruppe, erfüllt die Abhänge und das niedrige Hügelland. Ansehnliche Kies- und Lehmlager finden sich an mehreren Stellen, Torflager bei Mühlberg und Elxleben.

Auf den zum Thüringerwald gehörigen Theilen des Kreises Schleusingen ist das Ackerland meistens kiesig und steinig, aus halbverwittertem Gestein und wenig loser Erde zusammengesetzt und gewöhnlich trocken; etwas fruchtbarer sind die Abhänge, auf den Sandsteingebirgen im Südwesten zwischen Schleuse und Werra meist aus Sand oder sandigem Lehm bestehend. Zwischen der unteren Schleuse und der Feldmark Keulrode im Südwesten des Kreises kommt auch Lehm und kalkiger Boden vor, in den Fluren von Rohr und Dillstedt und Kühndorf neben thonigem Boden (Grobfeld) auch Letten und Mergel in Gemenge mit Kalksteinen. Die Fluren von Zelle und Trannrode im Nordwesten des Kreises Ziegenrück, welche auf buntem Sandstein ruhen, leiden an den aus Flugsand bestehenden Punkten durch Dürre, an solchen, wo unter dem Sande sich undurchlassender Thon befindet, durch Nässe. Von hier bis zu einer Linie zwischen Gertewitz und Dobian — also in dem niedrigeren Gebiete des älteren Flötzkalks — besteht der Boden aus Thonmergel, Lehm und theilweise mit Talkerde gemischtem und zu trockenem Kalkmergel; hier befindet sich streckenweise guter Mittelboden, welcher etwa $\frac{1}{20}$ des cultivirten Landes einnimmt, während die Hälfte des Kreises geringen Mittelboden und die andere Hälfte schlechten Boden hat. Den letzteren trifft man hauptsächlich auf dem den grössten Theil des Kreises füllenden Thonschiefergebirge an, welches sich zu einer thonigen Masse mit halb- und unverwitterten Stücken auflöst.

7. Provinz Westfalen.

Den ersten Rang unter allen Gegenden der Provinz nimmt der Boden des Hellwegs ein, welchem die Weserniederung, der Kreis Lübbecke, das Paderborner und das Hügelland zwischen dem Teutoburger Wald und dem Wiehengebirge folgen; dann kommen die unteren Gebirgskreise des Arnsberger Bezirks, der Klei- und bessere Sandboden der münsterischen Niederung, zuletzt das höhere westfälische Gebirge.

Im Regierungsbezirk Minden erfreuen sich die Weserniederungen eines tiefgründigen humosen Alluviallehms; ihr Gebiet ist jedoch von geringem Umfang und vielfachen Ueberfluthungen ausgesetzt. Die nördlich des Wiehengebirges belegenen Theile der Kreise Minden und Lübbecke gehen mit Ausnahme eines schmalen Striches fruchtbaren Landes am Fuss des Gebirges in Sand- und torfartigen Moorboden über. Der Boden des Hügellandes zwischen den Wiehengebirgen und dem

Teutoburger Walde besteht aus mehr oder minder sand- und kalkhaltigem Lehm und Thon, aber von selten über 12 Zoll tiefer Ackerkrume und mit einem kalten, oft undurchlassenden Untergrunde von eisenschüssigem gelben Lehm. Der vom Teutoburger Wald begrenzte Theil der münsterischen Niederung hat vorherrschend leichten und meistens an Nässe leidenden Sand-, Moor- und Torfboden mit flacher Krume und schlechtem kalten, vielfach Eisenoxyd enthaltenden Untergrund aus magerem Sande; der bessere Sandboden um Wiedenbrück und Rheda ist mit etwas Lehm vermischt, und ausserdem kommen noch unbedeutende Flächen von Lehm und zähem Klei vor. Im paderbornschen Gebirgslande besteht der Boden vorherrschend aus Lehm, meistens mit Kalk gemischt, dann aus theils schwerem, theils humosem Thon und mergelartigem Lehm; der Untergrund ist Kalkstein, durchlassender Lehm, undurchlassender Thon oder auch Grauwacke.

Die Ebne nördlich vom westlichen Süntel- oder Wiehengebirge insbesondre hat eine aus Sand oder Lehm bestehende Ackerkrume, welche wenig Kalk enthält, obgleich das Gebirge wesentlich auf der Kalkformation beruht. Im nördlichen Theile des Lübbecker Kreises waltet Lehm- oder Thonboden nirgends vor; den Hauptbestandtheil des Oberbodens bildet vielmehr ein schwärzlicher, grobkörniger, wenig humoser Sand, wegen seiner feuchten Lage fortwährend zur Krauterzeugung geneigt und sehr oft in moorigen Charakter übergehend. Der Untergrund ist durchlassend ohne Wassergierigkeit, vorzugsweise ein weisser, schwarzblauer oder gelber Sand, zuweilen mit feinen Lehm- oder Thonadern durchzogen; Ortstein kommt selten und in nicht bedenklichem Umfange vor. Das Ackerland ist grösstentheils sicherer Roggenboden, an den tieferen Stellen kleefähig. Von den Wiesen haben die besten einen fetten Lehmboden über bindendem Thon in ebener und feuchter Lage, meistens längs der grossen und kleinen Aue; die zweite Classe bildet grauer Moorsand mit vegetabilischem Humus, 1 Fuss tief über gelbem Sande und stark unter stauender Feuchtigkeit leidend; die dritte, fast immer unter Wasser stehende Classe ist ein mooriger und sandiger Boden auf gleichem Untergrunde, der zuweilen Eisen enthält; die vierte Classe von demselben Boden ist trocken gelegen und sehr vermoost. Die besseren Weideflächen haben eine Krume von grauem über gelbem Sande, die schlechtesten einen bei tiefer Lage moorigen Boden. Das Heideland hat als Oberboden meistens eine 3—18 Zoll starke moorige Humusschicht oder grauen Sand, theilweise mit Beimengung von Thon, mehr oder weniger schlammig und nass, daher überwiegend der Säurebildung ausgesetzt; der Untergrund ist meistens weisser oder gelber Sand. Von ähnlicher Beschaffenheit ist die Bastauniederung im Kreise Minden.

Die höher gelegenen grossen Heideflächen sind trocken und humusarm. Desto reicheren Boden hat das Ackerland im Süden der Kreise Lübbecke und Minden an den nördlichen Abhängen des Wiehengebirges; namentlich im Nordosten desselben hat der Boden eine grosse Fruchtbarkeit.

Die Flötzgebirge in den Kreisen Herford, Bielefeld und Halle verwittern zu Kalk, Sand, Thon und Mergel und geben in diesen Erdarten eine häufig sehr fruchtbare Ackerkrume, z. B. im alten Amte Sparenberg bei der Stadt Enger. Tiefgründiger fruchtbarer Lehm steht im schmalen Weserthale bei Vlotho, im Werrathal bei Herford und in der Gemeinde Gohfeld an. Im nördlichen Theile der Grafschaft Ravensberg herrscht ein fetter Kleeboden vor, und die meisten Berge sind hoch hinauf cultivirt. Der südliche Theil dagegen (das ehemalige Amt Brakwede) hat grösstentheils sandigen und leichten Boden, dessen Untergrund der Ortstein bildet.

Ostwärts in dem vollkommen ebenen Kreise Wiedenbrück und an dessen Nord- und Südostgrenzen bildet die sogenannte Senne einen unfruchtbaren Bezirk, dessen undurchlassender Untergrund grossentheils rothen Eisenstein in den Formen von lockerer Erde bis zum Felsgestein enthält.

Das Amt Delbrück und ein Theil vom Amte Neuhaus des Kreises Paderborn haben flachen Sandboden; im gebirgigen Theil herrscht Kalkstein mit mehr oder minder tiefer Ackerkrume vor. Völligen Mangel an Quellen oder fliessendem Wasser leiden die Dörfer Dörnhagen, Eggeringsen und Busch.

Im Südosten des Regierungsbezirks besitzt der Kreis Höxter mit Ausnahme des sehr fruchtbaren Weserthals gar keine eigentliche Ebene. Die Hügel bestehen vorzugsweise aus Kalk, und die meisten ihrer Gipfel sind kahl. Die in der Mitte des Kreises Warburg von den beiden Hügelreihen eingeschlossene Ebene, welche ⅓ des Kreises einnimmt, ist sehr gut cultivirt, am fruchtbarsten die Warburger Börde.

Der Regierungsbezirk Münster gehört seinem Haupttheil nach zu der etwa 154 □Meilen grossen münsterischen Niederung, welche eine nach Nordwesten geneigte Ebene bildet, und deren Lehmboden, wo er vorkommt, einer Mischung verwitterten Thonmergels mit eingespültem Diluvialsand seine Entstehung verdankt; weit ausgedehnter findet sich Sandboden in stärkerer oder geringerer Mengung mit Lehm, in allen Kreisen selbst reiner Flugsand. Das Hügelland, etwa 42 □Meilen gross, hat aus Thon oder Lehm bestehenden (Klay-) Boden, welcher sich durch alle Mischungsstufen dem Boden der Ebne anschliesst. In den niedrigen Theilen herrscht der Senkelboden vor, eine Mengung von Thon und feinem Sande, welcher ihn bei grosser Nässe breiig, bei zu grosser Dürre steinhart macht; ist der Sand grobkörniger und Kalk hinreichend beigemischt, so bildet dieser Boden den fruchtbarsten des Münsterlandes.

In der Mehrzahl der Kreise vertheilt sich der ackerfähige Boden folgenden Verhältnisszahlen entsprechend:

	gut	mittelmässig	schlecht
Ober-Grafschaft Lingen	13	37	50
Grafschaft Tecklenburg	6	33	59
Theil vom Münsterland	—	33	67
Kreis Steinfurt	11	22	67
„ Ahaus	25	25	50
„ Warendorf	25	37	38
„ Münster	33	—	67
„ Borken	17	33	50
„ Recklinghausen .	12	38	50

Die ackerfähige Oberfläche des Kreises Lüdinghausen besteht aus ¼ schwarzer Erde und aus gleichen Theilen von Kleiboden, Lehmboden, Sand und Senkelgrund.

Mit anderen Landestheilen verglichen, steht die Ackerkrume des Regierungsbezirks nicht, wie es der obigen Uebersicht zufolge scheinen möchte, derjenigen der meisten nach; allein die willkürlichen Stauungen der Wasserläufe und die vorwaltende Belaubung der höher liegenden Striche haben innerhalb der im Grossen und Ganzen ebenen Becken das Grundwasser so mächtig werden lassen, dass es den Ackerbau erschwert und etwa 30 Quadratmeilen Fläche als Oeden und Heiden fast gänzlich der Benutzung entzogen hat.

Moor- und Torfboden haben im Kreise Beckum: das Lipper Bruch an der Mindener Bezirksgrenze. Im Nordosten des Kreises Warendorf vorzugsweise: das Schlippenwisch, die Weils- und Brocksheide, das Beverbruch, die Lechtenstroth und das Kattenvener Moor. Im Kreise Tecklenburg ein grosser Theil der sich im Südwesten, Norden und Nordosten der Höhenzüge lagernden Heiden, namentlich: das Honerfeld, die Dörentber Heide (hier mit umfangreichen Sandwehen), das Südwold, Uffler und Hopster Moor, heilige Meer, der Oeding, das Vinter und Limberger Moor und der Plintenfurth. Im Norden des Münsterschen Kreises: die Saerbecker Heide. Im Steinfurter Kreise ausser den an der Grenze des Tecklenburger belegenen: das Hecker und Emsdetter Feld, Mesumer weisse Venne und Borghorster Veen, die neue Herberge, das Fooker und Metelen-Bruch, Dösevenne, Ochtruper weisse Venne, Strönfeld. Im Kreise Ahaus: Amts-, Wunsing-Veen im Norden, Kulver Heide, Zwillbrocker Torfveen, Masterfeld, Stadtlohner und Südlohner Veen im Westen. Im Kreise Koesfeld: die Mark Tungerloh, der Ballow, die Börnster Heide und das Neuestratenbruch. Im Kreise Borken: das Hohnebaumer weisse Veen, die Vardingholter Heide und das Reigerdinger Veen nördlich, die Hunlinger, Polische Heide und Rabder Mark.

Um das Ibbenbürener Kohlengebirge und die Bildungen der Trias legen sich die oberen Mergel der Juraformation, und die sanfteren Abhänge sind vollständig als Ackerland benutzt. Der eine Strecke oberhalb Ibbenbüren sich lösende Keuperwall, welcher im Anschluss an das Hügelland vor dem Teutoburger Walde die Wasserscheide zwischen Aa und Düte bildet, giebt dem sandigen Thal der Ibbenbürener Aa eine Versetzung mit Thon; letztere verschwindet jedoch allmälig, und der untere Theil des Thales von Gravenhorst an trägt den Charakter der Verempfång in solchem Grade, dass der Ohrt sich zu einem bauwürdigen Raseneisenstein ausgebildet hat. Wo der bunte Sandstein zu Tage tritt, ist der Boden ein sandiger Moor; wo aber sich damit Abschwemmungen des Liasschiefers, des Keupers und Jurakalks vermischen, lässt er die Herstellung der schönsten Wiesen zu. Die geneigten Ebenen am Teutoburger Walde sind, wenn Abschwemmungen des Sandsteins, Heideländereien und leiden theils als Quellenlager an Druckwasser, theils wegen mangelnder Abflussrinnen an zu hohem Grundwasser. Dem Neokom-Sandstein, der untersten Abtheilung der Kreideformation, liegt als Bedeckung des Fusses oder als niedrigere Kette der Pläner auf, welcher durchweg mit einer guten Ackererde bedeckt ist, und dessen kalkige Abschwemmungen dem Sand- oder Lehmboden der Ebene eine grössere Fruchtbarkeit verleihen. Diese Formation tritt als Fortsetzung des Teutoburger Waldes in Höhen oder nesterweis noch ferner auf: im Rodder Esch, im Stadtberge bei Rheine und in den der schreibenden Kreide ähnlichen Kalkbildungen von Alstedde bis Stadtlohn, Südlohn und Wesecke auf Flächen von nicht bedeutender Ausdehnung in den Kreisen Steinfurt, Ahaus und Borken. Man nennt solche durch Zerstörung eines sandigen Mergels oder Kalksteins gebildeten Felder von humosem, warmem sandigen Lehm im Münsterlande Esch. Aehnlicher Art ist der aus Keuper und Schieferthon bestehende fruchtbare Hügel von Ochtrup im Steinfurter Kreise.

Die geneigte Ebene des Plateaus von Beckum zwischen Stromberg, Heessen und Berdel vor Telgte (Kreise Beckum und Warendorf) hat durchweg einen schweren, das Wasser wenig durchlassenden Kleiboden, welcher durch das Zerfallen des darunter liegenden grauen Thonmergels und der an den höheren Punkten 5—6 Zoll mächtig vorkommenden Kalksteinbänke entstanden ist; Mangel an gehörigem Wasserabfluss macht den Boden kalt und die Gräser der Thalwiesen sauer. Im Norden des Plateaus grenzt der strenge Kleiboden zuweilen hart an den Sandboden der Ebene; gewöhnlich aber liegt zwischen beiden in allmäligem Uebergang der sogenannte Senkelgrund, d. h. ein mit Thon gemengter feiner Sand, welcher nach Westen zu bis an die mittlere Werse tritt.

Zwischen der Werse und der Stever (in den Kreisen Münster und Lüdinghausen) breitet sich die Ebene Davert aus, im Süden von der Wasserscheide zwischen dem Ems- und Lippegebiet begrenzt; ihr Boden ist eine gegen 1—2 Fuss starke Lage von lehmig-sandigem Humus über sandigem Thon mit vielem Gerölle und Kalknieren. Der Boden ist nicht sehr durchlassend und die Entwässerung von einzelnen Grundbesitzern nicht durchzuführen. Gleiche Beschaffenheit hat das westlich von den Baumbergen begrenzte Plateau von Münster, in welches die Thalebene zwischen den Baum- und den Altenbergen mündet. Letztere gehört auf der Ostseite dem Kleiboden an, tiefer hinab bei Altenberge dem Senkel und (im Kreise Steinfurt) in den tiefsten Punkten bei Laer bereits dem Sandboden.

Die Höhen von Münster bis über Altenberge hinaus sind dem Beckumer Plateau verwandt, ihr Boden sehr undurchlassend — ein strenger Kleiboden, aus der Zersetzung des mit festeren Kalksteinbänken wechselnden dichten Mergels entstanden. Der Uebergang in die Ems und die grosse norddeutsche Ebene wird durch den Senkelgrund vermittelt.

In der Emsebene, welche im Regierungsbezirk Minden bei Lippspringe beginnt und in der Gegend von Rheine endigt, sind eine obere und eine untere Stufe zu unterscheiden. Während jene, die sogenannte Senne, durch Flüsse und Bäche mit einer grossen Menge von Sand aus den Gebirgsrändern überschlämmt ist, innerhalb dessen im Sommer grösstentheils das Wasser verdunstet, verhindern die Abhänge der unteren, bei Stromberg beginnenden Stufe wegen ihres stärkeren Lehmgehalts und ihrer flacheren Streichung das Durchsickern des Wassers, welches sie vielmehr — durch planlose Stauwerke noch unterstützt — auf grossen ebenen Flächen in Form von Grundwasser und stehenden Lachen festhalten. Die aus der Zersetzung der Pflanzenreste hervorgehenden Salze lösen aus dem immer etwas eisenschüssigen Sande den Eisengehalt auf und bilden damit unter der Oberfläche des Rasens eine Flüssigkeit, aus welcher sich im Sommer das Eisenoxydhydrat in den Untergrund niederschlägt und hier allmälig eine stets dichtere und undurchlassendere Ohrtbank bildet; die saure Humusschicht über dem dunklen Sande, welcher mit zunehmend hellerer Färbung in den ockergelben und schliesslich ziemlich weissen Sand des Untergrundes übergeht, ist 9—15 Zoll stark und wird bei anhaltend warmem Wetter vollkommen trocken gelegt, weil die Eisenschicht keine Capillarwirkung zulässt. Die Niederung der Burgsteinfurter Aa u. s. w. westlich bis über die Berkel bietet dieselben Erscheinungen dar, wie die Ebene der Ems; das Grundwasser steht fast durchweg 1—1½ Fuss unter der Oberfläche.

Aus dem kleinen Stückgebirge der Baumberge bei Billerbeck flacht sich in weich gerundeten Formen nach Osten, Süden und Westen ein wohlbebautes und fruchtbares Plateau ab, das nur nach Norden in den Schöppinger Bergen steiler zur Ebene niederfällt. Herrschende Gesteine desselben sind gelblich weisse Kalkmergel mit Bänken eines kalkigen Sandsteins von gleicher Farbe, wobei auch thonige Mergel und reine Kalksteinbänke nicht ausgeschlossen sind. Das Resultat ihrer Auflösung ist ein milder, warmer Boden; das Gestein ist theilweise selbst zerklüftet und durchlassend, und durch die wellige Bodenbeschaffenheit wird die Entwässerung begünstigt. Aus diesen Ursachen ist jenes Plateau der schönste Theil von grösserer Ausdehnung im Münsterlande; begrenzt wird es durch eine Linie von Schöppingen über Koesfeld, vor Buldern vorbei, die Beckingfelder Mühle an der Aa und das Thal von Beerlage.

Zwischen der Berkel und unteren Lippe breitet sich die jüngere Kreideformation aus, ein mehr oder minder eisenschüssiger Sand mit einer Schicht Eisensteinbrocken unter der Oberfläche, tiefer hin und wieder Quarzfelsknauern enthaltend. Bisweilen wird der Sand durch Aufnahme eines kalkigen Cements zu einem sandigen Mergel. Zu diesem fast durchgängig unfruchtbaren, die Ortbildung sehr begünstigenden Lande gehören: der Hünsberg südwestlich Koesfeld, das Becken von Koesfeld, die Höhen von Koesfeld über Dülmen bis zum Steverthal mit hin und wieder auftretenden kalkig-mergeligen Gebilden, die Borkenberge und ihre unfruchtbare Umgebung, die Haardt im Süden der Lippe, welche allmälig in den Mergel von Recklinghausen übergeht. — Die Formation der hohen Mark mit den Heckenschen Bergen und den Höhen von Borken ist wesentlich dieselbe, nur kommt die Sandsteinbildung häufiger vor, und einige Thäler sind durch stark lehm- und thonhaltigen Sand mit Kalktheilchen ausgezeichnet, so das von Lavesum (Kreis Koesfeld), Lembeck (Kreis Recklinghausen), Heiden und Borken. Die südwestliche Abdachung des Plateaus wird von der Rüster Mark mit ihren versumpften Thalebenen rechts und links gebildet; die Höhen der Wellen sind Flugsand oder Kies von der Grösse einer Haselnuss bis über die Eigrösse hinaus. Aehnliche Kiesablagerungen kommen im Borkener Kreise nördlich von Bocholt vor. — In den Kappenberger Höhen nördlich der Lippe bei Lünen herrschen in der jüngeren Kreideformation die thonig-kalkigen Gebilde an der Oberfläche vor. Das von dem sandigen Höheboden begrenzte Niederungsgebiet der Yssel und der Bocholter Aa wird durch höchst unregelmässige Mühlenstaue versumpft.

Im Gebiet der Emscher bilden die Abschwemmungen der raschfliessenden Bäche aus dem Mergelplateau von Recklinghausen in Vermischung mit dem sandigen Substrat des Emscherthales einen milden, humosen, sandigen Lehmboden, welcher äusserst fruchtbar sein würde, wenn nicht die Aufstauung der Flussarme über die Höhe der Thalsohle die letztere versumpfte.

Im Regierungsbezirk **Arnsberg** sind hauptsächlich vier Stufen zu unterscheiden. Die nördlichste ist die Niederung südlich der Lippe und Emscher. Das Thal jener beiden Flüsse, welches Ueberschwemmungen in nicht unbeträchtlicher Erstreckung ausgesetzt ist, wird grösstentheils durch einen allzustarken Sandgehalt in geringer Ertragsfähigkeit gehalten. Der bessere Ackerboden hat eine 10—12 Zoll mächtige milde, lehmartige Krume über durchlassendem Untergrunde. Das Amt Oestinghausen im Soester Kreise wechselt vom Sande bis zum strengen Kleilande; das Ahsethal hat feuchten, jedoch lohnenden Lehm- und Thonboden, und an beiden Ufern ist das Erdreich im Amte Borgeln und dem Norden von Schwefe fester und fruchtbar. Unweit ihrer Mündung wird auch die Umgebung der Ahse sandig, und westwärts Hamm haben Ueberfluthungen das Land nicht selten moorig gemacht; neben tiefem Thon und Mergel findet sich an vielen Stellen Raseneisenstein im Untergrund. Im Kreise Dortmund nimmt der Sandgehalt allmälig ab und der Lehmgehalt zu, dagegen wird der Boden nach Westen zu moorartiger. Das anfangs unergiebige Emscherthal wird im unteren Lauf desto fruchtbarer, und bei Gelsenkirchen erreicht die vorzügliche Dammerde eine Tiefe von 4—6 Fuss.

Die sanfte Erhebung, welche man die Ebene des Hellwegs, der Hauptstrasse von Bochum bis Gesecke, nennt, ist ausgezeichnet durch die vorzügliche Beschaffenheit ihrer tiefen, grösstentheils mergeligen Ackerkrume auf durchlassendem Untergrunde. Bei seinem Ansteigen nach Osten und Süden wird der Boden allmälig humusärmer und mild lehmiger. Besonders fruchtbar sind im Kreise Lippstadt die Feldmarken Störmede und Gesecke; die Ackerkrume der Soester Börde ist 1—1½ Fuss tief. Innerhalb des Kreises Hamm stellt die wellenförmige Fläche der Ebne ein vorzügliches Weizenland dar, an dessen Rande sich ein durch schwaches Gefälle der Sesecke gesäuerter Boden hinzieht. Südlich des durch Beimischung von Sand minder fruchtbaren Bergrückens im Dortmunder Kreise bildet die meistens 10—12 Fuss mächtige Lehmschicht einen gesegneten Kornboden.

Auf dem Hügellande nördlich der Möhne und Ruhr besteht der mit Ausnahme einiger Districte noch fruchtbare Boden aus thonigem Lehm, sandigem Lehm und lehmigem Sande. Die Haar trägt über Mergelstein einen strengen Thon- und Kleiboden, welcher meistens kalt und wasserarm ist; ihre Abfälle zur Möhne hin stechen durch ihren Kalkgehalt vortheilhaft dagegen ab, und die Abfälle nach dem Hellweg haben eine humose, wenn auch dünne Ackerkrume, welche hin und wieder in Thonboden übergeht. Die tragbare Erdschicht des Schelks schwindet mitunter zu einem dünnen, kleiartigen Ueberzuge des Gesteins zusammen; nach der Ebene hinab wird aber die kaum 4 Zoll tiefe Krume immer mächtiger und durch Mischung milden Lehms mit Mergel und Dammerde sehr fruchtbar. Das mittlere Ruhrthal hat in seiner offenen Fläche steifen Lehmboden, in einzelnen Lagen reinen Thon von 12 Fuss Mächtigkeit, unmittelbar am Fluss jedoch eine humose und sandhaltende Krume; der Acker leidet meistentheils an Feuchtigkeit. Im Dortmunder Kreise zeigen sich zwischen dem zähen Lehm des Thales bedeutende Lager von Raseneisenstein; weiter abwärts ist der Thalgrund ein fettes Weide- und tragbares Ackerland. Im Ardei ist der Sandstein fast überall von einer fruchtbaren Lehmschicht überdeckt, und auch die Hügel des Bochumer Kreises sind fruchtbar.

Die höheren Gegenden südlich der Möhne und Ruhr bestehen vorzüglich aus Thonerde, und ihre Hauptabdachungen in die Thäler öffnen sich den kalten und den herrschenden heftigen Nordwestwinden, daher der Boden die fleissigste Bearbeitung verlangt. Dennoch bringt er im Allgemeinen sehr geringen Ertrag mit Ausnahme solcher Stellen, an welchen eine Lagerung von Kalkstein hindurchzieht und sich durch eine üppigere Vegetation sofort erkennbar macht.

Der Kreis Brilon enthält den höchsten und rauhesten Theil Nordwest-Deutschlands, an dessen Südabhang nur Hallenberg eine sehr schöne Feldmark besitzt. Meschede dagegen vermag seinen Bedarf an Brotfrucht, begünstigt durch mehrere Kalkadern, selbst zu decken, obwohl namentlich das Ackerland des nördlichen Theils selten auf die mageren Höhen steigt; die Feldmark Schönholthausen im Lennegebiet ist die mildeste des Kreises. Im Lippstädter Kreise gehören die Gemarkungen Kallenhard und Suttrop zu den milderen Kalkgegenden. Der Arnsberger Wald, in welchem Sümpfe nicht selten vorkommen, hat in den Gemeinden Warstein und Hirschberg kalkhaltigen, jedoch kalten und dünnen Lehmschieferboden. Die Thäler der Möhne, Ruhr und Röhr haben einen sandigen und grandigen Schieferboden. In der rauhen Landschaft links der Ruhr machen nur die kalkhaltigen, verhältnissmässig milden Fluren von Attendorn eine erfreuliche Ausnahme. Das Ebbegebirge und der Balver Wald haben steinigen Boden, und in der Gegend um Iserlohn deckt den Kalkstein eine sehr dünne Krume von geringer Ertragsfähigkeit. An den Abhängen dieser westlichen Höhen wird das Land zum Theil ergiebig; in den Thalgründen sind die Felder oft wohlangebaut, namentlich an der Lenne und von Menden ab im kalkreichen, meist tiefen Boden an der Hönne.

Der Kreis Wittgenstein steht durchgängig auf Faulschiefer, welcher zwar leicht zu fruchtbarem Lehm verwittert, aber eine dünne Ackerkrume von meistentheils 9 und zuweilen nur 3 Zoll Höhe bildet; ein sehr bedeutender Theil des Grundbesitzes ist demnach Aussenland, das aller 10—25 Jahre 1—3 Jahre hindurch bebaut wird. Der Kreis Olpe gehört zu den unwirthlichsten Landestheilen, in dessen Siepen (Senkungen) und Thälern jedoch die Vegetation besser ist; am günstigsten stellt sich das untere Biggethal, nebst dem Südhang des Ebbegebirges auf wärmerem Kalkboden ruhend, dar.

Bildnergestein des Siegener Kreises ist ein mit sehr wenig Grauwacke vermischter

Thonschiefer, welcher geringe Kalktheile mit sich führt; in den Thalsohlen bildet vielfach zäher Thon einen nicht durchlassenden Untergrund. Wenn auch auf ebenen Stellen in wenigen Thälern ein zarter, mürber Sandlehm vorkommt, so ist der grösste Theil nur Korn- und Haferboden von folgender Zusammensetzung: Letten 50, verwitterter Thonschiefer 20, Sand 6, Quarz 10, Kieselerde 14 Procent; bei nasser Witterung ist diese Dammerde schlammig, im Winter friert sie leicht auf, bleibt im Frühling lange nass und verhärtet bei anhaltendem Sonnenschein.

8. Rheinland.

Im Gebirgslande der Rheinprovinz besteht der Boden hauptsächlich: aus den Verwitterungen des Thon- und Grauwackenschiefers zu thonigem magren Lehm mit Unterlage von eisenhaltigem Thon und faulem Schiefer oder Grauwackengestein; aus versumpftem moorigen Boden über Grauwacke und Letten; aus Kalkboden im Gemisch mit Letten und Kalkstein oder mit Kalkfelsen im Untergrunde; aus sandigem Lehmboden auf thoniger, eisenhaltiger Unterlage oder auf bunten Sandstein. In den zahlreichen Fluss- und Bachthälern hat sich durch allmäliges Herabschwemmen der milderen Bestandtheile eine tiefere Ackerkrume gebildet, welche mit der wachsenden Entfernung von der Quelle des Flusses sich verbessert; namentlich haben das Mosel- und Rheinthal fruchtbaren Anschwemmungsboden in grösserer Ausdehnung, und der südliche Theil des Kreuznacher Kreises nimmt den ersten Rang in der Rheinprovinz ein.

In dem den Uebergang zur Ebene vermittelnden Hügellande, wo sich die Thäler erweitern, gewinnt die Ackerkrume an Stärke; sie besteht aus thonigem Lehm oder einer Mischung von Lehm und Sand, der Untergrund aus Thon allein oder in Mischung mit Kies und Steingeröllen. Die Plateaus haben einen ergiebigeren Boden; der Untergrund trägt meistens noch den Charakter der angrenzenden Gebirgsmasse, welcher sich häufig erst nach weiterem Eindringen ins Flachland verliert.

Der fruchtbarste Theil des Flachlandes ist das sogenannte Jülicher Land, welches in einer Ausdehnung von 31 □Meilen über die Kreise Jülich, Grevenbroich, den Norden von Düren und Theile sämmtlicher benachbarten Kreise erstreckt und bis auf einige Mulden und Abdachungstheile dem Diluvium angehört. Den Boden bilden fein gemischte Theile von Thon, Sand und kohlensaurem Kalk; er tritt auf sehr ausgedehnten Flächen gleichmässig als tiefgründiger, reicher, mergelhaltiger Lehm und Thon, stellenweise als Lehmmergel auf. Sein Untergrund ist gleich oder ähnlich zusammengesetzt, an vielen Stellen durch starke Mergellager gebildet. Im Norden des Jülicher Landes bis an die holländische Grenze dehnt sich das Flachland zu beiden Seiten des Rheines weiter aus, östlich von der münsterischen Niederung und den westlichen Abdachungen des westfälischen Gebirges begrenzt.

In fast allen der Tiefebene angehörigen Kreisen des Regierungsbezirks Düsseldorf findet sich stellenweise an der Oberfläche, häufiger noch im Untergrunde steifer, nicht selten auch eisenschüssiger Thon ohne mildernde Beimischung anderer Erdarten vor. Grössere Ausdehnung hat der milde Thonboden, welcher etwa 60 Procent Thon und 40 Sand enthält und durch grössere Beimengung von Sand in milden Lehm übergeht. Beide Bodenarten sind ausgedehnter im Kreise Krefeld, einem Theil von Düsseldorf und in allen nördlicheren Kreisen, der Lehmboden auch in den übrigen vertreten. Mit dem an manchen Stellen nur flachen Lehmboden wechselt sandiger Lehm, lehmiger Sand und reiner Sand, auch Kiesboden ab. Diese Ackererden kommen in sehr verschiedener Tiefe der Krume und mit sehr verschiedenem, meistens jedoch sandigem Untergrunde in allen Kreisen der Tiefebene vor.

Der Südosten des Regierungsbezirks wird von der Grauwacke und dem Thonschiefer des niederrheinisch-westfälischen Schiefergebirges gebildet, dessen Kuppen grossentheils kahl und öde sind, und welches von steinigem, magerem und kaltgründigem Lehm bedeckt ist. Es gehören dazu der Kreis Lennep, Elberfeld und Mettmann links der Wupper und der Osten (etwa 27 Procent) des Kreises Solingen. Das vorliegende Hügelland enthält einige Streifen lehmhaltigen Mergels, zwischen sandigem Lehm und Sand sporadisch erscheinend; der letztere lagert besonders, locker und scharf, bei Leichlingen und in einzelnen Adern südöstlich davon, während nördlich mehr Lehm oder die derbere Form des Sandsteins vorwaltet.

Jenseit der Wupper endigt das durch Westfalen streifende Kalkgebirge, welches mit einem fruchtbaren kalk- und mergelhaltigen Lehm überzogen ist und noch an verschiedenen Stellen des Kreises Düsseldorf hervortritt; die Abfälle sind zuweilen mit Grand und Sand bedeckt.

Zu beiden Seiten der Ruhr steht das Steinkohlengebirge an, dessen thonige und quellenreiche Scholle den Nordosten des Kreises Mettmann, den grössten Theil des Kreises Essen und der anliegenden Bürgermeisterei Mülheim einnimmt. Die ebnere Gegend im Nordosten und ein schmaler Strich der südwestlichen Abdachung sind reich an demselben Mergel, welcher den Norden des Steinkohlengebirges im Regierungsbezirk Arnsberg erfüllt. Das Ruhrthal selbst besteht aus einem von Letten, Kies und Sand gemischten Mittelboden.

Das ebne, fast ausschliesslich mit abgelagerten Sinkstoffen bedeckte Rheinthal ist im Ganzen fruchtbar, wenn auch der fette, lettige Ackergrund in Folge der verschiedenen Anschwemmungszeit und -Umstände mit Kies, dürrem Sande und Moor häufig wechselt. In der klevischen Niederung östlich des Rheins, auch in der Höhegegend des Kreises Rees und im Yssethal findet sich grauer und gelber Sand in Vermischung mit wenigem Lehm, darin häufig Raseneisenstein von oft mehr als 1 Zoll Mächtigkeit.

Die westrheinische Niederung besteht an den besseren Stellen aus aufgeschwemmtem, lettigem Lehm, auch hier und da aus Sand; die Binnenwiesen haben grösstentheils einen geringeren, nassen, thonigen oder moorigen Boden.

Am Fusse des Vorgebirgslandes zwischen dem Rheine, der Erft und Niers, welches aus Kies und Schichten der Braunkohlenformation gebildet ist, breitet sich nach der Ebene hin eine thonige und lehmige Aufschwemmung; weiter hinauf wird der Boden zusehends sandiger und schlechter, und nur zwischen den Hügeln findet sich bräunlicher Sand, bräunlicher und thoniger Lehm.

Die Kiesbänke um Kleve und Geldern sind durchgängig sehr eisenschüssig und unterscheiden sich dadurch vom späteren Kiese der Thalebenen.

Im Westen dieser Höhen breitet sich das sandige und brüchige Niersthal nebst der Maas- und Schwalmniederung aus, deren Sand- und Kiesboden an besseren Stellen Lehm beigemischt ist; diese Gegenden leiden unter geringem Wasserabfluss, so dass die Fülle des Grundwassers zuweilen förmlichen Moorboden gebildet hat.

An beiden Seiten der Erft gehört ein Theil des Jülicher Weizenlandes zum Bezirk. Derselbe hat stellenweise einen fetten Lehmmergel mit 1½ Fuss tiefer Humuskrume, daneben jedoch auch leichten sandigen Lehm mit 9 Zoll Krume und (besonders im Erftthal) sumpfigen Boden.

Von den beiden Hauptabschnitten des Regierungsbezirks nehmen in Hunderttheilen ihrer ganzen Bodenfläche ein:

	rechts des Rheins	links des Rheins
Thon und Lehmmergel	6	11
fetter Lehm	8	8
sandiger Lehm	60	23
Sand	26	58

Der Regierungsbezirk Köln ist im Ganzen fruchtbar, namentlich die ebenen Gegenden, die wellenförmige Fläche des Kreises Rheinbach im Osten (besonders die Bürgermeisterei Adendorf), die Thäler der Sieg und Agger und der grössere Theil der Wiesen an der Erft. Die dem sauerländischen Gebirge angehörigen magern und steinigen Gegenden sind zu einem ergiebigen Ackerbau wenig geeignet; ziemlich fruchtbar erscheinen noch die Umgebungen von Waldbroel und Rosbach. Auch die Eifelgemeinden im Kreise Rheinbach sind steril, die Bürgermeisterei Türnich im Südosten des Kreises Bergheim wenig ergiebig und die Halden der Bleiberge bei Kommern fast gänzlich uncultivirbar. Der Boden des Rheinthals ist durchgängig angeschwemmter Lehm von mächtiger Tiefe und alter Cultur; er steht auf der linken Rheinseite dem besten Boden des Jülicher Landes nicht nach, ist aber auf der rechten durch starke Sandbeimischungen geringer.

Ueber den Kreis Köln wird insbesondere angegeben, dass die Bestandtheile des Vorgebirges im Westen wechselnd Thon, Kies, Sand, Mergel und Torferde sind. Unweit des Rheins bei Godorf tritt in den Kreis eine Hügelreihe unter dem Namen des Heidberges ein und zieht in wachsender Entfernung vom Strome nordwärts hindurch; diese Erhebung ist eine charakteristische Grenzscheide innerhalb der Ebene. Zwischen dem Vorgebirge und dem Heidberg liegt, gewöhnlich auf rothem Kiel (Rohmuth), grösstentheils Lehmboden, zuweilen mit Mergel, Thon oder

Kleierde und selten mit Sand vermischt. Zwischen dem Heidberge und dem Rhein dagegen herrscht Sandboden vor, welcher mit Lehm oder Letten gemischt ist und auf festem, rothem Kiese ruht. Das beste Gartenland findet sich dicht bei der Stadt Köln, wo fetter Lehm mit schwarzer Humuserde bedeckt ist. Die rechtsrheinische Bürgermeisterei Deutz hat durchgängig schlechten Boden aus blossem Sande oder aus Sand und Kies in Mischung mit wenigem Lehm.

Der Kreis Bonn besteht zur Hälfte (Rheinebne) aus Alluvialgebilden, zur anderen Hälfte aus Braunkohlengebirge, in den Schluchten des Vorgebirges und im südlichen Theil des Abhangs zur Ebene aus einem schmalen Streifen Grauwacke, an einzelnen Stellen von Trachyt, Basalt oder Lava durchbrochen. Die meistens bewaldete Alluvialdecke des Vorgebirges enthält folgende Bodenarten: Töpferthon (etwa 90 Procent abschlämmbare Theile) an wenigen Stellen; sandigen Thonboden (60—70 Procent abschlämmbar) von grosser Fruchtbarkeit namentlich im Süden von Gudenau und Gimmersdorf; kiesigen Thonboden, welcher das Wasser sehr lange anhält und im Sommer steinhart wird, auf einem Streifen von Olsdorf bis Volmershoven, östlich von Witterschlick und nordwestlich von Roü; Lehmboden (30—50 Procent abschlämmbar) mit durchschnittlich nicht über 1 Procent Kalkgehalt im Thal oberhalb Witterschlick und um Niederbachem, etwas milder, d. h. humusreicher an den Abhängen nordwestlich von Botzdorf und zwischen Alfter und Impekoven; sandigen Lehm (20—30 Procent abschlämmbar) südwärts von Hemmerich, um Röttgen, um Schönwaldshaus, zu beiden Seiten des Bruchenbaches — hier nach Lannersdorf hin mit 3 Procent Kalkgehalt und deshalb fälschlich Mergel genannt; kiesigen Lehm vorzugsweise in der Waldung um Röttgen; lehmigen Sand (10—20 Procent abschlämmbar) nord- und südwestlich Roesberg, südlich Uettekoven, südlich Medinghoven, an den Thalhängen des Godesberger Baches und an verschiedenen Stellen mehr im Süden; Sandboden (8—10 Procent abschlämmbar) in einem Streifen des nördlichen Theils; Grand- und Kiesboden (1—5 Procent abschlämmbar) an der äussersten nordwestlichen Kreisgrenze, westwärts Olsdorf bis Volmershoven, um Heidgen, südlich und östlich Ippendorf, um Liessen, zwischen Schiessgrube und Bruchhof im äussersten Süden.

Die Rheinebne nimmt an den Hauptbodenarten folgenden Antheil: Milder Lehmboden mit etwa 3 Procent Humus, 2—4 Fuss mächtig und grösstentheils über Flusssand gelagert, findet sich an den Abhängen von Walberberg bis Bornheim und von Alfter bis Oedekoven, im Meerbachsthal um Messdorf, in einem zusammenhängenden Streifen von Rheindorf einerseits bis Lengsdorf und andererseits bis Lannersdorf in Anlehnung ans Vorgebirge, südlich des Bruchenbachs, auf der rechten Rheinseite um Beuel und um Geislar. Strenger Lehmboden mit wenig über ½ Procent Humusgehalt breitet sich um Eichholzerhof und von Urdorf bis Buschdorf aus. Sandiger Lehm von ziemlicher Tiefe und auf meistens gutem Untergrunde erfüllt den grössten Theil der nördlichen Hälfte der Ebne und einen schmalen Strich längs des Rheins zwischen der Ruine östlich Kessenich und dem Dorfe Mehlem. Lehmiger Sand mit meistens vielem Humusgehalt bedeckt den grössten Theil der Ebne zwischen Rhein und Sieg, eine Fläche westlich Endenich und einen Streifen längs des Rheins um Rheindorf, welcher sich weiter nach der Gegend östlich Roisdorf und von da bis nordwestlich Urfeld hinzieht. Sandflächen von nicht grosser Ausdehnung kommen im Nordosten der Ebne vor, darin bei Widdig und Dransdorf etwas Flugsand (mit 1—2 Procent abschlämmbaren Theilen).

Das Gemüse- und Gartenland des Bonner Kreises gehört grossentheils der ersten Classe der Thaerschen Classification an, das Wiesenland den besseren Formen dieser Nutzungsart, und was das eigentliche Ackerland betrifft, so nehmen die Ackerclassen davon folgende Procente ein: *II.* milder, humusreicher Lehm, eben mit durchlassendem Untergrunde, 4½—5 Scheffel Roggenwerth rein ertragend, 23¼ Procent (namentlich in den Bürgermeistereien Godesberg, Bonn, Poppelsdorf, Sechtem, Oedekoven und Waldorf); *III.* sandiger, mässig strenger Thon- oder strenger Lehmboden mit gleichartigem, durchlassendem Untergrunde und ebener, wasserfreier Lage, 4 Scheffel Reinertrag gewährend, 9½ Procent (namentlich in Villip und Hersel); *IV.* humusreicher, sandiger Lehm mit durchlassendem Untergrunde und ebener, wasserfreier Lage, 3¼—3½ Scheffel Reinertrag gewährend, 30¼ Procent (vorherrschend in Sechtem, Hersel und Oedekoven, dann Poppelsdorf, Waldorf, Godesberg); *V.* humusreicher, lehmiger Sandboden oder etwas magerer, sandiger Lehm mit wechselndem Untergrunde und theilweise mit abhängiger Lage, 2½ Scheffel Reinertrag gewährend, 22 Procent (vorherrschend in Vilich und Waldorf, dann Bonn, Oedekoven, Poppelsdorf, Villip); *VI.* magerer Thon- und Lehmboden mit wechselndem und theilweise undurchlassendem Untergrunde in nasser Lage, 1½ Scheffel rein ertragend, 1 Procent (nur in Villip); *VII.* dürrer lehmiger Sand oder magerer lehmiger Sandboden mit sandigem und durchlassendem Untergrunde, in ebener oder sanfthügeliger Lage, 1½—1¾ Scheffel Reinertrag gewährend, 7½ Procent (besonders in Hersel und Waldorf); *VIII.* ziemlich humusreicher Sand mit durchlassendem Untergrunde und bald trockener, bald feuchter Lage oder nasser Lehmboden u. s. w., 15 Metzen rein gewährend, 2 Procent (namentlich in Villip); *IX.* lehmiger Sand oder sandiger und kiesiger Lehm mit wechselndem Untergrund und bald trockener, bald feuchter Lage, 11—14 Metzen ertragend, 2½ Procent; *X.* keiner Verbesserung fähiger Boden mit durchschnittlichem Reinertrag von ½ Scheffel Roggenwerth, ½ Procent.

Im Regierungsbezirk **Aachen** schreitet die Beschaffenheit des Bodens ziemlich regelmässig von Südost nach Nordwest vom unfruchtbarsten bis zum ergiebigsten fort. Das beste Land, jedoch öfterem Misswachs ausgesetzt, ist das ebene Jülicher in den Kreisen Erkelenz und Jülich. Daran schliesst sich der Roggenboden der Kreise Heinsberg, Düren und Geilenkirchen und die fruchtbaren Wiesen an der Inde. Die Hügelgegend des Aachener Kreises hat eine mittlere Fruchtbarkeit. Nur hin und wieder zur Torfgewinnung geeignet sind dagegen die bei heiterer Jahreszeit passirbaren Moräste (Fanges) des Kreises Eupen, in noch stärkerem Grade die höchst unsicheren Sümpfe des hohen Veens nordwestlich Montjoie und Malmedy. Das rauhe Eifelgebirge im Süden und Südosten des Bezirks trägt auf seinen Kalk- und Schieferfelsen eine sehr dünne Ackerkrume und bringt daher sehr wenig hervor.

Nach Notizen der Kataster gehören von dem zum Ackerbau benutzten Lande des Regierungsbezirks in die Classen: *I.* guter Gerstenboden 46 Procent, *II.* sandiger Lehmboden 20 Procent, *III.* verschiedenartiger Mittelboden 11 Procent, *IV.* vermischter Thon- und Dinkelboden 7 Procent, *V.* kalter und nasser Lehmboden 16 Procent. Dieselben Bodenarten nehmen vom Ackerlande der landräthlichen Kreise folgende Flächentheile ein:

	I.	II.	III.	IV.	V.
Erkelens	50	50	—	—	—
Heinsberg	—	100	—	—	—
Jülich	100	—	—	—	—
Geilenkirchen . .	51	49	—	—	—
Düren	77	—	23	—	—
Aachen	73	—	27	—	—
Eupen	—	—	89	—	11
Schleiden	—	—	30	46	24
Montjoie	—	—	—	—	100
Malmedy	—	—	—	17	83

Ueber einzelne Kreise liegen noch besondere Angaben der Bodenbeschaffenheit in den landräthlichen Berichten vor, deren Wiedergabe hier erfolgt.

Neben dem fetten Lehmboden, welcher den grössten Theil des Kreises Erkelenz erfüllt, erstreckt sich von Niederkrüchten bis zu den Heiden der Bürgermeisterei Elmpt ein stellenweise ganz steriler Sandboden.

Im Kreise Heinsberg wechselt ganz fruchtbares Ackerland mit sterilstem Sande und verwahrlosten Bruchflächen; am besten ist es in den Gemeinden Braunsrath, Süffelen und Höngen südwestlich der Kreisstadt.

Der fruchtbare Boden des Kreises Jülich erstreckt sich nicht auf die Rottländereien, die Thäler der Inde und Rorr und die sogenannte Bürge in den südöstlichen Grenzgemeinden Steinstrass und Hambach.

Der fruchtbare Lehmboden des Kreises Düren geht nach dem Gebirge zu in theilweise kargeren Sand über, und auf den Höhen selbst herrscht Thonschiefer vor.

Das Ackerland des Kreises Eupen wird durch Nässe vielfach beeinträchtigt; Wiesen und Weiden herrschen vor.

Im Kreise Malmedy liegt der ihrer Zusammensetzung nach für die Acker- und

Waldwirthschaft wohl geeigneten Krume bald mehr, bald weniger tief sandiger Lehm unter; Kalk kommt nur in Conglomeratfelsen vereinzelt vor. Uebrigens hat sich das Veen sowohl als das Wildland der Eifel culturfähig erwiesen.

Der zum Regierungsbezirk **Koblenz** gehörige Kreis Wetzlar ist grösstentheils gebirgig, und die oft steilen Abhänge lohnen nur zuweilen dem Ackerbau. Die rechts der Lahn gelegenen Hochflächen sind meist sandig, mit Schiefer- und Quarzkies untermischt, und in den schmalen Thälern haftet wenig Damm- und Lehmerde. Die Lahnebene, das Kleethal im Hüttenberge (Bürgermeisterei Lützellinden) und die Wiesen am Solmsbach zeichnen sich durch grosse Ergiebigkeit aus. Minder humusreich und hauptsächlich aus kaltem Lehm oder Kies bestehend ist der Boden auf der Hochfläche der Landschaft Hüttenberg (Bürgermeisterei Rechtenbach) und der anstossenden Gemeinden Schwalbach und Oberwetz. Als Untergrund tritt grösstentheils sandsteinartige Grauwacke auf.

Die Gebirgsmasse des Haupttheils ist vorwaltend aus Grauwacke und Thonschiefer zusammengesetzt; auf den höheren Bergrücken liegt grossentheils Faulschiefer mit einer schwachen Humusdecke, im Kreise Altenkirchen nasser Lehmboden. Die mittleren Erhöhungen enthalten öfters Thon und sind meistens ergiebig. Das aufgeschwemmte Erdreich in den weiteren Flussthälern ist sehr fruchtbar, in den schmalen Thälern dagegen reich an Geröll und wenig mächtiger als an den Bergeshalden. Bei Kreuznach und Sobernheim und an einigen Stellen des Soonwaldes findet sich ein fetter Lehmboden, mit etwas Sand und Kalkerde vermischt. Das Nahethal wird besonders durch die Verwitterungen der Porphyrgesteine fruchtbar gemacht. An mehreren Orten des Rhein- und Moselgebirges, wie in den Waldungen von St. Goar und Boppard, bildet Thonschiefer den tragbaren Boden. Der Boden in den Eifelgemeinden des Kreises Kochem ist kalt, nass und arm an Humus.

Im Koblenzer Kreise treten neben den sandigen und lehmigen Schichten der Grauwackenformation tertiäre Schichten blauer und weisser plastischer Thone, Kalktuffablagerungen, loser oder mit Sand und Schlamm zu einer harten Masse ausgebackener Bimstein und feiner, schwarzer, vulcanischer Sand an die Oberfläche. Sehr fruchtbar ist das Neuwieder Becken von der Insel Oberwerth bis Andernach, und auch an den Bergabhängen findet sich häufig vortreffliches Ackerland. Die Bürgermeisterei Bassenheim hat trockenen, fruchtbaren Lehm über Bimsand; in der Bürgermeisterei Vallendar findet sich vorzugsweise eine Mischung von Bimsand mit Lehm, auf der Höhe von Weitersburg schöner Weizenboden, auf der Insel Niederwerth schwerer Lehm mit stellenweise starker Beimischung von Rheinsand. Die Plateauhöhen in der Eifel und dem Hunsrücken haben dagegen ein wenig ergiebiges Gemisch von Sand, Kies und Lehm; die südliche Gemarkung Waldesch und die Hochfläche von Horchheim leiden an Nässe.

Im Regierungsbezirk **Trier** sind am fruchtbarsten: das Thal der Mosel abwärts der Mündung der Saar, die Thäler der Prims und Nims, das Kellerthal, der Gau zwischen Mosel und Saar, der Kreis St. Wendel und das Thal des Gaybaches. Der vulcanische Boden der Eifel ist besser als der des Schiefergebirges.

Durch Ergiebigkeit zeichnet sich der Kalkboden zwischen Roth an der Grenze, Balesfeld am Killwald, Bombogen im Liserthal, Schweich an der Mosel, Konz an der Saarmündung und Mettlach an der Saar aus; in den schmaleren Thälern geht meistens der Sandstein zu Tage. Es gehören dahin der Kreis Bitburg mit Ausnahme seiner wenig ertragsfähigen Nordwestecke (des Oesling), Wittlich mit Ausnahme des nordöstlichen Drittheils, die Nordwesthälfte von Trier, endlich Saarburg mit Ausnahme des östlichen Viertels. Auch die Höhen im Kreise Merzig auf dem linken und zum Theil auf dem rechten Saarufer enthalten meistens sehr reichen Kalkboden; sonst herrscht dort Sandboden vor, welcher im Thal bei Merzig und Hilbringen gleichfalls fruchtbar ist.

In dem bis zum Hochwalde streichenden Sandsteingebirge des südlichen Bezirkstheiles finden sich alle Bodenmischungen vom Flugsand bis zum strengen Thone vor. Die Bürgermeisterei Schleidweiler des Kreises Trier (in der Vogtei) hat sehr eisenhaltigen und wenig ergiebigen Boden.

Die Bestandtheile des Bodens in **Hohenzollern** sind verschieden: in den meisten Gegenden waltet Thon oder Sand, in den Alpgegenden Kalkerde vor. Die Wiesen an der Lauchert und im südlichen Theil des Bezirks sind nicht selten sumpfig und moorig; das Neckarthal dagegen zeichnet sich durch grosse Fruchtbarkeit aus.

Im Anschluss an die geognostische Bildung des Landes findet sich Sandboden über den mittleren und oberen Keuperstufen (feinkörniger Thonsandstein oder grobkörnig mit kaolinartigem Bindemittel), über dem unteren braunen Jura (dunkle Thone, oben und unten von Sandmergeln, in der Mitte von Thoneisensteinflötzen durchzogen) und über einem Theil der Molasseebene.

Einen eisen- und etwas bittererdehaltigen, sonst ziemlich reinen Thonboden besitzen die mittlere Liasformation (Numismalismergel), der untere braune Jura (Bildung der Opalinusthone) und der obere braune Jura (Parkinsonithone und Macrocephalenmergel, die jüngere Schicht der Ornatenthone).

Ein bedeutendes Areal nimmt der Kalk ein. Der untere weisse Jura des Heufeldes trägt einen reinen, der Plattenkalk einen etwas thonigen und der Muschelkalk einen dolomitischen (bittererdehaltigen) Kalkboden; derselbe ruht meistens auf kleineren und grösseren Gesteinsbruchstücken, und der durchlassende Untergrund zeigt sich bei anhaltender Trockenheit sehr nachtheilig.

Mergelboden ist vorzugsweise im Keupergebiete verbreitet. Diluvialer Lehm bedeckt die Fläche der Lettenkohle, des Lias, des weissen Jura und der Molasse in grosser Ausdehnung; nicht selten sind gelb oder braun gefärbter Thon, Sand und Kalk in gleichen Mengen in ihm vorhanden. Ein sumpfiger humoser, nur saure Gräser erzeugender Boden nimmt die Thalsohlen des Alpplateaus und insbesondere der Molasseebene da ein, wo nicht für Entwässerung gesorgt ist.

9. Uebersicht der Fruchtbarkeit.

Während von den vorstehenden Angaben Vieles den Denkschriften der einzelnen Generalcommissarien für Regelung der Grundsteuer entnommen ist, so geben auch die von der versammelten Commission selbst endgiltig festgestellten Classificationstarife Material zur Beurtheilung der Ergiebigkeit des Bodens an die Hand. Lässt man die Gärten, Wasserstücke und Oedländereien, deren Ausdehnung einerseits verhältnissmässig gering ist, und deren Ertrag andererseits von zufälligen Nebenumständen überaus beeinflusst wird, aus der Vergleichung: so kann man hinsichtlich des Ackerlandes, der Wiesen, Weiden und Holzungen folgende Reinertragsclassen unterscheiden: 1—15 Sgr. incl., 16—30 Sgr. incl., 31—60 Sgr., 61—120 Sgr., 121—180 Sgr., 181—240 Sgr., mehr als 240 Sgr. Gerade bei diesen Culturobjecten wird die Ertragsfähigkeit hauptsächlich durch die Güte der Bodenmischung und die mittlere Wärme des Bodens bedingt. In jeder Culturgattung mit Ausnahme der Holzungen, welcher die ergiebigste fehlt, sind sämmtliche 7 Reinertragsgruppen vertreten. Der Antheil dieser Vertretung in der Gesammtzahl aller für einen Veranlagungsbezirk aufgestellten Tarifclassen drückt annähernd das Ausdehnungsverhältniss seiner Bodenclassen aus. In der umstehenden Tabelle ist eine solche procentale Uebersicht für alle Regierungsbezirke gegeben. Ausser Acht darf allerdings dabei nicht bleiben, dass auf die Ertragsfähigkeit auch die zweckmässigere Bewirthschaftung und die Gunst lohnender Absatzverhältnisse einen wesentlichen Einfluss üben, und dass Angaben über ein sehr wichtiges Moment, nämlich über die Flächenausdehnung der Bodenclassen, gänzlich fehlen.

Die Tabelle ist folgendermassen zu verstehen: In den östlichen Provinzen, so namentlich in den Regierungsbezirken Köslin, Gumbinnen, Stettin, Marienwerder u. a. herrschen die niedrigen Bodenclassen des Ackerlands so sehr vor, dass die höhern daselbst fast gänzlich unvertreten sind. In der Provinz Sachsen, in den Regierungsbezirken Düsseldorf, Köln, Aachen u. s. w. fehlen zwar die niedrigen Bodenclassen keineswegs, jedoch auch die höhern sind ziemlich stark vertreten. Nun kann dies zwar eben so sehr an den physikalischen Eigenschaften des Bodens, als an den socialen der Gegend liegen. Thatsache ist aber: je mehr westlich, desto mehr walten die höhern Bodenclassen in den Classificationstarifen und in Folge dessen auch in der Wirklichkeit vor. Für das Ackerland, die Wiesen und die Holzungen gilt dieser Satz fast bedingungslos. Für die Weiden nur mit einer gewissen Einschränkung; die in den Regierungsbezirken Köln, Koblenz, Trier auf felsigem Boden gelegenen Weiden stehen hinsichtlich ihrer Ertragsfähigkeit sogar noch hinter den dürrsten Weiden in den östlichen Bezirken zurück.

(73.)

Procentantheil der Reinertragsclassen an der Gesammtzahl der innerhalb jeder Culturart aufgestellten Tarclassen.

Regierungs-bezirke.	Ackerland.							Wiesen.						
	0 bis incl. ½ Thlr	½—1 Thlr	1—2 Thlr	2—4 Thlr	4—6 Thlr	6—8 Thlr	über 8 Thlr	0 bis incl. ½ Thlr	½—1 Thlr	1—2 Thlr	2—4 Thlr	4—6 Thlr	6—8 Thlr	über 8 Thlr
Gumbinnen	37,3	16,3	23,7	22,4	—	—	—	29,7	17,4	26,8	23,2	2,0	—	—
Königsberg	28,6	21,3	25,6	24,4	—	—	—	22,4	18,9	24,5	30,6	3,7	—	—
Danzig	26,7	17,8	25,6	24,6	5,6	—	—	22,8	10,3	24,1	35,4	7,6	—	—
Marienwerder	30,6	16,5	22,4	28,9	1,8	—	—	24,4	18,3	20,2	25,6	11,3	—	—
Bromberg	26,4	23,0	23,9	25,4	—	—	—	20,0	20,0	18,6	31,4	10,0	—	—
Posen	28,3	24,3	25,0	22,3	—	—	—	24,1	20,3	19,3	28,6	7,5	—	—
Köslin	46,3	15,0	21,3	17,6	—	—	—	27,4	16,7	25,4	25,0	5,6	—	—
Stettin	32,7	14,4	18,3	25,0	9,6	—	—	20,8	13,6	24,0	23,0	15,4	2,9	—
Stralsund	25,0	12,5	25,8	21,0	15,6	—	—	12,9	12,9	25,8	25,6	22,6	—	—
Potsdam	30,1	14,7	18,2	25,7	11,0	1,3	—	21,3	14,1	18,5	25,9	15,6	4,4	—
Frankfurt	25,6	15,3	19,6	26,1	10,8	2,3	—	17,6	16,0	20,1	24,9	16,9	5,3	—
Liegnitz	29,0	16,3	21,0	25,0	8,3	—	—	18,6	19,2	20,9	28,6	11,8	1,7	—
Breslau	17,8	17,3	23,6	31,3	10,1	—	—	10,3	21,8	21,7	27,4	19,6	0,8	—
Oppeln	28,3	19,0	22,5	23,3	7,0	—	—	18,3	19,2	17,6	28,6	15,4	0,6	—
Magdeburg	19,3	11,0	16,1	25,4	17,6	9,3	0,8	10,7	11,4	12,3	28,3	21,0	9,6	1,6
Merseburg	16,0	12,6	13,3	26,6	19,6	11,8	—	13,3	11,0	14,7	25,0	24,3	11,6	—
Erfurt	25,0	5,7	18,3	27,3	15,9	6,8	1,1	13,6	8,9	16,0	27,2	24,7	8,6	—
Minden	19,1	12,4	16,9	24,0	19,1	7,9	—	8,6	17,3	13,0	25,9	18,5	12,3	3,7
Münster	19,8	16,6	16,8	34,7	11,9	—	—	14,0	11,8	19,4	25,0	18,8	8,6	2,2
Arnsberg	25,6	14,2	19,3	24,3	10,6	5,0	1,7	16,7	13,0	19,2	18,3	11,7	11,7	9,2
Düsseldorf	14,1	14,1	17,0	24,4	17,6	10,4	2,3	6,1	10,4	18,8	20,0	13,0	13,0	17,4
Köln	25,0	11,5	16,7	20,6	10,4	10,4	5,3	14,8	13,0	15,6	28,6	14,0	7,8	6,6
Aachen	15,0	14,2	18,3	23,0	19,5	10,6	4,4	5,8	15,8	13,9	28,1	17,6	14,0	4,4
Koblenz	23,9	14,6	16,3	26,1	9,0	7,8	2,1	18,6	11,8	12,3	23,7	15,1	12,3	7,9
Trier	27,0	16,4	17,6	22,0	11,6	4,6	1,3	10,5	17,6	17,6	22,3	11,6	14,6	5,1
Insgesammt	25,7	15,9	18,9	25,3	9,4	3,4	0,7	17,6	15,6	18,9	28,1	14,2	5,6	2,2

Regierungs-bezirke.	Weiden.							Holzung.					
	0 bis incl. ½ Thlr	½—1 Thlr	1—2 Thlr	2—4 Thlr	4—6 Thlr	6—8 Thlr	über 8 Thlr	0 bis incl. ½ Thlr	½—1 Thlr	1—2 Thlr	2—4 Thlr	4—6 Thlr	6—8 Thlr
Gumbinnen	56,9	16,9	17,1	8,3	—	—	—	84,6	10,8	4,6	—	—	—
Königsberg	42,4	20,9	22,3	—	—	—	—	92,5	7,5	—	—	—	—
Danzig	77,8	14,3	7,9	—	—	—	—	80,8	9,6	9,6	—	—	—
Marienwerder	73,3	17,0	8,1	1,5	—	—	—	73,3	14,4	12,3	—	—	—
Bromberg	50,0	26,7	23,3	—	—	—	—	77,8	22,2	—	—	—	—
Posen	67,6	26,6	5,8	—	—	—	—	79,2	20,8	—	—	—	—
Köslin	85,9	12,5	1,6	—	—	—	—	90,0	10,0	—	—	—	—
Stettin	53,8	12,5	25,0	8,7	—	—	—	49,6	35,0	14,6	1,0	—	—
Stralsund	41,4	13,6	27,6	10,3	6,9	—	—	37,5	37,5	25,0	—	—	—
Potsdam	49,1	17,6	19,6	12,5	0,0	—	—	35,6	43,1	19,8	1,6	—	—
Frankfurt	60,1	20,8	12,2	7,4	—	—	—	54,0	25,6	18,6	1,3	—	—
Liegnitz	67,9	20,3	11,0	0,8	—	—	—	48,9	30,1	21,0	—	—	—
Breslau	61,0	27,6	9,1	1,9	—	—	—	52,6	30,3	17,1	—	—	—
Oppeln	68,5	23,3	8,2	—	—	—	—	53,5	34,3	12,0	—	—	—
Magdeburg	46,0	21,4	19,4	11,3	2,8	—	—	24,1	27,6	32,8	13,8	1,7	—
Merseburg	41,0	19,5	16,0	18,6	4,4	—	—	29,2	25,7	25,7	19,5	—	—
Erfurt	60,7	16,7	14,6	8,3	—	—	—	31,6	29,5	38,9	—	—	—
Minden	41,6	16,9	13,0	15,6	7,8	5,2	—	38,9	23,9	31,6	5,7	—	—
Münster	36,2	13,3	17,2	21,1	9,6	1,6	—	39,4	22,1	28,6	9,6	—	—
Arnsberg	28,7	18,4	17,8	12,0	7,9	13,9	—	40,8	25,0	25,8	8,3	—	—
Düsseldorf	30,0	16,0	11,0	14,6	10,8	7,0	12,0	29,2	21,3	31,0	12,8	4,6	—
Köln	73,5	10,2	6,1	10,2	—	—	—	40,6	19,8	22,0	9,4	4,8	3,1
Aachen	38,8	12,6	8,4	20,3	15,7	3,6	1,2	33,3	29,9	27,8	8,2	0,8	—
Koblenz	100,0	—	—	—	—	—	—	38,9	26,4	30,6	4,2	—	—
Trier	100,0	—	—	—	—	—	—	38,8	28,7	24,8	9,8	—	—
Insgesammt	56,0	17,0	13,3	8,4	2,4	1,3	0,6	51,9	24,8	18,9	4,0	0,5	0,1

II. Der Feldbau.

A. Die dem Feldbau gewidmete Fläche.

Auf Seite 115 ist das innerhalb jedes Regierungsbezirks im Jahre 1858 zum Ackerbau benutzte Areal angegeben, und auf Seite 132 ist der Umfang des zur selben Zeit in den städtischen Feldmarken jedes Regierungsbezirks vorhandenen Ackerlands ersichtlich. Diesen Mittheilungen wird umstehend der Antheil der Ackerfläche an dem gesammten pflanzentragenden Areal und ihr Zuwachs von einem Zählungsjahr zum anderen hinzugefügt.

(74.) Regierungsbezirke.	Zunahme und Abnahme (—) der Ackerfläche			Antheil der Ackerfläche an der Gesammtfläche des pflanzentragenden Bodens 1858	
	von 1849 bis 1852.	von 1852 bis 1855.	von 1855 bis 1858.	in städtischen Fluren	überhaupt
	Magdeburger Morgen.			Procent.	Procent.
Gumbinnen	36 340	51 968	53 017	55,8	51,1
Königsberg	198 454	15 464	64 334	49,6	56,1
Danzig	105 500	46 380	65 346	58,9	52,9
Marienwerder	211 893	93 788	138 130	62,3	58,6
Bromberg	55 550	196 633	— 29 097	60,3	56,7
Posen	66 316	11 999	76 420	68,0	60,8
Köslin	58 556	75 848	115 515	53,2	52,8
Stettin	171 081	7 848	— 5 273	49,3	52,8
Stralsund	28 168	24 764	8 841	67,1	66,3
Potsdam	52 885	53 798	53 911	46,5	49,0
Frankfurt	277 625	95 552	33 425	56,7	46,3
Liegnitz	221 339	45 928	30 453	32,1	49,5
Breslau	115 382	144 237	50 567	51,3	66,1
Oppeln	131 635	— 1 187	257 485	65,4	54,9
Magdeburg	205 098	31 278	172 236	69,3	61,6
Merseburg	113 775	81 006	123 740	68,2	66,7
Erfurt	97	15 294	24 398	65,8	64,3
Minden	— 14 970	6 399	7 179	58,4	32,7
Münster	— 84 582	12 065	4 049	59,2	52,8
Arnsberg	— 3 008	2 667	11 575	44,1	40,2
Düsseldorf	24 984	2 351	32 114	54,7	57,3
Köln	7 700	1 443	2 165	49,3	53,8
Aachen	— 16 281	— 875	8 020	40,4	42,9
Koblenz	— 618	14 904	16 528	35,1	38,5
Trier	61 822	22 459	13 440	51,7	40,8
Sigmaringen	.	3 291	7 404	39,2	44,8
Insgesammt	2.024 630	1.054 082	1.347 763	55,01	53,76

Die höchst beträchtliche Zunahme des zum Ackerbau benutzten Landes, wie sie aus der obigen Tabelle ersichtlich ist, darf durchaus nicht allein den Urbarmachungen von Oedland und ehemaligen Gemeindeweiden und den Abholzungen der Forsten zugeschrieben werden, sondern sie erscheint — wie schon früher bemerkt wurde — wohl grösserentheils als das Ergebniss genauerer Angaben der Ortsbehörden. Die periodische Abnahme des Ackerlandes in einigen Regierungsbezirken fällt hauptsächlich auf Rechnung neuer Aufforstungen wenig ergiebiger Ländereien.

Der in der Tabelle angegebenen Vermehrung des Ackerlandes traten bei der Zählung von 1858 noch 747 Morgen des Jadegebietes hinzu. Dieses und Hohenzollern, worüber aus 1849 keine genauen Data vorliegen, unberücksichtigt gelassen, vertheilt sich die gesammte Zunahme des Ackerlandes von 1849 bis 1858

auf die städtischen Feldmarken mit 254 825 Morgen oder 8,30 Procent,
„ „ ländlichen „ „ 4.161 065 „ „ 9,71 „

Hinsichtlich dieser Zahlen muss jedoch bemerkt werden, dass die seit 1849 eingetretenen Veränderungen in der Zahl der Städte bei der Berechnung nicht in Betracht gezogen sind; könnte das geschehen, so würde sich eine weit geringere Vermehrung des städtischen Ackerlandes und eine etwas grössere des rusticalen herausstellen.

B. Feldsysteme.

Die Denkschriften der Generalcommissarien zur Regelung der Grundsteuer enthalten für alle Provinzen Mittheilungen über die Einwirkung der klimatischen Verhältnisse auf den Ackerbau, über die Fruchtfolge und die Bewirthschaftungsweise überhaupt. Diese Nachrichten werden hier auszugsweise wiedergegeben.

1. Einwirkung des Klimas auf die Landwirthschaft.

Das Klima der Provinz **Preussen** ist wegen deren nordöstlicher Lage im Allgemeinen rauher, als das der übrigen Landestheile. Nicht allein, dass das Frühjahr später eintritt, die Nachtfröste bis in den Mai dauern und der Winter früher zurückkehrt, so wirken besonders schädlich auch die im Frühjahr herrschenden austrocknenden und kalten Ost- und Nordwinde. Die Weichselniederung ist durch wärmeren Boden, tiefere Lage und die Nähe der See, welche auch das Klima der übrigen niedrigeren Kreise mildert, besonders begünstigt.

Als Zeitpunkt des Beginns der Frühjahrsbestellung wird angegeben: für den nördlichen Theil des Gumbinner Bezirks der 25. April, für Lithauen der 20. April, Masuren Anfang Mai; für den Kreis Memel die zweite Hälfte, für den Haupttheil des Königsberger Bezirks die erste Hälfte des April, für die vier südlichen Kreise und einen Theil von Eilau 14 Tage später; für die Niederung des Danziger Bezirks nach dem ersten Drittel, für die Höhedistricte die Zeit nach der ersten Hälfte des April, für die höchsten Theile Ende April oder Anfang Mai; für den Marienwerderschen Bezirk Anfang April. — Die Einsaat der Winterung soll erfolgen: im Kreise Darkehmen vom 24. August bis 10. September, im Bezirk Königsberg vom Ende August bis Ende September, in der Danziger Niederung vom 8. September und auf der Höhe von Ende August ab, im Marienwerderschen Bezirk im September.

Der Anbau der meisten Handelsgewächse ist unmöglich, und im Regierungsbezirk Gumbinnen kommen selbst die Oelfrüchte nicht mehr fort; auch die gewöhnlichen Feldfrüchte sind dem Erfrieren oder Erkranken stärker ausgesetzt, als anderswo. Wegen der Kürze der Vegetationsperiode kann die Bestellung nicht mit hinreichender Sorgfalt, die Ernte nicht immer zu geeignetster Zeit erfolgen. Zur Bewältigung der Arbeiten muss eine grössere Menge von Zugvieh, Menschen und todtem Inventar verwendet werden, als anderswo; dadurch vermehren sich die Wirthschaftskosten und wird die Möglichkeit einer stärkeren Nutzviehhaltung beschränkt. Weil das Getreide nicht ohne grossen Verlust im Freien aufgestellt werden kann, erhöht sich der Bedarf an Scheunenraum eben so wie der an Dienstwohnungen und Stallungen; und um der Witterung Widerstand zu leisten, müssen die Gebäude dauerhafter hergestellt werden. Das auf die Weide angewiesene Vieh muss lange im Stall gefüttert werden, bevor es im Frühjahr gehütet werden kann.

Endlich gebietet das Zusammentreffen der Ernte und Bestellzeit das Halten reiner Brache.

Wenn in einigen Theilen der Provinz Posen die Vegetation hinter anderen zurückbleibt, so hat dies vorzugsweise in dem strengen und kalten Boden der ersteren seine Veranlassung, indem der Einfluss von Anhöhen, Waldungen und Wasserflächen sich auf kleinere Localitäten beschränkt. Das Klima ist im Ganzen gemässigt und dem Ackerbau günstig. Bei der ebenen Lage des Landes können die oft heftigen Winde nicht auffällig erscheinen; sie wechseln vorzugsweise zwischen Osten und Westen. Am meisten wehen im Mai und Juni trockene Ost- und Nordostwinde, welche den Boden ausdörren, Nachtfröste bringen und sehr häufig ein Missrathen der Sommerfrüchte und Futterkräuter begründen; in manchen Kreisen lässt sich erst auf 4—5 Jahre eine gute Sommerung rechnen. Der Schutz gegen die Ost- und Nordwinde ist durch den starken Abtrieb der Wälder leider vermindert, und gleichzeitig ist die allmälige Vertheilung und Verdunstung der Winterfeuchtigkeit, welche häufigere Niederschläge erzeugte und dadurch den Pflanzen reichlichere Nahrung zuführte, nicht mehr gesichert. Der Monat Mai ist häufig von Reif und Nachtfrösten begleitet, die zuweilen noch im Juni sich wiederholen. Die dann zunehmende Wärme bringt in Verbindung mit den trockenen Ostwinden die Feldfrüchte verhältnissmässig schnell, freilich nicht immer zum Vortheil des Ertrages, der Reife und Ernte entgegen, so dass diese um Jacobi (23. Juli), in leichterem Boden noch früher beginnt und mit Ausnahme der Kartoffeln gegen Ende August beendigt wird.

In Pommern nimmt die Durchschnittswärme von Osten nach Westen zu, das Frühjahr tritt hier eher ein, und die Vegetation erleidet durch Nachtfröste geringere Störungen als dort. Die Ostsee übt auf die ihr angrenzenden niedrigeren Kreise zum Theil einen ungünstigen Einfluss insofern aus, als im Frühjahr und Sommer die kälteren nordwestlichen Luftströmungen vorherrschen, zeitweilig Stürme eintreten und die Temperatur öfters schroffen Wechsel erleidet; dagegen gereichen auch die Niederschläge, welche die Ausdünstungen der Ostsee liefern, zum Vortheil für die Vegetation. Sehr nachtheilig ist die Streckung des Haupthöhenzuges im Regierungsbezirk Köslin, weil er den Zutritt warmer Winde vom Süden hindert und die kälteren Strömungen aus Norden im Bezirk erhält; auch der Höhenzug mit dem Gollenberge hat eine ähnliche Wirkung.

Die klimatischen Verhältnisse der Provinz Brandenburg sind dem Ackerbau im Allgemeinen günstig; nur nähern die Kreise Arnswalde und Friedeberg sich dem kälteren und trockneren Klima des westpreussischen Plateaus. Die Temperatur schwankt indessen erheblich mehr als in Westfalen und Preussen, im Frühjahr sogar mehr als in der schlesischen Ebene; daher ist die schützende Schneedecke im Winter unzuverlässig. Durch die heftig auftretenden kalten und trocknen Nordostwinde des Frühjahrs hat die Provinz mehr als die westlicheren zu leiden. Die schärfer hervortretenden Wasserscheiden haben häufige Hagelschäden; auf kleineren Räumen äussern grössere Wasserflächen und Waldungen kältenden Einfluss.

Durchschnittlich beginnt die Frühjahrsbestellung in der ersten Hälfte des März, die Roggenernte in der ersten Hälfte oder Mitte Juli, die Weizen-, Gerst- und Haferernte in der zweiten Julihälfte oder Anfangs August. Der erste Schnitt der zweischürigen Wiesen beginnt in der Regel vor Johannis, der der einschürigen Anfangs August.

Schlesiens Klima ist im Allgemeinen ungünstig. Im Hochgebirge und dessen Vorlande tritt der Winter zeitig, der Frühling spät ein; der tiefe Schnee schmilzt auf den Bergen erst um Johannis. Die Winde sind dort heftig und scharf, die Temperatur wechselt jäh; während des Sommers stellen sich Gewitter mit Hagel und Regenströmen häufig ein. Folgen dieser Umstände sind: kurze Vegetationsperiode, Anhäufung starker Spann- und Handarbeitskräfte, Unmöglichkeit des Anbaues edler Gewächse, Erforderniss sehr starker Saat und grosse Unsicherheit der Gewinnung einer gesunden und reifen Frucht. Das rauhe Gebirgsklima macht sich noch weit ins Land hinein empfindlich. Die starke Erhebung nach Süden veranlasst die Abschliessung milder Luftströmungen und das Vorherrschen scharfer und erkältender Nord- und Nordostwinde gegen die wärmeren und feuchten West- und Südwestwinde; in Oberschlesien sind aus demselben Grunde die klimatischen Verhältnisse am ungünstigsten.

In den trockenen Theilen der Ebene beginnt die Frühjahrsbestellung um die Mitte oder gegen Ende März, auf den nässeren Lagen erst Anfangs oder gegen Mitte April, im höheren Gebirge häufig erst Anfangs Mai. Die Herbstbestellung währt in der Ebene bis Ende, in der Nähe des Gebirges bis Mitte und im Hochgebirge bis Anfang October. — Die Roggenreife tritt Mitte Juli ein, und auf den leichteren Bodenarten der Ebene beschleunigt sie sich etwas; im Gebirgslande verzögert sie sich bis zum Anfang und selbst bis gegen die Mitte August. Die Weizenernte ist allgemein Anfangs August und gleichzeitig die der Gerste; ihr folgt der Hafer, welcher indessen in den höheren Gebirgslagen oft bis Mitte und selbst Ende September stehen bleibt. Der erste Heuschnitt zweischüriger Wiesen erfolgt um die Mitte Juli, die Grummeternte überall gegen Anfang September.

Abgesehen von den hohen Harzgegenden, denen notorisch ein rauhes Klima eigen ist, hat in der Provinz Sachsen das Hügelland des Regierungsbezirks Erfurt die am wenigsten günstigen klimatischen Verhältnisse. Die Frühjahrsbestellzeit beginnt im aufgeschwemmten Lande der Ebene Anfangs März, in den höheren Lagen des Hügellandes 2—3 Wochen später, in den hohen Gebirgsgegenden im April und selbst im Mai. Die Ernte der letzteren erstreckt sich oft bis Mitte und selbst bis Ende October.

In der Provinz Westfalen herrscht während des Frühjahrs und Sommers nasse Witterung vor, welche die Bestellungsarbeiten verspätet, die Erntearbeiten vielfach unterbricht und vertheuert und die Heuernte oft verdirbt. Im Mai und Juni lagert sich bei Nordwest-, Nord- und Nordostwind der Haarrauch übers Land, macht die Nächte kalt bis zum Gefrierpunkt, zerstört die Thaubildung und unterdrückt das Wachsthum der Pflanzen; besonders haben Buchweizen und die Obstblüte darunter zu leiden.

Die ebenen Gegenden haben einen mehr nassen als kalten Winter. Da es bald friert, bald thaut, bald regnet, so leiden die Wintersaaten leicht durch Ausfrieren. Die durch solches Wetter verursachte Grundlosigkeit der Wege erschwert die Düngerausfuhr. Im niedrigeren Gebirgslande beginnt der Winter gewöhnlich Anfangs December mit trüben und nebligen Regentagen; der Frost hält selten länger als bis Ende Januar ununterbrochen an, wird vielmehr von da ab durch häufiges Thauwetter unterbrochen. Das höhere Gebirge hat meistens frühen, oft schon gegen Ende October beginnenden und bis in den April dauernden Winter; der Schnee fällt zuweilen massenhaft und bleibt in den Schluchten stellenweise bis zum Juni liegen. Ueber 1500 Fuss Höhe hinaus gedeihen kaum noch Winterfrucht und Obst; Sommerroggen, Hafer und Kartoffeln kommen verspätet und ohne hinreichende Bodenbearbeitung zur Aussaat und werden im Spätherbste oft noch auf dem Felde vom Winter ereilt.

Die Frühjahrsbestellung beginnt auf leichterem Boden der Ebene zu Ende März, auf schwererem Boden um Mitte bis Ende April, im paderbornschen Gebirgslande Ende März und Anfangs April, im höheren arnsbergischen Gebirgslande während des Monats April. — Die Ernte der ebenen Landestheile soll beginnen: für Roggen zu Ende Juli, für Hafer zu Ende August und Anfang September, auf schwerem Boden 1—2 Wochen später, der erste Schnitt zweischüriger Wiesen um Mitte Juni. Das paderbornsche Gebirgsland erntet Roggen vom Anfang, Weizen von der Mitte August ab, Gerste zu Anfang und Hafer gegen Ende September; Wiesen werden das erste Mal gegen Ende Juni bis Anfang Juli geschnitten. Im höheren Gebirge beginnt die Ernte für Roggen in der zweiten Augusthälfte, für Hafer gegen Mitte September bis Anfang October; der erste Schnitt zweischüriger Wiesen geschieht zu Anfang Juli.

Gleiche Verschiedenheiten wie in Westfalen treten im Rheinland hervor. Die höheren Gegenden entbehren bis in den April hinein fast jeder Vegetation, und der Winter kommt so früh, dass die Ernte der Sommerfrüchte nicht eingebracht werden kann. Dagegen regt sich in den Thalebenen, durch niedrige Lage und Schutz vor nachtheiligen Winden begünstigt, die Vegetation schon mächtig im März. Strenger Frost tritt selten vor Mitte December ein; indessen wiederholt sich während des Winters die Abwechselung von Thau- und Frostwetter bei reichlich mit Wasser gesättigtem Boden ziemlich oft; auch frieren im Frühjahre häufig die Wintersaaten auf.

Die Frühjahrsbestellung beginnt in der Ebene zwischen Anfang und Ende März, in den weniger hohen Gebirgen Mitte oder Ende März, in den höchsten Theilen während der ersten Aprilhälfte. Der Anfang der Ernte pflegt stattzufinden: für Roggen um Mitte Juli bis gegen Mitte August, für Weizen um Ende Juli bis gegen Mitte August, für Gerste zum Theil vor und zum Theil nach der Roggenernte bis gegen Mitte August, für Hafer von Ende August bis Anfang October, für Raps Ende Juni. Es versteht sich, dass die frühesten Termine sich auf die niederen und die letzten Termine auf die höchsten Gegenden beziehen.

2. Fruchtwechsel.

Bei den grösseren Gütern der Provinz Preussen ist die Fruchtwechsel-Wirthschaft eingeführt, deren allerverschiedenste Systeme befolgt werden, die nur insofern übereinstimmen, als in Ostpreussen aus klimatischen Rücksichten die Brache nicht entbehrt werden kann. Eben so allgemein herrscht auf den Bauerhöfen der Hauptsache nach noch die Dreifelderwirthschaft, in den besseren Gegenden mit theilweis besömmerter Brache; am weitesten hinsichtlich rationeller Bewirthschaftung sind die kleineren Wirthe der Kreise Stuhm, Graudenz und Marienwerder.

Der ackerungsfähige Theil der Memelniederung dient zur Weidewirthschaft, in welcher folgendes System üblich ist: Dreschgerste, Roggen, gedüngte Sömmerung, Roggen (oft mit Klee abgesäet), 2 Jahr Mähfutter, 2—3 Jahr Weide und theilweis Fettweide.

Auf den höheren Strecken des Weichseldeltas sind die Grundstücke gewöhnlich in 5—6 Felder getheilt, auf denen, unter strenger Einhaltung der Schwarzbrache, folgende Fruchtordnung beobachtet wird: Schwarzbrache, Gerste oder Rübsen, Winterung (Weizen oder Roggen), Klee oder Bohnen und Erbsen, Winterung oder Hafer, Hafer. In den tieferen Niederungen wird Viehwirthschaft und unter Benutzung künstlicher Entwässerung Wiesen-Wechselwirthschaft getrieben, bei welcher man mit 2—3jährigem Turnus der einzelnen Culturarten und Einschaltung von Wintergetreide für den eigenen Bedarf durchschnittlich ⅓ zur Sömmerung, ⅓ zur Heu- und ⅓ zur Weidenutzung verwendet.

In der Provinz Posen herrscht noch immer das Dreifeldersystem, vorzugsweise und fast ausschliesslich bei den Bauern und den Besitzern kleinerer, auch wohl grösserer Güter, in der Regel jedoch nicht mit ganz reiner, sondern mit besömmerter Brache verbunden. Auch das Fruchtwechsel-System ist, wo es angewendet wird, nicht immer streng durchgeführt; selten ist es mit Stallfütterung verbunden. Die Zahl der Schläge und die Fruchtfolge ist so verschieden, dass sich darüber nicht einmal ein annähernder Durchschnitt angeben lässt. Ziemlich allgemein bemerkbarer Mangel an Capital wirkt nicht blos nachtheilig auf die gewöhnliche Wirthschaftsführung ein, sondern hindert auch Verbesserungen in der wirthschaftlichen Einrichtung und die Ausführung durchaus nothwendiger Culturmaassregeln. Indessen ist die Zahl grösserer Grundbesitzer nicht gering, welche mit ausgedehnten Mitteln eine rationelle Wirthschaftsweise durchzuführen Kraft und Geschick haben.

In Pommern findet sich die Dreifelderwirthschaft nur noch untergeordnet in bäuerlichen Besitzungen und auch in diesen nicht mehr in ursprünglicher Reinheit, sondern mehr oder weniger mit besömmerter Brache. Die vorherrschende Bewirthschaftungsweise ist die Koppel- oder Weidewirthschaft, mehr oder weniger mit Fruchtwechsel verbunden und auf den Gütern durchweg geregelt, auf den Bauerhöfen meistens ohne feste Fruchtfolge und durch die jeweiligen Umstände bestimmt. Bei der Verschiedenartigkeit des Bodens und des Wiesenverhältnisses ist die Eintheilung der Schläge und die Fruchtfolge gleichfalls sehr verschieden, vielfach wird sogar auf einem einzigen Gut in 4 getrennten Abtheilungen mit verschiedenen Rotationen gewirthschaftet; die Zahl der Schläge ist 5—10, auf Bauerhöfen 4—5.

Grosse Kräfte und Capitalien werden den Grundstücken in der Provinz Brandenburg zugeführt, um gesicherte und nachhaltige Erträge zu erzielen. Das Fruchtwechsel-System herrscht vor, wenngleich verschieden in der Zahl der Schläge und in der Fruchtfolge, doch in der Regel mit ausgedehntem Anbau von rothem und weissem Klee und auf Sandboden mit Lupinenbau. Selbst bäuerliche Besitzungen, in welchen sich das Dreifeldersystem vorfindet, haben dasselbe durch den Anbau von Hülsenfrüchten und Futtergewächsen in der Brache und durch den Anbau von

Kartoffeln und Rüben im Sommerfelde modificirt; nur in den wenigen noch nicht separirten Gemeinden giebt es reine Dreifelderwirthschaft, wiewohl auch hier mit theilweis besömmerter Brache. Eine wesentliche Unterstützung wird der Bewirthschaftung durch die ausgedehnten Wiesenflächen der Niederungen zu Theil, welche einen Ueberfluss von Heu liefern und die Feldmarken der Höhegegenden fast aller Kreise damit versorgen.

Auf den schlesischen Bauergütern ist die vorherrschende Wirthschaftsweise zur Zeit noch die Dreifelderwirthschaft mit angebauter Brache. Auf den grösseren Gütern findet man die Schlagwirthschaft in den mannigfaltigsten, der Localität entsprechenden Systemen, meistens mit besonderer Rücksicht auf den Anbau von Futterkräutern. Durch die in Mittel- und Niederschlesien ziemlich beendete Zusammenlegung der Grundstücke ist im Ganzen keine so vollständige Abrundung erreicht worden, als wünschenswerth gewesen wäre; die Ländereien pflegen sich an die Gehöfte anzuschliessen und von dort durch die ganze Feldmark in Streifen von der Länge bis ½ Meile fortzuziehen.

Die agronomisch besseren Theile der Provinz Sachsen standen seit schon längerer Zeit auf einer hohen Stufe landwirthschaftlicher Betriebsamkeit, und die Ausdehnung der Zuckerrübencultur hat diese Verhältnisse neuerdings noch mehr und fast zu unnatürlicher Höhe gesteigert. Dass die Sandgegenden des aufgeschwemmten Landes dagegen wesentlich zurückstehen, erklärt sich schon aus der Bodenbeschaffenheit. Gleiches findet aber auch hinsichtlich des Regierungsbezirks Erfurt gegen die beiden anderen Bezirke statt; seine Gebirgskreise stehen sogar noch auf einer sehr niedrigen Stufe der Landwirthschaft.

Im Hügellande und den Flussniederungen, besonders wo die Separation und Zusammenlegung der Grundstücke stattgefunden, ist die Fruchtwechselwirthschaft üblich. Dieselbe hat sich der Bodenbeschaffenheit und den Bedürfnissen gemäss sehr verschieden gestaltet; eine sehr gewöhnliche Fruchtfolge ist die in 4 Feldern: Wintergetreide, Hackfrüchte, Sommergetreide, Futterkräuter resp. Hülsen- oder Oelfrüchte. Im aufgeschwemmten Lande wirthschaften die grösseren Güter meistens nach demselben System, während auf den kleineren Gütern, vielfach auch im Bezirk Erfurt und fast durchweg in den eigentlichen Gebirgskreisen, das Dreifeldersystem mit mehr oder weniger besömmerter Brache herrscht.

Westfalen hat kein vorwaltendes Wirthschaftsystem, höchst selten sogar in den einzelnen Gemeinden; bei der Freiheit des Grundbesitzes von allen Beschränkungen bestellt Jeder sein Feld nach Belieben, wenn nicht etwa vermengte Lage der Grundstücke und Mangel an besonderen Zufuhrwegen eine gewisse Abhängigkeit vom Nachbar herbeiführen. Die grösseren Grundbesitzer bewirthschaften meistens ihre Güter nicht selbst, sondern verpachten dieselben im Ganzen oder bei günstiger Gelegenheit im Einzelnen.

Im grossen Ganzen haben der bessere Theil der Ebene und das Hügelland eine freie Fruchtwechsel-Wirthschaft mit theilweis besömmerter Brache in den verschiedensten Fruchtfolgen. Eine häufig angewandte ist: Brache gedüngt, Roggen, Gerste, Rauhfutter halb gedüngt oder Klee, Weizen; — eine andere: Brache, Roggen, Gerste, Klee, Weizen, Hafer. Auf dem Sandboden und dem Gebirge ist Dreifelderwirthschaft gebräuchlich. In den höheren Gebirgsgegenden werden die entfernt liegenden Flächen (Aussenfelder, Schiffelländer) nicht gedüngt, noch beständig unter dem Pfluge gehalten, sondern nur alle 10—15 Jahre einmal umbrochen und mit Hafer bestellt, worauf sie wieder zur Hütung liegen bleiben.

Die Verhältnisse der Rheinprovinz ähneln den westfälischen. In der Ebene und dem besseren Theil des Hügellandes findet sich freie Fruchtwechsel-Wirthschaft in den verschiedensten Fruchtfolgen. Unter den am häufigsten vorkommenden sind zu erwähnen: Brache, Raps, Weizen, Roggen, Klee, Gerste oder Hafer oder halb Gerste und halb Hafer; — Gerste, Roggen, Klee, Weizen, Hafer, Roggen, theilweis besömmerte Brache. Das Gebirge befolgt meistens die Dreifelderwirthschaft mit Brache oder Hackfrüchten.

C. Arbeitskräfte.

Was über die Maschinenbenutzung in der Landwirthschaft aus den gegenwärtig noch sehr unvollständigen Nachrichten statistisch erfassbar ist, wird unter Nr. 6

dieses Abschnittes mitgetheilt werden. Im Nachfolgenden ist zunächst nur von den lebenden Kräften die Rede; als Quelle dienten die Denkschriften der Generalcommissarien.

Die geringe Zeit für die Feldbestellung und die kurze Vegetationsdauer steigern innerhalb der Provinz Preussen das Bedürfniss nach Menschen und Vieh gleichsam mit dem Vorschreiten von Westen nach Osten; auch machen die schweren Bodenarten und die weiten Wirthschaftsfuhren ein starkes Inventarium und Personal erforderlich. Die vorhandenen ländlichen Arbeiter sind kaum mehr ausreichend (?), theils weil die Beschäftigung durch Bauten und Holzschlagen u. dergl. sich schnell vermehrt, theils weil höhere Cultur das Maass der zu verrichtenden Arbeiten erhöht hat, theils weil in den letzten Jahren ein starker Abzug von Leuten nach Polen und Russland stattgefunden hat, während früher umgekehrt viele flüchtige Personen aus Polen in den Grenzkreisen verwendet wurden.

Um sich die erforderlichen Menschenkräfte zu sichern, nehmen die grösseren Grundbesitzer, mit Ausnahme der Weichselniederung des Danziger Bezirks, Arbeiterfamilien (Instleute, Gärtner) auf, deren Kosten im Bezirk Marienwerder auf 150 bis 180 Thlr. jährlich angegeben werden, obschon die Unterhaltung der Wohnräume und die Ausfütterung des Nutzviehes der Instleute viele Unbequemlichkeiten verursachen. Die Instleute verpflichten sich, mit 2—3 Personen Jahr aus Jahr ein gegen geringes Tagelohn Dienste in der Wirthschaft zu verrichten; dagegen erhalten sie Wohnung, Heizung, Futter und Weide für eine Kuh, für ein oder mehrere Schweine und Federvieh, Deputatbeete zu Kartoffeln und Lein, Deputatgetreide oder dergl., endlich als Drescherlohn den 10. oder 11. (in den Kreisen Deutsch-Krone und Flatow den 16. bis 18.) Scheffel. Zur Abwartung und Leitung des Viehes und für die Hofarbeit werden ausser Mägden ledige oder verheirathete Knechte gehalten, welche neben Wohnung und Beköstigung folgenden Jahreslohn beziehen:

		ein Knecht	eine Magd
Im Regierungsbezirk	Gumbinnen	12—30 Thlr.	8—18 Thlr.
" "	Königsberg	14—30 "	8—20 "
" "	Danzig: Niederung .	30—50 "	20—24 "
" "	" Höhe	16—30 "	12—22 "
" "	Marienwerder	10—25 "	12—22 "

Freier Tagearbeiter bedient man sich nur zur Aushilfe; aber gerade zur Erntezeit sind sie häufig nicht zu finden, wodurch grosse Verlegenheiten entstehen. Nur nach den Weichselniederungen wandern die Leute während des Sommers schaarenweise aus den ärmeren Höhegegenden hin. Der Tagelohn beträgt:

Reg.-Bez.	für Männer i. d. Ernte	für Männer i. Sommer	für Männer i. Winter	für Frauen i. d. Ernte	für Frauen i. Sommer	für Frauen i. Winter
Gumbinnen	7—10	5—10	5—7½ Sgr.	5—10	3—10	2—7 Sgr.
Königsberg	8—15	6—15	6—8 "	6—10	3—8	3—8 "
Danzig: Niederung	20—30	bis 15	8—10 "	10	bis 8	6—8 "
" Höhe . . .	10—21	7½—12½	5—10 "	5—7½	5—8	3—5 "
Marienwerder . . .	10—18	7—10	5—7 "	6—10	5—6	4—6 "

Zur Verrichtung der Gespannarbeit zieht man nur im leichten Sande Ochsen den Pferden vor; jene verwendet man zum Pflügen, was in der Weichselniederung und dem zähen Mewer Boden gleichfalls mit 4 und selbst 6 Pferden besorgt wird. In den schwereren Bodenarten ist das Viergespann üblich. Man rechnet, dass in der Niederung 1 Pferd auf 15—16, in Mittelboden auf 30, in leichterem Sande auf 50 Morgen erforderlich sei. Die Unterhaltungskosten sind nach der Gegend und der Körner- oder Heufütterung verschieden: für 4 Pferde jährlich 250—500 (in der Weichselniederung 360—600), für 2 Pferde 150—300 (resp. 225—320), für 2 Ochsen 40—150 Thlr.

Auch in Posen mangelt es an Handarbeitern. Dieselben sind hier leider auch weniger rührig und geschickt als in anderen Landestheilen; ihre Ansprüche auf Kost und Lohn sind indessen gleichfalls geringer, und die Naturalbezüge haben einen verhältnissmässig niedrigen Preis.

Die landwirthschaftlichen Handarbeiten werden in Pommern durch Gesinde und Tagelöhner verrichtet. Bei grösseren Gütern und Bauerwirthschaften befinden sich besondere Häuser für Tagelöhner, denen Wohnung, Feuerung, Viehfutter und bestimmte Landbenutzungen neben mässigem Tagelohn gewährt werden; ausserdem sind je nach Bedarf andere nicht in bindendem Verhältniss stehende Tagelöhner theils ganz ohne Naturalien, theils mit Kost beschäftigt. Deren Tagelohn beträgt ausser voller Beköstigung:

	für Männer			für Frauen		
	i. d. Ernte	i. Sommer	i. Winter	i. d. Ernte	i. Sommer	i. Winter
Reg.-Bez. Köslin . .	7½—20	6—15	5—10 Sgr	5—12½	4—10	3—5 Sgr
„ Stettin . .	7½—30	7½—15	5—12 „	5—15	5—8	4—10 „
„ Stralsund	12½—20	10—12½	5—10 „	8—10	5—10	3—5 „

Der Verdienst einer Kathenfamilie wird im Kreise Franzburg auf 135—190 Thlr jährlich veranschlagt. Beispielsweise erhält im Kreise Naugard der Mann während des Sommers 5 und während des Winters 4, die Frau 3 resp. 2½ Sgr täglich, und für das Dreschen wird der 17te bis 21ste Scheffel bewilligt; an Naturalien giebt es ausser freier Wohnung: Stallung für 1 Kuh, 2 Schweine und einige Schafe, ½ Morgen Garten- und 3 Ackerland zu 4 Metzen Leinaussaat, ein zweispänniges Fuder Heu, den Feuerungsbedarf in Torf oder Raff- und Leseholz, Weidefreiheit für 1 Kuh und einige Schafe, auch wohl für 2—3 Schweine und Gänse. Im Kreise Greifswald erhalten contractlich auf ein Jahr engagirte Leute: der Mann 5, die Frau 2½—3½ Sgr täglich baaren Lohn, dann Wohnung, Gartenland ¼—½ Morgen, Kartoffel- und Leinland gratis oder gegen geringe Vergütung, gewöhnlich einige Fuder Brennholz und 6—8000 Stück Torf, freie Weide und Winterfutter für eine Kuh, freie Schweine- und Gänsehaltung, eine gewisse Scheffelzahl von Roggen und Gerste zum Preise von 30 und 25 Sgr; ärztliche Behandlung und Medicamente werden fast überall gewährt, ebenso nothwendige Fuhren geleistet, wogegen die Frau 52 Hofetage ohne Lohn leisten muss.

Sämmtliche Unterhaltungskosten des Gesindes betragen incl. aller Naturalien und Geschenke im Kreise Saatzig: für einen Knecht 70—90, einen Jungen 60—70, eine Magd 60—80 Thlr jährlich; im Kreise Anklam beziehentlich: 100, 90, 80—90 Thlr. Der Gesindelohn excl. Beköstigung ist:

		für Knechte	für Jungen	für Mägde
im Regierungsbezirk Köslin . .	jährlich	15—32	8—18	10—20 Thlr
„ „ Stettin . .	„	18—50	12—24	12—25 „
„ „ Stralsund	„	24—40	15—26	16—24 „

Zu den Gespannarbeiten werden überwiegend Pferde und neben ihnen Ochsen, in ganz kleinen Wirthschaften auch Kühe verwendet. Die Kosten betragen im Durchschnitt jährlich:

	für 4 Pferde	für 2 Pferde	für 2 Ochsen
im Regierungsbezirk Köslin . .	400—650	210—400	87—150 Thlr
„ „ Stettin . .	400—600	190—350	100—225 „
„ „ Stralsund	550—650	325—400	125—225 „

Schlesiens Landwirthschaft bedient sich für Handarbeiten der Dienstboten und der Tagelöhner, welche grösstentheils in keinem bindenden Verhältniss zu den Gutsbesitzern stehen, aber häufig freie Wohnung in Familienhäusern und mitunter etwas zugerichteten Acker erhalten. Einzelne Gegenden, wo die Industrie viele Menschen beschäftigt, besonders im Gebirge und in der Nähe der Hauptstadt, haben Mangel an Arbeitskräften; es trägt dazu auch der Hang der männlichen Bevölkerung bei, innerhalb und ausserhalb der Provinz auf Strassenarbeit zu ziehen. In den Weberdistricten und den oberschlesischen Kreisen rechts der Oder befriedigen die Leistungen der Arbeiter wegen der Körperschwäche und des sehr niedrigen Culturstandes der letzteren nicht. Die Ernte wird häufig in Accord verrichtet.

Die üblichen Sätze des Tagelohns werden sehr abweichend von einander angegeben:

	für Männer			für Frauen		
	i. d. Ernte	i. Sommer	i. Winter	i. d. Ernte	i. Sommer	i. Winter
Reg.-Bezirk Liegnitz	8	6	5	5	4	3 Sgr
„ Breslau	5—15	3—12	.	3—8	2—6	. . „
„ Oppeln	8—10	5—6	3—4	6—8	3—6	2½—3 „

Der Lohn für einen Knecht beträgt in Nieder- und Mittelschlesien durchschnittlich 14—30 und in Oberschlesien 12—20, für eine Magd beziehentlich 12—20 und 8—14 Thlr jährlich.

Die Unterhaltungskosten eines Gespanns von 2 Pferden betragen im Regierungsbezirk Liegnitz durchschnittlich 290, im Breslauer Bezirk nach den Kreisbeschreibungen 200—500 (nach den von der Generalcommission im Jahre 1850 aufgestellten Normalpreisen für Ersatzgespann dagegen 235—330), im Oppelner 160—250 Thlr. jährlich.

Sachsen hat im Allgemeinen keinen Ueberfluss an Arbeitern; nur das Eichsfeld macht darin eine Ausnahme. Indess tritt dort auch dann ein Mangel ein, wenn die Leute zur Beschäftigung nach den Zuckerfabriken ausgewandert sind. Im Kreise Schleusingen muss beinahe alle Feldarbeit mit Ausnahme des Mähens von Frauen verrichtet werden, da ein grosser Theil der Eingesessenen als Tagelöhner, Holzhauer, Fabrikarbeiter u. s. w. beschäftigt ist.

Die meisten landwirthschaftlichen Arbeiten werden accordmässig ausgeführt. Beispielsweise wird im Kreise Erfurt ohne Beköstigung bezahlt: für das Mähen mit der Sense und Binden von einem Acker Winterfrucht 22½—25 Sgr. oder auch die 20ste Garbe und 7½ Sgr., für das Schneiden mit der Sichel und Binden desgl. 30—37½ Sgr., für das Mähen eines Ackers Sommerfrucht 7½—8 Sgr., für Dreschen der 13te Scheffel.

In verschiedenen Gegenden sind auf den grösseren Gütern Tagelöhner-Familien angesetzt, welche Wohnung, Garten und Feldnutzung umsonst oder gegen geringe Vergütung neben einer Geldlöhnung erhalten. Letztere beträgt beispielsweise im Kreise Halberstadt 8 Sgr. täglich f den Mann und 6 Sgr. für die Frau.

Die Löhnung des Gesindes excl. Beköstigung wird angegeben:

	für Knechte	für Mägde	für Jungen	
im Regierungsbezirk Magdeburg	24—52.	12—30	8—30	Thlr.
" " Merseburg	20—55	10—35	10—33	"
" " Erfurt . . .	20—40	10—20	12—25	"

In den Kreisen Halberstadt und Oschersleben kommen die Unterhaltungskosten jährlich auf 110—150 Thlr. für einen Knecht, 90—120 Thlr. für einen Jungen und 80—110 Thlr. für eine Magd zu stehen. Im Stadtkreis Halle erhält ein Knecht wöchentlich 2 Thlr. 5 Sgr., ausserdem jährlich 6 Scheffel Roggen, 2 Scheffel Gerste, 1 Fuhre Braunkohlen und ¼ Morgen völlig vorbereitetes Kartoffelland. Im Kreise Weissensee soll die Unterhaltung eines Knechts jährlich 70, eines Jungen 50 und einer Magd 40 Thlr. kosten.

Die gewöhnlichen Kosten der Tagelöhner sind:

im Reg.-Bez.	für Männer i. d. Ernte	für Männer i. Sommer	für Männer i. Winter	für Frauen i. d. Ernte	für Frauen i. Sommer	für Frauen i. Winter	
Magdeburg.	7½—45	6¼—15	5—12½	6—20	5—10	4—10	Sgr.
Merseburg .	7½—20	6—12	3¾—10	5—12½	5—8¾	3—7	"
Erfurt . . .	5—20	5—10	5—10	3¾—12	3¾—10	2½—8	"

Leider fehlt häufig die Angabe, ob die Beköstigung eingerechnet ist, oder ob sie ausserdem gewährt wird.

Die Gespannarbeiten werden in den Regierungsbezirken Magdeburg, Merseburg und den besseren Kreisen von Erfurt überwiegend durch Pferde verrichtet; grössere Güter halten daneben, Zuckerfabriken aber vorzugsweise Ochsen. Die Gebirgskreise verwenden zum Anspannen Ochsen und Kühe, die kleinen Besitzer der Sandgegenden Ochsen und selten Kühe. Die Kosten eines Gespannes werden geschätzt:

	für 4 Pferde auf	für 2 Pferde auf	für 2 Ochsen auf	
im Regierungsbezirk Magdeburg	800—1000	150—500	80—300	Thlr.
" " Merseburg	400— 800	220—400	80—300	"
" " Erfurt . . .	360— 700	180—400	80—250	"

Die landwirthschaftlichen Handarbeiten in Westfalen werden zumeist durch eigenes Gesinde und, wo dies nicht ausreicht, durch freie Tagelöhner verrichtet. Die Kreise Lübbeke, Herford, Bielefeld und Halle haben sogenannte Heuerlinge, welche eine kleine Wohnung und mehrere Morgen Ackerland zu billiger Miethe erhalten und sich dafür verpflichten, gegen Kost und geringen Tagelohn von 3—5 Sgr. dem Grundbesitzer bei allen wirthschaftlichen Arbeiten jederzeit Dienste zu leisten.

Die Gesindelöhne, welche in den Industriekreisen des Bezirks Arnsberg am höchsten und in den paderbornschen Kreisen am niedrigsten stehen, sollen durchschnittlich »unter Hinzurechnung der mit einbegriffenen Naturalien« (augenscheinlich aber ohne Beköstigung) betragen:

	für erste Knechte	für Kleinknechte	für Jungen	für Mägde	
im Regierungsbezirk Minden	30—40	25—30	12—18	16—20	Thlr.
» » Münster	30—48	25—35	15—22	16—25	»
» » Arnsberg	50—65	30—45	18—25	18—24	»

Die Tagelöhne, neben welchen Beköstigung nicht verabreicht wird, sind durchschnittlich:

	für Männer			für Frauen			
	i. d. Ernte	i. Sommer	i. Winter	i. d. Ernte	i. Sommer	i. Winter	
im Reg.-Bez. Minden	12—15	10—12	6—9	6—8	5—7	4—6	Sgr.
» » Münster	12—17½	10—15	7½—11	8—10	7—9	5—7	»
» » Arnsberg	15—25	12—18	10—13	9—12	7—10	6—9	»

Zu Gespannarbeiten verwendet man fast ausschliesslich Pferde und nur ausnahmsweise — besonders in den drei südlichsten Kreisen — Ochsen. Kleinere Besitzer verwenden auf leichterem Boden auch Kühe. Grösstentheils wird mit 2, nur im schweren Boden des Münsterlandes und der Soester Börde mit 4 Pferden gepflügt; kleinere Wirthschaften der industriellen Kreise haben häufig auch ein einziges starkes Pferd, welches gleichzeitig als Zugkraft für Frachtfuhren im Dienst der Industrie benutzt wird. Im schweren Boden rechnet man ein Pferd auf 20—25, im milderen Lehmboden auf 35—40 und im Sandboden auf 50 Morgen Acker.

Auch die landwirthschaftlichen Handarbeiten in der Rheinprovinz werden meistens mit Hilfe von Gesinde und nur ersatzweise durch Tagelöhner verrichtet.

Die Beköstigung des Gesindes ist der üblichen Lebensweise halber sehr theuer und kann für einen Knecht nicht unter 80 bis 90 Thlr. gerechnet werden. Die Löhne steigen von 40 bis 80 Thlr. für einen Grossknecht, von 15 bis 30 für einen Jungen und von 18 bis 35 für eine Magd.

Der Tagelohn neben Gewährung der Kost ist durchschnittlich für Mähearbeit auf 16½ Sgr. anzunehmen, sonst

	bei Arbeitsstunden	für Männer	für Frauen
in der Ernte	12	12½ Sgr.	8 Sgr.
ausser der Ernte im Sommer	10	10 »	7 »
im Winter	8	7 »	5 »

Bei günstigem Fabrikbetriebe und dadurch entstehender Arbeiternachfrage steigern sich diese Sätze in den industriellen Gegenden erheblich; im Gebirgslande stehen sie gewöhnlich etwas niedriger.

Zu Spanndiensten benutzen die mittleren und grösseren Grundbesitzer allenthalben vorzugsweise Pferde, die kleineren Besitzer in den Gebirgsgegenden aber häufig Ochsen und in den Bezirken des leichteren sandigen Bodens auch Kühe. Man pflügt gewöhnlich mit 2 Pferden, kleinere Wirthschaften behelfen sich mit 1 Pferd oder 2 Ochsen oder 2 Kühen. Der bindige schwere Thonboden der Rheinniederung verlangt häufig 3, der noch schwerere kalkhaltige Thonboden des Gebirgslandes (zumal im Kreise Bitburg) 4 Pferde. Die Gespannkosten, welche in auffallender Weise verschieden angegeben werden, lassen sich für 2 Pferde mit 1 Knecht auf 500 bis 750 Thlr. annehmen; gemiethete Gespanne werden mit 1½ bis 3½ Thlr. täglich bezahlt.

D. Landwirthschaftliche Maschinen.

Mangel an Arbeitern zwang die grösseren Güter Litthauens und Ostpreussens zur Beschaffung von Maschinen. Die Vortheile, welche sie gewähren, verursachte indess, dass solche auch in den übrigen Provinzen immer mehr Verbreitung finden. Besonders Dreschmaschinen sind es, obschon sie einstweilen noch durch Zugvieh in Bewegung gesetzt werden müssen, welche immer mehr zur Anwendung gelangen. Man bedient sich ihrer sogar schon leihweise und miethet ihre Arbeit gegen bestimmten Lohn. Die ältere böhmische Wiesenegge findet wachsende Anerkennung. In vielen Gegenden bedienen sich die Bauern verbesserter Pflüge. Eine vom Landwirth Schwarts erfundene und jetzt patentirte Vorrichtung am Vordergestell des Pfluges sichert den stetigen Gang desselben; sie würde grosse Verbreitung finden, wenn sie das Werkzeug nicht erheblich vertheuerte. Das von der Rübencultur aufgestellte Problem eines Pfluges zur Tiefcultur bis auf 18 Zoll ist noch nicht befriedigend gelöst. Von anderen Maschinen werden stärker verwendet: der Tenantsche Grubber, Croskills Schollenbrecher und ähnliche Walzen, die Mussmaschinen, in Westpreussen auch die Säemaschinen von Schmidt.

Locomobilen sind erst vereinzelt im Gebrauch, weil die englischen durch hohen Zoll belastet werden und die inländischen sich noch nicht hinreichend bewährt haben. Ausserdem findet ihre Beschaffung Hindernisse wegen der Schwierigkeiten und Prämienerhöhungen, welche die Feuerversicherungs-Gesellschaften bei ihrer Anwendung erheben und bez. beanspruchen. Einige Versuche mit englischen Dampfmühlen haben gezeigt, dass diese Erfindung wenigstens für deutsche Verhältnisse noch lange nicht reif ist.

Dem Vorstehenden wird zweckmässig noch ein kurzer Auszug aus dem jüngsten Jahresbericht über das landwirthschaftliche Maschinenwesen von I. Pintus*) angehängt. Im Jahre 1861 wurden die ersten Dampfpflüge in Deutschland eingeführt. Die englische eiserne Zickzack-Egge bürgert sich in immer weitere Kreise ein, während die rotirende Egge deutscher Gestalt zwar in England und Frankreich, nicht aber auch bei uns Eingang fand. Zur Ausrottung des Moosse und zur Verjüngung der Wiesen wurde mit dem vorzüglichsten Erfolge die böhmische Wiesenegge angewendet. Starke Nachfrage findet die Woodsche Grasmähemaschine, welche neuerdings durch eine Plattform u. dgl. auch zu einer combinirten Getreide-, Gras- und Lupinen-Mähemaschine umgewandelt worden ist. Die Heuwendemaschine verschaffte sich trotz anscheinender Complicirtheit vielfach Eingang. Ebenso kommen die Pferderechen immer mehr in Gebrauch. Eine wohlfeile und zweckmässig combinirte Dreschmaschine auf 4 Rädern hat sich vielfach verbreitet und vortrefflich bewährt. Die von Brandenburg aus in Deutschland verbreiteten Mussmaschinen für Rüben und Kartoffeln und die neueren Häckselmaschinen mit säbelförmigen Messern am Schwungrad sind als unbestritten brauchbare Instrumente anerkannt. Eine Maschine zum Kneten des Brotteiges fand vielen Anklang. Zur Anschaffung der Heu- und Viehwaage hat man sich in immer weiteren Kreisen entschlossen. Die Fabrikation von Spritzen, Pumpen u. dgl. schreitet rüstig fort. Ein längst gefühltes Bedürfniss ist übrigens die sachverständige Handhabung zusammengesetzter Maschinen.

E. Bearbeitung und Verbesserung des Bodens.

Aus den oft erwähnten Denkschriften der Generalcommissarien und aus den über die Jahre 1858—61 vom königlichen Landes-Oekonomie-Collegium erstatteten Berichten †) konnte eine Reihe von Nachrichten zusammengestellt werden, welche ein allgemeines Bild von den in den einzelnen Landestheilen behufs Cultivirung und Aufbesserung des Bodens gebräuchlichen Arbeiten geben. Ein Grundzug dieses Bildes ist, dass hinsichtlich der Vervollkommnung des Gewerbes und der Verbesserung des Betriebes im Allgemeinen die grossen Wirthschaften mit kräftigem Beispiel vorangehen, während die kleineren bald schneller, bald bedächtiger nachfolgen.

Die grösseren Güter der Provinz Posen werden der Regel nach von den Besitzern selbst bewirthschaftet, und es fliessen ihnen die Kräfte und Geldmittel der Pächter in geringerem Maasse zu, so dass eintretende Ausfälle nicht — wie in anderen Provinzen — eine gesteigerte Kraftanstrengung hervorrufen; der dortige Bauernstand ist seit Durchführung der agrarischen Gesetzgebung an Fleiss und Wohlstand unverkennbar vorgeschritten, steht aber gegen den der übrigen Provinzen noch erheblich zurück.

Die wohlthätige Wirkung der agrarischen Gesetzgebung ist noch lange nicht abgeschlossen; die Separationen geben neben vielen anderen Vortheilen fortdauernd Veranlassung zu neuen Urbarmachungen oder zu Aufforstungen. Am entschiedensten tritt dies jetzt in der Provinz Westfalen hervor, wo die Gemeinheitstheilungen

*) Mentzel und von Lengerke: Landwirthschaftlicher Hülfs- und Schreibkalender auf das Jahr 1862; zweiter Theil.

†) Annalen der Landwirthschaft in den königl. preussischen Staaten. 1860 und 61.

erst später in Aufnahme gekommen sind. Eine weniger erfreuliche Veranlassung zu neuen Urbarmachungen hat in Ostpreussen die Zerstörung der Fichtenwälder durch Raupenfrass gegeben.

Andere Urbarmachungen hängen mit grossen **Entwässerungs**-Unternehmungen zusammen. Sowohl diese, als zahlreiche kleine Abwässerungen, begünstigt durch die Aufeinanderfolge mehrerer trockenen Jahre, gaben eine fast in allen Landestheilen fleissig benutzte Gelegenheit zum Ausfahren von Moder, welcher theils unmittelbar zur Düngung, theils zur Compostbereitung benutzt wurde.

Der schwere und meist eben gelegene lithauische Thonboden verlangt eine ungewöhnliche Menge offener Gräben, welche aber häufig in noch ungenügender Anzahl beschafft sind. Auch in den grossen Memel- und Weichselniederungen ist das Entwässerungsbedürfniss nicht ganz befriedigt, obwohl die künstlichen Grabensysteme und Windschöpfmühlen eine grosse Ausdehnung erlangt haben und im oberen Weichseldelta sogar 33 Dampfschöpfmühlen aufgestellt sind. Für Unterhaltung dieser Werke werden durchschnittlich in der Elbinger Niederung 7½, im Elbinger Kreise links der Nogat 8, im grossen Marienburger Werder 12½, im kleinen 4–6 und in der Marienburger Niederung 6—10 Sgr jährlich pro Morgen verausgabt.

D r a i n i r u n g e n

(75.) **Regierungs-bezirke.**	Zahl der Ortschaften.	Zahl der Besitzer		Grösse der zur Drainirung bestimmten Fläche		Grösse der bereits drainirten Fläche	
		grössere.	kleinere.	grösserer Besitzer. Morgen	kleinerer Besitzer. Morgen	grösserer Besitzer. Morgen	kleinerer Besitzer. Morgen
Gumbinnen	12	11	1	125	—	563	30
Königsberg	23	14	9	9 817	633	8 409	221
Danzig	17	14	5	5 700	—	1 396	—
Marienwerder	20	17	6	8 574	22	1 582	60
Bromberg	4	2	2	6	4	178	22
Posen	34	27	2	25 920	16	4 921	9
Köslin	46	43	2	27 228	58	9 318	12
Stettin	95	77	13	60 132	283	29 840	311
Stralsund	49	43	1	11 571	22	6 000	12
Potsdam	78	67	17	13 048	345	6 798	226
Frankfurt	108	82	37	29 552	417	15 910	468
Liegnitz	130	91	175	28 163	574	11 080	835
Breslau	282	188	246	43 274	2 426	28 220	2 347
Oppeln	220	160	217	26 325	2 095	15 976	1 956
Magdeburg	256	130	515	16 972	8 096	25 171	5 467
Merseburg	122	113	102	9 961	910	7 100	1 113
Erfurt	97	53	288	4 764	845	2 860	1 064
Minden	75	33	112	2 189	781	3 208	2 181
Münster	67	34	146	8 535	1 929	1 564	1 450
Arnsberg	42	12	88	350	265	791	684
Düsseldorf	28	13	39	2 333	856	239	447
Köln	18	11	13	741	257	422	182
Aachen	47	18	48	1 010	175	1 827	558
Koblenz	16	3	832	nicht angegeben		34	997
Trier	19	8	22	182	93	110	225
Summa ...	1806	1264	2937	321 422	15 590	178 012	20 677

Um die aus der Undurchlässigkeit des Bodens entspringenden Nachtheile zu beseitigen, werden auf grösseren Gütern der Provinz Posen die Feldschläge mit tiefen offenen Gräben eingefasst, welche zuweilen zur Ableitung der stockenden Nässe geeignet, häufig aber wegen der wellenförmigen Bildung der unteren Erdschichten wirkungslos sind.

Die beinahe in allen Theilen Pommerns vorkommenden Brücher und Moore sind fast durchweg mangels Abflusses versumpft, werden aber ausgedehnt zur Torfwerbung benutzt; zu ihrer Entwässerung ist leider wenig geschehen.

In Brandenburg nahm man auf schnellere Abführung des Wassers und auf Trockenlegung der Grundstücke bereits gelegentlich der Gemeinheitstheilungen Rücksicht. Es wurden aber auch selbständige umfangreiche Entwässerungen ausgeführt, so die Melioration des zwar eingedeichten, aber sehr tief liegenden Zehdener Bruchs und des grossen Niederoderbruchs. Günstige Erfolge lassen auch folgende Entwässerungsanlagen erkennen oder erwarten: für das Golmer Bruch im Osthavelland, das havelländische Luch, das Nottegebiet im Teltow, das Nuthe- und Nieplitzthal in den 4 südwestlichen Kreisen des Potsdamer Bezirks; die Melioration durch Senkung des Soldiner Sees, die Entwässerung der Grundstücke an der Lubst (Kreis Guben),

im Jahre 1855.

Entfernung der Röhrenstränge.	Tiefe der Röhrenlage.	Gefälle der Röhrenstränge auf 10 Ruthen.	Preise der Röhren pro Mille.	Röhrenfabriken. Zahl der Maschinen.	Röhrenfabriken. Jährliche Fabrikation an Röhren.	Kosten des Grabens und Legens pro Ruthe.	Gesammtkosten incl. Röhren, Aufsicht etc. pro Morgen.
Am häufigsten vorkommende Mittelzahlen.						Am häufigsten vorkommende Mittelzahl.	
Ruthen	Fuss	Zoll	Thlr		Stück	Sgr	Thlr
3	3—4½	5—12	6—12	6	190 000	3	8⅗—12⅗
3—4	4	2—13	5—30	15	1.810 000	3—5	9—12
3—4	3—4½	1—12	4—40	10	1.150 000	3½	8—15½
3—5	3—4	1—4	1½—27½	14	302 460	2—5	7½—12
2—4	3—4½	2—4	5—10	4	200 000	2½	11
2—5	3—5	2—4	3—20	13	1.080 800	2—5	6—15
4—7	4—6	1—10	4—49	27	1.407 100	1½—4	5—12
3—4	3—4	3—6	4—15	89	6.640 000	2½—5	8—12
4	4	1—2½	4—45	14	1.600 000	2—4½	8—12
3—4	3—4	1½—10	4½—40	18	2.430 000	2½—3	6—14
2—5	2—5	1—6	3—50	25	2.663 000	1—6	5—15
2—4	3—4	1—10	2—46½	38	5.848 000	2½—5	7—12
2—4	3—4	1—10	2—180	58	8.478 000	2—3½	8—15
2—4	3—5	1—12	2½—40	33	4.278 450	2½—5	5—15
2—4	2—4	1—10	2½—40	61	8.556 000	2½—5	8—20
2—5	2—5	1—10	3½—60	16	902 500	2—5½	8—15
2—4	3—4	2—10	5—21	22	1.979 800	2—5	5—12
3—4	3—4	1—5	3½—18	17	1.129 300	2½—5	6—10
2—4	3—4	2—10	4—20	13	3.182 200	2—5	6—12
3—4	3—4	2—12	4—13	10	980 850	2—7	7—14
2—4	3—4	½—10	8—14½	4	2.400 000	1½—5	11—14
3—4	3—4	1—10	3½—35	2	1.750 000	2—6	10—15
2—3½	3—3½	1—8	3—20	6	1.540 000	3½—4	10—13
.	2—4	2—15	.	1	.	5	3½—10
2—6	3—4	1½—20	5—12½	5	90 000	3—4½	8—12
2—4	3—4	1—10	1½—180	471	60.987 460	2—5	8—15

an der Bernie und schwarzen Elster und im sg. Luge (in den Kreisen Kalau und Luckau).

Mit den schlesischen Oderdeichbauten sind da, wo das Bedürfniss vorlag — wie im Grüneberger Kreise — Meliorationsbauten zur Herstellung der Binnenentwässerung verbunden worden, deren nachträgliche Bezahlung und Erhaltung die Lasten der betheiligten Grundstücke vermehrt. Selbständige Entwässerungen von grösserer Bedeutung sind neuerdings in der Ochel- und Schwarzeniederung (Kreis Freistadt) und im Primkenauer Bruch (Kreis Sprottau) vorgenommen.

Westfalens Terrainbildung ist mit Ausnahme der münsterischen Niederung dem natürlichen und künstlichen Wasserabzug günstig. Ueberdies befinden sich hier in alter Zeit willkürlich angelegte Mühlenstaue, welche Bäche und Flüsse verwildert haben; indem nun jeder Grundeigenthümer sich auf sein Grundstück beschränkte, haben die gezogenen Entwässerungsgräben den beabsichtigten Zweck nur unvollkommen erreicht. Der nördliche Theil des Kreises Lübbeke hat in neuester Zeit einer Fläche von 42 000 Morgen mittels einer durchschnittlichen Ausgabe von 5 Thlr. pro Morgen den nöthigen Wasserabzug dadurch verschafft, dass die vielen sich in das Gebiet ergiessenden Wasserläufe durch Canäle und Binnengräben regulirt wurden.

Die drei trocknen Jahre 1857—59 machten in manchen Orten die Brunnen und Quellen versiegen, so dass der Eifer zur Anlage unterirdischer Wasserabzüge durch Röhren ins Stocken gerieth. Da die Drains an den Abhängen der Gebirge viel entschiedener als im Flachlande wirken, so wurde im Nordosten des Staates fast gar nicht mehr drainirt, während diese Arbeiten in den gebirgigen Theilen Schlesiens und des Rheinlandes und in Westfalen noch ihren Fortgang haben. Mangel an Credit und zu hart getrockneter Boden waren hindernd im Wege, auch hat der westfälische Bauernstand kein volles Vertrauen zur Sache. Eine Uebersicht der Drainage-Verhältnisse während des Jahres 1855 gewährt unter Hinzuziehung technischer Angaben die umstehende, vom k. Landes-Oekonomie-Collegium angefertigte Tabelle 75. Hinsichtlich derselben muss jedoch bemerkt werden, dass nur 228 Landrathsämter Mittheilungen gemacht, und dass anderseits einige schon früher oder erst im Jahre 1856 ausgeführte Drainagen Platz darin gefunden haben. Die Anzahl der ausführenden Techniker betrug 164.

Wenn auch in der Provinz Preussen einzelne Privatgüter Drainagen begonnen haben, so gewann diese Melioration hier doch noch keine beachtenswerthe Ausdehnung. In Posen herrscht die Ansicht vor: die Kosten solcher Anlagen stehen nicht im entsprechenden Verhältniss zu den Bodenpreisen. Uebrigens macht gerade dort die ebene und nicht selten vertiefte Lage des Bodens zweckmässige Drainagen oft unmöglich, weshalb dieselben nur in geringem Umfange ausgeführt werden. Dagegen kommen Drainagen so ziemlich in allen Theilen Pommerns und in allen brandenburgischen Kreisen vor, und sie haben sich hier überall als erfolgreich bewährt. Die grösseren Güter Schlesiens haben zu drainiren begonnen, am ausgedehntesten innerhalb des Regierungsbezirks Breslau, wo der Kostenaufwand durchschnittlich 10—12 Thlr. pro Morgen beträgt. In Westfalen sind Drainagen mit gutem Erfolge vielfach ausgeführt; auch im Münsterlande haben Einzelne viel dafür gethan, jedoch erfolglos, weil die Ableitungsgräben sich wegen Abzugsmangels mit Wasser füllen.

F. Düngung des Bodens.

Laut den Denkschriften der Generalcommissare für Regelung der Grundsteuer werden in Pommern ausser dem selbst producirten Dünger noch Surrogate aus den ausgedehnten Mergellagern, Waldungen, Heidebrüchern und Mooren, Guano und andere künstliche Dungmittel aber in nicht erheblichen Quantitäten verwendet. In Brandenburg wird die Verbesserung des Bodens durch Mergelung und reichlich zugeführte Düngstoffe nicht ausser Acht gelassen. Der Culturzustand des schlesischen Ackerlandes kann ausser dem Regierungsbezirk Oppeln bei den guten Bodenarten als vortrefflich und bei den schlechteren als einer mittleren Stufe der Vervollkommenheit sich nähernd bezeichnet werden. Oberschlesien ist noch nicht so weit, wie andere Landestheile mit gleicher Bodenbeschaffenheit; auf dem rechten Oderufer fängt die Cultur erst an, sich aus sehr niedrigem Standpunkt zu erheben. Besitzer grösserer Güter machen häufigen Gebrauch von künstlichen Dungmitteln und Guano; auf Gemeindefeldmarken kommt das seltener vor. Die besseren ebnen und hügligen Kreise Westfalens gewinnen den nöthigen Dünger in der Wirthschaft selbst; im südlichen Gebirge und den Sandgegenden aber müssen Heideplaggen das mangelnde Stroh ersetzen. Im Rheinland werden die Mittel zur Düngung meistens von den Ländereien gewonnen; in der Nähe grosser Städte kommen auch die dort aus Kloakenstoffen fabricirten Materialien in Betracht. Ausserdem verwendet man in der Rheinebene eine grosse Menge Guano, im Gebirge viel Kalk, Knochenmehl und Gips, als Streumaterial Heideplaggen und Laub.

Aus den Jahresberichten des königlichen Landes-Oekonomie-Collegiums sind noch die nachfolgenden Mittheilungen gezogen. Zu den wichtigen Neuerungen in der Landcultur gehört die Anwendung sogenannter künstlicher Dungmittel, wenngleich dieselbe der Fruchtart, dem Boden, der Menge, Art und Zeit der Gabe und dem Wetter des Jahreslaufs gemäss sehr verschieden ist und auch über die Wirkung derselben noch hinreichende Aufschlüsse mangeln. Die Düngungskraft des peruvianischen Guanos bestätigt sich in den meisten Fällen; aber wo sie sich nicht ganz entschieden zeigt, deckt sie nicht den hohen Preis des Stoffs. Ueber den Werth des Guanos der Jarvis- und Bakerinseln ist noch kein sicheres Urtheil gewonnen; der letztere scheint nach seinen Bestandtheilen ganz geeignet, dem Knochenmehl Concurrenz zu machen, dessen Fabrikation jetzt in fast allen Landestheilen auf vermehrten Mühlen betrieben wird. Fischguano aus den Thransiedereien kommt mehr in Aufnahme; die Fabrik zu Labagienen macht damit dem Peruguano erfolgreich Concurrenz. Gegen die oft vorgekommenen Verfälschungen des letzteren haben die chemischen Versuchsstationen gut gewirkt.

Die Bereitung von Poudrette scheint zu kostbar und mühsam zu sein, und gegen die Düngerfabriken sind die Landwirthe misstrauisch. In der praktischen Benutzung des städtischen Kloakendüngers ist keine erhebliche Verbesserung bekannt geworden. Die Ueberzeugung, dass künstlicher Dünger den Stallmist bei uns nicht ganz ersetzen kann, führte heilsam auf die Anerkennung des hohen Werthes des letztern zurück; man bemüht sich nach den Lehren der Wissenschaft erfolgreich, den Mist zweckmässiger zu behandeln.

Chilisalpeter ist zu theuer, schwefelsaures Ammoniak mit hohem Eingangszoll belastet. Das etwas langsam wirkende Knochenmehl beginnt in Schlesien und Preussen den Guano zu verdrängen. Ein Phosphorit aus den Kohlen- und Eisengruben von Hörde ist Versuchen unterworfen.

Kochsalz scheint nur unter selten vorhandenen örtlichen Bedingungen nützlich zu sein, und die Erfahrungen über das Stassfurter Abraumsalz widersprechen sich noch. Die mit anderen Salzen stark vermischten Salinenabgänge sind, wo man sie sehr wohlfeil haben kann, begehrt; es gehören dazu die Mutterlauge der Saline von Greifswald und die Hallerde von Stetten bei Haigerloch.

Die Verwendung von Gips wird an vielen Orten durch hohe Transportkosten beschränkt; in der Provinz Posen wird er besonders aus Wapno bei Exin bezogen. Die Bodenverbesserung durch Mergel findet auch in den Provinzen Posen und Preussen wachsende Aufnahme.

G. Aussaat und Anbauverhältnisse.

Der Ackerbau erstreckt sich im preussischen Staate auf folgende Gewächse: *a.* Halmfrüchte: Weizen, Roggen, Gerste, Hafer, daneben Buchweizen, Hirse, Spelz und Mais. *b.* Hülsenfrüchte: Erbsen, Bohnen, Saubohnen, Linsen, Wicken, Lupinen. *c.* Oelgewächse: Raps und Rübsaat, (Leinsaat, Hanfsaat,) Mohn. *d.* Textilpflanzen: Flachs, Hanf. *e.* Farbepflanzen: Krapp, Waid, Safflor, Scharte. *f.* Fabrikgewächse: Tabak, Runkelrüben, Cichorie, Kardendistel. *g.* Knollen- und Rübengewächse: Kartoffeln, Kohlrüben, Moorrüben. *h.* Gewürz- und Arzneipflanzen: Hopfen, Kümmel, Anis, Fenchel, Camille. *i.* Futterkräuter, ausser einigen vorgenannten: Klee und Timothee, Luzerne, Esparsette. Uebrigens findet man hin und wieder auch andere Pflanzen einem geregelten Anbau unterworfen.

Die Hauptfrüchte der Provinz Preussen sind Weizen, Roggen, Gerste und Hafer. Für Sommerfrüchte scheint der Höheboden Westpreussens weniger geeignet zu sein, auch im Süden Ostpreussens wird Gerste nicht gepflegt; dagegen liefert die

Niederung bedeutende Gerstenerträge, auf bestem Marschboden nach Schwarzbrache bis 28 Scheffel pro Morgen. Von Hackfrüchten ist die Kartoffel am verbreitetsten; in Litthauen, wo jene nicht recht gedeiht, gewinnt der Futterrübenbau an Ausdehnung. Unter den Handelsgewächsen werden vornehmlich Raps und Rübsen in den Niederungen und auf der besseren Höhe, aber nicht im Bezirk Gumbinnen, mit gutem Erfolge gebaut. Besonders Litthauen und das Ermland erzeugen Flachs über ihren Bedarf.

Pommerns Haupterzeugnisse sind Halm- und Hülsenfrüchte und Kartoffeln. Weizen und Roggen werden stark ausgeführt, die Kartoffeln dagegen hauptsächlich in Brennereien verwendet. Gegenden mit besserem Boden bauen Oelfrüchte. Zuckerrüben sind wegen des guten Absatzes an die bestehenden Rübenzuckerfabriken, Flachs in mässigem Umfange Gegenstände des Landbaues. Tabak erzeugen die Kreise Wollin, Ukermünde, Pyritz, Greifenhagen und Randow. Der Anbau der Lupine dehnt sich in den Sandgegenden aus.

Getreide und Hülsenfrüchte sind auch Schlesiens Haupterzeugnisse, ohne jedoch grade bedeutend ausgeführt zu werden. Der weisse Weizen um Frankenstein hat einen besonders hohen Werth. Von Hackfrüchten sind Kartoffeln, welche das gewöhnlichste Nahrungsmittel der ärmeren Bevölkerung bilden, am meisten verbreitet; in gutem Boden ist der Bau von Zuckerrüben häufig geworden. Futterrüben werden bei dem Mangel an ausreichendem Wiesenheu stark gebaut. Unter den Handelsgewächsen kommen Raps und Rübsen am häufigsten vor, aber fast allein auf grösseren Gütern. Flachs erzeugen vorzugsweise die Kreise Glogau, Kreuzburg und theilweise Rosenberg. Die Krappcultur ist auf die Kräutereien und nächsten Ortschaften südlich Breslau, der Cichorienbau auf die Umgegend von Breslau und die Gegend von Breslau nach Ohlau hin beschränkt; der Tabaksbau wird in grösserer Ausdehnung bei Ohlau, Wansen und Neumarkt betrieben.

In der landwirthschaftlichen Production Sachsens spielen Cerealien die Hauptrolle. Auf gutem Boden nimmt Weizen eine hervorragende Stelle ein; auf hohem Gebirge wird er neben Hafer im Gemisch mit Roggen (Mengkorn) vielfach gebaut. Die Sandgegenden produciren vorzugsweise Roggen, Hafer und Kartoffeln. Unter den Hackfrüchten nehmen Zuckerrüben auf gutem Boden grosse Flächen in Anspruch. Futterkräuter und zwar Luzerne, Rothklee und Esparsette werden ausgedehnt angebaut, beide letztere auch auf dem Gebirge; in den Sandgegenden gedeiht nur rother Klee geeignet, und ihm muss die Lupine nicht allein zu Hilfe kommen, sondern ihn mehr oder weniger auch ersetzen. Von Handelsgewächsen liefern die Flussniederungen hauptsächlich Raps und Rübsen. Im Hügellande werden u. A. noch gebaut: Cichorien (Bezirk Magdeburg), Mohn (Bezirk Magdeburg, Kreise Eckartsberga und Sangerhausen), Kümmel (Bezirk Magdeburg, Kreise Bitterfeld und Saalkreis), Karden und Wau (Bitterfeld und Saalkreis), Hanf (Eckartsberga und Sangerhausen), Apothekerkräuter (Eckartsberga, Sangerhausen, Erfurt, Weissenfels und Langensalza), Fenchel (Kreis Merseburg) und andere Gewürze (Bezirk Erfurt), Tabak (Wolmirstedt und Neuhaldensleben), Hopfen (bei Kalbe a. M.).

Westfalen baut Weizen als regelmässige Frucht nur im ebenen Norden des Bezirks Arnsberg, im Kleiboden des Bezirks Münster, im grössten Theil des Hügellandes vom Bezirk Minden und in der Weserniederung; hier wird Weizen und Roggen mehr erzeugt, als verbraucht, so dass der Ueberfluss in die Bergbau- und Fabrikdistricte des bergisch-märkischen Landes abgesetzt werden kann. Roggen ist überall Hauptfrucht; bei einer Höhe von mehr als 1500 Fuss über dem Meeresspiegel wird der Winterroggen unsicher und Sommerroggen vorgezogen. Der Anbau dieser Frucht hat in den Gebirgskreisen mit dem des Klees sehr zugenommen, seitdem Kalkdüngung stärker angewendet wird; doch können die 5 südwestlichsten Kreise ihren Bedarf an Brotkorn nicht produciren. Hafer wird allgemein gezogen, in grosser Ausdehnung auf dem Gebirge und der sandigen Ebene; da er auf schlechtestem Acker leicht in schwarzen oder Rauchhafer ausartet, so muss häufig Saathafer aus anderen Gegenden herbeigeholt werden. Buchweizen wird nur auf dem Sande der Niederung stärker angebaut. Für den eigenen Bedarf zieht man Raps, Flachs und Hanf. Von Hackfrüchten stehen Kartoffeln voran; deren Ernte ist jedoch die letzten Jahre hindurch innerhalb der ganzen Provinz so schlecht ausgefallen, dass sie dem eigenen Bedarf nicht genügte.

Wie gross die den einzelnen Feldfrüchten gewidmete Fläche und ihr Anbauverhältniss ist, entzieht sich einstweilen jeder auch nur annähernden Berechnung. Bekannt ist allein die Anzahl und der Umfang der Tabakpflanzungen, worüber die Steuerbehörden jährlich genaue Erhebungen machen. Daraus ergiebt sich, dass im J. 1860 nach Abzug der eingeschlossenen mecklenburgischen, braunschweigischen und hessischen Gebietstheile ein Flächenraum von 24 933 Morgen mit Tabak bestellt gewesen ist, worunter 1817 in nicht steuerpflichtigem Umfange. Die Anzahl der Pflanzer, welche weniger als 6 □Ruthen mit Tabak bebauten und deshalb keine Steuer entrichteten, betrug 132 045. Näheres hierüber ist in nachstehender Tabelle zu finden.

(76.) Provinzen und Abschnitte derselben.	Flächenraum aller mit Tabak bepflanzten Grundstücke			Darunter in nicht steuerpflichtigem Umfang mit Tabak bepflanzt			Anzahl der steuerfreien Tabakspflanzer		
	1858.	1859.	1860.	1858.	1859.	1860.	1858	1859	1860
	Magdeburger Morgen			Magdeburger Morgen					
Ostpreussen	812,6	937,3	968,3	510,7	582,2	624,1	52 046	58 902	59 767
Westpreussen	2 224,3	1 912,8	1 [illegible],4	155,6	136,6	152,6	10 518	9 526	9 928
Posen	2 922,4	1 869,7	1 472,6	201,8	196,8	235,4	12 304	12 213	15 052
Pommern	7 331,2	5 194,0	5 247,7	325,8	294,0	297,7	17 379	15 980	15 469
R.-Bez. Potsdam ..	9 215,9	6 512,1	6 727,6	43,3	35,4	54,6	2 211	1 875	2 747
" " Frankfurt.	3 562,6	2 060,8	2 093,6	269,3	195,0	252,6	12 639	9 801	12 300
Schlesien	4 886,3	2 632,0	2 208,1	134,7	141,1	159,8	12 054	12 796	14 295
Sachsen	5 943,8	2 968,0	2 581,0	18,6	18,9	22,1	1 147	1 018	1 263
Westfalen	134,1	61,6	50,3	0,8	0,6	0,3	24	40	18
Rheinland	3 175,4	2 236,3	1 780,0	22,9	16,0	17,1	1 495	1 275	1 206
Insgesammt	40 808,6	26 335,3	24 933,4	1684,1	1620,3	1816,8	121 814	123 428	132 045

Obwohl diese Zahlen eine stetige Abnahme des Tabakanbaues erkennen lassen, so möchte die Behauptung, dass dies fortdauernd der Fall sein werde, augenblicklich doch noch verfrüht sein. Bei den in Folge des amerikanischen Kriegs steigenden Preisen des Tabaks ist eher das Gegentheil zu erwarten.

Auch über die Production von Runkelrüben werden einige Aufschlüsse durch die Erhebungen der Steuerbehörden gegeben. Da hieraus jedoch nur dasjenige Quantum ersichtlich ist, welches zum Zwecke der Zuckererzeugung benutzt wird, und nicht auch das zur Verfütterung bestimmte, so gehören die betreffenden Angaben lediglich in den Abschnitt über die Verbrauchssteuern.

H. Ernte-Ergebnisse.

Den gelegentlich der Grundsteuer-Regulirung angefertigten Kreisbeschreibungen zufolge halten die durchschnittlichen Ernteresultate auf dem Morgen des überhaupt für den Anbau der betreffenden Frucht geeigneten Landes sich zwischen den in Tabelle 77 mitgetheilten Grenzen. Die angegebenen Erträge der rheinischen Kreise variiren auch bei den nämlichen Bodengattungen so auffallend, dass nach dem Urtheil des Generalcommissars ein sicherer Anhalt durch jene Beschreibungen eigentlich noch nicht gewonnen worden ist. Aehnliches möchte wegen der theilweise ausserordentlich weit auseinanderliegenden Grenzen von allen übrigen Zahlen der nachfolgenden Zahlen zu behaupten sein.

(77.) Regierungsbezirke.	Durchschnittlicher Ertrag pro Morgen Ackerland.					
	Weizen	Roggen	Gerste	Hafer	Kartoffeln	Zuckerrüben
	Berliner Scheffel.					[illegible]
Gumbinnen	4—10	3—10	8—18	3—15	.	—
Königsberg: gutes Land	5—10	4—10	4—15	4—12	.	—
„ schlechteres Land	4—8	2—8	3—8	3—7	.	—
Danzig: Niederung	6—18	3—18	5—24	5—25	.	—
„ Höhe	4—11	1—11	4—18	3—16	.	—
Marienwerder	5—14	2—12	4—20	4—20	.	—
Bromberg	5—12	2—12	4—16	3—14	20—80	—
Posen	3—12	8—12	3—12	3—12	15—110	30—400
Köslin	3—10	1½—10	3—10	1½—14	15—75	—
Stettin	3—14	2—12	3—15	2—16	12—96	—
Stralsund	6—13	3—14	5—15	5—20	38—75	—
Potsdam } gute Districte	5—14	6—14	7—20	8—25	48—84	150—220
Frankfurt } schlechtere „	4—9	2—8	4—8	4—10	36—72	—
Liegnitz	3—13	1—12	.	.	.	.
Breslau	3—11	2—10	.	.	.	.
Oppeln	3—9	1—9	.	.	.	.
Magdeburg	3—15	2½—14	4—20	3—24	24—120	60—200
Merseburg	4—12	2—12	5—18	4—25	24—96	70—200
Erfurt	3—14	2—18	4—18	3—20	10—84	.
Minden	2—10	3—12	4—16	4—20	16—100	.
Münster	3—12	3—12	3—14	4—18	15—80	.
Arnsberg	4—12	4—13	3—20	5—20	20—100	.
Ueberhaupt	3—15	1—18	2—20	1½—25	10—120	30—400

Seitens des königlichen Landes-Oekonomie-Collegiums ist im Jahre 1860 auf Grund von 208 Berichten landwirthschaftlicher Vereine eine Erdruschtabelle angefertigt worden, welche die gewöhnliche Durchschnittsernte eines mit den wichtigsten Kornfrüchten bebauten Grundstücks von einem Morgen Umfang angiebt. Ihrer Entstehung entsprechend, erklärte das Collegium selbst die Resultate nicht für unbedingt zuverlässig; allein, da sie einigen Anhalt für die nur relativ angegebenen Erntemengen gewähren, sind sie in nachstehende Tabellen 78a. und 78b. aufgenommen.

(78a.) Provinzen.	Durchschnittliche Ernte an Stroh auf einem Morgen Ackerland.				
	Weizenstroh	Roggenstroh	Gerstenstroh	Haferstroh	Erbsenstroh
	Zollcentner.				
Preussen	17,58	15,66	11,34	10,48	10,18
Posen	15,25	15,50	6,20	5,43	8
Pommern	17,87	17,88	10,14	13,98	12,35
Brandenburg	18,93	16,64	12,61	13,40	14,17
Schlesien	18,15	17,02	11,73	11,89	11
Sachsen	16,71	19,01	11,46	12,77	11,76
Westfalen	16,16	16,88	10,65	11,64	11,06
Rheinland	18,42	19,09	12,65	15,21	12,30
Hohenzollern	18,17	20,44	10,38	12,50	12,67
Im Durchschnitt des Staates	17,56	17,32	10,90	11,84	11,34

(78 b.) Regierungsbezirke.	Gewöhnliche Durchschnittsernte auf einem Morgen Ackerland.						
	Weizen	Roggen	Gerste	Hafer	Buchweizen	Erbsen	Raps und Rübsen
	Berliner Scheffel						
Gumbinnen	6,30	5,60	6,14	8,37	3	4,86	6
Königsberg	8,50	8,33	8	9,75	.	6,60	8,50
Danzig	10,30	9,70	16,12	13,30	.	7	10
Marienwerder	9	7,67	9,50	10,40	5,20	6	7,75
Bromberg	8,44	7,11	6,67	8,33	.	4,35	7
Posen	7,25	6,83	8,33	9,64	5,66	5,40	6,66
Köslin	8,11	6,50	7,80	9,75	3,75	5	7,11
Stettin	7	6	7	10	.	5	7,60
Stralsund	10,60	10,13	11,67	13,67	.	5,60	10
Potsdam	9,14	6,67	8,75	10	6	5,33	7,00
Frankfurt	7,40	6,50	8,40	9,83	4,33	5,67	8,33
Liegnitz	9,66	9,50	11,86	15,33	7	8,50	9,00
Breslau	8,83	9	11	14,38	6	6,36	8,40
Oppeln	6,67	6,80	8,20	10,60	7	4,76	6,83
Magdeburg	8,50	8	10,50	12,80	7	5,40	7
Merseburg	10	9,90	13	16,41	7,20	5,97	9,26
Erfurt	8,20	10,14	12,20	14,20	.	7,60	11,33
Minden	8	8,60	9,76	13	8,25	6,76	7,13
Münster	8,75	9	10,50	13,60	10,33	7,80	8,75
Arnsberg	8	8,60	11,50	14,55	.	6,30	7,75
Düsseldorf	11,80	11	15,73	22,50	12,67	9	10,83
Köln	11,67	11,50	17,37	22,66	12	9,60	11,33
Aachen	10,56	10,33	18	16,67	9	8,78	8
Koblenz	10,20	11	8,00	20,00	5	7	10,20
Trier	7,75	8,67	11	12,66	9	6,92	10
Sigmaringen	11,50	10,37	13,37	16,60	.	10,17	9
Im ganzen Durchschnitt	9	8,50	10,16	13,33	7,11	6,50	8,40

Zur Darlegung des allgemeinen Ernteresultats der Jahre 1858—61 mögen Auszüge aus den Eingangsworten der jährlichen Ernteberichte an das königliche landwirthschaftliche Ministerium dienen.

1858. »Die vorherrschende Trockenheit des Sommers hat besonders ungünstig auf die Sommerfrüchte gewirkt, während anhaltendes Regenwetter zur Zeit der Ernte das Winterkorn vielfach zum Auswachsen veranlasst und dadurch erhebliche Verluste herbeigeführt hat. Die Ermittelung der Durchschnittserträge hat daher auch in diesem Jahre besondere Schwierigkeiten gehabt, zumal vereinzelte Gewitterregen vielfach auf kleinere Districte ebenso fruchtbringend, als auf andere nachtheilig gewirkt haben. Es sind namentlich die Provinzen Sachsen, Schlesien, Posen und die Rheinprovinz, welche am härtesten betroffen worden sind und daher mit ihren geringen Erträgen den Durchschnitt bedeutend herabgedrückt haben.

»Wir sind sonach in keiner Fruchtgattung auf eine Mittelernte gekommen, und davon am weitesten entfernt geblieben sind die Schoten- und Oelfrüchte, von denen sich die ersteren nicht auf eine halbe und die letzteren eben nur auf eine halbe Ernte erheben. Dieses ist um so fühlbarer, als die eigentlichen Futtergewächse beinahe eine Missernte erlitten haben. Aushilfe verspricht die Kartoffelernte, die sich zwar auf einen vollen Durchschnitt auch noch nicht erhoben hat und gegen die

Ernte des verflossenen Jahres sogar noch um einige Procente zurückgeblieben ist. Auch die Zuckerrüben, welche einer guten Mittelernte nahe kommen, werden in den Gegenden, wo Zuckerfabriken verbreitet sind, gegen Futtermangel schützen helfen. Für die Schäfereien dürfte in dieser Beziehung durch die meist gut gerathenen Lupinen gesorgt sein.

»Die Aussichten für das nächste Jahr würden, insoweit sich das aus dem gegenwärtigen Stand der Saaten schliessen lässt, befriedigend sein, wenn nicht in einigen Provinzen, wie Ostpreussen und Schlesien, die Saaten, besonders Weizen, durch Insectenlarven bedroht würden. Es scheinen verschiedene Gattungen zu sein, die schadenbringend aufgetreten sind. In Ostpreussen ist es nach den uns eingesandten Exemplaren *Elater lineatus*, eine den sogenannten Mehlwürmern ähnliche Larve. In Schlesien scheint es der Beschreibung nach ein anderes Insect zu sein. So ungünstig der früh eingetretene Winter für die Feldarbeiten ist, so dürfte er vielleicht die den Saaten drohende Gefahr am sichersten abwenden, und wir werden also wohl unbekümmert in die Zukunft blicken können.«

1859. »Ungeachtet der anhaltenden Dürre des Sommers ist der Ertrag in den Erbsen, welche sonst feuchtes Wetter verlangen, ein ziemlich günstiger gewesen. Nach manchem Missjahre ermuntern sie den Landwirth wieder zu ihrer Cultur.

»Am betrübendsten ist dies Jahr die Beobachtung, welche wir unerwartet an der Kartoffel machen. Zwei trockene Jahre mit meist trockenem Nachsommer schienen die Fäulekrankheit dieser Frucht verdrängt zu haben; man konnte wohl der Hoffnung Raum geben, es werde eine günstigere Phase in dieser Cultur zurückkehren. Auch war das sonst vorzeitig abgestorbene Kraut der Kartoffel dies Jahr meist bis in den September hinein grün erhalten. Aber einige kalte und starke Septemberregen, mit heissen Tagen wechselnd, haben fast in allen Gegenden das Uebel mehr oder weniger heftig hervorgerufen, und die Besorgniss vor grossen Verlusten durch die Fäulniss unter den Vorräthen ist fast allgemein.

»Sorge um das Viehfutter erwächst hierdurch glücklicherweise nicht. Auch ergiebt die Vergleichung der diesjährigen Angaben mit denen des vorangegangenen Jahrzehnts, in welchem die Kartoffeln so oft missriethen, dass die Ernte in dieser Frucht in der Menge grösser ist, als im Durchschnitt des Decenniums. Im Weizen wird dieser Durchschnitt erreicht, im Hafer und mehr noch in der Gerste aber nicht, und im Roggen ist die Ernte um 12 Procent hinter dem Durchschnitte des Jahrzehnts zurückgeblieben.

»Da die Neigung der Kartoffelpflanze zu krankhaften Erscheinungen fortdauert, so wird die Beziehung von Setzkartoffeln aus den gesunden Gegenden mit leichtem Boden empfohlen. Mit Rücksicht auf die Kostspieligkeit des Transports grosser Massen von Kartoffeln legen sich indessen viele Landwirthe mit günstigem Erfolg auf den Anbau der Futterrüben; im leichten Boden werden mehr Moorrüben, im schweren mehr Runkelrüben, auf jeder Bodenart aber viele Kohlrüben gebaut. Der Anbau der Oelsaaten nimmt in einigen Gegenden ab, z. B. in Ostpreussen im Jahre 1859 in Folge gesunkener Preise und übler Culturerfahrungen; in anderen Gegenden, wo er sonst wenig gebräuchlich war, wie in Hinterpommern, bleibt er beliebt, seitdem er eingeführt worden. Für den Flachs waren die trockenen Jahre ungünstig, und der Anbau geht zurück. Der Tabaksbau war im Aufblühen begriffen; im Jahre 1859 hat er durch Mangel an Absatz nach Oestreich und Frankreich und durch die so veranlassten sehr niedrigen Preise einen harten Stoss erlitten und ist bedeutend beschränkt worden. Dagegen blüht der Hopfenbau besonders in der Gegend von Neutomysl immer mehr auf, und die Ernte war dies Jahr eine reichliche.

»Die allzutrockene Witterung hat die Vermehrung mancher schädlichen Insectenarten sehr begünstigt. Die Roggenfelder, besonders in einem Landstreifen, welcher sich von Oberschlesien bis an die Weichsel hinzieht, sind von der Roggengallmücke, manche Wintergetreidefelder in Preussen von der Larve des Springkäfers hart mitgenommen.«

1860. »Das diesjährige Ernteergebniss entspricht den Erwartungen, welche man nach dem Witterungsverlaufe haben konnte. Dieser war fast in allen Theilen der Monarchie derselbe. Die Winterfrüchte traten gesund in die Frühjahrsvegetation, nur die Oelsaaten hatten hier und da gelitten. Das Frühjahr und der Sommer bis in den Herbst hinein war kühl und regnerisch. Als Folgen hiervon wuchsen alle Halmfrüchte mässig im Stroh und setzten bei mildem Blütewetter reichlich Körner, welche aber wegen mangelnder Wärme von geringer Qualität blieben. Meist ist das Getreide leicht im Gewicht, hier und da auch nicht ganz trocken eingeerntet oder sogar ausgewachsen. — Die Hülsfrüchte, besonders die Erbsen, gediehen in einer seit vielen Jahren nicht beobachteten Güte.

»Diese erfreulichen Ergebnisse müssen uns beruhigen, wenn wir die Ueberzeugung erhalten, dass die für die Ernährung der Menschen und für das Brennereigewerbe so wichtige Frucht, die Kartoffel, an vielen Orten, ja in ganzen Kreisen missrathen ist. Als im Juli und August starke Sommerregen eintraten, zeigte sich das krankhafte Absterben des Krautes allgemein; bald wurde trockene oder auch nasse Fäule bemerkt, das Wachsthum war gestört, der Knollenansatz ist dürftig geblieben. Im strengen, nasskalten Boden traten diese Ereignisse am nachtheiligsten auf; milder, warmer, trockener Boden macht hier und da eine glückliche Ausnahme. Am günstigsten stehen in dieser Beziehung die Provinzen Brandenburg und Sachsen, am ungünstigsten die Provinz Schlesien. Fast allgemein bestätigte es sich wieder, dass die weissen Kartoffeln dem Uebel mehr als die rothen unterliegen.

»Das häufig nicht ganz trocken eingescheuerte Stroh wird in vielen Fällen geringen Futterwerth haben. — Kohl und Rüben sind meist gut gerathen. Die Erfahrungen über den Einfluss der Witterung auf die Beschaffenheit des Saftes der Zuckerrübe berechtigen noch nicht zu allgemeinen Schlüssen; unsere Rüben sind diesmal leicht und gut verarbeitet worden. — Die Hopfenernte war, wie im übrigen Deutschland, so auch in Preussen mittelmässig; aber die ungewöhnliche Höhe des Preises gab dem aufblühenden und nicht unbedeutenden Hopfenbau um Neutomysl eine erfreuliche Aufmunterung. Für den Flachs war das Jahr ein besonders günstiges.

»In den Halmfrüchten hat die Roggengallmücke *(Cecidomyia secalina)* sich wieder nachtheilig gezeigt, und zwar am bedeutendsten durch ihre Frühjahrsgeneration. Sie hat in der Provinz Posen und, anscheinlich von da gegen Westen wandernd, in der Provinz Brandenburg fast allen Sommerroggen verwüstet; auch im Winterroggen und im Weizen richtete sie bemerkbaren Schaden an, und gilt dies, soweit es die Provinzen Schlesien und Westfalen betrifft, namentlich vom Weizen. Auch die Herbstgeneration ist den frühen Roggensaaten wieder nachtheilig geworden. — Die Feldmäuse sind besonders in Schlesien und Sachsen wieder verwüstend aufgetreten.«

1861. »Dem Sommer 1860 hatte die Wärme gefehlt, welche den Boden, besonders der Brachäcker, zur Aufnahme der Herbstsaaten vorbereiten muss. So ist es erklärlich, dass manche Roggensaaten nicht kräftig genug waren, um die kalte Nässe eines sehr unfreundlichen Aprils und der ersten Tage des Mais zu ertragen. In manchen Gegenden — besonders in Schlesien — wurden Roggenfelder umgepflügt, um sie mit Sommerfrüchten zu bestellen. Auffallend beharrlich blieb der Charakter des Wetters, nur in längeren Perioden schroffe Gegensätze zeigend. Dem nasskalten April und unfreundlichen Mai folgte ein warmer, überaus fruchtbarer Juni, ein warmer Juli bis in den August hinein; dann trat der September mit Sturm und Nässe auf, welchem ein warmer, milder October folgte. Auffallend ist es, dass diese schroffen Gegensätze, obgleich sie in allen Provinzen ziemlich gleichmässig und gleichzeitig aufgetreten zu sein scheinen, doch auf das Gedeihen der Feldfrüchte durchaus nicht gleichmässig eingewirkt haben. Am entschiedensten tritt dieser Unterschied bei den Kartoffeln hervor, einer Frucht, welche gegen schroffen Temperatur- und Feuchtigkeitswechsel besonders empfindlich ist. In einigen Gegenden sind die Kartoffeln fast durchweg missrathen. Dahin gehören die Regierungsbezirke Stralsund, Düsseldorf und Aachen und die ganze Provinz Westfalen, wogegen die meisten Theile der Provinzen Preussen, Posen und Schlesien eine ganz erträgliche, hin und wieder einer Normalernte nahe kommende Kartoffelernte gemacht haben; an einigen Orten wird es an gesundem Saatgute fehlen. Dem Boden kann dies nicht zugeschrieben werden; denn das mit nasskaltem, dem Kartoffelbau nicht eben günstigen Boden reichlich versehene Oberschlesien hat eine bessere Kartoffelernte gemacht, als der warme und leichte Boden der Marken. Ueberhaupt erscheinen die östlichen Landestheile in diesem Jahre gegen die westlichen, besonders gegen Westfalen, sehr begünstigt.

»Der Rückschlag, welcher fast allgemein im Roggen bemerkt wird, muss theils der nicht ganz günstigen Saatzeit im Herbst 1860, theils dem sehr rauhen April, in dessen Folge manche Felder umgeackert wurden, endlich einer nicht ganz günstigen Blüthezeit zugeschrieben werden. — In den Zuckerrüben und im Hopfen war die Ernte zwar nicht reich, doch auch nicht ungünstig. — Der Einschnitt an Stroh war nicht besonders reich.

»An Einzelheiten bleibt noch hervorzuheben, dass die Natur den Verheerungen, welche die Made der Roggengallmücke einige Jahre hindurch anrichtete, für diesmal ein Ziel gesteckt zu haben scheint; dagegen haben die Feldmäuse vieler Orten überhand genommen, und die Raupe des Weisslings hat die Kohlrübenfelder in vielen Gegenden arg beschädigt. — Dass der schroffe Witterungswechsel Rost im Weizen veranlasst hat, kann nicht auffallen; unerwartet aber ist die in vielen Berichten vorkommende Bemerkung, dass der Weizen Brand zeigte, insofern darunter der wirkliche Steinbrand gemeint sein sollte.»

Die aus den Angaben der landwirthschaftlichen Vereine im Durchschnitt sämmtlicher Regierungsbezirke ermittelten Verhältnisszahlen der Ernten zu der Grösse einer Normalernte waren folgende:

(79.) Fruchtgattungen.	1858		1859		1860		1861	
	Körner.	Stroh.	Körner.	Stroh.	Körner.	Stroh.	Körner.	Stroh.
Weizen	0,73	0,63	0,91	0,96	0,99	0,99	0,94	0,96
Roggen	0,65	0,56	0,71	0,95	1,09	0,97	0,81	0,88
Gerste	0,62	0,56	0,74	0,73	0,93	0,92	0,92	0,93
Hafer	0,62	0,38	0,84	0,82	1,04	1,06	1,09	1,03
Buchweizen	nicht angegeben	nicht angegeben	nicht angegeben	nicht angegeben	0,91	0,90	0,97	0,90
Erbsen	0,37	0,12	0,74	0,79	0,89	1,00	0,96	0,85
Raps	0,80		0,89		0,92		0,78	
Kartoffeln	0,89		0,91		0,67		0,64	
Zuckerrüben	0,94		0,88		0,99		0,86	
andere Rüben und Kohl	nicht angegeben		nicht angegeben		0,90		0,86	
Lupinen	nicht angegeben		nicht angegeben		nicht angegeben		0,77	

Die Ernteerträge der Regierungsbezirke während der Jahre 1858—61 stellten sich hinsichts der drei wichtigsten Feldfrüchte — Weizen, Roggen und Kartoffeln — so heraus, wie die nachfolgenden Uebersichten (80—82) zeigen.

(80.) Regierungsbezirke.	Weizenertrag in Procenten einer Normalernte				Weizenstroh-Ertrag in Procenten einer Normalernte				Durchschnittliches Gewicht eines Scheffels Weizen in Pfunden			
	1858	1859	1860	1861	1858	1859	1860	1861	1858	1859	1860	1861
Gumbinnen	77	117	110	114	66	108	122	104	90	87	83	87
Königsberg	93	100	113	98	85	105	117	93	88	88	84	86
Danzig	83	96	101	92	67	93	109	81	89	89	82	88
Marienwerder	86	92	123	100	57	86	115	92	88	85	83	85
Bromberg	59	97	104	104	42	104	107	98	91	85	84	84
Posen	69	80	77	110	55	110	83	111	86	85	82	86
Köslin	83	96	88	93	78	94	111	89	87	90	85	85
Stettin	79	98	99	95	75	93	107	99	87	86	84	84
Stralsund	100	110	108	92	83	110	111	80	90	85	81	82

(Forts. zu 80.) Regierungs-bezirke.	Weizenertrag in Procenten einer Normalernte				Weizenstroh-Ertrag in Procenten einer Normalernte				Durchschnittliches Gewicht eines Scheffels Weizen in Pfunden			
	1858	1859	1860	1861	1858	1859	1860	1861	1858	1859	1860	1861
Potsdam	82	95	87	99	70	101	87	107	85	84	85	84
Frankfurt	75	81	87	105	75	98	80	106	84	86	84	83
Liegnitz	55	78	95	105	45	88	91	104	74	83	83	85
Breslau	54	87	81	103	44	104	95	102	81	85	83	84
Oppeln	67	84	85	108	60	100	86	112	79	84	81	84
Magdeburg	54	97	101	83	47	100	102	99	84	85	83	82
Merseburg	46	94	108	98	43	98	106	100	81	84	84	85
Erfurt	59	83	110	86	54	80	107	89	84	85	83	84
Minden	79	86	97	78	73	83	96	97	83	84	83	81
Münster	73	82	101	78	83	82	96	91	85	83	84	83
Arnsberg	74	99	107	75	68	102	105	93	83	84	84	83
Düsseldorf	68	96	101	86	59	105	89	104	85	83	85	84
Köln	67	83	90	93	70	98	99	97	82	83	81	83
Aachen	82	84	105	92	67	96	96	97	86	85	82	80
Koblenz	34	93	80	79	45	117	77	83	85	86	83	86
Trier	74	71	84	74	63	81	70	70	86	86	80	84
Sigmaringen	87	79	91	99	63	105	80	86	.	.	83	83
Im ganzen Durchschnitt	73	91	98	94	63	98	88	96	86	85	83	84

(81.) Regierungs-bezirke.	Roggenertrag in Procenten einer Normalernte				Roggenstroh-Ertrag in Procenten einer Normalernte				Durchschnittliches Gewicht eines Scheffels Roggen in Pfunden			
	1858	1859	1860	1861	1858	1859	1860	1861	1858	1859	1860	1861
Gumbinnen	93	91	105	100	94	90	113	96	85	82	79	82
Königsberg	92	95	102	96	105	90	123	87	88	83	79	81
Danzig	96	85	91	96	90	89	103	83	87	83	76	83
Marienwerder	88	88	98	96	88	85	114	80	83	81	73	81
Bromberg	67	98	100	84	81	94	99	84	80	80	80	82
Posen	73	73	98	83	85	100	80	101	82	82	81	82
Köslin	85	80	100	91	91	83	127	91	83	83	80	81
Stettin	71	69	100	78	93	82	115	88	82	81	81	80
Stralsund	80	78	110	85	90	98	110	78	85	81	79	77
Potsdam	77	76	96	80	76	110	92	104	82	80	81	79
Frankfurt	76	69	97	88	83	91	88	103	83	83	81	80
Liegnitz	81	76	105	87	84	94	96	92	81	81	81	82
Breslau	71	72	92	79	75	107	88	81	82	81	81	81
Oppeln	85	91	89	80	77	114	83	92	80	81	77	80
Magdeburg	62	77	110	80	59	100	98	96	79	81	81	78
Merseburg	79	83	115	86	82	106	100	91	78	80	80	80
Erfurt	81	78	106	71	83	103	102	73	83	79	81	81
Minden	95	59	110	76	89	84	102	100	80	78	82	77
Münster	113	52	96	73	110	85	106	97	79	80	77	78
Arnsberg	101	56	100	69	94	99	93	77	80	77	78	78
Düsseldorf	88	81	104	82	91	103	88	90	77	77	77	78
Köln	86	79	101	76	89	113	95	83	82	77	75	77
Aachen	85	75	106	79	86	104	87	91	81	72	70	75
Koblenz	83	82	83	74	83	122	70	80	79	78	78	81
Trier	94	76	79	66	89	109	65	67	79	78	75	79
Sigmaringen	86	80	87	55	84	100	89	60	.	.	83	75
Im ganzen Durchschnitt	83	77	100	81	86	88	97	86	82	77	79	79

(82.) Regierungs-bezirke.	Kartoffelerntrag in Procenten einer Normalernte				Durchschnittliches Gewicht eines Scheffels Kartoffeln in Pfunden	
	1858	1859	1860	1861	1860	1861
Gumbinnen	94	76	49	65	93	.
Königsberg	93	91	43	72	100	99
Danzig	96	100	54	88	.	.
Marienwerder	89	83	49	93	92	90
Bromberg	76	86	48	89	99	98
Posen	81	79	45	96	98	100
Köslin	99	81	43	62	91	90
Stettin	86	87	68	51	94	94
Stralsund	88	76	50	33	100	.
Potsdam	85	98	82	60	95	97
Frankfurt	74	87	89	75	97	95
Liegnitz	73	82	51	82	92	91
Breslau	73	83	34	89	86	94
Oppeln	76	83	32	98	99	98
Magdeburg	91	86	81	45	96	91
Merseburg	75	88	92	81	97	90
Erfurt	86	93	69	64	95	90
Minden	105	76	58	34	93	95
Münster	100	52	59	45	97	98
Arnsberg	99	83	58	23	92	92
Düsseldorf	85	67	55	30	90	94
Köln	87	75	37	49	90	95
Aachen	100	69	53	45	.	100
Koblenz	117	77	75	72	88	91
Trier	131	75	64	60	.	97
Sigmaringen	100	79	54	71	87	98
Im ganzen Durchschnitt	90	81	57	64	94	95

Insbesondere betrug die Ernte an Körnerfrüchten im Jahre 1861:

(83.) Regierungs-bezirke.	Körnerertrag pro Morgen im Jahre 1861						
	Weizen Schfl.	Roggen Schfl.	Gerste Schfl.	Hafer Schfl.	Erbsen Schfl.	Buchweizen Schfl.	Raps und Rübsen Schfl.
Gumbinnen	9,36	8,05	8,70	8,89	5,41	6,28	8,76
Königsberg	8,56	8,11	8,44	10,01	5,19	2,60	7,68
Danzig	8,56	7,38	11,62	10,25	4,73	3,50	6,38
Marienwerder	8,81	7,10	8,69	10,08	5,42	6,03	5,75
Bromberg	8,07	6,61	7,67	7,04	6,33	.	5,13
Posen	7,44	8,31	7,00	8,11	6,18	5,00	6,89
Köslin	7,90	6,06	7,18	8,46	5,74	6,10	5,67
Stettin	8,50	6,30	8,16	7,50	5,57	3,00	6,41
Stralsund	8,78	7,56	8,98	11,88	6,26	6,76	8,20
Potsdam	9,61	5,36	10,05	10,87	6,71	5,44	5,08
Frankfurt	9,63	6,96	9,36	10,18	6,07	5,88	7,89
Liegnitz	10,97	7,70	12,46	15,35	4,41	6,86	7,63
Breslau	9,40	6,55	13,18	15,47	5,10	6,36	8,69
Oppeln	8,21	7,46	9,87	10,69	5,06	3,50	7,00
Magdeburg	8,17	7,01	9,91	13,66	6,47	6,00	6,66
Merseburg	9,77	6,93	12,38	17,33	6,63	4,00	6,93
Erfurt	8,36	6,41	10,13	12,63	4,07	.	7,89

(Forts. zu 83.) Regierungs-bezirke.	Körnerertrag pro Morgen im Jahre 1861						
	Weizen Schfl.	Roggen Schfl.	Gerste Schfl.	Hafer Schfl.	Erbsen Schfl.	Buchweizen Schfl.	Raps und Rübsen Schfl.
Minden	5,91	5,57	8,16	13,14	4,38	11,00	6,00
Münster	6,06	5,03	10,66	13,53	5,16	10,40	5,42
Arnsberg	6,11	7,93	10,04	14,28	5,16	.	6,88
Düsseldorf	9,00	8,75	11,60	19,30	7,60	14,06	10,80
Köln	9,31	8,23	16,25	21,00	7,60	9,88	7,83
Aachen	8,11	7,33	14,08	17,07	8,00	12,00	7,30
Koblenz	7,30	7,89	11,04	15,56	6,09	7,00	7,42
Trier	5,62	6,75	9,63	9,00	4,50	8,00	5,17
Sigmaringen	7,86	6,50	11,78	13,00	.	.	7,50
Im ganzen Durchschnitt	8,25	7,14	10,28	12,66	5,77	6,04	7,10

III. Garten-, Obst- und Weinbau. Seidenzucht.

A. Die dem Garten-, Obst- und Weinbau gewidmete Fläche.

Die auf den Seiten 115 und 132 mitgetheilten Angaben über den Flächenraum der Gärten, Weinberge, Obstanlagen u. dgl. finden eine Ergänzung in nachstehender Uebersicht.

(84.) Regierungs-bezirke.	Zunahme und Abnahme (—) der Fläche des Garten- und Weinlandes			Antheil des Garten- und Weinlandes an der Gesammtfläche des pflanzentragenden Bodens 1858	
	von 1849 bis 1852.	von 1852 bis 1855.	von 1855 bis 1858.	in städtischen Fluren.	überhaupt.
	Magdeburger Morgen			Procent	Procent
Gumbinnen	— 640	— 2 830	— 6 052	2,4	2,0
Königsberg	8 256	1 695	— 8 282	1,9	1,5
Danzig	7 253	757	1 870	2,9	1,4
Marienwerder	— 2 703	4 702	— 1 271	2,1	1,3
Bromberg	5 711	1 911	2 250	4,0	1,7
Posen	7 976	— 8 048	— 473	3,5	1,7
Köslin	— 78	4 974	— 2 599	0,0	0,6
Stettin	5 524	423	— 2 596	0,6	0,9
Stralsund	50	— 635	520	3,0	1,9
Potsdam	— 1 998	3 075	— 6 618	1,9	1,0
Frankfurt	3 784	11 829	1 121	2,3	1,9
Liegnitz	19 539	— 720	986	2,6	1,7
Breslau	7 691	5 945	4 296	3,4	2,3
Oppeln	11 259	1 349	10 948	1,6	1,3
Magdeburg	4 542	— 169	2 242	1,3	1,8
Merseburg	935	1 498	4 195	2,0	1,4
Erfurt	— 221	692	681	2,4	1,6
Minden	3 658	767	44	8,3	1,8
Münster	1 689	1 145	— 1 719	6,1	1,7
Arnsberg	6 621	— 6 628	— 18 351	2,7	1,4

(Forts. zu 84.) Regierungs-bezirke.	Zunahme und Abnahme (—) der Fläche des Garten- und Weinlandes			Antheil des Garten- und Weinlandes an der Gesammtfläche des pflanzentragenden Bodens 1858	
	von 1849 bis 1852.	von 1852 bis 1855.	von 1855 bis 1858.	in städtischen Fluren.	überhaupt.
	Magdeburger Morgen			Procent	Procent
Düsseldorf	1 401	921	2 870	5,2	3,6
Köln	19 173	— 5 065	— 8 581	6,4	3,0
Aachen	257	1 851	— 2 064	3,3	1,0
Koblenz	1 587	— 1 017	— 125	4,9	2,1
Trier	3 705	1 667	— 3 673	6,7	1,8
Sigmaringen	—	509	445	1,9	1,3
Insgesammt	113 971	25 088	— 30 436	2,8	1,8

Von den Steuerbehörden wird noch besonders der Flächenraum derjenigen Weinberge, deren Erzeugniss zur Kelterung gelangt, nach Bonitätsclassen angegeben und die jährlichen Veränderungen des Bestandes in die Listen eingetragen. Resultate dieser Aufzeichnungen sind folgende:

(85.) Provinzen.	Mit Wein bebautes Land			Veränderungen in der Fläche des Weinlandes					
				1858		1859		1860	
	1858.	1859.	1860.	ausgerodet*)	neu bebaut*)	ausgerodet.	neu bebaut.	ausgerodet.	neu bebaut.
	Morgen			Magdeburger Morgen					
Posen	858,0	859,8	859,6	0,8	8,3	3,8	5,0	0,6	0,6
R.-B. Potsdam	1 519,9	1 502,8	1 791,5	6,4	4,0	17,0	—	194,9	483,5
" " Frankfurt	2 671,6	2 673,0	2 658,5	4,9	2,6	1,1	2,7	22,8	6,6
Schlesien	5 311,0	5 348,1	5 348,0	0,6	143,1	11,4	48,6	1,8	1,8
Sachsen	3 171,9	3 162,7	3 164,6	9,8	4,1	16,8	7,3	8,4	10,8
Rheinland	46 466,4	46 452,7	46 456,8	3080,6	3173,2	199,6	186,6	143,7	147,8
Insgesammt	59 998,6	59 999,1	60 277,0	3092,6	3335,9	248,7	250,0	371,8	648,7

*) resp. in andere Steuerclassen getreten.

B. Gewächse und Anbaumethoden.

In der Provinz Preussen zeichnen sich durch Gemüsebau nur die nahen Umgebungen von Danzig, Elbing, Ragnit und Tilsit aus, ausserdem die tiefste Memelniederung in den Kreisen Niederung und Labiau. Obstbau hat nur in der Weichselniederung einige Ausdehnung.

In Pommern ist der Obstbau untergeordnet. Weinbau findet gar nicht statt. Gemüse wird für den Bedarf gebaut, hat aber grössere Ausdehnung in den Umgebungen von Köslin, Kolberg, Stettin und Stralsund.

Die Gärten Brandenburgs liegen besonders in und um Berlin, in Potsdam, Frankfurt, dem Kreise Kalau u. a.

Schlesiens Gemüsebau hat eine grössere Bedeutung nur in der Nähe von Liegnitz, Breslau, Neisse und Ratibor. Ansehnliche Mengen von Wein werden bei Grünberg erzeugt.

Die Provinz Sachsen liefert Gartengewächse und Gemüse über ihr Bedürfniss; besonders stehen hervor die Gegenden um Oschersleben, Quedlinburg, Westerhausen, Halberstadt, Kalbe a. S., Halle, Zeitz, Naumburg, Eisleben, Erfurt, Langensalza und Nordhausen. Obstbau wird schwunghaft betrieben in Althaldensleben, in den merseburgischen Kreisen nördlich und östlich von Halle, den Kreisen Naumburg und Zeitz und dem ganzen Regierungsbezirk Erfurt. Weinbau, jedoch ohne wesentliche Bedeutung, haben die Kreise Weissenfels, Naumburg und Querfurt, auch Schweinitz, Liebenwerda und Wittenberg.

Die Anzahl der bekannten **Handelsgärtnereien** war im Jahre 1861*): in der Provinz Preussen 43, Posen 18, Pommern 19, Brandenburg 121 (in Berlin und Umgegend allein 79), Schlesien 62 (in Breslau und Umgegend 12), Sachsen 110 (in Magdeburg und Umgegend 24, Erfurt und Umgegend 38), Westfalen 25, Rheinland 69 (in Köln allein 25), zusammen 457.

In letzter Zeit wurden von Blütensträuchern folgende Anzahl neuer Formen eingeführt*): Abutilon 11, China-Astern 8, Azaleen 42, strauchartige Calceolarien oder Pantoffelblumen 9, Camelien 62, Crassula von van Houtte 9, Blendlinge von Erythrina Crusgalli und herbacea 3, Fuchsien 61, Heliotrop 7, grossblühende und Diadem-Pelargonien 54, Odiersche oder 5fleckige Pelargonien 58, Fancy-Pelargonien 7, Scharlach-Pelargonien 51, Rhododendren (Alpenrosen) fürs Kalthaus 33 und fürs freie Land 9, remontirende Hybriden (öfters blühende Rosenblendlinge) 103, dergl. von Eugène Verdier fils 9, Ile de Bourbon 14, Theerosen 19, andere Rosensorten 17. Von Formblumen und Sommergewächsen: Antirrhinum (Löwenmaul) 14, Bellis (Tausendschönchen) 16, Bouvardien 5, Canna (Blumenrohr) 12, grossblüthige Chrysanthemen 52, Pomponen 27, Delphinium (Rittersporn) 9, Dianthus Caryophyllus (Gartennelke) 10, grossblütige Georginen 142, Liliputs 69, Gladiolus (Siegmarswurz 11), englische Sommerlevkojen 4, Mimulus (Gauklerblume) 10, krautartige Päonien (Gichtblumen) 55, baumartige 3, Pentstemon 13, Petunien 70, pyramidenförmige Phlox 32, Potentillen (Fünffingerkraut) 11, Pyrethrum oder kaukasische Chrysanthemen 4, Streptocarpus 22, Verbenen 77, Viola tricolor (Stiefmütterchen) 12, sonstige Florblumen und Sommergewächse 47.

Ueber die **Maulbeerbaumpflege** handelt der Abschnitt *D* besonders.

C. Die Obst- und Weinernte.

Obst wurde im Jahre 1860 im Uebermaass geerntet; aber bei dem Mangel an Sonnenwärme fehlte ihm Süssigkeit und Schmackhaftigkeit. Das Jahr 1861 brachte, nachdem der Regen und die Stürme des April und Mai den Blüten verderblich gewesen waren, sehr wenig Obst; nur Pflaumen sind hin und wieder gerathen.

Die **Weinernte** war die drei Jahre 1857—59 hindurch gesegnet; sogar zu Stubarczewo bei Trzemeszno (unter 52½° n. Br.) wurde auf einem Weinberge von 5 Morgen Grösse ein ganz trinkbarer Wein gekeltert. Der kalte Sommer von 1860 dagegen konnte den Trauben keine Vollkommenheit gewähren, so dass das Galliziren des Mostes eine verbreitete Anwendung fand. Die Weinlese von 1861 fiel spärlich aus. Ueber die Quantität des Ertrages giebt nachstehende Uebersicht Auskunft.

(86.) Provinzen.	Ohne Ertrag gebliebenes Weinland			Gewinn an steuerpflichtigem Weinmost nach Abzug von 15 pCt. für Zehrung u. dergl., sowie an steuerfreiem Haustrunk					
				1858		1859		1860	
	1858.	1859.	1860.	steuerpflichtig	Haustrunk	steuerpflichtig	Haustrunk	steuerpflichtig	Haustrunk
	Magdeburger Morgen			Eimer.		Eimer.		Eimer.	
Posen	122,8	114,7	115,1	3 915	1 209	2 659	1 158	2 375	1 069
R.-B. Potsdam	459,3	459,3	1507,2	416	340	492	272	187	171
" " Frankfurt	197,4	195,9	172,3	10 121	3 693	6 595	2 819	9 006	3 507
Schlesien	197,3	73,4	87,2	28 604	4 951	25 732	5 514	34 208	5 301
Sachsen	201,6	122,1	207,4	12 592	5 222	12 345	5 424	10 060	4 141
Rheinland	2346,0	1912,5	2947,7	468 221	108 085	384 749	96 253	218 719	69 158
Insgesammt	3524,7	2878,1	5036,6	523 808	123 547	432 603	111 430	274 555	83 366

*) Prof. Dr. Karl Koch: Hülfs- und Schreibkalender für Gärtner und Gartenfreunde auf das Jahr 1862.

Nicht als eine specielle Art des Gartenbaues, wohl aber als ein damit in engster Verbindung stehender Betriebszweig ist

D. Die Seidenzucht

zu betrachten. Hierüber mögen folgende, die neuere Zeit betreffende kurze Notizen an diesem Orte eine Stelle finden.

Nachdem die auf Friedrichs des Grossen Befehle angelegten Maulbeerpflanzungen grösstentheils muthwillig ausgerottet worden waren, ging die erste umfangreiche Bewegung zu neuer Einführung der Seidenzucht in Preussen von dem im Jahre 1845 gegründeten Berliner Verein zur Beförderung des Seidenbaues in der Mark und Niederlausitz aus. Nach dem Muster desselben bildeten sich andere Vereine in den übrigen Provinzen, welche — bis zum Jahre 1860 von der Staatsregierung mit Beihilfen unterstützt — diesen Industriezweig durch unentgeldliche oder doch wohlfeile Gewährung von Pflanzen und Grains an kleine Leute zu verbreiten suchten. Dem ehemaligen Mangel an geeigneter Bearbeitung der geernteten Cocons ward dadurch abgeholfen, dass Centralhaspelanstalten ins Leben traten, welche die Ernten der Züchter entweder käuflich erwarben oder auf deren Rechnung zu verarbeiten unternahmen. Diesen Anstalten wurde gleichzeitig das Vorrecht zugestanden, für die besseren der an sie abgelieferten Cocons 2½, für die geringeren 1¼ Sgr Prämie pro Metze auf Staatscassen anzuweisen. Dergleichen Anstalten giebt es gegenwärtig 8: in Steglitz bei Berlin, in Berlin, in Bornim bei Potsdam, in Paradies (Kreis Meseritz), in Prettin bei Torgau, in Bunzlau, in Engers bei Koblenz (dem landwirthschaftlichen Centralverein für Rheinpreussen gehörig) und in Hamm. Neuerdings trat dazu die Errichtung öffentlicher Coconsmärkte in Frankfurt, Stettin und Berlin, welche wesentlich zur Erzielung eines angemessenen Preises beizutragen scheinen.

Im Laufe der beiden letzten Jahrzehnte ist der Seidenbau in Preussen erfreulich fortgeschritten. Der eingewanderte Maulbeerbaum verträgt das Klima gleich der ursprünglichen Fauna des Landes und ist auch in ungünstigen Jahren gut belaubt. Von der im Süden Europas hausenden Krankheit der Raupen freigeblieben, konnten statt des früheren Bezuges von Grains aus dem Auslande jetzt gesunde Grains dahin geliefert werden, bis freilich auch hier die Krankheit grossen Schaden brachte.

Ueber die Ausdehnung des Seidenbaues im preussischen Staate liegen Mittheilungen vor, aus denen hier ein kurzer Auszug folgen mag.

In der Provinz **Preussen** bestanden am Schlusse des Jahres 1861 nur neun Anlagen von einigem Umfang, deren gesammte Ernte etwa 200 Metzen Cocons beträgt.

Für die Provinz **Posen** wirkt ein eigener Seidenbauverein in Meseritz, welcher von 1853 bis 1861 überhaupt 31½ ℔ Maulbeersamen, 70 725 Stück Sämlinge und Buschbäume, 185 Hochstämme und 341 Lth Grains vertheilte. Im Jahre 1860 gewann die Provinz gegen 1000, im folgenden Jahre 1050 Metzen Cocons, grösstentheils auf 7 älteren Plantagen in den Kreisen Pleschen, Adelnau und Samter und auf 7 neueren in den Kreisen Meseritz, Wreschen, Birnbaum und Kröben. Die Centralhaspelanstalt zu Paradies verarbeitete 1853—61 zusammen 11 566 Metzen Cocons zu 971 ℔ Seide von 9323 Thlr Gesammtwerth (das Pfund im Jahre 1854 zu 7 Thlr, 1857 zu 12½ Thlr Preis) und züchtete 1859—61 680 Lth Grains. Im letzten Jahre allein wurden 1389 Metzen, wovon 752 aus der Provinz, verarbeitet, daraus 100 ℔ Seide zu 1000 Thlr Werth gewonnen und ausserdem 180 Lth Grains gezüchtet.

In **Pommern** hat die Industrie festen Fuss gefasst und bringt bereits einen Jahresertrag von 2000 Metzen Cocons, wovon im letzten Jahre etwa 800 an den Markt zu Stettin gebracht worden sind. Unter 13 grösseren Pflanzungen zeichnet sich die Töpffer'sche zu Grabow bei Stettin und die über 15 Morgen grosse von Podewils'sche zu Krangen bei Schlawe aus.

Der Verein zur Beförderung des Seidenbaues in der Mark **Brandenburg** und Niederlausitz, welcher seine Thätigkeit übrigens auch darüber hinaus auf alle Mitglieder ausdehnt, die früher 6 und jetzt 15 Sgr Jahresbeitrag zahlen, hat von 1850 bis 1860 zusammen 9918 Thlr Zuschuss aus Staatsfonds erhalten und 1846—61 überhaupt vertheilt: 2120 ℔ Maulbeersamen, 2.336 733 Stück Maulbeersämlinge,

121 594 Hochstämme, 42 491 Halbstämme und 54 972 Lth. Grains. Darunter sind allein im Jahre 1861 vertheilt: 267 ℔ Samen, 220 992 Stück Sämlinge, 13 013 Hochstämme, 21 930 Halbstämme und 8051 Lth. Grains. Die Centralhaspelanstalt von A. Heese in Steglitz beschäftigt sich auch mit Maulbeerbaumzucht auf 74 Morgen Landes, mit der Raupenpflege zu 2000 Metzen Cocons, mit Darstellung von Grains und mit Seidenzwirnerei; das Fabrikgebäude enthält eine Dampfmaschine von 4 Pferdekräften, 26 Haspelmaschinen, 244 Gänge zum Wickeln und Reinigen und 248 Zwirnspindeln zur Verwandlung der rohen Seide in Trame oder Schuss, welche von der Fabrik in Berlin verwoben wird. Von 1851 bis 1861 kamen 99 481 Metzen eigene und fremde Cocons zur Verarbeitung, und es wurden 7528 ℔ Rohseide daraus erzeugt. Die Ernte des letzten Jahres ergab 950 Metzen, zur Verarbeitung gelangten 13 425 Metzen Cocons und lieferten 785 ℔ Rohseide; die Arbeitslöhne für etwa 40 Personen betrugen ungefähr 3000 Thlr. Die Seidenbau-Lehranstalt von J. C. Rammlow in Berlin betreibt hauptsächlich Grainszüchtung, in geringerem Grade Haspelei und Zwirnerei. Der Hussuck'schen Anstalt in Bornim steht das Laub der Amtsalleen zu Gebote; sie erntete 1861 etwa 1000 Metzen Cocons, kaufte ebensoviel hinzu, verwandte die brauchbaren zu Grains und verarbeitete die übrigen mittels 4 Haspelmaschinen. Von den übrigen Seidenzüchtern der Provinz haben zwei die Selbsthaspelung ihrer Coconsernte beibehalten, und andere sind im Begriff, dieselbe einzuführen. Die 58 grösseren Pflanzungen innerhalb der Provinz vertheilen sich der Zahl nach auf die Kreise: Berlin 2, Templin 2, Angermünde, Oberbarnim 3, Niederbarnim 2, Teltow 16, Beeskow 4, Belzig 2, Potsdam 1, Osthavelland 2, Ruppin 6, Ostpriegnitz 2; Soldin 2, Arnswalde, Landsberg, Lebus 3, Frankfurt, Sternberg, Züllichau 2, Lübben 2 und Luckau. Hervorzuheben sind darunter die Planlagen zu Tornow bei Lübben zur Erzielung von 600 Metzen Cocons, zu Tornow bei Teupitz von 18 Morgen mit einer Ernte von mehr als 100 Metzen, zu Gräbendorf bei Königs-Wusterhausen von 17 Morgen, zu Charlottenburg von beinahe 10, zu Oderin bei Buchholz von 10, zu Werneuchen von 40 Morgen.

In **Schlesien** ist der Seidenbauverein zu Breslau eifrig bestrebt, die Provinz nicht lange hinter den Fortschritten der Mark Brandenburg zurückstehen zu lassen. Die J. E. Friedrich'sche Centralhaspelanstalt zu Bunzlau kaufte von 1856 bis 1861 zusammen 14 248 Metzen Cocons an, im letzten Jahre allein 5062; neben ihr befinden sich in Schlesien noch 3 kleine Haspeleien für selbstgewonnenes Product der Besitzer. Die 21 vorhandenen grösseren Plantagen liegen in den Kreisen: Grünberg 2 (darunter die alten Anlagen zu Saabor), Glogau 2, Bunzlau, Liegnitz 2, Görlitz, Jauer, Schönau, Bolkenhain, Hirschberg; Steinau, Oels, Neumarkt, Breslau, Striegau, Nimptsch, Frankenstein 2; Neisse.

Der Seidenbauverein zu Mühlhausen in der Provinz **Sachsen**, in dessen Bezirk kaum 150 Metzen Cocons geerntet werden, beklagt die durch Raupenkrankheit hervorgebrachten Verwüstungen, ohne jedoch sich in seinen Bemühungen dadurch beirren zu lassen. Im Ganzen liefert die Provinz verhältnissmässig sehr wenig Ausbeute, und die Kantor Ehrhardt'sche Haspelanstalt in Prettin bei Torgau ist wesentlich auf Beziehungen aus anderen Landestheilen angewiesen. Die Anstalt verarbeitete von 1853 bis 1861 zusammen 19 886 Metzen Cocons und erzog 9600 Lth. Grains, wovon auf das letzte Jahr allein 3919 Metzen und 300 Lth. entfallen.

Westfalen ist so reich an Vereinen zur Beförderung des Seidenbaues, dass es mangels deren Concentration jedem einzelnen an tüchtigen Mitteln fehlt. Die Kürten'sche Haspelanstalt in Hamm hatte denn auch nach der letzten Ernte nur 140 Metzen Cocons zu verarbeiten. Nur in der Gemeinde Borken ist diese Cultur einigermaassen beträchtlich, indem sie dort über 100 Metzen erzielt. An den durch die Provinz führenden Eisenbahnen findet die Maulbeerpflanze ausgedehnte Verwendung für Hecken und Schutzwände.

In der **Rheinprovinz** nimmt sich eine Section des landwirthschaftlichen Hauptvereins der Seidenzucht an. Die Centralhaspelanstalt zu Engers hatte im Jahre 1861 477 Metzen Cocons zu verarbeiten, welche von einer sehr grossen Anzahl von Züchtern herrührten; dadurch, dass jeder derselben seinen kleinen Beitrag besonders versponnen haben will, wird der Anstalt eine zeitraubende und mühselige Arbeit auferlegt.

Die gesammte Production des preussischen Staats an Cocons betrug im Jahre 1861 ungefähr 30 000 Metzen, wozu das Maulbeerlaub von etwa 10 000 Morgen Land verwendet worden ist.

IV. Wiesen und Weiden.

A. Die Wiesen- und Weidefläche.

Neben dem einer mehr oder weniger sorgfältigen Cultur unterliegenden Wiesenlande werden hier gleichzeitig auch die als beständige Weide verwendeten Flächen zusammengestellt. Der Umfang beider ist regierungsbezirksweise auf den Seiten 115 und 132 angegeben; die darin von 1849 bis 1858 eingetretenen Veränderungen zeigt folgende Tabelle.

(87.)

Regierungs-bezirke.	Zu- und Abnahme (—) der Wiesenfläche			Antheil der Wiesen 1858 an der gesammten pflanzentragenden Fläche		Zu- und Abnahme (—) der beständigen Weide			Antheil der beständigen Weide 1858 an der gesammten pflanzentragenden Fläche	
	von 1849 bis 1852.	von 1852 bis 1855.	von 1855 bis 1858.	auf städtischen Fluren	überhaupt	von 1849 bis 1852.	von 1852 bis 1855.	von 1855 bis 1858.	auf städtischen Fluren	überhaupt
	Magdeburger Morgen			Procent.		Magdeburger Morgen			Procent.	
Gambinnen	— 41 671	6 903	— 13 150	22,8	17,2	— 8 031	— 56 752	— 8 721	8,6	9,6
Königsberg	28 300	— 5 314	23 326	13,7	12,5	22 510	19 427	— 59 239	7,1	9,5
Danzig	17 966	8 011	4 269	15,7	11,1	15 235	— 5 727	— 8 692	16,1	12,0
Marienwerder	25 234	16 029	— 9 833	8,4	6,8	39 686	— 10 207	— 30 376	9,7	9,3
Bromberg	— 13 660	414	12 743	13,9	8,7	33 491	3 511	— 966	9,6	8,0
Posen	27 618	7 505	30	12,7	7,9	22 057	2 355	— 30 192	7,4	7,1
Köslin	14 578	7 395	9 201	12,4	7,6	35 201	— 35 156	— 62 991	11,6	17,0
Stettin	18 994	— 6 109	17 056	24,0	11,7	— 50 335	— 12 241	— 74 282	8,6	13,6
Stralsund	— 6 194	1 281	— 633	10,5	10,1	3 198	— 4 477	— 16 615	14,8	6,0
Potsdam	— 2 424	21 305	64 385	17,1	11,3	28 240	22 314	29 319	7,3	8,8
Frankfurt	13 863	46 685	8 766	13,9	6,7	82 304	18 898	— 40 370	4,4	6,3
Liegnitz	35 806	24 154	— 2 013	7,1	9,1	31 419	— 3 025	— 4 604	0,1	3,2
Breslau	16 424	17 039	14 801	9,4	8,3	15 945	— 4 152	— 9 801	2,0	1,9
Oppeln	25 835	2 285	44 870	6,2	5,8	14 761	— 2 255	527	1,1	2,0
Magdeburg	67 547	6 928	7 494	8,0	9,9	21 629	— 4 873	— 44 014	5,6	8,8
Merseburg	21 514	10 110	17 276	9,4	7,6	— 15 146	— 12 544	— 4 566	3,1	3,1
Erfurt	— 5 614	2 265	1 607	7,4	5,8	— 8 634	— 1 279	— 3 890	3,6	2,0
Minden	3 636	— 4 078	614	8,3	10,1	71 217	— 13 743	— 20 800	10,6	14,6
Münster	4 715	2 771	2 765	6,9	8,6	— 71 820	19 134	— 20 580	17,3	17,8
Arnsberg	206	— 34	214	6,1	7,0	— 7 377	326	— 80 080	9,3	6,3
Düsseldorf	2 222	1 400	142	8,2	7,0	12 454	1 077	11 528	2,0	9,1
Köln	— 444	348	592	6,7	6,0	1 163	5 240	— 4 011	1,3	3,1
Aachen	13 855	— 6 832	— 7 029	12,3	8,4	40 875	64 171	2 005	9,4	21,2
Koblenz	322	1 644	1 834	5,8	8,4	9 893	— 1 399	— 5 384	8,6	9,1
Trier	20 528	1 893	2 916	11,7	8,9	54 851	2 530	— 29 144	4,4	15,8
Sigmaringen	.	858	603	6,0	10,0	.	— 11 283	—	11,6	7,0
Insgesammt	288 744	164 836	202 936	11,9	9,4	335 857	— 230	— 531 131	8,7	8,7

B. Bearbeitung der Wiesen.

Ausser den grossen Stromniederungen besitzt die Provinz Preussen in den Kreisen Allenstein und Neidenburg Ent- und Bewässerungs-Genossenschaften. Im Skallischen Bruch (Kreis Angerburg), an der Brahe und dem Schwarzwasser (Kreis Konitz) hat der Fiscus bedeutende Flächen zu Berieselungswiesen hergerichtet. Die Düngung von Wiesen ist als eine Seltenheit zu betrachten.

Das Bruch vom Ursprung der Netze bis zur Stadt Uscz erfordert wegen seiner vorherrschend torfigen Beschaffenheit und des trägen Laufs des Flusses besondere Anlagen zur Ent- und Bewässerung, um einen namhaften Ertrag zu erzielen.

In Pommern sind Berieselungsanlagen häufig; hervorgehoben zu werden verdienen die der Herrschaft Gramenz im Kreise Neustettin. Die Unterhaltungskosten sind nicht unerheblich.

Das Wasser der kleinen brandenburgischen Bäche ist zu künstlichen Berieselungen mehrfach verwendet worden, so namentlich bei Perleberg. Auf dem Gute Steinbusch (Kreis Arnswalde) ist unter Zuführung des Wassers aus dem Zietenfliesee in einem 3 Meilen langen Canal eine Sandfläche von 600 Morgen in eine gute, abwechselnd geackerte Wiese verwandelt.

In Schlesien kommen Bewässerungen nur ausnahmsweise und nirgends von grossem Umfange vor.

Umfangreich sind mehrere westfälische Bewässerungsanlagen. Die Bewohner des südlichen Gebirges zeichnen sich durch sorgsame Pflege ihrer Wiesen aus, und der Kunstwiesenbau des Kreises Siegen hat einen weiten Ruf. Die grossartigste Melioration ist die unter staatlicher Leitung ausgeführte Bewässerung der Bocker Heide mittels Anlage eines aus der Lippe bei Neuhaus abführenden und 4 Meilen bis Lippstadt langen Hauptcanals; fast ertragloser Sand oder Heideboden ist dadurch in mehr oder weniger ertragreiche Wiesen verwandelt, deren Verwaltungs- und Unterhaltungskosten allerdings erheblich sind.

C. Anbau und Ernte von Futtergewächsen.

Den Berichten des königl. Landes-Oekonomie-Collegiums über die letzten Jahre ist der nachstehende Auszug entnommen.

1859. Sorge um das Viehfutter erwächst glücklicherweise nicht; denn Heu und Stroh sind allenthalben zur Genüge und in guter Qualität gewonnen. — In den Niederungen des Danziger Regierungsbezirks kommen der Bastardklee, in Oberschlesien die Esparsette, in einigen Theilen der Rheinprovinz der Incarnatklee mehr in Aufnahme.

1860. Rauhfutter, namentlich das Heu von natürlichen und künstlichen Wiesen, ist reichlich gewonnen und leidlicher eingebracht, als man bei dem regnerischen Wetter hoffen konnte. Die übrigens reichliche Sommerhütung hat auf die Heerden bei weitem nicht den nachtheiligen Einfluss gehabt, den man von der andauernden Nässe hätte befürchten können, — vielleicht weil kühle Temperatur die Zersetzung der Pflanzensäfte nicht begünstigte. — Die Erwartung, im »Polygonum cuspidatum« (Sieboldii) ein werthvolles Futtergewächs aus Japan erhalten zu haben, bestätigt sich nicht. Mit dem Wundkraut begannen erst die Versuche. Der grosse Vogelfuss scheint sich auf leichtem Boden Freunde zu erwerben.

1861. Der Wuchs war auf den natürlichen Wiesen sowohl, als auf den künstlichen reichlich; die Einerntung aber ward durch die Witterung erschwert, besonders bei der Nachmahd. Dies hat zur Anwendung der in neuerer Zeit wachsenden Beifall findenden Methode Veranlassung gegeben: das grüne Futter, auch grüne Lupinen, in luftdichten Gruben fest einzutreten und mit oder auch ohne Zugabe von Salz zu Sauerheu zu bereiten.

In untenstehender Tabelle ist eine vergleichende Zusammenstellung der Heuernten 1858—61 gegeben.

(85.) Regierungs-bezirke.	Heuernte in Procenten eines Normalertrages					
	1858		1859		1860	1861
	Vormaht.	Nachmaht.	Vormaht.	Nachmaht.	In beiden Schnitten.	In beiden Schnitten.
Gumbinnen	42	82	107	49	119	113
Königsberg	37	98	97	72	128	104
Danzig	50	106	110	99	123	102
Marienwerder	39	74	75	66	113	102
Bromberg	60	92	100	74	105	90
Posen	43	93	112	64	105	101
Köslin	65	108	99	58	113	110
Stettin	54	130	110	61	106	112
Stralsund	70	125	75	63	137	109
Potsdam	61	107	90	54	88	105
Frankfurt	41	118	119	51	83	111
Liegnitz	38	105	128	60	118	105
Breslau	25	65	106	71	100	109
Oppeln	40	92	126	101	108	149
Magdeburg	36	144	114	51	93	104
Merseburg	39	111	110	48	98	99
Erfurt	45	100	105	55	104	87
Minden	60	101	110	87	84	107
Münster	43	53	128	98	91	95
Arnsberg	40	66	112	123	83	108
Düsseldorf	30	135	107	129	85	104
Köln	39	81	110	79	93	105
Aachen	41	69	145	106	74	108
Koblenz	42	65	119	69	81	92
Trier	36	69	115	39	87	91
Sigmaringen	74	43	103	88	94	89
Im ganzen Durchschnitt	47	94	109	74	101	104

Nach Angaben von Generalcommissarien ist der durchschnittliche Kleeertrag pro Morgen: in der Provinz Posen 5—25, im Regierungsbezirk Köslin 5—20, Stettin 5—30, Stralsund 10—25, in den Niederungen und auf dem besseren Höheboden der Provinz Brandenburg 15—30, dem schlechteren Höheboden 8—20, im Regierungsbezirk Magdeburg 5—30, Merseburg 8—35 und Erfurt 2—35 Ctr.

V. Die Viehzucht und Viehhaltung.

Aller drei Jahre findet im preussischen Staate eine Zählung der Pferde, Maulthiere und Esel, des Rind-, Ziegen- und Schafviehes statt, und die Ergebnisse derselben werden in die statistischen Tabellen aufgenommen. Diese, die Jahresberichte des königlichen Landes-Oekonomie-Collegiums über den Zustand der Landwirthschaft von 1858 bis 1861*), endlich die Denkschriften der Generalcommissarien zur Regelung der Grundsteuer lieferten hauptsächlich den Stoff für die Bearbeitung dieses Abschnitts.

*) Annalen der Landwirthschaft in den königlich preussischen Staaten 1860—62; Bde. 35, 37 und 39.

A. Allgemeine Verhältnisse.

In Nr. 8 Jahrgangs 1860/61 der Zeitschrift des statistischen Bureaus war die Reduction des Viehstandes auf eine Viehgattung durchgeführt, um die quantitativen Veränderungen der Viehhaltung schärfer ins Auge zu fassen. Es wurde gesetzt: 1 Stück Rindvieh = ½ Pferd = 10 Schafe = 4 Schweine = 12 Ziegen, und es ergaben sich daraus für die Jahre 1816 und 1858 die in Tabelle 89 enthaltenen Resultate, welchen die neuesten, auf die Zählung vom December 1861 sich gründenden hinzugefügt worden sind. Da es sich hier auch um Flächenvergleiche handelt, so sind die seit 1849 zum preussischen Staat gekommenen Gebietstheile unberücksichtigt geblieben.

(89.) Provinzen.	Auf Rindvieh reducirter Viehstand			Auf je 100 Einwohner kommen auf Rindvieh reducirte Stück Vieh			Auf eine Quadratmeile (excl. Wasserfläche) kommen auf Rindvieh reducirte Stück Vieh		
	1816. Stück	1858. Stück	1861. Stück	1816.	1858.	1861.	1816.	1858.	1861.
Preussen....	1.439 017	2.185 060	2.250 572	99	80	79	1306	1983	2043
Posen.......	406 265	1.044 439	1.056 058	60	74	71	936	1971	1993
Pommern...	684 262	1.022 196	1.034 276	101	77	74	1262	1885	1907
Brandenburg	984 115	1.274 025	1.316 509	77	55	53	1367	1769	1829
Schlesien ...	1.120 075	1.623 086	1.714 679	59	60	51	1524	2208	2333
Sachsen	807 583	1.007 678	1.127 699	67	53	57	1766	2203	2466
Westfalen...	701 348	852 266	861 683	65	54	53	1911	2322	2348
Rheinland ...	857 722	1.145 211	1.215 702	45	37	38	1772	2366	2512
Insgesammt	7.090 387	10.154 561	10.577 268	71	57	57	1436	2057	2146

Wenngleich in dieser Tabelle das Gewicht und der Werth der Thiere keinen Ausdruck findet und Fehlgriffe bei der Vergleichung der Thiergattungen unvermeidlich sind, so geht daraus doch hervor: 1) dass die Viehzucht in den nordöstlichen Provinzen im Verhältniss zur Bevölkerung stärker als in den südlichen und westlichen ist, 2) dass im Verhältniss zur Fläche geringere Unterschiede der Viehzahl wahrzunehmen sind, und 3) dass die dünner bevölkerten Provinzen — ganz besonders aber Posen — die grössten Fortschritte hinsichtlich der Vermehrung des Viehstandes gemacht haben.

Die Erscheinung, dass der Viehstand eine im Ganzen geringere Zunahme als die Bevölkerung erfahren hat, erklärt sich — abgesehen von der zweifelhaften Richtigkeit der positiven Zahlen in den statistischen Tabellen — aus verschiedenen zusammenwirkenden Ursachen: in erster Reihe durch den in den letzten Jahren (bis 1858) so allgemein zu Tage getretenen Futtermangel und das noch immer den Productionskosten gegenüber zu niedrige Preisverhältniss von Vieh und Viehproducten der östlichen Provinzen, sodann durch das damit zusammenhängende Bestreben, die Futtermittel durch eine geringere, aber besser genährte Stückzahl des Viehes auszunützen, endlich durch das für jetzt noch als mitwirkend zu betrachtende Eingehen von Gemeindeweiden. Im Jahre 1859 gewann der Landmann mit Ausnahme weniger von anhaltender Dürre heimgesuchten Gegenden reichliche und nahrhafte Futtervorräthe; 1860 übte die Sommerbütung bei weitem nicht den nachtheiligen Einfluss aus, den man von der andauernden Nässe hätte befürchten können; und 1861 sicherte der reiche Futtergewinn die Ernährung unsers von Calamitäten grösstentheils befreit gebliebenen Viehes. Folge dieser günstigen Umstände ist eine erhebliche Zunahme der Hausthiere von 1858 auf 1861.

Das wachsende Bestreben, das Vieh zu veredeln, giebt sich an vielen Orten in der fortgesetzten Einführung der besten Racen des Auslandes kund. In Betreff des obersten Grundsatzes für die Züchtung theilen sich die Landwirthe in zwei Lager: während die einen der Abstammung der Zuchtthiere aus constanter Race den

Vorzug geben, wird von den andern den Vorzügen der einzelnen Individuen ein überwiegend höherer Werth beigelegt. Mehr Uebereinstimmung zeigt sich in der Lehre über die Ernährung der Hausthiere, auf deren Ausbildung jetzt viele wissenschaftliche Forschungen gerichtet sind. Die neuesten Bestrebungen, die vortheilhafteste Zusammensetzung des Viehfutters nach den Bestandtheilen der einzelnen Futterstoffe festzustellen, damit das Vieh nicht nur gedeihe, sondern auch alles Futter vollständig ausgenutzt werde, versprechen bald zu einem praktisch wichtigen Ergebnisse zu führen. In den Beimischungen des Tränkewassers will man einen erheblichen Grund für die Disposition der Heerden zu gewissen Krankheiten, wie zu dem die Viehstände ganzer Gegenden decimirenden Anthrax und zum Wollefressen der Schafe und Lämmer erkannt haben. — Der Nutzen, welchen grössere Viehmärkte eigends für gewisse Vieharten der Zucht bringen können, wird vielseitig anerkannt.

Was die Ausdehnung und Art der Viehzucht **in den einzelnen Provinzen** betrifft, so ist zunächst in **Preussen** Stallfütterung des Rindviehes sehr selten; in schlechteren Gegenden werden sogar die Ackerpferde und Zugochsen noch auf die Weide getrieben. In **Pommern** kommt vollständige Stallfütterung nur auf einigen vorpommerschen Gütern, theilweise Stallfütterung dagegen auf einer grössern Zahl von Wirthschaften vor. Wolle nimmt unter den Erzeugnissen der Viehhaltung eine hervorragende Stelle ein; jedoch werden auch Butter und Fettvieh, besonders Schweine und Hammel, ausgeführt. In **Schlesien** ist Stallfütterung für Pferde und Rindvieh allgemein üblich geworden. **Sachsen** betreibt nur vereinzelt Viehzucht über das Bedürfniss hinaus, und zwar erheblicher in der Altmark und den Gebirgsgegenden. Stallfütterung ist vorherrschend, zumal in separirten Feldmarken, und blos das Gebirge betreibt noch Weidewirthschaft. Auch im ganzen Hügellande **Westfalens** und den Ebnen des Bezirks Arnsberg kommt Brach- und Stoppelhütung unbedeutend neben der überwiegenden Stallfütterung vor; jedoch wird das Rindvieh täglich einige Stunden auf Kleedreisch gehütet oder auch, wo fest eingefriedigte Weidekämpe noch vorhanden sind, dort Anfangs Mai untergebracht und alsdann Tag und Nacht bis Ende September oder Mitte October da gelassen. In der münsterischen Niederung weidet man das Vieh gewöhnlich auf den mit Gräben und Wallhecken eingefriedigten, dreisch liegenden Grundstücken, giebt ihm aber in den Sandgegenden daneben einen Zusatz von Futter. Im höheren Gebirge bildet gemeinschaftliche Hütung auf ausgedehnten Revieren beständiger Weide, auf Heiden, Brach- und Stoppelfeldern und auch in Waldungen die Regel; Stallfütterung ist dort seltener.

B. Die Pferdezucht und die Pferdehaltung. Maulthiere und Esel.

1. Die Pferdezucht und Pferdehaltung im Allgemeinen.

Den Berichten des königl. Landes-Oekonomie-Collegiums zufolge hat der schroffe Streit der Meinungen über die Racen und Schläge der vom Staate zu ziehenden Pferde sich geklärt, und die Anstrengungen zur Verbesserung der Landgestüte werden nicht mehr verkannt. Der Begehr nach starken Zugpferden dauert fort, die Vorliebe für das englische Vollblut ist auf das richtige Maass zurückgeführt. Die Kreise Czarnikau und Wirsitz haben Füllen und Hengste aus Mecklenburg und Hannover bezogen, um ihre Pferdezucht zu verbessern. Die Kreise Merzig, Saarlouis und Saarbrücken ziehen einen leichteren, von dem sonst im Rheinland gebräuchlichen Karrenpferde abweichenden, zum Reitpferd brauchbaren Schlag. Welche Dienste die Einführung tüchtiger Zugpferde (der sogenannten Percherons) aus Frankreich leisten wird, ist noch nicht zu übersehen. Die neu errichteten Pferdemärkte in Königsberg und Bromberg sind von gutem Fortgang und haben sich bewährt. — Auffallend ist die Mittheilung, dass im Regierungsbezirk Stralsund der Rotz und Wurm eine stehende Krankheit geworden sei.

Innerhalb des preussischen Staates wurden gezählt:

	1816.	1858.	1861.
Füllen	201 932	306 142	297 295
Pferde von 3—10 Jahren	1.041 329	708 275	767 095
» » mehr als 10 Jahren		607 983	615 265
» überhaupt	1.243 261	1.622 400	1.679 655
hierunter befinden sich landwirthschaftliche Pferde von mehr als 3 Jahren			1.314 258

Das Resultat der Zählung vom 3. December 1861 ist noch nicht als das endgiltig festgestellte, sondern nur als ein vorläufiges zu betrachten.

Die Summe aller Pferde vertheilte sich auf

	1816.	1858.	1861.
Füllen .... mit %	16,2	18,9	17,7
Pferde von 3—10 Jahren ..... " "	83,8	43,7	45,7
" " mehr als 10 Jahren " "		37,5	36,6

Im Dienst der Landwirthschaft wurden im Jahre 1861 87,6 % sämmtlicher Pferde, die ein Alter von 3 Jahren zurückgelegt hatten, verwendet; eine Vergleichung mit den analogen Resultaten früherer Jahre ist, weil solche nicht beobachtet wurden, nicht anzustellen.

Die später folgende Tabelle 90 vergleicht die endgiltigen Resultate der Zählungen von 1816 und 1858, während Tabelle 91 die vorläufigen Ergebnisse der Zählung von 1861 mittheilt. Bei der ersten hat man auf die veränderte Fläche Rücksicht genommen und die Vergleichung natürlich nur auf deren unveränderten Theil ausgedehnt; bei der letzten ist zu beachten, was über die Genauigkeit der Flächenangaben auf den Seiten 114—115 gesagt worden ist. Das Jadegebiet ist, wie gewöhnlich bisher geschehen, dem Regierungsbezirk Minden, Hohenzollern dem Rheinland zugezählt.

2. Die Pferdezucht und Pferdehaltung in den Provinzen.

Die preussische Pferdezucht hat ihren Hauptsitz in Litthauen, woselbst grosse Wirthschaften auf diesen Zweig der Viehzucht basirt sind und bei weitem die meisten Besitzer von grösseren und bäuerlichen Gütern sich damit beschäftigen. Durch das Hauptgestüt Trakehnen und die beiden Landgestüte Insterburg und Gudwallen ist das edle Blut überall verbreitet; auf vielen Bauergehöften stehen 1—4 gute Halbblutstuten, deren Füllen gewöhnlich von grösseren Grundbesitzern aufgekauft, 3 Jahre hindurch aufgezogen und demnächst zu Markte gebracht werden. Die ausserordentlichen Leistungen der litthauischen Zucht beruhen wesentlich auf dieser Grundlage, wenn auch die grösseren Besitzer ebenfalls eine beträchtliche Anzahl von Mutterstuten halten und das edelste Blut sich in den grösseren Gestüten befindet. Da der Absatz von Pferden auf den Remontemärkten und an Privatleute sehr bedeutend ist, so bildet ihre Zucht die reichlichste Quelle für die Wohlhabenheit der Grundbesitzer, insbesondere der kleinen, welche zum Ankauf theurer Zuchthiere weniger geneigt und daher starken Verlusten nicht so sehr unterworfen sind, wie die grossen Besitzer.

Den masurischen Kreisen der Provinz Preussen gebricht es fast gänzlich an dem erforderlichen guten Heu, und in den drei übrigen Regierungsbezirken nimmt die Pferdezucht keine so hohe Stufe ein, wie in Gumbinnen. Mit Hülfe der Beschäler aus den Staatsgestüten ist sie zwar in sichtlicher Verbesserung begriffen und gehören die meisten Zugthiere bereits einem kräftigen Schlage an; indessen trifft man im Kreise Memel, dem Süden des Königsberger Bezirks, den Kreisen an der pommerschen Grenze und dem Südosten des Marienwerderschen Bezirks hauptsächlich noch kleine und schwächliche Pferde an.

Schlesiens Pferdezucht ist nicht umfangreich. Die Thiere gehören meistens einer kräftigen Landrace an, welche durch Züchtung mit fremden Hengsten verbessert wird. In den Kreisen Oppeln, Rosenberg und Lublinitz ist noch das oberschlesische Nationalpferd von kleinem, untersetztem, dauerhaftem Körperbau anzutreffen.

In Westfalen betreiben Pferdezucht die meisten Kreise des Mindener Regierungsbezirks, die Kleigegenden des Münsterschen und die nördlichen Kreise des Arnsberger. Die vorhandenen Pferde gehören grösstentheils dem kräftigen Landschlage an, zu dessen Verbesserung die Beschäler aus dem Staatsgestüt zu Warendorf Manches beigetragen haben. Zur Verbesserung des münsterischen s. g. Kleipferdes, wofür die Gestütshengste nicht passen, haben die landwirthschaftlichen Vereine dänische Hengste angekauft. Der Regierungsbezirk Arnsberg deckt durch eigne Zucht seinen Bedarf nicht, muss vielmehr aus den Bezirken Münster und Minden und aus Hannover und Oldenburg noch Pferde einführen.

(90.) Regierungsbezirke. — Provinzen.	Anzahl der Pferde im Jahre 1816 über-haupt.	Anzahl der Pferde im Jahre 1816 darunter Füllen.	im Jahre 1858 über-haupt.	im Jahre 1858 Füllen bis zum vollendeten dritten Jahre.	im Jahre 1858 Pferde im Alter von 3—10 Jahren.	im Jahre 1858 Pferde von mehr als 10 Jahren.	Je 1000 Pferde vermehrten oder verminderten sich von 1816 bis 1858 auf
Gumbinnen	121 563	20 602	140 978	37 185	67 847	35 946	1160
Königsberg	153 048	27 770	191 148	43 685	88 445	59 018	1249
Danzig	38 274	6 863	60 328	12 336	25 825	22 107	1576
Marienwerder	63 732	11 513	94 915	20 110	43 948	30 852	1491
Preussen	376 617	66 748	478 359	113 316	228 060	147 983	1294
Bromberg	27 534	3 473	60 065	13 405	20 706	16 804	2181
Posen	47 205	5 184	102 618	21 444	51 054	30 320	2178
Posen	74 739	8 657	162 683	34 849	60 820	47 214	2179
Köslin	40 033	5 112	59 426	10 818	24 735	23 873	1484
Stettin	51 848	9 357	71 048	13 501	30 865	26 682	1370
Stralsund	27 917	8 702	29 129	5 176	11 843	12 110	1043
Pommern	119 798	23 171	159 600	29 495	67 443	62 665	1341
Potsdam	95 697	14 900	121 479	19 729	46 615	55 135	1269
Frankfurt	66 762*)	8 520	84 865	15 589	36 117	33 159	1296†)
Brandenburg	162 459	23 420	206 344	35 318	82 732	88 294	1250
Liegnitz	30 667	2 033	46 189	4 484	19 078	22 629	1453†)
Breslau	71 460	10 423	81 729	13 812	32 895	35 022	1144
Oppeln	57 785	8 454	79 049	13 675	34 470	30 904	1368
Schlesien	159 912	20 910	206 967	31 971	86 441	88 555	1278
Magdeburg	65 329	13 226	72 439	12 671	28 119	31 649	1109
Merseburg	47 959	6 654	60 844	8 820	21 217	30 847	1270
Erfurt	16 037	2 945	17 896	2 922	6 695	8 279	1116
Sachsen	129 324	22 825	151 219	24 413	56 031	70 775	1169
Minden	40 244	7 081	36 198	6 312	15 510	14 376	899
Münster	46 558	8 975	46 260	9 021	19 045	17 594	994
Arnsberg	39 046	6 894	36 689	5 670	17 305	15 714	940
Westfalen	125 848	23 550	121 147	21 003	51 860	47 684	963
Düsseldorf	29 186	3 878	38 265	4 234	17 905	10 126	1311
Köln	12 879	1 378	20 221	1 947	9 787	8 487	1570
Aachen	18 174	2 774	21 030	2 852	9 984	8 194	1157
Koblenz	10 856	1 195	15 826	1 608	6 115	8 103	1458
Trier	23 409	3 426	26 315	3 600	10 901	11 814	1039**)
Sigmaringen	.	.	5 221	936	2 196	2 089	.
Rheinland	94 564	12 651	126 878	15 177	56 888	54 813	1268
Insgesammt	1.243 261	201 632	1.622 400	306 142	708 375	607 883	1298

*) incl. Kreis Hoyerswerda.
†) mit Auslassung von Hoyerswerda, dessen relative Zahl 1256 ist.
**) excl. St. Wendel.

(91.) Regierungsbezirke. — Provinzen.	Anzahl der Pferde nach vorläufiger Feststellung der Zählungsresultate im Jahre 1861. Gesammt-zahl.	Füllen und Pferde unter 3 Jahren.	Pferde im Alter von 3 bis 10 Jahren.	Pferde im Alter von mehr als 10 Jahren.	Landwirthschaftliche Pferde im Alter von mehr als 3 Jahren.	Auf ein landwirthschaftliches Pferd kommen Morgen pflanzentragenden Bodens.
Gumbinnen	147 136	35 621	69 332	42 183	103 530	51,3
Königsberg	195 636	39 952	94 059	61 625	143 741	50,6
Danzig	62 913	12 060	27 619	23 234	46 336	54,9
Marienwerder	95 749	17 870	47 439	30 440	72 240	82,6
Preussen	501 434	105 503	238 449	157 482	365 847	57,3
Bromberg	62 949	12 806	32 831	17 312	44 516	89,6
Posen	103 946	21 240	54 394	28 312	72 480	86,1
Posen	166 895	34 046	87 225	45 624	116 996	87,4
Köslin	60 959	10 065	27 339	23 555	44 027	108,0
Stettin	72 506	12 476	32 596	27 434	52 403	81,5
Stralsund	29 918	4 796	12 504	12 618	21 522	67,9
Pommern	163 383	27 337	72 439	63 607	117 952	88,9
Berlin	10 285	61	4 848	5 376	299	28,1
Potsdam	116 214	18 346	48 287	49 581	86 262	84,1
Frankfurt	88 653	15 769	40 777	32 107	64 941	103,9
Brandenburg	215 152	34 176	93 912	87 064	151 502	92,5
Liegnitz	49 767	5 034	22 008	22 725	33 062	118,0
Breslau	86 259	15 094	35 392	35 773	59 816	70,2
Oppeln	82 111	14 166	37 883	30 062	61 347	72,6
Schlesien	218 137	34 294	95 283	88 560	154 225	81,6
Magdeburg	76 505	13 050	31 446	32 009	57 717	98,3
Merseburg	64 911	9 151	25 099	30 661	48 296	71,4
Erfurt	19 252	3 179	8 048	8 025	14 015	81,9
Sachsen	160 668	25 380	64 593	70 695	120 028	71,1
Minden	36 494	6 158	16 842	13 494	27 389	68,0
Münster	46 789	9 496	20 337	16 956	34 960	57,7
Arnsberg	37 628	4 940	17 339	15 349	27 641	102,4
Westfalen	120 911	20 600	54 512	45 799	90 190	74,6
Düsseldorf	39 711	4 305	18 409	16 997	27 926	68,7
Köln	21 242	2 124	10 387	8 731	15 502	94,3
Aachen	21 903	2 826	10 375	8 702	15 982	94,9
Koblenz	17 076	1 710	7 001	8 365	13 487	163,6
Trier	27 671	3 925	12 179	11 567	20 431	132,1
Sigmaringen	5 472	1 069	2 241	2 162	4 190	98,3
Rheinland	133 075	15 959	60 682	56 524	97 518	104,7
Insgesammt	1 679 655	297 295	767 095	615 265	1 214 258	77,2

3. Maulthiere und Esel.

(92.) Regierungsbezirke. — Provinzen.	Anzahl der Maulthiere			Anzahl der Esel		
	1840.	1858.	1861.	1840.	1858.	1861.
Gumbinnen	1	—	—	8	2	3
Königsberg	1	9	12	12	37	35
Danzig	—	3	5	3	15	19
Marienwerder	2	7	11	50	67	80
Preussen	4	19	28	73	121	138
Bromberg	3	8	38	121	160	166
Posen	36	33	37	430	751	813
Posen	39	41	75	551	911	979
Köslin	10	4	7	129	97	110
Stettin	4	3	1	171	124	114
Stralsund	—	—	2	36	25	15
Pommern	14	7	10	336	246	239
Potsdam	10	16	12	322	203	190
Frankfurt	5	3	8	302	281	262
Brandenburg	15	19	20	624	484	452
Liegnitz	2	—	2	158	138	130
Breslau	—	2	5	206	315	300
Oppeln	4	5	11	181	296	258
Schlesien	6	7	18	545	749	688
Magdeburg	97	88	56	185	156	163
Merseburg	17	36	48	116	154	168
Erfurt	2	1	—	113	83	70
Sachsen	116	125	104	414	393	401
Minden	51	20	23	1237	1032	931
Münster	5	1	—	147	320	365
Arnsberg	52	33	32	1701	1908	2032
Westfalen	108	54	55	3085	3260	3328
Düsseldorf	15	22	40	279	426	458
Köln	23	37	26	269	158	144
Aachen	4	8	8	109	101	107
Koblenz	27	—	—	399	342	360
Trier	12	1	2	237	145	120
Sigmaringen	.	—	—	.	1	—
Rheinland	81	68	71	1293	1173	1189
Insgesammt	383	340	381	6921	7336	7419

C. Die Rindviehzucht und Rindviehhaltung.

1. Im Allgemeinen.

Darüber, welche Rindviehrace die beste sei, sind die Landwirthe seit vielen Jahren in Zweifel und Streit; fast alle renommirten Racen wurden nach und nach angeschafft, bald aber wieder verworfen oder vernachlässigt. Schweizer, tirolische, friesische, ayrshirer, oldenburger, allgäuer sind einander gefolgt, und eine verworrene Zahl von Kreuzungen erfüllt die meisten Ställe. Am nachhaltigsten haben sich die Holländer und ihnen ähnliche Schläge aus dem Tieflande des Nordseestrandes verbreitet; noch 1859 ward holländisches Vieh nach Beckum, Jeversches nach anderen Gegenden Westfalens, oldenburger nach dem Netzedistrict, 1861 wieder 200 Kälber der besten holländischen milchreichen Race zur Fortzucht nach Pommern eingeführt. Während der letzten Jahre richtete die Aufmerksamkeit sich steigend auf die englische Kurzhornrace, wenngleich die in England gemachten Ankäufe uns nicht immer ganz werthvolles Material zugeführt haben mögen und der Einfluss dieser Race sich noch auf vereinzelte Gegenden beschränkt; für die Fleischbank ist der Werth derselben wohl unbestritten. Wie weit zweckmässigerweise darin gegangen werden darf, um die für unsere Verhältnisse so wichtige Milchergiebigkeit voll zu behaupten, blieb noch dahingestellt; dagegen ist die Erziehung von Halbblut-Arbeitsochsen durch Kreuzung unseres Landviehes mit dem stattlich aussehenden Kurzhorn befriedigend ausgefallen.

Die theils neu eingerichteten, theils beabsichtigten Zucht- und Fettviehmärkte finden Beifall, indem sie, unterstützt von den vortheilhaften Wirkungen der Eisenbahnen, dem Handel Vorschub leisten.

Schlesien und mit dieser Provinz der preussische Staat ward 1859 und 1861 von der Rinderpest bedroht, weil die Einrichtungen im östreichischen Staate nicht genügten, diese verheerende Seuche auf die Steppen des östlichen Europa zu beschränken; beide Male bewährte sich Schlesien jedoch als Vormauer gegen dieselbe.

Innerhalb des preussischen Staates wurden gezählt:

	1816.	1858.	1861.
Stiere	54 616	77 158	83 077
Ochsen	727 561	701 338	680 433
Kühe	2.154 645	3.256 329	3.382 551
Stück Jungvieh .	1.077 088	1.402 577	1.488 276
zusammen ...	4.013 912	5.527 402	5.634 337

Der Procentantheil der ViehArten an der Gesammtzahl des Rindviehs stellte sich

		1816.	1858.	1861.
für Stiere	auf	1,36	1,40	1,47
„ Ochsen	„	18,13	12,69	12,08
„ Kühe	„	53,68	58,91	60,03
„ Jungvieh	„	26,83	27,00	26,41

Hervorzuheben ist, dass sich neben einer erheblichen Zunahme der Kühe eine nicht allein relative, sondern selbst absolute Abnahme der Ochsen zu erkennen giebt. Die Verhältnisszahl der Kühe zu den Stieren hat sich wenig verändert; sie war in den benannten Jahren 39,4, 42,2, 40,7 : 1, d. h. 1816 wurden auf 1 Stier 39,4, 1861 dagegen 40,7 Kühe gehalten.

2. In den Provinzen.

Unter Bezugnahme auf die erläuternden Bemerkungen bei dem Capitel *B* werden umstehend in den Tabellen 93 und 94 die Hauptergebnisse der Zählungen von 1816, 1858 und 1861 mitgetheilt.

(93.) Regierungsbezirke. — Provinzen.	Stückzahl des bei der Zählung ermittelten Rindviehs					
	im Jahre 1816.	im Jahre 1858				
		überhaupt.	Stiere (Bullen).	Ochsen.	Kühe.	Jungvieh.
Gumbinnen	206 566	273 227	5 673	64 579	126 753	76 222
Königsberg	264 721	377 506	8 643	94 158	165 814	108 891
Danzig	69 492	118 498	2 442	19 322	64 351	30 383
Marienwerder	146 317	248 315	3 927	51 072	124 971	69 345
Preussen	687 096	1.016 546	20 685	229 131	481 889	284 841
Bromberg	86 922	169 895	2 165	31 783	90 892	45 055
Posen	185 807	347 671	4 293	57 969	181 326	104 083
Posen	272 729	517 566	6 458	89 752	272 218	149 138
Köslin	116 943	173 323	2 425	18 068	104 810	48 520
Stettin	162 054	197 094	4 316	17 920	128 609	48 249
Stralsund	91 633	70 940	2 010	3 348	55 025	10 557
Pommern	370 630	441 357	8 751	39 336	288 444	107 326
Potsdam	238 583	284 600	3 312	32 446	186 893	61 949
Frankfurt	291 776	333 172	3 542	57 500	179 488	92 642
Brandenburg	530 359	617 772	6 854	89 946	366 381	•154 591
Liegnitz	208 413	340 393	4 644	40 219	204 680	90 850
Breslau	272 475	371 298	6 127	34 986	234 330	95 855
Oppeln	200 313	305 180	2 613	21 900	202 305	78 359
Schlesien	681 201	1.016 871	13 384	97 105	641 315	265 064
Magdeburg	152 697	185 315	2 951	20 547	118 887	42 930
Merseburg	206 915	240 348	3 360	19 322	153 572	64 094
Erfurt	62 515	72 754	800	5 625	48 517	17 812
Sachsen	422 127	498 417	7 111	45 494	320 976	124 836
Minden	115 136	183 404	1 310	4 021	93 865	34 208
Münster	163 994	212 368	3 784	4 521	125 677	78 386
Arnsberg	160 680	188 792	2 271	9 020	132 771	54 730
Westfalen	439 810	584 564	7 365	17 562	352 313	167 324
Düsseldorf	129 888	179 267	1 421	4 650	130 905	42 291
Köln	138 235	148 376	1 270	12 162	93 060	41 884
Aachen	95 478	131 172	929	6 698	85 354	38 191
Koblenz	139 585	186 751	1 271	34 981	101 536	48 963
Trier	106 774	188 387	1 254	28 788	105 297	53 048
Sigmaringen	.	40 356	405	5 730	19 141	15 080
Rheinland	609 960	874 309	6 550	93 009	535 293	239 457
Insgesammt	4.013 912	5.527 402	77 158	701 338	3.256 329	1.492 577

(94.) Regierungsbezirke. — Provinzen.	Stückzahl des Rindviehs nach vorläufiger Feststellung der Zählungsresultate im December 1861					Ein Stück Rindvieh überhaupt kommt auf Morgen productiven Landes excl. Waldung
	Gesammtzahl.	Stiere (Bullen).	Ochsen.	Kühe.	Jungvieh excl. der Kälber unter ½ Jahr.	
Gumbinnen	289 406	5 109	66 565	137 305	80 427	14,7
Königsberg	374 201	8 652	97 187	176 130	92 232	15,3
Danzig	117 009	2 544	18 678	68 498	27 289	16,9
Marienwerder	233 100	3 999	45 426	126 080	57 595	19,8
Preussen	1.013 716	20 304	227 856	508 013	257 543	16,3
Bromberg	165 382	2 210	30 630	94 040	38 502	18,3
Posen	323 965	3 970	53 806	179 420	86 769	14,9
Posen	489 347	6 180	84 436	273 460	125 271	16,0
Köslin	169 189	2 377	15 349	108 888	42 575	21,9
Stettin	191 735	4 764	14 330	126 232	46 4[illegible]	[illegible]
Stralsund	67 868	1 800	3 209	53 603	9 256	16,1
Pommern	428 792	8 941	32 888	288 723	98 240	19,3
Potsdam	288 673	4 607	29 201	190 194	64 671	17,5
Frankfurt	325 054	3 782	52 983	179 930	88 359	13,0
Brandenburg	613 727	8 389	82 184	370 124	153 030	15,1
Liegnitz	348 026	4 989	38 935	215 740	88 362	7,1
Breslau	386 859	6 586	35 648	246 578	98 047	8,8
Oppeln	325 477	2 980	21 428	222 412	78 657	8,8
Schlesien	1.060 362	14 555	96 011	684 730	265 066	8,3
Magdeburg	203 519	4 186	22 238	126 962	60 133	15,8
Merseburg	256 890	4 009	19 027	159 351	73 903	10,6
Erfurt	79 625	1 120	5 658	49 335	23 512	10,6
Sachsen	540 034	9 315	47 523	335 648	147 548	12,6
Minden	139 868	1 511	3 681	97 620	37 066	10,8
Münster	214 030	3 949	4 761	127 203	78 117	7,6
Arnsberg	198 752	2 445	8 505	132 906	54 896	7,9
Westfalen	552 650	7 905	16 947	357 729	170 069	8,4
Düsseldorf	190 192	1 690	5 419	136 590	46 498	7,9
Köln	154 365	1 400	11 528	97 823	43 608	6,3
Aachen	134 025	1 064	6 192	86 928	39 841	8,4
Koblenz	206 073	1 391	34 986	108 480	61 216	6,3
Trier	204 276	1 466	27 094	112 685	63 033	8,9
Sigmaringen	46 776	471	7 369	21 618	17 318	5,7
Rheinland	935 709	7 489	92 588	564 124	271 509	7,4
Insgesammt	5.634 337	83 077	680 433	3.382 551	1.488 276	12,9

Die Veredlung des Rindviehes ist in der Provinz Preussen noch zurückgeblieben, indem man sich in der Hochgegend, einige grössere Wirthschaften ausgenommen, mit der wenig verbesserten Landrace begnügt. In den Sandgegenden des Regierungsbezirks Marienwerder giebt es ausgewachsene Kühe, deren lebend Gewicht nicht über 2½ Ctr hinausgeht; in Masuren sinkt dasselbe sogar bis 2 Ctr herab. Dagegen zeichnet sich die Memelniederung durch grosses und milchreiches Vieh aus. In der Weichselniederung ist eine eigene Race zu Hause, deren Kühe in nicht fettem Zustande 8 und in fettem 10 Ctr. lebend Gewicht haben; dieses Vieh wird zur Zucht nicht unbeträchtlich exportirt, auch nimmt man fremdes Vieh häufig zur Fettweide an.

Für die Veredlung der Rindviehzucht Schlesiens wird erst in neuerer Zeit von einzelnen Besitzern grösserer Güter etwas gethan. Mästung kommt nur in Verbindung mit bedeutenden Brennereien oder Zuckerfabriken vor, da man den Fleischverkauf nicht für lohnend erachtet. Höheren Werth legt man in der Nähe von Städten auf den Milchabsatz; auch wird sowohl im Gebirge als in einigen Theilen Nieder- und Mittelschlesiens die Fabrikation von Butter und Käse behufs deren Versendung nach Berlin in beträchtlicher Ausdehnung gepflegt.

Die westfälischen Regierungsbezirke Minden und Münster ziehen fast nur die einheimische Landrace. Eine fette Kuh dieser Race hat im Durchschnitt ein Gewicht von 5—6 Ctr. Der ebene Theil des Bezirks Arnsberg hält mehr auf schweres Vieh, welches 7—8 Ctr. lebend Gewicht erreicht. Die drei südlichsten Gebirgskreise halten kleines, gedrungenes und meistens der westerwalder Race angehöriges Vieh, welches sich einen grossen Theil des Sommers hindurch das Futter auf beschwerlicher Gebirgsweide suchen muss; besonders gut als Arbeitsvieh geeignet, werden für eigene Verwendung im Gebirge und zum Verkauf nach ausser viele Zugochsen aufgezogen.

D. Die Schafzucht.

1. Im Allgemeinen.

Viele Jahre lang war die höchste Feinheit der Tuchwolle fast das einzige Ziel der Züchter; seitdem sich aber die nach dem Grade der Feinheit abgestuften Preisunterschiede allmälig enger zusammengezogen haben, wird ein grösserer Werth auf Wollreichthum gelegt. Die Veredlung der Kammwolle bleibt fast unberücksichtigt. Die beliebtesten Böcke der Negrettirace liefern jetzt Mecklenburg und einige pommersche Schäfereien. Für die meisten Wirthschaften des Landes behält unbedingt die Zucht von Wollschafen ihre volle Bedeutung und Wichtigkeit.

In neuerer Zeit wurden Southdowns aus England zur Nachzucht und Kreuzung mit Merinos bezogen. Kleine Heerden englischer Fleischschafe sind in Oberschlesien, in das Magdeburgische und die Gegend bei Danzig eingeführt worden.

Besondere Schafmärkte, deren Errichtung in Preussen und Schlesien beabsichtigt ist, sind in Pommern bereits entstanden; ihr Zweck ist vorzugsweise ein besserer Absatz der Faselhammel.

Im Jahre 1859 wurden beinahe alle schlesischen Heerden durch die erbliche Traberkrankheit decimirt, und aus Neuvorpommern klagte man über die dem System der Lämmerimpfung zugeschriebene Permanenz der Schafpocken. 1860 litten in manchen Gegenden die Lämmer an Lungen- und an Bandwürmern, auch an der Herzwassersucht; diese Krankheiten traten namentlich in Pommern auf, wo auch die Schafpocken stationär blieben. 1861 zeigte sich, vielleicht in Folge zweier nassen Nachsommer, die Gesundheit mancher Heerden in den nördlicheren Bezirken des Staates leidend; auch traten an vielen Orten die Pocken auf.

Bei den Zählungen des Viehstandes in den Jahren 1816, 1858 und 1861 ergab sich nachstehende Stückzahl:

	1816.		1858.		1861.	
	Stück.	Procent.	Stück.	Procent.	Stück.	Procent.
ganz veredelt	719 200	8,7	5.344 186	34,7	6.550 776	37,6
halb „	2.367 010	28,7	6.808 345	44,3	7.191 613	41,2
Landrace....	5.174 186	62,6	3.222 186	21,0	3.694 476	21,2
zusammen	8.260 396	100,0	15.374 717	100,0	17.436 865	100,0

2. In den Provinzen.

Tabelle 95 enthält die Ergebnisse der Zählungen von 1816 und 1858, Tabelle 96 die noch nicht endgültig festgestellten der Zählung von 1861 und die Schurergebnisse von 1859—61 im Verhältniss zu einem mittleren Ertrage. Letztere sind den Erntenachrichten des königl. Landes-Oekonomie-Collegiums entnommen, für die Provinzen und den ganzen Staat unter Berücksichtigung der in den einzelnen Regierungsbezirken vorhandenen Stückzahl des Schafviehes.

(95.) Regierungsbezirke. — Provinzen.	Anzahl des Schafviehs (Böcke, Hammel, Schafe und Lämmer)							
	im Jahre 1816				im Jahre 1858			
	überhaupt.	Merinos und ganz veredelte Schafe.	halb veredelte Schafe.	unveredelte Landschafe.	überhaupt.	Merinos und ganz veredelte Schafe.	halb veredelte Schafe.	unveredelte Landschafe.
Gumbinnen …	166 240	9 239	16 891	140 110	377 945	171 627	26 600	179 718
Königsberg …	222 683	5 846	25 100	191 728	998 444	648 806	110 536	239 102
Danzig …	71 796	6 082	2 814	62 900	270 617	135 817	74 641	60 159
Marienwerder .	321 622	6 105	29 099	286 418	1.192 801	462 727	481 507	248 567
Preussen …	782 341	27 272	73 913	681 156	2.839 827	1.418 997	693 284	727 546
Bromberg …	258 344	3 738	21 724	233 282	870 151	307 504	382 870	179 777
Posen …	537 770	28 808	105 495	403 467	1.352 740	430 522	810 535	111 683
Posen …	796 114	32 146	127 219	636 749	2.222 891	738 026	1.193 405	291 460
Köslin …	323 462	8 020	26 244	288 198	1.043 525	435 188	406 727	201 609
Stettin …	505 719	28 433	86 061	391 225	1.293 409	555 707	479 748	257 954
Stralsund …	164 111	3 165	22 604	138 442	493 917	196 491	260 788	36 638
Pommern …	992 292	39 618	134 809	817 865	2.830 851	1.187 387	1.147 263	496 201
Potsdam …	846 756	59 434	259 683	527 639	1.303 206	422 820	593 219	287 167
Frankfurt …	784 474	78 777	300 543	405 154	1.158 276	411 711	562 270	184 295
Brandenburg	1.631 230	138 211	560 226	932 793	2.461 482	834 531	1.155 489	471 462
Liegnitz …	500 482	49 955	247 559	202 968	697 684	180 748	413 446	103 490
Breslau …	859 343	100 154	462 552	296 637	1.165 557	455 945	642 071	67 541
Oppeln …	381 988	28 671	187 605	165 712	533 787	271 425	227 982	34 380
Schlesien …	1.741 813	178 780	897 716	665 317	2.397 028	908 118	1.283 499	205 411
Magdeburg …	652 980	148 019	203 561	301 400	814 888	135 408	511 127	168 353
Merseburg …	608 338	117 496	264 815	226 027	686 694	58 832	440 881	185 981
Erfurt …	174 179	12 344	46 400	115 345	213 186	15 748	142 366	75 074
Sachsen …	1.435 497	277 859	514 866	642 772	1.734 771	210 988	1.094 374	429 409
Minden …	119 248	12 805	24 636	81 807	180 334	20 567	51 149	105 018
Münster …	101 505	2 403	1 272	97 830	87 368	1 689	9 856	75 823
Arnsberg …	124 602	2 737	3 470	118 395	160 291	7 171	46 104	107 016
Westfalen …	345 356	17 945	29 376	298 032	430 993	29 427	107 109	288 457
Düsseldorf …	56 304	670	3 271	52 628	50 407	1 541	37 157	11 709
Köln …	56 564	1 000	10 034	45 274	60 613	4 402	27 090	29 121
Aachen …	113 391	3 605	8 679	101 107	70 684	2 441	30 988	37 255
Koblenz …	142 225	110	2 467	139 648	118 833	1 286	17 384	100 163
Trier …	167 261	1 984	4 432	160 845	143 889	257	11 982	131 650
Sigmaringen …	.	.	.	.	12 440	784	9 419	2 243
Rheinland …	535 754	7 369	28 883	499 502	456 874	10 711	133 922	312 241
Insgesammt	8.260 290	719 200	2.367 010	5.174 166	15.374 717	5.341 186	6.808 345	3.222 184

(96.) Regierungsbezirke. — Provinzen.	Anzahl des Schafviehs nach den vorläufigen Resultaten der Zählung am 3. December 1861				Procent des Wollertrags von einem mittleren		
	überhaupt.	Merinos und ganz veredelte Schafe und Lämmer.	halb veredelte Schafe und Lämmer.	unveredelte Schafe und Lämmer.	1859.	1860.	1861.
Gumbinnen	520 186	226 090	28 656	265 440	101	101	104
Königsberg	1.188 984	764 844	116 991	307 149	84	98	101
Danzig	304 434	153 441	86 706	64 287	76	102	105
Marienwerder	1.352 960	510 181	563 756	279 023	91	96	103
Preussen	3.366 564	1.654 556	796 109	915 899	92	98	103
Bromberg	1.072 481	451 390	389 701	231 390	90	87	101
Posen	1.543 380	616 831	787 198	139 351	105	99	111
Posen	2.615 861	1.068 221	1.176 899	370 741	99	94	107
Köslin	1.171 634	576 705	366 700	228 229	97	103	104
Stettin	1.387 004	611 060	509 078	267 766	97	101	107
Stralsund	520 713	234 742	244 012	41 959	89	101	104
Pommern	3.080 251	1.422 507	1.119 790	537 954	96	102	105
Potsdam	1.418 245	450 175	673 855	294 215	105	103	103
Frankfurt	1.275 922	516 342	569 646	189 934	102	99	104
Brandenburg	2.694 167	966 517	1.243 501	484 149	104	101	103
Liegnitz	774 906	249 329	430 242	95 335	103	102	103
Breslau	1.253 330	544 750	628 699	79 881	98	100	103
Oppeln	600 405	325 933	240 884	33 588	103	106	104
Schlesien	2.628 641	1.120 012	1.299 825	208 804	101	102	103
Magdeburg	970 067	172 353	599 529	198 185	102	107	99
Merseburg	782 094	74 764	504 506	202 824	96	100	101
Erfurt	288 769	19 452	174 842	94 475	89	102	100
Sachsen	2.040 930	266 569	1.278 877	495 484	98	103	100
Minden	211 348	31 729	54 271	125 348	100	101	100
Münster	102 912	2 688	12 180	88 044	89	103	97
Arnsberg	183 535	4 137	49 297	130 101	99	106	95
Westfalen	497 795	38 554	115 748	343 493	97	103	98
Düsseldorf	65 579	4 890	30 539	30 150	97	100	95
Köln	54 441	2 008	40 516	11 918	90	99	101
Aachen	81 247	3 813	35 122	42 312	103	94	100
Koblenz	140 631	2 488	26 557	111 586	100	99	98
Trier	157 330	239	18 796	138 295	97	98	93
Sigmaringen	13 428	405	9 332	3 691	91	88	94
Rheinland	512 656	13 840	160 884	337 932	96	96	96
Insgesammt	17.436 865	6.550 776	7.191 613	3.694 476	99	100	103

In der Provinz **Preussen** wird dort, wo sich hohe trockne Weiden finden, diesem Zweige der Landwirthschaft mehr und mehr Aufmerksamkeit zugewendet. Die Niederungen halten sich fern davon. Auch Litthauen ist weniger dazu geeignet als Masuren, dessen Wirthschaften meistens auf die Schafzucht eingerichtet sind.

In **Schlesien** bildet Schäferei den wichtigsten Zweig der Viehzucht; die überwiegende Mehrzahl der grösseren Gutswirthschaften ist so zu sagen darauf gegründet, während die Bauerwirthschaften sich fast gar nicht daran betheiligen. Die Wolle und in den hochfeinen Heerden der Bockverkauf bilden die hauptsächlichste Einnahmequelle der schlesischen Gutsbesitzer.

Westfalens Schafzucht ist nicht von Bedeutung und hat noch mehr abgenommen, seitdem die grossen Gemeinheiten des Münsterlandes zur Theilung gelangt sind und im Regierungsbezirk Minden nach den ausgedehnten Separationen die gemeinschaftlichen Hütungen auf den Feldmarken aufgehört haben.

E. Die Schweinezucht und Schweinehaltung.

Bei den Zählungen von 1816 und 1858 und der noch nicht endgültig festgestellten von 1861 fanden sich

1816.	1858.	1861.	
1.494 369	2.589 371	2.689 693	Schweine.

Zur Zeit der Zählung von 1861 befanden sich unter den Schweinen 893 552 Ferkel von weniger als 6 Monaten, mithin 33,2 % des gesammten Schweineviehs. Die Kreuzung mit englischen Vollblutschweinen hat eine verbreitete Anwendung gefunden, und die ältere Halbblutzucht wird erfolgreich fortgesetzt. Im Jahre 1859 wurden die Schweine bei der grossen Hitze des Sommers an vielen Orten von der Bräune heimgesucht.

(97.) Regierungsbezirke. — Provinzen.	Anzahl der gezählten Schweine				
	1816	1858	1861		
	überhaupt.			über 6 Monate alt.	Ferkel unter 6 Monaten.
Gumbinnen	126 487	169 380	179 709	135 902	43 807
Königsberg	167 702	224 041	221 460	146 291	77 169
Danzig	42 264	62 529	55 654	40 800	14 854
Marienwerder	96 562	152 788	124 885	75 301	49 584
Preussen	433 015	608 737	583 708	398 294	185 414
Bromberg	51 544	74 553	79 537	49 464	30 073
Posen	75 548	158 360	132 446	79 341	53 105
Posen	127 092	232 913	211 983	128 805	83 178
Köslin	37 950	66 482	54 701	39 651	15 050
Stettin	71 445	124 937	108 356	73 277	35 079
Stralsund	28 269	30 372	33 711	21 316	12 395
Pommern	137 664	221 791	196 768	134 244	62 524
Potsdam	99 187	186 413	199 794	131 627	68 167
Frankfurt	86 652	170 214	191 181	152 155	39 026
Brandenburg	185 839	356 627	390 975	283 782	107 193
Liegnitz	8 845	73 771	90 308	78 387	11 919
Breslau	32 979	57 314	77 821	57 316	20 505
Oppeln	48 917	71 445	63 066	41 317	21 751
Schlesien	90 741	202 530	231 195	177 020	54 175
Magdeburg	75 757	138 153	159 107	96 506	62 601
Merseburg	79 765	185 202	210 233	139 012	71 221
Erfurt	25 487	57 961	137 388	42 913	94 475
Sachsen	181 009	381 316	506 728	278 431	228 297
Minden	40 702	79 568	72 021	45 865	26 156
Münster	53 292	118 250	115 170	87 701	27 469
Arnsberg	49 549	86 241	80 533	59 206	21 327
Westfalen	143 543	284 059	267 724	192 772	74 952
Düsseldorf	39 212	84 592	92 239	65 206	27 033
Köln	46 044	43 108	44 086	30 546	13 540
Aachen	17 952	42 269	41 975	29 254	12 721
Koblenz	38 202	44 482	42 115	26 040	16 075
Trier	54 056	75 558	67 418	41 709	25 709
Sigmaringen	.	11 389	12 779	10 038	2 741
Rheinland	195 466	301 398	300 612	202 793	97 819
Insgesammt	1.494 369	2.589 371	2.689 693	1.796 141	893 552

In der Provinz Preussen beschäftigen sich die kleineren masurischen Besitzer mit der Schweinezucht und exportiren ganze Heerden dieser Viehgattung; dasselbe gilt, wenn auch in geringerem Grade, vom Regierungsbezirk Marienwerder.

In Westfalen ist die Schweinezucht der blühendste Zweig der Viehzucht. Mit 6—8wöchigen Ferkeln wird ein nicht unbedeutender Handel nach dem Bergischen getrieben.

F. Ziegenvieh.

An Ziegenvieh wurden gezählt
1816: 143 433 **1858:** 667 145 **1861:** 806 008 Stück.

An der ausserordentlichen Vermehrung der Stückzahl, welche sich aus diesen Ziffern ergiebt, haben alle Regierungsbezirke mit einziger Ausnahme des Gumbinner ihren Antheil.

(88.) Regierungsbezirke. — **Provinzen.**	Ziegenböcke und Ziegen				
	1816.	1858.	1861		
			überhaupt.	Ziegenböcke.	Ziegen.
Gumbinnen	1 952	581	786	134	652
Königsberg	1 687	6 040	5 620	437	5 183
Danzig	741	5 463	7 231	418	6 813
Marienwerder	1 714	9 555	11 830	575	11 255
Preussen	6 094	21 648	25 467	1 564	23 903
Bromberg	300	5 129	6 959	333	6 626
Posen	221	10 683	14 490	736	13 754
Posen	521	15 812	21 449	1 069	20 380
Köslin	1 930	8 370	10 525	369	10 156
Stettin	1 409	22 190	25 123	793	24 330
Stralsund	142	1 977	2 657	109	2 548
Pommern	3 481	32 537	38 305	1 271	37 034
Potsdam	3 514	79 794	92 080	2 591	89 489
Frankfurt	2 300	52 867	63 721	1 828	61 893
Brandenburg	5 814	132 661	155 801	4 419	151 382
Liegnitz	14 626	36 560	45 086	2 199	42 887
Breslau	9 560	15 470	21 482	1 698	19 784
Oppeln	1 492	6 310	10 822	692	10 130
Schlesien	25 678	58 340	77 390	4 589	72 801
Magdeburg	4 531	47 203	57 849	1 921	55 928
Merseburg	16 893	81 436	96 791	9 764	87 027
Erfurt	10 592	30 207	36 017	2 251	33 766
Sachsen	32 016	158 846	190 657	13 936	176 721
Minden	15 801	37 600	42 537	605	41 932
Münster	4 845	19 035	21 322	350	20 972
Arnsberg	7 476	56 957	68 689	643	68 046
Westfalen	28 122	113 652	132 548	1 598	130 950
Düsseldorf	14 148	48 897	60 458	927	59 531
Köln	10 296	26 289	31 965	905	31 060
Aachen	4 066	17 158	20 899	412	20 487
Koblenz	9 778	23 313	28 792	610	28 182
Trier	3 419	15 088	19 700	513	19 187
Sigmaringen	.	2 884	2 577	190	2 387
Rheinland	41 707	133 649	164 391	3 557	160 834
Insgesammt	143 433	667 145	806 608	32 003	774 605

Während man bei den früheren Zählungen nur das Ziegenvieh im Allgemeinen zählte, ist im J. 1861 zum ersten Male zwischen Ziegenböcken und Ziegen unterschieden worden. Auf 24,2 Ziegen trifft im Durchschnitt 1 Ziegenbock.

VI. Die landwirthschaftliche Bevölkerung.

Bei der Zählung der landwirthschaftlichen Bevölkerung wurden zu verschiedenen Zeiten und seitens verschiedener Regierungen abweichende Grundsätze befolgt, so dass die in nachfolgender Darstellung angegebenen Zahlen nur mit Vorsicht benutzt werden dürfen. Dieselben beziehen sich gleich den meisten in diesem Abschnitt mitgetheilten auf das Jahr 1816 als erstes Zählungsjahr für den preussischen Staat in seinem nahezu gegenwärtigen Umfange, auf das Jahr 1858 als letztes Jahr, dessen Zählungsresultat festgestellt ist, und auf das Jahr 1861, dessen Ergebnisse noch einer endgiltigen Feststellung warten.

A. Die landwirthschaftlichen Unternehmer.

Im Jahre 1816 wurden gezählt:

	Eigenthümer, Erbpächter oder Erbzinsleute männl.	Eigenthümer, Erbpächter oder Erbzinsleute weibl.	Zeitpächter und andere Zeitbesitzer männl.	Zeitpächter und andere Zeitbesitzer weibl.
auf Gütern von mehr als 300 Morgen .	6 838	755	4 403	239
" " " 15—300 " .	301 012	16 724	63 725	2388
" " " weniger als 15 Morgen	457 918	31 942	58 715	3211

Von der Landwirthschaft lebten mithin als Haupt- oder Nebenerwerbszweig 937 863 selbständige Personen als Eigenthümer oder Pächter von Grundstücken, welche mit ihren Angehörigen eine Bevölkerung von etwa 4.800 000 Köpfen repräsentirten. Weinbauende Personen, Eigner und Pächter zusammen, wurden 23 410 gezählt.

Im Jahre 1858 lebten von der Landwirthschaft als Hauptgewerbe: 762 157 Eigenthümer von Gütern und Höfen, 33 218 Pächter oder andere selbständige Wirthschaftsführer von Gütern oder Höfen und 3.367 499 Frauen, Kinder und sonstige Angehörige der Eigenthümer und Pächter; als Nebengewerbe betrieben die Landwirthschaft 421 544 Landwirthe mit 1.560 635 Frauen, Kindern und sonstigen Angehörigen. Das giebt insgesammt 6.145 053 Personen. Als Kunst-, Gemüse-, Obst- und Blumengärtner und Tabakspflanzer sind 7331 Personen aufgeführt.

Im Jahre 1861 lebten von der Landwirthschaft 6.149 462 Personen, nämlich

	Eigenthümer	Pächter	Frauen, Kinder und Angehörige
als Hauptgewerbe	761 603	30 318	3.469 221
" Nebengewerbe	357 631	30 206	1.500 463

Wie sich die hier im Grossen und Ganzen angegebenen Verhältnisse innerhalb der einzelnen Landestheile darstellen, zeigen die Tabellen 99—101.

(99.) Regierungs-bezirke. — Provinzen.	Im Jahre 1816 lebten incl. der den Gütern selbst vorstehenden Personen weiblichen Geschlechts							Anzahl der gewerbsweise wein-bauenden Personen im Jahre 1816 (als Besitzer oder Pächter).
	als Eigenthümer, Erbpächter oder Erbzinsleute auf Gütern von			als Zeitpächter und andere Zeitbesitzer auf Gütern von			zusammen als selbständige Vorsteher von Gütern.	
	über 300 Morgen.	15—300 Morgen incl.	unter 15 Morgen.	über 300 Morgen.	15—300 Morgen incl.	unter 15 Morgen.		
Gumbinnen	251	29 824	4 622	68	1 040	232	36 037	—
Königsberg	716	23 050	6 780	341	4 236	306	35 429	—
Danzig	301	6 184	3 267	112	1 516	1 087	12 469	—
Marienwerder	479	10 760	4 650	658	7 373	1 977	25 897	—
Preussen	1747	69 818	19 319	1179	14 167	3 602	109 832	—
Bromberg	342	5 437	3 998	166	2 384	2 943	15 270	—
Posen	440	8 256	11 272	288	6 770	11 233	38 259	54
Posen	782	13 693	15 270	454	9 154	14 176	53 529	54
Köslin	367	5 284	3 213	414	5 829	1 659	16 766	—
Stettin	289	6 798	4 357	292	4 018	767	16 521	—
Stralsund	118	187	782	228	1 293	988	3 596	—
Pommern	774	12 269	8 352	934	11 140	3 414	36 883	—
Berlin	1	35	204	1	4	40	285	—
Potsdam	577	18 766	13 756	362	2 541	1 043	37 045	118
Frankfurt *)	626	22 921	26 921	274	1 933	1 314	53 989	406
Brandenburg	1204	41 722	40 881	637	4 478	2 397	91 319	524
Liegnitz	538	10 438	37 387	128	264	755	49 510	225
Reichenbach	258	9 804	27 656	55	117	585	38 475	—
Breslau	579	10 543	34 200	171	178	635	46 306	38
Oppeln	896	15 527	30 523	99	1 583	3 167	51 295	—
Schlesien *)	1771	46 312	129 766	453	2 142	5 142	185 586	263
Magdeburg	311	16 611	18 302	273	883	955	37 835	—
Merseburg	284	16 468	32 468	223	801	1 222	51 466	1 184
Erfurt	77	11 689	18 649	86	923	1 009	32 433	9
Sachsen	672	44 768	69 419	582	2 607	3 186	121 234	1 193
Minden	97	13 418	19 783	64	232	1 673	35 267	—
Münster	149	10 249	16 163	31	1 433	7 331	35 356	—
Arnsberg	126	15 090	25 372	58	1 400	2 977	45 023	—
Westfalen	372	38 757	61 318	153	3 065	11 981	115 646	—
Kleve-Düsseldorf	79	13 081	27 448	112	4 129	6 700	51 549	—
Köln	44	7 208	15 124	62	2 276	3 691	28 406	.
Aachen	29	7 977	27 188	29	1 424	8 219	39 866	1
Koblenz	17	9 762	44 906	12	1 002	1 921	57 650	13 915
Trier	102	12 369	30 869	28	499	2 497	46 364	7 466
Rheinland	271	50 397	145 535	243	9 360	18 028	223 834	21 382†)
Insgesammt	7593	317 736	489 860	4635	56 113	61 926	937 863	23 416†)

*) in damaliger Begrenzung.
†) ohne den Kölner Bezirk.

(100.) Regierungs-Bezirke. — Provinzen.	Im Jahre 1858 nährten sich vom Landbau					
	als Hauptgewerbe			als Nebengewerbe		gesammte Personenzahl der die Landwirthschaft im eigenem Besitz betreibenden Familien.
	Eigenthümer von Gütern oder Höfen.	Pächter oder andere selbständige Wirthschaftsführer von Gütern oder Höfen.	Frauen, Kinder und andere Angehörige der Eigenthümer, Pächter u. dergl.	Landwirthe.	Frauen, Kinder und andere Angehörige der Landwirthe.	
Gumbinnen	39 408	745	184 726	14 847	55 936	295 722
Königsberg	36 767	1 258	180 308	11 098	42 020	271 451
Danzig	16 055	1 041	77 558	4 827	16 658	115 639
Marienwerder	28 260	1 083	181 914	12 723	48 253	222 233
Preussen	120 860	4 127	574 598	42 985	162 867	905 645
Bromberg	23 725	726	109 539	3 265	12 698	149 953
Posen	45 948	1 384	210 079	11 225	43 382	312 018
Posen	69 673	2 110	319 618	14 490	56 080	461 971
Köslin	20 066	1 372	101 036	9 662	37 355	169 491
Stettin	17 216	798	84 099	14 847	54 348	171 308
Stralsund	1 582	1 045	9 586	4 230	12 757	29 200
Pommern	38 864	3 215	194 721	28 739	104 460	369 999
Berlin	77	11	292	35	97	512
Potsdam	27 192	935	139 401	25 019	99 751	292 298
Frankfurt	49 596	1 021	221 759	21 510	78 467	372 353
Brandenburg	76 865	1 967	361 452	46 564	178 315	665 163
Liegnitz	39 872	1 324	160 297	35 770	117 567	354 830
Breslau	55 271	1 194	215 580	24 685	92 598	409 328
Oppeln	55 301	1 525	256 982	30 996	129 848	474 652
Schlesien	150 444	4 043	632 859	91 451	340 013	1.228 810
Magdeburg	23 510	361	95 782	22 167	74 981	216 801
Merseburg	31 879	581	128 769	24 169	84 268	269 666
Erfurt	12 629	250	48 339	13 926	53 568	128 712
Sachsen	68 018	1 192	272 890	60 262	212 817	615 179
Minden	22 109	364	104 086	13 413	57 232	197 204
Münster	20 187	5 161	110 628	15 608	58 961	210 545
Arnsberg	21 510	683	97 658	18 932	76 900	215 683
Westfalen	63 806	6 208	312 372	47 953	193 093	623 432
Düsseldorf	32 063	4 797	138 482	15 441	57 106	247 879
Köln	24 442	2 764	103 532	14 590	52 192	197 523
Aachen	22 163	1 704	85 569	15 022	52 074	176 532
Koblenz	43 059	700	162 504	21 792	76 639	304 754
Trier	44 050	276	161 801	18 899	64 005	289 031
Sigmaringen	8 170	55	27 193	3 343	10 974	49 735
Rheinland	173 937	10 296	679 081	89 090	312 990	1.265 454
Insgesammt	762 157	33 118	3.367 499	421 544	1.560 635	6.145 053

(101.) Regierungs-bezirke. — Provinzen.	Nach den vorläufig festgestellten Resultaten der Zählung von 1861 leben von der Landwirthschaft als Hauptgewerbe: Eigenthümer.	Pächter.	Frauen, Kinder und Angehörige der Eigenthümer und Pächter.	als Nebengewerbe: Eigenthümer.	Pächter.	Frauen, Kinder und Angehörige der Eigenthümer und Pächter.	zusammen Personen mit landwirthschaftlichem Besitz.
Gumbinnen	40 456	231	186 108	13 170	598	49 389	290 052
Königsberg	34 973	1 356	172 051	11 206	643	45 856	266 145
Danzig	14 624	1 244	73 616	5 222	537	22 669	117 912
Marienwerder	28 112	676	142 755	13 158	866	57 996	243 763
Preussen	118 165	3 807	574 530	42 816	2 644	175 910	917 872
Bromberg	21 016	540	108 800	4 531	232	19 995	155 204
Posen	45 894	844	221 133	9 180	490	38 548	316 089
Posen	66 910	1 384	330 023	13 711	722	58 543	471 289
Köslin	20 157	1 464	104 879	8 032	781	35 507	170 820
Stettin	18 322	1 128	92 783	11 406	820	49 692	174 151
Stralsund	1 483	1 170	10 573	2 974	945	14 862	32 007
Pommern	39 962	3 762	208 235	22 412	2 546	100 061	376 978
Berlin	92	14	429	27	13	148	723
Potsdam	27 527	726	123 683	19 878	1 514	79 307	252 635
Frankfurt	46 471	793	208 191	19 005	1 156	79 580	355 196
Brandenburg	74 090	1 533	332 303	38 910	2 683	159 035	608 554
Liegnitz	48 822	887	191 490	26 993	1 429	94 795	364 413
Breslau	55 986	1 084	241 347	19 228	1 477	82 581	401 701
Oppeln	59 882	1 196	318 741	24 870	1 456	115 482	521 627
Schlesien	164 690	3 167	751 578	71 089	4 358	292 858	1.287 741
Magdeburg	22 879	513	91 663	20 020	1 333	74 063	211 871
Merseburg	30 291	493	132 401	17 661	689	72 788	254 323
Erfurt	12 180	187	50 272	12 557	434	47 135	122 765
Sachsen	65 350	1 193	274 236	50 238	2 456	194 886	588 359
Minden	22 228	765	107 356	9 996	2 872	52 494	195 671
Münster	19 243	5 846	114 040	13 292	4 533	71 580	228 534
Arnsberg	20 868	703	98 873	18 038	641	79 707	218 830
Westfalen	62 339	7 314	320 269	41 326	8 006	203 781	643 035
Düsseldorf	27 516	4 081	128 472	14 998	3 294	69 710	248 073
Köln	26 402	1 898	111 444	9 820	1 680	43 603	194 937
Aachen	20 673	1 422	88 041	11 220	1 129	48 448	171 183
Koblenz	43 446	550	161 397	19 954	451	76 277	302 075
Trier	43 318	183	162 033	18 450	316	67 607	291 907
Sigmaringen	8 440	54	28 660	2 687	10	9 654	49 505
Rheinland	169 997	8 188	678 047	77 129	6 880	315 389	1.255 630
Insgesammt	761 563	30 348	3.469 721	357 631	30 296	1.500 463	6.149 472

B. Das Hilfspersonal der Landwirthschaft.

Die statistische Tabelle über das Jahr 1816 führt folgende Rubriken auf:

1) Gehülfen und Lehrlinge bei der Landwirthschaft: männlichen Geschlechts als Administratoren, Verwalter, Schreiber u. s. w. 12 623, weiblichen Geschlechts als Wirthschafterinnen, Ausgeberinnen u. s. w. 10 418;
2) Domestiken zum Betriebe der Landwirthschaft »oder anderer Gewerbe«: männlichen Geschlechts als Knechte und Jungen 454 681, weiblichen Geschlechts als Mägde und Mädchen 532 788;
3) Schafmeister 15 563, deren Gehilfen und Knechte 20 482;
4) Pferde- und Viehcastrirer, auch Schweineschneider 478.

Da von sämmtlichen »Knechten und Jungen« im Jahre 1858 nur 9,76 und von sämmtlichen »Mädchen und Mägden« 18,67 % nicht im Dienste der Landwirthschaft standen, so lässt sich vermuthen, dass in jener früheren Zeit, wo die Industrie weniger umfangreich war als heutzutage, der Antheil der Landwirthschaft an den als Domestiken aufgeführten Personen mindestens 90 resp. 80 % betrug. Mangels bestimmter Zahlen über dies Verhältniss muss jedoch auf die Hineinziehung der Domestiken in die Liste der landwirthschaftlichen Bevölkerung verzichtet werden.

Im Jahre 1858 ernährten sich in dienender Eigenschaft von der Landwirthschaft

	als Hauptgewerbe		als Nebengewerbe	
	männl.	weibl.	männl.	weibl.
Knechte, Jungen und Mägde	508 548	442 773	50 419	72 332
Tagelöhner u. Handarbeiter	397 020	367 222	38 815	34 732

zusammen 1.911 861 Personen. Die Gärtner aller Art hatten 3730 Gehilfen und Lehrlinge. Kammerjäger und Viehcastrirer wurden 615 gezählt.

Nach den vorläufigen Resultaten der Zählung von 1861 betrug das Hilfspersonal und Gesinde der Landwirthschaft:

	männl. Geschlechts	weibl. Geschlechts
Inspectoren, Verwalter, Aufseher und Wirthschafterinnen	32 649	13 745
Knechte, Jungen und Mägde	558 424	500 500
Tagelöhner	574 934	565 704

insgesammt 2.245 050 Personen.

Die Tabellen 102 und 103 enthalten die Details für 1858 und 1861.

Vergleicht man die Anzahl der Unternehmer (Eigenthümer und Pächter) mit der Anzahl des Hilfspersonals und Gesindes: so findet man auf je einen der ersteren in den Regierungsbezirken

Gumbinnen	2,38	Gehilfen,	Oppeln	1,49	Gehilfen,
Königsberg	3,73	»	Magdeburg	2,04	»
Danzig	3,07	»	Merseburg	1,93	»
Marienwerder	2,79	»	Erfurt	1,24	»
Bromberg	3,30	»	Minden	1,74	»
Posen	2,81	»	Münster	1,12	»
Köslin	2,82	»	Arnsberg	1,16	»
Stettin	2,98	»	Düsseldorf	1,38	»
Stralsund	5,10	»	Köln	1,04	»
Berlin	3,22	»	Aachen	0,82	»
Potsdam	2,58	»	Koblenz	0,49	»
Frankfurt	1,99	»	Trier	0,50	»
Liegnitz	1,39	»	Sigmaringen	0,41	»
Breslau	2,08	»	im ganzen Staat durchschnittlich 1,96.		

(102.) Regierungsbezirke. — Provinzen.	Im Jahre 1858 nährten sich in dienendem Verhältnisse vom Landbau als Hauptgewerbe: Knechte und Jungen	Mägde	Tagelöhner und Handarbeiter: männl.	Tagelöhner und Handarbeiter: weibl.	als Nebengewerbe: Knechte und Jungen	Mägde	Tagelöhner u. Handarbeiter: männl.	Tagelöhner u. Handarbeiter: weibl.	Insgesammt.
Gumbinnen	33 562	25 565	21 341	22 093	4 111	3 936	2 140	[illegible]	114 850
Königsberg	41 730	33 307	43 018	41 585	2 473	2 920	2 869	3 117	171 089
Danzig	13 915	11 222	20 319	16 894	742	855	390	[illegible]	64 637
Marienwerder	25 638	17 213	28 256	27 735	1 514	1 519	961	[illegible]	108 718
Preussen	114 863	87 307	112 934	108 307	8 840	9 230	6 360	[illegible]	454 244
Bromberg	21 724	15 742	18 725	16 627	788	793	365	319	75 078
Posen	36 993	28 214	33 885	31 334	3 052	3 289	1 052	1 127	138 947
Posen	58 717	43 956	52 610	47 957	3 840	4 082	1 417	[illegible]	214 025
Köslin	15 441	10 832	22 898	22 507	1 688	1 635	1 291	928	77 210
Stettin	17 981	12 753	17 959	17 886	1 779	2 110	1 026	1 019	72 507
Stralsund	8 164	6 701	8 460	7 376	497	637	157	117	32 109
Pommern	41 586	30 286	49 317	47 769	3 955	4 388	2 464	2 061	181 826
Berlin	157	103	87	38	27	22	7	5	444
Potsdam	30 563	22 246	18 904	20 137	2 203	3 121	811	686	98 671
Frankfurt	27 219	21 179	20 463	20 859	1 924	3 073	798	826	96 341
Brandenburg	57 939	43 528	39 454	41 034	4 154	6 216	1 616	1 518	195 456
Liegnitz	32 066	28 676	12 252	12 048	2 283	4 395	1 466	1 261	94 447
Breslau	42 939	37 304	19 193	21 568	2 843	5 626	1 707	1 724	132 998
Oppeln	26 083	28 345	18 394	19 940	4 519	7 166	3 451	3 452	111 856
Schlesien	101 138	94 325	49 839	53 562	9 685	17 187	6 624	6 441	338 801
Magdeburg	22 400	16 637	14 940	12 499	1 891	2 948	2 651	2 595	76 681
Merseburg	18 701	20 037	15 374	13 992	2 019	4 065	3 280	3 202	80 670
Erfurt	4 046	5 247	6 906	6 280	683	1 573	2 111	2 058	28 904
Sachsen	45 147	41 981	37 220	32 771	4 593	8 586	8 042	7 855	186 195
Minden	9 083	9 616	13 000	11 009	1 289	1 868	2 371	1 921	50 157
Münster	14 675	17 740	4 662	3 238	1 937	3 110	1 283	843	47 489
Arnsberg	14 677	17 914	4 422	2 901	2 877	5 068	1 205	972	50 036
Westfalen	38 435	45 270	22 084	17 148	6 103	10 046	4 859	3 736	147 683
Düsseldorf	20 577	20 867	12 266	6 048	3 308	4 272	2 144	1 200	70 677
Köln	9 425	10 908	6 779	3 007	1 726	2 160	1 126	696	35 889
Aachen	7 429	7 442	4 563	2 457	1 446	1 792	1 315	963	27 407
Koblenz	5 556	8 207	4 270	2 881	1 480	2 301	1 106	989	26 850
Trier	6 238	7 284	5 301	4 019	1 000	1 696	1 570	1 253	28 370
Sigmaringen	1 498	1 202	383	261	285	379	172	172	4 439
Rheinland	50 723	56 120	33 562	18 673	9 249	12 697	7 433	5 375	193 632
Insgesammt	508 548	442 773	397 020	367 222	50 419	72 332	38 815	34 732	1 911 861

(103.) Regierungs-bezirke. — Provinzen.	Hülfspersonal und Gesinde der Landwirthschaft nach den vorläufig festgestellten Resultaten der Zählung von 1861.						
	Inspectoren, Verwalter und Aufseher.	Wirthschafterinnen.	Knechte und Jungen.	Mägde.	Tagelöhner männliche.	Tagelöhner weibliche.	Zusammen.
Gumbinnen	1 279	751	33 285	25 025	37 554	41 087	138 981
Königsberg	2 209	1 133	42 339	31 967	50 770	51 528	179 946
Danzig	903	504	15 204	12 972	28 222	25 747	83 612
Marienwerder	2 126	946	28 712	19 298	34 913	33 930	119 925
Preussen	6 517	3 384	119 520	89 262	151 459	152 292	522 444
Bromberg	1 850	649	23 748	16 152	22 204	22 166	86 762
Posen	3 856	1 013	43 553	33 510	39 251	37 081	158 264
Posen	5 706	1 655	67 301	49 662	61 455	59 247	245 026
Köslin	1 575	757	17 442	13 246	26 376	26 428	85 824
Stettin	1 608	795	21 000	15 928	27 531	27 532	94 400
Stralsund	785	501	8 698	6 777	9 781	8 958	35 500
Pommern	3 968	2 053	47 146	35 951	63 688	62 918	215 724
Berlin	9	6	188	127	96	44	470
Potsdam	1 982	998	33 871	26 146	31 230	33 717	127 944
Frankfurt	2 445	803	30 794	24 518	34 906	40 361	133 827
Brandenburg	4 436	1 807	64 853	50 791	66 232	74 122	262 241
Liegnitz	1 880	625	36 346	34 652	23 494	27 364	124 361
Breslau	3 299	819	46 892	40 985	31 710	38 195	161 900
Oppeln	2 591	476	29 640	31 601	31 077	34 456	129 841
Schlesien	7 770	1 920	112 878	107 238	86 281	100 015	416 102
Magdeburg	1 512	716	23 616	18 234	23 635	24 014	91 727
Merseburg	1 871	777	20 153	23 128	23 990	25 179	94 598
Erfurt	272	211	4 555	6 608	9 612	10 293	31 451
Sachsen	3 155	1 704	48 324	47 970	57 237	59 486	217 776
Minden	282	205	10 883	12 237	20 668	18 000	62 275
Münster	97	130	15 691	20 098	7 860	4 258	48 134
Arnsberg	163	178	15 106	20 333	6 841	4 125	46 746
Westfalen	542	513	41 680	52 668	35 369	26 383	157 157
Düsseldorf	188	302	22 834	24 722	16 060	7 748	71 854
Köln	178	217	10 887	13 069	11 733	5 601	41 675
Aachen	88	104	8 442	8 664	7 268	3 859	28 425
Koblenz	42	34	6 363	10 450	8 795	6 029	31 713
Trier	55	31	6 538	8 500	8 753	7 363	31 240
Sigmaringen	4	11	1 656	1 663	604	641	4 579
Rheinland	555	699	56 720	67 068	53 213	31 241	209 496
Insgesammt	32 649	13 745	558 424	500 500	574 934	565 704	2 245 956

C. Die Gesammtheit der landwirthschaftlichen Bevölkerung.

Aus den unter *A.* und *B.* aufgezählten Rubriken setzt sich die landwirthschaftliche Bevölkerung zusammen. Mangels Vergleichbarkeit der Angaben über das Jahr 1816 und alle späteren bis 1846 mit denen der neuesten Zeit konnte auf jene nicht zurückrgangen werden; daher wurden, um eine Parallele mit vergangenen Zuständen zu ziehen, in Tabelle 104 die Zählungsresultate von 1849 neben die von 1858 und 1861 gestellt.

(104.) Regierungs-bezirke. — Provinzen.	Landwirthschaftliche Bevölkerung 1849		Landwirthschaftliche Bevölkerung 1858		Vorläufiges Ergebniss der Zählung von 1861.			
					Civilbevölkerung	Gesammtbevölkerung	Landwirthschaftliche Bevölkerung	
	Köpfe.	Procent der gesammten Bev.	Köpfe.	Procent der gesammten Bev.	Köpfe.			Procent der gesammten Bev.
Gumbinnen....	440 562	73,4	410 572	61,2	691 704	695 522	429 013	61,7
Königsberg ...	537 880	63,6	442 400	47,2	972 027	982 894	448 081	45,4
Danzig	217 807	53,7	180 276	39,7	464 104	475 570	201 524	42,4
Marienwerder .	350 361	56,4	325 951	47,8	706 148	712 831	303 688	51,0
Preussen ...	1.546 120	62,2	1.359 289	49,6	2.833 983	2.866 817	1.440 316	50,3
Bromberg......	290 907	64,0	225 031	45,1	516 075	522 100	241 966	46,3
Posen..........	481 547	53,7	450 965	49,1	959 707	972 519	474 353	49,6
Posen.......	772 454	57,1	675 996	47,7	1.476 682	1.494 628	716 319	47,9
Köslin.........	297 568	66,3	246 701	49,2	518 915	524 108	256 044	49,6
Stettin	318 900	56,7	248 815	39,1	642 395	654 007	268 551	41,0
Stralsund	83 509	44,8	61 309	30,3	207 659	210 608	67 507	32,0
Pommern...	700 037	58,4	551 825	41,5	1.368 969	1.388 738	592 762	42,6
Berlin..........	539	0,1	956	0,2	524 945	547 571	1 193	0,2
Potsdam.......	350 685	42,2	390 969	41,9	925 849	947 034	380 579	40,2
Frankfurt......	447 751	52,1	468 694	50,0	961 423	973 154	489 023	50,2
Brandenburg	804 955	37,6	860 619	35,9	2.412 057	2.467 759	870 795	35,3
Liegnitz	412 705	44,8	449 277	47,7	945 161	956 892	488 774	51,1
Breslau........	542 209	46,3	542 326	43,4	1.278 064	1.295 959	563 601	43,6
Oppeln	568 503	58,9	586 008	54,4	1.120 270	1.137 844	651 468	57,3
Schlesien ..	1.523 417	49,8	1.577 611	48,3	3.349 495	3.390 695	1.703 843	50,3
Magdeburg....	295 486	42,7	293 422	39,1	760 630	779 754	302 998	38,9
Merseburg	350 475	47,2	350 336	43,6	820 278	831 968	348.921	41,9
Erfurt..........	148 184	42,7	157 616	44,5	359 093	364 696	154 216	42,3
Sachsen....	794 145	44,0	801 374	42,0	1.946 003	1.976 417	806 135	40,8
Minden........	255 405	55,1	247 361	53,7	466 115	478 093	257 946	54,5
Münster	240 307	60,4	258 044	60,6	437 029	442 400	276 008	62,5
Arnsberg	253 177	41,7	265 719	39,6	701 446	703 523	265 578	37,7
Westfalen ..	788 889	53,0	771 114	49,2	1.604 590	1.619 027	800 192	49,4
Düsseldorf	312 042	34,6	318 550	30,0	1.104 928	1.115 365	317 927	28,5
Köln...........	209 087	58,2	243 412	42,8	557 400	567 058	236 612	41,7
Aachen........	198 216	48,2	209 939	45,7	454 977	458 746	199 568	43,5
Koblenz	341 616	67,9	331 604	64,0	521 100	529 920	333 768	63,0
Trier	315 797	64,2	317 401	60,7	537 194	544 262	323 147	59,4
Sigmaringen...	.	.	54 174	83,7	64 422	64 675	54 084	83,6
Rheinland ..	1.437 978	50,3	1.459 088	46,1	3.240 110	*) 3.285 324	1.465 116	44,5
Insgesammt	8.367 995	51,2	8.056 914	45,4	18.231 889	18.500 406	8.395 418	45,4

*) incl. 14 720 Köpfe in ausserpreussischen Plätzen.

Tabelle 105 enthält diejenigen Gewerbe, welche mit den Specialzweigen der Gärtnerei und der Viehzucht in nahem Zusammenhange stehen, besonders.

(105.) Regierungsbezirke. — Provinzen.	Im Jahre 1816 wurden gezählt			Im Jahre 1858 wurden gezählt		
	Pferde- und Viehcastrirer, auch Schweineschneider.	Schäfer.		Kammerjäger und Viehcastrirer.	Gärtner aller Art: Kunst-, Gemüse-, Obst-, Blumengärtner und Tabakspflanzer	
		Schafmeister	Gehilfen und Knechte		Unternehmer.	Gehilfen und Lehrlinge.
Gumbinnen	22	48	80	8	27	35
Königsberg	30	158	253	23	285	327
Danzig	7	81	151	8	67	48
Marienwerder	12	746	656	19	129	101
Preussen	71	1 033	1 340	58	508	511
Bromberg	13	979	816	10	136	84
Posen	11	1 682	2 185	8	379	152
Posen	24	2 661	3 001	18	515	236
Köslin	8	544	840	27	77	77
Stettin	14	723	1 308	25	194	115
Stralsund	9	314	492	8	60	34
Pommern	31	1 581	2 640	60	331	226
Berlin	1	4	6	11	298	341
Potsdam	29	1 045	1 713	27	737	333
Frankfurt	27	1 396	2 388	22	127	67
Brandenburg	57	2 445	4 107	60	1162	741
Liegnitz	14	737	1 585	32	347	132
Reichenbach	10	486	863	—	—	—
Breslau	25	1 239	1 814	64	475	229
Oppeln	14	800	630	14	223	81
Schlesien	63	3 262	4 898	110	1045	442
Magdeburg	35	651	1 282	36	519	544
Merseburg	55	1 711	1 583	50	469	163
Erfurt	20	498	505	29	259	125
Sachsen	110	2 860	3 370	115	1247	832
Minden	11	281	255	12	68	21
Münster	6	74	82	12	126	73
Arnsberg	22	461	204	82	156	80
Westfalen	39	816	541	106	340	174
Kleve-Düsseldorf	17	85	81	17	1065	175
Köln	9	84	82	12	594	232
Aachen	13	195	150	14	182	78
Koblenz	24	247	243	14	154	33
Trier	20	274	27	31	179	49
Sigmaringen	.	.	.	—	9	1
Rheinland	83	885	585	88	2183	568
Insgesammt	478	16 563	20 482	615	7331	3730

VII. Beförderungs- und Unterstützungsmittel der Landwirthschaft.

Nach den Voranschlägen für den Staatshaushalt sind zu Zwecken der Förderung der landwirthschaftlichen Gewerbe im preussischen Staate für die Jahre 1857—1862 die in nachstehender Tabelle angegebenen Summen angewiesen worden.

(106.) Etatspositionen.	Zu berichtigende Reste aus 1856	Veranlagungen der Staatshaushaltsetats					
		1857	1858	1859	1860	1861	1862[4])
	Thlr	Thlr	Thlr	Thlr	Thlr	Thlr	Thlr
a. Ordentliche Ausgaben der landwirthschaftlichen Verwaltung.							
1. Ministerium für die landwirthschaftlichen Angelegenheiten: persönliche Ausgaben	—	35 999	35 999	38 899	41 189	44 040	46 250
2. dgl. sächliche "	—	5 700	5 700	5 700	7 100	7 800	8 200
3. Landes-Oekonomie-Collegium[1]): persönliche Ausgaben	—	7 300	7 300	8 100	—	—	—
4. dgl. sächliche "	—	4 675	4 675	6 275	—	—	—
5. Revisionscollegium für Landesculturbsachen: persönliche Ausgaben	—	23 600	23 900	25 500	25 500	25 850	25 850
6. dgl. sächliche "	—	1 500	1 260	1 260	1 260	1 260	1 260
7. Auseinandersetzungs-Behörden: persönliche Ausgaben	2 550	295 691	298 200	305 520	300 674	297 586	301 048
8. dgl. sächliche "	—	30 450	31 165	31 165	30 825	30 535	30 315
9. " durchlaufende "	5 862	797 784	881 794	877 749	814 370	797 633	733 355
10. Rentenbanken[2])	6 103	159 119	161 419	163 049	—	—	—
11. Zur Förderung der Landcultur	22 101	94 393	93 859	95 339	99 084	57 364	63 569
12. dgl. der Pferdezucht ..	490	24 200	24 200	24 200	24 200	24 200	24 200
13. Deichwesen	5 041	39 917	39 917	45 117	44 997	45 357	45 357
14. Verwaltung des Stammschäfereiguts Frankenfelde[3])	—	—	—	—	13 652	14 560	—
zusammen	41 146	1.520 328	1.609 388	1.672 873	1.402 841	1.387 838	1.324 697
b. Ordentliche Ausgaben der Gestütverwaltung.							
1. Hauptgestüte und Trainiranstalt	—	158 028	190 443	190 593	199 330	183 070	186 770
2. Landgestüte	—	175 168	211 682	212 182	227 700	228 91[illegible]	228 210
3. Gestütwirthschaften ...	—	76 231	175 253	175 253	162 390	121 65[illegible]	116 220
4. Centralverwaltung	34 981	42 491	60 765	60 765	60 800	62 2[illegible]	61 800
zusammen	34 981	451 918	638 143	638 793	650 280	595 840	593 000

[1]) Die Ausgaben für diese Behörde erscheinen von 1860 ab unter den Ausgaben „zur Förderung der Landcultur". — [2]) Von 1860 ab unter dem Etat des Finanzministeriums ausgewiesen. — [3]) Mit dem Jahre 1860 ward die Verwaltung gänzlich für Rechnung der Staatscasse geführt, ging jedoch von Johannis 1861 ihrer geringen Ergiebigkeit halber auf die Domainenverwaltung über. — [4]) Der besseren Vergleichung halber ohne Rücksicht auf die grössere Specialisirung.

(Forts. zu 106.) Etatspositionen.	Zu berichtigende Reste aus 1856 Thlr	Veranlagungen der Staatshaushaltsetats 1857 Thlr	1858 Thlr	1859 Thlr	1860 Thlr	1861 Thlr	1862 Thlr
c. Einmalige und ausserordentliche Ausgaben							
1. der landwirthschaftlichen Verwaltung	32 577	221 655	192 029	360 000	175 000	234 000	204 622
2. der Gestütverwaltung	—	20 000	78 000	76 000	28 000	15 000	8 000
zusammen	32 577	241 655	270 029	436 000	203 000	249 000	212 622
d. Ausgaben für die hohenzollernschen Lande	481	2 000	2 520	2 520	2 520	6 637	9 551
Gesammte Ausgaben	109 185	2.215 901	2.529 060	2.700 166	2.258 641	2.212 512	2.140 070
Davon gehen folgende **Einnahmen** ab:							
1. Kosteneinnahmen der Auseinandersetzungs-Behörden	64 285	854 479	1.041 388	1.041 388	972 823	959 358	892 770
2. Sonstige Einnahmen d. landwirthschaftlichen Verwaltung		8 814	8 806	8 806	19 210	20 324	2 764
3. Hauptgestüte und Trainiranstalt	—	104 842	136 392	136 392	134 900	120 050	118 280
4. Landgestüte	—	60 390	108 484	108 484	105 300	110 810	115 650
5. Gestütwirthschaften	2 262	85 112	191 412	191 412	177 400	131 750	129 390
zusammen	48 546	1.213 637	1.486 482	1.486 482	1.409 633	1.342 292	1.258 854
Mithin bleiben **Zuschuss des Staates**	60 639	1.002 264	1.033 598	1.213 704	848 948	900 220	882 216

Die **einmaligen** und ausserordentlichen Ausgaben der **landwirthschaftlichen** Verwaltung, deren Beträge in obiger Tabelle stehen, sind folgende:

Reste aus 1856:

1. zur Ausführung von Meliorationen und Deichbauten und zu den erforderlichen Vorarbeiten, ingleichen zu Verwaltungskosten zur Disposition des Ministeriums 3726 Thlr
2. zur Förderung der Waldcultur in der Eifel 1399 Thlr
3. zur Dotirung des Kösliner Meliorationsfonds 16 000 Thlr
4. zur ersten Einrichtung der höheren landwirthschaftlichen Lehranstalt zu Waldau bei Königsberg 11 453 Thlr

1857:
1. zur Ausführung von Meliorationen und Deichbauten 150 000 Thlr
2. zur Förderung der Wald- und Wiesenculturen in der Eifel 10 000 Thlr
3. zur Dotirung des Kösliner Meliorationsfonds 40 000 Thlr
4. zur Bestreitung der Mehrausgaben für die Bauausführungen behufs Einrichtung der höheren landwirthschaftlichen Lehranstalt zu Waldau 14 455 Thlr
5. für die Ausfertigung einer neuen Serie Zinscupons zu den bisher ausgehändigten Rentenbriefen 7200 Thlr

1858: 1. zur Ausführung von Meliorationen und Deichbauten 150 000 Thlr.
2. zur Dotirung des Kösliner Meliorationsfonds 24 209 Thlr.
3. zur Förderung der Culturen in der Eifel 10 000 Thlr.
4. zur Erweiterung und baulichen Einrichtung des Geschäftslocals der Berliner Generalcommission 7820 Thlr.

1859: 1. zur Ausführung von Meliorationen und Deichbauten 250 000 Thlr.
2. dem Verbande zur Regulirung der Notte im Regierungsbezirk Potsdam als Staatsdarlehn 100 000 Thlr.
3. zur Förderung der Wald- und Wiesenculturen in der Eifel 10 000 Thlr.

1860: 1. zur Ausführung von Meliorationen und Deichbauten 150 000 Thlr.
2. zur Förderung der Wald- und Wiesenculturen in der Eifel 10 000 Thlr.
3. zur Vollendung der ersten Einrichtung der höheren Lehranstalt zu Waldau 15 000 Thlr.

1861: 1. zur Ausführung von Meliorationen und Deichbauten 150 000 Thlr.
2. zur Förderung der Wald- und Wiesenculturen in der Eifel 10 000 Thlr.
3. zum Neubau zweier Wohngebäude für die Lehrer an der Staats- und landwirthschaftlichen Akademie zu Eldena 15 000 Thlr.
4. zum Ankauf des Gutes Annaberg für die landwirthschaftliche Akademie zu Poppelsdorf und zur Herstellung eines Wirthschaftshofes 13 000 Thlr.
5. zu verschiedenen Bauten auf dem Wirthschaftshofe der landwirthschaftlichen Akademie zu Waldau 20 000 Thlr.
6. zur Deckung der Mehrausgaben für die in der Elbinger Wasserbau-Inspection im Jahre 1860 ausgeführten fiscalischen Deich- und Uferbauten 26 000 Thlr.

1862: 1. zur Ausführung von Meliorationen und Deichbauten 150 000 Thlr.
2. zur Förderung der Wald- und Wiesenculturen in der Eifel 10 000 Thlr.
3. zur Vollendung des Neubaues zweier Wohngebäude für die Lehrer an der Akademie zu Eldena 6142 Thlr.
4. zum Ankauf des Gutes Annaberg und zur Einrichtung einer grösseren Gutswirthschaft 17 000 Thlr.
5. zur Ergänzung der Wirthschafts- und Lehrgebäude zu Waldau 16 530 Thlr.
6. zur Wiederherstellung des Daches auf dem Lehrer-Wohngebäude der landwirthschaftlichen Akademie zu Proskau 2950 Thlr.

Hierzu treten die einmaligen und ausserordentlichen Ausgaben der G e s t ü t v e r w a l t u n g mit nachstehenden Beträgen.

1857: Zuschuss zu den Kosten des Neubaues eines Brennereigebäudes auf dem Gestütwirthschaftsamte Kreyschau 20 000 Thlr.

1858: zur Deckung der Mehrausgabe für Fourage in Folge der hohen, die Etatssätze überschreitenden Preise 78 000 Thlr.

1859: 1. zur Bestreitung von Kosten für grössere Bauten der Gestütverwaltung 26 000 Thlr.
2. zur Deckung von Einnahme-Ausfällen bei den Gestütwirthschaftsämtern in Folge der ungünstigen Ernte des vorigen Jahres 50 000 Thlr.

1860: zur Bestreitung der Kosten für grössere Bauten der Gestütverwaltung 28 000 Thlr.

1861: zur Bestreitung der Kosten für aussergewöhnliche Bauten der Gestütverwaltung 15 000 Thlr.

1862: desgl. 8 000 Thlr.

Die **wirklichen Ausgaben** mit Einschluss der Restverwaltung stellten sich laut den allgemeinen Rechnungen über den Staatshaushalt während der Jahre 1857—60, wie folgt:

(107.)

Etatspositionen.	Wirkliche Gebarung incl. der Restverwaltung aus den Vorjahren				Zu berichtigen (resp. einzuziehen) blieben beim Abschluss von 1860
	1857 Thlr	1858 Thlr	1859 Thlr	1860 Thlr	Thlr
a. **Ordentliche Ausgaben der landwirthschaftlichen Verwaltung.**					
1. Ministerium für die landwirthschaftlichen Angelegenheiten: persönliche Ausgaben	32 141	35 980	40 961	42 120	—
2. dgl. sächliche "	5 753	6 850	7 903	9 138	—
3. Landes-Oekonomie-Collegium: persönliche Ausgaben	7 300	5 331	2 819	—	—
4. dgl. sächliche "	4 675	4 675	4 675	—	—
5. Revisionscollegium für Landesculturaachen: persönliche Ausgaben	25 553	25 825	25 817	25 500	—
6. dgl. sächliche "	2 074	1 319	1 303	1 260	—
7. Auseinandersetzungs-Behörden: persönliche Ausgaben	283 294	296 470	302 104	298 839	589
8. dgl. sächliche "	31 473	31 647	30 612	29 475	35
9. " durchlaufende "	937 205	897 692	884 825	827 969	2 327
10. Rentenbanken	151 319	155 649	156 436	4 646	—
11. Zur Förderung der Landcultur	89 049	113 501	108 196	101 990	1 085
12. " " " Pferdezucht	24 695	24 080	23 345	24 763	515
13. Deichwesen	71 704	32 377	44 331	55 908	1 083
14. Verwaltung des Stammschäfereiguts Frankenfelde	—	—	—	18 753	3 740
zusammen	1.676 233	1.631 706	1.633 390	1.440 359	9 374
b. **Ordentliche Ausgaben der Gestütverwaltung.**					
1. Hauptgestüte und Trainiranstalt	185 145	226 207	183 435	180 179	3 960
2. Landgestüte	217 098	236 939	216 152	205 286	88
3. Gestütwirthschaften	123 479	165 307	174 711	149 542	3
4. Centralverwaltung	57 917	72 435	41 291	75 938	31 602
5. Zur Erhöhung des Betriebsfonds auf 80 000 Thlr	9 688	—	—	—	—
zusammen	593 328	647 985	615 590	610 945	35 713
c. **Einmalige und ausserordentliche Ausgaben**					
1. der landwirthschaftlichen Verwaltung	197 758	196 922	364 763	191 521	34 646
2. der Gestütverwaltung	20 000	54 079	10 240	8 525	35 233
zusammen	217 758	251 001	375 003	200 046	69 879
d. **Ausgaben für die hohenzollerschen Lande**	2 081	2 654	2 382	4 674	514
Gesammte Ausgaben	2.489 400	2.553 346	2.626 365	2.256 227	115 479
Davon gehen folgende **Einnahmen** ab:					
1. Kosteneinnahmen der Auseinandersetzungs-Behörden	1.095 292	1.069 410	1.043 274	981 883	1 726
2. Sonstige Einnahmen der landwirthschaftlichen Verwaltung	11 947	11 942	8 650	24 385	42 303
3. Hauptgestüte und Trainiranstalt	127 450	137 705	128 641	130 709	9 100
4. Landgestüte	120 884	113 149	102 236	113 404	—
5. Gestütwirthschaften	162 640	175 058	120 934	167 085	627
zusammen	1.518 222	1.497 324	1.403 735	1.418 157	53 816
Mithin blieben **Zuschuss des Staates**	971 178	1.056 022	1.222 610	838 070	61 663

Rechnet man die Ausgaben für Rentenbanken auch seit der Zeit, wo dieselben ein Capitel in der Verwaltung des Finanzministeriums bilden, hinzu: so betragen die Zuschüsse des Staates zur Förderung der Landwirthschaft:

	1857	1858	1859	1860	1861	1862
effectiv . . . . Thlr.	971 178	1.056 022	1.222 610	985 214	.	.
nach den Voranschlägen .	1.002 264	1.033 598	1.218 704	1.012 948	1.058 420	1.036 566

Es befinden sich nicht darunter: die Ausgaben der Domänen- und Forstverwaltung, die Ausgaben für die Thierarzneischule und die thierärztliche Verwaltung überhaupt. Dagegen sind Ausgaben für Waldcultur und Fischzucht mit eingerechnet.

A. Landwirthschaftliche Centralbehörden.

Laut Publicandum vom 16. December 1808 gehörten landwirthschaftliche Angelegenheiten früher zum Ressort der Section für Gewerbepolizei im Ministerium des Innern, gingen laut Bekanntmachung vom 17. Jan. 1838 zum Ministerium des Innern und der Polizei und gemäss dem Allerhöchsten Erlass vom 17. April 1848 zum Ministerium für Handel, Gewerbe und öffentliche Arbeiten über. Unterm 25. Juni 1848 wurde ein besonderes **Ministerium für landwirthschaftliche Angelegenheiten** errichtet, demselben am 11. August 1848 die bisher dem Obermarstallamt obliegende Leitung des Gestütwesens, am 22. Juni 1849 die Mitberathung veterinärpolizeilicher Angelegenheiten, am 26. Nov. 1849 die Bearbeitung des Deichwesens, am 2. März 1850 die Mitaufsicht über die Rentenbanken, am 7. März 1850 die Ausführung des Jagdpolizei-Gesetzes übertragen. Von besoldeten Ministerialbeamten sind vorhanden: 1 Minister, 6 Räthe, 1 Generalsecretär des Landes-Oekonomie-Collegiums, 5 Geheime expedirende Secretäre und Calculatoren, 3 Geheime Registratoren (welche jährlich etwa 14 000 Nummern bearbeiten), 1 Geheimer Kanzlei-Inspector, 4 Geheime Kanzleisecretäre, 5 Kanzleidiener und 1 Portier; zusammen 27 Personen. Im Staatshaushalts-Etat für 1862 sind angesetzt: für Besoldungen 41 450, andere persönliche Ausgaben 4800, sächliche Ausgaben 7000, zur Unterhaltung des Dienstgebäudes und der Mobilien 1200 Thlr.

Nach dem Edict vom 14. Sept. 1811 zur Beförderung der Landcultur sollten erfahrene und praktische Landwirthe in grösseren und kleineren Districten zu landwirthschaftlichen Gesellschaften zusammentreten und diese letzteren durch ein in Berlin zu errichtendes Centralbureau unter sich und mit den obersten Staatsbehörden in Verbindung gesetzt werden. Ein besonderes Collegium in jedem Regierungs-Departement sollte die Landesökonomie und Cultur ausschliesslich bearbeiten; diese Collegien wurden am 30. April 1815 wieder aufgehoben. Mittels Allerhöchster Cabinetsordre vom 16. Januar 1842 wurde die Errichtung eines dem Ministerium des Innern, später dem für landwirthschaftliche Angelegenheiten untergeordneten **Landes-Oekonomie-Collegiums** befohlen, und nach dessen Bildung erging unterm 25. März 1842 das Regulativ für diese Behörde. Ihre Bestimmung war: 1) als technische Deputation in landwirthschaftlichen Angelegenheiten und als Organ zur Ausführung der Aufträge des Ministeriums zu dienen; 2) die landwirthschaftlichen Vereine in ihrer gemeinnützigen Thätigkeit zu unterstützen, ihre Wirksamkeit zu befördern und ihre Verbindung unter einander und mit den Staatsbehörden zu vermitteln. Am 24. Juni 1859 erliess der Minister für die landwirthschaftlichen Angelegenheiten unter Aufhebung des ersten ein revidirtes Regulativ, demzufolge das Collegium als Centralstelle für die landwirthschaftliche Technik der Monarchie die Bestimmung hat: den Minister als technische Deputation zu unterstützen, ihn von den vorwaltenden landwirthschaftlichen Zuständen der Provinzen in steter Kenntniss zu erhalten, über technische Fragen das verlangte Gutachten zu erstatten und aus eigener Bewegung Vorschläge und Anträge im Interesse der Landescultur einzubringen. In Folge dieser Umbildung fiel der administrative Theil der Aufgaben des Collegiums dem Ministerium zu, wurde eine engere Verbindung zwischen diesem und dem Collegium herbeigeführt und innerhalb des letzteren das praktische Element durch Vertreter aller Provinzen verstärkt. Der Vorsitzende dieser Centralstelle, der Generalsecretär, die ordentlichen Mitglieder — Räthe der Ministerien, welche die landwirthschaftlichen und gewerblichen Angelegenheiten bearbeiten, Gelehrte aus dem Gebiet der staatswirthschaftlichen Disciplinen, der

Statistik, der Naturwissenschaften und der Gewerbskunde, sowie erfahrene praktische Landwirthe von anerkanntem Rufe — und endlich die ausserordentlichen Mitglieder, welche als beständige Correspondenten dienen und auch zur persönlichen Theilnahme an den Berathungen einberufen werden können, werden vom Minister ernannt; indessen gehören die jedesmaligen Directoren der landwirthschaftlichen Centralvereine in den Provinzen kraft dieser Stellung zu den ausserordentlichen Mitgliedern. Ende 1861 war die Zahl der ordentlichen Mitglieder 19, der ausserordentlichen ebenfalls 19. Besoldungen werden nicht gezahlt; die für Reisekosten und Diäten ausgesetzte Summe beträgt 4125 ℛℳ

Das neu organisirte Landes-Oekonomie-Collegium hielt seine Sitzungen bis jetzt vom 15. bis 18. November 1859 (unter Einberufung auch der ausserordentlichen Mitglieder), vom 14. bis 18. Februar 1860, vom 1. bis 5. Mai 1860, vom 22. bis 24. August 1860, vom 26. bis 29. November 1860 (unter Theilnahme der ausserordentlichen Mitglieder), vom 18. bis 21. März 1861 und vom 9. bis 18. December 1861.

B. Landwirthschaftliche Unterrichts- und Musteranstalten.

Mit dem Beirath des Landes-Oekonomiecollegiums hat die Staatsregierung sich bisher vorzugsweise die Entwickelung des landwirthschaftlichen Unterrichtswesens angelegen sein lassen. Noch ist es nicht lange her, dass der Staat seine Fürsorge für den landwirthschaftlichen Unterricht darauf beschränkte, an einigen Universitäten einzelne Vorträge über Landwirthschaft halten zu lassen, um den künftigen Verwaltungsbeamten eine Gelegenheit zu bieten, mit diesem Zweige der Staatswissenschaften bekannt zu werden. Thaer, der Begründer der deutschen rationellen Landwirthschaft, welcher den Lehrstuhl der Landwirthschaft an der hiesigen Universität innehatte, legte zuerst die Nothwendigkeit dar, den Unterricht mit der Bewirthschaftung eines Gutes in Verbindung zu setzen, und errichtete zu diesem Behufe mit Staatsunterstützung ein Privatinstitut zu Möglin, welches unter dem Namen »Akademie des Landbaues« 25 Jahre lang bestand; am 1. November 1861 wurde es mit Rücksicht auf die Einrichtung eines landwirthschaftlichen Lehrinstituts bei der Universität Berlin aufgegeben. In ähnlicher Weise stiftete später Dr. Sprengel seine Anstalt zu Regenwalde in Pommern. Mit der Steigerung der Anforderungen an dergleichen höhere Schulen wurde es aber den Einzelnen unmöglich, denselben zu genügen, und nun gründeten Corporationen und der Staat selbst solche Anstalten.

Zur praktischen Ausbildung bäuerlicher Wirthe und tüchtiger Vögte und Knechte für grössere Wirthschaften haben Privatunternehmer Ackerbauschulen errichtet, welche aus Staatsfonds Unterstützung erhalten. Die Höhe des Zuschusses ist nach der Schülerzahl, der Wohlhabenheit und den Preisen der Gegend, den Leistungen und persönlichen Verhältnissen des Unternehmers verschieden. Neben den allgemeinen Ackerbauschulen bestehen noch einige Unterrichtsanstalten für einzelne Zweige der Landwirthschaft, sowie eine nicht geringe Anzahl landwirthschaftlicher Fortbildungsanstalten.

Die im Landescultur-Edict empfohlenen Musterwirthschaften, mit denen einige Proben in der Provinz Preussen angestellt wurden, haben sich ebensowenig wie der Versuch einer Ansiedelung süddeutscher Wirthe im Kreise Allenstein bewährt und sind wieder aufgegeben worden, weil die von ihnen gemachten Einrichtungen keine Nachahmung fanden.

Dagegen hat sich der Nutzen landwirthschaftlicher Versuche und chemischer Analysen in neuerer Zeit eine weit verbreitete Anerkennung verschafft. Deshalb sind von der Staatsregierung nicht allein besondere Versuchsfelder eingerichtet worden, sondern es werden auch Zuschüsse an Privatanstalten dieser Art gewährt.

Zu allgemeinen, rein wissenschaftlichen Zwecken —, insbesondere Preisaufgaben, Unterstützung chemisch-agronomischer Untersuchungen, Unterstützung abzusendender Reisenden, Anlegung von Sammlungen mancherlei Art, Beförderung der Herausgabe wissenschaftlicher Werke, Stipendien für Männer, welche sich zu Lehrern an landwirthschaftlichen Lehranstalten ausbilden wollen und sich dazu qualificiren, und zu anderen ähnlichen Ausgaben, — setzt der Staatshaushalts-Etat jährlich 6000 ℛℳ aus.

1. Landwirthschaftliche Hochschulen *).

Im Frühjahr 1835 wurde die von der Universität Greifswald aus ihren eigenen Mitteln (unter Aufnahme einer Anleihe von 100 000 Thlr.) gegründete staats- und landwirthschaftliche Akademie zu Eldena bei Greifswald eröffnet, und im Jahre 1850 ging sie an die Verwaltung des Ministeriums über. Zu ihren Lehrmitteln gehört vornehmlich das ¼ Meile von Greifswald entfernte Universitätsgut Eldena, auf welchem auch die Gebäude der Lehranstalt sich befinden, und welches an nutzbarer Fläche umfasst: Acker 1251, Wiesen 314 und Weide 40 Morgen. Es sind darauf vorhanden: eine sehr umfangreiche Brauerei, eine Ziegelei, ein ökonomisch-botanischer Garten, eine Baumschule und ein ausgedehntes Versuchsfeld; die früher betriebene, aber unvollkommen eingerichtete Brennerei ist eingegangen. Das Gut liefert einen jährlichen Einnahme-Ueberschuss von 3500 Thlr. an die Akademiecasse ab; die sonstigen Mehreinnahmen wurden bisher zur Verbesserung der Grundstücke und des Bauinventariums verwendet. Ausser dem Director fungiren 5 ordentliche Lehrer (zwei für Landwirthschaftskunde, einer für Chemie und Physik, einer für Botanik und Zoologie, einer für Thierzucht und Thierheilkunde), 4 Hilfslehrer (für Mathematik, Baukunde, Landwirthschaftsrecht und Forstwissenschaft) und ein Institutsgärtner. Die Akademiker sind zur Immatriculation bei der Universität verpflichtet und zahlen — wie auf den übrigen Instituten der Art — an Honorar für das erste Semester incl. Eintrittsgeld 40, für das zweite 30, das dritte 20 und jedes fernere Semester 10 Thlr.; die Bewilligung einer gewissen Zahl von Honorarbefreiungen an bedürftige und würdige Akademiker hat das Ministerium sich vorbehalten. — Den Lehrern waren ursprünglich einstöckige Tagelöhnerhäuser zu Wohnungen angewiesen, welche bei deren niedriger Lage und dem Mangel einer Unterkellerung dem Schwammfrass ausgesetzt waren; es wurde daher die Errichtung zweier neuen Wohngebäude beschlossen.

Die landwirthschaftliche Lehranstalt zu Proskau im Regierungsbezirk Oppeln wurde im October 1847 eröffnet, nachdem die zur Domäne Proskau gehörigen Gebäude in dem 2 Meilen von Oppeln entfernten Städtchen Proskau die erforderlichen Einrichtungen erhalten hatten. Die gegen 2332 Thlr. Zins vom Staate erpachtete Domäne umfasst 3176 Morgen Acker von ungemein wechselnder Bodenbeschaffenheit, 482 Morgen Wiesen und Weideland, 38 Morgen Triften, Gebüsch und Gärten und 230 Morgen Teiche und Lachen, welche vom Hauptwirthschaftshofe und drei Vorwerken aus bewirthschaftet werden. An technischen Gewerben sind eine Ziegelei, eine Brennerei und eine Brauerei im Betriebe; ausserdem sind eine umfangreiche Baumschule, ein ökonomisch-botanischer Garten und ein Versuchsfeld von 25 Morgen Fläche vorhanden. Die in guten Jahren sehr reichlichen Ueberschüsse wurden bislang ausschliesslich zur Verbesserung der Gebäude und des Bodens, namentlich durch Drainirungsarbeiten, verwendet. Ausser dem Director fungiren 4 ordentliche Lehrer (von denen hier wie in Poppelsdorf und Waldau einer für die Naturwissenschaften, einer für Physik, Chemie und Technologie, einer zur Administration der Gutswirthschaft und für landwirthschaftliche Technik, einer für Mathematik und landwirthschaftliche Baukunde bestimmt ist), 3 Hilfslehrer (für Forstwirthschaftslehre, für Thierheilkunde, für landwirthschaftliche Technik und zur Direction des Versuchsfeldes), 1 Institutsgärtner und 1 Assistent des Lehrers der Chemie.

Aus Staatsmitteln gegründet und im Mai 1847 mit ziemlich unvollständigen Einrichtungen eröffnet, war die landwirthschaftliche Lehranstalt zu Poppelsdorf bei Bonn zuerst fast allein auf die Lehrmittel der Universität angewiesen. Später wurden die nöthigen Gebäude auf dem der letzteren gehörigen, ¼ Stunde von Bonn entfernten Landgute errichtet, Lehrmittel und Sammlungen angeschafft und die Anstalt dadurch ganz unabhängig von der Universität gestellt. Das für 800 Thlr. erpachtete Gut besteht aus 96¼ Morgen Ackerland, 10¼ Morgen Graswuchs und 4 Morgen Gärten und Hofstelle; darunter sind 1¼ Morgen Fläche zu einem botanischen Garten mit Rebschule eingerichtet. Aus Staatsmitteln wurden ausserdem 15 Morgen anschliessenden Ackerlandes angekauft und nebst 1⅔ Morgen dazu

*) Hauptquelle war: Mentzel und v. Lengerke's verbesserter landwirthschaftlicher Hilfs- und Schreibkalender auf das Jahr 1863, 2. Theil.

gepachtetem Acker zum Versuchsfelde eingerichtet. Die Lehrkräfte sind: 1 Director und erster Lehrer der Landwirthschaft, 4 ordentliche Lehrer, 5 Hülfslehrer (für Nationalökonomie, für Forstwirthschaftslehre, für Landwirthschaftsrecht, für Thierheilkunde, für Garten-, Obst- und Gemüsecultur) und 1 Assistent des Lehrers der Chemie. Die Akademiker sind verpflichtet, sich vor ihrer Aufnahme an der Universität immatriculiren zu lassen; neben denselben pflegen jedoch zahlreich die Hospitanten vertreten zu sein, welche entweder aus besonderen Gründen nicht immatriculirt werden oder nur einzelne Vorlesungen besuchen. — Die Kleinheit des Gutes im Vergleich zu denen süddeutscher Lehranstalten und die Möglichkeit, durch allmälige Einrichtung der Wirthschaft praktische Lehren und durch Aufwendung eines sehr geringen Gebäudecapitals ein Beispiel nach englischem Muster zu gewähren, haben die Staatsregierung veranlasst, das ½ Meile von Poppelsdorf entfernte Gut Annaberg von 300 Morgen nebst Inventar und Vorräthen für 35 000 Thlr anzukaufen und diesen Kern nach und nach durch Urbarmachung eines Theils des benachbarten k. Kottenforstes zu erweitern.

Die jüngste höhere Bildungsanstalt ist die landwirthschaftliche Lehranstalt zu Waldau, einer 2 Meilen von Königsberg belegenen Domäne. Zu ihrer ersten Einrichtung wurden verwendet: im Jahre 1856 11 982, 1857 14 455, 1858 11 453 und 1860 noch 15 000 Thlr, zusammen 52 890 Thlr; im October 1858 konnte sie eröffnet werden. Die von der Domänenverwaltung für 2626 Thlr jährlich erpachtete Domäne umfasst an nutzbaren Flächen: Acker 873, Wiesen 500, Weiden und Brücher 289, Gärten 15 Morgen. Technische Gewerbe werden mit Ausnahme einer Ziegelei nicht betrieben; dagegen sind eine Baumschule, ein botanischer Garten und ein Versuchsfeld eingerichtet worden. Unter Leitung des Directors und ersten Lehrers der Landwirthschaft stehen 4 ordentliche Lehrer, 2 Hülfslehrer (für Forstwirthschaftslehre und für Thierheilkunde) und 1 Institutsgärtner. Studirende, welche auf der Anstalt selbst wohnen, entrichten ausser dem Honorar eine mässige Miethe an deren Casse. — Da die zur Domäne gehörigen Wirthschaftsgebäude sich fast durchgehends in schlechtem Bauzustande befinden oder ihre Einrichtung und Stellung ganz unzweckmässig ist, so wurden extraordinär liquidirt: im Jahre 1861 zum Neubau eines Schafstalles, eines Gesindefamilien-Wohnhauses u. s. w. 20 000 Thlr; pro 1862 zur Herstellung eines Pferdestalles, eines Molkenhauses u. s. w. 16 530 Thlr

Die gewöhnlichen Einnahmen und Ausgaben der vier beschriebenen Lehranstalten betragen nach dem Voranschlag für 1862:

	Waldau	Eldena	Proskau	Poppelsdorf
	Thlr	Thlr	Thlr	Thlr
a. Einnahmen.				
Zuschuss des Staats	7 000	4 720	8 400	6 951
Zuschuss der Universitätscasse	—	4 240	—	—
Honorare	3 960	2 446	4 120	3 748
Entschädigung für Heizungskosten und Wohnungsmiethe	—	—	90	—
Von den zu Lehrzwecken benutzten Ländereien u. dgl.	500	4 430	1 430	326
Werth der Emolumente	400	—	335	—
Insgemein	184	24	55	230
zusammen	12 044	15 860	14 430	11 255
b. Ausgaben.				
Besoldungen und Remunerationen	8 024	7 145	9 070	7 750
Lehrmittel	850	1 050	1 200	1 790
Unterhaltung der Gärten, Baumschulen und Versuchsfelder	1 772	1 450	2 270	800
Verzinsung der Schulden	—	4 000	—	—
Baukosten	400	825	600	200
Sächliche Ausgaben und zu verschiedenen Bedürfnissen	435	570	890	510
Insgemein	563	820	400	205
zusammen	12 044	15 860	14 430	11 255

Die Vorlesungen an den höheren Lehranstalten wurden während der Jahre 1858 bis 1862 von folgender Anzahl Studirender besucht:

(108.) Anstalten und Herkunft der Studirenden.	Frequenz während des Semesters								
	Sommer 1858.	Winter 1858/9.	Sommer 1859.	Winter 1859/60.	Sommer 1860.	Winter 1860/1.	Sommer 1861.	Winter 1861/2.	Sommer 1862.
Waldau: aus vorigem Semester ..	—	—	25	12	25	20	26	18	22
neu eingetreten	—	49	14	42	18	28	15	23	13
Eldena: aus vorigem Semester ..	29	28	38	28	28	21	27	15	20
neu eingetreten	14	26	12	22	14	22	8	16	13
Proskau: aus vorigem Semester ..	56	36	31	22	43	28	30	23	30
neu eingetreten	19 *)	41	15	30	17	35	12 *)	27	16
Poppelsdorf: aus vorigem Semester	44	40	45	35	40	27	49	32	48
neu eingetreten	23	30	12	31	12	40	27	47	26
nicht immatriculirt ..	28	23	6	12	15	14	6	5	11
Zusammen	211	273	198	243	212	233	200	208	197
Davon sind gebürtig aus									
der Provinz Preussen	24	40	35	33	28	33	25	27	27
" " Posen	13	12	7	18	16	29	18	21	15
" " Pommern	7	15	15	16	10	8	12	11	10
" " Brandenburg	24	15	10	19	22	22	17	17	19
" " Schlesien	29	28	20	29	28	32	27	27	19
" " Sachsen	8	11	10	10	3	9	8	8	9
" " Westfalen	10	9	7	14	14	15	11	9	7
" " Rheinland	40	54	27	34	20	24	20	28	30
dem Auslande	56	80	65	70	64	61	62	80	61

*) incl. 1 Hospitant.

Ausser diesen Anstalten besteht in Verbindung mit der Universität noch ein landwirthschaftliches Unterrichts-Institut in Berlin, dessen Schüler auch ohne Abiturientenprüfung immatriculirt werden und zur Benutzung aller Vorlesungen und Lehrmittel der Universität gleich den übrigen Studirenden berechtigt sind. Eine ähnliche Anstalt ist zu Michaelis 1862 an der Universität Halle eröffnet.

2. Ackerbauschulen.

Alle Provinzen des Staates sind mit solchen Anstalten versehen, deren gutes oder minder gutes Gedeihen wesentlich von der Zweckmässigkeit ihrer Leitung und von der Culturstufe der auf sie angewiesenen Landleute abhängt. Es hat nicht vermieden werden können, dass in einer Anzahl von Ackerbauschulen auf die Ausfüllung der Lücken im Elementarunterricht Bedacht genommen werden muss, während in der Provinz Sachsen und der Rheinprovinz auf eine Ausdehnung des theoretischen Unterrichts nach Art von Mittelschulen hingedrängt wird. Im Allgemeinen tritt noch immer eine geringe Betheiligung des eigentlichen Bauernstandes bei dem Besuche der Ackerbauschulen hervor. Zur Zeit bestehen folgende Institute dieser Art:

1) Die Ackerbauschule im Lehrhof zu Ragnit (Regierungsbezirk Gumbinnen) unter Vorstand von Otto Settegast. 13 Zöglinge zahlen 60 Thlr. Jahrespension. Nach dem Verlassen der Schule werden die Zöglinge noch ein Jahr lang in grössere Wirthschaften untergebracht und erhalten dabei freie Station und 36 Thlr. Lohn.

2) Zu Spitzings im Landkreise Königsberg besteht seit dem 1. Nov. 1832 die von Kowalsky'sche Erziehungsstiftung, in welcher 15 Waisenknaben vom 6. Lebensjahre ab zu Landleuten und 10 Mädchen zu Schaffnerinnen herangebildet werden. Später wurde mit derselben eine Ackerbauschule verbunden, deren Freischüler 10—15 Thlr. Jahreslohn erhalten, während die Pensionäre 50—30 Thlr. für die Verpflegung entrichten. Das Gut ist 742 Morgen gross.

3) Die Ackerbauschule des Vermessungsrevisors Skalweit zu Julienhof bei Hohenstein im Kreise Osterode. Die Pension beträgt 25 Thlr. jährlich, und von den 10 Stellen werden 6 als freie betrachtet und vom Oberpräsidenten der Provinz besetzt.

Bis 1860 unterhielt der Gutsbesitzer Leinveber eine auf 12 Schüler eingerichtete, am 1. Nov. 1847 errichtete Ackerbauschule zu Grosskrebs bei Marienwerder; ihr Cursus war zweijährig, und von den Schülern zahlten 9 eine Jahrespension von 50 Thlr.

4) Die Ackerbauschule des Gutsbesitzers Beck zu Wtelno bei Bromberg ist für Zöglinge bestimmt, welche die Fertigkeiten eines fleissigen Dorfschülers besitzen.

5) Aehnlich ist die Ackerbauschule des Gutsbesitzers Arndt zu Chrostowo im Kreise Chodziesen.

6) In der Ackerbauschule des Gutspächters Reinhold zu Wielowies bei Krotoschin wird der Unterricht in deutscher und polnischer Sprache ertheilt.

7) Die Ackerbauschule des Gutsbesitzers von Schmidt zu Schellin bei Greifenberg in Pommern ist für 15—18 Schüler eingerichtet.

Ein Institut des Oekonomieraths Ockel zur praktischen Ausbildung von Landwirthen bestand bis 1861 zu Frankenfelde im Oberbarnim ohne Staatsunterstützung; es nahm höchstens 8 junge Leute zu 200 Thlr. Pension auf.

8) Die Schüler der Ackerbauschule zu Haasenfelde im Kreise Lebus, deren Inhaber Gutsbesitzer Kielmann ist, erhalten neben freier Wohnung und Kost u. s. w. 10—20 Thlr. Lohn. Seit dem 1. Juli 1856 ist mit der Anstalt ein Pensionat verbunden, worin junge Leute zwei Jahre hindurch gegen 100—150 Thlr. jährliche Pension aufgenommen werden.

9) In der Ackerbauschule des Freiherrn von Patow auf dem Rittergute Glichow bei Kalau erhalten die Zöglinge im ersten und zweiten Jahr 10 und im dritten 20 Thlr. jährlichen Lohn.

10) Die Ackerbauschule des Gutsbesitzers Meuder zu Zodel bei Görlitz gewährt ihren Schülern 6—10 Thlr. Jahreslohn.

11) Zu Siebenhufen im Kreise Görlitz hat der oberlausitzer Verein zur Besserung sittlich verwahrloster Knaben eine Armen-Ackerbauschule errichtet, deren Zöglinge mindestens 14 Jahr alt sein müssen und für das erste Jahr 25 Thlr., für das letzte keinen Beitrag mehr entrichten. Das Gut enthält etwa 107 Morgen.

12) Seit 1851 bestanden mehrere landwirthschaftliche Waisen-Erziehungsanstalten in Oberschlesien: zu Birtultau im Kreise Rybnick bis 1857, zu Chwallowitz bis Johannis 1860, zu Poppelau bis 1861, zu Altdorf bei Pless noch jetzt. In Birtultau wurde im Juli 1857 vom landwirthschaftlichen Centralverein für Schlesien eine Ackerbauschule errichtet, deren Zöglinge (gewöhnlich 18) unentgeltlich zu Landwirthen ausgebildet wurden. Nachdem zu Ende Juni 1861 die 34 in Poppelau noch anwesenden Knaben in die bisherige Mädchen-Erziehungsanstalt zu Altdorf übersiedelt worden waren, nahm der Centralverein das dortige 352 Morgen grosse Domänengut in Pacht und verlegte am 3. Juli die Ackerbauschule von Birtultau dorthin.

13) Die Ackerbauschule des Oekonomieraths Köppe zu Badersleben im Kreise Oschersleben ist eine Erziehungsanstalt, deren Zöglinge bisher fast sämmtlich gute Aufnahme als Lehrlinge und zweite Verwalter bei den Landwirthen der näheren und ferneren Umgebung fanden. Die Frequenz ist schon auf 80 Schüler gestiegen. Für Unterricht, Wohnung, Kost u. s. w. zahlen Inländer 90, Ausländer

110 Thlr. jährlich. Das mit der Anstalt verbundene Klostergut Marienbeck besitzt ein Areal von fast 1300 Morgen.

14) In der Ackerbauschule der Wittwe des Oberamtmanns Knipping zu Reifenstein im Kreise Worbis werden ausser 10 Freischülern 6 — 10 Pensionaire unterrichtet, worunter 5 wegen einer Staatsbeihilfe von je 30 Thlr. eine Pension von 50 Thlr., die übrigen dagegen 80 Thlr. jährlich entrichten.

15) Die Ackerbauschule des Oekonomieraths Brüning zu Botzlar im Kreise Lüdinghausen ist auf 14 — 25 Zöglinge berechnet, welche 50 — 65 Thlr. halbjährlich für Unterricht, Beköstigung u. s. w. bezahlen; in Ausnahmefällen werden auch Zöglinge gegen 25 Thlr. halbjähriges Kostgeld aufgenommen. Das Gut ist etwa 1000 Morgen gross.

16) Die Ackerbauschule des Gutsbesitzers Gosker zu Riesenrodt im Kreis Altena unterrichtet 18 — 20 junge Leute gegen eine Normalpension von 120 Thlr. jährlich; indessen bestehen 8 halbe Freistellen mit 65 Thlr. Pension. Zur praktischen Beschäftigung dient das 432 Morgen grosse Gut.

Ein Testament des Freiherrn von Mellin gewährt die nöthigen Fonds, um in Uffeln bei Werl eine Erziehungsanstalt für Knaben zu errichten, welche vorzugsweise zu Ackerbauern herangebildet werden sollen. Das Institut ist noch nicht eingerichtet.

17) Die Ackerbauschule des Bürgermeisters Sartorius auf dem fürstlich Salm-Dyk'schen Klostergute St. Nikolas im Kreise Grevenbroich bildet der Landwirthschaft sich widmende junge Leute auf einer 600 Morgen grossen Wirthschaft (mit einer am 1. Jan. 1857 eröffneten Versuchsstation und andern Lehrmitteln) aus. Das Honorar nebst Kostgeld beträgt 140 Thlr. jährlich.

18) In der Ackerbauschule des Gutspächters R. Feckelsberg zu Denklingen im Kreise Waldbröl werden Zöglinge aus den Kreisen Waldbröl, Wipperfürt und Gummersbach für 50 Thlr., auswärtige für 100 Thlr. jährlich unterrichtet und verpflegt; das blosse Honorar beträgt 25 Thlr.

19) Mit der landwirthschaftlichen Akademie zu Poppelsdorf steht die königliche Ackerbauschule zu Annaberg bei Bonn in Verbindung. Dieselbe nimmt nur Söhne kleinerer Landwirthe auf und bildet sie vorwiegend praktisch aus. Für besonders ausdauernden Fleiss und tüchtige Leistungen ist eine Belohnung von 10 bis 20 Thlr. beim Schluss des Lehrjahres in Aussicht gestellt.

20) Die vorzugsweise für Bauernsöhne bestimmte Schule des Dr. Löll zu Werdorf bei Wetzlar ist aufgegeben worden und an ihrer Stelle eine landwirthschaftliche Privatlehranstalt ohne Staatsunterstützung errichtet. Das Gut hat 130 Morgen. Honorar und Kostgeld betragen zusammen 120 Thlr.

21) Die Eifler Ackerbauschule auf dem v. d. Heyden'schen und v. Schützeschen Stiftungsgute zu Niederweis im Kreise Bitburg gewährt ihren Zöglingen freie Station und unentgeldlichen Unterricht. Die Inhaber von 20 Freistellen erhalten noch Kleidung und Wäsche, ganz unbemittelte Zöglinge auch einen geringen Arbeitslohn; wohlhabendere Schüler zahlen ein geringes Kostgeld.

Eine gedrängte Uebersicht der allgemeinen Ackerbauschulen bietet Tabelle 109. Ihr zufolge werden in sämmtlichen Anstalten dieser Art ungefähr 342 Zöglinge, worunter 152 ganz unentgeldlich, zu praktischen Landwirthen ausgebildet; in jedem Jahre treten aus ihnen etwa 169 junge Leute aus.

Die den Ackerbauschulen vom Staat gewährte Beihilfe wird einem auf jährlich 20 000 Thlr. normirten Fonds »für niedere Lehranstalten, insbesondere Bauerschulen, Ackerbauschulen, zur Ausbildung von Landwirthen, Meiern u. a. Unter-Wirthschaftsbeamten, Lehranstalten für Schmiede, Stellmacher, sog. Schweizer, Wiesenmeister, Schäfer u. dergl.« entnommen.

(100.) Regierungs-bezirk.	Sitz der Ackerbau-schule.	Datum der Eröffnung.	Dauer des Unterrichts. Jahre	Normalzahl der Schüler oder durchschnittliche Frequenz. Schüler	Darunter sind Freistellen
Gumbinnen ...	1. Ragnit	1. Jan. 1850	1—2	19	6
Königsberg ...	2. Spitzings ...	2. Jan. 1852	3	18	12
„ ...	3. Julienhof	1. Nov. 1853	2	10	6
Bromberg	4. Wielno	1. Jan. 1857	2	6	6
„	5. Chrostowo ..	„ „ „	2	6	6
Posen	6. Wielowies ..	1. Juli 1857	3	12	12
Stettin	7. Schellin	1. Oct. 1845	2—3	20	20
Frankfurt	8. Haasenfelde .	Oct. 1847	3	9	9
„	9. Glichow	1. Juli 1845	3	12	12
Liegnitz	10. Zodel	1. Juli 1853	3	6	0
„	11. Siebenhufen .	9. April 1856	4	10	3
Oppeln	12. Popplau ...	3. Juli 1861	3	18	12
Magdeburg ...	13. Badersleben .	1846	2	60	—
Erfurt	14. Reifenstein ..	Jan. 1847	2	18	10
Münster	15. Botzlar	2. Oct. 1852	2	19	—
Arnsberg	16. Riesenrodt ..	1. Jan. 1845	1½	18	—
Düsseldorf	17. St. Nikolas ..	6. Oct. 1852	2	18	—
Köln	18. Denklingen ..	1. Juli 1852	1	16	—
„	19. Annaberg ...	15. März 1861	1	12	12
Koblenz	20. Werdorf	15. April 1861	2	8	—
Trier	21. Niederweis ..	1. Jan. 1861	3	20	20

3. Unterrichtsanstalten für einzelne Zweige der Landwirthschaft.

a. Unterricht im Anbau und in der Verwerthung einzelner Pflanzen.

Wesentlich industrielle Einrichtungen, dienen doch die vorhandenen **Flachsbereitungsanstalten** zugleich als Lehrmittel für den Anbau und die Behandlung des Flachses. Es gehören hieher die Flachsbereitungsanstalten:

1) der Strafanstalt zu Insterburg,

2) des Rittergutsbesitzers von Simpson zu Georgenburg bei Insterburg,

3) zu Suckau im Kreise Glogau,

4) zu Patschkei im Kreise Oels; sodann

5) die Flachsbauschule des Schullehrers Schollmeyer zu Rustenfelde im Kreise Heiligenstadt, in welcher ausschliesslich die Bearbeitung des Flachses nach belgischer Methode gelehrt wird;

6) die vom landwirthschaftlichen Kreisverein zu Herford getroffene Einrichtung, wonach die Kreiseingesessenen unentgeldlich durch einen Flachsbaulehrer den gewünschten Unterricht in der belgischen Flachsbaulehre erhalten.

Im Löwenberger Kreise befindet sich eine **Spinnschule** zur Ausbildung von Spinnlehrern und mehrere Spinnschulen für Kinder und Erwachsene. Unter Aufsicht des landwirthschaftlichen Vereins im Fürstenthum Eichsfeld stehen die 13 Spinnschulen zu Streithorst, Rustenfelde, Röbrig, Wüstheuterode, Burgwalde, Lutter, Rengelrode, Geisleden, Thalwenden, Kaltenaber, Schachtebich, Birkungen und Hohengandern.

Kantor Poll zu Kanth bei Breslau leistet denjenigen Landwirthen Beistand, welche sich seiner Instruction für **Karden-** und **Krappbau** und für Tabakscultur bedienen wollen.

b. Unterricht im Gartenbau.

Die königliche Gärtner-Lehranstalt zu Sanssouci bei Potsdam steht unter einem Curatorium von drei Mitgliedern und unter Direction des Generaldirectors der königlichen Gärten. 6 Lehrer ertheilen Unterricht in zwei Classen, deren untere für Kunst- und Handelsgärtner bestimmt ist, während in der oberen Gartenkünstler ausgebildet werden. Beide Classen bilden zusammen die zweite Abtheilung des Instituts, dessen erste, mit der k. Landesbaumschule zu Potsdam verbundene Abtheilung dazu dient, Gartenarbeiter in den niederen Stufen der Gärtnerei praktisch zu unterrichten. Die Anstalt erhält vom Staat jährlich 1620 ℛ Zuschuss.

In Bromberg befindet sich eine niedere Lehranstalt für Gärtner; sie ist mit der Departements-Baumschule verbunden.

Zur Förderung der Obstcultur in der Rheinprovinz sind vom Staat jährlich 800 ℛ angewiesen. Die Landesbaumschule zu Engers im Regierungsbezirk Koblenz erhält jährlich 231 ℛ Zuschuss, ihr Vorsteher 473 ℛ Gehalt vom Staat.

c. Unterricht in der Seidenzucht.

Mit der Seidenhaspelanstalt zu Engers, welche der landwirthschaftliche Verein für Rheinpreussen im Jahre 1856 errichtet hat, ist ein praktischer Uebungscursus im Seidenbau für Elementarlehrer verbunden.

d. Unterricht in der Bienenzucht.

Die praktische Bienenschule des Pfarrers Dzierzon zu Karlsmarkt bei Brieg, welche im Sommer 1853 eröffnet ward, giebt den Freunden der Bienenzucht Gelegenheit, die Dzierzon'sche Methode gründlich kennen zu lernen. Die gewöhnliche Unterrichtszeit dauert vom 7. Juni bis Ende Juli.

e. Unterricht im Wiesenbau.

1) Die Wiesenbauschule des Oekonomieraths Schall zu Czersk im Regierungsbezirk Posen wurde im April 1862 mit 12 Zöglingen eröffnet. Der Unterricht währt vom 1. April bis Ende November des folgenden Jahres. Die Schüler erhalten für ihre praktischen Arbeiten den üblichen Tagelohn.

2) Die am 15. October 1843 vom Cultur- und Gewerbeverein für den Kreis Siegen errichtete Sonntagsschule in Siegen unterrichtet zur Zeit 12 Schüler im Alter von 14—39 Jahren. Eine bestimmte Dauer des Lehrcursus ist nicht festgesetzt. Alljährlich um Ostern findet eine Wiesenbaumeister-Prüfung statt.

3) Für die Rheinprovinz besteht eine Wiesenbau- und Drainageschule zu Trier, in welcher neben praktischem Unterricht in der Zeit von Mitte November bis Mitte März theoretischer Unterricht ertheilt wird; nach Ablauf zweier Cursus können die Schüler eine Prüfung ablegen. Ueber Aufnahme und Prüfung enthält das Reglement der k. Bezirksregierung vom 3. September 1852 die näheren Bestimmungen.

4. Fortbildungsschulen.

Elementaren Nachunterricht und landwirthschaftliche Belehrung erhalten jüngere und ältere, der Schule entwachsene Personen an bestimmten Tagen in folgenden landwirthschaftlichen Fortbildungschulen:

1) im Regierungsbezirk Danzig: zu Trunz im Kreise Elbing (seit 1861); zu Saaben bei Pr. Stargard (bäuerliches Casino);

2) im Regierungsbezirk Marienwerder: zu Kl. Mellno im Kreise Schlochau (seit dem 1. October 1860);

3) im Regierungsbezirk Minden: zu Rothenuffeln und Eidinghausen im Kreise Minden; zu Sielborst und Wehe (beide von der Mindener Bodencultur-Gesellschaft unterhalten) im Kreise Lübbeke; zu Heepen (mit 2 Classen, seit 4 Jahren im Gange und mit 250 ℛ jährlich unterstützt) im Kreise Bielefeld; zu Altenbecken, Schwanly, Elsen und Dellbrück im Kreise Paderborn;

4) im Regierungsbezirk Arnsberg: zu Herscheid auf der Höhe und zu Höckinghausen bei Kierspe im Kreise Altena;

5) im Regierungsbezirk Düsseldorf: zu Olrighoven im Kreise Rees; zu Lüdorf im Kreise Lennep; zu Bockum im Kreise Krefeld; zu Büderich im Kreise Neuss;

6) im Regierungsbezirk Köln: zu Pfaffendorf im Kreise Bergheim; zu Braschoss im Siegkreis; zu Lannesdorf, Grav-Rheindorf, Dransdorf, Berkum und Brenig im Kreise Bonn; zu Rheinbach;

7) im Regierungsbezirk Aachen: zu Klinkum im Kreise Erkelenz; zu Immendorf im Kreise Geilenkirchen; zu Dürboslar im Kreise Jülich; zu Imgenbroich im Kreise Montjoie; zu St. Vith, Emmels, Recht, Rodt, Meldingen, Neklingen, Lommersweiler, Atzerath, Meyerode, Medell, Amel, Deidenberg, Möderscheid, Heppenbach, Honsfeld, Krewinkel, Mürringen, Rocherath, Büllingen, Bütgenbach und Iveldingen im Kreise Malmedy. Die Stände des letzteren Kreises bewilligten im Jahre 1861 den Fortbildungschulen 100 Thlr. Zuschuss und veranstalteten eine zweite öffentliche Prüfung, an welcher 148 Schüler der damals bestehenden acht Anstalten dieser Art Theil nahmen; die Ausdehnung dieser Einrichtung im Kreise Malmedy ist vorzugsweise dadurch hervorgerufen, dass der rheinpreussische Centralverein 1861 dort einen Wanderlehrer mit festem Wohnsitz anstellte.

8) im Regierungsbezirk Koblenz: zu Leubsdorf im Kreise Neuwied; zu Aflen, Anderath und Wollmerath im Kreise Kochem; zu Dickenscheid im Kreise Simmern; zu Bockenau und Weiler im Kreise Kreuznach.

9) im Regierungsbezirk Trier: zu Meisburg im Kreise Daun; zu Temmels im Kreise Saarburg; zu Meinzweiler im Kreise St. Wendel.

Der landwirthschaftliche Centralverein für Rheinpreussen hat Prämien für die Fortbildungschulen ausgesetzt, zu deren Empfang sich im Jahre 1860 die Lehrer von 18 Anstalten mit 487 Schülern meldeten; für 1861 wurden 400 Thlr. zu solchen Prämien ausgesetzt.

5. Musterwirthschaften.

Für Musteranstalten, insbesondere zur Unterstützung bäuerlicher Musterwirthschaften sind nach dem Staatshaushalts-Etat jährlich 5775 Thlr. verfügbar. Dergleichen Musterwirthschaften befanden sich im Jahre 1855:

1) im Regierungsbezirk Gumbinnen: zu Nemmersdorf (Kreis Gumbinnen), Kirliken (Kreis Heidekrug), Gr. Stobingen (Kreis Insterburg), Pillupönen (Kreis Stallupönen), Ostischken (Kreis Tilsit);

2) im Regierungsbezirk Königsberg: auf Vorwerk Kagenau bei Mühlhausen (Kreis Pr. Holland) für Flachsbau, zu Drewenz (Kreis Heilsberg) und Kl. Possindern (Kreis Königsberg);

3) im Regierungsbezirk Danzig: zu Drewshof (Kreis Elbing);

4) im Regierungsbezirk Marienwerder: zu Roggenhausen (Kreis Graudenz), Poln. Czeckzin (Kreis Konitz), Quiram (Kreis Deutsch-Krone), Szyrakowo (Kreis Thorn), Jellen (Kreis Marienwerder), Schönberg (Kreis Schlochau), Tyllitz (Kreis Löbau);

5) im Regierungsbezirk Bromberg: zu Mocheln, Ugodda, Goscieradz 2, Gr. Sittno 3, Kl. Sittno 3, Goggolinke 2, Trzemenlowo und Gr. Bartelsee (Kreis Bromberg); zu Jaxice, Broniewo 2, Colonie Krusza 7, Colonie Murzyno 3, Neudorf, Stodoly, Penchowo, Plonkowo und Lissewo (Kreis Inowraclaw); zu Sadlogosza 2, Pturek, Bialozevin, Pfurka und Sarbinowo (Kreis Schubin); zu Gatzne, Mierucin, Mogilno, Colonie Parkin 2, Sendowko und Mokro (Kreis Mogilno); zu Sadke 2, Glisez, Kl. Wisack und Olzewko (Kreis Wirsitz);

6) im Regierungsbezirk Posen: zu Biale-Piontkowo (Kreis Wreschen) und Pierzchno (Kreis Schroda);

7) im Reg.-Bez. Köslin die bäuerlichen Beispielswirthschaften: zu Malchow (Kr. Schlawe) und Vietkow (Kr. Stolp);

8) im Reg.-Bez. Stettin: zu Möhringen (Kr. Randow) für Verbreitung des Anbaues der Wurzelgewächse;

9) im Reg.-Bez. Liegnitz: Normalbienenzucht zu Nieder-Seifersdorf (Kr. Rothenburg);

10) im Reg.-Bez. Breslau: zu Pischkowitz, Walliafurt, Eckersdorf, Alt-Wilmsdorf (Kr. Glatz);

11) im Reg.-Bez. Merseburg: zu Bedra (Kr. Querfurt) und zu Raschwitz (Kreis Merseburg).

12) im Reg.-Bez. Erfurt: die bäuerliche Musteranstalt zu Burgwalde, die Musterbaumschule zu Ershausen, der Musterbienenstand und die Korbflechter-Musteranstalt zu Lutter (Kr. Heiligenstadt), die Strohflechter-Musteranstalt zu Wachstedt (Kr. Mühlhausen), der Musterbienenstand zu Kleinrettbach (Kr. Erfurt);

13) im Reg.-Bez. Arnsberg: der Mustergarten zur Gewinnung von Eichelpflanzen bei Bonzel (Kr. Olpe); die Bienenstände zu Derne (Kr. Dortmund), zu Deiringsen (Kr. Soest) und zu Benninghausen; die Seidenbau-Anstalten und Baumschulen zu Benninghausen (Kr. Lippstadt) und Unna (Kr. Hamm);

14) im Reg.-Bez. Düsseldorf: die Seidenbau-Anstalten und Baumschulen zu Budberg (Kr. Geldern) und Haldern (Kr. Rees);

15) im Reg.-Bez. Aachen: zu Walhorn bei Eynatten (Kr. Eupen);

16) im Reg.-Bez. Trier: zu Niederweis (Kr. Bitburg) und Niedersgegen.

6. Versuchsanstalten.

Ausser den Versuchsfeldern, welche sich an vielen Orten theilweise unter Leitung von Vereinen und Schulvorständen, theilweise zu rein privaten Zwecken unter alleiniger Aufsicht ihrer Besitzer befinden, sind einige agricultur-chemische Versuchsstationen errichtet. Dieselben dienen zur Unterstützung der praktischen Landwirthschaft und zur Auffindung wissenschaftlicher Regeln für die Praxis. Sie liegen in nachstehenden Ortschaften:

1) zu Insterburg, gegründet vom landwirthschaftlichen Centralverein für Litthauen, mit Laboratorium und Versuchsfeld;

2) zu Waldau bei der Poststation Pogauen, unter Oberaufsicht der dortigen Akademie-Direction, mit umfassendem Laboratorium und 25 Morgen Versuchsfeld; sie zerfällt in eine chemisch-analytische und eine technische und physiologische Abtheilung;

3) zu Regenwalde, von der pommerschen ökonomischen Gesellschaft mit staatlicher Beihilfe unterhalten; das Laboratorium und die wissenschaftliche Abtheilung befinden sich in Regenwalde, das 100 Morgen grosse Versuchsfeld nebst der technischen Abtheilung in Prützen;

4) zu Eldena bei Greifswald als Unterrichtsmittel der dortigen Akademie, mit reich ausgestattetem Laboratorium und einem Versuchsfelde von 80 Morgen;

5) zu Berlin, ein aus Staatsfonds unterstütztes Laboratorium;

6) zu Dahme, gegründet durch einen »Verein zur Begründung einer Versuchsstation in Dahme«; derselben wird so viel Land, als nöthig ist, von der Domäne und den umwohnenden Landwirthen zur Verfügung gestellt;

7) zu Ida-Marienhütte bei Saarau, 1856 vom landwirthschaftlichen Centralverein für Schlesien gegründet, mit 30 Morgen grossem Versuchsfeld;

8) zu Görlitz, ein vom landwirthschaftlichen Verein der preussischen Oberlausitz gegründetes Laboratorium;

9) zu Pischkowitz bei Glatz, vom landwirthschaftlichen Verein der Grafschaft unterhalten und mit einem 50 Morgen grossen Versuchsfelde vom Besitzer der Herrschaft, Baron v. Zedlitz, unentgeldlich versorgt;

10) zu Proskau bei Oppeln, als Lehrmittel der dortigen höheren Lehranstalt, mit 25 Morgen grossem Versuchsfelde;

11) zu Salzmünde bei Halle, vom sächsischen Centralverein gegründet;

12) zu Grosskmehlen bei Ortrand; das Versuchsareal wechselt nach Bedarf;

13) zu St. Nikolas bei Giche, gegründet vom landwirthschaftlichen Verein für Rheinpreussen, mit Unterstützung des Staats und des Fürsten von Salm-Dyk; ausser dem Laboratorium und 10 Morgen Versuchsfeld ist beliebige Auswahl zu Versuchen auf dem ganzen Gutsareal gestattet;

14) zu Poppelsdorf bei Bonn mit einem Versuchsfelde von 20 Morgen, geleitet von der dortigen höheren Lehranstalt.

7. Verschiedene Unterrichts- und Förderungsmittel.

Zur Förderung gemeinnütziger und landwirthschaftlich-polizeilicher Zwecke verfügt das Ministerium über jährlich 20 000 Thlr. Es werden daraus vornehmlich Mittel gewährt zu Prämien-Zuschüssen, zu Thierschauen und Ausstellungen, zur Vertheilung von Sämereien, Maschinen, Ackerwerkzeugen, Zuchtthieren, Obstbäumen, Reben u. dgl., zur Aufhilfe der Rindviehzucht, der Molkerei, der Käsebereitung, der Schweinezucht, des Wiesenbaues, der Flachscultur, des Futterbaues, der Heckenwirthschaft, der Maulbeerbaumzucht u. dgl., zur Aufmunterung landwirthschaftlicher Nebengewerbe, vermehrter Düngerproduction, des Gebrauchs bewährter künstlicher Dungmittel, der Anwendung neuer Culturmethoden und Gegenstände und der Anstellung von Versuchen, zu Druckkosten für kleinere belehrende Druckschriften u. dgl. mehr.

Behufs Verstärkung der zu allgemeinen Landesculturzwecken verfügbaren Staatsmittel setzt der Staatshaushalts-Etat für 1862 noch 8070 Thlr. an, indem die Ausstattung der landwirthschaftlichen Lehranstalten, die Vermehrung der Ackerbauschulen, die Einrichtung und Dotirung landwirthschaftlicher und chemischer Versuchsstationen, endlich die Einführung neuer Maschinen und Geräthe, Sämereien, Viehracen u. dgl. durch die bisher ausgesetzten Mittel nicht genügend beschafft werden konnten.

Andere regelmässige Bewilligungen sind: zur Beförderung der landwirthschaftlichen Gewerbe in der Rheinprovinz nach Verfügung des Oberpräsidenten 1000 Thlr., zur Förderung der Landcultur und zur Verwendung im landwirthschaftlichen Interesse überhaupt für Hohenzollern 1500 Fl.

C. Landwirthschaftliche Vereine.

Ueber den ganzen preussischen Staat breitet sich ein Netz von Vereinen aus, als deren Spitze in mehr denn einer Beziehung das Landes-Oekonomie-Collegium erscheint. Die Förderung der Landwirthschaft nach allen oder einzelnen Richtungen hin bezweckend, tauschen die Mitglieder der Vereine ihre Erfahrungen aus, belehren die Landwirthe durch Wort und Schrift, veranstalten Ausstellungen, Schaufeste und Prämiirungen, erproben Maschinen und Geräthe, beschaffen Sämereien und gute Viehstämme u. s. w. Zur Besoldung der Generalsecretäre erhalten die Vereine jährlich aus der Staatscasse eine Beihilfe von 4925 Thlr. und zur Bestreitung ihrer Geschäfte einen Zuschuss von 6000 Thlr.; ausserdem empfängt die westfälische Landescultur-Gesellschaft 175 Thlr. jährliche Unterstützung und der Verein zur Beförderung der Landwirthschaft und der Gewerbe in den hohenzollerschen Landen einen Zuschuss von 3000 Fl.

1. Vereine für die gesammte Landwirthschaft.

1) Der landwirthschaftliche Centralverein für Litthauen und Masuren zu Gumbinnen, 1821 gegründet und 1861 mit Corporationsrechten ausgestattet, umfasst 15 Kreisvereine: zu Kaukehmen (für die Kreise Niederung und Heidekrug), Tilsit (für Tilsit und Ragnit), Pillkallen, Stallupönen, Gumbinnen, Insterburg, Goldap, Darkehmen, Angerburg, Oletzko, Lötzen, Lyck, Johannisburg, Sensburg und zu Rastenburg (im Reg.-Bez. Königsberg). — Daneben bestehen im Regierungsbezirk Gumbinnen 3 nicht centralisirte Vereine: Bauernverein zu Heidekrug, Verein kleinerer Besitzer der Kreise Gumbinnen und Insterburg zu Judtschen, Verein kleiner Gutsbesitzer zu Tilsit.

2) Die ostpreussische landwirthschaftliche Centralstelle zu Königsberg, am 18. Juni 1845 gegründet, hat 29 Zweigvereine an folgenden Orten: Rosengarten im Kreise Angerburg (des Reg.-Bez. Gumbinnen), Allenburg und Tapiau (Kreis Wehlau), Königsberg, Aweiden, Friedrichstein, Schönfliess und Waldau (diese vier im Landkreise Königsberg), Kondehnen, Fischhausen-Dammkrug und Fischhausen-Thierenberg (diese drei im Kreise Fischhausen), Friedland und Bartenstein, Pr.-Eilau und Gross-Landt, Heiligenbeil (die landwirthschaftliche Gesellschaft und der

Verein kleiner Besitzer) und Zinten (der landwirthschaftliche Verein kleiner Besitzer und die Gesellschaft praktischer Landwirthe), Braunsberg, Barten (im Kreise Rastenburg), Rössel, Heilsberg, Pr.-Holland (die landwirthschaftliche Kreisgesellschaft und die oberländische Gesellschaft praktischer Landwirthe), Liebstadt (im Kreise Mohrungen), Wartenburg (Kreis Allenstein), Osterode, Neidenburg. — Ausserdem befinden sich im Reg.-Bez. Königsberg 4 nicht centralisirte Vereine: der landwirthschaftliche zu Memel, der Oekonomenverein zu Königsberg, der landwirthschaftliche Dorfverein zu Moltheinen bei Gerdauen und der Verein zu Ortelsburg. — Im Kreise Labiau hat kein Verein seinen Sitz.

3) Der im September 1846 gegründete landwirthschaftliche Centralverein zu Danzig für den Regierungsbezirk Danzig hat excl. 1 für Bienenzucht und 1 für Pferdezucht 18 Zweigvereine: zu Preussisch-Mark im Kreise Mohrungen (des Regierungsbezirks Königsberg), Elbing, Mausdorf und Trunz (diese drei im Kreise Elbing), Dirschauer Fähre (landwirthschaftlicher Verein des Marienburger Oberwerders) und Schönwiese (Kreis Marienburg), Gemlitz, Hohenstein, Praust, Quadendorf (landwirthschaftlicher Dorfverein) und Wotzlaff (diese fünf im Landkreise Danzig), Zoppot (Kreis Neustadt), Karthaus und Schönberg, Berent und Neu-Paleschken, Stargardt i. Pr. und Saaben (landwirthschaftliches Casino). — Ausserdem befindet sich im Regierungsbezirk Danzig der landwirthschaftliche Verein der Danziger Nehrung zu Stegnerwerder (Landkreis Danzig).

4) Der Verein westpreussischer Landwirthe zu Marienwerder, am 10. Juni 1822 gegründet und am 12. Januar 1849 regenerirt, umfasst ausser 8 Gartenbau-, Seiden- und Bienenzuchtvereinen 12 Local- u. dergl. Vereine, 14 Dorf- und Bauernvereine und 2 landwirthschaftliche Lehrervereine. Localvereine giebt es an folgenden Orten: Pelplin im Kreise Stargardt (des Regierungsbezirks Danzig), Altmark (Kreis Stuhm), Marienwerder und Czerwinsk, Rosenberg i. Westpr., Löbau, Kulm und Briesen, Strasburg i. Westpr., Kulmsee (Kreis Thorn), Schwetz, Flötenstein (Kreis Schlochau); Bauernvereine: zu Kamnitz i. Westpr. und Zempelburg (beide im Kreise Flatow); Dorfvereine an folgenden Orten: Stuhm, Gr. Baldram, Gr. Krebs, Kl.-Nebrau, Neudörfchen und Gr.-Outlau (diese fünf im Kreise Marienwerder), Dombrowken (Kreis Kulm), Hammer (Kreis Strasburg), Osterwick (Kreis Konitz), Barkenfelde und Melno (Kreis Schlochau), Zippenow (Kreis Deutsch-Krone); Lehrervereine: zu Wilsons resp. Wieldzonds für die Kirchspiele Neudorf und Rehden (in den Kreisen Kulm und Graudenz) und zu Gollub (Kreis Strasburg). — Dem Centralverein haben sich 2 Vereine nicht angeschlossen: zu Konitz (für die Kreise Konitz und Schlochau) und zu Baldenburg (Kreis Schlochau).

5) Der landwirthschaftliche Centralverein für den Netzedistrict zu Bromberg ist am 8. April 1852 gegründet und besteht ausser einem Verschönerungsverein aus 12 Zweigvereinen an folgenden Orten: Schlochau, Flatow, Märkisch-Friedland (Kreis Deutsch-Krone) — diese drei im Regierungsbezirk Marienwerder —, Bromberg, Wirsitz, Chodziesen und Schneidemühl, Czarnikau, Inowraclaw, Schubin, Wongrowitz, Mogilno. — Der landwirthschaftliche Verein zu Gnesen hat sich dem System nicht angeschlossen. Für die nördlichen Kreise des Grossherzogthums Posen hat sich 1861 ein neuer Verein gebildet.

6) Für die nicht centralisirten Vereine des Regierungsbezirks Posen hat das Oberpräsidium der Provinz die Geschäfte des Centralbureaus übernommen. Die zur Förderung der gesammten Landwirthschaft gebildeten 10 Vereine sind folgende: ldw. V. des Kreises Obornik zu Rogasen, V. zu Birnbaum, ldw. V. zu Meseritz, V. zu Wreschen für die Kreise Schroda und Wreschen, agronomisch-gewerblicher Verein zu Gostyn (für die Kreise Kosten, Kröben, Schrimm und Fraustadt), landwirthschaftlicher V. der Kreise Kosten und Fraustadt zu Kosten, Karger ldw. V. zu Karge resp. Unruhstadt, Verein zu Krotoschin, ldw. V. des Kreises Kröben zu Rawicz, ldw. V. des Kreises Schildberg zu Kempen.

7) Den Centralverein für Hinterpommern bildet die pommersche ökonomische Gesellschaft, welche 1810 gegründet ist und ihren dermaligen Sitz zu Premslaff (im Kreise Regenwalde) hat. Ausser einem Seidenbau- und einem Pferdezucht-Verein gehören ihr 19 Zweig- und 2 Nebenvereine an. Jene befinden sich in folgenden Orten: Lauenburg, Stolp (und Schlawe), Bütow, Rummelsburg, Bublitz, Körlin und Köslin (diese drei im Fürstenthumskreise), Belgard, Schievelbein, Neu-

stettin, Dramburg-Falkenburg; Treptow a. d. R. (Kreis Greifenberg), Kammin, Regenwalde und Wangerin, Gollnow (Kreis Naugard), Freienwalde i. P. (Kreis Saatzig), Pyritz, Stettin. Nebenvereine sind zu Schievelbein und Stettin.

8) Centralverein für Vorpommern ist der 1838 gegründete baltische Verein zur Beförderung der Landwirthschaft zu Eldena. Ausser einem Gartenbauverein hat er 7 allgemeine Zweigvereine: zu Anklam, Demmin (patriotischer ldw. V.) und Treptow a. d. Tollense; zu Bergen (auf Rügen), Franzburg, Tribsees (Kreis Grimmen), Greifswald. — Der landwirthschaftliche Verein zu Pasewalk (Kreis Ukermünde) hat sich dem System nicht angeschlossen.

9) Die beiden Central- und deren Zweigvereine in der Provinz Brandenburg finden seit dem 10. Februar 1844 eine Vereinigung im landwirthschaftlichen Provinzialverein für die Mark Brandenburg und Niederlausitz zu Potsdam. Als Centralverein für den Bezirk Potsdam dient die im Jahre 1791 gegründete märkische ökonomische Gesellschaft zu Potsdam, welcher ausser einem Bienenzuchtverein nachstehende 21 Zweigvereine zugehören: in Prenzlau, Angermünde, Templin, Altruppin (l. V. für die Kreise Templin und Ruppin) und Neuruppin (l. V. bäuerlicher Wirthe Ruppiner Kreises), Kyritz (in der Ostpriegnitz), Perleberg (Westpriegnitz), Wriezen a. d. O. (l. V. des oberbarnimschen Kreises), ebendaselbst (V. der Oderbrücher), Freienwalde a. d. O. und Werneuchen (die letzten vier im Oberbarnim), Alt-Landsberg, Liebenwalde, Oranienburg und Tassdorf (diese vier im Niederbarnim), Nauen (Osthavelland), Brandenburg a. d. H. und Rathenow (Westhavelland), Storkow, Zossen (Kreis Teltow), Dahme (für den Kreis Jüterbock-Luckenwalde). — Nicht centralisirt sind folgende 4 Vereine: der Bauernverein zu Neustadt-Eberswalde (Oberbarnim), der l. V. für den Teltower Kreis zu Berlin, der Oekonomen-V. der Provinz Brandenburg zu Berlin, der Akklimatisations-V. für die k. preussischen Staaten nebst dem Centralinstitut für Akklimatisation zu Berlin. Vom Verein für den Teltower Kreis ist seit dem 27. November 1861 eine Art landwirthschaftliches Seminars zu Berlin ins Leben gerufen, in welchem allwöchentlich an einem Abend Vorträge gehalten werden.

Der landwirthschaftliche Centralverein für den Reg.-Bezirk Frankfurt zu Frankfurt besteht seit November 1841 und breitet sich über 4 Pferdezucht- und 23 allgemein landwirthschaftliche Zweigvereine aus, welche letztere ihren Sitz an folgenden Orten haben: Beeskow (im Regierungsbezirk Potsdam), Arnswalde 2 (l. Kreisverein, V. städtischer und bäuerlicher Grundbesitzer), Berlinchen (im Kreis Soldin, l. Localverein), Königsberg N.-M., Bärwalde (l. Localverein für Bärwalde und Umgegend) und Neudamm (diese drei im Kreise Königsberg), Friedeberg N.-M., Sternberg, Frankfurt (land- und forstwirthschaftlicher Localverein), Fürstenwalde, Müncheberg und Seelow (diese drei im Kreise Lebus), Züllichau, Krossen, Guben (ökonomischer V.), Lübben, Kottbus (l. Kreisverein), Kalau (l. Kreisverein), Luckau und Finsterwalde, Sorau und Forste.

10) Der im Mai 1842 gegründete landwirthschaftliche Centralverein für Schlesien zu Breslau umfasst neben 1 Seidenbau- und 6 Viehzuchtvereinen 88 allgemein landwirthschaftliche. Von letzteren befinden sich 12 im Regierungsbezirk Liegnitz: zu Freistadt, Glogau, Priebus (Kreis Sagan), Rothenburg i. d. Oberlausitz, Lüben (l. V.), Görlitz 2 (l. V., Oekonomiesection der naturforschenden Gesellschaft), Liegnitz, Goldberg, Löwenberg (ldw. V. für die Kreise Löwenberg und Bunzlau), Jauer 2 (l. V., ökonomisch-patriotische Societät). — Nicht centralisirt sind ausserdem 8 Vereine: der land- und forstwirthschaftliche V. zu Sagan, der l. Bauernverein zu Jänkendorf (Kreis Rothenburg), der l. V. zu Hoyerswerda, der l. V. zu Lichtenberg, der l. Leseverein zu Moys, der V. zu Penzig, der l. V. zu Schützenhain-Langenau (diese vier im Kreise Görlitz), der ldw. V. im Riesengebirge zu Hirschberg.

Im Regierungsbezirk Breslau befinden sich 19 Zweigvereine: zu Guhrau, Militsch und Trachenberg, Poln. Wartenberg, Winzig (im Kreise Wohlau, l. V.), Steinau a. d. O., Namslau, Oels (ökonomisch-patriotischer Verein), Breslau 2 (l. V., ökonomische Section der schlesischen Gesellschaft für vaterländische Cultur), Neumarkt und Kostenblut, Brieg, Strehlen, Nimptsch, Schweidnitz, Frankenstein (-Reichenbacher l. V.) und Kamenz (l. V.), Glaz. — Nicht centralisirt sind 3 Vereine: der allgemeine landwirthschaftliche in Oels, der schlesische V. zur Unterstützung von landwirthschaftlichen Beamten in Breslau und der l. V. in Ohlau.

Im Regierungsbezirk Oppeln haben 7 Zweigvereine ihren Sitz: zu Oppeln, Neisse, Beuthen i. Ob.-Schl., Leobschütz, Pless, Rybnik und Ratibor. — Dem Centralverein nicht beigetreten sind 2 Vereine: der zu Lublinitz i. Ob.-Schl. und der l. V. für die der Herrschaft Tarnowitz und Neudeck angehörigen Güter zu Neudeck (Kr. Beuthen).

11) Der landwirthschaftliche Centralverein für die Provinz **Sachsen** zu Merseburg, 1842 gegründet und nach den Statuten vom 27. April 1850 reorganisirt, begreift ausser einem Seidenbau- und einem Weinbauverein 52 landwirthschaftliche Gesellschaften innerhalb der Provinz und 7 ausländische in sich. Von jenen befinden sich 13 im Reg.-Bezirk Magdeburg: zu Genthin (Kreis Jerichow II.), Loburg (Kr. Jerichow I.), Seehausen i. d. Altmark (Kr. Osterburg), Gr. Apenburg (Kr. Salzwedel), Stendal, Klötze und Oebisfelde (Kr. Gardelegen), Neuhaldensleben (l. V.), Magdeburg (V. zur Aufstellung landwirthschaftlicher Maschinen u. s. w.), Oschersleben und Badersleben (l. Bauernverein, dem Halberstädter als Localverein angeschlossen), Halberstadt und Osterwieck, Kalbe a. d. S.

Dem Regierungsbezirk Merseburg gehören folgende 23 Zweigvereine an: zu Herzberg (Kreis Schweidnitz), Wittenberg, Liebenwerda, Schildau und Zwethau (Kr. Torgau), Bitterfeld, Brehna und Stumsdorf (diese drei im Kreise Bitterfeld), Büschdorf und Salzmünde (Bauernvereine des Saalkreises), Halle a. d. S., Teutschenthal (Seekreis), Hettstedt (Gebirgskreis), Sangerhausen, Eilenburg (Kr. Delitzsch), Merseburg (l. V.), Lützen und Reinsdorf (diese drei im Kreise Merseburg), Querfurt, Bedra und Steigra (diese drei im Kr. Querfurt), Weissenfels, Zeitz. — Der ökonomische Bauernverein zu Kölsa (Kr. Liebenwerda) hat sich dem System nicht angeschlossen.

Im Reg.-Bez. Erfurt befinden sich 16 Zweigvereine: zu Nordhausen (l. V. in der goldenen Aue), Worbis, Heiligenstadt (V. im Eichsfelde), Mühlhausen (Land- und Gartenbau-V.), Langensalza 2 (land- und forstwirthschaftlicher V. und V. für Gewerbe, Land- und Gartenbau), Günstädt (Kr. Weissensee), Erfurt, Alach, Dachwig, Neuschmidtstedt, Waldschlösschen bei Kirchheim und Witterda (die letzten sechs im Kreise Erfurt), Schleusingen, Ranis (Kr. Ziegenrück) 2 (l. Gesellschaft, l. Bauern-V.). — Der Verein in Ranis zur Verbesserung des Dienstbotenwesens hängt mit dem Centralverein nicht zusammen.

12) Die vier Hauptvereine der Provinz **Westfalen** und derjenige des Fürstenthums Lippe-Detmold haben einen Sammelpunkt im landwirthschaftlichen Provinzialverein für Westfalen zu Münster, welcher 1854 gegründet ist. Der seit dem 10. März 1843 bestehende Minden-Ravensbergische landwirthschaftliche Hauptverein zu Herford umfasst 6 Kreisvereine: in Minden, Lübbeke, Herford, Halle i. Westf., Bielefeld, Wiedenbrück. Der Paderbornsche H.-V. zur Beförderung der Landwirthschaft in Paderborn, 1843 gegründet, hat 4 Zweigvereine: in Paderborn, Höxter, Peckelsheim (Kr. Warburg), Büren. — Nicht beigetreten ist die Bodencultur-Gesellschaft in Minden.

Der ebenfalls 1843 gegründete landwirthschaftliche Hauptverein für den Reg.-Bez. Münster zu Münster hat 10 Zweigvereine: Tecklenburg, Steinfurt, Ahaus, Warendorf, Münster, Koesfeld, Borken, Beckum, Lüdinghausen, Recklinghausen.

Der seit 1809 bestehenden Landescultur-Gesellschaft zu Arnsberg gehören ausser einem Bienenzucht- und Seidenbau-Verein 14 allgemein landwirthschaftliche Zweigvereine an: zu Lippstadt, Soest, Hamm, Dortmund, Bochum, Arnsberg, Iserlohn, Hagen, Brilon, Meschede, Altena, Berleburg (Kr. Wittgenstein), Olpe, Siegen. — Dem Hauptverein nicht beigetreten ist der landwirthschaftliche V. für das Amt Warstein zu Warstein (Kr. Arnsberg).

13) Der landwirthschaftliche Verein für **Rheinpreussen** zu Bonn zerfällt in 54 Localabtheilungen, neben denen er noch zwei ausländische hat. Davon befinden sich im Regierungsbezirk Düsseldorf 14: Rees Ib., Duisburg VIa., Essen VIb., Elberfeld Va., Düsseldorf IV., Solingen Vb., Kleve Ia., Mörs IIc., Geldern IIa., Krefeld IIId., Kempen IIb., Gladbach IIIa., Neuss IIIc., Grevenbroich IIIb.

Im Regierungsbezirk Köln hat der Verein 10 Localabtheilungen: Wipperfürt VIIb., Bensberg-Mülheim VIIIa., Köln VIII., Bergheim XXIV., Gummersbach VIIc., Oberberg (Kreis Waldbröl) VIIa., Siegburg IXc., Bonn IXa., Euskirchen IXb., Rheinbach IXd.

Im Regierungsbezirk Aachen haben 9 Localabtheilungen ihren Sitz: Erkelenz

XIIb., Geilenkirchen-Heinsberg XIIa., Jülich XIb., Aachen Xa., Eupen Xb., Düren XIa., Montjoie XIIIa., Schleiden XIIIb., Malmedy XIIIc.

Im Regierungsbezirk Koblenz sind ebenfalls 9 Localabtheilungen vorhanden: Wetzlar XVI., Altenkirchen XV., Neuwied, Ahrweiler XIVb., Adenau XXIIa., Koblenz XIVa., Simmern XVIIIb., Zell XVIIIa., Kreuznach XVII. — Der Verein für Landwirthschaft und Gewerbe in Wetzlar steht ausser Zusammenhang mit dem Centralverein.

Im Regierungsbezirk Trier befinden sich 12 Localabtheilungen: Daun XXIIb., Prüm XXIIc., Wittlich XIXc., Bitburg XXIII., Bernkastel XIXb., Trier XIXa., Saarburg, Merzig XXa., St. Wendel XXIc., Ottweiler XXIb., Saarlouis XXb., Saarbrücken XXIa.

14) Für Hohenzollern besteht die Centralstelle des Vereins zur Beförderung der Landwirthschaft und der Gewerbe zu Sigmaringen mit 4 Bezirks- und 1 Seidenzuchtverein. Jene sind: zu Sigmaringen, Trochtelfingen, Haigerloch und Hechingen.

2. Vereine für Gartenbau, Bienen- und Seidenzucht.

Besondere Vereine dieser Art giebt es in allen Provinzen; im ganzen Staate sind 47 vorhanden, und zwar:

1) in der Provinz Preussen 9: Garten- und Verschönerungsverein zu Tilsit; Gartenbauverein zu Memel und Königsberg, Bienenzuchtverein zu Heinrichsdorf bei Friedland; Gartenbauverein zu Danzig, Bienenzuchtverein zu Zuchau (im Kreise Karthaus, Zweig des landwirthschaftlichen Centralvereins für den Regierungsbezirk Danzig); Verein für Seidenbau, Bienenzucht und Obstbaumzucht zu Weichselburg (Kr. Marienwerder), Garten-, Obst-, Seidenbau- und Bienenzuchtverein zu Finkenstein (Kr. Rosenberg), botanische Gartencommission zu Thorn.

2) in der Provinz Posen 4: Verschönerungsverein zu Bromberg (Zweig des landwirthschaftlichen Centralvereins für den Netzedistrict); Verschönerungsverein zu Posen, Verein zur Beförderung des Seidenbaues in der Provinz Posen zu Meseritz, Verein für Bienenzucht zu Sierakowo (Kr. Kröben).

3) in der Provinz Pommern 2: Verein zur Beförderung des Seidenbaues in der Provinz Pommern zu Stettin (Zweig der pommerschen ökonomischen Gesellschaft); Gartenbauverein zu Eldena (Kr. Greifswald, Zweig des baltischen Vereins).

4) in der Provinz Brandenburg 8: Gartenbauverein zu Perleberg, Verein zur Beförderung des Gartenbaues in den preussischen Staaten zu Berlin (mit 538 Mitgliedern am Schluss des Jahres 1861), Gesellschaft der Gartenfreunde Berlins, Seidenbau-Gesellschaft zu Berlin, Verein zur Beförderung des Seidenbaues in der Mark Brandenburg und Niederlausitz zu Potsdam (ist ein Centralverein), Bienenzuchtverein zu Potsdam (Zweig der märkischen ökonomischen Gesellschaft), Gartenbauverein zu Guben, Verein zur Beförderung des Gartenbaues zu Sorau.

5) in der Provinz Schlesien 10: Gewerbe- und Garten-V. zu Grünberg i. Schl., Seidenbau-V. und Gartenbau-V. zu Görlitz, Gartenbau- und Bienenzucht-V. zu Schömberg (Kr. Landeshut); Seidenbau-V. (Zweig des landw. Centralvereins, hat in jedem schlesischen Kreise einen Commissar) und Central-Gärtner-V. zu Breslau, pomologischer V. zu Lossen (Kr. Brieg), Gärtner-V. zu Markt Bohrau (Kr. Strehlen), Seidenbau-V. für die Grafschaft Glaz; Gartenbau-V. zu Pilsch (Kr. Leobschütz).

6) in der Provinz Sachsen 10: Gartenbau-V. zu Magdeburg; Bienenzucht-V. des Kreises Wittenberg zu Wartenburg, Gartenbau-V. zu Sangerhausen, sächsischer Provinzial-Seidenbau-V. zu Merseburg (Zweig des landw. C.-V.), Seidenbau-V. zu Weissenfels, Weinbau-Gesellschaft (Zweig des landw. C.-V.) und Gartenbau-V. zu Naumburg a. d. S.; Gartenbau-V. und Bienenzucht-V. zu Erfurt, Gartenbau-V. zu Suhl. Ausserdem hat der Land- und Gartenbau-V. zu Mühlhausen eine besondere Section für Seidenbau und Bienenzucht.

7) in der Provinz Westfalen 1: der westfälisch-rheinische V. zur Beförderung der Bienenzucht und des Seidenbaues zu Unna (Kr. Hamm, Zweig der Landescultur-Gesellschaft zu Arnsberg).

8) in der Rheinprovinz 2: Gartenbau- und Verschönerungs-V. zu Wesel; Gartenbau-V. zu Köln.

9) in Hohenzollern 1: V. zur Beförderung der Seidenzucht zu Hechingen (Zweig des Vereins zur Bef. der Landw. zu Sigmaringen).

3. Vereine zur Beförderung der Thierzucht.

Vereine, welche sich unter Ausschluss der übrigen landwirthschaftlichen Gewerbe allein mit der Verbesserung der Zucht von Haus- und Nutzthieren beschäftigen, sind im preussischen Staate 33 vorhanden; von diesen haben wiederum 29 nur die Hebung der Pferdezucht als eigenthümlichen Zweck. Diese Gesellschaften befinden sich:

1) in der Provinz Preussen 3: V. für Pferderennen in Preussen zu Königsberg; Pferdezucht-V. zu Schönwiese (Kr. Marienburg, Zweig des landw. C.-V. zu Danzig); landwirthschaftlicher und Pferdezüchtungs-V. zu Marienwerder.

2) in der Provinz Posen 2: V. für Pferderennen zu Bromberg; V. zur Verbesserung der Pferde-, Rindvieh- und Schafzucht in der Provinz Posen zu Posen.

3) in der Provinz Pommern 2: V. für Pferdezucht und Pferderennen zu Stettin (Zweig der pomm. ökon. Ges.); V. für Pferdezucht und Pferdedressur zu Anklam.

4) in der Provinz Brandenburg 5: V. für Pferdezucht und Pferdedressur zu Berlin; Zuchtstuten-V. zu Berlinchen (Kr. Soldin), V. zur Belebung und Verbesserung der Pferdezucht zu Ziltendorf (Kr. Guben), Zuchtstuten-V. zu Kottbus, Zuchtstuten-V. zu Kalau (die letzten vier sind Zweige des landw. C.-V. zu Frankfurt).

5) in der Provinz Schlesien 8: hühnerologischer V. zu Görlitz; Zuchtstuten-V. zu Winzig (Kr. Wohlau), Zuchtstuten-V. zu Oels (beide letzteren dem landw. C.-V. angehörig), schlesischer V. für Pferdezucht und Pferderennen und schlesischer Schafzüchter-V. zu Breslau, Stuten-V. zu Kostenblut (Kr. Neumarkt), Stutenschau-V. zu Nimptsch; Pferdezüchtungs-V. zu Leobschütz (die letzten vier sind Zweige des C.-V.).

6) in der Provinz Sachsen 1: V. zur Verbesserung der landwirthschaftlichen Viehzucht zu Magdeburg.

7) in der Provinz Westfalen 3: Pferdezucht-V. zu Ahaus; V. zur Hebung der Pferdezucht zu Soest; V. zur Beförderung der Zucht und Dressur der Pferde zum Dienst der Cavallerie im Reg.-Bez. Arnsberg zu Hamm.

8) in der Rheinprovinz 9: Pferdezucht-V. mit eignen Hengsten zu Rees, V. zur Dressur von Landwehrpferden zu Wesel (Kr. Rees), Rennverein für die Rheinprovinz und Westfalen zu Düsseldorf, Pferdezucht-V. mit eignen Hengsten zu Kempen, desgl. zu Neuss; engerer Pferdezüchter-V. für die Kreise Jülich, Erkelenz, Geilenkirchen und Heinsberg zu Linnich (Kr. Jülich), Pferdezucht-V. Aachen-Eupen; Pferdezucht-V. zu St. Johann (Kr. Mayen); Pferdezucht-V. zu Trier.

4. Anzahl, Mitglieder und Geldmittel der Vereine.

Einige Auskunft über die provinzielle Verbreitung der landwirthschaftlichen Vereine in früheren Jahren giebt Tabelle 110*), über die gegenwärtige Anzahl und Art der Vereine Tabelle 111.

(110.) Provinzen.	Anzahl der Vereine zu Ende 1852.	In den Jahren 1853—55 lösten sich auf	In den Jahren 1853—55 traten hinzu	Anzahl der Vereine zu Ende 1855 überhaupt	Anzahl der Vereine zu Ende 1855 Centralvereine	Anzahl der Vereine zu Ende 1855 Zweigvereine	Anzahl der Vereine zu Ende 1855 nicht centralisirte	Vermehrung der Vereine 1856 bis 1861.	Anzahl der Vereine im Jahre 1862.
Preussen	85	7	17	95	4	79	12	24	119
Posen	19	1	5	23	1	9	13	4	27
Pommern	26	1	5	30	2	27	1	1	31
Brandenburg	45	8	7	44	3	32	9	20	64
Schlesien	46	2	10	54	1	42	11	16	70
Sachsen	50	6	17	61	1	47	13	5	66
Westfalen	42	2	3	43	5	34	4	2	45
Rheinland	48	—	10	58	2	51	5	15	73
Insgesammt	361	27	74	408	19	321	68	87	495

*) Nach F. W. Böttcher: die landwirthschaftlichen Vereine in den k. preussischen Staaten. 3. Auflage.

Unter den zu Ende 1855 vorhandenen Vereinen waren gegründet: 2 im vorigen Jahrhundert, 8 von 1801 bis 1820, 23 von 1821 bis 1830, 109 von 1831 bis 1841, 85 von 1842 bis 1845, 75 von 1846 bis 1850, 106 von 1851 bis 1855.

(111.) Regierungsbezirke. — Provinzen.	Anzahl der landwirthschaftlichen Vereine im Jahre 1855.						Der älteste noch bestehende Verein stammt aus dem Jahre
	Central- und Haupt-vereine.	Centralisirte Vereine.	Einzeln stehende Vereine.	Summe der Vereine, welche eigenthümliche Mitglieder haben.	Mit Gartenbau, Bienen- u. Seidenzucht beschäftigen sich ausschliesslich	Mit Förderung der Thierzucht beschäftigen sich ausschliesslich	
Gumbinnen	1	15	4	19	1	—	1821
Königsberg	1	30	8	38	3	1	1808
Danzig	1	20	2	22	2	1	1827
Marienwerder	1	33	3	37	3	1	1822
Preussen	4	98	17	116	9	3	1808
Bromberg	1	10	2	12	1	1	1832
Posen	—	—	14	14	3	1	1844
Posen	1	10	16	26	4	2	1832
Köslin	—	12	—	12	—	—	1837
Stettin	1	12	1	13	1	2	1810
Stralsund	1	4	—	5	1	—	1821
Pommern	2	28	1	30	2	2	1810
Potsdam	2	23	10	35	6	1	1791
Frankfurt	1	26	2	29	2	4	1837
Brandenburg	3	49	12	64	8	5	1791
Liegnitz	—	12	13	25	4	1	1772
Breslau	1	25	8	33	5	6	1808
Oppeln	—	8	3	11	1	1	1837
Schlesien	1	45	24	69	10	8	1772
Magdeburg	—	13	2	15	1	1	1810
Merseburg	1	25	5	31	6	—	1826
Erfurt	—	16	4	20	3	—	1824
Sachsen	1	54	11	66	10	1	1810
Minden	2	10	1	12	—	—	1833
Münster	2	10	1	12	—	1	1830
Arnsberg	1	15	3	19	1	2	1809
Westfalen	5	35	5	43	1	3	1809
Düsseldorf	—	14	6	20	1	5	1836
Köln	1	10	1	12	1	—	1833
Aachen	—	9	2	11	—	2	1840
Koblenz	—	9	2	11	—	1	1835
Trier	—	12	1	13	—	1	1840
Sigmaringen	1	5	—	6	1	—	1842
Rheinland	2	69	12	73	3	9	1833
Insgesammt	19 *)	376	98	487	47	33	1772

*) darunter 8, welche lediglich aus den Mitgliedern der Zweigvereine bestehen.

Ueber die Zahl der **Mitglieder** reichen vollständige Nachweisungen nur bis zum Jahre 1855.

(112.) Provinzen.	Wirkliche Vereinsmitglieder zu Ende 1852.	Anzahl der Vereinsmitglieder zu Ende 1855 überhaupt	Ehrenmitglieder	correspondirende	wirkliche	bei den centralisirten Vereinen	bei den nicht centralisirten Vereinen
Preussen	2 912	3 652	48	4	3 600	3 090	562
Posen...........	1 608	1 780	12	—	1 768	632	1 148
Pommern	1 470	1 704	25	—	1 679	1 605	99
Brandenburg ...	3 592	4 117	94	51	3 972	2 398	1 720
Schlesien	3 720	5 848	121	—	5 727	4 542	1 306
Sachsen.........	3 800	4 647	107	25	4 515	3 853	794
Westfalen	5 458	6 611	118	—	6 493	5 756	855
Rheinland	7 090	12 204	72	35	12 097	11 175	1 029
Insgesammt..	29 650	40 563	597	115	39 851	33 041*)	7 522

*) darunter 504 Ehren- und 51 correspondirende Mitglieder.

Im Jahre 1847 brachten die ordentlichen Mitglieder aller Vereine an Eintrittsgeld, fixirten und ausserordentlichen Beiträgen die Summe von 56 800 Thlr zu Vereinszwecken auf. Durch Herabsetzungen der Jahresquoten fiel diese Summe auf 45 250 Thlr im Jahre 1852 und stieg dann mit der Vermehrung der Vereine im Jahre 1855 auf 55 826 Thlr; spätere Nachrichten sind nicht für alle Vereine bekannt geworden. Ausser diesen Beiträgen stand den Vereinen im Jahre 1855, die Staatsbeihülfen ungerechnet, die Verfügung über folgende Mittel zu: Zinsen von Capitalien und Miethen von Grundstücken 2 392, Zuschüsse oder Geschenke aus städtischen, Kreis- und Communalfonds 1 860, Geschenke von Feuer- u. s. Versicherungs-Gesellschaften 3 788, Erlös aus Gärten, Baumschulen, Versuchsgrundstücken u. dgl. für verkaufte Jahresberichte und Vereinsschriften, Eintrittsgelder bei den öffentlichen Schaufesten und verschiedene andere Einnahmen 11 434 Thlr. Wie sich diese Geldmittel auf die Provinzen vertheilten, zeigt Tabelle 113.

(113.) Provinzen.	Beiträge der Mitglieder im Jahre 1852. Thlr	Einnahmen der Vereine im Jahre 1855: Beiträge der Mitglieder Thlr	Zinsen und Miethen Thlr	aus Gemeindemitteln u. dgl. Thlr	Geschenke von Versicherungs-Gesellschaften Thlr	verschiedene Thlr	zusammen Thlr
Preussen.......	5 174	6 133	254	—	—	1 293	[illegible]
Posen	3 350	4 084	—	435	—	4 645	9 364
Pommern	2 950	3 098	53	—	220	163	[illegible]
Brandenburg...	11 584	11 987	889	660	1 066	1 049	15 644
Schlesien........	5 290	7 202	498	270	—	1 212	[illegible]
Sachsen.........	4 700	5 184	230	20	1 612	1 309	[illegible]
Westfalen	5 062	5 287	257	180	310	1 174	[illegible]
Rheinland	7 150	12 763	211	286	580	396	[illegible]
Zusammen	45 250	55 826	2 392	1 860	3 788	11 434	75 300
{Central. Vereine	.	36 978	2 225	1 310	3 738	6 234	50 485
{Nicht centr. »	.	18 848	167	550	50	5 200	24 815

5. Thätigkeit der Vereine.

Ordentliche Generalversammlungen landwirthschaftlicher Central- und Hauptvereine fanden während des Jahres 1861 laut den darüber vorhandenen Zusammenstellungen *) statt: in der Provinz Preussen 5, Posen 1, Pommern 3, Brandenburg 3, Schlesien 1, Sachsen 1, Westfalen 1, Rheinland 1. Ordentliche Versammlungen einzelner Vereine kamen vor:

im Januar	in Preussen	28,	Brandenburg	18,	Schlesien	13,	Sachsen	15,
» Februar	»	26	»	22	»	16	»	16
» März..........	»	30	»	19	»	14	»	16
» April..........	»	24	»	11	»	14	»	6
» Mai	»	27	»	10	»	11	»	10
» Juni	»	23	»	8	»	9	»	10
» Juli	»	15	»	7	»	5	»	9
» August	»	11	»	6	»	6	»	5
» September ...	»	20	»	9	»	12	»	9
» October	»	22	»	16	»	9	»	13
» November ...	»	23	»	15	»	12	»	14
» December....	»	22	»	16	»	15	»	10
zusammen ...	in Preussen	271,	Brandenburg	157,	Schlesien	136,	Sachsen	135.

Der Verein zu Liebwalde hat ausserdem vom October bis März aller vierzehn Tage eine Versammlung.

Vollständigkeit beansprucht das obige Verzeichniss keineswegs; noch weniger ist das der Fall hinsichtlich der übrigen Provinzen. In Posen sind nur 27, in Pommern 26, in Westfalen 10, in Rheinland (ausschliesslich 17 Wochenversammlungen der Bonner Localabtheilung) 16 regelmässige Generalversammlungen bekannt geworden.

Grössere Genauigkeit hat das Verzeichniss der Ausstellungen aller Art, welche von den Vereinen veranstaltet worden sind. Der Zeit nach geordnet, fanden dergleichen an folgenden Orten statt: Potsdam 6. Febr. (Bienenzüchter-Verein): Dzierzonkasten; Steinfurt 11. März: Thierschaufest und Sämereiverloosung; Herrnstadt 18. und 19. März (Centralverein für Schlesien): Schafschau; Berlin 24. März (Gesellschaft der Gartenfreunde): Pflanzen, Blumen, Früchte und Gemüse; Berlin 7. April (V. z. Bef. des Gartenbaues): Frühjahrsausstellung von Blumen und Gartengewächsen. Im Mai: 5.—7. Stettin (V. f. Pferdezucht und Rennen): Pferderennen; 7. Pr. Stargardt: Thierschaufest und Ausstellung von Maschinen und landwirthschaftlichen Geräthschaften; 8. Neuruppin (V. bäuerlicher Wirthe): Thier-, Producten- und Gerätheschau mit öffentlicher Verloosung; 10. und 11. Prenzlau (ukermärk. V. f. Thierschau, Pferderennen und Landescultur): Thierschau, Ausstellung von Maschinen und Geräthen, Pferderennen und öffentliche Verloosung; 14. Wittenberg (V. der Kreise Wittenberg, Schweinitz, Jüterbock und Luckenwalde): Thier-, Maschinen- und Gerätheschau mit Verloosung; 15. Schweidnitz: Ausstellung von Thieren, Ackergeräth, Blumen- und Gartenerzeugnissen mit Verloosung; 16. Bartenstein: Schafschau; 21. Neumarkt: Thierschau, Vereinsmarkt, Ausstellung von landwirthschaftlichen Maschinen, Geräthen und Sämereien, Verloosung; 22. Klötze: Thierschaufest nebst Verloosung von Vieh und Geräthen; 20.—22. Düsseldorf (V. f. Pferdezucht und Pferderennen in Rheinland und Westfalen): Pferderennen; 22. Neustettin (Zweigverein): Thierschau und Ausstellung landwirthschaftlicher Maschinen und Geräthe mit Prämiirung und Verloosung; 23. Mayen (Localabtheilung Koblenz): Thierschau, Wettpflügen und Ausstellung von Producten nebst Lagerbier und Obstwein; 23.—25. Berlin (Provinzialverein): Thierschau, Producten- und Gerätheausstellung; 27. Karge: Thierschau mit Verloosung von Vieh und Geräthen; 27. Sangerhausen: Thierschau mit Preisvertheilung; 27. Ahaus: Thierschau, Pferderennen und öffentliche Verloosung; 27.—29. Königsberg (ostpreussische Centralstelle): Markt für edle Zuchtthiere mit Prämiirung; 29. Stendal: Thierschaufest mit Verloosung; 29. Goldberg: desgl.; 31. Mai und 1. Juni Bromberg (Centralverein des Netzedistricts): Thierschau, land- und forstwirthschaftliche Ausstellung und Verloosung. Im Juni: 3. Mücheln (Vereine zu Bedra,

*) Annalen der Landwirthschaft in den k. preussischen Staaten. Wochenblatt 1861.

Merseburg, Querfurt, Reinsdorf und Steigra): Thierschau, Ausstellung von Maschinen, Geräthen und Producten mit Prämiirung; 3.—7. **Breslau** (schlesischer Centralverein): Ausstellung von Wollvliessen; 4. **Gumbinnen** (C.-V. f. Litthauen und Masuren): Thierschau; 5. **Kalbe a. S.**: desgl.; 5. **Nordhausen** (l. V. in der goldnen Aue): Thierschau, Ausstellung landwirthschaftlicher Maschinen und Geräthe, öffentliche Verloosung; 5. Gr. **Apenburg** (ökonomischer Bauernverein): Thierschau nebst Verloosung von Vieh und Geräthen; 10. Weisshof bei **Marienwerder**: Prämiirung von Mutterstuten; 13. **Militsch**: Thierschau und Pferderennen; 14. **Finsterlohwalde** (Localabtheilung Wetzlar): Thierschau und öffentliche Verloosung; 15. **Hagen**: desgl.; 17. **Waldau**: Ausstellung von Thieren, Geräthen und Producten; 19. **Leobschütz**: Thierschau und Pferderennen mit Verloosung; 20. **Stünzel** (landwirthschaftlicher und Gewerbeverein für den Kreis Wittgenstein): Thierschaufest nebst Prämienvertheilung und Verloosungen; 20. bis 24. **Berlin** (V. f. Pferdezucht und Pferdedressur): Pferderennen; 23. **Berlin** (V. z. Beförd. des Gartenbaues): grosse Blumenausstellung; 24. **Siegen**: Thierschau mit Preisvertheilung und Verloosung landwirthschaftlicher und gewerblicher Gegenstände; 24. **Dorna** (V. f. Bienenzucht im Kreise Wittenberg): Ausstellung von Bienenproducten und Zuchtgeräthschaften; 26. **Warendorf**: Thierschaufest; 26. **Königsdorf** (Localabtheilung Köln): öffentliche Verloosung landwirthschaftlicher Maschinen und Geräthschaften, Wettziehen u. s. w.; 27. Kalkhof bei **Iserlohn**: Thierschaufest; 29. **Memel**: Pferderennen. Im Juli: 6. **Bochum**: Thierschau und Prämiirung; 6.—13. **Stralsund** (baltischer Verein): Thierschau, Ausstellung landwirthschaftlicher Maschinen und Geräthschaften mit Prämiirung und Verloosung; 10. **Ohlau** (Vereine der Kreise Ohlau, Strehlen und Brieg): Thierschau mit Prämienvertheilung, Vereinsmarkt und Verloosung; 15. **Mühlhausen** (eichsfeldische Vereine Mühlhausen, Worbis und Heiligenstadt): Thierschau, Ausstellung von Gartenerzeugnissen, Maschinen und Geräthen mit Verloosungen; 17. auf dem Werl bei **Rheda** (Kreisverein zu Wiedenbrück): Schaufest nebst Prämienvertheilung; 23. **Kondehnen**: Stutenschau mit Prämiirung; 23. **Nordkirchen** (Kreisverein Lüdinghausen): Thierschau mit Versteigerung von Ackergeräthschaften; 25. **Warburg**: Thierschaufest mit Prämiirung; 28. **Berlin** (V. z. Beförd. des Gartenbaues): Verloosung von Pflanzen. Im August: 15. **Pless**: Thierschaufest nebst Prämienvertheilung und Verloosung; 16. Fickenhütten bei **Siegen**: desgl.; 10. **Demmin**: Thierschau mit Prämienvertheilung; 24. **Oppeln**: Thierschaufest, Ausstellung von forst- und landwirthschaftlichen Producten, landwirthschaftlichen Maschinen und Geräthen nebst öffentlicher Verloosung; 25. **Berlin** (V. z. Beförd. des Gartenbaues): Verloosung von Pflanzen. Im September: 1.—4. **Trier** (V. f. Rheinpreussen): Ausstellung von Vieh, Geräthschaften, Maschinen und Producten mit Preisvertheilung; 2. **Kulm** (V. westpreussischer Landwirthe): Thierschau, Ausstellung landwirthschaftlicher Maschinen und Geräthe, Pferderennen und Prämienvertheilung; 3. **Heiligenbeil**: Stutenschau; 3. **Potsdam** (Bienenzüchterverein): Ausstellung von Bienenproducten und Erzeugnissen daraus; 4. **Neu-Paleschken**: Thierschau, Ausstellung von Geräthen und Producten, Probepflügen und öffentliche Verloosung von Ackergeräth und Maschinen; 4. **Paderborn**: Ausstellung und Verloosung von Thieren und Geräthen; 5. und 6. **Eilenburg**: Thierschau und Ausstellung landwirthschaftlicher Gegenstände, öffentliche Verloosung von Geräthen und Producten; 12. **Ahrweiler**: Thierschaufest mit Prämienvertheilung; 14. **Pelplin**: Thierschau mit Ausstellung von Maschinen und Geräthen; 14. Königsborn bei **Magdeburg** (V. f. landwirthschaftliche Viehzucht): Pferderennen; 18. **Loburg**: Thierschau mit Prämiirung, Geräthe- und Producten-Ausstellung und Verloosung von Geräthen und Thieren; 19. **Oberbieber** (Localabtheilung Neuwied): Thierschau und Ausstellung landwirthschaftlicher und Gartenproducte mit Prämiirung; 19. **Waldbröl** (Localabtheilung Oberberg): Ausstellung mit Prämiirung und Verloosung; 22. **Beuthen O.-S.**: Thierschau und Pferderennen mit öffentlicher Verloosung; 22. **Bergheim**: Verloosung von Gegenständen der Bienen- und Seidenzucht; 23. **Brakel** (Kreisverein Höxter): Thierschau und Verloosung von Geräthen, Füllen und Rindern; 24. Hüsten bei **Arnsberg**: Thierschau, Ausstellung von landwirthschaftlichen Geräthen und Erzeugnissen mit Prämienvertheilung und öffentlicher Verloosung; 25. **Ratibor**: Thierschau und Pferderennen; 26. **Prüm**: Thierschaufest und Ausstellung landwirthschaftlicher Geräthe mit Verloosung; 29. **Berlin**

(V. z. Beförd. des Gartenbaues): Verloosung von Pflanzen; 20. **Dorna** (Bienenzuchtverein im Kreise Wittenberg): Ausstellung von Bienenproducten und Bienenzuchtgeräthen; 30. **Zinten**: Thier-, Geräthe- und Productenschau. Im October: 2. **Rybnik**: Thierschaufest mit Prämienvertheilung; 2. **Bonn**: Verloosung kleinerer Geräthe; 2. **Hohenstein**: Producte; 4.—10. **Erfurt** (Gartenbauverein): allgemeine Herbstausstellung; 4. und 5. **Brandenburg** a. d. H.: Fruchtausstellung; 5. **Tatenhausen** (V. zu Halle in Westfalen): Thierschau und öffentliche Verloosung von Vieh und Geräthen; 6.—9. **Berlin** (allgemeines landw. Institut): Thierschau, Geräthe- und Productenausstellung; 7. und 8. **Eldena** (Gartenbauverein für Neuvorpommern und Rügen): Ausstellung von Gemüse, Obst und Blumen mit Blumenverloosung und Prämienvertheilung; 10. **Tapiau**: Prämiirung bäuerlicher Zuchtstuten und Probepflügen; 12. **Bartenstein**: Productenschau; 15. **Kirchworbis**: Flachsausstellung und Prämiirung verdienstlicher Leistungen; 16. **Schleusingen**: Ausstellung von Vieh, landw. Geräthen und Erzeugnissen des Land- und Gartenbaues mit Prämienvertheilung; 16. **Aldenhoven** (Localabtheilung Jülich): Viehausstellung; 27. **Berlin** (V. zur Beförd. des Gartenbaues): Verloosung von Pflanzen. Spätere Ausstellungen u. dergl. fanden an folgenden Orten statt: **Potsdam** 20. November (unmittelbare Mitglieder der märkischen ökonomischen Gesellschaft): Geräthe und Erzeugnisse; **Berlin** 24. November (V. zur Beförd. des Gartenbaues): Verloosung von Pflanzen; **Storkow** 4. December: landwirthschaftliche, gärtnerische und forstwirthschaftliche Producte; **Berlin** 29. December (V. zur Beförd. des Gartenbaues): Verloosung auf dem Versuchsfelde des Vereins gezogener Pflanzen.

D. Die Auseinandersetzungen zwischen Grundberechtigten und Verpflichteten.

Demjenigen, was auf den Seiten 38 und 168—76 über die Regulirungen, Ablösungen und Gemeinheitstheilungen und über die Erleichterung der Renten-Ablösung durch den Staat mitgetheilt worden ist, bleibt hier nur Einiges über die Organisation der Behörden und die finanziellen Verhältnisse nachzutragen.

Die Allerhöchste Verordnung vom 20. Juni 1817 »wegen Organisation der Generalcommissionen und der Revisionscollegien zur Regulirung der gutsherrlichen und bäuerlichen Verhältnisse, ingleichen wegen des Geschäftsbetriebes bei diesen Behörden« bestätigte die bisherigen **Generalcommissionen**: *a.* für die Provinz Brandenburg mit Ausnahme des Frankfurter Regierungsbezirks (aber incl. der vorher kurmärkischen Ortschaften des Magdeburger Bezirks rechts der Elbe), *b.* für das Frankfurter Regierungs-Departement, *c.* für Oberschlesien (unter einstweiliger Erstreckung auf ganz Schlesien), *d.* für Pommern, *e.* für Westpreussen (mit Einschluss der von dieser Provinz zum Bromberger Bezirk geschlagenen Ortschaften), *f.* für Ostpreussen und Litthauen. Jede Generalcommission bestand aus einem Generalcommissar, einem der Landwirthschaft vorzugsweise kundigen Obercommissar und einem mit der landwirthschaftlichen Gewerbslehre vertrauten Justitiar; zu ihrem Geschäftskreise gehören die Auseinandersetzung der Gutsherren mit ihren Bauern, die bei dieser Gelegenheit beantragten Gemeinheitstheilungen und Grenzregulirungen und die Regulirung aller anderweiten Rechtsverhältnisse, welche bei vorschriftsmässiger Ausführung jener Geschäfte in ihrer bisherigen Lage nicht verbleiben konnten. Die bei der Generalcommission in Antrag gebrachten Regulirungen wurden in der Regel mittels besonderer Oekonomie-Commissarien u. s. Sachverständigen durch Verhandlungen am Orte der Auseinandersetzung vorgenommen; sodann wurde für je einen oder mehrere Kreise ein Justizbeamter ausgewählt, um als Instructionsrichter für Auseinandersetzungen zu fungiren. In den Domänen und den Gütern öffentlicher Anstalten durften Regulirungen mit den Hintersassen von den Landesregierungen, in den grösseren und mittleren Städten im Wege der Güte von den Magistraten, in sequestrirten Gütern von den landschaftlichen Creditdirectionen selbständig ausgeführt werden. — Als den Generalcommissionen coordinirte und von den Ministerien des Innern und der Justiz gemeinschaftlich geleitete Behörden zweiter Instanz wurden die damaligen **Revisions-**

collegien zu Berlin für Brandenburg, zu Breslau für Schlesien, zu Stettin für Pommern, zu Marienwerder für Westpreussen, zu Königsberg für Ostpreussen und Litthauen bestätigt. Jedes war zusammengesetzt aus zwei ständig deputirten Räthen des Oberlandesgerichts und zwei dergleichen der Landesregierung, und als Vorsitzender fungirte ein Mitglied des Oberlandesgerichts-Präsidiums. Gegen die Erkenntnisse des Revisionscollegiums war die Berufung auf eine dritte Instanz unzulässig. — Die Kosten für das Verfahren übernahmen theils der Staat, theils die Parteien.

Durch Verordnung vom 29. November 1819 wurde das Rechtsmittel der Revision in dritter Instanz beim Obertribunal für gewisse Fälle gestattet.

Das Gesetz vom 7. Juni 1821 »über die Ausführung der Gemeinheitstheilungs- und Ablösungs-Ordnungen« ordnete die Errichtung von Generalcommissionen in Breslau, Magdeburg (resp. Stendal) und Münster und eines Revisionscollegiums für die ehemals französischen und westfälischen Landestheile hinsichtlich der Gemeinheitstheilungen an. Die Generalcommission zu Breslau sollte für die Regierungsbezirke Breslau und Liegnitz excl. der Oberlausitz dienen; derjenigen zu Soldin wurden die ehemals sächsischen Landestheile des Frankfurter Bezirks und die Oberlausitz überwiesen, derjenigen zu Berlin die übrigen Landestheile des ehemaligen Herzogthums Sachsen, das Gebiet Erfurt, das Amt Wandersleben und die früher weimarischen und schwarzburgischen Ortschaften. Jede Generalcommission erhielt nunmehr zwei richterliche Beamte. Unterm 8. April 1823 wurde auch die Errichtung einer Generalcommission und eines Revisionscollegiums in Posen anbefohlen.

Zufolge der Verordnung vom 30. Juni 1834 »wegen des Geschäftsbetriebes in den Angelegenheiten der Gemeinheitstheilungen, Ablösungen und Regulirungen der gutsherrlich-bäuerlichen Verhältnisse« wurden in jedem landräthlichen Kreise von den Ständen 2—6 Mitglieder einer Kreis-Vermittelungsbehörde gewählt, welche das Geschäft durch Vergleiche zu erleichtern bestimmt waren. Die Generalcommissionen der Provinz Preussen wurden mit den dortigen Bezirksregierungen vereinigt und in Königsberg und Marienwerder besondere Justizdeputationen errichtet, welche als Spruchcollegien für alle zur Appellation geeigneten streitigen Angelegenheiten dienen sollten.

Gemäss Verordnung vom 27. Juni 1840 trat die Oberlausitz unter die Generalcommission zu Breslau und wurde die Soldiner Behörde als besondere landwirthschaftliche Abtheilung mit der Regierung zu Frankfurt vereinigt.

Die Allerhöchste Verordnung vom 22. November 1844, »betreffend den Geschäftsgang und Instanzenzug bei den Auseinandersetzungs-Behörden«, setzte für jede Generalcommission und jedes Spruchcollegium eine Mitgliederzahl von mindestens fünf Personen fest, deren Mehrzahl zum Richteramt befähigt sein musste. Die Justizdeputationen in der Provinz Preussen wurden abgeschafft und an ihrer Stelle Spruchcollegien in Gumbinnen, Königsberg, Danzig und Marienwerder eingesetzt. Die Geschäfte der Revisionscollegien in Königsberg, Marienwerder, Posen, Stettin, Berlin, Breslau, Magdeburg und Münster gingen auf ein einziges in Berlin errichtetes Revisionscollegium für Landescultursachen über, welches aus einem Präsidenten und mindestens acht Mitgliedern bestehen und zugleich die bisher dem Minister des Innern zustehende Befugniss haben sollte, auf Beschwerden über Generalcommissionen und Spruchcollegien zu entscheiden.

Andere in neuerer Zeit eingetretene Veränderungen in der Competenz der Generalcommissionen sind: die Ermächtigung der Stargarder G.-C. zur Ausführung des Ablösungsgesetzes vom 2. März 1850 und der Gemeinheitstheilungs-Ordnung vom 19. Mai 1851 im Regierungsbezirk Stralsund; die Bildung einer ersten Abtheilung bei der G.-C. zu Stendal für den Regierungsbezirk Magdeburg und einer zweiten für Merseburg und Erfurt durch Verordnung vom 29. April 1850, von denen die letztere unterm 19. Mai 1851 als selbständige Generalcommission zu Merseburg errichtet wurde; die Ausdehnung der G.-C. zu Münster auf Ablösungen im Fürstenthum Siegen und Herzogthum Westfalen am 18. Juni 1840 und in den ehemals nassauischen Aemtern Burbach und Neuenkirchen am 4. Juli 1840, auf Gemeinheitstheilungen im ehemaligen Grossherzogthum Berg am 19. Mai 1851 und auf

Angelegenheiten der Waldgenossenschaft für den Kreis Wittgenstein am 1. Juni 1854. Endlich ist zu erwähnen, dass in Gemässheit von Staatsverträgen die Generalcommission zu Merseburg auch die Auseinandersetzungen im Herzogthum Anhalt-Bernburg und den Fürstenthümern Schwarzburg leitet.

Im Revisionscollegium für Landesculturs achen sind angestellt: 1 Präsident, 8 Räthe, 2 Secretäre und Registratoren, 2 Kanzlisten und 2 Boten; in den 7 Generalcommissionen und 5 landwirthschaftlichen Regierungsabtheilungen: 8 Dirigenten, 48 Räthe, eine unbestimmte Zahl collegialischer Hülfsarbeiter, 89 Subalternbeamte, 18 Boten und mit fixirten Diäten 146 Specialcommissarien; — zusammen 319 Personen in fester Stellung.

Die im Etat für 1862 ausgeworfenen Ausgaben sind: *a*) Revisionscollegium für Landesculturs achen: Besoldungen 21 400, andere persönliche Ausgaben 4 450, Burcaukosten 1 260 Thlr.; *b*) Auseinandersetzungsbehörden: Besoldungen 170 645, Diäten der Specialcommissarien 71 299, andere persönliche Ausgaben 58 902, sächliche Ausgaben 30 315, durchlaufende Beträge zu temporären Diäten, Fuhrkosten und baaren Auslagen der Specialcommissarien, Feldmesser und Sachverständigen in Parteisachen, sowie an Porto 733 355 Thlr. Dieser Ausgabe von insgesammt 1.091 826 Thlr. stehen folgende zu erwartende Einnahmen gegenüber: Regulirungskosten (temporäre Diäten, Fuhrkosten und sonstige Auslagen der Specialcommissarien, sowie Remunerationen der Sachverständigen u. s. w.) 823 200, Gebühren des Revisionscollegiums 5 850, des Obertribunals 3 850, Schreibgebühren 30 500, Porto 1 395, Recepturgebühren 17 475, extraordinäre Einnahmen der Auseinandersetzungsbehörden 1 500, Beitrag der herzoglich anhalt-bernburgischen Regierung 600, der fürstlich schwarzburg-sondershausenschen 1 000, der fürstlich schwarzburg-rudolstädtischen 1 000, — insgesammt 895 370 Thlr. Der voraussichtliche Staatsaufwand für die Auseinandersetzungen berechnet sich pro 1862 mithin noch auf 196 456 Thlr.

Zur Gewährung von Vorschüssen für die Generalcommissionen u. s. w. ist dem Ministerium ein allgemeiner Betriebsfonds überwiesen, der am Schluss des Jahres 1858 einen Bestand von 604 997 Thlr. hatte. Im folgenden Jahre sank derselbe auf 580 141, im Jahre 1860 auf 518 393, im Jahre 1861 nach Abführung von 20 000 Thlr. an die Finanzverwaltung auf 472 775 Thlr. incl. eines Baarbestandes von 50 280 Thlr. Die Verminderung dieses Fonds ist eine Folge der fortschreitenden Geschäftsverminderung der Auseinandersetzungsbehörden.

Im Etat für Hohenzollern ist eine Ausgabe von 9 050 Fl. jährlich ausgesetzt zur Remunerirung der als Mitglieder des Spruchcollegiums in Auseinandersetzungssachen fungirenden Beamten und der vorhandenen zwei Specialcommissarien, sowie zur Berichtigung der Reisediäten, Reise- und Bureaukosten der Specialcommissarien, der Diäten anderer Beamten, Feldmesser und Sachverständigen.

Daneben sind jedoch auch die Rentenbanken in Königsberg, Posen, Stettin, Berlin, Breslau, Magdeburg und Münster zu berücksichtigen, welche zum gemeinschaftlichen Ressort des Finanzministeriums und des Ministeriums für die landwirthschaftlichen Angelegenheiten gehören und als Organe der unter erheblichen Opfern des Staates ausgeführten allmäligen Entlastung der Landwirthschaft von Grundrenten dienen. Ihre Beamten sind: 7 Dirigenten und 7 Justitiarien (in Nebenämtern), 7 Provinzialrentmeister, 7 Rendanten, 7 Buchhalter, 2 Cassencontroleure, 17 Secretäre und 7 Kanzlei- und Cassendiener; zusammen 61 Personen. Die Kosten betragen nach dem Etat für 1862: Besoldungen 89 750, andere persönliche Ausgaben 57 860, sächliche Ausgaben 18 001, Dispositionsfonds 6 980, zur Tilgung der eichsfeldschen Schuldverschreibungen 11 459 und der paderbornschen 20 850 Thlr.; insgesammt 154 850 Thlr.

In Hohenzollern erhalten die örtlichen Rentenerheber für Einziehung der jährlichen Renten 2 % deren Betrages und für Einziehung von Ablösungscapitalien ½ % derselben als Hebegebühren, und den Ortsvorstehern sind für die Fortschreibungstabellen, für Eintragung der Rentenpflicht in die Besitz- und Steuerhefte und dergl. ebenfalls Gebühren zu entrichten; der Gesammtbetrag dieser Ausgabe ist auf jährlich 1 250 Fl. geschätzt.

»Nachdem die Gesetze vom 2. März 1850« — sagt die dem reorganisirten Landes-Oekonomie-Collegium vorgelegte Denkschrift des Ministers — »ihrem

Zwecke gemäss die Regulirungen der gutsherrlichen und bäuerlichen Verhältnisse, sowie die Ablösungen von Reallasten wesentlich gefördert haben, ist deren vollständige Beendigung in naher Aussicht. Auch die nach der Gemeinheitstheilungs-Ordnung zu vollziehenden Geschäfte sind schon sehr bedeutend vorgeschritten; gemeinschaftliche Weideänger und Marken sind kaum mehr zu theilen, Aecker und Wiesen sind gänzlich von Hütungsservituten befreit, und nicht separirte Feldmarken bilden im grössten Theil des Landes eine Ausnahme. Die im Rückstande gebliebene Ablösung von Dienstbarkeiten, welche die Forsten belasten, nimmt gegenwärtig die Kräfte der Auseinandersetzungsbehörden am meisten in Anspruch. Deren Aufgabe ist also der Hauptsache nach als erfüllt zu betrachten.

»Die erwarteten Wirkungen der Agrargesetze sind nicht ausgeblieben: an die Stelle der Erschlaffung ist eine erfreuliche Regsamkeit der ländlichen Bevölkerung getreten; der Ausführung der Separationen folgt der Wetteifer der grossen und kleinen Grundbesitzer auf dem Fusse, ihre Ländereien durch die mannigfachsten Meliorationen in einen erhöhten Culturstand zu versetzen und durch eine möglichst vortheilhafte Verwendung deren Erträge zu steigern. Mit Hülfe der vermehrten Production von Lebensmitteln wird die Bevölkerung des Staates ungeachtet ihrer bedeutenden Zunahme jetzt reichlicher ernährt als sonst und daneben ein beträchtlicher Theil der landwirthschaftlichen Erzeugnisse an das Ausland abgesetzt.«

E. Das Deichwesen und die genossenschaftlichen Meliorationen.

1. Ausgaben des Staates zu Landesverbesserungen.

In der ministeriellen Denkschrift über die staatlichen Maassregeln zur Förderung der Landescultur in Preussen heisst es: »Die Eindeichung der Flussthäler und die Entwässerung versumpfter Gegenden war in früheren Jahrhunderten vorzugsweise ein Gegenstand der Fürsorge der preussischen Fürsten bei ihrem Bestreben, die Bodencultur des Landes zu heben. Namentlich im vorigen Jahrhundert unter dem kräftigen Scepter Königs Friedrich II. ist darin Grosses geleistet. Das Ober- und Nieder-Oderbruch unterhalb Lebus, die Warthenieclerung, die weiten Niederungen an der Havel, dem Rhin und der Dosse, an der Nuthe und Nieplitz im Regierungsbezirk Potsdam, der Drömling in der Altmark, das Thal des Madüesees in Pommern und viele andere Punkte geben Zeugniss von der Thätigkeit des grossen Königs auf diesem Gebiet.

»In der ersten Hälfte des jetzigen Jahrhunderts konnte wenig Aehnliches geschehen. Anfangs störte der Krieg. Später war die Thätigkeit der Regierung hauptsächlich den gutsherrlich-bäuerlichen Regulirungen, den Ablösungen und Gemeinheitstheilungen zugewendet, und die Grundbesitzer hatten genug damit zu thun, um den Umschwung in der Wirthschaft, welchen diese grossartigste aller Landesmeliorationen hervorrief, zu überwinden. Erst nachdem für die Verwaltung der landwirthschaftlichen Angelegenheiten ein besonderes Ministerium geschaffen war, hat die Regierung ihre Aufmerksamkeit wieder auf die Eindeichungen, die Regulirung der Privatflüsse, die Entwässerungen und Bewässerungen gerichtet. Das Gesetz vom 28. Januar 1848 über das Deichwesen, das Gesetz über die Benutzung der Privatflüsse vom 28. Februar 1843 und das Gesetz vom 11. Mai 1853 wegen Bildung von Entwässerungs-Genossenschaften boten die gesetzliche Grundlage für das Verfahren. Zur näheren Regelung desselben wurden die Ministerial-Instructionen vom 24. Mai 1850 über die Bildung von Deichverbänden und vom 10. October 1857 über die Bildung von Ent- und Bewässerungs-Genossenschaften erlassen.

»Bis zum Jahre 1849 enthielt der Staatshaushalts-Etat keinen besonderen Fonds für den Betrieb solcher Unternehmungen, vielmehr musste jede Staatsbeihilfe zur Anfertigung von Nivellements u. dergl. unter Mitwirkung des Finanzministers von des Königs Majestät aus dem Extraordinarium der Generalstaatscasse erbeten werden. Im Jahre 1850 wurde zuerst ein Dispositionsfonds von 50 000 Thlr für den Betrieb der Landesmeliorationen unter die ausserordentlichen Ausgaben des Ministeriums für die landwirthschaftlichen Angelegenheiten aufgenommen und dieser Fonds in den folgenden Jahren erhöht.

»Die Melioration des Nieder-Oderbruchs ist nach der Allerhöchsten Cabinetsordre vom 26. November 1849 bis zur Vollendung des Baues dem Ressort des Ministeriums für Handel, Gewerbe und öffentliche Arbeiten verblieben, so dass das Ministerium für die landwirthschaftlichen Angelegenheiten in der Bearbeitung dieser Sache nur wegen Feststellung des Beitragscatasters und wegen der Organisation der künftigen Verwaltung concurrirt hat. Zu den Baukosten dieser Melioration ist in den Jahren 1853—1859 die Summe von 1.370 000 Thlr. aus der Staatscasse zugeschossen, indem die Interessenten nach der Verordnung vom 22. August 1848 §. 2 nicht mehr als 1.300 000 Thlr. aufzubringen brauchen, der Bau aber ca. 2.670 000 Thlr. gekostet hat.

»Die Deichregulirungen, welche an der Nogat und Weichsel zur Sicherstellung der Osteisenbahn und deren Strombrücken ausgeführt wurden, sind nach der Allerhöchsten Cabinetsordre vom 26. November 1849 ebenfalls von dem Ministerium für Handel u. s. w. geleitet und die Kosten aus den Fonds für die Ostbahn bestritten.«

Die zur Ausführung der Meliorationen und Deichbauten extraordinär ausgesetzten Fonds des Ministeriums für die landwirthschaftlichen Angelegenheiten, die Verwendungen daraus als Beihilfen und Unterstützungen und zu Vorarbeits- und Verwaltungskosten betrugen:

Jahr	Fonds	Beihilfen und Unterstützungen	Kosten für Vorarbeiten und Verwaltung
1850	60 000 Thlr.	.	.
1851	102 000 »	.	.
1852	140 000 »	.	.
1853	100 000 »	4 500 Thlr.	54 863 Thlr.
1854	100 000 »	— »	38 167 »
1855	150 000 »	33 300 »	60 110 »
1856	150 000 »	1 079 »	69 301 »
1857	150 000 »	5 440 »	63 965 »
1858	150 000 »	17 536 »	63 738 »
1859	250 000 »	18 000 »	55 100 »
1860	150 000 »	22 400 »	49 827 »
1861	150 000 »	14 300 »	42 109 »

Die seit dem Jahre 1853 gewährten Beihilfen und Unterstützungen vertheilen sich auf folgende Meliorationen: Deichbauten in der Weserniederung bei Schlüsselburg 4 500, Regulirung der Terrainverhältnisse in der Feldmark Stuckenbrock (im Reg.-Bez. Minden) 800, Queerdamm bei Weyler in der Deichschau Düffelt 22 500, Melioration des Golmer Bruchs (im Reg.-Bez. Potsdam) 11 639, Regulirung der Gewässer in der Bockeler und Mastholder Niederung (im Reg.-Bez. Minden) 6 000, Ausführung eines Rückleitungscanals längs der Lippstädter Chaussee 13 000, Erweiterung der Entwässerungsanlagen der Meliorations-Societät der Bocker Haide 20 000, Regulirung der Ohre auf Grund des Staatsvertrages vom 9. Juli 1860 mit dem Königreich Hannover und der Verordnung vom 31. October 1859: 15 000, Nivellements der Hauptwasserabzüge der Nuthe- und Stepnitz-Niederung (bei Potsdam) 1 000, Regulirung der schwarzen Elster 10 000, Allerhöchst bewilligter Zuschuss an die Interessenten der Elbniederung in der Westpriegnitz 4 000, verschiedene kleinere Beihilfen an Wiesen- u. a. Meliorations-Genossenschaften u. dgl. 7 916 Thlr.

Ausgaben des Staates für Landesverbesserungen werden grösstentheils vorschussweise an die Betheiligten geleistet. Die bis zum Jahre 1852 aus dem obengenannten Dispositionsfonds gewährten Darlehne sind gleich denjenigen, welche auf besondern Bewilligungen im Staatshaushalts-Etat beruhen, dem Staatsschatze überwiesen. Dagegen fliessen die seit 1853 aus dem Dispositionsfonds gewährten Darlehne sammt ihren Zinsen zurück in einen **Rückeinnahme-Meliorationsfonds**, welcher wieder zu ähnlichen Zwecken verwendet werden soll. Darlehne dieser Art wurden von 1853 bis 1861 im Ganzen 736 265 Thlr. an folgende Meliorations-Genossenschaften verausgabt:

1) im Regierungsbezirk Gumbinnen: Linkuhnen-Seckenburger Entwässerungsverband 55 000, Verband zur Senkung der Arysgewässer 15 000 Thlr.;

2) im Reg.-Bez. Königsberg: Meliorations-Societät des Skottauthales (Kreis Neidenburg) 2000, desgl. des Neidethales bei Soldau 20 000, desgl. des Orzecgebietes

(Kreis Neidenburg) 5000, Genossenschaft zur Ent- und Bewässerung der Grundstücke im Wellethale 5000 Thlr.;

3) im Reg.-Bez. Marienwerder: Deichverband der Kulmer Stadtniederung 15 000, der Falkenauer Niederung 5000, der Klein-Schwetzer Niederung 10 500, Meliorations-Societät des oberen Niechwarzthales bei Czersk 5000 Thlr.;

4) im Reg.-Bez. Bromberg: Melior.-Soc. des Parchaniebruches (Kr. Inowraclaw) 13 000, Genossenschaft zur Melioration der Ländereien am Gopiosee im Bachorze- und Montwey-Thale (Kr. Inowraclaw) 30 000, Melior.-Soc. der Pakosc-Labischiner Netzwiesen 35 000, Genossenschaft zur Entwässerung des Welnathales oberhalb Znaim 5000 Thlr.;

5) im Reg.-Bez. Posen: Melior.-Soc. des Obrabruches 102 500, Muchoczyn-Marienwalder Deichverband 15 000 Thlr.;

6) im Reg.-Bez. Potsdam: Verband zur Regulirung der Notte 20 000, Golmer Deichverband 600 Thlr.;

7) im Reg.-Bez. Frankfurt: Morrn-Pollychener Deichverband 6000, Rampitz-Aurither Deichverband 10 000, Interessenten zur Regulirung des Kloster-Mühlenfliesses 273, desgl. zur Entwässerung der Brücher am Klara- und faulen See bei Neuenburg und Schöneberg (Kr. Soldin) 91 Thlr.;

8) im Reg.-Bez. Liegnitz: Bartsch-Weidischer Deichverband 20 000, Gemeinde Polnisch-Nettkow zur Ausführung des Canalbaues durch die Feldmark Laesgen 20 000 Thlr.;

9) im Reg.-Bez. Breslau: Dombsen-Kleinbauschwitzer Deichverband 30 000, Bautke-Tschwirtschner Deichverband 47 500, Pilsnitz- (Masselwitz-) Herrnprotscher Deichverband 5000, Koppen-Schönauer Deichverband 2000, Altkölln-Scheidelwitz-Jeltzscher Deichverband 7500, Verband zur Regulirung der beiden zur Bartsch führenden Landgräben 10 000 Thlr.;

10) im Reg.-Bez. Oppeln: Gemeinde Goslawitz zur Entwässerung des Terrains an der Chaussee zwischen Oppeln und Malapane 300 Thlr.;

11) im Reg.-Bez. Magdeburg: altmärkischer Wische-Deichverband 7000 Thlr.;

12) im Reg.-Bez. Merseburg: Mühlberger Deichverband 3000, Interessenten der Helmerieth-Regulirung von Auleben bis Kelbra 2000 Thlr.;

13) im Reg.-Bez. Erfurt: Gemeinde Westhausen zu Meliorationen 3000 Thlr.;

14) im Reg.-Bez. Minden: Gemeinde Westheim zu Wiesenculturen 500, Colon Beckringmeyer in Ilagen zum Ausbau der gemeinschaftlichen Zuleitungsanlagen in der Bocker Haide 110, desgl. Wegescheide daselbst 370, Gemeinde Oettinghausen zu Wiesenculturen 500, Entwässerungs-Societät im nördlichen Theil des Kreises Lübbeke 20 000, Meliorations-Soc. der Bocker Haide 20 000 Thlr.;

15) im Reg.-Bez. Arnsberg: Genossenschaft zur Melioration der Wiesen im Nuhnenthale bei Hallenberg 500 Thlr.;

16) im Reg.-Bez. Düsseldorf: Melior.-Soc. der Niers- und Nordcanal-Niederung 40 000, Genossenschaft zur Melioration des Essenberger Bruches 3000, Deichschau Oberhetter zum Bau einer gefährlichen Deichstrecke am Niederrhein 6000 Thlr.;

17) im Reg.-Bez. Köln: verschiedene kleine Genossenschaften zu Wiesenculturen insgesammt 1550, Melior.-Genossenschaft der Erftniederung 7000 Thlr.;

18) im Reg.-Bez. Koblenz: verschiedene kleine Genossenschaften zu Wiesenculturen überhaupt 1720, Gemeinde Lohrsdorf zur Regulirung der Ahr 6200, Gemeinde Wadenheim desgl. 6500 Thlr.;

19) im Reg.-Bez. Trier: verschiedene kleine Genossenschaften zu Wiesenculturen überhaupt 3960, Gemeinde Bengel zur Regulirung des Alfthales 3000, Meliorations-Genossenschaft des Alfbach-Thales 16 000, verschiedene kleine Darlehne 1585 Thlr.

Am Schlusse des Jahres 1861 hatte der Rückeinnahme-Meliorationsfonds einen Bestand von 732 933 Thlr. in ausstehenden Forderungen und 21 916 Thlr. baar; im Jahre 1862 waren an Rückzahlungen zu erwarten: 4 024 Thlr. noch pro 1861 und 12 266 Thlr. pro 1862, an Zinsen: 1 737 Thlr. noch pro 1861 und 5 562 Thlr. pro 1862.

Nach dem Verwendungsplan des Meliorationsfonds pro 1862 vertheilen sich die als Zuschuss im Extraordinarium des Budgets bewilligten 150 000 Thlr. und die Gewährung von 17 000 Thlr. aus dem Rückeinnahmefonds auf folgende Posten: für das Weinathal u. a. Meliorationen des Neidenburger Kreises 10 000, dem Kaymen-Lablacker Deichverband 20 000, dem Muchodzin-Marienwalder Deichverband 10 000, der Zehdener Entwässerungs-Corporation 5000, dem Deichverband der altmärkischen Wische 7000, der Bewässerungs-Genossenschaft der Bocker Haide 10 000, der Lübbeker Entwässerungs-Genossenschaft 10 000, für die Erft-Melioration 20 000, den Deichverbänden am Niederrhein 25 000, für kleine Meliorationen 10 000 und für die Kosten der technischen Vorarbeiten und Verhandlungen 40 000 Thlr. Etwaige Veränderungen dieses Verwendungsplanes sind vorbehalten.

Ausser den bisher aufgeführten Ausgaben sind seit 1850 vom Staate unter besonderen Titeln bewilligt:

a) zur Deckung der Mehrausgaben für die in der Elbinger Wasserbau-Inspection im Jahre 1860 ausgeführten fiscalischen Deich- und Uferbauten 1861: 26 000 Thlr;

b) Zuschuss zur Schüttung eines Deiches an der Weichsel von Montau bis Neuenburg gemäss Allerh. Ordre vom 13. September 1848: 15 000 Thlr (im Jahre 1850);

c) zur Vervollständigung der Dotation des Meliorationsfonds für den Regierungsbezirk Köslin: ein Zuschuss von 184 209 Thlr (im Jahre 1854: 67 000, 1855: 17 000, 1856: 36 000, 1857: 40 000, 1858: 24 209 Thlr);

d) für die Regulirung der Notte 1859: ein Darlehn von 100 000 Thlr;

e) für die Regulirung der schwarzen Elster: ein Darlehn von 200 000 Thlr (zur einen Hälfte 1853, zur andern 1854 bewilligt);

f) für die Bewässerung der Bocker Haide in Westfalen: ein Darlehn von 108 000 Thlr (1850: 70 000, 1851: 38 000 Thlr);

g) zur Abwehr der zunehmenden Versandungen im Bleibache und der am Bleiberge bei Kommern (Reg.-Bez. Aachen) belegenen Grundstücke gemäss königl. Erlasses vom 3. December 1847: 2000 Thlr

2. Meliorationsfonds der Provinzen.

Um die Landesverbesserungen durch einzelne Grundbesitzer, Gemeinden und Genossenschaften zu befördern, sind in mehreren Provinzen besondere Meliorationsfonds gebildet, aus welchen Darlehne zu billigen Bedingungen (gewöhnlich 3 Freijahre, dann 3—3½ % Zinsen und Tilgung mit 2 %) gewährt werden. Ihre Bezirke, Ressortverhältnisse und Vermögenslage sind in der nachstehenden Tabelle angegeben.

(114.) Bezirk der Meliorations-Fonds.	Verwaltende Behörde.	Jahr der Gründung.	Ursprünglicher Betrag. Thlr	Bestand nach den Finalabschlüssen pro 1861: überhaupt Thlr	baar Thlr	Staatspapiere und pommersche Pfandbriefe Thlr	aus der Staatscasse noch zu gewähren Thlr	ausstehende Forderungen Thlr
Provinz Preussen	Prov.-Hilfscasse	1846	74 748	90 234	1 644	4 000	—	84 588
Reg.-Bez. Köslin	Regierung	1846	300 000	331 314	18 120	—	30 209	282 986
" " Stettin	Oberpräsidium	1852	80 000	101 789	22 811	19 800	—	59 178
Neumark	Regierung	1852	30 000	32 428	3 019	—	—	28 808
Paderbornsche Kreise	Oberpräsidium	1853	9 000	14 107	3 549	—	—	10 559
Rheinprovinz	Prov.-Hilfscasse	1855	48 000	70 853	3 796	2 500	—	64 559
Zusammen			541 748	640 725	53 539	26 300	30 209	530 678

Alle diese Fonds sind aus Staatsmitteln dotirt, derjenige der Rheinprovinz aus den Ueberschüssen der dortigen Provinzialhilfscasse, welche anfänglich zur Prämiirung von Sparern gesammelt waren. Der Fonds des Regierungsbezirks Stettin diente ursprünglich für ganz Altpommern.

3. Deichverbände.

Im vorigen Jahrhundert wurden die grossen Entwässerungen und Schutzanstalten gewöhnlich auf Staatskosten ausgeführt und von den betheiligten Grundbesitzern nur die Unterhaltung der Anlagen, zum Theil auch die Ansetzung von Colonisten gefordert. Nach den jetzt bestehenden Grundsätzen betheiligt sich der Staat bei dergleichen Anlagen nur durch Gewährung der administrativen und technischen Kräfte und mässiger Beihilfe an Darlehnen und Zuschüssen nach Bedürfniss. Zur Aufbringung der Baukosten und zur Unterhaltung der Bauten werden die betheiligten Grundbesitzer in Genossenschaften vereinigt. Ueberall ist das System der Selbstverwaltung durch gewählte Deichämter zur Anwendung gebracht und hat sich gut bewährt.

Die auf das Deichgesetz vom 28. Januar 1848 sich stützenden Eindeichungssachen wurden dem Ministerium für landwirthschaftliche Angelegenheiten durch Allerhöchste Cabinetsordre vom 26. November 1849 übertragen. Allgemeine Bestimmungen für künftig zu erlassende Deichstatute enthält der Allerhöchste Erlass vom 14. November 1853.

Nicht auf das Gesetz vom Jahre 1848 gründen sich nachstehende Verbände u. dgl.:

1) Hauptsocietät für die Aemter Kukerneese und Russ zwischen Russ und Gilge (Kreise Heidekrug und Niederung) in der Provinz Preussen, in Gemässheit der allgemeinen Strom-, Deich- und Uferordnung vom 14. April 1806 für Ostpreussen und Litthauen;

2) Hauptsocietät für die Aemter Linkuhnen und Seckenburg (Kreis Niederung) und deren Nachbarschaft, desgl.;

3) Strom- und Deichbauten an der Weichsel und Nogat in den Regierungsbezirken, gemäss dem Allerhöchsten Erlass vom 12. April 1849;

4) Deich-, Ufer-, Graben- und Schauordnung vom 27. März 1802 für den Warthebruch in der Provinz Brandenburg;

5) interimistische Deichrolle vom 17. Jan. 1853 für den Ober-Oderbruch gemäss der Deich- und Uferordnung vom 23. Juni 1717 für die Lebus'sche Niederung, in 52 Ortschaften 115 600 Morgen brauchbare und 2000 Morgen unbrauchbare Fläche (Kreise Lebus und Königsberg);

6) Verordnung über den Deichschutz in den Gemeinden Bindow und Rädnitz (Kr. Krossen) auf dem rechten Oderufer d. d. 18. August 1856 unter Revision der Teich- und Uferordnung vom 14. Februar 1766 für das Amt Krossen;

7) Grabenschau-Ordnung vom 17. April 1848 für die Niederung der Nuthe und Nieplitz nach der Grabenschau-Ordnung vom 19. September 1781;

8) Deichordnungen vom 20. December 1659 und 1. September 1776 für die Altmark in der Provinz Sachsen;

9) Schaubezirk Uerdingen für die sechs Deichschauen Heerdt, Uerdingen, Friemersheim, Homberg, Mörs und Orsoy links des Rheins abwärts Neuss in der Rheinprovinz, eingerichtet zufolge Verordnung vom 7. Mai 1838;

10) gemeinschaftlicher Erbvertrag der vier Deichschauen Düffelt, Rindern, Kranenburg und Zyfflich-Wyler (Kreis Kleve) zur Ausführung und Unterhaltung einer Deichanlage gegen Rückstau aus niederländischem Gebiet, eingerichtet durch Erlass vom 29. December 1851.

Dem neuen Deichgesetz entsprechend, sind folgende Verbände ins Leben getreten:

Datum des Statuts.	Deichverband:	Gewässer.	Regierungs-bezirke.	Kreise.
7. Oct. 1850	Wittenberger	Elbe, linkes Ufer	Merseburg	Wittenberg.
" "	Brottewitz-Triestewitzer	" rechtes "	"	Torgau, Liebenwerda.
5. Nov. "	der Neisse-Oderniederung oberhalb Fürstenberg	Oder l., Neisse l.	Frankfurt	Guben.
" "	der Oderniederung unterhalb Fürstenberg	Oder l.	"	Guben, Sternberg, Lebus.
2. April 1851	Plotha-Ammelgosswitzer	Elbe l.	Merseburg	Torgau.
" "	Döbeltitzer	" "	"	"
" "	Kranichau-Polbitzer	" "	"	"
1. Juni "	Graditzer	" r.	"	"
1. Juli "	der Kulmer Amtsniederung	Weichsel r.	Marienwerder	Kulm.
3. Nov. "	Mühlberger	Elbe r.	Merseburg	Liebenwerda.
5. März 1852	Bressers Anwachs auf dem Reeser Eylande	Rhein r.	Düsseldorf	Rees.
2. April "	Schlüsselburger	Weser l. u. r.	Minden	Minden.
2. Juli "	Reipzig-Schwetiger	Oder r.	Frankfurt	Sternberg.
5. Nov. "	Koppen-Schönauer	" l.	Breslau	Brieg.
" "	Riehl-Worringer	Rhein l.	Köln, Düsseldorf	Köln, Neuss.
4. Juli 1853	der Kulmer Stadtniederung	Weichsel r.	Marienwerder	Kulm.
" "	Karlowitz-Ransemer	Oder r., Weide l.	Breslau	Breslau.
" "	Dautzschen-Schützberger	Elbe r.	Merseburg	Torgau, Wittenberg.
11. Juli "	Rampitz-Anrither	Oder r.	Frankfurt	Sternberg.
3. Sept. "	Kottwitz-Rasker	" "	Breslau	Trebnitz, Wohlau.
2. Dec. "	Kaltenborn-Gr. Bressener	Neisse l.	Frankfurt	Guben.
" "	Schenkendorf-Gubener	" r.	"	"
3. April 1854	Griessen-Schlagsdorfer	" l.	"	"
1. Mai "	Morrn-Pollychener	Warthe r.	Frankfurt, Posen	Landsberg, Birnbaum.
2. Juni "	Lobauser	Rhein r.	Düsseldorf	Düsseldorf.
2. Juli "	Bartsch-Weidischer	Oder l.	Liegnitz, Breslau	Glogau, Steinau.
" "	Dombrowka-Winower	" "	Oppeln	Oppeln.
1. Aug. "	der Falkenauer Niederung	Weichsel l.	Marienwerder, Danzig	Marienwerder, Stargardt.
4. Sept. "	Duisburger Sommer-D. V.	Rhein r., Ruhr l.	Düsseldorf	Duisburg.
2. Nov. "	Stradema-Zywodczützer	Oder l.	Oppeln	Oppeln.
" "	Dommitzscher	Elbe l., Weinske l.	Merseburg	Torgau.
7. Dec. "	der Schwetz-Neuenburger Niederung	Weichsel l.	Marienwerder	Schwetz.
1. Jan. 1855	der Thorner Stadtniederung	" r.	"	Thorn.
3. März "	Grünberger	Oder l.	Liegnitz, Frankfurt	Grünberg, Züllichau, Krossen.
2. April "	für den Golmer Bruch	Havel r.	Potsdam	Osthavelland.
7. Mai "	Döbern-Riebniger	Oder r.	Oppeln, Breslau	Oppeln, Brieg.
3. Aug. "	Mensdorf-Laussiger Mulde	Mulde r.	Merseburg	Delitzsch.
2. Dec. "	Dombsen-Kl. Bauschwitzer	Oder r.	Breslau	Wohlau, Steinau.
" "	Hammer	Rhein r.	Düsseldorf	Düsseldorf.
2. Jan. 1856	Bartke-Tschwirtschener	Oder r.	Breslau	Guhrau, Wohlau, Steinau.
3. März "	Alt Passarger	frisches Haff	Königsberg	Braunsberg, Heiligenbeil.
2. April "	Neumarkter*)	Oder l.	Breslau	Neumarkt.
2. Mai "	Alt Köln-Peisterwitzer	" r.	"	Brieg, Ohlau.
3. Aug. "	Krossener	" l.	Frankfurt	Krossen, Guben.
5. " "	Aken-Rosenburger (laut Vertrag vom 22. Mai mit Anhalt-Dessau)	Elbe l., Saale r.	Magdeburg	Kalbe.

*) gebildet aus den drei bisherigen Verbänden: Herrnprotsch-Brandschützer gemäss Statut vom 1. Oct. 1849, Gloschkau-Maltscher gemäss Statut vom 7. Oct. 1850 und Brandschütz-Gloschkauer gemäss Statut vom 21. April 1852.

Datum des Statuts.	Deichverband:	Gewässer.	Regierungs-bezirke.	Kreise.
24. Nov. 1856	Breslau-Koseler	Oder l.	Breslau	Breslau.
12. Jan. 1857	des Danziger Werders	Weichsel l.	Danzig	Danzig, Stargard.
2. März „	Ferchland-Klitznicker	Elbe r.	Magdeburg	Jerichow II.
13. Mai „	Pilsnitz-Herrnprotscher	Oder l., Lohe l., Weistritz r.	Breslau	Breslau.
25. Juli „	Dommitzscher Hufen-D. V.	Elbe l.	Merseburg	Wittenberg.
10. Aug. „	d. Kl. Schwetzer Niederung	Weichsel l.	Marienwerder	Schwetz.
31. „ „	Blumenthaler	Elbe r.	Magdeburg	Jerichow I.
2. Nov. „	Wilkau-Karolather	Oder r.	Liegnitz	Glogau, Freistadt.
„ „	am Treuel	Elbe l.	Magdeburg	Wolmirstedt, Stendal
1. Febr. 1858	Kaymen-Lablacker	kurisches Haff	Königsberg	Labiau, Königsberg.
„ „	Muchodzin Hauland-Marienwalder	Warthe l.	Posen	Birnbaum.
1. März „	Magdeburg-Rothensee-Wolmirstedter	Elbe l.	Magdeburg	Wolmirstedt, Magdeburg.
26. April „	Sternberger	Oder r.	Frankfurt	Frankf., Lebus, Sternberg, Königsberg.
9. Aug. „	Jürtsch-Lampersdorfer	„ l.	Breslau	Steinau.
„ „	Bockum-Serm-Blündelheimer	Rhein r.	Düsseldorf	Düsseldorf.
9. Oct. „	von Zeierniederkampe	Nogatarme, frisches Haff	Danzig	Elbing.
14. März 1859	Linkuhnen-Seckenburger Entwässerungs-Verband	kurisches Haff und Binnengewässer	Gumbinnen, Königsberg	Niederung, Tilsit, Labiau.
1. Juli „	Bittkau-Bölsdorfer	Elbe l.	Magdeburg	Stendal.
„ „	Hämertenscher	„ „	„	Stendal, Osterburg
„ „	Wische	„ „	„	Osterburg.
15. Aug. „	Wolmirstedter Bürgerwall	„ „, Ohre l.	„	Wolmirstedt.
2. Sept. „	Briesen-Liudeser	Oder l.	Breslau	Brieg.
7. Oct. „	Brösa-Rösa-Pouchcr	Mulde r.	Merseburg	Bitterfeld.
„ „	Döbern-Niemeck-Bitterfelder	„ l.	„	Delitzsch, Bitterfeld.
12. Dec. „	Neukersdorfer	Oder l.	Liegnitz	Freistadt.
27. Febr. 1860	Krappitz-Rogauer	„ „	Oppeln	Oppeln.
10. Aug. „	Prausauer	„ r.	Breslau	Wohlau.
21. Jan. 1861	Deichsocietät des Nieder-Oderbruchs *)	„ l. u. r.	Frankfurt, Potsdam	Lebus, Königsberg, Angermünde, Oberbarnim.
16. Nov. „	Breslau Odervorstädtscher	„ r. (Insel)	Breslau	Breslau-Stadt.
4. Dec. „	Dyhrnfurter	„ r.	„	Wohlau.
„ „	der I. Division der Priegnitzschen Elbniederung	Elbe r.	Potsdam	Westpriegnitz.
„ „	der II. u. III. Division der Priegnitzschen Elbnied.	„ „	„	„

*) Der niedere Oderbruch setzt sich aus folgenden Stücken zusammen: nicht zur Meliorations-Gesellschaft gehörig 58 089, Areal der durch Verordnung vom 22. August 1848 gebildeten Deichbau-Gesellschaft zur Melioration des Niederoderbruches 83 790 Morgen nutzbares Land, unbrauchbares Land 13 000 Morgen. Besondere Theile des Areals der Meliorationsgesellschaft sind: obere Niederung von Hohensaaten bis oberhalb Wriezen 71 027 M. (darunter der zur früheren Societät nicht gehörige Tielbruch von Oderberg bis Hohensaaten mit 6801 M.), der neu hinzugetretene Lunow-Stolper Polder mit 9 Ortschaften und 6364 M., der Zehdener Polder rechts der Oder mit 10 Ortschaften und 6405 M. nutzbaren Landes.

Die grössten, durch einen Deich geschützten Flächen sind: das Memeldelta unterhalb Tilsit von 135 000 Morgen, das Weichsel-Nogat-Delta von 195 000 Morgen, der Oderbruch von 266 680 Morgen auf dem linken Ufer der Oder und von 6405 Morgen auf dem rechten, die grosse Wischeniederung in der Altmark von 140 000 Morgen.

Nachstehende Tabelle giebt eine Uebersicht der Anzahl der Deichgenossenschaften, in welcher die geschützte Fläche und das zum Deichbau verwendete Capital nur für das Jahr 1859 angegeben werden konnten, da neuere Nachrichten darüber nicht veröffentlicht worden sind.

(115.)

Provinzen.	Gewässer.	Anzahl der Deichverbände zu Ende 1861: nach älteren Gesetzen	Anzahl der Deichverbände zu Ende 1861: nach dem Gesetz vom 28. Jan. 1848	Deichverbände nach dem Gesetz vom 28. Januar 1848 im Jahre 1859: Anzahl	Deichverbände nach dem Gesetz vom 28. Januar 1848 im Jahre 1859: Schutzfläche. Morgen	Deichverbände nach dem Gesetz vom 28. Januar 1848 im Jahre 1859: Baucapital. Thlr
Preussen	Memel	2	—	—	—	—
	kurisches Haff	—	2	1	11 000	50 000
	frisches Haff	—	2	1	2 000	6 000
	Weichsel	1	7	6	218 000	280 000
Posen	Warthe	—	1	1	7 000	50 000
Brandenburg	Warthe	1	1	1	6 000	32 000
	Oder	2	7	6*)	102 000	340 000
	Neisse	—	3	3	15 000	30 000
	Havel	1	1	1	3 000	25 000
	Elbe	—	2	—	—	—
Schlesien	Oder	—	22	17	345 000	2.260 000
Sachsen	Elbe	1	19	17	412 000	1.160 000
	Mulde	—	3	3	9 000	25 000
Westfalen	Weser	—	1	1	3 000	30 000
Rheinland	Rhein	2	6	8	77 000	162 000
Insgesammt		10	77	68	1.210 000	4.438 000

*) excl. Nieder-Oderbruch.

4. Meliorations-Genossenschaften.

Sobald nicht alle, aber doch die überwiegende Zahl der an einer Melioration betheiligten Grundbesitzer sich zur Ausführung des Unternehmens entschliessen und dessen Zweckmässigkeit von den Sachverständigen anerkannt ist, so kann das Statut der zu bildenden Meliorationsgenossenschaft auch wider Willen einzelner Betheiligten vermöge landesherrlicher Genehmigung rechtskräftig werden. Stimmen alle Betheiligten zu, so genügt laut Gesetz vom 28. Februar 1843 die Genehmigung des Statuts durch den Minister. Ueber die Bildung von Genossenschaften zu Entwässerungsanlagen ist das Gesetz vom 11. Mai 1859 erlassen. Mehrere zum Theil nicht unbeträchtliche Meliorationen sind als Nebengeschäfte bei Gemeinheitstheilungen durchgeführt.

Vom Landesherrn sind folgende Genossenschaftsstatute genehmigt worden:

24. Juli 1850: Meliorations-Societät der Bocker Haide (unter Aufsicht des Oberpräsidenten von Westfalen),
21. April 1852: Verband zur Regulirung der schwarzen Elster (Reg.-Bez. Merseburg, Frankfurt und Liegnitz),
2. Juni 1852: Melior.-Soc. des Skottauer Thales (Kr. Neidenburg),
21. Juli 1852: Mel.-Verband im Brückschen Bruche (Kr. Neustadt),
8. Nov. 1852: Verband der Wiesenbesitzer in der Gemeinde Salm (Kr. Daun),
21. März 1853: Societät für die Melioration der Obrabruch-Gegenden (Reg.-Bez. Posen),
30. Mai 1853: (revidirtes Statut der am 15. Mai 1843 gegründeten) Allensteiner Kreiscorporation (Reg.-Bez. Königsberg),

19. Dec. 1853: Verband der Wiesenbesitzer in der Gemeinde Wellersheim (Kr. Prüm),
9. Jan. 1854: desgl. in den Gemeinden Thallichtenberg und Pfeffelbach (Kr. St. Wendel),
1. Juni 1854: Genossenschaft zur Entwässerung der Grundstücke im Bachthale zwischen Adenau und Leimbach (Reg.-Bez. Koblenz),
17. Juli 1854: Verband der Wiesenbesitzer in Section I des Gierzhagener Bruchthales in der Bürgermeisterei Dattenfeld (Kr. Waldbröl),
12. Aug. 1854: Melior.-Soc. des Neidethales bei Soldau (Kr. Neidenburg),
12. Aug. 1854: Societät zur Regulirung der Gewässer in den nördlichen Theilen des Kreises Lübbeke (Reg.-Bez. Minden),
12. Aug. 1854: Verband der Wiesenbesitzer in der Gemeinde Ürzig (Kr. Wittlich),
4. Oct. 1854: desgl. in den Gemeinden Ober-, Mittel- und Nieder-Reidenbach (Kr. St. Wendel),
13. Nov. 1854: desgl. in Section III des Irserbachthales in den Bürgermeistereien Herrchen, Damm und Dattenfeld (Siegkreis, Kr. Altenkirchen und Waldbröl),
13. Nov. 1854: desgl. auf dem Banne der Gemeinde Reden (Kr. Bitburg),
30. April 1855: Verband zur Regulirung des Kremitzbaches in Herzberg (Reg.-Bez. Merseburg),
30. April 1855: Meliorationsgenossenschaft des Alfbachthales (Kr. Wittlich),
11. Juni 1855: Societät zur Regulirung der Gewässer in der Bokeler und Mastholder Niederung (unter Aufsicht des Oberpräsidenten von Westfalen),
20. Febr. 1856: Genossenschaft zur Entwässerung der Grundstücke am Dratzig-, Reppow- und Sareben-See (Kr. Neustettin),
14. April 1856: Verband zur Regulirung der Notte (Kr. Teltow),
30. April 1856: Verband der Wiesenbesitzer in der Gemeinde Preist (Kr. Bitburg),
7. Mai 1856: desgl. in der Gemeinde Losheim (Kr. Merzig),
7. Mai 1856: desgl. in der Gemeinde Niederlosheim (Kr. Merzig),
16. Juni 1856: Genossenschaft für die Melioration der Nierniederung von Neuwerk bis Kaen und der Niederung am Nordcanal (Kreise Gladbach, Kempen und Geldern),
13. Oct. 1856: Soldiner Entwässerungsverband (Reg.-Bez. Frankfurt),
13. Oct. 1856: Verband zur Regulirung der unteren Ehle (Reg.-Bez. Magdeburg),
24. Oct. 1856: Genossenschaft zur Melioration der Ländereien am Goplosee, im Bachorzebruche und im Montweythale (Kr. Inowraclaw),
23. Febr. 1857: Societät zur Regulirung der Unstrut von Bretleben bis Nebra (Reg.-Bez. Merseburg),
2. März 1857: Verband von Wiesenbesitzern in der Gemeinde Alflen (Kr. Kochem),
10. Aug. 1857: Mel.-Soc. des Orzecgebietes (Kr. Neidenburg),
2. Nov. 1857: Verband der Wiesenbesitzer in der Gemeinde Bachem (Kr. Merzig).
2. Nov. 1857: Meliorations-Genossenschaft der Gemeinde Hongrath (Kr. Merzig),
9. Nov. 1857: Genossenschaft zur Entwässerung des Ossiniecbruches (Kr. Gnesen),
8. März 1858: Verband von Wiesenbesitzern in den Gemeinden Münstermaifeld, Küttig, Girschnach und Rüber (Kr. Mayen),
6. April 1858: Genossenschaft zur Melioration der Labischin-Bromberger Netzewiesen (Kreise Schubin, Bromberg und Inowraclaw),

6. April 1858: Verband der Wiesenbesitzer in der Gemeinde Hüngeringhausen (Kr. Waldbröl),

30. Juni 1858: Societät zur Entwässerung des grossen Luchs bei Wormlage (Kr. Kalau und Luckau),

3. Jan. 1859: Genossenschaft für die Melioration der Erftniederung vom Einflusse des Rothbachs bis zur Mündung der Erft in den Rhein (Kr. Euskirchen, Bergheim, Grevenbroich und Neuss),

17. Jan. 1859: Verband zur Regulirung der beiden zur Bartsch führenden Landgräben in den Kreisen Kröben, Fraustadt, Guhrau und Glogau (Reg.-Bez. Posen, Breslau und Liegnitz),

11. April 1859: Genossenschaft zur Melioration der Pakość-Labischiner Netzwiesen (Reg.-Bez. Bromberg),

26. April 1859: Wesselshöfen-Konradswitter Meliorations-Societät (Reg.-Bez. Königsberg),

31. Aug. 1859: G. für die Regulirung des Swistbaches in den Gemeinden Metternich, Weilerswist und Bliesheim (Kr. Euskirchen),

1. Oct. 1859: Verband der Wiesenbesitzer im Strombachthale (Kr. Gummersbach),

31. Oct. 1859: Genossenschaften zur Regulirung der Aller und Ohre und Erweiterung der Drömlingscorporation in Gemässheit des Vertrags vom 9. Juli mit Hannover und Braunschweig (Reg.-Bez. Magdeburg),

28. Nov. 1859: Genossenschaft zur Senkung des Bansow-Sees bei Falkenburg und der damit in Verbindung stehenden Gewässer (Reg.-Bez. Köslin),

12. Dec. 1859: G. für die Melioration des Essenberger Bruchs in den Gemeinden Asberg, Homberg und Hochemmerich (Kr. Mörs),

16. Jan. 1860: Brandenburger Havel-Krautungsverband (Reg.-Bez. Potsdam und Magdeburg),

16. Jan. 1860: Meliorations-Genossenschaft der Norf-Stomler Brücher (Reg.-Bez. Düsseldorf und Köln).

5. März 1860: Genossenschaft zur Melioration des Straelener Veens im Kreise Geldern,

12. März 1860: G. zur Unterhaltung des Wiecznocanals im Regierungsbezirk Marienwerder,

12. März 1860: Verband der Wiesenbesitzer im Quackenbachsthale des Kreises Ahrweiler,

25. Aug. 1860: Genossenschaft zur Ent- und Bewässerung der Wiesen im Lückerather Bachthale (Siegkreis),

3. Oct. 1860: Verband der Wiesenbesitzer im Wahnthale (Siegkreis) zur Verbesserung ihrer Wiesen,

3. Oct. 1860: Genossenschaft der Wiesenbesitzer in der Gemeinde Kuchenheim (Kr. Rheinbach) zur Melioration ihrer Grundstücke,

19. Nov. 1860: G. zur Melioration des Richrather Bruches in den Kreisen Solingen und Düsseldorf,

26. Nov. 1860: G. zur Entwässerung der Brücher von Wielowies, Wierzchoskawice und Kaczkowo im Kreise Inowraclaw.

10. Dec. 1860: Verband zur Regulirung der oberen Unstrut von Mühlhausen bis Merxleben (Reg.-Bez. Erfurt),

21. Jan. 1861: Entwässerungs-Corporation des Zehdener Bruches (Reg.-Bez. Frankfurt),

18. März 1861: Verband der Wiesenbesitzer im Nuhnethale (Kr. Brilon) zur Verbesserung ihrer Grundstücke,

3. April 1861: desgl. in den Bahner Wiesen zu Kruft (Kr. Mayen),

2. Aug. 1861: Wiesengenossenschaft zu Namborn im Kreise St. Wendel,

30. Aug. 1861: Verband zur Senkung der Arysgewässer (Reg.-Bez. Gumbinnen),
16. Mai 1862: Genossenschaft für die Melioration der grossen rothen Ley und des Uitflieth im Kreise Mörs.

Einige allgemeine statistische Notizen giebt nachstehende Tabelle; Fläche und Baucapital sind für ein späteres Jahr als 1859 nicht bekannt geworden.

(116.) Provinzen.	Meliorations-Genossenschaften im Jahre 1859						Bis Mitte 1862 erhielt die nachstehende Zahl von Genossenschaften die landesherrliche Genehmigung
	mit landesherrlicher Genehmigung.			mit ministerieller Genehmigung.			
	Anzahl.	Fläche. Morgen	Baucapital. Thlr	Anzahl.	Fläche. Morgen	Baucapital. Thlr	
Preussen	6	83 200	172 000	10	14 000	32 000	8
Posen	5	170 000	890 000	—	—	—	6
Pommern	1	2 200	10 000	3	11 000	27 000	2
Brandenburg	3	65 000	360 000	2	400	2 000	5
Schlesien	1	44 700	100 000	1	3 300	3 700	1
Sachsen	4	124 500	1 080 000	—	—	—	6
Westfalen	3	64 000	490 000	4	400	11 000	4
Rheinland	22	38 000	640 000	73	4 770	23 500	33
Insgesammt ..	45	591 600	3 742 000	93	33 870	99 200	65

5. Verwaltung.

Für die Bearbeitung der grösseren Deichregulirungen u. s. Landesmeliorationen werden Commissarien bestellt, welche gewöhnlich aus den Beamten der Auseinandersetzungs-Behörden gewählt werden. In mehreren Fällen haben auch Mitglieder der Regierungen und Landräthe mit Erfolg sich der Leitung solcher Unternehmungen unterzogen. Als Techniker fungirt bei den Deichregulirungen gewöhnlich der königliche Wasserbau-Inspector, zu dessen Bezirk die betreffende Stromstrecke gehört. Für die Regulirung der Privatflüsse, die grossen Ent- und Bewässerungen hat die Regierung sich bemüht, allmälig ein besonderes technisches Personal zu gewinnen. In jeder Provinz ist ein Landesmeliorations-Bauinspector angestellt, welcher zur Disposition des Oberpräsidenten steht und den Beruf hat, solche grösseren Landesmeliorationen vorzubereiten und auszuführen, welche in mehrere Regierungsbezirke eingreifen, oder zu denen es den einzelnen Regierungen und Generalcommissionen an geeigneten oder verfügbaren Technikern fehlt.

Dem Voranschlage des Staatshaushalts-Etats pro 1862 zufolge darf die Deichverwaltung im Regierungsbezirk Danzig eine extraordinäre Einnahme von 164 Thlr erwarten. Die regelmässige Ausgabe ist veranschlagt, wie folgt: zur Besoldung von 8 Meliorations-Bauinspectoren 6 800, Reisekosten-Entschädigung für dieselben 3 200, zu Bureaukosten 800, zur Disposition des Ministeriums 1 865, persönliche Ausgaben für die Beaufsichtigung der Deiche und Dämme 1 107 (im Reg.-Bez. Marienwerder 125, Frankfurt 182, Magdeburg 800), sächliche Ausgaben zur Unterhaltung der Deiche und Dämme 31 585 Thlr (im Reg.-Bez. Danzig 25 314, Marienwerder 3 000, Potsdam 941, Düsseldorf 1 780 und Aachen 550 Thlr). Diesen Ausgaben tritt noch hinzu: für das königliche Commissariat bei der Allensteiner Kreiscorporation 700 Thlr.

F. Maassregeln zur Förderung der Pferdezucht.

Angesichts der ausserordentlichen Wichtigkeit, welche die Erziehung und Erhaltung eines tüchtigen Pferdestandes nicht allein für die Landwirthschaft und die Gewerbthätigkeit überhaupt, sondern auch für die Wehrfähigkeit des Staates hat, ist die Landesregierung seit geraumer Zeit bemüht gewesen, die preussische Pferdezucht auf einen möglichst hohen Stand zu erheben; man ist denn auch allmälig dahin gelangt, die ehemals grossentheils vom Auslande her gedeckte Remontirung für das vaterländische Heer ganz allein im Lande selbst zu ermöglichen, ohne dass dadurch der landwirthschaftliche Betrieb empfindlich beeinträchtigt würde.

Mit Ausnahme des zum Ressort des Kriegsministeriums gehörigen Remontewesens tritt die Förderung der Pferdezucht durch die Staatsregierung einerseits in Form von Belohnungen und Zuschüssen, anderseits in Form der Leitung des Gestütwesens auf.

1. Förderung privater Pferdezucht.

Seit 1831 werden zu Preisen für Rennen mit Vollblutpferden jährlich 17 800 Thlr. verwendet, bei deren Vertheilung die Rennbahnen in den Provinzen Brandenburg, Preussen, Pommern und Schlesien wegen ihrer hervorragenden Bedeutung vorzugsweise bedacht werden.

Seit 1838 sind für Rennen mit Bauerpferden und zur Unterstützung solcher Vereine, welche sich die Dressur zur Einstellung bei der Landwehr geeigneter Pferde angelegen sein lassen, jährlich 1 000 Thlr. ausgesetzt.

Seit 1845 werden zu Prämien für ausgezeichnete Mutterstuten in den Händen kleinerer Züchter jährlich 5 000 Thlr. an die landwirthschaftlichen Vereine zur Vertheilung überwiesen.

Den durch Circularerlass vom 19. December 1857 ins Leben gerufenen s. g. Zuchtvereinen werden unter gewissen Bedingungen für Beschaffung guter Beschäler zur Deckung der Vereinsstuten zinslose Vorschüsse gewährt, welche binnen sechs Jahren amortisirt sein müssen. Der Andrang auf Vorschüsse war seitens der Vereine nicht eben gross; im Jahre 1859 machten nur sechs Vereine von dieser Einrichtung Gebrauch. Einem Ministerialerlass vom 13. Juli 1862 zufolge dürfen Hengste aus den Beständen der Landgestüte den Vereinen fernerhin nicht mehr käuflich überlassen werden. Befriedigen die Leistungen des angekauften Hengstes den Verein nicht, so kann dieser den Hengst an die Verwaltung zurückgeben; geht der Hengst ohne grobes Verschulden des Stationshalters ein, so trägt die Gestütverwaltung den Schaden und erhält als Ersatz nur die bereits eingegangenen resp. zahlbaren Sprunggelder.

Der Verein für die Verbesserung der Pferdezucht in der Provinz Preussen erhält zur Unterhaltung einer Trainiranstalt zu Maulen jährlich 400 Thlr. Staatszuschuss.

Die Hauptvereine Münster und Arnsberg verwenden jährlich je 100 Thlr. zu Prämien für guten Hufbeschlag, nachdem aus der Provinz Westfalen die Klagen über mangelhaften Beschlag immer lauter geworden waren.

Von der Centralstelle des landwirthschaftlichen Vereins in Hohenzollern wurde am 26. Mai 1862 eine Weide für Follen auf Nonnenhof eröffnet.

2. Gestütverwaltung.

Zu der heutigen Einrichtung des Gestütwesens hat König Friedrich Wilhelm I. durch Anlegung von Zucht- und Stammgestüten den Grund gelegt. In den drei Hauptgestüten werden gute Zuchtpferde gezüchtet, und in den acht Landgestüten wird für Unterhaltung eines geeigneten Stammes von Beschälern zur Deckung der landwirthschaftlich benutzten Stuten gesorgt. Nach einer keineswegs günstig ausgefallenen Prüfung der Landbeschäler im Jahre 1847 wurde am 6. Juli 1849 ein Züchtungsprogramm aufgestellt, nach dessen Grundsätzen verfahren werden sollte; dieses Programm ist in neuerer Zeit strenger befolgt worden, als in der ersten Zeit nach seiner Aufstellung.

Bei der Centralverwaltung sind im Voranschlage der Ausgaben für 1862 angesetzt: Diäten und Reisekosten 2 000, Ausbildung von Gestüteleven 800, Ankauf von Pferden für die Haupt- und Landgestüte 83 100, Neubauten und grössere Reparaturen einschliesslich der Elbuferbauten 15 700, Remunerationen und Unterstützung von Unterbeamten 2 000, Unterstützung der den Gestüten angehörenden Ortsarmen 6 000, Ausgaben bei grösseren Pferdetransporten 1 200, insgemein 1 000, — zusammen 61 800 Thlr. Zur Bestreitung der Kosten für grössere Bauten sind 8 000 Thlr. extraordinär angewiesen.

Angestellt sind bei der Gestütverwaltung folgende Beamte, Unterbediente und Schullehrer: 3 Dirigenten der Hauptgestüte und zu diesen in näherer Beziehung stehenden Landgestüte, 2 selbständige Landgestütvorsteher zu Zirke und Leubus, 3 unselbständige zu Marienwerder, Wickrath und Warendorf; 3 Oberrossärzte, 13 Gestüthofs- und Marstallaufseher und Rossärzte; 1 Oberwirthschaftsbeamter zu Trakehnen, 2 Wirthschafts-Administratoren und 13 Oekonomiebeamte auf Kündigung zu Zirke, Neustadt und Kreyschau; 3 Rendanten, 6 Secretäre und Rechnungsführer; 9 Stut-, 1 Schleusen-, 10 Sattel- und 10 Futtermeister; 2 Trainer und 1 Jockey auf Kündigung zu Neustadt und Trakehnen; 1 praktischer Arzt zu Trakehnen, 10 Schullehrer; 1 Oberwärter zu Graditz, — insgesammt 94 Personen.

a. Die Hauptgestüte.

Zur Aufzucht tüchtiger Beschäler und Mutterstuten und zur Versorgung des königlichen Obermarstalls dienen die drei Hauptgestüte zu Trakehnen, Neustadt a. d. Dosse und Graditz. Dieselben decken einen Theil ihrer Unterhaltungskosten durch Verkauf entbehrlicher oder nicht mehr für ihre Zwecke verwendbarer Pferde und aus den Ueberschüssen der mit den Anstalten verbundenen Landwirthschaften; die übrigen Kosten werden aus der Staatscasse bestritten.

Ueber die Geschäftsergebnisse der Hauptgestüte giebt Tabelle 117, über ihre Einnahmen und Ausgaben Tabelle 118 Auskunft. Beizufügen sind hier nur noch die jüngsten Pferdeankäufe in England behufs Vermehrung des Zuchtmaterials der preussischen Gestütverwaltung. Im Herbst 1860 wurden beschafft: der Vollblutbeschäler 1. Classe Vindex für 3 000 £, sodann die bereits als Mütter bewährten Vollblutstuten Pope Joan, Miss Able, Chiml, Integrity und Thistlefly. Im Spätsommer 1862 wurden zur Begründung einer eigenen Vollblut-Pepiniere in Graditz beschafft: der Hengst The Wizard und die Stuten Yellow Rose, Miss Chatterbox und Sabra; ihnen schloss sich der zur Erzeugung edler Kutschpferde geeignete Halbblut-Hengst Tarquin an.

Das im Kreise Stallupönen belegene Hauptgestüt Trakehnen besteht aus 12 Gestüthöfen oder Vorwerken mit einer etatmässigen Zahl von 300 Mutterstuten, welche grösstentheils den stärkeren Schlägen angehören. Die Erträgnisse der mit dem Betriebe des Gestüts untrennbar verbundenen Grundstücke belaufen sich dem Voranschlage für 1862 nach auf 24 228 Thlr., nämlich: Viehnutzung 1 980, Ackerwirthschaftsertrag 21 200, Ertrag der Mühlen, Teiche, Forst, Schmiede u. s. w. 570, Pacht und Miethe 421, insgemein 57 Thlr. Die Vorwerke enthalten nachstehende Flächen in magdeburger Morgen:

	Acker.	Wiese.	Weide.	Gärten.	Schonung u. Wald.	Torfstich.	Hof- und Baustellen.	Unland Wege Gräben u. s. w.	Zusammen.
Danzkehmen . .	1106	333	—	42	—	205	13	104	1803
Trakehnen . . .	1182	597	11	75	2	—	22	78	1967
Bajohrgallen . .	789	410	—	29	5	—	14	51	1298
Gurdszen	746	556	163	46	21	—	10	79	1621
Taukenischken .	448	81	—	30	60	—	5	29	653
Burgsdorfshof .	447	38	—	11	—	—	2	21	519
Birkenwalde . .	485	131	17	12	6	—	8	25	682
Kalpakim	750	543	—	27	—	—	8	58	1386
Guddinn	550	524	—	45	—	—	9	60	1188
Jonasthal	1083	488	—	29	—	—	9	60	1669
Jodszlauken . . .	555	183	—	14	121	—	7	21	901
Mattischkehmen	1572	160	21	53	—	—	6	58	1870

Eine besondere Trainiranstalt besteht in Trakehnen nicht; vielmehr werden die Kosten für das Trainiren einzelner Vollblutpferde, für deren Engagements zu Rennen und für alle dahin gehörigen Maassregeln, ebenso auch die errungenen Rennpreise beim Etat des Hauptgestüts mit verrechnet.

(117.)

Pferdestand und Geschäftsergebnisse der Hauptgestüte.	Trakehnen.	Neustadt a. d. D.	Graditz.	Zusammen.
Etatsmässige Pferdezahl:				
Hauptbeschäler	12	5	8	25
Mutterstuten	300	90	180	570
junge Hengste und Stuten	984	200	442	1626
zusammen	1296	295	630	2221
Ende 1880 vorhandene Beschäler:				
Classe I: leichter Reitschlag	2	1	2	5
" II: starker Reit- und leichter Wagenschlag	12	3	6	21
" III: starker Wagenschlag	4	1	3	8
zusammen	18	6	11	34
darunter Vollblutpferde: XX englischer Abstammung	7	3	3	13
X engl.-arab. "	2	—	—	2
Xa. rein arab. "	1	1.	—	2
Ende 1880 vorhandene Mutterstuten:				
Classe I: leichter Reitschlag	12	38	27	72
" II: starker Reit- und leichter Wagenschlag	161	49	98	308
" III: starker Wagenschlag	137	—	53	190
zusammen	310	87	176	568
darunter Vollblutpferde: XX englischer Abstammung	26	30	6	62
X engl.-arab. "	15	22	5	42
Xa. rein arab. "	4	2	—	6
Abfohlungsresultate 1880:				
Im Vorjahr gedeckte, im Gestüt verbliebene Stuten	328	83	170	581
davon güst geblieben	104	16	46	166
abortirt haben oder Sterblinge geboren u. dergl.	10	14	4	28
Lebend geborene Hengste	113	28	58	199
nach Abzug der gestorbenen blieben im Bestand	98	17	47	162
Lebend geborene Stuten	101	26	62	189
nach Abzug der verkauften u. gestorbenen sind verblieben	92	22	54	168
Abfohlungsresultate 1881:				
Im Vorjahr gedeckte, im Gestüt verbliebene Stuten	255	57	125	437
davon güst geblieben	86	24	47	157
verfohlt haben oder todte Füllen geboren	25	6	5	36
Lebend geborene Hengste	114	27	61	202
nach Abzug der getödteten u. s. w. verblieben im Bestand	92	18	50	160
Lebend geborene Stuten	117	24	59	200
im Bestand verblieben	96	15	52	163
Abgabe volljähriger Pferde 1880:				
Hengste als Hauptbeschäler für die eigene Zucht	1	—	2	3
als Landbeschäler	45	11	19	75
an den königl. Obermarstall	14	1	1	16
Stuten als Mutterstuten für die eigene Zucht	28	2	20	50
an den königl. Obermarstall	14	2	4	20
Abgabe volljähriger Pferde 1881:				
Hengste als Hauptbeschäler	4	—	1	5
als Landbeschäler	47	13	20	80
an den königl. Obermarstall	14	2	3	19
Stuten als Mutterstuten	32	14	12	58
an den königl. Obermarstall	12	3	3	18

(118.)

Finanzielle Verhältnisse der Hauptgestüte.

		Trakehnen.	Neustadt a. d. D.	Graditz.	Zusammen.
Fläche der benutzten Grundstücke 1881/2:					
von der Domänenverwaltung erpachtet	Morgen	1 803	2 262	[1]) 85	4 150
gegen ein Pachtgeld von	*M.*	1 351	1 589	[2]) 502	3 442
ohne Pachtzahlung	Morgen	13 754	805	3 300	17 859
mit einem abgeschätzten Pachtwerth von .	*M.*	9 751	497	10 088	20 336
Einnahmen laut Voranschlag für 1882:					
Erlös für verkaufte Pferde	*M.*	26 580	10 630	12 800	[3]) 51 010
Sprunggeld	"	540	250	270	1 060
verschiedene Einnahmen aus der Gestütverwaltung .	"	1 512	3 141	254	4 907
Werth der von Beamten bezogenen Emolumente ..	"	14 530	763	1 373	16 666
aus den mit dem Betriebe verbundenen Ländereien	"	24 228	6 666	13 747	41 636
zusammen.....	"	67 390	21 450	28 446	118 280
Ausgaben laut Voranschlag für 1882:					
Besoldungen und Emolumente der Beamten und Unterbedienten	"	10 364	4 100	4 325	18 789
Besoldungen und Emolumente der Gestütwärter ...	"	20 918	4 776	4 845	30 539
Diäten und Reisekosten	"	350	640	100	1 090
Entschädigung für baare Auslagen	"	40	100	230	370
für Fourage der Pferde und des Betriebsviehes ...	"	35 000	19 567	29 100	83 667
Wirthschaftskosten u. dgl. Ausgaben	"	14 671	5 510	5 838	26 019
für Amtsbedürfnisse, Heizung, Erleuchtung, Botenlohn u. dgl.	"	1 770	4 216	721	6 707
verschiedene Ausgaben	"	416	108	172	696
Reparaturbaukosten und Feuerkassengelder	"	8 490	3 430	2 745	14 665
Pachten, sonstige Lasten und Abgaben	"	1 711	1 701	793	4 205
zusammen.....	"	93 730	41 170	48 870	186 770

[1]) nicht von allen benutzten Ländereien bekannt und excl. der Landwirthschaft Kreyschau.
[2]) excl. Kreyschau.
[3]) incl. 1000 *M.* für auszurangirende, früher aus Centralfonds angekaufte Beschäler.

Das **Friedrich-Wilhelms**-Gestüt ist auf dem früheren Domänenvorwerk Neustadt an der Dosse angelegt; die Normalzahl der Mutterstuten ist neuerdings von 80 auf 90 gesteigert. Dasselbe war ursprünglich durchweg auf Vollblut begründet und dazu bestimmt, sich und die anderen Zuchtgestüte durch seine edlen Erzeugnisse zu remontiren; gegenwärtig werden jedoch auch Halbblutpferde zur Versorgung des Landbeschäler-Depots Lindenau gezogen. Der Umfang der Ländereien ist in magdeburger Morgen:

	Acker	Wiese	Weide	Gärten	Wald	Rohrung	Hofstellen	Unland u. s. w.	zusammen
Vorwerk Neustadt	817	436	1179	14	111	125	37	43½	2262½
Struhbergshof ...	24	124	140	1	—	—	1	½	289½
vom Grenzschen Freigut	—	15	—	—	—	—	—	—	15

Ihr Erträgniss wird auf 6 666 *M.* berechnet, nämlich: von der Ackerwirthschaft 1 870, von den Mühlen u. s. w. 1 425, Pacht und Miethe 3 371 *M.*

Von den hier und in Graditz befindlichen jungen Hengsten und Stuten werden 15 in einer besondern Trainiranstalt zu Rennpferden trainirt. Die Einnahmen daraus, welche in Tabelle 118 denjenigen des Hauptgestüts eingerechnet sind, betragen nach dem Voranschlag incl. 107½ *M.* als Werth der Beamten-Emolumente

3 110 Thlr. Die Ausgaben sind: Besoldungen und Emolumente der Beamten 950, der Gestütwärter 1 368, Diäten und Reisekosten 440, für Fourage 1 671, Wirthschaftskosten u. dgl. 650, für Amtsbedürfnisse 3 886, verschiedene Ausgaben 70, Reparaturkosten u. dgl. 540, — zusammen 8 070 Thlr.

Das im Kreise Torgau belegene **Hauptgestüt Graditz** ist zur Aufnahme von 180 Mutterstuten eingerichtet; es gehören dazu die Gestüthöfe Döhlen, Repitz und Neu-Bleesern. Ungerechnet die Bruchwiesen verpachteter Ländereien im Teiche bei Graditz und den Elbheeger daselbst, sowie etwa 15 Morgen Wiesen im Döhlener, Kneseuer, Altenauer und rothen Ochsenheeger, umfassen die untrennbar mit dem Gestüt verbundenen Ländereien folgende Flächen in magdeburger Morgen:

	Acker	Wiese u. Weide	Garten	Hof- u. Baustellen	Unland, Wege u. dgl.	zusammen
Bruchwiesen bei Döhlen..	—	70	—	—	—	70
Graditzer Gestütland......	287	692	9	11	123	1122
Gestüthof Döhlen u. Bleesern	470	1056	8	13	189	1736
Gestüthof Repitz	156	726	5	7	48	942

Ihr Gesammtertrag wird auf 13 504 Thlr. von der Ackerwirthschaft und 239 Thlr. Pacht und Miethe berechnet.

Ausserdem gehörte der Gestütverwaltung bis Johannis 1862 die *Gutswirthschaft Kreyschau* mit den Vorwerken Sorge, Graditz, Döhlen, Döbrichau, Görnewitz, Repitz und Bleesern, deren ganzes Areal sich auf 5 831 Morgen (Acker 4 910, Wiesen 661, Weide 260 Morgen) belief. Für das letzte Wirthschaftsjahr berechneten sich die Einnahmen daraus auf 91 890 Thlr., nämlich: Ertrag der Viehnutzung 14 910, der Ackerwirthschaft 35 241, der Brauerei, Brennerei, Fischerei und Mühlen 39 110, verpachteter Ackerstücke und Gräsereien 1 137, Werth der Emolumente, welche von den Beamten und Dienstleuten als Theil ihres Einkommens bezogen werden, 989, verschiedene Einnahmen 503 Thlr. Die Ausgaben stellten sich auf 82 460 Thlr., nämlich: Besoldungen und Emolumente der Wirthschaftsbeamten 2 810, Löhne und Emolumente der Dienstleute 3 518, Diäten und Reisekosten 150, für Fourage der Ackerpferde und des Betriebsviehs, soweit der Wirthschaftsertrag dazu nicht ausreicht, 7 043, für Amtsbedürfnisse 1 300, Wirthschaftskosten u. dgl. 42 270, Reparatur-Baukosten und Feuercassengelder 3 268, Pacht für Domänenvorwerke 12 652, sonstige Pacht, Lasten und Abgaben 9 451 Thlr. Zu Johannis 1862 wurde die Gutswirthschaft von Kreyschau aufgelöst und die vom Domänenfiscus erpachteten Grundstücke, mit Ausschluss derjenigen, welche nicht ohne Nachtheil für das Hauptgestüt zu entbehren sind, der Domänenverwaltung zurückgegeben; diese sind das Vorwerk Döhlen und ein Theil des Vorwerks Graditz.

2. Die Landgestüte.

In den Landgestüten oder Landbeschälerdepots werden zur Zucht geeignete Hengste gehalten, welche gegen ein nach ihrer Güte von den Landgestüt-Vorstehern jährlich festgestellten Sprunggeld von 1—6 Thlr. Stuten von Privatbesitzern decken. Der weitaus grösste Theil der Hengste bezieht zur Erleichterung für die Pferdehalter im Frühjahr Beschälstationen im Lande. Etwa ¼ der jährlich gebornen Füllen stammt von den Landbeschälern ab.

Es sind 8 solcher Landgestüte vorhanden, nämlich:

a) das *litthauische* mit 250 Landbeschälern in den drei Marställen zu Trakehnen (Kreis Stallupönen), Insterburg und Gudwallen (Kreis Darkehmen) und mit 50 vierjährigen sogenannten Augmentationshengsten. Die dem Gestüt gehörige Landwirthschaft Gudwallen ist seit Johannis 1861 verpachtet.

b) das *westpreussische* zu Marienwerder.

c) das *posensche* zu Zirke (Kreis Birnbaum), in welchem sich zur Zeit ausser den Beschälern 15 Mutterstuten befinden, wovon 1 zweiter, 3 dritter Classe und 11 Stuten der Classe III P. (Percherons). Mit dem Gestüt ist eine eigene Wirthschaft verbunden, welche früher aus den drei Vorwerken Grabia, Sprenzno und Klossowitz bestand und 3 168 Morgen Acker, 805 Wiesen, 1 211 Weide besass. Die Einnahmen dieser Wirthschaft wurden auf 37 500 Thlr jährlich angenommen: aus der Viehnutzung 7 700, aus der Ackerwirthschaft 5 719, aus der Brauerei, Brennerei, Fischerei und den Mühlen 20 960, Pacht von Ackerstücken und Gräsereien 140, Werth der von den Beamten und Dienstleuten als Theil ihres Einkommens bezogenen Emolumente 2 920, verschiedene Einnahmen 60 Thlr. Die Ausgaben wurden auf 88 760 Thlr veranschlagt: Besoldungen und Emolumente der Wirthschaftsbeamten 2 384, der Dienstleute 2 715, Diäten und Reisekosten 60, für Fourage 2 610, für Amtsbedürfnisse 159, Wirthschaftskosten u. dgl. 21 884, Reparatur-Baukosten und Feuercassengelder 960, Pacht für Domänenvorwerke 2 049, sonstige Pacht, Lasten und Abgaben 989 Thlr. Zu Johannis 1862 wurde die Gutswirthschaft aufgelöst und die vom Domänenfiscus erpachteten Grundstücke mit Ausschluss der Ländereien des Vorwerks Zirke (Grobia) der Domänenverwaltung zurückgegeben.

d) das brandenburgische zu Lindenau bei Neustadt a. d. D. (Kr. Neu-Ruppin).

e) das schlesische zu Leubus (Kreis Wohlau). Dasselbe hat zwei Ackerstücke vom Vorwerk Garthof, welche 87 Morgen Ackerland, 1 Morgen Wiese und 1 Morgen Garten umfassen, erpachtet.

f) das sächsische zu Repitz bei Turgau.

g) das westfälische zu Warendorf.

h) das rheinische zu Wickrath (Kr. Grevenbroich).

Im Jahre 1858 deckte durchschnittlich jeder Landbeschäler 43½ Stuten, von denen 29½ (67,4 %) tragend wurden; die in 1859 lebend gebornen Füllen dieser Stuten verhalten sich zu den Beschälern wie 23 : 1; es kamen 18 Zwillingsgeburten vor. Im Jahre 1859 deckte jeder stationirt gewesene Landbeschäler durchschnittlich 89½ Stuten (am meisten im schlesischen und litthauischen, am wenigsten im westfälischen und posenschen Bezirk), und von diesen wurden 25½ (oder 65,3 %) befruchtet (am meisten im litthauischen und posenschen, am wenigsten im rheinischen und sächsischen Bezirk); in 1860 lebend geborne Füllen kamen 20 auf einen Hengst; es fielen 20 Zwillingsgeburten vor. Das ungünstige Ergebniss des Jahres 1859/60 war theilweis eine Folge der schlechten Futterernte, theilweis entsprang es aus der Mobilmachung der Armee. Im Jahre 1860 deckte jeder Beschäler durchschnittlich 44½ Stuten und befruchtete 30½ davon oder 68,4 % (Verhältniss der Gestütbezirke wie im Vorjahr); die Anzahl der in 1861 lebend gebornen Füllen verhielt sich zu derjenigen der benutzten Hengste wie 24 : 1; es kamen 18 Zwillingsgeburten vor. Näheres enthält Tabelle 119.

(119.) Landgestüte.	Im Vorjahr stationirt gewesene Landbeschäler		Im Vorjahr gedeckte Stuten				Lebend geborene Füllen		
	alte	4jährige	überhaupt	güst geblieben	unter den tragenden haben verfohlt	unter den tragenden sind gestorben, verkauft oder nicht nachgewiesen	Hengste	Stuten	durchschnittlich pro Beschäler
Abfohlung 1860.									
Trakehnen	83	49	5 501	1 563	245	662	1 484	1 547	23,0
Insterburg	73	3	3 132	894	165	347	879	847	22,7
Gudwallen	90	0	4 214	1 205	148	542	1 161	1 158	23,6
Marienwerder	99	-	3 837	1 259	212	355	986	1 025	20,5
Zirke	124	14	4 588	1 323	289	452	1 174	1 351	18,8
Lindenau	130	7	5 276	1 971	255	325	1 322	1 404	19,9
Leubus	139	10	7 171	2 023	224	703	1 848	1 673	22,5
Repitz	101	14	4 271	1 777	191	426	906	973	16,3
Warendorf	75	-	2 336	951	98	234	531	528	14,1
Wickrath	50	—	1 769	750	61	82	497	489	17,1
Insgesammt	964	106	42 095	11 816	1 898	4 128	10 529	10 945	20,1

(Forts. zu 119.) Landgestüte.	Im Vorjahr stationirt gewesene Land-beschäler: alte	4jährige	Im Vorjahr gedeckte Stuten: überhaupt	güst geblieben	unter den tragenden: haben verfohlt	sind gestorben, verkauft oder nicht nachgewiesen	Lebend geborene Föllen: Hengste	Stuten	durchschnittlich pro Beschäler
Abfohlung 1861.									
Trakehnen	90	47	6 787	1 000	271	1 875	1 747	1 897	26,6
Insterburg	74	5	3 859	1 083	173	847	1 116	1 140	28,6
Gudwallen	83	15	4 913	998	221	735	1 465	1 494	30,2
Marienwerder ...	99	—	4 151	1 338	187	204	1 166	1 258	24,5
Zirke	124	4	4 843	1 443	243	278	1 326	1 556	22,5
Lindenau	122	9	5 621	1 995	306	539	1 401	1 382	21,3
Leubus............	130	6	7 606	3 120	258	526	1 854	1 848	26,3
Repitz	92	15	4 119	1 758	155	255	953	1 005	18,3
Warendorf.......	71	8	2 080	1 067	114	234	619	627	15,6
Wickrath	47	3	2 155	929	67	79	531	549	21,8
Insgesammt ...	938	111	46 734	14 751	1 995	5 072	12 178	12 756	23,9

Die Höhe des Sprunggeldes in den einzelnen Landgestüten geht aus der Nachweisung in Tabelle 120 hervor. Es deckte durchschnittlich jeder Landbeschäler, dessen Sprunggeld normirt war auf

5 Thlr,	im Jahre 1859: 27,7,	im Jahre 1860: —,	im Jahre 1861: 50,0 Stuten,
4 "	" " " 42,2	" " " 50,5	" " " 52,7 "
3 "	" " " 39,3	" " " 44,3	" " " 48,4 "
2 "	" " " 39,1	" " " 44,2	" " " 47,4 "
1 "	" " " 33,0	" " " 30,0	" " " 41,1 "

(120.) Landgestüte.	Anzahl der Landbeschäler: nach dem Etat	stationirt gewesene	darunter junge	mit Normirung des Sprunggeldes auf: 5 Thlr	4 Thlr	3 Thlr	2 Thlr	1 Thlr	Gedeckte Stuten: überhaupt	davon unentgeldlich (Stuten der Stationshalter u. dgl.)
Stutenbedeckung 1860.										
Trakehnen	310	137	47	—	5	23	107	2	6 787	125
Insterburg		79	5	—	1	7	71	—	3 859	72
Gudwallen		98	15	—	8	17	72	1	4 913	90
Marienwerder ...	100	99	—	—	6	24	66	3	[1]) 4 158	95
Zirke	140	128	4	—	8	36	78	6	[1]) 4 852	125
Lindenau	140	131	9	—	27	52	52	—	[2]) 5 621	144
Leubus............	150	141	5	—	—	26	115	—	7 606	142
Repitz	110	107	15	—	4	24	73	6	4 119	101
Warendorf.......	80	79	8	—	6	22	36	15	2 080	77
Wickrath	50	50	3	—	—	25	25	—	2 155	46
Insgesammt ...	1 070	1 049	111	—	65	256	695	33	46 745	1 017

[1]) die Differenz gegen Tab. 119 erklärt sich wohl durch dort erfolgte Auslassung den Gestüten angehöriger Stuten. — [2]) darunter 2 Stuten ausnahmsweise zu 11½ Thlr Sprunggeld.

(Forts. zu 120.) Landgestüte.	Anzahl der Landbeschäler								Gedeckte Stuten	
	nach dem Etat	stationirt gewesene	darunter junge	mit Normirung des Sprenggeldes auf					überhaupt	davon unentgeldlich (Stuten der Stationshalter u. dgl.)
				5 Thlr	4 Thlr	3 Thlr	2 Thlr	1 Thlr		
Stutenbedeckung 1861.										
Trakehnen	300	188	66	—	8	31	99	—	7 671	180
Insterburg		76	3	—	1	9	66	—	4 025	69
Gudwallen		104	16	—	9	19	76	—	6 050	98
Marienwerder ...	100	99	—	—	6	25	66	2	4 687	86
Zirke	140	135	6	1	9	40	79	6	5 674	147
Lindenau	140	*) 130	12	—	25	56	40	—	*) 5 678	185
Leubus	150	143	8	—	—	31	112	—	7 720	178
Repitz	110	105	12	—	4	20	73	8	4 453	101
Warendorf	80	70	6	—	7	26	32	14	2 730	77
Wickrath	50	49	—	—	—	26	23	—	1 894	46
Insgesammt ...	1 070	1 058	122	1	69	283	675	30	50 546	1 073

*) ausserdem haben 6 Hengste theils wegen zu hohen Alters, theils wegen Einstellung kurz vor beendeter Deckzeit zusammen nur 54 Stuten gedeckt.

(121.) Regierungsbezirke.	Anzahl der Beschälstationen			Anzahl der Landbeschäler 1861				Marstall, welchem die Beschäler angehören.
	überhaupt	in Kreisen	höchste Zahl in einem Kreise	überhaupt *)	darunter Vollblut	in den einzelnen Kreisen	auf den einzelnen Stationen	
Gumbinnen	79	14	10	272	23	0—42	1—7	Tr. 131, Inst. 24, G. 77.
Königsberg	44	17	5	87	10	0—10	1—4	Tr. 6, Inst. 54, Gudw. 27.
Danzig	8	5	2	21	5	0—7	2—4	Marienwerder.
Marienwerder ...	25	12	4	58	5	0—12	2—4	Marienw. 52, Zirke 6.
Bromberg	10	9	3	34	2	2—9	2—4	Zirke.
Posen	28	16	3	54	10	0—7	2—3	Zirke.
Köslin	12	8	3	25	4	0—7	2—3	Marienwerder.
Stettin	13	8	3	30	3	0—8	2—3	Zirke 11, Lindenau 19.
Stralsund	7	4	3	16	1	2—7	2—3	Lindenau.
Potsdam	25	13	4	73	12	0—11	2—8	Lindenau 70, Repitz 3.
Frankfurt	25	15	5	76	7	0—16	2—5	Zirke 26, Lind. 8, R. 42.
Liegnitz	7	6	2	17	—	0—6	2—3	Leubus. [illegible]
Breslau	25	16	3	77	9	0—8	2—5	Leubus. [illegible]
Oppeln	14	10	4	49	3	0—16	2—6	Leubus.
Magdeburg	7	5	2	20	5	0—6	2—4	Lindenau.
Merseburg	22	13	5	54	5	0—13	2—1	Repitz.
Erfurt	3	3	1	8	—	0—3	2—3	Repitz.
Minden	22	9	5	47	2	0—10	2—3	Warendorf.
Münster	6	5	2	13	—	0—4	2—3	Warendorf.
Arnsberg	8	6	2	19	—	0—5	2—0	Warendorf.
Düsseldorf	8	7	2	17	2	0—4	2—3	Wickrath.
Köln	3	3	1	6	—	0—2	2	Wickrath.
Aachen	3	3	1	6	—	0—2	2	Wickrath.
Koblenz	7	6	2	14	—	0—4	2	Wickrath.
Trier	3	3	1	6	—	0—3	2	Wickrath.
Insgesammt ...	414	218	10	1 059	[illegible]	0—42	1—8	

*) geringe Abweichungen von Tab. 120 sind wohl durch die Verschiedenheit der Zeitpunkte hervorgerufen, an welchen die beiden Listen aufgenommen wurden.

Theils zur vollständigeren Deckung des Remontebedarfs der Landgestüte, theils auch zur Aufmunterung der Züchter werden geeignete junge Hengste, besonders der stärkeren Gebrauchsschläge, im Lande angekauft. Deshalb sind nicht blos die Landgestüt-Dirigenten angewiesen, dergleichen Hengste in ihrem Geschäftsbereich zu ermitteln und deren Ankauf rechtzeitig vorzuschlagen, sondern es hat auch die Militär-Remonte-Ankaufscommission von den bei Gelegenheit ihrer Umreise vorkommenden verkäuflichen und geeigneten Hengsten, die mindestens 3 Jahre alt sind, der Gestütverwaltung Anzeige zu machen.

Wie sich die Beschälstationen über das Land vertheilen, ist in Tabelle 121 angegeben. Der Marstall Trakehnen versorgt: vom Regierungsbezirk Gumbinnen die landräthlichen Kreise Heidekrug, Niederung, Pillkallen, Tilsit, 5 Stationen von Gumbinnen, 8 von Stallupönen und 9 von Ragnit; ausserdem den Kreis Memel. Der Marstall Insterburg versorgt: vom Reg.-Bez. Gumbinnen den Kreis Insterburg und je 1 Station von Gumbinnen und Ragnit; vom Bezirk Königsberg die Kreise Pr. Eilau, Heilsberg, Mohrungen, Neidenburg, Pr. Holland, Braunsberg, Heiligenbeil, Fischhausen, Königsberg, Labiau, sowie 3 Stationen von Wehlau und 2 von Friedland. Der Marstall Gudwallen versorgt: vom Bezirk Gumbinnen die Kreise Angerburg, Darkehmen, Goldap, Johannisburg, Lötzen, Lyck, 4 Stationen von Gumbinnen und 1 von Stallupönen; vom Bezirk Königsberg die Kreise Gerdauen, Rastenburg, Rössel, Ortelsburg, 2 Stationen von Friedland und 2 von Wehlau. Dem westpreussischen Landgestüt gehören die Regierungsbezirke Danzig, Köslin und der weitaus grösste Theil von Marienwerder an. Das posensche Landgestüt beschickt die Beschälstationen in der Provinz Posen, sodann des Kreises Deutsch-Krone und 1 des Kr. Flatow im Reg.-Bez. Marienwerder, des Reg.-Bez. Stettin rechts der Oder, der brandenburgischen Kreise Landsberg, Friedeberg, Soldin und Arnswalde. Zum brandenburgischen Gestüt gehören: Pommern links der Oder, der Reg.-Bez. Potsdam mit Ausnahme des Kreises Teltow, der Kreis Lebus vom Bezirk Frankfurt und der Reg.-Bez. Magdeburg. Das schlesische Landgestüt beschickt die Beschälstationen der Provinz Schlesien. Zum Bereich des sächsischen gehören ausser den Reg.-Bez. Merseburg und Erfurt noch der grössere Theil des Frankfurter und der Kreis Teltow des Potsdamer Bezirks. Westfalen ist auf das westfälische, Rheinland auf das rheinische Landgestüt angewiesen.

Einnahmen und Ausgaben der Landgestüte sind in Tabelle 122 mitgetheilt.

(122.) Finanzieller Voranschlag für die Landgestüte 1862.	Litthauisches L.-G.	Westpreussisches L.-G.	Posensches L.-G.	Brandenburgisches L.-G.	Schlesisches L.-G.	Sächsisches L.-G.	Westfälisches L.-G.	Rheinisches L.-G.	Insgesammt
	Thlr	Thlr	Thlr	Thlr	Thlr	Thlr	Thlr	Thlr	Thlr
Einnahmen:									
Sprunggeld	32 400	9 800	12 500	15 500	16 000	10 000	5 700	5 000	106 900
verschiedene Verwaltungs-Einnahmen	486	362	19	5	163	3	575	385	1 987
Werth der Emolumente der Beamten	1 067	178	311	255	268	198	95	135	2 507
Pacht und Miethe	4 240		—	—	—	—	—	—	4 240
Zusammen	38 200	10 390	*) 12 830	15 760	16 430	10 200	6 370	5 520	115 630

*) excl. der Landwirthschaft Zirke.

(Forts. zu 122.) Finanzieller Voranschlag für die Landgestüte 1862.	Litthauisches L.-G.	Westpreussisches L.-G.	Posensches L.-G.	Brandenburgisches L.-G.	Schlesisches L.-G.	Sächsisches L.-G.	Westfälisches L.-G.	Rheinisches L.-G.	Insgesammt
	Thlr	Thlr	Thlr	Thlr	Thlr	Thlr	Thlr	Thlr	Thlr
Ausgaben:									
Besoldungen und Emolumente der Beamten und Unterbedienten .	4 686	2 050	2 825	3 175	2 950	2 275	1 900	1 300	21 161
desgl. der Gestütwärter	9 197	4 458	5 857	5 875	6 077	4 820	3 733	2 530	41 842
Diäten und Reisekosten	1 000	300	470	200	480	300	320	200	3 270
Entschädigung für baare Auslagen	300	—	200	100	200	30	—	—	830
für Fourage............	32 934	12 714	18 268	19 320	21 024	14 885	11 000	9 169	139 334
Wirthschaftskosten und dergleichen	2 275	630	860	1 090	925	820	990	850	7 940
für Amtsbedürfnisse, Heizung u. dgl.	1 100	778	1 051	1 517	1 360	1 020	570	485	7 882
verschiedene Ausgaben	21	61	8	24	37	36	3	46	237
Reparaturbau-Kosten u. Feuercassengelder...	1 500	389	431	1 390	400	384	150	200	4 843
Pacht für Grundstücke.	746	—	—	—	59	—	—	—	806
sonstige Pacht, Lasten und Abgaben........	—	5	—	40	17	—	4	—	66
Zusammen.....	53 759	21 380	*) 29 970	3 32 538	3 33 529	24 570	18 670	14 780	228 [illegible]

*) excl. der Landwirthschaft Zirke.

Beim Schluss dieses Abschnitts erübrigt noch eine Hindeutung auf diejenigen Gegenstände der landwirthschaftlichen Statistik, welche nicht in diesem oder einem früheren Abschnitt behandelt worden sind. Forstwirthschaft, Jagd und Fischerei werden im nächsten Abschnitt beschrieben werden. Es gehören ferner:

in den IX. Abschnitt:	die landwirthschaftlichen Neben- und Hilfsgewerbe;
" " XI. "	die Woll-, Vieh-, Saatmärkte u. dgl. und der Handel in landwirthschaftlichen Producten überhaupt;
" " XIII. "	die Pfandbriefinstitute, die Hypothekenversicherung u. dgl.;
" " XIV. "	die Feuer-, Hagel- und Viehversicherung;
" " XV. "	die Preise und der Verbrauch landwirthschaftlicher Erzeugnisse;
" " XVII. "	die Unterstützungs-, Pensionsvereine u. dgl.;
" " XIX. "	der Feldschutz;
" " XX. "	die Krankheiten und die Gesundheitspflege der Thiere;
" " XXVIII. "	die Steuern und die Domänenverwaltung.

Siebenter Abschnitt.

Die Forstwirthschaft, Jagd und Fischerei.

I. Der Waldbau.

A. Die Forstfläche.

1. Umfang der Forstfläche.

Seite 116 dieses Jahrbuchs enthält die am Schluss des Jahres 1858 im preussischen Staat, Seite 132 speciell die in Stadtgemeinden vorhandene Fläche der Staats- und Privatwaldungen nach den Angaben der Gewerbetabellen. Die umstehende Tabelle fügt denselben die den Gewerbetabellen zufolge seit 1849 im Waldstande vorgegangenen Veränderungen bei. Schon die erheblichen Schwankungen, welche sich daraus ergeben, deuten auf eine gewisse Unzuverlässigkeit jener Tabellen; eben so zeigt sich dieselbe bei Vergleichung mit den daneben gestellten, vom Oberforstmeister Maron*) mitgetheilten Angaben. Allerdings muss hinsichtlich der letzteren, denen überdies die Jahreszahl fehlt, berücksichtigt werden, dass von der angegebenen Fläche der Gemeinde- und Privatforsten vielleicht noch ein Theil zur Ackercultur benutzt wird, und dass vielleicht auch Gewässer, Wege, Gestelle, Gräben, Unland u. s. w. dieser Fläche mit zugerechnet worden sind. Alsdann würde die Waldfläche nach der Maron'schen Zusammenstellung zu hoch erscheinen. Und selbst ohne Beachtung dieses Umstandes trägt auch die letztere nicht den Charakter vollster Glaubwürdigkeit, indem die Summen nicht mit den Einzelposten überall harmoniren. Endlich ist der ungefähre Flächeninhalt der Holzungen in der Denkschrift des Landforstmeisters von Hagen über die Ermittelung des Reinertrags (behufs Grundsteuer-Regulirung) angegeben und angesichts der Unsicherheit vieler Schätzungen in runden Summen hier mit aufgeführt; diese letzten Mittheilungen möchten vielleicht als der Wahrheit am nächsten kommend zu erachten sein, wenn nicht einige erhebliche Differenzen gegen die Zahlen anderer Quellen (so z. B. sind im Kreise Wittenberg nur 4 300 Morgen Holzung angegeben) wieder daran zweifeln liessen.

*) Forst-Statistik der sämmtlichen Wälder Deutschlands einschliesslich Preussens, bearbeitet nach amtlichen Quellen von E. W. Maron. Berlin 1862.

Der ganze Staat excl. Hohenzollern hat den zu Rathe gezogenen Quellen zufolge nachstehende Waldfläche:
nach Maron (»bestandener Forstgrund«) .... 25.518 857 Morgen,
nach den Acten der Grundsteuer-Regulirungs-Commissionen 25.107 000 »
nach den Gewerbetabellen .... 24.706 697 »
nach Maron's Detailmittheilungen .... 24.620 641 »

(123.) Regierungs-bezirke. — Provinzen.	Zunahme oder (—) Abnahme der Waldfläche laut den Gewerbetabellen			Waldfläche laut der Gewerbetabelle für 1858		
	von 1849 bis 1852.	von 1852 bis 1855.	von 1855 bis 1858.	in städtischen Fluren.	in ländlichen Fluren.	zusammen
	Morgen	Morgen	Morgen	Magdeburger Morgen		
Gumbinnen	41 416	41 982	14 989	11 545	1.057 468	1.069 013
Königsberg	306 643	— 53 464	203 552	98 027	1.365 438	1.463 465
Danzig	37 406	— 13 478	— 28 327	3 059	556 332	559 391
Marienwerder ...	105 424	— 34 341	— 34 557	61 653	1.377 353	1.439 006
Preussen	490 889	— 59 301	215 657	174 284	4.356 591	4.530 875
Bromberg	8 317	— 21 815	251 842	22 947	947 200	970 150
Posen	125 230	9 534	13 963	26 502	1.393 977	1.420 479
Posen	133 577	— 12 301	265 805	49 449	2.341 180	2.390 629
Köslin	165 634	8 689	23 128	60 996	992 843	1 053 839
Stettin	36 476	— 4 987	— 3 919	61 429	854 907	916 336
Stralsund	— 12 141	23 594	— 1 567	2 567	227 529	230 096
Pommern	189 969	27 296	17 642	124 992	2.075 279	2.200 271
Potsdam	243 304	515 159	120 958	179 522	2.035 585	2.215 107
Frankfurt	415 197	384 408	256 419	120 003	2.406 902	2.526 905
Brandenburg .	658 501	899 627	377 377	299 525	4.442 487	4.742 012
Liegnitz	237 934	62 975	— 38 835	113 850	1.309 791	1.423 641
Breslau	129 390	38 568	21 240	44 605	857 945	902 550
Oppeln	78 259	301 137	22 758	34 994	1.566 282	1.601 276
Schlesien	445 583	402 680	7 163	193 449	3.734 018	3.927 467
Magdeburg	— 21 252	10 564	10 041	66 087	662 587	728 674
Merseburg	70 381	599	256 550	62 877	662 304	725 181
Erfurt	89 439	31 163	3 175	33 719	267 784	301 503
Sachsen	138 768	42 326	269 766	162 683	1.592 675	1.755 358
Minden	9 312	2 593	11 500	35 216	364 859	400 075
Münster	24 565	7 389	— 141	8 149	378 096	386 845
Arnsberg	— 5 096	4 717	301	122 321	1.163 888	1.286 209
Westfalen	25 781	14 699	11 660	165 686	1.907 443	2.073 129
Düsseldorf	27 787	8 628	— 984	102 537	326 374	428 911
Köln	18 444	— 2 328	11 292	17 576	481 896	499 472
Aachen	39 145	15 548	— 13 826	31 914	356 499	388 413
Koblenz	63 123	22 432	21 969	77 181	847 261	924 442
Trier	158 967	26 117	11 295	13 294	892 424	905 718
Sigmaringen	.	9 570	12 962	21 432	125 206	146 638
Rheinland	307 466	80 043	42 708	263 934	3.029 660	3.293 594
Insgesammt ..	2.390 531	1.395 069	1.207 778	1.434 002	23.479 333	24.913 335

(124.) Regierungsbezirke. — Provinzen.	Ungefährer Umfang der Holzungen laut den Acten zur Grundsteuer-Regulirung. Morgen	Grösse der Waldfläche nach Maron. Bestandener Forstgrund.	Von der Fläche der Staatswaldungen ist zum Ackerbau in Zeitpacht gegeben	Von der Fläche der Staatswaldungen ist von Gewässern, Wegen, Gräben, Gestellen, Unland u. s. w. eingenommen [1]	Mit Waldung bedeckte Forstfläche Morgen [2]	Mit Waldung bedeckte Forstfläche vom Gesammtareal des Landes.
	Morgen	Magdeburger Morgen				Procent
Gumbinnen	1.088 000	1.159 504	80 653	137 059	941 882	14,6
Königsberg	1.085 000	1.740 012	46 666	104 571	1.528 775	17,4
Danzig	553 000	547 847	16 238	12 281	519 328	15,8
Marienwerder	1.402 000	1.402 225	40 020	30 000	1.332 205	19,9
Preussen	4.728 000	4.849 678	183 577	343 911	4.322 190	17,0
Bromberg	911 000	963 510	7 740	27 687	928 083	20,4
Posen	1.357 000	1.423 274	8 066	8 753	1.406 455	20,3
Posen	2.268 000	2.386 784	15 806	36 440	2.334 538	20,3
Köslin	1.043 000	1.042 993	6 121	21 061	1.015 811	18,4
Stettin	857 000	923 007	15 689	35 001	871 417	17,9
Stralsund	227 000	223 101	1 377	15 045	206 679	11,8
Pommern	2.127 000	2.189 101	23 167	72 097	2.093 907	16,6
Potsdam	2.251 000	2.178 658	13 702	30 000	2.134 956	26,1
Frankfurt	2.381 000	2.378 360	13 030	25 209	2.340 121	30,9
Brandenburg ..	4.632 000	4.557 018	26 732	55 209	4.475 077	28,4
Liegnitz...........	1.868 000	1.877 563	3 221	5 049	1.869 293	34,9
Breslau	1.048 000	1.070 165	7 374	15 770	1.047 021	19,7
Oppeln	1.590 000	1.589 884	13 847	16 166	1.559 871	29,9
Schlesien	4.506 000	4.537 612	24 442	36 985	4.476 185	28,2
Magdeburg	772 000	762 371	3 933	9 762	748 678	16,8
Merseburg	656 000	655 485	16 549	—	638 896	15,9
Erfurt	298 000	297 454	2 316	10 077	284 461	20,6
Sachsen	1.626 000	1.715 310	22 838	20 439	1.672 033	16,8
Minden	398 000	415 513	10 809	3 857	400 847	19,3
Münster	393 000	385 000	754	—	384 345	13,4
Arnsberg	1.276 000	1.268 141	1 461	2 362	1.264 298	41,6
Westfalen......	2.067 000	2.068 733	13 044	6 219	2.049 490	25,7
Düsseldorf........	389 000	405 811	3 749	1 537	400 525	18,6
Köln	512 000	513 029	949	181	511 899	32,9
Aachen	395 000	400 628	515	2	400 111	24,6
Koblenz	957 000	960 129	1 280	—	958 849	40,5
Trier	900 000	935 001	3 167	—	931 837	33,1
Sigmaringen		118 984	—	—	118 984	26,1
Rheinland	3.153 000 [3]	3.333 565	9 660	1 720	3.322 205	30,3
Insgesammt ...	25.107 000 [3]	25.637 841	319 286	572 930	24.745 625	22,6

[1]) durch Abzug der als cultivirt angegebenen Fläche von dem ganzen Forstlande des Staates gefunden. — [2]) durch Abzug der als nicht mit Wald bedeckt angegebenen Fläche der Staatsforsten von dem gesammten Forstgrunde gefunden. — [3]) excl. Sigmaringen.

2. Vertheilung der Forstfläche auf die Besitzerclassen.

Die grosse Wichtigkeit der Wälder nicht allein als Erzeugungsstätten unentbehrlicher Producte, sondern auch als Bewahrer eines gesunden und dem Pflanzenwachsthum förderlichen Klimas, sowie als Beschützer vor Wassersnoth und vor Wasserarmuth hat zu der Frage geführt, ob Preussen Waldungen in festen Händen noch hinlänglich besitzt, um nicht früher oder später empfindlichen Mangel daran zu verspüren. Untenstehende Tabelle giebt Stoff zur Beantwortung der Frage an die Hand.

(125.) Regierungs-bezirke. — Provinzen.	Vertheilung des Forstgrundes laut Maron's Forst-Statistik.				Staatsforsten gemäss den Etats für 1861 und 1862.			
	Staats-, Domänen- und Kammerforsten	Interessenten- und Gemeindeforsten	Kirchen-, Pfarr- und Institutsforsten	Privatforsten	Gesammtfläche	Bleibende Forsten: zur Holzzucht benutzt	Bleibende Forsten: nicht zur Holzzucht benutzt	Zu Vertauschungen, Ablösungen u. s. w. bestimmt
	Magdeburger Morgen				Magdeburger Morgen			
Gumbinnen	922 242	54 068	—	183 258	901 348	707 040	188 801	5 471
Königsberg	899 665	235 470	11 157	654 728	901 158	672 175	226 322	5 062
Danzig	359 571	34 914	3 920	169 432	379 551	339 266	33 698	6 587
Marienwerder	716 513	63 607	—	622 105	713 307	632 540	77 904	2 863
Preussen	2.816 991	388 069	15 081	1.629 515	2.896 365	2.351 027	526 735	20 583
Bromberg	396 651	45 347	—	521 512	408 215	372 678	30 908	4 629
Posen	223 855	26 661	4 872	1.167 927	239 248	207 551	18 770	12 927
Posen	620 506	72 008	4 872	1.689 439	647 463	580 229	49 678	17 556
Köslin	186 790	97 228	214	758 755	199 321	177 537	19 262	2 522
Stettin	454 122	102 422	6 760	359 708	493 669	447 981	45 635	53
Stralsund	100 489	16 581	14 171	88 866	112 008	97 150	14 446	412
Pommern	741 401	216 231	21 145	1.207 329	804 998	722 608	79 343	2 987
Potsdam	849 073	488 571	9 916	831 068	884 712	779 490	53 465	1 757
Frankfurt	699 759	291 545	41 618	1.342 408	722 083	672 225	44 000	5 858
Brandenburg	1.548 832	780 116	51 534	2.173 476	1.556 790	1.451 715	97 465	7 615
Liegnitz	111 779	367 662	23 052	1.375 07[illegible]	100 974	83 014	7 928	10 031
Breslau	257 061	56 068	7 611	749 461	252 128	235 144	16 144	832
Oppeln	317 574	81 091	1 037	1.190 182	319 571	293 377	21 504	4 600
Schlesien	686 414	504 758	31 730	3.314 712	672 665	611 537	45 667	15 463
Magdeburg	251 359	44 562	13 231	453 224	254 221	238 779	15 442	—
Merseburg	309 900	39 745	12 630	263 201	317 124	287 740	22 574	6 810
Erfurt	146 216	78 466	2 072	69 801	144 995	139 664	5 331	—
Sachsen	707 475	162 773	28 833	816 226	716 340	666 183	43 347	6 810
Minden	96 773	55 010	10 431	253 297	97 856	92 256	3 677	1 923
Münster	8 445	7 197	4 830	364 627	9 388	8 250	1 046	84
Arnsberg	76 980	*)145 580	18 001	1.027 580	67 980	73 002	3 078	—
Westfalen	182 198	207 787	33 263	1.645 504	181 224	174 414	7 803	2 007
Düsseldorf	58 966	3 817	2 136	340 892	68 302	63 203	4 857	242
Köln	45 820	29 321	7 711	430 177	48 324	45 256	3 068	—
Aachen	112 958	145 061	4 850	137 757	113 227	110 004	3 223	—
Koblenz	103 072	568 804	14 002	274 251	101 609	98 529	3 440	17
Trier	240 798	467 658	3 734	216 858	246 800	240 521	6 183	86
Sigmaringen	—	59 122	1 897	57 963	—	—	—	—
Rheinland	567 613	1.273 763	34 330	1.457 878	578 659	557 513	20 781	345
Insgesammt	7.874 432	3.005 523	220 818	13.931 069	8.059 180	7.115 294	870 833	73 365

*) Diese Zahl weicht erheblich von der unter „Verwaltung der Gemeindewaldungen" angegebenen ab.

Die sich auf Staatsforsten beziehenden Angaben sind den Staatshaushalts-Etats für 1861 und 1862 entnommen. Bei Aufstellung des Specialetats zu Anfang des Jahres 1860 hatten die Staatsforsten einen Flächeninhalt von 8.059 879 Morgen, wovon 83 952 zu Vertauschungen, Servitut-Ablösungen und eventuell zur Veräusserung bestimmt und 843 721 Morgen bleibenden Forstlandes zu anderen Zwecken als dem der Holzzucht benutzt waren. Davon gingen ab: durch Veräusserung 2 122, durch Ueberweisung an andere Staatsverwaltungen 4 106, durch Separationen und Servitut-Abfindungen 26 948 Morgen; wogegen hinzutraten: durch Ankäufe 672, durch Ueberweisungen von anderen Staatsverwaltungen 28 891, durch gerichtliche Entscheidungen, Vergleiche, Tausch- und Grenzregulirungen 76, durch Etats- und geometrische Berichtigungen 3 144 Morgen. Mithin beträgt der Flächeninhalt nunmehr 8.059 489 Morgen.

B. Die Beschaffenheit der Waldungen.

Im vorigen Abschnitt wurde der Zusammensetzung und Güte des Bodens eine das darüber vorhandene Material möglichst genau benutzende Betrachtung gewidmet. Insoweit es bei Beschreibung der Wälder auf deren Grund und Boden ankommt, darf daher auf jenen Abschnitt verwiesen werden; im Uebrigen möge die Bemerkung genügen, dass meistentheils das minder gute Land mit Holz bestanden ist, indem besserer Boden gewöhnlich bei Verwerthung als Acker- oder Wiesenland eine höhere Rente abwirft.

Ein gedrängter Auszug aus dem Maron'schen Werke, den wir unten folgen lassen, giebt ein allgemeines Bild über den Zustand der preussischen Forsten und deutet daneben einige hier und da obwaltende Besonderheiten an, deren eingehendere Besprechung Mangel an Raum verwehrt.

Ueber die Verbreitung der Wald- und Baumarten in den Regierungsbezirken sind in Tab. 126 den Acten zur Regulirung der Grundsteuer einige Mittheilungen entnommen, welche sich freilich nicht auf den räumlichen Umfang, sondern nur auf die Häufigkeit des Vorkommens jener Gattungen beziehen. Folgerungen über den ersteren daraus herzuleiten, würde durchaus ungerechtfertigt sein.

1. Provinz Preussen.

Im Regierungsbezirk Gumbinnen ist der Waldboden grösstentheils gut; nur der Niederwald am kurischen Haff leidet durch den Rückstau dieses Gewässers an aussergewöhnlicher Nässe. Samenjahre für Kiefer und Fichte sind des rauhen Klimas halber selten; die zuweilen schon in den August fallenden Frosttage schaden den Sprösslingen, und die Frühjahrskälte vernichtet noch 10jährige und ältere Fichtenschonungen.

Der Seenreichthum Masurens befördert das Wachsthum der nahe gelegenen Holzungen und erleichtert die Abfuhr des geschlagenen Holzes.

Während des Juli 1853 traten aus den benachbarten litthauischen Forsten Nonnenfalter in solchen Massen auf die Fichtenwaldungen der zweiten Gumbinner Forstinspection und die naheliegenden Privatforsten über, dass im folgenden Jahre die Raupen etwa 150 000 Klafter Holz durch vollständiges Entnadeln tödteten und etwa 500 000 Klafter erkranken machten. Die auskommenden Falter wandten sich alsdann südwärts, und aus dem Regierungsbezirk Königsberg drangen neue Schaaren in die nördlichen Forsten des Gumbinner Bezirks ein. Erst im Jahre 1857 starben die Raupen vor ihrer völligen Entwickelung allermeistens ab. Zugleich jedoch hatte sich der Borkenkäfer bei dem Mangel an verfügbaren Menschenkräften so übermässig vermehrt, dass er in den Jahren 1857—59 einen sehr beträchtlichen Theil der noch übrig gebliebenen Fichtenbestände zugrunde richtete. Einschliesslich der Privatforsten mögen in Folge dieses Insectenfrasses abgestorben sein: 3.390 000 Massenklafter zu 70 Kubikfuss, 1.350 000 Kl. Stockholz zu 40 K.-F. und 6.780 000 Kl. Reisig zu 15 K.-F.; davon wurden bis zum April 1860 verwerthet: 534 026 Kl. Nutzholz zu 80 K.-F., 890 343 Kl. Kloben zu 75 K.-F., 141 631 Kl. Knüppel zu 60 K.-F., 50 000 Kl. Stockholz zu 40 K.-F. und 400 000 Kl. Reisig zu 15 K.-F.

(126.) Regierungs-bezirke.	Anzahl der vorhandenen		Die nach der vorherrschenden Baumgattung classirten Waldarten kommen in nachstehender Anzahl von Districten vor.								
			Hochwald					Mittelwald	Niederwald		
	Kreise	Classifications-Districte	Eichen	Buchen	Birken, Erlen	Fichten, Tannen	Kiefern, Lärchen	gemischt	gemischt: Erlen, Birken, Buchen	Eichenschälwald	Weidenheger
Gumbinnen ...	16	17	9	2	17	14	16	—	3	—	5
Königsberg ...	20	22	10	13	10	14	20	—	4	—	—
Danzig	6	17	18	13	3	1	14	*) 1	4	—	5
Marienwerder.	13	18	12	11	10	—	15	1	10	—	8
Bromberg	9	9	9	2	9	—	9	—	9	—	—
Posen	17	17	13	8	5	2	17	—	18	—	—
Köslin	10	16	16	16	10	—	16	—	2	—	—
Stettin	13	13	13	12	13	—	12	2	18	—	1
Stralsund	4	4	4	4	4	—	4	4	4	—	—
Potsdam	16	16	14	11	10	—	15	—	14	—	1
Frankfurt	17	20	13	7	4	—	18	—	11	2	7
Liegnitz	10	21	8	5	2	12	20	6	20	8	6
Breslau	24	26	12	8	11	16	19	12	16	2	8
Oppeln	16	19	7	3	4	18	19	6	11	1	5
Magdeburg ...	15	15	11	6	2	5	11	14	7	2	9
Merseburg ...	17	17	5	5	3	6	13	14	13	—	18
Erfurt	9	9	1	7	—	9	7	9	9	—	1
Minden	10	10	10	10	1	10	10	10	10	—	2
Münster	11	11	10	10	—	10	10	10	10	1	—
Arnsberg	14	14	14	14	—	14	14	10	13	6	—
Düsseldorf....	17	18	11	13	—	18	18	18	18	2	8
Köln	11	13	12	12	5	12	12	12	12	5	6
Aachen	11	14	12	13	—	9	12	13	14	12	3
Koblenz	12	15	15	15	—	15	15	15	15	15	4
Trier..........	13	18	18	18	—	18	18	18	18	18	—
Insgesammt	312	389	272	238	123	203	354	175	273	69	99

*) Kopfholz.

Von den Holzarten überwiegen Kiefern, Fichten, Birken und Aspen. Die Schwarzerle nimmt grössere Flächen der Oberförstereien Ibenhorst und Schnecken ein; die Weisserle kommt einzeln und in kleinen Beständen an der russischen Grenze vor. Eichen und Weissbuchen sind in mehreren Revieren zahlreich vorhanden; Rothbuchen stehen nur in einem kleinen Horste der Oberförsterei Warnen. Die Saal- und die Werftweide kommen häufiger vor. Die Eberesche findet sich fast überall, der Ahorn und die Esche nicht selten, die Rüster weniger oft. Zusammenhängende Niederwälder haben nur die Oberförstereien Schnecken und Ibenhorst; die übrigen zerstreut liegenden Bestände der Art schliessen sich dem Hochwaldbetriebe an, wobei indessen noch auf Stockausschlag gerechnet wird.

Im Regierungsbezirk Königsberg leiden die Kiefern des am Nordende der kurischen Nehrung befindlichen, 832 Morgen grossen Forstbelaufs Schwarzort, obgleich man Coupirzäune bis zu 180 Fuss Höhe längs des Meeresufers aufgesetzt hat, unter fortwährender Gefahr vollständiger Versandung durch Dünenwehen; auch im nördlichen Theil der frischen Nehrung ist der Dünensand den Holzbeständen verderblich. Sonst ist der Boden bei angemessenem Feuchtigkeitsgrade fast überall günstig gemengt.

Kiefer und Fichte walten in reinen und gemischten Beständen vor; daneben treten Eichen, Birken, Aspen, Erlen, Buchen, Weissbuchen, Linden, Spitzahorne und Eschen auf. In der Oberförsterei Guttstadt finden sich an der Alle etwa 2000

Morgen reinen und vortrefflichen Buchenwaldes, und auch an anderen Orten tritt die Buche als herrschende Baumart auf. Die Oberförstereien Nemonien, Altsternberg, Pöppeln und Bludau haben Niederwaldungen.

Vom Regierungsbezirk Danzig sind die grossen Ebenen des Danziger und Marienburger Werders ganz waldlos, und nur auf der Montauer Spitze befindet sich ein Eichenforst. Die werthvollen Nadelholzwälder der Stadt Danzig, welche auf der frischen Nehrung liegen, sind den beständigen Angriffen der Sanddünen ausgesetzt. Im Allgemeinen ist der Boden dem Holzwuchse günstig; nur die zur Tuchelschen Haide gehörigen Reviere und einige Gegenden bei Neustadt sind davon auszunehmen. Die Kiefer ist vorherrschende Holzart; doch finden auch Eiche, Rothbuche und Birke in mehreren Oberförstereien eine gute Vertretung. Zu Stangenwalde und Sobbowitz kommt Niederwald, meistens aus Buchen bestehend, vor.

Auf dem rechten Weichselufer des Regierungsbezirks Marienwerder ist der Waldboden theils gut, theils mittelmässig. Neben der weit überwiegenden Kiefer kommen hier Eichen, Rothbuchen, Weissbuchen und Birken in den Oberförstereien Münsterwalde, Jammi, Gurzno und Rehhof vor. Links der Weichsel bietet die grosse Tuchelsche Haide ein im Grossen und Ganzen trauriges Bild, nachdem die Bewohner der Pustkovien in früheren Zeiten beträchtliche Waldbrände entweder veranlasst oder doch nicht gedämpft hatten. Als Ueberständer erscheinen dort allerdings in Mittelhölzern zuweilen sehr starke Kiefern, und im Forstrevier Vandsburg und den Oberförstereien Lindenberg und Zippnow treten auch erhebliche Eichen- und Buchenbestände auf.

2. Provinz Posen.

Die Netzeniederung des Regierungsbezirks Bromberg trägt hin und wieder — so zwischen Bromberg und Miasteczko, bei Czarnikau und Filehne — Erlen in guten Beständen; grösstentheils aber sind die dortigen Wälder bereits der Umwandlung in Wiesen erlegen. Im Norden und Osten ist der Boden überaus arm, so dass die Kiefer innerhalb des Bezirks ganz bedeutend überwiegt; nur etwa 3 % der Waldfläche wird von Eichen, Rothbuchen, Birken und Erlen in reinen Laubholzungen und etwa 6 % in gemischten Beständen bedeckt.

Auch im Nordwesten des Regierungsbezirks Posen sind die Waldungen auf reinen und trockenen Sandboden angewiesen, daher die Kiefer in ähnlicher Weise vorherrscht. Reines Laubholz nimmt etwa 6 % in Eichen, Rothbuchen und Birken und 3 % in Erlenbrüchern ein. Die Umgebungen des grossen Obrabruches leiden durch dessen Entsumpfung an Verminderung der Feuchtigkeit.

3. Provinz Pommern.

Die geringe Bevölkerung des Kösliner Bezirks und sein Mangel an holzverbrauchenden Industriezweigen hat die Holzpreise dort so niedrig gehalten, dass die meisten Privatwaldungen schlecht bewirthschaftet und zum Theil rasirt werden. Auf der pommerschen Seenplatte von Dramburg bis Bütow finden sich Eiche und Rothbuche in schönen geschlossenen Beständen, wogegen die an die Tuchelsche Haide grenzenden Forsten grösstentheils rein aus Kiefern bestehen.

Im Regierungsbezirk Stettin haben die Wälder in der Nähe der Küste theilweis schlechten und unfruchtbaren Dünenboden, während landeinwärts treffliche Eichen- und namentlich Rothbuchenbestände vorhanden sind. Auch die Kiefer ist dort vertreten, und in neuerer Zeit wird auf den Anbau der Rothtanne gehalten.

Die Vegetationsperiode im Bezirk Stralsund ist um etwa 3—4 Wochen kürzer als diejenige Mitteldeutschlands, und die durch Dünen ungebrochenen Stürme wirken nachtheilig ein, so dass z. B. auf dem Darss die Bestände sich von Süden nach Norden auf 100—200 Ruthen Entfernung vom hohen Baume bis zum niedrigen Busch abdachen; dagegen mildert die Lage am Meere auch die Extreme der Hitze und Kälte und verschafft reichlichen Thauniederschlag. Fast die Hälfte der Waldfläche wird von Laubholz bedeckt, und das Abtshäger sowohl als das Greifswalder akademische Revier und ein Wald auf Rügen haben Rothbuchen von vorzüglichem Wuchs in geschlossenen Beständen. Mittelwald giebt es fast nur noch in Privatforsten.

4. Provinz Brandenburg.

Den überwiegendsten Antheil an den Forsten des Regierungsbezirks Potsdam hat die Kiefer, welche zumal den reinen Sandboden bedeckt, und der man in pfleglicher Behandlung überall zu Hilfe kommt. In der Priegnitz und Ukermark erscheint vielfach Laubholz und zwar Eichen, Rothbuchen, Birken und Erlen, rein oder in Mischung mit der Kiefer. Die Staatsforsten sind meistens in grossen Massen zusammengelegt. Niederwälder (hauptsächlich Erlen und Birken) erscheinen selten.

Die meliorirten Brücher des Regierungsbezirks Frankfurt geben den an sie grenzenden Wäldern eine gedeihliche Frische. Auf grossen Flächen mit geringen Unterbrechungen ist die Kiefer ausgebreitet; indessen erscheinen auf etwa 12 % des ganzen Waldbodens theils rein, theils mit jener Baumgattung gemischt die Eiche, Rothbuche, Esche, der Ahorn und die Birke, in Bruchgegenden auch die Erle.

5. Provinz Schlesien.

Die lausitzischen Kieferforsten im Regierungsbezirk Liegnitz, in wenig tragbarem Sande wurzelnd, sind durch übermässige Servituten zu einer sehr geringen Production herabgedrückt. Die östlicher gelegenen Ebenen dagegen, auch auf sandigen Stellen durch einen höheren Feuchtigkeitsgrad begünstigt, werden neben Kiefer und Fichte von der Eiche, Weissbuche und Birke, hin und wieder auch von der Rothbuche bedeckt; in den noch nicht entwässerten Brüchern stehen Erlen in Mischung mit Birken, und im Oderthale erscheinen reine Eichen- und Buchengehölze. Auf den Vorbergen ist die Fichte mit der Kiefer gemischt, der Materialertrag und der Absatz günstig; höher hinauf bleibt die Fichte zurück, und von der Grenze des Hochwaldes an bei 3400 — 3800 Fuss bis gegen die Schneekoppe hin vegetirt nur die Kiefer noch als Knieholz fort.

Innerhalb des Regierungsbezirks Breslau überwiegen die Nadelhölzer Weisstanne, Rothtanne und Kiefer mit etwa 60 %. Eichen, Rothbuchen, Birken und Erlen treten häufig rein und in gemischten Waldungen auf, und Ahorn, Ulme, Esche u. a. Baumgattungen gesellen sich ihnen bei. Das Stromgebiet der Oder beherbergt werthvolle ältere und gelungene junge Eichenanlagen. Der Zobten ist mit ertragreichen Kiefer- und Fichtenbeständen bedeckt.

Der nordöstliche Theil des Oppelner Bezirks mit seiner grossen Wäldermasse ist durch Quellenreichthum und geringe Abdachung des Bodens insofern begünstigt, als die viele auf diese Weise angesammelte Feuchtigkeit ein kräftiges Wachsthum der Kiefern, Fichten und Weisstannen und der ihnen eingesprengten Eichen und Birken fördert, so dass trotz der starken Entnahme von Waldstreu die Bäume nicht selten 100—110 Fuss Höhe und ein Alter von oft 150—170 Jahren in meist gesundem Zustande erreichen; Birken und Fichten suchen mittels Samenanflugs überall einen Standort, wo sich in den Laubwaldungen Lücken zeigen.

Die Fichten- und Kieferwälder des Beuthener Kreises werden durch die aus den Zinkhütten entweichenden Rauchwolken in einen kränkelnden Zustand versetzt, so dass der Borkenkäfer ihren Abtrieb häufig schon im Alter von 30 — 40 Jahren nöthig macht. Dazu kommt, dass abgebaute Kohlenflötze oft auf 10 — 50 Morgen Fläche unerwartet zu Bruche gehen und das darauf befindliche Holz nicht zeitgerecht abgeräumt werden kann.

Auf der linken Oderseite ist verhältnissmässig wenig Wald vorhanden und der Holzpreis daher hoch.

6. Provinz Sachsen.

Oestlich der Elbe und in der Altmark bestehen die Forsten des Regierungsbezirks Magdeburg hauptsächlich aus Kiefern. Sonst herrscht Laubholz vor, namentlich die Eiche, Rothbuche, Esche, Rüster, der Ahorn, die Erle und Birke, und zwar rein oder in Untermischung mit Kiefern und Fichten. An den Flussufern befinden sich ertragreiche Weidenwerder.

Obgleich reine Nadelholzbestände im Bezirk Merseburg gar nicht vorkommen, so haben Kiefern und neben denselben Fichten doch den Hauptantheil an den Forsten. Von Laubhölzern treten Eichen, Rothbuchen, Eschen, Ahorne, Rüstern, Erlen und Birken auf; in den Brüchern an der Elster finden sich Erlengehölze. Das Bergland im Nordwesten ist meistens mit Laubholz, die höheren Stellen mit Nadelholz bedeckt.

Vom Bezirk Erfurt sind einige Höhenzüge des Eichsfeldes durch unvorsichtige Entwaldung in früherer Zeit kahl gelegt und verödet; mit dieser Ausnahme gehört der Landestheil zu den forstwirthschaftlich besten des Staates. Auf den höchsten Gebirgslagen ist die Fichte naturwüchsig, etwas tiefer aber die Kiefer zuweilen angebaut. Die Muschelkalkformation trägt vortreffliche Rothbuchen, denen ab und zu die Eibe oder die Felsenbirn eingesprengt ist. Tiefer hinab herrscht die Eiche in Laubhölzern vor, welchen kaum eine deutsche Holzart gänzlich fehlt. Die Kreise Schleusingen und Ziegenrück sind mit Fichten, theilweise auch mit Kiefern bestockt, und gruppenweise findet sich noch die Weisstanne vor; einige Rothbuchenholzungen erscheinen daneben und in den Vorbergen gemischte Laubholzbestände.

7. Provinz Westfalen.

Wie von Alters her überhaupt nur Laubholz in Westfalen gewachsen ist, herrscht dasselbe auch im Regierungsbezirk Minden noch vor, und auf dem Kalkboden zumal finden sich vollwüchsige Buchenbestände. Eichen sind in reinen Beständen wenig vorhanden, kommen aber in Mischung mit anderen Hölzern sehr gut fort. Auf den Höhen des Wiehengebirges und des Teutoburger Waldes ist Niederwald reichlich vertreten. Auf dem Sandboden treten Kiefern in nicht sehr erheblichem Umfange auf, und in den mit Haidekraut bewachsenen Theilen der Oberförstereien Altenbeken und Neuenhurse auf der Egge werden die leichten Buchenbestände nach und nach durch Fichten und anderes Nadelholz verdrängt, welches aber bei einem Alter über 50 Jahre hinaus stockfaul zu werden pflegt.

Zusammenhängende Wälder von einigen 1000 Morgen kommen im Regierungsbezirk Münster selten vor, und doch erstrecken sich besonders über dessen nördlichen Theil ausgedehnte Flächen absoluten Waldbodens, welche nur mit Haidekraut bewachsen sind und zur Schafweide benutzt werden. Anderseits sind ausser den forstlich bewirthschafteten Holzungen unzählige Wallhecken vorhanden, d. h. 1 bis 2 Ruthen breite, von Schlagholz und Eichen besetzte Grenzwälle, und in den Hofräumen und Gärten der Meierhöfe stehen gewöhnlich alte Eichen oder andere Laubbäume. Die forstliche Erziehung der Eiche erfolgt meistens im Mittelwald mit Hainbuchen als Unterholz und ohne regelmässige Abstufung der Altersclassen. Reine Buchenbestände sind selten, die vorhandenen aber werden als Hochwald behandelt. Kiefern sind hauptsächlich auf die nordöstlichen Kreise beschränkt.

Der Norden des Regierungsbezirks Arnsberg ist der Eiche und anderen deutschen Hölzern sehr günstig, und noch im Haarstrang und nördlich der Ruhr sind nur einzelne Districte unfruchtbar; das höhere Gebirge dagegen liefert fast allenthalben geringe Erträge. Laubholz herrscht vor, namentlich Eichen, Buchen, Hainbuchen und Ahorne. Nadelhölzer werden in einem Alter von mehr als 60 Jahren kernfaul. In den Kreisen Olpe und Siegen wird zwischen den Stöcken der Eichen- und Birken-Niederwaldungen (Hauberge) zeitweise Roggen oder Buchweizen gebaut.

8. Rheinland.

Die schlechte Bewirthschaftung unter französischer Herrschaft haben die Waldungen des Staates allmälig überwunden, während die Gemeindewaldungen seit dem Kriege noch stärker angegriffen wurden, um das nothwendige Bauholz zu liefern und Schulden zu tilgen; der Privatbesitz ist durch schrankenlose Parzellirung und unwirthschaftliche Behandlung grösstentheils ganz heruntergekommen. Vorwaltende Holzart ist die auf dem Westerwald, der Eifel und dem Hundsrück in sehr schönen Beständen vorkommende Buche. Mit ihr vielfach vermischt tritt die Eiche auch im Thale des Rheins und der Mosel, dann in Hoch- und Mittelwaldungen des Westerwaldes, sowie in Lohschlägen des Westerwaldes und der Eifel auf. Seltener sind Birke, Erle und Hainbuche. Von Nadelhölzern haben sich die Kiefer und Lärche nicht bewährt, wogegen die Rothtanne gut fortzukommen scheint und daher in grosser Ausdehnung angebaut ist.

Die Bergrücken des Düsseldorfer Regierungsbezirks sind nach rücksichtsloser Entwaldung entweder holzleer und mit Haidekraut überzogen, oder sie enthalten verkrüppeltes Birkengestrüpp mit einzelnen abgestorbenen Buchenstämmen und gipfeldürren Eichen, wogegen sich in den Thälern und an den Felsrändern kleine Eichen- und Buchenwälder behauptet haben. Tannen und Fichten erscheinen selten; aber die seit 50 — 60 Jahren viel angebaute Kiefer ist namentlich auf dem Sandboden der Rheinebene stark vertreten.

Auf der rechten Rheinseite des Bezirks Köln sind die Gebirgsabhänge nach Norden und Osten und die Höhen selbst vorzugsweise mit Niederwald und Buchenkopfholz bedeckt. Dieser Niederwald befindet sich meistens in Privathänden. Wo Eichenschlagholz vorkommt, wird es geschält; Hochwälder bilden die Ausnahme. Links des Rheins finden sich bedeutende Hochwalddistricte, aus Eichen, Buchen und anderen Laubhölzern bestehend, während Fichten und Kiefern selten sind.

Im Bezirk Aachen zeigen die auf der Kalksteinformation und Basaltdurchbrüchen wachsenden Buchen das erfreulichste Wachsthum; neben denselben treten Eichen am meisten auf. Die Laubholz-Hochwälder sind durch Einsprengen von Tannen, Fichten, Kiefern und Lärchen auf Räumden und Blössen in ihrem Bestande sehr gehoben worden. Die Oberförsterei Eupen hat Mittelwald. Mit der Bewaldung des moorigen hohen Veens hat man seit mehreren Jahren thätig begonnen; indessen ist noch immer ausserordentlich viel Wild- und Schiffelland vorhanden.

Der Regierungsbezirk Koblenz hat grosse Waldmassen sowohl im Westerwalde, wo sich durch ihren eigenthümlichen Betrieb die nach ideellen Antheilen besessenen Hauberge der Aemter Franzburg und Friedewald auszeichnen, als in den einzelnen Abschnitten des Hundsrücks. Im Kreise Zell giebt es sehr bedeutende Lohhecken neben reinen und theilweis wohlerhaltenen Eichenhochwaldungen; überhaupt sind bedeutende Eichenschälwaldungen an der Mosel, in der Eifel und in den Haubergen des Kreises Altenkirchen vorhanden. Die Cultivirung der grossen Haidestrecken des Nordwestens ist neuerdings in Angriff genommen.

Ausser seinen verhältnissmässig umfangreichen Forsten besitzt der Regierungsbezirk Trier nicht weniger als etwa 510 000 Morgen Oed- oder Wildländereien, welche gewöhnlich zur Weide dienen und nur aller 10—15 Jahre mittels Schiffelns und Brennens 2 – 3 Jahre hindurch als Ackerland verwerthet werden; diese meistens in der Eifel belegenen Flächen würden eine weit vortheilhaftere Verwendung durch Waldcultur finden. Auf die verschiedenen Gebirgsarten vertheilen sich die Staatsforsten mit folgendem ungefähren Areal: Thonschiefer- und Grauwackengebirge 140 000, bunter Sandstein 62 000, Steinkohlengebirge 37 400, plutonische Gebilde 6 300, luxemburger Sandstein 960, Uebergangs- und Muschelkalk 820, vulcanische Gebilde 320 Morgen. Die der Steinkohlenformation angehörigen Theile der Saarbrücker Forsten nehmen hinsichtlich der Ertragsfähigkeit die erste Stelle ein, während die sumpfigen Plateaus des Grauwackengebirges bei Prüm (Schneifel) mit ihren Krüppelbeständen noch vom leichtesten Sande übertroffen werden. In den vorzüglichsten Oertlichkeiten haben sich auf Basalt, Trapp, tiefgründigstem Kohlensandstein oder Schieferthon 50 — 55, auf tiefgründigem und lehmreichem bunten Sandstein in milderer Lage 45 — 50, in besonders geschützten tiefgründigen Mulden des Thonschiefer- und Grauwackenbodens 40 — 45 Kubikfuss Durchschnittszuwachs der Buche pro Morgen ergeben.

Hinter diesen ausnahmsweisen Erzeugungsmengen bleiben jedoch die wirklichen Resultate ganzer Reviere erheblich zurück, da den Saarbrücker wie den Eifel- und Moselforsten genügende Bestände der älteren Classen mangeln und die Waldwirthschaft noch in der Umwandlungsperiode von dem rein geometrischen Schlagsystem mit überall gleichförmiger Hiebstellung (wie es während der französischen Herrschaft üblich war) in das conservative und doch ausgiebige deutsche Hochwaldsystem begriffen ist. Jene schonungslos nivellirende Wirthschaft hatte zur Folge, dass in den rauheren Gebirgslagen und auf dem ärmeren Boden ausgedehnte, mit Haidekraut und Heidelbeeren überzogene Räumden entstanden, wogegen in den besseren Lagen der Boden zwar wieder durch Stockausschläge gedeckt, aber bei dem gleichzeitigen Anflug von Hainbuchen und Weichhölzern eine durchgreifende Bestandsverschlechterung herbeigeführt wurde. Der Mittel- und Niederwald befindet sich grösstentheils in Händen der Gemeinden und Privaten und ist einer festen Umtriebszeit nicht unterworfen.

Hohenzollern hat Laubhölzer im Ueberflusse. Die Bewirthschaftung der Gemeindewaldungen steht unter staatlicher Aufsicht.

C. Die Bewirthschaftung der Waldungen.

1. Waldarten.

Zuverlässige Nachrichten über Holzbestands- und Betriebsarten waren nur hinsichts der Staatsforsten zu erlangen, und Tab. 127 giebt aus denselben einen kurzen Auszug. Rechnet man die gemischten (Laub- und Nadelholz-) Bestände halb zu den Laub-, halb zu den Nadelwaldungen, so nehmen jene 29¾ und diese 70¼ Procent der Staatswälder ein. In den Privat- und Gemeindeforsten findet eine allmälige Verminderung des Waldbodens statt, welche natürlich das bessere Land, mithin die Laubhölzer trifft; nach und nach wird daher die genügsame Kiefer auf reinem Sande den Hauptbestand der Privatforsten bilden, während die Staatsverwaltung seit längerer Zeit dem Wiederanbau der Eiche ihre Aufmerksamkeit widmet.

Die entwaldeten Flächen der Tuchelschen Haide wurden früherhin theilweis mit Aspen bewurzelt; seit 1850 aber ist ein förmliches Wiederanbau-System in Gang gebracht. Erleichterte Holzausfuhr wird zur Hebung der dortigen Forsten wesentlich beitragen.

In den vorpommerschen Mittelwaldungen wird der Oberbaum ohne System nach Bedürfniss herausgenommen; indessen sorgt man beim Abtriebe haubarer Bestände durch Ueberhalten gutwüchsiger Eichen für Schiffbauhölzer.

Auf den Wiederanbau der Eiche unter Beimischung der Esche, der Rüster und des Ahorns hält man namentlich in den oberschlesischen Oderwaldungen der Reviere Poppelau und Kosel mit gutem Erfolge, und auch in den dortigen Nadelholzculturen hat man auf besserem Boden Eichenheister zugepflanzt.

Eine regelmässige Plänterwirthschaft ist in den Rothbuchen-Gemeindewäldern des Regierungsbezirks Erfurt eingeführt.

Im Bezirk Minden gestattet die allmälige Verschlechterung des Bodens durch Lichtungen nur noch die Nachzucht von Nadelhölzern.

Mit Ausnahme der Siegener Hauberge und der auf Grund besonderer Gesetze unter forstwirthschaftlicher Obhut des Staates stehenden Waldungen in den Kreisen Wittgenstein und Olpe wird in den kleineren Privatforsten des Arnsberger Bezirks die gewöhnlich mit Devastation endende Plänterwirthschaft betrieben. Die Mittelwälder der Staats- und grösseren Privatforsten geben nach und nach zur Hochwaldwirthschaft zurück; dasselbe geschieht in den Staatsforsten des Kölner Regierungsbezirks.

Durch schlechten Zustand der Waldungen zeichnen sich unvortheilhaft die Privatforsten im Regierungsbezirk Düsseldorf aus, woselbst sich der Betrieb lediglich nach den momentanen Bedürfnissen der Besitzer richtet.

Die Mittelwaldungen der Staats- und grösseren Privatforsten des Trierer Bezirks beabsichtigt man binnen drei 20jährigen Perioden in Hochwald überzuführen; im Saarbrückenschen ist das Resultat bei 45 500 Morgen schon erreicht.

Auch die Mittel- und Niederwaldungen Hohenzollerns werden allmälig in Hochwald verwandelt.

2. Umtriebszeit.

Um den Niederwald in Litthauen und Ostpreussen mit Nutzen zu bewirthschaften, ist mit Ausnahme der Weidenwerder eine Umtriebszeit von bis 40 Jahren nöthig; am Rhein bedarf es dazu nur 6—15 Jahre. Diese Verschiedenheit ist eine natürliche Folge der klimatischen Einwirkungen.

Majorats- und Institutsforsten werden grösstentheils wie diejenigen des Staates behandelt. Dagegen bemessen die Besitzer anderer Privat- und der Gemeindewälder in der Regel den Zeitpunkt des Anhiebes eines herangewachsenen Hochwaldbestandes nicht nach dem ökonomischen, sondern nach dem merkantilen Hau-

(127.) Regierungs-bezirke. — Provinzen.	Bestandsarten der bewaldeten Staatsforst-Flächen nach Meron's Forststatistik. Hochwald: Laubholz.	Nadelholz.	gemischt.	zusammen.		Mittel- und Niederwald.	Pflanzwald und ständige Hütungsdistricte.	Antheil der Laubholzbestände an der bewaldeten Fläche.
	Magdeburger Morgen				Procent der bewaldeten Fläche	Morgen	Morgen	Procent
Gumbinnen	38 276	517 726	88 484	644 486	91	57 563	2 481	20
Königsberg	76 980	418 065	100 911	595 956	95	31 472	—	25
Danzig	22 171	183 073	103 950	309 194	100	858	—	24
Marienwerder	27 626	598 191	13 323	639 140	99	2 285	5 068	15
Preussen	165 053	1.717 055	306 668	2.188 776	96	92 178	7 549	21
Bromberg	9 445	328 091	19 871	357 407	99	3 817	—	6
Posen	12 456	177 197	11 554	201 207	97	5 829	—	11
Posen	21 901	505 288	31 425	558 614	98	9 646	—	6
Köslin	51 558	83 376	22 437	157 371	99	2 243	—	41
Stettin	89 140	265 968	22 918	378 026	96	17 506	—	30
Stralsund	35 341	39 203	712	75 256	86	11 805	—	55
Pommern	176 039	388 547	46 067	610 653	95	31 554	—	38
Potsdam	¹) 148 977	610 966	37 300	797 243	99	8 128	—	22
Frankfurt	51 030	534 833	30 808	616 671	95	34 849	—	15
Brandenburg	200 007	1.145 799	68 108	1.413 914	97	42 977	—	19
Liegnitz	4 883	87 768	1 093	93 704	91	5 449	4 296	15
Breslau	30 718	140 300	30 973	202 000	86	31 937	—	33
Oppeln	15 606	175 000	86 450	277 088	96	2 973	7 500	24
Schlesien	51 208	403 127	118 516	572 852	92	40 359	11 796	20
Magdeburg	51 619	136 692	908	189 219	80	48 436	—	42
Merseburg	37 801	—	219 015	256 816	88	36 504	—	83
Erfurt	28 515	78 541	5 700	112 756	85	20 002	465	39
Sachsen	117 935	215 233	225 623	558 791	84	104 942	465	51
Minden	61 542	16 997	41	78 580	96	3 527	—	79
Münster	6 489	761	696	7 946	100	—	—	86
Arnsberg	60 292	9 392	954	70 638	97	2 490	—	87
Westfalen	128 323	27 150	1 691	157 164	96	6 017	—	83
Düsseldorf	23 406	16 213	4 706	44 325	83	9 100	255	65
Köln	22 414	6 798	3 769	32 981	75	9 202	1 507	80
Aachen	36 711	25 734	6 573	69 018	61	43 423	—	67
Koblenz	64 664	8 548	16 639	89 851	88	11 941	—	83
Trier	180 817	20 675	30 700	232 192	95	11 443	—	85
Rheinland	328 012	77 968	62 387	468 367	84	85 109	1 762	80
Insgesammt	1.188 479	4.480 167	860 495	6.529 131	91	412 791	21 572	39

¹) unter Annahme eines Druckfehlers in der Quelle.

barkeitsalter, nehmen den Bestand demnach in Angriff, sobald das einzuschlagende Holz als gangbare Waare abgesetzt werden kann. Namentlich in den Nadelwäldern, deren Holz selbst vor der erreichten ökonomischen Haubarkeit zur Verkohlung geeignet und gesucht ist, sinkt die Umtriebszeit ganz bedeutend herab; so befinden sich in Oberschlesien dergleichen Waldungen im 40jährigen Umtrieb und geben besonders auf feuchtem Sandboden in diesem Alter einen Abtriebsertrag von 20—25 Klafter, bei einem 60jährigen Umtrieb bis 35 Klafter verkohlbares Derbholz pro Morgen. — In den Staatswaldungen werden die nachstehenden Umtriebszeiten innegehalten; für einzelne Regierungsbezirke konnten auch Nachrichten über die Bewirthschaftung von Privatwäldern hinzugefügt werden.

Gumbinnen: Hochwald 60—120 Jahre, Niederwald 30, für den innerhalb der Hochwaldungen zerstreuten 40 Jahre.

Königsberg: Nadelhölzer 120, Birken und Erlen im Hochwald 60 Jahre; Erlen im Niederwald 40 Jahre.

Danzig: Nadel- und Laubholz 120, 100, auch 80 Jahre; Niederwald 30, Erlen innerhalb der Hochwaldungen 40 Jahre.

Marienwerder: Nadelholz 120 und 100, Birken 60 Jahre.

Bromberg: Kiefern 100 — 120 Jahre; Erlen und Birken im Niederwald 40 Jahre.

Posen: 80, 100, 120 Jahre; Niederwaldung 25—35 Jahre.

Köslin: Eichen 160, Buchen 120, Kiefern auf mittlerem Boden 120, auf sehr schlechtem und sehr gutem 80, Birken und Erlen 60 Jahre; Niederwaldung bis 30 Jahre.

Stettin: Eichen 160—180, Buchen 120, Kiefern 100—120 Jahre.

Stralsund: Eichen, Buchen und Kiefern 120, auf geringerem Boden (ehemalige Domänenländereien) 60—100 Jahre; Unterholz und Niederwaldungen 20 Jahre.

Potsdam: Eichen 140—160, Buchen 120, Kiefern 120 und auf geringerem Boden 100—80 Jahre; Niederwaldung 40, auch 30 Jahre.

Frankfurt: Kiefern, Buchen und gemischte Bestände 120, Kiefern auf schlechterem Boden auch 100—80 Jahre; Erlen 40, Eichenschälwald 20 Jahre.

Liegnitz, Breslau und Oppeln: Eichen 160, Buchen 120, Kiefern 100—120, Fichten 80—120 Jahre; Niederwald 15—25, Weidenwerder 4—5 Jahre.

Magdeburg: Eichen bis 200 Jahre, Buchen und Fichten bis 120, Kiefern 60—120 Jahre; Eichen und Rüstern als Oberholz in Mittelwäldern 160, Unterholz derselben 12—20 Jahre; Erlen und Birken 30, Weidenwerder 4—5 Jahre.

Merseburg: Eichen 160, Buchen 120, Kiefern und Fichten 80—120 Jahre; Unterholz in Mittelwäldern 20—24, Weidenheeger 2—5 Jahre.

Erfurt: Buchen 120 und in Privatforsten 70 — 100, Nadelhölzer 90 und in Privatforsten 50 — 80 Jahre; Unterholz in Mittelwäldern und Niederwaldungen 12—20 Jahre.

Minden: Buchen 120 und in Privatforsten bis 100, Kiefern und Fichten 40—50 Jahre; Niederwaldung 20—30 Jahre.

Münster: Eichen 160—200, Niederwaldung 20—30 Jahre.

Arnsberg: Eichen 160 — 200, Buchen 120, Nadelhölzer 60 Jahre; Unterholz 30—20, Eichenschälwald 16 Jahre.

Düsseldorf: Eichen 150—180, Buchen 100—120, Nadelhölzer 60—100 Jahre; Unterholz in Mittelwäldern 20—25, Niederwaldungen 15—20 Jahre.

Köln: Eichen 150—200, Buchen 100, Nadelhölzer 60—80 Jahre; Niederwaldung 8—20 Jahre.

Aachen: Laubholz 120, Nadelholz 60 — 100 Jahre; Mittelwaldung 30 und in Privatforsten 16—20, Niederwaldung 20 Jahre.

Koblenz: Eichen 200—240, Buchen 100—120 Jahre; Eichenschälwaldung in Privatforsten 12—20 Jahre.

Trier: Hochwald 120, mit vorherrschenden Eichen 150—180, Buchen im Bereich der Steinkohlengruben 100, Fichten und Tannen 80—100, Kiefern und Lärchen 40—60 Jahre; Eichenschälwaldung durchschnittlich 20 Jahre.

Sigmaringen: Buchen 60—100 Jahre; Mittel- und Niederwaldung 30—40 Jahre.

3. Abtrieb der Waldungen.

Die klimatischen und Bodenverhältnisse des preussischen Staates haben einen wesentlichen Einfluss auf die Abtriebsweise; von geringerer Bedeutung ist das Eigenthumsverhältniss, indem sich die Privatbesitzer fast allenthalben nach dem in den Staatswaldungen als zweckmässig erkannten Verfahren richten.

Auf dem von der jungen Buchenpflanze in ihren ersten Lebensjahren erlangten Schutz beruht die Verjüngung der noch vorhandenen Rothbuchen-Hochwaldungen durch Stellung von Dunkel-, Licht- und Abtriebsschlägen. Ebenso muss in den östlichen Gegenden auch die Verjüngung anderer Baumgattungen meistens mit dunklen Besamungschlägen beginnen, um die durch den Samenausfall auf natürlichem Wege entstehenden jungen Pflanzen gegen schädliche Witterung zu schützen. So werden die Fichtenbestände des Regierungsbezirks Gumbinnen auf dem Wege dunkler Besamungschläge mit allmäliger Lichtung abgetrieben. Im Königsberger Bezirk erfolgt der Abtrieb theils in Besamungs-, theils in Kahlschlägen, auf dieselbe Weise im Danziger und vorzugsweise in jener Form im Marienwerderschen Bezirk; das eine oder andere Verfahren ist ferner üblich in den Eichenwäldern des Kösliner, den Kieferbeständen des Stettiner und Potsdamer und in den gemischten Beständen des Frankfurter Bezirks. Mit gewöhnlichen Besamungschlägen geht man als Regel vor: in den Buchen- und Eichenwäldern Hinterpommerns und des Potsdamer Bezirks, in den Buchenwäldern Neuvorpommerns, des Regierungsbezirks Frankfurt, Schlesiens, der Bezirke Magdeburg, Erfurt und Minden, in den Laubholzwaldungen des Merseburger Regierungsbezirks, in den dem Staate gehörenden Hochwäldern des Kölner Bezirks und in allen reinen und gemischten Buchenbeständen Hohenzollerns.

Ueberwiegend wird indessen der kahle Abtrieb in schmalen Schlagstreifen mit demnächstiger Wiedercultur aus der Hand angewendet; man erreicht dadurch nicht allein die Möglichkeit, die Stockhölzer sogleich nach dem Abtriebe des Oberholzes zugute zu machen und die abgeholzte Fläche auf einige Jahre behufs Ackernutzung zu verpachten (wie es beispielsweise in den Eichenforsten des Magdeburger Regierungsbezirkes mit Nutzen geschieht), sondern erzielt auch sofort nach dem Wiederanbau mit Holz den vollen Zuwachs. Der Kahlschlag bildet die Regel in den Kieferwäldern der Regierungsbezirke Gumbinnen, Köslin (ausser auf Bruchflächen) und Frankfurt, in den Bromberger, den meisten Posener und vorpommerschen Wäldern, in den schlesischen Wäldern mit Ausnahme der Buchen, in den Kiefer-, Eichen- und Fichtenbeständen der Regierungsbezirke Magdeburg und Minden, in den Nadelholzwaldungen des Erfurter Bezirks u. s. w.

Bei der Niederwaldwirthschaft ist der kahle Abtrieb mit Ueberhaltung von Samenreidels und einigen Schutzbäumen üblich. Im Münsterschen nimmt man beim Abtrieb des Unterholzes einen Theil der Eichen-Oberständer mit heraus. In den Privatwaldungen des Kölner Bezirks werden die Eichen-Stockausschläge bis zum 15—18. Jahre übergehalten und dann zum Schälen der Rinde benutzt.

4. Verwerthung des Holzes.

a) Provinz Preussen. Im Regierungsbezirk Gumbinnen werden seit dem grossen Insectenfrass grosse Holzmassen den Kauflustigen zum Selbsteinschlage überlassen oder zu beliebiger Verwendung auf dem Stamm verkauft; inzwischen bleiben die stärkeren Bauhölzer der Johannisburger Haide, welche sonst auf den Nebenflüssen der Weichsel in den Welthandel gingen, vorläufig unberührt. Im Bezirk Königsberg werden die Hölzer grösstentheils an die Consumenten meistbietend verkauft; die stärkeren Stämme der südlichen Gegend werden von Holzhändlern behufs Exportes abgenommen. Eben so geben die Bauhölzer aus der Tucheler Haide und dem Marienwerderschen Bezirk in Flössen zur Weichsel; auch Klafterholz wird nach Danzig verschifft.

b) Posen. Die Verwerthung der Waldproducte erfolgt im Wege der Licitation nach dem Meistgebot.

c) Pommern. Die Forstverwaltung verkauft das durch Holzschläger aufgearbeitete Holz in der Licitation. Von der Insel Rügen geht viel Buchen-Scheitholz nach Dänemark.

d) Brandenburg. Nach Abzug des Bedarfs für Berechtigte und Deputanten wird der Rest in grösseren oder kleineren Licitationen an Meistbietende verkauft. Freihändiger Absatz zum Licitations-Durchschnittspreise bildet die Ausnahme.

e) Schlesien. Eichen, Kiefern und Fichten geben vortreffliche Bauhölzer für den auswärtigen Handel, während das Brennholz dem eigenen Bedarf der Provinz verbleibt.

f) Sachsen. Der Regierungsbezirk Magdeburg führt kein Holz aus; ebenso wird im Bezirk Merseburg das aufgearbeitete Holz meistbietend an die Waldanwohner für deren eigenen Bedarf verkauft. Im Gebirge wird viel Holz zum Hüttenbetriebe, für Böttcherwaaren und anderes Geräth verbraucht; ein grosser Theil des Langholzes geht in Stücken und Brettern auf der Werra und Saale fort.

g) Westfalen. Im Regierungsbezirk Minden wird alles Holz in Licitationen verkauft. Die 40—50jährigen Nadelhölzer finden als Stangen, schwaches Bauholz u. s. w. einen guten, Buchenholz nicht immer befriedigenden Absatz. Im Münsterlande werden Eichen als Schiffbauholz auf der Lippe und Ems ausgeführt und jüngere statt mangelnden Nadelholzes zum Grubenbau benutzt. Das in den Jahresschlägen der Arnsberger Forsten aufgearbeitete Nutzholz wird meistbietend verkauft und findet gute Verwerthung: Buchen zur Fabrikation ordinärer Holzwaaren, Schiffbauhölzer zum Export auf der Weser und dem Rhein. Das Brennholz wird zur Verkohlung an die Hüttenämter abgegeben, indem der desfallsige Bedarf der Bewohner meistens in den Privatforsten seine Deckung findet.

h) Rheinland. In den Regierungsbezirken Düsseldorf und Köln werden die Jahresschläge aufgearbeitet und in kleinen Loosen meistbietend verkauft; etwas Holz wird zur Köhlerei und zu Grubenbauten benutzt. Das auf dem Siebengebirge gewonnene Buchenkopfholz deckt den Bedarf der Weinbauer zu den Weinrahmen. In den Aachener Staatsforsten wird das Holz grösstentheils meistbietend nach der Aufarbeitung verkauft, wogegen die Oberförsterei Eupen, sowie die Privatbesitzer von Mittel- und Niederwaldungen sämmtliches Holz auf dem Stock in einzelnen Loosen meistbietend verkaufen und die Gewinnung der Eichenborke den Käufern selbst überlassen; die Nutzhölzer werden zum Grubenbau, zu Eisenbahnschwellen u. s. w. benutzt. Aus dem Regierungsbezirk Koblenz wird wegen hoher Licitationspreise weniger Material zu Kohlholz abgegeben, als früher; Bau- und Nutzholz wird vor dem Verkauf zugerichtet; den Brennbedarf der Bewohner decken hauptsächlich die Gemeinde- und Privatwaldungen. Aehnlich liegen die Verhältnisse im Bezirk Trier, nur dass die Bergwerksverwaltung viel Grubenholz gebraucht und fast der vierte Theil des Brennholzgewinns in den Staatsforsten als Kohlholz beim Betriebe der Eisenhütten dient. In Hohenzollern wird das aufgearbeitete Nutz- und Brennholz incl. Stock- und Reiserholz zu guten Preisen verkauft; aus den Oberamtsbezirken Hechingen und Haigerloch findet eine ziemlich bedeutende Ausfuhr von Flöss- und Sägeholz statt, und auch nach dem Bodensee und der Schweiz geht etwas Brennholz ab.

5. Aubaumethoden.

Von der Zweckmässigkeit der binnen den letzten 40 Jahren in den preussischen Staatsforsten herangewachsenen Waldculturen zeugt deren heutiger Zustand, und selbst die Privat- und Gemeindewaldungen haben seit 20—25 Jahren grossentheils einen erheblichen Aufschwung genommen, indem ihr Betrieb sich möglichst demjenigen der Staatswälder anschloss. Für diese werden durchschnittlich 4 ℳ pro Morgen als Anlagekosten des Holzbestandes gerechnet, nämlich 3 ℳ für Bodenbearbeitung, Samen (etwa 3 ₰) und Verhegung und 1 ℳ für Nachbesserungen. Die Culturmethoden sind in jedem Oberförsterei-Revier nach den örtlichen Bedingungen verschieden bemessen, laufen jedoch in den folgenden Hauptregeln zusammen.

Bei der Führung der Licht- und Abtriebsschläge entstehende Lücken in den Buchenhochwaldungen, zu deren erstem Anhiebe man möglichst ein Samenjahr wählt, werden meistens durch Pflanzung junger Eichen oder anderer edlen Laubbäume in angemessenem Alter ausgefüllt. Im Regierungsbezirk Erfurt wendet man neuerdings die Buchenballenpflanzung mit 1—2 Fuss hohen Stämmchen an. Im Bezirk Minden wird immer mehr auf eine stärkere Beimischung von Eichen durch

Einhacken von Eicheln in den Buchenlichtschlägen gehalten. Die Ergänzung des Oberholzes in den zur Hochwaldwirthschaft übergehenden Mittel- und Niederwäldern des Münsterlandes erfolgt, um die nach dem Abtrieb rasch aufschiessenden Unterhölzer zu entfernen, hauptsächlich durch Pflanzung junger Eichen. Im Kölner Bezirk wird die Buche vorzugsweise durch Büschelpflanzung, im Mittelwalde auch in Heisterstärke angebaut.

Wenn den Eichen- und Nadelholz-Verjüngungen nicht eine 3jährige Ackernutzung als Vorcultur vorangeht, so wird nach Rodung der Stöcke streifenweise in angemessener Entfernung der Boden mit dem Waldpfluge aufgepflügt oder aufgehackt, wurzelrein gemacht und aufgelockert; alsdann streut man den Samen aus der Hand ein und vermischt ihn mit dem Boden mittels kleiner Rechen. Nachbesserungen werden in der Regel durch Pflanzung ausgeführt, wozu die Schösslinge vorher in Saat- und Pflanzkämpen erzogen werden; durch Saat erfolgen sie fast nur auf Plätzen im Quadrat oder länglichen Vierecken. In den Oderwäldern der oberschlesischen Reviere Kosel und Poppelau sind während der letzten 15 Jahre 2000 Morgen Landes nach dreijähriger Ackerverpachtung und Mitsaat der Eicheln im letzten Pachtjahr zu Eichenschälwaldungen herangezogen, in den übrigen oberschlesischen Revieren mehr als 1000 Morgen. Im Regierungsbezirk Arnsberg wird der erfahrungsmässig sicheren Pflanzung der Vorzug vor der Saat gegeben; meistens verwendet man 3—6jährige Pflanzen, bei Eichen ist aber auch die Heisterpflanzung beliebt. Im Bezirk Düsseldorf sind alle Culturmethoden in Gebrauch: beim Laubholz meistens Pflanzung älterer Zöglinge aus Baumschulen, beim Nadelholz meistens streifen- und platzweise Saaten, weniger Vollsaaten; Pflanzungen von Nadelholz geschehen nur mit dem Ballen. Im Kölner Bezirk soll die Eiche künftig regelmässig durch Saat gezogen werden; Pflanzungen erfolgen gruppenweise mit 3—4jährigen Pflanzen auf tief umgegrabenen Plätzen, von Nadelholz meistens im engen Reihenstande, und verödete Flächen werden mit der Lärche ausgefüllt. Die Nadelholzculturen auf Räumden und Blössen des Regierungsbezirks Aachen sind anfangs mittels Saat, seit 20 Jahren jedoch ausschliesslich mittels Pflanzung 4—10zölliger Schösslinge mit entblösster Wurzel ausgeführt worden. Im Koblenzer Bezirk wird fast ohne Ausnahme nur gepflanzt und die erforderlichen Pflanzen in Saatkämpen erzogen. Im Bezirk Trier ist fast durchweg die Biermannsche Methode üblich, so dass der Saat die Pflanzencultur vorgezogen wird und Ballenpflanzungen nur noch ausnahmsweise vorkommen; man verwendet möglichst junge Pflanzen (Kiefer 1-, Lärche 2-, Fichte 3—4jährig unter Umschulung der Fichten und Tannen in 2 Jahren und demnächstiger Verpflanzung einzeln oder büschelweise, Eichen 6—8jährig nach einmaligem Vorschulen, Buchen stets 3—4jährig) mit entblösster Wurzel, Rasenasche oder guter Walderde.

Was die wichtigsten Nadelholzarten insbesondere betrifft, so ist man angesichts der unregelmässigen Wiederkehr der Fichten-Samenjahre neuerdings auf das Auskunftsmittel verfallen, aus Fichtensaatkämpen 3—4jährige Büschel in 3füssiger Entfernung statt der Saatreihe zu pflanzen. Bei Abtriebsschlägen auf dem höheren trockenen Sandboden wird die Pflanzung der 1—2jährigen, in den Saatkämpen auf rajoltem Boden erzogenen Kiefer im 4füssigen Verbande dergestalt durchgeführt, dass in jedes Pflanzloch 2 Pflanzen gesteckt werden. In den lithauischen Revieren mit schwerem Boden baut man die aus früherer Zeit stammenden Blössen und Räumden nach mehrjähriger Ackernutzung mittels der Fichtenvollsaat in Verbindung mit Hafersaat wieder an; ehemals kam die Pflanzung 4—6jähriger Fichtenbüschel ausgedehnt in Anwendung, seit dem grossen Insectenfrasse ist ihr jedoch die gemischte Kiefern- und Fichtensaat auf 2—2½ Fuss im Quadrat grossen und nach der Mitte hin erhöhten Saatplätzen gefolgt. In Oberschlesien wird bei den Kiefernsaaten auf neuen Culturen im ärmeren und trockenen Sandboden ¼ Fichtensamen beigemischt, da die Fichte den Druck der sie in den Jugendjahren überwipfelnden Kiefer so lange erträgt, bis sie späterhin auf lückigen Stellen derselben nachkommt. In den Nadelholzpflanzungen des Regierungsbezirks Erfurt herrscht die Fichtenbüschel-Ballenpflanzung vor, bei ungünstigeren Verhältnissen auch die Pflanzung 1—2jähriger Kiefern. Im Regierungsbezirk Minden geschieht der Anbau der Fichte meistens in Reihen von früher bis 24, jetzt nur 3 Fuss Auseinanderstellung mit einer Pflanzweite von 2½—3 Fuss in den Reihen.

Wo, den Bestandtheilen des Bodens entsprechend, die Erziehung gemischter

Holzarten vorgeschrieben ist, werden dieselben nicht in Untereinandermischung, sondern in den gehackten Streifen neben einander gesäet, damit jede Baumgattung während der ersten Jugend ihren eigenen Wachsthumsraum erhalte. Wechselt die Mischung oder der Feuchtigkeitsgrad des Bodens, so wird jede Holzart für sich angebaut, beispielsweise die Eiche in Oberschlesien in Quadraten von 1—2 Ruthen. Zur Nachbesserung wählt man in der Regel solche Laub- oder Nadelholzpflanzen, denen der Boden am meisten zusagt, und zwar einzeln mit dem Ballen, Fichten in 3—4jährigen Büscheln. Behufs Aufforstung der in Litthauen neu entstandenen Blössen auf geeignetem Boden sind Eichen-, Eschen-, Ahorn- und Rüsterpflanzkämpe angelegt, und die Eiche ist in platzweiser Saat bereits ausgedehnt zur Cultur gekommen. Die Erlenpflanzungen im Spreewalde werden auf Rabatten ausgeführt. In Oberschlesien pflanzt man seit 10—12 Jahren erfolgreich in die 4—6-jährigen Nadelholzculturen im Kreuzverbande von 3 Ruthen 5—7füssige Eichenheister ein. Im Regierungsbezirk Köln werden torfige Bruchblössen mit Rabatten durchzogen und dann mit Fichten und Eichen, auf dem Höhenrande mit Buchen ausgepflanzt; als Füllholz dient vielfach die Weimuthskiefer.

Im Regierungsbezirk Münster haben die Städte Haltern, Dorsten, Münster, Recklinghausen und Harsewinkel während des Jahres 1861 folgende Forstculturen in ihren Communalwaldungen ausgeführt: Holzsaaten auf 2 Morgen zu Laub- und 48 zu Nadelholz, Holzpflanzungen auf 13 Morgen Laubholz (15 984 Stück Pflanzen) und 63 Morgen Nadelholz (159 299 Pflanzen); Schonungs- und Abzugsgräben wurden in Länge von 1 110 Ruthen gezogen. Die Ausgaben beliefen sich für jene 120 Morgen auf 1001 Thlr. Noch zu cultiviren blieben 151 Morgen.

In den Gemeindewaldungen und unter Aufsicht stehenden Haubergen des Regierungsbezirks Arnsberg wurden im Jahre 1861 folgende Forstculturen ausgeführt: Laubholz-Saaten auf 56, Nadelholz-Saaten auf 828, Laubholz-Pflanzungen auf 980 Morgen (mit 963 012 Pflanzen), Nadelholz-Pflanzungen auf 2 450 Morgen (mit 2 453 817 Pflanzen). Die besamte und bepflanzte Fläche betrug überhaupt 4 314 Morgen, die Länge der gezogenen Schonungs- und Abzugsgräben 6 811 Ruthen, die Ausgaben für die Culturen und Verbesserungen 11 937 Thlr.; zu cultiviren blieben 16 059 Morgen.

In den Gemeindewaldungen des Regierungsbezirks Aachen wurden während der Jahre 1857—59 folgende Forstculturen ausgeführt: Laubholz-Saaten auf 124, Nadelholz-Saaten auf 1 145, gemischte auf 8, Laubholz-Pflanzungen auf 618, Nadelholz-Pflanzungen auf 3 074, gemischte auf 1 616 — zusammen 6 586 Morgen. Für nächstjährige Culturen ward der Boden vorbereitet auf 1½ Morgen, Schutzgräben neu angelegt auf 7 215 Ruthen, Abzugsgräben auf 48 128, Holzabfuhrwege auf 226 Ruthen Länge.

6. Nutzung der Nebenproducte der Forsten.

Von der Jagd und Fischerei abgesehen, bestehen die Nebenproducte der Wälder hauptsächlich in Waldweide, Gräserei, Laub- und Nadelstreu, Raff- und Leseholz, Schwämmen, wilden Beeren, Obst u. s. w. Hinsichtlich dieser Nebenproducte findet eine aus alten Zeiten überkommene ausgedehnte Verpflichtung der Waldbesitzer zur Abgabe an die Umwohner statt, welche neben der Schmälerung der Forsteinnahmen den erheblichen Nachtheil der allmäligen Verschlechterung des Bestandes im Gefolge hat. Indessen ist die Ablösung dieser Servitute, wie früher bemerkt, jetzt sehr lebhaft in Angriff genommen und ihre Vollendung in nicht langer Frist zu erwarten.

In den meisten Forstrevieren des Regierungsbezirks Gumbinnen sind Wiesen, welche auf 1—6 Jahre verpachtet werden, reichlich vorhanden; auch gewähren die Gräsereinutzungen eine erhebliche Einnahme. Die Oberförsterei Skallischen besitzt 3 628 Morgen ständiger Wiesen, wovon die Hälfte künstlich berieselt wird. Auf die Aufforstung der seit geraumer Zeit holzleeren Scheffelplätze in den Forsten des Regierungsbezirks Gumbinnen, welche gegenwärtig als Ackerland dienen, wird allmälig hingewirkt. In den nördlichen servitutfreien Revieren des Königsberger Bezirks wird für Grasvieh schon 2½ Thlr. Weidegeld pro Stück gezahlt. An der Brahe und dem Schwarzwasser sind in der Tuchelschen Haide 8 418 Morgen grossentheils magern Kiefernsandbodens nach dem Abtriebe des Holzes in der Umschaffung zu künstlichen Wiesen begriffen. Im Kösliner Bezirk werden etwa

6000 Morgen Forstlandes als Wiesen- und Ackerland verpachtet. Die landwirthschaftliche und Grasnutzung in den magdeburgischen Elbrevieren Riedwitz, Grunewalde und Gödderitz liefert etwa den vierten Theil der Gesammteinnahme dieser Reviere. In der Oberförsterei Rheinwarden am Niederrhein geben die an den Ufern des Stroms belegenen Weidenheeger, wenn sie bis 16—18 Fuss Pegelhöhe aufgelandet sind, meistens ein und machen einem üppigen Graswuchs Platz; sie werden nach der Rodung der Stöcke zur Weide oder als Wiesen verpachtet und liefern dann jährlich 10—20 *Sgr* pro Morgen.

Ein mit der Forstwirthschaft häufig eng verbundener Betrieb ist die Torfwerbung. In der hinterpommerschen Oberförsterei Neukrakau befindet sich ein Torfmoor von 800 Morgen; das Streichen des Torfs besorgen die Käufer, das Stechen geschieht für königliche Rechnung. Die umfangreichen Torfmoore Neuvorpommerns auf Staatsforstgrund sollen erst nach Erschöpfung der jetzt überall erschlossenen Torfmoore auf Privatgrund in Betrieb gesetzt werden.

Aus den Steinbrüchen der magdeburgischen Reviere Thale, Dingelstedt und Bischofswalde wird ein nicht unerheblicher Ertrag gezogen. Im Regierungsbezirk Aachen verpachtet man Kalksteinbrüche und Schiefergruben auf eine längere Reihe von Jahren.

Ueber die eigentlichen Waldnebenproducte werden noch die folgenden sporadischen Notizen hinzugefügt. Die Staatsforsten des Eichsfeldes geben Streulaub zur Unterstützung des Landbaues gegen Bezahlung ab; die dortigen Gemeinde- und Privatforsten werden in dieser Beziehung zu sehr angestrengt. Das Harz der Fichten im Kreise Schleusingen wird seitens Berechtigter zur Herstellung von Pech, Kienruss und Holzessig stark benutzt. Im Regierungsbezirk Arnsberg ist die Mast, welche ehemals Hauptgegenstand der Forstnutzung war, seit dem Verschwinden der alten Eichen von nur geringer Bedeutung. In den sehr bevölkerten Gegenden des Kölner Bezirks hat das Streumaterial sehr grossen Werth. Sonst ist die Rindengewinnung aus den Eichenschälwaldungen am Rhein der bedeutendste unter den hieher gehörigen Betriebszweigen. An der französischen Grenze wird Birkenrinde vielfach zu Dosen verarbeitet.

D. Die Materialerträge der Forsten.

1. Holzerträge der Forsten überhaupt.

In der technischen Anleitung des k. Finanzministeriums vom 17. Juni 1861 zur Ermittelung des Reinertrags der Holzungen sind die Grundsätze niedergelegt, nach welchen die Roherträge der Waldungen bemessen werden sollen. Für Hochwaldungen wird der Rohertrag nach dem durchschnittlichen Materialertrage der üblichen Umtriebszeit einschliesslich Durchforstungen, soweit solche verwerthbar, in Kubikfussen jährlichen Durchschnittszuwachses für den Morgen nach Maassgabe der Standortsgüte so geschätzt, wie ihn der gewöhnliche Forstbetrieb liefert. Unter Standortsgüte versteht man die Productionsfähigkeit des Bodens für die sich vorfindenden dominirenden Holz- und Betriebsarten nach Maassgabe der Bodenbeschaffenheit, der Lage und des Klimas, überhaupt aller auf die Productionsfähigkeit einwirkenden Verhältnisse. Es werden fünf Classen derselben unterschieden: sehr gut, gut, mittelmässig, gering, schlecht. Der Materialertrag dieser Classen bei gewöhnlichem Betriebe ist auf die in Tabelle 128 enthaltenen mässigen Sätze geschätzt.

Dass die Standortsgüte nicht nach der Vollkommenheit des gegenwärtigen Bestandes geschätzt werden darf, wird ausdrücklich hervorgehoben; vielmehr muss die Einschätzung so erfolgen, als ob ein mittelmässiger Holzbestand und ein normales Altersclassenverhältniss für die concrete Waldart vorhanden ist. Ueber die Abschätzung gemischter Bestände sagt die Anleitung u. A.: »Jeder einzelne Waldkörper ist nach der durchschnittlichen Ertragsfähigkeit seines Bodens und der dominirenden Holz- und Betriebsart in der Regel als ein Ganzes nur zu einer Tarifclasse einzuschätzen. Nur wenn in einem Waldkörper zusammenhängende Flächen von mindestens 100 Morgen nach Waldart und Standortsgüte sehr erheblich von der durchschnittlichen Bonitätsclasse des übrigen Waldes abweichen, können solche Flächen als besondere Bonitirungsabschnitte behandelt und in eine besondere Tarifclasse eingeschätzt werden. Eine Sonderung der Waldarten darf überhaupt aber nur insoweit stattfinden, als ein verschiedener Betrieb nach verschiedenen Wald

(128.) Baumart.	Umtriebszeit. Jahre	Material.	Jährlicher Durchschnittszuwachs pro Morgen: I. Standortsgüte.	II. St.-G.	III. St.-G.	IV. St.-G.	V. St.-G.
			Kubikfuss.				
Eichen	120—150	Derbholz	28—32	23—27	16—22	11—15	1—10
		Stockholz	4	4	3	2	1
		Reiserholz	2	2	2	1	1
Buchen	90—120	Derbholz	32—40	25—31	20—24	13—19	1—12
		Stockholz	3	3	3	2	2
		Reiserholz	3	2	2	2	2
Fichten, Tannen	80—120	Derbholz	36—44	29—35	20—28	15—19	1—14
		Stockholz	5	5	4	4	3
		Reiserholz	3	3	3	2	2
Kiefern, Lärchen	60—120	Derbholz	29—35	20—28	13—19	10—12	1—9
		Stockholz	4	4	3	2	1
		Reiserholz	3	3	2	2	2
Erlen, Birken	40—60	Derbholz	30—38	23—29	14—22	11—13	1—10
		Stockholz	1	1	1	1	1
		Reiserholz	5	4	4	3	3

(129.) Regierungsbezirke.	Häufigkeit der Standortsclassen für den Hochwald in allen Classifications-Districten. Eichen I.	Eichen II.	Eichen III.	Eichen IV.	Eichen V.	Buchen I.	Buchen II.	Buchen III.	Buchen IV.	Buchen V.	Birken, Erlen I.	Birken, Erlen II.	Birken, Erlen III.
Gumbinnen	8	6	5	3	.	.	2	2	2	2	4	16	17
Königsberg	1	8	8	7	2	.	10	10	10	6	6	10	10
Danzig	1	.	7	11	8	.	5	13	11	2	.	1	2
Marienwerder	3	6	9	8	5	2	6	9	3	.	4	5	9
Bromberg	.	2	9	8	3	.	.	2	1	.	7	9	9
Posen	1	13	9	8	4	1	6	7	7	1	2	2	4
Köslin	.	10	16	16	16	8	16	16	16	16	1	10	10
Stettin	5	13	13	13	12	12	12	12	12	12	11	13	13
Stralsund	4	4	4	4	4	4	4	4	4	4	4	4	4
Potsdam	1	10	12	14	11	1	10	11	10	10	7	9	10
Frankfurt	2	10	8	5	2	3	6	5	4	1	2	2	4
Liegnitz	6	8	6	5	1	1	5	4	2	.	.	2	2
Breslau	7	10	12	11	7	1	6	7	6	5	6	10	11
Oppeln	6	5	3	1	1	1	2	1	.	.	7	4	4
Magdeburg	6	11	11	11	10	2	6	6	6	4	.	1	2
Merseburg	4	4	4	4	3	5	5	5	5	5	3	3	3
Erfurt	.	.	1	1	1	7	7	7	7	7	.	.	.
Minden	4	10	10	10	10	10	10	10	10	4	.	.	.
Münster	7	10	10	10	10	10	10	10	10	10	.	.	.
Arnsberg	7	14	14	14	14	14	14	14	14	14	.	.	.
Düsseldorf	5	11	11	11	11	13	13	13	13	13	.	.	.
Köln	7	12	12	12	12	12	12	12	12	12	5	5	5
Aachen	9	12	12	12	12	13	12	12	12	12	.	.	.
Koblenz	14	15	15	15	15	15	15	15	15	15	.	.	.
Trier	14	18	18	18	18	18	18	18	18	18	.	.	.
Insgesammt	117	228	240	272	192	153	212	225	210	173	67	108	119

(129. Forts.) Regierungsbezirke.	Häufigkeit der Standortsclassen für den Hochwald in allen Classifications-Districten. Birken, Erlen IV.	V.	Fichten, Tannen I.	II.	III.	IV.	V.	Kiefern, Lärchen I.	II.	III.	IV.	V.
Gumbinnen	15	10	7	14	14	14	13	16	16	16	16	16
Königsberg	10	10	11	14	14	14	8	16	20	20	20	20
Danzig	2	1	.	.	1	.	.	1	13	13	12	12
Marienwerder	9	9	.	.	.	.	.	15	15	15	15	15
Bromberg	9	7	.	.	.	.	.	9	9	9	9	9
Posen	3	3	1	2	2	.	.	17	17	17	17	17
Köslin	10	10	.	.	.	.	.	15	16	16	16	16
Stettin	13	12	.	.	.	.	.	12	12	12	12	12
Stralsund	4	4	.	.	.	.	.	4	4	4	4	4
Potsdam	10	10	.	.	.	.	.	13	14	15	15	15
Frankfurt	4	4	.	.	.	.	.	16	16	16	17	17
Liegnitz	2	.	12	12	12	11	11	20	20	20	20	20
Breslau	11	10	13	16	16	16	13	19	19	19	18	18
Oppeln	3	3	18	18	18	18	16	19	19	19	19	19
Magdeburg	1	.	2	4	4	4	4	8	11	11	11	9
Merseburg	3	3	6	6	6	6	6	10	13	13	12	11
Erfurt	.	.	9	9	9	9	9	7	7	7	7	7
Minden	.	.	10	10	10	10	10	10	10	10	10	10
Münster	.	.	10	10	10	10	10	10	10	10	10	10
Arnsberg	.	.	14	14	14	14	14	14	14	14	14	14
Düsseldorf	.	.	18	18	18	18	18	16	18	18	18	18
Köln	5	5	12	12	12	12	12	12	12	12	12	12
Aachen	.	.	9	9	9	9	9	11	11	12	12	12
Koblenz	.	.	15	15	15	15	15	15	15	15	15	15
Trier	.	.	18	18	18	18	18	18	18	18	18	18
Insgesammt...	114	101	185	201	202	196	166	323	349	351	349	346

arten bisher bereits bewirkt ist. Einzelne neue Anlagen in einem Waldcomplexe, welche für die Zukunft eine von der allgemeinen Holz- und Betriebsart des ganzen Waldkörpers abweichende Waldart herzustellen beabsichtigen, dürfen daher als solche nicht besonders eingeschätzt werden.«

Von den oben mitgetheilten Roherträgen wird vor deren Benutzung zur Festsetzung des Reinertrags ein Abzug von [illegible] für die gewöhnlichen Unvollkommenheiten und möglichen Unglücksfälle gemacht, je nachdem unter den localen Verhältnissen weniger oder mehr Gefahren zu berücksichtigen sind. Für Niederwaldungen ist ein durchschnittlicher Materialertrag nicht angegeben worden, indem man hinsichts deren Erträge direct auf den Geldwerth schliesst. Der Rohertrag des Mittelwaldes ist für das Baumholz zu [illegible] desjenigen eines entsprechenden Hochwaldes, für das Schlagholz zu [illegible] desjenigen eines entsprechenden Niederwaldes anzunehmen.

Welche Holzerzeugungskraft in den preussischen Wäldern steckt, ist kaum zu ermitteln. Um wenigstens einen Blick über die Verbreitung der Standortsclassen zu ermöglichen, ward in Tab. 129 aus den Ergebnissen des so eben kurz geschilderten Abschätzungsverfahrens eine Skizze gegeben. Folgerungen daraus zu ziehen, muss freilich dem Leser selbst überlassen werden.

2. Bruttoerträge der Staatsforsten.

Die Anlagen zum Staatshaushalts-Etat liefern jährlich eine Nachweisung der Einnahmen und Ausgaben unserer Staatsforst-Verwaltung, wie sich dieselben den Betriebsplänen zufolge muthmasslich gestalten werden. Dem Etat für 1862 wurden (Tab. 130) die Angaben darüber entnommen, wie viel Holzertrag man in diesem Jahre erwarten darf, und wie hoch etwa der Werth des gesammten in Aussicht stehenden Materialertrags der Staatsforsten sein wird.

(130.) Regierungs-bezirke. — Provinzen.	Naturalertrag der Staatsforsten an Holz pro 1862: Bau- und Nutzholz.	derbes Brennholz.	Stock- und Reisigholz.	Geldwerth der etatmässigen Naturalabgaben ausser Leseholz, Streu u. Waldweide.	Etatmässige Einnahme der Staatsforstverwaltung 1862 für Holz und von Nebennutzungen.	Gesammter Rohertrag der Staatsforst-Ländereien pro Morgen.
	Kubikfuss.			Thlr.	Thlr.	Sgr.
Gumbinnen	1.083 920	6.234 515	854 695	24 716	304 940	11,6
Königsberg	1.640 300	7.155 450	1.042 373	24 329	205 661	10,6
Danzig	390 480	1.882 055	379 650	9 227	80 075	7,9
Marienwerder	1.550 800	4.299 095	445 145	32 114	202 173	9,9
Preussen	4.665 500	19.571 115	2.721 863	90 386	892 848	10,3
Bromberg	752 240	2.981 475	375 265	10 913	132 391	10,4
Posen	525 860	2.362 865	427 070	7 628	127 369	16,0
Posen	1.278 100	5.344 340	802 335	18 541	259 760	12,9
Köslin	469 640	1.258 205	152 690	5 418	69 365	11,3
Stettin	1.747 040	4.800 235	640 198	60 766	526 028	35,7
Stralsund	219 460	947 340	955 960	9 131	104 157	30,8
Pommern	2.436 140	7.005 870	1.788 838	75 316	699 542	28,9
Potsdam	1.950 740	7.501 195	1.618 530	73 467	806 547	31,8
Frankfurt	2.357 100	6.924 615	884 050	38 731	605 139	26,7
Brandenburg	4.307 840	14.425 810	2.502 580	112 198	1.411 686	29,6
Liegnitz	419 320	916 530	556 510	8 376	108 721	34,3
Breslau	1.161 320	2.743 369	921 105	18 986	332 273	41,8
Oppeln	1.673 100	3.157 350	823 770	16 224	297 549	29,6
Schlesien	3.253 940	6.817 249	2.301 385	41 586	738 543	34,4
Magdeburg	835 320	2.043 640	2.096 240	13 030	437 450	53,3
Merseburg	1.128 080	2.484 020	1.849 945	19 447	504 867	49,8
Erfurt	813 840	2.208 315	1.483 080	6 778	229 247	48,6
Sachsen	2.777 240	6.735 975	5.429 265	39 255	1.171 564	50,7
Minden	124 970	1.348 840	316 780	19 559	93 605	34,7
Münster	39 600	116 175	28 125	333	21 871	70,9
Arnsberg	180 660	931 635	391 840	3 903	107 924	43,6
Westfalen	345 230	2.396 650	736 745	23 795	223 400	40,3
Düsseldorf	270 480	370 210	427 805	2 044	121 813	58,9
Köln	99 600	474 015	430 320	1 339	98 984	62,3
Aachen	272 680	1.409 235	391 520	2 417	111 125	30,1
Koblenz	128 740	968 850	981 156	5 546	160 940	48,6
Trier	958 640	3.709 935	730 000	36 015	354 339	47,4
Rheinland	1.730 140	6.932 245	2.960 801	47 360	847 203	46,4
Insgesammt	20.794 130	69.229 254	19.243 812	448 436	[1]) 7.163 732	28,3

[1]) incl. 919 186 Thlr. muthmassliche Mehreinnahme in Folge höherer Verwerthung des Holzes und der Nebennutzungen, als in den Detailplänen angenommen ist; deren Vertheilung auf die Regierungsbezirke würde überall 3,4 Sgr. mehr pro Morgen ergeben.

Die in vorstehender Tabelle aufgeführte Summe von 7.163 732 Thlr. etatmässigen Einnahmen der Forstverwaltung aus dem Holzverkauf und den Nebennutzungen setzt sich aus folgenden Einzelposten zusammen.

(131.) Regierungs-bezirke. — Provinzen.	Etatmässige Brutto-Einnahmen von den Staatsforsten 1862. Für Holz beim Verkauf: unter der Taxe Thlr	nach der Taxe oder dem Meistgebot Thlr	Für Nutzung verschiedener Grundstücke: Mast, Ackernutzung, Gräserei, Waldweide, Harz, Fischerei u. s. w. Thlr	Aus kleinen Torfstichen ohne eigene Etats Thlr	Aus der Jagd: an Zeitpachtgeldern Thlr	durch Administration Thlr	Von Nebenbetriebsanstalten Thlr
Gumbinnen	9 897	187 053	85 735	81	712	1 136	6) 20 376
Königsberg	8 327	210 493	67 959	465	942	909	6) 6 532
Danzig	2 050	74 250	9 674	864	567	92	4) 2 560
Marienwerder	4 520	176 269	19 572	1 324	284	204	—
Preussen	24 800	648 074	182 970	2 684	2 505	2 340	29 468
Bromberg	2 782	120 343	7 346	25	103	109	6) 1 623
Posen	1 645	109 075	16 033	—	307	219	—
Posen	4 427	229 418	23 379	25	560	328	1 623
Köslin	902	55 290	10 735	2 067	229	151	—
Stettin	7 604	458 906	28 575	3 921	1 120	1 342	4) 24 498
Stralsund	1 121	89 178	10 730	1 458	1 165	499	—
Pommern	9 627	603 435	50 040	7 446	2 514	1 992	24 498
Potsdam	20 412	741 798	39 811	143	978	3 405	—
Frankfurt	7 378	551 729	42 523	1 271	869	1 368	—
Brandenburg	27 790	1.293 527	82 334	1 414	1 847	4 773	—
Liegnitz	2 270	97 022	5 889	3 125	251	105	—
Breslau	2 602	274 922	30 048	—	1 933	682	6) 22 086
Oppeln	6 435	256 125	22 846	—	234	530	6) 11 340
Schlesien	11 307	628 069	58 621	3 125	2 417	1 377	33 426
Magdeburg	1 552	396 478	33 429	325	2 776	2 896	—
Merseburg	2 094	445 140	41 662	—	1 894	2 069	4) 11 982
Erfurt	1 893	222 618	3 679	14	345	699	—
Sachsen	5 539	1.064 236	78 770	339	5 015	5 664	11 982
Minden	3 190	84 996	4 881	172	250	116	—
Münster	61	20 543	480	710	78	.	—
Arnsberg	512	103 909	3 055	—	292	156	—
Westfalen	3 763	209 448	8 416	882	620	271	—
Düsseldorf	241	83 304	33 604	42	660	179	7) 4 783
Köln	282	93 507	3 305	4	1 731	85	—
Aachen	2 335	104 952	3 089	260	277	212	—
Koblenz	794	156 210	3 377	—	293	266	—
Trier	7 070	338 195	7 889	56	627	509	—
Rheinland	10 733	775 167	51 319	362	3 588	1 251	4 783
Insgesammt	97 988	1) 6.250 882	2) 655 732	16 268	19 066	18 016	105 780

1) incl. 799 506 Thlr muthmaassliche Mehreinnahme in Folge höherer Verwerthung des Holzes. — 2) incl. 119 681 Thlr muthmaassliche Mehreinnahme in Folge höherer Verwerthung der Nebennutzungen. — 3) von den Torfgräbereien 11 758, von Wiesen- und sonstigen Anlagen 8 618 Thlr. — 4) von den Torfgräbereien. — 5) von Wiesen- und sonstigen Anlagen. — 6) von den Flössereien. — 7) vom Thiergarten in Kleve.

E. Die Reinerträge der Forsten.

1. Reinerträge der Waldungen überhaupt.

Den Arbeiten, welche die Regulirung der Grundsteuer hervorgerufen hat, sind die in der folgenden Tabelle mitgetheilten Zahlen über den durchschnittlichen Reinertrag der Holzungen entnommen. Als steuerbarer Reinertrag ist der nach Abzug der Bewirthschaftungskosten vom Rohertrage verbleibende Ueberschuss anzusehen, den man aus der Holznutzung erzielen kann. Eben so, wie die Nebennutzungen an Weide, Gräserei, Streu u. dgl. oder zeitweise, zur Vorbereitung des Holzanbaues dienende landwirthschaftliche Benutzung einzelner Forstflächen für den Rohertrag unberücksichtigt bleiben, sind auch Zinsen vom Holzbetriebs- oder vom Forstcultur-Capital nicht unter die Wirthschaftskosten einzurechnen. Letztere bestehen vielmehr nur in folgenden Kosten:

a) der Verwaltung: Unterhaltung des verwaltenden und leitenden Personals mittels baarer Besoldungen, Emolumente und Pensionen, Rendanturgeschäfte, Polizeiverwaltung, Holzverkaufskosten. Bei arrondirter Lage der Reviertheile im ebenen Terrain wird 1 Oberförster mit 1 000 Thlr. Gehalt, Dienstaufwand und Emolumenten auf etwa 10 000 Morgen Laubholz-, auf 18 000 Mg. Nadelholz-Hochwald, auf 8 000 Mg. Mittel- und 12 000 Mg. Niederwald zu rechnen sein. Diesen Kosten sind 60—90 % als Betrag der übrigen hieher gehörigen Ausgaben zuzusetzen.

(132.) Regierungsbezirke.	Der Reinertrag pro Morgen Hoch- und Mittelwaldes liegt zwischen nachstehenden Grenzen. Hochwaldung. Eichen Sgr	Buchen Sgr	Birken und Erlen Sgr	Fichten u. Tannen Sgr	Kiefern u. Lärchen Sgr	Mittelwaldung. Sgr
Gumbinnen	6—30	2—6	1—15	1—24	1—24	.
Königsberg	5—24	1—15	1—18	1—24	1—18	.
Danzig	2—42	1—21	1—12	12	1—30	4—12
Marienwerder	3—30	5—30	1—21	.	1—21	21
Bromberg	4—24	9—21	2—24	.	1—24	.
Posen	5—30	3—24	1—24	7—15	1—24	.
Köslin	2—24	2—24	1—18	.	1—24	.
Stettin	8—48	3—42	2—42	.	1—42	8—42
Stralsund	8—48	3—42	3—30	.	3—42	8—42
Potsdam	5—78	5—42	1—30	.	1—42	.
Frankfurt	6—60	6—48	1—36	.	1—42	.
Liegnitz	9—48	12—48	9—18	1—48	1—42	9—42
Breslau	4—48	4—42	4—36	1—36	1—36	4—48
Oppeln	3—48	18—36	3—24	1—36	1—36	24—48
Magdeburg	7—78	8—54	12—30	5—60	2—42	5—78
Merseburg	7—78	7—54	2—42	2—78	2—54	7—78
Erfurt	12—42	6—60	.	8—60	1—42	6—60
Minden	9—78*	4—48	3	4—60	3—48	9—60
Münster	9—90	6—48	.	9—69	3—48	9—60
Arnsberg	4—90	4—48	.	4—69	2—48	5—69
Düsseldorf	9—90	4—60	.	4—69	4—54	6—69
Köln	5—78	5—69	6—48	5—69	2—48	5—69
Aachen	5—78	5—78	.	5—60	2—48	5—78
Koblenz	4—69	2—54	.	3—60	2—48	4—60
Trier	5—78	5—48	.	5—48	2—48	5—60
Insgesammt	2—90	1—78	1—48	1—78	1—54	4—78

(132. Forts.) Regierungs-bezirke.	Der Reinertrag pro Morgen Niederwaldes liegt zwischen nachstehenden Grenzen. Gemischt: Erlen, Birken, Buchen Sgr	Eichenschälwald Sgr	Weidenheeger Sgr	Reinertrags-Classen der Waldungen ohne Rücksicht auf die Baumgattung. Anzahl der Classifications-Districte mit eigenen Tarifen[1])	Anzahl der Classen in einzelnen Districten von 8 herab bis zu	Anzahl der Classen überhaupt in allen Abschätzungs-Districten	Durchschnitt des Reinertrags pro Mrg. unter Annahme gleichen Flächeninhalts jeder Classe in jedem District. Sgr
Gumbinnen	1—12	.	7—42	16	6	125	8,9
Königsberg	1—9	.	.	21	0	146	6,9
Danzig	1—12	.	7—54	12	5	82	12,6
Marienwerder	1—21	.	12—60	18	4	126	13,1
Bromberg	2—24	.	.	9	8	72	10,9
Posen	1—24	.	.	17	8	136	10,1
Köslin	1—8	.	.	10	8	80	8,1
Stettin	2—42	.	120	18	7	103	18,6
Stralsund	3—30	.	.	4	8	32	22,7
Potsdam	1—42	.	48—120	16	0	116	21,9
Frankfurt	1—36	30—60	9—78	20	1	173	16,0
Liegnitz	3—48	9—54	5—60	21	8	168	19,4
Breslau	1—36	18—48	24—60	26	0	200	18,9
Oppeln	4—36	30—48	24—48	17	7	134	16,3
Magdeburg	5—54	30—60	18—180	15	5	118	39,6
Merseburg	2—54	.	30—120	17	8	138	39,2
Erfurt	1—54	.	54	9	8	72	27,9
Minden	3—48	.	9—78	10	8	80	28,7
Münster	3—48	30—60	.	11	0	80	30,7
Arnsberg	2—48	4—54	.	14	8	112	26,3
Düsseldorf	3—48	21—60	42—150	18	8	144	41,6
Köln	2—48	12—69	36—240	13	0	96	33,6
Aachen	2—48	8—78	60—180	14	8	112	31,2
Koblenz	2—48	4—69	12—69	15	8	120	28,4
Trier	2—48	5—69	.	18	8	144	27,3
Insgesammt	1—54	4—78	7—240	374	0	2905	22,3

[1]) Die Nichtübereinstimmung dieser Rubrik mit der in Tab. 126 enthaltenen beruht darauf, dass zuweilen mehrere Abschätzungsdistricte zu einem Tarifdistrict zusammengezogen sind.

b) des Forstschutzes: Unterhaltung des Forstschutzpersonals mittels Besoldungen, Emolumente und Pensionen, aussergewöhnliche Forstschutzhilfe, Abwendung oder Beseitigung von Waldcalamitäten durch Insecten, Feuer und Wasser. Unter gewöhnlichen Schutzverhältnissen ist ein Schutzbeamter mit 250 Thlr Gehalt und Emolumenten zu rechnen: auf 1 500 Morgen Laubholz-, 2 000 Nadelholz-Hochwald, 1 200 Mittel- und 1 400 Niederwald. Diesem Gehalt sind 30—60 % für andere Ausgaben zuzurechnen.

c) der Cultur: Holzanbau, Unterhaltung der Saat- und Pflanzkämpe, Bewahrung und Verheegung der Schonungen, Bestandes- und Bodenpflege, Forstwege und Wasserbauten, Erhaltung der Grenzen und Grenzmale, Forstvermessungs- und Betriebseinrichtungs-Geschäfte. Nach dem durchschnittlichen Stand der Tagelöhne und den durchschnittlich obwaltenden Forstcultur-Verhältnissen des Kreises pro Morgen jeder Holz- und Betriebsart für die ganze Umtriebszeit abzuschätzen und dann auf jedes Jahr zu vertheilen.

d) der Ernte des Holzertrags der Abtriebsnutzung: Holzhauer-, Rücker-, Roderlöhne und [bei Bemessung der in den Städten oder auf Ablagen marktgängigen Preise für den Rohertrag] die Fuhrlöhne für den Transport des Holzes aus dem Walde zur Verkaufsstelle. Werden nicht mehr in Abzug gebracht, da schon die Roherträge in Nettopreisen des Holzes angegeben sind.

Die letzte Rubrik vorstehender Tabelle soll, wie schon aus der Aufschrift hervorgeht, keineswegs als Maass des durchschnittlichen Reinertrags pro Morgen der Waldfläche dienen; dessen Ermittelung würde vielmehr nur möglich sein, wenn man auch den Umfang der Waldungen jeder einzelnen Tarifclasse kennte. Inzwischen gewährt sie mangels genauerer Zahlen wenigstens einen bequemen Anhalt zur Beurtheilung der Ertragsverhältnisse.

2. Reinertrag der Staatsforsten.

Mit Einrechnung der etatmässigen Natural-Abgaben an Berechtigte und Deputanten (ausser Leseholz, Streu und Waldweide) wird der Bruttoertrag der Staatsforsten im Jahre 1862 auf 28,3 Sgr. pro Morgen veranschlagt; jene Natural-Abgaben ausser Acht gelassen, bleiben 26,67 Sgr. oder, falls man auch die mit dem eigentlichen Betrieb nicht zusammenhängenden baaren Geldeinnahmen (Pensionsbeiträge 10 123, vermischte Einnahmen 26 218, von Forstlehranstalten 1 597 Thlr.) mit berücksichtigt, 26,81 Sgr. Dieser Durchschnitt entspricht einer Gesammteinnahme der Forstverwaltung von 7.201 670 Thlr. und einer Gesammtfläche von 8,059 489 Morgen.

Davon sind in Abzug zu bringen:

a) persönliche Verwaltungskosten 1.313 623 Thlr. oder 4,89 Sgr. pro Morgen;

b) Holzhauer- und Rückerlöhne 835 000 Thlr. oder 3,11 Sgr. pro Morgen;

c) Grundsteuer und sonstige Realabgaben 27 420, Renten statt der Naturalnutzungen 109 270, anderweite Vergütungen statt ebenderselben 22 350, — insgesammt 159 040 Thlr. Passivrenten und Abgaben oder 0,59 Sgr. pro Morgen;

d) zur Unterhaltung und zum Neubau der Forstdienstgebäude 159 325, zur Beschaffung noch fehlender Forstdiensthäuser 50 000, zu Miethsentschädigungen wegen noch fehlender Dienstwohnungen 5 660, zum Bau und zur Unterhaltung der durch die Forsten führenden Land- und Heerstrassen 61 590, zu Wasserbauten innerhalb der Forsten 12 000, zu den Forsteinrichtungen 20 660, zu den Forstculturen 326 922, — insgesammt 636 157 Thlr. Bau-, Forsteinrichtungs- und Culturkosten (wovon ein erheblicher Theil als Capitalanlage zu betrachten ist und, streng genommen, von den Bruttoerträgen nicht abgezogen werden dürfte) oder 2,37 Sgr. pro Morgen;

e) zu Separationen, Regulirungen und Grenzberichtigungen 44 360, Processkosten 9 060, Jagdverwaltungskosten 2 634, bei den Torfgräbereien 23 702, bei den Flössereien 29 020, bei den Wiesen- und sonstigen Anlagen 4 041, bei dem Thiergarten in Kleve 4 783, Druckkosten 7 651, Holzverkaufskosten, Botenlöhne u. a. auf keinen der vorstehenden Titel gehörende Ausgaben 128 473, zur Bestreitung der Mehrausgaben gegen die Etatsfonds 80000, endlich für Forstlehranstalten 7727, — insgesammt 341 650 Thlr. vermischte Ausgaben (wovon ebenfalls mehrere Posten als Capitalsanlagen zu betrachten sind) oder 1,27 Sgr. pro Morgen.

Als Reinertrag der Staatsforsten bleiben mithin 3.916 200 Thlr., d. h. pro Morgen 14,58 Sgr. übrig. Etwas mehr Ueberschuss würde man finden, wenn die dem eigentlichen Waldbetriebe fremden Einnahmen und Ausgaben der Verwaltung nicht mit in Berechnung gezogen würden; da einer derartigen Trennung indessen zu viele Hindernisse im Wege stehen, so möge es bei dem obigen Durchschnitt verbleiben. Die hier für den ganzen Staat gegebenen Nachrichten sind in Tab. 133 auf die Regierungsbezirke und Provinzen ausgedehnt.

(133.) Regierungs-bezirke. — Provinzen.	Etatsmässige **Ausgaben** der Staatsforstverwaltung pro 1862. Besoldungen, Unterstützungen, Remunerationen und Pensionen Thlr	Holzhauer- und Rücker-Löhne Thlr	Passivrenten und Abgaben Thlr	Zu Bauten Thlr	Zu Forst-Einrichtungen und -Culturen Thlr	Für Nebenbetriebs-Anstalten Thlr	Ueberhaupt incl. der nichtspeciell aufgeführten Ausgaben Thlr	**Ueberschuss** der Einnahmen der Staatsforstverwaltung pro 1862 über die Ausgaben Thlr	Veranschlagter Ertrag pro Morgen Forstlandes Sgr
Gumbinnen ..	87 153	42 197	1 617	11 150	15 000	7 521	172 825	134 739	4,09
Königsberg .	89 622	47 426	458	11 525	13 322	1 435	171 649	126 376	4,19
Danzig	40 897	17 149	320	4 801	8 800	—	75 801	14 742	1,17
Marienwerder	74 363	29 834	785	8 550	13 850	—	136 437	67 078	2,89
Preussen ...	292 035	136 605	3 181	36 035	50 972	8 956	556 711	342 935	3,46
Bromberg	40 398	23 199	1 240	4 115	9 650	738	82 476	50 719	8,19
Posen	33 733	21 821	1 077	3 970	7 940	—	70 755	57 301	7,18
Posen	74 131	45 020	2 318	8 085	17 590	738	153 231	108 020	8,01
Köslin	28 858	7 541	2 403	3 895	5 500	—	50 621	19 074	2,01
Stettin	73 888	58 778	4 155	10 703	18 000	10 477	182 864	344 196	20,80
Stralsund	19 560	17 313	515	3 440	6 600	—	48 768	55 868	14,96
Pommern ...	121 806	83 632	7 073	18 040	30 100	10 477	282 253	419 138	15,08
Potsdam	111 879	100 812	13 233	17 680	30 750	—	283 501	682 070	19,18
Frankfurt	93 199	59 237	13 031	11 760	25 600	—	213 871	393 682	16,80
Brandenburg	205 078	159 549	26 264	29 440	56 353	—	497 372	995 752	17,84
Liegnitz	18 360	13 535	2 192	3 020	5 000	—	45 580	63 596	16,08
Breslau	50 443	32 772	1 472	8 405	11 000	20 880	129 400	203 990	24,27
Oppoln	48 165	28 792	11 233	9 060	12 000	8 640	124 064	174 429	16,97
Schlesien ..	116 968	75 099	14 897	20 485	28 000	29 020	299 044	442 022	18,11
Magdeburg ...	63 315	49 652	1 925	8 285	15 200	—	143 482	295 810	34,91
Merseburg ...	77 707	47 260	9 694	12 000	17 500	7 569	182 976	324 981	30,74
Erfurt	42 319	44 399	560	4 470	7 000	—	101 111	128 767	25,04
Sachsen	183 341	141 311	12 179	24 795	40 300	7 569	427 569	749 358	31,20
Minden	26 634	13 150	2 544	5 340	6 600	—	56 312	88 116	11,09
Münster	3 751	1 375	1 412	485	500	—	7 096	14 341	45,80
Arnsberg	27 976	13 738	2 493	6 180	5 220	—	56 742	52 848	20,60
Westfalen ..	58 361	28 263	6 450	12 005	12 320	—	120 750	155 304	17,21
Düsseldorf ...	19 997	12 443	2 293	3 290	4 480	4 783	48 795	74 028	32,62
Köln	15 487	12 463	1 215	2 150	3 200	—	35 311	64 496	40,08
Aachen	29 663	10 595	703	4 550	8 500	—	56 794	95 799	14,79
Koblenz	38 577	24 895	715	5 050	8 260	—	79 369	81 977	24,11
Trier	60 520	50 827	873	9 755	15 140	—	160 479	195 [illegible]	23,73
Rheinland ..	173 244	120 323	5 799	24 795	39 580	4 783	379 748	471 478	24,44
Summe ..	1.224 864	789 801	78 159	173 720	275 305	61 546	2.716 668	3.564 311	12,83
Aus der Centralverwaltung	88 658	45 199	80 881	114 855	72 277	—	568 802	351 889	2,06
Insgesammt	1.313 623	835 000	159 040	288 575	347 582	61 546	3.285 470	3.915 200	14,80

II. Die Förderungsmittel der Forstwirthschaft und die Verwaltung der Forsten.

A. Gesetzgebung über die Benutzung der Forsten.

Entgegen den in anderen Ländern zum Schutz der Wälder getroffenen Maassregeln verordnet §. 4 des Edicts vom 14. September 1811 zur Beförderung der Landcultur: »Die Einschränkungen, welche theils das allgemeine Landrecht, theils die Provinzial-Forstordnungen in Ansehung der Benutzung der Privatwaldungen vorschreiben, hören gänzlich auf. Die Eigenthümer können solche nach Gutbefinden benutzen und sie auch parzelliren und urbar machen, wenn ihnen nicht Verträge mit einem Dritten oder Berechtigungen Anderer entgegenstehen.« §. 25 desselben Edicts lautet: »Von den Servituten, welche auf den Forsten haften, sind vorzüglich die Beweidung und das Sammeln des Raff- und Leseholzes und der Waldstreu der Cultur derselben nachtheilig. An sich würden diese Servituten oft nicht schädlich sein; aber sie werden es in einem hohen, oft zerstörenden Grade durch den Missbrauch, der bei der Ausübung stattfindet und bisher theils aus unzeitiger Milde, theils aus nothwendiger oder billiger Rücksicht auf die den Bauerwirthschaften mangelnde Hülfsmittel nachgesehen worden ist. Nachdem nun aber diese Wirthschaften sowohl durch die Verleihung des Eigenthums und Abschaffung der Dienste, wie durch Befreiung ⅓ ihrer Ackerländerei von der Hütung wesentlich verbessert werden und in die Lage kommen, die Waldweide mehr als bisher entbehren zu können, so sollen jene Missbräuche nicht weiter geduldet werden.« Die folgenden Paragraphen enthalten nun Beschränkungen der bisherigen Servituten und ihres Missbrauchs.

In der revidirten Gemeinheitstheilungs-Ordnung vom 7. Juni 1821 für die dem allgemeinen Landrecht unterworfenen Landestheile verbietet §. 109 die Naturaltheilung eines gemeinschaftlichen Waldes dann, wenn die einzelnen Antheile weder zur forstmässigen Benutzung geeignet bleiben, noch vortheilhaft als Acker oder Wiese benutzt werden können; unter solchen Umständen kann die Auseinandersetzung der Miteigenthümer im Mangel einer Einigung nur durch öffentlichen gerichtlichen Verkauf bewirkt werden. Weitere Bestimmungen finden sich im Gesetz vom 2. März 1850 über die Ergänzung und Abänderung der Gemeinheitstheilungs-Ordnung und einiger anderen über Gemeinheitstheilungen ergangenen Gesetze, und für den Wirkungskreis des rheinischen und des gemeinen deutschen Rechts wurde Aehnliches am 19. Mai 1851 festgesetzt, nachdem schon die Allerhöchste Cabinetsordre vom 7. August 1846 die im ehemaligen Grossherzogthum Berg verfügte Beschränkung der Naturaltheilungen auf die ganze Rheinprovinz ausgedehnt hatte.

Haben die eben angezogenen Maassregeln in etwas der Rodung der Wälder bei Gelegenheit der Gemeinheitstheilungen Einhalt gethan, so fehlt es auch nicht an gesetzlichen Bestimmungen, um die Wälder der Gemeinden und öffentlichen Anstalten zu schützen. Für die Provinzen Sachsen, Westfalen und Rheinland, wo schon während der Fremdherrschaft mehrfache Beschränkungen des Verfügungsrechtes bestanden, wurde am 24. December 1816 unter Aufhebung einzelner derselben verordnet, dass die Gemeinden und öffentlichen Anstalten verpflichtet seien: 1. die in ihrem Besitz befindlichen Forstländereien nach den von der Regierung genehmigten Etats zu bewirthschaften; 2. solche Wälder und beträchtlichen Holzungen, die nach Beschaffenheit und Umfang zu einer forstmässigen Bewirthschaftung geeignet sind, durch gehörig ausgebildete Forstbediente administriren zu lassen; 3. ausserordentliche Holzschläge, Rodungen und Veräusserungen nur mit Genehmigung der Regierung vorzunehmen. Die in Verbindung mit dem Staate besessenen Communal- oder s. g. Markenwaldungen und Gemeinheiten sollten der allgemeinen Staatsforstverwaltung unterworfen bleiben. — Für die Rheinprovinz wurde sodann durch die Gemeindeverfassung vom 15. Mai 1856 noch angeordnet, dass die Gemeinden, wo ein dringendes Bedürfniss der Landescultur dazu vorliegt und ihre Kräfte es gestatten, nach Anhörung der Gemeindevertretung und des Kreistages angehalten werden können, uncultivirte Gemeindegrundstücke durch Anlage von Holzungen und Wiesen in Cultur zu setzen. — Laut dem Allerhöchsten Landtagsabschied vom 18. August 1835 hat das Ministerium in den Regierungsbezirken Koblenz und Trier, laut Cabinetsordre vom 28. Mai 1836 auch in den Bezirken Minden und Arnsberg sowohl über das Bedürfniss von Communal-Forstverwaltungsverbänden, als auch über die Bildung der Verwaltungsbezirke und die Anstellung geeigneter Forstbeamten zu entscheiden, falls die Gemeinden nicht freiwillig ihre Zustimmung dazu geben.

Nach der Städteordnung vom 30. Mai 1853 für die sechs östlichen Provinzen ist zur Veräusserung von Gemeindegrundstücken und zur Veränderung in Genüssen von Gemeindenutzungen die Genehmigung der Regierung erforderlich. Ebenso kann gemäss der Landgemeindeverfassung vom 14. April 1856 für die sechs östlichen Provinzen eine Verwandlung der Gemeindewaldungen in Acker und Wiese oder ein ausserordentlicher Holzschlag nur mit Genehmigung der Regierung vorgenommen werden.

Besondere Waldgenossenschaften von Besitzern zusammenhängender Waldungen bestehen zufolge der Haubergsordnungen vom 24. Mai 1821 für den Kreis Olpe, vom 6. December 1834 für den Kreis Siegen und vom 21. November 1836 für die Aemter Freusburg und Friedewald im Kreise Altenkirchen; die Genossenschaften müssen einen gemeinschaftlichen Niederwaldbetrieb mit theilweiser Ackernutzung führen. Auch das Waldculturgesetz für den Kreis Wittgenstein vom 1. Juni 1854 vereinigt viele der s. g. Aussenländereien auf Antrag Betheiligter zu gemeinschaftlichen Waldwirthschaften mit geregeltem Betriebe; die Antheile der einzelnen Besitzer werden durch Holzactien ausgedrückt.

Die Forstpolizei wird in oberster Instanz von der obersten Forstbehörde des Staates ausgeübt.

B. Unterstützung der Waldwirthschaft seitens der Regierung.

Abgesehen von den bereits im vorigen Abschnitt mitbehandelten Förderungs- und Unterstützungsmitteln, wozu namentlich die Unterabtheilungen VII. D. über die Auseinandersetzungen zwischen Grundberechtigten und Verpflichteten und VII. E. über die genossenschaftlichen Meliorationen gehören, abgesehen ferner von derjenigen Unterstützung, welche die gesammte Forstwirthschaft naturgemäss schon aus der Verwaltung der Staatsforsten empfängt, bleiben hier noch solche Anregungs- und Unterstützungsmittel anzuführen, die der Privatforstwirthschaft aus anderen Quellen zufliessen. In dieser Kategorie befinden sich insbesondere die Staatszuschüsse zur Wiederbewaldung holzleerer und unfruchtbarer Districte.

Kleine Beihilfen der Staatsregierung zu diesem Zwecke sind, insofern die Beholzung mit im Meliorationsplane lag, unter den im 6ten Abschnitt genannten Ausgaben des Staates begriffen. Auch der bedeutendste dieser Zuschüsse, der zur Förderung von Wald- und Wiesenculturen in der Eifel seit 1854 gewährte, erscheint unter den ausserordentlichen Ausgaben des Ministeriums für die landwirthschaftlichen Angelegenheiten. Zur Wiederbewaldung der Eifel sind überhaupt 125 696 Morgen in Aussicht genommen. Davon wurden bis zum Schluss des Jahres 1861 zusammen 32 468 Morgen cultivirt, nämlich: aus Staatszuschüssen 26 008, lediglich aus Gemeindemitteln 5 839, aus Mitteln des Vereins zur Förderung der Arbeitsamkeit in Aachen 621 Morgen. Unterstützungen aus Staatsmitteln sind in der Weise gewährt worden, dass die Kosten der Vorarbeiten, Vermessungen, Kartirungen und der Aufsicht bei den Culturen auf die Staatscasse übernommen, die nöthige Arbeitshilfe aber von den Gemeinden in natura geleistet wurde; zur theilweisen Deckung der baaren Auslagen erhielten letztere eine Staatsprämie von höchstens 3 Thlr. pro Morgen. Im Regierungsbezirk Aachen nehmen daran die Eifelkreise Montjoie, Malmedy und Schleiden, ausserdem das hohe Veen in den Kreisen Malmedy und Montjoie Theil, im Regierungsbezirk Koblenz die Kreise Mayen, Adenau und Kochem, im Regierungsbezirk Trier die Kreise Daun, Prüm, Wittlich und Bitburg. Aufzuforsten und aufgeforstet sind folgende Flächen:

(134.) Jahr.	Cultivirte Flächen in den Regierungsbezirken					Verwendete Beihilfen aus der Staatscasse				
	Aachen		Koblenz	Trier	zusammen	Bezirk Aachen		Bezirk Koblenz	Bezirk Trier	zusammen
	im hohen Veen	in der Eifel				im hohen Veen	in der Eifel			
	Magdeburger Morgen.					Thlr	Thlr	Thlr	Thlr	Thlr
1854	—	—	260	336	596	—	242	710	603	1 554
1855	—	1 391	1 025	1 239	3 655	—	1 927	2 731	1 139	5 796
1856	—	1 016	2 130	1 303	4 449	—	654	7 979	2 627	11 259
1857	129	1 335	817	1 310	3 591	2 627	4 499	2 358	2 668	12 152
1858	346	1 908	1 177	813	4 244	2 538	3 902	1 954	2 333	10 727
1859	222	1 524	996	592	3 334	2 891	3 043	1 973	1 342	9 248
1860	502	1 377	804	453	3 136	4 322	2 706	2 461	1 363	10 852
1861	393	1 433	726	451	3 003	3 657	2 354	2 026	1 509	9 547
Zusammen	1 592	9 981	7 935	6 497	26 005	16 035	19 327	22 191	13 584	[1]) 71 137
Aus Gemeinde- u. a. Mitteln aufgeforstet ..	621	—	602	5 237	6 460					
Bleiben zu cultiviren	22 297	45 741	9 752	15 338	93 128					
Gesammtfläche	24 510	55 725	18 289	27 072	125 596					

[1]) darunter zu Aufforstungs-Prämien für den Holzanbau u. s. w. 62 582, für Cartirung und Vermessung 2 641, zu Remunerationen 2 531, zu verschiedenen Zwecken 3 383 Thlr

C. Forstwirthschaftliche Unterrichtsanstalten.

Wissenschaftliche Vorbereitungsanstalt für den höheren Forstdienst ist die königliche **höhere Forstlehranstalt** zu Neustadt-Eberswalde. Dieselbe nimmt 18—24jährige Studirende auf, welche ein Gymnasium oder eine Realschule erster oder zweiter Ordnung mit unbedingt genügender Reife in der Mathematik absolvirt haben, einer guten Gesundheit geniessen, nach einer mindestens 1jährigen Forst- und Jagdlehrzeit den Lehrbrief erworben haben und sich über die Mittel zur Bestreitung ihres Unterhalts während der Dauer ihrer Schulzeit auszuweisen vermögen. Der Eintritt ist zu Anfang jeden Semesters gestattet, die Zahl der Studirenden jedoch auf 60 beschränkt. Die Einschreibegebühren betragen 5, das Honorar pro Semester 25 Thlr

Die Neustädter Anstalt gehört zu dem Ressort der Abtheilung für Domänen und Forsten im Finanzministerium. Ihre jährlichen Einnahmen sind auf 1 597, ihre Ausgaben incl. sonstiger Forstlehrzwecke auf 7 726 Thlr festgestellt. An ihrer Spitze steht ein Director, welcher zugleich über Forstwissenschaften Vorträge hält; vier andere Lehrer sind für Naturwissenschaften, für Mathematik, für Forstrecht und zur Anleitung im praktischen Forstwesen bestellt. Der Studienplan wird in vier Semestern absolvirt.

Zur Forstlehranstalt gehört ein Forstgarten bei Neustadt und ein anderer bei Chorin, aus denen auch an Privatforst-Besitzer Pflanzen aller Holzarten (im Durchschnitt 20—30 000 Stück jährlich) zu sehr niedrigen Preisen abgegeben werden. Ausserdem dienen der Anstalt grössere Versuchsstellen in den Forstrevieren Liepe und Biesenthal, zu welchen der Director zugleich in dem Verhältniss als Oberforstbeamter steht.

Als niedere Lehranstalt mit der Bestimmung, die mit der Ausführung des Holzbaues beauftragten Personen genügend heranzubilden, ist die praktische Waldbauschule für Schlesien zu erwähnen, welche im Jahre 1855 vom Verein schlesischer Forstwirthe zu Breslau gegründet ward.

D. Forstwirthschaftliche Vereine.

Im Jahre 1861 bestanden im preussischen Staate ausser solchen landwirthschaftlichen Vereinen, welche auch die Forstwirthschaft nebenbei in den Kreis ihrer Berathungen ziehen, die folgenden Vereine, welche sich wesentlich mit Forstwirthschaft beschäftigen:

1) in der Provinz Brandenburg: der land- und forstwirthschaftliche Localverein zu Frankfurt (Zweig des landwirthschaftlichen Centralvereins für den Regierungsbezirk Frankfurt);

2) in Schlesien: der land- und forstwirthschaftliche Verein zu Sagan, der Verein schlesischer Forstwirthe zu Breslau, der Forstverein zu Nimptsch;

3) in Sachsen: der land- und forstwirthschaftliche Verein zu Langensalza (Zweig des landwirthschaftlichen Centralvereins der Provinz).

E. Verwaltung der Forsten.

1. Forstverwaltung des Königlichen Haus-Fideicommisses*).

Unter Oberleitung des Ministeriums des Königlichen Hauses werden die zum Haus-Fideicommiss gehörigen Forsten von der Hofkammer der Königlichen Familiengüter verwaltet, ein wirklicher Oberforstmeister ist Mitglied derselben und wird durch einen Oberförster-Candidaten als technischen Assistenten unterstützt. Die Forsten umfassen in 10 Revieren einen Flächeninhalt von 187 878 Morgen, nämlich:

1) im Regierungsbezirk Köslin: die Heegemeisterei Schmolsin mit 12 170 Morgen in 4 Schutzbezirken;

2) im Reg.-Bez. Potsdam: die Revierförsterei Rheinsberg mit 5 857 Morgen in 2 Schutzbezirken, Oberförsterei Königs-Wusterhausen mit 24 051 Morgen in 8 Bezirken, Oberförsterei Hammer bei Wendisch-Buchholz mit 37 197 Morgen in 6 Bezirken, Oberförsterei Klein-Wasserburg ebendort mit 35 487 Morgen in 8 Schutzbezirken, Oberförsterei Schwenow bei Beeskow mit 28 092 Morgen in 7 Schutzbezirken. Die Abweichung der hier angegebenen Flächen von denen auf Seite 117 erklärt sich durch die verschiedene Aufnahmezeit beider;

3) in den Regierungsbezirken Liegnitz und Breslau: die Revierförsterei Arnsberg im Hirschberger Kreise mit 5 514 Morgen in 2 Bezirken, die Oberförsterei Töppendorf bei Polkwitz mit 7 981 Morgen in 4 Schutzbezirken;

4) im Reg.-Bez. Oppeln: die Oberförsterei Karmunkau bei Rosenberg mit 21 863 Morgen in 11 Schutzbezirken;

5) im Reg.-Bez. Magdeburg: die Oberförsterei Niegripp bei Burg mit 9 566 Morgen in 5 Schutzbezirken.

Die Sr. K. H. dem Prinzen Karl von Preussen gehörigen Prinzlichen Familien-Fideicommiss-Herrschaften Flatow und Krojanke im Regierungsbezirk Marienwerder enthalten 50 472 Morgen Forsten, welche in 16 Schutzbezirken die Oberförsterei Kujan bilden.

2. Verwaltung der Staatsforsten.

Oberste Behörde für die Verwaltung der Staatsforsten ist die (dritte) Abtheilung für Domänen und Forsten im Finanzministerium. Für die Forstverwaltung speciell arbeiten in derselben: der Oberlandforstmeister als Mitdirector

*) Forst- und Jagdkalender für Preussen auf das Jahr 1863, herausgegeben von F. W. Schneider.

für Forst- und Jagdangelegenheiten, ein Land- und zwei Oberforstmeister als vortragende Räthe, zwei Hilfsarbeiter für Forstservitutsachen und als Justiziar, drei Secretäre, zwei Calculatoren, drei Registratoren, ein Forstplankammer-Vorsteher, zwei beim Finanzministerium beschäftigte Forstbeamte.

Die Direction der Forsten wird von den Abtheilungen der Bezirksregierungen für Verwaltung der directen Steuern, Domänen und Forsten ausgeübt. In denjenigen 11 Bezirken, wo die Forstverwaltung besonders umfangreich ist, sind Oberforstmeister als Mitdirigenten der Regierungsabtheilung angestellt; bei den übrigen Regierungen führen die Oberforstbeamten das Prädicat Forstmeister und erhalten als Auszeichnung den Titel Oberforstmeister. Als technische Mitarbeiter fungiren bei den Regierungen theils die am Regierungsitze wohnenden Forstinspectoren, theils Regierungsräthe, Assessoren oder Oberförster-Candidaten. Die Staatsforsten im Bezirk Münster werden von dem Oberforstbeamten zu Minden mit versehen.

Die Localcontrole und Aufsicht über mehrere Oberförstereien führen die Forstinspectoren, denen als Auszeichnung der Titel Forstmeister zu Theil wird, in Gemässheit der Circularverfügung des Ministeriums vom 26. März 1834; ihnen steht zugleich die Curatel über die Forstcassen zu.

Laut Voranschlags für 1862 betragen die Besoldungen der 81 Regierungs-Forstbeamten und Forstinspectoren 109 200, die Dienstaufwands-Entschädigungen incl. Fuhrkosten-Fixa 44 225, die Remunerationen für Hilfsarbeiter 12 000 Thlr., — die Ausgaben für die obere Leitung des Forstwesens innerhalb des Etats der Forstverwaltung mithin 165 425 Thlr. Denselben treten die in anderen Etats aufgeführten Kosten der obersten Leitung und die Besoldungen von Subalternbeamten bei den Regierungen hinzu.

Die eigentliche Verwaltung befindet sich in den Händen der Oberförster, denen hinsichtlich der Geldeinnahme und Ausgabe Forstcassen-Rendanten beigegeben sind. Jede Oberförsterei bildet ein selbständiges Ganze, über welches eine Natural- und Geldrechnung geführt wird, und welches der Oberförster nach den allgemeinen Vorschriften und gemäss den höheren Orts bestätigten generellen und speciellen Wirthschaftsplänen bewirthschaftet. Aspiranten zu den Oberförsterstellen müssen eine zu akademischen Studien berechtigte Schulbildung nachweisen, eine mindestens einjährige Lehrzeit bei einem königlichen Oberförster durchmachen, die Lehrlingsprüfung bestehen, eine höhere Forstlehranstalt und eventuell weitere Universitätstudien absolviren, das Tentamen vor der Ministerial-Prüfungscommission bestehen, abermals 2 Jahre hindurch in Oberförstereien ihre praktischen Kenntnisse vervollständigen und endlich die forstwissenschaftliche Staatsprüfung gemäss Regulativ vom 14. Februar 1846 vor der Ministerial-Commission ablegen. Ein Theil der zur Erledigung kommenden Stellen wird den reitenden Feldjägern verliehen.

Für die Besoldung der 357 Oberförster sind einschliesslich der Stellenzulagen 249 900, für Dienstaufwands-Entschädigung 119 650 Thlr. jährlich ausgeworfen; von den 218 Rendanten und 162 Untererhebern erhalten die pensionsberechtigten: Gehalt 21 670, Dienstaufwand 1 400, Aussterbebeträge 414 Thlr., die nicht pensionsberechtigten 94 010 Thlr. Gehalt und Dienstaufwand. Die Verwaltungskosten dieser Kategorie betragen mithin 486 550 Thlr.

Die Oberförstereien sind in Schutzbezirke eingetheilt, deren jedem ein vom Oberforstbeamten des Regierungsbezirks ernannter Förster (Hegemeister), Forstaufseher oder Waldwärter vorsteht. Diese Beamten nehmen den Forst- und Jagdschutz wahr, führen die Aufsicht über die Culturarbeiten und den Holzeinschlag, überweisen die vom Oberförster verkauften Hölzer und sonstigen Waldproducte an die Käufer und führen die dazu erforderlichen Pfand-, Lohnbücher, Holzverzeichnisse und Anweiseregister. Ausschliesslich zum Forstschutz sind für den Umfang mehrerer Schutzbezirke noch Hilfsaufseher je nach dem Bedürfniss angestellt. Mit Ausnahme der Waldwärter, welche meistens nur für einzelne isolirte Parzellen von geringem Umfange aus dazu geeigneten Einwohnern ausgewählt werden, dürfen zu jenen Posten nur Personen berufen werden, welche durch zweijährige Lehrzeit bei einem königlichen Oberförster, Erwerbung eines vorschriftsmässigen Lehrbriefs nach vorausgegangener Prüfung und demnächstige langjährige Dienstzeit bei den königlichen Jägern oder Schützen Anspruch auf Forstversorgung erlangt oder zu erwarten haben.

Der Etat für 1862 wirft aus: für 1 860 Revierförster und Förster und 368 Forstaufseher 509 760 Thlr Gehalt incl. Stellenzulagen einschliesslich des Mehrbetrages für einige ältere Beamte, 7 470 Thlr temporäre Zulage als Vergütigung für theilweise Vertretung der Oberförster, für Haltung eines Dienstpferdes und für Hilfe beim Forstschutz, 110 Thlr Beiträge für Markenforsten im Regierungsbezirk Köln und 634 Thlr Aussterbebeträge; für 161 Waldwärter 13 944 Thlr Gehalt; für in Zahl und Zeit unbestimmte Hilfsaufseher 56 680 Thlr, — insgesammt 588 798 Thlr

Ausser den bisher aufgeführten Ausgaben fallen der Forstverwaltung noch zur Last: zu Gratificationen und Unterstützungen für Forstbeamte 30 000, zu Remunerationen, Unterstützungen und Gehaltsausgleichungen für Forstcassenbeamte und Executoren 3 000, für Torfbeamte u. dgl. 1 850, zu Pensionen und Unterstützungen für Wittwen und Waisen ausübender Forstbeamten vom Forstinspector abwärts 28 000 Thlr Die persönlichen Verwaltungskosten stellen sich danach insgesammt auf 1 313 623 Thlr, wie schon unter 1. E. 2 angegeben ist.

Wie sich die königlichen Forstbeamten auf die Regierungsbezirke vertheilen, ist in Tabelle 135 nachgewiesen.

Die **Eintheilung der Staatsforsten** in Oberförstereien, die (in Klammern gestellte) Anzahl von Schutzbezirken in denselben und die Grösse ihres Bezirks in Magdeburger Morgen werden nachstehend regierungsbezirksweise aufgeführt. Die Zahlen beziehen sich auf den Zustand während des dritten Quartals 1862.

Reg.-Bez. Gumbinnen: *a*) Forstinspection Tilsit, 7 Oberf. 294 189 Mg.: Schnecken bei Tilsit (13) 55 242, Weszkallen bei Lasdehnen (4) 18 566, Schorellen bei Pillkallen (9) 46 284, Trappönen bei Wischwill (13) 49 665, Jura bei Wischwill (10) 48 528, Dingken bei Tilsit (5) 22 435, Ibenhorst bei Kaukehmen (13) 53 569. — Dazu gehören die Torfverwaltungen: Schnecken mit 7 Stellen, Puskeppeln (zu Schorellen) mit 1, Kallwellen (zu Trappönen) mit 1, Jura mit 1, Dingken mit 8, Ibenhorst mit 3 Stellen.

b) Insp. Gumbinnen I., 4 Oberf. 134 270 Mg.: Brödlauken bei Insterburg (6) 16 261, Astrawischken bei Muldszen (10) 45 243, Tzullkinnen bei Gumbinnen (9) 42 339, Padrojen bei Insterburg (10) 30 437. — Dazu die Torfverwaltungen: Brödlauken mit 3, Tzullkinnen 1, Padrojen 3 Stellen.

c) Insp. Gumbinnen II., 5 Oberf. 176 464 Mg.: Borken bei Kruglanken (6) 30 503, Rothebude bei Goldap (9) 32 931, Skallischen bei Szabienen (4) 16 218, Nassawen bei Mehlkehmen (10) 47 843, Warnen bei Tollmingkehmen (9) 45 441. — Dazu die Torfverwaltung Skallischen mit 1, die Wiesenmeliorations-Verwaltung für 3 528 Mg. mit 3 Stellen.

d) Insp. Johannisburg, 7 Oberf. 298 684 Mg.: Kullik bei Johannisburg (9) 63 322, Kurwien bei Wigrinnen (6) 44 242, Alt-Johannisburg (6) 70 589, Nikolaiken (8) 34 315, Kruttinnen bei Nikolaiken (7) 37 064, Barannen bei Lyck (7) 20 009, Grondowken bei Arys (6) 28 643.

Reg.-Bez. Königsberg: *a*) Insp. Königsberg II., 6 Oberf. 229 552 Mg.: Nemonien (6) 41 663, Alt-Sternberg bei Mehlauken (7) 38 083, Neu-Sternberg bei Laukischken (6) 45 465, Drusken bei Taplacken (8) 36 856, Leipen bei Tapiau (10) 34 188, Pöppeln bei Labiau (7) 33 308.

b) Insp. Königsberg I., 6 Oberf. 167 531 Mg.: Klooschen bei Prökuls (11) 56 576, Warnicken bei Fischhausen (2) 8 535, Bludau bei Fischhausen (6) 10 535, Fritzen bei Schugsten (6) 14 863, Gauleden bei Lindenau (9) 45 074, Greiben bei Sellwethen (8) 25 949. — Dazu die Torfverwaltung Klooschen mit 5 häufig wechselnden Aufsehern.

c) Insp. Königsberg III., 6 Oberf. 163 642 Mg.: Pr.-Eilau (6) 20 184, Födersdorf bei Braunsberg (11) 20 497, Guttstadt (10) 27 220, Alt-Christburg bei Saalfeld (6) 28 016, Liebemühl (8) 41 256, Taberbrück bei Locken (9) 46 470.

d) Insp. Königsberg IV., 7 Oberf. 323 425 Mg.: Ramuck bei Allenstein (9) 47 743, Kudippen bei Allenstein (6) 30 113, Napiwoda bei Neidenburg (14) 66 285, Korpellen bei Ortelsburg (12) 56 854, Puppen bei Ortelsburg (7) 44 678, Friedrichsfelde bei Ortelsburg (8) 45 165, Sadlowo bei Bischofsburg (8) 33 587.

Reg.-Bez. Danzig: *a*) Insp. Danzig II., 6 Oberf. 177 729 Mg.: Stellinen bei Tolkemit (3) 4 437, Pelplin (7) 14 624, Wilhelmswalde bei Skurz (5) 49 944, Wirthy bei Pr.-Stargardt nebst Revierförsterei Osieczno (6) 52 325, Okonin bei Frankenfelde (7) 36 010, Sobbowitz bei Bahnhof Hohenstein (9) 19 789.

b) Insp. Danzig I., 6 Oberf. 200 689 Mg.: Philippi bei Berent (8) 23 914, Stangenwalde nebst Revierförsterei Karthaus (11) 40 029, Mirchau bei Karthaus (9) 43 696, Oliva bei Danzig (6) 20 938, Pickelken bei Sagorsz (6) 28 955, Darzlub bei Putzig (7) 35 146. Zu Oliva gehört vorläufig das vom königl. westpreussischen Schulfonds angekaufte Revier Kielau bei Neustadt (2) 8 011.

(135.)

Regierungs-bezirke. — Provinzen.	Forst-Inspectionen.	Bei der Staatsforst-Verwaltung im Jahre 1862 angestellte Beamte: Regierungs-Forstbeamte und Forst-Inspectoren.	Ober-förster.	Revier-förster, Förster und Forst-aufseher.	Wald-wärter.	Forst-cassen-Rendanten.	Unter-Erheber.	Ins-gesammt.
Gumbinnen	4	5	23	186	11	12	7	244
Königsberg [1])	4	6	25	187	15	14	18	265
Danzig	2	3	12	75	11	7	2	110
Marienwerder [1])...	4	5	19	152	16	10	18	220
Preussen	14	19	79	600	53	43	45	839
Bromberg	2	3	11	79	1	8	11	113
Posen.............	[2]) 2	2	11	66	6	11	9	105
Posen	4	5	22	145	7	19	20	218
Köslin	2	2	9	52	5	6	14	88
Stettin [1])	3	4	26	123	5	13	2	173
Stralsund	1	1	6	38	2	5	8	60
Pommern	6	7	41	213	12	24	24	321
Potsdam [1])	5	6	37	199	9	20	10	281
Frankfurt [1])	4	5	29	177	3	18	9	241
Brandenburg .	9	11	66	376	12	38	19	522
Liegnitz	1	1	6	83	1	6	3	50
Breslau [1])	2	3	14	95	15	4	7	138
Oppeln [1])	2	3	14	95	5	9	2	128
Schlesien	5	7	34	223	21	19	12	316
Magdeburg [1])	3	4	20	100	4	18	3	147
Merseburg [1])	4	6	23	125	9	16	11	190
Erfurt	2	3	14	67	3	6	6	99
Sachsen	9	13	57	292	16	38	20	438
Minden	2	2	6	52	5	4	7	78
Münster..........	—	—	1	5	9	1	2	18
Arnsberg	2	3	9	40	4	6	2	64
Westfalen	4	5	16	97	18	11	11	158
Düsseldorf	1	1	5	35	4	4	2	51
Köln	[2]) 1	1	4	21	3	4	—	33
Aachen [1])	2	3	8	45	1	4	—	61
Koblenz..........	[3]) 2	4	8	67	10	5	6	100
Trier [1])...........	3	5	17	114	4	9	3	152
Rheinland	9	14	42	282	22	26	11	397
Insgesammt ..	60	81	357	2 228	161	219	162	3 207

[1]) In diesen Bezirken ist ein wirklicher Oberforstmeister Mitdirigent der Finanzabtheilung der Regierung. — [2]) ohne die Benennung „Inspection." — [3]) ausserdem Koblenz III. für Gemeindeforsten.

Reg.-Bez. Marienwerder: *a*) Insp. Marienwerder I., 5 Oberf. 193 026 Mg.: Gurzno bei Strasburg (11) 47 406, Lonkorsz bei Bischofswerder (13) 53 842, Golluh (15) 32 954, Jammi bei Garnsee (11) 28 238, Rehhof bei Stuhm (9) 30 586.

b) Insp. Marienwerder II., 5 Oberf. 206 558 Mg.: Münsterwalde (4) 9 767, Bülowshaide bei Neuenburg (8) 54 975, Osche bei Bahnhof Laskowitz (9) 58 423, Lindenbusch bei Bahnhof Terespol (7) 40 687, Grünfelde bei Terespol (11) 42 786. — Dazu: die Flössereien auf der Brussinas und dem Schwarzwasser.

c) Insp. Marienwerder III., 5 Oberf. 162 346 Mg.: Königsbruch bei Czersk (5) 26 907, Wocziwodda bei Tuchel (8) 54 865, Czersk (9) 38 261, Schloppe (6) 22 518, Vandsburg (6) 19 805.

d) Insp. Deutsch-Krone, 4 Oberf. 157 864 Mg.: Lindenberg bei Schlochau (10) 30 330, Zippnow (13) 50 598, Eisenbrück bei Schlochau (7) 41 949, Zanderbrück bei Baldenburg (6) 34 987.

Reg.-Bez. Bromberg: *a*) Insp. Bromberg I., 6 Oberf. 207 013 Mg.: Mon-kowarsk oder Rozanno (6) 30 673, Jagdschütz (11) 43 588, Glinke bei Bromberg (9) 47 410, Zelgniewo bei Wissek (6) 24 069, Podanin bei Chodziesen (8) 35 230, Schönlanke (5) 26 053.

b) Insp. Bromberg II., 5 Oberf. 196 010 Mg.: Skorzencin bei Witkowo (4) 21 368, Golombki (8) 33 407, Strzelno (5) 27 086, Czierpitz bei Podgorz (8) 52 449, Wodzek bei Gnlewkowo (9) 60 700.

Reg.-Bez. Posen: *a*) Bezirk von 68 367 Mg. in 4 Oberf.: Eckstelle bei Murowanna-Goslin (7) 15 024, Zielonka bei Murowanna-Goslin (7) 20 875, Moschin (10) 16 451, Bolewice bei Neustadt (4) 16 417.

b) Bezirk von 170 881 Mg. in 7 Oberf.: Mauche bei Wollstein (5) 14 650, Wielowies bei Grabow (5) 18 399, Polajewo bei Obornik (7) 37 400, Zirke (7) 34 296, Birnbaum (6) 24 749, Rosenthal bei Schwerin (7) 26 302, Altenhof (3) 15 065.

Reg.-Bez. Köslin: *a*) Insp. Köslin II., 7 Oberf. 143 173 Mg.: Zerrin bei Bütow (9) 27 105, Bornluchen bei Bütow (8) 23 059, Oberfier bei Bublitz (6) 11 399, Neustettin (7) 17 810, Linichen bei Tempelburg (6) 31 659, Balster bei Kallies (2) 11 974, Klaushagen bei Tempelburg (7) 20 107.

b) Insp. Köslin I., 2 Oberf. 53 632 Mg.: Neu-Krakow bei Rügenwalde (7) 30 494, Alt-Krakow bei Schlawe (6) 23 138.

Reg.-Bez. Stettin: *a*) Insp. Stettin I., 7 Oberf. 141 860 Mg.: Grünhaus bei Treptow a. d. R. (4) 9 296, Rothenfier bei Naugard (6) 20 402, Hohenbrück bei Stepenitz (4) 20 475, Stepenitz (6) 21 522, Warnow bei Kodram auf Wollin (7) 27 973, Friedrichsthal bei Swinemünde auf Usedom mit der Revierförsterei Pritter (7) 30 435, Pudagla auf Usedom (5) 11 757. — Dazu die verpachteten Torfgräbereien Swinemünde und Gnageland bei Stepenitz.

b) Insp. Stettin II., 9 Oberf. 165 126 Mg.: Jakobshagen (8) 15 653, Friedrichswalde bei Stargard (6) 25 700, Pütt bei Damm (4) 19 329, Mühlenbeck bei Damm (5) 15 026, Klütz bei Damm (6) 11 791, Wildenbruch bei Bahn (6) 23 239, Kehrberg bei Fiddichow (6) 20 496, Peetzig bei Königsberg (3) 14 194, Heinersdorf bei Schwedt (6) 19 797. — Dazu die selbständige Torfadministration Karolinenhorst bei Stettin mit 4 Beamten.

c) Insp. Stettin III., 9 Oberf. 183 476 Mg.: Ziegenort bei Jasenitz (4) 20 208, Falkenwalde bei Pölitz (5) 18 201, Mützelburg bei Neuwarp (4) 22 166, Eggesin bei Ukermünde (6) 27 653, Neuenkrug bei Pasewalk (5) 22 640, Jädkemühl bei Ukermünde (6) 28 190, Rothemühl bei Pasewalk (6) 28 506, Grammentin bei Demmin (3) 7 006, Golchen bei Treptow a. d. T. (3) 8 906.

Reg.-Bez. Stralsund: Forstinspection Stralsund, 6 Oberf. 111 242 Mg.: Jägerhof bei Mökow (6) 18 548, Poggendorf bei Grimmen (6) 11 250, Abtshagen bei Grimmen (7) 19 048, Schuenhagen bei Richtenberg (9) 21 706, Darss (7) 23 625, Werder auf Rügen (5) 17 065.

Reg.-Bez. Potsdam: *a*) Inspection Neustadt-Eberswalde, 9 Oberf. 226 838 Mg.: Freienwalde (5) 9 772, Liepe (7) 30 913, Biesenthal (6) 29 757, Gramzow (5) 12 698, Grimnitz bei Joachimsthal (7) 29 102, Glambeck (5) 17 352, Reiersdorf bei Templin (4) 22 675, Gross-Schönebeck bei Liebenwalde (8) 51 471, Liebenwalde (4) 23 198.

b) Insp. Rheinsberg, 9 Oberf. 215 712 Mg.: Zehdenick (6) 36 928, Himmelpfort bei Lychen (8) 43 034, Lüdersdorf bei Gransee (4) 6 451, Menz bei Rheinsberg (4) 22 370, Zechlin bei Rheinsberg (5) 22 452, Neuendorf bei Wittstock (5) 21 059, Neu-Glienicke bei Rheinsberg (5) 26 689, Alt-Ruppin (6) 27 301, Rütbnick bei Alt-Ruppin (2) 9 428.

c) Insp. Potsdam III., 4 Oberf. 106 881 Mg.: Köpnick (9) 31 301, Rüdersdorf bei Köpnick (7) 30 158, Kolpin bei Storkow (5) 20 055, Friedersdorf bei Storkow (5) 25 367.

d) Insp. Potsdam II., 8 Oberf. 147 827 Mg.: Tegel bei Berlin (5) 12 906, Spandau (4) 18 235, Falkenhagen bei Spandau (8) 26 165, Oranienburg (6) 21 003, Neuholland bei Oranienburg (4) 19 573, Mühlenbeck bei Berlin (5) 24 713, Havelberg (5) 14 708, Grünaue bei Rathenow (2) 10 464.

e) Insp. Potsdam I., 7 Oberf. 137 596 Mg.: Potsdam-Bornim (10) 24 456, Kunersdorf bei Belitz (4) 17 310, Lehnin bei Brandenburg (6) 24 977, Zossen (8) 26 095, Zinna bei Jüterbock (4) 13 800, Scharfenbrück (5) 18 277, Dippmannsdorf-Klepzig bei Belzig (6) 12 581.

Reg.-Bez. Frankfurt: *a*) Insp. Frankfurt III., 10 Oberf. 270 883 Mg.: Regenthin bei Woldenberg (5) 23 002, Hochzeit bei Woldenberg (4) 17 202, Driesen (8) 39 683, Lubiathfliess bei Driesen (7) 36 544, Marienwalde bei Woldenberg (4) 17 182, Wildenow bei Friedeberg (4) 21 973, Neuhaus bei Berlinchen (5) 26 513, Karzig bei Berlinchen (5) 25 390, Kladow bei Landsberg a. d. W. (6) 33 100, Hohenwalde bei Landsberg (7) 30 282.

b) Insp. Frankfurt I., 7 Oberf. 174 603 Mg.: Massin bei Vietz (8) 36 191, Zicher bei Neudamm (4) 15 054, Neumühl bei Küstrin (6) 25 673, Lietzegöricke bei Güstebiese (5) 19 794, Limmritz (8) 28 763, Lagow (7) 21 307, Reppen (6) 27 621.

c) Insp. Frankfurt II., 6 Oberf. 133 265 Mg.: Krossen (6) 21 495, Braschen bei Krossen (6) 22 988, Christianstadt oder Sablath (6) 28 291, Sorau (6) 12 961, Taubendorf bei Guben (5) 11 814, Tauer bei Peitz (7) 35 766.

d) Insp. Lübben, 6 Oberf. 148 832 Mg.: Hangelsberg bei Fürstenwalde (4) 14 950, Neubrück bei Beeskow (10) 43 960, Dammendorf bei Friedland i. d. N.-L. (4) 11 824, Börnichen bei Lübben (11) 31 980, Grünhaus bei Finsterwalde (7) 23 370, Dobrilugk-Schönborn (5) 17 248.

Reg.-Bez. Liegnitz. Forstinspection Liegnitz, 6 Oberf. 100 974 Mg.: Panten bei Liegnitz (6) 13 364, Reichenau (4) 10 219, Grüssau (7) 13 378, Hoyerswerda nebst Schwarz-Kollm (8) 33 164, Rietschen bei Rothenburg (3) 9 931, Tschiefer bei Neusalz (6) 20 928.

Reg.-Bez. Breslau: *a*) Insp. Breslau II., 7 Oberf. 142 055 Mg.: Kathol.-Hammer bei Trebnitz (8) 23 728, Kuhbrück bei Trebnitz (9) 18 559, Zedlitz (10) 15 148, Peisterwitz bei Ohlau (7) 25 848, Scheidelwitz bei Brieg (6) 20 062, Stoberau bei Brieg (7) 22 139, Windisch-Marchwitz bei Namslau (7) 16 571. — Dazu die Baruther Flössereiverwaltung unter dem Scheidelwitzer Oberförster, welcher die Flösse auf dem Baruther Bache zur Jeltscher Ablage leitet, mit 2 Beamten.

b) Insp. Breslau I., 7 Oberf. 111 587 Mg.: Bobiele bei Herrnstadt (7) 17 562, Schöneiche bei Wohlau (8) 17 224, Nimkau bei Neumarkt (12) 16 482, Zobten (8) 11 961, Nesselgrund bei Glaz (7) 20 362, Karlsberg am Heuscheuergebirge bei Wünschelburg (5) 14 463, Reinerz (6) 13 533. — Dazu die Glaz-Frankenberger Flöss- und Glazer Holzhofs-Verwaltung unter dem Nesselgrunder Oberförster mit 1 Flössmeister.

Reg.-Bez. Oppeln: *a*) Insp. Oppeln I., 9 Oberf. 190 925 Mg.: Bodland (9) 25 882, Dambrowka bei Karlsruhe (7) 26 574, Budkowitz (6) 24 348, Kupp (9) 32 643, Poppelau bei Kupp (6) 26 760, Jellowa bei Oppeln (6) 24 718. — Dazu die Flössverwaltung Stoberau mit 9 besonderen Beamten und den 6 Flössbezirken: Schirobanzbach, Grabitz und ein Theil des Bodländer Flössbachs, Rest des letzteren, Theil des Stoberbachs, Rest des Stoberbachs und Stoberauer Holzablage, Budkowitzer und Kaller Flössbach, Klink und Judenbach, Chrosczauer Bach nebst Malapanefluss und Czarnowanzer Holzablage.

b) Insp. Oppeln II., 8 Oberf. 150 646 Mg.: Rybnik (11) 25 709, Ottmachau (4) 4 317, Kosel (4) 9 814, Chrzelitz (9) 29 625, Proskau (7) 20 720, Grudschütz bei Oppeln (9) 25 675, Dembio bei Oppeln (5) 20 188, Kraschow bei Malapane (6) 20 592.

Reg.-Bez. Magdeburg: *a*) Insp. Magdeburg I., 6 Oberf. 69 848 Mg.: Altenplatow bei Genthin (8) 17 137, Magdeburgerfort bei Ziesar (5) 10 132, Schweinitz bei Loburg (2) 9 926, Biederitz (4) 6 104, Grünewald bei Schönebeck (8) 12 918, Lödderitz bei Aken (9) 13 136.

b) Insp. Magdeburg II., 7 Oberf. 134 266 Mg.: Klötze (5) 12 998, Diesdorf bei Salzwedel (5) 6 928, Planken bei Neuhaldensleben (5) 19 560, Kolbitz bei Wolmirstedt (6) 22 656, Burgstall bei Dolle (5) 22 792, Jävenitz bei Gardelegen (5) 23 065, Letzlingen bei Gardelegen (5) 24 279.

c) Insp. Magdeburg III., 7 Oberf. 50 607 Mg.: Weissewarte bei Tangermünde (3) 5 889, Heteborn bei Gröningen (4) 5 417, Thale bei Quedlinburg (7) 13 944, Hasserode bei Wernigerode (2) 4 011, Dingelstedt bei Halberstadt (3) 3 630, Schermke bei Oschersleben (4) 3 485, Bischofswald bei Erxleben (9) 14 231.

Reg.-Bez. Merseburg: *a*) Insp. Merseburg I., 8 Oberf. 141 493 Mg.: Elsterwerda (7) 29 064, Liebenwerda (7) 15 634, Hohenbucko bei Schlieben (5) 16 355, Glücksburg bei Schweinitz (4) 12 630, Seyda (4) 13 902, Thiergarten bei Annaburg (5) 17 868, Annaburg (5) 17 259, Züllsdorf (5) 18 791. — Dazu die Torfgräberei im Hohenbuckoer Fichtwalde; sodann die Administration der Schwarze-Elster-Flösse, über welche die Forstschutzbeamten der betreffenden Reviere die Aufsicht führen.

b) Insp. Merseburg II., 5 Oberf. 80 485 Mg.: Sitzenroda bei Schilda (5) 12 476, Doberschütz bei Eilenburg (6) 17 047, Falkenberg bei Dommitzsch (6) 20 275, Süllichau bei Düben (5) 13 346, Tornau bei Düben (6) 17 842. — Dazu die Torfgräberei Wildenhain und Zadlich im Falkenberger Revier mit 2 Beamten.

c) Insp. Merseburg III., 4 Oberf. 40 856 Mg.: Rothehaus bei Gräfenhainichen (7) 18 225, Zöckeritz bei Bitterfeld (6) 7 875, Schkeuditz (9) 6 707, Gossera bei Zeitz (5) 8 049.

d) Insp. Wendelstein, 6 Oberf. 51 030 Mg.: Pödelist bei Freiburg (7) 6 581, Heldrungen bei Artern (5) 7 055, Ziegelrode bei Querfurt (7) 14 586, Bischofrode bei Eisleben (4) 5 549, Siebigerode (5) 6 633, Pölsfeld bei Sangerhausen (5) 10 626.

Reg.-Bez. Erfurt: *a*) Insp. Erfurt, 6 Oberf. 50 034 Mg.: Königshof bei Benneckenstein (4) 8 816, Königsthal bei Nordhausen (7) 8 272, Lohra bei Bleicherode (5) 8 479, Worbis (5) 5 563, Reifenstein bei Dingelstedt (6) 6 791, Wachstedt (9) 12 113.

b) unter specieller Aufsicht des Oberforstmeisters 1 Oberf. 5233 Mg.: Erfurt mit 5 Schutzbezirken.

c) Insp. Schleusingen, 7 Oberf. 89 728 Mg.: Schmiedefeld bei Suhl (4) 17 420, Schleusinger-Neundorf bei Schleusingen (5) 11 900, Schleusingen (4) 9 413, Erlau bei Schleusingen (3) 11 325, Suhl (5) 14 590, Dietzhausen bei Suhl (4) 11 765, Viernau bei Bennshausen (4) 13 315.

Reg.-Bez. Minden und Münster: *a*) Insp. Minden, 2 Oberf. 21 754 Mg.: Hausberge (11) 12 450, Münster (12) 9 304.

b) Insp. Paderborn, 6 Oberf. 94 568 Mg.: Altenbeken bei Buke (10) 16 282, Neuenheerse bei Willebadessen (12) 18 411, Hardehausen bei Bonenburg (11) 20 605, Wünnenberg (3) 10 337, Neu-Böddeken bei Fürstenberg (10) 18 005, Büren oder Haardtwald (4) 10 928.

Reg.-Bez. Arnsberg: *a*) Insp. Arnsberg, 4 Oberf. 38 696 Mg.: Bredelar bei Stadtberge (3) 5 978, Rumbeck bei Arnsberg nebst Revierförsterei Hirschberg (5) 12 654, Obereimer bei Arnsberg (6) 13 465, Himmelpforten bei Arnsberg (4) 6 599.

b) Insp. Siegen, 5 Oberf. 38 284 Mg.: Siegen nebst Revierförsterei Burbach (9) 7 448, Hainchen bei Netphen (4) 9 118, Lützel bei Hilchenbach (4) 8 684, Bilstein bei Olpe (3) 3 028, Glindfeld bei Medebach nebst Revierförsterei Latrop (6) 10 006.

Reg.-Bez. Düsseldorf: Forstinspection Düsseldorf, 5 Oberf. 68 302 Mg.: Gerresheim (10) 10 919, Kleve (7) 26 430, Xanten (7) 12 940, Hiesfeld bei Dinslaken (6) 13 835, Rheinwarden bei Xanten (5) 4 178. — Ausserdem gehören zur Oberförsterei Gerresheim 6 743 Mg. ungetheilte Waldungen, woran der Forstfiscus mit etwa 1 000 betheiligt ist. Einen eigenen Forstbezirk bildet der Thiergarten zu Kleve mit 1 496 Morgen und 3 Beamten.

Reg.-Bez. Köln: Forstinspection Köln, 4 Oberf. 50 922 Mg.: Siebengebirge (4) 5 542 und aus der getheilten Lohmarer Mark 1 760, Kottenforst (9) 14 605, Ville (5) 13 420, Königsforst (9) 12 253. Ausserdem steht unter letzterer das Forstrevier Brücker Mark mit 3 342 Mg., wovon der Staatsantheil 638 umfasst.

Reg.-Bez. Aachen: *a*) Insp. Aachen I., 3 Oberf. 36 198 Mg.: Eupen (9) 18 954, Schevenhütte bei Stolberg (4) 10 732, Hambach bei Jülich (4) 6 512.

b) Insp. Aachen II., 5 Oberf. 77 029 Mg.: Reifferscheidt (7) 15 022, Hoeven bei Montjoie (7) 17 809, Heimbach bei Gemünd (5) 14 038, Hürtgen bei Düren (6) 17 058, Mulartshütte (4) 13 104.

Reg.-Bez. Koblenz: *a*) Insp. Koblenz I., 4 Oberf. 44 801 Mg.: Koblenz (11) 10 164, Adenau (15) 17 428, Kirchen (17) 11 191, Krofdorf bei Wetzlar (4) 6018.

b) Insp. Koblenz II., 4 Oberf. 58 800 Mg.: Neupfalz bei Stromberg (8) 19 095, Entenpfuhl bei Sobernheim (8) 18 489, Kirchberg (12) 11 435, Kastellaun (8) 9 781.

Reg.-Bez. Trier: *a*) Insp. Trier I., 5 Oberf. 68 444 Mg.: Saarburg (7) 10 727, Trier (8) 10 889, Wittlich (8) 16 767, Daun (11) 15 297, Balesfeld (9) 14 764.

b) Insp. Trier II., 5 Oberf. 87 556 Mg.: Wadern bei Merzig (7) 11 720, Osburg bei Oberfell (4) 12 540, Tronecken (9) 27 837, Kempfeld bei Bernkastel (4) 13 757, Morbach bei Bernkastel (9) 21 682.

c) Insp. Saarbrücken, 7 Oberf. 90 800 Mg.: Karlsbrunn bei Völklingen (9) 20 731, Saarbrücken (4) 15 297, Holz bei Heusweiler (5) 16 252, Neunkirchen (7) 18 132, St. Wendel (6) 8 595, Baumholder (4) 3 490, Lebach (6) 8 303.

Die Verwaltung der Staatsforsten hat während der letzten Jahre folgende Ueberschüsse geliefert, resp. nach den Etats liefern sollen:

	1857	1858	1859	1860	1861	
wirklich incl. der Restverwaltung...........	4.274 609	3.743 627	3.339 398	3.444 560	.	St.
laut den Voranschlägen	2.830 000	2.943 000	3.083 000	3.185 000	3.241 200	»

Die Details dazu finden sich in den beiden Tabellen 136 und 137.

3. Verwaltung der Institutsforsten.

Im Regierungsbezirk Königsberg befinden sich 13 072 Morgen Hospitalforsten, zum Ressort der Abtheilung des Innern gehörig: Oberförsterei Klein-Nuhr bei Wehlau (4 Schutzbezirke) 11 735, Schutzbezirk Zandersdorf bei Sellwethen 1 337 Mg.; beide sind der Forstinspection Königsberg III. beigegeben.

Das Universitäts-Forstrevier Greifswald im Reg.-Bez. Stralsund wird unter Aufsicht des Unterrichts-Ministeriums vom akademischen Forstmeister verwaltet. Sein Areal beträgt 11 721, wovon zur Holzzucht nutzbar sind 10 440 Morgen in 6 Schutzbezirken.

Unter dem Unterrichtsministerium stehen die im Frankfurter Regierungsbezirk liegenden Neuzeller Stiftsforsten: Oberförsterei Siehdichum bei Müllrose (5 Schutzbezirke) 22 872, Neuzelle (9) 21 738 Mg. — Zum Ressort der ersten Regierungsabtheilung gehören die von Schöningschen Stiftungsforsten zu Kathlow im Kreise Kottbus: Oberförsterei Kathlow (2) 6 971 Mg.; die technische Oberaufsicht führt der Oberforstmeister. — Die Züllichauer Waisenhaus-Stiftsforsten stehen unter dem Provinzial-Schulcollegium zu Berlin, in technischer Beziehung sind sie der Forstinspection Frankfurt I. zugetheilt. Sie bilden die Oberförsterei Neudorf-Rauden bei Waldowstränk (4) 8 145 Mg.

Im Bezirk Breslau liegt das Charité-Forstamt Prieborn von 3095 Morgen Flächeninhalt, zum Ressort des Unterrichtsministeriums gehörig und in technischer Beziehung der Forstinspection Breslau II. zugetheilt.

Die Forsten der königlichen Landesschule Pforta im Reg.-Bez. Merseburg stehen unter dem Unterrichtsministerium, in technischer Beziehung unter der Forstinspection Merseburg III.: Oberförsterei Pforta bei Naumburg (4) 4 206 Mg.

Zum Ressort des Provinzial-Schulcollegiums für Westfalen gehören die der Forstinspection Minden beigegebenen Forsten des Studienfonds in Münster: Oberf. Haus Geist bei Oelde 2 850 Mg.

(136.) Etatspositionen.	Zuberichtigende Reste aus 1856 und rückwärts.	Veranlagungen der Staatshaushalts-Etats					
		1857.	1858.	1859.	1860.	1861.	1862.[1]
	Thlr	Thlr	Thlr	Thlr	Thlr	Thlr	Thlr
a. Ordentliche Einnahmen der Forstverwaltung:							
1) für Holz	121 946	5.236 195	5.444 164	5.680 918	5.825 360	5.833 370	6.348 870
2) Nebennutzungen	2 001	575 448	593 741	611 328	608 539	695 181	814 862
3) sonstige vermischte Einnahmen	883	21 760	30 498	31 157	33 004	38 392	36 341
4) von den Forstlehranstalten	—	1 597	1 597	1 597	1 597	1 597	1 597
zusammen	[2]) 146 667	5.835 000	6.070 000	6.325 000	6.468 500	6.568 540	7.201 670
b. Ordentliche Ausgaben der Forstverwaltung:							
1) Besoldungen, Unterstützungen, Remunerationen und Pensionen	8 895	1.173 251	1.251 989	1.292 028	1.205 922	1.296 008	1.313 623
2) Holzhauer- und Rückerlöhne	—	707 000	725 000	765 000	893 000	813 000	835 000
3) Passivrenten und Abgaben	373	71 546	89 404	110 825	124 000	143 600	159 000
4) Bau-, Forsteinrichtungs- und Culturkosten	264 957	598 267	604 723	617 238	621 198	631 042	695 157
5) sonstige Verwaltungsausgaben	11 340	256 760	257 708	271 733	259 654	283 394	338 924
6) für Forstlehranstalten	2 558	8 176	8 176	8 176	7 726	7 796	7 726
zusammen	[3]) 331 026	2.815 000	2.937 000	3.065 000	3.111 500	3.155 840	3.285 470
c. Einmalige und ausserordentliche Ausgaben:							
1) Zuschüsse zu den Dienstaufwands-Entschädigungen und Remunerationen der Oberförster, deren Geschäfte durch Forstservitut-Ablösungen oder andere Regulirungen und Aufträge unverhältnissmässig vermehrt sind	—	10 000	10 000	—	—	—	—
2) Ablösung von Forstservituten	—	150 000	150 000	150 000	150 000	150 000	200 000
3) polizeimässige Instandsetzung der durch die Staatsforsten führenden Communicationswege	—	18 000	18 000	15 000	13 000	10 000	10 000
4) Prämien zu Chausseebauten, bei welchen die Forstverwaltung betheiligt ist	—	12 000	12 000	12 000	9 000	12 000	—
5) Melioration von ca. 430 Morgen Wiesen in der Oberförsterei Vandsburg u. a. Meliorationen	1 984	—	—	—	—	—	5 000
zusammen	1 984	190 000	190 000	177 000	172 000	172 000	215 000
d. Ueberschüsse der Forstverwaltung	[4]) — 186 417	2.830 000	2.943 000	3.083 000	3.185 000	3.241 000	3.701 200

[1]) laut der Vorlage in der zweiten Landtagsdiät von 1862. — [2]) incl. 21 787 Thlr Resteinnahmen aus 1856, deren Vertheilung auf die Einzelposten nicht bekannt ist. — [3]) incl. 42 901 Thlr desgl. — [4]) Mehrausgaben.

(137.) Etatspositionen.	Wirkliche Gebarung incl. der Restverwaltung aus den Vorjahren 1857 Thlr	1858 Thlr	1859 Thlr	1860 Thlr	Einzuziehen (resp. zu berichtigen) blieben beim Abschluss von 1860 Thlr
a. Ordentliche Einnahmen der Forstverwaltung:					
1. für Holz	6.369 866	6.217 121	5.844 430	5.884 500	104 248
2. Nebennutzungen	759 401	877 498	790 235	808 471	1 941
3. sonstige vermischte Einnahmen	50 522	51 487	50 770	51 982	153
4. von den Forstlehranstalten	2 210	2 558	1 700	2 006	75
5. aus rückliegender Zeit ohne Specialisirung	77 103	138 673	132 100	139 984	167 836
zusammen	7.459 113	7.287 358	6.834 249	6.886 942	291 253
b. Ordentliche Ausgaben der Forstverwaltung:					
1. Besoldungen u. dgl.	1.187 603	1.250 694	1.278 108	1.280 584	16 523
2. Holzhauer- und Rückerlöhne	902 117	937 622	891 176	816 443	—
3. Passivrenten und Abgaben	102 585	124 973	148 514	174 038	277
4. Bau-, Forsteinrichtungs- und Culturkosten	419 955	425 703	486 230	480 357	133 772
5. sonstige Verwaltungsausgaben	305 685	334 186	323 313	354 035	5 085
6. für Forstlehranstalten	6 370	6 334	6 833	7 115	1 091
7. aus rückliegender Zeit ohne Specialisirung	94 198	207 067	196 658	146 465	29 554
zusammen	3.018 714	3.348 651	3.328 851	3.268 042	186 302
c. Einmalige und ausserordentliche Ausgaben:					
1. Zuschüsse für Oberförster wegen Servitutablösungen	10 000	10 000	—	—	—
2. Ablösung von Forstservituten	182 885	167 115	150 000	150 000	—
3. Instandsetzung der Wege	18 000	18 269	15 000	13 000	—
4. Prämien zu Chausseebauten	5 870	1 600	1 000	11 310	25 190
5. sonstige Meliorationen	35	72	—	—	—
zusammen	166 790	197 057	166 000	174 310	25 190
d. Ueberschüsse der Forstverwaltung	4.274 609	3.743 627	3.339 394	3.411 500	82 761

Im Reg.-Bez. Arnsberg stehen unter der Abtheilung des Innern und werden geleitet vom Forstmeister der Regierung: die Stifts-Oberförsterei Keppel im Kreise Siegen von 1 748 Mg.; sodann die nur theilweise von einem Oberförster verwalteten Kirchen-, Pfarr- und Schulwaldungen von insgesammt 16 308 Morgen in folgenden Kreisen: Iserlohn 1 195, Dortmund 1 245, Bochum 353, Hagen 074, Hamm 570, Altena 3 108, Olpe 4 900, Siegen 3 873 Mg.

Auf Vollständigkeit macht diese Uebersicht keinen Anspruch. — In der Rheinprovinz sind die Stiftungsforsten grösstentheils der Verwaltung von Gemeindewaldungen mit untergeben. Die früher unter staatlicher Aufsicht stehenden Waldungen der geistlichen Stiftungen in Hohenzollern sind gegenwärtig davon entbunden und in die Kategorie von Privatforsten getreten.

4. Verwaltung der Gemeinde- und Interessentenforsten.

Nur aus wenigen Regierungsbezirken sind Nachrichten über den Umfang und die Verwaltung von Communalwäldern vorhanden.

Reg.-Bez. Liegnitz: Die Stadt Görlitz besitzt 3 Oberförstereien mit 110 200 Morgen Forstland, welche von einem besonderen städtischen Forstmeister geleitet werden: Oberf. Hauscha (8 Schutzbezirke) 40 300 Mg., Kohlfurt (6) nebst einem Torfbruch 39 500, Penzig (5) 30 400 Mg. — Die Stadt Sprottau besitzt die Oberförsterei Dittersdorf (8) 27 531 Mg. — Der Stadt Glogau gehört die Oberförsterei Gublau (5) 10 625 Mg.

Reg.-Bez. Minden. Die Communalforsten gehören zum Ressort der Abtheilung des Innern und sind hinsichtlich der technischen Leitung der Forstinspection Minden beigegeben. 1) Communal-Oberförsterei Höxter im Kreise Höxter: 19 844 Morgen in 18 Gemeinden mit 29 Schutzbeamtenstellen. 2) C.-Oberf. Paderborn 32 613 Mg.: im Kreise Paderborn 4 Gem., 5 Schutzbeamte, 5 739 Mg., im Kreise Wiedenbrück 2 Gem., 2 B., 1 122 Mg.; im Kreise Büren 14 G., 16 B., 8 341 Mg.; im Kreise Warburg 15 G., 18 B., 17 411 Mg.

Reg.-Bez. Arnsberg. Im Jahre 1861 waren vorhanden: Communalwaldungen unter Aufsicht der Oberförster 151 100, sonstige Gemeindewaldungen und Hauberge 7 205, Privathauberge und Interessentenwaldungen unter Aufsicht 158 706 Morgen. Sie stehen sämmtlich unter der technischen Leitung des Regierungs-Forstmeisters. Die Communal-Oberförstereien sind folgende: *a*) Arnsberg 17 918 Mg., wovon in den Kreisen Arnsberg 14 476, Iserlohn 2 170 und Soest 1 272; nach der neuen Feststellung im Jahre 1861 enthält das Revier 18 898 Mg. Forstgrundstücke. Wir haben die älteren Angaben wiedergegeben, weil dieselben zugleich die Kreiseintheilung berücksichtigen. *b*) Warstein 33 489 (zuletzt 32 238) Mg., wovon in den Kreisen Lippstadt 15 397 und Arnsberg 18 092. *c*) Brilon 26 990 (zuletzt 27 221) Mg. im Kreise Brilon. *d*) Winterberg 30 815 (zuletzt 31 046) Mg., wovon in den Kreisen Brilon 30 300 und Wittgenstein 515. *e*) Meschede 25 030 (zuletzt 24 627) Mg., wovon in den Kreisen Meschede 18 113 und Brilon 6 917. *f*) Marsberg 7 655 (zuletzt 7 800) Mg. im Kreise Brilon. *g*) Communal- und Haubergs-Oberf. Olpe 58 836 Mg. im Kreise Olpe, worunter Interessentenwaldungen 55 000 (zuletzt 52 301) und Gemeindewaldungen 3 836 (zuletzt 2 809). *h*) C.- u. H.-Oberf. Siegen im Kreise Siegen 146 194 Mg., worunter Interessentenwaldungen 144 000 (zuletzt 106 405) und Gemeindewaldungen 2 194 (zuletzt 6 466). Ausserdem stehen 6 299 Mg. Gemeindewaldungen nicht unter Verwaltung eines Oberförsters: im Kreise Iserlohn 3 762, Dortmund 1 246, Bochum 112 (zuletzt 316), Altena 1 158 (zuletzt 1 697) und Wittgenstein (zuletzt 224).

Reg.-Bez. Düsseldorf. Die Communalforsten sind meistens ganz kleine isolirte Parzellen, deren Schutz den benachbarten Privatförstern oder den Gemeinde-Flurhütern übertragen ist.

Reg.-Bez. Köln. Die Communal- und Institutswaldungen sind mit Ausnahme des Kreises Rheinbach, welcher einen eigenen Revierverwalter hat, der Aufsicht königlicher Oberförster untergeordnet, und zwar gehören: der Siegkreis zur Oberförsterei Siebengebirge, Kreis Bonn zum Kottenforst, die Kreise Köln, Euskirchen und Bergheim zur Ville, Kreis Mülheim zum Königsforst.

Reg.-Bez. Aachen. Die technische Oberleitung hat der Regierungs-Oberforstmeister. 1) Forstadministration Eschweiler: im Stadtkreise Aachen 3 Schutzbeamte und 3 588 Mg., Landkreis Aachen 14 Beamte und 17 358 Mg. 2) F.-A. Gürzenich: des Kreises Düren 1. Verwaltungsbezirk 10 B. und 7 688 Mg., Kreis Erkelenz 1 B. und 8 550 Mg., Kreis Jülich 2 B. und 2 940 Mg. 3) F.-A. Heimbach: des Kreises Düren 2. V.-Bez. mit 2 B. und 78 Mg., des Kreises Schleiden 2. V.-Bez. mit 4 B. und 816 Mg. 4) F.-A. Malmedy: Kreis Eupen 9 B. und 9 484 M., Kreis Malmedy 10 B. und 32 959 Mg. 5) F.-A. Gangelt: Kreis Geilenkirchen 1 B. und 300 Mg. 6) F.-A. Havert: 1. V.-Bez. des Kreises Heinsberg 1 B. und 101 M. 7) 2. Heinsberger V.-Bez. Wassenberg: 1 B. und 12 Mg. 8) 3. Heinsberger V.-Bez. Süsterseel: 2. B. und 141 Mg. 9) 4. Heinsberger V.-Bez. Ophoven: 1 B. und 438 Mg. 10) F.-A. Imgenbroich: Kreis Montjoie 8 B. und 32 874 Mg. 11) F.-A. Blankenheim: des Kreises Schleiden 1. V.-Bez. mit 25 B. und 30 624 Mg.

Reg.-Bez. Koblenz. Die Communalforsten bilden die Forstinspection Koblenz III. mit einem eigenen königlichen Forstinspector. Den 23 Verwaltungsbezirken stehen zur Zeit 17 Gemeinde-Oberförster, 4 Gemeinde-Forstverwalter, 1 königlicher und 1 Privat-Oberförster vor. Die Bezirke sind folgende:

Kreis	Verwaltungsbezirk	Schutzbezirke	Fläche in Morgen	Kreis	Verwaltungsbezirk	Schutzbezirke	Fläche in Morgen
Adenau	Adenau	15	47 764	Neuwied	1. Rengsdorf	7	19 400
Ahrweiler	Ahrweiler	12	20 500	"	2. Linz	6	13 586
Mayen	Mayen	15	33 749	"	3. Urbach	5	15 043
Koblenz	Koblenz	12	26 363	"	4. Dierdorf	2	4 725
Kochem	1. Lutzerath	6	26 839	"	5. Reichenstein	2	3 993
"	2. Treis	7	32 320	Altenkirchen	1. Altenkirchen	7	26 553
St. Goar	1. Halsenbach	10	33 874	"	2. Kirchen	4	9 308
"	2. Oberwesel	7	30 773	"	3. Wissen	1	1 409
Kreuznach	Sobernheim	18	42 371	Wetzlar	1. Wetzlar	12	17 554
Simmern	1. Simmern	10	31 350	"	2. Werdorf	6	23 867
"	2. Kappel	8	28 790	"	3. Braunfels	9	25 469
Zell	Mittel-Strimmig	18	66 068				

Reg.-Bez. Trier. Die Angelegenheiten der Communalforsten werden bei der Regierungsabtheilung des Innern von einem Forstrath geleitet. Die Kreisgrenzen treffen nur selten mit denen der Reviere zusammen. Letztere sind folgende:

Kreis	Oberförsterei	Schutzbezirke	Fläche in Morgen	Kreis	Oberförsterei	Schutzbezirke	Fläche in Morgen
Bernkastel	Bernkastel	9	20 066	Saarbrücken, Ottweiler	St. Johann	9, 3	23 133
"	Morbach	10	37 144				
Bitburg	Bitburg	17	30 264	Saarlouis	Saarlouis	12	18 505
Daun	Daun	14	51 904	St. Wendel	Baumholder	14	33 883
Merzig	Merzig	12	24 744	Trier	Trier	24	46 680
Prüm	Prüm	11	33 705	"	Hermeskeil	10	36 671
Saarburg	Saarburg	16	38 271	Wittlich	Wittlich	12	32 994
				"	Manderscheidt	11	28 177

Hohenzollern. Die unter der technischen Aufsicht des Regierungs-Forstinspectors stehenden Communal- und Corporationsforsten sind in 4 Bezirke eingetheilt: Comm.-Bezirksförsterei Sigmaringen 36 156, Comm.-Bez.-F. Hechingen 32 519, Gemeindewaldungen im ehemaligen Oberamtsbezirk Trochtelfingen 5 877 desgl. im ehemaligen Oberamtsbezirk Ostrach 316 preuss. Morgen.

III. Die Jagd.

Im preussischen Staate kommen an jagdbaren Thieren vor:

1) Säugethiere, welche den Raubthierarten angehören: der Wolf (nur in den Provinzen Preussen und Rheinland), der Fuchs, die Wildkatze, die Otter (namentlich in Seen der mittleren Provinzen), der Marder und Iltis, das Wiesel, der Dachs, der Hamster (am häufigsten in Sachsen), das Eichhörnchen.

2) zur menschlichen Nahrung dienende Säugethiere: der Rothhirsch (ziemlich häufig in Waldungen der östlichen und mittleren Provinzen), der Dammhirsch (am meisten in Brandenburg und Sachsen), der Elchhirsch (nur in den Bezirken Gumbinnen und Königsberg), das Reh (am häufigsten in Preussen, Brandenburg und Sachsen), das Wildschwein (mehr in den östlichen Provinzen), der Hase (hauptsächlich in Sachsen), das Kaninchen (in Sachsen und Rheinland).

3) Raub- und dergl. Vögel: der Stein- und Seeadler, der Jagdfalke (in der Eifel), der Habicht, der Sperber, die Weihe, der Neuntödter, Eulen verschiedener Art, der Reiher, der Kranich, die Krähe, verschiedene Raben- und Dohlenarten.

4) zur menschlichen Nahrung dienende Vögel: der Auerhahn, der Birkhahn, die Trappe, das Rebhuhn (überall), das Haselhuhn (in den östlichen Provinzen), die Wald- u. a. Schnepfen, der Fasan, die Wildgans, die wilde Ente, der Krammetsvogel, die Lerche.

Ausserdem leben im preussischen Staate noch andere Thiere in wildem Zustand, welche an einzelnen Orten oder gelegentlich zur Jagdbeute werden. Ihre Seltenheit schliesst indessen die Erwähnung an diesem Orte aus.

A. Die Jagdgesetzgebung.

Die Ausübung der Jagd war früher ein aus alten Zeiten überkommenes Recht Einzelner, namentlich des Landesherrn und der Rittergutsbesitzer. Mittels der Verordnung vom 16. März 1811 über die Ablösung der Domanial-Abgaben jeder Art wurde auch die Ablösbarkeit der Jagdgerechtigkeit (hinsichtlich der hohen Jagd nicht immer) festgesetzt und die Bestimmung getroffen, dass Niemand das Jagdrecht auf fremden Grundstücken erblich erwerben dürfe; später stellte die Verordnung vom 29. März 1829 die Ablösbarkeit der Domänenjagd mit Rücksicht auf locale Verhältnisse allgemein dem jeweiligen Urtheil der Regierungen anheim. Der Staat gab demzufolge sein Jagdrecht auf fremdem Boden grossentheils auf; dagegen überliess er den Standesherren durch Verordnung vom 21. Juni 1815 die Benutzung der Jagden jeder Art in ihren standesherrlichen Bezirken. Hinsichtlich der gutsherrlichen Jagden verfügte §. 57 des Edicts vom 14. September 1811: »Die Jagdgerechtigkeit bleibt auch nach der Auseinandersetzung bei dem ursprünglichen Dominialhofe, da die Ausübung durch kleine Grundbesitzer viele Nachtheile hat; um solche aber auch andererseits gegen Beschädigungen zu schützen, so soll aller Schaden, welcher durch das Jagen oder Wildfrass erweislich entsteht, durch den Jagdeigenthümer vollständig ersetzt werden.« In den ehemaligen französischen Departements zwischen Rhein und Weser war durch Decrete vom 9. December 1811 und 8. Januar 1818 wegen Aufhebung des Feudalwesens die Jagdgerechtigkeit auf fremdem Eigenthum aufgehoben worden; seit der reparirenden Verordnung des Militärgouvernements zwischen Rhein und Weser vom 13. Juli 1814 trat die frühere Jagdgerechtigkeit meistens wieder in Kraft, und die Bekanntmachung des Staatsministeriums vom 20. Juni 1828 erhielt sie darin. Abweichend von diesen, den alten Brauch wesentlich schützenden Anordnungen, wurden für die Landestheile links des Rheins unterm 17. April 1830 zwar die früheren, in vielen Punkten unter sich verschiedenen Gesetze aufgehoben, jedoch in §. 1 der Grundsatz aufgestellt: »Jeder Grundeigenthümer hat das ausschliessende Recht der Jagd auf eigenem Grund und Boden; nur die Ausübung dieses Rechts wird aus Rücksicht auf die öffentliche Sicherheit Beschränkungen unterworfen, die jedoch den Berechtigten die Nutzung nicht entziehen.«

In solcher Weise standen die Sachen, bis das Gesetz vom 31. October 1848 alles Jagdrecht auf fremdem Grund und Boden ohne Entschädigung aufhob, wogegen auch die bisherigen Abgaben und Gegenleistungen wegfielen; jeder Grundbesitzer durfte auf seinem Grund und Boden die Jagd in jeder erlaubten Art, das Wild zu jagen und zu fangen, ausüben, — nur die Festungswerke und die in deren Rayon liegenden Grundstücke ausgenommen. Die Pachtverträge wurden aufgelöst, die Untersuchungen über Jagdcontraventionen niedergeschlagen und alle dem Gesetz entgegenstehenden Bestimmungen, die jagdpolizeilichen Vorschriften über die Schon-, Setz- und Hegezeit des Wildes u. s. w. aufgehoben.

Die Ungebundenheit der Jagdausübung, welche das eben erwähnte Gesetz im Gefolge hatte, führte zum Jagdpolizei-Gesetz vom 7. März 1850, das mehrfache Beschränkungen mit sich brachte. Zur eigenen Ausübung des Jagdrechts auf seinem Grund und Boden ist danach der Grundbesitzer nur befugt: auf zusammenhängenden Besitzungen von mindestens 300 Morgen land- oder forstwirthschaftlich benutzter Fläche, auf allen dauernd und vollständig eingefriedeten Grundstücken, auf Seen, zur Fischerei geeigneten Teichen und ein einziges Besitzthum bildenden Inseln. Gemeinden oder Corporationen dürfen das Jagdrecht nur durch Verpachtung oder einen angestellten Jäger ausüben. Besitzer isolirter Höfe dürfen auch bei einer Fläche unter 300 Morgen einen besonderen Bezirk bilden, müssen die

Jagd darauf indessen gänzlich ruhen lassen. Alle übrigen Grundstücke sind in Gemeinde-Jagdbezirke von mindestens 300 Morgen Fläche eingetheilt, die von grösseren Waldungen ganz oder theilweis eingeschlossenen ausgenommen. Die aufkommenden Pacht- oder Betriebs-Ueberschüsse werden nach Maassgabe des Flächeninhalts unter die Theilnehmer des Bezirks vertheilt. Innerhalb jedes Jagdbezirks dürfen höchstens drei Besitzer oder drei Pächter oder ein Angestellter die Jagd ausüben.

Wer die Jagd ausüben will, muss sich einen für den ganzen Staat giltigen, auf ein Jahr und die Person lautenden Jagdschein vom Kreislandrath ertheilen lassen und bei der Jagd stets mit sich führen. Für jeden Jagdschein wird ein Thaler an die Kreis-Communalcasse entrichtet; jedoch erhalten die im königlichen oder Gemeindedienst angestellten Forst- und Jagdbeamten, sowie die lebenslänglich angestellten Privat-Forst- und Jagdbedienten den Jagdschein für Ausübung der Jagd in ihren Schutzbezirken unentgeltlich. Die Anzahl der in den letzten Jahren ausgegebenen Jagdscheine wird in Tab. 138 mitgetheilt.

Die Hege- und Schonzeit wird nach den vor 1848 giltigen Gesetzen bestimmt. Auf das Tödten oder Einfangen des Wildprets während der Schonzeit seitens der zur Jagd sonst berechtigten Personen ist durch Verordnung vom 9. December 1842 folgende Geldstrafe gesetzt: Elchwild pro Stück 50, Rothwild 30, Dammwild 20, Auerwild, Schwan, Fasan, Rehwild 10, Dachs 5, Hasen 4, Hasel- oder Birkwild 3, Schnepfe, Gans, Ente, Rebhuhn 2 Thlr. Für Schwarzwild ist keine Schonzeit festgesetzt. Das Schiessen von Roth-, Damm-, Rehwild und Hasen ist vom 1. März bis zum 24. August verboten; Auerhähne dürfen bis zum 31. Mai, Birkhähne bis zum 15. Juni, Rebhühner nur in der Zeit geschossen werden, wo die kleine Jagd offen ist. Falls jedoch Roth- oder Dammwild im Felde Schaden thut, kann die Bezirksregierung dessen Abschuss auch in der Schonzeit erlauben.

Die Jagdpolizei ist ein Ressortgegenstand des Ministeriums für landwirthschaftliche Angelegenheiten.

B. Die Jagdverwaltung.

Die hohe und Mitteljagd in den Staatsforsten wird von den Oberförstern nach dem seitens der Oberforstbeamten in jedem Jahre festzusetzenden Beschussplan für Rechnung der Staatscasse verwaltet. Die kleine Jagd auf Birkhuhn, Rebhuhn, Schnepfen, Hasen u. s. w. wird an die Oberförster und andere Forstbeamte gegen mässige Pacht für je 6 Jahre verpachtet. Ueber die Gelderträge daraus giebt Tab. 138 einige Auskunft.

Bei Kleve wird ein eingefriedigter Thiergarten auf Kosten der Staatscasse erhalten. Auch viele grössere Privatbesitzer unterhalten eigene Thiergärten zur Sicherung ihres Wildstandes.

Für die Hofjagden ist ein Umkreis von 20 Meilen um Berlin bestimmt, innerhalb dessen die Jagdangelegenheiten durch das Hofjagdamt im Verein mit den Forstbeamten verwaltet werden. Jenes zum Hofstaat Sr. Majestät des Königs gehörige Amt besteht der Hauptsache nach aus zwei Personen: dem Oberjägermeister als Chef und dem Hofjagdrath als Secretär. Ihm sind folgende Institute untergeben: das Jagdzeug-Institut zu Jagdschloss Grunewald mit 8 Beamten, die Fasanerie zu Charlottenhof mit 2 Beamten, die Schwanenzucht-Anstalten bei Spandau und bei Potsdam, der Entenfang bei Potsdam mit 1 Beamten, die Parforcejagd-Equipage zu Jägerhof mit 1 Oberpiqueur und 2 Piqueurs, der Wildpark bei Potsdam mit 1 Wildmeister und 3 Förstern.

In der Kolbitz-Letzlinger Haide (Oberförstereien Planken, Kolbitz, Burgstall, Jävenitz und Letzlingen) befindet sich ein königliches Wildgehege, dessen Schutz einem besonderen, aus 9 Beamten bestehenden Aufsichtspersonal anvertraut ist.

(138.) Regierungs-bezirke. — Provinzen.	Ausgegebene Jagdscheine 1858/59.	1859/60.	Vom 1. August 1860 bis zum 31. Juli 1861 ausgegebene Jagdscheine gegen Entgeld.	unentgeldlich.	überhaupt.	Etatmässige Einnahmen und Ausgaben der Jagd in den Staatsforsten 1862. Einnahmen Thlr	Verwaltungskosten Thlr	Ueberschuss Thlr
Gumbinnen	2 547	2 625	2 491	270	2 761	1 848	34	1 814
Königsberg	3 251	3 577	3 201	350	3 551	1 851	23	1 829
Danzig	1 098	1 124	1 008	200	1 208	659	—	659
Marienwerder	2 165	2 306	2 040	322	2 362	488	10	477
Preussen	9 061	9 632	8 740	1 142	9 882	4 845	67	4 778
Bromberg	1 512	1 598	1 570	162	1 732	272	—	272
Posen	3 062	3 160	3 158	155	3 318	616	—	616
Posen	4 574	4 758	4 728	317	5 045	888	—	888
Köslin	1 744	1 958	1 799	174	1 978	380	2	378
Stettin	2 288	2 445	2 243	311	2 554	2 462	46	2 416
Stralsund	1 055	1 084	900	105	1 005	1 663	—	1 663
Pommern	5 087	5 487	4 942	590	5 532	4 505	48	4 457
Berlin	546	840	637	4	641	—	—	—
Potsdam	4 443	4 800	4 508	442	4 950	4 382	1 182	3 201
Frankfurt	4 891	5 146	4 941	449	5 390	2 238	24	2 214
Brandenburg	9 880	10 586	10 086	895	10 981	6 620	1 205	5 415
Liegnitz	4 815	5 181	5 073	232	5 305	416	—	416
Breslau	5 636	6 075	5 674	308	5 982	2 615	226	2 389
Oppeln	3 434	3 653	3 311	395	3 706	764	50	714
Schlesien	13 885	14 909	14 058	935	14 993	3 794	276	3 518
Magdeburg	5 286	5 837	5 603	260	5 863	5 672	211	5 461
Merseburg	6 720	7 217	6 878	197	7 075	3 983	450	3 533
Erfurt	2 224	2 385	2 186	105	2 291	1 044	258	786
Sachsen	14 230	15 459	14 667	562	15 229	10 699	920	9 779
Minden	2 032	1 876	2 023	133	2 156	365	12	353
Münster	3 907	4 193	4 301	50	4 351	78	—	78
Arnsberg	4 412	4 558	4 253	178	4 431	447	5	442
Westfalen	10 351	10 627	10 577	361	10 938	890	17	873
Düsseldorf	5 653	5 765	5 762	106	5 868	839	21	818
Köln	3 022	3 114	2 976	100	3 076	1 817	—	1 817
Aachen	2 505	2 407	2 528	57	2 585	489	2	487
Koblenz	2 676	2 812	2 585	211	2 796	559	9	549
Trier	2 512	2 667	2 275	300	2 575	1 135	68	1 068
Rheinland	16 368	16 855	16 126	774	16 900	4 839	101	4 738
Insgesammt	83 516	88 313	83 924	5 576	89 500	37 082	2 634	34 448

C. Die Jagderträge.

Die Menge des gefangenen, geschossenen oder auf andere Weise getödteten Wildes entzieht sich der Berechnung noch völlig. Amtlich bekannt gemacht wird beinahe nur das jährliche Resultat der durch Belohnungen aufgemunterten Wolfsjagd im Regierungsbezirk Trier.

Die aus den Ardennen herübergekommenen Wölfe zeigen sich mit seltenen Ausnahmen nur in den Kreisen Saarburg, Saarlouis und Saarbrücken.

(139.) Jahr.	Erlegte Wölfe im Regierungsbezirk Trier: alte Wölfe	alte Wölfinnen	junge Wölfe	Nest-Wölfe	zusammen	davon gefangen oder ausgehoben	Gezahlte Prämien Thlr
1852	6	8	2	—	16	2	164
1853	8	7	—	4	19	4	180
1854	6	3	—	—	9	1	96
1855	1	2	—	—	3	—	34
1856	1	—	1	—	2	—	14
1857	2	—	—	—	2	—	20
1858	2	1	—	—	3	2	32
1859	2	5	—	3	10	6	92
1860	4	—	—	—	4	1	40
1861	5	*) 6	—	—	11	6	122
Zusammen..	37	32	3	7	79	22	794
Die Prämie beträgt jedesmal Thlr	10	12	4	4	.	.	

*) darunter eine mit 7 angeborenen Jungen, für deren jedes 1 Thlr. Prämie gewährt wird.

IV. Die Fischzucht und die Fischerei.

A. Gegenstände der Fischerei.

In Seen, Teichen, Flüssen und Bächen des preussischen Staates leben folgende Fischarten: Der Karpfen, die Karausche, der Wels, die Madüe-Maräne (in Pommern und Brandenburg), die kleine Maräne, die Barbe, der Döbel, der Gründling, die Schmerle, der Pitzger, der Aland, einige Arten von Pricken, die Forelle (in Berggewässern) u. a.

Im süssen Wasser und zugleich an den Küsten der Ostsee findet man: den Barsch und den Kaulbarsch, den Aal (sehr zahlreich an der Insel Rügen), den Zander, die Karausche, einige Arten von Karpfen, Giebeln und Aland, die Quappe, den Schlei, den Blei, die Plötze, den Uklei, den Hecht (sehr verbreitet), den Stint (oft in ausserordentlicher Menge), den Stichling (zu Futter für die Schweine benutzt) u. a.

Zu den im preussischen Staate vorkommenden Wanderfischen, welche behufs des Laichens in die Ströme und Flüsse steigen, gehören: der Stör (namentlich in der Weichsel, Elbe, dem Rhein und der Mosel) nebst dem Sterlett, der Lachs (häufig im Rheine, der Weichsel, Oder und Elbe), die Lachsforelle (aus der Ostsee), die Lamprete (selten), die Neunaugen (bei Danzig und in der Oder häufig), der Schnäpel, die Esche, Alse, Zärte, einige Stichlingsarten u. a.

Nur im Meere sind anzutreffen: der Hering (etwa 20 000 Tonnen werden jährlich an den pommerschen Küsten eingefangen), die Sprotte, die Anchove, die Scholle, der Flunder, die Steinbutte, die Makreele, mehrere Dorscharten, der Sandaal, die Meergrundel, die Seeforelle, der Seestint u. a.

Diesen Fischgattungen lassen sich als Wasserthiere, welche wesentlich mit ein Gegenstand der Fischerei sind, die **Krebse** hinzurechnen. Dieselben kommen in den meisten Süsswassern des Staates vor. Von den Seekrebsen finden sich Krabben an der pommerschen Küste.

B. Art des Fischereibetriebes.

Der **Fischfang** (die Wildfischerei) ist die bei weitem verbreitetste Betriebsart. In den Binnengewässern unterliegt sie gewissen Beschränkungen, einerseits insofern die Schiffbarkeit der öffentlichen Gewässer durch Ausübung der Fischerei nicht leiden darf, andererseits insofern für die meisten Orte Fischerei-Gerechtigkeiten bestehen, deren Verletzung polizeiliche oder gerichtliche Bestrafung nach sich zieht.

Teichfischerei ist besonders in der Provinz Brandenburg zu Hause; namentlich zeichnet sich die Gegend bei Kottbus in dieser Beziehung aus.

Künstliche Fischzucht ist ein im preussischen Staate noch sehr wenig betriebener Industriezweig. Letzthin machte das königliche Ministerium für Landwirthschaft gelungene Versuche mit künstlicher Einführung von Forellen in Gegenden, wo sich dieser Fisch bisher nicht fand, und ist im Begriff, auch die künstliche Lachszucht nach Preussen zu verpflanzen. Unter den Privatanstalten dieser Art verdient die Fischbrutanstalt des Rittergutsbesitzers von Oppenfeld zu **Reinfeld** bei Schievelbein namentliche Erwähnung. Es befinden sich daselbst Seelachse vom Chiemsee, Salblinge vom Königssee, bairische Forellen, Forellen vom Genfer See, französische Forellen aus Hüningen, in Kolberg befruchtete Ostseelachse, pommersche Forellen, Kreuzung von Ostseelachs und Reinfelder Forellen u. s. w.

C. Das Fischerpersonal.

Wie viele Personen dem Vergnügen des Fischfangs obzuliegen pflegen, ist bislang statistisch noch nicht festzustellen. Gewerbsweise betrieben ihn im Jahre 1861 für eigene Rechnung 7 212 Fischer nebst 3 823 Gehilfen und Lehrlingen. Deren Vertheilung auf die einzelnen Provinzen und Regierungsbezirke zeigt Tab. 140. Wenn darin zugleich angegeben ist, wie viel Morgen Binnengewässer auf jeden gewerbsweise Fischenden durchschnittlich kommen, so soll damit nicht gesagt sein, dass selbst in den Küstenprovinzen dieses Verhältniss auf vollkommen richtiger Anschauung beruhe; indess durfte man auch hier, wo Meeresbuchten und Flussmündungen, also gerade die fischreichsten Meeresgegenden, den Binnengewässern zugerechnet worden sind, die Zahl der Gewerbtreibenden wohl in Vergleichung mit dem Felde ihrer Thätigkeit bringen. Als Maass für den Flächenraum der Gewässer wurden die Angaben auf S. 116 benutzt.

Mehr als je 60 Fischer und Fischergehilfen sind in folgenden Kreisen vorhanden:

a) der Provinz **Preussen**: Memel 467, Heidekrug 608, Niederung 76, Labiau 453, Landkreis Königsberg 207, Fischhausen 613, Heiligenbeil 368, Landkreis Danzig 300, Neustadt 488 — sämmtlich an der Ostsee oder den Haffen gelegen —, endlich Mohrungen 68 an vielen Seen.

b) der Provinz **Pommern**: Stolp 167, Schlawe 70, Fürstenthum 110, Greifenberg 111, Kammin 172, Usedom-Wollin 265, Ukermünde 144, Greifswald 141, Franzburg ohne die Stadt Stralsund 177, Stadt Stralsund 177, Rügen 583 — sämmtlich an oder in der Ostsee oder am Stettiner Haff gelegen —, sodann Neustettin 85 an vielen Seen, Greifenhagen 114 und Randow 334 an der Oder.

c) der Provinz **Brandenburg**: Templin 68, Ruppin 77, Niederbarnim 65, Potsdam 63, Osthavelland 116, Westhavelland incl. Stadt Brandenburg 124, Zauch-Belzig 62, Teltow 109, Beeskow-Storkow 62 — sämmtlich an der Havel und ihren Zuflüssen —, Angermünde 186, Sternberg 71 und Krossen 61 an der Oder.

Man ersieht hieraus noch mehr als aus der Tabelle, in welchem Grade sich die Fischer besonders an grösseren Wasserbecken zusammengethan haben; der Fischereibetrieb in kleineren Gewässern kommt dagegen kaum in Betracht. Bei der Annahme, dass im Durchschnitt jeder Fischer eine gleich grosse Thätigkeit entfaltet und der Jahresertrag eines jeden gleich gross ist, besitzt man in obigen

(140.) Regierungs-bezirke. — Provinzen.	Die Fischerei gewerbsweise treibende Personen					Im Jahre 1861 kam je ein das Fischergewerbe Betreibender auf	
	im Jahre 1858		im Jahre 1861				
	für eigene Rechnung.	Gehilfen und Lehrlinge.	für eigene Rechnung.	Gehilfen und Lehrlinge.	zusammen.	Bewohner	Morgen Gewässer
Gumbinnen	42	86	431	551	982	708	483
Königsberg	1 447	765	1 382	1 003	2 385	412	357
Danzig	649	232	673	244	917	519	200
Marienwerder	294	116	264	124	388	1 837	340
Preussen	2 429	1 197	2 750	1 922	4 672	614	353
Bromberg	182	68	141	95	236	2 212	269
Posen	137	114	165	124	289	3 334	243
Posen	319	182	306	219	525	2 830	257
Köslin	352	74	388	97	485	1 059	816
Stettin	1 521	394	972	422	1 394	470	313
Stralsund	894	151	937	169	1 106	190	137
Pommern	2 767	619	2 297	688	2 985	464	348
Berlin	37	25	22	23	45	12 168	167
Potsdam	671	396	657	408	1 065	889	
Frankfurt	255	140	218	165	383	2 567	310
Brandenburg	963	561	897	596	1 493	1 653	204
Liegnitz	68	27	74	20	94	10 180	621
Breslau	113	43	109	49	158	8 202	382
Oppeln	36	—	47	2	49	23 221	766
Schlesien	217	70	230	71	301	11 265	486
Magdeburg	116	58	109	69	178	4 381	193
Merseburg	227	87	204	103	307	2 710	108
Erfurt	12	4	7	—	7	52 099	589
Sachsen	355	149	320	172	492	4 017	146
Minden	15	7	21	7	28	10 862	228
Münster	7	1	4	1	5	88 479	1 009
Arnsberg	2	—	3	—	3	234 508	3 105
Westfalen	24	8	28	8	36	44 946	576
Düsseldorf	76	48	70	75	145	7 692	151
Köln	51	4	52	7	59	9 618	188
Aachen	16	6	16	4	20	22 917	179
Koblenz	82	15	84	24	108	4 907	162
Trier	131	31	141	33	174	3 128	79
Sigmaringen	15	3	11	4	15	4 312	132
Rheinland	371	107	374	147	521	6 296	136
Insgesammt	7 445	2 891	7 212	3 823	11 035	1 674	285
Davon in den Städten	1 784	919	1 646	907	*) 2 553	.	

*) excl. Reg.-Bez. Breslau, für welchen die Angabe z. Z. noch nicht erfolgen kann.

Zahlen auch eine Auskunft über den relativen Fischreichthum der Regierungsbezirke und über diejenigen Wasserflächen, welche einer Nachhilfe in dieser Beziehung mehr als andere bedürfen.

D. Ertrag der Fischerei.

(141.) Regierungs-bezirke. — Provinzen.	Anzahl der Ertragsclassen der Wasserstücke			Höhe des Reinertrags pro Morgen Wasser		
	in .... Districten	überhaupt	in den einzelnen Tarif-districten	höchster Sgr	niedrigster Sgr	mittlerer unter Annahme gleichen Flächenraums jeder Classe in jedem Districte[1]) Sgr
Gumbinnen	19	51	1—5	24	1	4,24
Königsberg	21	49	1—4	21	1	4,04
Danzig	12	85	1—5	18	1	6,49
Marienwerder	22	80	1—7	21	1	6,27
Preussen	74	215	1—7	24	1	4,66
Bromberg	9	31	3—5	45	1	7,98
Posen	18	75	3—6	30	1	10,77
Posen	27	106	3—6	45	1	9,01
Köslin	10	37	1—6	120	1	16,89
Stettin	13	52	4	9	1	4,76
Stralsund	4	16	4	9	1	4,76
Pommern	27	105	1—6	120	1	7,31
Potsdam	17	83	1—8	150	1	12,71
Frankfurt	22	99	0—8	90	1	18,14
Brandenburg	39	182	0—8	150	1	14,08
Liegnitz	22	69	2—5	45	1	15,04
Breslau	26	121	0—7	60	1	12,84
Oppeln	18	47	2—3	30	1	12,43
Schlesien	76	237	0—7	60	1	13,29
Magdeburg	15	87	0—5	90	1	20,05
Merseburg	18	66	1—8	120	1	26,11
Erfurt	11	29	1—4	60	1	9,93
Sachsen	44	132	0—8	120	1	22,21
Minden	11	24	1—3	30	1	15,94
Münster	14	37	1—3	90	1	21,49
Arnsberg	15	30	1—3	30	3	9,50
Westfalen	40	91	1—3	90	1	14,27
Düsseldorf	18	86	1—3	60	1	18,09
Köln	13	22	0—3	120	9	51,14
Aachen	15	32	1—3	120	8	50,46
Koblenz	18	21	0—3	60	1	18,76
Trier	20	14	0—3	120	2	35,14
Rheinland	84	125	0—3	120	1	28,93
Insgesammt	421	1193	0—8	150	1	7,66

[1]) für die Provinzen und den Staat unter Berücksichtigung des auf S. 116 angegebenen Flächenraums der Gewässer in den einzelnen Regierungsbezirken.

Die Anzahl und das Gewicht der jährlich gewonnenen Fischereiproducte sind unbekannt. Dagegen finden wir in den Abschätzungen des Reinertrags der Wasserstücke behufs Regelung der Grundsteuer einigen Anhalt zur Ausmittelung des Reinertrags der Fischerei. §. 18 der »allgemeinen Grundsätze bei Abschätzung des Reinertrags der Liegenschaften« bestimmt nämlich: Bei den Wasserstücken ist der Ertrag der Fischerei und der Nebennutzungen im Durchschnitt einer längeren Reihe von Jahren und mit Berücksichtigung der Kosten für Unterhaltung, Wiederbesetzung, Schleusen, Dämme und Geräthe der Feststellung der Tarifsätze für diese Culturart zu Grunde zu legen.

In Tabelle 141 wurden die aus dem Classifications-Tarif ersichtlichen Reinertragsverhältnisse der Hauptsache nach niedergelegt. Kennte man bereits den Flächeninhalt der einzelnen Wasserstücke mit verschiedenem Reinertrag, so würde sich vermuthlich ein etwas geringerer Ertrag, als der aus den jetzt schon vorhandenen Zahlen ermittelte, ergeben.

E. Förderung und Beaufsichtigung der Fischerei.

Das Edict vom 14. September 1811 empfahl eine bessere Nutzung der Gewässer in Forsten und Fluren zur Fischerei und gestattete den Besitzern der Privatflüsse, das Flachsrösten im Bereich ihrer Fischereigerechtigkeit zu untersagen. Durch Gesetz vom 15. November 1811 wurden Bestimmungen über die Aufhebung von Fischereiberechtigungen bei Gelegenheit von Entwässerungen und über die Entschädigung der Berechtigten getroffen; ähnliche Vorschriften ergingen später für solche Fälle, wo durch andere öffentliche Anlagen den Berechtigten Nachtheile zugefügt wurden. In welcher Art die Fischereiberechtigung in Privatgewässern bei Gemeinheitstheilungen abzulösen ist, bestimmt das Gesetz vom 2. März 1850. Alle diese Maassregeln erscheinen geeignet, die Berechtigung zur Fischerei den Eigenthümern der betreffenden Flächen zu verschaffen, welche kraft des Besitzes am ehesten den Fischreichthum ihrer Gewässer zu heben vermögen.

Die Polizei über Fischzucht und Fischfang, welche laut Bekanntmachung vom 17. Januar 1838 dem Ministerium des Innern und der Polizei und laut Erlasses vom 17. April 1848 dem Handelsministerium zustand, ist seit dem 25. Juni 1848 dem Ministerium für die landwirthschaftlichen Angelegenheiten übertragen.

Für einzelne Landestheile bestehen besondere **Fischerei-Ordnungen** zur Schonung der Fische; aus den neueren derselben mögen einige Bestimmungen herausgehoben werden.

a) Fischerei-Ordnung für das kurische Haff vom 7. März 1845. Die Fischerei ist Eigenthum des Staates und ihre Ausübung nur Denjenigen gestattet, welche ein begründetes Recht darauf haben, und nur soweit als diese specielle Befugniss reicht; dahin gehören namentlich die Krakerortschen Fischereipächter und die Fischerbauern zu Nidden. Aufsichtsbeamte machen den Anfang und das Ende der Laichzeit der vorzüglicheren Fischgattungen und die Laichstellen den Fischern bekannt. In der Einkehle des kurischen Haffs und der Regel nach ¼ Meile weit von der Einmündung der Flüsse und Bäche ist der Fischfang verboten. Bei offenem Wasser sind zulässig: 1) die Segelfischerei, nämlich Kurren-, Bradden- und Keitelfischerei; 2) die Fischerei mit Booten ohne Segel, nämlich Windkartel- und Dobenfischerei; 3) die Stellfischerei: α) die Lachsfischerei mit grossen Lachswehren, kleinen Lachsstellen und mit Lachsnetzen, β) die Staaknetzfischerei, γ) die eigentliche Sackfischerei mit Schnepel-, Aal-, gewöhnlichen Haff- und Neunaugensäcken; 4) die kleine Fischerei am Rande des Haffs, nämlich die Klipp- (oder Plötz-, Kaulbars-), die Waadegarn- (oder Ziehnetz-), die Brassen- (oder Bressen-), die Stintgarn- und die Aalangel-Fischerei. Im Winter darf gefischt werden: 5) mit dem Wintergarne und mit kleinen Gezeugen, nämlich Staaknetzensäcken, Kaulbarsnetzen, Waadegarnnetzen und dem Stintgarn; endlich ist 6) die Fischerei mit Speeren erlaubt. Zur Aufsicht über die Fischerei im kurischen Haff und in den darein mündenden Flüssen ist ein Oberfischmeister zu Feilenhof nebst mehreren Unterbeamten, welche zur Domänenverwaltung gehören, bestellt.

b) Fischerei-Ordnung für das Frische Haff vom 7. März 1845. Auch hier ist die Fischerei Staatseigenthum und ihre Ausübung nur einer bestimmten Anzahl von Berechtigten und Pächtern gestattet; zwischen dem ost- und dem westpreussischen Theil des Haffs besteht eine ideale Grenze. In den Schaaren, dem Kessel und dem Strom des Pillauer Tiefs darf nicht geschifft werden; binnen einer Meile vor dem Eingang des Haffs in die Ostsee ist nur der Strömlingsfang mit dem Strandgarne erlaubt, und ½ Meile vor der Einmündung der Flussläufe dürfen nur besonders Berechtigte fischen. Zulässige Betriebsarten sind: I. bei offenem Wasser: 1) mit grossem Gezeuge: Windegarn- (oder grosse Landgarn-, Herbstgarn-), Schaar- (oder Sommergarn-) Fischerei; 2) die Keitelfischerei; 3) die Fischerei mit kleinem Gezeuge: Brassen- (oder Treibnetz-), Staak- (oder Kaulbarsnetz-), Landgarn- (oder Strandgarn-, Waadegarn-, Ziehnetz-) Fischerei, die Fischerei durch Säcke mit s. g. Streichtüchern, mit gewöhnlichen hohen und niederen Haffsäcken, mittels kleiner Aalsäcke, durch Lachslanken, mit Bollreusen, mittels Neunaugen- und Aalreusen, durch Störgarne, mit Aalangeln; II. Winterfischerei: 1) mit grossem Gezeuge, nämlich die grosse und die kleine Wintergarnfischerei; 2) mit kleinem Gezeuge: mit Bressen- oder Treibnetzen, mit Staaknetzen, mit allen Arten von Säcken, mit Ziehnetzen und Kaulbarsnetzen; III. Stechen der Fische. Ein Oberfischmeister hat als oberer Polizeibeamte seinen Sitz zu Frauenburg.

c) Fischerei-Ordnung für die Binnengewässer der Provinz Preussen vom 7. März 1845. Lachs- und Störwehre und Aalfänge und andere den Zug der Fische störende Verstellungen der öffentlichen oder solcher Privatgewässer, wo die Fischerei verschiedenen Berechtigten zusteht, sind untersagt. Anlagen von überwiegendem Nutzen für die Schiffahrt, die Bodencultur oder gewerbliche Unternehmungen dürfen mit Genehmigung der Bezirksregierung auch dann errichtet werden, wenn sie der Fischerei nachtheilig sind; doch steht alsdann den Berechtigten Entschädigung zu. Schädliche Verunreinigungen der Gewässer sind zu verbieten, soweit das ohne Verletzung bestehender Gerechtsame geschehen kann. In schiff- oder flössbaren Gewässern sind nur solche Fischereiarten gestattet, welche den Lauf der Kähne oder Flösse nicht hindern. Die Laichzeit ist zu beachten und die betreffende Fischgattung während derselben zu schonen. Fischerei-Betriebsarten, welche die Fische verscheuchen, sind untersagt; laichende, unausgewachsene Fische und Fischsamen werden mit gehöriger Vorsicht in das Wasser zurückgeworfen. In fischreichen Gegenden, wo Contraventionen häufig vorkommen, werden besondere Aufseher eingesetzt und die daraus entstehenden Kosten auf die Fischereiberechtigten vertheilt.

d) Fischerei-Ordnung für die Provinz Posen vom 7. März 1845. Die beschränkenden Bestimmungen sind den für Preussen gegebenen ähnlich. Allgemein untersagt bleibt die Fischerei zur Nachtzeit mit Stäben bei Strohfackeln und brennenden Spähnen, das Betäuben oder Tollkeulen auf tragendem Eise, das Speerstechen, das Schiessen der Fische, der Gebrauch von Schaubern und Hamen, das Auslegen von Schnüren mit Angelhaken und die Anwendung betäubender Ingredienzen (Kokelskörner, Krähenaugen u. dergl.). Nur Fische von folgender Länge dürfen zum Verkauf gestellt werden: Aale und Barben von 18", Karpfen und Zander von 12", Alande, Bleie oder Brassen und Zährte von 8", Barse und Schleie von 6", Kaulbarse von 4".

e) Fischerei-Ordnung vom 2. Juli 1859 für die in der Provinz Pommern belegenen Theile der Oder, das Haff und dessen Ausflüsse. Gar nicht befischt werden dürfen: die Mündung der Peene, die Kehle des Usedomschen Sees, bei der Swine der Hals an den Lebbinschen Bergen, der Querstrom, das alte Deep, die Heidefahrt (einstweilen), die Swine vom Haff bis zum Salzgrundloch und von den Pfählen bei Klüss bis zum Ausfluss in die Ostsee, am Ausfluss in die Ostsee auf einem ¼meiligen Umkreise, bei der Divenow die Mündung und das Ausflussgebiet; wenn sich Heringszüge in ungewöhnlicher Menge zeigen, darf die Bezirksregierung vom März bis Juni deren Fang vor den Mündungen gestatten. Die verschiedenen Arten des Betriebes sind: I. Garnfischerei mit Sommer- und Wintergarnen; II. Zeesenfischerei: 1. mit der Tucker- und Zollnerzeese und dem Zeesener Netz, 2. mit der Tagler- und Triftzeese, 3. mit dem Strohgarn (Streuer), der Streichwade, dem Kesser, der Flucke und Stintzeese, 4. mit dem Treibgarn; III. Netzfischerei; IV. Reusen-, Sack- und Korbfischerei; V. Angelfischerei; VI. Speerfischerei. Die Aufsicht liegt dem Oberfischmeister unter Leitung der Stettiner Bezirksregierung und den ihm beigegebenen Beamten ob.

f) In den Landestheilen auf dem linken Rheinufer wurde durch Gesetz vom 23. Juni 1833 derjenige Zustand der Fischerei wieder hergestellt, welcher vor Erlass der Verordnung des ehemaligen General-Gouvernements am Nieder- und Mittelrhein vom 18. August 1814 rechtlich stattgefunden hatte. Unterm 6. Juli 1847 wurde die Fischerei in solchen Gewässern, wo die Forelle vorherrschende Fischgattung ist, während des Octobers und Novembers verboten, statt wie bisher vom Anfang Februar bis Mitte März.

Die zur Aufsicht über die Fischerei angestellten Beamten sind: im Regierungsbezirk Gumbinnen 19 Fischerei-Aufseher, Königsberg 2 Oberfischmeister, 8 Fischmeister und 20 Fischerschulzen, im Regierungsbezirk Stettin 1 Oberfischmeister und 12 Fischkieper, im Regierungsbezirk Koblenz 1 Salmenfischerei-Aufseher, — sämmtlich bei der Staatsdomänen-Verwaltung. Ausserdem wird 1 Fischmeister für den Regierungsbezirk Stralsund aus den Fonds zur Förderung der Landescultur besoldet.

Achter Abschnitt.

Der Bergbau und das Hüttenwesen.

I. Allgemeines.

In bergbaulicher Hinsicht war der Staat bis zum 1. October 1861 in 5 Haupt-Bergdistricte eingetheilt, nämlich:

1) brandenburgisch-preussischer Haupt-Bergdistrict mit dem Bergamt zu Rüdersdorf und einem Umfang von 3027,60 □Mln.: Provinz Preussen; Regierungsbezirk Bromberg und die posenschen Kreise Obornik, Samter, Birnbaum, Posen, Buk, Meseritz, Schroda, Bomst und die nördlichen Theile von Wreschen, Schrimm, Kosten und Fraustadt; Provinz Pommern; Provinz Brandenburg; die liegnitzischen Kreise Grünberg, Freistadt, Sprottau, Sagan, Rothenburg, Hoyerswerda und die nördlichen Theile von Glogau, Bunzlau und Görlitz.

2) schlesischer Haupt-Bergdistrict mit dem niederschlesischen Bergamt zu Waldenburg und dem oberschlesischen zu Tarnowitz, 789,54 □Mln. enthaltend: der südliche Theil des Regierungsbezirks Posen; der grössere südöstliche Theil des Regierungsbezirks Liegnitz, die Bezirke Breslau und Oppeln.

3) sächsisch-thüringischer Haupt-Bergdistrict für die Provinz Sachsen, 460,63 □Mln., mit dem Bergamt zu Halberstadt für den Regierungsbezirk Magdeburg und demjenigen zu Eisleben für die Bezirke Merseburg und Erfurt.

4) westfälischer Haupt-Bergdistrict mit 292,67 □Mln. und den Bergämtern zu Bochum und Essen: die Regierungsbezirke Minden und Münster, die arnsbergischen Kreise Soest, Hamm, Dortmund, Bochum, Iserlohn, Hagen und der grössere Theil von Lippstadt; der rechtsrheinische Theil des Regierungsbezirks Düsseldorf nordwärts der Düsseldorf-Elberfeld-Barmener Strasse, d. h. die Kreise Rees, Duisburg, Essen und der Norden von Barmen, Elberfeld, Mettmann und Düsseldorf.

5) rheinischer Haupt-Bergdistrict mit 562,43 □Mln. in den Bergamtsbezirken Siegen, Düren und Saarbrücken: der grössere südöstliche Theil des Regierungsbezirks Arnsberg; von der Rheinprovinz der weitaus grösste Theil mit alleiniger Ausnahme des nordöstlichen vom Regierungsbezirk Düsseldorf.

Der Allerhöchste Erlass vom 29. Juni 1861 hob die alte Eintheilung auf und setzte vom 1. October jenes Jahres ab an deren Stelle die Eintheilung in **4 Oberbergamts-Bezirke:**

1) Bezirk des Oberbergamts zu Breslau: Provinzen Preussen, Posen und Schlesien.

2) Bezirk des Oberbergamts zu Halle: Provinzen Pommern, Brandenburg und Sachsen.

3) Bezirk des Oberbergamts zu Dortmund: Provinz Westfalen mit Ausnahme des Herzogthums Westfalen, der Grafschaften Wittgenstein-Wittgenstein und Wittgenstein-Berleburg, des Fürstenthums Siegen und der Aemter Burbach und Neunkirchen; von der Rheinprovinz die Kreise Rees, Duisburg, Essen und die nördlich der Schwelm-Düsseldorfer Staatsstrasse belegenen Theile der Kreise Düsseldorf und Elberfeld (mithin der frühere westfälische Hauptberg-District).

4) Bezirk des Oberbergamts zu Bonn (und der Hypotheken-Commission zu

Siegen): vom Regierungsbezirk Arnsberg der grössere südöstliche Theil; Rheinprovinz mit Ausnahme ihres nordöstlichsten Theils; Hohenzollern.

Nicht eingetheilt ist das neutrale preussisch-belgische Gebiet Moresnet, welches bei dem Mangel regelmässiger Nachrichten über seinen Bergbau auch sonst hier nicht weiter in Betracht gezogen wird.

Die Gesetzgebung*) über den Bergbau ist in den einzelnen Landestheilen des preussischen Staates sehr verschieden, und das am 5. Februar 1794 publicirte allgemeine Landrecht (welches überdies im Regierungsbezirk Stralsund, der Rheinprovinz und Hohenzollern keine Giltigkeit hat) mit seinem Abschnitt 4 »vom Bergwerksregal« im Tit. 16 des II. Theils wird nur in den Fällen angewendet, wo die besonderen provinziellen Gesetze nicht ausreichen. Die letzteren sind:

1) für Ostpreussen: dessen Provinzialgesetz 228. Zusatz, wonach der Bernstein Eigenthum des Staates ist.

2) für Westpreussen: das Provinzialrecht vom 19. April 1844, wonach nur Steinsalz und Salzquellen, in der Ostsee und am Strande auch Bernstein als Regalien betrachtet werden.

3) für Posen: die schlesische Bergordnung vom 5. Juni 1769, eingeführt unter dem 7. April 1793, jedoch mit der Maassgabe, dass auch Eisenstein unter der Oberfläche des Bodens ein Staatseigenthum ist.

4) für Schlesien und den der Mark Brandenburg zugeschlagenen schlesischen District: die schlesische revidirte Bergordnung vom 5. Juni 1769, die Instruction vom 20. November 1769 zur Einrichtung von Knappschaftscassen, das Publicandum vom 9. December 1769, die Verordnungen über das Mitbaurecht vom 4. August 1770, 3. Mai 1781 und 17. Februar 1790, die Verordnung vom 3. Mai 1781 wegen Ertheilung mehrerer Schürfscheine.

5) für die Ober- und Niederlausitz: die Verträge des Kaisers mit den böhmischen Ständen aus dem Jahre 1534 und vom 18. September 1575, das kursächsische Steinkohlenmandat vom 17. August 1743, die Forst- und Holzordnung vom 20. August 1767.

6) für das Herzogthum Magdeburg, das Fürstenthum Halberstadt, die Grafschaft Mansfeld altpreussischen Antheils, die Grafschaften Hohenstein und Reinstein, die Städte Erfurt, Mühlhausen, Nordhausen und deren Gebiet: die revidirte magdeburger Bergordnung vom 7. December 1772.

7) für den ehemals sächsischen Antheil der Grafschaft Mansfeld: die Eisleben-Mansfeldsche Bergordnung vom 28. October 1673.

8) für die im Jahre 1815 in Besitz genommenen ehemals sächsischen Landestheile ausser Henneberg: die kursächsische Bergordnung vom 12. Juni 1589, die kursächsische Stollenordnung vom 12. Juni 1749, das Mandat vom 19. August 1743 über die Steinkohlengewinnung, das Mandat vom 14. December 1620 über die Anweisung der Gruben-, Schachten- und Berghölzer.

9) für die Grafschaft Henneberg: das kursächsische Mandat vom 19. August 1743, die hennebergsche Bergordnung vom 18. December 1766.

10) für das Herzogthum Kleve, das Fürstenthum Mörs, die Grafschaft Mark, das Fürstenthum Paderborn und die Stifter Essen und Werden: die kleve-bergsche Bergordnung vom 29. April 1766, die Verordnung vom 13. September 1777 über die Tradde des Grundeigenthümers, das Rescript vom 5. Februar 1798 über die Rechte des Pfarrers.

11) für die am rechten Rheinufer belegenen Theile des Herzogthums Berg, im westfälischen Oberbergamts-Bezirk auch für die Herrschaft Broich, die Unterherrschaft Hardenberg und die Herrlichkeit Oeste: die jülich-bergsche Bergordnung vom 21. März 1719.

12) für das Herzogthum Westfalen, die Herrschaft Schönstein und die zur Standesherrschaft Wied gehörigen Aemter Altenwied und Neuenburg: die kurkölnische Bergfreiheit vom 9. Juni 1559 und die Bergordnung vom 2. Januar 1669.

13) für die am rechten Rheinufer belegenen Theile des ehemaligen Kurfürstenthums Trier die kurtriersche Bergordnung vom 22. Juli 1564.

14) für die Herrschaften Homburg und Gimborn-Neustadt die homburg-wittgensteinsche Bergordnung vom 25. Januar 1570.

*) Handbuch des preussischen Bergrechts vom Justizrath H. Gräff; Breslau 1855.

15) für die ehemals nassau-oranischen Länder, namentlich das Fürstenthum Siegen, die Grafschaften Wied-Neuwied, Wied-Runkel und Hachenburg: die nassauische Bergordnung vom 1. September 1759, daneben die kleine Bergordnung vom 22. Mai 1592, das Deliberationsprotocoll vom 5. August bis 7. October 1765 über Feldesgrösse und Vierung, die Verordnung vom 21. October 1781 über das Nutzungsrecht an der Ausbeute, das Verwaltungs-Regulativ vom 20. Juni 1819, die Hütten- und Hammerordnung vom 6. März 1833.

16) für die ehemalige Grafschaft Sayn-Altenkirchen: die kursächsische Bergordnung vom 12. Juni 1589.

17) für die linksrheinischen Landestheile: das französische Gesetz vom 21. April 1810 und die Ministerial-Instruction vom 3. August 1810.

II. Der Erzbergbau.[1])

A. Eisenerze.

Folgende sind die Hauptzahlen:

	1858	1859	1860	1861
Eisenerzgruben im Betrieb	1 674	1 536	1 420	1 124
darin beschäftigte Arbeiter	16 781	12 129	11 234	13 440
Zahl der Angehörigen (Frauen und Kinder) derselben	33 662	27 086	24 075	27 767
geförderte Eisenerze ...... Tonnen	3.078 678	2.142 556	2.254 754	2.875 472
Geldwerth der Förderungen überhaupt ... Thlr.	2.482 740	1.578 518	1.598 191	1.727 696
Davon kommen:				
auf die Staatswerke ... "	60 498	59 424	56 123	68 277
auf die rechtsrheinischen Privatwerke ... "	1.988 459	1.208 172	1.315 959	1.406 527
auf die linksrheinischen Privatwerke ... "	433 783	310 922	226 109	252 892

(142.) Regierungsbezirke. — Oberbergamts-Bezirke.	Eisenerz-Förderung 1861. Betriebene Bergwerke: auf Eisenerz	Betriebene Bergwerke: auf andere Erze u. dgl.[2])	Anzahl der Arbeiter	Production. Menge in Tonnen	Production. Menge in Centnern ausgedrückt	Production. Haldenwerth Thlr.	Von dem Werth der Eisenerz-Förderung im Jahre 1861 kommen auf die Werke: des Staats Thlr.	der Standesherren und die sonstigen nicht vom Staate verliehenen Werke Thlr.	welche vom Staate verliehen sind Thlr.
Gumbinnen	4	—	4	2 156	10 780	245	245	—	—
Bromberg	1	—	3	8	40	2	—	—	2
Posen	2	—	3	668	3 340	127	—	—	127
Liegnitz	11	1	107	45 783	255 902	23 313	—	23 313	—
Breslau	4	3	33	3 063	22 732	2 428	—	2 428	—
Oppeln	72	—	2 752	720 316	4.365 300	262 535	34 198	228 335	—
Breslau	94	4	2 902	771 991	4.658 163	288 646	34 443	254 074	129

[1]) Hauptquelle für diesen und die folgenden Theile dieses Abschnitts ist die Zeitschrift für das Berg-, Hütten- und Salinenwesen in dem preussischen Staate, Bd. VII—X., 1859—62.

[2]) nämlich: 1 Steinkohlengrube im Bezirk Liegnitz, 3 im Breslauer, 4 im Arnsberger, 1 Flussspath-Bergwerk im Merseburger und 4 Kupfererz-Bergwerke im Erfurter Regierungsbezirke.

(142 Forts.) Regierungsbezirke. — Oberbergamts-Bezirke.	Eisenerz-Förderung 1861. Betriebene Bergwerke auf Eisenerz	auf andere Erze u. dgl.	Anzahl der Arbeiter	Production. Menge in Tonnen	in Centnern ausgedrückt	Haldenwerth Thlr	Von dem Werth der Eisenerz-Förderung im Jahre 1861 kommen auf die Werke des Staats Thlr	der Standesherren und die ehemaligen nicht vom Staate verliehenen Werke Thlr	welche vom Staate verliehen sind Thlr
Frankfurt	4	—	24	5 917	29 735	1 983	—	—	1 983
Magdeburg	3	—	43	20 790	132 734	9 255	—	4 778	4 477
Merseburg	11	1	60	16 730	88 738	3 952	—	1 171	2 781
Erfurt	3	4	26	6 002	45 164	4 521	—	—	4 521
Halle	21	5	152	49 475	296 371	19 711	—	5 949	13 762
Minden	6	—	64	11 358	69 925	4 519	—	—	4 519
Münster	18	—	150	36 455	197 595	8 748	—	—	8 748
Arnsberg	21	6	1 712	541 471	3.711 059	325 889	—	—	325 889
Düsseldorf	16	—	976	301 168	1.002 467	105 263	—	—	105 263
Dortmund	61	6	2 902	890 417	5.081 040	444 419	—	—	444 419
Arnsberg	217	—	1 513	287 006	2.438 395	284 680	170	—	284 510
Düsseldorf rechts des Rheins	4	—	24	729	5 249	729	—	—	729
links "	7	—	86	20 340	101 701	7 458	—	—	7 458
Köln rechts d. Rh.	40	—	587	71 844	498 003	47 712	—	—	47 712
" links "	8	—	104	13 629	89 534	11 277	—	—	11 277
Aachen	38	—	868	171 069	1.210 997	119 304	—	—	119 304
Koblenz rechts des Rheins	427	—	2 972	444 282	3.657 436	363 635	33 664	60 860	269 111
links "	35	—	470	46 431	312 900	31 092	—	—	31 092
Trier	36	—	526	92 080	666 778	83 761	—	—	83 761
Sigmaringen	141	—	301	16 140	100 354	25 252	—	—	25 252
Bonn	948	—	7 151	1.163 556	9.131 498	974 900	33 834	60 860	880 206
Insgesammt ..	1124	17	13 140	2.975 472	19.969 019	1.727 696	68 277	320 903	1.338 516

Nach den Erzsorten scheidet sich die gesammte Production von 1861 in den Oberbergamts-Bezirken:

	Breslau	Halle	Dortmund	Bonn	überhaupt	
Raseneisenerz	187 990	170 870	226 640	101 700	687 200	Ctr.
Brauneisenerz	3.437 248	34 093	940 422	3.033 122	7.445 485	"
Spatheisenstein	—	21 646	1.222 192	3.266 641	4.510 479	"
Thoneisenstein	947 122	3 162	37 542	741 946	1.729 772	"
Kohleneisenstein	40 442	—	3.428 563	—	3.469 005	"
Rotheisenerz	43 731	66 000	6 032	1.886 676	2.002 439	"
Magneteisenerz	1 630	—	—	—	1 630	"
Bohnerz	—	—	19 655	103 354	123 009	"

B. Zinkerze.

In den Jahren	1858	1859	1860	1861
wurden Zinkerzgruben betrieben...	63	63	50	45
darin beschäftigte Arbeiter..........	7 568	7 101	8 160	7 501
Frauen und Kinder derselben	10 444	11 674	13 143	10 874

		1858	1859	1860	1861
Gefördert wurden	Ctr.	4.887 345	5.566 541	6.071 916	6.573 637
in einem Geldwerth von	Thlr.	2.132 836	1.525 125	1.559 823	1.420 749
davon rechts vom Rhein	"	2.052 068	1.456 884	1.438 540	1.327 155
und links " "	"	80 768	68 241	121 283	103 594

Die gesammte Zinkerzförderung gehört Privatgruben an.

(143.) Regierungsbezirke. — Oberbergamts-Bezirke.	Zinkerz-Förderung im Jahre 1861. Betriebene Bergwerke auf Zinkerz	auf andere Erze[1]	Anzahl der Arbeiter	Production. Galmei Ctr.	Blende Ctr.	zusammen Ctr.	Haldenwerth Thlr.
Oppeln	25	—	5 327	5.669 745	—	5.669 745	1.099 777
Breslau	25	—	5 327	5.669 745	—	5.669 745	1.099 777
Arnsberg	1	—	190	225 198	—	225 198	93 833
Düsseldorf	2	—	149	—	4 733	4 733	2 351
Dortmund	3	—	339	225 198	4 733	229 931	96 184
Arnsberg	1	13	3	1 632	104 811	106 443	52 511
Köln rechts d. Rheins ..	12	9	1 428	—	332 987	332 987	[2]) 166 129
Aachen	1	4	286	2 305	117 466	119 771	79 059
Koblenz rechts d. Rheins	1	2	12	—	6 201	6 201	2 554
" links "	2	10	128	—	48 469	48 469	24 535
Bonn	17	38	1 835	3 937	670 024	673 961	324 788
Insgesammt	45	38	7 501	5.898 880	674 757	6.573 637	1.430 749

[1]) nämlich: 1 Eisenerz-Bergwerk im Regierungsbezirk Arnsberg, 1 in Köln, 1 in Aachen, 1 in Koblenz rechts vom Rhein; 12 Bleierz-Bergwerke im Regierungsbezirk Arnsberg, 7 in Köln, 2 in Aachen, 11 in Koblenz; 1 Kupfererz-Bergwerk im Regierungsbezirk Köln und 1 Schwefelkies-Bergwerk in Aachen.

[2]) darunter 1068 Thlr. Werth der Förderung aus einer standesherrlichen Grube.

C. Bleierze.

In den Jahren		1858	1859	1860	1861
waren Bleierzwerke im Betrieb....		156	174	158	146
darin beschäftigte Arbeiter.........		8 060	7 901	8 889	9 635
Frauen und Kinder derselben		12 508	12 291	11 212	14 169
Gefördert wurden	Ctr.	685 090	622 212	894 949	946 419
im Werthe von	Thlr.	1.795 102	2.005 471	2.333 154	2.354 478
Daran nahmen Theil:					
die Staatswerke mit	"	97 142	240 710	335 390	187 114
die Privatwerke rechts vom Rhein....................	"	731 300	759 776	687 127	761 290
die Privatwerke links vom Rhein....................	"	966 680	1.004 985	1.310 637	1.406 074

(144.) Regierungsbezirke. — Oberbergamts-Bezirke.	Bleierz-Förderung im Jahre 1861. Betriebene Bergwerke auf Bleierz	auf andere Erze u. s. w.[1])	Anzahl der Arbeiter	Production. Menge Ctr.	Haldenwerth Thlr.	Von dem Geldwerth der ganzen Bleierz-Förderung kommen auf die Staatswerke Thlr.	vom Staat nicht verliehene Werke Thlr.	die vom Staate verliehenen Privatwerke Thlr.
Liegnitz	—	1	—	701	164	—	—	164
Breslau	3	—	25	—	—	—	—	—
Oppeln	3	—	576	62 997	196 828	186 884	—	9 944
Breslau	6	1	601	63 698	196 992	186 884	—	10 108
Merseburg	1	1	2	522	172	—	172	—
Halle	1	1	2	522	172	—	172	—
Arnsberg	1	3	14	3 291	4 984	—	—	4 984
Düsseldorf	2	2	2	6 081	14 861	—	—	14 861
Dortmund	3	5	16	9 372	19 845	—	—	19 845
Arnsberg	65	1	3 065	197 165	491 610	—	8 704	482 906
Köln rechts d. Rh.	12	13	750	82 391	199 424	—	—	199 424
" links "	1	—	204	22 748	45 496	—	—	45 496
Aachen	12	1	3 624	512 068	1.254 045	—	—	1.254 045
Koblenz rechts d. Rh.	22	1	369	20 534	40 361	230	1 334	38 797
" links "	12	1	392	10 158	26 229	—	—	26 229
Trier	12	—	612	27 743	80 304	—	—	80 304
Bonn	136	17	9 016	872 827	2.137 469	230	10 038	2.127 201
Insgesammt	148	24	9 635	946 419	2.354 478	187 114	10 210	2.157 154

[1]) nämlich: 2 Eisenerz-Bergwerke im Bezirk Arnsberg, 1 in Koblenz rechts vom Rhein, 2 Zinkerz-Bergwerke im Arnsberger Bezirk (zu Dortmund gehörig), 2 in Düsseldorf, 11 in Köln, 1 in Koblenz, 2 Kupfererz-Bergwerke im Kölner Bezirk, 1 Schwefelkies-Grube im Merseburger, 1 Arsenik-Bergwerk im Liegnitzer und 1 Haldenwäscherei im Aachener Bezirk. Im Regierungsbezirk Oppeln wurden 68 228 Ctr nebenbei auf Galmeiwerken innerhalb des reservirten Feldes des fiscalischen Bleierz-Bergwerks Friedrich gefördert.

D. Kupfererze.

Hauptzahlen sind:	1858	1859	1860	1861
betriebene Kupfererz-Gruben	74	59	59	58
Arbeiter darin	4 160	4 272	4 300	4 738
deren Frauen und Kinder	7 254	7 409	7 591	7 922
Die Förderung betrug Ctr	1.333 388	1.427 977	1.666 408	1.898 099
Geldwerth am Ursprungsort Thlr	861 131	830 742	899 730	720 619
und zwar in den Staatswerken "	—	—	183	350
den Privatwerken rechts vom Rhein "	855 679	822 510	890 586	713 662
den Privatwerken links vom Rhein "	5 452	8 232	8 961	6 607

(145.) Regierungsbezirke. — Oberbergamts-Bezirke.	Kupfererz-Förderung im Jahre 1861. Betriebene Bergwerke auf Kupfererz	auf andere Erze u. dgl.[1])	Anzahl der Arbeiter	Production. Menge Ctr	Haldenwerth Thlr	Vom Geldwerth der ganzen Kupfererz-Förderung kommen auf die Staatswerke Thlr	nicht vom Staate verliehene Werke Thlr	die vom Staate verliehenen Privatwerke Thlr
Liegnitz	3	—	57	5 397	1 922	—	—	1 922
Breslau	1	—	31	—	—	—	—	—
Breslau	4	—	88	5 397	1 922	—	—	1 922
Merseburg	12	2	3 529	1.193 159	563 000	—	3 766	559 234
Erfurt	7	2	210	7 630	13 735	—	—	13 735
Halle	19	4	3 739	1.200 789	576 735	—	3 766	572 969
Arnsberg	1	1	—	200	188	14	—	174
Düsseldorf	—	1	—	3 727	17 078	—	—	17 078
Dortmund	1	2	—	3 927	17 266	14	—	17 252
Arnsberg	9	33	323	[2]) 642 687	94 578	—	68	94 510
Düsseldorf	1	—	2	—	—	—	—	—
Köln rechts v. Rh.	6	5	348	5 098	6 175	—	—	6 175
" links "	1	—	15	722	1 122	—	—	1 122
Aachen	—	1	—	59	177	—	—	177
Koblenz rechts v. Rh.	15	27	220	[3]) 36 615	17 336	336	2 023	14 977
" links "	1	5	2	2 556	4 479	—	—	4 479
Trier	1	—	2	211	829	—	—	829
Bonn	34	71	912	687 970	124 696	336	2 091	122 269
Insgesammt	58	77	4 739	1.898 092	720 618	350	5 857	714 412

[1]) nämlich: auf Eisenerz im Regierungsbezirk Merseburg 1, Erfurt 2, Arnsberg (zu Bonn gehörig) 23, Köln 1, Aachen 1, Koblenz rechts des Rheins 22, links 1; auf Zinkerz im Regierungsbezirk Düsseldorf 1, Köln 1, Koblenz links des Rheins 1; auf Bleierz im Regierungsbezirk Arnsberg 11, Köln 3, Koblenz rechts des Rheins 5, links 3; auf Schwefelkies im Regierungsbezirk Merseburg 1. — [2]) und zwar: gewöhnliche (Gang-) Kupfererze 26 410, arme Lagererze (Kieselschiefererze) 602 150, silberhaltige Fahlerze 14 060 Ctr. — [3]) incl. 5 Ctr Fahlerze.

E. Kobalterze.

Die Förderung ist äusserst geringfügig, indem sie sich auf wenige vom Staat verliehene Privatwerke beschränkt, welche überdies nicht fortgesetzt auf Kobalterz zu gehen pflegen. Zu verzeichnen sind in den Jahren

	1858	1859	1860	1861
Gruben	2	3	—	1
Arbeiter	15	5	—	1
Frauen und Kinder derselben	56	10	—	4
Förderung Ctr	20	—	6	10
Werth der geförderten Erze Thlr	1 027	—	23	96

Die eigentliche Kobalterz-Grube »Philippshoffnung« im Regierungsbezirk Arnsberg (zum Oberbergamts-Bezirk Bonn gehörig) gab im letzten Jahr keine Aus-

heute an diesem Erz. Die gesammte Förderung fällt vielmehr auf ein Eisenerz-Bergwerk im Regierungsbezirk Erfurt.

F. Nickelerze.

Besondere Nickelerz-Bergwerke giebt es in Preussen gegenwärtig nicht. Die Anzahl der Gruben (ohne eigene Arbeiter auf Nickelerz) und die Förderung betrug:

1858..........	—	Gruben,	240	Ctr.	von	2 405	Thlr.	Werth,
1859..........	2	"	239	"	"	2 375	"	"
1860..........	—	"	186	"	"	1 765	"	"
1861..........	—	"	233	"	"	2 166	"	" davon im
Oberbergamts-Bez. Halle.			177	"	"	1 773	"	"
" Bonn.			56	"	"	393	"	"

Wir verdanken die Förderung des letzten Jahres 1 Kupfererz-Bergwerk im Regierungsbezirk Merseburg, 1 Eisen- und 1 Bleierz-Bergwerk im Regierungsbezirk Koblenz rechts des Rheins.

G. Arsenikerze.

Im preussischen Staate befanden sich

	1858	1859	1860	1861 überhaupt	1861 Reg.-Bez. Liegnitz	1861 Reg.-Bez. Breslau
Arsenikerz-Bergwerke ...	4	3	3	4	3	1
Arbeiter darin	71	71	79	79	62	17
deren Frauen und Kinder	154	62	95	118	88	30
Gefördert wurden..... Ctr.	20 473	34 670	43 580	39 615	24 697	14 918
im Werthe von....... Thlr.	4 481	7 959	10 201	7 701	5 239	2 462

Sämmtliche Gruben sind vom Staat verliehene Privatbergwerke.

H. Antimonerze.

In der zum Oberbergamts-Bezirk Halle gehörigen Standesherrschaft Stolberg wurde im letzten Jahre 1 Werk mit 2 Arbeitern auf Antimonerz betrieben, ohne solches zu fördern. Die ganze Production trifft vielmehr auf 2 im Oberbergamts-Bezirk Bonn (Regierungsbezirk Arnsberg) betriebene, vom Staat verliehene Privatgruben. Seit 1858 gestalteten sich die einschlägigen Verhältnisse, wie folgt.

	1858	1859	1860	1861
Anzahl der Bergwerke......................	3	2	2	3
Arbeiter..	34	23	13	30
deren Frauen und Kinder..................	38	26	25	42
Förderung.............................. Ctr.	1 032	347	240	448
deren Geldwerth...................... Thlr.	3 700	1 495	1 175	2 237

J. Manganerze.

In den Jahren	1858	1859	1860	1861
wurden Gruben betrieben....................	11	18	19	16
Arbeiter darin.................................	136	228	226	239
deren Frauen und Kinder....................	322	456	381	348
Gefördert wurden.................... Ctr.	32 378	39 738	40 311	38 190
im Werthe von....................... Thlr.	28 800	38 532	35 675	31 414
davon links des Rheins.................. "	27 349	24 264	9 452	10 224

Die Production der sämmtlich vom Staate verliehenen Privatgruben vertheilte sich im letzten Jahre auf die Regierungsbezirke, wie folgt:

Erfurt	aus 1 Werk mit	4 Arb.	— Ctr. Erz im Werth von	— Thlr.
Aachen	„ 4 „ „	20 „	155 „ „ „ „	155 „
Koblenz rechts d. Rh.	„ 6 „ „	127 „	28 930 „ „ „ „	21 190 „
„ links „	„ 2 „ „	48 „	7 978 „ „ „ „	7 317 „
Trier	„ 3 „ „	40 „	1 127 „ „ „ „	2 752 „

III. Die Gewinnung von Kochsalz und anderen Salzen und Erden.

Unter Auslassung aller Mineralien, deren Gewinnung weder bergmännisch betrieben wird, noch unter Aufsicht der Bergbehörden steht, finden hier nur solche eine besondere Beachtung, welche ein bergbauliches Interesse haben. Es werden also die Thongruben der Ziegeleien u. s. w. übergangen.

A. Steinsalz.

Es bestehen drei Staatsbergwerke auf Steinsalz: zu Stassfurt im Regierungsbezirk Magdeburg, zu Erfurt und zu Stetten in Hohenzollern.

In Stassfurt arbeiteten im Jahre 1861 246 Arbeiter, welche 867 708 Ctr. Steinsalz (748 990 Fördersteinsalz, 71 485 Krystallsalz und 47 233 Kali- oder Abraumsalz) förderten; 261 881 Ctr. im Werthe von je $\frac{1}{15}$ Thlr. gingen zur Umsiedung an die Saline Schönebeck über, und zum Debit als Steinsalz blieben 605 827 Ctr. im Werth von 118 890 Thlr.

In Erfurt wurden die 76 Arbeiter zum Schachtabteufen verwendet, die Förderung also noch nicht begonnen.

Das Bergwerk Stetten producirte mit 35 Arbeitern 16 716 Ctr., wovon 13 328 Ctr. im Werth von 1 142 Thlr. zur Umsiedung abgegeben wurden; zum Debit als Steinsalz gelangten 3 388 Ctr. im Werth von 659 Thlr., darunter 896 Ctr. behufs Production von 9 620 Kübel Hallerde (Düngegips) im Werthe von 733 Thlr.

Vergleicht man die Förderung der letzten Jahre, so findet man eine erhebliche Zunahme derselben:

	1858	1859	1860	1861
Werke	2	3	3	3
Arbeiter	262	242	278	357
deren Frauen und Kinder	347	564	612	633
Förderung überhaupt Ctr.	527 004	429 416	696 070	882 625
für den Debit bestimmte Förderung „	150 421	343 854	518 291	609 215
rechnungsmässiger Werth der Förderung Thlr.	120 547	56 232	113 646	119 549
davon in Stassfurt „	119 707	55 513	111 422	118 890

Ueber den Verbrauch der verschiedenen Steinsalzsorten giebt Tabelle 146 Auskunft.

(146.) Salzsorten.	Absatz von Steinsalz in den Jahren							
	1858.	1859.	1860.	1861.	Selbstkosten pro Ctr		Verkaufspreis durchschn. pro Ctr	
	Ctr	Ctr	Ctr	Ctr	Sgr	Pf	Sgr	Pf
Stassfurt.								
Fördersteinsalz an die Salinen	381 074	67 899	164 819	261 881	2	8,88	3	—
" " sonst	14 010	61 166	62 301	74 962	.	.	3	3,92
Fabrik- und Heringssalz	95 567	162 109	306 884	224 034	3	7,08	5	1,30
Krystallsalz in Stücken	—	19 406	25	302	3	7,84	5	8,03
" gemahlen	19 540		10 390	71 034	4	5,92	0	0,46
Viehsalz	403	95 962	60 224	138 182[1])	3	8,27	0	3,16
" -Lecksteine	—	—	32 344	22 813[2])	.	.	[3]) .	.
Gewerbesalz	—	—	254	3 581	3	10,74	5	7,43
Düngesalz aus Steinsalz	—	—	—	4 781	3	8,69	5	5,66
Kalisalz in Stücken	—	430	5 584	14 649	3	10,44	6	8,66
" gemahlen	—			31 219	4	8,78	7	11,36
Von der Jahres-Förderung blieben vorräthig	2 045	1 869	35 673	20 264	.	.		
Gesammte Förderung	512 629	408 901	678 518	867 708	.	.		
Stetten.								
Aufgelöst und zu Siedesohle verwendet	9 813	20 515	15 097	13 328	—	11,66		
Rein geschieden und gemahlen	3 845		3 363	2 492				
Zur Hallerde-Fabrikation benutzt	—		959	896				
Verbliebener Bestand	1 217	2 600	2 472	673				
zusammen[4])	14 375	23 115	21 891	17 389	.	.		

[1]) bis 4 Sgr 7,86 Pf — [2]) 1 Thlr 5 Sgr 6,21 Pf bis 1 Thlr 8 Sgr 6,78 Pf für die Tonne. — [3]) 1 Thlr 28 Sgr 5,77 Pf für die Tonne. — [4]) incl. des Bestandes aus dem Vorjahr.

B. Siedesalz.

Dem Staate gehören 8 Salinen: zu Schönebeck, Halle, Dürrenberg, Artern, Neusalzwerk, Königsborn (Dortmunder Oberbergamt), Münster am Stein (links des Rheins) und zu Stetten in Hohenzollern. An der Saline Höppe (Bonner Oberbergamt) besitzt der Staat $\frac{4}{5}$ und an Westernkotten $\frac{1}{16}$; beide Antheile sind verpachtet. Ausserdem bestehen noch 8 Privatsalinen: zu Greifswald (der Familie Waitz von Eschen gehörig), die pfännerschaftliche zu Halle a. S., zu Salzkotten, Gottesgabe zu Rheine a. d. Ems, zu Sassendorf (Dortmunder Oberbergamt), zu Werl und zu Neuwerk (Bonner Oberbergamt), die dem Grossherzoge von Hessen gehörige Saline Karls- und Theodorshall bei Kreuznach. Die früheren Privatsalinen zu Teuditz und Kötschau wurden 1860 behufs Einstellung des Betriebs und Auflösung derselben vom Staate angekauft; ebenso sind die früheren Staatssalinen zu Kösen und Stassfurt im Jahre 1859 eingestellt worden, diejenige zu Kolberg schon zu Ende 1858.

Laut den amtlichen Uebersichten fand der Salinenbetrieb während der letzten Jahre in folgender Weise statt:

	1858	1859	1860	1861
Salinen	23	22	18	18
beschäftigte Arbeiter	1 805	1 510	1 316	1 330
deren Frauen und Kinder	4 730	4 081	3 902	3 989
Production: weisses Kochsalz .. Ctr	2.493 408	2.011 611	1.928 450	2.209 568
schwarzes und gelbes Salz .. "	3 148	2 800	2 016	

	1858	1859	1860	1861
Geldwerth der Production ..... Thlr	1.593 038	1.337 868	1.265 779	1.452 317
Aus weissem Salz bereitetes Vieh- und Gewerbesalz ...... Ctr	187 490	174 361	197 945	194 200
Gesammte Production incl. Steinsalz ...... "	3.013 081	2.410 064	2.628 072	2.878 783
Werth der gesammten Salzproduction ...... Thlr	1.713 685	1.394 100	1.379 425	1.571 866

Von der Production weissen Kochsalzes fallen auf die Salinen

	1858	1859	1860	1861
des Staates mit Gradirung...... Ctr	1.562 118	1.243 844	1.256 894	1.562 372
" ohne " ...... "	644 791	311 613	246 056	289 825
der Privaten mit " ...... "	302 870	360 213	338 445	333 042
" ohne " ...... "	83 689	85 841	87 065	84 329

Ueber den Betrieb der einzelnen Salinen während des Jahres 1861 giebt nachstehende Tabelle einige Auskunft.

(147.)

Regierungsbezirke.	Salinen.	Dornwandfläche der Gradirung. Q.-F.	Arbeiter.	Salinenbetrieb im Jahre 1861. Verwaltene Siedesoole: Kubikfuss.	Verwaltene Siedesoole: Salzgehalt pro K.-F. ℔	Selbstkosten pro Ctr Siedesalz excl. Meliorationen, Verzinsung und Amortisation: Sgr	Pf	Production von Siedesalz: Ctr	Werth Thlr
I. Staatssalinen.									
Magdeburg .	Schönebeck .	250 000	340	6.761 285	16,248	7	2,6	982 790	531 780
Merseburg ..	Halle	—	69	820 000	13,116	9	7,0	99 000	56 810
	Dürrenberg .	¹)165 300	242	2.862 400	12,62	8	0,06	⁴) 337 436	258 070
	Artern	—	91	1.079 000	18,446	6	10,1	⁵) 179 665	103 307
Minden	Neusalzwerk	60 428	70	²) 860 000	9,325	.	.	75 500	43 217
Arnsberg ...	Königsborn .	308 245	141	²) 1.161 219	²) 14,174	.	.	157 500	90 546
Koblenz.....	Münster a. St.	77 679	17	88 869	11,665	.	.	9 140	5 267
Sigmaringen.	Stetten	—	9	78 228	14,63	7	1,03	11 160	6 483
	zusammen	861 653	990	13.729 000	³) 14,666	³) 7	3,5	1.852 197	1.095 473
II. Privatsalinen.									
Stralsund ...	Greifswald ..	38 000	12	nicht angegeben				12 536	10 680
Merseburg ..	Halle	—	66					84 329	94 186
Minden	Salzkotten ..	47 528	20					38 164	33 288
Münster	Gottesgabe .	21 000	22					13 845	14 860
Arnsberg ...	Sassendorf ..	70 286	53					62 385	45 239
	Westernkotten	64 780	22					39 941	31 519
	Werl	44 610							
	Neuwerk ...	46 566	97					142 924	99 526
	Höppe	10 115							
Koblenz.....	Kreuznach ..	191 470	45					25 247	27 648
	zusammen	534 347	340					417 371	356 844
Insgesammt		1.396 000	1.330	.	.	.	.	2.269 568	1.452 317
Davon im Oberbergamts-Bezirk Halle		453 300	825	.	.	.	.	⁶)1.695 762	1.054 726
Dortmund		507 486	319	.	.	.	.	345 394	227 148
Bonn		435 224	186	.	.	.	.	228 412	170 443

1) ausserdem 67 340 Q.-F. Fläche der Dachgradirung. — 2) statt der mangelnden Angaben von 1861 die ähnlichen von 1860. — 3) aus den bekannten Einzelwerthen berechnet. — 4) darunter jedoch 18 420 Ctr von der Hasenclever'schen Fabrik chemischer Producte zum Debit übernommen. — 5) desgl. 1 600 Ctr Siedesalz aus der chemischen Fabrik von Kugelke & Krause. — 6) ausserdem an Nebenproducten: Schönebeck 8 167 Ctr Kristalsalz und Salzschlamm, 72 764 Pfannenstein; Halle [illegible] 276 Ctr Kalisalze, 785 Almosalzfabrikate zu 47½ Sgr Selbstkosten pro Ctr; Dürrenberg 5 779 Ctr Kristalsalz und Salzschlamm, 9 242 Pfannenstein; Artern 10 642 Ctr Pfannenstein.

C. Vitriol.

Die Erzgewinnung erfolgte während der letzten Jahre unter folgenden Verhältnissen:

		1858	1859	1860	1861
Gruben auf Vitriolerz		7	12	15	19
Arbeiter darin		201	230	523	560
deren Frauen und Kinder		290	302	625	867
Förderung laut den Bergbautabellen	Ctr	242 698	287 318	458 982	525 035
deren Haldenwerth	Thlr	41 085	42 371	68 653	84 724
davon in Staatswerken	"	—	230	163	92
" nicht vom Staat verlieh. Werken	"	—	666	7 914	6 966

(148.) Regierungsbezirke. — Oberbergamts-Bezirke.	Vitriolerz-Förderung 1861. Betriebene Bergwerke auf Schwefelkies	auf andere Erze u. dgl.	Anzahl der Arbeiter.	Production. Menge. Ctr	Haldenwerth. Thlr	Vom Geldwerth der Production fällt auf Staatswerke Thlr	nicht vom Staate verliehene Werke Thlr	vom Staate verliehene Privatwerke Thlr
Liegnitz	2	1	44	55 342	2 614	—	215	2 399
Oppeln	1	—	21	30 701	1 023	—	—	1 023
Breslau	3	1	65	86 043	3 637	—	215	3 422
Stettin	1	—	15	2 045	1 363	—	—	1 363
Magdeburg	—	1	—	1 106	92	92	—	—
Merseburg	2	1	136	31 360	7 161	—	6 751	410
Halle	3	2	151	34 511	8 616	92	6 751	1 773
Minden	1	—	62	30 312	2 526	—	—	2 526
Arnsberg	1	—	11	23 208	4 642	—	—	4 642
Düsseldorf	2	1	44	18 471	4 417	—	—	4 417
Dortmund	4	1	117	71 991	11 585	—	—	11 585
Arnsberg	7	8	164	299 473	52 387	—	—	52 387
Köln rechts d. Rheins	—	1	—	505	83	—	—	83
Aachen	1	2	61	31 835	8 276	—	—	8 276
Koblenz rechts d. Rh.	1	2	2	258	42	—	—	42
" links "	—	1	—	394	98	—	—	98
Bonn	9	14	227	332 458	60 886	—	—	60 886
Insgesammt	19	[1]) 18	560	[2]) 525 035	84 724	92	6 966	77 666

[1]) nämlich: 1 Braunkohlen-Bergwerk im Regierungsbezirk Magdeburg; 1 Bergwerk auf Eisenerz im Regierungsbezirk Merseburg, 5 in Arnsberg, 1 in Koblenz rechts des Rheins; 1 Zinkerz-Bergwerk im Regierungsbezirk Düsseldorf, 2 in Aachen; 3 Bleierz-Bergwerke im Regierungsbezirk Arnsberg, 2 in Koblenz; 1 Kupfererz-Bergwerk im Regierungsbezirk Liegnitz, 1 in Köln. [2]) darunter: Schwefelkies 470 599, schwefelkieshaltige Braunkohle (im Regierungsbezirk Liegnitz) 19 350, schwefelkieshaltiger Torf (Regierungsbezirke Oppeln und Merseburg) 35 086 Ctr

Die Vitriolerze bestanden laut den Detailmittheilungen

		1858	1859	1860	1861
aus Schwefelkies	Ctr	218 082	299 108	453 982	470 599
" schwefelkieshalt. Braunkohle	"	—	—	—	19 350
" " Torf	"	44 729	7 128	5 000	35 086

Von den Erzeugnissen der chemischen Fabriken abgesehen, stellten die 4 vorhandenen Vitriolhütten im Verein mit einigen Alaunwerken und Kupferhütten im Jahre 1861 an **Hüttenproducten** 45 875 Ctr. Vitriol und 2 207 Ctr. Schwefel her. Der Hüttenbetrieb in den letzten Jahren hatte folgende Ausdehnung:

		1858	1859	1860	1861
Vitriol- und Schwefelhütten		9	5	8	4
Arbeiter		241	272	304	269
deren Frauen und Kinder		746	651	750	694
Hüttenproducte: Kupfervitriol	Ctr.	4 735	5 819	8 912	1 522
Eisenvitriol	"	44 576	46 419	57 145	42 191
gemischter Vitriol	"	6 826	1 180	1 675	1 970
Nickelvitriol	"	—	—	210	192
Schwefel	"	10 592	4 814	4 645	2 207
Geldwerth der Production	Thlr.	140 061	136 551	151 502	84 207

Der Staat hat an dieser Production keinen Antheil.

(149.) Vitriol- und Schwefelgewinnung im Jahre 1861.

Regierungs-bezirke. — Oberbergamts-Bezirke.	Werke für Kupfer-vitriol	Werke für Eisenvitriol	Werke für andere Hütten-producte	Anzahl der Arbeiter	Menge der Production: Kupfer-vitriol Ctr.	Eisen-vitriol Ctr.	gemischter Vitriol Ctr.	Nickel-vitriol Ctr.	Schwefel Ctr.	Werth der Production Thlr.
Liegnitz	—	1	¹) 1	45	—	10 659	—	—	207	14 529
Breslau	—	1	1	45	—	10 659	—	—	207	14 529
Berlin	2	—	—	170	1 140	8 230	1 970	—	—	34 485
Potsdam	—	—	¹) 2	4	—	3 300	—	—	—	4 900
Merseburg	—	—	²) 1	—	382	—	—	192	—	5 958
Halle	2	—	3	174	1 522	11 530	1 970	192	—	45 343
Düsseldorf	—	1	—	50	—	2 000	—	—	2 000	10 000
Dortmund	—	1	—	50	—	2 000	—	—	2 000	10 000
Arnsberg	—	—	²) 1	—	—	9 502	—	—	—	6 335
Köln rechts d. Rh.	—	—	¹) 1	—	—	6 000	—	—	—	6 000
Koblenz " " "	—	—	¹) 1	—	—	2 500	—	—	—	2 000
Bonn	—	—	3	—	—	18 002	—	—	—	14 335
Insgesammt	2	2	7	269	1 522	42 191	1 970	192	2 207	³) 84 207

¹) 5 Alaunwerke. — ²) 2 Garkupfer-Hütten. — ³) nämlich: Kupfervitriol 16 672, Eisenvitriol 48 384, gemischter Vitriol 9 600, Nickelvitriol 1 826, Schwefel 7 725 Thlr. Werth an der Hütte.

D. Alaun.

Der **Bergbau** auf Alaunerz wird in solchen Werken betrieben, welche Braunkohlen fördern; die schwefelkieshaltigen darunter werden dann zur Alaungewinnung ausgehalten. Im Jahre 1861 vertheilte sich die Förderung auf nachstehende Regierungsbezirke:

Liegnitz	1 Grube	mit 24 Arbeitern	förderte	64 884 Ctr.	von 1 449 Thlr.	Werth,
Merseburg	2 "	" 77 "	"	185 545 "	" 7 207 "	"
Köln rechts d. Rh.	1 Braunkohlenwerk		"	16 275 "	" 75 "	"
" links " "	1 "		"	159 627 "	" 7 095 "	"

Sämmtliche Werke sind vom Staate verliehene Privatgruben, das im Regierungsbezirke Liegnitz belegene ausgenommen, welches zugleich Vitriolerze producirt. Während der letzten Jahre gestaltete sich die Erzförderung, wie folgt:

	1858	1859	1860	1861
Alaunerz-Gruben	3	4	3	3
Arbeiter darin	73	144	105	101
deren Frauen und Kinder	152	277	171	120
Förderung Ctr.	423 634	303 193	504 524	426 831
deren Werth Thlr.	12 512	13 393	17 554	15 819
darunter in den Werken rechts vom Rhein „	9 588	10 176	12 085	8 724
„ „ „ „ links „ „ „	2 924	3 217	5 469	7 095

Der Hüttenbetrieb hatte in denselben Jahren nachstehende Ausdehnung:

	1858	1859	1860	1861
Alaunhütten	10	10	10	8
Arbeiter darin	256	313	285	285
deren Frauen und Kinder	729	897	785	865
Alaunproduction Ctr.	60 414	74 806	67 514	60 975
deren Werth Thlr.	215 895	249 830	228 404	206 521

Der Antheil der einzelnen Regierungsbezirke an diesem Betriebe war 1861:

Liegnitz	1 Hütte mit	14 Arbeitern producirte	3265 Ctr.	Alaun zu	13060 Thlr. Werth
Potsdam	2 „ „	89 „ „	12500 „	„ „	46000 „ „
Magdeburg	1 „ „	21 „ „	4380 „	„ „	15330 „ „
Köln r. d. Rh.	2 „ „	56 „ „	25630 „	„ „	86548 „ „
„ l. „ „	1 „ „	75 „ „	11500 „	„ „	34500 „ „
Koblenz r. „ „	1 „ „	80 „ „	3500 „	„ „	11083 „ „

E. Flussspath.

Der Grubenbetrieb stellte sich, wie folgt, in den Jahren

	1858	1859	1860	1861
Werke	9	7	7	5
Arbeiter darin	48	52	48	42
deren Frauen und Kinder	108	128	115	106
Förderung Ctr.	42 210	64 795	45 286	71 907
deren Werth Thlr.	9 165	13 862	9 413	9 543

Der Staat besitzt keine Flussspathgruben; die im Regierungsbezirk Merseburg belegenen sind standesherrlich, alle übrigen vom Staate verliehen. Im Jahre 1861 wurden gefördert:

Reg.-Bez. Liegnitz	aus 1 Grube ohne eigne Arbeiter	172 Ctr.	von 43 Thlr.	Werth
„ „ Breslau	„ 1 „ mit 3 „	1 342 „	„ 335 „	„
„ „ Merseburg	„ 3 „ „ 39 „ / 2 Eisenerz- u. 1 Schwefelkiesgrube	69 331 „	„ 8 882 „	„
„ „ Erfurt	„ 1 Eisenerz-Bergwerk	1062 „	„ 283 „	„

F. Graphit.

Auf der vom Staate verliehenen Graphitgrube Glückauf bei Sackrau im Regierungsbezirk Breslau wurden im Jahre 1861 durch Verwaschen und Walzen alter Vorräthe 269 Ctr. Graphit von 63 Thlr. Werth mit 2 Arbeitern, welche 1 Familienglied zu ernähren haben, gewonnen, das Werk aber am Ende des Jahres in Fristen gelegt. In den Vorjahren förderte die Grube:

1858	mit 1 Arbeiter, der 2 Familienglieder ernährte,	560 Ctr.	von 237 Thlr.	Werth
1859	„ 1 „ „ 3 „ „	994 „	„ 465 „	„
1860	„ 2 „ „ 4 „ „	190 „	„ 93 „	„

G. Andere Mineralien.

1. Dachschiefer.

Mit Ausnahme von 18 Werken im Regierungsbezirk Arnsberg (Geltungskreis der kurkölnischen Bergordnung), deren 149 Arbeiter im Jahre 1861 zusammen

3 209 Fuder, 2 793 Reis und 48 484 Quadratfuss Dachschiefer im Geldwerth von 14 948 Thlr. förderten, sind alle Schiefergruben vom Staate nicht verliehene Privatbesitzungen. Betrieb und Production gestalteten sich:

	1858	1859	1860	1861
Werke	186	182	205	208
Arbeiter darin	1 186	1 079	1 079	1 163
deren Frauen und Kinder	2 970	3 064	2 829	2 847
Werth der Förderung Thlr.	119 844	108 967	116 249	120 895
darunter rechts vom Rhein "	38 578	33 794	27 406	27 387
" links " " "	81 266	75 173	88 848	93 508
Die Förderung bestand in: Schock	1 979	1 710	1 472	736
Klafter	—	38	32	—
Centner	15 200	12 000	6 000	3 000
Fuder	3 956	3 003	3 381	3 209
Reis von 240—310 Stück	52 089	49 185	54 831	58 943
Platten, Lattenschiefer und Belegsteine: Q.-F.	22 758	8 771	51 833	56 839

Am Betriebe der Schiefergruben während des Jahres 1861 hatten die verschiedenen Regierungsbezirke folgenden Antheil:

	Werke	Arbeiter	Förderung			Thlr. Werth
Liegnitz	2	9	736 Schock	— Reis u.	— Q.-F.	487
Erfurt	1	8	3 000 Ctr.	— "	— "	1 000
Arnsberg (Bonner Bez.)	25	214	3 209 Fuder,	9 266 "	48 484 "	24 495
Aachen	8	56	— "	6 850 "	— "	8 459
Koblenz rechts d. Rh.	4	46	— "	706 "	— "	1 405
" links "	93	598	— "	31 982 "	6 920 "	60 926
Trier	70	252	— "	11 639 "	935 "	24 123

2. Gips.

Nur wenige Gipsgruben stehen unter Aufsicht der Bergbehörden. Im Regierungsbezirk Arnsberg (Revier Stadtberge, Bonner Oberbergamts-Bezirk) lieferten

1858	3 Gruben	mit 7 Mann Belegschaft	2 129 Tonnen	zu 425 Thlr. Werth,
1859	3 "	" 7 " "	2 602 "	" 560 " "
1860	4 "	" 7 " "	2 185 "	" 437 " "
1861	4 "	" 9 " "	2 974 "	" 596 " "

Im Regierungsbezirk Trier (Revier Trier) förderte 1861 eine Grube mittels 4 Arbeiter 2 400 Tonnen (zu 6 Sgr.) im Werth von 480 Thlr.

3. Kalkstein und Marmor.

Die Arbeiter in den fiscalischen Steinbrüchen zu Rüdersdorf im Regierungsbezirk Potsdam (der Heinitz-, Reden-, Alvensleben- und Krienbruch) förderten

in den Jahren		1858	1859	1860	1861
rohe Werkstücke	Kubikfuss	3 706	3 359	3 482	1 955
extra Bausteine	Klafter	1 154	1 171	359	281
gewöhnliche Bausteine	"	16 684	18 212	18 378	24 150
Brennsteine	"	39 275	43 486	48 232	47 606
Kothen	"	10 674	11 411	12 722	12 621
Zwittersteine	"	2 602	3 559	3 661	4 067
blaue Kalksteine	"	15	—	—	—
Cementsteine	"	13	15	37	110
Kalksteine überhaupt	Klafter	70 479	77 910	83 467	88 858
auf jeden Arbeiter durchschnittlich	"	113,49	122,14	125,37	133,02

60 Kubikfuss Werkstücke sind gleich 1 Klafter aufgesetzter Steine gerechnet.

Die Brecher- und Förderkosten berechneten sich im Durchschnitt pro Klafter

		1858	1859	1860	1861
auf	Sgr.	29,66	29,10	28,58	28,89
der Gesammtwerth der Production nach den Verkaufspreisen auf	Thlr.	272 741	296 847	313 488	326 166
Beschäftigt waren: Unterbeamte		10	10	10	10
Arbeiter		621	568	656	654

Im Regierungsbezirk Arnsberg wird Marmor bergmännisch abgebaut, welcher in den zum Oberbergamts-Bezirk Bonn gehörigen drei Revieren Olpe, Arnsberg und Stadtberge vorkommt. Beliehen waren in den Jahren

	1858	1859	1860	1861
Marmorgruben	.	.	33	37
davon im Betriebe	4	.	3	6
Arbeiter derselben	15	.	4	20
Förderung ... Kubikfuss	.	468	368	339
deren Werth ... Thlr.	.	.	428	334

Ausserdem gehört zum Ressort der Bergbehörden nur noch die Kalkstein-Gewinnung im Revier St. Wendel der Regierungsbezirke Koblenz und Trier.

In den Jahren	1858	1859	1860	1861
wurden im Reg.-Bez. Trier gefördert: Tonnen	32 401	20 257	23 269	25 186
zum mittleren Werth pro Tonne von ... Sgr.	22,2	20,2	20,4	21,0
und im Gesammtwerth von ... Thlr.	23 940	13 808	15 813	17 382

Die Zahl der unterirdischen Brüche betrug im letzten Jahre 20; 102 Arbeiter förderten daraus 2 050 Schachtruthen rohen Kalkstein, welcher in 50 Kalköfen zu der obengenannten Production verarbeitet wurde. Ausserdem lieferte 1 Grube im Regierungsbezirk Koblenz durch 4 Arbeiter 450 Tonnen Kalkstein im Werth von 875 Thlr.

4. Bau-, Werk- und Mühlsteine.

Nur im Bereich der kurkölnischen und der französischen Bergordnung steht die Gewinnung solcher Steine unter Aufsicht der Bergbehörden. Im Regierungsbezirk Arnsberg sind zwar 6 Mühlsteingruben verliehen, jedoch keine im Betrieb.

Die Standesherrschaft Wied im Regierungsbezirk Koblenz rechts des Rheins besitzt 2 Steinbrüche, aus welchen im Jahre 1861 9 Arbeiter 704 Hohofengestell-Steine im Werth von 656 Thlr. förderten. — Links des Rheins, im Kreise Mayen, kommt zunächst ein meistens unterirdischer Bau auf Augitlava in Betracht, welcher Mühl- und Hausteine liefert. In den Jahren

	1858	1859	1860	1861
wurden Gruben betrieben	126	140	133	116
Arbeiter darin (1858 ohne, 1859 mit Steinhauern, seitdem nicht getrennt)	490	1 033	959	953
Mühlsteine wurden geliefert ... Stück	1 957	1 708	2 065	1 788
im Werthe von ... Thlr.	24 000	.	25 750	17 532
Haussteinarbeiten ... Kubikfuss	181 720	157 350	.	52 879
im Werthe (theilweis mit, theilweis ohne die behauenen Steine) von ... Thlr.	70 251	49 080	63 462	52 879

Die Kreise Mayen und Adenau haben ausserdem Backofen- oder Tuffsteinbrüche, sämmtlich offene Tagebaue, welche im letzten Jahr 11 216 laufende Fuss Gesimse, Krippen, Röhren, Mauerdeckel und Fensterbänke im Werth von 2 696 Thlr., 77 271 Kubikfuss Quader- und Mauersteine zu 4 193 Thlr. Werth und 30 233 Stück Platten, Gewölbsteine, Kesselmäntel und Feuerheerde zu 2 739 Thlr. lieferten. Während der Jahre

	1858	1859	1860	1861
waren Brüche in Betrieb	108	99	105	104
Arbeiter derselben	226	237	220	269
Production: laufende Fuss	21 997	7 492	9 495	11 216
Kubikfuss	51 724	42 530	52 428	77 271
Stück	37 490	19 439	52 218	30 233
Gesammtwerth ... Thlr.	6 634	5 705	7 692	9 628

Im Regierungsbezirk Trier besitzt der Kreis Daun 4 Brüche von Augitlava in offenem Tagebau, welche 1861 mit 11 Arbeitern 35 Mühlsteine im Werthe von 464 Thlr. lieferten.

Die Sandsteingewinnung im Tertiärgebirge an der Worm bei Nievelstein (Regierungsbezirk Aachen) geschieht jetzt ausschliesslich durch offenen Tagebau und steht nicht mehr unter Aufsicht der Bergbehörden. Die unterirdischen Steinbrüche im Furtherwalde sind ausser Betrieb.

5. Trass und Trasssteine.

Aus der Schlammlava der früheren Vulcane im Regierungsbezirk Koblenz wird eine Menge zu Wasser- u. a. Bauten sehr geeigneten Trasses gewonnen, dessen Hauptfundort in der Gegend bei Plaidt durch einen langen Wasserlösungsstolln grösstentheils von unterirdischen Wassern befreit ist. Im Jahre 1861 wurden 73 Brüche innerhalb des Kreises Mayen und 2 in dem zum Revier Koblenz I. gehörigen Theile des Kreises Koblenz betrieben, welche mit 271 resp. 21 Mann belegt waren und 215 478 resp. 61 460 Tonnen (zu 4 Ctr.) Trass lieferten. Die Betriebsverhältnisse während der letzten Jahre gestalteten sich, wie folgt:

	1858	1859	1860	1861
betriebene Duckstein-Brüche	63	60	69	75
beschäftigte Arbeiter	275	350	349	292
Production: Duckstein zu 15 Sgr. Werth: To.	140 860	159 920	385 077	209 422
s. g. Mergel „ 10 „ „ „	50 772	68 561	95 507	63 781
feiner (gesiebter) Trass „ 2½ „ „ Ctr.	35 122	22 285	29 519	14 940
davon im Kreise Koblenz Tonnen	16 327	7 663	50 715	61 460
Gesammtwerth der Production Thlr.	82 392	101 344	201 634	127 216

Ferner wird bei Rhens im Bergrevier Koblenz II. seit 1859 Trass gebrochen, der sich zur Darstellung künstlicher Mauersteine von Bimssteinsand eignet. 1860 lieferte der Bruch mit einer Belegschaft von 6 Mann 6 080 Tonnen im Werth von 2 027 Thlr.; 1861 wurde er nur eine Zeitlang betrieben.

6. Thon.

Bei Vallendar im Kreise Koblenz rechts des Rheins (Bergrevier Hamm) wurden 1858 von 54 Mann 2 283 650 Schollen Thon im Werth von 16 950 Thlr. gegraben; 1859 sank die Production auf 15 800 Thlr. Werth, und 1860 ging die Aufsicht über die dortigen Gruben aus den Händen der Bergbaubehörden in die der Ortspolizei über.

Auf der linken Rheinseite wurde da, wo die Thongewinnung noch als Sache des Bergbaues angesehen wird, dieselbe während der letzten Jahre in folgender Ausdehnung betrieben:

	1858	1859	1860	1861
Gruben	27	.	.	106
beschäftigte Arbeiter	98	47	107	119
Werth der Production Thlr.	22 419	6 485	13 264	19 952
davon im Kreise Gladbach „	200	—	120	10
„ Regierungsbezirk Köln „	11 208	3 207	4 447	4 481
„ „ Koblenz „	11 011	3 278	8 697	15 461

Im letzten Jahre lieferten 4 Gruben im Kreise Bonn 1 500 Tonnen Thon zu feuerfesten Steinen im Werthe von 1 527 Thlr., 6 Gruben in den Kreisen Köln und Rheinbach 15 875 Tonnen Thon für Töpferwaaren zu 2 460 Thlr. und 3 Gruben im Kreise Bergheim 16 894 Tonnen Dachziegelthon zu 494 Thlr. Werth; diese 13 Gruben des Bergreviers Brühl waren mit zusammen 69 Mann belegt. — Auf die Kreise Koblenz und Mayen im Revier Koblenz I. fallen von der Production des letzten Jahres 220 875 Ctr. Thon (zu je 10 Schollen), welche von 49 Arbeitern in 92 Gruben [Antheilen?] gefördert sind.

7. Sand.

Im Bergrevier Aachen befinden sich mehrere Sandgruben unter Aufsicht der Bergbaubehörden, 1 unterirdische im Kreise Gladbach bei Liedberg und 6 in Tagebau arbeitende bei Herzogenrath und im Kreise Erkelenz. Erstere förderte im Jahre 1861 mit 36 Arbeitern 37 500 Ctr. (oder 34 100 Kubikfuss) im Werth von 2 500 Thlr., welche als Streusand in einer weiten Umgebung dienen. Letztere, mit 92 Mann belegt, lieferten 124 541 Ctr. (113 210 K.-F.) weissen und zum Glashüttenbetriebe sehr geeigneten Sand, ausserdem die Steinbrüche bei Merkstein 40 000 K.-F. Sandstein von 25 333 Thlr. Werth. Seit 1860 ist auch im Kreise Bergheim, Brühler

Reviers, eine Sandgrube in Betrieb, aus welcher mit 2 Mann 1 080 K.-F. Sand von 72 Thlr. Werth gefördert sind. Die Ausdehnung dieser sämmtlichen Grubenarbeiten während der letzten Jahre (von 1860 ab incl. der Steinbrüche) ist in folgenden Zahlen auszudrücken:

	1858	1859	1860	1861
Gruben	3	2	6	8
Arbeiter	23	19	87	130
Production ... Kubikfuss	109 400	136 400	247 000	191 800
Werth derselben ... Thlr.	7 137	9 650	69 762	35 873

IV. Der Bergbau auf Steinkohlen und Braunkohlen.

Zur Statistik des Bergbaues auf brennbare Fossilien gehört unzweifelhaft auch die Darstellung der Torf- und der Bernsteingewinnung; bei dem Mangel an ausgiebigen Nachrichten darüber müssen jedoch beide diesmal übergangen werden.

A. Steinkohlen.

Bergbau auf Steinkohlen wurde in den Jahren

	1858	1859	1860	1861
betrieben in Steinkohlen-Gruben	495	476	465	448
Arbeiter darin	69 352	65 029	64 682	68 229
deren Frauen und Kinder	112 069	113 925	114 872	122 141
Förderung ... Tonnen	52.086 479	48.604 182	53.283 626	58.896 261
reducirt auf Ctr.	206.321 014	193.126 809	202.477 779	235.189 996
Werth der Förderung ... Thlr.	25.549 563	21.772 871	21.298 332	21.808 326
davon in Staatswerken ... „	6.974 810	5.855 130	6.208 953	6.629 482
in Privatwerken rechts vom Rhein „	16.167 058	13.986 278	13.163 586	13.176 306
„ links „ „	2.407 695	1.931 463	1.925 793	2.002 538

Es lassen sich 9 Kohlenbecken unterscheiden: das oberschlesische im Regierungsbezirk Oppeln, das Waldenburger in den Bezirken Breslau und Liegnitz, das Wettiner und das Löbejüner im Bezirk Merseburg, das Mindener im Bezirk Minden, das Ibbenbürener im Bezirk Münster, das Ruhrbecken in den Regierungsbezirken Arnsberg und Düsseldorf, das Aachener in den Bezirken Aachen und Düsseldorf, das Saarbrückener in den Bezirken Trier und Koblenz. Nachstehende Tabelle veranschaulicht die grössere oder geringere Wichtigkeit der einzelnen Becken für die Steinkohlen-Gewinnung.

(150.) Steinkohlen-Bergbau im Jahre 1861.

Kohlenbecken	Betriebene Bergwerke des Staates.	Betriebene Bergwerke der Privaten.	Arbeiter.	Förderung Tonnen	Förderung auf Ctr. reducirt.	Förderung Werth auf der Halde Thlr.
Oberschlesiens	3	82	13 812	14.592 598	50.758 778	3.062 377
von Waldenburg	—	41	4 388	3.887 317	15.549 268	1.457 455
„ Wettin	1	—	171	50 700	213 318	40 939
„ Löbejün	1	1	258	200 958	924 407	128 375
„ Minden	—	5	180	54 954	233 005	33 096
„ Ibbenbüren	1	—	688	470 608	1.882 430	270 528
der Ruhr	—	[1]) 270	30 600	24.823 105	108.985 910	9.208 589
von Aachen	—	20	5 310	3.568 743	13.561 223	1.818 211
„ Saarbrücken	15	12	13 675	11.337 278	43.081 657	5.770 816
zusammen	21	131	68 229	58.896 261	235.189 996	21.808 326

[1]) incl. 3 Eisenerz-Bergwerke.

Die nächste Tabelle giebt die Vertheilung dieser Production auf die Oberbergamts- und Regierungsbezirke an.

(151.) Regierungsbezirke. — Oberbergamts-Bezirke.	Betriebene Werke.	Anzahl der Arbeiter.	Menge der Förderung: Tonnen.	Menge der Förderung: in Centnern ausgedrückt.	Werth der Förderung auf der Halde Thlr	Werke des Staats Thlr	nicht vom Staat verliehene Privatwerke Thlr	vom Staat verliehene Privatwerke Thlr
	Steinkohlen-Förderung im Jahre 1861.					Vom Gesammtwerth der Förderung kommen auf		
Liegnitz	10	241	107 555	430 220	39 942	—	—	39 942
Breslau	31	4 065	3.779 762	15.119 048	1.417 513	—	—	1.417 513
Oppeln	85	12 812	14.502 508	50.758 778	3.082 377	671 115	644 509	1.766 753
Breslau	126	17 118	18.389 825	66.308 046	4.539 [illegible]	671 115	644 509	3.724 288
Merseburg	3	428	251 748	1.137 725	167 314	101 350	65 964	—
Halle	3	428	251 748	1.137 725	167 314	101 350	65 964	—
Minden	5	190	54 954	233 005	33 036	—	—	33 036
Münster	1	688	470 608	1.882 430	270 528	270 528	—	—
Arnsberg	1) 175	16 658	12.428 478	54.080 939	4.843 883	—	—	4.843 883
Düsseldorf	91	13 751	12.394 627	54.304 971	4.364 7[illegible]	—	—	4.364 706
Dortmund	272	31 477	25.348 667	111.101 345	9.512 15[illegible]	270 528	—	9.241 6[illegible]
Düsseldorf	1	72	—	—	—	—	—	—
Aachen	19	5 258	3.568 743	13.561 221	1.818 211	—	—	1.818 211
Koblenz	1	8	3 375	12 825	1 325	—	—	1 325
Trier	26	13 867	11.333 903	43.068 [illegible]	5.769 491	5.586 489	—	183 002
Bonn links d. Rh.	47	19 208	14.906 021	56.612 [illegible]	7.589 027	5.586 489	—	2.002 538
Insgesammt	448	68 229	58.898 261	235.169 996	21 [illegible] 326	6.629 482	710 473	14.468 371

1) ausserdem 3 Eisenerz-Bergwerke. Dass die Gesammtzahl der Gruben in dieser Tabelle um 1 niedriger als in der vorigen angegeben ist, beruht dem Anschein nach auf einem Druckfehler in der Quelle.

Auf den drei betriebenen Gruben des Oberbergamts-Bezirks Halle dienten 4 Dampfmaschinen mit einer Gesammtstärke von 115 Pferden zur Wasserhaltung und 5 von 56 Pfkft. zur Förderung. Im Dortmunder Bezirk arbeiteten 394 Dampfmaschinen von 32 887 Pfkft. in den Steinkohlenwerken, nämlich: 154 zur Wasserhaltung, 197 zur Förderung, 25 zur Wasserhaltung und Förderung zugleich, 11 Fabry'sche Ventilatoren, 5 Fahrkünste und 2 Kohlenwäschen.

Auf den vorhandenen Koksanstalten des Regierungsbezirks Arnsberg wurden aus 1.069 514 Tonnen Steinkohlen 2.735 490 Ctr Koks dargestellt, auf den fiscalischen Anstalten im Regierungsbezirk Trier aus 3.468 590 Ctr Kohlen (excl. der zum Anwärmen der Oefen erforderlichen) 2.080 736 Ctr Koks und Praschen.

B. Braunkohlen.

Es wurden betrieben in den Jahren

	1858	1859	1860	1861
Braunkohlengruben	437	426	438	481
Arbeiter darin	11 029	10 391	9 938	10 744
deren Frauen und Kinder	20 397	18 136	20 894	20 964
Gefördert wurden ... Tonnen	19.389 014	20.349 641	21.021 961	22.137 159
Werth der Förderung ... Thlr	2.922 114	2.948 911	2.871 859	3.038 997
davon in Staatswerken ... "	211 324	219 661	233 276	225 344
in Privatwerken rechts vom Rhein "	2.563 486	2.617 963	2.642 077	2.718 922
" links " "	147 304	111 287	96 506	94 731

Ueber den Antheil der Regierungsbezirke an der Förderung während des letzten Jahres giebt folgende Tabelle Auskunft.

(152.) Regierungsbezirke. — **Oberbergamts-Bezirke.**	Braunkohlen-Förderung im Jahre 1861.				Vom Gesammtwerth der Förderung kommen auf		
	Betriebene Werke.	Anzahl der Arbeiter.	Menge der Förderung (1 Tonne = 3 Thlr angenommen) Thlr	Werth der Förderung auf der Halde Thlr	Werke des Staats Thlr	nicht vom Staat verliehene Privatwerke Thlr	vom Staat verliehene Privatwerke Thlr
Marienwerder	1	1	4 995	55	—	55	—
Bromberg	2	52	92 685	3 617	—	—	3 617
Posen	2	34	60 105	2 405	—	—	2 405
Liegnitz	22	650	2.177 490	97 327	—	35 493	61 834
Breslau	6	108	340 386	15 575	—	—	15 575
Oppeln	1	15	25 368	1 127	—	—	1 127
Breslau	34	860	2.701 029	120 106	—	35 548	84 558
Frankfurt	76	1 170	7.116 321	293 237	—	84 373	208 864
Potsdam	17	660	2.914 452	136 074	—	—	136 074
Magdeburg	39	2 176	19.216 114	1.082 654	168 377	—	914 277
Merseburg	198	4 697	30.368 742	1.280 136	56 967	744 395	478 774
Halle	332	8 703	59.617 629	2.792 101	225 344	828 768	1.737 989
Minden	1	14	24 219	761	—	—	761
Dortmund	1	14	24 219	761	—	—	761
Düsseldorf links d. Rh.	1	10	6 000	233	—	—	233
Köln rechts "	14	231	1.415 282	28 589	—	—	28 589
" links "	39	792	2.410 953	85 184	—	—	85 184
Aachen	5	80	199 651	9 050	—	—	9 050
Koblenz rechts d. Rh.	4	31	32 280	2 709	—	1 678	1 031
" links "	1	14	4 254	264	—	—	264
Bonn	64	1 167	4.068 600	126 029	—	1 678	124 351
Insgesammt	431	10 744	66.411 477	3.038 997	225 344	865 994	1.947 659

V. Die Verhüttung der Erze.

Indem wir die Benutzung der Gewerbetabellen über die metallurgische Industrie am Schluss des Jahres 1861 uns für den 9ten Abschnitt vorbehalten, finden hier lediglich Auszüge aus bergamtlichen Nachrichten über die weitere industrielle Ausnutzung der unter I. aufgeführten Erze Platz.

A. Gold- und Silbergewinnung.

Die Production beschränkt sich auf wenige Werke.

Gold wurde gewonnen:	1858	1859	1860	1861
in besonderen Hüttenwerken	1	1	1	1
Zahl der Arbeiter	.	5	6	5
deren Frauen und Kinder	.	14	14	14
Menge der Production ℔	20,62	20,42	17,044	8,087
Werth Thlr.	8 329	8 248	7 552	3 266

Ausser der Hütte zu Reichenstein im Regierungsbezirk Breslau, welche $7\frac{1}{16}$ ℔ Gold von 3 091 Thlr. Werth aus arsenikalischen Abbränden darstellte, trug zu der letztjährigen Production eine Kaufbleihütte im Bezirk Koblenz links des Rheins 0,287 ℔ von 175 Thlr. Werth bei.

Silber wurde gewonnen:	1858	1859	1860	1861
betriebene Silberhütten	5	5	8	4
Arbeiter darin	70	75	822	605
deren Frauen und Kinder	119	226	1 555	1 369
Production ℔	28 378	32 024	35 159	38 317
deren Werth Thlr.	844 647	952 833	1.043 878	1.140 720
davon in Staatswerken "	27 237	41 593	50 817	125 098

Der bedeutende Sprung von 1859 bis 60 in der Zahl der Arbeiter darf nicht verwundern; je nachdem die Gewinnung des einen oder anderen Erzeugnisses vorzugsweise bezweckt wird, erscheinen Werke mit mehrfacher Production sammt ihren Arbeitern entweder an der einen oder an der anderen Stelle. An der Silberproduction von 1861 nahmen die Bezirke in nachstehender Weise Theil:

(153.) Regierungsbezirke.	Hüttenwerke auf Silber	Hüttenwerke auf andere Metalle[1])	Anzahl der Arbeiter	Production Pfund	Production Werth Thlr.
Oppeln	—	[2]) 1	—	4 179	125 098
Merseburg	—	2	—	16 005,10	477 415
Arnsberg	3	1	97	8 360	248 127
Düsseldorf rechts des Rheins	—	1	—	90	2 700
Köln links des Rheins	—	1	—	509	15 100
Aachen	—	2	405	7 178	213 091
Koblenz rechts des Rheins	1	—	103	1 863	55 269
" links " "	—	1	—	132,874	8 920
zusammen	4	9	605	38 317	1.140 720
Davon im Oberbergamts-Bezirk Breslau	—	1	—	4 179	125 098
Halle	—	2	—	16 005	477 415
Bonn	4	6	605	18 133	538 207

[1]) nämlich: 1 Kaufbleihütte im Regierungsbezirk Oppeln, 1 in Arnsberg, 1 in Köln, 2 in Aachen, 1 in Koblenz; 2 Garkupferhütten im Regierungsbezirk Breslau, 1 in Düsseldorf.
[2]) Staatswerk.

B. Eisen- (und Stahl-) Hütten.

1. Roheisen in Masseln und Bruchstücken.

Im Jahre 1861 wurden 161 Werke, worunter 154 vorzugsweise der Roheisenproduction dienend, behufs Herstellung von Roheisen betrieben. Es gehörten denselben 217 Hohöfen in und 96 ausser Betrieb an; 125 sämmtlicher Hohöfen sind auf Koks-, 136 auf Holzkohlen-, 52 auf gemischte Feuerung eingerichtet. Die Darstellung von Roheisen erfolgte im

Oberbergamts-Bezirk	mittels Koks	mittels Holzkohle	mittels Koks und Holzkohle gemischt
Breslau	1.242040 Ctr in 37 Hohöfen,	653134 Ctr in 52 Hohöfen,	26734 Ctr in 2 Hohöfen,
Halle	— " " — "	35406 " " 3 "	2000 " " 1 "
Dortmund	2.864549 " " 25 "	30041 " " 6 "	400 " " 1 "
Bonn	2.115812 " " 25 "	358669 " " 20 "	921078 " " 45 "
zusammen	6.222401 Ctr in 87 Hohöfen,	1.077250 Ctr in 81 Hohöfen,	950212 Ctr in 49 Hohöfen.

Während der letzten Jahre wurde Roheisen in Gänzen und Masseln in folgender Ausdehnung erzeugt:

	1858	1859	1860	1861
Roheisenhütten in Betrieb	194	192	165	154
Arbeiter	10 920	9 988	8 029	10 663
deren Frauen und Kinder	21 418	20 733	17 698	25 474
Production Ctr	7.489 206	7.329 711	7.320 377	8.249 863
deren Werth am Herstellungsorte Thlr	13.012 371	11.277 227	10.348 809	11.898 966
davon in Staatswerken "	758 987	733 751	687 428	669 357

Nach Bezirken gliedern sich Betrieb und Erzeugung für das Jahr 1861, wie folgt:

(154.) Regierungs-bezirke. — Oberbergamts-Bezirke.	Betriebene Werke auf Roheisen	Betriebene Werke auf anderes Eisen[1])	Hohöfen der Roheisenhütten	Hohöfen der Roheisenhütten ausser Betrieb	Anzahl der Arbeiter	Production von Roheisen in Masseln und Bruchstücken 1861 überhaupt Ctr	davon wurden dargestellt[2]) mittels Koks allein Ctr	davon wurden dargestellt[2]) mittels Holzkohlen allein Ctr	Werth Thlr
Gumbinnen	—	1	1	—	—	125	—	125	156
Liegnitz	9	1	12	2	443	32 854	—	32 854	41 934
Breslau	1	—	1	5	30	4 795	—	4 795	9 590
Oppeln	50	—	77	35	2 671	1.884 134	1.242 040	615 360	2.352 676
Breslau	60	2	91	42	3 146	1.921 908	1.242 040	653 134	2.404 356
Magdeburg	1	1	1	1	30	17 392	—	17 392	26 640
Merseburg	—	1	1	2	—	13 440	—	13 440	26 880
Erfurt	2	—	2	4	51	6 574	—	4 574	12 748
Halle	3	2	4	7	81	37 406	—	35 406	66 268
Minden	3	—	3	1	350	15 430	3 598	11 832	19 385
Münster	3	—	4	—	154	18 209	—	18 209	10 476
Arnsberg	3	—	9	6	804	1.194 829	1.194 829	—	1.628 345
Düsseldorf	9	—	16	10	2 725	1.066 522	1.066 122	—	2.120 634
Dortmund	18	—	32	17	4 033	2.894 990	2.864 549	30 041	3.787 820

[1]) nämlich auf Rohstahleisen 1 im Regierungsbezirk Arnsberg, auf Gusswaaren aus Erzen 1 in Magdeburg, 1 in Merseburg und 1 in Koblenz, auf Gusswaaren aus Roheisen 1 in Gumbinnen, 1 in Liegnitz und 1 in Arnsberg. — [2]) die durch ein Gemisch von Koks und Holzkohlen dargestellten Mengen ergeben sich durch Subtraction.

(Forts. zu 154.) Regierungs-bezirke. — Oberbergamts-Bezirke.	Betriebene Werke auf Roheisen	Betriebene Werke auf anderes Eisen	Hohöfen der Roheisenhütten	Hohöfen der Roheisenhütten ausser Betrieb	Anzahl der Arbeiter	Production von Roheisen in Masseln und Bruchstücken 1861: überhaupt Ctr.	davon wurden dargestellt mittels Koks allein Ctr.	davon wurden dargestellt mittels Holzkohlen allein Ctr.	Werth Thlr.
Arnsberg	22	2	24	7	484	645 351	2 000	198 296	1.014 660
Düsseldorf rechts d. Rh.	1	—	3	—	290	347 602	347 602	—	498 643
" links "	1	—	1	—	83	115 957	115 957	—	162 000
Köln rechts d. Rh.	4	—	5	5	214	221 870	148 120	26 900	331 710
Aachen	8	—	9	6	337	472 321	391 951	—	567 701
Koblenz rechts d. Rh.	20	—	21	3	707	584 354	241 019	45 633	920 596
" links "	3	1	4	2	519	35 053	—	9 359	50 969
Trier	12	—	21	6	634	974 577	869 163	41 607	2.062 794
Sigmaringen	2	—	2	1	193	36 474	—	36 474	43 448
Bonn	73	3	90	30	3 403	3.395 559	2.115 812	358 663	5.640 523
Insgesammt	154	7	217	96	10 663	8.249 663	6.222 401	1.077 256	[1]) 11.[illegible]

[1]) darunter: 1 Staatswerk im Regierungsbezirk Gumbinnen mit 156, 4 dergl. in Oppeln mit 403 452, 2 dergl. in Koblenz rechts des Rheins mit 265 749 Thlr.

2. Rohstahleisen.

Im Jahre 1861 wurden mittels Holzkohlen in einer Roheisenhütte des Regierungsbezirks Oppeln mit 9 Arbeitern 2 875 Ctr. Rohstahleisen von 5 549 Thlr. Werth erzeugt, mittels Koks in einer Roheisenhütte des Regierungsbezirks Düsseldorf (Dortmunder Oberbergamts-Bezirk) 16 779 Ctr. von 27 685 Thlr. Werth, im Regierungsbezirk Arnsberg (Bonner Oberbergamts-Bezirk) auf 4 Rohstahleisen-Hütten mit 89 Arbeitern in 8 Holzkohlen-Hohöfen (ausserdem 1 ausser Betrieb) 66 232 und in 1 Hohofen zu Holzkohlen mit Koks 55 136 Ctr. von zusammen 268 872 Thlr. Werth, im Regierungsbezirk Koblenz rechts vom Rhein in 2 Roheisen-Hütten mittels gemischter Feuerung 11 501 Ctr. von 22 199 Thlr. Werth. — Hauptzahlen für Betrieb und Erzeugung während der letzten Jahre sind:

	1858	1859	1860	1861
betriebene Rohstahleisen-Hütten	7	5	3	4
Arbeiter darin	109	130	94	98
deren Frauen und Kinder	217	231	219	234
Production Ctr.	158 346	106 585	87 182	152 523
Werth derselben Thlr.	421 612	234 460	187 225	324 306
davon in Staatswerken "	27 695	18 322	18 990	—

3. Roheisen in Gussstücken.

Die Erzeugung von Gusseisenwaaren aus Hohöfen wird in einem nicht unerheblichen Umfang betrieben. Sie beschäftigte in den Jahren

	1858	1859	1860	1861
Hüttenwerke auf Gussstücke	15	12	16	18
Arbeiter darin	2 698	2 813	3 695	3 637
deren Frauen und Kinder	6 495	5 912	8 136	8 162
Dargestellt wurden Ctr.	619 314	501 538	507 255	584 391
im Werth von Thlr.	2.109 673	1.725 345	1.506 919	1.741 651
davon in Staatswerken "	160 337	77 885	78 443	73 296

Nach der zur Darstellung der Gusswaaren benutzten Feuerungsmethode scheidet sich die Production des letzten Jahres im

Oberbergamts-Bezirk	bei Koks erblasen	bei Holzkohle erblasen	bei Holzkohle mit Koks erblasen
Breslau	39 225 Thlr.,	150 149 Thlr. in 3 Hohöfen,	61 330 Thlr. in 4 Hohöfen,
Halle	— "	51 500 " 2 "	— " — "
Dortmund	42 689 "	57 164 " — "	6 650 " 1 "
Bonn	51 843 "	44 602 " 1 "	79 239 " 1 "
zusammen...	133 757 Thlr.,	303 415 Thlr. in 6 Hohöfen,	147 219 Thlr. in 6 Hohöfen.

Die beigesetzten Hohöfen sind nur die vorzugsweise auf Gusswaaren eingerichteten; rechnet man diejenigen hinzu, welche zur Darstellung von Roheisen im Gänzen dienen, nebenbei aber auch fertige Waaren geliefert haben, so steigert sich die Oefenzahl bedeutend. Auf die einzelnen Theile des Staates fällt nachstehender Antheil am Betrieb und an der Production.

(155.) Regierungsbezirke. — Oberbergamts-Bezirke.	Betriebene Werke auf Gusswaaren aus Erzen	Betriebene Werke auf anderes Eisen.[1]	Betriebene Hohöfen der Eisengiessereien.	Hohöfen der Eisengiessereien ausser Betrieb.	Anzahl der Arbeiter.	Production von Eisengusswaaren aus Erzen 1861: überhaupt Thlr.	davon wurden erblasen[2]) bei Koks allein Thlr.	davon wurden erblasen bei Holzkohlen allein Thlr.	Werth an der Hütte[3]) Mk.
Gumbinnen	—	1	—	—	—	226	—	226	950
Bromberg	1	—	1	1	46	6 500	—	—	22 500
Liegnitz	6	8	6	—	1 779	179 931	—	125 101	555 347
Breslau	—	1	—	—	—	1 612	—	1 612	4 836
Oppeln.............	—	23	—	—	79	62 435	39 225	23 210	135 221
Breslau..........	7	33	7	1	1 904	250 704	39 225	150 149	718 854
Frankfurt...........	1	—	1	3	20	3 640	—	3 640	10 920
Magdeburg	1	1	1	—	366	25 856	—	25 856	97 432
Merseburg..........	1	—	—	—	600	22 004	—	22 004	99 018
Halle	3	1	2	3	986	51 500	—	51 500	207 370
Minden	—	2	—	—	—	14 995	—	14 995	47 047
Münster............	—	3	—	—	209	42 169	—	42 169	144 343
Arnsberg	—	1	—	—	—	6 400	6 400	—	14 000
Düsseldorf..........	1	5	1	—	197	42 939	36 289	—	98 467
Dortmund	1	11	1	—	406	106 503	42 689	57 164	303 857
Arnsberg	—	3	—	1	—	18 748	—	18 748	61 524
Köln rechts d. Rh..	—	1	—	—	—	5 080	5 680	—	16 450
Aachen	—	1	—	—	—	2 360	—	2 380	7 080
Koblenz links d. Rh.	1	2	1	1	157	66 275	—	—	201 262
Trier	1	7	1	1	184	75 857	46 163	16 230	198 274
Sigmaringen	—	1	—	—	—	7 264	—	7 264	26 980
Bonn	2	15	2	3	341	175 684	51 843	44 602	511 570
Insgesammt..	13	60	12	7	3 637	584 391	133 757	303 415	1.741 651

[1]) nämlich 1 auf Gusswaaren aus Roheisen im Regierungsbezirk Gumbinnen, die übrigen sämmtlich auf Roheisen in Masseln und Brucheisen. — [2]) die bei Holzkohlen in Mischung mit Koks dargestellten Mengen ergeben sich durch Subtraction. — [3]) darunter: 1 Staatswerk im Regierungsbezirk Gumbinnen mit 950 Mk., 3 im Regierungsbezirk Oppeln mit 72 346 Mk.

4. Gusswaaren aus Roheisen.

Es wurden betrieben in den Jahren	1858	1859	1860	1861
Werke auf Gusswaaren aus Roheisen	187	165	168	175
Arbeiter darin	10 059	7 407	7 704	7 047
deren Frauen und Kinder	19 163	14 797	16 235	16 021
Production Ctr.	2.287 948	1.408 693	1.533 507	1.760 619
deren Werth Thlr.	9.289 372	5.957 239	5.578 639	6.358 476
davon in Staatswerken »	636 199	514 791	465 816	417 895

Nachstehende Tabelle giebt die Vertheilung der mit Flamm-, Cupol- u. dergl. Oefen versehenen Eisengiessereien und deren Erzeugung auf die einzelnen Theile des Landes an.

(156.) Regierungsbezirke. — **Oberbergamts-Bezirke.**	Betriebene Werke auf: Gusswaaren aus Roheisen.	Betriebene Werke auf: anderes Eisen.[1]	Anzahl der Arbeiter.	Production von Gusswaaren im Jahre 1861: Menge Ctr.	Werth der Production: überhaupt Thlr.	Werth der Production: davon in Werken des Staates Thlr.
Gumbinnen	4	—	100	13 403	64 099	8 471
Königsberg	5	—	140	58 500	244 750	—
Danzig	2	—	30	7 290	29 160	21 160
Marienwerder	1	—	12	1 630	9 000	—
Bromberg	4	1	98	8 975	33 463	—
Liegnitz	2	11	91	81 730	317 972	—
Breslau	12	1	526	88 443	344 674	—
Oppeln	4	10	675	119 583	330 485	127 967
Breslau	34	23	1 672	379 614	1.383 603	157 598
Köslin	4	—	102	9 380	45 340	—
Stettin	4	—	189	57 362	202 397	41 254
Stralsund	4	—	171	15 450	59 800	—
Frankfurt	7	—	181	40 350	168 850	—
Stadt Berlin	21	—	880	265 729	1.104 070	151 135
Potsdam	1	—	27	12 100	48 400	—
Magdeburg	—	3	—	24 948	106 298	—
Merseburg	4	1	195	37 727	171 785	—
Erfurt	2	1	163	13 724	95 268	—
Halle	47	5	1 908	476 768	2.090 988	192 389
Minden	3	1	96	17 144	63 379	—
Münster	3	2	334	46 865	141 899	—
Arnsberg	29	9	1 209	210 758	698 330	—
Düsseldorf	6	6	435	131 737	387 862	—
Dortmund	41	18	2 074	406 504	1.291 470	—
Arnsberg	9	2	293	38 857	140 577	—
Düsseldorf rechts d. Rh.	5	—	125	17 700	87 250	—
» links »	6	—	85	15 840	43 196	—
Köln rechts d. Rh.	5	—	210	111 580	360 900	—
» links »	4	—	192	94 352	283 160	—
Aachen	22	3	386	96 452	309 299	—
Koblenz rechts d. Rh.	—	1	—	16 980	67 908	67 908
» links »	1	3	16	64 786	203 624	—
Trier	1	7	86	41 298	108 038	—
Sigmaringen	—	1	—	1 068	3 204	—
Bonn	53	17	1 393	497 733	1.612 415	67 908
Insgesammt	175	63	7 047	1.760 619	6.358 476	417 895

[1] nämlich: auf Gusswaaren aus Erzen im Reg.-Bez. Bromberg 1, Magdeburg 1, Merseburg 1, Koblenz links vom Rhein 1, Trier 1; auf Stabeisen im Reg.-Bez. Liegnitz 5, Magdeburg 1, Arnsberg 8 (darunter 1 im Bonner Oberbergamts-Bezirk), Aachen 3; auf Rohstahl 1 im Reg.-Bez. Arnsberg (Dortmunder Antheil); sämmtliche übrigen sind Roheisen-Hütten.

6. Stabeisen.

Mit Einrechnung von Eisenbahnschienen waren behufs Anfertigung von Stabeisen (gepuddelt oder gefrischt) thätig

	1858	1859	1860	1861
Werke	386	333	312	290
Arbeiter darin	18 374	16 431	17 129	19 686
deren Frauen und Kinder	40 263	37 325	36 731	41 948
Production Ctr.	6.057 442	5.366 951	5.313 042	5.733 789
deren Werth Thlr.	26.251 120	21.578 635	19.220 560	18.984 604
davon in Staatswerken "	1.196 111	864 180	868 185	943 392

Der Antheil jedes Regierungsbezirks an der Production des letzten Jahres geht aus folgender Tabelle hervor.

(157.) Regierungsbezirke. — Oberbergamts-Bezirke.	Betriebene Werke: auf Stabeisen	Betriebene Werke: auf andere Eisensorten[1]	Puddelöfen	Frischfeuer	Anzahl der Arbeiter	Production von Stabeisen 1861: Menge Ctr.	davon wurden dargestellt[2]: mittels Steinkohle Ctr.	davon wurden dargestellt[2]: mittels Holzkohle Ctr.	Werth[3] Thlr.
Gumbinnen	2	1	—	4	14	5 050	—	5 050	26 868
Königsberg	11	1	—	4	171	52 549	42 500	10 049	276 945
Danzig	34	1	—	34	171	62 744	—	62 744	275 277
Marienwerder	7	—	—	11	34	10 222	—	10 222	48 420
Bromberg	2	—	—	4	17	3 720	—	3 720	18 600
Posen	4	—	—	5	49	6 032	—	6 032	28 232
Liegnitz	6	6	4	15	110	63 915	43 345	16 076	246 255
Breslau	6	3	—	10	51	11 016	—	11 016	45 131
Oppeln	82	10	121	159	4 310	1.188 854	953 713	235 141	4.114 963
Breslau	156	22	125	246	4 935	1.404 102	1.039 558	360 050	5.068 711
Köslin	12	—	—	15	67	22 242	—	22 242	96 349
Stettin	1	1	—	3	24	5 696	—	5 696	23 657
Stralsund	1	—	2	—	9	30 000	30 000	—	105 000
Frankfurt	4	2	—	11	24	9 680	—	9 680	43 007
Stadt Berlin	2	—	21	-	984	121 284	121 284	—	526 420
Potsdam	—	1	—	4	—	629	—	629	3 946
Magdeburg	2	1	5	3	61	18 621	10 000	3 790	75 247
Merseburg	2	1	—	3	3	1 130	—	1 130	5 166
Erfurt	12	1	2	14	81	7 304	1 168	4 136	35 743
Halle	36	8	30	57	1 361	216 586	162 452	47 303	814 595
Minden	1	1	—	7	3	1 800	—	1 800	6 750
Arnsberg	24	2	221	—	5 537	1.395 441	1.395 441	—	3.963 960
Düsseldorf	5	6	104	—	2 404	875 677	875 677	—	2.858 043
Dortmund	30	9	325	7	7 944	2.272 918	2.271 118	1 800	6.828 753
Arnsberg	35	1	65	3	1 039	392 710	383 246	9 464	1.301 125
Köln rechts d. Rh.	7	—	24	—	355	97 550	97 550	—	338 940
Aachen	14	1	6	—	1 998	623 741	618 896	4 845	2.155 885
Koblenz rechts d. Rh.	—	1	2	4	140	38 200	38 200	—	127 020
" links "	1	1	102	7	140	37 717	36 012	1 705	150 441
Trier	10	7	8	—	1 777	633 427	606 172	10 640	2.015 010
Sigmaringen	1	1	70	14	—	16 638	3 148	13 090	84 124
Bonn	68	12	277	28	5 449	1.840 183	1.783 224	40 344	6.172 545
Insgesammt	290	51	757	322	19 686	5.733 789	5.250 352	449 497	18.984 604

1) nämlich: auf Gusswaaren aus Erzen im Regierungsbezirk Frankfurt 1, Merseburg 1, Trier 1; auf Gusswaaren aus Roheisen im Regierungsbezirk Gumbinnen 1, Königsberg 1, Danzig 1, Breslau 2, Stettin 1, Frankfurt 2, Arnsberg (Dortmunder Antheil) 1, Düsseldorf (desgl.) 6; auf Schwarzblech 1 im Regierungsbezirk Potsdam; auf Eisendraht 1 im Regierungsbezirk Arnsberg (Bonner Antheil); auf Rohstahl 1 im Regierungsbezirk Arnsberg (Dortmunder Antheil); alle übrigen sind [illegible]-Hütten. — 2) der Rest mittels Holz- und Steinkohle (Koks) zusammen. — 3) davon: 1 Staatswerk im Regierungsbezirk Gumbinnen mit [illegible], [illegible] in Oppeln mit [illegible], 1 in Potsdam mit 3 946, 1 im Stettin mit [illegible] Thlr.

6. Schwarzblech.

Auf Sturz-, Dampfkesselbleche u. s. w. gingen in den Jahren

	1858	1859	1860	1861
Hüttenwerke	37	26	18	16
Arbeiter darin	3 437	2 451	2 676	2 228
deren Frauen und Kinder	6 786	5 696	5 757	5 265
Production Ctr.	729 643	692 144	741 997	753 240
Werth derselben Thlr.	4.729 546	3.853 560	3.833 000	3.398 982
davon in Staatswerken "	227 549	160 881	176 997	169 121

Nachstehende Tabelle giebt über Betrieb und Production innerhalb aller Regierungsbezirke Auskunft.

(158.) Regierungsbezirke. — Oberbergamts-Bezirke.	Betriebene Werke auf Schwarzblech.	Betriebene Werke auf andere Eisensorten.[1])	Vorzugsweise für Schwarzblech dienende Puddelöfen.	Vorzugsweise für Schwarzblech dienende Frischfeuer.	Anzahl der Arbeiter.	Production von Schwarzblech 1861 überhaupt Ctr.	davon mittels Steinkohle Ctr.	Werth Thlr.
Danzig	—	1	—	—	4	200	[2]) —	1 200
Oppeln	—	7	—	—	103	27 245	[3]) 14 578	146 119
Breslau	—	8	—	—	107	27 445	14 578	147 319
Stadt Berlin	—	1	—	—	—	56 000	56 000	280 000
Potsdam	1	—	—	—	144	21 246	[2]) —	127 069
Magdeburg	—	1	—	—	—	5 716	5 716	25 678
Erfurt	—	5	—	—	—	2 820	[3]) 1 541	24 091
Halle	1	7	—	—	144	85 782	63 257	456 838
Arnsberg	3	8	3	—	569	120 919	120 919	659 162
Düsseldorf	2	2	7	—	322	193 095	193 095	787 381
Dortmund	5	10	10	—	891	314 014	314 014	1.346 543
Arnsberg	7	2	—	—	194	80 284	80 284	376 862
Düsseldorf rechts des Rh.	—	2	18	—	362	95 000	95 000	350 000
Köln	1	1	—	—	44	21 490	21 490	107 750
Koblenz	2	1	7	—	158	41 940	41 940	205 688
Trier	—	1	5	6	328	78 285	[3]) 38 863	354 002
Sigmaringen	—	1	—	—	—	9 000	9 000	54 000
Bonn	10	8	30	6	1 086	325 999	286 577	1.448 302
Insgesammt	16	33	40	6	2 228	753 240	678 426	[4]) 3.398 982

[1]) nämlich: auf Roheisen im Regierungsbezirk Oppeln 4, Erfurt 1, Arnsberg (Dortmunder Antheil) 1, Koblenz 1, Sigmaringen 1; auf Gusswaaren aus Roheisen im Regierungsbezirk Düsseldorf (Bonner Antheil) 1, Trier 1; auf Eisendraht im Regierungsbezirk Düsseldorf (Bonner Antheil) 1; alle übrigen sind Stabeisenhütten. — [2]) der Rest ward mittels Holzkohle dargestellt. — [3]) desgl. mittels Holz- und Steinkohle (Koks). — [4]) darunter auf 2 Staatswerken im Regierungsbezirk Oppeln 42 052 und auf 1 im Regierungsbezirk Potsdam 127 069 Thlr.

7. Weissblech.

Verzinntes und verbleites Blech wurde in folgender Ausdehnung gefertigt:

	1858	1859	1860	1861
betriebene Walzwerke	4	3	1	1
Arbeiter darin	110	250	249	345
deren Frauen und Kinder	298	255	386	901
Production Ctr.	57 063	49 419	62 993	62 631
deren Werth Thlr.	647 911	634 250	746 284	720 694

Im letzten Jahre wurden auf Weissblech betrieben: 2 Stabeisenhütten mit 98 besonderen Arbeitern im Regierungsbezirk Arnsberg (Dortmunder Oberbergamts-Bezirk), 1 Weissblechwerk mit 90 Arbeitern daselbst (Bonner Oberbergamts-Bezirk), 1 Roheisen- und 1 Schwarzblech-Hütte im Regierungsbezirk Koblenz rechts des Rheins mit zusammen 45 Arbeitern, 1 Schwarzblechwerk im Regierungsbezirk Trier mit 112 Arbeitern. Die Production vertheilt sich auf den

Oberbergamts-Bezirk Dortmund	mit	17 000 Ctr.	von	211 000 Thlr.	Werth	an der Hütte,
„ „ Bonn	„	45 631 „	„	509 694 „	„	„

(Regierungsbezirk Arnsberg 3 780 Ctr. zu 45 000 Thlr., Koblenz 10 100 Ctr. zu 121 200 Thlr., Trier 31 751 Ctr. zu 343 494 Thlr. Werth).

8. Eisendraht.

Während des Jahres 1861 gingen auf Eisendraht: im Regierungsbezirk Oppeln 2 Werke, Magdeburg in Nebenproduction 1 Roheisen-Hütte, Arnsberg (Dortmunder Antheil) 40 Drahtwerke und 2 Stabeisen-Hütten, ferner (Bonner Antheil) 40 Werke, Aachen 4 Drahtwerke und 1 Stabeisen-Hütte, Koblenz rechts vom Rhein 2 Drahtwerke. Dieselben fertigten:

Regierungsbezirk Oppeln....	mit	133	Arbeitern	8 951	Ctr. von	66 657	Thlr.	Werth.
„ Magdeburg.	„	17	„	230	„ „	2 300	„	„
„ Arnsberg D.	„	972	„	239 950	„ „	1.167 460	„	„
„ „ B.	„	848	„	120 728	„ „	549 199	„	„
„ Aachen.....	„	101	„	37 040	„ „	196 520	„	„
„ Koblenz...	„	180	„	14 600	„ „	79 000	„	„

Im Umfang des ganzen Staates wurde Draht, wie folgt, producirt:

	1858	1859	1860	1861
Drahtwerke in Betrieb	64	67	56	88
Arbeiter darin	2 410	2 571	2 463	2 046
deren Frauen und Kinder	5 232	5 215	5 071	4 621
Production .... Ctr.	479 619	443 941	439 779	421 499
deren Werth.................... Thlr.	3.268 138	2.641 430	2.353 161	2.061 136

9. Rohstahl.

Die Anfertigung von ordinärem Cementstahl u. dergl., auch Puddelstahl, erfolgte 1861 ausser 1 Eisengiesserei im Dortmunder Antheil des Arnsberger Bezirks .

im Regierungsbezirk	auf Hüttenwerken für		mit Arbeitern	Production Ctr.	Werth Thlr.
	Rohstahl	Stabeisen			
Oppeln.............	—	2	6	8 086	33 320
Erfurt	5	2	28	4 468	24 268
Arnsberg D.	33	4	627	246 290	1.162 340
„ B.	4	1	37	24 483	97 952
Köln rechts d. Rh. .	2	2	34	30 000	117 300
Aachen..............	—	2	85	65 719	358 664

Betrieb und Production gestalteten sich in den Jahren

	1858	1859	1860	1861
betriebene Rohstahl-Hütten	61	55	45	44
Arbeiter darin	085	812	883	917
deren Frauen und Kinder	1 689	1 744	1 583	2 133
Production .... Ctr.	210 546	219 792	292 003	379 046
deren Werth.................... Thlr.	1.375 537	1.203 553	1.342 474	1.793 844

10. Gussstahl.

1861 betrieben im Polizeibezirk Berlin 1 Stabeisenhütte, im Regierungsbezirk Arnsberg (Oberbergamts-Bezirk Dortmund) 2 Rohstahl-Hütten nebenbei auch die Fabrikation von Gussstahl. Diese und die Gussstahl-Hütten

								Thlr. Werth
im Pol.-Bez. Berlin	—	Werk mit	—	Arb. fertigten	3 200	Ctr.	von	41 000
„ Reg.-Bez. Potsdam.........	1	„	115	„ „	3 420	„	„	81 000
„ „ Arnsberg D.	6	„	1 070	„ „	103 000	„	„	1.185 300
„ „ Düsseldorf D. ...	1	„	2 138	„ „	100 000	„	„	1.500 000
„ „ Köln rechts d. Rh.	1	„	3	„ „	300	„	„	2 900

Es wurden überhaupt betrieben während der Jahre

	1858	1859	1860	1861
Gussstahl-Werke	11	8	7	9
Arbeiter darin	1 861	2 179	2 696	3 328
deren Frauen und Kinder	2 517	2 074	6 040	7 274
Production Ctr.	120 362	116 799	130 082	209 920
deren Werth Thlr.	1.959 320	1.936 046	2.014 901	2.810 200

11. Raffinirter Stahl.

Auf Reckstahl gingen	1858	1859	1860	1861
besondere Werke	93	92	98	96
Arbeiter darin	408	425	428	614
deren Frauen und Kinder	1 050	1 024	1 071	1 370
Production Ctr.	65 045	67 842	66 171	85 973
deren Werth Thlr.	547 795	547 076	527 007	771 087

Die letztjährige Production wird regierungsbezirksweise in nachstehender Tabelle detaillirt.

(159.) Regierungsbezirke. — Oberbergamts-Bezirke.	Betriebene Werke auf: Reckstahl.	Stabeisen.	sonstige Eisensorten.¹)	Anzahl der Arbeiter.	Production von raffinirtem Stahl 1861. Menge Ctr.	Werth an der Hütte Thlr.
Danzig	—	3	—	—	1 076	9 623
Oppeln	—	2	1	147	7 643	82 327
Breslau	—	5	1	147	8 719	91 949
Köslin	—	1	—	—	600	4 000
Erfurt	—	1	—	—	105	1 050
Halle	—	2	—	—	705	5 050
Arnsberg	70	—	1	300	47 462	414 010
Dortmund	70	—	1	300	47 462	414 010
Arnsberg	6	1	—	26	9 103	46 823
Köln rechts des Rheins	19	—	1	65	12 783	141 245
Trier	1	—	—	76	7 201	72 010
Bonn	26	1	1	167	29 087	260 078
Insgesammt	96	8	3	614	85 973	771 087

¹) nämlich: 1 Hütte auf Roheisen im Regierungsbezirk Oppeln, 1 auf Rohstahl im Regierungsbezirk Arnsberg und 1 auf Gussstahl im Regierungsbezirk Köln.

C. Zinkhütten.

1. Rohzink (und Cadmium).

Zink in Barren oder Platten wurde 1861 in 44 Zinkhütten (worunter 1 Staatswerk im Regierungsbezirk Oppeln) und 1 Roheisenwerk (Regierungsbezirk Oppeln) producirt, und zwar:

im Reg.-Bez. Oppeln	in 38 Zinkhütten	mit 4189 Arb.	816 229 Ctr.	v. 4.253 308 Thlr. W.
" " Arnsberg D.	" 2 "	" 457 "	69 699 "	415 335 "
" " Düsseldorf D.	" 2 "	" 687 "	145 185 "	823 159 "
" " Aachen	" 2 "	" 517 "	140 332 "	807 029 "

Die letzten Jahre brachten als Ergebniss:

		1858	1859	1860	1861
betriebene Werke		56	47	48	44
Arbeiter darin		5 586	5 230	6 045	5 750
deren Frauen und Kinder		7 852	7 440	9 308	9 511
Production	Ctr.	1.055 551	985 627	1.106 930	1.171 445
deren Werth	Thlr.	7.048 849	5.876 150	6.424 363	6.298 831
davon in Staatswerken	"	136 329	134 944	136 032	117 508

Als Nebenproduct lieferte die fiscalische Zinkhütte im Regierungsbezirk Oppeln 1861: 2 Ctr. Cadmium von 400 Thlr. Werth.

2. Zinkweiss.

2 Zinkweiss-Hütten im Regierungsbezirk Oppeln fabricirten 1861 mit 69 Arbeitern 19 368 Ctr. von 103 670 Thlr. Werth, und 1 Rohzink-Hütte des Regierungsbezirks Düsseldorf (Dortmunder Oberbergamts-Bezirk) lieferte noch 14 982 Ctr. von 134 838 Thlr. Werth. Die gesammte Erzeugung stellte sich:

		1858	1859	1860	1861
betriebene Zinkweiss-Hütten		2	2	2	2
Arbeiter darin		31	43	51	69
deren Frauen und Kinder		55	76	106	130
Production	Ctr.	14 579	31 218	38 660	34 350
deren Werth	Thlr.	143 909	216 906	260 515	238 508

3. Zinkblech.

Zinkwalzwerke wurden 1861 betrieben: im Regierungsbezirk Breslau (dem Staat gehörig) 1, Oppeln 2, Düsseldorf (Dortmunder Antheil) 1, Aachen 4; ausserdem lieferten Zinkblech: im Bezirk Oppeln 1 und Aachen 1 Rohzink-Hütte, Oppeln 1 Roheisen- und 1 Stabeisen-Werk (beide fiscalisch), Potsdam 1 fiscalische Fabrik grober Kupferwaaren. Dieselben producirten:

Regierungsbezirk	Breslau	mit	70	Arbeitern	30 200	Ctr. von	197 300	Thlr.	Werth,
"	Oppeln	"	204	"	137 939	"	938 046		"
"	Potsdam	"	—	"	1 167	"	8 089		"
"	Düsseldorf	"	99	"	30 376	"	212 632		"
"	Aachen	"	43	"	42 601	"	306 817		"

Die Blechanfertigung gestaltete sich innerhalb des ganzen Staates:

		1858	1859	1860	1861
betriebene Walzwerke		9	9	12	8
Arbeiter darin		379	433	476	416
deren Frauen und Kinder		715	731	805	818
Production	Ctr.	185 799	243 467	278 096	242 283
deren Werth	Thlr.	1.685 715	2.130 240	2.167 392	1.657 884
davon in Staatswerken	"	459 715	316 940	345 849	244 171

D. Bleihütten.

1. Kaufblei.

Die Production beschränkte sich 1861 mit Ausnahme der Regierungsbezirke Oppeln (Staatswerk, neben dessen Erzeugniss 115 Ctr. übrigens aus Hohöfen der Eisenhütten gewonnen wurden) und Merseburg (wo ein Garkupferwerk alte Schlacken des früheren Saigerhüttenbetriebs aufarbeitete) auf den Oberbergamts-Bezirk Bonn mit 10 Bleihütten, 4 Silberhütten (3 im Bezirk Arnsberg, 1 Koblenz rechts vom

Rhein) und 1 Garkupferhütte (Regierungsbezirk Düsseldorf rechts vom Rhein). Es erzeugten die Regierungsbezirke

Oppeln	mit 1 eigenen Bleihütte	und 184 Arb.:	28 281 Ctr.	von 165 231 Thlr.	W.
Merseburg	» — » »	» — »	150	» 894	»
Arnsberg	» 1 » »	» 102 »	48 644	» 291 123	»
Düsseldorf	» — » »	» — »	1 158	» 7 750	»
Köln links d. Rh.	» 1 » »	» 84 »	47 120	» 282 720	»
Aachen..........	» 7 » »	» 45 »	228 570	» 1.322 420	»
Koblenz r. d. Rh.	» — » »	» — »	8 623	» 51 738	»
» l. d. Rh.	» 1 » »	» 6 »	1 008	» 6 048	»

Im ganzen Staat wurden betrieben	1858	1859	1860	1861
Kaufblei-Hütten	11	13	12	11
Arbeiter darin	657	687	661	323
deren Frauen und Kinder	1 277	1 716	1 623	610
Production .... Ctr.	252 811	274 689	312 098	363 554
deren Werth .... Thlr.	1.557 600	1.681 648	1.967 688	2.127 924
davon in Staatswerken......... »	19 624	37 035	57 655	164 659

2. Gewalztes Blei.

Im Jahre 1861 producirten: 1 dem Staat gehörige Fabrik grober Kupferwaaren im Potsdamer Bezirk nebenbei 49 Ctr. von 420 Thlr. Werth, 1 Walzwerk im Magdeburger Bezirk mit 19 Arbeitern 2 353 Ctr. von 16 632 Thlr. Werth, 1 Garkupferhütte im Düsseldorfer Bezirk rechts des Rheins (Oberbergamts-Bezirk Bonn) 1 040 Ctr. von 8 800 Thlr. Werth. Für den ganzen Staat war das Ergebniss:

	1858	1859	1860	1861
betriebene Walzwerke	2	2	2	1
Arbeiter darin	44	19	44	19
deren Frauen und Kinder...................	84	64	96	54
Production............................ Ctr.	3 286	3 428	3 549	3 442
deren Werth........................... Thlr.	31 385	30 885	25 150	25 852
davon in Staatswerken .... »	1 085	535	190	420

3. Kaufglätte.

1861 lieferte der Regierungsbezirk

Oppeln	16 909 Ctr.	von 92 623 Thlr. W.	in 1 Kaufblei-Hütte,
Arnsberg (Bonner Antheil)	19 965	» 108 978	» 1 » und 3 Silberhütten,
Düsseldorf rechts d. Rh. .	445	» 2 558	» 1 Garkupfer-Hütte,
Koblenz rechts d. Rh. ...	2 440	» 18 420	» 1 Silberhütte,
» links » ...	298	» 1 587	» 1 Kaufblei-Hütte.
der ganze Staat....	40 057	» 219 166	» davon in Staatswerken 92 623 Thlr.
1860 » » »	34 787	» 206 178	» » » 98 265 »
1859 » » »	26 500	» 161 118	» » » 74 447 »
1858 » » »	26 911	» 177 639	» » » 83 361 »

E. Kupfer- (auch Messing- und Selen-) Hütten.

1. Garkupfer.

Betrieb und Erzeugung von Garkupfer waren im Jahre 1861 folgende:

Reg.-Bez.	Liegnitz	1 Hütte	mit 2 Arb.	21 Ctr.	von 709 Thlr.	Werth,
»	Merseburg	8 »	» 676	» 29 922	» 982 692	»
»	Erfurt..............	1 »	» 3	» 438	» 12 888	»
»	Düsseldorf .... (Dortmunder Anth.)	1 »	» 53	» 5 421	» 168 057	»
»	Arnsberg (Bonner Antheil)	2 » 3 Silberh.	» 281	» 7 103	» 207 159	»
»	Düsseldorf r. d. Rh.	1 Hütte	» 29	» 385	» 11 550	»
»	Koblenz r. d. Rh. ..	2 »	» 25	» 1 127	» 34 868	»
»	» l. d. Rh. ..	1 » 1 Silberh.	» 12	» 1 051	» 32 474	»

Während der letzten Jahre bewegte sich der Hüttenbetrieb in folgenden Verhältnissen:

	1858	1859	1860	1861
betriebene Werke auf Garkupfer ..	20	22	10	12
Arbeiter darin	826	813	285	1 074
deren Frauen und Kinder	1 761	1 622	516	2 097
Production .... Ctr.	31 950	34 929	39 288	45 468
deren Werth .... Thlr.	1.207 420	1.136 753	1.332 424	1.450 395

2. Grobe Kupferwaaren.

Betrieb und Erzeugung stellten sich, wie folgt:

	1858	1859	1660	1861
betriebene Werke	23	22	22	21
Arbeiter darin	460	454	172	400
deren Frauen und Kinder	1 024	1 065	407	986
Production .... Ctr.	34 405	28 998	30 068	30 560
deren Werth .... Thlr.	1.622 192	1.241 823	1.217 223	1.189 495
davon in Staatswerken.......... „	180 849	154 170	165 800	165 541

Am Erzeugniss des letzten Jahres hatten die Landesbezirke nachstehenden Antheil.

(160.) Regierungsbezirke. — Oberbergamts-Bezirke.	Betriebene Werke auf: Kupferwaaren.	Kaufblei.	Garkupfer.	Anzahl der Arbeiter.	Production grober Kupferwaaren 1861. Menge Ctr.	Werth Thlr.
Gumbinnen	1	—	—	5	235	8 650
Königsberg	2	—	—	16	420	18 140
Danzig	1	—	—	3	100	4 200
Marienwerder	1	—	—	3	120	6 500
Liegnitz	1	—	—	12	1 090	57 800
Breslau	1	—	—	16	950	38 000
Oppeln	1	—	—	2	25	1 500
Breslau	8	—	—	57	2 940	133 790
Stettin	3	—	—	9	300	10 500
Frankfurt	1	—	—	6	670	28 140
Stadt Berlin	1	—	—	202	7 300	292 000
Potsdam	[1] 1	—	—	28	4 007	165 541
Magdeburg	—	2	—	3	2 718	103 046
Merseburg	—	—	1	56	7 151	237 644
Erfurt	1	—	—	3	200	8 200
Halle	7	2	1	307	29 438	845 071
Minden	1	—	—	3	321	17 334
Münster	1	—	—	5	103	4 300
Arnsberg	2	—	—	7	760	31 000
Dortmund	4	—	—	15	1 184	52 634
Arnsberg	1	—	—	7	1 000	38 000
Düsseldorf rechts d. Rh. ...	1	—	—	14	3 000	120 000
Bonn	2	—	—	21	4 000	158 000
Insgesammt	21	2	1	400	30 560	1.189 495

[1] Staatswerk.

Als Nebenproduct stellt das Laboratorium der Mannsfeldschen Gewerkschaft im Regierungsbezirk Merseburg **Selen** dar, und zwar in den Jahren

	1859	1860	1861
mit Arbeitern	—	—	3
(deren Angehörige	—	—	2)
Production ℔	6	1½	5
deren Werth Thlr.	330	75	275

3. Messing.

Im preussischen Staate gingen überhaupt

	1858	1859	1860	1861
Messingwerke	27	31	33	37
Arbeiter darin	403	449	607	926
deren Frauen und Kinder	1 075	1 195	1 868	1 828
Production Ctr.	32 980	36 306	33 880	34 969
deren Werth Thlr.	1.227 318	1.252 010	1.202 089	1.152 725
davon in Staatswerken "	237 000	156 140	153 175	129 239

Das Erzeugniss des letzten Jahres vertheilt sich auf die Regierungsbezirke, wie folgt.

(161.) Regierungsbezirke. — **Oberbergamts-Bezirke.**	Betriebene Werke auf			Anzahl der Arbeiter.	Production von Messing 1861.	
	Messing.	grobe Kupferwaaren.	Gusswaaren aus Roheisen		Menge Ctr.	Werth Thlr.
Danzig	—	—	1	—	128	4 267
Breslau	—	—	1	—	128	4 267
Stralsund	—	—	3	—	290	9 700
Stadt Berlin	3	1	4	427	9 427	355 940
Potsdam	¹) 1	—	—	69	3 460	129 239
Halle	4	1	7	496	13 177	494 879
Münster	1	—	—	3	191	6 376
Arnsberg	17	—	—	87	5 375	210 734
Düsseldorf	—	—	3	—	182	6 908
Dortmund	18	—	3	90	5 748	224 018
Arnsberg	8	—	—	229	9 326	224 188
Köln links d. Rheins	—	—	1	30	510	50 000
Aachen	7	—	—	61	6 060	155 373
Bonn	15	—	1	340	15 896	429 561
Insgesammt	37	1	12	926	34 969	1.152 725

¹) dem Staate gehörig.

F. Hüttenwerke auf sonstige Producte.

Die **Smalte**-Fabrikation ist auf das einzige Blaufarbenwerk zu Hasselrode im Regierungsbezirk Magdeburg beschränkt. Sie beschäftigte

	1858	1859	1860	1861
Arbeiter	4	4	4	3
deren Frauen und Kinder	19	19	16	10
Erzeugt wurden Ctr.	203	177	195	141
zum Werthe von Thlr.	3 425	2 993	3 100	2 730

Nickelfabrikate (Nickelspeise, Würfelnickel, Neusilber u. s. w.) liefern hauptsächlich 2 Messingwerke zu Berlin, im Jahre 1861 zusammen 4 500 Ctr von 320 000 Thlr Werth, ausserdem 1 besonderes Hüttenwerk im Regierungsbezirk Arnsberg (Dortmunder Antheil), welches mit 26 Arbeitern 250 Ctr von 36 000 Thlr Werth producirte. Der Betrieb während der letzten Jahre war:

	1858	1859	1860	1861
betriebene Hütten für Nickelfabrikate	6	5	5	1
Arbeiter darin	152	233	212	26
deren Frauen und Kinder	481	562	166	58
Production ... Ctr	3 904	3 787	6 330	4 750
deren Werth ... Thlr	289 431	287 500	441 338	356 000

Arsenikfabrikate werden in drei schlesischen Hütten bereitet. Die Productionsverhältnisse und zwar in den Regierungsbezirken Liegnitz und Breslau waren:

	1858	1859	1860	1861
Arbeiter	—	—	—	41
deren Angehörige	—	—	—	86
Production ... Ctr	4 909	4 398	5 610	6 089
deren Werth ... Thlr	21 323	18 780	24 192	24 110

Der Liegnitzer Regierungsbezirk war im Jahre 1861 dabei mit 2 Hütten, 6 Arbeitern, 3 206 Ctr und 10 252 Thlr betheiligt; der Rest fiel auf den Breslauer Bezirk.

Eine Hütte zu Altena im Regierungsbezirk Arnsberg (Oberbergamtsbezirk Dortmund) ist jetzt innerhalb des preussischen Staates die einzige Erzeugungsstätte von **Antimon**. Der Betrieb gestaltete sich:

	1858	1859	1860	1861
betriebene Hütten	2	2	2	1
beschäftigte Arbeiter	6	4	4	4
deren Frauen und Kinder	13	11	12	11
Production ... Ctr	390	179	125	200
deren Werth ... Thlr	4 240	2 971	2 054	4 000

Wegen der Hüttenwerke für Alaun, Vitriol und Schwefel wird auf Theil III. dieses Abschnitts verwiesen, wegen der Production von Selen auf Theil V.E., wegen der Production von Cadmium auf Theil V.C.

VI. Die Arbeiterverhältnisse.

A. Grösse der Arbeiter-Bevölkerung.

Umstehende Tabelle giebt eine Nachweisung der in den letzten Jahren bei berg- und hüttenmännischen Unternehmungen (Theil II.—V.) thätig gewesenen Arbeiter und der von ihnen zu ernährenden Angehörigen (Frauen und Kinder), unterschieden nach der vorwiegenden Production der betreffenden Werke. Bis 1860 ist der brandenburgisch-preussische Hauptbergdistrict ganz zum Oberbergamts-Bezirk Halle gerechnet, obgleich allerdings dessen nordöstliche Theile zum Breslauer Oberbergamts-Bezirk gehören.

(162.) Productionszweige. — Oberbergamts-Bezirke.	Anzahl der Arbeiter				Anzahl der Frauen und Kinder der Arbeiter[1])			
	1858	1859	1860	1861	1858	1859	1860	1861
Bergbau auf Erze excl. Vitriol- und Alaunerze:								
Breslau	10 404	8 664	9 083	8 997	16 782	15 903	15 541	14 198
Halle	3 969	3 944	3 801	3 898	6 641	6 709	6 670	6 633
Dortmund	8 004	2 258	2 794	3 287	4 939	3 973	4 800	5 412
Bonn	19 428	16 863	17 223	19 481	36 076	32 450	29 511	34 906
zusammen ...	36 805	31 729	32 901	35 663	64 438	59 035	56 522	61 144
Bergbau, Salinen- und Hüttenbetrieb auf Salze incl. Vitriol und Alaun:								
Breslau	49	113	144	148	142	273	243	251
Halle	1 746	1 619	1 514	1 650	3 705	3 643	3 381	3 697
Dortmund......	425	394	452	486	1 439	1 312	1 454	1 651
Bonn	618	585	702	609	1 718	1 594	1 767	1 569
zusammen ...	2 838	2 711	2 812	2 902	7 004	6 822	6 845	7 168
Bergbau auf Steine und Erden:								
Breslau	8	14	17	14	29	52	39	40
Halle	720	664	725	711	240	278	145	116
Dortmund......	—	—	—	—	—	—	—	—
Bonn	2 111	2 738	2 820	3 068	2 811	2 865	2 764	2 798
zusammen ...	2 839	3 416	3 562	3 793	3 080	3 195	2 948	2 954
Bergbau auf Stein- und Braunkohlen:								
Breslau	20 093	18 233	17 883	17 978	30 478	29 287	30 334	31 482
Halle	9 401	9 040	8 381	9 132	16 753	15 331	17 751	17 697
Dortmund	32 660	30 083	29 331	31 491	51 506	51 487	49 963	54 823
Bonn	18 227	18 074	18 925	20 372	33 729	35 956	37 218	39 663
zusammen ...	80 381	75 420	74 620	78 973	132 466	132 061	135 266	143 165
Metallhüttenbetrieb incl. Arsenikhütten:								
Breslau	15 834	14 947	15 794	16 830	23 184	28 431	30 192	33 908
Halle	8 939	7 239	7 679	6 149	18 452	15 800	15 618	14 377
Dortmund......	17 380	15 932	16 451	21 884	35 069	32 506	38 679	48 105
Bonn	17 536	15 788	15 211	16 307	37 900	32 952	32 882	33 597
zusammen ...	59 689	53 906	55 135	60 170	119 605	109 739	115 371	129 987
Insgesammt:								
Breslau	46 388	41 971	43 021	43 967	75 615	73 996	76 349	79 874
Halle	24 775	22 496	22 100	21 549	45 791	41 761	43 565	42 760
Dortmund	53 469	48 667	49 028	57 148	92 053	89 278	91 896	109 991
Bonn	57 920	54 048	54 881	58 837	112 234	105 817	104 142	111 739
zusammen ...	182 552	167 182	169 030	181 501	325 593	310 852	316 852	344 356

[1]) Frauen und Kinder der Arbeiter in Kalksteinbrüchen u. dgl. sind nicht angegeben.

B. Verunglückungen beim Bergbau.

Von den im Jahre 1861 beim Bergbau beschäftigten Personen stehen nicht unter Aufsicht der königlichen Bergbehörden: 509 Mann auf den Steinkohlengruben der Standesherrschaft Pless, 2 645 bei dem privaten Eisensteinbergbau in der Provinz Schlesien, 301 desgl. in Hohenzollern, 31 bei den Vitriol- und Alaunerzgruben der Oberlausitz, 82 bei den Dachschiefergruben in den Regierungsbezirken Liegnitz, Erfurt und Arnsberg, zusammen 3 568 Mann. Unter Aufsicht der Bergbehörden wurden mithin 115 899 Arbeiter beschäftigt; von diesen sind 228, d. h. 1 auf je 508, verunglückt. Die Zahl der umgekommenen Personen vertheilt sich auf die Oberbergamtsbezirke (wobei das frühere Bergamt Rüdersdorf bis 1860 ganz zu Halle gezählt ist), wie folgt:

Bezirk	Anzahl der Arbeiter				Anzahl der Verunglückten			
	1858	1859	1860	1861	1858	1859	1860	1861
Breslau	25 930	23 951	24 353	23 884	43	44	30	42
Halle	14 357	13 988	13 298	14 283	25	15	20	26
Dortmund	35 697	32 388	32 270	34 895	47	76	63	98
Bonn	39 643	37 422	38 960	42 837	75	72	98	62
zusammen	115 627	107 749	108 901	115 899	190	207	211	228
und zwar bei der Gewinnung								
von Steinkohlen	68 734	64 454	64 165	67 720	113	154	150	167
„ Braunkohlen	11 029	10 391	9 938	10 744	20	15	19	23
„ Erzen	32 404	29 328	30 977	33 347	49	35	33	30
„ anderen Mineralien	3 460	3 576	3 801	4 088	8	3	9	8
Es stürzten in den Schacht					32	46	39	32
es wurden erschlagen					97	88	101	97
in schlagenden Wettern gingen zu Tode					4	12	26	45
und auf andere Weise verunglückten					57	61	45	64

Ausserdem verunglückten		1858	1859	1860	1861
bei den Aufbereitungsanstalten	Mann	—	3	2	—
„ Hüttenwerken	„	12	7	7	4
„ Salinen	„	2	—	2	—

C. Knappschaftsvereine.

Die berg- und hüttenmännische Bevölkerung bildet in den Bergbau-Districten oder auf grösseren Einzelwerken besondere Genossenschaften unter dem Namen von Knappschaften oder dergl. zu gegenseitiger Unterstützung der Mitglieder. Sie gewähren vorzugsweise den meistberechtigten Mitgliedern: 1. in Krankheitsfällen freie Kur und Arznei; 2. ein entsprechendes Krankenlohn während der Dauer der ohne eigenes grobes Verschulden eingetretenen Arbeitsunfähigkeit; 3. eine lebenslängliche Invaliden-Unterstützung bei einer ohne grobes Verschulden eingetretenen Arbeitsunfähigkeit; 4. einen Beitrag zu den Begräbnisskosten der Mitglieder und Invaliden; 5. eine Unterstützung der Wittwen auf Lebenszeit resp. bis zur etwaigen Wiederverheirathung; 6. eine Unterstützung zur Erziehung der Kinder verstorbener Mitglieder und Invaliden bis nach zurückgelegtem vierzehnten Lebensjahre. Oft treten noch andere Unterstützungsarten hinzu. Das Gesetz vom 10. April 1854, betreffend die Vereinigung der Berg-, Hütten- und Salinenarbeiter in Knappschaften, verallgemeinerte die bisher nicht überall herbeigeführte Bildung solcher Vereine, regelte das Verhältniss der Behörden zu denselben und bestimmte die Beiträge der Werkseigenthümer auf ½ bis ¼ der Arbeiter-Beiträge.

Am Schlusse des Jahres 1862 bestanden im preussischen Staate folgende Knappschaften unter Aufsicht der Bergbehörden:

a) im brandenburgisch-preussischen Haupt-Bergdistrict: 1. Hauptknappschaft für den District (auf dem Aussterbe-Etat), 2. Provinzial-Knappschaft zu Rüdersdorf für die gewerkschaftlichen Werke, 3. Rüdersdorfer Administrations-Knappschaft für die landesherrlichen Werke, 4. Sperenberger Knappschaft, 5. Hegermühler Knappschaft, 6. Kupferhammer Knappschaft, 7. Knappschaft der Berliner Eisengiesserei, 8. der Eisenspalterei, 9. Peitzer Knappschaft, 10. Torgelower Knappschaft, 11. Vietzer Knappschaft, 12. Woudolleker Knappschaft, 13. Kolberger Knappschaft.

b) im schlesischen Haupt-Bergdistrict: 14. schlesische Knappschaft.

c) im niedersächsisch-thüringischen Haupt-Bergdistrict: 15. Wettiner, 16. Mansfelder Knappschaft, 17. Rothenburg-Siebigkeroder Steinbruchs-Gnadenlohnscasse, 18. Bottendorfer Knappschaft, 19. Sangerhausen-Riestädter, 20. Rottleberoder, 21. Kamsdorfer, 22. Suhler, 23. Halberstädter, 24. Schönebecker, 25. Hallische Salzwerks-Knappschaft (der k. Saline zu Halle), 26. Dürrenberger Knappschaft, 27. Dürrenberger Wittwen- und Waisencasse, 28. Arternsche Knappschaft, 29. Arternsche Wittwen- und Waisencasse, 30. Kösensche Knappschaft, 31. Kösensche Wittwen- und Waisencasse, 32. Schwemsaler Knappschaft, 33. oberbergamtliche Unterstützungscasse zu Halle.

d) im westfälischen Haupt-Bergdistrict: 34. märkische Knappschaft, 35. märkischer Tagelöhner-Fonds, 36. Essen-Werdensche Knappschaft, 37. Essen-Werdenscher Taglöhnerfonds, 38. Mühlheimsche Knappschaft, 39. Altenbekener, 40. Tecklenburg-Lingensche Knappschaft, 41. Tecklenburg-Lingenscher Taglöhner-Kurfonds, 42. Minden-Ravensbergische Knappschaft, 43. Neusalzwerker, 44. Königsborner.

e) im rheinischen Haupt-Bergdistrict: 45. Siegensche Bezirks-Knappschaft, 46. Müsener Knappschaft, 47. Wetzlarer, 48. Dürener, 49. Knappschaft des Wormreviers, 50. Eschweiler, 51. Brühler, 52. Saarbrücker, 53. Hostenbacher.

Die sämmtlichen hier genannten Vereine hatten im Jahre 1852: 56 462 active Mitglieder, welche 6.381 561 Thlr. Lohn verdienten, dann 2 881 Invaliden, 4 987 Wittwen und 6 167 Waisen als Gnadenlöhner. Ihr Vermögen betrug 1.291 412 Thlr., die Einnahme 448 145 Thlr. (Nutzungen und Zinsen von Capitalien 55 885, Beiträge der Mitglieder 228 258, der Werksbesitzer 156 085), die Ausgaben 408 128 Thlr. Letztere vertheilen sich auf folgende Posten: Pensionen an Invaliden 60 699, an Wittwen 70 340, an Waisen 30 892, Kur- und Arzneikosten 72 690, Krankengelder aus der Knappschaftscasse 38 527, aus den Werkscassen 34 112, für Lazarethe, Krankenstuben u. dgl., Beihilfe zu den Begräbnisskosten, sowie ausserordentliche Unterstützungen 21 665, Unterrichtskosten und Schulgelder 33 622, Verwaltungskosten 10 684 Thlr.

Von den nicht unter Aufsicht der Behörden stehenden Vereinen waren bekannt: *f)* im niedersächsisch-thüringischen Haupt-Bergdistrict: 54. Thalsarmenbeutel, 55. Unterstützungs-Verein, 56. Medicinalverband zu Halle (diese drei für die pfännerschaftliche Saline), 57. Kötschauer Knappschaft, 58. Teuditzer.

g) im rheinischen Haupt-Bergdistrict: 59. Knappschaft des Reviers Grund Seel- und Burbach, 60. der Eschweiler Gesellschaft für Bergbau und Hütten, 61. Stolberger Gesellschaft für Bergbau und Zinkfabrikation, 62. Gesellschaft Allianz, 63. Gemünder Puddlingswerk, 64. Wohlfahrt bei Rehscheid, 65. Silberberg bei Strittерhof, 66. Gewerkschaft Pirath und Jung, 67. Grube Meinertzhagen, 68. Grube Kalmutherberg, 69. Gutehoffnung, Bernardy und Susanna, 70. Hülfscasse der Asbacher Eisenhütte, 71. der Gräfenbacher Hütte, 72. Dillingen, Geislautern, Bettingen und Münchweiler, 73. Cetto'sche, Dörrenbacher und Urexweiler Kohlengruben, 74. Werlauer Knappschaft, 75. Neuenkirchener Eisenhütte.

Diese 22 Vereine hatten im Jahre 1852 zusammen 5 269 Mitglieder und 17 208 Thlr. Ausgaben.

Für das Jahr 1860 sind im Oberbergamts-Bezirk Bonn die Resultate aller Knappschaften auf den privaten Berg- und Hüttenwerken gesammelt. Es bestehen danach folgende Knappschaftsvereine:

a) auf der rechten Rheinseite 12: Eisern-Gosenbacher zu Siegen, Müsener, Brilon-Ramsbeck-Stadtberger zu Brilon, Olper, Arnsberger, Wetzlarer, Kirchen-Haller-Burbacher zu Herdorf, Hamm-Unkeler zu Beul, Bensberg-Solinger zu Deuz, Oberberg-Wildenburger zu Ründeroth, Werl-Neuwerk-Höpper zu Werl, Westernkottener (am 1. October 1859 constituirt). Dieselben hatten am Schluss des Jahres 6 489 ständige und 6 678 unständige active Mitglieder, 154 Ganzinvalide, 20 Halbinvalide, 581 Wittwen, 604 vaterlose und 60 elternlose Waisen. Sie nahmen 78 971 Thlr. ein und verausgabten 68 412 Thlr., ihr Vermögen bestand aus 143 075 Thlr. Capital und 1 510 Thlr. Inventarienwerth.

b) auf der linken Rheinseite 23: Worm-Knappschaft, Ichenberger Knappschaft, Lendersdorfer, Günnersdorfer, Knappschaft von Eschweiler Pümpchen, Stolberger Knappschaft, Eschweiler, Meinerzhagener, Brühler, Mosel, Quinter, Gemünder Knappschaft, Neunkircher Knappschaftsverein (Vorstand am 4. September 1861 constituirt), Knappschaftsverein der Burbacher Hütte (im Januar 1861 ins Leben getreten), der Rheinböller Hütte, der Asbacher und Gräfenbacher Hütte, der Stromberger Neuhütte, der Mariahütte, des Stahlwerks Goffontaine, der Dillinger Hütten (zu Anfang 1861 ins Leben getreten), der Steinkohlengrube Hostenbach, des Reviers St. Wendel, des Reviers St. Goar. Die Einnahmen dieser Vereine betrugen 1860: 107 503, die Ausgaben 81 470, ihr Vermögen am Schluss des Jahres 237 520 *Rt*.

VII. Das grosse Capital im Bergbau und Hüttenbetrieb.

Der hauptsächlich durch das Eisenbahnwesen hervorgerufene ungeheuere Bedarf an Eisen und Steinkohlen ist die Ursache, dass um dieselbe Zeit, in welcher das Eisenbahnwesen seinen höheren Aufschwung genommen, das grosse Capital sich auch auf die Berg- und Hütten-Unternehmungen, namentlich auf den Steinkohlenbergbau und das Eisenhüttenwesen warf und Anlagen schuf, die an Grossartigkeit und Productionsfähigkeit frühere Schöpfungen beträchtlich in den Schatten stellen. Wie gross die Summen sind, welche von den seit 1834 ins Leben gerufenen Capitalgesellschaften für jene Zwecke aufgewendet wurden, lehren folgende kurze Nachweisungen über dieselben. Von dem beigesetzten Actiencapital sind bei vielen Gesellschaften grössere oder kleinere Beträge noch nicht ausgegeben. Die Mannsfeldsche Kupferschiefer bauende Gesellschaft und die Georg v. Giesche'schen Erben sind keine Actiengesellschaften im strengen Wortsinn, geniessen aber die Rechte juristischer Personen. Erstere entstand durch Verbindung der Silber-, Kreuz-, Kupferhammer-, ober- und mittelhüttischen Gewerkschaft; ihre Kuxe sind in 90stel theilbar. Die Antheile der von Giesche'schen Erben dürfen in keinen geringeren Bruch als ⅛ getheilt werden.

Datum der Bestätigung.	Sitz der Gesellschaft. Regierungsbezirk.	Sitz der Gesellschaft. Ortschaft.	Name der Gesellschaft.	Autorisirtes Actiencapital. *Rt*	Autorisirtes Actiencapital. Actien.
1 Aug. 1834	Aachen	Eschweiler Pumpe	Eschweiler Bergwerks-Verein	3.200 000	3 200
30. Oct. 1836	"	Aachen	Vereinigungs-Ges. für Steinkohlenbau im Wormrevier	2.700 000	13 500
28. Mai 1838	"	"	Metallurgische Gesellschaft	1.200 000	6 000
14. März 1840	Düsseldorf	Düsseldorf	*Ges. der Hardenbergischen Kohlenbergwerke	640 000	2 400
20. Juni 1842	Aachen	Pannesheide	*Pannesheider Bergwerks-Verein	1.200 000	2 400
15. Nov. 1844	Potsdam	Berlin	Rauenscher Bergwerks-Verein	350 000	700
31. Dec. 1845	Aachen	Aachen	Actien-Ges. für Bergbau, Blei- und Zinkfabrikation zu Stolberg und in Westfalen	8.000 000	80 000
1. Sept. 1848	"	Eschweiler	Eschweiler Ges. f. Bergbau u. Hütten	1.500 000	† 15 000
21. " "	Düsseldorf	Düsseldorf	Englisch-belgische Ges. der rheinischen Bergwerke	666 667	2 500
22. Oct. 1849	Köln	Köln	Kölner Bergwerks-Verein	2.000 000	10 000
18. Nov. 1850	Düsseldorf	Oberhausen	Kohlenbergbau-Ges. »Concordia«	1.100 000	2 200
30. Mai 1851	Trier	Dillingen	Ges. der Dillinger Hüttenwerke	1.500 000	300
" "	Aachen	Stolberg	»Allianz«, anonyme Ges. f. Bergbau und Hüttenbetrieb	1.066 667	8 000
23. Oct. "	Düsseldorf	Hochdahl bei Erkrath	*Hüttenwerk »Eintracht«	180 000	90
9. Febr. 1852	Merseburg	Eisleben	Mannsfeldsche Kupferschiefer bauende Gesellschaft	—	768

Datum der Bestätigung.	Sitz der Gesellschaft. Regierungs-bezirk.	Ortschaft.	Name der Gesellschaft.	Autorisirtes Actiencapital. ℳ	Actien.
13. Febr. 1852	Arnsberg	Arnsberg	Rheinisch - westfälischer Bergwerks - Verein	660 000	2 800
16. » »	»	Hörde	Hörder Bergwerks- und Hütten-Verein	4.000 000	20 000
23. » »	Aachen	Aachen	Drahtfabrik - Compagnie	78 400	196
10. März »	Düsseldorf	Düsseldorf	Belgisch-rheinische Ges. der Steinkohlen-Bergwerke an der Ruhr	533 333	2 000
10. Nov. »	»	Laar bei Ruhrort	»Phönix«, A.-G. für Bergbau und Hüttenbetrieb	3.600 000	† 21 000
16. Mai 1853	Aachen	Hütte am Ichenberg	»Concordia«, Eschweiler Verein für Bergbau und Hüttenbetrieb	1.000 000	5 000
13. Juni »	Köln	Köln	Ges. f. rheinischen Bergwerks- u. Kupferhüttenbetrieb	1.000 000	10 000
6. Juli »	Potsdam	Berlin	Braunkohlen - Verein zu Berlin	100 000	1 000
9. Aug. »	Arnsberg	Dortmund	Bergbau - Ges. »Vereinigte Westfalia«	1.000 000	3 000
6. Sept. »	Düsseldorf	Mülheim a. d. Ruhr	Bergwerks-Verein Friedrich-Wilhelmshütte zu Mülheim	545 000	1 090
23. » »	Breslau	Breslau	Schlesische A.-G. für Bergbau und Zinkhüttenbetrieb	10.000 000	† 100 000
7. Nov. »	Köln	Bonn	Bonner Bergwerks- und Hütten-Verein	1.000 000	10 000
5. Dec. »	Arnsberg	Dortmund	Massener Ges. für Kohlenbergbau	1.200 000	6 000
23. Juni 1854	»	Bochum	Bochumer V. f. Bergbau u. Gussstahl - Fabrikation	1.000 000	10 000
4. Aug. »	»	Iserlohn	Märkisch - westfälischer Bergwerks - Verein	600 000	3 000
13. Nov. »	Düsseldorf	Neanderthal bei Elberfeld	A.-G. für Marmor - Industrie	300 000	1 000
26. März 1855	Breslau	Breslau	Königshulder Stahl- und Eisenwaaren - Fabrik	120 000	300
22. Oct. »	»	»	»Minerva«, schlesische Hütten-, Forst- u. Bergbau-Ges.	5.000 000	† 25 000
31. Dec. »	Merseburg	Halle a. d. S.	Sächsisch - thüringische A.-G. für Braunkohlen-Verwerthung	2.000 000	† 10 000
14. Jan. 1856	Arnsberg	Wattenscheid	Bergbau - Ges. »Holland«	850 000	† 1 700
4. Febr. »	Düsseldorf	Essen	» » »Neu - Essen«	750 000	1 500
10. März »	»	Hochdahl bei D.	Bergischer Gruben- und Hütten-Verein	1.000 000	5 000
19. » »	Oppeln	Tarnowitz in Ob.-Schl.	Tarnowitzer A.-G. für Bergbau u. Eisenhüttenbetrieb	600 000	6 000
26. » »	Arnsberg	Dortmund	Dortmunder Bergbau- u. Hütten-Gesellschaft	1.000 000	10 000
14. April »	Oppeln	Beuthen in Ob.-Schl.	Schlesische Bergwerks- u. Hütten-A.-G. »Vulcan«	1.000 000	10 000
30. » »	Köln	Köln	Kölnische Maschinenbau-A.-G.	3.000 000	15 000
7. Mai »	Arnsberg	Dortmund	Bergbau-A.-G. »Tremonia«	800 000	4 000
12. » »	Düsseldorf	Duisburg	» » »Neu - Duisburg«	500 000	2 500
17. » »	»	»	»Vulcan«, A.-G. f. Hüttenbetrieb u. Bergbau	1.600 000	8 000
9. Juni »	Magdeburg	Magdeburg	Magdeburger Bergwerks-A.-G.	800 000	† 1 600
11. » »	Düsseldorf	Duisburg	Rheinische Bergbau- u. Hüttenwesen-A.-G.	1.500 000	3 000
16. » »	»	Ruhrort	Ruhrorter Bergw.-Actien-Verein	600 000	3 000
9. Aug. »	Köln	Köln	Sieg - rheinischer Bergwerks- und Hütten-Actien-Verein	1.000 000	5 000
18. » »	Magdeburg	Magdeburg	Magdeburger A.-G. f. Mineralöl- u. Paraffin-Fabrikation	200 000	1 000
28. » »	Potsdam	Berlin	A.-G. für Fabrikation von Eisenbahnbedarf	2.000 000	10 000
7. Sept. »	Köln	Köln	Köln-Müsener Bergwerks-A.-V.	1.500 000	7 500
18. Oct. »	Düsseldorf	Mülheim a. d. Ruhr	Bergbau-A.-G. »Glückauf«	605 000	605

Datum der Bestätigung.	Sitz der Gesellschaft. Regierungs-bezirk.	Ortschaft.	Name der Gesellschaft.	Autorisirtes Actiencapital. Thlr.	Actien.
13. Oct. 1856	Düsseldorf	Mülheim a. d. Ruhr	Broicher Bergwerks-A.-V.	700 000	1 750
16. Dec. „	Arnsberg	Dortmund	Harpener Bergbau-A.-G.	1.100 000	5 500
22. „ „	Düsseldorf	Duisburg	Deutsch-holländischer A.-V. für Hüttenbetrieb u. Bergbau	1.000 000	2 500
29. „ „	Arnsberg	Dortmund	»Neu-Schottland«, Berg- u. Hütten-A.-V.	2.000 000	10 000
2. Febr. 1857	„	„	* A.-Ges. Paulinenhütte	800 000	4 000
„ „ „	Düsseldorf	Essen	Arembergsche A.-G. f. Bergbau u. Hüttenbetrieb	1.000 000	2 000
16. „ „	„	Duisburg	Bergbau-A.-G. »Medio-Rhein«	500 000	5 000
2. März „	Stettin	Stettin	Stettiner Maschinenbau-A.-G. »Vulcan«	1.000 000	5 000
8. April „	Düsseldorf	Essen	Bergwerks-A.-G. »Caroline«	450 000	900
20. „ „	„	Mülheim a. d. Ruhr	* Bergwerks-A.-V. der Mittelruhr	220 000	1 100
27. „ „	Arnsberg	Dortmund	Bergbau-A.-G. »Borussia«	600 000	3 000
11. Mai „	Düsseldorf	Essen	»Pluto«, Bergbau-A.-G.	1.050 000	† 1 850
12. „ „	Arnsberg	Dortmund	Eisenhütten-A.-G. »Blücher«	1.000 000	5 000
25. „ „	Düsseldorf	Oberhausen	A.-G. f. Eisenindustrie zu Styrum	500 000	500
19. Juni „	Arnsberg	Dortmund	Bergbau-A.-G. »Mark«	300 000	1 200
20. Juli „	Merseburg	Weissenfels	Werschen-Weissenfelser Braunkohlen-A.-G.	500 000	5 000
30. Juli 1857	Minden	Pforta	»Porta westfalica«, A.-G. f. Bergbau u. Hüttenbetrieb	1.000 000	2 000
22. „ „	Köln	Köln	»Saturn«, rheinischer Bergw.-A.-V.	640 000	6 400
10. Aug. „	Arnsberg	Dortmund	Aplerbecker A.-V. f. Bergbau	800 000	4 000
15. „ „	Potsdam	Berlin	Ornontowitzer A.-G. f. Kohlen- u. Eisenproduction	1.300 000	6 500
28. Sept. „	Arnsberg	Dortmund	Steinkohlen-Bergbau-A.-G. »Zollern«	1.400 000	14 000
22. März 1858	Potsdam	Berlin	Gühlitz-Vahrnower Braunkohlen-Actien-Gesellschaft	400 000	2 000
„ „ „	Düsseldorf	Essen an der Ruhr	Bergbau-A.-G. »Wilhelmine Victoria«	765 000	1 530
6. April „	„	Hurl (Kreis Rees)	»Prinz Leopold«, A.-G. f. Hüttenbetrieb, Puddlings- u. Walzwerk	350 000	350
„ „ „	Liegnitz	Görlitz	Prausker Bergwerks-A.-V.	60 000	† 600
„ „ „	Erfurt	Suhl	»Hennebergia«, A.-G. f. Bergbau u. Hüttenbetrieb	750 000	3 750
31. Mai „	Breslau	Breslau	A.-G. f. Bergbau u. Eisenhüttenbetrieb bei Nikolai	1.500 000	7 500
„ „ „	Arnsberg	Dortmund	Hütten-A.-G. »Leopold«	380 000	3 800
30. Juni „	„	„	»Helios«, A.-G. zur Gewinnung von Mineralöl, Paraffin etc.	400 000	2 000
5. Juli „	„	Altendorf (Kr. Bochum)	Bergbau-A.-G. »Galria«	500 000	1 250
17. Jan. 1859	Koblenz	Adenau	A.-G. »Thubalkain« f. Bergbau u. Hüttenbetrieb	200 000	400
2. Mai „	Arnsberg	Bochum	Steinkohlen-Bergbau-A.-G. »Vollmond«	1.200 000	† 7 000
27. Oct. „	Bromberg	Bromberg	Bergbau-A.-G. »Weichselthal«	400 000	† 1 600
13. April 1860	Breslau	Breslau	Georg v. Giesche'sche Erben	—	72
19. Oct. „	Arnsberg	Meggen bei Olpe	Bergbau- u. Hütten-A.-V. »Lenne-Ruhr«	500 000	2 500
11. Febr. 1861	Merseburg	Stolberg am Harz	Bergbau- u. Hütten-A.-G. zu Stolberg a. H.	475 000	4 750
22. Juni „	Arnsberg	Unna	Bergbau-A.-G. »Hellweg«	1.000 000	2 000

Die mit * bezeichneten Gesellschaften sind inzwischen unter Verschmelzung mit anderen oder wegen Concurses wieder aufgelöst, und zwar die zu Düsseldorf 1864, zu Pannesheide mittels Allerhöchsten Erlasses vom 26. März 1861, zu Hochdahl vom 15. Septbr. 1856, zu Duisburg vom 24. Decbr. 1860, zu Dortmund vom 19. Octbr. 1860, zu Mülheim vom 1. März 1858, einige andere sind im Erlöschen begriffen. Auch ist es möglich, dass ihre Auflösung in allerneuester Zeit schon erfolgt ist, ohne dass davon bis jetzt hier etwas Definitives bekannt wurde.

Von den mit † bezeichneten Actien sind Prioritäts-Stammactien: Eschweiler Ges. 8 500, Phönix 15 000 (à 200 Thlr), Schlesische Ges. 50 000, Minerva 5 000, Sächsisch-thüring. Ges. 1 750, Holland 700, Magdeburger Ges. 600, Pluto 250 (à 1 000 Thlr), Preusker Verein 200, Vollmond 2 000 (à 100 Thlr), Weichselthal 380. — Die Mannsfeldsche Gesellschaft erhielt unter dem 14. Juni 1859 ein Privilegium auf die Ausgabe von 2 500 Obligationen à 200 Thlr.

Eine jahrweise Zusammenstellung lässt die Schwankungen in der Betheiligung des Publicums an bergbaulichen Unternehmungen besser hervortreten; die grossen Capitalien, welche sich denselben 1855—58 widmeten, sind jedoch vielfach erst in den letzten Jahren zur Einziehung gelangt, so dass der Geldmarkt auch nach 1859 für den Bergbau noch stark in Anspruch genommen wurde.

(163.) Jahr der Gründung.		Gegründete Gesellschaften.	Autorisirtes Anlagecapital in Stammactien (einschliesslich späterer Emissionen) überhaupt Thlr	davon in Prioritäts-Stammactien Thlr	Actien.
1834		1	3.200 000	—	3 200
1836		1	2.700 000	—	13 500
1838		1	1.200 000	—	8 000
1840		1	640 000	—	2 400
1842		1	1.200 000	—	2 400
1844		1	350 000	—	700
1845		1	8.000 000	—	80 000
1848		2	2.166 667	850 000	17 500
1849		1	2.000 000	—	10 000
1850		1	1.100 000	—	2 200
1851		3	2.746 667	—	8 390
1852	1)	6	8.771 733	3.000 000	46 764
1853		8	15.845 000	5.000 000	135 080
1854		3	1.900 000	—	14 000
1855		8	7.120 000	1.350 000	35 300
1856		22	24.005 000	650 000	110 518
1857		17	13.060 000	250 000	67 450
1858		9	5.106 000	20 000	22 780
1859		3	1.800 000	295 000	9 000
1860	2)	2	500 000	—	2 572
1861		2	1.475 000	—	6 750
zusammen		89	104.885 067	11.415 000	598 514
davon aufgelöst		6	4.540 000	—	12 990
bleiben		83	100.345 067	11.415 000	585 524

1) incl. der Mannsfeldschen Gesellschaft. — 2) incl. der von Giesche'schen Erben.

VIII. Beförderung und Oberaufsicht des Berg- und Hüttenwesens durch den Staat. Betrieb fiscalischer Unternehmungen.

A. Staatsbehörden.

Oberste Aufsichtsinstanz über den gesammten Bergbau und gleichzeitig Leiterin der berg-, salinen- und hüttenbaulichen Unternehmungen des Staates ist die V. Ministerialabtheilung »für das Berg-, Hütten- und Salinenwesen« im Ministerium für Handel, Gewerbe und öffentliche Arbeiten.

Provinzialbehörden für dieselben Zwecke sind die 4 Oberbergämter. Als Beamte erster Aufsichtsinstanz über den Privatbergbau fungiren die Revierbeamten und Markscheider, während die Verwaltung der fiscalischen Werke besonderen Behörden übertragen ist. Eine Anzahl unbesoldeter Assessoren, Referendarien und Eleven befindet sich bei jedem Oberbergamt eingereiht.

Im Folgenden werden zuerst die allgemeinen Behörden für das Berg- und Hüttenwesen, sodann die Verwaltungen der fiscalischen Unternehmungen skizzirt werden.

1. Allgemeine Bergbau-Behörden.

Dem Director der Ministerialabtheilung sind vier vortragende Räthe und ein Baubeamter beigegeben. Die Abtheilung besitzt eine Plankammer und eine oberbergbauptmannschaftliche Casse. Zu ihrem unmittelbaren Ressort gehört die Bergakademie zu Berlin. Ihre Einnahmen betrugen 1861: Miethen und ökonomische Nutzungen 102, Pensionsbeiträge der Beamten 704, extraordinär 721 Thlr.; ihre Ausgaben: Besoldungen, Gebühren u. s. w. 35 620, Reisekosten und Diäten 2 447, Bureaubedürfnisse 3 113, Unterhaltung der Sammlungen 5 634, Unterhaltung der Dienstgebäude 464 Thlr. Ausserdem wurden verausgabt: zur Unterstützung für Beamte und deren Hinterbliebene im Bereich der gesammten Bergwerks-, Hütten- und Salinenverwaltung 11 989, zur Anziehung von Beamten und Arbeitern 7 266, Zuschüsse zu den Knappschaftscassen 12 805 Thlr.

Die Oberbergämter sind zwar alle gleichmässig organisirt, haben jedoch einen mehr oder minder grossen Umfang. Zu ihrem unmittelbaren Ressort gehören die Bergschulen, deren Lehrer theils von anderen Amtsverrichtungen frei sind, theils dergleichen ausserdem besorgen. Ihre Einnahmen waren 1861: Miethen und ökonomische Nutzungen 1 341, Pensionsbeiträge der Beamten 1 270 Thlr.; ihre Ausgaben: Besoldungen u. s. w. 79 038, Reisekosten und Diäten 11 396, Bureaubedürfnisse 8 404, Unterhaltung der Sammlungen 4 295, Unterhaltung der Dienstgebäude 3 029, Rechnungsvergütungen 4, zur Anziehung von Beamten und Arbeitern 10 790 Thlr. In jenem Jahre aber bestanden die seitdem aufgelösten Bergämter noch, deren Befugnisse gegenwärtig grossentheils den Oberbergämtern anheimgefallen sind. Es ist daher hier der Ort, auch die Abschlüsse der Bergämter anzuführen. Die Einnahmen derselben waren: Bergwerksabgaben 1.023 616, Markscheidergebühren und Sporteln 26 399, Miethen u. dgl. 2 073, Pensionsbeiträge 2 737 Thlr.; die Ausgaben: Besoldungen u. dgl. 187 571, Reisekosten und Diäten 35 008, Bureaubedürfnisse 10 786, Unterhaltung der Sammlungen 6 859, der Dienstgebäude 3 920, Rechnungsvergütungen 324, sonstige Ausgaben 3271 Thlr.

Ueber den Stand der Beamten am 20. Mai 1862 giebt umstehende Tabelle Auskunft.

(164.) Beamten-Kategorien.	Ministerial-Abtheilung.	Oberbergamt Breslau.	Oberbergamt Halle.	Oberbergamt Dortmund.	Oberbergamt Bonn.	Insgesammt.
Directoren	1	1	1	1	1	5
Vortragende Räthe resp. Mitglieder	4	5	5	5	6	25
Ehrenmitglieder	—	1	—	—	—	1
Baubeamte	1	1	2	1	2	7
Hilfsarbeiter im Collegium	3	4	3	2	4	16
Berghypotheken-Richter	—	1	1	2	1	5
Secretäre, Calculatoren, Registratoren	8	8	7	6	²) 10	39
Plankammer- und Bibliothekbeamte	1	—	—	—	—	1
Oberbergamts-Assistenten	—	6	1	4	3	14
Kanzleibeamte	4	4	4	4	²) 4	20
Kassenbeamte	3	3	3	3	3	15
Bureau-Hilfsarbeiter	—	5	5	8	—	18
Bergrevier-Beamte	—	10	14	15	25	64
Hilfsarbeiter beim Revierdienst	—	3	2	2	—	7
Bezirks-Markscheider	—	2	2	2	3	9
Markscheider	—	22	6	14	23	65
Lehrer an den Bergschulen	—	¹) 4	3	4	³) 4	15
Berg-Assessoren	—	1	—	1	2	4
Berg-Referendarien	—	3	8	5	15	31
Berg- oder Hütten-Eleven	—	9	7	5	3	24
Insgesammt	25	93	74	84	109	385

¹) ausserdem 1 anderer Beamter. — ²) je 1 bei der Berghypotheken-Commission in Siegen. — ³) ausserdem 5 andere Beamte.

2. Behörden für fiscalische Werke.

Ueber die Unternehmungen, welche der Staat für eigene Rechnung betreibt, ist in den Abschnitten II—IV. bereits die Rede gewesen; es findet sich dort die Anzahl der Werke und ihrer Arbeiter, sowie Menge und Werth der Production wärend der Jahre 1858—61 angegeben.

Zur Verwaltung der Gruben dienen: im Oberbergamts-Bezirk Breslau die Berginspectionen zu Tarnowitz (für die Friedrichsgrube), zu Königshütte (für die Königsgrube), zu Zabrze (für die Königin-Luisegrube und den Hauptschlüsselstolln); im Oberbergamts-Bezirk Halle die Berginspectionen zu Rüdersdorf, zu Wettin (für die Steinkohlengruben bei Wettin und Löbejün); im Oberbergamts-Bezirk Dortmund die Berginspection Ibbenbüren; im Oberbergamts-Bezirk Bonn die Bergwerks-Direction zu Saarbrücken, die Berginspectionen I. (für die Gruben Kronprinz Friedrich Wilhelm und Geislautern), II. (für Gerhard-Prinz Wilhelm), III. (für die Grube von der Heydt), IV. (für Dutweiler-Jägersfreude), V. (für Sulzbach-Altenwald und Friedrichsthal-Quirschied), VI. (für Beden-Merchweiler und König), VII. für Heinitz-Wellesweiler, die Bergfactorei Kohlwaage, der Tiefe-Königsstolln bei Herdorf und der Reinhold-Forsterstolln bei Eiserfeld; — zusammen 16 Behörden.

Für die Verwaltung der Hütten sind eingesetzt: im Oberbergamts-Bezirk Breslau die Hütteninspection zu Friedrichshütte, die Hüttenämter zu Königshütte, zu Gleiwitzerhütte, zu Rybnikerhütte, zu Malapane, zu Kreuzburgerhütte und zu Wondollek; im Oberbergamts-Bezirk Halle das Eisengiesserei-Amt zu Berlin, die Hüttenämter Messingwerk in Hegermühle, Kupferhammer bei Neustadt-Eberswalde und Eisenspalterei daselbst; im Oberbergamts-Bezirk Bonn das Hüttenamt zu Sayn; — zusammen 12 Behörden.

Zur Verwaltung der Salzbergwerke und Salinen bestehen: im Oberbergamts-Bezirk Halle die Salzämter zu Schönebeck (zugleich für die Braunkohlen-Gruben bei Altenweddingen und bei Eggersdorf), zu Dürrenberg (zugleich für die zur Saline gehörigen Braunkohlen-Gruben), zu Artern (desgl.), die Berg- und Salinen-Inspection zu Stassfurt (zugleich für die Braunkohlen-Grube bei Löderburg), die Salinenverwaltung zu Halle (zugleich für die Braunkohlen-Grube Zscherben), die Berginspection zu Erfurt; im Oberbergamts-Bezirk Dortmund die Salzämter zu Königsborn und zu Neusalzwerk; im Oberbergamts-Bezirk Bonn die Salinenverwaltung zu Münster am Stein, die Berg- und Salinen-Inspection zu Stetten; — zusammen 10 Behörden.

Die Einnahmen und Ausgaben der fiscalischen Werke sind in Tabelle 165, die Zahl der Beamten bei den betreffenden Behörden in Tabelle 166 aufgeführt.

(165.) Einnahme- und Ausgabe-Posten.	Ordentliche Einnahmen und Ausgaben 1861			
	bei den Gruben Thlr.	bei den Hütten Thlr.	bei den Salinen Thlr.	überhaupt Thlr.
Einnahmen:				
für Producte aller Art	7.316 242	2.946 088	1.351 546	11.613 876
an ökonomischen Nutzungen	241 829	43 942	30 934	316 705
an Pensionsbeiträgen der Beamten	548	805	655	2 008
zusammen	7.558 619	2.990 835	1.383 138	11.932 592
Ausgaben:				
Besoldungen der Beamten	36 913	52 848	33 713	123 475
Reisekosten, Diäten, Bureaubedürfnisse	14 876	8 469	3 682	27 027
Betriebskosten	5.073 250	2.151 418	450 259	7.674 927
Debitkosten	81 735	25 451	213 004	320 189
Bauten und Reparaturen	290 708	176 900	175 488	643 096
Abgaben und Grundentschädigung	91 029	3 460	3 972	98 461
Zuschuss zu den Knappschaftscassen	95 121	17 571	15 938	128 630
Rechnungsvergütungen	6 593	3	—	6 596
zusammen	5.690 225	2.436 129	896 056	9.022 401

Ausser den vorstehenden Ausgaben wurden verwendet: zu unvorhergesehenen Betriebsausgaben, Versuchen u. s. w. 36 638 Thlr.; zu ausserordentlichen Verwaltungsausgaben u. s. w. 37 667 Thlr.; Bauprämien für Bergleute, welche in der Nähe der k. Steinkohlengruben im Bergamts-Bezirk Saarbrücken für eigene Rechnung sich Wohnhäuser bauen, und Beihilfe zum Bau einer Chaussee von Kaltenmark nach Unterplötz resp. Löbejün und Domnitz 29 750 Thlr. — Die Summe sämmtlicher Einnahmen im Ressort der Ministerialabtheilung für Berg-, Hütten- und Salinenwesen betrug 1861 incl. 628 935 Thlr. Einnahmereste 12.992 155, die Summe aller Ausgaben incl. 187 037 Thlr. Ausgabereste 9.571 084 Thlr. Die Ausgleichung der Reste aus dem Jahre 1860 erforderte 441 898 Thlr., wogegen aus der Verwaltung der Einnahme- und Ausgabereste für die Vorjahre 292 056 Thlr. entnommen sind. Der an die General-Staatscasse abgeführte Ueberschuss betrug daher 3.271 229 Thlr.

(166.) Beamten-Kategorien.	Anzahl der Beamten am 20. Mai 1862 in den Oberbergamts-Bezirken				
	Breslau	Halle	Dortmund	Bonn	insgesammt
1. bei den Bergverwaltungen:					
Director	—	—	—	1	1
Dirigenten	3	2	1	7	13
Justitiar	—	—	—	1	1
Inspector	—	1	—	1	2
Hilfsarbeiter der Inspectionen	—	—	—	3	3
Factoren	2	3	1	14	20
Secretäre (Schichtmeister)	4	1	1	18	24
Assistenten	2	1	1	24	28
2. bei den Hüttenverwaltungen:					
Directoren	2	2	—	1	5
Dirigenten	5	2	—	—	7
Inspectoren	6	2	—	2	10
Factoren	11	8	—	1	20
Secretäre	15	1	—	2	18
Assistenten	7	—	—	—	7
3. bei den Salinenverwaltungen:					
Directoren	—	3	1	—	4
Dirigenten	—	3	1	2	6
Justitiar	—	1	—	—	1
Inspectoren	—	6	—	—	6
Factoren	—	11	3	—	14
Secretäre	—	14	2	2	18
Assistenten	—	2	—	—	2
Insgesammt	[1]) 57	[2]) 63	11	79	210

[1]) ausserdem 1 Beamter vom Oberbergamt. — [2]) desgl. 3.

B. Gesetze und Verordnungen.

Seit Anfang des Jahres 1859 ergingen folgende Allerhöchste Erlasse, Gesetze und Ministerialerlasse von allgemeinerer Bedeutung:

Datum	Gattung der Verordnungen u. dgl.	Inhalt der Verordnungen
6. Januar 1859.	Minist.-Erlass.	Normirung des Atmosphärendrucks und der Pferdekraft nach dem neuen Landesgewicht.
28. . .	.	Bezeichnung der höchsten zulässigen Dampfspannung, der Manometerscala und der Ventilbelastungen bei Dampfkesseln nach dem neuen Landesgewicht.
12. Febr. .		Aufenthalt der Bergexpectanten auf Privat-Berg- und Hüttenwerken.
2. März .		Verhältniss des Schürfers und Muthers zum Grundeigenthümer in denjenigen Theilen des Bergamts-Bezirks Essen, welche früher zum Herzogthum Berg gehörten.
28. Mai .		Berechtigung der gewerkschaftlichen Repräsentanten zur Empfangnahme der an die Gewerkschaft mit der Post eingehenden Gelder und Sachen.

Datum	Gattung der Verordnungen u. dgl.	Inhalt der Verordnungen
6. Juni 1859.	Minist.-Erlass.	Ermächtigung der östreichischen Nebenzollämter I. Classe zur Abfertigung des mit Ursprungszeugnissen versehenen Roheisens.
15. » »	»	Befugniss des Bergamts zur Anordnung ausserordentlicher Revisionen der Knappschaftscassen durch den Bergamts-Commissar.
22. » »	»	Ansatz der Kosten beim Berggegen- und Hypothekenbuche.
8. Juli »	»	Controle des Kosten- und Stempelansatzes für Hypothekengeschäfte u. s. w. bei den Bergämtern durch den Appellationsgerichts - Departements-Cassen- und Rechnungsrevisor.
19. »		Kostenansatz beim Berg-Hypothekenbuche.
25. »		Legitimation der Repräsentanten und Grubenvorstände zum Abschluss von Vergleichen u. s. w. über die der Gewerkschaft zustehenden Finderrechte und die Ansprüche der mit gestrecktem Felde Beliehenen auf die aus der Vierung verworfenen Flötztheile.
20. August »	»	Das durch den Erlass vom 19. Febr. 1856 vorgeschriebene Verfahren bei der Berufung eines Schiedsgerichtes.
5. Octbr. »	Allerh. Erlass.	Für das Civilsupernumerat erforderliche Schulbildung.
9. Novbr. »	Minist.-Erlass.	Nachtrag zu den Vorschriften vom 3. März 1856 über die Befähigung zu den technischen Aemtern der Berg-, Hütten- und Salinenverwaltung.
17. » »	»	Kosten für die Aufnahme von Haupt-Orientirungslinien.
2. Decbr. »	»	Zumuthung frischen Feldes zu bereits verliehenen Gevierfeldern.
15. Febr. 1860.	»	Ausdehnung der Verleihung auf in der Verleihungsurkunde nicht benannte Mineralien bei consolidirten Grubenfeldern.
15. März »	»	Anderweite Regulirung der Gebührensätze für die durch Gesetz vom 7. Mai 1856 vorgeschriebene Untersuchung der Dampfkessel.
21. » »	»	Zulässigkeit eines Verzichtes auf einzelne Grubenmaassen.
18. April »	»	Anwendbarkeit des Gesetzes vom 1. Juli 1821 auf Erzlager und flötzartige Lagerstätten überhaupt.
21. Mai »	(a) Gesetz.	Aufsicht der Bergbehörden über den Bergbau, Verhältnisse der Berg- und Hüttenarbeiter.
» » »	(b) »	Aufhebung der in bergamtlichen Verwaltungs-Angelegenheiten zu entrichtenden Gebühren und Sporteln.
12. Juni »	Circular-Verf.	Ausführung des Gesetzes vom 21. Mai. (b).
16. » »	Instruction	Ausführung des Gesetzes vom 21. Mai. (a).
7. Juli »	Minist.-Erlass.	Befugniss der mit Schürfscheinen versehenen Schürfer zur Benutzung der nach ihren Schürfpunkten führenden Wege.
30. August »	»	Freierklärung eines Bergwerkes in Folge von unterlassener Zahlung des Recessgeldes.
1. Septbr. »	Allerh. Ordre.	Genehmigung der Vorschriften für die Bergakademie zu Berlin.

Datum	Gattung der Verordnungen u. dgl.	Inhalt der Verordnungen
19. Septbr. 1860.	Minist.-Erlass.	Erwerbung von Bergwerkseigenthum durch die Eisenbahn-Gesellschaften.
20. Decbr. „	„	Frist der Schiedsrichter in gewerkschaftlichen Angelegenheiten für die Abgabe ihrer Entscheidung.
21. „ „	„	Anstellung von Verwandten und Dienern der Gewerken als Steiger gewerkschaftlicher Gruben.
2. Febr. 1861.	„	Nachtrag zu den Vorschriften vom 3. März 1856 über die Befähigung zu den technischen Aemtern der Berg-, Hütten- und Salinenverwaltung.
13. „ „	„	In die Arbeitsordnungen aufzunehmende Bestimmungen.
17. April „	„	Zulässigkeit der Berufung auf schiedsrichterliche Entscheidung über gewerkschaftliche Repräsentantenwahlen.
22. Mai „	Gesetz.	Ermässigung der Bergwerksabgaben.
1. Juni „	„	Anlegung von Hypothekenfolien für Gerechtigkeiten zur Gewinnung von Stein- und Braunkohlen in den vormals sächsischen Landestheilen, wo das kurfürstliche Mandat vom 19. August 1743 Gültigkeit hat.
8. „ „	Minist.-Erlass.	Frist zur Aufschliessung gemutheter Funde (Erlass vom 27. October 1855).
10. „ „	Gesetz.	Competenz der Oberbergämter.
29. „ „	Allerh. Erlass.	Ausführung der §§. 1 u. 2. des Gesetzes vom 10. Juni.
1. Juli „	Gesetz.	Errichtung gewerblicher Anlagen.
19. August „	Minist.-Erlass.	Erlaubnissertheilung bei Aufbereitungsanstalten.
31. „ „	Circular-Verf.	Instruction zur Ausführung des Gesetzes vom 1. Juli.
„ „ „	„	Neues Regulativ wegen Anlage von Dampfkesseln.
30. Septbr. „	Instruction.	Verfahren bei der Annahme von Muthungen und bei der Ertheilung der Bergwerksverleihungen excl. des Bonner Districts.
21. Octbr. „	Minist.-Erlass.	Bedingungen für die Verleihung von Districtsfeldern.
26. Novbr. „	„	Berichtigung und Auslegung der Instruction vom 30. Septbr. 1861.
28. Juni 1862.	Allerh. Erlass.	Aufhebung der Verpflichtung zur Ertheilung von Trauscheinen an die Berg-, Hütten- und Salinenarbeiter.
20. Octbr. „	Gesetz.	Bergwerks-Abgaben.

C. Bergwerksverleihungen und Zahl der Bergwerke.

Ueber den Umfang der bergbaulichen Speculation und des Bergbaubetriebes einerseits und über die Thätigkeit der Behörden anderseits giebt nachstehende Tabelle für die Jahre 1858—61 einen allgemeinen Ueberblick. Zu bemerken ist, dass dem Staate oder anderen Regalberechtigten gehörige Gruben keinen Platz darin gefunden haben, da es sich hier nur um Bergwerksverleihungen und um verliehene Bergwerke handelt. Dass die Zahl der am Jahresschluss vorhandenen Bergwerke mit der auf die Verleihungen und Consolidationen gestützten Berechnung nicht übereinstimmt, darf nicht befremden, da viele Gruben jährlich ins Freie gefallen sind. Bis 1860 gelten statt der Oberbergamtsbezirke Breslau und Halle die Bergamtsbezirke Tarnowitz und Waldenburg nebst der herrschaftlichen Bergwerksdirection Kattowitz resp. die Bergamtsbezirke Rüdersdorf, Halberstadt und Eisleben; fallen auch die Grenzen beiderlei Gebiete, der früheren und der heutigen, nicht ganz zusammen, so sind die Differenzen doch nicht erheblich genug, um eine Vergleichung der einschlägigen Verhältnisse der einzelnen Jahre zu verbieten.

(167.) Privatbergbau.	Jahr.	Oberbergamts-Bezirk Breslau.	Oberbergamts-Bezirk Halle.	Oberbergamts-Bezirk Dortmund.	Oberbergamts-Bezirk Bonn rechts vom Rhein.	Oberbergamts-Bezirk Bonn links vom Rhein.	Insgesammt.
Schürfscheine wurden nachgesucht	1858	223	458	87	149	—	917
	1859	86	281	36	66	—	489
	1860	49	146	34	68	—	297
	1861	45	148	28	55	—	276
Schürfscheine wurden ertheilt	1858	178	391	87	139	—	795
	1859	75	246	36	66	—	423
	1860	35	128	20	66	—	249
	1861	39	133	25	49	—	246
Schürfscheine wurden verlängert	1858	30	4	—	14	—	48
	1859	6	4	—	—	—	10
	1860	7	4	1	5	—	17
	1861	1	4	—	6	—	11
Muthungen gingen ein	1858	130	374	694	4 913	—	6 111
	1859	88	254	337	2 644	—	3 323
	1860	44	273	253	2 708	—	3 278
	1861	31	218	232	2 407	—	2 888
Muthungen wurden angenommen	1858	130	255	873	3 082	—	3 790
	1859	77	184	197	[1]) .	—	.
	1860	26	206	143	2 233	—	2 608
	1861	27	123	133	2 078	—	2 361
Muthungen wurden verlängert	1858	1	14	—	182	—	197
	1859	44	4	—	—	—	48
	1860	11	8	88	66	—	133
	1861	22	7	—	83	—	112
Verleihungen (links vom Rhein Concessionen) wurden ausgefertigt	1858	93	69	309	662	63	1 246
	1859	55	101	410	576	54	1 220
	1860	54	81	217	526	71	929
	1861	17	43	99	385	20	564
Consolidationen wurden genehmigt	1858	8	[2]) 12	10	51	—	81
	1859	10	[3]) 12	44	56	3	125
	1860	11	16	22	43	—	92
	1861	7	18	22	48	2	97
Am Schluss des Jahres waren verliehene Bergwerke vorhanden	1858	[4]) 791	361	2 228	3 331	997	7 708
	1859	[5]) 839	379	2 306	3 659	1 014	8 297
	1860	[5]) 862	442	2 456	3 992	1 105	8 857
	1861	884	416	2 456	4 182	1 121	9 059
Von den verliehenen Bergwerken wurden betrieben	1858	221	216	413	2 363	458	3 671
	1859	211	215	369	880	378	2 053
	1860	192	243	396	797	322	1 890
	1861	189	206	336	828	242	1 801

[1]) nicht angegeben. — [2]) mit einer Verminderung der Bergwerke um 26. — [3]) im Bergamtsbezirk Eisleben 5 Consolidationen mit Verminderung der Bergwerke um 16. — [4]) darunter bei der Bergwerksdirection zu Kattowitz 18 reservirte Felder und 9 von der Grundherrschaft verliehene Gruben. — [5]) desgl. 13 reservirte Felder und 10 Gruben.

Ausserdem findet auf Grund des Regulativs vom 13. Novbr. 1848 im Oberbergamts-Bezirk Halle und in der Oberlausitz (Ob.-B.-Bez. Breslau) ein umfangreicher Bergbau mit Bauerlaubniss-Scheinen statt. Es wurden dort

	1858	1859	1860	1861
Erlaubniss-Scheine ertheilt	14	18	38	19
darunter als Erweiterungen und Erneuerungen	.	9	16	.
Gruben mit solchen Scheinen gezählt	297	340	378	382
darunter im Betriebe	137	180	196	176

Von denselben sind 16 Bergwerke standesherrlich verliehen. In der Oberlausitz wurden im letzten Jahr 4 Bauerlaubniss-Scheine ertheilt; 27 Bergwerke waren am Schlusse desselben mit solchen Scheinen versehen und 22 davon im Betriebe.

D. Unterrichtsanstalten.

Ausser den Universitäten dient für den höheren Unterricht in den montanistischen Lehrgegenständen die **Bergakademie** zu Berlin. Für den mittleren, theoretischen und praktischen Unterricht bestehen 8 **Bergschulen** und zwar: im Oberbergamts-Bezirk Breslau zu Tarnowitz und Waldenburg, im Bezirk Halle zu Eisleben (mit Vorschulen in Eisleben, Halberstadt, Wettin und Rüdersdorf), im Bezirk Dortmund zu Bochum und Essen, im Bezirk Bonn zu Siegen, Düren und Saarbrücken. Diese Anstalten werden theilweis aus Staatscassen und Bergbau-Hilfscassen, theilweis aus Beiträgen der Gewerken und aus eigenen Einnahmen unterhalten.

E. Bergbau-Hilfscassen.

In den Provinzen Schlesien und Westfalen bestehen besondere Fonds zu gemeinsamem Nutzen des Bergbaues, und zwar: die oberschlesische Steinkohlen-Bergbau-Hilfscasse, die niederschlesische desgl., der Freikuxgelderfonds für Kirchen und Schulen in Schlesien, die westfälische Steinkohlen-Bergbau-Hilfscasse, der Fonds zum Nutzen des Bergbaues im Essener Bezirk, desgl. im Bochumer Bezirk. Deren Einnahmen und Ausgaben sind beispielsweise für 1863 folgendermaassen veranschlagt:

(168.) **Vermuthliche Einnahmen und Ausgaben 1863.**	Oberschlesische Hilfscasse.	Niederschlesische Hilfscasse.	Schlesischer Freikuxgelder-Fonds.	Westfälische Hilfscasse.	Essener Fonds.	Bochumer Fonds.	Summa.
a) Einnahmen:							
1) Capitalzinsen	16 930	13 630	—	2 234	630	3 707	37 131
2) Beiträge von den Gewerken..	—	—	11 080	—	—	—	11 080
3) Beiträge aus Staatsfonds......	—	—	1 845	—	—	—	1 845
4) ökonomische Nutzungen und sonstige Einnahmen	20 070	20	5	—	—	9	20 104
zusammen.....	37 000	13 650	12 930	2 234	630	3 716	70 160
b) Ausgaben:							
1) zur Anziehung von Beamten, Unterbeamten und Arbeitern..	6 600	6 800	—	400	2 060	2 700	18 560
2) zur Unterstützung gewerkschaftlicher und im allgemeinen Bergbau-Interesse liegender Unternehmungen...............	40 420	6 850	—	1 834	1 408	1 209	51 721
3) Ausgaben für Kirchen u. Schulen	—	—	12 930	—	—	—	12 930
zusammen.....	47 020	13 650	12 930	2 234	3 468	3 909	83 211

F. Bergbauliche Communications-Anstalten.

Vom Oberbergamts-Bezirk Bonn ist die Länge der auf den Gruben vorhandenen **Schienenbahnen** bekannt. Die einfache Länge aller Bahnen war am Schluss der Jahre

der Jahre	1851	1856	1861	
mit gusseisernen Winkelschienen für deutsche Grubenwagen	2,876	2,308	0,748	preuss. Meilen,
mit gewalzten T-Schienen im Revier St. Wendel			0,174	„ „
mit gewalzten Winkelschienen für deutsche Grubenwagen	10,602	19,810	23,497	„ „
mit aufrechtstehenden gewalzten Schienen (incl. Vignolschienen)	20,095	41,766	77,990	„ „
Holzbahnen (Strossbäume), mit Bandeisen belegt	2,324	4,232	3,237	„ „
Holzbahn ohne Eisen (fast nur in Abbaustrecken)	5,976	7,308	9,294	„ „
Summe	42,273	75,530	114,960	preuss. Meilen,
darunter Eisenbahnen über Tage	4,989	9,508	17,628	„ „
„ „ unter Tage und Holzbahnen	37,284	66,022	97,312	„ „

Von den Eisenbahnen über Tage hatten in den Jahren

	1856	1861	
einfache Spur	22 669	46 800	Lachter (3800 = 1 Meile)
doppelte Spur	5 780	8 330	„
von den Eisenbahnen unter Tage:			
einfache Spur	145 319	215 711	„
doppelte Spur	33 025	50 578	„
von den Holzbahnen ohne Eisen:			
einfache Spur	25 578	33 245	„
doppelte Spur	866	107	„
Die Anzahl der Förderwagen betrug	8 187	11 772	

G. Tiefbohrungen des Staates.

Die Bohrarbeiten, welche der Staat auf **Quell- und Steinsalz** unternimmt, werden regelmässig von Jahr zu Jahr bekannt gemacht. Sie erstreckten sich auf folgende Punkte:

1858: Bohrloch III. bei Sosnitza unweit Gleiwitz, bei Goczalkowitz südlich Pless, bei Nieder-Jastrzemb südlich Loslau, Bohrloch IV. zu Elmen bei Schönebeck, III. bei Spergau unweit Dürrenberg, bei Kösen, bei Lüttgeneder unweit Warburg, zu Bad Oeynhausen bei Rehme;

1859: bei Nieder-Jastrzemb, bei Goczalkowitz, IV. zu Elmen (beendigt und bis 1722 Fuss Teufe wieder gefüllt) und V., III. bei Dürrenberg, zu Bad Oeynhausen;

1860: bei Goczalkowitz, V. zu Elmen, III. bei Dürrenberg;

1861: V. zu Elmen (beendigt, bleibende Teufe 1507 Fuss), VI. daselbst, VII. in der Nähe von Salze, III. bei Spergau.

Neunter Abschnitt.

Die grosse und kleine Industrie.

Aus der Fülle des Stoffes, welcher für diesen Abschnitt in den Gewerbetabellen u. a. Nachweisungen vorliegt, brauchen hier um so mehr nur die hauptsächlichsten Resultate der statistischen Erhebungen aufgenommen zu werden, als einschlägige Veröffentlichungen theils mittels der Zeitschrift des königl. statistischen Bureaus, theils in zwanglosen Heften bereits erschienen und andere im Werke sind. Für die Eintheilung der Industriezweige in Handwerk und Fabrikation lassen sich heutzutage keine überall stichhaltigen Gründe mehr anführen. Wir haben dieselbe daher verlassen und eine andere Eintheilung nach Rohstoffen und Zwecken gewählt, in diese aber die Columnen der Gewerbetabellen — hin und wieder einigermaassen willkürlich — einreihen müssen. Das Directionspersonal ist von den Arbeitern nicht getrennt angegeben, sondern beide sind als bei den betreffenden Gewerben »Beschäftigte« zusammengefasst worden. Angesichts der öftern Aenderung der Formulare und der für mehrere Zählungen nur sporadisch erfolgten Einreihung einzelner Gewerbszweige ist es geboten, bei einer Vergleichung der sechs letzten Zählungsperioden vorsichtig zu Werke zu gehen. Auf welche Gewerbe diese Bemerkung vorzugsweise Anwendung leidet, ergiebt sich leicht aus den unregelmässigen Sprüngen in den Zahlen von einer Zählung zur anderen.

I. Metallurgische Industrie.

Im vorigen Abschnitt sind bereits Betrieb und Erzeugung der Hütten nach den Aufzeichnungen der Bergbehörden dargestellt. Da letztere einem anderen Zwecke dienen, als die Gewerbetabellen, und darum nicht allein zu anderen Zeitpunkten festgestellt werden, sondern auch einer anderen Eintheilung folgen: so leuchtet ein, dass zwischen beiden Listen Differenzen obwalten müssen, deren Aufklärung nur bei einer detaillirten Angabe jedes einzelnen Werkes möglich ist. Nachstehend werden daher die summarischen Zahlen der Fabrikentabellen ohne Rücksicht auf die gegen den Abschnitt VIII. etwa vorkommenden Verschiedenheiten einfach wiedergegeben.

(169.) Eintheilung der Werke.	Der Zählung wurden unterworfen	Im ganzen Staate waren vorhanden					
		1846	1849	1852	1855	1858	1861
A. Eisen- und Stahlerzeugung: 1. Eisenwerke einschliesslich der Hütten für Rohstahleisen und der Eisenwalzwerke	Anstalten ...	913	720	720	657	729	655
	Beschäftigte.	20 664	18 687	24 285	30 637	39 182	37 455
	Hohöfen	249	243	[illegible]	270	343	330
	Frischfeuer .	577	614	648	544	486	473
	Puddelöfen ..	327	313	402	544	835	815
	Schweissöfen	192	273	366	458	632	593
	Kupolöfen[1]) .	261	310	372	431	568	300
	Flammöfen ..	—	—	—	—	—	164

[1]) bis 1858 incl. Flammöfen.

(Forts. zu 169.) Eintheilung der Werke.	Der Zählung wurden unterworfen	Im ganzen Staate waren vorhanden 1848	1849	1852	1855	1858	1861
2. Eisendrahtwerke (früher auch Drahtstift-, Nägel- und Holzschraubenfabriken, welche mit Drahtziehereien in Verbindung betrieben werden)	Anstalten …	191	180	183	176	181	166
	Beschäftigte.	1 731	1 437	1 641	1 627	2 202	1 988
3. Stahlwerke einschliesslich der Stahlwalz- und Stabldrahtwerke	Anstalten …	284	297	307	278	278	275
	Beschäftigte.	1 294	1 709	2 049	2 500	2 884	4 728
	Raffinirfeuer.	369	367	367	398	416	416
	Cementiröfen	10	20	93	52	47	47
	Tiegelöfen für Gussstahl[1]).	157	195	207	224	388	339
	Frischfeuer. .	.	.	.	.	.	63
zusammen	Anstalten …	1 386	1 197	1 210	1 111	1 188	1 098
	Beschäftigte.	23 [illegible]	21 633	27 975	34 964	44 369	44 171
B. Erzeugung anderer Metalle:							
1. Blei- und Silberwerke einschl. der Werke für Bleiröhren, Bleibleche und Bleidraht	Anstalten …	.	.	.	.	.	57
	Beschäftigte.	.	.	.	.	.	3 302
2. Zinkwerke	Anstalten …	.	.	.	.	.	53
	Beschäftigte.	.	.	.	.	.	6 427
3. Kupferwerke einschliesslich der Hämmer- und Walzwerke (früher Kupferhämmer)	Anstalten …	40	61	61	40	34	56
	Beschäftigte.	195	490	509	546	808	1 760
4. Messingwerke einschliesslich der Werke für Messingröhren und Messingdraht	Anstalten …	31	30	41	47	48	43
	Beschäftigte.	381	452	557	687	729	732
5. Zinnwerke, Werke für Arsenik, Schwefel, Vitriol, Alaun, Gold, Quecksilber, Antimon, Wismuth, Kobalt und Nickel (bis 1858 incl. Blei und Zink)	Anstalten …	137	155	167	205	156	30
	Beschäftigte.	2 837	4 559	5 644	7 694	9 804	724
zusammen	Anstalten …	208	246	269	29[illegible]	238	238
	Beschäftigte.	3 41[illegible]	5 501	6 710	8 [illegible]	10 541	12 945
Hauptsumme der beschäftigten Personen		27 102	27 334	34 685	43 891	54 910	57 116

[1]) bis 1858 nebst Frischfeuern für Rohstahl.

II. Maschinen-, Wagen- und Schiffbau.

(170.) Eintheilung der Gewerbe.	Der Zählung wurden unterworfen	Im ganzen Staate waren vorhanden					
		1846	1849	1852	1855	1858	1861
A. In der **Handwerkertabelle** aufgeführt:							
1. Maschinenbauer und Mühlenflickarbeiter	Gewerbtreibende auf eigene Rechnung, Gehilfen und Lehrlinge	474	1 394	1 745	1 794	2 171	2 205
2. Spritzenmacher	desgl.	229	191	178	165	168	160
3. Räder- und Stellmacher	desgl.	25 309	24 767	26 598	26 659	29 443	31 058
4. Wagenbauer	desgl.	53	671	1 298	1 060	953	1 173
5. Schiffbauer und Schiffszimmerleute	desgl.	.	.	.	.	.	4 127
6. Segelmacher und Netzstricker (1861 auch Schiffstakler)	desgl.	107	187	198	260	275	554
zusammen	desgl.	26 262	27 210	30 017	29 938	33 008	39 277
B. In der **Fabrikentabelle** aufgeführt:							
1. Fabriken für Maschinen einschliesslich eiserner Schiffe ..	Anstalten ...	131	188	191	235	323	314
	Beschäftigte .	7 644	6 198	9 069	12 470	22 442	20 648
2. Kratzenfabriken	Anstalten ...	32	30	30	31	29	33
	Beschäftigte .	376	429	456	334	332	417
3. Anstalten für Hecheln, Kämme, Jacquardmaschinenkarten, hölzerne Web- und Strumpfstühle, Spindeln, Cylinder, Blattbänder, Spulen, Schützen, Platinen, Weberringe und Webergeschirr (früher auch Kratzenmacher u. dgl.)	Anstalten ...	46	44	19	65	98	209
	Beschäftigte .	1 770	1 468	1 099	1 762	2 907	456
4. Eisenbahnwagen- und andere Wagenfabriken	Anstalten ...	45	56	58	70	77	87
	Beschäftigte .	1 269	1 484	2 401	3 823	3 614	6 095
5. Eisengiessereien und Fabriken für Heizapparate und Kochgeschirre	Anstalten ...	11	31	38	77	86	241
	Beschäftigte .	74	460	633	1 463	1 926	6 409
zusammen	Anstalten ...	265	349	326	478	608	884
	Beschäftigte .	11 133	10 039	13 658	19 852	31 221	34 025
Hauptsumme der **beschäftigten Personen** ...		37 395	37 249	43 675	49 790	64 229	73 302

III. Fabrikation von Instrumenten.

(171.) Eintheilung der Gewerbe.	Der Zählung wurden unterworfen	Im ganzen Staate waren vorhanden					
		1846	1849	1852	1855	1858	1861
1. Mechaniker für mathematische, optische, physikalische Gegenstände (früher Mechaniker überhaupt)	Gewerbtreibende für eigene Rechnung, Gehilfen und Lehrlinge	670	904	786	867	998	1 384
2. Chirurgische Instrumentenmacher und Bandagisten	desgl.	.	.	.	.	.	469
3. Verfertiger musikalischer Instrumente aller Art	desgl.	1 438	1 238	1 392	1 459	1 508	2 193
4. Klein- u. Grossuhrmacher, Uhrgehäuse- und Zifferblattmacher	desgl.	4 010	4 156	4 459	4 574	4 995	5 074
5. Fabriken für optische, chemische, physikalische und musikalische Gegenstände	Arbeiter	129	116	285	429	1 067	.
Hauptsumme der beschäftigten Personen ...		6 447	6 416	6 922	7 329	8 588	9 720

IV. Fabrikation von Metallwaaren mit Ausnahme von Maschinen und Instrumenten.

(172.) Eintheilung der Gewerbe.	Der Zählung wurden unterworfen	Im ganzen Staate waren vorhanden					
		1846	1849	1852	1855	1858	1861
A. In der Handwerkertabelle aufgeführt:							
1. Grob-, Huf-, Kessel-, Pfannen-, Ketten- und Sensenschmiede (früher auch Waffenschmiede)	Meister, für eigene Rechnung arbeitende Personen, Gehilfen und Lehrlinge	60 490	59 530	62 057	63 402	67 617	70 299
2. Schlosser, worunter auch Zirkel-, Zeug-, Bohr-, Säge-, Messer-, Nagel-, Büchsenschmiede, Sporer, Feilenhauer, Instrumenten- und Scheerenschleifer (auch Waffenschmiede)	desgl...	36 343	35 996	41 296	43 611	47 108	51 769
3. Waffenschmiede, Schwertfeger	desgl...	.	.	.	.	.	583
4. Nadler, Heftel-, Schlingen-, Haar- und Drahtsiebmacher .	desgl...	1 748	1 870	1 834	1 743	1 898	1 966
5. Gürtler, Bronzeure, Neugold-, Neusilber-Arbeiter und Metallknopfmacher (früher auch Schwertfeger)	desgl...	1 796	1 568	1 714	1 684	1 779	1 668
6. Kupferschmiede	desgl...	3 144	3 018	3 344	3 344	3 591	3 614
7. Roth-, Gelb- u. Glockengiesser	desgl...	1 131	1 101	1 214	1 220	1 406	1 495
8. Klempner in Blech und Zink .	desgl...	5 823	5 926	6 698	7 086	7 879	8 715
9. Zinn- und Bleigiesser	desgl...	859	825	808	787	818	751

(Forts. zu 172.) Eintheilung der Gewerbe.	Der Zählung wurden unterworfen	Im ganzen Staate waren vorhanden					
		1846	1849	1852	1855	1858	1861
10. Gold- und Silberarbeiter und Bijoutiere	Meister, für eigene Rechnung arbeitende Personen, Gehilfen und Lehrlinge	3 290	2 991	3 069	2 984	3 141	3 188
11. Graveure, Petschaftstecher, Steinschneider	desgl.	479	477	487	507	544	740
12. Gold- und Silberschläger	desgl.	54	32	53	54	90	62
13. Hausirende Topfbinder, Kesselflicker, Scheerenschleifer u. dgl.	desgl.	1 254	47	54	90	1 154	8
zusammen	desgl.	116 410	113 381	122 609	128 512	137 115	144 858
B. In der Fabrikentabelle aufgeführt:							
1. Eisen- und Blechwaaren-Fabriken, Sensenhämmer, Ketten-, Anker-, Schrauben-, Nägel- und Drahtstift-Fabriken	Anstalten	1 532	2 272	2 285	2 087	2 236	750
	Beschäft.	7 221	9 066	12 649	15 659	18 013	10 262
2. Stahlwaaren- und Schneidewaaren-Fabriken (früher auch Messerschmieden-, Messerschaften-, Mäusefallenmacher, Putzer, Schleifer von Eisengusswaaren u. dgl.)	Anstalten	51	94	130	280	137	464
	Beschäft.	1 354	1 232	1 902	3 306	2 501	2 117
3. Fabriken für Gewehre und blanke Waffen	Anstalten	17	10	7	9	15	35
	Beschäft.	1 507	1 845	1 134	1 571	2 031	8 181
4. Pulvermühlen, Fabriken von Schrot, Kugeln u. Zündhütchen	Anstalten	24	48	78	72	73	88
	Beschäft.	373	620	614	519	739	743
5. Nähnadelfabriken	Anstalten	39	48	38	42	41	34
	Beschäft.	3 929	4 028	4 860	4 216	3 860	3 674
6. Steck- u. Stricknadel-, Haken-, Oesen-, Haarnadel-, desgl. Häkelnadel- und Ringelhakenfabriken	Anstalten	81	25	16	13	8	40
	Beschäft.	749	624	298	161	178	458
7. Gold- und Silberwaaren-Manufacturen, desgl. leonische Waaren und imitirte Gold- und Silberwaaren-Fabriken (1852 auch für Daguerreotypplatten)	Anstalten	55	23	39	29	32	30
	Beschäft.	603	303	654	682	873	1 013
8. Fabriken von Neugold- und Neusilber-, desgl. von plattirten und Plaquéwaaren	Anstalten	18	28	30	23	32	80
	Beschäft.	524	518	614	649	757	991
9. Fabriken für Kupfer-, Bronze-, Messingwaaren, sowie für Waaren aus verschiedenen Compositionen; galvanoplastische Anstalten (früher auch Kunst- und Bleigiesser, Metallpumpen-, Drahtstiftmacher u. dgl.)	Anstalten	82	38	65	27	93	104
	Beschäft.	2 365	1 895	2 192	1 747	2 666	3 902
10. Fabriken für Lampen, (später auch) lackirte Waaren von Metall, Holz und Holzmasse	Anstalten	1	.	1	2	10	35
	Beschäft.	10	.	9	19	164	782
zusammen	Anstalten	1 650	2 580	2 699	2 563	2 657	1 611
	Beschäft.	18 632	21 029	24 930	28 493	31 682	27 151
Hauptsumme der beschäftigten Personen		135 042	134 410	147 539	156 005	168 797	172 009

V. Mineralurgische Industrie.

(173.) Eintheilung der Gewerbe.	Der Zählung wurden unterworfen	Im ganzen Staate waren vorhanden					
		1846	1849	1852	1855	1858	1861
A. In der Handwerkertabelle aufgeführt:							
1. Steinmetzen, Steinhauer	für eigene Rechnung arbeitende Personen, Gehilfen und Lehrlinge ...	5 002	4 948	5 662	6 169	6 983	6 837
2. Töpfer, Ofenmacher und Verfertiger von irdenen Waaren.	desgl.	10 916	10 053	10 672	10 420	11 149	11 708
3. Glaser, Glasschleifer und Glasbläser	desgl.	7 010	6 789	7 246	7 075	7 353	7 777
zusammen	desgl.	22 928	21 790	23 580	23 664	25 485	28 322
B. In der Fabrikentabelle aufgeführt:							
1. Gipsmühlen, Asphalt-, Cement- und Schlemmkreide-Fabriken, auch Fabriken für Wetz- und Schleifsteine	Anstalten ...	27	81	78	108	155	304
	Beschäftigte .	441	381	470	912	1 836	1 744
2. Fabriken für feinere Steinwaaren	Anstalten ...	.	.	.	.	.	35
	Beschäftigte .	.	.	.	.	.	350
3. Kalkbrennereien	Anstalten ...	1 925	1 822	2 033	2 077	2 144	2 266
	Beschäftigte .	5 504	5 501	6 201	6 276	7 787	8 376
4. Ziegeleien (auch Drainröhren-Fabriken)	Anstalten ...	5 506	5 521	5 789	6 252	7 096	7 649
	Beschäftigte .	27 166	24 034	28 464	32 258	39 191	45 550
5. Steingutfabriken und Fabriken für andere Irdenwaaren	Anstalten ...	219	220	260	215	301	213
	Beschäftigte .	2 357	2 190	2 684	2 820	3 247	4 714
6. Porzellanfabriken (früher incl. Porzellanmalereien)	Anstalten ...	19	20	23	24	28	26
	Beschäftigte .	2 148	2 221	2 800	3 914	[illegible]	4 125
7. Glashütten (früher auch Glasseiden-Fabrik)	Anstalten ...	111	115	125	124	133	149
	Beschäftigte .	3 624	3 989	4 833	4 353	4 990	5 621
	Oefen	231	259	260	255	267	.
8. Glasschleifereien und Polirwerke (früher auch Spiegelglas-Fabriken und Glasmalereien).	Anstalten ...	69	72	82	87	97	94
	Beschäftigte .	513	607	756	1 569	1 222	886
9. Spiegelglas-Fabriken	Anstalten ...	.	.	.	.	.	1
	Beschäftigte .	.	.	.	.	.	470
zusammen	Anstalten ...	7 966	7 851	8 390	8 911	9 954	10 727
	Beschäftigte .	41 753	39 532	46 208	52 132	62 183	71 836
Hauptsumme der beschäftigten Personen ...		64 681	61 322	69 788	75 796	87 668	100 168

VI. Fabrikation chemischer und pharmazeutischer Producte.

(174.) Eintheilung der Gewerbe.	Der Zählung wurden unterworfen	Im ganzen Staate waren vorhanden					
		1846	1849	1852	1855	1858	1861
A. In der Handwerkertabelle aufgeführt:							
1. Verfertiger von Dinten und Farben, Firnissen, Wichsen, Schmieren (früher: von Oblaten, Siegellack, Federposen, Stahlfedern, Bleistiften)	Gewerbtreibende für eigene Rechnung, Gehilfen und Lehrlinge	7	119	193	160	139	420
2. Seifensieder und Lichtzieher.	desgl.	2 407	2 179	2 343	2 023	1 789	1 838
3. Verfertiger von Beinschwarz, Kienruss, Streichriemen (früher: von Stiefelwichse, Dochten, Zündwaaren)	desgl.	81	441	396	433	436	46
4. Lackirer aller Art, als Blech-, Holz- und Tuchlackirer	desgl.	174	706	816	881	1 006	1 225
5. Flecken- und Bettfedern-Reiniger (früher auch Twintenspinner, Züchner, Kartenschläger, Lumpenreiniger, Wollsortirer, Wollwäscher u. s. w.) ..	desgl.	16	86	85	93	138	4
6. Scharfrichter als Abdecker und Wasenmeister	desgl.	86	1 098	1 142	1 141	1 165	1 217
zusammen	desgl.	2 774	4 629	4 985	4 731	4 765	4 748
B. In der Fabrikentabelle aufgeführt:							
1. Chemikalien-, Bleiweiss-, Zinkweiss- und Farben-, auch Farblack-Fabriken (früher auch incl. Zündwaaren)	Anstalten ...	200	257	276	296	318	196
	Beschäftigte.	2 768	3 449	4 368	4 829	4 907	3 774
2. Pott- und Waidasche-, auch Flusssiedereien (auch Kohlenglüher, Pechsieder, Oelschläger u. dgl.)	Anstalten ...	308	333	310	306	301	264
	Beschäftigte.	381	572	719	482	878	495
3. Bahnschwellen-Imprägniranstalten	Anstalten ...	.	.	.	1	3	2
	Beschäftigte.	.	.	.	16	54	29
4. Lohmühlen.....................	Anstalten ...	1 058	998	1 036	983	932	932
	Beschäftigte.	1 133	1 000	1 169	1 078	976	1 546
5. Knochenmühlen, Beinschwarz-, Poudrette-, Urate- und Kunstdünger-Fabriken, auch Bluttrocknungs-Anstalten	Anstalten ...	25	.	10	26	48	865
	Beschäftigte.	150	.	40	100	290	969
6. Leimsiedereien und Gelatinfabriken	Anstalten ..	34	124	146	142	133	160
	Beschäftigte.	120	334	394	403	416	646
7. Oelmühlen und Oelraffinerien (1858 auch Handölpresser, Palmölbleicher u. dgl.)	Anstalten ...	4 123	4 049	4 156	4 109	3 889	3 755
	Beschäftigte.	5 511	5 580	6 100	6 183	5 919	6 545
8. Fabriken für Mineralöle und Paraffin	Anstalten ...	.	.	.	.	39	29
	Beschäftigte.	.	.	.	.	196	714
9. Fabriken für Parfümerien, wohlriechende Wasser und Seifen.	Anstalten ...	60	41	44	59	60	104
	Beschäftigte.	234	195	197	245	245	406
10. Wachsbleichen, Wachslicht- u. Wachswaaren-Fabriken (früher auch Wachstuchmacher u. s. w.)	Anstalten ...	7	29	36	42	55	68
	Beschäftigte.	63	297	308	283	330	191

(Forts. zu 174.) Eintheilung der Gewerbe.	Der Zählung wurden unterworfen	Im ganzen Staate waren vorhanden					
		1846	1849	1852	1855	1858	1861
11. Stearin-, Olein-, Oelsäure-, Licht- und ordinäre Seifenfabriken	Anstalten ...	69	310	311	302	316	219
	Beschäftigte .	355	1 339	1 784	1 764	2 013	1 806
12. Koks- und Gasbereitungs-Anstalten	Anstalten ...	14	99	128	38	101	240
	Beschäftigte .	159	216	861	2 478	3 567	5 543
13. Theeröfen und Pechsiedereien, desgl. Kienöl- und Russhütten	Anstalten ..	622	522	462	418	340	356
	Beschäftigte .	1 168	1 084	882	833	751	890
14. Zündwaaren-Fabriken	Anstalten ...	.	.	.	.	.	98
	Beschäftigte .	.	.	.	.	.	1 404
15. Kiefernsamen-Darranstalten	Anstalten ...	4	4	5	6	21	16
	Beschäftigte .	10	7	10	9	43	30
zusammen	Anstalten ...	6 530	6 768	6 920	6 718	6 536	6 797
	Beschäftigte .	12 652	14 163	16 831	18 299	20 065	26 987
Hauptsumme der beschäftigten Personen		14 826	18 792	21 896	23 030	24 830	31 735

VII. Fabrikation von Consumtibilien incl. Tabak.

1. Ueberhaupt.

(175.) Eintheilung der Gewerbe.	Der Zählung wurden unterworfen	Im ganzen Staate waren vorhanden					
		1846	1849	1852	1855	1858	1861
A. In der Handwerkertabelle aufgeführt:							
1. Bäcker	Meister u. andere für eigene Rechnung arbeitende Personen, Gehilfen und Lehrlinge	38 648	39 657	41 798	42 788	44 762	46 987
2. Kuchenbäcker, Pfefferküchler, Conditoren	desgl.	4 074	4 162	4 479	4 741	5 121	5 524
3. Verfertiger von Producten aus Getreide, Mehl und Stärke	desgl.	198	567	635	1 193	963	1 070
4. Fleischer oder Schlächter, Rauchfleisch- und Wurstmacher	desgl.	28 486	27 769	31 090	29 543	32 802	34 901
5. Fischer, welche d. Fischerei gewerbsweise treiben	desgl.	6 692	9 063	9 717	10 069	10 336	11 019
6. Kunst-, Blumen- und Handelsgärtner	desgl.	6 606	9 451	10 519	10 534	11 061	7 604
zusammen	desgl.	84 704	90 669	98 238	98 868	105 045	107 195
B. In der Fabrikentabelle aufgeführt:							
I. Getreidemühlen zu Mehl, Gries, Grütze und Graupen, auch zum Schrooten von Getreide und Malz:							
a) Wassermühlen	Anstalten ...	14 7[illegible]	14 475	14 842	15 227	14 728	14 713
	Mahlgänge ..	24 835	25 122	25 843	26 523	27 3[illegible]	28 098
	Beschäftigte .	24 918	27 420	28 431	28 858	29 197	29 570

(Forts. zu 175.) Eintheilung der Gewerbe.	Der Zählung wurden unterworfen	Im ganzen Staate waren vorhanden 1846	1849	1852	1855	1858	1861
b) Bockwindmühlen	Anstalten	11 069	11 932	12 138	12 521	13 017	13 128
	Beschäftigte	16 228	18 574	19 356	20 083	21 004	21 123
c) Holländ. Windmühlen	Anstalten	1 040	1 218	1 302	1 406	1 574	1 738
	Beschäftigte	1 921	2 370	2 494	2 699	3 030	3 264
d) durch thierische Kräfte getriebene Mühlen	Anstalten	1 567	1 616	1 652	1 859	1 893	1 767
	Mahlgänge	1 644	1 697	1 734	1 843	1 985	1 909
	Beschäftigte	1 700	1 798	1 803	2 022	1 995	1 830
e) durch Dampf getriebene Mühlen	Anstalten	115	190	239	350	566	664
	Mahlgänge	303	524	614	890	1 425	1 727
	Beschäftigte	523	762	857	1 217	1 851	2 235
2. Stärke-, Stärkesirup-, Kraftmehl-, Nudeln-, Sago-, Dextrin- u. Leokomfabriken	Anstalten	183	245	194	175	251	276
	Beschäftigte	898	1 179	985	1 024	1 292	1 654
3. Chocolade-, Kaffeesurrogat-, Cichorien- und Senffabriken	Anstalten	118	183	201	233	251	270
	Beschäftigte	2 622	3 199	3 077	3 385	3 656	3 060
4. Käse- und Butterfabriken	Anstalten	.	.	.	.	.	27
	Beschäftigte	.	.	.	.	.	68
5. Fleisch- und Fischpökeleien und Anstalten für getrocknete und eingemachte Speisen (früher auch Butter-, Käse- und Brotfabriken)	Anstalten	.	6	9	19	21	189
	Beschäftigte	.	67	78	111	180	275
6. Rübenzucker-Fabriken u. Zuckerraffinerien (früher auch Bonbon- und Rübensirup-Fabriken)	Anstalten	142	168	226	218	237	218
	Beschäftigte	10 935	17 873	28 163	28 239	35 976	34 913
7. Fabriken für eingedickte Pflanzensäfte (Obst, Rüben u. s. w.)	Anstalten	24	.	43	93	130	324
	Beschäftigte	36	.	81	259	258	790
8. Essig-, auch Holzessig-Fabriken	Anstalten	157	372	411	424	436	497
	Beschäftigte	232	576	625	627	645	1 089
9. Bierbrauereien	Anstalten	8 142	8 021	7 872	7 226	7 129	6 834
	Beschäftigte	13 085	13 087	13 150	11 738	12 497	16 840
10. Branntwein-Brennereien u. DestillirAnstalten einschl. der als Nebengewerbe der Landwirthschaft betriebenen	Anstalten	8 946	9 104	8 912	8 007	7 993	6 333
	Beschäftigte	17 006	18 011	18 076	16 687	17 102	23 194
11. Schaumwein-Fabriken	Anstalten	8	.	6	11	18	88
	Beschäftigte	32	.	23	51	164	651
12. Mineralwasser-Fabriken	Anstalten	.	.	.	.	.	80
	Beschäftigte	.	.	.	.	.	224
13. Tabaks- und Cigarrenfabriken (früher auch Tabakspinner u. Cigarrenmacher)	Anstalten	710	646	711	700	821	1 879
	Beschäftigte	10 936	15 027	19 895	19 766	24 035	26 325
zusammen	Anstalten	46 491	48 175	48 576	48 474	49 068	50 425
	Mahlgänge	28 343	27 343	28 181	29 258	30 749	31 634
	Beschäftigte	101 258	119 969	137 100	137 [illegible]	153 082	165 665
C. In der Sanitätstabelle aufgeführt:							
Apotheken	Anstalten	1 430	1 478	1 507	1 529	1 554	1 571
	Besitzer, Gehilfen u. Lehrlinge	.	.	.	3 696	3 [illegible]	3 613
Hauptsumme der beschäftigten Personen		189 472	212 116	236 845	239 915	251 932	276 673

2. Die Brauerei insbesondere.

Ueber die Bierbrauerei liefern (mit Ausschluss Hohenzollerns und der in Mecklenburg enclavirten Ortschaften) die jährlichen Listen der Steuerverwaltung ein detaillirtes Material, aus dem wir folgende Nachrichten entnehmen.

(176.)

Kalenderjahr.	Gewerbliche Bierbrauereien überhaupt vorhanden	davon ruhend	mit einer Braumalz-Versteuerung von 100 Ctr. u. weniger	100 bis 1000 Ctr.	1000 bis 2000 Ctr.	mehr als 2000 Ctr.	Nicht gewerbliche, nur für den Hausbedarf betriebene Bierbrauereien	Gewerbliche Brauereien in Betrieb, welche Essig und nicht auch Bier aus Malz bereiten
1853	9 312	1 213	5 055	2 704	194	86	2 499	151
1854	9 041	1 248	4 903	2 637	174	79	2 517	133
1855	8 685	1 259	4 702	2 483	161	80	2 345	132
1856	8 336	1 240	4 460	2 304	188	84	2 374	119
1857	8 028	982	4 139	2 503	254	100	2 431	117
1858	7 867	845	3 941	2 697	267	117	2 416	113
1859	7 762	798	3 770	2 782	265	140	2 880	106
1860	7 649	720	3 773	2 781	230	145	2 897	102
1861	7 530	715	3 664	2 765	240	146	2 812	84
Die Zahlen für das letztgenannte Jahr vertheilen sich auf die Provinzen:								
Preussen	609	79	125	327	52	30	201	2
Posen	259	49	75	127	3	5	1	—
Pommern	226	21	102	88	7	8	192	—
Brandenburg	621	67	207	265	36	46	41	7
Schlesien	1 291	77	643	520	39	12	6	7
Sachsen	994	100	301	515	55	23	87	56
Westfalen	1 261	82	905	265	5	4	2 023	4
Rheinland	2 269	250	1 306	658	43	12	261	8

3. Die Branntwein-Brennerei.

Aehnliche Nachweisungen reichen die Steuerbehörden über die Brennereien derjenigen Landestheile ein, welche mit anderen Staaten die Branntweinsteuer theilen; ausgeschlossen sind davon also Hohenzollern, das Jadegebiet, die in Mecklenburg enclavirten pommerschen und brandenburgischen und die in Braunschweig enclavirten sächsischen Dörfer.

(177.)

Kalenderjahr.	Anzahl der Branntwein-Brennereien überhaupt	im Betrieb	davon verarbeiteten hauptsächlich Getreide	Kartoffeln	Destillir-Anstalten in Betrieb überhaupt	davon in Apotheken	Materialverbrauch der Branntweinbrennereien: Getreide Schfl.	Kartoffeln Schfl.	Sonstige Substanzen [1] Ctr.
1851	11 225	7 877	2 095	4 487	3 862	1 116	3.319 357	18.990 196	150 008
1852	10 944	7 432	2 053	4 019	3 877	1 132	3.240 466	16.213 936	339 834
1853 [2]	10 411	7 355	1 890	4 127	3 792	1 127	3.273 090	18.650 158	408 708
1854	10 015	6 551	1 774	3 791	3 842	1 157	3.252 612	16.758 605	684 921
1855	9 639	5 990	1 851	3 372	3 811	1 152	3.489 865	17.325 466	817 512

[1]) mit Ausschluss der nach Scheffeln, Eimern oder Tonnen gezählten Mengen. — [2]) für diesen Jahr excl. der zum thüringischen Verein gehörigen Kreise und Dörfer.

(Forts. zu 177.) Kalenderjahr.	Anzahl der Branntwein-Brennereien: überhaupt	in Betrieb	davon verarbeiteten hauptsächlich Getreide	Kartoffeln	Destillir-Anstalten in Betrieb: überhaupt	davon in Apotheken	Materialverbrauch der Branntweinbrennereien: Getreide Schfl.	Kartoffeln Schfl.	Sonstige Substanzen Ctr.
1856	9 187	5 844	1 478	3 568	3 753	1 191	2.702 481	17.632 241	504 378
1857	8 841	6 727	1 566	3 806	3 684	1 202	3.707 985	23.293 811	819 490
1858	8 659	6 827	1 567	3 791	3 631	1 191	3.402 715	21.530 749	807 563
1859	8 448	6 498	1 606	3 465	3 580	1 201	3.251 578	20.389 284	506 098
1860	8 219	6 283	1 559	3 319	3 570	1 211	3.446 868	22.254 206	669 001
1861	8 087	6 208	1 667	3 125	3 543	1 234	3.955 067	21.695 384	668 409
Im letzten Jahr kamen auf die **Provinzen:**									
Preussen	763	698	50	647	549	191	624 077	3.728 328	—
Posen	290	262	4	278	333	93	409 806	3.418 098	296
Pommern	278	265	28	236	280	90	305 751	1.930 606	900
Brandenburg	706	655	65	588	653	209	628 759	6.252 479	10 629
Schlesien	1 302	1 052	434	602	655	178	709 776	3.272 884	13 696
Sachsen 1. unter der Provinzial-Steuerdirection	468	427	90	310	277	138	718 161	2.920 707	536 595
Sachsen 2. zum thüringischen Verein gehörig	18	9	1	8	46	14	2 914	20 286	—
Westfalen	628	527	509	6	299	161	312 149	17 128	—
Rheinland	3 611	2 283	486	430	451	164	243 074	134 928	2 592

Unter den Rohstoffen der Branntweinbrennerei kommen ausser Getreide und Kartoffeln vor: Honigwasser, Obst, Weintrauben, Weinhefe, Treber, Bier, Rübensaft, Krappwasser, Steinobst, Schleben, Wachholderbeeren, Melasse u. s. w. in Eimern; Mais, Buchweizen, Ebreschen, Kleie, Wachholderbeeren, Gerstenmalz, Moorrüben, Lupinen, Runkelrüben u. s. w. in Scheffeln; Melasse, Zucker, Sirup, Runkelrüben, Rübensaft, Rübenkraut, Honigwasser u. s. w. in Centnern; umgeschlagenes Bier, in Tonnen gemessen. Die nach Centnern angegebenen Mengen sind in obiger Tabelle bereits angegeben; die übrigen waren:

	Eimer	Scheffel	Tonnen
1851	122 877	1 990	—
1852	146 474	12 238	—
1853	107 488	6 152	—
1854	98 956	33 036	—
1855	40 392	78 551	—
1856	69 133	88 764	—
1857	154 793	3 546	—
1858	174 359	2 416	—
1859	281 107	914	—
1860	190 361	2 367	44
1861	173 597	7 351	15

An dem Verbrauch dieser Stoffe während des letzten Jahres nahmen Theil: Provinz Preussen 192 Eimer, 1 840 Scheffel und 15 Tonnen, Posen 1 995 Scheffel, Brandenburg 139 Eimer, Schlesien 27 757 Eimer und 3 110 Scheffel, Sachsen 227 Eimer, Westfalen 147 Eimer und 906 Scheffel, Rheinland 145 135 Eimer.

VIII. Textilindustrie (Bereitung und Zurichtung von Gespinnsten und Geweben).

A. Bereitung von Gespinnsten und Geflechten.

(178.) Eintheilung der Gewerbe.	Der Zählung wurden unterworfen	Im ganzen Staate waren vorhanden					
		1846	1849	1852	1855	1858	1861
1. In der Handwerkertabelle aufgeführt:							
a) Wollspinner und Wollstricker ………………	für eigene Rechnung arbeitende Personen und Gehülfen ….	348	4 796	6 082	6 551	4 032	3 287
b) Flachsbereiter, Leinenspinner u. Leinenstricker	desgl. …..	.	84 286	78 726	75 698	54 054	14 540
c) Watten- u. Dochtmacher	desgl. …..	215	825	852	807	787	776
d) Verfertiger von geflochtenen Decken u. Matten	desgl. …..	5	133	214	184	185	264
e) Seiler und Reepschläger (früher auch Arbeiter in Seilerwaaren-Fabriken).	desgl. …..	6 625	6 524	7 031	7 218	7 563	7 320
zusammen …..	desgl. …..	7 193	96 364	92 905	90 457	66 635	26 187
2. In der Fabrikentabelle aufgeführt:							
a) in Wolle:							
α) Handkämmereien, Leistenspinnereien und Haarspinnereien (früher auch Handspinnereien genannt) ………….	Anstalten …	28	63	193	200	187	50
	Beschäftigte .	3 914	7 048	4 387	3 656	2 791	2 015
β) Streichgarn- und Halbwollgarn- (Vigogne-) Spinnereien, ……….	Anstalten …	2 184	1 787	1 689	1 374	1 201	1 109
	Feinspindeln.	419 523	420 415	509 758	534 913	611 809	651 145
	Beschäftigte .	15 927	15 062	16 141	15 365	14 467	14 074
γ) Kammgarn-Spinnereien ………………	Anstalten …	253	274	231	119	59	48
	Feinspindeln.	32 470	36 700	40 972	42 235	48 210	47 153
	Beschäftigte .	1 607	2 204	1 822	2 118	1 792	2 536
δ) Kunstwolle-Fabriken .	Anstalten …	.	.	.	.	.	12
	Beschäftigte .	.	.	.	.	.	822
b) in Seide:							
α) Seidenhaspel-Anstalten (in früheren Jahren incl. β.) ……………	Anstalten …	67	58	134	157	147	72
	Beschäftigte .	929	959	1 144	1 248	1 457	773
β) Seidenmoulinagen, Floretspinnereien und Seidenzwirnereien (auch Seidentrocknungs-Anstalt) ………………	Anstalten …	.	.	.	.	.	202
	Beschäftigte .	.	.	.	.	.	1 605
c) in Baumwolle:							
α) Maschinenspinnereien.	Anstalten …	152	132	142	209	127	69
	Feinspindeln .	170 431	194 291	227 951	264 357	333 677	398 071
	Beschäftigte .	5 983	5 201	6 501	7 456	6 933	7 965
β) Watten- und Dochtfabriken (früher auch für Nachtlichte) ……….	Anstalten …	97	148	136	142	146	124
	Beschäftigte .	536	574	505	477	502	509

(Forts. zu 178.) Eintheilung der Gewerbe.	Der Zählung wurden unterworfen	Im ganzen Staate waren vorhanden:					
		1846	1849	1852	1855	1858	1861
d) in Flachs, Hanf u. Heede:							
α) Flachs- und Hanfbereitungs-Anstalten	Anstalten ...	1	2	7	5	2	104
	Beschäftigte .	8	290	623	540	88	499
β) Flachs-, Hanf- u. Werg-spinnerei	Anstalten ...	14	14	20	19	21	25
	Feinspindeln	44 963	46 074	57 334	67 341	69 475	106 508
	Beschäftigte .	3 061	2 965	4 056	4 174	5 317	6 666
e) Fabriken für Zwirn-, Strick-, Stick- und Nähgarn aus Wolle, Baumwolle und Leinen	Anstalten ...	139	148	143	130	100	95
	Beschäftigte .	1 446	2 006	2 265	2 458	2 253	3 047
zusammen	Anstalten ...	2 935	2 627	2 695	2 336	2 050	1 811
	Feinspindeln	667 389	697 485	836 015	908 846	1.083 177	1.202 877
	Beschäftigte .	33 311	36 447	37 414	37 486	35 314	40 572
Hauptsumme der **beschäftigten Personen**		40 504	133 011	139 319	127 938	101 849	66 739

B. Weberei, Zeug- und Bandwaaren-Manufactur.

1. Weberei im Allgemeinen und als Hausindustrie insbesondere.

(179.) Eintheilung der Gewerbe.	Im ganzen Staate waren vorhanden					
	1846	1849	1852	1855	1858	1861
a. **Gehende Webestühle**, sowohl für eigene Rechnung als für Lohn, insoweit Weberei die **Hauptbeschäftigung** bildet:						
1) in Seiden-, Halbseiden-, Sammt-, Seidenband- und Sammtband-Waaren ...	16 013	24 042	25 772	29 140	36 204	30 392
2) in Baumwolle und Halbbaumwolle....	71 166	70 693	71 207	69 568	76 269	76 980
3) in Leinen	45 029	48 384	49 791	46 397	45 659	42 667
4) in Wolle und Halbwolle..............	22 967	26 724	28 043	28 372	30 019	31 880
5) Strumpfweberei und Strumpfwirkerei .	2 135	2 106	2 287	2 323	2 303	2 315
6) Bandweberei für leinene, baumwollene und wollene Bänder	4 070	4 937	9 605	12 600	3 656	4 244
7) zu allen anderen Geweben	1 111	2 027	2 032	2 074	2 276	2 224
Summe	162 491	178 933	189 427	190 474	196 385	190 715
b. **Arbeiter** (Meister u. dergl., Gehilfen und Lehrlinge), welche nur mit dem Weben selbst beschäftigt sind:						
1) in Seiden- u. dergl. Waaren	24 394	30 528	31 128	32 562	40 368	32 701
2) in Baumwolle und Halbbaumwolle.....	81 193	70 779	76 339	74 459	76 110	81 362
3) in Leinen	50 770	56 037	56 428	52 155	45 941	42 890
4) in Wolle und Halbwolle..............	31 779	34 339	35 597	33 619	34 170	35 714
5) Strumpfweberei und Strumpfwirkerei .	2 281	2 400	2 654	2 635	2 489	2 471
6) Bandweberei	8 222	7 759	11 634	14 769	4 579	5 667
7) zu allen anderen Geweben	1 496	2 600	2 535	2 162	2 619	2 639
Summe	200 135	210 447	216 315	212 381	206 274	203 444
Davon würden (nach Abzug der in Fabriken arbeitenden Personen) der Hausindustrie angehören	43 062	71 899	113 974	116 432	98 074	118 879

(Forts. zu 179.) Eintheilung der Gewerbe.	Im ganzen Staate waren vorhanden					
	1846	1849	1852	1855	1858	1861
c. Gehende Webestühle (nach Abzug der in Fabriken arbeitenden) **für die Hausindustrie als Hauptbeschäftigung:**						
1) in Seiden- u. dergl. Waaren	2 740	9 247	11 089	13 800	17 689	24 308
2) in Baumwolle und Halbbaumwolle	22 872	26 833	54 550	50 680	52 878	65 109
3) in Leinen	41 891	42 131	47 464	43 129	42 293	40 230
4) in Wolle und Halbwolle	8 722	10 041	12 182	12 061	11 000	13 000
5) Strumpfweberei und Strumpfwirkerei	1 358	1 855	1 661	1 477	1 481	1 800
6) Bandweberei	1 327	2 807	5 131	8 268	1 066	730
7) zu allen anderen Geweben	556	1 509	1 526	1 553	1 861	2 199
zusammen	79 465	93 923	133 553	130 898	129 574	147 445
d. Gehende Webestühle, insoweit Weberei eine **Nebenbeschäftigung** bildet:						
1) zu Leinwand	278 182	274 086	282 982	288 031	288 483	264 135
2) zu groben wollenen Zeugen	4 519	3 403	3 768	4 460	4 335	4 447
3) zu allen anderen Geweben	8 488	10 230	5 291	6 530	7 388	7 084
Summe	291 129	287 719	292 041	299 027	300 206	275 666

Nach alter Vorschrift werden bei den von 3 zu 3 Jahren wiederkehrenden, durch die königl. Regierungen zu bewirkenden statistischen Aufnahmen die Weber erst in ihrer Gesammtheit gezählt, dann aber auch wieder in den einzelnen Fabrikationsanstalten. Im ersteren Falle sollen bei den Zählungen nur die Webermeister, ihre Gehülfen und Lehrlinge zur Ziffer gebracht werden, nicht aber die häufig nur mit Spulen, Kettenscheeren, Aufbäumen, Mustermachen etc. beschäftigten Hülfskräfte derselben, soweit diese eben nicht Weber sind. Dergleichen Hülfskräfte bleiben gänzlich ungezählt da, wo die Weberei (was meistens der Fall ist) als Hausindustrie betrieben wird. Wo sie in geschlossenen Etablissements betrieben wird, gelangen jene Hülfskräfte, soweit sie in der Fabrik selbst thätig sind, mit zur Zählung. Sind sie aber ausserhalb der Fabrik beschäftigt, was indess nur selten ist, so bleiben sie ebenfalls ungezählt. Die Weber in solchen Etablissements werden also doppelt gezählt, einmal bei den Webestühlen, das andere Mal als Fabrikpersonal. Hierzu kommt, dass der Begriff »fabrikmässig betriebene Weberei« selbst sehr verschieden und keineswegs durchgehends nur als die Weberei in sogenannten geschlossenen Fabrik-Etablissements aufgefasst wird. Früher mehr als jetzt wurde auch die als Hausindustrie betriebene Weberei, soweit letztere im Dienste eines grossen Fabrikherren oder Fabrik-Kaufmanns steht und auf dessen Rechnung und Gefahr betrieben wird, unter die Weberei in Fabriken rubricirt. Hiervon ist man aber, wie namentlich die Zahlen der Handstühle und der Arbeiter in der Baumwollenweberei es erkennen lassen, allmälig zurückgekommen. Die Abnahme der Zahl von 45 666 Hand-Webestühlen und 82 198 Beschäftigten in der gesammten Branche im Jahre 1846 auf 4 710 Hand-Webestühle und 12 987 im Jahre 1861 dabei Beschäftigte beruht sicher oder doch ganz überwiegend nur auf dem erwähnten rein äusserlichen Grunde; keineswegs aber haben diese Zahlen die Bedeutung eines anscheinend aus ihnen sprechenden überaus crassen Gewerbeverfalls. Der Inhalt der Zeilen c. 2 in Tabelle 179 ist für die im Grossen und Ganzen ungestörte Prosperität der Baumwollenweberei in Preussen der beste Beweis. Die Zahlen in c. 2 dieser Tabelle, die sich gewissermaassen umgekehrt zu den Zahlen sub b. der Tabelle 180 verhalten, bestätigen dagegen die obige Erklärung jenes scheinbaren

Rückganges. Wo ähnliche Sprünge in den Zahlen der Tabelle 180 sich zeigen, da beruhen sie meist auf ähnlichen Gründen.

Wie wichtig nun auch die Unterscheidung zwischen Weberei als Hausindustrie und Weberei in geschlossenen Etablissements sei, so stösst man doch bei jedem Versuche einer Aussonderung der hausindustriellen Weberbevölkerung von der Fabrik-Weberbevölkerung auf Unmöglichkeiten. Es könnte ja doch nur in der Weise geschehen, dass man die Weberbevölkerung der Fabriken von der gesammten Weberbevölkerung abrechnete, und dies müsste zu einem halbwegs genauen Resultate allerdings dann führen, wenn beide Grössen aus gleichen Elementen beständen. Das ist leider nicht der Fall. In letzteren fehlen die Hilfsgewerbe der Weberei, in ersteren sind sie begriffen. Mithin ist der Subtrahent zu gross und werden die Reste zu klein. Zieht man z. B. die Zahl der Stühle in den Fabriken von der Gesammtzahl der Stühle ab, so ergiebt sich, dass für je 2 der restirenden Stühle in der Hausindustrie häufig nur 1 Arbeiter da ist. Erst in einer künftigen Zählung wird zu genaueren und zuverlässigeren Angaben über den Umfang der Hausindustrie und der fabrikmässig betriebenen Weberei zu gelangen sein. Die folgenden Zahlen sind gleichsam nur als ein erster roher Versuch einer solchen Trennung auf Grundlage der bisherigen Aufnahmen zu betrachten.

2. Weberei als fabrikmässiger Gewerbebetrieb.

(180.) Fabrikationszweige.	Der Zählung wurden unterworfen	Im ganzen Staate waren vorhanden 1846	1849	1852	1855	1858	1861
a) für wollene und halbwollene Stoffe einschl. der Tuche, Flanelle u. Decken:							
1. Tuchfabriken	Anstalten	708	798	819	796	650	519
	mechanische Webestühle	364	459	388	844	1 385	1 877
	Hand-Webestühle	8 578	9 570	10 521	9 658	9 832	8 600
	Beschäftigte	28 999	30 206	29 888	23 224	23 924	26 177
2. Fabriken für andere wollene und halbwollene Zeuge excl. Shawls und Teppiche	Anstalten	301	295	286	297	318	178
	mechanische Webestühle	716	751	692	652	1 052	1 827
	Hand-Webestühle	4 110	5 549	3 832	4 601	5 500	4 080
	Beschäftigte	10 239	11 925	8 076	9 128	11 606	8 487
b) für baumwollene u. halbbaumwollene Zeuge	Anstalten	616	609	682	701	716	351
	mechanische Webestühle	2 628	2 583	1 350	2 061	4 747	7 174
	Hand-Webestühle	45 646	41 277	15 367	16 827	18 644	4 710
	Beschäftigte	62 198	57 097	24 266	23 083	28 327	12 987
c) für leinene Zeuge	Anstalten	217	274	235	204	183	238
	mechanische Webestühle	15	46	37	30	78	230
	Hand-Webestühle	3 123	6 207	2 294	3 238	3 288	2 207
	Beschäftigte	4 135	5 896	3 562	3 967	4 336	3 444
d) für Seiden-, Halbseiden-, Sammt-, Seidenband- und Sammtbandwaaren.	Anstalten	281	323	311	378	415	275
	mechanische Webestühle	420	581	361	628	294	573
	Hand-Webestühle	12 644	14 215	14 372	14 714	18 291	6 511
	Beschäftigte	21 873	23 855	23 164	23 421	28 044	19 418

(Forts. zu 180.) Fabrikationszweige.	Der Zählung wurden unterworfen	Im ganzen Staate waren vorhanden					
		1846	1849	1852	1855	1858	1861
e) für Shawls	Anstalten	5	8	9	21	89	58
	mechanische Webestühle	13	.	17	69	.	867
	Hand-Webestühle	43	84	511	157	101	1 221
	Beschäftigte	118	224	1 088	431	1 277	3 358
f) für Bänder, Litzen, Kordeln, Posamentierwaaren, Tressen u. Zeugknöpfe, doch ohne die in Seide u. sisleonische Waaren gearbeiteten Bänder u. Tressen	Anstalten	211	212	227	302	209	183
	mechanische Webestühle	278	320	2 070	1 708	281	2 405
	Hand-Webestühle	2 048	2 240	2 870	3 138	2 377	1 100
	Beschäftigte	7 465	7 387	10 180	10 068	7 381	7 812
g) für Teppiche ...	Anstalten	20	16	18	20	23	23
	mechanische Webestühle	117	67	64	125	101	211
	Hand-Webestühle	314	203	238	215	242	194
	Beschäftigte	1 164	567	804	750	924	1 014
h) für Strumpfwaaren	Anstalten	165	101	102	102	106	64
	mechanische Webestühle	92	212	73	63	15	94
	Hand-Webestühle	685	539	553	783	607	355
	Beschäftigte	1 184	1 170	1 132	1 580	1 400	1 053
i) für Tüll, Bobbinets und Spitzen, einschliessl. der Klöppelei	Anstalten	5	4	2	5	4	11
	mechanische Webestühle	.	.	20	.	.	.
	Hand-Webestühle	72	108	50	27	27	25
	Beschäftigte	198	221	128	282	239	865
Summe	Anstalten	2 529	2 636	2 691	2 820	2 686	1 990
	mechanische Webestühle	4 603	5 018	5 258	6 178	7 992	15 258
	Hand-Webestühle	78 423	79 992	50 606	53 358	59 019	28 012
	Beschäftigte	157 073	138 548	102 348	95 949	108 158	84 565

C. Zurichtung von Geweben u. dgl.

(181.) Eintheilung der Gewerbe.	Der Zählung wurden unterworfen	Im ganzen Staate waren vorhanden					
		1846	1849	1852	1855	1858	1861
I. In der **Handwerkertabelle** aufgeführte:							
a) Tuchscheerer u. Tuchbereiter	Meister und andere für eigene Rechnung arbeitende Personen, Gehülfen und Lehrlinge	4 088	3 058	3 012	2 218	2 277	2 129
b) Färber aller Art (1858 auch Arbeiter in Fabriken zum Glänzen gefärbter Baumwollgarne)	desgl.	9 125	8 142	8 268	7 636	6 668	5 826
c) Bleicher, Kalanderer, Mangeler, Appreteure, Presser, sofern solche nicht Fabrikanten oder in Fabriken beschäftigt sind	desgl.	263	2 030	2 198	3 559	4 476	1 778
d) Posamentirer u. Zeugknopfmacher	desgl.	2 587	2 339	2 304	2 035	2 032	1 869
zusammen	desgl.	16 064	15 569	15 782	15 448	16 453	11 728

(Forts. zu 181.) Eintheilung der Gewerbe.	Der Zählung wurden unterworfen	Im ganzen Staate waren vorhanden					
		1846	1849	1852	1855	1858	1861
2. In der **Fabrikentabelle** aufgeführt:							
a) Walkmühlen	Anstalten	796	740	693	627	564	573
	Beschäftigte	1 193	1 047	1 102	095	972	1 409
b) Bleichen:							
1. Garnbleichen u. Garnsiedereien (auch Garnstärkerei)	Anstalten	236	241	259	239	317	226
	Beschäftigte	989	1 126	1 341	1 231	1 008	1 585
2. Stückbleichen u. Appreturanstalten für Weissbleichen	Anstalten	357	285	347	358	339	247
	Beschäftigte	2 531	1 990	1 961	1 956	2 297	1 971
c) Färbereien:							
1. Türkischroth-Färbereien	Anstalten	31	22	35	31	34	36
	Beschäftigte	1 109	831	1 227	1 363	1 428	1 453
2. andere Garnfärbereien in Baumwolle u. Wolle (früher sonstige Färbereien)	Anstalten	1 277	1 503	1 821	1 850	1 900	552
	Beschäftigte	6 767	8 666	11 989	12 740	12 819	3 116
3. Garn- und Stückfärbereien und Appreturanstalten für Seidenwaaren (bis 1858 Seidenfärbereien)	Anstalten	64	63	86	86	90	138
	Beschäftigte	528	701	886	1 024	1 065	1 313
4. Stückfärbereien und Appreturanstalten für andere Waaren	Anstalten	.	.	.	.	.	785
	Beschäftigte	.	.	.	.	.	7 577
d) Druckereien für Zeuge aller Art	Anstalten	520	552	527	479	432	367
	Drucktische	1 734	1 511	1 377	1 269	1 102	934
	Druckmaschinen incl. Perrotinen	144	178	208	224	246	253
	Beschäftigte	5 528	4 856	4 705	4 705	4 548	4 516
e) Wachstuch und Wachstafft-Fabriken	Anstalten	27	24	23	22	21	26
	Beschäftigte	224	117	218	231	180	251
zusammen	Anstalten	3 474	3 530	3 782	3 692	3 597	3 203
	Beschäftigte	18 869	19 561	23 409	24 245	24 407	24 085
Hauptsumme der **beschäftigten Personen**		34 933	35 130	39 191	39 693	39 860	35 697

IX. Fabrikation von Kleidung, Wäsche, Putz, Toilette.

(182.) Eintheilung der Gewerbe.	Der Zählung wurden unterworfen	Im ganzen Staate waren vorhanden					
		1846	1849	1852	1855	1858	1861
A. In der **Handwerkertabelle** aufgeführt:							
1. Schneider und Korsettmacher:							
a) männlichen Geschlechts	für eigene Rechnung arbeitende Personen, Gehülfen und Lehrlinge	106 789	106 128	111 190	108 554	112 273	104 625
b) weiblichen "							31 794
2. Putzmacher und Putzmacherinnen:							
a) männlich	desgl.	6 848	7 519	8 688	9 168	9 449	645
b) weiblich							11 958

(Forts. zu 162.) Eintheilung der Gewerbe.	Der Zählung wurden unterworfen	Im ganzen Staate waren vorhanden					
		1846	1849	1852	1855	1858	1861
3. Gold-, Silber-, Seidensticker, Tapisseriearbeiter, Blumen-, Haar- und Federbusch-, Schmuckfedern-, Strohhut-, Epaulettes-, Paramenten-macher u. Verfertiger künstlicher Haararbeiten (früher auch v. Handschuhen, Weisszeug u. s. w.)	für eigene Rechnung arbeitende Personen, Gehilfen und Lehrlinge	2 016	2 628	3 766	4 570	4 058	1 585
4. Hutmacher, Filzmacher und Hutstaffirer (früher auch Hasenhaarschneiderei)	desgl.	2 622	2 414	2 360	2 343	2 547	3 169
5. Friseure und Tourenmacher	desgl.	631	604	636	702	675	784
6. Barbiere	desgl.	7 889	8 464	9 161	9 253	9 561	10 619
7. Inhaber von Badeanstalten (früher Wein- u. Bademeister)	Personen	61	.	.	.	.	864
8. Inhaber von Waschanstalten	desgl.	.	.	.	.	.	304
zusammen	desgl.	126 857	127 757	135 401	134 590	138 563	166 147
B. In der Fabrikentabelle aufgeführt:							
1. Weisszeug-Fabriken	Anstalten	.	.	.	.	.	5
	Beschäftigte	.	.	.	.	.	328
2. Strohhut- und Strohwaaren-Manufacturen (früher auch Fabriken für Blumen, Federn, Kordeln, Litzen u. s. w.	Anstalten	27	57	142	126	85	98
	Beschäftigte	615	1 064	4 050	3 217	5 548	2 313
Hauptsumme der beschäftigten Personen		127 472	128 821	139 451	137 807	144 111	168 788

X. Industrie zur Erzeugung von Leder und Lederarbeiten, Gummi-, Filz- und Pelzwaaren.

(163.) Eintheilung der Gewerbe.	Der Zählung wurden unterworfen	Im ganzen Staate waren vorhanden					
		1846	1849	1852	1855	1858	1861
A. In der Handwerkertabelle aufgeführt:							
1. Gerber, Lederbereiter	Meister u. s. für eigene Rechnung arbeit. Personen, Gehilfen u. Lehrl.	10 740	10 015	10 239	9 727	9 734	11 224
2. Schuh- und Pantoffelmacher und Altflicker	desgl.	134 526	136 457	145 109	141 607	145 833	153 110
3. Handschuhmacher	desgl.	2 244	2 401	2 527	2 500	2 529	3 437
4. Kürschner u. Rauchwaarenhändler, auch Mützenmacher	desgl.	7 238	7 546	8 258	8 315	8 556	8 839
5. Riemer, Sattler, Beutler, Täschner	desgl.	14 621	14 260	15 464	15 523	16 689	17 609
zusammen	desgl.	169 369	170 679	181 687	177 672	183 343	194 219
B. In der Fabrikentabelle aufgeführt:							
1. Fabriken für gefärbtes und lackirtes Leder (früher auch Lackirfabriken)	Anstalten	70	51	41	38	42	43
	Beschäftigte	490	404	364	298	449	754
2. Gummi- und Guttaperchawaaren-Fabriken	Anstalten	14	11	14	16	21	22
	Beschäftigte	661	423	232	407	595	703
zusammen	Anstalten	84	62	55	54	63	65
	Beschäftigte	1 151	827	596	705	1 044	1 457
Hauptsumme der beschäftigten Personen		170 520	171 506	182 283	178 377	193 077	195 676

XI. Industrie zur Erzeugung von Holz-, Horn-, Fischbein-, Elfenbein- und ähnlichen Waaren.

(164.)

Eintheilung der Gewerbe.	Der Zählung wurden unterworfen	Im ganzen Staate waren vorhanden					
		1846	1849	1852	1855	1858	1861
A. In der Handwerkertabelle aufgeführte:							
1. Tischler, Stuhlmacher, Möbelmacher und Möbelpolirer ...	Meister, für eigene Rechnung arbeitende Personen, Gehülfen und Lehrlinge ..	72 299	70 939	76 147	76 609	84 145	87 480
2. Gross- und Kleinböttcher ..	desgl.	21 236	21 806	22 476	21 877	22 669	23 630
3. Besenbinder, Stroh-Dachdecker, Strohdecken-Verfertiger (früher auch Lehmschindelmacher, Ziegeler, Wiesenberieseler, Kornmesser, Torfstecher, Holzwraker)	desgl.	743	467	811	931	778	351
4. Verfertiger grober Holzwaaren, als: Schuhe, Löffel, Leisten, Mulden u. dergl.	desgl.	5 076	4 769	5 232	5 421	5 919	6 024
5. Korbwaarenmacher	desgl.	6 085	6 419	6 722	6 885	7 275	7 795
6. Sonnen- und Regenschirmmacher	desgl.	109	551	585	573	533	578
7. Drechsler aller Art in: Holz, Horn, Bein, Metall, Bernstein	desgl.	9 748	9 578	10 101	9 764	9 948	10 179
8. Verfertiger von Spiel- und feinen Holzwaaren...........	desgl.	58	108	109	118	192	153
9. Haarkammmacher	desgl.	1 457	1 356	1 481	1 470	1 588	1 475
10. Bürstenbinder u. Pinselmacher	desgl.	1 463	1 453	1 763	1 735	1 931	2 433
zusammen	desgl.	118 2[illegible]	116 945	125 427	125 383	134 968	140 698
B. In der Fabrikentabelle aufgeführte:							
1. Sägemühlen und Fournierschneidereien	Anstalten ..	2 515	2 481	2 588	2 638	2 785	2 718
	Beschäftigte	2 930	2 821	3 157	3 335	3 964	5 063
2. Fabriken für Möbel, Holzleisten u. Holz-Schnitzarbeiten (früher auch für grobe Holzwaaren, als Holzstifte, Eimer, Bürsten u. s. w.)............	Anstalten ..	11	7	60	50	52	77
	Beschäftigte	248	130	328	761	1 435	2 200
3. Fabriken für Spielwaaren aller Art, Schachteln und Kisten (früher auch für Bein, Beinwaaren, Feuerschwamm und Rheumatismusketten)........	Anstalten ..	2	41	11	19	35	21
	Beschäftigte	15	329	270	404	629	633
4. Fabriken für Sonnen- und Regenschirme, Schirmgestelle, Stöcke und Peitschen	Anstalten ..	88	49	58	63	69	70
	Beschäftigte	611	657	571	1 009	957	921
5. Fabriken für Bein (Knochen, Fischbein, Elfenbein, Horn, Schildpatt und Muschelschaalen) und Waaren daraus (auch Kammfabriken)............	Anstalten ..	.	.	.	.	.	13
	Beschäftigte	.	.	.	.	.	382
6. Fabriken für Knöpfe aus Holz, Horn, Perlmutter, Papierteig und Metall	Anstalten ..	47	58	75	85	87	123
	Beschäftigte	1 698	2 259	2 391	3 201	3 218	3 879
zusammen	Anstalten ..	2 659	2 636	2 792	2 884	3 078	3 022
	Beschäftigte	5 792	6 196	6 717	8 710	10 203	13 498
Hauptsumme der beschäftigten Personen ..		123 971	123 141	132 144	134 073	144 171	153 394

XII. Industrie zur Erzeugung und Verarbeitung von Papier, Pappe und ähnlichem Material.

(185.) Eintheilung der Gewerbe.	Der Zählung wurden unterworfen	Im ganzen Staate waren vorhanden					
		1846	1849	1852	1855	1858	1861
A. In der Handwerkertabelle aufgeführte:							
1. Buchbinder und Futteralmacher	Meister u. andere für eigene Rechnung arbeitende Personen, Gehilfen und Lehrlinge	5 954	5 793	6 430	6 674	7 553	7 836
2. Verfertiger von Steinpapp- und Pappwaaren, Attrappen u. Goldborten, auch Verfertiger von Gipsfiguren u. dergl.	desgl.	88	281	489	433	412	462
zusammen	desgl.	6 042	6 073	6 919	7 107	7 965	8 398
B. In der Fabrikentabelle aufgeführte:							
1. Papier- und Pappefabrikation und Papiermühlen	Anstalten	394	368	347	336	316	376
	Beschäftigte	6 393	6 231	7 618	8 170	8 393	9 872
2. Papiertapeten-Fabriken, auch Bunt- und Goldpapier-Fabriken und für gepresste Papiere (auch für Wolltapeten)	Anstalten	36	38	40	39	41	57
	Beschäftigte	513	409	624	809	959	1 453
3. Fabriken für Lederwaaren, Cartonnagen, Portefeuilles, Visitenkarten	Anstalten	422	543	612	625	692	125
	Beschäftigte	3 454	4 251	5 073	5 639	6 792	2 980
4. Spielkarten-Fabriken	Anstalten	6	8	7	7	8	7
	Beschäftigte	124	136	147	149	208	185
5. Steinpapp- und Papiermaché-waaren-Fabriken	Anstalten	17	23	44	42	73	31
	Beschäftigte	221	150	445	533	840	207
6. Siegellack-, Oblaten-, Federposen-, Bleistift- und Stahlfedern-Fabriken	Anstalten	27	23	24	27	29	36
	Beschäftigte	61	71	65	68	224	391
zusammen	Anstalten	875	918	1 050	1 038	1 172	632
	Beschäftigte	10 705	11 162	13 907	15 300	17 195	14 488
Hauptsumme der **beschäftigten Personen**		16 747	17 235	20 826	22 407	25 160	22 886

XIII. Polygraphische Gewerbe.

Die meisten der hieher gehörigen Gewerbe sind in der »Tabelle der Handels- und Transportgewerbe, der Gast- und Schankwirthschaft, sowie der Anstalten und Unternehmungen zum literarischen Verkehr« enthalten; einige jedoch finden sich auch in der Handwerkertabelle.

(186.) Eintheilung der Gewerbe.	Der Zählung wurden unterworfen	Im ganzen Staate waren vorhanden					
		1846	1849	1852	1855	1858	1861
A. In der Handwerkertabelle aufgeführte:							
1. Bilder-, Blumen- und Porzellanmaler, Daguerreotypisten, Photographisten und Coloristen...	für eigene Rechnung arbeitende Personen, Gehilfen u. Lehrlinge.	357	1 225	1 294	1 479	1 542	2 056
2. Kupferstecher, Formstecher, Formschneider (früher auch Arbeiter in Gravir- und Bildhauer-Anstalten)	desgl.	.	101	100	17	1 441	206
zusammen	desgl.	357	1 326	1 394	1 496	2 983	2 262
B. In der Tabelle der Handelsgewerbe aufgeführte[1]):							
1. Schriftgiessereien.............	Anstalten	24	20	25	23	19	22
	Directions-, Aufsichtspersonal und Arbeiter.........	268	238	391	358	255	317
2. Buch- und Notendruckereien..	Anstalten........	574	672	710	715	733	777
	Personal(wie bei 1)	4 159	4 807	4 806	5 001	5 457	6 358
	Pressen	1 154	1 275	1 322	1 427	1 453	.
3. Druckereien von Kupferstichen, Stahlstichen, Holzschnitten, Stick- und Strickmustern und Bilderbogen, auch lithographische Anstalten	Anstalten	483	449	492	521	549	526
	Personal........	1 958	1 734	2 019	2 160	2 408	3 070
4. Institute für Globen, Landkarten, Planetarien, Reliefs, Pläne und andere Unterrichtsmittel..	Anstalten	.	.	.	.	.	3
	Personal.........	.	.	.	.	.	31
zusammen	Anstalten........	1 081	1 141	1 227	1 259	1 301	1 328
	Personal.........	6 385	6 779	7 216	7 514	8 120	9 776
Hauptsumme der **beschäftigten Personen**		6 742	8 105	8 610	9 010	11 103	12 038

[1]) Dem in den Tabellen für 1846—55 angegebenen Arbeiterpersonal wurden ebenso viele Directoren und Aufseher zugerechnet, als Anstalten aufgeführt sind.

XIV. Baugewerbe.

(187.) Eintheilung der Gewerbe.	Der Zählung wurden unterworfen	Im ganzen Staate waren vorhanden					
		1846	1849	1852	1855	1858	1861
1. Maurer (und Maurerflickarbeiter)	Meister u. a. für eigene Rechnung arbeitende Personen, Gehilfen und Lehrl.	64 052	64 516	71 896	75 662	89 510	95 160
2. Zimmer-, Schilder-, Rouleauxmaler, Anstreicher, Vergolder, Staffirer, Stuckateure, Goldleisten- u. Goldrahmenmacher	desgl.	8 671	8 068	9 143	9 974	10 804	12 660
3. Zimmerleute (früher auch Zimmerflickarbeiter und Schiffszimmerleute)	desgl.	50 735	49 198	52 382	54 230	60 978	61 196
4. Brunnenbauer, Brunnen- und Pumpenmacher	desgl.	.	999	1 071	1 001	1 140	1 470
5. Dachdecker, insbesondere Schindel-, Stein-, Ziegel- und Schieferdecker	desgl.	4 080	5 254	5 907	8 372	7 000	7 992
6. Steinsetzer oder Pflasterer .	desgl.	1 917	2 005	2 237	2 216	2 404	2 619
7. Schornsteinfeger	desgl.	2 077	3 105	3 258	3 212	3 276	3 360
8. Tapeziere, Decorateure und Polsterwaarenarbeiter	desgl.	1 782	1 809	2 185	2 375	2 893	2 930
Hauptsumme der beschäftigten Personen ..		135 094	135 044	147 969	155 842	178 014	187 396

XV. Verschiedene andere Industriezweige.

(188.) Eintheilung der Gewerbe.	Der Zählung wurden unterworfen	Im ganzen Staate waren vorhanden					
		1846	1849	1852	1855	1858	1861
A. Künstlerische Gewerbe:							
1. Architekten, Bildhauer, Maler, Erzgiesser, Ciseleure, Galvanoplastiker und andere der bildenden Kunst Angehörige	Meister u. a. für eigene Rechnung arbeitende Personen, Gehilfen und Lehrl.	696	867	1 072	1 128	4 422	2 761
2. Musiker, welche sich ihrer Kunst in ihrem Wohnort widmen ...	desgl.	.	.	.	.	.	10 086
3. Umherziehende Musiker	desgl.	10 271	9 738	10 068	9 917	10 141	3 023
4. Personal stehender Theater ...	Personen ...	.	.	.	.	1 096	1 825
5. Umherziehende Schauspieler, Equilibristen und Schausteller (früher auch Tanzlehrer, optische Künstler, Kammerjäger, Hochzeit- und Leichenbitter, Bademeister, Drehorgelspieler)	Meister u. a. für eigene Rechnung arbeitende Personen, Gehilfen und Lehrl.	84	35	31	96	871	1 156
zusammen	Personen ...	10 991	10 640	11 169	11 141	16 532	18 861

(Forts. zu 188.) Eintheilung der Gewerbe.	Der Zählung wurden unterworfen	Im ganzen Staate waren vorhanden					
		1846	1849	1852	1855	1858	1861
B. Andere in der Handwerkertabelle aufgeführte Gewerbe:							
1. Krankenwärter, Leichenbitter, Leichenwäscher, Todtengräber	Personen ...	.	.	.	.	5 897	.
2. Kammerjäger, Viehkastrirer ...	desgl.	.	82	102	165	615	43
zusammen	desgl.	.	82	102	165	6 512	43
C. In der Fabrikentabelle aufgeführte Gewerbe:							
1. Mühlenwerke, ausser den bereits aufgeführten	Anstalten ...	1 031	1 545	1 875	1 944	2 091	[1]) 40
	Beschäftigte .	1 797	3 071	4 648	5 080	5 589	40
2. Wasserleitungs-Anstalt	Anstalten ...	.	.	.	.	1	1
	Beschäftigte .	.	.	.	.	25	21
zusammen	Beschäftigte .	1 797	3 071	4 648	5 080	5 614	76
Hauptsumme der **beschäftigten Personen** ...		12 788	13 793	15 919	16 386	20 638	18 984

[1]) Windmühlen zur Entwässerung des Landes.

XVI. Recapitulation der beschäftigten Personen.

(189.) **Industriezweige.**	In die Gewerbetabellen u. dergl. aufgenommene Personen					
	1846	1849	1852	1855	1858	1861
1. Metallurgische Industrie	27 102	27 334	34 685	43 891	54 910	57 116
2. Maschinenfabrikation	37 305	37 249	43 675	48 700	64 229	73 302
3. Fabrikation von Instrumenten .	6 447	6 416	6 922	7 320	8 588	9 720
4. Fabrikation von Metallwaaren.	135 042	134 410	147 530	155 005	168 797	172 009
5. Mineralurgische Industrie	64 681	61 322	69 788	75 796	87 658	100 158
6. Fabrikation chemischer und pharmazeutischer Produkte	14 826	18 792	21 896	23 030	24 830	31 735
7. Fabrikation von Consumtibilien	169 422	212 116	216 845	239 815	261 032	276 873
8. Textilindustrie:						
a) Bereitung von Gespinnsten und Geflechten	40 504	133 011	130 319	127 938	101 949	66 759
b) Weberei, Zeug- und Bandwaaren-Manufactur	200 135	210 447	216 315	212 381	206 274	203 444
c) Zurichtung von Geweben u. dergl.	34 933	35 130	39 191	39 603	39 880	35 687
9. Fabrikation von Kleidung, Wäsche, Putz, Toilette	127 472	129 821	139 451	137 607	144 111	165 788
10. Erzeugung von Leder und Lederarbeiten, Gummi-, Filz- und Pelzwaaren	170 520	171 506	182 283	178 377	193 077	195 676

(Forts. zu 189.) Industriezweige.	In die Gewerbetabellen u. dergl. aufgenommene Personen					
	1846	1849	1852	1855	1858	1861
11. Erzeugung von Holz-, Horn-, Fischbein-, Elfenbein- und ähnlichen Waaren	123 971	123 141	132 144	134 073	144 171	153 594
12. Erzeugung und Verarbeitung von Papier, Pappe und ähnlichem Material	16 747	17 255	20 826	22 407	25 160	22 886
13. Polygraphische Gewerbe	6 742	8 105	8 609	9 010	11 103	12 038
14. Baugewerbe	135 094	135 044	147 969	155 042	178 014	187 396
15. Verschiedene andere Industriezweige	12 788	13 798	15 919	16 386	28 658	18 964
Summe	1.313 621	1.473 892	1.594 376	1.627 770	1.743 331	1.786 145

Die »statistische Tabelle«, welche bei den Volkszählungen aufgestellt wird, enthält zwei wenigstens theilweise ebenfalls hierher gehörige Rubriken: Handarbeiter mit Ausschluss der bei der Landwirthschaft beschäftigten, — und Dienstboten und Gesinde aller Art mit Ausschluss der bei der Landwirthschaft beschäftigten und der zur persönlichen Bequemlichkeit der Herrschaft dienenden. Da es zweifelhaft ist, ob diese Personen nicht auch in der Gewerbetabelle erscheinen, d. h. hier und da doppelt gezählt sind, so theilen wir die Anzahl derselben hier besonders mit:

		1846	1849	1852	1855	1858	1861
Handarbeiter	männlich	873 286	934 233	861 057	883 563	769 818	637 886
	weiblich	596 805	679 719	626 516	647 115	697 946	450 038
Dienstboten	männlich	von den landwirthschaftlichen Dienstboten ungetrennt				60 498	75 654
	weiblich					118 240	70 740
zusammen		1.470 091	1.613 952	1.487 573	1.530 678	1.566 002	1.234 318

XVII. Motoren der Industrie.

Ueber die Zahl, die Stärke und den Zweck der in der Industrie thätigen Dampfmaschinen, deren Dämpfe mechanisch wirken, geben die Fabrikentabellen Auskunft. Einen kurzen Auszug derselben giebt nachstehende Tabelle.

(190.) Industriezweige, in deren Dienst die Dampfmaschinen wirken.	Der Zählung wurden unterworfen	Im ganzen Staate waren vorhanden					
		1846	1849	1852	1855	1858	1861
1. Berg-, Hütten- und Salinenbetrieb	Dampfmaschinen	274	392	422	569	1 225	1 528
	Pferdekräfte	9 519	18 695	19 662	24 746	45 920	60 387
2. Ent- und Bewässerung und für landwirthschaftliche Zwecke (incl. Locomobilen)	Dampfmaschinen	48	63	74	97	121	342
	Pferdekräfte	504	598	836	1 262	1 347	4 172
3. Schneidemühlen	Dampfmaschinen	25	29	51	82	130	230
	Pferdekräfte	288	388	616	1 040	1 743	2 913
4. Getreidemühlen	Dampfmaschinen	71	95	172	337	521	600
	Pferdekräfte	927	1 111	2 007	3 586	6 195	8 101
5. Spinnerei, Weberei und Walkerei	Dampfmaschinen	237	274	365	443	580	738
	Pferdekräfte	3 236	3 691	5 633	6 929	10 579	16 152
6. Maschinenfabriken	Dampfmaschinen	80	91	154	201	279	373
	Pferdekräfte	939	1 254	1 344	2 048	2 971	4 139

(Forts. zu 190.) **Industriezweige,** in deren Dienst die Dampfmaschinen wirken.	Der Zählung wurden unterworfen	Im ganzen Staate waren vorhanden					
		1846	1849	1852	1855	1858	1861
7. Metallische Fabriken aller Art	Dampfmaschinen	128	192	251	421	538	621
	Pferdekräfte	3 916	5 298	7 072	13 956	26 729	16 639
8. Andere Fabrikzweige	Dampfmaschinen	276	369	635	900	1 493	2 337
	Pferdekräfte	2 404	3 398	5 861	8 416	17 471	24 874
Summe	Dampfmaschinen	1 139	1 445	2 124	3 050	6 187	6 669
	Pferdekräfte	21 715	29 483	43 051	61 960	112 856	137 377
Die durchschnittliche Leistungsfähigkeit je einer Dampfmaschine war in Pferdekräften (zu 480 Fusspfund pro Secunde) bei den Maschinen							
1. für Berg-, Hütten- und Salinenbetrieb	Pferdekraft	34,7	41,5	46,0	43,5	37,6	39,5
2. für landwirthschaftliche Zwecke	desgl.	10,8	9,5	11,3	13,0	11,1	17,3
3. für Schneidemühlen	desgl.	10,7	11,7	12,4	12,7	13,4	12,7
4. für Getreidemühlen	desgl.	13,1	11,7	11,7	10,0	11,9	13,6
5. für Spinnerei, Weberei und Walkerei	desgl.	13,7	13,5	15,4	15,6	18,2	21,9
6. für Maschinenfabrikation .	desgl.	11,3	14,9	8,7	10,2	10,6	11,1
7. für metallische Fabrikation	desgl.	30,4	27,6	26,3	33,1	31,9	26,8
8. für andere Fabrikzweige .	desgl.	8,7	9,3	9,3	9,4	11,7	10,0

Zehnter Abschnitt.

Der Handel.

I. Handelszweige.

Die Gewerbetabelle, beziehentlich die »Tabelle der Handels- und Transportgewerbe, der Gast- und Schankwirthschaft, sowie der Anstalten und Unternehmungen zum literarischen Verkehr« enthält Materialien zur Statistik der Handelsgewerbe. Einen kurzen Auszug daraus bietet nachstehende Tabelle dar.

(191.)

Eintheilung der Handeltreibenden und Handelsvermittler.		Gezählt wurden in den Jahren [1]) 1846	1849	1852	1855	1858	1861
A. **Kaufleute** (bis 1858 Grosshändler), welche eigene oder Commissionsgeschäfte (bis 1858: mit Waaren) **ohne offene Läden** betreiben	Eigenthümer oder Geschäftsinhaber	4 075	3 773	4 632	4 997	[illegible]	11 447
	Factoren, Commis, Buchhalter, Gehilfen, Handlungsdiener u. Lehrlinge	5 160	6 311	6 832	6 465	7 264	12 161
B. **Kaufleute,** welche **offene Verkaufsstellen** halten, excl. Buch- und Kunsthändler:							
1. Weinhändler	Eigenthümer u. dgl.	995	1 039	1 108	1 079	1 094	nicht detaillirt nachgewiesen
	Gehilfen u. dgl.	653	1 004	1 041	981	965	
2. Getreidehändler	Eigenthümer u. dgl.	6 197	3 667	4 191	4 558	4 563	
	Gehilfen u. dgl.	950	1 245	1 280	1 294	1 338	
3. Holzhändler	Eigenthümer u. dgl.	5 769	3 235	3 796	3 645	3 920	
	Gehilfen u. dgl.	656	781	775	795	772	
4. Wollhändler	Eigenthümer u. dgl.	487	397	450	462	406	
	Gehilfen u. dgl.	192	248	249	288	277	
5. Gewürz-, Material-, Spezereihändler und Droguisten	Eigenthümer u. dgl.	18 514	20 809	22 716	23 875	24 432	
	Gehilfen u. dgl.	8 530	13 081	13 835	13 682	13 908	
6. Ausschnitthändler in Seiden-, Baumwollen- und Leinen- (1846 auch Wollen-) Waaren	Eigenthümer u. dgl.	8 650	8 819	9 347	9 861	10 175	
	Gehilfen u. dgl.	4 064	6 057	5 969	6 225	6 424	
7. Händler in Eisen-, Stahl-, Messing- u. a. Metallwaaren	Eigenthümer u. dgl.	1 514	1 661	1 634	1 946	2 130	
	Gehilfen u. dgl.	[illegible]	1 253	1 272	1 342	1 483	

[1]) unter A. und B. sind die Gehilfen durch Abzug der Zahl der Handlungen von der Zahl der dabei beschäftigten Herren, Commis und Lehrlinge ermittelt.

(Forts. zu 191.)

Eintheilung der Handeltreibenden und Handelsvermittler.		Gezählt wurden in den Jahren					
		[1]) 1846	1849	1852	1855	1858	1861
8. Händler in Galanterie- u. sogen. Nürnberger Waaren	Eigenthümer u. dgl.	1 128	1 168	1 259	1 407	1 592	nicht detaillirt nachgewiesen
	Gehilfen u. dgl.	543	782	875	910	1 029	
9. Händler in verschiedenen, vorstehend nicht genannten Waaren	Eigenthümer u. dgl.	6 174	6 794	8 156	8 809	10 556	
	Gehilfen u. dgl.	1 927	2 497	2 730	2 746	3 242	
10. Pferde-, Vieh-, Pech-, Theer-, Kohlenhändler, Trödler		[2]) 553	8 075	10 048	11 065	12 112	
11. Krämer mit kurzen Waaren, Nürnberger- und Nadlerkram		20 824	15 650	16 206	14 900	13 694	
12. Victualienhändler und Höker		51 892	43 741	47 285	49 852	50 514	
Summe B.	Eigenthümer	122 686	115 075	126 395	131 519	135 178	[3]) 81 616
	Gehilfen	18 501	26 948	27 519	28 153	29 438	30 046
C. Buch- und Kunsthändler:							
1. Buch-, Kunst- und Musikalienhändler	Handlungen	741	.	.	.	823	.
	Eigenthümer (1861: Prinzipale)		739	731	792	776	836
	Factoren, Buchhalter, Commis und Lehrlinge	1 495	658	872	955	1 006	1 167
2. Antiquare (1861: und Antiquitätenhändler)	Antiquare (Prinzipale)	97	87	88	98	114	144
	Factoren u. dgl.	.	.	.	.	.	62
3. Leihbibliothekare	Leihbibliotheken	656	645	695	744	824	.
	Eigenthümer (Prinzipale)	.	.	.	.	727	717
	Gehilfen	.	.	.	.	.	166
Summe C.	Eigenthümer	1 494	1 471	1 523	1 634	1 619	1 697
	Gehilfen	684	858	872	955	1 006	1 395
D. Herumziehende Krämer, Lumpensammler (1861: u. s. herumziehende Händler)		21 049	18 724	20 404	21 214	22 497	[illegible]
E. Banquiers, Geld- und Wechsel-Händler (bis 1858: Handlungen, welche hauptsächlich mit Gelde, umlaufenden Papieren und Wechseln Geschäfte treiben)	Geschäftsinhaber (oder Eigenthümer)	442	439	490	513	602	642
	Gehilfen u. dgl.	658	864	940	994	1 172	1 219
F. Handelsvermittler:							
1. Geld-, Waaren- und Schiffsmakler im Großhandel (1861: auch Assecuranzmakler)	Makler (Eigenthümer)	509	353	307	272	349	415
	Gehilfen u. dgl.	.	.	.	.	.	347
2. Makler im Kleinhandel, Güterbestätiger, Spediteure	Makler u. dgl. (Eigenthümer)	[2]) 82	1 556	1 816	1 839	1 921	2 405
	Gehilfen u. dgl.	[2]) 4	.	.	.	.	697

[1]) unter B. u. C. sind die Gehilfen durch Abzug der Zahl der Handlungen von der Zahl der dabei beschäftigten Herren, Commis und Lehrlinge ermittelt. — [2]) in nur wenigen Regierungsbezirken ergänzend angegeben, weil eine besondere Rubrik für diese Gewerbtreibenden damals noch nicht bestand. — [3]) vermuthlich nirgends mit Einrechnung der Victualienhändler und Höker.

(Forts. zu 191.) Eintheilung der Handeltreibenden und Handelsvermittler.		Gezählt wurden in den Jahren					
		1846	1849	1852	1855	1858	1861
3. Auctionatoren, Agenten, Commissionäre, Concipienten, Pfandleiher, Gesindevermiether	Eigenthümer u. dgl.	[1] 191	.	.	.	7 040	9 462
	Gehilfen u. dgl.	[1] 6	.	.	.	.	938
Summe F.	Eigenthümer	782	1 909	2 125	2 111	9 310	12 282
	Gehilfen	10	.	.	.	.	1 822
Insgesammt	Geschäftsinhaber	150 527	139 391	154 971	161 286	174 248	154 885
	Gehilfen	25 013	34 981	35 653	36 567	39 890	46 693

[1]) in nur wenigen Regierungsbezirken ergänzend angegeben, weil eine besondere Rubrik für diese Gewerbtreibenden damals noch nicht bestand.

II. Marktverkehr.

In den meisten Städten und vielen anderen Ortschaften findet alljährlich an bestimmten Tagen ein mehr oder minder ausgedehnter Marktverkehr*) statt, welcher neben den Wochenmärkten hergeht. Ihren Namen erhalten diese Märkte theils von der Zeit, zu welcher sie stattfinden (Jahr-, Kirchmess-, Quatember-, Thierschau-, Weihnachtsmarkt), theils aus Ueberlieferungen und von der Wichtigkeit, die sie einstmals oder noch besitzen (Messe, Send, Markt), theils endlich von den während ihrer Dauer zum Verkauf ausgestellten Gegenständen. Wir finden für diese folgende Benennungen, welche häufig dasselbe bedeuten, in alphabetischer Ordnung angegeben: Bienen, Blumen, Bullen, Butter, Eier, Eisen, Fässer, Faselochsen, Faselschweine, Fassdauben, Federvieh, Fettvieh, Flachs, Fohlen, Füllen, Gänse, Garn, Gemüse, Getreide, Hammel, Hanf, Haus- und Ackergeräth, Hirse, Holz, Holzwaaren, Honig, Hopfen, Hornvieh, Jungvieh, Kirschen, Kleesamen, Körbe, Kram, Leder, Leinsamen, Leinwand, Nüsse, Oel, Oelfrucht, Pferde, Pflaumen, Producte, Raps, Rindvieh, Rosse, Saat, Schafe, Schafvieh, Schlachtvieh, Schöppen, Schuhe, Schweine, Tabak, Tauben, Töpfe, Victualien, Vieh, Wachs, Wolle, Ziegen, Zwiebeln. So verschieden die Benennungen der Märkte sind, so mannigfach treten auch die feilgehaltenen Waaren entweder allein oder in Verbindung mit anderen auf. Beispielsweise findet der Kram- mit dem Viehmarkt gleichzeitig statt, oder der eine während eines Theils der Dauer des anderen, oder der eine nach dem anderen; in den ersten beiden Fällen bilden Kram- und Viehmarkt zusammen nur einen einzigen Markt, auch wenn sie an verschiedenen Plätzen der Ortschaft abgehalten werden; im drittgedachten Fall erscheint jeder von ihnen gesondert in den Listen.

Einen allgemeinen Blick über die Zahl der Ortschaften, welche Marktgerechtigkeit besitzen, und über die Dauer der Märkte gestattet Tabelle 192. Hin und wieder sind Theile derselben politischen Gemeinde, insofern sie früher besondere Ortschaften bildeten, als verschiedene Marktorte aufgeführt, und entgegengesetzt mögen wohl zwei politische Gemeinden, welche nahe zusammenliegen, nur ein einziges Mal in den Listen vorkommen. Das Gesammtbild können diese Umstände keinenfalls trüben.

Die Messen und am längsten dauernden Märkte finden an folgenden Orten statt:
im Regierungsbezirk Gumbinnen: Arys 8 Tage, Angerburg 14, Goldap 8 und 7, Lötzen 8, Lyk zweimal 8, Nikolaiken 14, Oletzko zweimal 7, Sensburg 13, Tilsit 14 Tage (überall Leinwandmarkt);
im Regierungsbezirk Königsberg: Barten 30, Nordenburg 14, Ortelsburg 8 Tage

*) Verzeichniss der im Königreich Preussen im Jahre 1863 stattfindenden Messen und Märkte, zusammengestellt im k. statistischen Bureau.

(Leinwandmarkt), Königsberg 8 und 10 Tage (Krammarkt), Rössel (Wollmarkt) 10 Tage;
im Regierungsbezirk Danzig: Danzig 20, Elbing zweimal 8 Tage (Krammarkt);
im Regierungsbezirk Marienwerder: Kloster Lonk 8 (Victualienmarkt) und 8 (Leinwandmarkt), Thorn dreimal 8 Tage (Krammarkt), Zlotowo (Leinwandmarkt) 8 Tage;
im Regierungsbezirk Bromberg: Gnesen 8 Tage (Kram-, Vieh- und Pferdemarkt);
im Regierungsbezirk Posen: Posen dreimal 8 und einmal 13 Tage (Krammarkt);
im Regierungsbezirk Köslin: Kolberg 8 Tage (Krammarkt);
in Berlin: 13 (Pferde-) und 13 Tage (Viehmarkt);
in Frankfurt: drei Messen;
in Breslau: zweimal 8 (Krammarkt) und zweimal 8 Tage (Kram-, Pferde- und Viehmarkt);
im Regierungsbezirk Magdeburg: Halberstadt dreimal 8 (Krammarkt), Magdeburg 15 Tage (Herbstmesse);
im Regierungsbezirk Merseburg: Halle 11 (Weihnachtsmarkt), Naumburg 21 Tage (Messe);
im Reg.-Bezirk Erfurt: Erfurt dreimal, Nordhausen zweimal 8 Tage (Krammarkt);
im Reg.-Bezirk Minden: Minden zweimal, Paderborn einmal 8 Tage (Krammarkt);
in Münster: zweimal 8 Tage (Send);
im Regierungsbezirk Arnsberg: Soest zweimal 8 Tage (Vieh- und Krammarkt);
im Regierungsbezirk Düsseldorf: Elberfeld zweimal 10 (Messen), Emmerich 8, Kleve 8, Nievenheim 11 Tage (Krammarkt);
in Köln: 19 (Krammarkt) und 32 Tage (Weihnachtsmarkt);
in Aachen: 30 Tage (Krammarkt);
im Regierungsbezirk Koblenz: Koblenz zweimal 12, Remagen 14 Tage (Krammarkt);
in Trier: zweimal 14 Tage (Messen).

(192.)

Regierungs-bezirke. — **Provinzen.**	Markt-orte	Anzahl der im Jahre 1863 stattfindenden Märkte							
		1 tägig [1])	2 (auch 1½) tägig	3 tägig [2])	4 tägig	5 tägig	6 tägig	7 und mehrtägig (und Messen)	zusammen
Gumbinnen	35	166	42	4	—	—	4	12	228
Königsberg	80	345	122	14	1	2	9	6	499
Danzig	31	98	10	—	1	—	1	3	113
Marienwerder	79	369	2	—	—	—	—	6	377
Preussen	225	978	176	18	2	2	14	27	1 217
Bromberg	50	112	107	—	4	—	—	1	224
Posen	94	301	62	9	—	—	—	4	376
Posen	144	413	169	9	4	—	—	5	600
Köslin	28	182	3	—	1	—	—	1	187
Stettin	40	249	16	4	1	1	3	—	274
Stralsund	22	63	9	1	2	—	2	—	77
Pommern	90	494	28	5	4	1	5	1	538
Potsdam	84	448	2	2	—	1	4	2	459
Frankfurt	79	488	30	7	—	—	—	3	528
Brandenburg	163	936	32	9	—	1	4	5	987

[1]) einzelne auch ½ tägig. — [2]) einzelne auch 2½ tägig.

(Forts. zu 192.) Regierungs-bezirke. — Provinzen.	Markt-orte	Anzahl der im Jahre 1863 stattfindenden Märkte							
		1 tägig	2 (auch 1½) tägig	3 tägig	4 tägig	5 tägig	6 tägig	7 und mehrtägig (und Messen)	zu-sammen
Liegnitz	73	272	128	6	6	—	—	—	372
Breslau	64	231	81	3	1	—	—	4	320
Oppeln	57	343	27	—	4	—	—	—	374
Schlesien	194	846	236	9	11	—	—	4	1 066
Magdeburg	57	244	96	5	1	—	4	4	294
Merseburg	90	209	105	30	3	2	—	2	411
Erfurt	41	92	69	5	1	—	—	5	172
Sachsen	188	545	270	40	5	2	4	11	877
Minden	82	210	10	2	—	—	—	3	225
Münster	129	257	—	1	—	1	—	2	261
Arnsberg	138	299	25	4	—	—	—	2	330
Westfalen	349	766	35	7	—	1	—	7	816
Düsseldorf	128	240	54	41	2	1	3	5	346
Köln	75	[1] 157	25	5	—	—	—	2	189
Aachen	72	135	8	7	—	—	6	1	157
Koblenz	125	460	18	1	—	—	1	3	483
Trier	127	490	13	—	—	—	—	2	505
Rheinland	527	1 482	118	54	2	1	10	13	1 690
Insgesammt	1 880	6 420	1 064	151	28	8	37	73	7 781

[1]) ausserdem führt das Marktverzeichniss noch folgende Wochenmärkte in der Stadt Köln auf: Kälber- und Schafmarkt jeden Dienstag und Freitag, Schweinemarkt jeden Montag und Dienstag, Hornviehmarkt jeden Montag, Fruchtmarkt jeden Wochentag.

III. Handel mit dem Auslande.

Den statistischen Uebersichten über Waarenverkehr und Zollertrag im deutschen Zollverein*) entnehmen wir die nachfolgenden Auszüge über den Handel Preussens mit dem Zollvereins-Auslande. Vorbemerken müssen wir jedoch, dass die amtlichen Tabellen den preussischen Handel nicht rein darstellen, indem sie ihrer Natur nach weder den Waarenverkehr Preussens mit den übrigen Zollvereinsstaaten berücksichtigen, noch vollständig und allein die Handelsgeschäfte preussischer Staatsangehörigen mit dem Zollvereins-Auslande begreifen. Die Waaren sind nach den Positionen des Zolltarifs geordnet. Die in der ersten Abtheilung des Tarifs befindlichen, gar keiner Abgabe unterworfenen Gegenstände fehlen in der Statistik des Handels gänzlich.

*) zusammengestellt von dem Centralbureau des Zollvereins, nach den amtlichen Ermittelungen der Zollvereins-Staaten; Berlin 1860, 61, 62 und 63.

(123.)

Bezeichnung der Waaren.

1) **Abfälle:** von Gerbereien das Leimleder, Thierflechsen, Abfälle und Theile von rohen Häuten und Fellen u. dgl., Klauen und Knochen .....

2) **Baumwolle und Baumwollen-Waaren:**

a. Rohe Baumwolle .....
b. Baumwollengarn, ungemischt oder gemischt mit Wolle oder Leinen:
1) ungebleichtes 1- und 2drähtiges Baumwollengarn und Watten .....
2) ungebleichtes 3- und mehrdrähtiges Baumwollengarn, ingleichen alles gezwirnte, gebleichte und gefärbte u. dgl. Garn .....
c. Baumwollene, desgl. aus Baumwolle und Leinen ohne Beimischung von Seide, Wolle u. a. Thierhaaren gefertigte Zeuge und Strumpfwaaren, Spitzen u. s. w. ...

3) **Blei und Bleiwaaren:**

a. 1) Rohes Blei in Blöcken, Mulden u. dgl., auch altes .....
2) Blei-, Silber- und Goldglätte .....
b. Grobe Bleiwaaren, als Kessel, Röhren, Schroot u. s. w. .....
c. Feine Bleiwaaren, als Spielzeug u. s. w. .....

4) **Bürstenbinder- und Siebmacherwaaren:**

a. grobe in Verbindung mit Holz oder Eisen ohne Politur und Lack .....
b. feine in Verbindung mit anderen Materialien .....

5) **Droguerie- und Apotheker-, auch Farbewaaren:**

a. 1) Chemische Fabrikate für den Medicinal- und Gewerbegebrauch .....
2) Salmiak .....
Anmerk. Ricinusöl in Fässern, wenn bei der Abfertigung auf den Ctr. 1 ℔ Terpentinöl oder ½ ℔ Rosmarinöl zugesetzt worden .....
b. Alaun .....
c. Bleiweiss (Kremserweiss) rein oder versetzt, Chlorkalk .....
d. Eisenvitriol (grüner), Eisenbeizen einschliesslich Eisenrostwasser .....
e. Rohe Erzeugnisse des Mineral-, Thier- und Pflanzenreichs:
1) Krapp .....
2aa. Aloe, Galläpfel, Kreuzbeeren, Kurkume, Quercitron, Saflor, Sumach, salpetersaures Natron, Terpentin, Waid und Wau .....
2bb. Harze aller Art, europäische und aussereuropäische, roh und gereinigt .....
2cc. Salpeter, gereinigter und ungereinigter .....
2dd. Schwefel .....
3aa. Alkanna, Alkermes, Avignonbeeren, Berberisholz, Berberiswurzel, Buchsbaum, Cedernholz, Korkholz, Pockholz, Katechu, Citronensaft in Fässern, Cochenille, Derbyspath, Elephanten- oder andere Thierzähne, Färbeginster, Färbe- und Gerbewurzeln, ferner Myrobalanen, Palmnüsse u. s. w. .....
3bb. Eckerdoppern (Knoppern) .....
3cc. Gummi elasticum in der ursprünglichen Form von Schuhen, Flaschen u. dgl.
3dd. Guttapercha, rohe ungereinigte .....
3ee. Hölzer, aussereuropäische für Tischler, Drechsler u. dgl. in Blöcken und Bohlen
3ff. Indigo .....
3gg. Wallfischbarden, rohes Fischbein .....
Anm. 1. Cichorien, getrocknete .....
Orseille als Teig (in welchem die Flechten noch zu erkennen) .....
Persio, auch flüssiger, ohne Zuthat anderer Materialien .....
Seegras (Seetang) .....
Wachs .....
Andere rohe Erzeugnisse des Mineral-, Thier- und Pflanzenreichs zum Gewerbe- und Medicinalgebrauch .....
Anm. 2. Natron schwefelsaures, gereinigtes, ungereinigtes, calcinirtes, krystallisirtes

handel.

Gesammt-Eingang über preussische Zollämter				Gesammt-Ausgang über preussische Zollämter			
1858	1859	1860	1861	1858	1859	1860	1861
Thlr.				Thlr.			
82 967	64 605	56 028	68 119	107 611	89 878	58 646	43 277
368 535	454 559	590 872	621 532	104 020	123 187	186 939	49 113
428 361	346 715	396 374	404 028	36 362	33 820	51 969	50 625
13 361	9 511	12 404	11 500	17 007	22 675	30 918	33 615
39 139	39 600	44 187	33 953	174 359	231 165	200 209	216 938
7 440	12 978	6 775	7 755	143 985	237 011	200 027	165 555
592	604	855	490	8 448	16 698	28 641	12 945
469	727	981	319	1 472	1 830	3 195	2 578
8	11	16	20	154	369	351	130
198	166	296	235	616	649	1 305	817
60	83	43	73	133	95	237	283
14 754	17 383	19 270	19 910	94 144	115 408	119 020	116 982
1 548	1 271	1 536	2 039	355	403	258	102
—	—	31	—	—	—	—	—
1 885	3 770	5 715	6 927	1 783	9 474	4 801	2 960
7 835	7 621	6 343	6 154	15 384	31 498	23 020	18 781
5 642	13 523	22 626	17 238	2 344	1 656	2 234	2 043
42 962	82 521	37 777	15 928	8 302	6 645	6 754	7 131
155 752	174 130	179 341	198 447	4 700	7 553	5 514	7 454
243 016	268 424	376 666	163 975	19 043	23 646	27 737	13 930
69 251	113 620	71 017	31 671	6 128	6 406	6 490	8 524
164 845	174 000	116 364	185 161	5 056	7 935	1 838	10 009
69 298	67 283	78 625	93 358	7 535	6 306	6 882	7 189
9 197	1 164	4 126	2 906	205	28	89	53
3 045	4 504	5 097	7 952	279	35	64	33
488	313	162	490	60	31	24	21
55 882	57 070	68 869	90 966	1 538	1 409	350	985
14 207	15 428	16 000	19 813	1 729	2 678	2 304	1 581
991	1 038	1 210	1 459	66	24	32	91
7 315	5 595	5 401	4 698	40 480	48 554	47 613	42 090
176	442	120	55	29	72	17	790
390	438	210	185	762	1 287	976	579
129	134	44	90	1 012	1 968	1 785	1 094
1 717	2 598	1 487	1 127	240	381	187	541
28 265	30 505	33 464	34 461	12 485	18 035	15 658	16 271
14	4 178	3 083	208	2 415	8 590	2 806	4 491

(Forts. zu 193.)

Bezeichnung der Waaren.

f. Farbehölzer:
   1) in Blöcken ……
   2) gemahlen oder geraspelt ……
g. 1) Mennige, Schmalte ……
   2) Kupfervitriol gemischter, Kupfer- und Eisenvitriol, weisser Vitriol, Wasserglas, Grünspan raffinirter (destillirter, krystallisirter) oder gemahlener; schwefelsaures Ammoniak, chromsaures Kali ……
   3) Soda, ungereinigte und gereinigte ……
 Anm. Mennige zur Weissglas-Fabrikation u. s. w. ……
h. Mineralwasser, natürliches, in Flaschen und Krügen ……
i. Pott- (Waid-) Asche, gemahlene Kreide ……
k. 1) Salzsäure ……
   2) Schwefelsäure ……
l. Schwefelsaures und salzsaures Kali ……
m. Terpentinöl (Kienöl), desgl. Fischspeck[1]) ……

6) Eisen und Stahl, Eisen- und Stahlwaaren:

a. Roheisen aller Art, altes Brucheisen, Eisenfeile, Hammerschlag ……
b. 1. Geschmiedetes und gewalztes Eisen u. dgl. in Stäben von ⅛ □" preuss. im Querschnitt und darüber, desgl. Luppeneisen ……
   2) Eisenbahnschienen ……
   3) Cementstahl, Guss- und raffinirter Stahl ……
 Anm. 1. Rohstahl, seewärts von der russischen Grenze bis zur Weichselmündung einschliesslich, auf Erlaubnisscheine für Stahlfabriken eingehend ……
c. Geschmiedetes und gewalztes Eisen (mit Ausnahme des façonnirten) von weniger als ⅛ □" preuss. im Querschnitt ……
d. Façonnirtes Eisen in Stäben, desgl. Eisen, welches zu groben Bestandtheilen von Maschinen roh vorgeschmiedet wird, desgl. Radkranzeisen zu Eisenbahnwagen (nach Anm. 3.)[2]) ……
e. Weissblech, gefirnisstes Eisenblech, polirtes Stahlblech, polirte Eisen- und Stahlplatten, Eisen- und Stahldraht ……
Anm. 2. Geknopptes Zaineisen, auf der Grenze von Hindelang bis zur Donau ……
f. Eisen- und Stahlwaaren:
   1) Ganz grobe Eisengusswaaren in Oefen, Platten, Gittern u. dgl. ……
   2) Grobe Waaren, die aus geschmiedetem Eisen oder Eisenguss u. dgl. gefertigt sind
   3) Feine Waaren aus feinem Eisenguss, polirtem Eisen und Stahl u. dgl. ……

7) Erze:

a. Eisen- und Stahlstein-Stufen ……
b. Galmei, Zinkblende ……

8) Flachs, Hanf, Werg, Heede ……

9) Getreide, Hülsenfrüchte, Sämereien, auch Beeren:

a. Getreide und Hülsenfrüchte, und zwar:
1 aa. Weizen u. s. unter 9. a. 2. nicht besonders genannte Getreidearten ……
1 bb. Bohnen, Erbsen, Linsen, Hirse, Wicken ……
2 aa. Roggen ……
2 bb. Gerste, auch gemalzte ……
2 cc. Hafer, Haidekorn oder Buchweizen, unentülster Spelz (Dinkel) ……
b. Sämereien und Beeren:
   1) Anis und Kümmel ……
   2) Oelsaat, als:
    aa. Hanfsaat ……
    bb. Leinsaat und Leindotter oder Dotter ……

---

[1]) laut Ministerialverfügung vom 27. Juni 1860 incl. gereinigten Terpentinöls, Kamphins und Wasserleitungen.

Gesammt-Eingang über preussische Zollämter				Gesammt-Ausgang über preussische Zollämter			
1858	1859	1860	1861	1858	1859	1860	1861
Ctr				Ctr			
367 099	268 196	412 580	482 043	34 545	28 181	34 583	21 867
19 039	17 906	21 043	16 944	3 541	5 224	6 138	5 973
1 773	1 978	1 019	1 270	19 280	18 784	29 600	22 404
18 997	16 442	20 449	12 822	2 126	3 489	3 757	5 963
167 810	144 744	139 686	157 228	49 529	43 798	44 427	44 218
62	138	78	118	—	—	—	—
1 605	2 661	1 962	2 390	64 477	65 529	61 063	54 014
112 205	130 617	132 798	130 351	20 094	22 500	43 625	30 907
100	20	—	119	23 478	23 045	30 098	27 674
316	360	344	264	8 471	11 480	9 606	12 306
1 160	6 329	2 517	2 553	183	102	79	370
37 482	31 688	47 516	33 580	462	645	1 274	1 279
4.598 877	1.954 001	1.758 210	2.354 379	124 477	33 061	35 316	78 074
314 705	155 480	130 944	134 288	26 963	27 745	62 601	65 199
532 257	880 847	278 502	119 518	191 846	722 938	411 579	260 405
10 600	24 123	32 306	35 404	17 905	26 247	16 557	22 749
1 306	4 610	4 542	7 444	—	—	—	—
45 542	31 299	34 289	45 050	5 553	15 128	16 104	20 231
101 823	80 139	126 027	140 077	23 781	34 673	90 977	68 160
20 792	17 940	21 217	14 645	15 531	10 106	19 500	17 806
—	—	—	—	—	—	—	18
123 520	137 888	124 640	160 864	76 500	130 807	136 157	156 879
141 160	162 016	266 925	268 248	184 405	280 317	421 264	435 786
12 731	9 215	11 126	15 891	13 605	19 076	37 409	73 135
194 939	549 135	388 835	311 112	7 571	14 876	15 505	1 801
273 595	167 350	192 913	276 763	98 308	75 954	98 402	86 603
474 959	257 989	308 456	280 758	175 400	140 281	150 906	132 128
Scheffel				Scheffel			
3.106 720	2.208 030	3.932 733	4.820 092	4.747 834	5.626 270	8.457 527	12.427 798
398 878	265 808	420 069	275 907	478 191	380 760	1.006 173	1.348 163
4.238 851	5.884 768	7.323 707	4.944 309	2.016 726	1.062 073	2.422 259	4.520 484
508 890	353 366	532 662	238 218	1.116 914	2.330 459	3.246 821	2.457 949
1.416 713	2.973 179	1.055 950	625 014	642 310	257 910	1.430 721	1.067 314
Centner				Centner			
4 693	3 859	5 440	3 076	2 292	2 918	2 701	2 147
25 994	10 595	15 957	9 909	1 302	1 063	2 187	572
582 993	645 871	707 991	636 548	303 309	299 829	440 551	470 940

und Harzöls. — *) 1860 incl. gewalzter und gezogener schmiedeeisernen Röhren zu Gas-

(Forts. zu 193.)

Bezeichnung der Waaren.

cc. Mohnsamen ....
dd. Raps, Rübesaat ....
3aa. Kleesaat ....
3bb. Alle nicht namentlich im Tarife aufgeführten Sämereien ....
3cc. Wachholderbeeren ....

10) Glas und Glaswaaren:

a. Grünes Hohlglas (Glasgeschirr) ....
b. 1) Weisses Hohlglas, ungemustertes, ungeschliffenes ....
2) Fenster- und Tafelglas in seiner natürlichen Farbe u. dgl. ....
Anm. Weisses Hohlglas, nur mit abgeschliffenen Stöpseln, Böden oder Rädern .
c. Gepresstes, geschliffenes, abgeriebenes, geschnittenes, gemustertes[1]) weisses Glas, auch Behänge zu Kronleuchtern von Glas ....
d. Spiegelglas:
1) wenn das Stück nicht über 288 preuss. □" misst:
α. gegossenes, belegtes oder unbelegtes
aa. wenn das Stück nicht über 1□' misst ....
bb. wenn das Stück über 1 und bis 2□' misst ....
β. geblasenes, belegtes oder unbelegtes ....
2) belegtes und unbelegtes, gegossenes und geblasenes Spiegelglas, wenn das Stück in preuss. □" misst:
aa. über 288 bis 576 ....
bb. über 576 bis 1000 ....
cc. über 1000 bis 1400 ....
dd. über 1400 bis 1900 ....
ee. über 1900 ....

Anm. Rohes ungeschliffenes Spiegelglas ....
e. Farbiges, bemaltes oder vergoldetes Glas u. s. w., auch Glaswaaren in Verbindung mit unedlen Metallen u. dgl. ....

11) Häute, Felle und Haare:

a. Rohe (grüne, gesalzene, trockne) Häute und Felle zur Lederbereitung, rohe behaarte Schaf-, Lamm- und Ziegenfelle, rohe Pferdehaare ....
b. Felle zur Pelzwerk- (Rauchwaaren-) Bereitung ....
c. Hasen- und Kaninchenfelle, rohe und -Haare ....
d. Haare von Rindvieh, Ziegenhaare ....

12) Holz, Holzwaaren u. dgl.:

a. Brennholz beim Wassertransport ....
b. Bau- und Nutzholz beim Wassertransport oder beim Landtransport zur Verschiffungsablage:
Anm. 2. In den östl. preuss. Provinzen, ferner in den Häfen von Hannover und Oldenburg:
aa. Blöcke oder Balken von hartem Holze ....
bb. dergl. von weichem Holze ....
cc. Bohlen, Bretter, Latten, Fassholz (Dauben), Bandstöcke, Stangen, Faschinen, Pfahlholz, Flechtweiden u. dgl. ....
In den übrigen Theilen des Vereins:
1. Eichen, Ulmen-, Eschen-, Ahorn-, Kirsch-, Birn-, Apfel-, Pflaumen-, Kornel- und Nussbaumholz
2. Buchen-, Fichten-, Tannen-, Lärchen-, Pappeln-, Erlen- u. a. weiches Holz, ferner Bandstöcke, Stangen, Faschinen, Pfahlholz, Flechtweiden u. dgl.
3. Sägewaaren, Fassholz (Dauben) und alles andere vorgearbeitete Nutzholz:
α. aus den unter 1. genannten Holzarten ....
β. aus den unter 2. genannten Holzarten ....

[1]) 1860 mit dem Zusatz »massives.« — [2]) und 21 Thlr — [3]) und 143 Thlr

Gesammt-Eingang über preussische Zollämter				Gesammt-Ausgang über preussische Zollämter			
1858	1859	1860	1861	1858	1859	1860	1861
Thlr				Thlr			
16 962	7 000	3 816	1 809	258	841	3 412	788
583 469	408 361	311 063	265 985	39 309	253 039	727 322	574 947
44 970	44 659	54 487	49 393	70 363	99 105	173 229	105 702
14 218	11 186	6 557	6 591	13 311	18 027	13 054	21 608
4 376	5 167	4 490	11 126	8 658	8 856	8 349	6 705
168	815	699	296	30 655	31 699	39 127	42 721
1 306	948	759	933	12 715	14 688	25 096	18 820
1 181	616	846	1 167	2 900	3 710	8 256	9 350
179	169	49	364	398	362	311	2 131
2 469	3 846	4 161	3 409	26 960	32 214	25 716	20 898
61	78	18	190	2 613	2 696	540	850
17	94	—	121	5 211	6 136	5 712	4 288
35	122	168	39	7 044	3 376	6 075	3 377
Stück				Stück			
21	20	25	13	35	198	859	3 615
32	22	2	6	31	70	70	12
41	3	4	7	18	*) 63	4	—
85	19	3	—	—	*) 23	31	—
89	24	10	7	—	35	—	—
Centner				Centner			
11 494	7 937	9 889	9 054	171	3 502	6 942	1 776
2 434	1 208	1 608	3 403	17 596	24 921	26 282	15 707
189 677	239 385	383 925	349 554	19 728	36 154	31 813	20 595
5 770	7 300	11 291	8 729	8 286	6 431	7 348	7 855
7 080	7 466	5 924	4 249	3 682	5 079	4 108	2 295
3 546	3 658	6 647	6 389	3 924	3 316	5 625	8 174
preussische Klafter				Klafter			
25 924	23 491	20 415	22 498	13 793	17 841	24 194	20 452
Stück				Stück			
100 827	68 047	95 610	105 192	90 393	98 978	163 469	114 768
887 682	1.029 718	1.332 708	1.368 836	1.001 990	1.016 330	1.486 165	1.725 412
Schiffslast				Schiffslast			
38 556	40 112	47 972	46 742	68 151	72 065	165 490	64 780
109	898	398	7	14 674	5 217	4 313	6 712
3 119	2 268	2 843	2 274	14 863	3 078	2 141	4 402
5	368	2	105	31 397	24 446	28 807	30 355
3 549	3 302	3 158	2 112	11 460	5 242	4 947	1 990

(Forts. zu 12.)

Bezeichnung der Waaren.

Anm. 1 aa. Holz in geschnittenen Fournieren, ohne Unterschied des Ursprungs, sowohl beim Wasser- als beim Landtransport……

1 bb. Korkstöpsel, gewöhnliche……

c. 1) Holzborke oder Gerberlohe……

2) Holzkohlen……

d. Holzasche……

e. Hölzerne Hausgeräthe u. a. Tischler-, Drechsler- u. Böttcherwaaren, welche gefärbt, gebeizt, lackirt, polirt oder auch in einzelnen Theilen in Verbindung mit Eisen, Messing oder lohgarem Leder verarbeitet sind, auch gerissenes Fischbein

f. Feine Holzwaaren (ausgelegte Arbeit), z. g. Nürnberger Waaren aller Art, Spielzeug, feine Drechsler-, Schnitz- und Kammmacherwaaren, Meerschaumarbeit

g. Gepolsterte Möbel……

h. Grobe Böttcherwaaren, gebrauchte……

Anm. (zu e. u. h.): aa. Grobe, rohe ungefärbte Böttcher-, Drechsler-, Tischler- und bloss gehobelte Holzwaaren u. Wagnerarbeiten, grobe Korbflechterwaaren u. dgl.……

bb. Grobe Maschinen von Holz……

13) Hopfen……

14) Instrumente:

a. musikalische……

b. astronomische, chirurgische, mathematische, mechanische, optische, physikalische, ohne Rücksicht auf die Materialien, aus denen sie gefertigt sind……

15) Kalender……

[1])**18) Kleider:** fertige, neue, desgl. getragene Kleider und getragene Leibwäsche; beide letztern, wenn sie zum Verkauf eingehen……

19) Kupfer und Messing, Kupfer- und Messingwaaren:

a. geschmiedetes, gewalztes, gegossenes, zu Geschirren……

b. Waaren: Kessel, Pfannen u. dgl., Gelb- und Glockengiesser-, Gürtler- und Nadlerwaaren……

Anm. zu 19. Roh- (Stück-) Messing, Roh- oder Schwarzkupfer, Gar- oder Rosettenkupfer, altes Bruchkupfer oder Bruchmessing, Kupfer- und Messingfeile, Glockengut, Kupfer- und andere Scheidemünzen zum Einschmelzen (auf besondere Erlaubnissscheine eingehend)……

20) Kurze Waaren, Quincaillerien u. dgl.:

a. aus Perlmutter, dgl. aus feinen Metallgemischen, echten Perlen, Korallen oder Steinen u. s. w., aber in Verbindung mit Fischbein, Glas u. s. w.[2])……

b. aus Gold oder Silber, feinen Metallgemischen, Metallbronze u. s. w., ferner dgl. Waaren in Verbindung mit Alabaster, Bernstein u. s. w.……

21) Leder, Lederwaaren und ähnliche Fabrikate:

a. Lohgare oder lohroth gearbeitete Häute, Fahlleder, Sohlleder, Kalbleder, auch Pergament, Gummiplatten und mehr oder weniger gereinigte Guttapercha[3])……

Anm. Kratzenleder, auch künstliches, für inländische Kratzenfabriken auf Erlaubnissscheine unter Controle, ferner Gummifäden ausser Verbindung mit andern Materialien……

b. Brüsseler u. dänisches Handschuhleder, Corduan, Maroquin, Saffian, auch alles gefärbte und lackirte Leder u. dgl.……

Anm. Halbgare Ziegen- und Schaffelle für inländische Saffian- und Lederfabrikanten unter Controle[4])……

---

[1]) 16 und 17 sind unter die erste Abtheilung des Tarifs aufgenommen, da sie gar keiner Blechen und Drähten; 1860 traten einige Aenderungen in dieser Position ein. — [3]) 1860: Leder, wogegen Gummiplatten und Guttapercha zu a. 2. (bisher Anm.) übergeben. —

Gesammt-**Eingang** über preussische Zollämter				Gesammt-**Ausgang** über preussische Zollämter			
1858	1859	1860	1861	1858	1859	1860	1861
Ctr.				Ctr.			
2 905	2 288	8 459	3 568	955	1 150	691	2 048
668	667	578	746	1 179	692	1 163	1 106
17 629	24 093	28 899	58 635	18 464	35 853	32 584	23 112
165 373	41 695	61 003	46 197	4 164	5 740	9 683	3 339
1 354	3 600	3 135	3 700	2	12	13	95
9 894	6 110	25 635	17 672	18 087	15 134	34 674	32 630
13 178	1 845	2 786	4 801	51 158	51 199	60 467	63 790
375	121	131	277	423	642	878	610
12 651	12 437	10 016	12 830	10 742	13 512	12 535	14 444
20 723	18 123	26 563	34 539	26 795	59 004	26 114	79 765
8 466	2 856	4 714	5 969	3 580	1 445	4 628	8 812
2 671	3 358	9 373	3 749	13 205	5 242	26 627	62 438
2 321	1 753	2 316	2 398	9 375	10 531	13 057	15 546
945	1 014	1 111	1 304	920	1 573	1 694	2 115
3	—	1	16	12	8	6	3
1 675	1 334	966	1 010	7 096	7 650	9 960	10 085
2 844	2 920	4 163	1 395	1 810	2 743	2 916	2 198
5 313	5 607	5 179	5 405	12 300	12 986	17 351	14 839
70 241	51 935	62 243	75 491	14 552	6 592	15 204	21 105
24 745	27 317	33 687	30 742	76 005	100 654	111 349	107 258
2 112	956	961	1 279	11 723	9 150	9 175	9 451
10 798	7 663	6 024	10 184	17 058	15 509	13 606	14 639
2 725	2 734	3 073	3 112	285	74	69	2 366
1 271	1 642	1 411	1 633	7 397	7 531	8 621	9 178
1 615	2 255	3 314	5 702	—	—	741	1 850

Abgabe unterworfen sind. — [a]) laut Ministerialerlass vom 13. Mai 1859 incl. Alumium in
a. [illegible] mit Hinzufügung von Sattlerleder, Stiefelschäften, Juchten, sämisch- und weissgarem
[b]) 1860 allgemeiner gefasst.

(Forts. zu 193.)

Bezeichnung der Waaren.

c. Grobe Schuhmacher-, Sattler- und Täschnerwaaren aus Leder oder Gummi, Blasebälge u. dgl.[1]) ....
d. Feine Lederwaaren:
   1) von Corduan, Saffian, Maroquin u. s. w.[1]) ....
   2) Lederne Handschuhe ....

22) Leinengarn, Leinwand u. a. Leinenwaaren:

a. Rohes Garn:
   1) Maschinengespinnst ....
   2) Handgespinnst ....
b. Gebleichtes, desgl. blos abgekochtes oder gebüktes (geäschertes Leinengarn), ferner gefärbtes Leinengarn ....
c. Leinenzwirn ....
d. 1) Graue Packleinwand ....
   2) Segeltuch ....
e. Rohe Leinwand, roher Zwillich, roher Drillich ....
f. Gebleichte, gefärbte, gedruckte u. dgl. Leinwand, gebleichter oder in anderer Art zugerichteter Zwillich oder Drillich u. dgl. ....
g. Bänder, Batist, Borten, Franzen u. s. w., Gespinnste und Tressenwaaren aus Metallfäden und Leinen, jedoch ausser Verbindung mit Eisen, Glas, Holz, Leder, Messing und Stahl ....
h. Zwirnspitzen ....

23) Lichte:

a. Talglichte ....
b. Stearinlichte ....
c. Wachs- und Wallrathlichte ....

24) Lumpen u. a. Abfälle zur Papierfabrikation:

a. Leinene, baumwollene und wollene Lumpen, auch macerirte Lumpen, Halbzeug, Papierspäne, Maculatur ....
b. Alte Fischernetze, altes Tauwerk und Stricke ....

25) Material- und Spezerei-, auch Conditorwaaren u. a. Consumtibilien:

a. Bier aller Art in Fässern, auch Meth in Fässern ....
b. Branntwein und Hefe:
   α. 1) Branntwein, Arrak, Rum ....
      2) Franzbranntwein und versetzte Branntweine ....
   β. Hefe aller Art, mit Ausnahme der Bier- und Weinhefe[2]) ....
c. Essig aller Art in Fässern ....
d. Bier und Essig in Flaschen oder Kruken ....
e. Oel in Flaschen oder Kruken ....
f. Wein und Most, auch Cider:
   1) in Fässern ....
   2) in Flaschen ....
g. Butter ....
h. Fleisch, ausgeschlachtetes, frisches und zubereitetes, auch ungeschmolzenes Fett[3]), Schinken, Speck, Würste, desgl. grosses Wild ....
i. Früchte (Südfrüchte), auch Blätter:
   α. 1) Frische Südfrüchte, Apfelsinen, Citronen, Limonen, Pomeranzen, Granaten u. s. w. ....
      2) desgl. ausgezählte ....
   β. Trockene und getrocknete Datteln, Feigen, Kastanien, Korinthen, Mandeln, Pfirsichkerne, Rosinen, Lorbeerblätter, Pomeranzen, Pomeranzenschaalen u. dgl.

---

[1]) 1860 allgemeiner gefasst. — [2]) 1860 ist nur Weinhefe ausgenommen. —

Gesammt-Eingang über preussische Zollämter				Gesammt-Ausgang über preussische Zollämter			
1858	1859	1860	1861	1858	1859	1860	1861
Ctr.				Ctr.			
6 951	4 595	4 345	5 062	11 686	12 737	10 775	14 362
2 399	2 741	3 767	1 446	3 726	3 901	2 274	1 805
410	501	382	311	365	396	331	307
80 341	54 705	49 034	43 073	19 201	14 001	6 161	4 438
3 741	2 381	1 098	1 718	3 869	2 397	3 293	2 116
27 439	17 880	22 556	16 717	639	1 345	875	1 629
9 838	10 617	11 129	10 836	1 524	2 089	2 854	2 088
11 673	15 077	22 382	29 979	29 323	37 367	36 946	28 844
1 563	1 324	2 215	1 293	1 546	1 500	1 875	1 578
26 336	20 781	24 533	26 017	34 092	28 949	41 953	38 480
3 842	3 873	4 261	3 284	12 405	23 681	15 388	17 240
164	224	811	296	2 631	2 418	1 548	782
172	224	65	26	57	136	154	21
50	36	35	32	407	380	891	3 358
258	269	698	682	4 032	3 252	2 388	3 710
46	55	18	21	760	193	145	278
78 496	113 894	127 202	126 967	87 732	89 721	87 247	104 869
646	1 551	8 371	1 170	—	47	164	68
14 565	13 610	13 261	13 683	70 021	72 259	76 850	95 285
31 160	28 194	30 335	30 327	312 900	288 826	303 146	372 546
2 490	3 142	2 360	2 826	927	1 407	1 181	1 762
8 889	8 039	7 398	5 902	101	184	983	1 267
991	614	839	611	4 578	5 051	7 083	3 811
1 777	1 948	2 496	1 514	1 943	2 623	2 010	2 013
153	128	112	126	249	192	1 986	438
131 945	154 243	110 639	99 617	128 205	203 118	230 006	160 869
36 805	29 735	35 373	36 455	11 588	11 218	31 854	15 359
21 092	17 146	13 632	30 818	2 043	2 292	24 169	11 510
7 010	4 984	10 387	23 793	13 554	26 501	27 114	34 992
36 781	35 453	40 832	39 670	3 267	1 979	2 530	2 683
Stück				Stück			
21 504	28 827	25 306	36 876	116	123	202	249
Centner				Centner			
73 671	81 143	95 238	128 352	6 731	5 924	8 268	7 519

*) 1860: und eingeschmolzenes excl. Talg.

(Forts. zu [illegible].)

Bezeichnung der Waaren.

k. Gewürze:
  1) Galgant, Ingber, Kardamon, Kubeben, Muskatnüsse u. Muskatblumen, Nelken, Saffran, Sternanis, Vanille ....
  2) Pfeffer und Piment ....
  3) Zimmt und Zimmtcassia, Zimmtblüthe ....

l. Heringe ....

m. α. Kaffee, roher und Kaffee-Surrogate ....
  β. Kakao in Bohnen und Kakaoschaalen ....
n. gebrannter Kaffee, ingl. Kakaomasse, gemahlener Kakao, Chocolade u. dgl. Surrogate
o. Käse aller Art ....
p. Konfitüren, Zuckerwerk, Kuchenwerk aller Art, mit Zucker, Essig, Oel oder sonst eingemachte, eingedämpfte, eingesalzene Früchte u. s. w. ....
q. α. Kraftmehl, Nudeln, Puder, Stärke, Arrowroot, Sago, Sagosurrogate, Tapioka
  β. Mühlenfabrikate aus Getreide und Hülsenfrüchten, nämlich geschrotene und geschälte Körner, Graupe, Gries, Grütze, Mehl ....
r. Muschel- oder Schalthiere aus der See, als: Austern, Hummern, ausgeschälte Muscheln, Schildkröten u. dgl. ....
s. Reis:
  1) geschälter ....
  2) ungeschälter ....
[1]) t. Salz (Kochsalz, Steinsalz) ....
u. Syrop:
  a. gewöhnlicher, d. h. solcher, welcher nach den Ermittelungen entweder gar keinen krystallisirbaren Zucker oder nur in geringer Menge enthält ....
    dergleichen ....
  b. wenn derselbe krystallisirbaren Zucker in grosser Menge enthält ....
v. Tabak:
  1) Unbearbeitete Tabaksblätter und Stengel ....
  2) Tabaksfabrikate:
    α. Rauchtabak in Rollen, abgerollten, entrippten Blättern oder geschnitten, Carotten oder Stangen zum Schnupftabak, auch Tabaksmehl und Abfälle ..
    β aa. Cigarren ....
    β bb. Schnupftabak ....
w. Thee ....
x. Zucker:
  1) Brod-, Hut-, Candis-, Bruch-, Lumpen- und weisser gestossener Zucker ...
  2) Rohzucker und Farin (Zuckermehl) ....
  3) Rohzucker für inländische Siedereien unter den besonders vorgeschriebenen Bedingungen und Controlen ....

26) Oel:

a. in Fässern[2]) ....
b. Leinöl in Fässern ....
  Anm. zu 26:
  1) Baumöl in Fässern, wenn bei der Abfertigung auf den für 1 ℔ Terpentinöl oder ½ ℔ Rosmarinöl zugesetzt worden ....
  2) Kokosnuss-, Palm-, Wallrathöl[3]) ....
  3) Sogenannte Oelkuchen, als Rückstände bei dem Oelschlagen aus Lein, Raps, Rübsamen u. s. w., ingleichen Mehl aus solchen Kuchen und Rückständen[4]) ..

27) Papier und Pappwaaren:

a. Ungeleimtes, ordinäres (grobes, graues und halbweisses) Druckpapier, auch grobes (weisses und gefärbtes) Packpapier und Pappdeckel ....

---

[1]) bis 1859 unter der Rubrik »besondere Gegenstände.« — [2]) seit 1860: »Baumöl in 1860 als »Anmerkung 2« aufgeführt.

Gesammt-Eingang über preussische Zollämter				Gesammt-Ausgang über preussische Zollämter			
1858	1859	1860	1861	1858	1859	1860	1861
Thlr				Thlr			
9 279	6 527	7 806	9 454	2 033	1 818	9 185	2 885
31 395	33 641	44 128	40 700	12 800	15 249	21 629	15 063
8 330	6 895	7 714	8 075	2 183	2 348	2 207	3 162
Tonnen				Tonnen			
316 331	338 850	422 573	354 637	96 028	110 345	149 475	86 226
Centner				Centner			
767 507	789 208	760 357	910 548	62 866	72 091	58 688	102 742
8 251	8 124	8 718	10 138	1 178	1 016	1 079	2 371
211	244	334	284	120	56	206	290
11 510	8 808	6 886	9 143	14 105	15 072	18 004	18 030
6 976	5 929	7 329	9 147	2 940	2 644	3 643	4 717
3 721	2 347	2 575	3 016	16 544	25 403	32 189	43 738
69 104	77 100	98 213	104 516	250 453	280 354	350 496	508 654
8 698	8 269	9 165	8 616	406	440	508	336
333 722	286 356	404 178	395 650	17 682	26 583	24 612	17 335
35 283	44 407	30 656	17 703	120	1	—	—
1.072 038	1.376 295	1.403 744	1.239 848	509 377	613 639	707 735	804 828
733							
4 137	21 560	44 172	104 407	26 045	49 449	159 631	129 659
9 381							
729 251	240 721	270 256	233 942	47 164	59 294	63 701	88 454
3 526	9 231	8 078	2 936	3 726	10 921	9 278	4 661
11 176	12 094	12 322	10 651	18 234	35 111	32 789	6 160
113	67	86	90	566	536	568	467
30 199	25 763	34 014	24 992	28 327	25 845	24 009	19 513
15 800	30 990	84 680	62 529	30 878	55 458	97 531	97 345
18 995	23 906	25 387	19 165	12 282	14 754	24 678	20 488
462 056	226 866	76 840	178 466	—	—	—	—
228 419	81 621	69 479	51 384	26 845	41 685	20 048	15 977
141 058	98 165	.	.	1 591	4 368	.	.
67 806	38 959	40 154	41 846	2 201	2 892	2 810	1 547
217 680	211 969	412 500	442 220	7 918	3 000	98 849	142 051
38 346	79 736	221 419	155 191	324 520	490 881	625 189	383 362
1 045	7 791	6 328	2 758	13 062	20 007	31 844	31 747

Äussern.« — [3]) seit 1860 aufgeführt als »26 b. anderes Oel«, mithin incl. Leinöl. — [4]) seit

(Forts. zu 193.)

Bezeichnung der Waaren.

b. Geleimtes Papier, ungeleimtes feines, lithographirtes, bedrucktes oder liniirtes zu Rechnungen, Etiquetten u. s. w. vorgerichtetes Papier, ordinäre Bilderbogen, desgl. Malerpappe ....

c. Gold- und Silberpapier, Papier mit Gold- und Silbermuster, durchgeschlagenes Papier, ingleichen Streifen von diesen Papiergattungen ....

Anm. Graues Lösch- und Packpapier[1]) ....

d. Papiertapeten ....

e. Buchbinderarbeiten aus Papier und Pappe, grobe lackirte Waaren aus diesen Urstoffen, auch Formerarbeit aus Steinpappe, Asphalt oder ähnlichen Stoffen....

28) Pelzwerk:

a. Ueberzogene Pelze, Mützen, Handschuhe, gefütterte Decken, Pelzfutter und Besätze u. s. w. ....

b. Fertige, nicht überzogene Schafpelze, desgl. weissgemachte und gefärbte nicht gefütterte Angora- und Schaffelle, ungefütterte Decken, Pelzfutter und Besätze..

29) Schiesspulver ....

30) Seide und Seidenwaaren:

a. Seide, rohe ungefärbte u. s. w., auch rohe Floretseide ....

Gefärbte, auch weissgemachte Seide und Floretseide, ferner Garn aus Baumwolle und Seide:

1) ungezwirnt ....

2) gezwirnt, auch Zwirn aus roher Seide (Nähseide, Knopflochseide) ....

b. Seidene Zeug- und Strumpfwaaren, Tücher, Blonden, Spitzen, Petinet, Flor, Posamentier- und dgl. Waaren, Gespinnste und Tressenwaaren aus Metallfäden und Seide, ausser Verbindung mit Eisen, Glas, Holz, Leder, Messing und Stahl, Gold- und Silberstoffe, Bänder und Borten[2]), ganz oder theilweise aus Seide, endlich obige Waaren aus Floretseide oder Seide und Floretseide ....

c. Alle unter Pos. 30b. genannten Waaren, in welchen ausser Seide und Floretseide auch andere Spinnmaterialien (Wolle oder andere Thierhaare, Baumwolle, Leinen), einzeln oder verbunden, enthalten sind, mit Ausschluss der Gold- und Silberstoffe, sowie der Bänder und Borten ....

31) Seife:

a. grüne, schwarze und andere Schmierseife ....

b. gemeine weisse Seife ....

c. feine Seife, in Täfelchen, Kugeln, Büchsen, Krügen, Töpfen u. s. w. ....

32) Spielkarten ....

33) Steine und Steinwaaren:

a. Mühlsteine mit eisernen Reifen ....

b. Waaren aus Alabaster, Marmor und Speckstein, ferner: geschliffene echte und unechte Steine, Perlen und Korallen ohne Fassung ....

Anm. aa. Grosse Marmorarbeiten (Statuen, Büsten u. dgl.), feine Schleif- und Wetzsteine, auch Waaren aus Serpentinstein....................

Anm. bb. Flintensteine ....

34) Steinkohlen ....

35) Stroh-, Rohr- und Bastwaaren:

a. Ordinäre Matten und Fussdecken:

1) ungefärbte ....

2) gefärbte ....

b. Stroh- und Bastgeflechte, Decken von ungespaltenem Stroh, Span- und Rohrhüte ohne Garnitur ....

c. Bast- und Strohhüte, ohne Unterschied ....

---

[1]) 1860 incl. Pappdeckel und Presspäne. — [2]) 1860: und Tülle.

Gesammt-Eingang über preussische Zollämter				Gesammt-Ausgang über preussische Zollämter			
1858	1859	1860	1861	1858	1859	1860	1861
Ctr				Ctr			
2 431	2 390	2 211	2 655	9 160	11 404	16 456	34 982
142	320	274	253	322	2 362	398	330
1 562	697	640	1 245	3 671	2 191	8 439	13 558
1 549	1 064	1 308	1 223	4 391	3 275	4 511	4 583
693	739	689	814	3 719	4 577	4 071	4 910
35	35	38	78	844	497	740	615
482	500	444	480	431	600	1 061	748
3	4	4	9	690	774	517	1 041
5 771	7 730	9 055	7 393	5 369	3 394	3 119	2 748
55	106	939	472	464	427	1 994	1 821
413	704			639	999		
9 169	9 802	9 833	9 011	20 054	30 473	24 987	28 219
5 428	4 767	4 322	4 060	10 718	9 201	9 195	7 890
191	63	23	28	206	300	478	375
798	771	740	558	690	868	1 143	627
64	78	113	73	090	583	460	1 508
10	8	63	6	508	443	439	313
Stück				Stück			
474	618	625	720	181	191	444	308
Centner				Centner			
650	408	656	657	1 463	1 640	1 291	2 175
3 155	2 337	2 970	2 709	7 664	9 934	15 674	16 451
145	89	142	127	150	4	467	950
14.547 409	12.996 637	12.469 798	13.763 496	28.501 172	27.496 305	33.511 889	37.988 027
12 492	9 728	8 048	23 150	5 252	6 194	11 043	12 091
65	98	44	33	46	97	106	6
208	187	176	168	1 192	1 646	1 501	1 497
182	268	334	394	279	503	501	622

(Forts. zu 193.)

Bezeichnung der Waaren.

36) **Talg und Stearin:**
- a. Talg (eingeschmolzenes Thierfett[1]) ....
- b. Stearin und Stearinsäure ....

37) **Theer** (Mineraltheer und anderer), Daggert, Pech ....

38) **Töpferwaaren:**
- a. Gemeine Töpferwaaren, Fliesen, Schmelztiegel ....
- b. Einfarbiges oder weisses Fayence oder Steingut, irdene Pfeifen ....
- c. Bemaltes, bedrucktes, vergoldetes oder versilbertes Fayence oder Steingut ......
- d. Weisses Porzellan ....
- e. Farbiges Porzellan und weisses mit farbigen Streifen, auch dergl. mit Malerei oder Vergoldung, ingl. Knöpfe von Porzellan ....
- f. Fayence, Steingut u. a. Erdgeschirr, auch weisses Porzellan und Emaille in Verbindung mit unedlen Metallen ....
- g. Fayence, Steingut u. a. Erdgeschirr, auch weisses Porzellan, Emaille in Verbindung mit Gold, Silber, Platina, Semilor u. a. feinen Metallgemischen, ingl. alles übrige Porzellan in Verbindung mit edlen oder unedlen Metallen ....

39) **Vieh:**
- a. Pferde, Maulesel, Maulthiere, Esel ....
- b. Rindvieh:
  - 1) Ochsen und Zuchtstiere ....
  - 2) Kühe ....
  - 3) Jungvieh ....
  - 4) Kälber ....
- c. Schweine:
  - 1) gemästete ....
  - 2) magere ....
  - 3) Spanferkel ....
- d. Hammel ....
- e. Anderes Schafvieh und Ziegen ....

40) **Wachstuch, Wachsmousselin, Wachstafft:**
- a. Grobe unbedruckte Wachsleinwand ....
- b. Alle anderen Gattungen von Wachsleinwand, ingleichen Wachsmousselin und Malertuch[2] ....
- c. Wachstafft ....
- d. Alle mit Gummi elasticum oder Guttapercha überzogenen Gewebe ....
  Anm. Gummidrucktücher für Fabriken auf Erlaubnissscheine unter Controle ....

41) **Wolle und Wollenwaaren:**
- a. Rohe und gekämmte Schafwolle, einschliesslich der Gerberwolle[3] ....
- b. Weisses, drei- und mehrfach gezwirntes wollenes Kameelgarn, auch Garn aus Wolle und Seide, desgl. alles gefärbte Wollengarn ....
- c. Waaren aus Wolle (einschliessl. anderer Thierhaare) allein oder in Verbindung mit anderen nicht seidenen Spinnmaterialien:
  - 1) bedruckte Wollenwaaren aller Art, ungewalkte Wollenwaaren u. s. w., wenn sie gemustert sind, Umschlagetücher mit angenähten gemusterten Kanten, Posamentierwaaren ausser Verbindung mit Eisen, Glas, Holz, Leder, Messing und Stahl ....

[1]) 1860: Fett von Rind- und Schafvieh. — [2]) 1860: und Ledertuch. — [3]) incl. ge-

Gesammt-Eingang über preussische Zollämter				Gesammt-Ausgang über preussische Zollämter			
1858	1859	1860	1861	1858	1859	1860	1861
Ctr				Ctr			
60 352	16 398	13 719	73 758	14 670	8 755	10 696	11 378
435	61	19	46	258	151	1 217	194
108 445	79 144	52 059	87 779	15 751	33 147	20 919	15 429
21 132	10 057	19 613	17 249	90 595	72 143	91 086	69 196
592	602	984	981	9 456	24 994	18 141	51 509
607	737	667	756	1 235	1 426	2 153	1 705
755	912	934	828	13 092	15 104	21 135	6 044
1 141	836	851	627	1 390	1 728	1 647	17 424
46	171	60	100	878	355	661	538
50	217	235	251	21	59	109	254
Stück				Stück			
15 522	19 765	16 941	22 547	1 612	1 119	2 132	2 515
1 547	2 354	1 181	2 875	4 647	3 668	15 613	16 153
11 762	14 615	9 918	13 469	2 761	2 940	6 438	6 076
2 392	3 259	3 314	4 208	771	572	3 303	2 159
24 689	20 217	18 967	23 099	4 081	5 361	5 012	1 383
31 918	30 350	20 951	31 618	3 354	10 159	54 717	30 938
217 125	271 350	334 079	346 420	2 671	1 630	1 806	3 330
81 414	81 636	102 081	104 791	4 332	2 995	2 067	2 170
40 465	31 225	30 765	38 272	11 867	11 377	92 991	116 208
42 572	33 309	39 656	54 182	9 177	12 318	17 050	34 758
Centner				Centner			
316	274	554	789	3 145	2 804	3 041	2 064
2 611	1 871	3 301	2 085	2 195	3 132	3 221	2 948
108	50	79	82	154	140	85	27
111	132	177	193	50	115	11	59
65	80	83	191	—	—	—	—
221 112	247 397	268 918	277 098	151 133	196 175	118 958	89 959
11 297	10 809	10 954	12 337	7 344	12 509	19 081	15 313
0 602	6 193	8 732	11 425	54 213	76 211	62 638	57 963

…ter Kämmlinge aus gekämmter Wolle laut Verfügung vom 13. Oct. 1860.

Bezeichnung der Waaren.

2) gewalkte, unbedruckte Tuch-, Zeug- und Filzwaaren, Strumpfwaaren aller Art, sowie alle ungewalkten, ungemusterten Waaren ....
3) Fussteppiche ....
Anm. zu 41:
aa. Einfaches und doublirtes ungefärbtes Wollengarn ....
bb. Oeltücher aus Rosshaaren, ingl. ganz grobe Gewebe aus Kälberhaar und Werg ....

42) Zink und Zinkwaaren:

a. Roher Zink, alter Bruchzink ....
b. Zinkbleche und grobe Zinkwaaren ....
c. Feine, auch lackirte Zinkwaaren ....

43) Zinn und Zinnwaaren:

a. Grobe Zinnwaaren, als: Schüsseln, Teller, Kessel u. a. Gefässe, Röhren und Platten ....
b. Feine, auch lackirte Zinnwaaren, Spielzeug u. dgl. ....
Anm. zu 43. Zinn in Blöcken, Stangen u. dgl. und altes Zinn ....

Zur allgemeinen Eingangsabgabe:

Bücher, gedruckte, sowohl gebundene als ungebundene, Landkarten und Kupferstiche ....
Federn (Bettfedern), Federspulen ....
Fische, gesalzene, getrocknete, geräucherte, marinirte u. s. w. ....
Obst, getrocknetes, gebackenes ....
Oeldrass ....
Schwämme, Waschschwämme und bereitete Feuerschwämme ....
Seilerarbeit ....
Thran ....
Erbschaftssachen ....
Objecte, welche vorstehend nicht genannt sind ....

Besondere Gegenstände:

Mit Revisionsnote per Post eingegangene besondere Gegenstände (netto verzollt)

Wasserfahrzeuge:

Gesammt-Eingang über preussische Zollämter				Gesammt-Ausgang über preussische Zollämter			
1858	1859	1860	1861	1858	1859	1860	1861
Ctr				Ctr			
17 299	15 706	17 280	21 170	71 578	82 483	96 210	82 053
1 915	1 414	2 057	2 726	1 530	2 033	2 092	2 050
54 243	58 207	72 635	82 105	2 790	3 018	5 873	4 750
147	49	119	63	130	197	39	20
22 341	14 714	22 960	28 030	631 697	715 626	746 111	727 987
468	312	600	327	50 931	104 447	108 981	88 092
31	100	52	140	135	198	647	1 036
138	157	76	117	500	635	461	1 080
64	61	62	131	351	320	247	1 080
15 108	16 851	21 312	26 390	633	446	929	1 332
10 530	10 277	11 804	10 136	19 934	22 098	25 716	25 943
5 686	5 067	6 453	7 226	4 854	6 229	8 223	8 496
56 318	45 554	53 615	44 613	1 314	1 725	1 732	1 490
31 237	34 935	34 184	40 748	47 287	67 880	67 451	47 943
4 311	5 510	5 195	7 751	549	359	268	72
694	701	1 043	1 067	284	308	988	826
4 036	2 325	3 430	4 002	540	614	1 760	709
101 829	102 500	110 670	128 079	7 846	9 845	11 302	10 289
230	309	802	1 157	—	—	—	24
133 823	123 556	135 768	168 071	143 733	173 382	189 661	191 206
1	1	1	1	—	—	—	—
Stück				Stück			
37	43	23	33	—	—	—	—
2	1	—	—	—	—	—	—
11	—	—	1	—	—	—	—
6	9	4	6	—	—	—	—
3	6	9	9	—	—	1	—
205	267	299	210	—	—	—	—
—	—	—	—	21	10	6	4
18	14	19	23	—	3	14	11
746	552	757	535	—	—	—	—
254	245	215	274	—	8	7	1
Thaler				Thaler			
—	—	—	—	—	—	—	—

(194.) Bezeichnung der Waaren[1]).	Zollsatz[2]) pro Maasseinheit beim Eingang Thlr	Ausgang Thlr
1) Abfälle: von Gerbereien das Leimleder u. dgl.	—	[illegible]
2) Baumwolle und Baumwollen-Waaren:		
a. Rohe Baumwolle	—	[illegible]
b. Baumwollengarn, ungemischt oder gemischt:		
1) ungebleichtes 1- und 2drähtiges Baumwollengarn und Watten	3	—
2) ungebleichtes 3- und mehrdrähtiges Baumwollengarn u. dgl.	8	—
c. Baumwollene Zeuge u. s. w.	50	—
3) Blei und Bleiwaaren:		
a. 1) Rohes Blei in Blöcken, Mulden u. dgl., auch altes	⅙	—
2) Blei-, Silber- und Goldglätte	⅙	—
b. Grobe Bleiwaaren, als Kessel, Röhren, Schroot u. s. w.	2	—
c. Feine Bleiwaaren, als Spielzeug u. s. w.	10	—
4) Bürstenbinder- und Siebmacherwaaren:		
a. grobe in Verbindung mit Holz oder Eisen ohne Politur und Lack.	3	—
b. feine in Verbindung mit anderen Materialien	10	—
5) Droguerie- und Apotheker-, auch Farbewaaren:		
a. 1) Chemische Fabrikate für den Medicinal- und Gewerbegebrauch	3⅓	—
2) Salmiak	3⅓	—
Anmerk. Ricinusöl in Fässern, wenn &c.	[illegible]	—
b. Alaun	1[illegible]	—
c. Bleiweiss (Kremserweiss), rein oder versetzt, Chlorkalk	2	—
d. Eisenvitriol (grüner), Eisenbeizen einschliesslich Eisenrostwasser.	[illegible]	—
e. Rohe Erzeugnisse des Mineral-, Thier- und Pflanzenreichs:		
1) Krapp	[illegible]	—
2 aa. Aloe, Galläpfel, Kreuzbeeren, Kurkume &c.	—	[illegible]
2 bb. Harze aller Art, europäische und aussereuropäische	—	[illegible]
2 cc. Salpeter, gereinigter und ungereinigter	—	[illegible]
2 dd. Schwefel	—	[illegible]
3 aa. Alkanna, Alkermes, Avignonbeeren, Berberisholz &c.	—	[illegible]
3 bb. Eckerdoppern (Knoppern)	—	[illegible]
3 cc. Gummi elasticum in der ursprünglichen Form	—	[illegible]
3 dd. Guttapercha, rohe ungereinigte	—	[illegible]
3 ee. Hölzer, aussereuropäische für Tischler, Drechsler u. dgl.	—	[illegible]
3 ff. Indigo	—	[illegible]
3 gg. Wallfischbarden, rohes Fischbein	—	[illegible]
Anm. 1. Cichorien, getrocknete	[illegible]	—
Orseille als Teig (in welchem die Flechten noch zu erkennen)	[illegible]	—
Persio, auch flüssiger, ohne Zuthat anderer Materialien	[illegible]	—
Seegras (Seetang)	[illegible]	—
Wachs	[illegible]	—
Andere rohe Erzeugnisse &c.	[illegible]	—
Anm. 2. Natron schwefelsaures &c.	[illegible]	—
f. Farbehölzer:		
1) in Blöcken	—	[illegible]
2) gemahlen oder geraspelt	[illegible]	—
g. 1) Mennige, Schmalte	1	—
2) Kupfervitriol, gemischter, Kupfer- und Eisenvitriol &c.	1	—
3) Soda, ungereinigte und gereinigte	1	—
Anm. Mennige zur Weissglas-Fabrikation u. s. w.	[illegible]	—

[1]) vgl. die Tabelle 103 und die Bemerkungen dazu. — [2]) für die gewöhnliche Ein- und
eine Zollermässigung oder gänzliche Abgabenfreiheit gewährt ist, würde hier zu viele

handel.

n den freien Verkehr des Zollvereins gelangten über preussische Zollämter				Aus dem freien Verkehr des Zollvereins traten über preussische Zollämter			
1858	1859	1860	1861	1858	1859	1860	1861
Thlr				Thlr			
81 780	62 416	54 737	65 113	107 198	69 127	53 754	42 833
320 497	414 703	402 520	588 334	72 910	80 435	17 206	41 807
370 528	307 666	318 060	321 802	2 083	6 223	10 911	1 528
1 606	1 614	2 166	2 481	6 957	10 004	10 187	14 160
3 452	3 736	3 499	3 131	97 149	135 013	103 980	135 636
4 602	11 409	5 141	4 374	149 284	235 396	197 825	163 179
743	685	590	618	8 413	16 672	28 605	12 333
62	75	44	64	1 250	1 634	2 479	2 420
4	11	9	3	152	369	53	130
213	208	240	297	322	331	777	660
72	81	91	93	61	82	30	277
10 062	9 624	10 800	11 040	89 122	108 199	110 349	108 064
836	843	827	828	56	81	62	9
—	—	46	—	—	—	—	—
210	91	878	3 993	248	6 006	1 221	734
888	894	358	1 172	12 505	26 421	18 794	14 308
5 711	13 828	23 000	17 264	2 124	1 637	2 131	1 857
45 551	34 073	36 566	22 278	8 261	6 535	6 701	7 131
73 149	117 145	126 248	160 750	3 025	4 063	3 390	6 870
2 992	242 270	334 368	154 307	13 715	16 138	24 582	13 901
67 743	111 192	67 340	82 441	3 373	3 250	5 218	8 507
87 206	149 176	105 452	182 492	63	2 850	775	10 066
69 452	57 626	65 264	80 770	2 890	2 352	1 060	6 557
8 410	1 371	4 120	2 874	154	26	80	41
6 342	4 799	5 061	7 036	27	14	14	28
456	313	164	544	27	31	13	11
42 701	56 270	64 638	68 023	162	540	122	852
11 868	12 062	14 340	18 826	1 261	1 589	1 360	1 222
802	1 041	1 162	1 438	1	7	3	70
7 813	5 594	5 401	4 677	40 470	48 554	47 484	42 090
167	210	67	17	19	35	—	775
388	413	204	196	88	47	120	144
54	29	10	90	1 012	1 968	1 785	1 094
1 109	2 122	1 007	1 020	127	207	132	421
26 143	24 165	34 843	37 546	8 733	12 227	10 817	10 817
13	4 145	3 085	204	2 382	3 535	2 802	4 490
13 673	227 067	341 807	415 056	31 417	25 129	33 551	21 739
15 821	15 605	16 714	13 353	2 877	4 226	5 100	5 046
1 166	1 241	1 008	1 048	18 271	18 385	24 604	22 174
16 074	15 201	16 858	11 145	1 458	2 786	3 120	3 305
94 917	67 499	63 238	63 652	1 899	2 858	2 780	3 590
123	140	78	118	—	—	—	—

nfuhr im Verbrauchshandel; die Aufführung der verschiedenen Bedingungen, unter denen
m erfordern.

(Forts. zu 194.) Bezeichnung der Waaren.	Zollsatz pro Maasseinheit beim Eingang Sgr	 Ausgang Sgr
h. Mineralwasser, natürliches, in Flaschen und Krügen	[illegible]	—
i. Pott- (Waid-) Asche, gemahlene Kreide............	[illegible]	—
k. 1) Salzsäure............	1[illegible]	—
2) Schwefelsäure	1[illegible]	—
l. Schwefelsaures und salzsaures Kali	[illegible]	—
m. Terpentinöl (Kienöl), desgl. Fischspeck	[illegible]	—
6) Eisen und Stahl, Eisen- und Stahlwaaren:		
a. Roheisen aller Art, altes Brucheisen, Eisenfeile, Hammerschlag ..	[illegible]	—
b. 1) Geschmiedetes und gewalztes Eisen u. dgl.	1[illegible]	—
2) Eisenbahnschienen	1[illegible]	—
3) Cementstahl, Guss- und raffinirter Stahl	1[illegible]	—
Anm. 1. Rohstahl, seewärts auf Erlaubnissscheine	[illegible]	—
c. Geschmiedetes und gewalztes Eisen &c. unter [illegible] □" Querschnitt	2[illegible]	—
d. Façonnirtes Eisen in Stäben &c.	3	—
e. Weissblech, gefirnisstes Eisenblech &c.	4	—
Anm. 2. Geknoppertes Zaineisen &c.	1[illegible]	—
f. Eisen- und Stahlwaaren:		
1) Ganz grobe Eisengusswaaren in Oefen, Platten, Gittern u. dgl. .	1	—
2) Grobe Waaren aus geschmiedetem Eisen u. dgl.	5	—
3) Feine Waaren aus feinem Eisenguss u. dgl.	10	—
7) Erze:		
a. Eisen- und Stahlstein-Stufen	—	[illegible]
b. Galmei, Zinkblende............	—	[illegible]
8) Flachs, Hanf, Werg, Heede	[illegible]	—
9) Getreide, Hülsenfrüchte, Sämereien, auch Beeren:		
a. Getreide und Hülsenfrüchte, und zwar:		
1 aa. Weizen u. a. unter 9. a. 2. nicht besonders genannte Getreidearten	[illegible]	—
1 bb. Bohnen, Erbsen, Linsen, Hirse, Wicken............	[illegible]	—
2 aa. Roggen	[illegible]	—
2 bb. Gerste, auch gemalzte............	[illegible]	—
2 cc. Hafer, Haidekorn oder Buchweizen, unenthülster Spelz (Dinkel).	[illegible]	—
b. Sämereien und Beeren:		
1) Anis und Kümmel............	1	—
2) Oelsaat, als:		
aa. Hanfsaat	[illegible]	—
bb. Leinsaat und Leindotter oder Doder	[illegible]	—
cc. Mohnsamen	[illegible]	—
dd. Raps, Rübsaat............	[illegible]	—
3aa. Kleesaat	[illegible]	—
3bb. Alle nicht namentlich im Tarife aufgeführten Sämereien	[illegible]	—
3cc. Wachholderbeeren............	[illegible]	—
10) Glas und Glaswaaren:		
a. Grünes Hohlglas (Glasgeschirr)............	1	—
b. 1) Weisses Hohlglas, ungemustertes, ungeschliffenes	3	—
2) Fenster- und Tafelglas in seiner natürlichen Farbe u. dgl.	3	—
Anm. Weisses Hohlglas, nur mit abgeschliffenen Stöpseln u. dgl. ..	4[illegible]	—
c. Gepresstes, geschliffenes, abgeriebenes Glas &c.	6	—
d. Spiegelglas:		
1) wenn das Stück nicht über 288 preuss. □" misst:		
α. gegossenes, belegtes oder unbelegtes		
aa. wenn das Stück nicht über 1 □' misst	6	—
bb. wenn das Stück über 1 und bis 2 □' misst	8	—
β. geblasenes, belegtes oder unbelegtes	3	—

In den freien Verkehr des Zollvereins gelangten über preussische Zollämter				Aus dem freien Verkehr des Zollvereins traten über preussische Zollämter			
1858	1859	1860	1861	1858	1859	1860	1861
Thlr.				Thlr.			
1 622	2 652	1 461	1 060	62 771	62 771	59 760	53 460
116 014	131 419	138 134	136 544	27 170	22 004	41 914	38 981
152	44	—	140	23 473	23 045	30 089	27 653
2 212	2 123	3 684	2 160	6 992	9 520	8 009	10 718
1 164	6 077	2 353	2 585	173	70	79	7
34 675	32 001	38 762	32 377	444	523	1 153	1 151
1.454 308	1.810 134	1.637 662	1.988 687	28 206	18 246	18 452	59 679
263 921	124 215	100 404	92 322	4 707	4 454	12 209	20 048
371 059	9 419	2 013	4 391	40	14 422	17 705	133 257
22 834	20 761	21 860	28 066	13 659	10 443	15 760	19 321
1 496	3 709	5 443	6 423	—	—	—	—
32 171	16 513	13 175	16 621	154	634	798	1 409
75 078	60 969	39 597	58 243	7 313	10 175	5 105	3 114
9 650	9 787	9 248	9 289	7 540	5 650	6 557	11 694
—	—	—	—	—	—	—	18
111 031	54 508	61 676	95 959	89 370	38 043	46 527	57 631
33 271	21 671	10 953	25 855	117 201	164 871	180 711	212 873
3 044	2 356	3 501	3 217	12 372	16 156	30 828	37 749
194 932	540 131	388 835	331 112	7 571	14 876	15 505	1 801
273 589	167 340	192 912	276 763	98 308	75 954	98 492	86 603
340 631	249 397	310 090	281 863	172 224	145 907	149 674	123 302
Scheffel				Scheffel			
3.007 828	2.207 504	3.934 285	1.004 023	4.740 805	5.624 052	8.457 451	10.011 218
346 211	266 726	426 499	109 643	478 191	389 474	1.006 547	1.238 268
1.235 855	5.020 117	7.354 677	2.073 946	2.015 151	1.062 073	2.422 250	5.161 470
494 067	354 323	524 289	140 682	1.110 316	2.330 450	3.278 243	2.390 057
1.407 573	2.052 805	1.061 018	408 604	642 300	254 257	1.439 721	1.908 633
Centner				Centner			
3 345	2 874	4 017	2 593	2 257	2 684	2 630	2 100
28 805	10 586	15 083	9 960	1 303	1 053	2 187	572
580 356	645 207	712 192	402 691	303 300	290 820	440 551	263 325
15 218	7 900	3 763	1 470	258	841	3 379	789
580 305	406 374	307 274	248 346	30 300	252 431	727 322	553 401
44 813	45 015	54 442	40 667	70 267	90 071	173 907	105 602
15 965	11 294	6 776	6 241	13 221	17 926	12 835	21 529
4 482	5 312	4 667	11 142	8 415	8 443	8 340	6 705
152	217	152	173	30 508	31 596	38 060	42 636
681	540	932	794	6 300	6 252	10 808	4 403
416	273	183	255	2 360	3 400	8 075	8 937
183	148	160	151	254	164	250	37
2 816	2 865	3 671	3 653	2 901	5 465	3 538	3 487
—	2	—	—	2 485	2 589	491	637
— 2	—	—	—	5 201	5 900	5 528	4 281
—	—	—	—	6 872	3 124	5 878	3 284

(Forts. zu 194.) Bezeichnung der Waaren.	Zollsatz pro Maasseinheit beim Eingang Thlr	Ausgang Thlr
2) belegtes und unbelegtes, gegossenes und geblasenes Spiegelglas:		
aa. über 288 bis 576 □"	1	—
bb. über 576 bis 1000 □"	3	—
cc. über 1000 bis 1400 □"	8	—
dd. über 1400 bis 1900 □"	20	—
ee. über 1900 □"	30	—
Anm. Robes ungeschliffenes Spiegelglas	¼	—
a. Farbiges, bemaltes oder vergoldetes Glas u. s. w.	10	—
11) Häute, Felle und Haare:		
a. Rohe (grüne, gesalzene, trockne) Häute und Felle &c.	—	1⅓
b. Felle zur Pelzwerk- (Rauchwaaren-) Bereitung	⅙	—
c. Hasen- und Kaninchenfelle, rohe und -Haare	—	⅓
d. Haare von Rindvieh, Ziegenhaare	—	⅓
12) Holz, Holzwaaren u. dgl.:		
a. Brennholz beim Wassertransport	$\frac{1}{20}$	—
b. Bau- und Nutzholz beim Wassertransport &c.:		
Anm. 2. In den östlichen preussischen Provinzen &c.		
aa. Blöcke oder Balken von hartem Holze	$\frac{1}{10}$	—
bb. dergl. von weichem Holze	$\frac{1}{20}$	—
cc. Bohlen, Bretter, Latten, Fassholz (Dauben) u. dgl.	⅙	—
In den übrigen Theilen des Vereins:		
1. Eichen-, Ulmen-, Eschen-, Ahorn- u. dgl. Holz	1	—
2. Buchen-, Fichten-, Tannen- u. a. weiches Holz	½	—
3. Sägewaaren, Fassholz (Dauben) &c.:		
α. aus den unter 1. genannten Holzarten	1½	—
β. aus den unter 2. genannten Holzarten	⅔	—
Anm. 1 aa. Holz in geschnittenen Fournieren &c.	1	—
1bb. Korkstöpsel, gewöhnliche	1	—
c. 1) Holzborke oder Gerberlohe	—	$\frac{1}{10}$
2) Holzkohlen	—	$\frac{1}{10}$
d. Holzasche	—	⅙
e. Hölzerne Hausgeräthe u. dgl.	3	—
f. Feine Holzwaaren (ausgelegte Arbeit) u. dgl.	10	—
g. Gepolsterte Möbel	10	—
h. Grobe Böttcherwaaren, gebrauchte	½	—
Anm. (zu e. u. h.): aa. Grobe, rohe ungefärbte Böttcherwaaren u. dgl.	½	—
bb. Grobe Maschinen von Holz	½	—
13) Hopfen	2½	—
14) Instrumente:		
a. musikalische	6	—
b. astronomische, chirurgische, mathematische &c.	6	—
15) Kalender	—	—
18) Kleider: fertige, neue, desgl. getragene Kleider &c.	110	—
19) Kupfer und Messing, Kupfer- und Messingwaaren:		
a. geschmiedetes, gewalztes, gegossenes, zu Geschirren	6	—
b. Waaren: Kessel, Pfannen u. dgl.	10	—
Anm. zu 19. Roh- (Bruch-) Messing, Rohkupfer &c.	¼	—

¹) und 21 Sgr — ²) und 143 Sgr

In den freien Verkehr des Zollvereins gelangten über preussische Zollämter				Aus dem freien Verkehr des Zollvereins traten über preussische Zollämter			
1858	1859	1860	1861	1858	1859	1860	1861
Stück				Stück			
9	17	114	15	25	30	447	860
2	92	2	9	23	63	70	4
—	1	4	7	1	[1]) 60	4	—
—	3	1	1	—	[2]) 2	1	—
15	—	—	8	—	—	—	—
Centner				Centner			
11 300	7 607	9 573	9 122	132	3 462	6 918	1 647
930	915	1 437	1 393	4 491	6 316	6 871	6 551
168 044	225 622	317 234	329 688	12 484	23 117	18 203	14 469
4 461	5 390	7 475	4 976	3 073	6 002	5 495	6 796
6 520	6 525	4 628	3 155	3 434	3 658	3 347	1 950
3 382	3 692	6 166	5 672	3 748	3 200	5 075	6 054
preussische Klafter				Klafter			
25 932	23 499	20 415	22 482	13 793	17 641	24 194	20 432
Stück				Stück			
100 822	68 985	95 589	105 847	90 293	98 934	163 469	113 778
837 904	1.029 765	1.332 700	1.368 231	1.031 531	1.016 310	1.486 165	1.725 102
Schiffslast				Schiffslast			
33 644	40 362	48 148	47 333	66 151	72 044	165 412	64 778
190	402	398	0	14 432	5 190	4 127	6 425
3 150	2 208	2 843	2 374	14 083	3 078	2 035	4 402
5	367	1	7	31 376	24 420	28 745	30 355
3 657	3 302	3 291	2 115	11 800	5 242	4 947	1 930
Centner				Centner			
2 440	2 028	2 945	3 501	408	501	297	1 719
3 964	4 097	3 926	3 849	191	328	251	254
17 629	24 083	38 876	58 643	18 454	35 270	32 564	22 970
165 343	41 695	61 000	46 197	4 184	5 740	2 663	3 329
1 353	3 601	3 135	3 780	2	8	10	85
1 455	1 270	1 402	1 846	16 592	13 724	14 912	14 910
1 646	1 391	1 810	1 928	46 640	45 673	55 277	58 729
75	44	58	120	317	462	277	543
7 656	7 257	6 947	8 436	10 424	12 715	12 535	14 406
18 499	18 377	21 043	21 056	19 211	51 415	22 450	67 731
3 003	2 278	2 780	4 067	1 022	1 092	1 657	8 207
2 060	3 253	4 726	3 230	8 637	4 287	22 408	56 092
1 000	705	1 053	1 279	8 128	9 149	11 655	14 434
554	452	655	1 007	604	1 163	1 492	1 850
—	—	1	—	9	7	4	—
118	96	101	97	6 046	6 656	9 440	9 525
2 267	1 456	823	2 011	1 033	1 410	1 181	1 734
4 258	3 962	4 005	4 421	11 345	11 046	15 319	14 268
76 425	44 613	57 221	66 495	12 622	2 960	13 473	16 928

(Forts. zu 104.)

Bezeichnung der Waaren.	Zollsatz pro Maaseinheit beim Eingang Rt.	Zollsatz pro Maaseinheit beim Ausgang Rt.
20) Kurze Waaren, Quincaillerien u. dgl.:		
a. aus Perlmutter, dgl. aus feinen Metallgemischen u. s. w.	50	—
b. aus Gold oder Silber, feinen Metallgemischen u. s. w.	100	—
21) Leder, Lederwaaren und ähnliche Fabrikate:		
a. Lohgare oder lohroth gearbeitete Häute &c.	6	—
Anm. Kratzenleder, auch künstliches &c.	3	—
b. Brüsseler und dänisches Handschuhleder, Corduan u. dgl.	8	—
Anm. Halbgare Ziegen- und Schaffelle &c.	$\frac{1}{3}$	—
c. Grobe Schuhmacher-, Sattler- u. dgl. Waaren	10	—
d. Feine Lederwaaren:		
1) von Corduan, Saffian, Maroquin u. s. w.	22	—
2) Lederne Handschuhe	44	—
22) Leinengarn, Leinwand u. a. Leinenwaaren:		
a. Rohes Garn:		
1) Maschinengespinnst	2	—
2) Handgespinnst	$\frac{1}{6}$	—
b. Gebleichtes, desgl. blos abgekochtes oder gebäuktes &c.	3	—
c. Leinenzwirn	4	—
d. 1) Graue Packleinwand	$\frac{1}{5}$	—
2) Segeltuch	$\frac{1}{5}$	—
e. Rohe Leinwand, roher Zwillich, roher Drillich	4	—
f. Gebleichte, gefärbte, gedruckte u. dgl. Leinwand &c.	20	—
g. Bänder, Batist, Borten, Franzen u. s. w.	30	—
h. Zwirnspitzen	60	—
23) Lichte:		
a. Talglichte	6	—
b. Stearinlichte	6	—
c. Wachs- und Wallrathlichte	6	—
24) Lumpen u. a. Abfälle zur Papierfabrikation:		
a. Leinene, baumwollene und wollene Lumpen u. dgl.	—	3
b. Alte Fischernetze, altes Tauwerk und Stricke	—	1
25) Material- und Spezerei-, auch Conditorwaaren u. a. Consumtibilien:		
a. Bier aller Art in Fässern, auch Meth in Fässern	$2\frac{1}{3}$	—
b. Branntwein und Hefe:		
α. 1) Branntwein, Arrak, Rum	8	—
2) Franzbranntwein und versetzte Branntweine	8	—
β. Hefe aller Art, mit Ausnahme der Bier- und Weinhefe	11	—
c. Essig aller Art in Fässern	$1\frac{1}{3}$	—
d. Bier und Essig in Flaschen oder Kruken	8	—
e. Oel in Flaschen oder Kruken	8	—
f. Wein und Most, auch Cider:		
1) in Fässern	6	—
2) in Flaschen	8	—
g. Butter	$3\frac{1}{3}$	—
h. Fleisch, ausgeschlachtetes, frisches und zubereitetes &c.	2	—
i. Früchte (Südfrüchte), auch Blätter:		
α. 1) Frische Südfrüchte, Apfelsinen, Citronen u. s. w.	2	—
2) desgl. ausgezählte	$\frac{1}{10}$	—
β. Trockene und getrocknete Datteln, Feigen u. dgl.	4	—
k. Gewürze:		
1) Galgant, Ingber, Kardamom, Kubeben &c.	$6\frac{1}{3}$	—

In den freien Verkehr des Zollvereins gelangten über preussische Zollämter				Aus dem freien Verkehr des Zollvereins traten über preussische Zollämter			
1858	1859	1860	1861	1858	1859	1860	1861
[illegible]				[illegible]			
685	806	619	816	58 909	76 762	82 793	79 333
220	201	287	311	11 232	8 958	8 272	9 126
1 471	2 021	1 694	2 330	10 172	11 290	9 996	9 021
2 113	2 272	2 714	2 859	84	70	50	2 199
432	436	551	393	7 092	7 135	8 253	8 592
1 523	1 675	2 066	2 804	—	—	7	99
1 193	891	1 087	1 427	4 701	5 812	8 280	9 028
930	733	1 133	617	2 784	2 821	1 246	707
70	60	83	100	91	214	153	161
40 379	31 067	33 811	35 508	3 942	5 621	2 944	1 408
3 257	2 375	1 094	1 663	3 869	2 384	3 293	2 082
19 152	15 397	20 451	17 074	203	908	218	983
6 704	6 567	7 033	6 793	403	696	912	772
10 974	14 826	20 114	27 084	27 839	37 150	36 569	28 235
1 524	984	2 474	1 352	1 445	1 406	1 818	1 495
25 742	20 081	23 774	24 630	33 915	28 738	41 021	38 109
729	519	641	583	9 274	19 504	11 061	13 255
16	16	34	28	2 558	2 230	1 403	654
7	8	14	15	41	99	138	11
64	43	36	30	404	366	891	3 358
247	234	609	616	4 023	3 200	2 310	3 591
19	23	15	12	760	193	145	271
12 963	5 992	11 296	28 770	3 610	3 452	756	877
823	1 519	3 041	995	—	47	164	55
8 711	9 252	9 023	9 353	64 324	67 616	71 494	88 994
30 090	28 248	30 069	29 087	285 026	282 149	298 543	327 002
2 539	2 944	2 149	2 170	646	1 089	702	1 381
8 805	8 012	7 181	5 206	47	158	768	557
928	619	630	525	4 415	4 984	7 003	3 068
101	135	137	120	394	299	211	1 411
80	80	87	83	111	149	1 815	392
128 132	128 312	107 041	91 034	108 496	176 957	202 127	137 448
23 891	20 552	22 588	24 002	2 847	4 351	23 813	9 585
21 499	16 340	13 337	29 956	1 497	1 402	22 607	10 563
6 552	4 450	12 979	33 729	12 733	25 482	20 829	21 985
32 616	32 056	36 266	35 354	107	130	85	65
Stück				Stück			
29 094	29 427	26 504	42 629	116	123	292	249
Centner				Centner			
79 389	84 790	87 279	103 282	184	584	350	398
5 872	4 426	4 787	4 608	165	381	217	150

1) Unbearbeitete Tabaksblätter und Stengel	4
2) Tabaksfabrikate:	
α. Rauchtabak in Rollen &c.	11
ββ aa. Cigarren	20
β bb. Schnupftabak	20
w. Thee	8
x. Zucker:	
1) Brod-, Hut-, Candis-, Bruch- u. a. Zucker	10
2) Rohzucker und Farin (Zuckermehl)	8
3) Rohzucker für inländische Siedereien	5
26) Oel:	
a. in Fässern	1½
b. Leinöl in Fässern	1½
Anm. zu 26:	
1) Baumöl in Fässern, denaturirt	—
2) Kokosnuss-, Palm-, Wallrathöl	½
3) Sogenannte Oelkuchen u. s. w.	½
27) Papier und Pappwaaren:	
a. Ungeleimtes, ordinäres Druckpapier &c.	1
b. Geleimtes Papier, ungeleimtes feines &c.	5
c. Gold- und Silberpapier u. dgl.	10
Anm. Graues Lösch- und Packpapier	½
d. Papiertapeten	20
e. Buchbinderarbeiten aus Papier und Pappe u. dgl.	10
28) Pelzwerk:	
a. Ueberzogene Pelze, Mützen, Handschuhe &c.	22
b. Fertige, nicht überzogene Schafpelze &c.	6
29) Schiesspulver	2

[1]) seit dem 1. Sept. 1858 bis dahin 1861 gilt nur der eine Zollsatz von 3 Thlr 23 794 Ctr eingelassen wurden. — [2]) davon 150 Ctr zu 7½ Thlr Zoll vom 1. Sept. gegen 4½ Thlr Zoll.

	In den freien Verkehr des Zollvereins gelangten über preussische Zollämter				Aus dem freien Verkehr des Zollvereins traten über preussische Zollämter			
	1858	1859	1860	1861	1858	1859	1860	1861
	Ctr.				Ctr.			
	22 135	21 657	22 619	25 450	74	1 801	697	228
	5 300	4 598	5 047	4 535	26	555	125	9
	Tonnen				Tonnen			
	258 312	262 285	306 730	300 032	4 248	9 045	9 079	4 075
	Centner				Centner			
	756 574	713 005	735 210	819 929	10 354	23 287	13 280	17 011
	7 196	7 645	7 046	8 091	1	310	4	—
	138	100	163	185	105	24	143	133
	13 725	11 014	8 437	10 086	1 774	1 810	2 328	2 759
	3 913	3 642	4 225	4 445	773	1 079	1 045	807
	3 555	2 518	3 140	3 477	15 693	24 925	31 748	43 068
	88 653	72 029	97 745	103 091	246 304	277 784	380 349	507 968
	7 645	7 069	7 311	7 186	26	41	36	30
	400 722	342 317	407 974	442 085	309	1 092	759	107
	419	63	6	1	2	1	—	—
	470 718	545 873	569 186	534 504	15	10 198	41 827	101 080
	1 398 7 920 4 899	18 239	33 863	[2]) 42 944	25 489	49 986	158 076	89 472
	233 977	201 147	280 519	289 602	14 005	17 993	20 531	59 452
	1 978	1 565	1 372	1 049	2 768	3 136	3 160	3 633
	5 313	5 595	6 306	6 388	14 720	30 611	28 349	3 313
	70	39	51	43	487	504	477	424
	22 737	17 522	17 097	16 356	20 489	19 223	15 759	13 790
	266	249	281	[3]) 320	21 348	27 202	35 701	36 363
	68	123	71	[4]) 134	540	44	[illegible]	3 370
	458 069	217 014	76 141	[5]) 124 434	—	—	—	—
	116 580	52 834	13 166	11 647	10 851	32 620	11 063	8 242
	131 453	83 923	.	.	304	700	.	.
	151 187	87 091	81 447	73 196	1 615	2 878	2 810	1 477
	224 568	221 011	448 449	449 212	510	738	86 291	134 594
	39 346	79 736	221 283	129 352	324 520	480 718	525 169	370 306
	942	7 009	6 097	2 715	13 014	25 909	31 679	31 041
	1 581	1 507	1 084	2 289	8 043	10 781	14 058	32 131
	76	78	82	79	300	2 220	201	265
	1 558	858	807	1 245	3 071	2 191	8 439	13 536
	181	142	230	217	3 418	2 800	3 841	4 139
	493	389	529	480	3 477	4 434	3 874	4 714
	36	23	15	26	810	482	739	580
	395	254	388	391	412	896	1 049	747
	3	2	3	8	620	774	517	1 039

– [2]) seit dem 1. Sept. 1861 zu 2½ Thlr verzollt, gegen welchen Satz von obiger Menge
Allerh. Verordnung vom 2. Juli. — [4]) darunter 97 Ctr zu 6 Thlr Zoll. — [5]) darunter 79 278 Ctr

(Forts. zu 194.)

Bezeichnung der Waaren.	Zollsatz pro Maasseinheit: Eingang Thlr	Ausgang Thlr
30) Seide und Seidenwaaren:		
a. Seide, rohe ungefärbte &c.	[illegible]	–
Gefärbte, auch weissgemachte Seide &c.:		
1) ungezwirnt	8	–
2) gezwirnt, auch Zwirn aus roher Seide (Nähseide u. dgl.)	[1] 11	–
b. Seidene Zeug- und Strumpfwaaren, Tücher &c.	110	–
c. Alle unter Pos. 30b. genannten Waaren in Verbindung &c.	55	–
31) Seife:		
a. grüne, schwarze und andere Schmierseife	1	–
b. gemeine weisse Seife	3[illegible]	–
c. feine Seife, in Täfelchen, Kugeln, Büchsen u. s. w.	10	–
32) Spielkarten	10	–
33) Steine und Steinwaaren:		
a. Mühlsteine mit eisernen Reifen	2	–
b. Waaren aus Alabaster, Marmor &c.	10	–
Anm. aa. Grosse Marmorarbeiten u. dgl.	[illegible]	–
Anm. bb. Flintensteine	[illegible]	–
34) Steinkohlen	[illegible]	–
35) Stroh-, Rohr- und Bastwaaren:		
a. Ordinäre Matten und Fussdecken:		
1) ungefärbte	[illegible]	–
2) gefärbte	3	–
b. Stroh- und Bastgeflechte &c.	10	–
c. Bast- und Strohhüte, ohne Unterschied	50	–
36) Talg und Stearin:		
a. Talg (eingeschmolzenes Thierfett[2])	2	–
b. Stearin und Stearinsäure	3	–
37) Theer (Mineraltheer und anderer), Daggert, Pech	[illegible]	–
38) Töpferwaaren:		
a. Gemeine Töpferwaaren, Fliesen, Schmelztiegel	[illegible]	–
b. Einfarbiges oder weisses Fayence oder Steingut u. dgl.	5	–
c. Bemaltes, bedrucktes, vergoldetes Fayence u. dgl.	10	–
d. Weisses Porzellan	10	–
e. Farbiges Porzellan und weisses mit farbigen Streifen u. dgl.	25	–
f. Erdgeschirr in Verbindung mit unedlen Metallen	10	–
g. Erdgeschirr, auch Porzellan, in Verb. mit feinen Metallgemischen u. dgl.	50	–
39) Vieh:		
a. Pferde, Maulesel, Maulthiere, Esel	1[illegible]	–
b. Rindvieh:		
1) Ochsen und Zuchtstiere	5	–
2) Kühe	3	–
3) Jungvieh	2	–
4) Kälber	[illegible]	–
c. Schweine:		
1) gemästete	1	–
2) magere	[illegible]	–
3) Spanferkel	[illegible]	–

[1]) 1860: 8 Thlr — [2]) 1860: Fett von Rind- und Schafvieh; der Zollsatz ward gleichzeitig

In den freien Verkehr des Zollvereins gelangten über preussische Zollämter				Aus dem freien Verkehr des Zollvereins traten über preussische Zollämter			
1858	1859	1860	1861	1858	1859	1860	1861
Ctr				Ctr			
6 626	7 398	8 000	7 038	674	357	600	297
29	31	300	275	251	110	1 049	630
257	289			87	193		
1 830	1 870	2 244	2 416	11 040	18 784	14 350	15 375
1 397	1 127	1 145	1 243	8 359	6 930	5 249	6 080
191	60	51	26	206	800	478	873
781	748	640	528	658	854	1 087	608
77	70	79	92	669	562	422	1 491
—	—	—	—	479	423	397	300
Stück				Stück			
424	470	427	655	171	177	422	329
Centner				Centner			
281	241	325	317	997	1 468	865	1 790
2 046	2 094	2 584	2 520	7 550	9 703	15 408	16 276
144	78	147	127	150	4	467	358
14.457 903	13.013 824	12.437 281	13.408 640	28.499 908	27.490 031	31.508 678	37.850 071
12 701	9 058	8 323	23 875	5 212	6 121	11 012	12 078
61	43	42	42	31	31	131	1
293	303	352	327	880	1 070	962	703
65	100	112	120	70	159	244	307
50 566	25 512	13 541	48 374	204	1 735	627	1 741
129	3	93	53	70	125	1 207	184
102 476	78 070	51 882	81 789	12 676	29 215	20 058	10 261
14 518	12 538	14 433	15 816	90 334	71 070	90 637	68 738
525	505	547	610	8 129	22 389	14 855	49 210
291	347	311	304	674	777	1 081	500
316	255	360	361	12 968	15 012	20 903	6 562
190	194	254	281	1 104	1 146	1 280	16 634
26	28	47	54	105	259	586	478
17	13	16	20	0	6	5	88
Stück				Stück			
15 522	19 787	16 938	22 443	1 008	1 119	2 132	2 361
1 538	2 354	1 179	2 901	4 637	3 068	15 096	15 441
11 759	14 590	9 891	13 439	2 722	2 930	6 393	6 075
2 384	3 257	3 306	4 204	734	508	3 290	2 140
24 899	20 217	18 941	22 006	4 071	5 359	4 971	1 376
31 998	30 371	20 972	31 698	3 354	10 150	54 716	32 853
217 146	271 365	334 085	346 414	2 671	1 629	1 800	3 324
81 425	81 636	102 064	104 791	4 327	2 995	2 066	2 170

auf 1 Sgr ermässigt.

(Forts. zu 104.) Bezeichnung der Waaren.	Zollsatz pro Maasseinheit beim Eingang Thlr	Zollsatz pro Maasseinheit beim Ausgang Thlr
d. Hammel	[illegible]	–
e. Anderes Schafvieh und Ziegen	[illegible]	–
40) Wachstuch, Wachsmusselin, Wachstafft:		
a. Grobe unbedruckte Wachsleinwand	2	–
b. Alle anderen Gattungen von Wachsleinwand u. dgl.	5	–
c. Wachstafft	11	–
d. Alle mit Gummi elasticum u. dgl. überzogenen Gewebe	20	–
Anm. Gummidrucktücher für Fabriken	10	–
41) Wolle und Wollenwaaren:		
a. Rohe und gekämmte Schafwolle u. dgl.	–	[illegible]
b. Weisses, dreifach gezwirntes Kameelgarn &c.	8	–
c. Waaren aus Wolle (einschliessl. anderer Thierhaare):		
1) bedruckte Wollenwaaren aller Art &c.	50	–
2) gewalkte, unbedruckte Tuch-, Zeug- und Filzwaaren u. dgl.	30	–
3) Fussteppiche	20	–
Anm. zu 41: aa. Einfaches und doublirtes ungefärbtes Wollengarn	[illegible]	–
bb. Oeltücher aus Rosshaaren u. dgl.	[illegible]	–
42) Zink und Zinkwaaren:		
a. Roher Zink, alter Bruchzink	1	–
b. Zinkbleche und grobe Zinkwaaren	3[illegible]	–
c. Feine, auch lackirte Zinkwaaren	10	–
43) Zinn und Zinnwaaren:		
a. Grobe Zinnwaaren, als: Schüsseln, Teller, Kessel u. s.	2	–
b. Feine, auch lackirte Zinnwaaren, Spielzeug u. dgl.	10	–
Anm. zu 43. Zinn in Blöcken, Stangen u. dgl.	[illegible]	–
Zur allgemeinen Eingangsabgabe:		
Bücher, gedruckte, gebundene &c.	[illegible]	–
Federn (Bettfedern), Federspulen		–
Fische, gesalzene, getrocknete, geräucherte &c.		–
Obst, getrocknetes, gebackenes		–
Oeldrass		–
Schwämme, Waschschwämme und bereitete Feuerschwämme		–
Seilerarbeit		–
Thran		–
Erbschaftssachen		–
Objecte, welche vorstehend nicht genannt sind		–
Besondere Gegenstände:		
Mit Revisionsnote per Post eingegangen	110	–
Wasserfahrzeuge:		
Wittinnen	*) 10[illegible]	–
Zillen (Fahrzeuge) I. Classe	2[illegible]	–
desgl. II. Classe	5	–
" III. "	10	–
" IV. "	15	–
Klotzkähne	[illegible]	–
Wasserfahrzeuge unter 50 Thlr Werth	2[illegible]	–
desgl. unter 25 Thlr Werth	1[illegible]	–
Galler	1	–
Schiffe und Böte	5% v. Werth	–
Erlös von Gegenständen gestrandeter Schiffe	•	•

*) 1859: 3 Thlr, 1860: 5 Thlr, 1861: 5 Thlr

309	246	522	598	3 115	2 786	2 924	2 955
1 055	1 217	2 027	2 243	1 123	2 158	1 341	1 345
23	22	25	94	145	132	80	15
70	86	122	103	48	111	6	32
115	120	106	129	—	—	—	—
212 360	237 270	262 570	269 781	81 433	88 845	60 991	65 809
9 030	9 140	8 648	9 890	6 136	10 912	16 902	11 921
1 204	1 089	1 542	1 564	48 091	69 950	52 739	51 172
10 858	9 514	11 027	12 532	63 957	71 800	85 751	70 728
1 088	497	794	1 106	298	1 025	1 060	611
51 709	47 776	61 129	69 959	269	742	866	988
91	19	60	47	32	72	18	5
3 467	1 169	25	3 016	621 038	702 329	724 189	689 280
353	193	200	199	50 814	104 318	108 667	88 007
245	206	324	464	106	171	675	1 028
133	115	62	69	490	634	358	1 059
38	43	56	77	300	298	239	1 042
14 504	10 669	20 207	26 095	204	256	601	1 256
4 454	4 412	5 183	4 605	18 500	20 263	24 044	24 401
5 358	4 325	5 900	5 327	4 501	5 936	7 984	7 943
56 677	44 982	53 187	41 894	620	652	509	179
29 979	34 761	34 928	39 061	35 403	49 809	45 190	25 864
4 327	5 498	4 714	7 695	549	294	235	58
1 020	821	841	942	33	160	343	210
3 445	2 212	3 266	3 760	413	564	1 711	552
107 440	99 949	107 640	104 511	1 476	1 253	1 241	979
467	435	440	951	—	—	—	—
118 941	110 855	112 318	150 279	130 865	161 812	174 729	174,045
1	1	1	1	—	—	—	—
	Stück				Stück		
37	43	23	33	—	—	—	—
1	1	—	—	—	—	—	—
11	—	—	2	—	—	—	—
7	9	4	6	—	—	—	—
3	6	9	9	—	—	1	—
206	267	299	210	—	—	—	—
—	—	1	—	21	10	6	4
16	12	20	18	—	3	14	11
746	552	757	535	—	—	—	—
271	240	219	275	—	6	7	—
	Thaler				Thaler		
22	68	55	—	—	—	—	—

Elfter Abschnitt.

Die öffentlichen Bauten.

I. Verkehrswege im Allgemeinen.

Die Karten und Kartentheile, welche zu den Sammlungen des statistischen Bureaus gehören, werden durch Eintragung der von den königlichen Bezirksregierungen eingesandten Grundrisse von neuen Anlagen u. s. w. möglichst evident erhalten und bleiben auf diese Weise fortwährend eine Quelle topographischer Arbeiten. Kürzlich unter Vergleichung mit anderen amtlichen Publicationen ausgeführte Messungen ergaben die in Tab. 195 angegebenen Eisenbahn- und Chausseelängen. Zur Vervollständigung derselben wurde die Länge der schiffbaren Ströme und Kanäle laut Mittheilungen des »Preussischen Handelsarchivs« hinzugefügt, auf die Angabe der blos flössbaren Wasserläufe und der Küstenstrecken hingegen verzichtet.

(195.) Regierungsbezirke. — Provinzen.	Länge der Eisenbahnen 1862		Länge der Chausseen zu Ende 1862					Länge der schiffbaren Wasserstrassen im Jahre 1861	
	am Jahresschluss laut ihrer verwaltungsständigen Ministerialnachweisungen	nach Messungen auf den Karten	Staatsstrassen	Bezirks- und Kreisstrassen	Gemeindestrassen	Actien-, Bergwerks- und and. Privaten gehörige Strassen	zusammen	überhaupt	darunter Kanäle
	preussische Meilen.								
Gumbinnen	12,6	12,6	78,7	3,3	—	2,6	84,6	59,0	1,4
Königsberg	21,3	21,3	81,7	53,8	—	1,2	136,7	58,6	16,6
Danzig	17,0	16,9	55,9	11,4	0,7	—	68,0	25,8	4,1
Marienwerder	12,8	10,2	62,7	96,6	4,0	—	163,3	24,6	1,9
Preussen	63,7	61,0	279,0	165,0	4,7	3,8	452,5	147,5	[illegible]
Bromberg	30,0	30,2	41,3	57,0	—	—	98,3	29,4	8,8
Posen	26,3	26,1	50,9	129,3	—	0,5	180,9	38,6	—
Posen	56,9	56,3	92,2	186,3	—	0,5	279,0	68,0	8,8
Köslin	13,7	13,6	76,4	69,9	—	—	140,3	—	—
Stettin	23,8	23,6	70,1	46,4	—	0,3	116,6	67,1	40,3
Stralsund	—	—	19,9	27,3	—	—	47,9	6,0	—
Pommern	37,2	37,1	166,4	143,4	—	0,3	310,1	73,1	[illegible]
Potsdam	59,2	58,1	134,5	52,1	—	58,0	244,6	140,3	27,6
Frankfurt	49,4	49,3	59,8	70,0	—	33,5	163,3	65,5	3,7
Brandenburg	108,6	107,4	194,3	122,1	—	91,5	407,9	205,7	31,3

(Forts. zu 195.) Regierungsbezirke. — Provinzen.	Länge der Eisenbahnen 1862		Länge der Chausseen zu Ende 1862					Länge der schiffbaren Wasserstrassen im Jahre 1861	
	am Jahresschlusse laut den vervollständigten Ministerialnachweisungen	nach Messungen auf den Karten	Staatsstrassen	Bezirks- und Kreisstrassen	Gemeindestrassen	Actien-, Bergwerks- und and. Privaten gehörige Strassen	zusammen	überhaupt	darunter Kanäle
	preussische Meilen.								
Liegnitz	37,8	37,3	132,1	5,4	—	30,2	167,7	12,6	—
Breslau	42,8	42,6	120,2	21,5	—	61,7	203,4	21,4	—
Oppeln	75,2	73,3	67,6	52,5	—	32,7	153,1	29,6	6,0
Schlesien	155,6	153,5	319,9	79,7	—	124,6	524,2	66,9	6,0
Magdeburg	47,6	46,8	84,0	78,5	26,6	12,0	201,1	42,2	5,7
Merseburg	46,9	46,6	107,5	18,9	0,4	11,4	138,2	50,4	—
Erfurt	1,4	1,3	57,5	11,7	40,0	—	109,2	2,1	—
Sachsen	95,9	94,7	249,0	108,9	67,2	23,4	448,5	94,7	5,7
Minden	22,9	22,9	65,8	53,8	23,2	—	142,6	17,7	—
Münster	19,8	19,4	80,7	44,5	26,6	1,2	133,0	16,1	—
Arnsberg	53,7	52,7	160,6	37,3	58,6	11,8	268,3	17,6	—
Westfalen	96,1	95,0	296,6	135,6	108,6	12,7	543,7	51,4	—
Düsseldorf	53,1	52,7	100,3	76,0	13,6	6,4	196,1	30,9	1,7
Köln	23,9	22,3	41,8	69,4	4,9	—	115,9	12,5	—
Aachen	14,9	13,7	30,6	83,8	31,3	0,6	155,1	—	—
Koblenz	29,4	29,7	71,2	63,0	18,3	5,7	138,1	33,7	—
Trier	23,6	21,9	69,1	86,1	8,7	—	163,9	37,6	—
Sigmaringen	—	—	26,1	—	9,8	—	35,9	—	—
Rheinland	142,0	140,4	338,5	378,1	86,4	21,7	789,1	117,7	1,7
Insgesammt	758,5	745,5	1 926,4	1 319,0	266,9	278,5	3 791,1	821,3	70,8

II. Die Eisenbahnen insbesondere.

Wesentlich auf die »statistischen Nachrichten von den preussischen Eisenbahnen«[1]) gestützt, weichen die nachfolgenden Mittheilungen gleichwohl in einigen Punkten von dieser Quelle ab. Jene »Nachrichten« legen den Hauptnachdruck auf die den grossen Verkehr interessirenden Thatsachen, berücksichtigen daher die seitab gelegenen, speciellen Zwecken dienenden Schienenwege nur nebenbei und lassen die meisten derselben aus den Zusammenstellungen fort; während es hier darauf ankam, die ganze Ausdehnung des preussischen Bahnnetzes ersichtlich zu machen. Freilich hat das vorhandene Material nicht dazu ausgereicht, denn von einigen notorisch fertigen Kohlenzweigbahnen (z. B. den in die Köln-Mindener Eisenbahn auslaufenden) finden sich weder die Zeit der Inbetriebsetzung noch die Länge oder die Baukosten angegeben; solche kurze Strecken blieben also nothgedrungen auch aus unseren Tabellen fort.

[1]) Band I. bis IX., bearbeitet von dem technischen Eisenbahn-Bureau des Ministeriums für Handel, Gewerbe und öffentliche Arbeiten, 1854 bis 1862.

A. Die Länge der Eisenbahnen.

Am Schluss des Jahres 1862 besass der preussische Staat 213,78 preussische Meilen Eisenbahnen als ein, wenn auch mit Schulden belastetes Eigenthum. Davon waren 6½ Mln. an auswärtige Verwaltungen verpachtet; andererseits gehörte zu ihrem Betriebe 0,64 Meile einer ausländischen Bahn, so dass (mit Ausschluss von 0,13 Ml. in doppeltem Betriebe) der Staat das Transportgewerbe auf 208,22 Meilen Eisenbahn betreibt. Zu diesem Zwecke sind 4 Eisenbahn-Verwaltungen bestellt.

194,48 Meilen Eigenthum von 8 preussischen Privatgesellschaften stehen auf Grund besonderer Verträge unter staatlicher Verwaltung, welche von 4 eigens dazu errichteten Behörden ausgeübt wird. Diesem Besitzstande sind 4,80 Mln. im Auslande einzurechnen, der Betriebslänge ausserdem eine von ausländischen Bahngesellschaften erpachtete Länge von 0,44 Mle.; dagegen ist ½ Mle. an eine ausländische Eisenbahn verpachtet, so dass zu dieser Kategorie von Eisenbahnen 199,27 Mln. Bau- und 199,56 Mln. Betriebslänge gehören.

Im Besitz 17 anderer in Preussen domicilirenden Gesellschaften, welche ihr Eigenthum selbst verwalten, befinden sich 340,97 Mln. innerhalb und 65,36 ausserhalb des preussischen Staates, wovon 2,11 resp. 0,14 an ausländische Gesellschaften überlassen sind. Dagegen erstrecken die preussischen Bahnen ihren Betrieb über 5,26 Mln. ausländischer Linien, so dass ihre Baulänge 406,33 und ihre

(196.) Concessionirte Eisenbahn-Gesellschaften u. dergl.	Auf preussischem Gebiet befand sich (Angabe i[illegible]				
	1848	1849	1850	1851	[illegible]
I. Staatsbahnen (im Ressort der Eisenbahn-Verwaltung).[1]					
a) in preussischem Betriebe:					
1. Ostbahn	—	—	—	19,330	[illegible]
2. Niederschlesisch-märkische[2])	.	.	.	.	[illegible]
3. Berliner Bahnhofs-Verbindungsbahn	—	—	—	1,341	[illegible]
4. Westfälische[3])	.	.	10,110	10,180	[illegible]
5. Saarbrücker	—	—	1,600	1,780	[illegible]
b) in ausländischem Betriebe:					
6. von der westfälischen Bahn	—	—	—	0,830	[illegible]
zusammen	—	—	11,810	33,111	[illegible]
II. Vom Staat verwaltete Privatbahnen.					
1a. Stargard-Posener[4])	.	.	.	22,830	[illegible]
1b. Stettin-Stargard (von der Berlin-Stettiner Bahn)[4])	.	.	.	4,576	[illegible]
2. Niederschlesisch-märkische[2])	.	.	51,703	51,703	.
3. Oberschlesische[5])	.	.	.	.	.
4. Wilhelmsbahn[6])	.	.	.	.	.
5. Bergisch-märkische[7])	.	.	7,738	7,788	7,738
6. Prinz-Wilhelmsbahn[8])	.	.	.	.	.
7. Ruhrort-Krefeld-Kreis Gladbacher[9])	—	4,652	4,452	5,804	[illegible]
8. Aachen-Düsseldorf-Ruhrorter[10])	—	—	—	—	8,116
9. Köln-Krefelder[11])	—	—	—	—	—
10. Rhein-Nahebahn[12])	—	—	—	—	—
zusammen	—	4,462	63,887	92,235	[illegible]

[1-12]) siehe Seite 504—506.

Betriebslänge 409,31 Mln. beträgt (0,96 Mle. doppelt betriebene Strecken ungerechnet).

Endlich haben drei ausländische Staatsbahnen eine Gesammt-Ausdehnung von 7,24 Mln. auf preussischem Gebiet.

1. Wachsthum der Eisenbahnen.

Die ersten auf Locomotivbetrieb eingerichteten Schienenwege in Preussen wurden im Jahre 1838 vollendet. Seitdem entstanden binnen 25 Jahren 756,47, jährlich also im Durchschnitt 30,76 Meilen. Wie die einzelnen Eisenbahnen allmälig wuchsen, zeigt Tabelle 196; sie bildet zugleich eine Uebersicht der vom Landesherrn concessionirten Gesellschaften und der Uebergänge von Bahnen in das Eigenthum anderer Gesellschaften oder des Staates, sowie ein Verzeichniss der Bahnen, welche vorübergehend oder noch jetzt sich in staatlicher Verwaltung befinden. Aufgenommen sind alle Actien-Gesellschaften, welche den Bau von Schienenwegen mindestens begonnen hatten; blosse Projecte konnten nicht berücksichtigt werden.

Bezüglich der aufgeführten Längen muss bemerkt werden, dass Differenzen zwischen den amtlichen Längenangaben möglichst unter Begünstigung der zuletzt gemessenen ausgeglichen sind; auf Rechnung dieses Verfahrens ist es zu schreiben, wenn die Tabelle nicht überall genau mit den früheren Mittheilungen des k. technischen Eisenbahn-Bureaus harmonirt.

... am Schlusse der einzelnen Kalenderjahre nachstehende Eisenbahnlänge in Betrieb.
(... preussischen Meilen zu 2000 Ruthen.)

1853	1854	1855	1856	1857	1858	1859	1860	1861	1862
59,796	59,796	59,796	59,796	79,886	79,886	79,892	103,118	106,766	108,498
51,788	*) 51,834	51,834	51,834	51,834	51,834	51,834	51,834	51,834	51,834
1,341	1,341	1,341	1,341	1,341	1,341	1,341	1,341	1,341	1,341
17,340	17,340	21,080	27,100	27,100	27,100	27,100	27,100	27,100	27,100
5,498	5,883	5,883	5,883	5,880	11,137	11,137	17,620	18,169	19,010
0,610	0,610	0,610	6,300	6,300	6,300	6,300	6,300	6,800	6,800
136,172	136,696	141,082	151,743	172,083	177,800	177,800	203,002	211,608	213,762
22,630	22,630	22,630	22,630	22,630	22,630	22,630	22,630	22,630	22,630
4,576	4,576	4,576	4,576	4,576	4,576	4,576	.	.	.
.	.	.	.	.	.	.	.	.	.
.	.	.	.	68,010	68,221	73,758	74,611	74,684	74,661
.	.	.	.	21,860	21,630	21,680	21,620	21,620	21,620
7,722	7,722	14,876	14,876	18,891	18,891	21,303	24,795	35,816	42,680
.	4,390	4,390	4,390	4,690	4,690	4,690	4,890	4,390	4,390
5,594	5,594	5,594	5,594	5,594	5,594	5,596	5,594	5,594	5,594
11,730	11,720	11,720	11,720	11,720	11,720	11,780	11,720	11,730	11,730
—	—	4,763	6,892	6,886	6,596	6,095	.	.	.
—	—	—	—	—	2,010	7,760	11,368	11,368	11,861
92,143	96,642	98,169	70,661	162,768	168,047	169,070	175,745	187,066	194,160

(Forts. zu 196.)

Concessionirte Eisenbahn-Gesellschaften u. dergl.

III. Preussische Bahnen unter Privat-Directionen.

1. Stargard-Posener[4]) ....
2. Berlin-Stettiner[4]) ....
3. Kottbus-Schwielochseer Pferdebahn ....
4a. Berlin-Frankfurter[2]) ....
4b. Niederschlesisch-märkische[2]) ....
5. Niederschlesische Zweigbahn ....
6. Breslau-Schweidnitz-Freiburger ....
7. Oberschlesische[5]) ....
8. Neisse-Brieger ....
9. Oppeln-Tarnowitzer ....
10. Wilhelmsbahn[6]) ....
11. Berlin-Hamburger ....
12. Magdeburg-Wittenbergesche ....
13a. Berlin-Potsdamer[10]) ....
13b. Berlin-Potsdam-Magdeburger ....
14. Berlin-anhaltische ....
15. Magdeburg-Halberstädter ....
16. Magdeburg-Leipziger ....
17. Thüringische ....
18. Köln-Mindener ....
19a. Münster-Hammer[3]) ....
19b. Köln-Minden-Thüringer Verbindungsbahn[3]) ....
20a. Bergisch-märkische[7]) ....
20b. Düsseldorf-Elberfelder[7]) ....
21. Prinz-Wilhelmsbahn[8]) ....
22. Mülheim-Essener Pferdebahn ....
23a. Rheinische[11]) ....
23b. Bonn-Kölner[11]) ....
24. Aachen-Mastrichter ....

zusammen ....

IV. Ausländische Eisenbahnstrecken ....

Insgesammt ....

Einjähriger Zuwachs ....

Fünfjähriger Zuwachs ....

Bemerkungen zu Tabelle 196.

[1]) excl. solcher kurzen Bahnstrecken, welche zum Ressort der Verwaltung des Berg-, Hütten- und Salinenwesens oder der allgemeinen Bauverwaltung gehören. — [2]) Mittels Vertrages vom 12. December 1844 wurde die Berlin-Frankfurter Bahn von der niederschlesisch-märkischen erworben und von 1845 ab für deren Rechnung verwaltet; am 1. Januar 1850 übernahm der Staat die Verwaltung der ganzen Bahn und erwarb letztere durch Vertrag vom 25. Juni 1852 zu Eigenthum. — [3]) Die Köln-Minden-Thüringer Verbindungseisenbahn-Gesellschaft löste sich durch Beschluss vom 2. December 1848 auf, und ihr Bahnkörper ging in das Eigenthum des Staates über; die Münster-Hammer Eisenbahn-Gesellschaft fasste am 10. October 1854 den Beschluss, sich aufzulösen, und verkaufte am 12. Januar 1855 ihre Bahn an den Staat. — [4]) Am 10. August 1847 übernahm die Stargard-Posener Eisenbahn-Gesellschaft den Betrieb auf der Strecke Stettin-Stargard der Berlin-Stettiner Eisenbahn; durch Vertrag vom 26. Juni 1851 übertrug die Gesellschaft die Verwaltung ihrer Bahn dem Staate, der dieselbe durch die k. Direction der Ostbahn, seit dem 1. September 1857 durch die k. Direction der oberschlesischen Bahn ausüben liess; mit dem 1. Januar 1860 ging die Verwaltung der Strecke Stettin-Stargard wieder an deren Eigenthümerin über. — [5]) Mittels Vertrags vom 17. September 1856 übernahm der Staat von 1857 ab die

Auf preussischem Gebiet befand sich am Schluss der einzelnen Kalenderjahre nachstehende Eisenbahnlänge in Betrieb.
(Angabe in preussischen Meilen zu 2000 Ruthen.)

1838	1839	1840	1841	1842	1843	1844	1845	1846	1847
—	—	—	—	—	—	—	—	—	8,635
—	—	—	—	9,100	17,663	17,663	17,663	22,429	22,429
—	—	—	—	—	—	—	—	4,169	4,183
—	—	—	—	10,792	10,792	10,792	.	.	.
—	—	—	—	.	.	8,363	25,330	51,813	51,703
—	—	—	—	—	—	—	—	9,500	9,500
—	—	—	—	—	7,639	8,829	8,839	8,828	8,839
—	—	—	—	5,390	10,630	10,630	23,720	25,968	26,313
—	—	—	—	—	—	—	—	—	4,757
—	—	—	—	—	—	—	—	—	—
—	—	—	—	—	—	—	—	4,350	7,128
—	—	—	—	—	—	—	—	21,648	20,810
—	—	—	—	—	—	—	—	—	—
3,160	3,500	3,500	3,500	3,500	3,500	3,500	3,500	.	.
.	.	.	.	.	.	.	.	10,000	10,000
—	—	—	13,801	13,801	13,801	13,801	13,801	13,801	13,801
—	—	—	—	—	7,745	7,745	7,745	7,745	7,745
—	3,830	11,191	11,191	11,191	11,191	11,191	11,191	11,191	11,191
—	—	—	—	—	—	—	—	7,666	9,069
—	—	—	—	—	—	—	5,097	8,426	35,417
—	—	—	—	—	—	—	—	—	—
—	—	—	—	—	—	—	—	—	—
—	—	—	—	—	—	—	—	—	1,092
1,140	1,140	1,140	3,515	3,515	3,515	3,515	3,515	3,515	3,515
—	—	—	—	—	—	—	—	—	4,300
—	—	—	—	—	—	—	—	—	—
—	0,955	1,625	9,293	9,325	11,395	11,395	11,395	11,395	11,395
—	—	—	—	—	—	3,894	3,894	3,694	3,894
—	—	—	—	—	—	—	—	—	—
4,640	9,225	17,656	41,399	66,911	98,261	111,768	135,770	233,798	285,097
—	—	—	—	—	2,490	2,490	2,490	2,490	4,914
4,640	9,225	17,868	41,389	66,911	100,751	114,198	138,260	236,288	290,011
4,640	4,585	8,131	23,673	25,859	33,840	13,447	24,062	98,028	53,723
66,911					223,100				

Verwaltung der oberschlesischen Eisenbahn; die Gesellschaft kaufte 1854 von der Breslauer Verbindungsbahn 0,079 Mle. der niederschlesisch-märkischen Eisenbahn ab; die Zweigbahnen im Bergwerks- und Hüttenrevier erscheinen, obwohl schon früher im Betrieb, 1856 zum ersten Male in den Nachweisungen. — [6]) Uebergang der Verwaltung an den Staat durch Vertrag vom 22. April 1857. — [7]) Auf Grund des Fusionsvertrags vom 22. September 1856 wurde die Düsseldorf-Elberfelder Bahn seit dem 1. Januar 1857 für Rechnung der bergisch-märkischen Bahn verwaltet; mittels Vertrags vom 23. August 1850 übernahm der Staat die Verwaltung der bergisch-märkischen Eisenbahn. — [8]) Uebernahme der Verwaltung durch die k. Eisenbahndirection zu Elberfeld in Folge des Vertrags vom 14. Februar 1854. — [9]) zufolge Vertrags vom 26. September 1849. — [10]) Ueberlassung der Verwaltung an den Staat durch Vertrag vom 29. September 1849. — [11]) Gemäss dem Vertrage vom 24. September 1853 liess der Staat die Köln-Krefelder Bahn bauen und später in Gemeinschaft mit der Ruhrort-Gladbacher und Aachen-Düsseldorfer Bahn durch die k. Direction der Aachen-Düsseldorf-Ruhrorter Bahn verwalten; der Vertrag vom 11. November 1859 bewirkte die Verschmelzung dieses Unternehmens mit dem der rheinischen Bahn vom 1. Juli 1860 ab. Die Bonn-Kölner Bahngesellschaft wurde in Gemässheit ihres zweiten Statutnachtrags am 1. Januar 1857 mit der rheinischen verschmolzen. — [12]) Uebernahme des

(Forts. zu 136.) Concessionirte Eisenbahn-Gesellschaften u. dergl.	Auf preussischem Gebiet befand sich (Angabe in				
	1848	1849	1850	1851	1852
III. Preussische Bahnen unter Privat-Directionen.					
1. Stargard-Posener	22,630	22,680	22,680	.	.
2. Berlin-Stettiner	22,479	22,479	22,479	17,858	17,863
3. Kottbus-Schwielochseer Pferdebahn	4,163	4,162	4,162	4,152	4,152
4a. Berlin-Frankfurter	.	.	.	.	.
4b. Niederschlesisch-märkische	51,708	51,703	.	.	.
5. Niederschlesische Zweigbahn	9,600	9,600	9,600	9,600	9,600
6. Breslau-Schweidnitz-Freiburger	8,629	8,629	8,629	8,629	8,629
7. Oberschlesische	26,213	26,218	26,218	26,218	26,215
8. Neisse-Brieger	5,832	5,832	5,833	5,833	5,831
9. Oppeln-Tarnowitzer	—	—	—	—	—
10. Wilhelmsbahn	7,120	7,125	7,125	7,130	7,130
11. Berlin-Hamburger	20,648	20,646	20,646	20,648	20,648
12. Magdeburg-Wittenbergesche	—	13,800	13,800	14,800	14,800
13a. Berlin-Potsdamer	.	.	.	.	.
13b. Berlin-Potsdam-Magdeburger	19,657	19,657	19,657	19,657	19,531
14. Berlin-anhaltische	22,877	22,877	22,877	22,877	22,877
15. Magdeburg-Halberstädter	7,745	7,745	7,745	7,745	7,745
16. Magdeburg-Leipziger	11,191	11,191	11,191	11,191	11,191
17. Thüringische	9,058	9,058	9,059	9,058	9,058
18. Köln-Mindener	36,828	36,828	36,828	36,828	37,863
19a. Münster-Hammer	4,640	4,640	4,640	4,640	4,640
19b. Köln-Minden-Thüringer Verb.-Bahn	—	—	.	.	.
20a. Bergisch-märkische	7,732	7,732	.	.	.
20b. Düsseldorf-Elberfelder	3,515	3,515	3,515	3,515	3,515
21. Prinz-Wilhelmsbahn	4,390	4,390	4,390	4,390	4,390
22. Mülheim-Essener Pferdebahn	—	—	—	—	—
23a. Rheinische	11,395	11,395	11,398	11,395	11,395
23b. Bonn-Kölner	3,694	3,694	3,694	3,694	3,694
24. Aachen-Mastrichter	—	—	—	—	—
zusammen	321,086	335,666	276,381	249,425	249,680
IV. Ausländische Eisenbahnstrecken	4,914	4,914	4,914	4,914	4,914
Insgesammt	328,780	345,033	356,547	379,144	424,280
Einjähriger Zuwachs	36,709	16,253	11,510	23,108	44,485
Fünfjähriger Zuwachs			134,069		

Baues und der Verwaltung durch den Staat mittels Vertrags vom 18. Juni 1856. — [13]) ging laut Verhandlungen vom 11. December 1844 in den Besitz der Potsdam-Magdeburger Eisenbahn-Gesellschaft über.

2. Gegenwärtiger Zustand.

Die letzten ausführlichen Nachrichten über das preussische Eisenbahnwesen reichen bis zum Schluss des Jahres 1861. Es ergiebt sich daraus, dass unser Staat damals an einer Eisenbahn-Ausdehnung von 813¾ Meilen in irgend welcher Weise betheiligt war. Und zwar befanden sich auf seinem Grund und Boden 738 Meilen; die in Preussen ansässigen Gesellschaften besassen nebst dem Staate im In- und Auslande 798½ Meilen, und sie betrieben das Transportgewerbe auf 794⅔ Meilen

am Schluss der einzelnen Kalenderjahre im Betrieb stehende Eisenbahnlänge in preussischen Meilen zu 2000 Ruthen.)

1853	1854	1855	1856	1857	1858	1859	1860	1861	1862
.	.	.	.	.	.	.	.	.	.
17,653	17,653	17,653	17,653	17,653	17,653	40,550	45,196	45,196	45,196
4,152	4,152	4,152	4,152	4,152	4,152	4,152	4,152	4,152	4,152
.	.	.	.	.	.	.	.	.	.
.	.	.	.	.	.	.	.	.	.
9,500	9,500	9,500	9,500	9,500	9,500	9,500	9,500	9,500	9,500
11,161	11,161	13,407	19,981	19,981	22,898	22,898	22,898	22,898	22,898
28,195	28,206	28,206	62,403	.	.	.	.	.	.
5,632	5,632	5,632	5,632	5,632	5,632	5,632	5,632	5,632	5,632
—	—	—	—	—	10,120	10,120	10,120	10,120	10,120
7,136	7,136	10,120	21,360	.	.	.	.	.	.
21,646	20,646	20,646	21,646	21,646	20,646	21,646	20,646	20,646	20,646
14,783	14,283	14,363	14,350	14,363	14,363	14,363	14,363	14,360	14,363
.	.	.	.	.	.	.	.	.	.
19,637	19,637	19,637	19,587	19,637	19,537	19,637	19,537	19,537	19,537
22,677	22,677	22,677	22,677	23,711	23,711	35,537	35,537	35,537	35,537
7,745	7,745	7,745	7,745	7,745	7,745	7,745	7,745	7,745	11,745
11,191	11,191	11,191	15,350	15,466	15,466	15,466	15,466	15,466	15,466
9,056	9,056	9,056	10,960	10,960	10,960	17,294	17,294	17,296	17,294
37,083	37,083	37,076	46,701	46,701	46,701	52,401	56,181	63,661	67,161
4,640	4,640	.	.	.	.	.	.	.	.
.	.	.	.	.	.	.	.	.	.
.	.	.	.	.	.	.	.	.	.
3,516	3,516	3,515	3,516	.	.	.	.	.	.
4,890	.	.	.	.	.	.	.	.	.
—	—	—	—	—	1,600	1,600	1,600	1,600	1,600
11,398	11,398	11,398	11,398	17,290	23,760	32,310	39,338	39,022	39,022
3,694	3,694	5,666	5,744	.	.	.	.	.	.
1,130	1,130	1,130	1,130	1,130	1,130	1,130	1,130	1,130	1,130
255,161	250,920	252,966	329,025	234,609	255,803	310,800	328,936	332,130	340,968
4,914	4,914	4,914	7,240	7,240	7,243	7,243	7,243	7,243	7,243
448,660	448,779	467,503	549,693	576,901	606,393	675,413	713,116	738,019	756,173
24,380	0,110	18,725	82,190	27,209	29,492	69,020	37,703	24,674	18,154
		152,031					179,573		

Längenausdehnung. Die Schienen auf Bahnhöfen u. dgl., welche nur zu den Betriebsvorkehrungen gestreckt worden sind, erscheinen in diesen Summen nicht mit. Nähere Mittheilungen über die einzelnen Eisenbahnen enthält Tabelle 197. Unter IV. die ganze Länge der ausländischen Eisenbahnen aufzunehmen, insoweit dieselben mit den in Preussen belegenen Strecken unter einer Verwaltung stehen, war nicht angemessen; wir beschränkten uns daher auf die in Preussen liegenden Strecken derselben.

(197.) Eisenbahnen.	Baulänge zu Ende 1861: innerhalb des Staates: in eigenem Betrieb	in fremdem Betrieb	im Auslande: in eigenem Betrieb	in fremdem Betrieb	überhaupt	Betriebslänge zu Ende 1861: auf der Unternehmung nicht gehörigen Strecken: im Inlande	im Auslande	auf bereits anderweit angerechneten Strecken	überhaupt
	preussische Meilen zu 2000 Ruthen					preuss. Meilen zu 2000 Rth.			
I. Staatsbahnen, mit Locomotiven betrieben:									
1. Ostbahn:									
a) Frankfurt-Kreuz-Königsberg	75,666	—	—	—	75,666	—	—	[1]) 0,082	[3]) 108,066
b) Dirschau-Danzig	4,210	—	—	—	4,210	—	—	—	
c) Königsberg-Eydtkuhnen	20,920	—	—	—	20,920	—	—	[2]) 0,100	
d) Bromberg-Ottloschin	6,850	—	—	—	6,850	—	—	—	
2. Niederschlesisch-märkische:									
a) Berlin-Breslau	47,002	—	—	—	47,002	1,041	—	—	52,804
b) Kohlfurt-Görlitz	3,761	—	—	—	3,761	—	—	—	
3. Berliner Bahnhofs-Verbindungsbahn	—	1,041	—	—	1,041	—	—	—	—
4. Westfälische:									
a) Hamm-Warburg	17,340	[4]) 0,610	—	—	17,950	—	—	—	27,100
b) Hamm-Münster-Rheine	9,780	—	—	—	9,780	—	—	—	
c) Osnabrück-Rheine-Salzbergen	—	5,190	—	1,345	[5]) 6,535	—	—	—	
5. Saarbrücker:									
a) Saarbrücker Hauptbahn	4,195	—	—	—	4,195	—	[6]) 0,640	—	18,285
b) deren Zweigbahnen	2,005	—	—	—	2,005	—	—	—	
c) Saarbrücken-Trier	11,401	—	—	—	11,401	—	—	—	
d) deren Abzweigungen	0,966	—	—	—	0,966	—	—	—	
zusammen	204,061	7,641	—	1,245	212,947	1,041	0,640	0,182	205,176
II. Preussische Privatbahnen, welche vom Staate verwaltet werden.									
A. Mit Locomotiven betrieben:									
1. Stargard-Posener	22,030	—	—	—	22,030	—	—	[7]) 0,010	22,040
2. Oberschlesische:									
a) Hauptbahn Breslau-Myslowitz	25,047	[8]) 0,348	—	—	25,395	—	—	—	61,[illegible]
b) Zweigbahnen	7,089	[9]) 1,620	—	—	8,709	—	—	—	
c) Breslau-Posen-Glogau	27,670	—	—	—	27,670	—	—	—	
3. Wilhelmsbahn:									
a) Kosel-Oderberg	7,226	—	—	—	7,226	—	[10]) 0,437	—	23,477
b) Ratibor-Leobschütz	5,046	—	—	—	5,046	—	—	—	
c) Nendza-Idahütte	9,114	—	—	—	9,114	[7]) 1,626	—	—	
4. Bergisch-märkische:									
a) Düsseldorf-Soest	18,391	—	—	—	18,391	—	—	—	[illegible]
b) Ruhr-Sieg-Eisenbahn	14,361	—	—	—	14,361	—	—	—	
c) Witten-Duisburg	2,184	—	—	—	2,184	—	—	—	
5. Prinz-Wilhelm-Eisenbahn	4,390	—	—	—	4,390	—	—	—	[illegible]
6. Ruhrort-Krefeld-Kreis Gladbacher	5,804	—	—	—	5,804	—	—	—	[illegible]
7. Aachen-Düsseldorfer:									
a) Hauptlinie	11,435	—	—	—	11,435	—	—	—	11,720
b) Kohlen-Zweigbahn im Wurmrevier	0,285	—	—	—	[11]) 0,285	—	—	—	
8. Rhein-Nahe-Eisenbahn	11,265	—	4,905	—	16,170	—	—	—	16,170
zusammen	173,361	1,665	4,905	—	180,111	1,626	0,437	0,010	180,815

(Forts. zu 197.) Eisenbahnen.	Baulänge zu Ende 1861: innerhalb des Staates: in eigenem Betrieb	innerhalb des Staates: in fremdem Betrieb	im Auslande: in eigenem Betrieb	im Auslande: in fremdem Betrieb	überhaupt	Betriebslänge zu Ende 1861: auf der Unternehmung nicht gehörigen Strecken: im Inlande	auf der Unternehmung nicht gehörigen Strecken: im Auslande	auf bereits anderweit angerechneten Strecken	überhaupt
	preussische Meilen zu 2000 Ruthen					preuss. Meilen zu 2000 Rth.			
B. Mit Pferden betrieben: ad II. A. 2. d) Schmalspurige Zweigbahnen im oberschles. Bergwerks- u. Hüttenrevier	11,810	—	—	—	11,810	—	—	—	11,810
III. Preussische Privatbahnen mit Selbstverwaltung.									
A. Mit Locomotiven betrieben:									
1. Berlin-Stettiner:									
a) Berlin-Stettin-Stargard	22,420	—	—	—	22,420	—	—	0,081	
b) Hinterpommersche	22,087	—	—	—	22,087	—	—	[15] 0,103	45,380
2. Niederschlesische Zweigbahn	9,500	—	—	—	9,500	—	—	—	9,500
3. Breslau-Schweidnitz-Freiburger:									
a) Breslau-Waldenburg	10,017	—	—	—	10,017	—	—	—	
b) Liegnitz-Frankenstein	12,878	—	—	—	12,878	—	—	—	22,895
4. Neisse-Brieger	5,832	—	—	—	5,832	—	—	[15] 0,345	6,177
5. Oppeln-Tarnowitzer	10,120	—	—	—	10,120	—	—	—	10,120
6. Berlin-Hamburger:									
a) Berlin-Bergedorf	20,048	—	15,824	—	35,872	—	—	—	
b) Hamburg-Bergedorf	—	—	2,086	—	[16] 2,086	—	—	—	39,682
c) Zweigbahn Büchen-Lauenburg	—	—	1,724	—	1,724	—	—	—	
7. Magdeburg-Wittenbergesche	14,283	—	—	—	14,283	—	—	—	14,283
8. Berlin-Potsdam-Magdeburger	19,537	—	—	—	19,537	—	—	—	19,537
9. Berlin-anhaltische:									
a) Hauptlinie	13,801	—	6,404	—	20,205	—	—	—	
b) Jüterbock-Riesa	9,076	—	[14] 1,519	—	10,595	—	—	—	47,395
c) Wittenberg-Halle	8,850	—	—	—	8,850	—	—	—	
d) Dessau-Bitterfeld-Leipzig	3,810	—	[14] 3,045	—	7,855	—	—	—	
10. Magdeburg-Halberstädter	7,746	—	—	—	7,746	—	—	—	7,746
11. Magdeburg-Leipziger:									
a) Hauptbahn	11,191	—	3,041	—	14,232	0,481	[19] 1,540	0,205	20,339
b) Schönebeck-Lödderburg	3,704	—	—	—	[17] 3,704	—	—	0,087	
c) Abzweigungen für Gruben	—	0,481	—	—	[18] 0,481	—	—	—	—
12. Thüringische:									
a) Halle-Gerstungen	9,068	—	16,098	—	25,166	—	—	—	
b) Korbetha-Leipzig	1,028	—	2,952	[20] 0,140	4,320	—	—	—	37,266
c) Weissenfels-Gera	6,214	—	1,808	—	7,020	—	—	—	
13. Köln-Mindener:									
a) Hauptlinie	34,872	[21] 0,570	—	—	35,442	—	—	—	
b) Duisburger Zweigbahn	0,360	—	—	—	0,360	—	—	—	
c) Lipperheide-Ruhrort	1,378	—	—	—	1,378	—	—	—	[27] 60,237
d) Oberhausen-Arnheim	8,070	[22] 1,544	—	—	9,614	—	—	—	
e) Köln-Giessen	15,050	—	—	—	15,050	—	—	—	
14. Rheinische:									
a) Köln-Herbesthal	[23] 11,384	—	—	—	11,884	—	—	—	
b) Köln-Bingen	[23] 20,402	—	—	—	20,402	—	—	—	39,160
c) Kölner Ringbahn	0,341	—	—	—	0,341	—	—	—	
d) Köln-Krefeld	6,598	—	—	—	[24] 6,602	—	—	[25] 0,265	
15. Aachen-Mastrichter	1,136	—	7,540	—	8,676	—	[26] 3,721	—	12,400
zusammen	323,902	2,595	61,494	0,140	[27] 388,056	0,481	5,261	0,950	[27] 392,018

(Forts. zu 197.) Eisenbahnen.	Baulänge zu Ende 1861					Betriebslänge zu Ende 1861			
	innerhalb des Staates		im Auslande		überhaupt	auf der Unternehmung nicht gehörigen Strecken		auf fremde anderweit gepachteten Strecken	überhaupt
	in eigenem Betrieb	in fremdem Betrieb	in eigenem Betrieb	in fremdem Betrieb		im Inlande	im Auslande		
	preussische Meilen zu 2000 Ruthen					preuss. Meilen zu 2000 Rth.			
B. Mit Pferden betrieben:									
1. Kottbus-Schwielochsee	4,182	—	—	—	4,182	—	—	—	4,182
2. Mülheim-Essen	1,800	—	—	—	1,600	—	—	—	1,600
zusammen.....	5,882	—	—	—	5,882	—	—	—	5,882
IV. Ausländische Bahnen, mit Locomotiven betrieben:									
1. Oestreichische östliche Staatsbahn	—	—	.	.	.	8)0,246	—	—	0,246
2. Sächsisch-schlesische Staatsbahn	2,490	—	.	.	28) 2,490	—	—	—	2,490
3. Braunschweigische Staatsbahn	2,434	—	.	.	29) 2,434	—	—	—	2,434
4. Hannoversche Staatsbahn:									
a) Minden-Bückeburg........	—	—	.	.	—	21)0,570	—	—	0,570
b) Löhne-Osnabrück	2,339	—	.	.	30) 2,339	—	—	—	2,339
c) Osnabrück-Lingen	—	—	.	.	—	5)5,890	1,246	—	6,836
5. Kurfürst-Friedrich-Wilhelms-Nordbahn..........................	—	—	.	.	—	4)0,610	—	—	0,610
6. Niederländische Rheinbahn..	—	—	.	.	—	22)1,844	—	—	1,844
zusammen.....	7,263	—	.	.	7,263	8,889	1,246	—	17,047
Insgesammt.....	31)726,016	12,001	68,309	1,365	803,112	12,001	7,548	1,101	813,012

Bemerkungen zu Tabelle 197.

1) vom Bahnhof zu Frankfurt (Nr. 2) mit benutzt. — 2) vom Abgang der Bahn bis zum Nullpunkt auf Bahnhof Königsberg. — 3) ungerechnet die Verbindung zwischen den Bahnhöfen Eydtkuhnen und Wirballen von 0,16 Meilen Länge. — 4) von Warburg bis zur Landesgrenze an die Kurfürst-Friedrich-Wilhelms-Nordbahn verpachtet. — 5) an die königlich hannoversche Eisenbahn-Direction verpachtet: in der Strecke Osnabrück-Rheine 4,910, Rheine-Lingen 0,980. — 6) von der französischen Grenze bis Forbach zugepachtet. — 7) Bahnhöfe in Stargard und Posen. — 8) von Myslowitz bis zur Landesgrenze bei Slupna an die östreichische östliche Staatsbahn verpachtet. — 9) Kattowitz-Idahütte-Emanuelssegen von der Wilhelmsbahn erpachtet. — 10) Strecke der Kaiser-Ferdinands-Nordbahn von der Landesgrenze bis Oderberg. — 11) in Gemeinschaft mit der Aachen-Mastrichter Eisenbahn-Gesellschaft erbaut; an anderen Orten wird diese Zweigbahn im Wurmrevier auf 0,680 Meile angegeben. — 12) darunter 0,05 Meile Antheil der Stargard-Posener Bahn am Bahnhofe zu Stargard. — 13) mitbenutzte Strecke der oberschlesischen Bahn. — 14) erbaut mittels eines von Preussen nicht concessionirten Theiles des Anlagecapitals. — 15) incl. einer Anschlusscurve an die Leipzig-Dresdener Bahn von 0,100 Meile in der Richtung auf Leipzig und einer anderen von 0,108 auf Dresden zu. — 16) incl. Verbindungscurve in Leipzig nach der thüringisch-bairischen Verbindungsbahn. — 17) incl. Abzweigungen nach dem Bergamt Stassfurt 0,063 Meile (0,118 Betriebslänge), Saline Schönebeck 0,182 (Betriebslänge 0,087) und von Schönebeck nach Grube Heinitz 0,080 Meile. — 18) fünf verschiedene Grubenzweigbahnen im Regierungsbezirk Magdeburg. — 19) Bahnstrecke im Königreich Sachsen, deren Bahnkörper der Leipzig-Dresdener Eisenbahncompagnie gehört. — 20) eine Verbindungsbahn in Leipzig. — 21) an die königliche hannoversche Eisenbahnverwaltung verpachtete Strecke von Minden bis zur schaumburgischen Grenze. — 22) von Emmerich bis zur niederländischen Grenze an die niederländische Rhein-Eisenbahn verpachtet. — 23) vom Nullpunkt der Kölner Rheinbrücke ab. — 24) Kölner Stadtbahn 0,168. — 25) Durch Aufnahme einer 0,310 Meile langen Strecke vom Bahnhof am Thürmchen bis zum Verbindungspunkt mit den neuen Bahnen wurde 1861 eine Verkürzung herbeigeführt. — 25) Kölner Stadtbahn. — 26) Hasselt-Landener Eisenbahn. — 27) mehrere Zweigbahnen, welche Kohlengruben und anderen Werken gehören, ungerechnet. — 28) von Görlitz bis zur königlich sächsischen Grenze. — 29) von Oschersleben bis zur herzoglich braunschweigischen Grenze. — 30) von Löhne bis zur hannoverschen Grenze. — 31) darunter jedoch 0,768 Meile gemeinschaftlich von der Aachen-Düsseldorfer und der Aachen-Mastrichter Eisenbahn-Gesellschaft besessener Körper mit zwei gesonderten Geleisen von Aachen bis Richterich.

Wie schon in der Einleitung dieses Abschnitts ausgesprochen wurde, entbehrt diese Nachweisung der Vollständigkeit. Ausserdem sind im Laufe des Jahres 1862 folgende Eisenbahnstrecken in Betrieb gesetzt: Burbach-Olessen, Bochum-Mülheim-Oberhausen, Mülheim-Duisburg, Halberstadt-Thale (Harzbahn), Dortmund-Langendreer, Zweig von Duisburg zum Hochfelde und Hafen, Zweig von Langendreer nach Laer, Zweig von Neunkirchen nach Steinkohlengrube König, Thorn-Landesgrenze bei Ottloczyn.

Ueberhaupt vermehrten sich 1862 die preussischen Eisenbahnen um mehr als 22 Meilen, von welchen etwa 3½ im Auslande liegen. — Während des ersten Vierteljahrs 1863 wurden ferner eröffnet: die Strecke Krefeld-Kleve der rheinischen Eisenbahn am 5. März (8,19 Mln.) und die vorpommerschen Zweigbahnen Angermünde-Anklam und Stettin-Pasewalk des Berlin-Stettiner Unternehmens (19,44 M.) am 16. März.

B. Das Anlagecapital der Eisenbahnen.

1. Verfügbare Capitalien.

(196.) Kalenderjahr.	Zur Verfügung für Eisenbahnanlagen gestellte Geldmittel: aus der Staatscasse für den Eisenbahnfonds: Ueberschuss aus dem Salzdebit. Thlr	aus anderen Quellen. Thlr	mittels Staatsanleihen zur Anlegung und Vervollständigung von Staatsbahnen. Thlr	durch Gestattung der Ausgabe von Actien*). Thlr	durch Gestattung der Ausgabe von Obligationen*). Thlr	zusammen. Thlr
1837	—	—	—	7.027 800	—	7.027 800
1838	—	—	—	1.800 000	—	8.827 800
1839	—	—	—	3.000 000	400 000	12.227 800
1840	—	—	—	4.924 000	4.800 000	21.951 800
1841	—	—	—	2.346 000	—	24.297 800
1842	—	—	—	1.700 000	2.600 000	28.597 800
1843	—	³) 6.500 000	—	⁷) 23.219 200	2.120 300	60.437 300
1844	28 700	500 000	—	⁸) 17.950 000	⁴) — 100 000	78.815 800
1845	129 500	500 000	—	13.373 000	5.542 200	98.360 500
1846	525 100	500 000	—	⁷) 20.025 200	11.940 400	131.320 000
1847	706 000	500 000	—	⁷) 6.281 700	12.549 500	151.356 800
1848	842 000	⁸) 1.121 350	—	1.650 000	2.590 300	157.500 450
1849	1.163 900	500 000	—	⁸) - 5.500 000	4.800 000	158.524 350
1850	816 053	500 000	—	⁸) — 72 200	4.312 000	164.080 200
1851	706 053	500 000	16.000 000	—	7.480 800	188.876 006
1852	765 552	500 000	⁶) 19.215 048	⁸) - 8.562 500	⁸) - 7.565 000	193.229 140
1853	917 043	500 000	5.000 000	6.200 000	26.100 000	230.916 180
1854	¹) 1.290 940	500 000	—	3.080 000	2.734 700	238.551 820
1855	¹) 1.500 000	500 000	⁸) 9.188 300	⁸) - 2.500 000	25.500 000	272.740 138
1856	¹) 1.500 000	500 000	—	27.700 100	35.850 000	338.290 238
1857	1.373 000	500 000	14.000 000	2.305 200	5.814 900	362.283 338
1858	908 631	500 000	—	7.500 000	17.000 000	388.091 969
1859	231 098	500 000	18.400 000	7.437 350	4.062 650	420.026 067
1860	523 173	500 000	—	⁸) - 1.285 000	3.985 000	423.749 240
1861	—	⁴) 1.500 000	—	13 800	31.490 100	456.753 140
1862	—	⁴) 1.000 000	4.800 000	1.523 400	13.693 000	477.769 540
zusammen ..	14.606 392	18.121 350	86.623 348	140.149 050	218.289 450	477.769 540

*) abzüglich derjenigen Beträge, welche bei Auflösung von Gesellschaften, bei Ankauf von Bahnen durch den Staat, bei Umwandlung von Obligationen und Actien u. dgl. aus der Reihe der autorisirten Papiere verschwanden.

¹) nach dem Verhältniss der Salzmonopol-Ueberschüsse von 1853—55 geschätzte Beträge. — ²) aus Ueberschüssen der allgemeinen Finanzverwaltung, resp. 500 000 Thlr jährliches Fixum aus allgemeinen Staatsfonds. — ³) Fixum 500 000, aus den Ueberschüssen des Saarbrücker Bergreviers zum Zweck des Baues der Saarbrücker Eisenbahn 401 350, aus dem Fonds zu öffentlichen Arbeiten 220 000 Thlr — ⁴) Zuschuss zum Eisenbahn-Centralfonds aus allgemeinen Staatsfonds. — ⁵) niederschlesisch-märkische Actien und Obligationen, welche der Staat am 1. Januar als Schuld übernahm. — ⁶) incl. 1.388 300 Thlr Münster-Hammer Actien und Obligationen. — ⁷) excl. Betheiligungen des Staates: 1843 an der niederschle-

sisch-märkischen Bahn mit 1.437 500, der oberschlesischen mit 343 000 Thlr., der Köln-Mindener mit 1.860 000 Thlr., 1844 an der bergisch-märkischen mit 1.000 000 Thlr., 1847 an der Stargard-Posener mit 714 300 Thlr.; dagegen incl. der Verabfolgungen von 810 000 Thlr. aus einem Legat Sr. Maj. Friedrich Wilhelm's III. zum Kauf von Actien der thüringischen Bahn (1844) und wiederum excl. 190 000 Thlr. aus demselben an die Köln-Minden-Thüringer Verbindungsbahn (1846). — *) Verminderung, indem die Auflösung von Gesellschaften u. dgl. eine stärkere Ab- als Zunahme der Eisenbahnpapiere herbeiführte.

Aus der vorstehenden Tabelle geht hervor, dass zur Anlage von Eisenbahnen vom Staate und mittels Werthpapiere, welche auf den Inhaber lauten, bis zum Schluss des Jahres 1862 die Summe von 477.709 540 Thlr. angewiesen worden ist. Was die Gemeinden und einzelne Privatpersonen zum Besten des Eisenbahnbaues geleistet haben, entzieht sich der Berechnung; schwebende Bauschulden wurden gleichfalls nicht berücksichtigt, weil sie in der Regel durch Baarzahlungen der Actien und Obligationen oder durch Einnahme-Ueberschüsse sehr bald ihre Deckung finden. Endlich muss noch bemerkt werden, dass die in Tab. 198 aufgeführten Zahlen keineswegs die realisirten Summen, sondern lediglich die vom Landesherrn genehmigten Beträge bedeuten; nur die zum Eisenbahnfonds aus anderen Cassen geflossenen Posten sind baar abgeführt. Was aus den Eisenbahn-Unternehmungen selbst zum Zweck neuer oder erweiterter Anlagen oder zur Vermehrung der Betriebsmittel hergegeben wurde, bildet keinen Gegenstand der Tabelle.

2. Verwendete Capitalien.

Ohne hier die Verwendung unterscheiden zu wollen, welche die zur Ausführung der Eisenbahnen bestimmten Mittel im Einzelnen fanden, ziehen wir aus den amtlichen Veröffentlichungen die Summe der wirklich verwendeten Beträge heraus, insoweit sie von den betreffenden Bahnverwaltungen angegeben worden sind. Wenn hier und da die Kosten der Anlagen, Betriebsmittel und Verbesserungen sich niedriger darstellen, als sie das Jahr zuvor gewesen: so beweist das nur, dass die Zahlen endgültig erst in späteren Zeiten festgestellt worden sind; denn eine Verminderung des Anlagecapitals durch Verkauf u. s. w. dürfte nur in sehr wenigen Fällen eingetreten sein. Cursverluste bei Ausgabe der Werthpapiere sind in die Kosten eingerechnet.

Eine Scheidung der für die in- und ausländischen Strecken aufgewandten Kosten liess sich nicht bewerkstelligen; es mussten bei jeder Bahn daher die vollen Capitalsummen angesetzt werden. In der Regel erscheinen letztere erst nach Eröffnung der Eisenbahn oder doch einer Strecke derselben zum ersten Male; es fehlt jedoch auch nicht an Fällen, wo die verwendeten Beträge schon vor der Eröffnung ermittelt und aufgeführt sind. Behufs grösserer Deutlichkeit wurden die Baulängen einiger Jahre den in Tabelle 199 und 200 angegebenen Capitalposten vorgesetzt.

Die ersten Beträge, welche als verwendetes Anlagecapital angegeben worden, sind folgende:

Ende	1839	für	3,5	Meilen	der	Berlin-Potsdamer Bahn (bis 1845).	1.400 000	Thlr.
»	1840	»	14,232	»	»	Magdeburg-Leipziger (bis 1841) ..	3.012 679	»
»	1842	»	»	»	»	» »	3.544 018	»
»	»	»	20,207	»	»	Berlin-anhaltischen (bis 1844)	4.860 434	»
»	»	»	3,415	»	»	Düsseldorf-Elberfelder (bis 1851) .	1.961 765	»
»	1843	»	17,632	»	»	Berlin-Stettiner	3.788 761	»
»	»	»	10,9	»	»	Berlin-Frankfurter......................	2.670 693	»
»	»	»	10,03	»	»	oberschlesischen (bis 1844)	1.827 300	»
»	»	»	(wie oben)		»	Magdeburg-Leipziger	3.954 944	»
»	»	»	7,745	»	»	Magdeburg-Halberstädter (bis 1847)	1.654 371	»
»	»	»	11,393	»	»	rheinischen	8.164 526	»
»	1844	»	»	»	»	»	8.387 003	»
»	»	»	(wie oben)		»	Berlin-Stettiner	3.813 735	»
»	»	»	19,155	»	»	niederschlesisch-märkischen........	4.999 420	»
»	»	»	8,429	»	»	Breslau-Schweidnitz-Freiburger..	2.014 131	»
»	»	»	(wie oben)		»	Magdeburg-Leipziger (bis 1846) ..	4.027 216	»
»	»	»	3,894	»	»	Bonn-Kölner	852 502	»

(199.)

Eisenbahnen.	Baulänge, für welche das Anlage-capital 1852 berechnet ist	Summe des bis zum Schluss der Kalenderjahre							
		1845	1846	1847	1848	1849	1850	1851	1852
	Meilen	verwendeten Anlagecapitals in preussischen Thalern.							
1. Stargard-Posener	22,639	—	—	.	.	5.000 000	5.000 000	5.000 000	5.000 000
2. Berlin-Stettiner	22,428	3.948 158	5.320 450	5.784 100	5.809 614	5.890 614	5.950 454	5.957 413	5.968 911
3. Niederschlesisch-märkische	51,706	12.800 000	16.300 000	19.000 000	18.000 000	19.975 000	19.975 000	19.075 000	20.160 000
4. Niederschlesische Zweigbahn	9,500	—	.	1.981 080	1.981 080	2.026 262	2.026 262	2.026 262	2.028 262
5. Breslau-Schweidnitz-Freiburger	8,620	2.014 131	2.110 221	2.110 221	2.153 290	2.153 290	2.153 290	2.153 290	2.153 290
6. Oberschlesische	26,911	5.476 000	6.300 000	6.300 000	8.407 000	8.407 000	8.407 000	8.407 000	8.407 000
7. Neisse-Brieger	5,032	—	—	.	1.089 283	1.089 283	1.089 283	1.089 283	1.089 283
8. Wilhelmsbahn	7,126	—	.	1.250 821	1.352 911	1.458 814	1.458 814	1.458 814	1.487 911
9. Berlin-Hamburger	39,402	.	15.152 394	15.456 983	15.456 983	15.456 983	15.456 983	15.856 587	16.170 709
10. Magdeburg-Wittenbergesche	14,200	—	—	—	.	4.500 000	6.264 836	6.264 836	6.264 836
11. Berlin-Potsdam-Magdeburger	19,437	1.400 000	8.596 989	8.596 989	9.339 817	10.025 849	10.506 731	10.506 731	10.787 886
12. Berlin-anhaltische	20,660	5.224 152	5.224 152	5.224 152	7.284 460	7.462 334	7.545 433	7.651 297	7.800 965
13. Magdeburg-Halberstädter	7,746	1.654 371	1.654 371	1.654 371	1.671 234	1.871 234	1.871 234	2.337 209	2.337 209
14. Magdeburg-Leipziger	14,333	4.027 216	4.027 216	4.100 000	4.100 000	4.100 000	4.100 000	4.100 000	5.148 957
15. Thüringische	25,186	—	.	13.000 000	13.000 000	13.500 000	13.500 000	13.500 000	14.000 000
16. Köln-Mindener	37,068	—	.	16.674 500	16.674 500	20.174 500	20.174 500	20.174 500	20.174 500
17. Münster-Hammer	4,640	—	—	.	1.323 744	1.323 744	1.430 085	1.436 685	1.436 685
18. Bergisch-märkische	7,739	—	—	.	4.572 985	5.182 034	5.738 694	5.936 100	6.041 805
19. Prinz-Wilhelm-Eisenbahn	4,390	—	—	.	1.494 907	1.732 000	1.837 658	2.037 340	2.037 340
20. Düsseldorf-Elberfelder	3,515	1.961 765	1.961 765	1.961 765	1.961 765	1.961 765	1.961 765	1.961 765	2.404 360
21. Ruhrort-Krefeld-Kreis Gladbacher	5,609	—	—	—	.	1.900 000	1.700 000	1.706 809	1.859 547
22. Rheinische	11,395	8.635 247	8.859 021	9.025 802	9.270 270	9.270 270	9.630 248	9.729 088	9.729 088
23. Bonn-Kölner	3,894	908 562	1.103 627	1.158 555	1.158 155	1.192 658	1.192 658	1.192 658	1.192 658
Insgesammt	383,657	48.137 602	76.616 206	113.279 339	127.591 996	144.982 424	148.987 724	150.458 708	153.679 670
Gesammtlänge: Meilen		140	227	301	330	381	391	384	384

(200.)

Eisenbahnen.	Bahnlänge, für welche das Anlagecapital berechnet ist 1853	1861	Summe des 1853	1854
	Meilen		verwendeten	
I. Staatsbahnen.				
1a. Königsberg-Eydtkuhnen	—	20,390	—	—
1b. Ostbahn, Kreuz-Königsberg [1])	59,866	62,016	14.484 371	15.484 536
1c. Bromberg-Ottloszyn	—	8,400	—	—
1d. Kreuz-Frankfurt	—	17,916	—	—
2a. Bahnhofs-Verbindungsbahn zu Berlin	1,341	1,341	288 623	288 623
2b. Niederschlesisch-märkische	51,706	51,824	20.866 353	20.739 461
3a. Westfälische, Hamm-Warburg [2])	17,950	17,960	8.383 539	8.433 100
3b. Münster-Hamm [2])	4,640	4,640	1.471 685	1.479 359
3c. Münster-Rheine [3])	—	5,120	—	—
4a. Saarbrücker	5,683	18,569	2.939 081	3.128 632
4b. Saarbrücken-Trierer	—		—	—
zusammen [5])	141,204	207,974	47.932 682	49.553 711
II. Privatbahnen, z. Z. vom Staat verwaltet.				
1. Stargard-Posener	22,689	22,640	5.228 671	5.349 365
2a. Breslau-Posen-Glogau	—	27,870	—	—
2b. Oberschlesische incl. Zweiglinien	28,280	33,044	10.505 259	12.935 467
2c. Zweigbahnen im Bergwerksrevier	.	13,767	.	.
3a. Wilhelmsbahn	7,124	7,186	1.729 202	1.729 202
3b. Zweige der Wilhelmsbahn	—	14,287	—	—
4a. Dortmund-Soest	—	7,160	—	.
4b. Bergisch-märkische, Elberfeld-Dortmund	7,739	7,745	6.130 887	6.166 347
4c. Düsseldorf-Elberfeld	3,515	3,515	2.404 360	2.404 360
4d. Ruhr-Siegbahn	—	14,600	—	—
4e. Witten-Duisburg	—	10,140	—	—
5. Prinz-Wilhelm-Eisenbahn	4,390	4,390	2.037 360	2.037 381
6. Ruhrort-Krefeld-Kreis Gladbacher	5,601	5,601	2.121 699	2.367 693
7. Aachen-Düsseldorfer nebst Zweig	11,885	11,720	5.798 039	6.131 247
8. Rhein-Nahebahn	—	16,170	—	—
zusammen	90,610	199,765	35.956 097	39.141 063
III. Privatbahnen mit Selbstverwaltung.				
1a. Stargard-Köslin-Kolberg	—	22,891	—	—
1b. Berlin-Stettin-Stargard	22,417	22,417	5.968 911	6.696 361
2. Niederschlesische Zweigbahn	9,600	9,600	2.026 262	2.026 262
3. Breslau-Schweidnitz-Freiburger	11,161	22,898	2.800 000	2.839 924
4. Neisse-Brieger	5,632	5,632	1.089 283	1.225 608
5. Oppeln-Tarnowitzer	—	10,180	—	—
6. Berlin-Hamburger	39,608	39,662	16.170 709	16.158 873
7. Magdeburg-Wittenbergesche	14,279	14,263	6.264 836	6.264 836
8. Berlin-Potsdam-Magdeburger	19,687	19,627	11.029 265	11.501 894
9. Berlin-anhaltische	30,880	47,295	8.025 020	8.068 302
10. Magdeburg-Halberstädter	7,746	7,746	2.337 209	2.337 209
11. Magdeburger-Leipziger [4])	14,282	17,702	5.148 957	5.705 577
12a. Thüringische, Halle-Gerstungen	25,166	25,156	14.000 000	14.000 000
12b. Korbetha-Leipzig	—	4,180	—	—
12c. Weissenfels-Gera	—	7,920	—	—
13a. Köln-Minden	37,063	37,087	22.174 500	22.893 043
13b. Oberhausen-Arnheim	—	9,814	—	—
13c. Köln-Giessen	—	24,260	—	—
14a. Bonn-Kölner	3,624	5,744	1.192 658	1.194 002
14b. Rheinische, Herbesthal-Köln	11,395	28,471	9.814 021	9.862 939
14c. Köln-Krefeld	—	6,885	—	.
15. Aachen-Mastrichter	4,815	8,679	2.560 000	2.044 446
zusammen	257,493	395,811	110.601 631	113.419 275
Insgesammt [5])	489,239	803,568	194.490 [illegible]	[illegible].114 [illegible]
Gesammtlänge: Meilen			489	491

1) ausschliesslich der grossen Brücken über die Weichsel und Nogat, welche 6.080 846 Thlr, und der Strom- und Deich- 3) theilweis noch im Bau. 4) excl. der [illegible] Bahnwerke, welche für 890 617 Thlr hergestellt ist. — 5) die im k. hannov.

bis zum Schluss der Kalenderjahre

1855	1856	1857	1858	1859	1860	1861
Anlagecapitals in preussischen Thalern.						
—	—	—	—	—	32.989 054	6.561 644
16.624 890	18.246 673	18.465 614	18.686 749	19.068 565		19.121 913
—	—	—	—	.		1.357 507
—	.	6.836 890	7.706 090	7.701 248		8.038 503
288 623	288 623	288 623	288 623	288 623	288 623	214 290
20.975 000	20.975 000	22.975 000	26.570 467	28.153 536	29.501 667	30.135 884
8.530 448	8.575 124	8.784 068	8.800 010	8.816 285	9.143 267	9.226 402
1.437 248	1.586 878	1.590 407	1.621 922	1.629 224	1.665 595	1.685 529
.	2.470 087	2.317 148	2.331 315	2.331 670	2.347 317	2.350 661
3.190 282	3.605 802	3.649 867	3.813 107	3.961 480	3.961 827	11.767 285
—	—	—	.	2.370 956	7.228 706	
51.096 491	55.696 187	64.907 555	69.821 289	74.319 587	87.106 146	90.539 616
5.978 096	6.078 718	6.404 722	6.465 182	6.481 397	6.473 257	6.467 230
.	9.833 325	9.380 706	11.268 285	12.225 209	12.423 765	12.463 535
12.040 799	13.123 044	13.466 591	14.032 265	14.247 164	16.358 601	16.172 973
.	3.017 548	3.282 384	3.706 358	3.716 927	3.095 696	3.025 508
1.742 119	1.742 119	1.742 119	1.760 513	1.760 513	7.996 846	1.760 798
.	5.084 787	5.903 792	6.285 563	6.184 350		6.266 086
1.851 644	2.560 783	2.701 156	2.755 059	2.771 177	2.788 797	2.849 744
6.297 901	7.191 802	9.744 715	9.852 986	9.847 250	10.142 217	10.289 214
2.404 360	2.404 300					
—	—	—	—	.	7.001 218	10.242 510
—	—	—	—	—	1.556 9[illegible]	*) 3.8[illegible] 757
2.037 380	2.105 180	2.186 608	2.211 734	2.228 261	2.240 6[illegible]	2.246 913
2.713 087	3.088 279	3.214 864	3.294 715	3.332 309	3.420 750	3.424 742
6.439 125	6.602 382	7.095 351	7.340 138	7.353 267	7.385 171	7.390 308
—	—	—	—	.	14.719 543	15.750 961
41.404 811	62.432 327	65.132 273	68.991 800	70.157 684	98.202 618	102.755 299
—	—	—	—	8.454 629	8.812 017	9.170 709
7.208 045	7.542 792	7.708 408	7.768 222	7.425 942	7.427 764	7.427 764
2.028 763	2.028 865	2.424 397	2.494 272	2.480 855	2.488 788	2.490 049
2.808 121	6.531 290	7.014 114	8.159 845	8.314 022	8.417 077	8.417 077
1.093 597	1.095 305	1.005 151	1.187 567	1.336 313	1.336 313	1.336 313
—	—	.	2.367 969	2.432 371	2.406 287	2.421 905
16.146 908	16.167 084	16.198 824	16.207 123	16.208 229	16.200 611	16.199 891
6.264 836	6.264 836	6.264 836	6.264 836	6.284 836	6.264 836	6.264 836
11.842 771	11.910 775	12.309 080	12.953 810	12.981 310	13.061 694	13.298 185
8.380 433	8.447 006	10.145 583	11.438 394	11.498 314	15.500 000	15.500 000
2.337 209	2.338 103	2.520 204	2.546 003	2.547 809	2.672 [illegible]	2.972 637
6.108 410	6.573 110	7.756 760	7.839 491	8.216 261	8.373 391	8.480 074
14.005 810	16.164 485	14.005 810	14.247 085	14.477 949	20.570 183	14.477 949
.		2.588 130	2.080 926	2.023 062		2.635 122
—	—	—	—	3.326 147		3.466 304
23.995 970	24.830 821	25.511 410	25.686 466	25.809 775	26.132 407	26.087 301
.	4.586 943	5.029 688	5.215 304	5.430 306	5.285 788	5.457 620
—	.	5.689 691	9.949 623	15.799 016	19.996 286	20.781 170
1.601 775	1.872 170	12.863 297	12.601 608	22.815 351	25.683 590	29.650 656
10.145 530	10.752 277					
1.690 082	1.829 758	1.948 908	1.973 611	2.028 326	2.017 271	
2.749 801	4.550 000	5.400 000	5.550 000	5.550 000	5.550 000	5.550 000
118.303 154	131.563 098	146.474 384	157.210 240	165.964 765	198.197 289	203.097 656
210.804 150	251.714 204	276.514 212	296.023 329	310.440 236	381.505 931	395.392 573
507	580	638	651	711	787	804

[illegible] zur Sicherung der Brücken, welche 3.180 000 Thlr kosten. — *) incl. der Ergänzungs- u. Erneuerungsfonds. — [illegible] Betriebe befindliche Staatsbahn v. Osnabrück [illegible] nach Salzbergen, deren Baukosten 2.975 000 Thlr betragen, [illegible].

Zwölfter Abschnitt.

Der Verkehr.

I. Der Postverkehr.

Von Staatswegen wurde in den brandenburgisch-preussischen Landen *) zuerst im Jahre 1646 ein Hauptpostcurs eingerichtet, auf welchem auch Privatbriefe befördert werden konnten, nachdem die alten Botenposten nur zum Transport herrschaftlicher Schreiben gedient hatten; 1649 übernahm der Staat auch den Betrieb der Post auf seine eigene Rechnung.

Im Allgemeinen fielen das Staatsgebiet und das preussische Postgebiet in einander; jedoch griff dieses zu verschiedenen Zeiten über die Landesgrenzen hinaus. Gegenwärtig befinden sich preussische Postanstalten in der mecklenburgischen Stadt Boitzenburg (seit dem 17. Jahrhundert), in Hamburg (von 1649 bis 1807 und seit 1813—14), in Bremen (1682 bis 1807 und seit Ende 1813), in Anhalt-Dessau (um 1690 bis 1806, seitdem auf Grund des Staatsvertrags vom 21. December 1816), Anhalt-Köthen (1699 bis 1806, Staatsvertrag vom 17. December 1817), Anhalt-Bernburg (1713 bis 1806, Vertrag vom 20. December 1817), Schwarzburg-Sondershausen (Vertrag vom 20. Februar 1816), Schwarzburg-Rudolstadt (Vertrag vom 27. December 1815), in der weimarischen Stadt Allstedt (seit 1815), dem Fürstenthum Waldeck-Pyrmont (Vertrag vom 9. März 1834) und dem oldenburgischen Fürstenthum Birkenfeld (Vertrag vom 24. März 1847).

Dagegen stehen die jüngst erworbenen Territorien an der Jade und in Schwaben ausserhalb des preussischen Postgebiets; jenes wird (laut Vertrag vom 29. December 1857) von der grossherzoglich oldenburgischen, Hohenzollern-Hechingen (Vertrag vom 24. October 1821) und Hohenzollern-Sigmaringen (Vertrag vom 27. December 1828) von der fürstlich Thurn- und Taxis'schen Postverwaltung postalisch administrirt.

A. Betriebskräfte und Betriebsmittel.

1. Behörden und Beamte.

Die Centralbehörde für das preussische Postwesen bildet das Generalpostamt, die erste Abtheilung im Ministerium für Handel, Gewerbe und öffentliche Arbeiten; ihm sind ein besonderes Secretariat, Rechnungsbeamte, Coursbureau, geheime Registratur und geheime Kanzlei beigegeben.

---

*) H. Stephan: Geschichte der preussischen Post von ihrem Ursprunge bis auf die Gegenwart. Berlin, 1859.

Als Mittelbehörden dienen die in der Hauptstadt und den 25 Regierungssitzen (mit Ausnahme von Merseburg, für welchen Halle gewählt ist) befindlichen Oberpostdirectionen und das Immediat-Oberpostamt in Hamburg. Der Oberpostdirection zu Berlin sind das Zeitungscomtoir, das Hofpostamt und 3 Eisenbahnpostämter untergeordnet. Ueber alle anderen Postanstalten führen die Oberpostdirectionen in den Provinzen die Aufsicht. — Bis Ende 1849 stand das Generalpostamt in unmittelbarem Verkehr mit den 290 Postämtern und Postverwaltungen (denen noch 1410 Postexpeditionen und Briefsammlungen untergeben waren), zählte fast 250 Beamte und hatte einen Journaleingang von fast 90 000 Nummern; die 7, später 10 Inspectoren erhielten nur einen losen Zusammenhang in ihren einzelnen Bezirken aufrecht. Die Einsetzung der Oberpostdirectionen am 1. Januar 1850 machte die früheren Postverwaltungen unnütz und vereinfachte die Geschäfte beim Generalpostamt.

Das Gesammtpersonal des Postinstituts ist zwischen 1841 und 1861 von 11 660 auf 21 133 angewachsen, die Zahl der Postillone aber durch den Einfluss der Eisenbahnen von 5 148 auf 4 255 herabgedrückt. Auf Contract beschäftigte Landbriefträger gab es 1846: 571, 1850: 1 868, 1856: 3 868. Tab. 201 enthält die in den Staatshaushalts-Etats aufgeführten etatmässig Angestellten, denen bestimmte Gebühren angesetzt sind, und zugleich den am Schlusse jedes Jahres von 1854 bis 1862 wirklich vorhandenen Personalbestand der Postverwaltung mit Einschluss der auf Zeit in Dienst genommenen Personen.

(201.) Beamten-Classen.	Anzahl der laut den Staatshaushalts-Etats bei der k. Postverwaltung Angestellten								
	1854	1855	1856	1857	1858	1859	1860	1861	1862
a. Generalverwaltung:									
1. Höhere Verwaltungsbeamte[1])	8	8	8	8	8	8	9	9	9
2. Bureau- u. Rechnungsbeamte	44	45	44	44	44	44	45	45[2])	45
3. Postexpedienten	8	8	7	7	7	7	7	7	7
4. Unterbeamte[3])	16	17	17	17	17	17	17	17	17
5. Arbeiter an der metallographischen Presse	4	4	4	4	4	4	4	4	4
zusammen	80	82	80	80	80	80	82	82	82
b. Provinzialverwaltung:									
1. Höhere Verwaltungsbeamte[4])	76	76	76	76	76	76	76	76	76
2. Cassenbeamte	77	77	70	81	81	81	81	81[5])	81
3. Bureau- u. Rechnungsbeamte	115	125	177	203	218	232	232	193[6])	193
4. Hilfsarbeiter[7])	168	225	178	152	141	130	130	24	24
5. Unterbeamte	59	59	60	61	61	63	63	63	63
zusammen	495	562	570	573	577	582	582	437	437

[1]) 1 General-Postdirector, 8 und später 7 vortragende Räthe, 1 Eisenbahnpost-Inspector. — [2]) 26 geh. expedirende Secretäre und Calculatoren, 6 geh. Registratoren und Journalisten, 3 Registratur-Assistenten, 1 Kanzleidirector, 7 Kanzleisecretäre und 1 Beamter der metallographischen Presse, 1 Vorsteher des Post-Montirungsdepots. — [3]) 1 Kastellan, 1 Botenmeister und Actenhefter, 13 und später 14 Kanzleidiener, 1 Portier. — [4]) 26 Oberpostdirectoren, 24 Posträthe, 26 Postinspectoren. — [5]) 19 Bezirks-Postcassen-Controleure, 26 Rendanten, 25 Buchhalter, 10 Hilfsbuchhalter, 1 Cassirer in Berlin. — [6]) 128 erster, 65 zweiter Classe. — [7]) anfangs nicht pensionsberechtigte Postexpedienten, später Kanzlisten.

(Forts. zu 201.) Beamten-Classen.	Anzahl der laut den Staatshaushalts-Etats bei der k. Postverwaltung Angestellten								
	1854	1855	1856	1857	1858	1859	1860	1861	1862
c. Localverwaltung:									
1. Vorsteher v. Postämtern	152	152	177	187	191	193	195	198 [1])	202
2. " v. Postexpeditionen	1 643	1 630	1 654	1 713	1 805	1 821	1 864	1 923 [2])	1 982
3. Vorsteher der Berliner Stadtpostanstalt	—	—	—	—	—	1	1	1	1
4. Orts-Postcassen-Controleure und Cassirer [3])	29	23	9	9	9	10	10	10	11
5. Expeditions-Vorsteher in Postämtern I. Classe [4])	116	116	116	125	134	142	148	153	160
6. Postsecretäre [5])	394	404	464	504	525	554	579	604	614
7. Postexpedienten	28	1	70	122	201	253	258	258 [6])	308
8. Hilfsarbeiter	1 540	1 572	1 587	1 663	1 767	1 800	1 886	1 992 [6])	2 078
9. Unterbeamte i. Hamburg	23	26	26	28	30	30	30	31	32
10. Briefträger in Berlin	212	215	215	215	215	215	215	215	230
11. Unterbeamte der Local-Postanstalten	1 561	1 603	1 685	1 850	2 024	2 099	2 159	2 225	2 293
12. Paketbesteller	37	35	39	52	58	66	71	76	76
13. Conducteure und Postbegleiter	529	520	504	520	562	574	591	581	590
14. Paketträger auf Eisenbahnhöfen	253	341	367	422	489	545	618	678	727
15. Stadtpost-Boten zum Leeren der Briefkasten	199	188	180	179	189	196	205	219	231
16. Postboten zur Beförderung von Botenposten	304	300	312	319	364	378	389	391	411
17. Landbriefträger	2 514	2 808	3 031	3 931	4 060	4 320	4 382	4 472	4 615
zusammen	9 547	9 973	10 414	11 841	12 625	13 197	13 396	14 022	14 856
Insgesammt [7])	10 122	10 617	11 094	12 404	13 285	13 859	14 260	14 541	15 675
Darunter: Beamte	2 684	2 674	2 881	3 070	3 304	3 422	3 500	3 553	3 694
Hilfsarbeiter	1 708	1 797	1 765	1 815	1 908	1 930	2 016	2 016	2 102
Unterbeamte	5 730	6 146	6 448	7 600	8 073	8 507	8 744	8 972	9 239
Am Jahresschluss war der Personalbestand: [8])									
Beamte der Postverwaltung	5 050	5 187	5 470	5 719	5 915	6 080	6 440	6 561	6 810
Unterbeamte der "	6 223	6 806	7 571	8 101	8 423	8 747	9 022	9 311	9 634
Posthalter	948	960	988	903	995	980	990	1 008	1 022
Postillone	4 016	4 181	4 261	4 352	4 363	4 303	4 206	4 256	4 267
Summe der beschäftigten Personen	16 267	17 134	18 290	19 255	19 696	20 110	20 667	21 133	21 734

[1]) 1 Oberpostdirector in Hamburg, 75 Postdirectoren an Postämtern I. Classe, 113 Postmeister an Postämtern II. Classe, 13 Vorsteher von Eisenbahn-Postämtern. — [2]) 237 an Postexpeditionen I. Classe, 99 auf isolirt gelegenen Bahnhofs-Stationen, 1 646 II. Classe. — [3]) 1 Cassirer und 1 Orts-Postcassen-Controleur in Hamburg; die übrigen sind Orts-Postcassen-Controleure im Inlande. — [4]) davon 3 in Hamburg. — [5]) desgl. 4. — [6]) 360 remunerirte Postassistenten und Eleven, 1 233 nicht pensionsberechtigte Postexpedienten, 491 Postexpeditions-Gehülfen mit Adjutum. — [7]) ungerechnet die ausgeschiedenen Vorsteher von Postämtern aus dem Militärstande, von denen 42 im Jahre 1855 und noch 24 im Jahre 1861 auf dem Etat der Postverwaltung standen. — [8]) laut den statistischen Nachweisungen im Amtsblatt des k. Postdepartements.

Ausser den in Tab. 201 aufgeführten Stellen sind im Gesetzsammlungs- und Zeitungscomtoir etatmässig: 1 Rendant und Vorsteher, 1 Controleur, 1 Cassirer, 1 Expeditionsvorsteher, 7 Bureaubeamte, 12 pensions- und 14 nicht pensionsberechtigte Postexpedienten, 1 Botenmeister und 22 Boten, zusammen 60 Personen. Im Jahre 1854 waren daselbst 40 Personen angestellt, darunter 8 Rechnungs- und Bureaubeamte, 18 Hilfsarbeiter und 14 Unterbeamte.

2. Postanstalten und sachliche Einrichtungen.

Im Jahre 1821 befanden sich 1 155 Postanstalten im preussischen Staate. Von 1841 bis 1862 stieg die Zahl derselben von 1 514 auf 2 225, der Posthaltereien aber nur von 970 auf 1 119. Königliche Posthäuser wurden im laufenden Jahrhundert an vielen Orten errichtet; 1818 bestanden 34, 1830 54, 1840 80, 1850 87, 1862 106.

Königliche Postwagen auf Landstrassen gab es 1844: 1 329, 1857: 2 104 ausser 188 Eisenbahn-Postwagen, 173 Wagen zu Bahnhofsfahrten und 770 Schlitten; dagegen nahm die Zahl der Posthaltereiwagen von 5 492 im Jahre 1840 bis auf 4 396 (und 1 540 Schlitten) ab. Auch verminderte sich wegen eingegangenen Extrapostdienstes und wegen des theilweisen Ersatzes der alten Poststrassen durch Eisenbahnen die Anzahl der Postpferde von 14 231 im Jahre 1839 auf 12 263 Stück im Jahre 1861, obwohl die Postenläufe zahlreicher wurden. Einige der wichtigeren Posteinrichtungen während der letzten Zeit skizzirt Tab. 202.

(202.)

Bezeichnung der postalischen Einrichtungen.	Anzahl der postalischen Anstalten am Schluss der Jahre								
	1854	1855	1856	1857	1858	1859	1860	1861	1862
a) Königliche Postanstalten:									
1. nach dem Voranschlag des Staatshaushalts:									
Postämter I. Classe [1])	66	66	76	76	76	77	77	77	77
" II. "	76	76	90	99	103	105	107	109	113
Eisenbahn-Postämter (mit ambulanten Speditions-Bureaus)	10	10	11	12	12	12	12	13	13
Postexpeditionen I. Classe	130	133	143	171	208	215	224	232	237
" II. "	1 471	1 454	1 454	1 480	1 527	1 530	1 558	1 596	1 646
" auf isolirt gelegenen Eisenbahnhöfen	42	52	57	62	70	76	82	95	99
zusammen	1 795	1 791	1 831	1 900	1 996	2 015	2 060	2 122	2 185
2. am Schluss des Jahres wirklich vorhanden	1 801	1 819 [2])	1 896	1 956	1 979	2 010	2 080	2 150	2 225
b) Baulichkeiten für Postzwecke:									
1. königliche Postgebäude	98	100	101	99	102	103	102	104	106
2. Posthaltereien (Privatgrundstücke)	1 015	1 029	1 057	1 068	1 074	1 065	1 082	1 097	1 119
zusammen	1 113	1 129	1 158	1 167	1 176	1 168	1 184	1 201	1 225
c) Postwagen:									
1. königliche Chaussee- u. Eisenbahn-Postwagen	1 786	2 002	2 121	2 292	2 375	2 455	2 522	2 622	2 668
2. Posthalterei-Wagen	4 406	4 342	4 456	4 396	4 369	4 340	4 208	4 283	4 274
zusammen	6 192	6 344	6 577	6 688	6 744	6 795	6 730	[3]) 6 905	6 942

[1]) incl. des Hamburger und seit 1859 auch der Stadtpostanstalt in Berlin. — [2]) darunter 144 Postexpeditionen I. und 1 560 II. Classe. — [3]) ausserdem 2 679 Schlitten und Schlittenkufen.

(Forts. zu 202.) Bezeichnung der postalischen Einrichtungen.	Anzahl der postalischen Anstalten am Schluss der Jahre								
	1854	1855	1856	1857	1858	1859	1860	1861	1862
d) **Eisenbahn-Fahrzeuge** (laut den statistischen Nachrichten von den preussischen Eisenbahnen):									
1. Postwagen auf Staatsbahnen ...	45	45	49	56	52	58	64	64	.
2. " " Privatbahnen unter Staatsverwaltung ...	10	31	37	72	56	70	59	56	.
3. Postwagen auf Bahnen unter Privatverwaltung ...	79	80	85	73	81	80	96	96	.
4. Personen- und Gepäckwagen mit Postcoupés ...	23	21	25	31	20	32	37	32	.
zusammen[1]) ...	157	177	196	232	209	240	256	248	.
mit Achsen: der Postwagen[2]) ...	388	454	499	589	553	595	600	613	.
" für die Postcoupés .	28	30	34	39	21	42	57	67	.
e) **Postpferde** ...	12367	12966	13191	13073	13003	12605	12 392	12 283	12344
f) **Postenläufe:**									
1. Gewöhnliche Posten ...	2351	2557	2789	2901	2942	2975	3 127	3 230	3429
2. Eisenbahnzüge mit regelmässiger Postbeförder. ohne Postbureaux	105	119	132	149	167	180	203	217	255
3. dergl. von Speditionsbureaux begleitet ...	95	111	132	134	162	192	206	215	236
zusammen ...	2551	2787	3053	3184	3271	3347	3 536	3 671	3 920

[1]) Die schwankenden Angaben stammen aus den oft unvollständigen Berichten der Eisenbahnvorstände; die meisten Wagen sind Eigenthum der k. Postverwaltung. Der Anschaffungspreis wird angegeben: 1855 für 10 vierrädrige Postwagen der Ruhrort-Krefelder Bahn auf 21 500 Thlr, 1858 für 2 sechsrädr. auf 7 459 Thlr — [2]) Eigengewicht dieser Wagen 1855: 27 054, 1860: 37 800, 1861: 38 156 Ctr; pro Achse 1854: 37½—66, 1857: 50—66½, 1859: 50—87½, 1860: 50½—98, 1861: 40—98 Ctr.

Im Jahre 1856 besass die k. Postverwaltung folgende Gattungen von Fahrzeugen in dienstfähigem Zustande:

Nr. I.,	9 sitzig,	3—4 spännig,	26 Ctr schwer,	204	Stück	(auf Chausseen)
" II.	6 "	3 "	22 " "	34	"	(mit 2 Coupés)
" III.	6 "	2—3 "	18 " "	255	"	(in Berlinenform)
" IV.	6 "	3 "	18½ " "	32	"	(mit Cabriolet)
" V.	4 "	2 "	15½ " "	303	"	(auf Chausseen)
" VI.	4 "	2—3 "	14½ " "	448	"	(für unchauss. Wege)
" VII.	2 "	1—2 "	11½ " "	192	"	(nicht für Chausseen)
" VIII a.	9 "	3 "	21 " "	155	"	(Omnibus mit Coupé)
" VIII b.	8 "	2 "	16½ " "			(" ohne ")
" IX a.	— "	2 "	20 " "	142	"	(grösserer Güterwagen)
" IX b.	— "	2 "	16½ " "			(gewöhnl. ")
" X.	— "	2 "	11½ " "	71	"	(kleinerer ")
" XI a.	— "	1 "	7½ " "	39	"	(4rädr. Cariolpostwag.)
" XI b.	— "	1 "	6 " "			(2 " ")
Extrapost-Chaisen ...			10—13½ " "	27	"	(halb u. ganz verdeckt)
Factagewagen zur Paketbestellung ...				46	"	
Eisenbahn-Postwagen ...				173	"	
zusammen ...				2 121	Stück.	

Diese Fahrzeuge und 702 Postschlitten stellten ein Capital von 1.540 000 Thlr. dar; ausserdem waren 220 Postwagen, welche Privatunternehmern gehörten, auf einigen Postcursen als Hauptwagen im Gange. Für Unterhaltung, Unterstellung, Reinigen und Schmieren der Posthauptwagen wurden 256 653, der Eisenbahnwagen 87 946 Thlr. verausgabt. Neu gebaut wurden im Laufe des Jahres 259 Postwagen für 105 886 Thlr. und 29 Eisenbahnwagen für 76 930 Thlr.; die Abnahme- und Transportkosten betrugen ausserdem 3 668 Thlr. Für Wagenlichte wurden 18 965, für Erleuchtung der Eisenbahnwagen 9 988 und für deren Heizung 1 026 Thlr. verausgabt. — Man rechnet, dass ein Postwagen bis zu dem Punkte, wo es unmöglich wird, ihn ferner zu repariren, auf chaussirten Wegen 18 000, auf unchaussirten 12 000 Meilen zurücklegen kann.

Seit Einführung der Freimarken wurde von der Aufstellung von **Briefkasten** in Städten und Landbezirken eine ausgedehnte Anwendung gemacht; 1852 befanden sich in 1 578 Ortschaften 2 258, im Jahre 1856 bereits in 3 877 Ortschaften 4 809 Briefkasten.

3. Wege und Fahrten.

Zuerst im Jahre 1821 wurde eine Briefpost zugleich zur Beförderung von Personen benutzt und in eine sogenannte Schnellpost umgewandelt; schon 1827 bestanden 114 Schnellposten, die längste auf einem Wege von 109½ Meilen; 1837 gab es 182 Schnellposten, welche zusammen 707 228 Meilen zurücklegten. Im Jahre 1838 wurden die ersten s. g. Personenposten zum Transport von Personen, Briefen und Paketen errichtet, von welchen 1 290 im Jahre 1856 bestanden. Die besonderen Güterposten schmolzen bis dahin von 342 im Jahre 1831 auf 14, die eigentlichen Briefposten (Reit- und Estafettenposten) von 129 im Jahre 1821 auf 12. Ausserdem gab es 1856: kleinere Local-Cariolposten 336, Fussbotenposten 329, Retour-Reitposten mittels ledig zurückkehrender Gespanne 17, Fahrten zwischen den Postanstalten und den Eisenbahnhöfen 774, Eisenbahnzüge mit regelmässiger Postbeförderung 261; endlich wurden 45 regelmässige Privat-Beförderungsanstalten zu Land und zu Wasser für Posttransporte benutzt. Die Gesammtzahl der Postgelegenheiten hat sich von 793 im Jahre 1821 auf 3 098 im Jahre 1856 und auf mehr als 3 700 im Jahre 1861 gehoben. — Die Länge der von Posten in activem Dienst befahrenen Landpoststrassen betrug im Jahre 1856 etwa 3 600, die der Eisenbahnen 600 Meilen; davon wurde jede Meile im gewöhnlichen Dienst 1 348-, im extraordinären Postdienst 370mal während des Jahres befahren. Die theilweis von Preussen unterhaltenen Dampfschiffsverbindungen mit dem Auslande haben an Wichtigkeit verloren.

Mit Ausnahme sehr gebirgiger Strassen und tiefer Sandwege beträgt die reglementarische Dauer der Beförderung auf einer Meile chaussirten Weges: für Estafetten 30, bei Brief- und Schnellposten 35, bei Personenposten 40, bei Güter- und Cariolposten 45, bei Botenposten 90 Minuten; auf unchaussirter Strasse sind excl. Botenposten 10 Minuten mehr zu rechnen, und bei einer über 2 Meilen langen Fahrt werden gleichfalls grössere Fristen zugestanden. — Als tägliche Leistung eines Postpferdes nimmt man im Durchschnitt 2½—3½ Meilen an.

Die Anzahl der Postenläufe und der zurückgelegten Wege (excl. der Seefahrten) ist für 1854—62 in den Tab. 202 u. 203 angegeben; als Quelle dieser und der folgenden Mittheilungen dienten die amtlichen Veröffentlichungen des Generalpostamts*). Die Gesammtzahl der Cursmeilen betrug 1832: 1.833 626, 1839: 2.458 583, 1842: 3.658 280, 1852 (auf Landwegen): 3.971 028, 1862 (desgleichen): 4.750 779 Meilen; mithin ist ungeachtet der vielen seitdem erbauten Eisenbahnen die Gesammtlänge der auf Landstrassen zurückgelegten Fahrten sehr erheblich gestiegen.

*) Amtsblatt des königlichen Postdepartements, 1854—1862.

(203.)

Gattung der Postcurse:	Von den preussischen Posten zurückgelegte Wege								
	1854	1855	1856	1857	1858	1859	1860	1861	1862
	Meilen von je 2000 preuss. Ruthen.								
a) während des ganzen Jahres:									
1. gewöhnliche Posten	3.985 868	4.116 016	4.323 844	4.425 677	4.473 598	4.487 267	4.541 213	[2]) 4.606 854	4.750 779
2. Eisenbahnposten ohne Postbureaux	215 772	248 556	284 254	327 821	394 798	479 814	493 791	531 400	605 047
3. " mit "	801 620	906 485	1.052 816	1.111 095	1.189 999	1.338 161	1.382 633	1.450 324	1.578 370
zusammen	5.023 260	5.271 057	5.660 914	5.664 593	6.058 395	6.305 242	6.417 637	6.588 578	6.934 196
Die Eisenbahnwagen-Achsen durchliefen im Postdienst insgesammt[1])	2.348 000	2.456 000	2.711 000	3.231 000	3.300 000	3.367 000	4.052 000	4.297 000	
darunter die Achsen der reinen Postwagen	2.178 489	2.264 791	2.538 164	2.975 448	3.127 755	3.161 442	3.765 185	3.912 919	
b) durchschnittlich an jedem Tage:									
1. alle gewöhnlichen Posten	10 920	11 277	11 819	12 125	12 256	12 294	12 413	12 622	13 016
2. Eisenbahnposten ohne Postbureaux	646	681	777	898	1 082	1 315	1 349	1 456	1 658
3. " mit "	2 106	2 484	2 877	3 044	3 260	3 666	3 778	3 973	4 324
zusammen	13 762	14 442	15 473	16 067	16 598	17 275	17 540	18 051	18 998
c) durchschnittlich für jeden Curs täglich:									
1. gewöhnliche Posten	4,63	4,41	4,24	4,10	4,17	4,18	3,97	3,90	3,90
2. Eisenbahnposten ohne Postbureaux	6,16	5,72	5,89	6,03	6,60	7,31	6,65	6,71	6,60
3. " mit "	23,1	22,4	21,8	22,7	20,1	19,1	18,3	18,5	18,3
d) das **auf Eisenbahnen** beförderte **Postgut**[1]) im Gesammtgewicht von … Ctr.	380 000	300 000	282 859	391 275	397 755	410 892	463 676	470 910	
legte, auf **1 Ctr.** reducirt, zurück … Mln.	-	-	-	-	2.061 383	3.086 611	3.765 135	3.621 688	

[1]) unter Berücksichtigung der Bemerkungen zu den statistischen Nachrichten von den preussischen Eisenbahnen; die genauen Zahlen sind nicht für alle Jahre bekannt. — [2]) incl. 130 204 bei den Bahnhofsfahrten zurückgelegte Meilen.

Die bei den Posthaltereien befindlichen Postillone und Pferde — deren Zahl nicht genau mit der in Tab. 201 u. 202 gegebenen übereinstimmt, vielleicht weil dort die Extrafahrten nicht in Rechnung gezogen sind — legten (ausser 381 303 Fahrten nach und von den Bahnhöfen und 64 399 Factage- und Stadtpostfahrten im Jahre 1856) zurück:

Jahr	Postillone	Pferde	Tourmeilen	Retourmeilen
1840	4 872	16 255	8.758 404	2.177 717
1845	5 106	17 892	9.698 166	3.721 127
1862	4 367	13 395	6.755 567	4.047 258
1854	4 113	12 553	6.878 955	4.069 324
1856	4 360	13 429	7.650 852	4.596 773

Unter der Gesammtsumme der Meilen pro 1856 fallen den chaussirten Strassen 9.415 401, den unchaussirten 2.832 224 Meilen zu.

Ausser den in Tab. 203 enthaltenen sind neuere Mittheilungen über diesen Gegenstand nicht vorhanden.

B. Materielle Leistungen der Post.

1. Personen-Beförderung.

Einschliesslich derjenigen Personen, welche vom Auslande her mittels Posten in das preussische Staatsgebiet gelangten und einen Theil des Personengeldes an die preussische Postcasse entrichteten, reisten mit den Posten 1838: 826 623, 1839: 1.132 186, 1842: 2.078 439, 1846: 2.426 619, 1850: 1.922 787, 1862: 3.244 763 Personen. Die Gesammtzahl der abgereisten Personen betrug während der Jahre

	überhaupt	durchschnittlich für jede Postanstalt	durchschnittlich für jeden gewöhnlichen Postcurs	das Personengeld nebst Ueberfrachtporto durchschnittlich
1854	2.792 680	1 551	1 188	.
1855	3.084 887	1 606	1 206	.
1856	3.252 987	1 726	1 166	.
1857	3.376 150	1 726	1 164	Sgr 20,36
1858	3.140 124	1 587	1 067	„ 20,88
1859	3.157 150	1 577	1 061	„ 19,74
1860	3.053 595	1 462	977	„ 18,90
1861	3.164 389	1 472	977	„ 18,24
1862	3.244 763	1 422	923	„ 18,06

2. Beförderung von Briefen und anderen Gegenständen der Stückzahl nach.

Da es eine gar zu umfangreiche und zu dem erreichten Resultate in grossem Missverhältniss stehende Arbeit sein würde, sämmtliche durch die Post beförderten Gegenstände einzeln aufzuschreiben und aufzunehmen: so begnügt sich die Verwaltung damit, die zur Beförderung aufgegebenen Briefschaften u. s. w. quartalweise nur während bestimmter Zeitabschnitte notiren und für die übrige Zeit entsprechend abschätzen zu lassen. Laut der Generalverfügung vom 15. Januar 1858 werden wirklich gezählt:

vom 1. bis 8. Tage des ersten Monats in jedem Vierteljahr (beginnend und endigend um 12 Uhr Mittags): die Stückzahl sämmtlicher portofreien und portopflichtigen Briefpost-Gegenstände in 7 Gattungsrubriken;

vom 1. bis 8. Tage des zweiten Monats in jedem Vierteljahr: Stückzahl und Gesammtgewicht der frankirten, unfrankirten und portofreien Pakete ohne declarirten Werth, auch wenn Postvorschuss darauf haftet, sowie Stückzahl und Gesammtwerth der frankirten, unfrankirten und portofreien Briefe und Pakete mit declarirtem Werth unter summarischer Angabe des Gewichts der Pakete;

vom 1. bis 8. Tage des dritten Monats in jedem Vierteljahr: Stückzahl, Gesammtbetrag und resp. Einzahlungsgebühren der Brief- und Paketsendungen mit Postvorschüssen und der gebührenpflichtigen Sendungen mit baaren Einzahlungen;

fortlaufend ausser den abgereisten Personen nebst Personengeld und Ueberfrachtporto: die Stückzahl und Geldsumme der gebührenfreien Sendungen mit baaren Einzahlungen, endlich die Stückzahl der abgesandten Zeitungsnummern incl. Gesetzsammlung und Amtsblätter, welche am Orte erschienen resp. vom Auslande bezogen sind.

(201.) Gattung der Gegenstände.	Stückzahl der von der preuss. Post beförderten Gegenstände 1855	1856	1857	1858	1859	1860	1861	1862
	Tausend Stück							
a) Briefpostgegenstände:								
portofreie	20.889	22.777	22.429	23.481	24.353	26.030	20.246	27.748
portopflicht. im Inlande.	54.046	60.325	64.026	66.866	69.411	71.571	74.114	77.971
" vom Auslande	9.628	11.460	11.884	11.031	11.467	12.433	13.529	14.368
" ins Ausland.	9.190	10.433	10.930	11.720	11.956	12.111	13.372	14.762
" transitirend.	4.454	5.482	5.739	11.351	12.719	13.232	13.052	13.596
zusammen	98.210	110.465	115.140	124.450	129.906	135.377	140.303	148.444
b) Pakete ohne Werthsdeclaration:								
portofreie	1.264	1.237	1.266	1.329	1.425	1.398	1.406	1.418
portopflicht. im Inlande.	7.323	7.935	8.452	9.074	9.278	10.020	10.425	10.701
" vom Auslande	734	749	854	887	880	980	1.016	1.016
" ins Ausland.	755	804	890	928	885	1.012	1.065	1.098
" transitirend.	77	79	83	248	326	355	379	395
zusammen	10.153	10.801	11.545	12.465	12.798	13.765	14.292	14.627
c) Briefe und Pakete mit Werthsdeclaration:								
portofreie	709	692	653	735	843	786	729	746
portopflicht. im Inlande.	4.669	4.620	4.883	5.188	5.535	5.713	5.992	6.132
" vom Auslande	562	595	655	675	685	755	807	890
" ins Ausland.	600	604	680	700	727	776	836	850
" transitirend.	56	60	68	185	218	297	320	301
zusammen	6.596	6.572	6.936	7.493	8.009	8.327	8.685	8.850
d) Briefe und Pakete mit Postvorschuss:								
im Inlande	728	764	839	800	822	800	953	1.096
vom Auslande	49	50	65	70	79	98	106	119
ins Ausland	56	59	71	75	85	92	103	118
im Transit durch Preussen	—	—	—	19	32	37	49	43
zusammen	833	873	975	964	1.018	1.036	1.211	1.375
e) Briefe mit baaren Einzahlungen:								
gebührenfreie	—	42	84	86	91	95	100	100
gebührenpfl. im Inlande.	[1]) 459	690	798	1.095	1.208	1.273	1.431	1.624
" vom Auslande	4,6	10	13	23	26	28	32	39
" ins Ausland.	6,6	16	22	34	35	39	54	61
" transitirend.	0,3	0,8	1,4	3,1	6,2	10	9	14
zusammen	471	760	918	1.238	1.367	1.444	1.624	1.846
f) Exemplare von Zeitungen, der Gesetzsammlung u. der Amtsblätter.	.	.	50.661	55.430	60.319	62.157	67.046	72.883
g) Verkehr d. Retourbrief-Oeffnungscommissionen:								
eingegangene Sendungen	200	217	208	217	243	248	260	278
vernichtete Briefe	45	47	43	45	51	53	52	57

[1]) »im Inlande« ohne Beisatz.

In der amtlichen Zeitschrift für das Postwesen werden die Vierteljahrs-Zusammenstellungen und später die daraus gewonnenen jährlichen Hauptergebnisse regelmässig veröffentlicht. Auf vollkommene Genauigkeit machen dieselben natürlich keinen Anspruch; allein unter den obwaltenden Umständen ist ein zu ganz zuverlässigen Resultaten führendes Verfahren nicht angebracht, und man hat, namentlich wenn man die Portotaxen und die finanziellen Ergebnisse mit in Rechnung zieht, in jenen Zahlen ein hinreichend zutreffendes Bild des Postverkehrs vor sich. Die in weiser Berücksichtigung der Verkehrsinteressen unter Anerkennung des Grundsatzes, dass die Post nicht vorzugsweise ein Finanzinstitut ist, zu verschiedenen Zeiten verfügten Ermässigungen der Gebühren und im Verein damit die unausgesetzte Erweiterung der Posteinrichtungen haben eine ausserordentliche Steigerung des Verkehrs im Gefolge gehabt. Dieselbe springt schon bei Betrachtung der Tab. 204 in die Augen; noch deutlicher ist sie in folgenden Zahlen erkennbar.

Die preussische Post beförderte: 1842 36, 1851 90, 1861 140 Millionen Briefpostgegenstände. Die Stückzahl der portopflichtigen Briefe betrug 1839 22, 1843 26, 1844 (Portoermässigung seit dem 1. October) 28, 1845 32, 1846 36, 1849 39, 1850 (Portoermässigung seit dem 1. Januar) 46, 1851 48, 1852 52, 1853 58, 1862 121 Millionen.

Die portopflichtigen Briefpostgegenstände, welche in der Tab. 204 nur summarisch enthalten sind, classiren sich in gewöhnliche leere Briefe, recommandirte Briefpostgegenstände, Briefe mit Waarenproben, Kreuzbandsendungen und im Inlande beförderte Briefe mit Insinuations-Documenten. Wegen des Interesses, welches an die Zu- und Abnahme des Verkehrs dieser einzelnen Briefgattungen sich knüpft, sind die bezüglichen Zahlen noch besonders in Tab. 205 verzeichnet.

(205.) Portopflichtige Briefpostgegenstände.	Zur Beförderung wurden aufgegeben							
	[1]) 1854	1855	1856	[2]) 1857	1858	1859	1860	[4]) 1861
	Tausend Stück							
a) Gewöhnliche leere Briefe:								
im Inlande [3])	46.609	49.987	55.404	59.444	60.127	62.730	64.377	65.987
vom Auslande her	7.613	8.109	9.516	9.754	9.304	9.722	10.424	10.047
nach dem Auslande	7.400	8.015	8.893	9.057	9.855	9.088	10.023	10.078
transitirend	3.147	3.658	4.584	4.748	10.111	11.478	11.864	11.641
zusammen	64.769	69.859	78.467	80.002	80.398	93.926	96.690	99.254
b) Recommandirte Sendungen:								
im Inlande	504	735	929	1.048	1.255	1.355	1.306	1.383
vom Auslande her	145	172	220	240	248	255	268	294
nach dem Auslande	137	174	216	249	280	290	299	347
transitirend	57	62	64	97	136	143	170	175
zusammen	949	1.143	1.455	1.634	1.924	2.043	2.043	2.199
c) Briefe mit Waarenproben:								
im Inlande	207	193	210	164	230	102	173	171
vom Auslande her	62	56	91	67	57	53	55	66
nach dem Auslande	62	57	67	55	56	47	51	59
transitirend	21	29	37	25	36	27	27	26
zusammen	352	334	307	311	373	275	307	322
d) Sendungen in Kreuzband:								
im Inlande	2.623	3.019	3.667	4.372	5.098	4.930	5.490	6.372
vom Auslande her	1.015	1.229	1.636	1.629	1.425	1.431	1.685	1.918
nach dem Auslande	802	950	1.194	1.355	1.531	1.629	1.730	1.973
transitirend	511	704	781	822	1.067	1.072	1.172	1.144
zusammen	4.951	5.899	7.276	8.058	9.122	9.062	10.082	11.407
e) Briefe mit Insinuations-Documenten	77	111	116	107	162	223	225	200

[1]) der Verkehr im ersten Vierteljahr gleich demjenigen im zweiten angenommen. — [2]) im zweiten Quartal sich scheinbar vermindernd, da in die Zählungswoche vom 10. bis 16. April Charfreitag und das Osterfest fielen; vielleicht weil für die Jahresnachweisung ein anderes als das gewöhnliche Rechnungsverfahren beobachtet wurde, enthält diese Tabelle niedrigere Ziffern als jene. — [3]) davon frankirt: 1859 31½, 1860 32, 1861 32¾ Mill. — [4]) Sendungen von, nach dem Auslande und im Durchgang durch Preussen weniger, als die Jahresnachweisung enthält.

Mittels des Landbriefträger-Instituts wurden im Jahre 1850 etwa 7½, 1856 schon 15½ Millionen Briefe bestellt.

Die am 1. December 1827 organisirte, am 1. Mai 1851 aber gänzlich umgestaltete Stadtpost in Berlin beförderte im Jahre 1856 2.069 000 Stadtbriefe und bestellte fast 4 Millionen weiter hergekommene; im folgenden Jahre wurden von ihr überhaupt 7.100 000 Briefe bestellt. Die Stadtbriefträger im ganzen Postgebiete bestellten 1850 21, 1856 gegen 32 Millionen Briefe.

Bei näherer Betrachtung der vierteljährlichen Nachweisungen sieht man, dass meistens gewöhnliche leere Briefe und Kreuzbandsendungen am zahlreichsten im ersten, am schwächsten im zweiten, endlich im vierten Quartal stärker als im dritten auf die Post gegeben wurden; recommandirte Briefe dagegen und Briefe mit Insinuations-Documenten erreichten ihren Höhepunkt meistens im dritten Quartal. Die letzteren haben seit Mitte 1858 eine beträchtliche Vermehrung erfahren. Briefe mit Waarenproben innerhalb Preussens wurden auffallend viel, nämlich 102 000 gegen sonst 38 — 56 000, im dritten Quartal 1858 aufgeführt. Vom zweiten Quartal 1858 ab erscheinen sämmtliche Briefpostgegenstände im Transit durch Preussen etwa doppelt so zahlreich als zuvor, darunter Briefe mit Waarenproben während der letzten Monate von 1858 in der ausser Verhältniss mit den sonstigen Ergebnissen stehenden Zahl von 19 000 Stück.

3. Beförderung von Gegenständen dem Gewichte nach.

In Tab. 204 wurde die Stückzahl der von 1855 bis 1862 beförderten Pakete mitgetheilt. Tab. 206 enthält das Gesammtgewicht derselben, sowohl derjenigen ohne als derer mit Werthdeclaration, ausserdem das Gewicht der beförderten Briefpostgegenstände. Um letzteres zu finden, wurde gemäss den Erfahrungen der Postverwaltung das Gewicht jedes portopflichtigen Briefes auf ⅓, jedes portofreien und jeder Zeitungsnummer aber auf 1 ✠ geschätzt.

(206.)	Gesammtgewicht der beförderten Gegenstände.							
Gattung der Gegenstände.	1855	1856	1857	1858	1859	1860	1861	1862
	Zoll-Centner							
a) Pakets ohne Werthdeclaration:								
portofreie	67 064	65 373	64 013	64 513	71 294	69 027	69 615	73 889
portopfl. im Inlande	648 739	718 503	765 448	846 979	814 872	897 643	936 175	955 698
" vom Auslande	50 655	54 031	58 014	60 140	59 134	64 875	63 753	64 599
" ins Ausland	52 415	56 058	62 498	64 656	61 396	67 978	70 380	72 486
" transitirend	5 974	5 989	6 140	18 204	24 064	24 091	24 555	24 917
zusammen	824 846	899 965	956 118	1053 693	1050 719	1123 616	1164 469	1.191 606
b) Geld- und Werthsendungen:								
portofreie	41 590	32 857	25 535	27 679	26 277	32 476	24 300	20 901
portopfl. im Inlande	39 449	37 782	35 253	31 667	29 068	27 391	29 055	28 085
" vom Auslande	15 381	10 965	16 899	13 219	13 859	17 141	13 955	11 740
" ins Ausland	16 650	18 990	18 205	10 543	11 490	6 855	6 480	7 751
" transitirend	3 965	5 387	6 597	6 627	7 301	5 799	6 066	7 016
zusammen	117 040	105 981	102 545	89 986	88 128	89 770	79 856	75 495
c) Briefpostgegenstände und Zeitungen:								
portofreie	6 961	7 592	7 444	7 828	8 118	8 677	8 739	9 249
portopfl. im Inlande	9 008	10 054	10 683	11 144	11 560	11 925	12 352	12 995
" vom Auslande	1 604	1 911	1 690	1 816	1 911	2 072	2 253	2 395
" ins Ausland	1 533	1 734	1 852	1 953	1 981	2 018	2 229	2 460
" transitirend	742	914	957	1 892	2 120	2 205	2 175	2 266
Zeitungen, Gesetzsammlung, Amtsblätter	[1]14 400	[1]15 600	16 887	18 477	20 108	20 719	22 347	24 288
zusammen	34 250	37 810	39 784	43 138	45 817	47 620	50 895	53 653
Insgesammt	976 137	1.043 755	1.097 447	1186 958	1181 664	1261 006	1293 440	1.320 756

[1]) geschätzt nach Verhältniss der Zunahme in den folgenden Jahren.

Die Beförderung von Paketen ohne Werthsangabe hat gleich der von Briefen ganz erheblich zugenommen: im Jahre 1842 umfasste sie 2.834 000 Stück von 246 883 ℔ Gewicht, 1846 3.685 000 Stück von 284 021 ℔, 1850 7.143 000 Stück von 746 085 ℔, im Jahre 1862 14.627 000 Stück von 1.191 608 ℔ Gewicht.

Ermittelungen der Postverwaltung zufolge betragen Postsendungen von mehr als 10 ℔ 21 %, von 5 bis 10 ℔ 24 % der gesammten Pakete; an der Portoeinnahme von Paketen haben dieselben 40 resp. 17 % Antheil. Die früher besonders aufgeführte Portoeinnahme für Pakete betrug 1851: 789 875, 1853: 893 647 Thlr.

4. Beförderung von Werthgegenständen.

Zur Uebermittelung von Geld und Geldeswerth aus einer Hand in die andere bietet die Post drei Wege dar: die Beförderung von Briefen und Paketen mit Geld und Geldeswerth, die Uebergabe von Briefen u. dgl. gegen Entrichtung von »Postvorschüssen« und den Baargeldverkehr an der Empfangs- und Ausgabestation. Der Gesammtwerth, welcher auf diese Weise durch die Post ging, betrug im Jahre 1842 461, 1846 502, 1850 680, 1861 1 281 Millionen Thlr. Tab. 207 enthält die von 1855 bis 1862 beförderten Werthe.

(207.) Gattung der Gegenstände.	Gesammtwerth der von der k. Postverwaltung beförderten Werthsendungen.							
	1855	1856	1857	1858	1859	1860	1861	1862
	Tausende von Thalern							
a) Geld- und Werthsendungen mit declarirtem Werth:								
portofreie	249.125	279.185	269.130	550.927	452.647	326.505	286.196	500.008
portopfl. im Inlande	550.716	589.006	663.012	570.755	580.401	576.140	662.424	736.952
» vom Auslande	92.553	99.512	131.498	116.998	126.872	127.367	137.358	140.772
» ins Ausland	111.425	118.151	130.438	113.241	129.775	110.787	122.496	131.433
» transitirend	15.717	24.367	24.995	39.302	38.554	42.767	61.047	55.620
zusammen	1019.561	1110.272	1219.023	1394.213	1337.249	1183.576	1269.516	1570.784
b) Geleistete Postvorschüsse:								
im inländischen Verkehr	1.209	1.246	1.286	1.342	1.413	1.293	1.768	2.268
im Verkehr vom Auslande	131	145	201	220	296	347	378	411
im Verkehr nach dem Auslande	219	189	231	231	331	255	307	361
im Transitverkehr	—	—	—	63	88	121	199	136
zusammen	1.559	1.581	1.818	1.856	2.128	2.016	2.849	3.175
c) Geleistete Baarzahlungen:								
gebührenfreie	.	524	1.066	1.039	1.158	1.154	1.214	1.276
gebührenpfl. im Inlande	[1]) 2.279	3.396	3.736	5.155	5.152	5.671	6.664	7.719
» v. Auslande	24	48	64	141	200	236	268	354
» ins »	29	70	104	177	189	201	294	323
» transitirend	4	4	7	19	38	57	57	86
zusammen	2.335	4.043	4.997	6.532	7.037	7.317	8.483	9.758
Insgesammt	1023.427	1115.845	1225.836	1402.601	1346.414	1192.909	1280.648	1583.717
Darunter fallen auf den Verkehr:								
im Inlande[2])	803.315	873.358	938.359	1132.218	1050.071	910.773	958.202	1248.222
vom Auslande	92.718	99.705	131.703	117.350	127.367	127.950	138.004	147.537
nach dem Auslande	111.673	118.411	130.771	113.649	130.295	111.272	123.080	132.117
im Transit	15.721	24.371	25.002	39.384	39.680	42.943	61.263	55.841

[1]) überhaupt »im inländischen Verkehr«. — [2]) unter Einrechnung sämmtlicher gebührenfreien Sendungen und Auszahlungen.

Bei den portofrei im Inlande beförderten Paketen und Briefen treten einige Vierteljahre mit ausserordentlichen Summen hervor: so das dritte Quartal 1854 mit 194⅓, das vierte mit 101⅓, das vierte 1858 mit 384⅓, das erste 1860 mit 179⅓, das zweite mit 121, das zweite 1862 mit 151⅓, das dritte mit 122, dagegen das dritte Quartal 1855 mit nur 48 Millionen Thlr.

Bis zum März 1858 erfolgte die Berechnung des Geldwerths getrennt für Briefe und Pakete. Portofreie Sendungen im Inlande wurden declarirt:

1854	in	651 000	Briefen	120	Millionen	Thlr.,	in	102 000	Paketen	312	Millionen Thlr.
1855	„	546 000	„	97⅓	„	„	„	163 000	„	151½	„ „
1856	„	539 500	„	104	„	„	„	162 500	„	175	„ „
1857	„	522 500	„	106	„	„	„	130 500	„	163	„ „

C. Finanzielle Ergebnisse.

Wie oben bemerkt, wird die Post in Preussen mehr vom wirthschaftlichen, als vom fiscalischen Standpunkte aus verwaltet; sie wird jedoch regelmässig in der Lage erhalten, Einnahme-Ueberschüsse an die Generalstaatscasse abzuführen, welche noch viel bedeutender sein würden, wenn auch für Sendungen in Staatsdienst-Angelegenheiten Porto gezahlt werden müsste. Im Jahre 1853 beispielsweise wären dadurch 1.396 185 Thlr. für Briefpost- und 505 199 Thlr. für Fahrpostsendungen eingekommen. Es betrug die Einnahme ..... die Ausgabe ... der Ueberschuss

		die Einnahme	die Ausgabe	der Ueberschuss
1821	Thlr.	2.907 606	2.279 441	718 165
1825	„	3.463 576	2.341 959	1.121 617
1830	„	4.461 474	3.051 671	1.409 803
1840	„	7.063 197	5.412 567	1.560 630
1845	„	7.541 818	6.461 550	1.080 268
1848	„	6.995 010	6.280 338	715 572
1849	„	6.924 534	6.333 616	590 918
1850	„	7.482 202	6.560 581	921 621
1851	„	7.830 384	6.788 603	1.041 781
1852	„	8.055 853	7.207 615	848 238
1853	„	8.680 695	7.638 646	1.042 049
1854	„	9.276 984	7.971 902	1.305 082
1855	„	9.674 905	8.388 412	1.286 493

Für die späteren Jahre vergl. die Tabellen 208 und 209.

1. Die Roheinnahmen.

Das Porto für Briefe, Pakete und Geld betrug im Jahre 1823: 2.616 011, 1826: 2.810 600, 1827: 2.708 658, 1832: 3.457 531, 1833: 3.430 331, 1843: 4.645 425, 1845: 4.325 570, 1847: 4.771 392, 1849: 4.364 710, 1852: 4.855 801, 1862: 8.750 886 Thlr.

Der Verbrauch von Freimarken und -Couverts nimmt in fast regelmässiger Folge zu, und nur im zweiten Quartal tritt hin und wieder eine Verminderung ein. Die Postanstalten gaben ab

	Freimarken					Freicouverts				
1854	4.925 110	Stück	zu	234 858	Thlr.,	3.175 553	Stück	zu	177 190	Thlr.
1855	6.300 613	„	„	293 697	„	3.738 459	„	„	206 418	„
1856	8.745 638	„	„	372 951	„	4.342 523	„	„	238 116	„
1857	13.270 931	„	„	490 286	„	4.960 334	„	„	270 163	„
1858	16.110 974	„	„	593 088	„	5.426 480	„	„	292 511	„
1859	17.646 491	„	„	652 000	„	5.807 776	„	„	310 165	„
1860	20.019 488	„	„	714 622	„	6.433 524	„	„	343 882	„
1861	24.436 320	„	„	858 447	„	7.105 630	„	„	378 884	„
1862	30.184 409	„	„	1.069 949	„	7.693 135	„	„	399 343	„

Das Briefporto, welches 1841 für sich 2.968 553 Thlr. eingebracht hatte, erreichte ungeachtet der öfteren bedeutenden Ermässigungen zwanzig Jahre später incl. Freimarken und Freicouverts die Höhe von 4.692 478 Thlr.

An Gebühren für geleistete Baarzahlungen flossen zur preussischen Postcasse: 1856 im inneren Verkehr 28 587 und im Verkehr vom Auslande nach dem

…lunde 382 Thlr., 1857: 41 200 und 607, 1858: 56 555 und 1 235, 1859: 60 952 und 1 552, 1860: [illegible]532 und 1 639, 1861: 70 169 und 2 309, endlich 1862: 80 775 und 2 856 Thlr.

Für Fahrpostsendungen kamen 1841 1.437 807 Thlr. ein, nach sehr erheblichen Portoherabsetzungen 1849: 1.433 000, 1850: 1.169 944, 1851: 1.803 097, 1861: 3.225 985 Thlr.

Das Personengeld betrug 1825: 370 857, 1827: 661 961, 1829: 728 887, 1835: 1.137 017, 1839: 1.747 804, 1840: 2.050 751, 1850 unter dem Einfluss der Eisenbahnvermehrungen noch …74 663 Thlr., erreichte 1856 mit 2.350 319 Thlr. sogar das Maximum, nahm seitdem jedoch fast alljährlich ab.

Das Bestellgeld für Ortsbriefe war 1825: 97 638, 1840: 158 238, 1850: 249 172, 1860: …071 Thlr. Insbesondere ergab das Bestellgeld für Stadtbriefe in Berlin 1828 nur 6 596 und für weiter hergekommene Briefe 16 965 Thlr., 1850: 20 705 und 41 193, 1856: 59 731 und …206 Thlr.; der Zuschuss für das Stadtbrief-Institut, welcher 1853 noch 27 086 und 1854 …929 Thlr. betragen hatte, war 1856 schon auf 9 810 Thlr. herabgegangen; die vielen productiven …ulagen desselben sind mithin billig beschafft worden. Einen ausserordentlichen Aufschwung hat das Landbriefträger-Institut genommen: seine Einnahme an Bestellgeld betrug 1844: 30 786 und der Ueberschuss über die Löhnungen 3 939 Thlr., 1847: 92 241 (Zuschuss 4 020), 1850: 181 543 (Ueberschuss 18 646), 1856: 377 224 (Zuschuss 6 069), 1860: 520 623 (Ueberschuss 18 597) Thlr.

(318.) Einnahmetitel.	Wirkliche Einnahmen der Postverwaltung in den Jahren 1856 Thlr.	1857 Thlr.	1858 Thlr.	1859 Thlr.	1860 Thlr.	1861 Thlr.	1862 Thlr.
A. Auf ausschliesslichem Verrecht beruhend:							
Porto:							
a) für Freimarken und Freicouverts	611 067	760 449	885 509	962 165	1.058 003	1.238 331	1.469 292
b) von den Briefposten	3.208 501	3.300 668	3.298 018	3.356 810	3.400 379	3.454 073	7.287 691
c) " " Fahrposten	3.120 072	3.346 166	3.423 664	3.555 321	3.706 985	3.225 985	
d) Transit- und Verlagporto von fremden Postanstalten	44 550	[1]) 920 926	769 837	808 194	—	775 699	.
Personengeld	2.350 319	2.320 946	2.190 759	2.083 528	1.924 189	1.922 888	1.957 581
Beiträge für Unterhaltung gemeinsamer Posten	25 487	22 606	24 431	22 770	24 668	24 579	[2]) 24 000
Aversionalbeiträge f. Portofreiheiten und Agio	825	939	669	675	632	[3]) 680	[2]) 430
Verschiedene Gebühren	[3]) 8 290	8 177	7 039	6 732	6 328	6 139	[2]) 6 300
Summe	9.364 116	10.689 945	10.600 027	10.786 196	10.121 185	10.648 374	10.745 297
B. Nicht auf ausschliesslichem Verrecht beruhende Posteinnahmen:							
Packkammergeld	1 839	1 740	1 743	1 715	1 650	1 757	[2]) 1 700
Bestellung der Briefe, Adressen und Zeitungen im Orte	301 113	386 277	400 117	413 790	422 071	437 720	525 646
desgl. der Pakete (Fastagegebühr)	49 976	62 529	69 458	72 274	75 733	80 624	
Bestellung auf das Land	377 224	414 935	455 530	509 945	520 623	538 131	500 197
Porto-Contogebühren	35 801	37 781	38 494	37 784	37 758	38 676	39 530
Summe	825 953	903 262	965 342	1.035 508	1.057 835	1.096 908	1.067 073
Erträge von Postdampfschiffen:							
zwischen Stralsund u. Ystadt	1 985	15 960	7 537	671	641	[4]) 900	—
" Stettin und Kopenhagen	16 886	15 915	12 244	14 012	13 581	—	—
" Stettin und Petersburg	158 841	172 902	135 195	132 717	88 708	[4]) 55 265	600
" Stettin und Stockholm	28 433	18 269	22 626	16 530	14 408	—	—
Summe	206 145	203 112	177 603	163 931	117 338	56 165	600

[1]—[4]) s. Seite 530.

(Forts. zu 208.) Einnahmetitel.	Wirkliche Einnahmen der Postverwaltung in den Jahren						
	1856 Thlr.	1857 Thlr.	1858 Thlr.	1859 Thlr.	1860 Thlr.	1861 Thlr.	1862 Thlr.
III. Verschiedene Posteinnahmen:							
1. Beiträge zum Pensionsfonds	20 462	.	.	.	.	²) 24 550	.
2. Miethe von Grundstücken..	12 369	.	.	.	.	²) 16 500	.
3. Wiedererlangt für Garantieleistungen	362	.	.	7 645	903	2 345	.
4. Rechnungsdefecte	26 919	.	.	25 444	22 002	19 297	.
5. Ungewöhnliche Einnahmen.	25 487	.	.	.	.	²) 21 000	.
Summe.....	86 600	111 406	101 134	125 398	107 885	83 692	93 461
IV. Debit der Gesetzsammlung..........	78 558	77 823	42 532	42 149	42 243	42 932	⁵) 39 [illegible]
V. Zeitungsverwaltung:							
1. Debit der Zeitungen.......	186 834	190 543	200 215	217 993	226 925	239 875	.
2. " des Postamtsblatts ..	496	448	523	512	452	514	.
Summe.....	⁴) 188 318	190 991	200 738	218 505	227 377	240 389	258 193
Insgesammt.....	10.749 684	12.170 540	12.687 376	12.381 691	11.673 872	12.168 [illegible]	12.[illegible] 546
incl. der durchlaufenden Beträge	11.486 169	.	.		12.754 587		

¹) Transitporto 297 012 und Verlagporto 623 084 Thlr. — ²) Angaben nach dem Staatshaushalts-Etat. — ³) Wagenmeister-Gebühren 7 419, Expeditionsgebühren und Porto für Estafetten 871 Thlr. — ⁴) geschätzte Zahl mit Rücksicht darauf, dass die Hauptsumme sich aus den Einzelbeträgen zusammensetzt, von welchen der obige im Etat am unsichersten festgestellt werden kann. — ⁵) incl. 968 Thlr. für Porto und Ueberweisungsgebühren.

2. Die Ausgaben.

Die mit dem Postgebiete verknüpften Verwaltungskosten der Postverwaltung (Tab. 209 unter III., IV. und VI. 4. 5.) beliefen sich

		1825	1840	1856	1860
auf	Thlr.	817 849	1.269 855	2.099 673	2.935 608,
die Betriebskosten (I. u. II.) auf.	"	1 370 012	3.712 230	5.715 230	6.151 653.

Restitutionen aus der Einnahme, Baukosten, Abgaben von Gebäuden und Kosten der Dampfschiffs-Verbindungen sind besserer Vergleichung halber nicht mit in Rechnung gezogen.

Subtrahirt man von den Einnahmen sowohl als von den Ausgaben die durchlaufenden, unter V. der folgenden Tabelle aufgenommenen Beträge, so findet man, dass die ersteren nach Abzug der Ausgaben einen Ueberschuss liessen: 1856 von 16,7, 1857 von 17,1, 1858 von 17,5, 1859 von 15,9, 1860 von 17,1, 1861 von 17,3, 1862 von 18,3 %; erhob sich der Ueberschuss merklich über 16 %, so war bisher die Staatsregierung stets auf Erleichterungen für das Publikum bedacht.

Unter den Betriebsausgaben nahmen die Postfuhrkosten, welche den Posthaltereien überantwortet werden, die erste Stelle ein. Dieselben setzen sich aus folgenden Ausgabezweigen zusammen, wobei jedoch zu bemerken ist, dass die Extrapostgelder weder unter den Einnahmen noch unter den Ausgaben der Postverwaltung erscheinen; es betrugen:

		1840	1845	1852	1854	1856
fixirte Postfuhrvergütung..	Thlr.	2.276 761	2.810 642	2.434 850	2.450 954	2.766 3[illegible]
Nebenfuhrkosten...........	"	462 116	478 307	364 941	539 585	707 272
extraord. Unterstützungen.	"	—	41 976	45 702	15 077	275 924
Theuerungszuschuss	"	—	131 201	155 312	255 746	291 575
Extrapostgelder............	"	572 410	430 481	172 600	219 786	272 737

(209.)

Ausgabetitel.	Wirkliche Ausgaben der Postverwaltung 1856 Thlr	1857 Thlr	1858 Thlr	1859 Thlr	1860 Thlr	1861 Thlr	1862 Thlr
I. Persönliche Betriebskosten:							
1. Besoldung der Briefträger in Berlin und der localen Unterbeamten und Paketbesteller	523 314	550 709	611 076	639 858 [*]	621 182	[*] 642 120	
2. Remunerirung der Postboten und Landbriefträger	414 181	495 968	506 067	521 100 [*]	538 213	[*] 565 000	
3. Besoldung und Remunerirung der Conducteure, Postbegleiter u. Beamten ambulanter Bureaux	222 147	238 509	249 701	255 937	258 853	[*] 269 605	[*] 1.678 391
4. Remunerirung der Paketträger auf Eisenbahnhöfen	55 030	65 003	73 030	84 484	93 508	[*] 107 250	
5. desgl. der Stadtpostboten	30 812	28 524	29 370	32 267	33 598	[*] 38 925	
6. Stellvertretungskosten und zur Disposition für Gehülfen	—	—	—	—	54 177	[*] 65 800	
7. Post-Armencasse [*] und Nachtwachen	8 646	8 710	8 043	8 924	9 002	[*] 9 300	99 149
Summe	1.254 132	1.385 458	1.477 887	1.542 631	1.610 613	1.698 000	1.777 540
II. Sächliche und vermischte Betriebskosten:							
1. Bau, Unterhaltung u. Reinigung der Postwagen	630 116	657 457	590 910	651 129	605 808	666 408	676 708
2. Beförderung der ordinären Posten nebst Beiwagen incl. Paketfuhren	3.487 201	3.675 777	3.600 111	3.590 139	3.526 268	3.621 212	
3. Fouragekosten-Zuschuss und extraordinäre Unterstützungen für das Postfuhrwesen	569 173	390 100	355 027	382 077	278 235	196 140	3.808 136
4. Vergütung an Eisenbahngesellschaften [*]	109 393	103 915	95 050	112 900	118 162	[*] 125 000	142 178
5. Extraordinarium und andere Kosten	29 544	14 524	15 363	13 211	12 537	[*] 14 400	17 933
Summe	4.825 427	4.841 833	4.696 461	4.755 456	4.541 040	4.523 166	4.644 954
III. Persönliche Verwaltungskosten:							
1. Besoldungen	1.533 929	1.634 095	1.714 331	1.860 297 [*]	1.956 068	[*] 2.100 860	[*] 2.115 929
2. Remunerationen und Unterstützungen [*]	31 497	31 499	30 983	30 985	30 879	[*] 31 000	33 960
3. An frühere Amtsvorsteher aus dem Militärstande	5 735	5 628	5 508	5 046	3 588	[*] 3 405	
Summe	1.571 161	1.671 222	1.750 823	1.896 330	1.990 534	2.135 265	2.148 889
IV. Sächliche und vermischte Verwaltungskosten:							
1. Stellvertretungs-Kosten, Diäten u. dgl.	148 906	155 774	162 724	152 317	160 737	161 074	
2. Antheile ausländischer Beamten	8 400	8 089	10 012	9 397	9 287	7 638	.
3. Amtsbedürfnisse u. s. w.	610 147	662 156	690 509	705 041 [*]	708 864	750 000	.
Summe	767 453	826 619	863 245	866 755	878 888	918 712	974 595

[*] s. Seite 532.

(Forts. zu 209.) Ausgabetitel.	Wirkliche Ausgaben der Postverwaltung						
	1856 Thlr.	1857 Thlr.	1858 Thlr.	1859 Thlr.	1860 Thlr.	1861 Thlr.	1862 Thlr.
V. Entschädigungen, Restitutionen und Competenzen:							
1. vertragsmässig an fremde Postbehörden	76 424	963 005	854 296	1.021 938	196 434	286 924	66 848
2. aus der Garantie für verlorene u. beschädigte Sendungen	16 989	11 529	17 987	9 765	7 730	28 705	29 545
3. ausserdem [10])	136 198	156 286	138 872	144 961	149 472	141 259	147 236
Summe	229 611	1.130 820	1.011 155	1.176 664	353 636	656 888	243 629
VI. Sonstige ordentliche Ausgaben:							
1. Erwerbung und bauliche Unterhaltung von Grundstücken	128 242	112 996	117 550	112 358	113 969	[2]) 97 500	97 500
2. Abgaben v. Grundstücken und Gebäuden	4 357	3 675	4 096	3 960	4 085	3 880	3 607
3. Kosten der Dampfschiffs-Verbindungen	157 031	182 341	152 983	140 650	[11]) 148 369	[2]) 88 000	38 950
4. Gesetzsammlungs- u. Zeitungscomtoir; persönliche Kosten	20 990	22 168	22 918	23 648	24 594	[2]) 25 210	27 177
5. desgl. sächliche und vermischte Kosten	36 333	34 835	38 538	36 852	41 587	[2]) 45 535	37 095
Summe	344 953	356 215	336 087	317 476	332 604	260 125	202 329
VII. Ausserordentliche Ausgaben [13])	—	60 000	50 000	60 000	—	—	—
Insgesammt	8.992 736	10.262 167	10.145 660	10.605 305	9.707 315	[12])10.141 738	9.892 836
incl. der durchlaufenden Beträge	9.729 221	.	.	.	10.787 973	.	.
Ueberschuss der Einnahmen	1.756 948	1.914 374	1.941 716	1.776 375	1.966 557	2.026 702	2.210 699

[1]) darunter für Paketbesteller 18 043 Thlr. — [2]) nach dem Staatshaushalts-Etat. — [3]) darunter für Beförderung der Botenposten 86 287 Thlr. — [3]) darunter Remunerationen und Löhnungszuschüsse für Landbriefträger 555 120 Thlr. — [4]) der Beitrag war bis 1861 incl. 6 000, im letzten Jahre 8 000 Thlr. — [5]) für Beförderung nicht postzwangpflichtiger Güter. — [6]) Generalpostamt 74 178, Oberpostdirectionen 353 894, Oberpostamt in Hamburg 23 130, Localanstalten 1.504 865 Thlr. — [7]) bei der Centralverwaltung 77 953, Provinzialverwaltung 331 860, Localverwaltung 1.666 278 Thlr. für Besoldungen, sodann bei der Centralverwaltung 1 596 und bei der Provinzialverwaltung 38 443 Thlr. für andere persönliche Ausgaben. — [8]) für Beamte 24 000, 1856—57 jedoch 24 500 Thlr., Belohnungen an nicht zur Postverwaltung gehörige Personen 1 000 Thlr., der Rest dient zu Unterstützungen Pensionirter und Hinterbliebener. — [9]) darunter für Druckmaterialien 122 470, Inventar 69 584, Miethe 137 398, Agio 5 286, Gerichtskosten u. dgl. 1251 Thlr. — [10]) Aversa für abgelöste Portofreiheiten 210 Thlr., sonst Restitutionen aus der Einnahme. — [11]) mit Ystadt 13 200, Kopenhagen 32 927, Petersburg (resp. zwischen Memel und Hull) 73 831, Stockholm 28 410 Thlr. — [12]) nach Abrechnung von 24 800 Thlr., um welche die aus der Addition der wirklichen resp. etatmässigen Einzelbeträge sich ergebende Summe von der wirklichen Ausgabenhöhe abweicht, von der etatmässigen Ausgabe der 112 800 Thlr. — [13]) Verstärkung des Fonds zur Erbauung und Erhaltung der Posthäuser.

II. Der Telegraphenverkehr.

Ausser den im Juli 1849 etwa 300 Meilen langen, ausschliesslich für Eisenbahnzwecke dienenden Telegraphenlinien wurde früherhin nur ein amtlicher Telegraphenverkehr mittels optischer Telegraphen zwischen Berlin und Koblenz aufrecht erhalten, und derselbe bildete einen Dienstzweig des Kriegsministeriums. Die jährlichen Einnahmen waren laut Etat für 1849 auf

1 060 Thlr Miethe und 320 Thlr Pensionsbeiträge, die persönlichen Ausgaben auf 44 162 und die sächlichen auf 10 034 Thlr veranschlagt. Mit dem 1. Januar 1850 ging die Telegraphenverwaltung an das Handelsministerium über, welches nachträglich auch die wirklichen Ausgaben von 66 824 Thlr pro 1849 bestritt.

Noch im Laufe des Jahres 1849 erfuhr die Telegraphie in Ausführung des königlichen Erlasses vom 23. März 1849 durch Anlegung elektro-magnetischer Linien eine bedeutende Erweiterung, und aus der gestatteten Mitbenutzung derselben durch das Publicum gegen eine Depeschengebühr begann der Staatscasse eine Einnahme zuzufliessen, welche früher nicht bestand. Die 49 Etablissements der optischen Linie zwischen Berlin und Köln gingen ein, und nur die 11 Stationen zwischen Köln und Koblenz blieben einstweilen in Thätigkeit. Die Baukosten der neuen Anlagen wurden theilweise dem zu Land- und Wasserneubauten alljährlich bewilligten extraordinären Fonds entnommen, seit 1855 aber auf den Etat der Telegraphenverwaltung direct angewiesen.

Durch Vereinbarungen mit anderen Staaten des nördlichen Deutschlands wurde die Erweiterung des preussischen Telegraphennetzes sehr befördert, der Dienst vereinfacht und die Benutzung der Telegraphen durch das Publicum erleichtert.

A. Telegraphen-Anlagen.

Am 1. October 1849 wurden die Linien elektrischer Telegraphie zwischen Berlin und Aachen, zwischen Elberfeld und Düsseldorf und zwischen Berlin und Hamburg dem Publicum eröffnet; ihnen folgten am 15. October die Berlin-Stettiner Linie, am 24. October die Linie von Berlin nach Frankfurt a. M., am 1. December die Stationen Potsdam und Hamm und die Linie Halle-Leipzig, und so schnell ging seitdem der weitere Ausbau des Netzes vor sich, dass es am Schluss des Jahres 1861 bereits auf 1 135 Meilen Linienlänge sich erstreckte.

Wie hoch die Baukosten sich in den ersten Jahren beliefen, ist in den Staatshaushalts-Rechnungen nicht mitgetheilt. Dagegen enthält Tab. 210 die aus Staatscassen und anderen Fonds verfügbar gemachten Geldmittel, deren Summe bis Ende 1862 etwa 2½ Millionen Thlr beträgt.

(210.) Jahr	Am Schluss des Jahres standen in Betrieb: Telegr.-Linien: Anzahl	Länge der Linien-Meilen	Länge der Leitungen-Meilen	Telegr.-Stationen: I. Cl.	II. Cl.	III. Cl.	zusammen.	Anlagekosten der Staatstelegraphen: aus dem Land- u. Wasserneubaufonds bewilligt Thlr	extraordinär im Etat der T.-Verwaltung bewilligt Thlr	verschiedenen Einnahmen d. T.-Verwalt. entnommen Thlr	zusammen Thlr
1848	—	—	—	—	—	—	—	250 000	—	—	250 000
1849	6	246	246	.	.	.	27	130 000	—	—	130 000
1850	.	320	320	.	.	.	41	175 000	—	—	175 000
1851	.	413	413	.	.	.	.	165 279	—	—	165 279
1852	.	.	.	.	.	.	.	151 511	—	—	151 511
1853	16	506	816	.	.	.	50	40 000	—	94 617	134 617
1854	21	560	.	.	.	.	53	—	—	183 116	183 116
1855	27	611	1 410	.	.	.	[1]) 68	—	150 000	22 065	172 065
1856	37	712	1 671	17	64	11	[1]) 92	—	200 000	19 319	219 319
1857	40	781	1 947	16	57	27	[1]) 100	—	200 000	[4]) 13 473	213 473
1858	55	936	2 357	.	.	.	109	—	200 000	.	[7]) 200 000
1859	59	995	2 686	17	47	46	110	—	[2]) 200 000	[4]) 29	200 029
1860	69	1 040	2 944	17	44	61	122	—	100 000	[5]) 1 590	101 590
1861	80	1 135	3 308	17	44	75	[1]) 136	—	[3]) 120 000	.	[7]) 120 000
1862	102	1 351	3 756	17	48	126	191	—	[3]) 120 000	.	[7]) 120 000

[1]) laut den später erschienenen Veröffentlichungen, welche von den früheren etwas abweichen. — [2]) darunter zur Herstellung eines Telegraphen-Dienstgebäudes in Berlin 50 000 Thlr — [3]) desgl. je 20 000 Thlr — [4]) Kostenerstattungen u. s. w. — [5]) Rechnungsdefecte. — [6]) Entschädigung von der Ostbahn für Ueberlassung der Strecke Czerwinsk-Dirschau. — [7]) excl. der ordentlichen Ausgaben der Telegraphenverwaltung zur Vermehrung der Leitungen und dgl., deren Betrag nicht bekannt ist.

Die continuirliche General-Baurechnung über die Vermehrung der Telegraphen-Verbindungen weist zu Ende 1856, in welchem Jahre die Telegraphenverwaltung zum ersten Male einen besonderen Titel des Staatshaushalts-Etats bildete, ein Minus von 20 802 Thlr. nach. Rechnungsmässig verausgabt wurden 1857 140 372 Thlr., 1858 mindestens 175 638 Thlr., 1859 102 523 Thlr., 1860 76 417 Thlr.; zu Ende 1860 schloss die Rechnung mit einem Istbestande von 170 142 Thlr. ab.

Die von Berlin ausgehenden fünf Hauptrichtungen führten im Laufe der Jahre verschiedene Namen. Je nach der wichtigsten Endstation hiess die nordöstliche Linie Berlin-Bromberg oder -Danzig oder -Königsberg oder -Eydtkuhnen oder -Gumbinnen-Memel, die südöstliche Berlin-Breslau oder -Oderberg, die nordwestliche Berlin-Hamburg oder -Lübeck, die westliche Berlin-Verviers oder -Herbesthal oder -Saarbrück, die südwestliche Berlin-Frankfurt a. M. oder -Koblenz oder (1861 nach neuer Eintheilung) Berlin-Saarbrück. Ihre Drahtlänge wird, wie folgt, angegeben:

(211.) Jahr.	Drahtlänge der Staatstelegraphen-Leitungen:							
	Central-station Mln.	nordöstl. Linie Mln.	südöstl. Linie Mln.	nord-westl. Linie Mln.	westliche Linie Mln.	südwestl. Linie Mln.	zu-sammen Mln.	davon unter-irdisch Mln.
1851	1) 12,42	3) 77,90	5) 73,25	6) 38,00	9) 133,85	11) 116,17	451,60	881,7
1852	1) 12,42	3) 132,74	5) 155,89	7) 80,60	9) 311,84	11) 104,69	916,79	388,9
1853	1) 12,42	.	.	.	.	.	.	.
1854	1) 12,42	4) 162,2	154,9	8) 90,1	10) 460,6	154,7	1 055,12	46,9
1855	15,5	344,43	154,9	8) 126,80	495,03	287,70	1 424,16	.
1856	2) 12,8	382,4	264,7	8) 128,9	649,5	262,7	1 700,7	.
1857	13,70	507,63	344,00	140,10	667,35	273,65	1 946,40	.
1858	22,46	729,32	437,82	147,88	672,75	341,68	2 351,96	.
1859	27,96	776,74	473,00	169,19	801,21	621,56	2 670,26	.
1860	27,96	803,45	498,97	169,19	731,50	652,46	2 683,78	.
1861	27,95	682,33	798,98	218,07	778,07	807,69	3 302,70	.
1862	34,30	813,45	961,35	247,69	860,35	848,91	3 756,33	.

1) davon unterirdische Leitungen 12,42 Meilen. — 2) desgl. 6,1. — 3) desgl. 77,90. — 4) desgl. 24,2. — 5) desgl. 73,25. — 6) desgl. 38,00. — 7) desgl. 45,90. — 8) desgl. 6,5. — 9) desgl. 110,76. — 10) desgl. 8,6. — 11) desgl. 69,26 Mln.

B. Telegraphen-Verwaltung.

Die Telegraphen-Direction in Berlin, eine dem Generalpostamt untergeordnete Behörde, bildet die Spitze der Verwaltung; zu ihrem unmittelbaren Ressort gehört eine Telegraphenschule in Berlin. Unter ihr stehen 10 Telegraphen-Inspectionen, welchen eine Anzahl von Linien und Stationen zugetheilt ist. Jene Inspectionen sind:

I. **Berlin**: 1) die Centralstation Berlin mit den Stadtleitungen; 2) die Linie Berlin-Hamburg über Wittenberge und Hagenow; 3) deren Seitenlinie Büchen-Lübeck.

II. **Stettin**: 1) die Linie Berlin-Putbus über Stettin, Pasewalk, Anklam, Greifswald und Stralsund; 2) die Linie von Putbus nach Danzig über Wolgast, Swinemünde, Misdroy (während der Badesaison), Kammin, Treptow a. d. Rega, Kolberg, Köslin, Rügenwalde, Stolp, Lauenburg und Neustadt i. Pr.; 3) die Linie Stettin-Stargard; 4) Pasewalk-Angermünde über Prenzlau.

III. **Posen**: 1) von Berlin nach Graudenz über Frankfurt, Landsberg a. d. W., Bromberg und Thorn; 2) die Linie Frankfurt-Thorn bis Leibitsch über Soran, Glogau, Lissa, Posen, Gnesen und Inowraclaw; 3) von Posen nach Stargard über Kreuz; 4) die Linie Guben-Kottbus; 5) die Linie Krossen-Glogau über Grünberg, Neusalz und Beuthen a. O.

IV. **Königsberg:** 1) Pillau-Eydtkuhnen über Königsberg und Gumbinnen; 2) Gumbinnen-Polangen über Tilsit und Memel; 3) Königsberg-Danzig über Elbing; 4) Czerwinsk-Marienburg; 5) Dirschau-Bromberg über Kulm; 6) Marienwerder-Graudenz.

V. **Köln:** 1) von Minden nach Herbesthal über Oeynhausen, Bielefeld, Hamm, Dortmund, Essen, Duisburg, Düsseldorf, Köln, Düren, Stollberg und Aachen; 2) Münster-Arnsberg über Hamm und Soest; 3) von Duisburg bis zur holländischen Grenze über Wesel und Emmerich; 4) Düsseldorf-Barmen über Elberfeld; 5) Elberfeld-Solingen über Lennep und Remscheid; 6) Köln-Iserlohn über Siegen mit einer Station in Menden; 7) Köln-Honnef in der Richtung auf Neuwied; 8) Krefeld-Bonn über Gladbach, Neuss und Köln; 9) holländische Grenze (bei Mastricht), Eupen über Aachen.

VI. **Hannover:** 1) von Berlin bis Minden über Potsdam, Brandenburg a. H., Burg, Magdeburg, Oschersleben, Braunschweig und Hannover; 2) von Magdeburg nach Wittenberge; 3) Oschersleben-Ballenstedt über Halberstadt und Quedlinburg.

VII. **Koblenz:** 1) Bonn resp. Honnef-Saarbrücken über Neuwied, Koblenz und Kreuznach mit einer Station in Saarlouis; 2) von Koblenz nach Frankfurt a. M. mit Sommerstationen in Ems und Langenschwalbach; 3) Luxemburg-französische Grenze bei Sirk über Trier; 4) Wiesbaden-Bingerbrück; 5) Hechingen-badische Grenze über Sigmaringen.

VIII. **Frankfurt a. M.:** 1) von Erfurt bis Frankfurt a. M. über Gotha, Eisenach, Kassel, Marburg und Giessen; 2) von Gotha auf Sondershausen über Langensalza und Mühlhausen mit einer Station in Heiligenstadt.

IX. **Halle:** 1) Berlin-Erfurt über Jüterbock, Wittenberg, Dessau, Köthen, Halle a. S., Merseburg, Weissenfels, Naumburg und Weimar; 2) von Köthen nach Magdeburg; 3) von Kottbus nach Sondershausen über Torgau, Halle, Eisleben und Nordhausen; 4) von Eisleben nach Magdeburg über Aschersleben; 5) von Halle über Leipzig bis Korbetha; 6) von Jüterbock nach Riesa über Torgau; 7) von Weissenfels nach Gefell über Zeitz, Gera und Schleiz; 8) Neustadt a. d. Orla-Ranis.

X. **Breslau:** 1) von Sorau nach Seidenberg über Görlitz; 2) von Görlitz nach Waldenburg über Lauban, Greiffenberg, Hirschberg, Schmiedeberg in Schl. und Landeshut; 3) von Kohlfurt bis Oderberg über Liegnitz, Breslau, Oppeln, Kosel und Ratibor; 4) Kosel-Grenze bei Myslowitz über Slawentzitz und Gleiwitz; 5) von Glogau nach Ratibor über Polkwitz, Lüben, Liegnitz, Schweidnitz, Glaz, Neisse und Neustadt i. Obschl.; 6) Liegnitz-Löwenberg über Goldberg; 7) von Breslau bis Lissa; 8) Waldenburg-Kreuzburg über Salzbrunn (während der Badesaison), Schweidnitz, Breslau, Oels, Namslau und Konstadt; 9) Brieg-Neisse; 10) Hirschberg-Warmbrunn.

Bei der Telegraphen-Direction waren 1849 und in den ersten Jahren der Benutzung des Electromagnetismus folgende Beamtenstellen etatmässig:

	1849	1850	1851	1852	1853
Directionsmitglieder	1	2	2	3	2
Bureau- u. Rechnungsbeamte.	2	7	10	14	14
Kanzlisten	—	2	3	8	3
Kassenbeamte.	—	3	3	—	—
Techniker	—	3	2	2	2
Unterbeamte	1	2	2	4	4
Die Zahl der Inspectionsbeamten (Linienvorsteher, später Linieninspectoren) betrug beziehentlich..........	7	4	6	6	9
Der Stationsdienst beschäftigte:					
Stationsvorsteher.............	—	23	33	30	20
Assistenten.....................	5	46	54	47	46
Obertelegraphisten.	57	83	93	90	91
Untertelegraphisten...........	62	64	92	80	82
Reserveprobisten	22	3	5	10	10
Telegraphenboten..	8	20	37	37	33
Ueberhaupt..................	165	291	342	335	316

Mehrfache aus der Neuheit der ganzen Organisation entspringende Veränderungen brachten einiges Schwanken in den Einrichtungen der Verwaltung hervor; dasselbe blieb auch in späterer Zeit noch bemerklich. Uebrigens lehrt eine Vergleichung der Gesammtzahl der Angestellten laut obiger Uebersicht und nachstehender Tabelle, welche sich auf die Jahre 1854—62 bezieht, dass die Telegraphenverwaltung bisher mit einer gegen die ungemeine Ausdehnung des Netzes verhältnissmässig geringen Zunahme der Beamten ausgekommen ist.

(212.) Beamten-Classen.	Anzahl der laut den Staatshaushalts-Etats bei der Telegraphenverwaltung angestellten Personen								
	1854	1855	1856	1857	1858	1859	1860	1861	1862
a. Directionen:									
Directionsmitglieder	2	2	3	3	3	3	3	3	3
Bureau- und Rechnungsbeamte	16	15	16	16	19	28	38	38	38
Kanzlisten	3	3	4	4	4	2	2	2	3
technische Beamte	4	4	4	4	5	6	6	6	6
Lehrer	—	—	—	—	—	—	1	1	1
Unterbeamte	4	4	6	6	6	7	7	7	7
zusammen	29	28	33	33	37	46	57	57	58
b. Inspectionen:									
Ober-Telegraphen-Inspectoren [1])	9	9	9	9	9	10	10	10	10
Telegraphen-Inspectoren			8	8	8	7	7	7	7
zusammen	9	9	17	17	17	17	17	17	17
c. Stationen:									
Stationsvorsteher	20	27	—	—	—	—	—	—	—
Annahmebeamter in Berlin	—	1	1	1	1	1	1	1	1
Telegraphen-Secretäre [2])	48	48	92	101	95	86	86	86	86
Obertelegraphisten	93	104	122	197	218	230	230	230	240
Untertelegraphisten	87	89	121	160	157	159	199	199	209
Reserveprobisten	10	10	10	10	10	10	10	10	10
Telegraphenboten [3])	42	54	58	75	81	87	95	95	95
zusammen	303	333	404	544	562	573	621	621	641
Insgesammt	341	370	454	594	616	636	695	695	716
Am Schluss der Kalenderjahre waren **wirklich vorhanden**	338	403	529	567	583	637	679	705	774
und zwar Beamte	95	108	131	124	131	141	148	146	157
Unterbeamte	203	238	308	408	420	468	504	513	550
Probisten	40	57	90	35	32	28	27	46	67

[1]) bis 1855 Linieninspectoren. — [2]) desgl. Telegraphen-Assistenten. — [3]) werden speciell als Betriebsbeamte aufgeführt.

C. Materielle Leistungen der Telegraphie.

I. Anzahl der Depeschen.

Aus dem Jahre 1849 liegen vollständige Nachweisungen über den Depeschenverkehr nicht vor; auch die Unterscheidung zwischen Depeschen, welche innerhalb des preussischen Netzes befördert wurden, und den vom Auslande ein- oder dahin ausgehenden Telegrammen ist erst seit 1859 eingeführt worden. Die seitens der Verwaltung veröffentlichten Daten sind in Tab. 218 zusammengestellt. Man ersieht daraus, wie bedeutend die Benutzung der elektrischen Telegraphie durch die Erweiterung des Netzes und wiederholte Tarifermässigungen zugenommen hat.

(213.) Kalenderjahr.	Anzahl der beförderten Depeschen: gebührenfreie u. dgl.	Privatdepeschen im inneren Verkehr	Privatdepeschen im Verkehr mit dem Auslande	zusammen	darunter durch Vermittelung d. Eisenbahntelegraphen	Einnahme f. Privatdepeschen bei den preussischen Stationen Thlr	aus den Abrechnungen mit dem Auslande Thlr	durchschnittl. für jede Privatdepesche Thlr	Sgr
1849	.	.		.	—	11 085	—	.	
1850	14 813	20 504		35 317	—	73 790	—	3	18
1851	1) 11 094	28 878		39 972	—	72 829	8 708	2	25
1852	14 304	34 447		48 751	—	92 116	19 912	3	8
1853	14 766	70 095		84 861	—	169 738	14 708	2	27
1854	13 007	3) 102 474		115 481	—	291 205	35 116	3	6
1855	18 182	134 638		152 820	—	380 796	27 533	3	1
1856	19 372	202 039		221 411	—	518 311	48 110	2	24
1857	19 052	222 493		241 545	—	579 430	136 856	3	7
1858	17 948	229 254		247 202	3 104	439 397	270 613	3	3
1859	25 823	224 812	99 362	349 997	11 106	499 795	201 771	2	13
1860	29 885	239 781	114 069	381 335	15 619	517 092	260 584	2	6
1861	32 928	289 381	135 553	457 262	27 709	593 348	206 386	2	1
1862 2)	35 419	462 706	162 082	660 207	51 964	658 950	281 324	1	15

1) einschliesslich 1 103 fremdherrlicher Depeschen zum Gebührenbetrage von 4 351 Thlr — 2) nach vorläufiger Feststellung. — 3) darunter 12061 Durchgangsdepeschen von 313602 Worten.

Wie viel von diesem Depeschenverkehr auf die Hauptrichtungen fällt, ist aus nachstehender Tabelle ersichtlich; ausserdem sind dort die Kategorien der nicht privaten Depeschen angegeben.

(214.) Kalenderjahr.	Anzahl der beförderten Depeschen, aufgegeben an der Centralstation Berlin.	nordöstlichen Linie.	südöstlichen Linie.	nordwestl. Linie.	westlichen Linie.	südwestlichen Linie.	Unter den Depeschen befanden sich inländische Staatsdepeschen	fremdherrliche Staatsdepeschen	Eisenbahn-Depeschen
1851	11 098	8 084	4 801	3 778	8 627	7 584	4 454	1 103	5 537
1852	15 070	7 608	4 813	6 119	8 176	6 950	9 189	577	4 538
1853	26 071	12 242	8 079	13 003	13 848	11 918	1) 8 591	679	5 496
1854	33 500	16 331	10 673	20 502	19 976	14 490	8 480	776	3 751
1855	39 185	28 368	11 771	28 957	27 705	16 884	12 124	1 221	4 837
1856	58 652	42 086	18 228	32 509	30 137	29 708	13 777	1 512	4 083
1857	61 216	40 767	25 267	35 318	40 878	29 604	2) 12 920	1 870	4 282
1858	56 261	55 926	25 239	26 962	50 420	32 385	3) 14 446	1 979	1 523
1859	82 485	73 702	35 636	35 218	64 530	58 424	4) 21 832	2 799	1 192
1860	78 576	85 861	38 692	41 601	75 758	64 252	5) 25 946	2 868	1 571
1861	89 586	103 738	45 652	49 859	106 318	62 609	6) 28 185	2 672	1 521
1862	127 620	140 771	70 536	60 452	152 789	94 920	7) 30 795	2 858	1 766

1) ausserdem 300 internationale Staatsdepeschen. — 2) davon 5 924 Telegraphendienst-Depeschen. — 3) desgl. 8 135. — 4) desgl. 11 978. — 5) desgl. 16 246. — 6) desgl. 16 607. — 7) desgl. 17 974.

2. Länge der Depeschen.

Die während der Jahre 1853 und 54 beförderten gebührenfreien Depeschen enthielten durchschnittlich 26½, die Privatdepeschen 27½ Wörter. Nach ihrer Länge classiren sich die Telegramme folgendermaassen:

	1—20 Wörter	21—50 W.	51—100 W.	über 100 W.
1851	27 611	9 514	2 482	365
1852	34 678	10 473	3 269	331
1853	67 999	13 351	3 450	361
und zwar inländ. Staatsdep.	4 490	10 825	6 140	770
internationale Staatsdep.	36	151	93	20
fremdherrliche "	226	1 419	634	80
Eisenbahndepeschen	7 583	7 020	912	58
Privatdepeschen	117 953	13 923	1 413	131
ferner	1—25 W.	26—50 W.	51—100 W.	über 100 W.
1854	99 393	12 033	3 696	359
1855	132 798	14 479	4 947	596
1856	203 268	14 050	3 648	445
1857	223 469	13 092	3 725	359
1858, I. Quartal	38 106	3 379	602	41
zusammen	697 034	57 033	16 616	1 800
und zwar inl. St.-D. allein	2 304	3 691	2 260	160
Tel.-Dienstdep. besonders	5 620	1 598	181	12
beide 1854—58	13 949	12 985	6 872	575
fremdherrliche Staatsdep.	3 129	2 240	444	24
Eisenbahndepeschen	9 616	6 215	1 181	79
Privatdepeschen	662 416	31 204	5 380	950

endlich der heute bestehenden Eintheilung gemäss:

	1-20 W.	21-30 W.	31-40 W.	41-50 W.	üb. 50 W.
1858, II. bis IV. Quartal	140 262	40 680	8 164	3 862	3 606
1859	274 306	48 486	13 723	5 932	7 460
1860	320 210	41 176	12 646	4 271	6 032
1861	387 664	42 659	14 983	5 184	6 772
1862	571 786	55 197	18 791	5 865	8 658
zusammen	1.703 318	228 198	68 307	24 611	32 528
und zwar inländ. Staatsdep.	10 899	11 447	9 078	6 253	11 028
Telegraphendienst-Dep.	44 121	13 031	5 752	2 691	3 948
fremdherrliche Staatsdep.	5 308	3 816	1 409	717	878
Eisenbahndepeschen	1 962	2 066	1 389	769	929
Privatdepeschen	1.640 938	197 838	50 670	14 184	15 745

3. Antheil der Eisenbahntelegraphen am Depeschenverkehr.

Im Jahre 1861 beförderten 138 Telegraphen-Stationen an den vier Staatsbahnen (incl. Rhein-Nahebahn) ausser den eisenbahndienstlichen Depeschen 1 234 gebührenfreie und 28 528 Privatdepeschen für 18 031 Thlr. Gebühren, wovon 11 687 Thlr. (pro Meile Bahnlänge 54,3 Thlr. und pro Depesche 11,8 Sgr.) den Einnahme-Antheil der Bahnen bilden. 123 Stationen an 6 unter Staatsverwaltung stehenden Eisenbahnen beförderten 455 gebührenfreie und 23 398 Privatdepeschen für 13 602 Thlr., wovon 9 167 Thlr. (pro Meile Bahnlänge 57¾ Thlr., pro Depesche 11¼ Sgr.) Antheil der Bahnen. 118 Stationen an 6 Eisenbahnen unter Privatverwaltung beförderten 270 gebührenfreie und 17 723 Privatdepeschen für etwa 11 500 Thlr., wovon auf den Bahnantheil 6 801 Thlr. (pro Meile Bahnlänge 46,3 Thlr., pro Depesche 11,3 Sgr.) fallen. Sämmtliche 379 Stationen dieser Eisenbahnen beförderten demnach ausser den eisenbahndienstlichen 1 950 gebührenfreie und 69 649 Privatdepeschen, wofür den Bahnverwaltungen 27 655 Thlr. oder pro Bahnmeile 58,1 Thlr. und für jede beförderte Depesche 11,6 Sgr. zufielen; im Vorjahr hatten dieselben Linien 1 436 gebührenfreie und 43 696 Privatdepeschen befördert und dafür 16 914 Thlr. oder pro Depesche 11,2 Sgr. Einnahme bezogen.

Ausserdem wurden im zweiten Halbjahr 1861 bei der Berlin-Stargarder, der Berlin-Hamburger, der Magd.-Witt. und der Magd.-Leipz. Bahn, sowie im letzten Quartal 1861 bei der Berlin-anhalt. und der thüring. 100 gebührenfreie Staats- und 7 211 private Depeschen für etwa 4 600 Thlr. Gebühren befördert, wovon die Bahnverwaltungen 3 023 Thlr. oder pro Depesche durchschnittlich 12,3 Sgr. erhielten.

D. Finanzielle Ergebnisse der Telegraphenverwaltung.

Während der ersten Jahre ihrer Ausnutzung in Preussen erforderte die elektrische Telegraphie beträchtliche Zuschüsse aus allgemeinen Staatsfonds; indessen konnte schon von 1853 ab der grösste Theil der Kosten für Erweiterungsanlagen aus den Ueberschüssen der Verwaltung bestritten werden, und seit 1859 haben die letzteren sogar die durch das Bedürfniss neuer Anlagen veranlassten Ausgaben fortwährend und ansehnlich überschritten. Näheres weist Tab. 215 nach.

(215.) Kalenderjahr.	Wirkliche Einnahmen aus der Telegraphenverwaltung: für Beförderung von Depeschen	aus anderen Einnahmequellen	ausseretatmässig aus Verkäufen	überhaupt	Wirkliche Ausgaben für die Telegraphenverwaltung: Persönliche Betriebskosten	Sächliche und vermischte Betriebskosten	Persönliche Verwaltungskosten	Sächliche und vermischte Verwaltungskosten	Ausseretatmässige n. Ausgaben	Summe	Ausserordentliche Bewilligungen	Gesammtbetrag aller Ausgaben	Ueberschüsse (+) oder Zuschüsse (—) der Telegraphen-Verwaltung
	Thlr	Thlr	Thlr	Thlr	Thlr	Thlr	Thlr	Thlr	Thlr	Thlr	Thlr	Thlr	
1849 [1])..	11 685	63	—	11 748	.	.	.	.	.	[5]) 97 626	[6]) 103 270	200 896	— 189 138
1850....	[2]) 73 790	3 449	—	77 239	—	8 306	111 520	13 000	[4]) 360	133 290	?	?	— 56 001
1851....	81 627	2 856	—	84 483	406	16 980	115 407	25 059	[4]) 1 342	159 194	?	?	— 74 709
1852....	112 029	2 511	—	114 540	389	19 372	120 464	29 373	[4]) 4 396	173 994	?	?	— 59 453
1853....	204 446	5 498	—	209 944	9 614	115 717	106 347	34 921	—	266 689	[7]) 40 000	306 689	— 96 745
1854....	326 321	2 185	—	328 506	12 307	203 328	117 783	40 644	—	374 062	?	?	— 45 556
1855....	408 329	2 729	22 065	433 123	15 956	26 946	141 773	58 298	22 065	265 038	[8]) 150 000	415 038	+ 18 085
1856....	566 421	5 523	19 094	591 038	19 242	80 717	188 104	81 189	19 319	388 571	[8]) 200 000	588 571	+ 2 467
1857....	718 286	10 231	—	728 517	20 912	104 844	215 110	90 310	—	431 175	[8]) 200 000	631 175	+ 95 342
1858....	710 010	20 574	—	730 584	24 048	220 920	234 414	91 808	—	571 891	[8]) 200 000	771 891	— 41 307
1859....	790 565	17 956	—	808 521	29 216	171 412	245 571	105 119	—	551 317	[8]) 200 000	751 317	+ 57 204
1860....	777 676	13 425	—	791 101	30 963	179 654	261 991	115 171	—	587 769	[8]) 100 000	687 709	+ 103 392
1861....	859 734	16 049	—	875 783	.	.	.	.	.	588 998	[8]) 120 000	708 998	+ 166 785
1862 [3])..	940 274	14 277	—	954 551	273 724	210 114	38 747	167 481	—	690 067	[8]) 120 000	810 067	+ 144 484

[1]) vom 1. October bis 31. December. — [2]) incl. 2 463 Thlr Bestellgelder bis Ende September. — [3]) nach dem vorläufigen Abschlusse mit Abänderung der früheren Bezeichnungen. — [4]) Baukosten und Restitutionen, welche später unter den vermischten Verwaltungskosten erscheinen. — [5]) Unter den Betriebs- u. dgl. Kosten der Einnahmezweige des Handelsministeriums stehen in der allgemeinen Rechnung über den Staatshaushalt 66 824 Thlr zu leistende Ausgabe »für die Telegraphie«; davon war 1849 nichts, der ganze Rest vielmehr 1850 bezahlt worden. Aus den beim statistischen Bureau befindlichen Quellen kann die Abweichung dieser Zahl von der obigen nicht ergründet werden. — [6]) Unter den Kosten der Ausgaben auf Veranlassung der neueren Zeitereignisse wurden »zur Einrichtung einer elektro-magnetischen Telegraphenlinie« 85 692, im folgenden Jahre mit dem Beisatz »nach Köln und Frankfurt a. M.« 15 677, endlich 1851 noch 1 891 Thlr verausgabt; die Summe dieser Beträge ist oben als ausserordentliche Bewilligung für 1849 eingestellt. — [7]) aus den Fonds des Handelsministeriums für Land- und Wasserneubauten. — [8]) extraordinär im Staatshaushalts-Etat zu neuen Anlagen behufs Vermehrung der Telegraphen-Verbindungen und für ein Telegraphen-Dienstgebäude angewiesen; es ist hier auf die wirkliche Verwendung oder Nichtverwendung dieser Gelder keine Rücksicht genommen.

III. Eisenbahnverkehr.

Ohne auf Detailprüfung der mit grosser Sorgfalt gesammelten Zahlen einzugehen, theilen wir im Folgenden lediglich die Hauptangaben über den Eisenbahnverkehr von 1859—61 nach den amtlichen statistischen Nachrichten von den preussischen Eisenbahnen mit. Es ist jedoch nöthig, zu bemerken, dass diese Nachrichten einerseits sich auf solche Bahnen beziehen, deren Verwaltungen sich innerhalb des preussischen Staates befinden, gleichviel ob mehr oder weniger davon im Auslande liegt, und dass anderseits die kurzen, vom grösseren Verkehr seitab gelegenen Linien in die Nachweisung nicht aufgenommen sind.

A. Betriebsmittel.

	1859	1860	1861
Bahnlänge am Schluss des Jahres.. Mln.	673,042	742,561	777,769
Durchschnittliche Betriebslänge.... "	638,717	724,099	747,903
1. Maschinen.			
a) Vorhandene Locomotiven..........	1 259	1 362	1 440
Locomotiven im Betriebe	1 228	1 317	1 401
deren Leistungsfähigkeit... Pferdekräfte	271 985	297 645	322 651
desgl. im Durchschnitt für jede Locomotive.......... "	221	226	230
b) Anzahl der Tender	1 224	1 311	1 379
davon 6rädrige........................	1 186	1 279	1 354
" 4 "	38	32	25
c) Locomotiv-Feuerung:			
Holzverbrauch .... Klafter	9 625,4	8 844,6	8 149,5
Koks- und Kohlenverbrauch....... Ctr	4.894 958	5.401 134	6.128 642
Kosten........................... Thlr	1.774 428	1.672 035	1.567 403
d) Reparatur-Kosten:			
für Ersatzstücke.................. "	1.538 458	500 568	631 852
" Material und Arbeitslohn...... "		926 205	954 469
zusammen nach Abzug der Verwerthung des alten Materials .... "	1.331 287	1 313 662	1.422 701
zusammen pro Meile Bahnlänge... "	2 084	1 814	1 867
e) Schmieren und Putzen:			
Materialverbrauch an Oel, Talg, Fett, grüner Seife u. s. w............. ℔	1.226 603	1.300 713	1.430 510
Kosten für Material............... Thlr	267 773	274 815	284 267
" " Arbeitslohn .... "	185 574	202 417	219 104
f) Neubeschaffungen v. Locomotiven:			
Zahl der Locomotiven....................	59	124	93
gesammte Heizfläche im Feuerkasten und den Rohren.................... □Fuss	52 098	110 876	87 162
mittlere Heizfläche pro Locomotive "	883	894	937
desgl. pro Pferdekraft........... "	3,43	3,46	3,34
Eigengewicht ohne Wasser u. Koks Zoll-Ctr	31 693	65 622	50 572
desgl. im Durchschnitt........... "	537,2	529,2	543,0
Grösstmöglicher Effect ..... Pferdekräfte	15 183	32 036	24 852
desgl. im Durchschnitt ..... "	257,3	258,35	267,93
Beschaffungskosten excl. Tender..... Thlr	825 730	1.729 596	1.271 130
desgl. im Durchschnitt pro Locomotive "	13 995	13 948	13 668
" pro Pferdekraft................ "	54,4	53,89	51,71
2. Personenwagen.			
a) Anzahl der Personenwagen.......	1 975	2 091	2 157
darunter 4rädrige......................	331	386	436
" 6 "	1 605	1 669	1 704
" 8 "	39	36	17

	1859	1860	1861
b) Achsen	5 633	5 923	6 052
„ pro Meile Bahnlänge	8,4	8,0	7,8
c) Sitzplätze	95 742	101 916	105 562
„ pro Meile Bahnlänge	142,3	137,4	135,7
„ „ Achse	17,0	17,2	17,4
davon I. Classe	6 152	6 339	6 601
„ II. „	22 354	23 980	24 296
„ III. „	52 744	57 245	57 597
„ IV. „	14 492	14 352	17 068
d) Eigengewicht Ctr.	335 523	359 997	373 987
„ pro Achse „	59,6	60,8	61,8
„ „ Sitzplatz „	3,5	3,5	3,6
e) Wagen mit Bremsvorrichtungen	1 025	1 066	1 185
gebremste Achsen	2 280	2 386	2 499
f) Anschaffungskosten:			
Kosten der Neubeschaffung im Ganzen Thlr.	5.417 702	5.788 374	5.926 530
pro Meile Bahnlänge „	8 050	7 795	7 620
„ Achse durchschnittlich „	962	977	979
„ Sitzplatz „	58,6	56,8	56,1
g) Reparatur-Kosten:			
für Ersatzstücke „	123 802	106 982	106 793
„ die übrige Reparatur „	282 995	272 943	261 171
zusammen nach Abzug der Verwerthung des alten Materials „	388 825	356 893	350 850
zusammen pro Achse „	70,2	61,0	58,0
„ „ Sitzplatz „	4,1	3,5	3,3
„ Procent der Beschaffungskosten	7,3	6,2	5,9
h) Schmieren und Putzen:			
Verbrauch an Schmieröl, Talg, grüner Seife u. dgl. Pfd.	193 377	197 592	192 079
Kosten incl. Arbeitslohn Thlr.	58 213	63 618	58 934
3. Gepäck- und Güterwagen.			
a) Gepäckwagen	489	543	561
davon 4 rädrig	86	136	158
„ 6 „	376	405	401
„ 8 „	27	2	2
Achsen der Gepäckwagen	1 408	1 495	1 527
b) Güterwagen: bedeckte	7 199	7 726	8 183
davon 4 rädrig	5 094	5 535	5 914
„ 6 „	1 508	1 572	1 658
„ 8 „	597	619	611
offene	13 460	14 344	16 240
davon 4 rädrig	11 237	12 128	13 990
„ 6 „	1 953	1 934	1 959
„ 8 „	270	282	291
Gesammtzahl der Achsen	46 513	49 448	54 267
„ „ „ pro Mle. Bahnlänge	69,1	66,6	69,6
c) Pferde- und Viehwagen	847	1 008	1 007
davon 4 rädrig	746	834	839
„ 6 „	85	158	162
„ 8 „	16	16	16
Achsen	1 811	2 206	2 198
d) Arbeitswagen	822	858	937
davon 4 rädrig	716	764	847
„ 6 „	102	92	88
„ 8 „	4	2	2

	1859	1860	1861
Achsen	1 754	1 812	1 966
e) Gesammtzahl der Fahrzeuge (excl. Postwagen)	22 817	24 479	26 928
Achsen unter sämmtlichen Wagen	51 486	54 901	59 958
" pro Meile Bahnlänge	76,3	74,0	77,1
f) Eigengewicht d. Wagen incl. Achsen und Räder:			
Gepäckwagen Ctr.	83 622	94 187	96 602
bedeckte Güterwagen "	931 010	1.001 250	1.061 829
offene " "	1.271 814	1.381 053	1.582 975
Pferde- und Viehwagen "	84 390	107 671	109 085
Arbeitswagen "	50 391	52 848	57 723
zusammen "	2.421 127	2.636 915	2.908 124
im Durchschnitt pro Achse der Gepäckwagen "	59,3	63,0	63,2
bedeckten Güterwagen "	54,4	54,8	55,2
offenen Güterwagen "	43,2	44,3	45,2
Pferde- und Viehwagen "	46,6	48,8	49,5
Arbeitswagen "	28,7	29,2	29,4
im Durchschnitt für jede Achse "	47,0	48,0	48,4
g) Ladungsfähigkeit:			
Gepäckwagen "	64 233	70 189	72 404
bedeckte Güterwagen "	928 916	1.017 127	1.062 782
offene " "	1.808 912	2.102 740	2.477 296
Pferde- und Viehwagen "	86 444	116 748	122 287
Arbeitswagen "	76 231	80 177	86 917
zusammen "	3.054 736	3.386 981	3.841 645
im Durchschnitt pro Achse der Gepäckwagen "	45,6	46,9	47,4
bedeckten Güterwagen "	54,3	55,7	56,3
offenen " "	64,6	67,4	70,7
Pferde- und Viehwagen "	47,7	52,9	55,6
Arbeitswagen "	43,5	44,2	44,8
im Durchschnitt für jede Achse "	59,3	62,0	64,2
" " pro Meile Bahnlänge "	4 539	4 561	4 989
h) Bremsvorrichtungen:			
mit Bremsen versehene Wagen	7 015	7 403	8 222
gebremste Achsen	14 193	14 794	16 573
davon an Gepäckwagen	992	1 113	1 792
" " Güterwagen	12 590	13 179	14 769
" " Pferde- und Viehwagen	325	373	369
" " Arbeitswagen	286	310	354
i) Anschaffungskosten:			
Neubeschaffung sämmtlicher Wagen incl. Achsen und Räder Thlr.	25.004 193	27.008 916	29.402 041
im Durchschnitt pro Meile Bahnlänge "	37 151	36 372	37 817
" " " Achse "	486	491	490
k) Reparaturkosten:			
für Ersatzstücke "	385 542	253 910	314 707
" die übrigen Reparaturen "	677 850	685 113	690 [illegible]
zusammen nach Abzug der Verwerthung des alten Materials "	1.005 748	921 227	970 446
zusammen pro Achse "	19,5	16,8	16,2
" in Proc. der Beschaffungskosten	4,0	3,4	3,3
l) Schmieren und Putzen:			
Verbrauch an Oel, Talg, Seife u. dgl. Ctr.	803 315	777 617	824 573
Kosten incl. Arbeitslohn Thlr.	211 014	197 008	191 160

B. Betriebsergebnisse.

	1859	1860	1861
Betriebslänge der Eisenbahnen ..... Mln.	638,717	724,998	747,903
1. Leistungen der Transportmittel.			
a) Locomotiven.			
Von den Locom. zurückgelegte Wege Mln.	3.091 102	3.506 049	3.955 398
davon in Schnell-, Personen-, Güter- und gemischten Zügen .... »	2.645 843	3.123 314	3.358 870
davon vor Arbeits- u. Materialienzügen »	97 673		
» Wege vorgelegter Reservemaschinen .... »	131 053	124 404	184 339
» leer und beim Rangiren der Züge »	216 533	348 331	412 189
» als Nutzmeilen in Berechnung gezogen................... »	2.903 790	3.247 718	3.518 585
Nutzmeilen im Durchschnitt für jede im Dienst gewesene Locomotive. »	2 395	2 488	2 511
Züge, über die ganze Bahn befördert, im Durchschnitt	4 467	4 465	4 630
mittlere Zahl der täglichen Züge	12,2	12,3	12,7
durchschnittl. Stärke aller Züge: Achsen.	40	41	42
Jede Pferdekraft förderte durchschnittlich in einem Zuge ..... »	0,18	0,18	0,18
Achsmeilen wurden durchlaufen:			
von Tendern .... Mln.	8.529 672	9.695 962	10.513 124
» Personenwagen.............. »	19.904 421	22.393 408	24.202 558
» Gepäck-, Güter- u. Arbeitswagen »	91.853 972	105.966 438	117.589 662
» Postwagen.................. »	3.161 442	3.723 861	3.875 868
zusamm. excl. Maschinen u. Tender »	114.919 835	132.083 707	145.668 088
Brennmaterial-Verbrauch:			
Holz pro Nutzmeile......... Kubikfuss	0,36	0,29	0,26
Koks und Kohlen brutto desgl...... ℔	169,10	167,63	174,16
desgl. pro Wagen-Achsmeile .... »	4,2	4,1	4,1
Kosten der Feuerung pro Nutzmeile Sgr	18,3	15,8	13,4
desgl. pro Wagen-Achsmeile.......... ₰	5,5	4,5	3,8
Kosten der Reparaturen pro Nutzmeile Sgr	13,7	12,1	12,1
» für Schmieren und Putzen desgl. »	4,7	4,4	4,3
Gesammtkosten für Unterhaltung und Reparatur pro Wagen-Achsmeile ..... ₰	5,3	4,9	4,7
b) Personenwagen.			
Durchlaufene Achsmeilen der Personenwagen:			
auf eigener Bahn................ Mln.	17.205 251	18.706 813	20.248 202
» fremden Bahnen .... »	2.184 035	3.001 418	3.615 164
fremder Wagen auf der Bahn. »	2.699 170	3.686 695	3.954 356
überhaupt auf eigener Bahn pro Meile Bahnlänge (specifische Achsenfrequenz)............. »	31 168	30 926	32 361
jede Achse durchlief im Mittel »	3 578	3 735	3 988
Kosten für Reparaturen pro Achsmeile ₰	7,1	5,9	5,2
desgl. für Schmieren und Putzen..... »	1,03	1,02	0,66
c) Güterwagen aller Art.			
Achsmeilen, von Gepäck-, Güter- und Arbeitswagen auf eigener Bahn durchlaufen .... Mln.	59.209 469	67.440 862	73.006 452

	1859	1860	1861
Achsmeilen der Gepäck- und Güterwagen auf fremder Bahn Mln.	31.687 640	37.593 980	45.927 795
" der Postwagen .... "	3.161 442	3.723 861	3.875 868
" von fremden Gepäck- und Güterwagen auf der Bahn durchlaufen .... "	32.808 893	38.846 443	45.942 708
" überhaupt pro Meile Bahnlänge, von eigenen und fremden Wagen (excl. Postwagen) auf der Bahn durchlaufen .... "	143 810	147 467	157 226
davon durchschnittl. leer zurückgelegt "	69 209	72 259	74 486
" " beladen " "	74 601	75 208	82 740
Jede Achse machte durchschnittlich Achsmeilen .... "	1 780	1 911	1 984
Kosten der Reparaturen pro Achse und Meile .... Sgr	4,0	3,3	2,9
" des Schmierens u. Putzens desgl. "	0,8	0,66	0,58
2. Personen-Beförderung.			
Befördert wurden:			
Personen in I. Classe	347 850	395 420	422 875
" " II. "	3.372 396	3.776 739	3.933 920
" " III. "	10.082 855	11.166 442	11.915 379
" " IV. "	5.900 720	5.939 413	6.479 539
Militärs, Auswanderer u. s. w.	910 199	520 413	616 105
Personen überhaupt	20.614 020	21.798 427	23.367 218
Befördert sind im Durchschnitt auf jeder Personenwagen-Achse	3 719	3 728	3 861
desgl. auf jedem Sitzplatz	219	216	221
Jeder Reisende durchfuhr durchschnittlich:			
in I. Classe .... Mln.	8,7	9,2	9,8
" II. " .... "	7,6	8,0	8,1
" III. " .... "	4,6	4,8	4,5
" IV. " .... "	3,7	4,0	4,1
Militärs u. s. w. .... "	9,6	9,7	9,8
überhaupt .... "	5,1	5,3	5,6
Summe aller zurückgelegten Personenmln.	106.161 659	115.647 359	126.185 029
desgl. pro Meile Bahnlänge	166 211	159 712	168 716
Von den Sitzplätzen waren durchschnittlich benutzt .... %	31,2	30,2	29,9
Jede bewegte Achse war durchschnittlich besetzt mit .... Personen	5,3	5,8	5,7
3. Gepäck- und Güterbeförderung.			
Gewicht des beförderten Gepäcks, Ctr	1.638 393	1.909 812	1.982 492
Zurückgelegte Centnermeilen .... Mln.	18.821 640	22.664 513	23.167 679
Gewicht des beförderten Frachtguts Ctr	244.264 267	288.271 890	332.447 406
darunter:			
Postgut .... "	410 832	463 676	470 910
Eilgut .... "	2.054 873	2.235 582	2.499 771
Normalclasse incl. sperrigen Gutes "	35.692 026	37.760 036	40.414 316
Kohlen und Koks .... "	206.106 536	247.772 596	154.625 324
Frachtgut der ermässigten Classen. "			134.437 085
Durchschnittl. legte jeder Centner zurück:			
Postgut .... Mln.	7,5	8,1	7,7
Eilgut .... "	11,9	12,2	12,6
Normalclasse .... "	14,2	14,3	13,4

	1859	1860	1861
Kohlen und Koks .... Mln.	7,5	7,6	6,6
ermässigte Classen .... »			9,9
Frachtgut überhaupt .... »	8,5	8,5	8,8
Zurückgelegte Centnermln. des Frachtguts	2079.429 742	2445.654 054	2933.022 789
dergl. pro Meile Bahnlänge...............	3.255 636	3.408 478	3.921 662
Gewicht des beförderten Dienst- und Bauguts.......................... Ctr.	21.694 915	34.201 389	28.210 786
zurückgelegte Centnermeilen...............	111.741 544	142.345 070	137.914 658
Anzahl der beförderten Equipagen ...	4 161	4 794	4 640
Gewicht derselben .... Ctr.	76 753	92 902	90 667
zurückgelegte Centnermeilen...............	1.138 168	1.329 625	1.401 621
Anzahl der beförderten Pferde........	52 252	42 449	59 666
deren Gewicht .... Ctr.	367 480	297 652	407 272
zurückgelegte Centnermeilen...............	5,705 345	4.081 509	5.936 589
Anzahl der beförderten Hunde..........	62 940	73 449	74 944
deren Gewicht......................... Ctr.	11 529	13 759	13 813
zurückgelegte Centnermeilen	79 404	96 300	95 677
Stückzahl sonstigen beförderten Viehes.	2.309 232	3.190 096	3.294 678
dessen Gewicht........................ Ctr.	3.483 967	4.720 991	4.968 874
zurückgelegte Centnermeilen..............	43.138 365	65.792 974	64.619 747
Gesammte Nettoladung .... Ctr.	271.537 304	329.608 395	368.121 310
für jede vorhandene Lastwagen-Achse »	5 268	6 996	6 140
» jeden Centner Ladungsfähigkeit der Wagen .... »	89	97	96
Jeder Centner durchlief durchschnittl. Mln.	8,2	8,1	8,6
Centnermeilen durchschnittlich pro Achse	43 857	48 798	52 806
dergl. pro Meile Bahnlänge...............	3.589 428	3.782 387	4.233 382
Durchschnittliche Belastung jeder bewegten Achse .... Ctr.	24,6	25,8	26,9
Beförderte Nettolast in Procenten der Maximalbelastung.........................	41,3	40,8	42,1
4. Ausnutzung der Transportmittel.			
Massenbeförderung, auf eine Meile reducirt:			
Personen (à 1½ Ctr.) .... Ctr.-Mln.	159.242 492	173.471 040	189.277 544
Güter incl. Gepäck und Vieh »	2260.054 198	2681.961 045	3166.158 760
Eigengewicht der Personenwagen .... »	1189.484 392	1367.680 411	1501.794 966
Gepäck-, Güter- u. dgl. Wagen »	4386.637 548	5128.059 114	5819.407 443
Postwagen .... »	198.543 675	239.802 224	242.726 209
Locomotiven.................... »	1476.517 896	1709.314 618	1848.256 938
Tender .... »	899.609 386	1065.922 720	1146.983 866
Geförderte Gesammt-Bruttolast »	10570.089 589	12356.214 172	13914.605 726
Bruttolast pro Meile Bahnlänge ...... Ctr.	16.648 940	17.064 261	18.604 827
» pro Nutzmeile............. »	3 705	3 822	4 018
» für jede Pferdekraft der in Betrieb befindlichen Locomotiven.. »	38 863	41 513	43 126
5. Eintheilung und Anordnung der Züge.			
Bahnlänge, für welche Angaben vorliegen .... Mln.	707,603	750,268	776,947
Mittlere Jahres-Betriebslänge ...... »	676,892	731,049	764,108
Anzahl der Eisenbahnzüge:			
fahrplanmässige Schnellzüge...........	23 116	22 906	23 104
» Personenzüge	76 989	85 181	92 583
» gemischte.............	41 981	43 658	44 780
» Güterzüge	83 516	94 270	101 777

	1859	1860	1861
davon wurden unterbrochen: Schnellzüge .	22	8	5
" " " Personenzüge	31	25	53
" " " gemischte ...	15	36	75
" " " Güterzüge...	818	893	334
und es fielen ganz aus: Schnellzüge.....	5	8	7
" " " Personenzüge ..	60	81	118
" " " gemischte.......	19	12	17
" " " Güterzüge	8 339	7 434	9 034
Extrazüge: Schnellzüge.................	224	171	423
" Personenzüge	1 515	1 651	1 918
" gemischte......................	803	194	307
" Güterzüge.....................	15 965	18 489	22 191
Gesammtzahl der Dampfwagenzüge......	235 136	258 985	277 907
Jede Meile Bahn wurde täglich im Durchschnitt befahren	10,6	10,9	11,2
Zugmeilen-Zahl aller Züge:			
fahrplanmässig.................... Mln.	2.560 671	2.795 592	2.966 118
davon ausgefallen .... "	110 837	90 071	97 135
Extrafahrten....................... "	179 944	199 681	252 797
Summe der wirklich zurückgelegten "	2.630 278	2.905 202	3.121 780
davon in Schnellzügen .... "	404 600	426 328	448 587
Personenzügen............ "	956 948	1.052 882	1.128 986
gemischten Zügen........ "	352 945	382 036	390 549
Güterzügen .... "	915 785	1.048 956	1.153 658
durchschnittl. Weglänge jedes Zuges "	11,19	11,22	11,23
Fahrtdauer einschliesslich des Aufenthalts auf den Zwischenstationen:			
Schnellzüge .... Stunden	71 627	75 349	78 099
Personenzüge............... "	226 833	247 239	261 480
gemischte Züge .... "	114 284	121 472	127 715
Güterzüge................... "	418 697	483 490	541 300
Insgesammt .... "	831 441	927 550	1.008 594
Die Züge legten durchschnittlich excl. des Aufenthalts auf den Zwischenstationen in jeder Stunde zurück:			
Schnell- und Curierzüge ...... Mln.	6,4	6,5	6,6
Personenzüge .... "	5,2	5,2	5,2
gemischte Züge .... "	4,1	4,1	4,0
Güterzüge....................... "	3,2	3,1	3,0
überhaupt .... "	4,2	4,2	4,2
incl. des Aufenthalts auf den Stationen "	3,2	3,1	3,1
Betriebseinnahmen excl. der extraordinären pro Zugmeile .... Sgr.	12,2	12,7	13,2
Reine Betriebsausgaben desgl. .... "	6,1	5,9	5,9

C. Betriebsstörungen und Unglücksfälle.

1. Unfälle mit Personenverletzung beim eigentlichen Eisenbahnbetriebe.	1859	1860	1861
Anzahl der Unglücksfälle	181	187	208
a) Reisende:			
ohne eigene Verschuldung bei einem Unfall des Zuges während der Fahrt getödtet.	—	—	3
desgl. verletzt ohne tödtlichen Ausgang. .	—	3	8

	1859	1860	1861
in Folge eigener Unvorsichtigkeit beim Benutzen, Besteigen und Verlassen der Züge verletzt	2	3	4
zusammen	2	5	15
Von je 1 Million Reisender wurden beschädigt	0,019	0,043	0,119
b) Bahnbeamte und Bahnarbeiter:			
unverschuldet durch Unfälle der Züge während der Fahrt getödtet	5	3	1
desgl. verletzt ohne tödtlichen Ausgang	4	16	21
durch unzeitiges oder unvorsichtiges Besteigen oder Verlassen der Fahrzeuge getödtet	14	18	5
desgl. verletzt	21	27	4
durch eigene Unvorsichtigkeit beim Wagenschieben u. Rangiren der Züge getödtet	24	10	33
desgl. verletzt	28	34	30
durch unzeitigen Aufenthalt auf den Gleisen, namentlich Ueberschreiten derselben getödtet	20	21	16
desgl. verletzt	7	7	8
durch sonstige unvorsichtige Handhabung des Dienstes getödtet	—	1	14
desgl. verletzt	24	16	25
Summe	147	147	157
Procent der für Beförderung der Züge und Ueberwachung der Bahn angestellten Beamten	0,797	0,762	0,742
c) Dritte Personen:			
in Folge eigener Unvorsichtigkeit beim Betreten der Bahn u. s. w. getödtet	14	23	15
desgl. verletzt	4	5	9
bei absichtlichem Aufsuchen des Todes getödtet	13	16	34
desgl. verletzt	2	—	4
Summe	33	44	62
d) überhaupt getödtet	90	87	113
überh. verletzt ohne tödtlichen Ausgang.	92	109	111
2. Unfälle mit Personenverletzung ausserhalb des eigentlichen Bahnbetriebes.			
Anzahl der Unglücksfälle	21	12	15
Bahnbeamte und Bahnarbeiter, welche bei Neubauten, Werkstattsarbeiten u. a. mit dem Betriebe nicht direct zusammenhangenden Geschäften getödtet wurden	5	3	3
desgl. verletzt ohne tödtlichen Ausgang	16	12	15
Summe der beschädigten Personen	21	15	18
Von je 1000 beschäftigten Beamten u. Arbeitern wurden beschädigt	0,31	0,23	0,27
3. Bemerkenswerthe Folgen von Ereignissen auf der Bahn.			
Entgleisungen	100	125	92
Zusammenstösse	32	35	42

	1859	1860	1861
erhebliche Beschädigung von Fahrzeugen	28	85	43
unerhebliche " " "	45	19	44
Tödtung von Personen auf dem Zuge	3	3	4
" " " sonst	10	3	2
Verletzung von Personen auf dem Zuge	5	18	27
" " " sonst	3	1	2
Tödtung von Thieren auf dem Zuge	4	—	2
" " " sonst	32	16	27
Verletzung von Thieren auf dem Zuge	—	27	6
" " " sonst	1	2	5
Verspätungen:			
fahrplanmäss. Schnellzüge über 10 Min.	1 050	1 604	1 930
" Personenzüge " 20 "	1 219	1 643	2 060
" gemischter Züge " 30 "	926	885	1 166
" Güterzüge " 60 "	1 067	1 207	2 129
solcher Art zusammen	4 262	5 339	7 285
davon auf der eigenen Bahn	3 240	3 157	4 734
" Uebertragungen v. Anschlussbahnen	1 022	2 182	2 551
Procent jener Verspätungen von der Zahl sämmtlicher Züge	1,9	2,1	2,0
Dauer jener Verspätungen in Stunden	4 397	4 965	8 092
davon auf der eigenen Bahn ..... Stunden	3 855	4 026	6 929
" bei Uebertragungen von Anschlussbahnen "	542	940	1 163
Procent der Verspätungsdauer von der Fahrzeit incl. Aufenthalt bei allen Zügen	0,5	0,6	0,8
4. Veranlassungen von Betriebsstörungen.			
Atmosphärische Einflüsse: Nebel	1	1	6
Schnee	14	27	87
Wind	1	7	26
anderer Art	—	4	10
Hindernisse auf der Bahn:			
zufällige	36	18	19
absichtlich bereitete	3	2	—
aus Nachlässigkeit im Dienst	12	—	8
Falsche Handhabung:			
der optischen Signale	2	3	8
" elektrischen Signale	1	1	—
" Weichen	19	11	20
bei Führung der Locomotiven	5	21	22
anderer Betriebseinrichtungen	4	12	9
Mangelhafter Zustand der Bahn:			
des Unterbaues	4	20	18
" Oberbaues	—	2	9
der Weichen	5	12	4
anderer Constructionstheile	—	18	13
Schadhaftwerden der Locomotiven und Tender: der Achsen	4	20	19
der Räder	29	2	14
" Federn	22	13	13
" Siederohre	156	88	74
anderer Theile	344	109	97
unbekannt	—	125	124
Schadhaftwerden der Wagen: der Achsen	75	41	35
der Räder	85	11	87
" Federn	24	11	10

	1859	1860	1861
der Bremsen	11	7	5
„ Kuppelungen	41	28	29
anderer Theile	17	3	10
unbekannt	—	9	14
Unbekannte Ursachen v. Betriebsstörungen	59	63	37
Anlässe zu Verspätungen insbesondere:			
Abwarten von Anschlusszügen	1 288	2 162	2 540
„ anderer Züge der eignen Bahn	631	726	1 136
„ von Posten, Steuer- u. Passrevisionen	289	245	149
„ von Kreuzungen	745	540	973
Unregelmässigkeit im Fahrdienste	3 198	3 679	5 281
Atmosphärische Einflüsse	966	1 002	1 481
Hindernisse auf der Bahn	139	200	196
Falsche Handhabung der Signale u. dgl.	10	6	1
Mangelhafter Zustand der Bahn	98	61	120
Schadhaftwerden der Locomotiven	344	329	356
„ „ Wagen	60	64	105
zusammen	7 768	9 024	12 338
5. Achsbrüche:			
unter Locomotiven	5	9	13
„ Tendern	3	6	5
„ Personenwagen	3	2	1
„ Güterwagen	98	32	32
„ Wagen ausländischer Bahnen	6	11	4
zusammen	115	60	55
davon mit Bremsenwirkung auf die Räder	26	17	26
Achsbrüche wurden bemerkt bei voller Fahrt mit Personenbeförderung	5	4	10
desgl. mit Güterbeförderung	10	12	13
desgl. anderweit	—	—	1
bei verminderter Geschwindigkeit	2	8	2
„ Stoss und Entgleisung	1	2	2
„ Revisionen und Reparaturen (incl. in Werkstätten zerbrochener)	85	20	10
beim Schieben auf Bahnhöfen u. dgl.	4	2	8
„ Passiren von Weichen u. Curven	2	12	6
unbekannt	6	—	3

D. Finanzresultate.

	1859	1860	1861
Betriebslänge ... Meilen	645,376	721,337	749,244
1. Einnahmen:			
a) für Personen-Beförderung:			
im Localverkehr jeder Bahn ... Thlr.	[1] 7.300 000	[1] 8.038 000	8.761 706
im directen Verkehr mit anderen Bahnen „	[1] 3.544 719	[1] 4.306 899	4.571 138
im Ganzen ... „	10.844 719	12.344 899	13.332 844

---

[1]) theilweise auf Analogierechnung beruhende Zahlen.

		1859	1860	1861
davon für die Beförderung:				
in I. Classe	Thlr.	720 193	901 115	992 474
„ II. „	„	3.932 103	4.647 269	4.857 106
„ III. „	„	4.588 341	5.287 175	5.754 507
„ IV. „	„	1.136 224	1.250 137	1.420 769
von Militär u. s. w.	„	467 858	259 202	307 989
durchschnittlich pro Meile Bahnlänge	„	17 178	17 141	17 827
„ für jeden Reisenden	Sgr.	16,1	17,1	17,4
und zwar in I. Classe pro Meile	„	7,1	7,4	7,3
„ II. „ „ „	„	4,6	4,4	4,6
„ III. „ „ „	„	3,0	3,0	3,0
„ IV. „ „ „	„	1,6	1,4	1,6
Militärpersonen pro Meile	„	1,6	1,5	1,4
durchschnittlich für jede vorhandene Personenwagen-Achse	Thlr.	1 989	2 090	2 208
desgl., eine Meile weit bewegt	Sgr.	16,4	16,5	16,6
Nebenerträge des Personenverkehrs:				
Gepäcküberfracht	Thlr.	373 567	443 887	464 248
Equipagentransport	„	51 801	54 899	58 881
Hundetransport	„	13 474	15 933	15 888
Pferdetransport	„	153 837	110 649	151 937
zusammen	„	592 679	624 868	695 505
davon im Binnenverkehr	„	[1]) 269 000	[1]) 272 000	301 313
Totaleinnahme aus dem Personenverkehr	„	11.446 427	12.978 275	14.039 784
darunter für Extrazüge	„	9 030	11 900	16 541
pro Meile Bahnlänge	„	18 132	18 021	18 772
b) aus dem Güterverkehr und Viehtransport:				
für Beförderung:				
von Postgut	Thlr.	102 805	127 678	131 934
„ Eilgut	„	734 773	823 582	934 952
„ Frachtgut	„	7.012 284	7.454 616	7.559 446
„ Kohlen und Koks	„	[1]) 3.817 000	[1]) 4.507 000	5.669 720
„ Producten	„	[1]) 7.675 969	[1]) 9.166 394	11.112 161
„ Vieh	„	591 349	869 054	875 634
„ Eisenbahn-Fahrzeugen	„	20 088	24 051	41 655
Nebenerträge (Provision für Nachnahme, Auf- und Abladegebühren)	„	855 591	470 936	541 739
Gesammteinnahme (incl. Berliner Bahnhofsverbindung)	„	20.246 604	23.583 125	26.921 419
davon im Localverkehr	„	10.159 463	[1]) 11.064 000	11.733 275
durchschnittl. pro Meile Bahnlänge	„	32 004	32 685	35 931
„ „ Centner und Meile excl. Nebenerträge:				
Postgut	Pf.	12,1	12,3	12,5
Eilgut	„	10,8	10,9	10,6
Frachtgut	„	5,0	5,0	5,0
Kohlen und Koks	„	2,7	2,7	2,0
Producte	„			3,0
Vieh	„	4,9	4,8	4,9
durchschnittlich pro Centner und Meile incl. Nebenerträge	„	3,4	3,4	3,3
durchschnittlich für jede Gepäck- und Güterwagen-Achse	Thlr.	406,4	442,3	460,6
desgl., eine Meile weit bewegt	Sgr.	6,6	6,9	7,0

[1]) theilweise auf Analogierechnung beruhende Zahlen.

		1859	1860	1861
c) Sonstige Betriebs-Einnahmen...	Thlr.	2.002 268	2.125 440	2.624 712
durchschnittlich pro Meile Bahnlänge	»	3 150	2 927	3 482
d) Gesammt-Einnahme aus allen Verkehrszweigen..................	»	33.695 299	38.686 840	43.585 914
durchschnittl. pro Meile Bahnlänge..	»	53 018	53 278	57 619
» » Nutzmeile.........	»	11,9	12,0	12,6
» » Wagenachse	»	593,1	637,8	660,3
» eine Meile weit bewegt	Sgr.	8,6	8,6	9,0
2. Betriebsausgaben.				
Kosten der Bahnverwaltung..........	Thlr.	5.016 691	5.519 349	6.102 469
pro Meile Bahnlänge...............	»	7 919	7 640	8 145
» Nutzmeile	»	1,8	1,7	1,8
Procent aller Betriebsausgaben.....	%	31,9	32,7	33,4
Kosten der Transportverwaltung.....	Thlr.	9.724 767	10.329 892	11.059 388
pro Meile Bahnlänge...............	»	15 351	14 317	14 761
» Nutzmeile	»	3,4	3,2	3,2
Procent aller Betriebsausgaben.....	%	61,9	61,2	60,5
Kosten der allgemeinen Verwaltung .	Thlr.	967 388	1.031 815	1.112 581
pro Meile Bahnlänge...............	»	1 527	1 430	1 485
» Nutzmeile.......................	»	0,3	0,3	0,3
Procent aller Betriebsausgaben.....	%	6,2	6,1	6,1
Summe der reinen Betriebsausgaben.	Thlr.	15.708 845	16.881 056	18.274 438
pro Meile Bahnlänge...............	»	24 797	23 396	24 391
» Nutzmeile.......................	»	5,3	5,2	5,3
» Wagenachse......................	»	276,7	278,6	276,6
» Wagenachs-Meile	Sgr.	4,1	3,9	3,8
Von der Betriebsausgabe sind verwendet:				
zur Besoldung der Beamten.......	Thlr.	4.313 524	4.848 245	5.239 827
zu Diäten, Reisekosten, Arbeitshilfe, Vertretungen	»	1.661 111	1.753 667	1.951 360
an materiellen Verwaltungskosten .	»	1.085 593	1.106 583	1.099 654
zur Unterhaltung der Bahnanlagen.	»	2.366 765	2.524 326	2.955 762
an Kosten des Bahntransports.....	»	4.812 054	5.096 669	5.068 742
an unbestimmten Ausgaben........	»	1.469 797	1.551 567	1.959 094
Ausser den reinen Betriebsausgaben sind zur Vermehrung und Verbesserung der Betriebsmittel, sowie zur Melioration der Bahnanlagen, insbesondere aber zu Erneuerungen verwendet.............	Thlr.	2.965 500	2.951 293	3.824 120
Gesammtausgabe..................	»	18.674 346	19.832 349	22.098 558
pro Meile Bahnlänge...............	»	29 478	27 487	29 495
» Nutzmeile	»	6,6	6,1	6,4
Procent der Bruttoeinnahmen	%	46,6	43,6	41,9
Kosten der Zugkraft insbesondere:				
Gehälter des Obermaschinenmeisters, der Maschinenmeister, Locomotivführer und Heizer	Thlr.	525 093	582 775	627 593
Reiseentschädigungen, Uebernachtungs- und Meilengelder, Koks- und Oelprämien	»	212 420	238 083	276 558
Dienstkleidung, sonstige Emolumente, Schreib- u. Zeichnenhilfe	»	77 932	81 393	88 757
Löhne für das Putzen d. Locomotiven u. Tender u. für Wasserpumpen	»	257 615	280 876	295 529
Für Reparatur und Ergänzung der Locomotiven und Tender incl. Werkstättenbetrieb..............	»	1.492 775	1.625 333	1.705 751

		1859	1860	1861
Für Reparatur der Wasserstationen incl. Wasserhebungs-Maschinen .	Thlr.	45 133	52 800	48 869
Für das Brennmaterial zu Locomotiven und Wasserstationen	„	1.793 856	1.709 514	1.626 465
Für Schmier-, Putz- u. Verpackungsmaterial der Locomotiven u. Tender	„	272 479	284 384	308 466
Summe...........................	„	4.677 304	4.855 157	4.978 026
pro Meile Bahnlänge	„	7 147	6 641	6 514
„ Nutzmeile....................	Sgr.	48,3	44,9	42,1
für jede geförderte Wagenachsmeile.	Pf.	14,4	13,3	12,3
pro Ctr. und Meile Nettolast	„	0,696	0,609	0,534
„ „ „ „ Bruttolast.....	„	0,205	0,189	0,161
Procent aller Transportausgaben .	%	47,8	46,6	45,0
3. Ueberschuss der Einnahmen über die Ausgaben.				
a) Betrag des Ueberschusses.				
Betriebsüberschuss ohne Abzug der Kosten von Erneuerungen u. dgl.	Thlr.	17.986 454	21.805 784	25.311 476
in Procent des verwendeten Anlagecapitals	%	6,12	6,20	6,94
desgl. nach Abzug der Kosten von Erneuerungen u. dgl.	Thlr.	15.020 954	18.854 491	21.487 357
Isteinnahme incl. der Reste aus den Vorjahren	„	33.794 104	38.793 250	43.732 314
Istausgabe desgl.: lauf. Betriebsausgaben	„	15.225 437	16.481 433	17.983 846
zur Melioration und Erweiterung der Anlagen und zur Beschaffung von Betriebsmitteln	„	1.664 828	807 000	959 920
Beitrag zum Reserve- und Erneuerungsfonds........................	„	2.496 408	2.965 889	3.495 915
darunter jedoch (bei den Staatsbahnen) aus anderen Fonds	„	102 235	115 583	123 317
Istüberschuss...........................	„	14.509 866	18.654 511	21.415 950
b) Verwendung des Ueberschusses.				
Bauzinsen	Thlr.	9 210	—	156 978
Betriebsantheile and. Bahnen u. Pachten	„	265 030	346 707	286 267
Vermischte Ausgaben (Reservefonds, Steuern, Tantiemen u. s. f.)........	„	300 374	295 504	144 126
Extrareserve (Berlin-Magdeb. Bahn) .	„	28 685	51 065	57 654
Zinsen der schwebenden Schuld	„	14 562	16 275	68 051
Tilgung von Prioritäts-Obligationen (und Staatsbahn-Actien)	„	664 411	088 566	787 561
Verzinsung desgl.	„	4.797 701	5.815 587	6.306 848
ausserdem Zuschuss aus der Bergbau-Hülfscasse (Wilhelmsbahn) ..	„	—	20 000	—
Die verzinsten Obligationen betragen zusammen	„	[1]) 121.800 000	[1]) 149.200 000	156.343 700
Convertirung v. Prioritäts-Obligationen	„	—	—	25 439
Zahlung der Dividende	„	5.383 306	7.076 994	8.180 279
auf Stammactien im Betrage von..	„	[1]) 110.230 000	[1]) 127.650 000	127.746 900
Rente des Actiencapitals...........	%	[1]) 4,88	5,54	6,40
dgl. incl. Garantiezuschüsse des Staats	„	[1]) 5,18	5,69	6,44

[1]) unter Zugrundelegung von Detailangaben geschätzte Werthe.

		1859	1860	1861
Bestreitung der Extradividende an den Staat	Thlr.	822 986	615 057	795 826
desgl. der Eisenbahnabgabe an den Staat	»	387 179	633 038	851 944
dagegen Garantiezuschüsse des Staats	»	491 011	629 276	644 429
Von den Staatsbahnen an die General-Staatscasse abgeführt	»	[1]) 2.277 344	[1]) 3.067 158	[1]) 3.705 839
Communalsteuer	»	5 166	4 829	4 480
Beitrag zum Beamtenpensions- und Unterstützungsfonds	»	18 930	15 050	18 150
Tantiemen u. Gratificationen für Beamte	»	—	—	3 478
Uebertrag auf neue Betriebsrechnung	»	34 780	28 693	21 130
4. Reservefonds.				
Gesellschaften, welche einen Reservefonds haben		22	21	21
Verfügbare Beträge: Bestand aus dem Vorjahr	Thlr.	2.432 540	2.690 560	2.102 444
nach erfolgter Veränderung des alten Uebertrags in neuen Vortrag	»	— 1 773	+ 704	+ 6 448
Einnahme aus den Betriebsüberschüssen des laufenden Jahres	»	517 889	516 232	490 570
Ueberweisungen aus Baufonds (Berlin-Stettin)	»	—	—	133 350
Sonstige Einnahmen	»	221 860	255 002	374 404
Summe d. verfügbar gemachten Beträge	»	3.172 280	3.462 694	3.100 768
ausserdem bei Staatsbahnen ohne eigentlichen Reservefonds, zu Ergänzungen verwendet	»	—	5 003	6 166
Ausgaben: Abgabe an Erneuerungsfonds	»	—	834 045	5 946
Superdividende und Zinsen an die General-Staatscasse	»	—	73 935	—
Sonstige Ausgaben	»	482 433	458 718	485 285
Bestand am Schlusse des Jahres	»	2.689 856	2.095 996	2.600 537
im Verhältniss zum verwendeten Anlagecapital	%	0,98	0,93	1,04
Ausserdem Extrareserve aus Betriebsüberschüssen von 1859 (Magd.-Halb.)	Thlr.	—	36 008	—
desgl. Werth von Schwellen, Schienen, Laschen u. dgl. (Berl.-Hamb.)	»	176 522	190 325	148 420
desgl. Stammactien eigener Bahn (Magd.-Witt.)	»	—	—	300 000
5. Erneuerungsfonds.				
Gesellschaften, welche einen solchen besonderen Fonds besitzen		16	15	18
Bahnanlagen, desgl.		18	18	20
Verfügbare Beträge: Bestand aus dem Vorjahr	Thlr.	2.944 235	3.781 655	5.050 228
nach erfolgter Veränderung des alten Uebertrags in neuen Vortrag	»	— 3 634	+ 5 307	+ 23 388
Einnahme (incl. Staatsbahnen) aus den Betriebsüberschüssen des Jahres	»	2.690 027	2.681 336	3.428 074
Betriebsüberschüsse neu eröffneter Bahnen (Berl.-Stettin)	»	—	64 295	—

[1]) unter Zugrundelegung von Detailangaben geschätzte Werthe.

	1859	1860	1861
Aus Baufonds hergegeben .... Thlr.	10 309	15 691	60 084
Ueberweisung aus dem Reservefonds »	—	834 045	5 946
Erlös für ausrangirte Schwellen, Schienen, Locomotiven u. s. f. .... »	528 517	496 562	713 166
Zinsen und sonstige Einnahmen...... »	206 637	295 693	378 276
Summe d. verfügbar gemachten Beträge »	6.380 826	8.169 177	9.634 674
darunter jedoch die Staatsbahnen, welche keinen besond. Fonds haben »	715 271	576 627	703 021
Ausgaben: Erneuerung v. Schwellen und Schienen .... »	1.588 342	1.702 613	2.370 014
im Verhältniss zu den Baukosten des ganzen Oberbaues .... %	2,84	2,68	2,91
pro Meile Geleis .... Thlr.	2 284	2 089	2 437
Erneuerung der Transportmittel ..... »	852 836	1.115 710	1.119 906
im Verhältniss zu den Beschaffungskosten aller Transportmittel...... %	2,44	2,80	2,31
Erneuerung des hölzernen oder eisernen Ueberbaues grösserer Brückenu. dgl. Thlr.	132 521	110 523	30 683
Sonstige Ausgaben (Cursverluste n. s. f.) »	30 380	8 273	108 488
Summe der verausgabten Beträge ... »	2.604 079	2.932 121	3.624 091
darunter jedoch bei den Staatsbahnen »	715 271	576 627	703 021
Bestand am Jahresschluss.......... »	3.776 248	5.026 841	6.010 584
darunter Baufonds der Premsendorfer Brücke (Berlin-anhalt.) ...... »	184 000	184 000	184 000
Ausserdem Werth alten Materials (Berlin-Stettin) .... »	—	210 216	239 467

E. Beamten- und Arbeiterpersonal.

	1859	1860	1861
Betriebslänge der Bahnen, von denen Mittheilungen vorliegen .... Mln.	669,337	747,392	775,183
1. Bahnverwaltung.			
Zahl der Beamten und Hilfsarbeiter.....	11 551	12 422	13 062
Im Durchschnitt tägl. beschäftigte Arbeiter	8 697	9 524	11 075
Auf jede Meile Bahnlänge kommen:			
Streckenpersonal........................	12,0	11,5	11,6
Stationspersonal	5,0	4,8	4,9
Telegraphen-Personal.................	0,3	0,3	0,3
Bahnarbeiter	13,0	12,7	14,3
Gehälter, Tagegelder und sonstige Emolumente:			
der Beamten und Hilfsarbeiter.. Thlr.	2.064 990	2.276 488	2.416 549
der Bahnarbeiter .... »	1.022 193	1.087 413	1.234 294
zusammen pro Meile Bahnlänge. »	4 612	4 501	4 708
desgl. auf je 100 000 Wagenachsmln. »	2 612	2 555	2 505
2. Transportverwaltung.			
Zahl der Beamten und Hilfsarbeiter.....	6 885	7 382	7 823
Im Durchschnitt täglich beschäftigte Bahnhofs-, Güterboden-, Werkstatts- u. a. Arbeiter	12 933	14 001	14 872
Auf je 100 000 Wagenachsmeilen kommen:			
Beamte u. Hilfsarbeiter f. d. Betriebsdienst	5,3	5,0	4,7
dergl. für die Werkstätten- und Magazinverwaltung	0,7	0,6	0,7
Arbeiter	10,9	10,6	10,2

		1859	1860	1861
Gehälter, Tagegelder u. sonstige Emolumente: für den Betriebsdienst ...	Thlr.	[1]) 2.049 800	2.208 810	2.396 565
für die Werkstätten- und Materialien-Verwaltung ...	"	[1]) 310 144	335 216	358 937
für die Arbeiter ...	"	2.430 487	2.573 113	2.886 197
zusammen ...	"	4.790 131	5.117 139	5.641 699
pro Meile Bahnlänge ...	"	7 157	6 817	7 278
auf je 100 000 durchlaufene Wagen-Achsmeilen ...	"	4 052	3 886	3 873
3. Allgemeine Verwaltung.				
Zahl der Beamten und Hilfsarbeiter ...		1 401	1 523	1 589
Auf jede Meile Bahnlänge kommen davon durchschnittlich: bei der Direction ...		[1]) 0,23	0,2	0,13
dem Administrations-, dem technischen Bureau, der Betriebscontrole, Calculatur und Hauptcasse ...		[1]) 1,34	1,6	1,62
der Central-, Betriebs- und Werkstatts-Materialien-Verwaltung ...		[1]) 0,10	0,1	0,10
der Betriebsinspection ...		[1]) 0,17	0,2	0,16
Auf je 100000 Thlr. Bruttoeinnahme kommen		4,1	3,9	3,5
Gehälter, Tagegelder u. sonstige Emolumente ...	Thlr.	707 079	786 750	787 957
auf je 100 000 Thlr. Bruttoeinnahme durchschnittlich ...	"	2 054	2 027	1 763
pro Meile Bahnlänge:				
für die Direction ...	"	.	261	174
" Bureaux ...	"	.	663	701
" Materialien-Verwaltung	"	.	33	43
" Betriebsinspection ...	"	.	96	99
für das Personal überhaupt ...	"	1 050	1 053	1 017
4. Summen.				
Beschäftigte Beamte und Hilfsarbeiter ...		19 837	21 327	22 473
pro Meile Bahnlänge ...		29,6	28,1	29,0
Emolumente d. Beamten u. Hilfsarbeiter	Thlr.	5.131 713	5.607 264	5.959 008
im Durchschnitt für jeden ...	"	258,7	262,9	265,2
Täglich beschäftigte Arbeiter ...		21 630	23 525	25 947
pro Meile Bahnlänge ...		32,2	31,6	33,4
Lohn der Arbeiter ...	Thlr.	3.452 680	3.660 526	4.120 491
im Durchschnitt jährlich für jeden.	"	159,6	155,6	158,8
Gehälter, Tagegelder u. a. Emolumente aller Beamten und Arbeiter ...	"	8.584 393	9.267 790	10.079 499
davon treffen auf den Personenverkehr etwa ...	"	[1]) 3.400 000	[1]) 3.812 500	4.123 273
desgl. auf den Güterverkehr etwa	"	[1]) 5.184 393	[1]) 5.455 290	5.956 226
pro Meile Bahnlänge ...	"	12 825	12 400	13 008
auf je 100 000 Thlr. Bruttoeinnahme	"	24 933	23 875	22 557

F. Beamten-Pensions-, Unterstützungscassen u. dgl. im Jahre 1861.

1. Pensions- und Unterstützungscassen.	Staatsbahnen	Privatbahnen mit Staats-Verwaltung	Privatbahnen mit eigener Verwaltung
Eisenbahnen, für welche derartige Cassen angeführt sind ...	4	7	14
Anzahl der Cassen ...	4	11	19

[1]) unter Zugrundelegung von Detailangaben geschätzte Werthe.

	Staatsbahnen	Privatbahnen mit Staats-Verwaltung	Privatbahnen mit eigener Verwaltung
Zahl der beisteuernden Beamten	4 890	5 063	[1]) 9 300
Gesammtes Gehalt derselben Thlr.	1.217 583	1.303 993	[1]) 2.205 000
Einnahmen: Beiträge der Beamten „	61 283	56 108	91 940
Beisteuer aus den Betriebsfonds der Verwaltung „	23 951	26 453	52 170
Zinsen und sonstige Einnahmen „	30 900	41 001	92 525
Summe der Einnahmen „	116 139	123 561	236 635
Ausgaben „	30 577	30 115	67 576
Bestand am Schluss des Jahres „	655 696	716 642	1.450 359
2. Kranken- und Sterbecassen.			
Eisenbahnen, welche dergleichen besitzen	3	4	7
Anzahl der Cassen	3	6	16
Zahl der Beitragenden	4 554	3 806	[1]) 6 500
deren gesammtes Gehalt und Lohn Thlr.	[1]) 870 000	[1]) 650 000	[1]) 1.200 000
Einnahmen: Beiträge der Beamten und Arbeiter „	12 652	9 715	61 456
Beisteuer aus den Betriebsfonds „	—	1 530	3 558
Zinsen und sonstige Einnahmen „	1 337	1 971	20 098
Summe der Einnahmen „	13 989	13 216	75 111
Ausgaben „	8 176	11 206	50 140
Bestand am Schluss des Jahres „	30 683	13 374	98 411

[1]) unter Zugrundelegung von Detailangaben geschätzte Werthe.

IV. Seeschiffahrt.

A. Rhederei.

Zufolge den bei der allgemeinen Volkszählung von 1861 festgestellten Tabellen der »Handels- und Transportgewerbe, der Gast- und Schankwirthschaft, sowie der Anstalten und Unternehmungen zum literarischen Verkehr« wurden gezählt:

Regierungsbezirk.	Segelschiffe.		Dampfschiffe.		Schiffsmannschaft.
	Zahl	Tragfähigkeit in Lasten von 4 000 ℔	Zahl	Pferdekraft	Köpfe
Königsberg	115	23 261	6	381	1 670
Danzig	130	33 199	12	526	1 750
Köslin	156	10 370	—	—	864
Stettin	438	66 276	16	1 035	3 542
Stralsund	627	58 732	3	210	4 076
Jadegebiet	2	130	—	—	10
Düsseldorf	3	1 835	—	—	79
Insgesammt	1 471	193 803	37	2 152	11 991

Ein nach Häfen geordnetes namentliches Verzeichniss aller zur Rhederei in den Ostseehäfen gehörigen See- und Küstenschiffe zu Ende des Jahres 1860 giebt den damaligen Stand der preussischen Handelsmarine auf 1 027 Segelfahrzeuge und 68 Dampfer von insgesammt 171 125 Lasten Tragfähigkeit und mit 11 605 Köpfen Bemannung an; diese Tabelle wird hier mitgetheilt.

(216.) Häfen. — Regierungsbezirke.	Stand der Handelsmarine zu Ende 1860. Seeschiffe. Schiffe	darunter Dampfer	Normallasten	Mannschaft	Küstenschiffe. Fahrzeuge	darunter Dampfer	Normallasten	Mannschaft
Memel	85	5	18 100	958	4	—	50	12
Pillau	8	—	1 351	81	3	—	52	10
Königsberg	24	3	4 073	259	3	3	102	18
Braunsberg	2	—	273	19	—	—	—	—
Königsberg	119	8	23 797	1 317	10	3	204	40
Elbing	8	2	1 500	90	7	6	130	39
Danzig	117	8	29 913	1 635	5	2	68	18
Danzig	125	10	31 413	1 725	12	8	198	57
Stolpmünde	17	—	2 417	152	28	—	442	90
Rügenwalde	22	—	4 161	241	18	—	256	51
Kolberg	23	—	3 325	208	40	—	477	95
Köslin	62	—	9 903	601	86	—	1 175	236
Treptow (Deep)	—	—	—	—	1	—	11	3
Kammin	5	1	458	30	21	1	198	46
Swinemünde	79	—	8 167	507	74	—	609	167
Stettin	175	25	27 407	1 909	20	6	361	69
Ukermünde	48	—	8 127	497	66	—	832	180
Anklam	14	1	1 005	97	14	—	186	34
Demmin	4	—	747	32	10	—	131	20
Stettin	325	27	46 501	2 978	206	7	2 630	498
Lassan	—	—	—	—	9	—	95	18
Wolgast	46	2	5 448	398	29	—	417	60
Greifswald	45	—	7 150	456	8	—	63	16
Kreis Greifswald (Hafen Wyk)	6	—	233	21	31	—	509	05
Loitz	—	—	—	—	1	—	16	2
Kreis Grimmen	—	—	—	—	5	—	89	10
Stralsund	146	1	18 210	1 245	12	—	160	32
Barth	116	—	17 900	1 064	10	1	183	28
Damgarten	—	—	—	—	3	—	32	6
Kreis Franzburg	3	—	84	11	167	—	1 914	871
Kreis Rügen	51	—	2 028	180	62	1	823	140
Stralsund	413	3	51 053	3 375	337	2	4 251	748
Insgesammt	1 044	48	162 667	10 026	651	20	8 458	1 579

Ganz andere, durch Auslassung von Leichtern, Luggern, Seeboten u. dgl. auf die eigentliche Handelsmarine zurückgeführte, aber auch im Uebrigen theilweis von obigen abweichende Zahlen enthält das »Verzeichniss*) der preussischen See- und Küstenschiffe«, für den Anfang jeden Jahres zusammengestellt von den Experten der Stettiner Assecuradeurs. Diesen Aufzeichnungen grösstentheils sind die nachfolgenden Auszüge entnommen, bei denen nur zu bemerken ist, dass sie sich auch auf Flussdampfer erstrecken.

*) für 1863 unter dem Titel »die preussische Handelsmarine im Anfange des Jahres 1863«; Stettin (bei Ewald Gentzensohn).

I. Grösse der Handelsmarine.

(217.) Wohnsitze der Rheder.	Anzahl der Schiffe zu Anfang der Jahre				Tragfähigkeit sämmtlicher Schiffe in Lasten von 4 000 ℔			
Regierungsbezirke.	1860	1861	1862	1863	1860	1861	1862	1863
Memel	93	88	92	93	18 412	16 140	18 716	19 290
Pillau	7	11	9	9	961	1 403	1 285	1 470
Königsberg	30	30	30	29	4 024	4 028	4 297	3 911
Braunsberg	3	2	2	2	403	273	273	274
Königsberg	133	131	133	133	23 800	23 844	24 571	24 945
Elbing	16	15	14	18	1 660	1 672	1 452	1 708
Danzig	127	124	130	138	29 441	30 007	32 241	34 767
Danzig	143	139	144	156	31 101	31 699	33 693	36 475
Bromberg (Stadt)	3	3	2	2	63	63	67	57
Stolp und Stolpmünde	44	41	45	43	2 978	2 826	2 639	2 418
Rügenwalde	30	40	36	39	3 364	3 585	3 723	3 921
Köslin	7	5	6	6	511	253	270	269
Kolberg	46	48	43	43	4 670	4 328	3 603	2 878
Köslin	136	134	130	131	11 523	10 992	10 235	9 486
Kammin	4	5	4	3	276	204	279	102
Stepenitz	2	3	4	4	174	201	216	216
Wollin	11	12	14	11	351	376	373	338
Swinemünde	62	60	60	50	7 185	7 170	6 605	6 122
Usedom	2	2	2	1	22	22	25	14
Stettin	196	192	201	206	28 793	27 304	29 386	30 234
Jasenitz und Pölitz	4	5	7	7	60	98	130	157
Ziegenort	37	33	33	33	730	555	563	575
Alt- und Neuwarp	7	5	7	7	306	161	199	198
Ukermünde	48	46	42	45	8 108	7 994	7 331	7 745
Anklam	19	18	17	22	1 421	1 662	1 442	2 020
Demmin	4	4	5	4	516	757	602	799
Stettin	396	385	396	402	47 951	46 896	47 351	48 510
Wolgast	60	51	51	56	5 372	5 605	5 524	6 074
Greifswald	55	57	55	56	7 301	7 503	7 387	8 060
Loitz	—	—	—	1	—	—	—	36
Stralsund	149	146	165	172	18 956	18 493	20 951	22 122
Insel Rügen	68	72	72	73	2 241	2 331	2 202	2 196
Barth u. Kreis Franzburg	198	204	210	228	19 679	20 215	21 407	22 943
Damgarten	—	—	—	2	—	—	—	36
Stralsund	520	530	553	588	53 549	54 147	57 471	61 468
Berlin	2	1	1	—	741	431	431	—
Potsdam	1	1	1	1	183	183	183	183
Potsdam	3	2	2	1	924	614	614	183
Liegnitz (Stadt Lauban)	1	1	1	1	328	328	328	328
Düsseldorf (Duisburg)	3	3	3	4	1 713	1 713	1 713	2 275
Ferner in China (Amoy und Tientsin)	—	—	2	2	—	—	235	235
Insgesammt	1 339	1 328	1 366	1 420	170 972	176 016	176 288	183 960

Die Veränderungen im Bestande der Schiffe wurden herbeigeführt

durch	Anzahl der Schiffe 1859	1860	1861	1862	Anzahl der Lasten 1859	1860	1861	1862
Neubau	73	74	94	104	7 243	8 670	11 564	14 771
Ankauf und Umvermessung	70	48	81	54	4 462	4 282	7 640	6 028
Seeverlust und Abwrackung	58	80	74	63	8 304	10 104	8 334	7 500
Verkauf und Umvermessung	53	52	63	41	4 597	3 804	4 618	5 607
mithin Vermehrung	37	— 10	38	54	—1 196	— 956	6 252	7 692
in Procenten des Bestandes	2,6	—0,7	2,9	4,0	— 0,7	— 0,6	3,7	4,4

Von den auf inländischen Werften erbauten Schiffen,

	1859	1860	1861	1862
nämlich überhaupt	76	76	96	109
waren auf ausserdeutsche Rechnung geliefert	2	2	—	3
auf deutsche ausserpreussische Rechnung	2	—	2	2
auf inländische Rechnung	72	74	94	104
ausserdem im Auslande erbaut	1	—	—	1
Vom Auslande angekauft wurden	9	8	19	24
darunter gesunkene oder gestrandete	2	—	4	1
Hingegen wurden ins Ausland verkauft	6	10	7	8
und abgewrackt	5	—	—	4

Zu Anfang des Jahres 1863 waren ausser 6 Schiffen für fremde Rechnung auf den inländischen Werften 9 Dampfer, 47 Seeschiffe und 1 Küstenfahrer von zusammen etwa 12 200 Last Tragfähigkeit im Bau begriffen, zu Anfang des Vorjahrs 60 Schiffe von 11 800 Last.

2. Bauart der Schiffe.

(218.) Gattung der Schiffe.	Anzahl der Schiffe zu Anfang des Jahres 1859	1860	1861	1862	1863
a) Seeschiffe über 40 Last:					
Vollschiffe	53	50	47	51	50
darunter metallfest	2	5	5	6	5
desgl. und mit Metallboden	28	24	22	23	22
mit Zinkboden	3	2	3	3	—
metall- und eisenfest	—	—	1	1	2
Barken	295	290	294	313	331
darunter metallfest	63	62	51	56	57
desgl. und mit Metallboden	41	41	36	40	38
" " " Zinkboden	2	2	2	2	1
mit Zinkboden	15	18	18	19	23
" galvanisirten Eisenbolzen im Boden	8	12	14	15	22
desgl. und mit Zinkboden	—	1	2	3	4
metall- und eisenfest	—	1	6	7	10
3mastige Schooner	7	7	8	12	16
darunter metallfest	—	—	—	—	2
desgl. und mit Metallboden	1	1	1	3	2
mit Zinkboden	—	—	—	—	1
" galvanisirten Eisenbolzen im Boden	1	1	1	1	3
metall- und eisenfest	—	—	—	1	1
Briggs	318	314	309	306	327
darunter metallfest	33	37	38	33	38
desgl. und mit Metallboden	14	16	15	17	17
" " " Zinkboden	4	1	—	1	1
mit Zinkboden	10	14	11	11	12
" galvanisirten Eisenbolzen im Boden	11	15	21	28	43
desgl. und mit Zinkboden	—	—	—	1	2
metall- und eisenfest	—	4	9	7	7

(Forts. zu 218.) Gattung der Schiffe.	Anzahl der Schiffe zu Anfang des Jahres				
	1859	1860	1861	1862	1863
Galeassen	38	38	30	24	23
darunter mit Zinkboden	1	1	1	1	1
Schooner	208	213	212	207	198
davon metallfest	6	7	7	5	6
desgl. und mit Metallboden	3	2	2	2	2
" " " Zinkboden	2	1	—	1	1
mit Zinkboden	2	3	3	4	5
" galvanisirten Eisenbolzen	3	7	8	11	18
desgl. und mit Zinkboden	—	2	2	2	2
metall- und eisenfest	—	2	3	1	2
Schoonerkuffen	1	1	1	1	3
Kuffen	1	1	1	—	—
Segelschiffe über 40 Last zusammen	919	914	902	914	965
b) Küstenfahrer unter 40 Last:					
Galeassen	3	3	2	5	5
Schooner	105	128	139	103	182
darunter mit galvanisirten Eisenbolzen im Boden	—	—	1	1	1
Kuff	1	—	—	1	1
Schlupen und Jachten	188	215	198	198	194
Kuff-Tjalk	1	1	—	—	—
Tjalken	2	2	1	1	1
Ewer	1	1	1	1	1
Küstenfahrer zusammen	301	339	341	309	384
c) Dampfschiffe:					
See-Schraubendampfer	19	21	19	18	19
darunter von Eisen	18	18	18	17	18
See-Raddampfer	7	5	5	5	5
darunter von Eisen	4	3	3	3	3
" metallfest mit Metallboden	1	—	—	—	—
Bugsir- und Flussdampfer	55	60	61	60	64
darunter von Eisen	30	28	40	38	44
" metallfest	7	7	7	7	7
Dampfschiffe zusammen	81	86	85	83	88
Insgesammt	1 301	1 339	1 328	1 366	1 439

3. Mannschaften.

Im Jahre 1862 waren in den Ostseeprovinzen vorhanden:

	Schiffer zur Classe I.	II.	III.	Steuerleute z. Cl. I.	II.	zusammen
nach der Instruction vom 26. Febr. 1824 oder früher oder gar nicht geprüft und ihr Gewerbe nur mit Erlaubniss der Behörden betreibend . . examinirt	242	26	4	24	5	301
ohne Examen	39	1	5	—	—	45
nach der Prüfungsinstruction vom 15. October 1840 befähigt	162	1 203	106	614	52	2 137
nach der Prüfungsinstruction vom 1. Febr. 1862 befähigt	109	8	—	20	3	140
zusammen	552	1 238	115	658	60	2 623
	1 905 Schiffer			718 Steuerleute.		

4. Unglücksfälle.

Ueber die schädlichen Ereignisse, welche während der letzten Jahre einzelne Schiffe der preussischen Handelsmarine betrafen, giebt nachstehende Tabelle Auskunft.

(219.) Ereignisse.	Anzahl der von Unglücksfällen betroffenen Schiffe						
	1859	1860	1861	1862			
				überhaupt	darunter Segelschiffe	Küstenfahrer	Dampfschiffe
a) Verlust:							
verschollen	4	14	14	14	10	3	1
in See gesunken	8	10	14	12	9	3	—
vom Eise beschädigt und verloren	—	2	1	2	1	1	—
infolge Collision gesunken oder gestrandet und wrack	2	1	1	2	1	1	—
gestrandet und zerschellt oder wrack	31	47	44	27	19	8	—
zusammen	45	74	74	57	40	16	1
b) Schwere Schäden und Condemnirungen:							
im Hafen gesunken und gehoben	1	3	4	3	—	3	—
verlassen und durch andere Schiffe eingebracht	—	3	2	—	—	—	—
infolge Collision gestrandet, abgebracht und reparirt	1	—	—	—	—	—	—
bedeutende Havarie infolge Collision	8	10	12	12	9	3	—
gestrandet, abgebracht und reparirt	18	20	34	29	25	4	—
gestrandet, abgebracht und condemnirt	2	2	1	—	—	—	—
wegen Seeschäden condemnirt	2	5	—	2	2	—	—
durch Sturm bedeutend beschädigt	6	23	26	30	38	1	—
wegen Leckes liefen Häfen an und reparirten	24	28	30	22	21	1	—
zusammen	57	94	109	107	95	12	—
c) Geringere Schäden:							
infolge Collision leicht beschädigt	32	11	20	22	17	1	4
vom Eise beschädigt	.	.	3	25	24	2	—
kleinere Havarie durch Sturm	37	73	84	89	76	11	2
an Grund waren und kamen mit Schaden ab	19	21	13	34	26	8	—
desgl. und kamen ohne Schaden ab	14	12	28	19	15	3	1
durch Feuer oder Explosion beschädigt	—	1	2	3	1	2	—
zusammen	102	118	150	193	159	27	7
Insgesammt	204	286	333	357	294	55	8

B. Reisen preussischer Schiffe.

Von ungefähr vier Fünfteln der Seeschiffe mit Ausnahme der Küstenfahrer und Postdampfer wird alljährlich ein Verzeichniss der Reisen, welche sie von einem Hafen zum anderen beladen oder in Ballast ausgeführt haben, gefertigt. Umstehende Tabelle ist ein Auszug aus den Verzeichnissen für die Jahre 1859—61.

(220.)

Länder.	Seeschiffe der Rhedereien von Memel, Königsberg, Elbing, Danzig, Kolberg, Stettin, Wolgast, Greifswald, Stralsund und Barth liefen aus							
	aus den nebenverzeichneten Ländern				nach den nebenverzeichneten Ländern			
	1859	1860	1861		1859	1860	1861	
			überhaupt	beladen			überhaupt	beladen
Preussen [1])	1 311	1 541	1 621	1 586	1 280	1 434	1 642	1 212
Nichtpreuss. Norddeutschland [2])	121	92	[illegible]	41	113	97	87	86
Russland	315	245	240	223	313	256	231	134
Schweden und Norwegen	128	60	117	90	128	62	115	52
Dänemark u. Schleswig-Holstein	40	60	190	67	44	77	193	191
Grossbritannien und Irland	1 862	1 955	1 970	1 332	1 861	1 981	1 802	1 273
Niederlande	52	60	84	26	61	61	89	89
Belgien	81	124	157	64	94	125	162	162
Frankreich	143	145	274	51	143	151	276	272
Spanien mit Gibraltar	67	85	69	34	78	93	76	58
Portugal	23	22	24	14	21	31	21	16
Oestreich und Oberitalien	36	29	24	21	33	40	10	15
Unteritalien und Malta	17	9	[illegible]	3	18	8	9	6
Levantinische Länder und Inseln	55	46	50	35	46	57	67	44
Europa [3])	4 258	4 479	4 [illegible]	3 589	4 252	4 474	4 [illegible]	3 610
Nordküste Afrika's	2	2	4	2	1	5	3	2
Sonstiges Afrika und Arabien	5	7	5	—	3	6	3	3
Britisch Nordamerika	54	45	31	29	66	55	[illegible]	5
Vereinigte Staaten v. Nordamerika	25	23	56	58	23	47	[illegible]	46
Britisch Westindien	1	2	1	1	2	1	1	1
Spanisch "	12	15	11	11	17	12	15	10
Sonstiges "	13	12	7	2	11	13	14	10
Mexiko und Mittelamerika	3	5	4	4	3	7	[illegible]	1
Neugranada	4	4	[illegible]	1	6	[illegible]	[illegible]	—
Brasilien	18	13	5	4	21	7	[illegible]	7
Rio de la Plata und Patagonien	12	11	5	4	12	12	[illegible]	6
Westküste Südamerika's	3	5	6	4	4	6	[illegible]	3
Britischen Ostindien	13	10	[illegible]	1	16	8	[illegible]	3
Niederländisch Ostindien	6	2	5	4	7	7	[illegible]	1
Sonstiges "	4	6	3	3	6	3	[illegible]	—
China	14	32	25	14	16	32	[illegible]	16
Australien	17	5	—	—	9	5	[illegible]	1
Aussereurop. Länder	207	203	171	139	213	208	167	114
Insgesammt	4 465	4 682	5 067	3 724	4 465	4 682	5 067	3 724
darunter Reisen nach resp. aus:								
Preussen	1 280	1 434	1 642	1 212	1 311	1 541	1 621	1 586
fremden Ländern	3 185	3 248	3 425	2 512	3 154	3 141	3 446	2 138

[1]) excl. der Küstenschiffahrt von einem preussischen Hafen nach einem anderen. — [2]) excl. Holstein. — [3]) incl. Egypten.

C. Hafenverkehr.

1. Eingegangene Seeschiffe.

In Tab. 221 ist die Gesammtzahl, in 222 speciell die Anzahl der beladenen Schiffe, welche 1859—61 in preussische Häfen eingelaufen sind, nach der Nationalität der Schiffe angegeben; Tab. 223 classirt die letzteren nach Herkunftsländern. Ueberall ist neben der Schiffszahl auch deren gesammter Tonnengehalt und für 1861 noch der Antheil der Dampfschiffahrt am Hafenverkehr hinzugefügt.

(221.)

Flaggen.	In preussische Häfen liefen Seeschiffe (beladen und in Ballast) ein:							
	Anzahl der Schiffe				Gesammttragfähigkeit in Normallasten			
	1859	1860	1861		1859	1860	1861	
			überhaupt	Dampfer			überhaupt	Dampfer
Deutsche Flaggen:								
preussische	5 121	5 329	5 616	753	394 965	411 338	463 867	71 402
mecklenburgische	191	209	181	—	30 997	34 276	28 413	—
hanseatische	54	136	167	102	4 201	15 214	19 677	10 206
hannoversche	293	515	549	—	14 538	24 101	25 184	—
oldenburgische	41	80	43	—	2 890	6 173	3 332	—
zusammen [1])	5 700	6 269	6 556	859	447 591	491 122	540 473	87 668
Ausserdeutsche Flaggen:								
russische	77	86	61	14	8 083	9 027	7 850	2 524
schwedische	219	154	236	19	10 782	7 830	10 204	1 271
norwegische	425	501	669	—	21 369	28 188	30 902	—
dänische [2])	1 208	1 759	1 824	20	60 922	84 271	77 680	4 587
britische	930	1 054	1 273	345	148 345	134 418	185 851	86 739
niederländische	530	681	694	56	37 207	48 184	50 313	9 169
belgische	2	2	4	1	149	890	877	298
französische	11	42	51	—	1 040	3 638	4 116	—
portugiesische	—	1	2	—	—	109	233	—
italienische	2	3	1	—	213	431	118	—
nordamerikanische	—	2	10	—	—	791	2 702	—
südamerikanische (Ostküste)	—	1	4	—	—	174	1 085	—
zusammen	3 416	4 346	4 817	461	288 170	317 453	371 924	104 608
Insgesammt	9 116	10 634	11 375	1 318	735 761	808 575	912 397	192 276
davon ausländisch	3 995	5 306	5 757	560	340 796	397 217	448 530	120 814

[1]) excl. Holstein. — [2]) jedoch nebst den holsteinischen Schiffen.

(222.)

Flaggen.	Beladene Seeschiffe liefen in preussische Häfen ein:							
	Anzahl der Schiffe				Gesammte Tragfähigkeit in Normallasten			
	1859	1860	1861		1859	1860	1861	
			überhaupt	Dampfer			überhaupt	Dampfer
Deutsche:								
preussische	3 809	3 667	3 644	521	278 422	250 065	291 784	52 102
mecklenburgische	90	90	77	—	15 378	14 371	12 076	—
hanseatische	40	94	94	57	2 766	8 597	11 411	9 737
hannoversche	225	323	373	—	11 469	14 741	16 123	—
oldenburgische	26	34	24	—	1 665	2 068	1 492	—
zusammen [1])	4 196	4 208	4 212	578	309 700	289 832	332 836	61 839

[1]) excl. Holstein.

(Forts. zu 222.) Flaggen.	Beladene Seeschiffe liefen in preussische Häfen ein: Anzahl der Schiffe 1859	1860	1861 überhaupt	1861 Dampfer	Gesammte Tragfähigkeit in Normallasten 1859	1860	1861 überhaupt	1861 Dampfer
Aussserdeutsche:								
russische	49	46	28	10	4 632	4 681	3 871	1 588
schwedische	177	111	95	5	6 412	5 292	4 215	841
norwegische	367	444	355	—	17 996	19 478	12 902	—
dänische [1])	545	482	377	24	26 235	22 180	16 863	4 442
britische	695	755	968	262	111 832	93 191	136 153	69 571
niederländische	405	393	381	55	29 181	28 671	29 848	8 319
belgische	1	1	3	1	57	144	656	298
französische	11	15	25	—	1 080	1 318	1 865	—
portugiesische	—	—	1	—	—	—	109	—
italienische	2	3	1	—	213	431	111	—
nordamerikanische	—	—	2	—	—	—	272	—
südamerikanische (Ostküste)	—	—	4	—	—	—	1 085	—
zusammen	2 252	2 250	2 247	374	199 638	175 386	207 886	84 557
Insgesammt	6 418	6 458	6 455	952	509 334	463 218	540 391	146 286
davon ausländisch	2 639	2 791	2 811	431	230 916	215 163	249 659	94 264

[1]) jedoch nebst den holsteinischen Schiffen.

(223.) Länder, woher die Schiffe gekommen sind.	Anzahl der beladen eingelaufenen Schiffe 1859	1860	1861 überhaupt	1861 Dampfer	Tragfähigkeit der Schiffe in Normallasten 1859	1860	1861 überhaupt	1861 Dampfer
Preussen	2 317	2 217	1 921	358	76 040	64 979	61 070	32 202
Mecklenburg	16	18	18	—	662	432	368	—
Lübeck	12	15	30	9	430	656	2 417	1 150
Hamburg	82	141	139	—	2 585	3 659	5 042	—
Bremen	137	200	179	—	5 371	6 321	5 909	—
Hannover	38	55	84	3	1 802	2 283	3 305	537
Oldenburg	9	10	21	—	321	466	1 001	—
Norddeutsche Häfen [1])	2 611	2 662	2 392	370	87 209	78 796	79 112	33 889
Russland	181	193	180	104	18 933	20 770	21 676	16 232
Schweden	169	100	113	17	6 819	4 663	5 897	1 945
Norwegen	404	475	344	—	15 513	18 285	11 490	—
Dänemark und Schleswig-Holstein	377	165	249	60	14 445	5 537	10 385	4 454
Grossbritannien und Irland	2 240	2 363	2 710	333	317 404	281 904	363 332	77 803
Niederlande	200	178	225	65	19 887	14 982	20 336	11 880
Belgien	60	145	88	—	8 582	16 240	6 947	—
Frankreich	57	88	65	3	6 640	9 405	10 300	686
Spanien	44	47	23	—	8 429	9 297	8 046	—
Portugal	9	6	6	—	1 782	1 347	960	—
Italien	15	25	20	—	[illegible]	2 399	2 254	—
Oestreich	1	2	2	—	188	171	211	—
Griechenland und ionische Inseln	1	—	5	—	87	—	455	—
Türkei	1	2	—	—	109	156	—	—
Nichtdeutsche Häfen Europa's [2])	3 611	3 757	4 056	582	420 638	385 213	459 888	112 507

[1]) jedoch excl. der holsteinischen. — [2]) jedoch incl. der holsteinischen, welche mit den dänischen zusammengeworfen sind, und der zu Deutschland gehörigen östreichischen Häfen.

(Forts. zu 223.) Länder, woher die Schiffe gekommen sind.	Anzahl der beladen eingelaufenen Schiffe				Tragfähigkeit der Schiffe in Normallasten			
	1859	1860	1861 überhaupt	1861 Dampfer	1859	1860	1861 überhaupt	1861 Dampfer
Nordküste Afrika's	—	—	—	—	—	—	—	—
Sonstiges Afrika	—	2	1	—	—	195	81	—
Nordamerika	2	4	2	—	342	680	451	—
Westindien	—	1	1	—	—	139	212	—
Ostküste Südamerika's	2	2	2	—	294	201	242	—
Westküste "	—	—	—	—	—	—	—	—
Ostindien	2	—	1	—	855	—	387	—
Australien	—	—	—	—	—	—	—	—
Aussereuropäische Häfen	6	9	7	—	1 491	1 200	1 393	—
Insgesammt	6 448	6 458	6 455	952	509 338	465 218	540 391	146 396
davon ausserhalb des Zollvereins	4 084	4 176	4 428	501	431 175	397 490	475 015	113 657
ausserhalb des preuss. Staats	4 130	4 240	4 534	504	433 298	400 239	470 321	114 194

2. Ausgegangene Seeschiffe.

Tab. 224 betrifft die Nationalität der aus den preussischen Häfen ausgelaufenen Schiffe, und zwar mit Rücksicht darauf, dass nur wenig Verschiedenheiten gegen Tab. 221 und 222 hervortreten, blos in allgemeiner Unterscheidung zwischen heimischen und fremden Fahrzeugen. Tab. 225 beschäftigt sich mit den Ländern, wohin die beladenen, Tab. 226 mit denen, wohin die Fracht suchenden Schiffe abgegangen sind.

(224.) Flaggen.	Jahre.	Aus preussischen Häfen ausgelaufene Seeschiffe: überhaupt Schiffe	überhaupt Normallasten Tragfähigkeit	Dampfer insbesondere Schiffe	Dampfer insbesondere Normallasten	beladene Schiffe	beladene Normallasten
Preussische	1859	5 188	393 156	764	71 017	4 106	293 622
	1860	5 237	444 363	722	66 607	4 813	378 452
	1861	5 513	531 402	756	70 667	4 843	467 091
Zollvereinsstaaten angehörige	1859	5 521	410 954	764	71 017	4 400	309 324
	1860	6 127	474 818	722	66 607	5 395	408 167
	1861	6 093	558 890	756	70 667	5 414	494 067
Norddeutsche (excl. Holstein)	1859	5 773	446 946	782	73 724	4 616	338 675
	1860	6 514	527 476	794	76 692	5 737	451 820
	1861	6 434	606 561	861	87 483	5 703	515 658
Fremde (nichtpreuss.)	1859	4 009	313 845	288	58 725	3 348	253 950
	1860	5 280	396 974	309	62 528	3 846	353 104
	1861	5 729	447 326	563	118 120	5 421	413 476
Ueberhaupt	1859	9 197	707 301	1 052	129 742	7 454	547 572
	1860	10 817	841 337	1 031	129 135	9 659	731 556
	1861	11 242	978 728	1 319	188 787	10 264	880 567

(225.) Länder, wohin die Schiffe gefahren sind.	Anzahl der beladen ausgelaufenen Schiffe 1859	1860	1861 überhaupt	1861 Dampfer	Tragfähigkeit jener Schiffe in Normallasten 1859	1860	1861 überhaupt	1861 Dampfer
Preussen	2 274	2 257	1 950	388	72 762	64 972	155 658	33 456
Mecklenburg	29	39	79	—	711	1 144	1 605	—
Lübeck	29	48	52	8	686	2 995	1 855	947
Hamburg	44	46	95	—	1 000	833	1 819	—
Bremen	212	280	272	—	7 483	11 724	8 477	—
Hannover	177	306	259	1	8 760	12 338	11 768	179
Oldenburg	19	24	19	—	851	1 085	668	—
Norddeutsche Häfen[1])	2 784	3 000	2 726	397	92 262	85 091	181 950	34 591
Russland	175	201	199	105	18 371	22 106	22 018	15 917
Schweden	34	40	218	19	1 671	1 876	9 468	1 399
Norwegen	446	638	771	—	17 360	23 035	30 222	—
Dänemark und Schleswig-Holstein	725	1 155	1 713	70	28 786	37 696	51 160	5 338
Grossbritannien und Irland	2 569	3 366	2 862	304	319 863	425 104	389 916	71 569
Niederlande	417	650	842	83	31 096	51 707	66 013	11 370
Belgien	110	313	211	26	14 314	33 013	29 821	6 619
Frankreich	167	248	618	60	22 569	35 028	85 477	14 490
Spanien	4	19	47	—	607	2 638	7 689	—
Portugal	—	1	11	—	—	100	1 768	—
Italien	15	17	8	1	1 435	2 178	1 158	195
Oestreich	3	—	4	—	348	—	378	—
Türkei	—	3	—	—	—	388	—	—
Nichtdeutsche Häfen Europas[2])	4 667	6 651	7 526	668	454 417	634 883	695 864	128 897
Nordküste Afrikas	1	3	1	—	97	424	118	—
Sonstiges Afrika	—	—	3	—	—	—	926	—
Nordamerika	—	2	—	—	—	420	—	—
Ostküste Südamerikas	—	2	8	—	—	418	2 514	—
Westküste "	1	1	—	—	328	320	—	—
Australien	1	—	—	—	453	—	—	—
Aussereuropäische Häfen	3	6	12	—	876	1 587	3 558	—
Insgesammt	7 454	9 659	10 284	1 065	547 572	731 556	880 567	181 478
darunter ausserh. d. Zollvereins	4 984	7 072	8 036	676	465 210	653 161	712 473	127 844
und ausserhalb Preussens	5 180	7 402	8 314	677	474 810	866 584	724 006	128 023

[1]) jedoch excl. der holsteinischen. — [2]) jedoch incl. der holsteinischen, welche mit den dänischen zusammengeworfen sind, und der zu Deutschland gehörigen östreichischen Häfen.

(226.) Länder, wohin die Schiffe gefahren sind.	In Ballast ausgelaufene Schiffe 1859	1860	1861 überhaupt	1861 Dampfer	Tragfähigkeit der in Ballast ausgelaufenen Schiffe in Normallasten 1859	1860	1861 überhaupt	1861 Dampfer
Preussen	1 142	851	729	210	109 109	82 549	73 596	22 108
Mecklenburg	2	2	1	1	21	294	31	31
Lübeck	6	—	19	19	589	—	2 388	2 388
Hamburg	2	1	—	—	98	14	—	—
Bremen	1	—	1	—	176	—	15	—
Hannover	2	1	1	—	22	14	7	—
Norddeutsche Häfen[1])	1 155	856	751	230	110 015	82 671	76 [illegible]	24 527

[1]) jedoch excl. der holsteinischen, welche mit den dänischen zusammengeworfen sind.

(Forts. zu 226.) Länder, wohin die Schiffe gefahren sind.	In Ballast ausgelaufene Schiffe 1859	1860	1861 überhaupt	1861 Dampfer	Tragfähigkeit der in Ballast ausgelaufenen Schiffe in Normallasten 1859	1860	1861 überhaupt	1861 Dampfer
Russland	223	168	119	21	26 273	21 018	14 056	2 428
Schweden	177	77	63	—	13 948	8 689	5 700	—
Norwegen	29	17	8	—	1 216	936	259	—
Dänemark und Schleswig-Holstein	135	37	32	2	4 738	888	972	164
Grossbritannien und Irland	22	4	14	1	3 410	379	948	190
Niederlande	1	—	—	—	224	—	—	—
Frankreich	1	—	—	—	253	—	—	—
Ostküste Südamerika's	—	—	1	—	—	—	180	—
Nichtdeutsche Häfen [1]	588	303	227	24	49 714	28 916	22 124	2 782
Insgesammt	1 743	1 158	978	254	159 729	109 781	95 161	27 309
darunter ausserhalb des Zollvereins	599	306	248	44	50 598	27 218	24 558	5 201
und ausserhalb Preussens	601	307	249	44	50 620	27 232	24 585	5 201

[1]) jedoch incl. der holsteinischen.

V. Binnenschiffahrt.

Laut der »Tabelle der Handels- und Transportgewerbe« für 1861 gehörten den Einwohnern des preussischen Staates am Schluss jenes Jahres 11 818 Segelschiffe von 402 453 Last Tragfähigkeit und 175 Dampfschiffe von zusammen 14 751 Pferdekräften, überhaupt also 11 993 Stromfahrten für den Frachtverkehr. Deren Vertheilung auf die Regierungsbezirke weist die untenstehende Tabelle nach.

(227.) Regierungsbezirke. — Provinzen.	Flussschiffahrt 1858. Schiffseigenthümer, welche d. Schifffahrt als Hauptgewerbe treiben	Flussschiffahrt 1858. Schiffsmannschaft. Köpfe	Zur Frachtfahrt bestimmte Stromfahrzeuge 1861. Segelschiffe. Zahl	Segelschiffe. Lasten Tragfähigkeit	Dampfschiffe und Schlepper. Zahl	Dampfschiffe und Schlepper. Gesammt-Pferdekräfte	Personal. Schiffseigenthümer	Personal. Schiffsmannschaft. Köpfe
Gumbinnen	535	1 179	595	15 522	3	56	544	1 131
Königsberg	259	874	470	12 088	10	443	315	1 030
Danzig	291	727	295	4 259	7	221	232	560
Marienwerder	312	619	446	11 168	2	24	398	872
Preussen	1 397	3 399	1 806	43 985	22	744	1 489	3 593
Bromberg	116	[illegible]	112	3 450	2	60	88	307
Posen	206	588	260	7 200	—	—	222	654
Posen	322	949	372	10 650	2	60	310	961
Stettin	678	1 586	959	23 258	25	1 018	858	1 728
Stralsund	76	156	205	2 842	1	22	207	431
Pommern [1])	754	1 742	1 164	26 100	26	1 040	1 065	2 159

[1]) In Köslin sind gar keine Stromfahrzeuge gezählt worden.

(Forts. zu 227.) Regierungsbezirke. — Provinzen.	Flussschifffahrt 1858. Schiffseigenthümer, welche d. Schifffahrt als Hauptgewerbe treiben	Flussschifffahrt 1858. Schiffsmannschaft. Köpfe	Zur Frachtfahrt bestimmte Stromfahrzeuge 1861. Segelschiffe. Zahl	Segelschiffe. Lasten Tragfähigkeit	Dampfschiffe und Schlepper. Zahl	Dampfschiffe und Schlepper. Gesammt-Pferdekräfte	Personal. Schiffseigenthümer	Personal. Schiffsmannschaft. Köpfe
Stadt Berlin ..	71	1 321	463	15 509	1	20	92	875
Potsdam	1 942	4 224	2 687	80 302	3	66	2 137	4 702
Frankfurt	1 090	3 407	1 334	35 090	1	8	1 181	2 273
Brandenburg ..	3 103	7 962	4 484	130 901	5	94	3 410	7 850
Liegnitz	169	564	218	6 168	1	8	192	454
Breslau	414	1 486	550	12 604	—	—	455	1 357
Oppeln	158	323	194	3 411	—	—	174	386
Schlesien ..	761	2 373	962	22 181	1	8	821	2 197
Magdeburg	431	2 782	712	34 382	14	430	459	2 827
Merseburg	299	1 683	472	20 687	1	15	317	1 622
Sachsen [1]) ..	730	4 465	1 184	55 069	15	445	776	4 449
Minden [2])	38	200	56	3 324	3	206	45	209
Münster	24	49	28	109	—	—	27	40
Arnsberg	13	50	22	1 458	—	—	14	66
Westfalen ..	75	299	106	4 891	3	206	86	315
Düsseldorf	385	3 029	783	71 491	45	7 037	441	3 130
Köln	100	685	135	9 044	48	4 809	89	948
Koblenz	255	596	313	13 223	5	111	252	528
Trier	302	685	559	14 968	3	198	280	486
Rheinland [1]) ..	1 042	4 995	1 790	108 726	101	12 155	1 062	5 092
Insgesammt ..	8 184	28 082	11 818	402 453	175	14 751	9 419	28 616

[1]) In Erfurt, Aachen und Sigmaringen sind gar keine Stromfahrzeuge gezählt worden. — [2]) incl. Jadegebiet.

Eine Statistik des Schiffsverkehrs innerhalb des preussischen Staates ist zur Zeit noch nicht in irgend welcher Vollständigkeit herstellbar. Nur vom Verkehr auf dem Rheine werden jährlich genaue und detaillirte Zahlen mitgetheilt; bei den übrigen Flussläufen und den Kanälen sind die vorhandenen Nachrichten noch so dürftig, dass für diesmal auf eine Zusammenstellung über die Binnenschifffahrt verzichtet werden muss.

VI. Verkehr auf den gewöhnlichen Strassen.

Auch über den Verkehr auf den gewöhnlichen Wegen, sowie auf den Strassen der Städte fehlt es fast an allen in Details eindringenden Notizen. Es werden daher lediglich auf das Personal und die verwendeten Pferdekräfte beschränkte Auszüge aus der statistischen Tabelle von 1816, der Gewerbetabelle von 1858 und der Tabelle für Handels- und Transportgewerbe von 1861 hier veröffentlicht, um die Fortschritte, resp. den Rückgang auf diesem Gebiete vor Augen zu stellen.

(228.) Regierungsbezirke. — Provinzen.	Landfracht-Fuhrwesen 1816 Frachtfuhrleute	Gewöhnlich von ihnen unterhaltene Pferde	Lohnkutscher-, Pferdeverleiher 1816 Personen	Gewöhnlich von ihnen unterhaltene Pferde	Fracht-, Stadt- und Reisefuhrwerk 1858 Eigenthümer oder Geschäftsinhaber	Gehülfen und Knechte	Gewöhnlich zu diesem Geschäft gehaltene Pferde	Fracht-, Stadt- und Reisefuhrwerk 1861 Fuhrleute	Knechte	Pferde
Gumbinnen	10	57	13	42	83	76	253	87	95	289
Königsberg	43	303	51	202	198	275	958	216	318	1 140
Danzig	75	312	57	210	183	220	796	223	199	985
Marienwerder	95	207	—	—	109	93	303	120	97	364
Preussen	223	879	121	454	573	664	2 310	646	709	2 778
Bromberg	21	66	8	17	81	63	199	129	100	304
Posen	124	322	11	21	225	233	602	221	226	597
Posen	145	388	19	38	306	296	801	350	326	901
Köslin	23	80	2	4	133	94	370	93	60	277
Stettin	63	200	73	178	361	280	1 060	433	299	1 196
Stralsund	22	89	43	117	166	134	369	215	133	463
Pommern	108	369	118	299	660	508	1 799	741	492	1 936
Berlin	20	156	163	624	490	1 550	3 511	505	2 015	4 407
Potsdam	64	229	140	296	637	370	1 636	577	354	1 446
Frankfurt	131	378	46	99	327	306	1 023	378	277	971
Brandenburg	215	763	349	1 019	1 454	2 226	6 170	1 460	2 646	6 824
Liegnitz	102	320	38	106	458	256	932	565	324	1 184
Reichenbach	75	213	104	212	.	.	.	.	.	.
Breslau	85	423	95	288	681	688	1 930	802	804	2 182
Oppeln	13	41	44	107	288	234	627	318	425	913
Schlesien [1]	275	997	281	713	1 427	1 178	3 489	1 685	1 553	4 279
Magdeburg	121	393	42	102	319	304	845	315	286	875
Merseburg	102	308	158	341	510	402	1 345	498	364	1 274
Erfurt	260	573	32	62	204	137	477	221	124	487
Sachsen	483	1 274	232	505	1 033	843	2 667	1 034	774	2 636
Minden [2]	37	99	24	48	119	123	292	136	109	318
Münster	64	178	43	101	115	68	244	135	89	291
Arnsberg	680	920	24	53	837	563	1 962	697	470	1 593
Westfalen	781	1 197	91	202	1 071	754	2 498	968	668	2 202
Düsseldorf [3]	414	759	130	292	852	631	1 562	851	708	1 796
Köln	228	418	72	161	503	458	942	545	427	978
Aachen	624	1 029	45	112	408	211	714	403	196	836
Koblenz	132	232	56	120	388	157	808	321	145	722
Trier	64	135	40	74	634	150	1 539	504	135	1 503
Sigmaringen	.	.	.	.	27	14	72	27	16	73
Rheinland	1 461	2 573	343	759	2 816	1 627	5 632	2 759	1 627	5 908
Insgesammt	3 694	8 440	1 554	3 989	9 340	8 096	25 306	9 662	8 796	27 464

[1]) 1816 noch in 4 Regierungsbezirke eingetheilt. — [2]) incl. Jadegebiet. — [3]) 1816 Düsseldorf und Kleve.

VII. Verkehr in Gast- und Schankwirthschaften.

Nicht im Stande, von dem Leben und Treiben in öffentlichen Localen einen statistischen Abriss zu entwerfen, begnügen wir uns mit der Aufzeichnung der Zahl derjenigen Personen, welche — die Garköche eingeschlossen — aus der Gast- und Schankwirthschaft ihren Unterhalt gewinnen.

(229.) Regierungs-bezirke. — Provinzen.	Gast- und Schankwirthschaft 1861.							
	Gasthöfe, Krüge und Ausspannungen.			Speisewirthe und Garköche.		Schankwirthe, Tabagisten, Billardhalter.		Gesammtzahl der Personen
	Wirthe	Kellner und Gehilfen	Kellnerinnen und Gehilfinnen	Eigenthümer oder Geschäftsinhaber	Diener	Eigenthümer oder Geschäftsinhaber	Diener	
Gumbinnen	1 036	69	261	50	30	598	149	2 193
Königsberg	1 332	159	253	122	65	1 342	525	3 798
Danzig	588	64	72	70	27	957	195	1 973
Marienwerder	1 498	49	81	37	4	740	62	2 471
Preussen	4 454	341	667	279	126	3 637	931	10 435
Bromberg	1 094	82	90	116	20	943	75	2 420
Posen	1 634	88	160	176	34	1 932	133	4 157
Posen	2 728	170	250	292	54	2 875	208	6 577
Köslin	791	39	32	26	1	296	12	1 197
Stettin	1 159	126	46	91	24	669	59	2 164
Stralsund	338	55	52	28	7	154	31	665
Pommern	2 288	220	130	145	32	1 119	102	4 046
Berlin	128	377	280	200	141	2 473	1 502	5 101
Potsdam	2 333	112	58	126	15	864	119	3 627
Frankfurt	1 769	96	131	97	16	1 766	118	3 993
Brandenburg	4 230	585	469	423	172	5 103	1 739	12 721
Liegnitz	2 097	286	214	98	22	1 746	199	4 662
Breslau	2 271	409	584	112	150	2 443	656	6 625
Oppeln	1 170	208	219	88	18	1 986	245	3 934
Schlesien	5 538	903	1 017	298	190	6 175	1 100	15 221
Magdeburg	2 030	216	198	76	37	612	189	3 358
Merseburg	1 277	250	115	75	14	1 736	191	3 658
Erfurt	529	178	43	22	6	466	101	1 345
Sachsen	3 836	644	356	173	57	2 814	481	8 361
Minden	521	87	104	22	14	900	87	1 735
Münster	687	52	115	17	14	1 264	59	2 208
Arnsberg	1 529	187	124	68	25	2 275	177	4 385
Westfalen	2 737	326	343	107	53	4 439	323	8 328
Düsseldorf	1 374	304	204	117	69	4 583	579	7 230
Köln	1 061	324	65	95	18	1 926	392	3 881
Aachen	971	131	72	56	21	1 933	181	3 364
Koblenz	850	142	74	130	35	1 826	112	3 169
Trier	1 203	70	122	106	58	1 382	136	3 077
Sigmaringen	240	23	27	1	—	105	6	402
Rheinland	5 699	994	664	504	201	11 755	1 406	21 123
Insgesammt	31 520	4 183	3 796	2 221	885	37 917	6 290	86 812

Dreizehnter Abschnitt.

Das Versicherungswesen.

I. Die Feuerversicherung.

Zur Versicherung gegen Schäden durch Feuersgefahr, welche im preussischen Staate seit langer Zeit schon heimisch ist, bestehen neben einander folgende Gattungen von Anstalten:

1) auf gemeinsame Tragung der Schäden gegründete Gesellschaften mit beschränktem Geschäftskreise in den Grenzen des Staates:

a) unter Ausgleichung der Schäden durch Geld, und zwar

1. mittels landesherrlicher Erlasse errichtete provinzial- oder communalständische oder städtische Anstalten, als deren Agenten öffentliche Beamte dienen, mit oder ohne Beitrittszwang;
2. ohne ausdrückliche Genehmigung des Landesherrn errichtete Anstalten, welche unter Mitwirkung von Gemeindebehörden arbeiten und häufig als öffentliche Anstalten angesehen werden, mit oder ohne Beitrittszwang;
3. mit Erlaubniss, aber ohne Mitwirkung von Behörden thätige Gesellschaften.

b) unter Ausgleichung der Schäden durch Naturalbeiträge ohne Mitwirkung der Behörden.

2) auf Gegenseitigkeit gegründete Gesellschaften mit einem weiten Geschäftskreise, auch über die Grenzen des Staates hinaus, nach freier Wahl des Betheiligten, ohne Mitwirkung der Behörden und unter Ausgleichung der Schäden durch Geld:

a) mit Sitz im Inlande,
b) mit Sitz im Auslande.

3) Actiengesellschaften mit grundsätzlich weitem Geschäftsbereich, welche den vollen Schaden bis zum Versicherungswerth aus eigenen Mitteln gegen Entrichtung einer vorbestimmten Rente (Prämie) in Geld ersetzen und von den Behörden wohl beaufsichtigt, aber in ihrer Geschäftsthätigkeit nicht unterstützt werden:

a) mit Sitz im Inlande,
b) mit Sitz im Auslande.

Eine weitere Unterabtheilung möchte noch die Verschiedenheit des Risicos rechtfertigen, je nachdem die Gesellschaft ausschliesslich Gebäude oder ausschliesslich Mobilien und Inventar oder zugleich bewegliche und unbewegliche Gegenstände in Versicherung nimmt.

A. Versicherungs-Anstalten mit festbegrenztem Gebiete.

1. Oeffentliche Societäten.

Reglements mit voller Gesetzeskraft besitzen nachstehende 27 gegenseitigen Versicherungsvereine, welche bis Ende 1861 sämmtlich ihre Thätigkeit nur auf Immobilien erstrecken durften. Ihre Jahresergebnisse werden regelmässig dem statistischen Bureau bekannt gemacht.

a) Provinz **Preussen**:

1. Feuer-Societät der ostpreussischen Landschaft.

2. Immobiliar-Feuer-Societät der sämmtlichen Städte in den Regierungsbezirken Königsberg und Gumbinnen mit Ausschluss der Städte Königsberg und Memel; bis 31. December 1860 in zwei Bezirksassocietäten getrennt, seitdem ohne Beitrittszwang vereinigt.

3. Immobiliar-Feuer-Societät der landschaftlich nicht associationsfähigen ländlichen Grundbesitzer in den Regierungsbezirken Königsberg und Gumbinnen mit Einschluss der Grundstücke in dem zum Mohrunger landschaftlichen Departement gehörigen Theile des Regierungsbezirks Marienwerder.

4. Feuer-Societät der Stadt Königsberg i. Pr.

5. Landschaftliche Feuerversicherungs-Gesellschaft für Westpreussen.

6. Immobiliar-Feuer-Societät der Regierungsbezirke Marienwerder und Danzig.

b) Provinz **Posen**:

7. Feuer-Societät für die Provinz Posen; der Eigenthümer muss und darf sein Haus bis herab zum geringsten Satze von 25 Thlr versichern.

c) Provinz **Pommern**:

8. Feuer-Societät für sämmtliche Städte Altpommerns mit Ausschluss der Stadt Stettin.

9. Feuer-Societät des platten Landes von Altpommern.

10. Feuer-Societät für die Stadt Stettin.

11. Neuvorpommersche Brand-Assecurations-Societät.

d) Provinz **Brandenburg**:

12. Feuer-Societät für die Stadt Berlin.

13. Städte-Feuer-Societät der Kur- und Neumark (mit Ausschluss der Stadt Berlin), sowie für die Städte der Niederlausitz und der Aemter Senftenberg und Finsterwalde.

14. Land-Feuer-Societät für die Kurmark Brandenburg (mit Ausschluss der Altmark), das Markgrafthum Niederlausitz und die Districte Jüterbock und Belzig.

15. Land-Feuer-Societät der Neumark.

e) Provinz **Schlesien**:

16. Feuer-Societät des Markgrafthums Oberlausitz; die Risicos sind zur Hälfte bei der Magdeburger Feuerversicherungs-Gesellschaft rückversichert.

17. Feuer-Societät der sämmtlichen Städte in Schlesien, mit Einschluss der Grafschaft Glaz und des Markgrafthums Oberlausitz, jedoch mit Ausschluss von Breslau.

18. Feuer-Societät des platten Landes der Provinz Schlesien, der Grafschaft Glaz und des Markgrafthums Oberlausitz.

19. Feuer-Societät der Stadt Breslau (ohne ein vom Landesherrn vollzogenes Reglement, aber unter dem 6. Mai 1812 ausdrücklich anerkannt); rückversichert ist nur das Theatergebäude.

f) Provinz **Sachsen**:

20. Provinzial-Städte-Feuer-Societät der Provinz Sachsen.

21. Magdeburgische Land-Feuer-Societät: zu ihr gehört das brandenburgische Rittergut Plessow mit 3 Vorwerken, 600 Thlr Risico für Kirchen und 35 700 Thlr für andere Gebäude, 50 Thlr Gehalt des Kreisdirectors in Plessow und 56 Thlr in 1861 ausgeschriebenen Beiträgen.

22. Ritterschaftliche Feuer-Societät des Fürstenthums Halberstadt.

23. Feuer-Societät des platten Landes des Herzogthums Sachsen.

24. Feuer-Societät für das platte Land der Grafschaft Hohnstein.

g) Provinz **Westfalen**:

25. Westfälische Provinzial-Feuer-Societät.

h) **Rheinland**:

26. Provinzial-Feuer-Societät der Rheinprovinz.

27. Feuerversicherungs-Gesellschaft für die hohenzollerschen Lande, mit der königlichen Landescasse in Sigmaringen vereinigt; am 27. März 1857 wurde

ein Rückversicherungs-Vertrag mit der Gesellschaft »Thuringia« auf 9½ Jahre geschlossen, wonach diese pro 100 Fl. Risico 5 Kreuzer und bei Erhöhung von Versicherungen ⅓ der Beiträge erhält und dafür sämmtliche Brandentschädigungen, Regulirungs-, Abschätzungs- und reglementsmässigen Verwaltungskosten, Prämien für Auszeichnung beim Löschen und Beihilfe für beschädigte Löschgeräthe zahlt.

Tabelle 230 theilt einige für die Verwaltung jeder dieser Societäten wichtige Daten mit; in Tabelle 231 sind die Hauptergebnisse der Geschäftsführung für das Jahr 1861 zusammengestellt.

(230.)

Geschäftskreis der Feuersocietäten.	Datum des letztergangenen		Anzahl der Haupt-Taxclassen	Für 1861 ausgeschriebene Beiträge auf 100 Rt Vers.-Summe:	
	Reglements	abändernden Allerhöchsten Erlasses		unterste Classe. Sgr	höchste Classe. Sgr
1. Ostpreussen, landschaftliche	30. Dec. 1837	26. Juli 1862	4	5	20
2. " städtische	18. Nov. 1860	—	6	3⅓	60
3. " ländliche	" " "	—	[1]) 4	7½	15
4. Stadt Königsberg	4. " 1861	—	3	3	12
5. Westpreussen, landschaftliche	15. Febr. 1863	—	5	5	16⅔
6. " allgemeine	21. Nov. 1853	27. Oct. 1862	4	0	40
7. Provinz Posen	5. Jan. 1836	1. Dec. 1856	8	4	22
8. Altpommern, städtische	23. Febr. 1840	23. Oct. 1854	5	2	16
9. " ländliche	20. Aug. 1841	5. Mai 1862	4	3	18
10. Stadt Stettin	18. Nov. 1722	—	1	2	2
11. Neuvorpommern	9. Dec. 1776	9. Febr. 1850	1	4½	4½
12. Stadt Berlin [2])	1. Mai 1791	—	4	1⅔	10
13. Provinz Brandenburg, städtische	23. Juli 1844	3. Febr. 1862	4	1⅓	9⅓
14. Kurmark u. s. w., ländliche	15. Jan. 1855	18. Juli 1856	4	2⅔	26⅔
15. Neumark, ländliche	17. Juli 1846	13. April 1863	4	2⅓	18⅔
16. Oberlausitz	26. Juli 1854	—	3	6⅔	33⅓
17. Schlesien, städtische	1. Sept. 1852	1. Juli 1859	[3]) 6	1	6
18. " ländliche	" " "	2. April 1855	4	3⅓	21
19. Stadt Breslau	—	—	1	1⅔	1⅔
20. Provinz Sachsen, städtische	5. Aug. 1848	3. Juni 1861	3	5 1/12	5 1/12
21. Magdeburg u. s. w., ländliche	28. April 1843	24. März 1860	3	4	13⅓
22. Fürstenth. Halberstadt, ritterschaftliche	21. Nov. 1845	—	2	⅔	5⅓
23. Herzogthum Sachsen, ländliche	18. Febr. 1838	2. April 1855	[4]) 4	5	10
24. Grafschaft Hohnstein, ländliche	27. März 1843	—	2	1⅔	9
25. Provinz Westfalen	26. Sept. 1859	2. März 1863	[5]) 6	⅓	13⅓
26. Rheinprovinz	1. Sept. 1852	10. Jan. 1863	7	1⅓	17⅓
27. Hohenzollern	14. Mai 1855	—	[6]) 1	3⅓	3⅓

[1]) in Classe IV. noch 200 % Zuschlag für Windmühlen. — [2]) das Societätsjahr 1861 begann am 1. October 1860. — [3]) ausserdem mit 48 Sgr pro 100 Rt fixirte Beiträge von zusammen 741 Rt im Jahre 1861. — [4]) den kirchlichen Versicherungsobjecten wird ein Rabatt von 50 % auf die Beiträge gewährt, wogegen in gewissen Fällen wegen baulicher Mängel einzelner Gebäude ein Zuschlag von 20 oder 40 % erhoben wird. — [5]) die normalen Beitragssätze werden in einzelnen Fällen nach der Natur des Risicos erhöht oder ermässigt; in den Abtheilungen c. jeder Classe sind feuergefährliche, in Classe VI. mit unabgestuften Sätzen die sehr feuergefährlichen Anlagen versichert. — [6]) feuergefährliche Gebäude entrichten einen Zuschlag.

(291.) Geschäftskreis der Feuersocietäten.	Gesammtrisico zu Ende 1861.[1] Thlr.	Einnahmen 1861: überhaupt in Wirklichkeit.[9] Thlr.	an ausgeschriebenen Beiträgen für 1861[2]) überhaupt Thlr.	pro Mille der vers. Summe.	Ausgaben 1861: überhaupt in Wirklichkeit[3]) Thlr.	zu vergütende Brandschäden aus 1861[4]) Thlr.	Verwaltungs- und Nebenkosten. Thlr.
Ostpreussen, landschftl.	21.882 040	82 075	82 075	3,75	79 270	77 465	1 805
" städt. [5])...	17.304 370	69 743	68 762	3,73	84 840	79 836	5 011
" ländl. [6])...	38.475 550	252 444	193 542	5,03	172 852	154 063	18 790
Stadt Königsberg	3.879 825	4 512	4 462	1,15	4 207	3 576	631
Westpreussen, landsch.	13.406 480	46 758	[7]) 44 409	3,31	45 324	40 603	4 721
" allg.[8]) .	21.014 475	152 772	152 772	7,30	143 215	135 260	7 955
Provinz Posen [9]).......	72.596 5[illegible]	321 229	298 206	4,11	333 359	303 724	29 635
Altpommern, städtische	[10]) 5.259 160	9 276	9 211	1,61	9 555	7 451	2 104
" ländliche	48.935 000	158 341	154 200	3,16	184 926	[11]) 177 090	7 837
Stadt Stettin	15.359 250	10 239	10 239	0,67	4 259	2 572	1 687
Neuvorpommern [12])...	21.505 250	30 444	30 444	1,42	31 246	28 525	2 721
Stadt Berlin	178.815 875	100 664	100 664	0,56	103 561	46 141	57 421
Pr. Brandenburg, städt.	[13]) 68.267 975	74 735	73 404	1,08	67 134	63 580	3 545
Kurmark u. s. f., ländl..	[14]) 91.645 45[illegible]	223 345	223 345	2,44	227 197	201 937	25 260
Neumark, ländliche ...	[15]) 33.706 925	74 000	74 000	2,22	83 179	75 485	7 694
Oberlausitz [16])	5.174 320	23 872	16 745	3,24	19 180	17 907	9 008
Schlesien, städtische[17])	24.862 450	19 991	19 991	0,80	44 074	40 836	3 748
" ländliche[18]).	49.274 510	200 115	185 773	3,08	195 824	188 799	15 112
Stadt Breslau..........	41.710 570	21 756	21 756	0,52	10 260	6 321	3 939
Prov. Sachsen, städt. .	[19]) 68.198 980	122 627	122 627	1,81	102 718	88 854	13 865
Magdeburg u. s. f., ländl.	[20]) 66.382 375	147 937	147 937	2,20	132 830	107 387	[21]) 25 443
Fürstl. Halberstadt, ritt.	4.179 945	7 714	7 714	1,85	7 105	7 041	64
Herz. Sachsen, ländl..	[22]) 65.271 076	183 007	183 007	2,81	185 570	168 104	17 466
Grfsch. Hohnstein, dgl.	3.413 620	9 769	9 769	2,86	[23]) 12 208	11 998	207
Provinz Westfalen ...	168.525 780	330 217	324 334	1,92	365 437	332 951	32 486
Rheinprovinz..........	258.712 770	[24]) 436 842	428 022	1,65	365 091	312 765	52 326
Hohenzollern [25])	9.824 061	18 236	11 708	1,19	8 245	8 237	8
Insgesammt.....	1417.883 545	3.153 780	3.069 144	2,16	3.021 676	2.668 516	351 486

[1]) Bei manchen Gesellschaften ist zwar das Datum der summarischen Angabe nicht beigefügt; doch lässt sich in solchen Fällen stets vermuthen, dass der Schluss des Rechnungsjahres gemeint sei. — [2]) zuweilen allerdings dem Anschein nach unter Einrechnung restirender Beiträge u. dgl., dann also etatsmässige statt effectiver Einnahmen und Ausgaben. — [3]) incl. der Rixiren, mit einzelnen Versicherten vereinbarten. — [4]) meistentheils andere Zahlen, als die wirklichen Vergütungen, weshalb auch die hier eingetragenen Posten plus Nebenkosten nicht der wirklichen Gesammtausgabe immer entsprechen. — [5]) speciell für den Königsberger Bezirk: Brandschäden 63 857, Nebenkosten 2761, Beiträge 41 269 Thlr., das Fehlende aus dem Reservefonds gedeckt; die Versicherungssumme innerhalb des Gumbinner Bezirks verminderte sich von 9.725 020 Thlr. im ersten auf 7.756 840 im zweiten Semester. — [6]) speciell für den Bezirk Gumbinnen: Risico 20.203 210, Brandschäden 85 886, Nebenkosten nach Abzug durchlaufender 11 815, Beiträge 101 272 Thlr. — [7]) bei der nächsten Repartition gehen 1 437 Thlr. ab. — [8]) Beitragsquote mit Rücksicht auf die Erhöhung des Risico's im Danziger Bezirke von 5.540 565 Thlr. im ersten auf 5.636 735 im zweiten Semester; unter den Ausgaben sind 8 308 Thlr. Rest aus früheren Jahren, dagegen neuer Rest 10 940 Thlr. — [9]) die Einnahmen sind excl. Bestand und durchlaufende Posten zu verstehen; wirkliche gezahlte Beiträge auf Reste 230 und neu 298 031 Thlr., worunter 2 665 als Ueberbeiträge für stärker gefährdete Risiken; wirklich gezahlte Brandentschädigung und Nebenkosten auf Reste 117 779, neu 158 424 Thlr.; der Bromberger Bezirk participirt mit einem Risico von 28.512 200, einem neuen Istbeitrag von 120 381 und einer Brandentschädigungssumme von 156 450 Thlr. incl. Nebenkosten. — [10]) im ersten Halbjahr 6.154 825 Thlr. —

[11]) wirklich ausgezahlt: auf Reste 39 649, neu incl. Kosten für Schädenuntersuchung und Spritzenprämien 119 248 Thlr — [12]) im ersten Semester 21.386 680 Thlr; unter den Ausgaben 672 Thlr Deficit des Vorjahrs. — [13]) im ersten Semester 67.207 000 Thlr — [14]) desgl. 89.825 475 Thlr — [15]) desgl. 83.132 525 Thlr; unter der Versicherungssumme sind 344 700 resp. 348 650 Thlr beitragsfreie Hälften für Kirchen und Thürme. — [16]) Taxwerth der versicherten Gebäude 8.395 440, Einnahme incl. Bestand und durchlaufende Posten 27 057 (wovon 187 rückständig), rückständige Entschädigungen 7 735, ausbezahlte 10 173 Thlr — [17]) im Regierungsbezirk Liegnitz beträgt das Risico 8.045 740, im Breslauer 10.847 700, im Oppelner 8.080 040 Thlr; gezahlte Classenbeiträge resp. 4 667, 8 513 und 6 070 Thlr; gewährte Brandvergütungen 3 995, 26 938 und 9 899 Thlr — [18]) Zunahme des Risico's seit 1. Januar 1861 im Regierungsbezirk Liegnitz 682 420, Breslau 1.590 110 und Oppeln 1.539 630 Thlr; eingezahlt wurden Beitragsreste 54 145, neue Beiträge 119 906 Thlr; ausgezahlt wurden an Entschädigungen für Vorjahre 82 473 und neu 148 239 Thlr — [19]) im ersten Halbjahr 67.281 690 Thlr — [20]) nach Abzug der Werthshälfte von Kirchen und Thürmen sind beitragspflichtig 65.778 550 Thlr — [21]) excl. Gehälter. — [22]) im ersten Semester 64.578 121, abgeschätzter Werth der versicherten Gebäude 88.842 880 resp. 89.789 552, höchste zulässige Versicherungssumme 70.260 638 resp. 71.018 271 Thlr — [23]) Mehrausgabe aus dem Bestande und dem eisernen Fonds gedeckt. — [24]) darunter Beiträge für einzelne Monate 8 820 Thlr — [25]) nach dem Etat für 1861; Einnahmen incl. 1 496 Thlr Zins des Reservefonds; statt Brandschäden sind die Rückprämien notirt.

Alle oben genannten 27 (bis Ende 1860 29) öffentlichen Feuer-Societäten zusammen hatten in den Jahren

	1858	1859	1860	1861
ein Risico (Versicherungssumme) von ... Thlr	1222.928 772	1274.508 194	1355.820 756	1417.885 545
Brandschäden zu vergüten.. »	2.931 630	2.788 558	2.554 364	2.688 516
Neben- u. Verwaltungskosten »	393 752	421 908	358 702	351 488
Beiträge ausgeschrieben..... »	3.179 490	3.275 138	3.231 666	3.009 144
d. h. für 1 000 Thlr Risico ... »	2,60	2,57	2,38	2,12
Der höchste Durchschnittssatz einer Societät war..........	9,78	8,60	8,55	7,20
und der niedrigste	0,30	0,36	0,38	0,52

Die geringsten Beiträge hatten während der letzten vier Jahre die auf einzelne Städte beschränkten Societäten für Berlin, Breslau, Königsberg und Stettin zu zahlen; die höchsten wurden von den ländlichen Feuersocietäten West- und Ostpreussens entrichtet.

Mit Einschluss einiger kleinen Privatverbände zu gegenseitiger Immobiliar-Versicherung in abgegrenzten Bezirken hatten die öffentlichen Societäten*) nachstehende Versicherungs-Summen:

Provinzen	1825	1837	1853	1857	1860
	Millionen Thaler				
Preussen	66,2	75,0	90,6	90,4	114,4
Posen.....................	23,5	32,1	55,3	56,0	70,3
Pommern...................	52,0	59,6	79,7	82,1	93,7
Brandenburg	160,0	205,9	287,3	293,5	351,0
Schlesien	56,3	79,2	84,9	88,6	115,8
Sachsen	141,2	141,6	191,9	196,1	227,6
Westfalen	82,4	109,3	104,6	102,8	158,0
Rheinland	129,5	177,7	227,4	224,3	248,6
Insgesammt.....	711,1	879,9	1 121,7	1 133,8	1 379,4

Unter den Einnahmen nehmen die Versicherungsbeiträge selbstverständlich die erste Stelle ein; ausser diesen finden sich (durchlaufende mitgezählt) für 1861 zunächst folgende angegeben:

---

*) Ein Beitrag zur Geschichte und Statistik der Feuerversicherung im preussischen Staate, von L. Jacobi, in Nr. 4 der »Zeitschrift des kön. preuss. stat. Bur.« von 1862.

Societät		Bestand	Zinsen	extraord.	Kosten-erstattung	Prämien-beitrag	Vom Rück-versicherer
Bez. Gumbinnen, städt.	Thlr	—	805	128	—	49	—
" " ländl.	"	—	9 365	—	—	27	—
Stadt Königsberg	"	50	—	—	—	—	—
Westpreussen, landsch.	"	1 427	922	—	—	—	—
Provinz Posen	"	350 131	22 880	19	124	—	—
Altpommern, städt.	"	65	—	—	—	—	—
" ländl.	"	—	4 115	—	—	—	—
Brandenburg, städt.	"	—	506	—	824	—	—
Oberlausitz	"	2 285	—	—	—	—	7 125
Schlesien, ländl.	"	263 792	10 287	—	55	—	—
Sachsen "	"	—	—	7	—	—	—
Westfalen	"	—	3 592	—	—	—	2 291
Hohenzollern	"	—	1 558	20	—	—	—

Andere Einnahmeposten sind: Erlös aus Werthpapieren und Rückzahlung von Darlehen bei der ländlichen Gumbinner Societät 37 249, bei der Posener 298 219, Fundationsbeiträge bei der ländlichen Gumbinner Societät 12 261, Strafbeitrag bei der ländlichen altpommerschen 23, zinsloser Vorschuss aus der Landsteuercasse bei der oberlausitzer 900, für Versicherungsschilder ebendort 2 Thlr

Unter den Verwaltungs- und Nebenkosten erscheinen für 1861 bei nachstehenden Societäten:

die Ausgabeposten		Posen	Alt-pommern ländl.	Ober-lausitz	Schlesien ländl.	Stadt Breslau	Westfalen	Hohen-zollern
erstattete Beiträge	Thlr	3	—	150	—	—	64	—
Rückversicherung	"	—	—	7 879	—	1 147	3 706	6 237
Zins und Bankprovision	"	10	—	.	36	—	1 604	8
insgemein und zufällig	"	1	48	5	1	—		—
Prozesskosten	"	82	—	—	7	—	—	—
Bureau- u. Druckkosten	"	707	209	—	705	—	1 886	—
Societäts-Direction	"	3 456	3 667	900	3 640	—	5 895	—
Kreisverwaltung u. dgl.	"	4 858			8 649	—	9 676	—
Hebegebühren und Cassenverwaltung	"	2 983			943	—	8 106	—
für Abschätzung der Risiken und Schäden	"	5 791	—	—	—	—	1 329	—
Prämien für Spritzen etc.	"	8 867	1 490	74	1 131	—	647	—
Beihilfe an Löschgeräth.	"	572	—	—	—	—	—	—
an die Provinzial-Instituten-Casse	"	2 050	—	—	—	—	—	—
Capitalanlagen	"	279 463	4 989	—	—	—	—	—
nicht detaillirte Ausgaben	"	—	—	—	—	2 792	—	—

Während die Provinzial-Feuersocietät für Posen dem statistischen Bureau sehr ausführliche Nachweisungen über ihre Ausgaben mittheilt und die westfälische ihr darin nahe kommt, bleiben die meisten anderen derartigen Gesellschaften in dieser Beziehung zurück. So erfahren wir zwar noch von den Societäten für

die Ausgabeposten		Gumbinnen ländl.	Alt-pommern städt.	Bran-denburg städt.	Schlesien städt.	Magdeb. ländl.	Sachsen ländl.
allgemeine Verwaltung	Thlr	—	—	—	—	—	11 460
Prozesskosten und insgemein	"	—	—	85	—	—	—
Reisekosten und Abschätzungen	"	—	441	1 646	—	6 006	—
Prämien	"	—	107	693	255	3 225	—
Ersatz von Löschgeräth	"	—	351	—	255		—
nicht versicherte Objecte	"	—	184	909	—	—	—
Capitalanlagen	"	41 602	—	—	—	—	—
nicht detaillirte Ausgaben	"	11 815	1 021	—	3 238	23 218	—

allein auch diese Angaben finden in den eingelieferten Jahresnachweisungen der übrigen Societäten keine Stelle.

Ueber die **Brandschäden** ertheilen einige Gesellschaften Aufschluss; die Ursachen der Brände haben jedoch nur in einzelnen Fällen ermittelt werden können. So wurden im Jahre 1861 bei der neuvorpommerschen Societät durch 36 Brände, worunter 30 aus unbekannten Anlässen, 29 Wohnhäuser und Kathen und 32 andere Gebäude eingeäschert. Die posensche Provinzial-Feuersocietät erlitt im Regierungsbezirk Bromberg 293 Brandfälle, welche 580 Gebäude in Asche legten und 142 theilweis beschädigten; im Bezirk Posen 301 Brandfälle mit 708 total abgebrannten und 115 theilweis beschädigten Gebäuden. Im Bezirk der schlesischen Städte-Feuersocietät zerstörten 68 Brände, deren Ursachen nur bei 10 ermittelt wurden, 125 Wohnhäuser, 30 Stallungen, 85 Scheunen und 2 Kirchen ganz oder zum Theil; von diesen Gebäuden lagen im Liegnitzer Bezirk 86, im Breslauer 77 und im Oppelner 79. Die schlesische Land-Feuersocietät hatte 424 Brandfälle (385 aus nicht ermittelten Ursachen) zu beklagen, welche 461 Wohn- und 684 Wirthschaftsgebäude und 632 Eigenthümer trafen. Im Bereich der magdeburgischen Land-Feuersocietät betrug die Zahl der Brandschäden 118.

Unter den Namen Vorschussfonds, Reservefonds, Vermögen u. s. w. sind bei einigen Societäten die Summen angegeben, welche als ständige oder als laufende **Reserven** dienen. Dergleichen kamen für den Schluss des Jahres 1861 vor: bei der landschaftlichen Societät für Ostpreussen 126 675 Thlr. Vorschussfonds (diesjährige Vermehrung durch 2 805 Thlr. Ueberschuss); bei der Feuersocietät für Posen 79 127 Thlr. (zinsbar angelegt 394 800, baar 11, Einnahmereste 41 311, dagegen Ausgabereste 356 995 Thlr.); bei der für das platte Land Altpommerns 42 079 Thlr. (baar 25 521, Effecten 75 000, dagegen noch zu vergütende Brandschäden 57 842 Thlr.); bei der städtischen Societät für die Provinz Brandenburg 12 055 Thlr. Ueberschuss (gegen 4 457 im Vorjahr nach Abzug einer Cursdifferenz), bei der oberlausitzer 8 200 Thlr. (nach einer diesjährigen Vermehrung von 4 290 Thlr.); bei der für die schlesischen Städte 116 480 Thlr. (Pfandbriefe 100 000, Breslauer Bankschein 16 000, baar 480, diesjährige Verminderung 19 549 Thlr.); bei derjenigen für das platte Land Schlesiens 287 638 Thlr. (Hypotheken 124 418, Werthpapiere 120 200, baar 7 746, Beitragsreste 75 918, dagegen Schädenreste 41 640 Thlr.); bei der halberstädtischen 1 800 Thlr. (an der Sparcasse zinsbar belegter Cassenbestand); bei der hohenzollerschen 38 325 Thlr. (nach einer Vermehrung von 5 089 Thlr.). Dagegen schloss die altpommersche Städte-Feuersocietät mit einem Passivum von 279, die neuvorpommersche mit einem solchen von 802 Thlr. ab, welche pro 1862 mehr auszuschreiben waren.

2. Privat-Societäten für Immobilien-Versicherung mit Geldentschädigung.

Nicht mit königlicher Genehmigung versehene Gesellschaften, deren Mitglieder einander gegenseitig ihre Grundstücke gegen Feuerschäden versichern, bestehen in den meisten Provinzen noch immer fort, wenngleich in erheblich geringerer Zahl als früherhin. Die meisten derselben haben in mehr oder minder bedeutendem Maasse den Charakter öffentlicher Anstalten angenommen, namentlich insofern sie unter die Verwaltung der Gemeinde- und Ortspolizei-Behörden gestellt sind und die Beiträge für sie executivisch beigetrieben werden. 1861 wurden im ganzen Staate 86 Gesellschaften dieser Art aufgeführt:

a) in der Provinz **Preussen** 16, nämlich:

1. Haupt-Domänen-Feuerschäden-Fonds für die Provinz Preussen, vom Domänenfiscus zur Versicherung der Domanialgebäude aus Beiträgen der Pächter unterhalten.

2. Erster köllmischer Versicherungsverein des Kreises Niederung, 1854 errichtet; der abgeschätzte Werth der versicherten Gebäude betrug 1861 1.169 025 Thlr., die Zahl der Mitglieder am Schluss des Jahres 711.

3. Versicherungsverein ländlicher Grundbesitzer (zweiter köllmischer) in der Tilsiter Niederung gegen Feuerschaden, 1858 errichtet.

4. Feuersocietät der Stadt Elbing mit Reglement vom 24. Januar 1826.

5. Brandordnung der Eigenkäthner (Einsassen) auf der Elbingschen Höhe mit Statut vom 6. April 1772, ohne öffentlichen Charakter; umfasste 1856 einen Werth von 26 493 Thlr. und ist seit 1857 in der Auflösung begriffen.

6. Brandordnung der Elbinger Höhe- und Niederdörfer mit Statut vom 23. December 1848; versichert ausser Gebäuden auch Vieh durch Leistung von Geld, Bauholz, Fuhren, Dachstroh und Getreide.

7. Nehrungsche Privat-Feuersocietät im Danziger Kreise (Gärtner-Brandordnung), 1637 gestiftet, mit Statut vom 3. September 1782, versicherte Gebäude und Inventarium; ist im Laufe des Jahres 1862 aufgelöst worden.

8. Tiegenhöfsche Privat-Brandordnung, gestiftet am 29. Mai 1623, zuletzt revidirt am 15. Juli 1842, versichert Gebäude und dazu gehöriges Vieh, Möbel und Hausgeräth; unter derselben Verwaltung steht eine auf die Societätsmitglieder beschränkte Crescenz- (Getreide- und Heu-) Versicherung.

9. Privat-Feuersocietät für die Wasser-Abmahlmühlen der Tiegenhöfschen Oberdörfer und des Barenhöfschen Gebiets, genehmigt am 12. Januar 1836.

10. Desgl. der Petershagenschen und Tiegenhagenschen Niederung, genehmigt am 12. Januar 1836.

11. Desgl. des Scharpauer Gebiets, genehmigt am 12. Januar 1836.

12. Mühlen-Feuerversicherungs-Societät der Ortschaften der Marienburger Niederung mit Statut vom 8. Februar 1833.

13. Brandordnung der Marienburger Niederung, errichtet am 10. Januar 1672 für Gebäude- und Mobiliarversicherung, letztes Statut vom 10. Juli 1860, lediglich Privatanstalt; die versicherten Gebäude und Mobilien bilden zwei besondere Verbände unter einer einzigen Verwaltung.

14. Privat-Feuersocietät der Marienwerderschen oberen Amtsniederung mit Statut vom 15. März 1756, gewährt für Gebäude und Inventarium Geldentschädigung, freies Bauholz, Deckstroh und Hilfsdienste. 1861 waren in Baumaterial 240 409 und in Baarwerth 227 620 Thlr. versichert; die Schädenvergütung umfasste 200 Thlr. in Material und ebensoviel baar; 15 Sgr. Beitrag wurden für letzteren Posten ausgeschrieben und der Ueberschuss zum Reservefonds abgeführt, welcher auf 6 600 Thlr. anwuchs.

15. Feuersocietät der Ortschaften des Drewenzgebietes (Domänen-Rentamts Thorn), umfassend die Gemeinden Kompanie, Zlotterie, Koszczorek, Grabowitz und Schilno im Kreise Thorn, errichtet am 1. Mai 1750, zuletzt revidirt am 8. April 1843, unter Beitrittsverpflichtung aller mit Gebäuden ansässigen Bewohner; Schäden an Gebäuden und Inventar werden mit Geld, Deckstroh und Leistung von Fuhren vergütet. 1861 wurden nach dem Beitragsverhältniss von 131 Hufen 4 Morgen ausser baarem Gelde 82½ Bund Stroh geliefert und 30 vierspännige Fuhren zur Bauholzanfuhr gestellt.

16. Feuersocietät der Stadt Thorn mit Reglement vom 31. Oct. u. 19. Nov. 1821. Unter den Ausgaben für 1861 befinden sich 600 Thlr. für eine neue Feuerspritze.

b) in der Provinz Pommern 4, nämlich:

17. Domänen-Feuerschäden-Fonds für die Provinzen Brandenburg, Pommern und Sachsen; das Verwaltungsjahr 1861 läuft vom 1. Mai 1861 bis dahin 1862. Im Regierungsbezirk Köslin waren 497 125 Thlr. Gebäudewerth versichert, worauf 585 Thlr. Brandschäden und 17 Thlr. Nebenkosten fielen, und an Beiträgen wurden 664 Thlr. ausgeschrieben; im Stettiner Bezirk erreichte die Versicherungssumme 2.616 926, die Schäden 6 442, Nebenkosten 215, Beiträge 3 543 Thlr. Gegründet ward der Fonds am 1. Mai 1826.

18. Pommersche Mühlen-Assecuranz-Feuersocietät, am 29. Dec. 1856 concessionirt, zu Stettin. 1861 waren 892 Etablissements mit 2.624 369 Thlr. versichert und wurden 9 Vergütungen mit 10 073 Thlr. bezahlt.

19. Feuersocietät der Stadt Stralsund mit Reglement vom 27. März 1845. 1861 fanden 3 Brände statt, deren Schadensumme theilweis aus dem Reservefonds gedeckt wurde.

20. Mühlen-Brandsocietät für Neuvorpommern und Rügen, 1847 errichtet. 1861 brannten 2 holländische Windmühlen ab; der Bestand war 1 467, Zinsen kamen ein 33, vermischte Einnahmen 7, Vorschuss blieb zu Ende des Jahres 13 Thlr.

c) in der Provinz Brandenburg 11, nämlich:

zu Nr. 17. Domänen-Feuerschädenfonds. Der Cassenbestand der gesammten Societät pro 1861 war 11 796, die Einnahme an Beiträgen 24 387, an Resten 38, an Erstattungen 4 Thlr., blieben baar 271 und in Restguthaben 1 Thlr. Im Regierungsbezirk Potsdam betrug das Gesammtrisico 4.378 325, die Brandschäden 14 114,

Nebenkosten 139, ausgeschriebene Beiträge 5 572 Thlr., im Frankfurter Bezirk das Risico 4.146 325, die Brandschäden 13 443, die Nebenkosten 213, die Beiträge 5 894 Thlr.

21. Mühlen-Feuersocietät für die Kurmark und die Niederlausitz zu Neuruppin, 1829 errichtet und am 26. März 1861 bestätigt, mit 631 100 Thlr. Versicherungssumme im ersten Halbjahr 1861.

22. Feuersocietät zu Dreetz für die zum Amt Neustadt a. d. D. gehörigen Colonien einschliesslich Sophiendorf (oder Feuersocietät der ausgebauten Eigenthümer in den Ortschaften des Rhin- und Dossebruchs, deren Verwaltung das Rentamt Neustadt führt), 1776 errichtet.

23. Feuersocietät für die Grundeigenthümer in den Colonien Neuholland, Hohenbruch und Kreuzbruch (Amts Liebenwalde) im Kreise Niederbarnim, 1771 errichtet, mit Statut vom 21. August 1845, von einem Director und den Ortsschulzen verwaltet.

24. Wische-Feuersocietät mit Reglement vom 21. Nov. 1810.

25. Feuersocietät für die zum Warthebruch-Amt Pyrehne gehörigen Colonien, gemäss Statut vom 10. Februar 1794 durch das Amt verwaltet.

26. Feuersocietät für die zum Warthebruch-Amt Sonnenburg gehörigen Ortschaften, gemäss Statut vom 4. Januar 1786 durch das Amt verwaltet.

27. Feuersocietät für die Grundeigenthümer in den der Kämmerei der Stadt Landsberg zugehörigen Ortschaften im Warthebruch, gemäss Statut vom 24. December 1785 durch den Magistrat verwaltet.

28. Feuersocietät der Kämmerei-Colonie der Stadt Friedeberg, 1823 errichtet.

29. Feuersocietät für die Colonie Neu-Dessau bei Driesen, vom Gemeindevorstand verwaltet, 1848 errichtet.

30. Windmühlen-Feuersocietät der Neumark, insbesondere der Kreise Königsberg, Landsberg und Soldin, 1848 errichtet.

31. Feuerversicherungs-Verein für die Grundeigenthümer im Dorfe Burg bei Kottbus, gemäss Statut vom 15. November 1787 durch den Gemeindevorstand verwaltet.

32. Im Jahre 1862 trat an die Stelle der Windmühlen-Versicherungs-Gesellschaft für die Alt- und Kurmark die Mühlenversicherungs-Gesellschaft zu Havelberg mit Concessionsurkunde vom 30. Dec. 1861.

d) in der Provinz **Schlesien** 4, nämlich:

33. Versicherungsverein der Windmühlenbesitzer im Kreise Glogau und den angrenzenden Kreisen, 1847 errichtet.

34. Privat-Feuerversicherungs-Gesellschaft für die Landgemeinden in den Grenzen der Kreise Landeshut und Löwenberg, 1861 errichtet.

35. Feuerversicherungs-Societät der Glazer Landgemeinden, 1850 errichtet.

36. Feuerversicherungs-Gesellschaft der vereinigten Rittergutsbesitzer im Ratiborer Landschaftssystem, 1850 errichtet.

e) in der Provinz **Sachsen** 1, nämlich:

zu Nr. 17. Domänen-Feuerschädenfonds. In den Regierungsbezirken Magdeburg, Merseburg und Erfurt betrugen: die Versicherungssumme resp. 4.165 725, 2.975 460 und 688 025, die Schäden 0, 486 und 84, die Nebenkosten 122, 124 und 21, die Beiträge 4 862, 8 491 und 841 Thlr.

f) in der Provinz **Westfalen** 1, nämlich:

37. Kirchlicher Diöcesan-Feuer-Versicherungs-Verband des Bisthums Münster, am 31. Mai 1855 concessionirt.

g) in der **Rheinprovinz** 1, nämlich:

38. Krefelder Feuerversicherungs-Verein, 1760 errichtet und auf die Stadt Krefeld beschränkt.

Ueber 28 der hier erwähnten Immobiliar-Versicherungs-Verbände liegen amtliche Ausweise (siehe Tab. 232) pro 1861 vor, welche sich auf die Classirung der Risiken, die Versicherungssumme, die Ausgaben und eingezogenen Beiträge beziehen. Es muss dabei bemerkt werden, dass man namentlich die Societäten für die Städte Elbing, Thorn und Stralsund, auch wohl die beiden Domänen-Feuersocietäten häufig zu den öffentlichen Societäten rechnet. Alle vorhandenen Daten über die letztjährigen Ergebnisse der hiehergehörigen Versicherungsvereine sind, insoweit sie nicht in der Tabelle Platz gefunden haben, schon in obige Liste mit aufgenommen.

(232.) Bezirk des Immobilien-Versicherungs-Vereins.	Gebäude-Classen: Anzahl	Gebäude-Classen: zahlten 1861 auf 100 Thlr Risico Sgr Beitrag	Verwaltung im Jahre 1861: Versicherungs-Summe Thlr	Ausgaben an: Brandschäden-Vergütungen Thlr	Ausgaben an: Neben- u. Verwaltungskosten Thlr	Ausgeschriebene Beiträge: überhaupt Thlr	Ausgeschriebene Beiträge: [illegible]
1. Domänen in Preussen	2	12—18	5.735 475	27 992	327	30 789	5,37
2. Kreis Niederung, I. kölln.	1	17	700 282	3 970	22	3 900	5,67
3. " " II. "	1	2½	1.878 102	1 110	90	1 250	0,67
4. Stadt Elbing	4	9⅓—18	1.984 320	8 240	97	8 378	4,09
6. Elbinger Höhe	1	53⅓	118 475	2 100	—	2 111	17,82
7. Danziger Nehrung	1	13,807	426 199	1 813	149	1 962	4,60
8. Tiegenhöfsche Brandordnung	1	15 1/16	5.490 000	27 616	200	27 816	5,07
9. " Mühlen	1	—	15 025	—	—	—	—
10. Petershagensche "	1	—	11 000	—	—	—	—
11. Scharpauer "	1	—	14 000	—	—	—	—
12. Marienburger "	1	87 1/16	55 150	1 600	8	1 608	29,16
13. " Niederung	1	1,691	1.872 200	899	156	1 055	0,59
14. Marienwerdersche Niederung	1	15	227 620	400	47	1 138	5,00
15. Rentamt Thorn	1	18,209	50 030	80	—	80	1,07
16. Stadt Thorn	2	3⅓—7½	1.891 735	—	695	2 746	1,45
17. Domänen in Pommern, Brandenburg und Sachsen	2	3—4½	19.467 750	35 104	850	24 388	1,26
19. Stadt Stralsund	1	1½	4.263 641	2 458	179	2 481	0,58
20. Mühlen in Neuvorpommern	1	7½	279 575	1 731	31	531	2,58
21. Mühlen in Kurmark und Niederlausitz	1	23	632 450	4 308	5[illegible]	4 827	7,63
22. Amt Neustadt a. D.	1	2	295 173	—	212	198	0,66
24. " Liebenwalde	1	5	255 270	—	[illegible]	427	1,67
25. " Pyrehne	1	5	547 927	947	40	918	1,67
26. " Sonnenburg	1	—	404 575	—	61	—	—
27. Kämmerei Landsberg a. W.	1	6½	325 300	696	[illegible]	729	2,24
28. " Friedeberg	1	16½	27 800	150	—	151	5,43
31. Dorf Burg	1	5½	320 500	557	49	608	1,90
Insgesammt			47.310 134	121 758	4 657	118 681	2,50

Zählt man die Verbände unter Nrn. 1, 4, 16, 17 und 19 zu den öffentlichen Societäten, so steigt deren Versicherungssumme pro 1861 auf 1451.228 066, die Brandschäden auf 2.762 310, die Nebenkosten auf 353 629, die ausgeschriebenen Beiträge auf 3.077 926 Thlr oder 2,12 ‰ des Risico's.

Für die übrigen 21 in der Tab. 232 erwähnten Verbände bleiben dann: Risico 14.967 613, Brandschäden 47 964, Nebenkosten 1 916, Beiträge 49 299 Thlr oder 3,29 ‰ des Risico's.

Addirt man die Resultate sämmtlicher auf Geldentschädigung gegründeten Immobiliar-Versicherungsverbände beschränkter Bezirke, so hat man (11 mit unbekannten Ergebnissen ausser Ansatz lassend) für 53 derselben im Jahre 1861 ein Gesammtrisico von 1 466.200 000, Brandschäden im Betrage von 2.810 000, Neben- und Verwaltungskosten 855 000, ausgeschriebene Beiträge 3.130 000 Thlr oder 2,13 vom Tausend der Versicherungssumme. Eine im statistischen Bureau angefertigte Zusammenstellung für dieselbe Gattung von Versicherungs-Gesellschaften liefert ein von obigen Zahlen sehr wenig differirendes Resultat; die hauptsächlichsten Ursachen der Abweichung liegen einerseits darin, dass jene das Mittel zwischen den Risiken im ersten und zweiten Semester statt der Versicherungssumme am Schluss des Jahres enthält, anderseits der Vergleichbarkeit halber in ähnlicher Weise gefertigt ward, als es seit einer langen Reihe von Jahren geschah. Vollständigkeit beansprucht auch sie nicht. Da die Zusammenstellung für 1861 die Betheiligung der Provinzen an der gegenseitigen Gebäudeversicherung erkennen lässt, so wird sie an dieser Stelle mitgetheilt.

(233.) Provinz.	Immobiliarversicherung in beschränkten Verbänden 1861. Verbände	Versicherungs-Summe Thlr	Brandschäden Thlr	Nebenkosten. Thlr	Ausgeschriebene Beiträge Thlr	‰
Preussen	18	138.238 442	566 624	82 306	628 834	4,85
Posen	1	72.596 500	303 724	29 635	298 206	4,11
Pommern	7	99.078 836	226 803	15 071	211 364	2,18
Brandenburg	14	382.169 645	421 354	93 914	490 314	1,30
Schlesien	4	122.323 000	256 128	81 260	249 675	2,04
Sachsen	6	214.470 080	383 952	57 312	480 270	2,24
Westfalen	1	168.525 780	332 951	26 603	324 334	1,09
Rheinland [1]	1	258.712 770	312 765	52 826	428 022	1,03
Insgesammt	52	1456.114 052	2.804 300	388 427	3.111 318	2,14
Davon öffentliche	30	1416.233 921	2.693 240	385 337	3.006 842	2,12
„ Domänenfonds	4	25.203 225	63 096	1 177	55 177	2,19
„ private	18	14.676 906	47 965	1 913	49 299	3,36

[1]) excl. Hohenzollern.

3. Verbände für Mobiliarversicherung mit Geldentschädigung [1]).

a) Provinz **Preussen** (2 besondere Verbände).

Mehrere Mobiliar-Feuerversicherungs-Gesellschaften, welche mit Gebäude-Feuersocietäten zusammenfallen oder unter einer Verwaltung mit solchen stehen, sind bereits unter *A.* 2. Nr. 6—8 und 13—15 erwähnt worden; darunter bildet die Tiegenhöfsche Crescenz-Feuersocietät einen eigenen unabhängigen Verband. Weitaus am erheblichsten ist die von der Schwedter Gesellschaft abgelöste, am 9. Mai 1840 errichtete und am 23. Juli 1851 concessionirte, mit einer Hagelversicherungs-Gesellschaft verbundene Mobiliar-Feuerversicherungs-Gesellschaft zu Marienwerder für die Bewohner des platten Landes der Provinz Preussen. Dieselbe hatte 1859 an Reserven 120 784, im Legegelderfonds 243 233 Thlr und verzeichnete

2. Sept. 1858/59:	9 272	Mitgl.,	42.089 375	Thlr Risico,	177	Brände,	163 248	Thlr	Entschädig.
2. „ 1859/60:	10 183	„	45.970 925	„ „	219	„	138 515	„	„
2. „ 1861/62:	11 845	„	52.429 650	„ „	210	„	138 369	„	„

und zwar im Regierungsbezirk

Gumbinnen	4 452	Mitgl.,	13.830 475	Thlr Risico,	86	Brände,	42 576	Thlr	Entschädig.
Königsberg	1 669	„	9.995 300	„ „	18	„	13 785	„	„
Danzig.........	1 526	„	6.972 150	„ „	30	„	24 178	„	„
Marienwerder .	4 108	„	21.691 725	„ „	76	„	57 830	„	„

b) Provinz **Pommern** (3 Verbände).

Die Mobiliar-Brandversicherungs-Gesellschaft zu Stolp in Pommern, welche sich von der Schwedter abgesondert hatte, wurde am 31. März 1840 genehmigt und am 17. März 1849 neu concessionirt; sie erstreckt ihre Wirksamkeit auf die preussischen Provinzen rechts der Elbe mit Ausschluss Posens.

Die Mobiliar-Brandversicherungs-Gesellschaft zu Greifswald für Bewohner des platten Landes in den Regierungsbezirken Stettin, Stralsund, im Kreise Prenzlau und der Ukermark löste sich am 2. März 1841 von der Neubrandenburger ab und wurde am 25. April 1842, neuerdings am 28. Oct. 1848 landesherrlich bestätigt.

Eine Vereinigung sämmtlicher evangelischen Prediger Pommerns zur wechselseitigen Unterstützung bei Feuerschäden u. dgl. bildete sich im Jahre 1797; als *donum charitatis* gewährt jedes Mitglied bei Brandschäden 10 resp. 20 Sgr

[1]) E. A. Masius: Lehre der Versicherung und statistische Nachweisung aller Versicherungs-Anstalten in Deutschland; Leipzig 1846.

c) Provinz **Brandenburg** (8 Verbände).

Von der mecklenburgischen Mobiliar-Brandversicherungs-Gesellschaft löste sich am 2. März 1826 diejenige für Bewohner des platten Landes zu Schwedt a. d. O. ab; sie wurde am 29. März 1852 neu concessionirt. Ihre Geschäfte erstrecken sich auf die Provinzen Preussen links der Weichsel, Posen, Pommern, Brandenburg und die Regierungsbezirke Magdeburg und Merseburg. Sie besass 1860 an Reserven 127 698 Thlr

1845 entstand die Mobiliar-Brandschaden-Versicherungsgesellschaft zu Brandenburg a. d. H. mit Concessionsurkunden vom 12. Jan. 1846 und 15. März 1850; sie hatte 1859 ein Versicherungscapital von 2 337 000 Thlr

Amtsbrüderliche Verbände mit amtlicher Theilnahmepflicht sind die folgenden: 1) Feuersocietät der sämmtlichen evangelischen Prediger in der Kurmark, seit 1759 in Thätigkeit, mit Beihilfen von 100—400 Thlr und Beitragsausschreibung für jeden Feuerschaden. 2) Feuersocietät der sämmtlichen Stadtschullehrer in der Kurmark, 1779 gegründet, mit Beihilfen von 37½—150 Thlr 3) Feuersocietät für die sämmtlichen Küster und Landschullehrer der Kurmark, seit 1800 in Wirksamkeit, mit Beihilfen von 25—100 Thlr 4) Feuersocietät der sämmtlichen evangelischen Prediger in der Neumark, seit 1794, wie Nr. 1. 5) Feuersocietät für sämmtliche Schullehrer und Küster in der Neumark, seit 1814, wie Nr. 3.

Eine Mobiliarversicherungs-Gesellschaft für die Gemeinden Neuholland und Kreutzbruch ist 1860 entstanden.

d) Provinz **Schlesien** (1 Verband).

Die Feuersocietät des zur Breslauer Diöcese gehörigen katholischen Clerus, welche 1808 gegründet wurde, beruht auf freier Theilnahme.

e) Provinz **Sachsen** (8 Verbände).

Auf amtlicher Theilnahmepflicht beruhen: die Feuersocietät sämmtlicher Prediger des Regierungsbezirks Magdeburg, 1826 gebildet, und die aus demselben Jahre stammende Feuersocietät sämmtlicher Schullehrer und Küster in jenem Regierungsbezirk. Jene gewährt beim Verlust von mehr als der Hälfte des Mobiliars 400, sonst 200 Thlr, diese beziehentlich 100 und 50 Thlr Beihilfe.

Der Predigerverein an der Elbe zur gegenseitigen Unterstützung für evangelische Geistliche, Volksschullehrer, Küster, Hilfsprediger und Hilfslehrer bei Brandunglücksfällen zählte Anfangs 1862 im Ganzen 8 432 Mitglieder, welche in 8 Klassen abgestuft sind und innerhalb des Werthbetrages der nachweislich durch Brand verloren gegangenen Gegenstände in der obersten Classe jetzt 5 508⅓, in der untersten 702⅚ Thlr Aussteuer beanspruchen dürfen; Aenderungen in der Mitgliederzahl führen auch Aenderungen in der Aussteuersumme mit sich. Sitz des Vereins ist Torgau.

f) **Rheinprovinz** (1 Verband).

Der Hubbelrather Feuerversicherungs-Verein im Kreise Düsseldorf wurde 1860 gegründet. —

Demnach bestehen im preussischen Staate für genau begrenzte Gebiete und Berufszweige überhaupt 23 auf Gegenseitigkeit beruhende Verbände zur Geldentschädigung bei Bränden von Mobiliar; es fallen indess 5 derselben mit Immobiliar-Versicherungsgesellschaften zusammen. Ueber die grössten dieser Verbände giebt Tabelle 234 einige Auskunft.

4. Gesellschaften für Vergütung von Feuerschäden durch Naturalien.

Gegenseitige Versicherung von Naturalleistungen in Fällen von **Gebäude**bränden kommt ausser bei den gleichzeitig auf Geldentschädigung basirten Societäten (*A.* 2.) Nr. 6, 14 und 15 in der Provinz Preussen bei 4 Vereinen vor, deren Mitglieder einander die Lieferung von Dachstroh, Gestellung von Fuhren zum Heranschaffen des Baumaterials, sowie die Hergabe von Mannschaften für Aufräumung der Brandstelle und für Aufrichtung der neuen Gebäude verbürgen. Diese Verbände und ihre Ergebnisse in 1861 sind:

a) Loosendorfer Privat-Feuersocietät (im Kreise Stuhm): Versicherungssumme 9664, Brandschäden 866, Nebenkosten 5, ausgeschriebene Leistungen im Werthe von 372 Thlr, also 105⅚ Sgr auf je 100 Thlr *b)* Kiesdinger Feuersocietät (im Kreise Stuhm): versichert 7626, Brandschäden 111, Leistungen 111 Rt, also 43⅓ Sgr auf je 100 Rt

c) Posilger Feuersocietät (im Kreise Stuhm): versichert 8000, Schäden 164, Leistungen 164 Rt, also 61⅓ Sgr auf je 100 Rt

d) Ländliche Feuersocietät im Kreise Schwetz für die Ortschaften Dragass, Gross- und Klein-Lublin u. a.: versichert 38 110 Rt, kein Brand und keine Leistung.

In Geld übertragen stellen sich die Jahresresultate der 4 Verbände mithin: Risico 63 400, Brandschäden 641, Gesammtleistung 647 Rt oder 12⅓ %.

In der Rheinprovinz besteht für landwirthschaftliche Producte in den Bürgermeistereien Mettmann und Wulferath eine Versicherungsgesellschaft seit 16 Jahren.

B. Gegenseitige Versicherungs-Gesellschaften ohne Begrenzung auf Preussen.

Die Beiträge werden in Geld entrichtet und die Schäden in Geld ganz oder theilweis vergütet. Tab. 234 giebt ausser den unten stehenden einige Zahlen von allgemeinerer Wichtigkeit. Wie sich die Versicherungssumme und die Agentenzahl auf die Provinzen vertheilt, ist aus den amtlichen Tabellen nicht für jede einzelne Gesellschaft ersichtlich; die betreffenden Ziffern für alle mit Agenten arbeitenden Gegenseitigkeits- und Actiengesellschaften zusammen findet man in Tab. 235.

Die rheinische Feuerversicherungs-Gesellschaft zu Düsseldorf, welche 1840 ihre Thätigkeit begann, löste sich 1848 wieder auf. Seitdem gehören hieher nur drei ausländische Anstalten.

1. Mecklenburgische Mobiliar-Brandversicherungs-Gesellschaft zu Neubrandenburg, am 2. März 1801 errichtet, am 7. October 1837 zum Weiterbetrieb ihres Geschäfts in Preussen zugelassen, erhielt 1861 ein neues Statut; ihr gesammtes Versicherungscapital betrug etwa 44 Millionen Thaler. Am 2. März 1863 belief sich das Risico in Pommern, Brandenburg und den Regierungsbezirken Magdeburg und Merseburg, auf welche Landestheile sich das preussische Geschäft der Gesellschaft beschränkt, 36.264 575 Rt; als Beiträge auf dies Risico waren 37 218 Rt zu leisten.

2. Die am 1. Januar 1821 eröffnete und seit dem 1. Juli 1837 in Preussen förmlich zugelassene Feuerversicherungsbank für Deutschland zu Gotha zieht feste Geldeinlagen (Jahresprämien) ein und erhebt darauf nöthigenfalls Nachschüsse oder aber gewährt Prämienüberschüsse in Form von Dividende zurück; die Reserven betrugen 1860 im Ganzen 690 558 Rt.

3. Brandversicherungsbank für Deutschland zu Leipzig, am 15. April 1839 eröffnet, am 19. Februar 1843 in Preussen zugelassen, änderte 1844 ihr Statut gemäss dem Grundsatz, neben den in 10 Classen getheilten Gegenseitigkeits-Risiken mit halbjährlichen Beiträgen auch feste Prämien (wie bei Actiengesellschaften) einzuführen. Das Versicherungscapital betrug 1860 etwa 20 Millionen, die einmaligen ½—1 % beim Eintritt als Caution dienenden Legegelder 28 094, die Reserven 13 944 Rt

4. Für Hohenzollern ist ausserdem die würtembergische Privat-Feuervers.-Gesellschaft in Stuttgart zugelassen, deren erstes Statut das Datum des 13. Juli 1828 trägt. Ihr Versicherungscapital ist etwa 119 Millionen, der Vermögensbestand 1.142 814 fl. Die Anstalt übernimmt nicht allein die Versicherung von Mobiliar, sondern auch die von Gebäuden.

C. Actiengesellschaften für Feuerversicherung[1].

1. Preussische Gesellschaften.

Mit Ausschluss der in Rückversicherung allein arbeitenden Gesellschaften weisen die im preussischen Staate ansässigen Actien-Feuerversicherungs-Gesellschaften ein Risico von insgesammt etwa 4 000 Millionen Thalern Werth in ihren Büchern nach, wovon innerhalb Preussens etwa 1 755 Millionen (Tab. 234) sich befinden. Es muss hierbei angesichts des zur Zeit sehr mangelhaften Zustandes der deutschen Versicherungsstatistik bemerkt werden, dass die Gesellschaften höchst wahrscheinlich die zu ihren Lasten übernommenen Rückversicherungen nicht immer von den einfachen Versicherungen geschieden haben, wie denn auch die Angaben der Behörden sich um etwa den zehnten Theil niedriger halten.

---

[1]) Friedrich Hasselbaum: Die Versicherungs-Gesellschaften, ihre Ergebnisse und ihre Abschlüsse im Jahre 1861; Leipzig 1862.

(234.) Privatversicherungs-Gesellschaften (ohne die Immobiliar-Feuersocietäten).

Namen	Sitz	Jahr der Errichtung oder Zulassung in Preussen	Versicherungssumme in den Grenzen des preussischen Staats zu Ende 1860 Thlr	Versicherungssumme in den Grenzen des preussischen Staats zu Ende 1861 Thlr	Jahresprämie, welche auf jene Versicherungssumme zu zahlen ist 1860 Thlr	Jahresprämie, welche auf jene Versicherungssumme zu zahlen ist 1861 Thlr
a) Gegenseitigkeitsanstalten für Mobiliarversicherung auf beschränktem Gebiete:						
1. Mob.-Feuer-V.-G. für die Provinz Preussen.	Marienwerder	1840	49.135 225	51.227 500	.	140 764
2. Mob.-Brandvers.-Ges.	Stolp	-	.	22.755 100	.	87 276
3. " " "	Greifswald	1842	.	31.938 325	.	29 173
4. " " "	Schwedt a. O.	1826	61.248 684	66.118 421	212 606	258 019
5. " " "	Brandenburg	1845	3.186 375	3.552 225	8 930	9 878
zusammen			¹) 163.000 000	175.589 571	¹) 429 000	450 110
b) Gegenseitigkeitsanstalten ohne Gebietsbeschränkung:						
1. Mecklenb. M.-Br.-V.-G.	Neubrandenb.	1801	31.619 875	33.945 600	38 001	60 318
2. Feuer-V.-B. f. Deutschl.	Gotha	1821	.	196.245 280	.	177 457
3. Brand- " " "	Leipzig	1843	11.843 370	12.441 680	29 819	31 779
zusammen			¹) 234.000 000	242.632 560	¹) 269 000	270 554
c) Inländische Actien-Gesellschaften:						
1. Berlinische	Berlin	1812	58.776 855	65.223 004	166 478	166 892
2. Vaterländische	Elberfeld	1823	215.337 962	226.878 230	456 708	480 655
3. Aachen-Münchener	Aachen	1825	481.068 793	498.925 068	.	.
4. Colonia	Köln	1839	316.837 227	313.595 298	683 215	709 681
5. Magdeburger	Magdeburg	1844	150.137 864	245.243 144	502 154	802 876
6. Preussische National	Stettin	1845	.	152.863 402	.	581 572
7. Schlesische	Breslau	1848	172.336 384	183.173 878	419 130	457 500
8. Thuringia	Erfurt	1853	53.075 179	56.291 742	137 320	160 690
9. Deutsche	Berlin	1860	.	12.729 721	.	48 280
zusammen			¹) 1 600.000 000	1 754.923 487	¹) 4.108 000	¹) [illegible]
d) Ausländische Actien-Gesellschaften:						
1. Neue Ste Assec.-Comp.	Hamburg	1837	201 946	254 011	1 502	2 467
2. Leipziger F.-V.-Anst.	Leipzig	-	140.041 484	160.833 600	387 297	402 055
3. Liverpool-Londoner	London	1854	5.495 370	4.674 456	25 121	20 381
4. Deutscher Phönix	Frankf. a. M.	1855	.	80.418 500	.	174 230
5. Bairische Hypotheken- und Wechselbank	München	1859	.	11.213 356	.	45 747
6. Oldenburger	Oldenburg	1860	9.461 190	32.890 533	41 928	188 220
7. Providentia	Frankf. a. M.	"	.	7.146 015	.	28 051
8. Dresdener	Dresden	1861	—	4.682 288	—	12 465
9. Ultrajectum	Zeyst	"	—	1.955 658	—	12 539
10. Ungenannte Gesellschaften ²)			11.905 845	11.748 002	42 579	39 025
zusammen			¹) 240.000 000	315.756 416	¹) 685 000	874 [illegible]
Insgesammt			2 237.000 000	2 488.902 034	5.475 [illegible]	[illegible]

¹) unter Einstellung durch Analogierechnung gefundener Zahlen in die Lücken. — ²) welche eine namentliche Veröffentlichung nicht wünschen.

1. Die erste auf Actien gegründete Versicherungsgesellschaft in Preussen ist die Berlinische Feuerversicherungs-Anstalt in Berlin. Sie erhielt die landesherrliche Bestätigung am 11. December 1812 mit einem jede inländische Concurrenz ausschliessenden Privilegium auf 15 Jahre; das neueste Statut ward am 5. Oct. 1860 genehmigt. Das Actiencapital betrug 850 000 Thlr. in 850 Actien, auf deren jede 200 Thlr. baar und der Rest in Wechseln (2 Monat nach Aufkündigung zahlbar) eingeschossen wurden; 1857 erhöhte man das Grundcapital auf 2 Millionen Thaler. 1861 war die Versicherungssumme 108.173 174, die Einnahme an Zinsen 25 770, an Prämien 225 816, die Rückversicherungs-Prämie 225 316, die Brandschäden incl. Antheil der Rückversicherung 76 037 Thlr.

2. Die vaterländische Feuerversicherungs-Gesellschaft zu Elberfeld erhielt die Allerhöchste Bestätigung am 24. Februar 1823, auch für Lebensversicherung, von welcher sie jedoch am 12. März 1825 abstand. Das Capital betrug früher 1 Million Thaler in 1 000 Actien mit je 200 Thlr. Baareinschuss, jetzt das Doppelte. 1861 waren versichert 371.292 845, an Prämien wurden vereinnahmt 786 887 und an Zinsen 29 477 Thlr.; Verwaltungskosten, Rückprämien und Agenturprovisionen betrugen zusammen 391 943, die entstandenen Schäden 453 592 (worauf Antheil der Rückversicherung 174 426) Thlr. ausser 20 304 Thlr. Zurückstellung für unregulirte Schäden; Prämienreserve für das nächste Jahr 449 520, Capitalreserve 83 582 Thlr.

3. Am 28. Juni 1825 wurde die Aachener (später Aachener und Münchener) Feuerversicherungs-Gesellschaft zu Aachen mit 1 Million Thaler Grundcapital und 20 % Einschuss concessionirt; 1842 vermehrte sie diesen auf 3 Millionen Thaler. Zu Ende 1661 betrug das Versicherungscapital 902.057 809, für das ganze Jahr die Prämien- und Zinseneinnahme 1.755 844, die bezahlten Schäden nebst Verwaltungskosten und Rückversicherungs-Prämien 1.315 497, die von anderen Gesellschaften rückvergüteten Brandschäden 98 680, die unregulirten Schäden 75 000 Thlr.; für im nächsten Jahre ablaufende Versicherungen sind 1.975 245, für sonstige vorausbezahlte Prämien 671 222 Thlr. vorgetragen.

4. Die Kölnische Feuerversicherungs-Gesellschaft »Colonia« in Köln ward am 5. März 1839 auf 25 Jahre concessionirt. Ihr Actiencapital beträgt 3 Millionen Thaler in 3 000 Actien, worauf 5 % baar, 15 in inländischen Staatspapieren zum Nominalwerth, 40 in vier Solawechseln (nach Sicht zahlbar) und 40 in einem drei Tage nach Sicht zahlbaren Solawechsel eingezahlt sind. Ende 1861 betrug die allgemeine Versicherungssumme 595.162 199 Thlr., im ganzen Jahre die Einnahme an Prämien und Zinsen 1.173 041, die Bruttoausgabe 860 396 Thlr., die aufs neue Jahr vorgetragenen Reserven der Prämien 1.470 150, vorausbezahlte Prämien für spätere Jahre 246 022, die Schädenreserve 58 200 Thlr.

Eine am 4. Juli 1848 bestätigte Gesellschaft »Borussia« zu Königsberg mit 2 Millionen Thalern Capital und 20 % Baareinschuss löste sich 1855 wieder auf.

5. Die Magdeburger Feuerversicherungs-Gesellschaft in Magdeburg erhielt am 17. Mai 1844 und neuerdings am 6. Juli 1850 die Allerh. Bestätigung. Das Grundcapital ward auf 1 Mill. Thaler in 1000 Actien mit 20 % Baareinschuss und 80 % in trockenen Zweimonatswechseln festgesetzt. Im J. 1859 vermehrte sie ihr Capital auf 5 Mill. Thaler. In 1861 wurden 113 190 Versicherungen auf Höhe von 579.048 597 Thlr. abgeschlossen, aus dem Vorjahre waren 484.242 389 Thlr. in Kraft, und zu Ende December blieben 616.336 110 Thlr. in Kraft, worunter 225.911 215 Thlr. Werth von Versicherungen auf mehrere Jahre. An Prämien wurden 1.972 820 Thlr. neu vereinnahmt, wovon 532 301 für Rückversicherung und an ristornirten Prämien für wieder aufgehobene Versicherungen abgehen; die aus dem Vorjahr übergegangene Prämienreserve betrug nach Abzug von 222 286 Thlr. Rückprämie (auf 75.706 574 Thlr., welche rückversichert waren): 586 514 Thlr.; die am Schluss des Jahres zurückgestellte Prämienreserve belief sich nach Abzug von 215 639 Thlr. für Rückversicherung (von 78.790 291 Thlr.) auf 568 051 Thlr. für 1862 und 104 869 Thlr. für spätere Jahre. Zur Deckung noch nicht regulirt gewesener Schäden waren nach Abzug von 52 779 rückversicherten aus dem Vorjahre 85 000 Thlr. übernommen; die neu entstandenen Brandschäden betrugen nach Abzug 337 306 rückversicherter 904 236 Thlr., und abzüglich des Ersatzes von 36 888 aus Rückversicherungen wurden zur Deckung noch nicht regulirter Brandschäden 175 000 Thlr. zurückgestellt. Einnahmeposten sind ferner folgende: Zinsen 47 943, Gewinn an Agio auf Effecten 11 227, Ueberschuss an Provision der von der Gesellschaft direct verwalteten General- und Hauptagenturen

u. dergl. 15 320, Ueberschuss aus der Verwaltung des Gesellschaftshauses 125, Reservefonds des bisherigen Versicherungsverbandes der Rübenzuckerfabriken 1 088 Thlr. Unter den Ausgaben stehen: Agenturprovision 198 790, Verwaltungskosten 99 646, Beiträge zu gemeinnützigen Zwecken 3 324, Agioverlust auf Contanten und Valuten 9 166, Abschreibung auf das Gesellschaftshaus 2 000, Gratifications- und Dispositions-Fonds für Beamte und Agenten 2 000, Reingewinn 129 521 Thlr. Letzterer vertheilt sich auf Tantieme an Verwaltungsrath und Generaldirector 11 656, Dividende für 2 790 begebene Actien 92 367, Ueberweisung zum Reservefonds 25 497 Thlr.

6. Am 21. October 1845 wurde die preussische National-Versicherungsgesellschaft zu Stettin landesherrlich bestätigt und am 21. Juli 1852 den revidirten Statuten die Genehmigung ertheilt. Nach diesen übernimmt die Gesellschaft Versicherungen gegen Feuer-, See- und Stromgefahr und bürgt dafür mit einem Capital von 3 Mill. Thalern in 7 500 Actien, auf welche je 100 Thlr. baar und 300 in unverzinslichen Wechseln eingeschossen sind. Sie versicherte 1861 in ihrem ersten Geschäftszweige neu 244.772 755 und hatte einen schliesslichen Bestand von 415.197 208 Thlr. An Verwaltungskosten wurden 46 979, für 4 % Zinsen an die Actionäre 29 304, an Dividende 39 072, an den Reservefonds eben so viel verausgabt; durch Zuwachs von 50 287 Thlr. aus dem Gewinn des Effectencontos wurde der Reservefonds auf 270 000 Thlr. erhöht. — Im Jahre 1858 hatte sie an Mobiliar und Immobiliar bei den preussischen Hauptagenturen ein Gesammtrisico von 190.472 542 Thlr. und gewährte für Brandschäden darauf eine Vergütung von 576 719 Thlr.; die Summe vertheilt sich auf Königsberg und Danzig mit 39.669 772 resp. 134 369, Bromberg und Posen (incl. Theil Westpreussens) mit 6.437 561 resp. 20 830, Stettin I. und II. mit 37.463 261 resp. 167 480, Berlin und Seelow mit 25.224 067 resp. 16 914, Görlitz und Breslau (incl. Theil Brandenburgs) mit 16.654 069 resp. 81 193, Magdeburg (incl. benachbartes Ausland) mit 20.161 870 resp. 66 893, Bielefeld mit 20.457 310 resp. 52 709, Köln mit 22.411 603 resp. 36 242 Thlr. an Risico und Brandschäden.

7. Die zur Versicherung von Immobilien, Mobilien und auf dem Landtransport befindlichen Gegenständen am 10. Juni 1848 concessionirte schlesische Feuerversicherungs-Gesellschaft zu Breslau arbeitete anfangs mit einem später um die Hälfte erhöhten Bürgschaftscapital von 2 Mill. Thalern in 2 000 Actien, worauf 20 % baar und 80 % mittels Schuldurkunden in Wechselform eingeschossen wurden. 1861 betrug die Versicherungssumme des Feuerversicherungs-Zweiges 268.599 121, die Einnahme an Prämien und Zinsen 723 094, die Brandschäden nach Abzug 122 909 rückversicherter 320 652, die bezahlten Rückprämien 177 135, die zurückgestellte Reserve von vorausbezahlten Prämien und für ins nächste Jahr übergehende Risiken 235 800, die Reserve für noch unbezahlte Schäden 12 503 Thlr. Mit Hilfe eines Einnahmesaldos von 29 269 Thlr. aus der Transportversicherung wurde die Capitalreserve auf 70 000 Thlr. erhöht und 11 % Dividende an die Actionäre vertheilt.

8. Unterm 19. September 1853 erfolgte die Allerhöchste Bestätigung der Statuten der in Erfurt gebildeten Actiengesellschaft »Thuringia, Eisenbahn- und allgemeine Rückversicherungs-Gesellschaft«; mit landesherrlicher Erlaubniss vom 12. Mai 1856 ging dieselbe auch zur directen Feuerversicherung über. Von dem statutmässigen Actiencapital von 3 Mill. Thlr. mit 20 % Einzahlung sind 2½ Mill. Thlr. begeben.

9. Am 16. Oct. 1860 erhielt die deutsche Feuerversicherungs-Actiengesellschaft zu Berlin die landesherrliche Bestätigung; ihr Capital beträgt 1 Mill. Thlr. in 1 000 Actien. Sie versichert auch Gegenstände gegen Gefahren des Transports.

10. Endlich wurde unterm 16. Dec. 1861 die Gladbacher Feuerversicherungs-Actiengesellschaft zu Gladbach landesherrlich genehmigt.

Ausser diesen Actiengesellschaften, welche sich theilweise auch mit Rückversicherung befassen, giebt es noch solche, die ausnahmslos letztere betreiben, und zwar:

11. die am 11. Juni 1853 concessionirte Aachener Rückversicherungs-Gesellschaft. Dieselbe nahm im Jahre 1861 an Prämien und Zinsen 230 616 Thlr. ein, bezahlte für regulirte Brandschäden und an Verwaltungskosten 122 952 Thlr., übertrug an Prämienreserve für 1862 119 988 und für spätere Jahre 41 632 Thlr. auf neue Rechnung, an Reserve für unregulirte Schäden 18 535 Thlr., erhöhte die Capitalreserve um 7 594 auf 47 195 Thlr. und vertheilte auf 3 000 Actien 68 000 Thlr. Dividende.

12. die Kölnische Rückversicherungs-Gesellschaft, am 8. April 1846 und mit neuem Statut am 4. December 1861 bestätigt, gewährt auch Rückversicherung

gegen die das Leben, den Transport und die Ernten bedrohenden Gefahren. Ihr Capital ist 3 Mill. Thaler mit 20 % Einschuss.

13. die **Magdeburger** Rückversicherungs-Gesellschaft, am 11. August 1862 bestätigt.

2. Ausländische Gesellschaften.

Ursprünglich dem Concessionszwang nicht unterworfen, wurde die nicht durch öffentliche Societäten erfolgende Immobiliarversicherung und die Mobiliarversicherung zu Anfang dieses Jahrhunderts in Preussen von dem Londoner Phönix und einigen Hamburger Compagnien betrieben, denen sich nach und nach eine grosse Zahl anderer ausländischen Gesellschaften anschlossen. 1837 übten eine geschäftliche Thätigkeit im preussischen Staate (einschliesslich der gegenseitigen) 27 ausländische Gesellschaften aus, nämlich 2 mecklenburgische, 3 Hamburger, 2 sächsische, 3 östreichische, 6 englische, 1 holländische, 5 belgische und 5 französische. Das Gesetz vom 8. Mai 1837 über die Mobiliarversicherung untersagte den meisten derselben den Fortbetrieb dieser Thätigkeit. Seitdem erhielten folgende[1]) auf Actien gegründete Gesellschaften die Erlaubniss, Versicherungsgeschäfte im preuss. Staate zu machen, unter denen mehrere jedoch seitdem eingegangen sind oder keinen Gebrauch von der Concession gemacht haben. Uebrigens gilt die bei den inländischen Gesellschaften bemerkte Notiz wegen der Höhe der Versicherungssumme auch hier.

1) die neue fünfte **Hamburger** Assecuranz-Compagnie am 8. August 1837 (am 21. April 1843 erneuert);

— die 2. Hamburger See- und Land-Feuersocietät an demselben Tage, nicht mehr thätig;

2) die **Leipziger** Feuerversicherungs-Anstalt an demselben Tage;

3) die **Londoner Phönix**-Gesellschaft (1782 entstanden) an demselben Tage;

— die englische Gesellschaft *Sun fire office* am 15. Sept. 1837, nicht mehr thätig;

— die englische Gesellschaft *Royal exchange* desgl.;

— die Hamburger patriotische Assecuranz-Compagnie am 30. April 1838, nicht mehr thätig;

— die *Compagnie d'assécurance* in Paris am 19. Februar 1841 vorübergehend für die Rheinprovinz;

— die Triester *Assicurazioni generali austro-italiche* am 28. Oct. 1848 für die Provinz Preussen, hat ihren Betrieb in Preussen eingestellt;

4) die **Liverpooler u. Londoner** Assecuranz-Compagnie (1836 zu Liverpool gebildet) am 30. März 1854 für die Städte Memel und Königsberg;

— das Londoner Athenäum 1854, betreibt keine Geschäfte mehr in Preussen;

— die Anchorn-Assecuranz-Compagnie am 13. Oct. 1854, wie jene nur für Memel, desgl.;

5) die **nordische** Feuerversicherungs-Gesellschaft zu Aberdeen (»Northern« von 1836) 1854 für Memel, am 11. Jan. 1861 für den ganzen Staat zugelassen;

6) der **deutsche Phönix** zu Frankfurt a. M. am 18. Januar 1855;

7) die Feuerversicherungs-Anstalt der **bayerischen Hypotheken- und Wechselbank** am 16. Dec. 1859;

8) die **Oldenburger** Versicherungsgesellschaft am 26. Febr. 1860;

9) die Versicherungsgesellschaft **Providentia** zu Frankfurt a. M. am 6. November 1860;

10) die **Dresdener** Feuerversicherungs-Gesellschaft am 14. Januar 1861;

11) die allgemeine Feuer- und Transport-Versicherungsgesellschaft **Ultrajectum** zu Zeyst am 17. Sept. 1861. Diese Gesellschaft schloss vom 1. Sept. 1861 bis dahin 1862 in Preussen 5 205 Feuerversicherungen zum Belaufe von 10.679 834 Thlr. Capital mit 36 875 Thlr. baarer und 38 764 Thlr. Prämie in Scheinen (d. h. für spätere Jahre zu zahlen); davon wurden 102 Versicherungen mit 382 777 Thlr. Capital, 1 966 Thlr. Baar- und 1 492 Thlr. Scheinprämie annullirt. Für Brandschäden und an Kosten zahlte die Gesellschaft auf 28 Versicherungen 7 226 Thlr.;

12) die Assurantie-Compagnie te **Amsterdam** de anno 1771 im Jahre 1862;

13) ausserdem für Hohenzollern allein: der **Phénix** zu Paris.

---

[1]) Die Privat-Feuerversicherung in Preussen, von Hugo **Meyer**; Berlin 1860 (C. Heymann). — Das Feuerversicherungswesen des preussischen Staates, bearbeitet von Johann **Schiffmann**; Leipzig 1860.

(235.) Regierungsbezirke. — Provinzen.	Laufende Versicherungen bei Privatanstalten am Schlusse der Jahre ²) 1853. Immobilien	Mobilien	1854. Immobilien	Mobilien	Mit Agenten arbeitende Privatanstalten 1860: Zahl der Agenten am 1. Jan. 1861	Während des Jahres abgeschlossene Versicherungen Thlr.	Laufende Versicherungssumme am 1. Jan. 1861 Thlr.
	im Werth von … Tausend Thalern		im Werth von … Tausend Thalern				
Gumbinnen	1.340	14.248	1.708	16.828	265	13.918 214	32.149 253
Königsberg	13.621	43.088	15.076	52.119	480	79.762 576	90.841 180
Danzig	30.192	33.386	34.712	30.994	129	58.561 600	64.772 269
Marienwerder	9.093	13.617	10.940	15.138	296	25.944 466	50.455 192
Preussen	54.246	104.337	62.436	115.079	1 170	178.186 856	238.217 844
Bromberg	—	18.132	—	20.701	167	31.941 345	33.304 409
Posen	—	30.957	—	35.704	287	52.698 987	52.604 477
Posen	—	49.089	—	56.405	454	84.640 372	85.908 886
Köslin	6.878	10.685	7.664	12.750	269	19.624 365	33.218 354
Stettin	3.026	52.871	3.289	47.340	410	75.464 891	81.904 711
Stralsund	5.533	16.897	5.987	17.691	131	21.488 136	39.299 801
Pommern	15.437	80.453	16.940	77.781	810	116.577 392	154.422 866
Stadt Berlin	485	93.057	407	97.297	209	152.608 372	131.361 612
Potsdam	24.029	60.820	25.562	66.002	723	58.749 126	110.297 048
Frankfurt	14.345	46.927	15.536	53.155	618	47.565 610	83.396 925
Brandenburg	39.859	200.864	41.505	216.454	1 550	258.923 108	325.055 585
Liegnitz	37.258	23.592	54.415	26.937	511	66.260 375	92.572 395
Breslau	.	.	.	.	466	110.043 894	127.312 749
Oppeln	.	.	.	.	318	28.706 787	36.491 044
Schlesien	.	.	.	.	1 295	205.011 056	256.376 171
Magdeburg	15.345	73.456	16.639	79.810	547	103.087 834	145.048 136
Merseburg	10.618	25.195	11.941	29.831	612	78.740 124	98.964 253
Erfurt	9.060	23.494	8.679	23.654	265	39.937 504	48.577 832
Sachsen	35.023	122.145	37.259	133.295	1 424	221.765 462	292.590 221
Minden	19.901	17.570	22.481	21.071	222	19.206 087	56.756 850
Münster	28.377	15.498	33.281	16.687	309	20.487 754	68.249 493
Arnsberg	15.737	21.771	21.606	23.779	387	30.520 986	79.168 040
Westfalen	64.015	54.840	77.370	61.537	918	70.164 827	203.174 383
Düsseldorf	28.001	49.723	30.339	57.120	676	87.130 785	182.286 670
Köln	14.349	21.515	15.813	23.552	813	50.365 172	106.722 354
Aachen	10.451	12.842	11.790	14.566	[illegible]	30.988 567	72.886 754
Koblenz	.	.	.	.	248	15.370 582	46.971 877
Trier	6.440	5.225	7.004	6.775	219	8.250 601	37.328 636
Rheinland	.	.	.	.	1 716	192.105 657	446.180 416
Insgesammt ¹)	304.979	724.645	355.771	769.495	9 337	1327.374 686	2001.717 853

¹) 1853 — 54 ohne die Regierungsbezirke Breslau, Oppeln, Koblenz und Sigmaringen, aus welchen keine Nachrichten zu erlangen waren; 1860 ohne den Bezirk Sigmaringen. — ²) excl. Domänen-Feuerschädenfonds, Elbinger, Thorner und Stralsunder Societät.

D. Zusammenstellung.

Fasst man alle bekannten, auf Vergütung von Feuerschäden in Gelde gerichteten Versicherungsanstalten zusammen, so erhält man die nachstehende Tabelle über ihre Zahl und die Höhe des Risicos; es ist dabei zu bemerken, dass mit sehr unbedeutenden Ausnahmen, wo eine Schätzung eintreten musste, die angegebenen Werthe auf authentischen Mittheilungen beruhen. Eine tiefer in die Sache eindringende Erörterung der Versicherungsverwaltung bei den einzelnen Gesellschaften oder ihrer Gesammtheit unterbleibt hier nothgedrungen infolge des Mangels an klaren und vollständigen Angaben über das Versicherungsgeschäft, welchen fast alle Gesellschaften zur Zeit beklagen lassen.

(236.) Gattung der Feuerversicherungs-Anstalten.	Anzahl der Anstalten 1862				Versicherungssumme zu Ende 1861 (Millionen Thaler)			
	für Immobilien allein	für Mobilien allein	ohne sachliche Beschränkung	zusammen	für Immobilien allein	für Mobilien allein	ohne sachliche Beschränkung	zusammen
Gegenseitigkeits-Anstalten:								
1. inländische auf geschlossenem Gebiet	60	18	5	83	1 470	195	3	1 669
2. ausländische, meist auf ungeschlossenem Gebiet	—	1	3	4	—	34	209	243
3. zusammen	60	19	8	87	1 470	229	212	1 911
Actien-Gesellschaften:								
1. inländische[1]	—	—	10	10	—	—	1 755	1 755
2. ausländische	—	—	13	13	—	—	316	316
3. zusammen	—	—	23	23	—	—	2 071	2 071
Insgesammt	60	19	31	110	1 470	229	2 283	3 962
und zwar: 1. inländische	60	18	15	93	1 470	195	1 758	3 423
2. ausländische	—	1	16	17	—	34	525	559
3. auf ungeschlossenem Gebiet	—	1	25	26	—	34	2 280	2 314
nach Angaben der Behörden etwa	60	19	31	110	1 470	229	2 050	3 749

[1]) ausschliesslich 8 nur rückversichernder Actiengesellschaften.

II. Die Lebensversicherung.

A. Versicherungs-Gesellschaften.

Nach einem auf amtlichen Quellen beruhenden Aufsatz über die Lebensversicherung im preussischen Staate bestanden nachstehende Gesellschaften daselbst zu Ende 1861 und betrieben die nebenbemerkten Geschäftszweige:

a) Inländische Gesellschaften.

1. Berlinische allgemeine Wittwenpensions- und Unterstützungscasse, 1836 auf Gegenseitigkeit gegründet: Zahlung von Wittwenpensionen, von Begräbnissgeldern.

2. Berlinische Lebensvers.-Gesellschaft, 1836 mit 1. Mill. Thalern Actiencapital und auf Gegenseitigkeit errichtet, concessionirt am 11. Juni 1836; einfache, verbundene Lebensversicherung.

3. Berlinische Renten- und Capital-Versicherungsbank, am 22. März 1844 concessionirt, mit 500 000 Thlr. Capital: Leibrenten-Versicherung, Capitalversicherung (zahlbar in bestimmtem Alter), Pensionsversicherung (für Wittwen und andere Personen), Kinderunterstützungs-Versicherung; 1860 kommen noch Altersversorgung und Alterspensionen hinzu.

4. Preussische Rentenversicherungs-Anstalt in Berlin, am 24. Oct. 1838 zugelassen: Rentenversicherung auf Gegenseitigkeit.

5. Lebensversicherungs-Actiengesellschaft »Germania« in Stettin, am 26. Jan. 1857 Allerhöchst genehmigt: Lebens-, Aussteuer-, Rentenversicherung, Kinderversorgungs-Casse; Actiencapital 3 Mill. Thaler.

6. Allgemeine preussische Altersversorgungs-Anstalt in Breslau, eine am 28. Februar 1845 genehmigte Gegenseitigkeits-Gesellschaft (ohne Nachweisungen).

7. Allgemeine Lebensversicherungs-Anstalt in Breslau, 1861 errichtet, mit 1 Mill. Thalern Actiencapital (betrieb noch keine Geschäfte).

8. Magdeburger Lebensversicherungs-Gesellschaft, am 19. Dec. 1855 genehmigt, mit 2 Mill. Thalern Actiencapital: Capital- (Lebens- und Begräbniss-) Versicherung, Reuten-, Aussteuerversicherung.

9. Lebens-, Pensions- und Leibrenten-Versicherungsgesellschaft »Iduna« in Halle a. S., am 26. April 1854 concessionirte Gegenseitigkeits-Gesellschaft: Lebens-, Termin-, Aussteuer-, Leibrenten-Versicherung, Ueberlebensrente (Wittwenversich.), Sterbecasse, Versicherung aus väterl. Fürsorge, Kinderversorgung durch gegenseitige Beerbung.

10. Versicherungsgesellschaft »Thuringia« in Erfurt: Lebens-Capitalversicherung, Sterbecasse, aufgeschobene, sofort beginnende Leibrente, Kinderversorgung, Beamtenversicherung; am 12. Mai 1856 concessionirt, mit 3 Mill. Thalern Actiencapital, auch für Feuer- und Transportversicherung.

11. Lebensversicherungs-Gesellschaft »Concordia« in Köln, am 13. Oct. 1853 genehmigt, mit 10 Mill. Thalern Actiencapital: Versicherung auf den Todesfall, auf den Lebensfall.

12. Seit dem 1. April 1861 betreibt auch die allgemeine Eisenbahn-Versicherungsanstalt in Berlin neben ihren älteren Geschäften dasjenige der Lebensversicherung.

Die frühere Gegenseitigkeitsanstalt »Perseverantia« in Berlin hat sich am 1. April 1861 aufgelöst.

b) Nichtpreussische deutsche Gesellschaften *).

1. Deutsche Lebensversicherungs-Gesellschaft in Lübeck: Lebens-, Aussteuercapital-, Leibrenten-Versicherung; 1828 errichtete gemischte (Actien- und Gegenseitigkeits-) Gesellschaft mit 510 000 Thlr. Capital, zugelassen am 25. Dec. 1837.

2. Lebens- und Pensions-Versicherungsgesellschaft »Janus« in Hamburg, 1847 mit 500 000 Thlr. Actiencapital und auf Gegenseitigkeit errichtet, in Preussen am 13. Dec. 1854 zugelassen: Lebensversicherung, sofort zahlbare jährliche Pensionen, später beginnende Pensionen.

3. Sächsische Rentenversicherungs-Anstalt in Dresden, 1841 auf Gegenseitigkeit errichtet, zugelassen am 1. August 1845: Rentenversicherung.

4. Lebensversicherungs-Gesellschaft in Leipzig, 1831 auf Gegenseitigkeit gegründet, zugelassen am 26. Dec. 1837: Versicherung auf Lebenszeit, auf bestimmte Jahre.

5. Allgemeine Renten-, Capital- und Lebens-Versicherungsbank »Teutonia« in Leipzig, 1852 mit 600 000 Thlr. Capital und auf Gegenseitigkeit gegründet, in Preussen am 24. Juni 1861 concessionirt (machte 1861 noch keine Geschäfte in Preussen).

6. Lebensversicherungs-Bank für Deutschland in Gotha, 1827 errichtete Gegenseitigkeits-Anstalt, förmlich zugelassen am 26. Dec. 1837: Lebens-Capitalversicherung.

7. Frankfurter Lebensversicherungs-Gesellschaft, 1844 mit 8 Mill. Fl. Actiencapital gegründete gemischte Gesellschaft, in Preussen zugelassen am 19. Juli

---

*) Deutsche Versicherungszeitung, Organ für das gesammte Versicherungswesen von A. F. Elsner in Berlin, 1863.

1860: Versicherung auf Lebenszeit, auf bestimmte Zeit, Ueberlebens-Versicherung mit Rente oder Capital, abgekürzte Lebensversicherung, Leibrentenversicherung, aufgeschobene Rentenversicherung, Aussteuer-Versicherung, Sterbecasse.

8. Allgemeine Versicherungsgesellschaft »Providentia« in Frankfurt a. M.: eigentliche Lebensversicherung, Versicherung gegen Verunglückung, feste Aussteuer-Versicherung, gegenseitige Ausstattungsvereine, Leibrentenversicherung; 1856 gegründet, in Preussen zugelassen am 6. November 1860, betreibt auch Feuer- und Transportversicherung mit einem Gesammt-Actiencapital von 10 Mill. Fl.

9. Lebensversicherungs- und Ersparnissbank in Stuttgart, 1854 auf Gegenseitigkeit errichtet, am 21. Juni 1860 in Preussen concessionirt: Lebens-, Alter-, Rentenversicherung.

c) Nichtdeutsche Gesellschaften.

1. Grossbritannische gegenseitige Lebensversicherungs-Gesellschaft (»Great Britain« von 1844), concessionirt am 15. September 1860: Lebens-Capitalversicherung.

2. London Union (von 1714): Versicherung auf Lebensdauer, auf 7 Jahre.

3. Lebensversicherungsgesellschaft »Albert« (1838 gebildet) in London, concessionirt am 22. April 1861: Lebensversicherungen.

4. Lebens- und Rentenversicherungs-Gesellschaft »Impériale« in Paris, am 31. Mai 1861 zugelassen: Versicherung auf den Todesfall, auf den Lebensfall, vermischte Versicherungen, Rentenversicherung.

Später traten hinzu: die nordische Lebensversicherungs-Gesellschaft zu Aberdeen am 11. Jan. 1862, die Actiengesellschaft »Royale Belge«, am 17. Febr. 1853 in Belgien concessionirt und am 10. Mai 1862 in Preussen zugelassen, sowie die Gegenseitigkeits-Gesellschaft »Le Conservateur«, in Paris am 2. August 1844 errichtet und am 9. October 1862 in Preussen zugelassen. Ausserdem ist im Besitz von Concessionen, wenn auch ohne Nachweis einer Geschäftsthätigkeit in Preussen, die Amsterdamer Lebensversicherungs-Gesellschaft (25. April 1828 und 26. Dec. 1837).

B. Capitalversicherung auf den Todesfall.

Wenngleich aus Tab. 237 hervorgeht, dass diese gebräuchlichste Form der Lebensversicherung sich im Jahre 1861 einer ausserordentlichen Zunahme der Benutzung zu erfreuen hatte, indem sie um 22 % stieg und zuletzt eine Police auf durchschnittlich 39 Familien kam: so blieb Preussen in dieser Beziehung hinter dem übrigen Deutschland doch im Allgemeinen noch zurück; denn sämmtliche 25 deutschen Gesellschaften, deren Geschäftsfeld vorzugsweise auf Deutschland beschränkt ist, zählten Ende 1861 einen Personenstand von 152 121 Versicherten, während in Preussen einschliesslich derer bei fremden Gesellschaften (excl. etwa 40 000 in Sterbecassen) nur etwa 57 000 Polizen auf grössere Beträge lauteten. Eine Unterscheidung der Versicherungszweige ist nicht von allen Gesellschaften beobachtet worden.

Das Versicherungscapital hat sich während des Jahres 1861 demnach um 13 %, also in geringerem Maasse als der Personenstand, dessen Zunahme 22 % betrug, vermehrt. Bisher ist die Lebensversicherung meist nur in wohlhabendere Kreise eingedrungen; allmälig häufen sich aber auch die Anträge minder Bemittelter. Im Jahre 1860 war der durchschnittliche Capitalbetrag pro Person 978, im folgenden nur noch 903, — wenn man die blossen Begräbnisscassen auslässt, jedoch etwa 1560 Thlr. Die gleichzeitige Versicherungssumme aller deutschen Gesellschaften belief sich auf 154.666 475 Thlr. mit einer Jahreszunahme von 12½ % und einem durchschnittlichen Betrage von 1017 Thlr., wobei die blossen Sterbecassen weggelassen sind. Die in Preussen erhobenen Versicherungsprämien haben 1861 um 15 % zugenommen; sie bewegen sich durchschnittlich zwischen 27 und 39 $^{0}/_{00}$ der Versicherungssumme und betragen im allgemeinen Mittel 33,8 $^{0}/_{00}$.

(237.) Gesellschaft.	Versicherungzweig.	Capitalversicherung auf den Todesfall in Preussen. Versicherte Personen (resp. Policen) zu Ende 1860	1861	Versichertes Capital am Schlusse des Jahres 1860 Thlr	1861 Thlr	Prämieneinnahme ohne Abrechnung von Dividenden 1860 Thlr	1861 Thlr
Berlin. Wittwencasse ..	Begräbnissgeld [1])	1 205	1 182	32 252	31 638	³) 968	³) 949
Berl. Lebensversicherung	einfache Lebensvers. ...	7 924	8 175	9.770 200	10.144 300	345 330	355 753
	verbundene " ..	—	80	—	78 900	—	3 077
Germania ...	Lebensversicherung ...	²) 5 296	²) 7 490	3.628 734	5.355 294	102 115	147 464
Magdeburger	Capitalversicherung ...	²) 8 450	²) 9 600	2.040 524	3.054 984	79 338	91 318
Iduna	Lebensversicherung ...	2 740	3 250	1.728 242	2.007 167	57 040	69 351
	Sterbecasse	17 957	26 074	1.018 740	1.556 393	29 767	52 931
Thuringia ..	Lebens-Capitalvers. ...	934	1 535	1.019 190	1.613 541	30 540	46 224
	Sterbecasse	2 089	2 511	134 870	170 145	5 391	6 690
Concordia ..	auf den Todesfall	²) 5 157	²) 5 540	8.441 279	9.446 536	237 927	261 726
Lübecker ...	Lebensversicherung ...	8 859	10 139	8.666 947	9.378 507	293 870	338 456
Janus	" ...	5 347	6 058	4.049 105	4.529 145	132 880	145 599
Leipziger ...	auf Lebenszeit	2 097	2 184	2.090 100	2.070 [illegible]	58 596	59 525
	" bestimmte Jahre ..	—	12	—	20 [illegible]	—	823
Gothaer	Lebens-Capitalvers. ...	10 723	11 027	17.512 600	18.142 [illegible]	601 747	622 [illegible]
Frankfurter .	auf Lebenszeit	57	296	136 564	446 [illegible]	4 294	11 215
	" bestimmte Zeit ...	—	2	—	3 [illegible]	—	58
	Ueberlebensvers.	—	1	—	[illegible]	—	³) 28
	Sterbecasse	—	6	—	1 [illegible]	—	40
Providentia .	eigentliche Lebensvers.	—	231	—	229 [illegible]	—	7 267
	gegen Verunglückung .	—	5	—	14 [illegible]	—	37
Stuttgarter .	Lebensversicherung ...	—	29	—	109 [illegible]	—	3 409
Great Britain	Lebens-Capitalvers. ..	493	639	1.509 720	2.133 [illegible]	46 997	63 605
Lond. Union.	auf Lebensdauer	³) 220	226	³) 590 000	639 [illegible]	³) 21 000	21 600
	" 7 Jahre	—	4	—	25 333	—	600
Albert	Lebensversicherung ...	³) 1 052	1 200	³) 2.947 000	3.218 464	³) 111 420	123 814
Impériale ...	auf den Todesfall	—	119	—	154 887	—	⁴) 5 121
	vermischte	—	70	—	85 824	—	3 263
	Insgesammt.....	80 600	98 300	65.861 000	74.683 231	2.159 000	2.430 000

[1]) unter der Annahme, dass sämmtliche Interessenten Begräbnissgeld versichert haben. — [2]) einschl. der bei Sterbecassen Versicherten. — [3]) nach Analogie der bekannt gemachten Zahlen geschätzt. — [4]) incl. 29 Thlr einmalige Prämie.

C. Capitalversicherung auf den Lebensfall.

Die dürftigen Mittheilungen über die hieher gehörigen Versicherungszweige, welche in Tab. 238 wiedergegeben werden, beweisen, dass die Versicherung von Capital zur Auszahlung in späterem Alter erst unbedeutende Erfolge errungen hat, dass die Aussteuerversicherung für Kinder gleichfalls im Verhältniss zu anderen Ländern noch gering ist, dass jedoch ein erheblicher Aufschwung sich geltend zu machen beginnt.

(238.) Gesellschaft.	Versicherungszweig.	Capitalversicherung auf den Lebensfall in Preussen. Versicherte Personen am Schluss des Jahres		Versicherungscapital am Schluss des Jahres		Jahresprämien	
		1860	1861	1860 Thlr	1861 Thlr	1860 Thlr	1861 Thlr
Berlinische Rentenbank	Capitalversicherung ...	3	3	1 494	1 494	¹) 35	¹) 35
	Altersversorgung	1	—	5 000	—	106	—
	Kinderunterstützung ..	71	102	42 600	55 000	²) 1 473	³) 1 912
Germania ...	Kinderversorgung	—	1 335	—	⁴) 400 000	—	6 484
	Aussteuerversicherung.	81	225	60 000	127 896	947	5 010
Magdeburger	.	534	585	⁴) 53 400	⁴) 58 500	2 349	2 006
Iduna	Terminversicherung ..	129	141	59 158	65 854	3 205	3 861
	Aussteuerversicherung.	886	1 034	170 216	187 620	6 648	7 955
	gegenseitige Beerbung.	298	313	3 250	3 689	⁵) .	⁶) —
Thuringia ...	Beamtenversicherung..	394	347	174 450	142 900	679	561
	Kinderversorgung	976	1 150	⁴) 97 600	⁴) 115 000	⁷) 2 500	⁸) 3 000
Concordia ..	auf den Lebensfall.....	—	260	—	34 198	—	2 570
Lübecker ...	Aussteuercapital	273	261	111 588	121 368	1 514	1 862
Frankfurter .	abgekürzte	—	14	—	18 800	—	395
	Aussteuerversicherung.	17	68	9 250	34 325	372	1 447
Providentia .	geg. Ausstattungen ...	—	12	—	⁴) 5 000	—	134
	feste Aussteuer	—	4	—	1 500	—	48
Stuttgarter ..	Altersversicherung	—	26	—	13 557	—	677
Impériale ...	auf den Lebensfall....	—	28	—	19 253	—	754
	Insgesammt.....	3 623	5 928	768 600	1 406 000	⁹) 20 609	¹⁰) 40 000

¹) Einlagecapital ausserdem 800 Thlr — ²) desgl. 5 428 Thlr — ³) desgl. 6 681 Thlr — ⁴) nach Analogie der bekannt gemachten Zahlen geschätzt. — ⁵) Einlagecapital 438 Thlr — ⁶) desgl. 365 Thlr — ⁷) geschätzt, Reservecapital 9 719 Thlr — ⁸) desgl. 13 393 Thlr — ⁹) incl. Einlagecapital 26 000 Thlr — ¹⁰) desgl. 47 000 Thlr

D. Rentenversicherung.

Noch lückenhafter, als die Capitalversicherungs-Verbände haben die Renten-Gesellschaften ihre Versicherungszweige in Zahlen detaillirt. Aus der nachstehenden Tab. 239 geht indessen so viel hervor, dass auf jede versicherte Person im Jahre 1860 durchschnittlich 8 Thlr, 1861 aber 8 Thlr 27 Sgr Rente eingeschrieben war; diese Werthe erscheinen so niedrig, weil die grosse Zahl der kleinen Rentenempfänger bei der preussischen Rentenversicherungs-Anstalt den etwa 100 Thlr betragenden Durchschnitt der übrigen herabdrückt.

(239.) Gesellschaft.	Versicherungszweig.	Rentenversicherung in Preussen.			
		Versicherte Personen zu Ende		Versicherte Renten am Schluss d. Jahres	
		1860	1861	1860 Thlr	1861 Thlr
Berliner Wittwencasse.	Wittwenpension	¹) 1 205	¹) 1 162	129 010	¹) 120 550
" Rentenbank ...	Leibrente	45	52	4 631	4 709
	Pension	20	28	3 640	5 010
	Alterspension	1	—	80	—
Preussische R.-Anstalt.	Rentenversicherung	²) 60 556	³) 60 845	⁴) 316 000	⁴) 329 000
Germania	"	9	16	1 606	2 145
Magdeburger	"	9	10	840	1 040
Iduna	väterliche Fürsorge	274	322	5 636	6 323
	Leibrente	6	15	692	1 801
	Ueberlebensrente..........	6	9	975	807
Thuringia	aufgeschobene	¹) 11	12	¹) 486	1 606
	sofortige	¹) 10	¹) 10	¹) 600	600
Concordia ⁵)	auf Lebensfall	87	240	10 242	30 338
	" Todesfall	42	125	5 000	15 088
Lübecker	Leibrente	27	29	3 347	4 364
Janus..................	spätere Pension..........	¹) 19	20	¹) 2 450	2 655
	sofortige	¹) 13	14	¹) 651	1 151
Dresdener..............	Rentenversicherung	⁶) 217	⁷) 220	18 870	20 209
Frankfurter	Leibrente	—	5	—	762
	Ueberlebensrente	1	2	114	114
	aufgeschobene	1	1	200	200
Providentia	Leibrente	—	1	—	22
Stuttgarter	Rentenversicherung	—	1	—	50
Impériale	"	—	4	—	621
	Insgesammt.....	62 609	63 280	565 000	665 690

¹) nach Analogie der bekannt gewordenen Zahlen geschätzt. — ²) mit 162 686 Einlagen. — ³) desgl. 163 949. — ⁴) Schätzung: gezahlte resp. gutgeschriebene Renten. — ⁵) hat nur die Versicherungssumme pro 1861 angegeben; alle anderen Zahlen beruhen auf Schätzung. — ⁶) mit 479 Einlagen. — ⁷) desgl. 484.

Wie hoch der einmalige oder Jahresbeitrag der sich in Rentengesellschaften einkaufenden Personen ist, lässt sich aus den nachstehenden Angaben über Prämien und Einlagen nur in einzelnen Fällen ermitteln. Ungeachtet der ihnen zu Grunde liegenden verschiedenen Auffassung des »Betrages des Einlagecapitals« und der Prämien werden diese Notizen hier wiedergegeben, weil sie die einzigen über den betreffenden Versicherungszweig in Preussen vorhandenen sind.

(240.) Gesellschaft.	Versicherungszweig.	Kosten der Rentenversicherung in Preussen. Summe der gezahlten Prämien 1860	1861	Einlagecapital 1860 Thlr.	1861 Thlr.
Berliner Wittwencasse. .	Wittwenpension	¹) 43 000	¹) 42 200	—	—
„ Rentenbank....	Leibrente	60	60	52 373	52 796
	Pension	1 834	2 371	—	—
	Alterspension..............	90	—	—	—
Preussische R.-Anst. ..	Rentenversicherung	—	—	6.488 658	6.722 634
Germania	„	202	271	5 980	7 693
Magdeburger	„	174	174	—	—
Iduna	väterliche Fürsorge	—	—	487	377
	Leibrente	29	100	—	—
	Ueberlebensrente..........	423	467	—	—
Thuringia	aufgeschobene	193	410	—	—
	sofortige	—	—	11 371	4 943
Concordia	auf Lebensfall	¹) 3 000	¹) 7 500	—	—
	„ Todesfall.............	¹) 1 000	¹) 2 200	—	—
Lübecker	Leibrente	—	—	3 006	5 920
Janus....................	spätere Pension...........	580	723	—	—
	sofortige „	—	—	12 893	12 196
Dresdener	Rentenversicherung	—	—	15 747	¹) 16 000
Frankfurter.............	Leibrente	—	—	—	256
	Ueberlebensrente	464	39	121	—
	aufgeschobene	183	183	—	—
Providentia.............	Leibrente	—	—	—	200
Stuttgarter	Lebensversicherung	—	—	—	—
Impériale	„	—	43	—	4 648
	Insgesammt.....	51 000	57 000		

¹) nach Analogie bekannt gewordener Zahlen geschätzt.

III. Die Hagelversicherung.

A. Inländische Gesellschaften.

In Preussen selbst haben folgende Gesellschaften ihren Sitz *), welche meistens in mehr oder minder enger Verbindung mit gleichnamigen Feuerversicherungs-Anstalten stehen.

a) Actiengesellschaften.

1. Neue Berliner Hagel-Assecuranzgesellschaft in Berlin, durch Allerhöchsten Erlass vom 26. April 1832 und neuerdings am 17. Jan. 1859 bestätigt, mit 1 Mill. Thalern Actiencapital, hatte im Jahre 1862 zusammen 23.673 715 Thlr. mit

*) Rundschau der Versicherungen, in Monatsheften herausgegeben von Dr. E. A. Masius, Lehrer des gesammten Versicherungswesens; Leipzig, 13. Jahrgang, 1863.

291 109 Thlr. Prämien versichert und 1 020 angemeldete Schäden mit 118 582 Thlr. zu decken. Diese Gesellschaft und ihre Vorgängerin, die Berliner Hagelassecuranz-Gesellschaft, erlitten von 1823 bis 1830 und von 1832 bis 1862 überhaupt in 13 Jahren Verluste und in 26 Gewinne, erhoben durchschnittlich eine Prämie von 0,93 % der Versicherungssumme und zahlten 0,78 % derselben als mittlere Entschädigung. Die niedrigste Durchschnittsprämie (0,51 %) wurde im ersten Jahre, die höchsten (1,20—1,28 %) in den sechs letzten Jahren erhoben; in den Jahren 1853, 1839 und 1848 überstieg die Entschädigung 2 % des Gesammtrisicos, in den Jahren 1861, 1856 und 1855 betrug sie 1—2 %, in 5 Jahren ¾—1 %, in 12 Jahren ½—¾ %, in 14 Jahren ¼—½ % und in 2 Jahren weniger als ¼ %.

2. Magdeburger Hagelversicherungs-Gesellschaft in Magdeburg, am 24. April 1854 bestätigt, mit 3 Mill. Thalern Capital, hatte im Jahre 1862 ein Gesammtrisico von 38.987 469 Thlr. mit 476 655 Thlr. Prämien und 468 775 Thlr. Ausgabe für Hagelschäden und Regulirungskosten.

Die am 26. Februar 1855 genehmigte Gesellschaft »Ceres« in Magdeburg hat sich aufgelöst.

3. Vaterländische Hagelversicherungs-Gesellschaft in Elberfeld, am 15. Juli 1856 bestätigt, nahm 1862 an Prämien und Polizekosten 87 715 Thlr. ein, zahlte 36 315 Thlr. zur Deckung von Hagelschäden und Regulirungskosten und erhöhte ihre Capitalreserve auf 24 193 Thlr.

4. Kölnische Hagelversicherungs-Gesellschaft in Köln, am 7. Nov. 1853 bestätigt, mit 2½ Mill. Thalern Capital, nahm 1862 an Prämien und Polizekosten 366 487 Thlr. ein, verausgabte 289 107 Thlr. incl. Verwaltungskosten und behielt als Reserve des Capitals 281 766, für unvorhergesehene Verluste 40 000 Thlr.

b) Gegenseitigkeits-Gesellschaften.

5. Hagelschaden-Versicherungsgesellschaft für die Provinz Preussen zu Marienwerder, 1841 errichtet, mit Statut vom 15. Mai 1850, hatte in den Jahren

1858	Mitgl.	1 271,	Risico	6.198 200 Thlr.,	Schäden	96	von	31 121 Thlr.
1859	»	1 551	»	7.377 575 »	»	240	»	84 647 »
1860	»	1 666	»	7.648 525 »	»	261	»	62 068 »
1862	»	1 997	»	8.562 625 »	»	411	»	75 501 »

davon im letzten Jahre in den Regierungsbezirken

Gumbinnen.....	Mitgl.	560,	Risico	1.283 375 Thlr.,	Schäden	97	von	18 610 Thlr.
Königsberg....	»	208	»	1.274 375 »	»	15	»	3 308 »
Danzig........	»	247	»	1.406 050 »	»	38	»	22 547 »
Marienwerder..	»	987	»	4.598 825 »	»	268	»	36 036 »

6. Hagelversicherungs-Gesellschaft in Greifswald, 1841 errichtet, mit Statut vom 2. Nov. 1846.

7. Hagelschaden-Versicherungsgesellschaft in Schwedt a. d. O., 1826 errichtet, hatte im Jahre 1862 eine Versicherungssumme von insgesammt 15.424 591 Thlr. mit 125 197 Thlr. Prämieneinnahme und 12 008 Thlr. Nachschuss und zahlte 139 285 Thlr. Schädenvergütungen; der Reservefonds verminderte sich durch die diesjährigen Verluste auf 12 233 Thlr.

8. Hagelschaden-Versicherungsgesellschaft für das Oderbruch in Wriezen a. d. O., 1844 errichtet, mit Statut vom 2. Febr. 1846, revidirt im Januar 1854.

Die Brandenburger Gesellschaft hat ihr Geschäft eingestellt.

9. Germania, Hagelschaden-Versicherungsgesellschaft für Feldfrüchte in Berlin, 1847 gegründet, mit Statut vom 16. Febr. 1852.

10. Deutsche Hagelversicherungs-Gesellschaft für Gärtnereien mit Statut vom 16. December 1854, bestätigt am 23. December 1854.

11. Allgemeine schlesische Hagelsocietät.

12. Hagelschaden-Versicherungsgesellschaft in Erfurt, 1846 errichtet, mit Statut vom 7. Nov. 1859, zählte 1862 überhaupt 6 649 Mitglieder mit 5.584 400 Thlr. Risico und erhob einschliesslich 85 % der Prämie als Nachschuss durchschnittlich 1 Thlr. 4 Sgr. 10 Pf. auf das Hundert, was der Mittelprämie incl. Nachschuss für die ganze Dauer des Bestehens der Gesellschaft gleichkommt; der Reservefonds beträgt 17 071 Thlr.

B. Ausländische Gesellschaften.

Versicherungen gegen Hagelschäden dürfen im preussischen Staate die nachstehenden Gesellschaften übernehmen:

1. die mecklenburgische gegenseitige Hagelschaden-Versicherungsgesellschaft zu Neubrandenburg mit Statut vom 25. April 1854, zugelassen am 9. April 1856;
2. die gegenseitige Hagelschaden-Versicherungsgesellschaft »Saxonia« zu Bautzen mit Statut vom 20. October 1850 und Concessionsurkunde vom 8. März 1852;
3. die Gesellschaft zu gegenseitiger Hagelschadenvergütung zu Leipzig mit Statut vom 24. März 1844, zugelassen am 2. December 1844;
4. die allgemeine deutsche Hagelversicherungs-Gesellschaft »Union« zu Weimar mit 3 Mill. Rt Actiencapital, Statut vom 31. August 1853 und Concession vom 4. November 1853;
5. die würtembergische Hagelversicherungs-Anstalt zu Stuttgart auf Gegenseitigkeit, zugelassen am 26. Juli 1857;
6. die niederländische allgemeine Versicherungsgesellschaft gegen See-, Fluss- und Hagelschaden und gegen Transportgefahren in Tiel mit 1.150 000 Fl. Actiencapital, mit Statuten vom 20. Januar 1837 und 27. Mai 1846, in Preussen zugelassen am 2. Juli 1861.

IV. Die Transportversicherung.

Im preussischen Staate bestanden zu Ende 1861 folgende Gesellschaften*), welche sich mit der Versicherung auf der Reise begriffener Menschen oder Frachtgüter befassen:

a) Actiengesellschaften.

1. Elb- und Oderschiffahrts-Assecuranzgesellschaft in Berlin (1832) mit 210 000 Rt Capital.
2. Land- und Wassertransport-Versicherungsgesellschaft in Berlin (7. März 1845) mit 250 000 Rt und im Jahre 1862 einer Ausgabe von 32 645 Rt
3. Allgemeine Eisenbahn-Versicherungsgesellschaft in Berlin (am 26. September 1853 bestätigt) mit 1 Mill. Rt Capital, betreibt seit 1860 auch Lebensversicherung.
4. Fortuna, neue Transport-Versicherungsgesellschaft in Berlin (am 11. Juni 1855 genehmigt) mit anfangs 300 000, seit 1859 aber 500 000 Rt Capital, vereinnahmte 1861 an Prämien abzüglich Ristorni 64 208, an Prämienübertrag 2 000, an Schadenreserve 753, bezahlte für Rückversicherung und Provisionen 18 839, für Schäden 23 796, behielt in Schadenreserve 5 266, in Prämienreserve 8 400, in Capitalreserve 20 950 Rt
5. Preussische National-Versicherungsgesellschaft in Stettin (31. October 1845) mit 3 Mill. Rt Actiencapital und 300 000 Rt Reservefonds, betreibt zugleich Feuerversicherung; 1862 betrug das Risico in der Seeversicherung 16.658 112, die Prämien 256 322, der Bedarf 223 206 Rt; in der Stromversicherung das Risico 11.073 193, die Prämien 19 290 und der Bedarf 23 312 Rt
6. Union, See- und Fluss-Versicherungsgesellschaft in Stettin mit 1.200 000 Rt Actiencapital (am 16. December 1856 bestätigt), hatte 1862 überhaupt 18.512 228 Rt in Seeversicherung mit 224 480 Rt Prämien, 82 311 Rt Ausgabe für Rückversicherung, 88 464 für Schäden und 19 030 für laufende Risicos; in der Stromversicherung 4.319 360 Rt Risico, 13 495 Prämieneinnahme und 6 383 Ausgabe; der Reservefonds hob sich auf 41 167 Rt

---

*) Deutscher Assecuranz-Kalender auf das Jahr 1862, herausgegeben von Ferdinand Grunzke, Generalagent in Landsberg a. d. W.; 1862.

7. Preussische See-Assecuranzcompagnie in Stettin (am 12. März 1825 und wiederhok am 30. April 1855 bestätigt) mit 450 000 Thlr., versicherte im Jahre 1862 überhaupt gegen Seegefahr 11.876 102, nahm mit 14 780 Thlr. Prämienvortrag dafür an Prämien ein 154 577, verausgabte incl. 19 003 Thlr. Prämienreserve 127 488 Thlr.; gegen Stromgefahr: Risico 1.721 314, Prämie 4 095 und Ausgabe 2 046 Thlr.

8. Stettiner Strom-Versicherungsgesellschaft in Stettin (3. Mai 1845) mit 150 000 Thlr., hatte 1861 eine Einnahme von 11 704 Thlr. Prämien und zahlte 8 423 Thlr. Vergütungen.

9. Pomerania, See- und Fluss-Versicherungsgesellschaft in Stettin (am 25. Juni 1855 bestätigt) mit 500 000 Thlr. Im Jahre 1860 betrug das Risico bei der Seeversicherung 11.422 725, die Prämie 161 246, die Prämienreserve in Ausgabe 21 508, die Schäden 143 943, bei der Stromversicherung das Risico 4.110 304, die Prämie 23 618, die Ausgabe 22 223 Thlr.; im Reservefonds blieben 31 000 Thlr.

10. Breslauer Strom-Assecuranzcompagnie (1627) mit 100 000 Thlr. Capital.

11. Schlesische Feuer-Versicherungsgesellschaft in Breslau (1848) mit 3 Mill. Thlr., betreibt ausser ihrem Hauptgeschäft auch die Transportversicherung.

12. Wasser-Assecuranzcompagnie in Magdeburg (1843) mit 120 600 Thlr.

13. Thuringia in Erfurt (1856) mit 3 Mill. Thlr., betreibt zugleich Feuer- und Lebensversicherung; Ende 1860 waren 635 Versicherungen von Passagieren mit 3.015 400 Thlr. gegen Unglücksfälle auf Reisen, sowie 463 Versicherungen von Eisenbahnbeamten und Arbeitern mit 215 900 Thlr. Capital gegen Unglücksfälle im Dienst in Kraft.

14. Niederrheinische Güter-Assecuranzgesellschaft in Wesel (1838) mit 1 Mill. Thlr. Capital, nahm 1860 an Prämien 303 222 Thlr. ein, wovon für Rückdeckung 89 792 (an den eigenen Weseler Verein 61 284) abgingen, zahlte für Havarien 125 849, behielt für schwebende Schäden 43 000 und übergab dem Reservefonds 11 839 Thlr.

15. Düsseldorfer allgemeine Versicherungsgesellschaft für See-, Fluss- und Landtransport in Düsseldorf (1844, revidirt 1857) mit 500 000 Thlr.

16. Agrippina, See-, Fluss- und Landtransport-Versicherungsgesellschaft in Köln (am 24. Januar 1845) mit 1 Mill. Thlr. Capital und im Jahre 1861 einer gesammten Prämieneinnahme von 219 354 und einer Rückversicherungs-Ausgabe von 66 381 Thlr.

b) auf Gegenseitigkeit gegründete Gesellschaften.

1. Schiffsversicherungs-Verein in Memel.

2. Schiffsversicherungs-Verein in Stettin hat im letzten Quartal 1859 im Ganzen 1.397 642, im ersten 1860 2.404 167, im zweiten 2.014 169, im dritten 2.081 644 Thlr. Capital versichert.

3. Vereinigte Assecuranzcompagnie in Stettin.

4. Neuvorpommerscher Schiffsversicherungs-Verein in Stralsund, 1849 gegründet, hat bis Ende März 1860 durchschnittlich 2½ % Beitrag und für Schiffe in Fahrt vom November bis März ¼ % Prämie für jeden halben Monat der Fahrzeit erhoben. Zu Ende dieses Zeitraums waren auf 385 Schiffe 2.041 565 Thlr. versichert, der Reservefonds betrug 18 102, der Legegeldbestand 19 540 Thlr. 1859/60 nahm der Verein 2 % Beiträge mit 40 069, Winterprämien und für Sommerfahrten jenseit des Wendekreises des Steinbocks 29 119, Extraprämien für Eisenladungen u. dgl. 4 046 Thlr. ein; er zahlte auf 10 Totalverluste 46 602, auf 7 Havarieschäden 9 422 und für Rückversicherung 2 762 Thlr.

5. Stromfahrzeug-Versicherungsgesellschaft in Landsberg a. d. W., 1856 errichtet, ähnlich dem Neusalzer Verein, jedoch mit Aufnahme des Verdecks in die Versicherungssumme.

6. Schiffsversicherungs-Verein in Neusalz a. d. O., 1847 für Stromfahrzeuge in Preussen als erste Gesellschaft dieser speciellen Art gegründet, nimmt die Fahrzeuge nur excl. Takellage, Steuer, kleinen Kahn und Verdeck in Versicherung. Beim Eintritt zahlten die Gründer 2 % der Versicherungssumme und deponirten

Solawechsel über den vierfachen Prämienwerth; in jedem späteren Rechnungsjahre erhöht sich das baare Eintrittsgeld im Verhältniss des Vermögenszuwachses. Die Prämie ist jährlich 1 %, und nach 3 Jahren werden dem Schiffswerth 10 % abgeschrieben. An den Hauptschifffahrtsorten befinden sich Tax- und Rettungscommissionen.

7. Stromfahrzeug-Versicherungsgesellschaft zu Vlotho an der Weser, 1861 gegründet, hat die Prämie auf vorläufig 1½ % und die Vergütung auf ¾ des Taxwerthes mit 5 % jährlicher Abschreibung vom Werthe festgesetzt; das Geschäftsjahr beginnt am 1. März.

c) Rückversicherung.

Speciell mit Rückversicherung gegen Transportschäden befasst sich die 1843 in Wesel gegründete Weseler Rückversicherungs-Gesellschaft, deren Actiencapital 800 000 Thlr. beträgt; 1860 vereinnahmte sie 86 671, verausgabte 68 747 und übergab dem Reservefonds 8 743 Thlr.

V. Die Viehversicherung.

Die rheinisch-westfälische (Actien-) Versicherungsgesellschaft für Rindvieh und Pferde, concessionirt am 24. Januar 1848, hat keinen langen Bestand gehabt. — Auch eine am 26. Februar 1855 genehmigte »Magdeburger Viehversicherungs-Gesellschaft auf Actien« hat sich später aufgelöst.

Am 1. November 1861 wurde in Berlin die am 16. April concessionirte Viehversicherungs-Bank für Deutschland auf Gegenseitigkeit eröffnet. Dieselbe übernahm 1862 die Todfalls-Versicherung von 3 308 Pferden und Eseln im Werth von 366 196 Thlr. zur Prämie von 6 739 Thlr. mit 6¼ % Rückgewähr, 5 714 Stück Rindvieh von 289 890 Thlr. Werth zu 3 820 Thlr. mit 15 % Gutschrift, 635 Schweine und Ziegen von 20 438 Thlr. Werth zu 512 Thlr. mit 50 % Dividende. Bezahlt wurde für 67 Pferde 4 203, für 74 Stück Rindvieh 2 022, für 17 Schweine 124 Thlr. Zum Reservefonds sind 5 205 Thlr. eingezahlt worden. — Nach dem Statut dieser Gesellschaft wird zur Bildung eines Reservefonds ein Eintrittsgeld von ½—2 % der Versicherungssumme erhoben, und reichen die Beiträge zur Deckung des Bedarfs nicht aus, so werden Nachschussprämien eingefordert. Viehverluste werden zu nur ¾ des Schätzungswerthes vergütet und für verwerthbare Ueberreste noch 4—10 % Abzug von der Versicherungssumme gemacht.

Ausserdem besteht in Potsdam seit 1847 der Potsdamer Viehversicherungs-Verein.

VI. Die Hypothekenversicherung.

1. Am 21. Juni 1862 erlangte die preussische Hypothekenversicherungs-Actiengesellschaft in Berlin die Allerhöchste Genehmigung. Ihr Actiencapital ist auf vorläufig 1½ Mill. Thlr. in 3 000 Actien mit 25 % Einschuss festgesetzt.

2. Bald nachher wurde auch die sächsische Hypothekenversicherungs-Gesellschaft in Dresden für Preussen concessionirt; diese 1858 errichtete Anstalt, die erst entstandene dieses Versicherungszweiges, arbeitet mit 3 Mill. Thlr. Capital.

Anhang.

Während das vorliegende Jahrbuch gedruckt wurde, sind viele neuere Erhebungen zur Veröffentlichung gelangt. Die erste Stelle darunter nehmen die Ergebnisse der jüngsten Volkszählung von 1861 ein, von welchen die wichtigsten im Verein mit anderen statistischen Daten dem Publicum durch die Zeitschrift des königl. statistischen Bureaus *) bekannt gemacht wurden. Zur Vervollständigung Dessen, was in den zuerst herausgegebenen 5 Abschnitten des Jahrbuchs eine Stelle gefunden hat, erscheint es angemessen, das seit deren Bearbeitung hinzugekommene Material theilweise aus jenen Veröffentlichungen, theilweise auch aus anderen Quellen zusammenzutragen und das Wesentlichste davon hier wiederzugeben. Bei dieser Arbeit werden wir uns an die bisher innegehaltene Eintheilung des Stoffes streng anschliessen.

Zu Abschnitt III.

Die Wohnplätze.

A. Zahl der Wohnplätze.

Für die letzte Volkszählung wurde ein von der bisherigen Methode abweichendes Verfahren vorgeschrieben, welches denn auch erhebliche Differenzen gegen die früheren Aufnahmen zu Tage stellte. Es wurden unterschieden:

1. die Städte mit Einschluss der innerhalb ihrer Weichbilde gelegenen Wohnplätze, welche einen eigenen Ortsnamen führen;
2. das platte Land, und zwar:
   a) die Flecken nebst den im Anschluss derselben befindlichen Gütern;
   b) die Dörfer ebenso (topographische Bezeichnungen: Dorf, Dorf und Rittergut, Dorf mit zwei Gütern u. s. w.);
   c) diejenigen Güter und Vorwerke, welche nicht im Anschluss von Dörfern gelegen sind, eventuell mit Hinzurechnung der den Gütern angeschlossenen Colonien (topographische Bezeichnungen: Gut, zwei zusammenliegende Güter, Rittergut mit Colonie, Vorwerk u. s. w.);
   d) diejenigen Colonien und Weiler, welche unter *a — c* nicht aufgenommen sind;
   e) einzelne Etablissements, welche einen eigenen Ortsnamen führen (topographische Bezeichnung: Fabrik, Krug, Forsthaus, Mühle, Theerofen u. s. w.).

Nebenstehende Tabelle dient, die Vertheilung der Wohnplätze nach den oben erläuterten Gattungen zu veranschaulichen; indessen ist dabei zu bemerken, dass nicht allerorten eine gleiche Auffassung jener Begriffe obgewaltet hat, die gegebenen Zahlen mithin von verschiedenem statistischen Werthe sind.

---

*) 1863, Nr. 2 und 3, auch im Separatabdruck unter dem Titel »Land und Leute des preussischen Staats und seiner Provinzen«.

(241.) Regierungsbezirke. — Provinzen.	Anzahl der Wohnplätze zu Ende 1861: Städte	Flecken	Dörfer	Güter und Vorwerke	Colonien und Weiler	einzelne Etablissements	auf dem platten Lande überhaupt	insgesammt
Gumbinnen	19	26	3 027	829	70	403	4 355	4 374
Königsberg	48	17	2 538	2 215	19	672	5 451	5 499
Danzig	11	3	884	427	806	307	1 926	1 937
Marienwerder	43	5	1 417	1 180	269	554	3 425	3 468
Preussen	121	51	7 865	4 641	664	1 936	15 157	15 278
Bromberg	52	—	1 071	759	366	343	2 539	2 591
Posen	91	4	1 986	789	499	626	3 904	3 995
Posen	143	4	3 057	1 548	865	969	6 443	6 586
Köslin	23	1	1 231	1 231	159	858	3 490	3 503
Stettin	35	4	1 063	461	140	504	2 172	2 207
Stralsund	14	3	316	645	9	164	1 137	1 151
Pommern	72	8	2 610	2 337	308	1 526	6 789	6 861
Potsdam	70	14	1 418	673	218	648	2 971	3 041
Frankfurt	67	14	1 529	456	296	670	2 965	3 032
Brandenburg	137	28	2 947	1 129	514	1 318	5 936	6 073
Liegnitz	48	25	1 718	231	401	624	2 998	3 046
Breslau	56	11	2 237	374	307	509	3 438	3 494
Oppeln	40	19	1 547	601	645	889	3 701	3 741
Schlesien	144	55	5 502	1 206	1 353	2 021	10 137	10 281
Magdeburg	51	11	1 000	227	54	490	1 782	1 833
Merseburg	70	10	1 657	150	36	411	2 264	2 334
Erfurt	23	7	809	74	11	306	797	820
Sachsen	144	28	3 056	451	101	1 207	4 843	4 987
Minden	28	16	465	103	118	[1]) 350	1 052	1 080
Münster	28	18	153	6	3	[2]) 688	868	896
Arnsberg	44	28	1 239	200	1 715	1 978	5 160	5 204
Westfalen	100	62	1 857	309	1 836	3 016	7 060	7 160
Düsseldorf	64	41	478	260	1 087	676	2 542	2 606
Köln	15	12	657	471	1 653	963	3 756	3 771
Aachen	16	11	793	—	308	1 152	2 264	2 280
Koblenz	26	36	1 007	—	354	1 402	2 889	2 915
Trier	11	29	1 130	27	247	1 240	2 673	2 684
Sigmaringen	7	15	103	59	42	12	231	238
Rheinland	139	144	4 258	817	3 691	5 445	14 355	14 494
Insgesammt [3])	1 000	380	31 152	12 438	9 332	17 438	70 740	71 740

[1]) darunter jedoch im Kreise Wiedenbrück 40 selbständige Bauerschaften. — [2]) desgl. in sämmtlichen Kreisen 679. — [3]) im Jadegebiet werden nur 3 Etablissements aufgeführt, welche zu oldenburgischen Wohnplätzen gehören.

B. Bevölkerung der grösseren Städte.

Aus dem über das Grössenverhältniss der Städte vorhandenen Material wird der Theil von erheblicherem Interesse sein, welcher die Einwohnerzahl der Städte bis zu 6 000 Bewohnern herab (fast ¼ aller Städte) angiebt. Zu Ende 1861 wurden gezählt (Civil- und Militärbevölkerung zusammen): in

	Stadt (Kreis)	Regierungsbezirk	Bewohner
1.	*Berlin	Potsdam	547 571
2.	*Breslau	Breslau	145 589
3.	*Köln	Köln	120 568
4.	*Königsberg	Königsberg	94 579
5.	*Danzig	Danzig	82 765
6.	Magdeburg	Magdeburg	67 607
7.	*Stettin	Stettin	64 431
8.	*Aachen	Aachen	59 941
9.	*Elberfeld	Düsseldorf	58 307
10.	*Posen	Posen	51 232
11.	Krefeld	Düsseldorf	50 584
12.	*Barmen	„	49 787
13.	*Halle a. d. S.	Merseburg	42 976
14.	*Potsdam	Potsdam	41 824
15.	*Düsseldorf	Düsseldorf	41 292
16.	Erfurt	Erfurt	37 012
17.	*Frankfurt a. d. O.	Frankfurt	38 557
18.	Koblenz	Koblenz	28 525
19.	Görlitz	Liegnitz	27 983
20.	*Münster	Münster	27 332
21.	Elbing	Danzig	25 539
22.	Stralsund (Franzburg)	Stralsund	24 214
23.	Brandenburg (Westhavelland)	Potsdam	23 727
24.	Dortmund	Arnsberg	23 372
25.	Halberstadt	Magdeburg	22 810
26.	Bromberg	Bromberg	22 471
27.	Trier (Stadtkr. T.)	Trier	21 215
28.	Essen	Düsseldorf	20 811
29.	Bonn	Köln	19 906
30.	Neisse	Oppeln	18 747
31.	Liegnitz	Liegnitz	18 662
32.	Memel	Königsberg	17 580
33.	Glogau	Liegnitz	17 533
34.	Nordhausen	Erfurt	17 520
35.	Wesel (Rees)	Düsseldorf	17 420
36.	Gladbach	„	17 069
37.	Landsberg a. d. W.	Frankfurt	16 815
38.	Remscheid	Lennep	16 412
39.	Tilsit	Gumbinnen	16 146
40.	Mühlhausen	Erfurt	16 104
41.	Stargard (Saatzig)	Stettin	16 071
42.	Guben	Frankfurt	15 929
43.	Quedlinburg (Aschersleben)	Magdeburg	15 773
44.	Greifswald	Stralsund	15 714
45.	Thorn	Marienwerder	15 505
46.	Minden	Minden	15 453
47.	Schweidnitz	Breslau	15 381
48.	Burg (Jerichow I.)	Magdeburg	14 996
49.	Prenzlau	Potsdam	14 695
50.	Viersen (Gladbach)	Düsseldorf	14 442
51.	Naumburg	Merseburg	14 352
52.	Aschersleben	Magdeburg	14 333
53.	Zeitz	Merseburg	14 218
54.	Iserlohn	Arnsberg	14 142
55.	Spandau (Osthavelland)	Potsdam	13 911
56.	Stolp	Köslin	13 857
57.	Bielefeld	Minden	13 846
58.	Neustadt (Magdeburg)	Magdeburg	13 452
59.	Duisburg	Düsseldorf	13 428
60.	Mülheim a. d. R. (Duisburg)	„	13 372
61.	Eupen	Aachen	13 190
62.	Brieg	Breslau	12 970
63.	Eschweiler (Landkr. Aachen)	Aachen	12 801
64.	Graudenz	Marienwerder	12 784
65.	Ratibor	Oppeln	12 776
66.	Hamm	Arnsberg	12 637
67.	Charlottenburg (Teltow)	Potsdam	12 431
68.	Merseburg	Merseburg	12 339
69.	Insterburg	Gumbinnen	12 323
70.	Paderborn	Minden	12 271
71.	Köslin (Fürstenthum)	Köslin	12 110
72.	Wittenberg	Merseburg	12 026
73.	Kolberg (Fürstenthum)	Köslin	11 760
74.	Saarbrück	Trier	11 703
75.	Weissenfels	Merseburg	11 670
76.	Anklam	Stettin	11 669
77.	Glatz	Breslau	11 415
78.	Gleiwitz (Tost-G.)	Oppeln	11 294
79.	Kreuznach	Koblenz	11 185
80.	Soest	Arnsberg	11 142
81.	Eisleben (Seekr. Mansfeld)	Merseburg	11 118
82.	Kottbus	Frankfurt	11 112
83.	Neuruppin (Ruppin)	Potsdam	11 098
84.	Rheydt (Gladbach)	Düsseldorf	10 875
85.	Neuss	„	10 769
86.	Beuthen	Oppeln	10 765
87.	Herford	Minden	10 717
88.	Solingen	Düsseldorf	10 704
89.	Torgau	Merseburg	10 679
90.	Grünberg	Liegnitz	10 563
91.	Rawitsch (Kröben)	Posen	10 408
92.	Eilenburg (Delitzsch)	Merseburg	10 393
93.	Oppeln	Oppeln	10 223
94.	Lissa (Fraustadt)	Posen	10 192
95.	Luckenwalde (Jüterbock-L.)	Potsdam	10 170
96.	Braunsberg	Königsberg	10 164
97.	Küstrin (Königsberg)	Frankfurt	9 937
98.	Bochum	Arnsberg	9 855
99.	Sorau	Frankfurt	9 829
100.	Düren	Aachen	9 493
101.	Sagan	Liegnitz	9 461
102.	Schönebeck (Kalbe)	Magdeburg	9 235
103.	Kleve	Düsseldorf	9 095
104.	Lüttringhausen (Lennep)	„	9 046
105.	Dorp (Solingen)	„	9 029

Stadt (Kreis)	Regierungsbezirk	Einwohner
106. Hirschberg	Liegnitz	8 939
107. Leobschütz	Oppeln	8 784
108. Rade vorm Wald (Lennep)	Düsseldorf	8 738
109. Jauer	Liegnitz	8 679
110. Langensalza	Erfurt	8 670
111. Demmin	Stettin	8 572
112. Höhscheid (Solingen)	Düsseldorf	8 558
113. Stendal	Magdeburg	8 522
114. Gnesen	Bromberg	8 520
115. Suhl (Schleusingen)	Erfurt	8 511
116. Neustadt i. Oberschl.	Oppeln	8 463
117. Krotoschin	Posen	8 459
118. Hagen	Arnsberg	8 426
119. Siegen	"	8 345
120. Schwedt (Angermünde)	Potsdam	8 044
121. Gumbinnen	Gumbinnen	8 008
122. Mülheim a. Rhein	Köln	7 967
123. Witten (Bochum)	Arnsberg	7 937
124. Salzwedel	Magdeburg	7 916
125. Stolberg (Landkr. Aachen)	Aachen	7 881
126. Sangerhausen	Merseburg	7 877
127. Neuwied	Koblenz	7 766
128. Ronsdorf (Lennep)	Düsseldorf	7 722
129. Pasewalk (Ueckermünde)	Stettin	7 691
130. Kalbe a. d. S.	Magdeburg	7 689
131. Sommerfeld (Krossen)	Frankfurt	7 685
132. Emmerich (Rees)	Düsseldorf	7 649
133. Kulm	Marienwerder	7 636
134. Deutz (Landkr. Köln)	Köln	7 624
135. Kronenberg (Mettmann)	Düsseldorf	7 613
136. Striegau	Breslau	7 608
137. Lennep	Düsseldorf	7 601
138. Marienburg	Danzig	7 560
139. Oels	Breslau	7 489
140. Saarlouis	Trier	7 482
141. Bunzlau	Liegnitz	7 461
142. Wriezen (Oberbarnim)	Potsdam	7 376
143. Burtscheid (Landkr. Aachen)	Aachen	7 301
144. Velbert (Mettmann)	Düsseldorf	7 282
145. Wittstock (Ostpriegnitz)	Potsdam	7 255
146. Hörde (Dortmund)	Arnsberg	7 248
147. Ostrowo (Adelnau)	Posen	7 220
148. Rathenow (Westhavelland)	Potsdam	7 206
149. Krossen	Frankfurt	7 146
150. Züllichau	"	7 141
151. Pyritz	Stettin	7 136
152. Odenkirchen (Gladbach)	Düsseldorf	7 098
153. Perleberg (Westpriegnitz)	Potsdam	7 057
154. Gollnow (Naugard)	Stettin	6 994
155. Delitzsch	Merseburg	6 976
156. Spremberg	Frankfurt	6 974
157. Marienwerder	Marienwerder	6 946
158. Merscheid (Solingen)	Düsseldorf	6 919
159. Schneidemühl (Chodziesen)	Bromberg	6 890
160. Treptow a. d. R. (Greifenberg)	Stettin	6 878
161. Ohlau	Breslau	6 840
162. Fürstenwalde (Lebus)	Frankfurt	6 758
163. Forste (Sorau)	"	6 713
164. Oschersleben	Magdeburg	6 710
165. Goldberg (Haynau-G.)	Liegnitz	6 688
166. Jüterbock (J.-Luckenwalde)	Potsdam	6 667
167. Finsterwalde (Luckau)	Frankfurt	6 665
168. Inowraclaw	Bromberg	6 664
169. Lauban	Liegnitz	6 656
170. Neustadt-Eberswalde (Oberbarnim)	Potsdam	6 650
171. Fraustadt	Posen	6 598
172. Frankenstein	Breslau	6 567
173. Lippstadt	Arnsberg	6 554
174. Greifenhagen	Stettin	6 501
175. Neustettin	Köslin	6 479
176. Swinemünde (Usedom-Wollin)	Stettin	6 452
177. Mettmann	Düsseldorf	6 449
178. Konitz	Marienwerder	6 439
179. Wolgast (Greifswald)	Stralsund	6 412
180. Unna (Hamm)	Arnsberg	6 410
181. Königsberg i. Nm.	Frankfurt	6 358
182. Reichenbach	Breslau	6 356
183. Schwerin (Birnbaum)	Posen	6 285
184. Arnswalde	Frankfurt	6 246
185. Angermünde	Potsdam	6 205
186. Ruhrort (Duisburg)	Düsseldorf	6 202
187. Schwiebus (Züllichau)	Frankfurt	6 201
188. Pleschen	Posen	6 182
189. Mayen	Koblenz	6 168
190. Wald (Solingen)	Düsseldorf	6 154
191. Gardelegen	Magdeburg	6 153
192. Dahlen (Gladbach)	Düsseldorf	6 093
193. Soldin	Frankfurt	6 033
194. Wernigerode	Magdeburg	6 011

Wo der Name des Kreises nicht angegeben ist, lautet er wie die betreffende Stadt. Die mit einem Stern bezeichneten Städte sind von der Kreiseintheilung eximirt.

Zu Abschnitt IV.

Die Bevölkerung.

A. Stand der Bevölkerung.

Tab. 242 weist die Summe der Einwohner und ihre Vertheilung auf die Civil- und Militärbevölkerung und auf die Geschlechter nach und giebt nebenbei die Zahl der Taubstummen und Blinden an; Tab. 243 weist den Civilstand, 244 die confessionellen und 245 die Sprachverhältnisse der Bevölkerung nach.

(242.) Bewohner des preussischen Staats am 3. December 1861:

Regierungs-bezirke. — Provinzen.	überhaupt	dem Geschlechte nach: männlich	weiblich	nach der Zählungsweise: Civil-bevölkerung	Militärbevölkerung überhaupt	darunter Militär-personen	Nichtvollsinnige unter d. Civilbevölkerung: Taubstumme	Blinde
Gumbinnen	695 571	339 871	355 700	691 753	3 818	2 913	966	447
Königsberg	982 898	482 195	500 699	972 022	10 867	8 719	1 043	626
Danzig	475 570	236 094	239 476	464 104	11 466	9 386	447	238
Marienwerder	712 831	356 204	356 627	706 148	6 683	5 416	677	355
Preussen	2 866 866	1 414 361	1 452 574	2 834 032	32 834	26 434	3 133	1 666
Bromberg	522 108	260 051	262 [illegible]	516 975	5 134	4 004	436	277
Posen	963 441	472 608	490 833	950 629	12 812	10 505	916	546
Posen	1 485 550	732 657	752 [illegible]	1 467 604	17 946	14 509	1 352	823
Köslin	524 108	260 320	263 788	518 915	5 193	4 160	503	329
Stettin	654 963	328 796	326 167	642 395	12 568	10 172	578	439
Stralsund	210 668	104 055	106 613	207 659	3 009	2 408	156	147
Pommern	1 389 739	693 171	696 568	1 368 969	20 770	16 800	1 237	915
Stadt Berlin	547 571	281 196	266 375	524 945	22 626	18 762	283	191
Potsdam	947 034	478 146	468 [illegible]	925 689	21 345	17 776	710	545
Frankfurt	973 154	479 410	493 744	961 423	11 731	9 080	730	366
Brandenburg	2 467 759	1 238 788	1 228 971	2 412 057	55 702	46 198	1 723	1 102
Liegnitz	956 892	459 230	497 662	945 161	11 731	9 593	620	644
Breslau	1 295 959	627 543	668 416	1 278 064	17 895	14 843	932	807
Oppeln	1 137 844	554 261	583 583	1 126 270	11 574	9 153	894	756
Schlesien	3 390 695	1 641 034	1 749 661	3 349 495	41 200	[illegible]	2 446	2 207
Magdeburg	779 754	392 419	387 335	766 630	13 124	10 660	544	472
Merseburg	831 968	413 678	418 290	820 278	11 690	9 791	571	572
Erfurt	364 695	180 083	184 612	359 095	5 600	4 475	335	300
Sachsen	1 976 417	986 180	990 237	1 946 003	30 414	24 926	1 452	1 344
Minden [1])	473 095	237 229	235 866	466 115	6 980	6 016	358	209
Münster	442 397	223 384	219 013	437 017	5 380	4 481	212	213
Arnsberg	703 523	363 663	339 860	701 446	2 077	1 522	377	380
Westfalen	1 619 013	824 272	794 741	1 604 578	14 437	12 019	947	802
Düsseldorf	1 115 365	572 693	542 672	1 104 920	10 445	8 690	446	370
Köln	567 475	288 061	279 414	557 496	9 979	8 697	336	312
Aachen	458 746	232 798	225 948	454 078	3 708	3 335	236	339
Koblenz	529 929	267 909	262 020	521 100	8 829	7 439	419	275
Trier	514 269	275 694	238 575	507 194	7 075	5 962	381	313
Sigmaringen	64 675	31 274	33 401	64 422	253	158	66	53
Rheinland	3 250 159	1 668 489	1 612 [illegible]	3 240 110	40 349	31 501	1 886	1 652
Ferner ausserhalb des Staats [2])	14 720	13 518	1 202	—	14 720	13 053	—	—
Insgesammt	18 491 220	9 212 413	9 278 807	18 222 848	268 372	222 029	14 178	10 701

[1]) incl. Jadegebiet mit 950 Einwohnern. — [2]) in Luxemburg, Frankfurt a. M., Mainz und Rastatt, sodann Stuttgart, Wien, Petersburg, London und Paris.

(243.) Regierungsbezirke. — Provinzen.	Familienstand der Civilbevölkerung am 3. Dec. 1861: Familien (Haushaltungen)	verheirathete Männer	verheirathete Frauen	verwittwete Männer	verwittwete Frauen	geschiedene¹) Männer	geschiedene¹) Frauen	Militärfamilien am 3 Dec. 1861
Gumbinnen	143 035	129 877	130 757	7 269	22 601	279	529	271
Königsberg	202 637	166 715	166 720	9 006	29 226	438	947	680
Danzig	94 385	74 340	74 446	4 410	16 320	105	298	598
Marienwerder	139 096	120 096	120 008	5 296	17 063	227	409	786
Preussen	579 153	491 128	491 926	25 983	85 211	1 049	2 183	1 937
Bromberg	99 835	86 058	86 319	4 564	16 420	102	205	380
Posen	191 446	154 781	155 561	7 916	24 628	175	284	729
Posen	291 281	240 840	241 880	12 480	41 048	277	489	1 109
Köslin	98 118	85 850	86 626	5 960	15 603	183	441	345
Stettin	129 092	108 124	108 025	8 274	21 767	413	670	694
Stralsund	43 752	34 183	34 363	2 916	8 387	123	202	188
Pommern	270 962	228 157	229 014	17 150	45 837	719	1 313	1 227
Stadt Berlin	107 926	78 698	79 572	2 908	22 521	14	921	1 169
Potsdam	197 753	161 013	160 785	12 791	40 513	536	1 106	1 168
Frankfurt	197 663	166 983	167 493	12 737	41 365	541	1 173	681
Brandenburg	503 342	406 694	407 850	28 434	104 399	1 091	3 200	3 018
Liegnitz	229 916	170 227	172 551	13 001	40 612	505	1 270	691
Breslau	290 318	214 849	219 129	15 387	51 345	554	1 322	904
Oppeln	239 553	188 067	188 350	11 292	37 639	160	224	714
Schlesien	759 787	573 138	580 030	39 680	129 596	1 219	2 816	2 309
Magdeburg	172 142	134 621	135 051	11 476	28 765	374	946	825
Merseburg	177 588	143 058	143 326	12 844	30 317	561	1 033	627
Erfurt	79 367	60 563	61 333	6 564	14 091	184	313	367
Sachsen	429 097	338 238	339 710	30 884	73 173	1 119	2 292	1 819
Minden ²)	91 818	73 827	74 822	7 613	14 504	30	41	275
Münster	81 449	67 332	67 404	8 629	14 432	11	21	243
Arnsberg	133 833	111 012	112 175	10 133	20 736	36	97	154
Westfalen	307 100	252 171	254 601	26 375	49 762	77	159	672
Düsseldorf	222 120	175 265	175 388	18 672	29 067	89	117	447
Köln	113 583	83 801	84 421	8 719	15 972	49	73	387
Aachen	95 881	68 806	69 874	8 467	15 310	8	11	321
Koblenz	113 722	84 659	85 251	11 497	17 960	25	42	401
Trier	110 541	85 640	85 868	10 196	16 703	19	32	144
Sigmaringen	14 714	10 431	10 430	1 422	1 962	22	25	20
Rheinland	670 661	508 692	511 232	56 975	97 046	213	300	1 726
Insgesammt	3 811 383	3 039 059	3 056 136	237 961	628 073	5 784	12 752	³) 14 310

¹) und nicht wieder verheirathete. — ²) incl. Jadegebiet mit 52 Haushaltungen. — ³) incl. 493 in Bundesfestungen; unter der Militärbevölkerung wurden 14 564 in der Ehe lebende Männer und 14 018 Frauen gezählt.

(244.) Stand der Bevölkerung am 3. December 1861 nach dem Glaubensbekenntniss.

Regierungsbezirke. — Provinzen.	Christen:						Juden	Muhamedaner
	evangelische	römisch-katholische	griech.-katholische	Mennoniten	Mitglieder freier Gemeinden u. Deutschkatholiken	überhaupt		
Gumbinnen	680 653	9 933	1 022	752	273	692 633	2 938	—
Königsberg	775 765	189 538	11	128	389	974 901	7 992	1
Danzig	242 085	217 346	22	8 473	879	468 805	6 765	—
Marienwerder	349 078	340 796	7	2 684	217	692 782	20 049	—
Preussen	2.047 581	766 613	1 062	12 107	1 758	2.829 121	37 744	1
Bromberg	215 060	281 654	—	1	207	497 822	24 287	—
Posen	275 300	637 960	15	—	71	913 349	50 092	—
Posen	491 263	919 614	15	1	278	1.411 171	74 379	—
Köslin	509 083	8 304	2	13	829	518 231	5 877	—
Stettin	643 056	5 052	—	27	399	648 534	6 429	—
Stralsund	209 340	1 045	—	—	—	210 385	283	—
Pommern	1.361 479	14 401	2	40	1 228	1.377 150	12 589	—
Stadt Berlin	495 715	30 200	69	14	2 540	528 618	18 953	—
Potsdam	932 115	9 920	17	3	257	942 312	4 722	—
Frankfurt	950 683	14 831	4	2	350	965 872	7 282	—
Brandenburg	2.378 513	55 011	110	19	3 147	2.436 802	30 957	—
Liegnitz	800 358	148 777	3	2	3 444	952 585	4 307	—
Breslau	761 110	517 827	1	5	1 076	1.280 019	15 940	—
Oppeln	108 848	1.008 120	1	—	22	1.118 991	20 858	—
Schlesien	1.670 317	1.674 724	5	7	4 542	3.349 595	41 160	—
Magdeburg	754 378	20 015	—	13	2 007	776 443	3 811	—
Merseburg	825 350	5 128	1	1	466	830 946	1 022	—
Erfurt	262 624	99 946	—	1	631	363 202	1 483	—
Sachsen	1.842 352	125 089	1	15	3 134	1.970 591	5 826	—
Minden¹)	276 530	190 027	1	21	208	466 900	6 195	—
Münster	41 036	397 775	—	32	3	438 846	3 561	—
Arnsberg	396 529	290 701	—	26	327	696 583	6 940	—
Westfalen	714 098	887 503	1	129	538	1.602 369	16 696	—
Düsseldorf	440 657	663 552	—	1 054	495	1.105 758	9 606	1
Köln	80 275	479 851	4	12	6	560 148	7 327	—
Aachen	14 698	440 886	—	—	—	455 584	3 162	—
Koblenz	167 219	352 738	2	205	1 023	521 185	8 744	—
Trier	79 805	458 722	—	127	24	538 678	5 581	—
Sigmaringen	1 390	62 321	—	—	—	63 717	958	—
Rheinland	784 050	2.456 058	6	1 398	1 548	3.243 070	35 382	1
Ausserhalb des Staats²)	8 639	5 965	—	—	—	14 604	118	—
Insgesammt	11.298 294	6.906 988	1 209	13 716	16 233	18.236 433	254 785	2
Davon Militärbevölkerung	184 698	82 263	6	9	63	267 044	1 328	—

¹) Incl. Jadegebiet. — ²) Militärbevölkerung.

(245.) Regierungsbezirke. — Provinzen.	Civilbevölkerung. Anzahl der Personen, in deren Familien am 3. December 1861 als Familiensprache in Gebrauch war						
	die deutsche[1])	die polnische (masurische, kassubische)	die wendische	die böhmische und mährische	die litthauische (kurische)	die wallonische	eine andere als die deutsche Sprache
Gumbinnen	439 008	148 071	—	—	104 583	—	252 654
Königsberg	776 281	102 969	—	7	32 821	—	135 797
Danzig	349 467	114 635	—	2	—	—	114 637
Marienwerder	441 382	264 766	—	—	—	—	264 766
Preussen	2.006 138	630 441	—	9	137 404	—	767 854
Bromberg	276 109	240 806	—	—	—	—	240 806
Posen	389 914	560 566	—	149	—	—	560 715
Posen	666 083	801 372	—	149	—	—	801 521
Köslin	515 238	3 676	—	—	—	—	3 676
Stettin	642 394	1	—	—	—	—	1
Stralsund	207 659	—	—	—	—	—	—
Pommern	1.365 292	3 677	—	—	—	—	3 677
Stadt Berlin	524 945	—	—	—	—	—	—
Potsdam	925 679	6	4	—	—	—	10
Frankfurt	911 512	10	49 871	30	—	—	49 911
Brandenburg	2.362 136	16	49 875	30	—	—	49 921
Liegnitz	912 774	26	32 353	8	—	—	32 387
Breslau	1.217 102	53 474	4	7 484	—	—	60 962
Oppeln	409 218	665 865	—	51 187	—	—	717 052
Schlesien	2.539 094	719 365	32 357	58 679	—	—	810 401
Magdeburg	766 690	—	—	—	—	—	—
Merseburg	825 272	1	—	5	—	—	6
Erfurt	359 093	—	—	—	—	—	—
Sachsen	1.945 897	1	—	5	—	—	6
Minden[2])	466 100	—	—	—	—	12	12
Münster	437 017	—	—	—	—	—	—
Arnsberg	701 397	—	—	2	—	47	49
Westfalen	1.604 517	—	—	2	—	59	61
Düsseldorf	1.104 896	17	—	—	—	217	234
Köln	557 487	—	—	—	—	9	9
Aachen	444 470	—	—	6	—	10 502	10 508
Koblenz	521 100	—	—	—	—	—	—
Trier	537 194	—	—	—	—	—	—
Sigmaringen	64 422	—	—	—	—	—	—
Rheinland	3.229 359	16	—	6	—	10 729	10 751
Insgesammt	15.718 656	2.214 888	82 232	58 880	137 404	10 788	2.504 192

[1]) einschliesslich der wenigen eingewanderten Familien, in welchen eine hier nicht aufgeführte Sprache heimisch ist. — [2]) incl. Jadegebiet.

Zufolge der sogenannten »Judentabelle« vom Jahre 1861, deren Zweck die Darstellung der Standes- und Berufs-, Beschäftigungs- und Dienstverhältnisse der jüdischen Bevölkerung in Preussen ist, theilten die Juden sich in die nachstehenden Erwerbszweige ein:

a) Landwirthschaft, Gärtnerei und landwirthschaftliche Gewerbe	971, nämlich	
1. Eigenthümer und Pächter von Grundstücken mit christlicher Beihilfe		531
2. Desgleichen ohne christliche Beihilfe		60
3. Verwalter, Rechnungsführer oder sonstige Wirthschaftsbeamte		52
4. Pächter einzelner Nutzungen		26
5. Gewerbtreibende für Brauerei, Brennerei und Destillation		302
b) Industrie	13 569, nämlich	
1. Künstler und Handwerker: Principale, Meister		8 297
2. » » » Gehilfen		3 166
3. Tagelöhner		2 106
c) Handel	38 683, nämlich	
1. Banquiers		550
2. Grosshändler, Inhaber von Commissionsgeschäften ohne offene Läden		2 785
3. Kaufleute mit offenen Läden		9 736
4. Lieferanten, Agenten, Commissionäre, Mäkler, Pfandleiher		2 035
5. Victualienhändler und Höker		3 003
6. Trödler (mit gebrauchten Sachen handelnd)		1 209
7. Stehende Kramhändler		4 814
8. Umherziehende Handelsleute und Krämer		4 699
9. Gehilfen der Handeltreibenden unter 1—4		7 665
10. » » » » 5—7		650
11. » » » » 8		599
12. Pferdehändler		938
d) Verkehr	3 297, nämlich	
1. Fracht- und Lohnfuhrwerker		280
2. Inhaber von Gasthöfen für die gebildeten Stände		320
3. Inhaber von Krügen und Ausspannungen		780
4. Speisewirthe und Garköche		205
5. Schankwirthe		1 712
e) Persönliche Dienstleistung, Gesinde	4 814	
f) 1. Erziehung, Unterricht, Künste, Wissenschaften, höherer Communalverwaltungs-Dienst	2 086	
2. Von niederem Communaldienst Lebende	449	
g) Personen ohne Berufsausübung	7 614, nämlich	
1. Aus eigenen Mitteln oder von Pensionen Lebende		2 992
2. Aus fremden Mitteln Lebende		2 187
3. Ohne ausreichenden Erwerb und durch Bettelei Lebende		2 435

B. Bewegung der Bevölkerung.

1. Einwanderungen.

Im Jahre 1861 wurden die Nachrichten in der bisherigen Weise gesammelt, für 1862 aber ein neues Schema aufgestellt.

(246.) Kalenderjahr. Eingewanderte Personen.	Provinzen. Preussen	Posen	Pommern	Brandenburg	Schlesien	Sachsen	Westfalen	Rheinland[1]	Preussischer Staat überhaupt
1861.									
Die Naturalisation ward überhaupt ertheilt an	439	71	191	849	473	821	596	920	4 253
Davon: männliche unter 14 Jahr	37	10	34	99	74	122	39	91	505
weibliche desgl.	21	9	20	91	71	107	53	68	440
männliche über 14 Jahr	314	37	114	529	220	414	448	636	2 609
weibliche " "	67	15	23	140	108	178	56	125	705
1862.									
Eingewanderte überhaupt	392	218	104	925	380	[2] 1 084	521	1 058	4 728
Darunter: männliche Familienhäupter [3]	275	84	102	617	210	495	436	613	2 620
weibliche desgl.	5	16	9	20	47	36	8	101	302
männliche Familienglieder über 14 Jahr.	10	9	3	12	19	65	13	36	167
weibliche desgl.	44	27	13	30	19	179	22	96	430
männliche Familienglieder unter 14 Jahr.	37	33	16	67	51	161	24	85	474
weibliche desgl.	19	37	18	91	44	153	22	122	506

[1]) incl. Hohenzollern. — [2]) ausserdem im Regierungsbezirk Merseburg: durch Verheirathung 458, durch Legitimation 1 und durch Anstellung 1 Person. — [3]) und alleinstehende Personen.

Nach dem bisherigen **Beruf, Arbeits- und Dienstverhältniss** scheiden sich die 4 728 im Jahre 1862 Eingewanderten in folgende Gruppen:

1. **Land- und Forstwirthschaft, Gärtnerei, Jagd und Fischerei** .... 673, nämlich
   Gutsbesitzer, Pächter, Inspectoren, Verwalter 262
   Winzer, Gärtner, Jäger, Fischer 44
   Gesinde und Arbeiter bei der Land- und Forstwirthschaft 367
2. **Bergbau und Hüttenwesen** .... 122, nämlich
   Berg- und Hüttenwerksbesitzer, Unternehmer, Berg- und Hüttenbeamte und Techniker 7
   Berg- und Hüttenarbeiter einschliesslich Steiger 115
3. **Gross- und Klein-Industrie** .... 1 241, nämlich
   Fabrikbesitzer, Fabrikanten, Fabriktechniker 37
   Meister, Werkmeister 361
   Fabrikarbeiter, Handwerksgesellen und Gehilfen 843
4. **Handel und Verkehr einschliesslich Bank- und Versicherungswesen** .... 330, nämlich
   Kaufleute, Buchhalter, Handlungsgehilfen u. s. w. 300
   Unternehmer von Verkehrs- und Transportgewerben aller Art, Personal derselben 30
5. **Persönliche Dienstleistungen:** Dienstboten, Handarbeiter, Tagelöhner 378
6. **Gesundheitspflege:** Aerzte, Apotheker, Heilgehilfen 22
7. **Erziehung und Unterricht:** Erzieher, Lehrer, Professoren 35
8. **Künste, Wissenschaften und Presse** 68
   Künstler aller Art, Schauspieler, Musiker 53
   Privatgelehrte, Schriftsteller, Gewerbtreibende des literarischen Verkehrs 15
9. **Gottesdienst:** Geistliche und gottesdienstliche Personen 15
10. **Staats- und Gemeindedienst:** Beamte aller Art 18
11. **Sonstige Berufsarten** 119
12. **Personen ohne Beruf oder Berufsausübung oder Berufsangabe** 1 707

Als bisherige Aufenthaltsländer der im Jahre 1862 Eingewanderten finden sich verzeichnet:

1. Deutschland	2 663, nämlich	
Norddeutsche Staaten		1 510
Sachsen und Thüringen		897
Hessen, Nassau, Luxemburg, Frankfurt a. M.		662
Baiern, Würtemberg, Baden		273
Oestreich		221
2. Ausserdeutsche Länder Europas	926, nämlich	
Schweiz, Frankreich, Italien, Spanien, Portugal		87
Belgien, Niederlande		222
Grossbritannien		27
Dänemark, Schweden, Norwegen		44
Russland, Polen		531
Donaufürstenthümer, Griechenland, Orient überhaupt		15
3. Aussereuropäische Länder (ausser Asien und Afrika)	163, nämlich	
Nordamerika (einschliesslich Kanada)		154
Mittel- und Südamerika (einschliesslich Mexiko)		5
Australien		4
4. Sonstiger und unbekannter Aufenthalt	76	

2. Auswanderungen.

Auch in Bezug auf diese hat das frühere Schema seit 1862 eine Erweiterung erfahren.

(247.) Kalenderjahr. Ausgewanderte Personen.	Provinzen								Preussischer Staat überhaupt
	Preussen	Posen	Pommern	Brandenburg	Schlesien	Sachsen	Westfalen	Rheinland [1]	
1861.									
a) Mit Entlassungsurkunden	1 270	277	1 839	1 452	879	1 869	1 007	2 171	10 764
Davon: männliche unter 14 Jahr	242	30	381	245	108	274	127	346	1 753
weibliche " "	245	26	354	218	115	268	105	315	1 706
männliche über "	444	165	613	589	473	880	505	988	4 736
weibliche " "	339	56	491	300	183	438	210	492	2 569
Durch Vermittelung von Agenten wurden befördert	531	33	661	321	75	198	232	598	2 579
b) Ohne Entlassungsurkunde [2]	138	704	718	894	407	296	252	641	3 450
Darunter Militärpflichtige	12	227	52	261	190	162	52	163	1 141
1862.									
a) Mit Entlassungsurkunden	956	714	3 280	2 305	963	2 202	1 899	2 595	14 354
Davon: männl. Familienhäupt.[3]	361	243	791	603	413	891	487	924	4 743
weibl. "	44	103	448	224	122	77	157	256	1 431
männl. Familienglieder über 14 Jahr	90	116	317	131	53	102	197	278	1 287
weibl. Familienglieder über 14 Jahr	181	94	403	378	91	436	190	532	2 204
männl. Familienglieder unter 14 Jahr	137	74	631	432	139	347	186	41[illegible]	2 368
weibl. Familienglieder unter 14 Jahr	147	84	598	444	145	359	162	886	2 321
Durch Unternehmer u. Agenten wurden befördert	306	107	1 389	516	126	93	888	1 007	3 892
b) Ohne Entlassungsurkunde [2]	138	420	940	59	621	217	483	865	3 786
Darunter Militärpflichtige [4]	20	443	27	229	514	103	22	144	1 648

[1]) incl. Hohenzollern. — [2]) soweit Nachrichten darüber vorhanden sind. — [3]) und alleinstehende Personen. — [4]) gegen welche ein Verfahren nach dem Gesetz vom 10. März 1856 stattgefunden hat.

Dem bisherigen **Stande und Berufe** nach werden die mit Entlassungsurkunden im Jahre 1862 ausgewanderten Personen classirt, wie folgt:

1. Land- und Forstwirthschaft, Gärtnerei u. dgl. ...... 3 070, nämlich
   Gutsbesitzer, Pächter, Inspectoren, Verwalter 985
   Winzer, Gärtner, Jäger, Fischer 82
   Gesinde und Arbeiter 2 003
2. Bergbau und Hüttenwesen ...... 71, nämlich
   Berg- und Hüttenwerksbesitzer u. s. w. 22
   Berg- und Hüttenarbeiter 49
3. Gross- und Klein-Industrie ...... 1 501, nämlich
   Fabrikbesitzer u. s. w. 54
   Meister, Werkmeister 591
   Fabrikarbeiter, Handwerksgesellen und Gehilfen 856
4. Handel und Verkehr ...... 693, nämlich
   Kaufleute, Buchhalter u. s. w. 632
   Unternehmer von Verkehrs- und Transportgewerben u. s. w. 61
5. Persönliche Dienstleistung: Dienstboten u. s. w. 1 089
6. Gesundheitspflege: Aerzte u. s. w. 30
7. Erziehung und Unterricht: Erzieher u. s. w. 29
8. Künste, Wissenschaften und Presse ...... 74, nämlich
   Künstler, Schauspieler, Musiker 58
   Privatgelehrte u. s. w. 16
9. Gottesdienst: Geistliche u. dgl. 18
10. Staats- und Gemeindedienst: Beamte aller Art 26
11. Sonstige Berufsarten 240
12. Personen ohne Beruf oder Berufsangabe 7 668

Als **Ziel der Auswanderung** der mit Entlassungsurkunden Versehenen sind für 1861 verzeichnet: Europa für 3 954, Amerika 5 944, Australien 206, Afrika 242, Asien 22, nicht bestimmte Welttheile 396 Personen.

Im Jahre 1862 werden aufgeführt:

1. Europa ...... 5 380, nämlich
   Deutsche Staaten ausschliesslich Oestreich 2 796
   Oestreich 199
   Schweiz, Frankreich, Italien, Spanien, Portugal 195
   Belgien, Niederlande 490
   Grossbritannien 105
   Dänemark, Schweden, Norwegen 22
   Russland, Polen 1 556
   Donaufürstenthümer, Griechenland, Orient überhaupt 17
2. Fremde Erdtheile (ausser Asien und Afrika) ...... 8 419, nämlich
   Nordamerika einschliesslich Kanada 6 681
   Mittel- und Südamerika einschliesslich Mexiko 1 463
   Australien 275
3. Sonstiges und unbekanntes Ziel 555

Zu Abschnitt V.

Das Grundeigenthum.

A. Anzahl der Gebäude.

Bei der Zählung von 1861 wurden 65 836 öffentliche und 4 602 542 Privatgebäude ermittelt, also 1 069 von jenen weniger und 65 362 von diesen mehr als drei Jahre zuvor; es darf dabei jedoch nicht ausser Acht gelassen werden, dass der Begriff des öffentlichen Gebäudes noch immer zu schwanken scheint. Tabelle 248 weist die Vertheilung der gezählten Gebäude auf die Landestheile und die Gebäudegattungen nach.

(248.) Regierungs-bezirke. — Provinzen.	Oeffentliche Gebäude zu Ende 1861: für den Gottesdienst	für den Unterricht	Armen-, Kranken- und Versorgungs-häuser	für die Staatsverwaltung	für die Ortspolizei- und Gemeinde-verwaltung	für die Militär-verwaltung	Privatgebäude zu Ende 1861: Privat-Wohn-häuser	Fabrik-gebäude, Mühlen und Privat-maga-zine	Ställe, Scheu-nen und Schup-pen
Gumbinnen	164	1 259	113	507	182	32	71 681	5 858	102 520
Königsberg	484	1 614	429	622	629	168	89 640	5 442	118 160
Danzig	280	634	193	374	624	182	42 525	2 912	37 411
Marienwerder	552	1 087	230	464	292	114	72 713	3 824	82 317
Preussen	1 493	4 594	965	1 969	1 731	494	276 659	17 531	340 408
Bromberg	400	796	68	358	277	58	47 012	2 978	70 072
Posen	720	1 314	227	436	1 109	139	92 510	6 074	140 490
Posen	1 120	2 110	295	774	1 386	197	139 522	9 052	210 562
Köslin	467	1 031	164	157	248	119	49 320	3 930	64 366
Stettin	812	1 174	381	343	605	220	58 522	3 474	82 106
Stralsund	166	369	125	141	286	31	19 387	1 366	21 366
Pommern	1 445	2 574	670	641	1 139	370	127 229	7 770	168 838
Stadt Berlin	54	98	70	149	103	155	21 470	968	8 507
Potsdam	1 412	1 641	951	889	2 453	342	86 332	6 812	160 776
Frankfurt	1 016	1 367	408	606	1 728	126	107 434	11 223	170 523
Brandenburg	2 482	3 096	1 429	1 644	4 284	623	215 236	19 003	339 806
Liegnitz	806	1 294	833	255	810	158	137 148	5 915	113 208
Breslau	996	1 553	1 066	381	821	211	140 682	9 256	118 715
Oppeln	847	1 034	295	251	532	292	130 835	9 271	118 324
Schlesien	2 649	3 881	2 194	887	2 163	661	408 665	24 442	349 247
Magdeburg	1 169	1 289	839	318	1 063	122	90 624	4 254	145 683
Merseburg	1 200	1 340	1 457	587	1 613	179	105 851	4 116	183 742
Erfurt	528	531	226	142	1 066	146	52 754	1 615	77 339
Sachsen	2 897	3 160	2 522	1 047	3 742	447	249 199	9 985	406 764
Minden [1])	447	532	61	127	600	116	67 989	3 576	27 809
Münster	404	528	203	118	734	47	66 909	7 925	41 669
Arnsberg	853	841	82	214	976	34	81 393	6 699	44 116
Westfalen	1 704	1 907	346	459	2 310	197	216 291	18 180	113 594
Düsseldorf	653	965	232	171	1 139	75	132 047	5 738	102 820
Köln	616	545	44	47	674	123	81 718	1 897	94 182
Aachen	661	591	51	80	761	18	70 489	1 725	71 784
Koblenz	1 006	967	61	180	1 350	64	83 151	2 401	111 825
Trier	1 098	934	[illegible]	[illegible]	994	50	83 486	2 393	67 479
Sigmaringen	195	111	73	34	303	1	11 385	280	2 780
Rheinland	4 228	4 121	483	694	5 281	331	462 276	14 524	450 990
Insgesammt	18 018	25 445	8 914	8 182	22 036	3 570	2 105 053	138 467	2 372 487

[1]) incl. Jadegebiet, welches überhaupt 66 Gebäude besitzt.

B. Entlastung des Grundeigenthums.

Die Thätigkeit der Auseinandersetzungs-Behörden für Regulirungen, Ablösungen und Gemeinheitstheilungen im Jahre 1861 ist in den Tabellen 249—251 dargestellt.

(249.) Regierungsbezirke. — Provinzen.	Regulirungen im Jahre 1861.					Gemeinheitstheilungen im Jahre 1861.		
	Neu regulirte Eigenthümer.		Aus früheren Jahren	Neu	Bestätigte Regulirungsrecesse	Aus früheren Jahren	Neu	Bestätigte Theilungsrecesse
	Anzahl	Fläche in Morgen	anhängige Geschäfte			anhängige Geschäfte		
Gumbinnen	—	—	1	—	—	173	30	85
Königsberg	—	—	3	—	—	487	71	92
Danzig	5	347	7	2	2	185	24	43
Marienwerder	—	—	2	—	—	270	60	80
Preussen	5	347	13	2	2	1 124	185	300
Posen	[1] 10	[1] 303	115	4	7	680	65	92
Pommern	—	—	2	2	1	379	103	115
Potsdam	—	—	5	—	—	728	86	150
Frankfurt	2	23	14	—	6	700	83	173
Brandenburg	2	23	19	—	6	1 428	169	323
Schlesien	[2] 51	[2] 248	31	—	11	1 240	102	235
Magdeburg	—	—	12	—	1	257	18	42
Merseburg, Erfurt	—	—	—	—	—	[3] 997	[3] 65	124
Sachsen	—	—	12	—	1	1 254	83	166
Westfalen [4]	—	—	3	—	—	455	60	59
Düsseldorf linksrhein.	—	—	—	—	—	6	—	—
Köln links des Rheins	—	—	—	—	—	1	1	1
Aachen	—	—	—	—	—	11	1	—
Koblenz rechtsrhein.	—	—	—	—	—	35	—	20
" linksrhein.	—	—	—	—	—	8	—	—
Trier	—	—	—	—	—	13	7	—
Rheinland [5]	—	—	—	—	—	74	9	21
Insgesammt	68	921	185	8	28	6 894	779	1 311

[1]) davon im Bezirk Bromberg 4 Eigenthümer mit 100 Morgen Grundstücken. — [2]) nur Regierungsbezirk Oppeln. — [3]) unter den anhängigen Geschäften: 23 für Anhalt-Bernburg, 44 für Schwarzburg-Rudolstadt und 65 für Schwarzburg-Sondershausen. — [4]) jedoch incl. der rechtsrheinischen Theile der Bezirke Düsseldorf und Köln. — [5]) jedoch excl. ebendieselben.

(250.)

Regierungs-bezirke. — Provinzen.	Ablösungen im Jahre 1861. Dienst- und Abgabepflichtige, welche abgelöst haben, ohne die neu regulirten Eigenthümer	Aufgehobene Hand- dienstage	Spann- dienstage	Aus früheren Jahren anhängige Geschäfte	Neu anhängige Geschäfte	Bestätigte Recesse	Processe 1861 aus früheren Jahren anhängig	neu anhängig	beendigt
Gumbinnen	999	—	—	85	79	98	88	54	94
Königsberg	305	—	—	105	48	38	167	79	64
Danzig	575	91	195	95	7	45	108	28	43
Marienwerder	479	—	152	76	17	44	167	72	110
Preussen	2 358	91	347	361	151	225	528	233	311
Bromberg	784	18	80	.	.	.	.	.	.
Posen	593	760	690	.	.	.	.	.	.
Posen	1 377	778	770	384	43	103	710	220	315
Köslin	907	2	2	.	.	.	.	.	.
Stettin	784	—	—	.	.	.	.	.	.
Stralsund	35	—	—	.	.	.	.	.	.
Pommern	1 726	2	2	210	97	136	115	110	98
Potsdam	602	4	195	193	72	94	186	75	94
Frankfurt	1 493	49	2 134	373	62	215	404	153	221
Brandenburg	2 095	53	2 329	566	134	309	590	228	315
Liegnitz	2 381	3 178	5 244	.	.	.	.	.	.
Breslau	842	64	619	.	.	.	.	.	.
Oppeln	1 516	106	11 060	.	.	.	.	.	.
Schlesien	4 739	3 348	16 923	353	66	257	827	284	350
Magdeburg	2 544	180	—	208	94	173	152	45	87
Merseburg	6 032	1	48	[1]) 475	[1]) 89	427	408	209	250
Erfurt	1 462	—	—						
Sachsen	10 038	181	48	683	183	600	560	254	337
Minden	896	41	782	.	.	.	.	.	.
Münster	429	292	2 010	.	.	.	.	.	.
Arnsberg	1 408	34	312	.	.	.	.	.	.
Westfalen	2 733	367	3 104	[2]) 1 743	[2]) 127	[2]) 1 315	[2]) 460	[2]) 174	[2]) 222
Düsseldorf	125	2	3	.	.	.	.	.	.
Köln	157	—	—	.	.	.	.	.	.
Koblenz	5 508	—	—	203	1	49	35	8	10
Rheinland rechts des Rheins	5 790	2	3	[3]) 203	[3]) 1	[3]) 49	[3]) 35	[3]) 5	[3]) 10
Insgesammt	30 856	4 822	23 526	4 503	802	2 994	3 825	1 508	1 978

[1]) unter den anhängigen Geschäften: 31 für Anhalt-Bernburg und 13 für Schwarzburg-Rudolstadt. — [2]) jedoch incl. Düsseldorf und Köln rechts des Rheins. — [3]) jedoch abzüglich ebenderselben Bezirke.

(251.) Regierungsbezirke. — Provinzen.	Bei den Regulirungen und Ablösungen in 1861 wurden an Entschädigungen festgesetzt:				Bei den Regulirungen und Gemeinheitstheilungen in 1861 wurden		
	Capital	Geld-rente	Roggen-rente	Land	separirt resp. von allen Holz-, Streu- und Hütungsservituten befreit:		bis Ende des Jahres vermessen:
					Besitzer	Morgen Grundstücke	
	Rt	Rt	Scheffel	Morgen			Morgen
Gumbinnen	26 612	841	—	—	403	30 257	16 522
Königsberg	37 063	232	291	—	894	31 056	11 065
Danzig	14 529	3 625	124	406	147	18 472	600
Marienwerder	192	2 531	—	—	424	16 547	13 071
Preussen	78 396	7 229	415	406	1 928	96 332	41 258
Bromberg	83	1 598	910	50	1 669	96 020	6 829
Posen	187	2 284	387	—	296	108 797	819
Posen	270	3 882	1 297	50	1 965	204 817	7 648
Köslin	31 264	276	98	2 490	514	26 641	14 397
Stettin	49 540	577	410	1 018	639	15 949	8 882
Stralsund	1	187	—	54	675	798	798
Pommern	80 805	1 040	508	3 562	1 828	43 388	24 077
Potsdam	41 748	552	1 166	50	691	23 931	11 043
Frankfurt	52 862	3 104	346	17	2 591	80 221	7 686
Brandenburg	94 610	3 656	1 512	67	3 282	104 152	18 729
Liegnitz	7 763	1 274	122	19	2 008	32 637	23 044
Breslau	6 973	1 254	2	17	907	21 516	5 328
Oppeln	10 740	2 698	—	53	1 769	16 996	14 206
Schlesien	25 476	5 226	124	89	4 684	71 149	42 578
Magdeburg	85 800	3 860	1 248	—	1 507	26 413	8 646
Merseburg	55 360	3 414	1 204	90	7 663	83 533	23 486
Erfurt	9 558	2 070	—	—	2 770	33 197	43 705
Sachsen	160 718	9 344	2 452	90	11 940	143 143	75 837
Minden	32 659	1 120	—	—	2 501	43 277	—
Münster	62 268	273	20	—	397	15 543	—
Arnsberg	63 656	974	3	1	1 338	27 622	—
Westfalen	158 583	2 367	23	1	4 236	86 442	—
Düsseldorf rechtsrhein.	1 991	146	—	—	5	61	—
» linksrhein.	—	—	—	—	50	300	—
Köln rechtsrhein.	7 580	—	—	—	21	1 450	—
» linksrhein.	—	—	—	—	1	690	—
Aachen	—	—	—	—	86	577	—
Koblenz rechtsrhein.	148 556	972	25	—	34	423	—
Trier	—	—	—	—	711	2 713	—
Rheinland	158 127	1 118	25	—	908	6 414	—
Insgesammt	696 985	33 862	6 356	4 275	30 771	755 637	210 127

Die Geschäfte der Rentenbanken seit dem zweiten Termin von 1861 veranschaulicht nachstehende Tabelle.

(252.) Termin. — Provinzen.	Von den Rentenbanken übernommene Renten: volle	$\frac{1}{10}$ der vollen Rente: aus der Staatscasse	$\frac{1}{10}$ der vollen Rente: von Privaten	zusammen	Dafür erhielten die Berechtigten: in Rentenbriefen	Dafür erhielten die Berechtigten: Capitalspitzen baar	Gekündigte resp. eingezahlte Rentenablösungs-Capitalien	Mit dem fünffachen Kapitalbetrage baar gezahlte Capitalien, wofür die Berechtigten Rentenbriefe wählten	Ausgelooste und zum Termin fällige Rentenbriefe
	Thlr	Thlr	Thlr	Thlr	Thlr	Thlr	Thlr	Thlr	Thlr
1. April 1862.									
Preussen	—	—	2 934	2 934	65 060	144	942	—	21 505
Posen	143	17	985	1 145	25 000	73	1 647	342	41 630
Pommern	3	3	315	321	7 045	54	3 577	54	23 745
Brandenburg	124	36	1 457	1 617	35 520	131	8 108	716	47 705
Schlesien	1	66	984	1 051	22 975	307	8 591	1 319	100 800
Sachsen	608	214	1 969	2 791	60 575	88	10 909	4 271	47 135
Eichsfeld	—	—	—	—	—	—	766	—	[2]) 8 700
Westfalen u. s. w.[1])	187	981	1 128	2 296	50 305	904	5 395	19 620	36 820
Paderborn	—	—	—	—	—	—	1 301	—	[3]) 19 750
zusammen	1 066	1 316	9 7[illegible]	12 152	268 480	1 18[illegible]	41 245	26 321	342 390
1. October 1862.									
Preussen	—	—	617	617	13 665	36	2 591	—	24 845
Posen	197	—	1 886	2 083	45 700	110	1 784	—	42 735
Pommern	—	—	21	21	450	6	10 306	—	30 835
Brandenburg	51	26	973	1 050	23 150	64	9 327	522	49 780
Schlesien	—	19	618	637	14 080	79	9 816	876	104 000
Sachsen	1 035	624	1 361	3 020	64 700	119	18 248	12 483	55 315
Eichsfeld	—	—	—	—	—	—	951	—	[2]) 7 800
Westfalen u. s. w.[1])	304	1 160	1 317	2 781	60 775	354	15 866	23 193	47 625
Paderborn	—	—	—	—	—	—	924	—	[3]) 21 700
zusammen	1 587	1 829	6 796	10 207	222 520	773	69 798	36 578	383 635
1. April 1863.									
Preussen	—	—	2 034	2 034	44 945	265	4 397	—	26 185
Posen	732	15	426	1 173	24 340	101	901	302	42 700
Pommern	—	—	128	128	2 845	10	1 725	—	22 695
Brandenburg	48	8	461	517	10 950	424	15 096	153	58 440
Schlesien	—	82	1 690	1 771	39 280	85	11 681	1 634	107 930
Sachsen	441	85	1 047	1 573	33 825	142	12 261	1 697	50 215
Eichsfeld	—	—	—	—	—	—	1 188	—	[2]) 4 500
Westfalen u. s. w.[1])	48	395	670	1 113	24 800	296	10 018	7 916	42 160
Paderborn	—	—	—	—	—	—	1 932	—	[3]) 21 900
zusammen	1 269	585	6 456	8 310	180 575	1 264	59 198	11 704	374 785

[1]) nämlich die ostrheinischen Theile der Rheinprovinz. — [2]) eichsfeldsche Schuldverschreibungen. — [3]) paderbornsche Schuldverschreibungen.

Berlin, gedruckt in der Königlichen Geheimen Ober-Hofbuchdruckerei (R. Decker).

www.ingramcontent.com/pod-product-compliance
Lightning Source LLC
Chambersburg PA
CBHW021224300426
44111CB00007B/418
* 9 7 8 3 7 4 1 1 6 7 3 8 6 *